·PANZHIHUA YEARBOOK·

攀枝花年鉴

攀枝花市人民政府 主 办
攀枝花市地方志办公室 编

2018

方志出版社
Publishing House of Local Records

图书在版编目（CIP）数据

攀枝花年鉴.2018/攀枝花市地方志办公室编.--
北京：方志出版社，2018.10

ISBN 978-7-5144-3334-0

Ⅰ.①攀… Ⅱ.①攀… Ⅲ.①攀枝花市—2018—年鉴
Ⅳ.①Z527.13

中国版本图书馆 CIP 数据核字（2018）第 227066 号

攀枝花年鉴（2018）

编　　者：攀枝花市地方志办公室
责任编辑：高孟君

出 版 人：冀祥德
出 版 者：方志出版社
地址　北京市朝阳区潘家园东里 9 号（国家方志馆四层）
邮编　100021
网址　http://www.fzph.org
发　　行：方志出版社图书经销中心
电话（010）67110500
经　　销：各地新华书店
印　　刷：成都市标点制版印务有限责任公司

开　　本：889×1194　1/16
印　　张：29.25
字　　数：964 千
版　　次：2018 年 11 月第 1 版　　2018 年 11 月第 1 次印刷
印　　数：001～500 册

ISBN 978-7-5144-3334-0　　　　定价：180.00 元

● 2017 年 1 月 4 日，攀枝花市再添 6 家“四川省数字化医院”，分别为攀煤总医院、仁和区人民医院、米易县人民医院、米易县妇幼保健院、盐边县人民医院、盐边县中医院　　（作者：崔龙荣、张莉萍、庄瑶）

● 2017 年 1 月 5 日，省旅游发展委员会公布 2016 年 14 个乡村旅游强县、39 个特色乡镇、56 个精品村寨，攀枝花市盐边县、米易县跻身乡村旅游强县，仁和区平地镇、盐边县红格镇跻身乡村旅游特色乡镇，盐边县国胜乡热水塘村、米易县丙谷镇芭蕉箐村跻身精品村寨　　（图：盐边县国胜乡热水塘村，作者：戴启福）

● 2017 年 2 月 13 日，金沙水电站成功实现大江截流，标志着该项目全面进入主体工程施工阶段

（供图：市委宣传部）

● 2017 年 2 月 23 日 攀枝花市中心医院、中西医结合医院成功通过国家“大考”，成为全国首个测试成功、顺利接入国家异地就医即时结算平台的地级城市

（作者：何洪林）

● 2017年2月26日，在CCTV-4中文国际频道播出的《城市1对1》节目中，攀枝花和法国城市留尼汪就工业城市转型展开对话

（提供：攀枝花市文广新局）

● 2017年4月14日，朝鲜4·25体育代表团乒乓球队一行7人来攀，开展为期3天的交流比赛

（供图：市教体局）

● 2017年9月15日，攀枝花芒果在成都举行推介会 （作者：宋俊康）

● 2017年10月10日，在河北省承德市举行的“2017森林城市建设座谈会”上，国家林业局正式授予攀枝花市“国家森林城市”称号 （供图：市林业局）

● 11月1日，中国·攀枝花·盐边“悦基金”2017年第24届全球华人羽毛球锦标赛在市体育馆开幕

（作者：王东）

● 2017年11月17日，国家钒钛检测重点实验室正式挂牌，标志着全国唯一专业从事进出口钒钛检测的国家级重点实验室在攀枝花建成

（作者：李周）

● 2017 年 11 月 24 日 花城新区基础设施 PPP 项目开工仪式　　（作者：张鑫）

● 2017 年 11 月 26 日，攀大高速中坝特长隧道顺利贯通　　（作者：韩勇）

● 2017 年 12 月 9 日 2017 攀枝花恒力杯国际皮划艇马拉松赛开幕式在金沙江畔举行。中国首次长漂队队员、地质科学家杨勇以及来自 14 个国家和地区的运动员、教练员、裁判员等参加开幕式　　（作者：梁丽莎）

《攀枝花年鉴（2018）》编辑部

编辑说明

一、《攀枝花年鉴》以马克思列宁主义、毛泽东思想、邓小平理论、“三个代表”重要思想、科学发展观和习近平新时代中国特色社会主义思想为指导，坚持辩证唯物主义的立场、观点和方法，为科学决策、指导工作提供可靠依据和信息，让世界了解攀枝花提供窗口；也为攀枝花市留下可供借鉴的宝贵历史数据。

二、《攀枝花年鉴（2018）》记述攀枝花市2017年度资料，内容以条目形式表述。从稳定性和连续性出发，全书设专文、大事记、概貌、市委工作、人大工作、政府工作、政协工作、民主党派、社会团体、法治、国防建设、财税工作、经济管理、工业、农林水务、交通环境保护旅游、教育体育、文化、卫生计生工作、科学技术、社会管理、商贸流通、银行保险证券、信息产业、县（区）概况、附录、索引共24个部类。内文配以统计图表，力求图文并茂，增强可读性。附录中选载有重要文件目录、统计资料等，增加了二次文献分量，以供使用者查询。《攀枝花年鉴》每年编辑1卷，已连续编辑公开出版27卷。

三、《攀枝花年鉴（2018）》所用资料、图片，均由有关单位撰写、提供，并经有关领导审核、单位盖章。有关全年主要经济指标数据经市统计局审核。个别部门数据由于统计口径不同而表述不尽相同的，以市统计局年报数为准。全书文稿经市保密局、市统计局审查。全书编纂结束后，送编委会终审定稿，由方志出版社出版，国内外公开发行。

四、《攀枝花年鉴（2018）》类目、分目、副分目标题，分别用魏体、隶书、楷体区别，条目标题均用黑体字加“【】”符号，一次文献和二次文献采用不同字体以示区别。

目 录

专 文

大 事 记

概 貌

市委工作

人大工作

政府工作

政协工作

民主党派

社会团体

法　　治

国防建设

财税工作

经济管理

工　业

农林　水务

住房和城乡规划建设、城市管理、花城新区

交通　环境保护　旅游

教育　体育

文 化

卫生 计生

科学技术

社会管理

商贸流通

银行　保险　证券

信息产业

县（区）概况

附　录

索　引

Contents

Chinese People's Political Consultative Conference Work

Democratic parties

Social groups

Rule of law

National defense construction

Finance and taxation

Economic management

Industry

Agriculture, forestry and water

Housing and urban-rural planning and construction, urban management, Huacheng New District

Traffic, environmental protection and tourism

Education and sports

Culture

Health and family planning

Science and technology

Social management

Commercial circulation

Bank, insurance and securities

Information industry

Counties (districts) overview

Appendix

Index

专 文

政府工作报告

——2018年1月16日在攀枝花市第十届人民代表大会第四次会议上

市长 王 波

2017年工作回顾

2017年是本届政府的开局之年。一年来，在省委省政府和市委的坚强领导下，在市人大和市政协的监督支持下，市政府认真学习贯彻党的十九大精神，坚持以习近平新时代中国特色社会主义思想为统揽，全面落实省第十一次党代会、市第十次党代会和市委十届二次全会部署，坚持稳中求进工作总基调，统筹推进稳增长、促改革、调结构、惠民生、防风险各项工作，全力做好“钒钛、阳光”两篇文章，推动经济社会各项事业取得新的成绩。全年实现地区生产总值1144.25亿元，增长7.4%；全社会固定资产投资745.28亿元，增长7%；社会消费品零售总额352.41亿元，增长11.2%；地方一般公共预算收入60.59亿元，增长6.8%；城镇、农村居民人均可支配收入分别为35620元、15336元，增长8.4%、9.1%；城镇登记失业率4.01%。

一、经济增长稳中有进

工业经济企稳回升。完成规上工业总产值1797.09亿元，增长19.4%；规上工业增加值增长7.5%；工业投资238.65亿元、技改投资257.35亿元，分别增长2.2%、8.1%。投资20亿元的工业园区第一批基础设施PPP项目开工，为优质产业项目入驻奠定了基础。攀钢产品结构优化调整改造等重大项目竣工投产，高炉渣提钛产业化示范项目低温氯化工程、银江水电站岸上工程等项目开工建设。攀钢等大企业扭亏为盈，124户停产限产规上企业恢复正常生产。全市升规企业35户，工业行业增长面达87%，主营业务收入增长23.8%，创近年来新高。

现代服务业发展加快。完成服务业增加值362.07亿元，增长8%。房地产开发投资59.96亿元、销售商品房175.58万平方米，实现“双增长”。限上商贸企业新增20户，电商线上交易额增长30%。82户企业在天府联合股权交易中心挂牌，总规模100亿元的钒钛资源开发投资基金、50亿元的康养产业投资基金组建运行，成为全省第一批促进科技与金融结合特色试点城市。超额完成旅游厕所3年行动计划，实现旅游收入279亿元，增长15%。

现代农业提质增效。积极推进农业供给侧结构性改革，完成农林牧渔业总产值65.88亿元，增长4.5%。中国热科院攀枝花实验基地开工建设，新创建热作标准化示范园4个，完成马鞍山、梅子箐水库主体工程。新增“三品一标”农产品10个。攀枝花芒果入选首批中国特色农产品优势区、2017年度中国百强特色农产品区域公用品牌，远销俄罗斯、新加坡等国家，出口突破2万吨，增长33.2%。

“康养+”产业项目化、具体化。在全国率先发布康养产业地方标准。攀西兰花谷等33个农康产业基地景区加快建设，成为国家康复辅助器具产业综合创新试点地区，攀枝花国际康养学院建成投用，成功承办全球华人羽毛球锦标赛等一批高水平运动赛事，攀枝花康养旅游综合体获评全国“2017年度民生示范工程”。

抓项目、抓政策、抓资金成效明显。扎实推进“项目年”工作，推行“五个一”项目工作机制，出台加强和改进投资促进工作的23条措施，开展专业化招商，新签约国电龙源电力等项目290个，实际到位资金663.19亿元，增长16.7%。争取攀西试验区“五大领域”先行先试政策，国土资源部支持省上出台了促进攀枝花矿业城市转型发展12条措施。争取到上级资金178.99亿元，增长10.1%。

经济增长保持稳中有进、稳中向好的良好态势，三次产业结构为3.2∶65.2∶31.6，科技对经济增长的贡献率提高0.5个百分点、达55.5%，高新技术产业产值占工业总产值比重提高0.5个百分点、达25.5%，产业结构调整和转型发展巩固了持续向好的势头。

二、深化创新改革取得新进展

供给侧结构性改革成效显著。深入推进“三去一降一补”，退出低效煤炭产能87万吨，淘汰落后钢铁产能25万吨。深化银政企合作，“红名单”企业融资成本下降0.8个百分点。为企业争取铁路运费优惠2.7亿元，地方售电公司实质运营，直购电用电门槛标准下降50%。规上工业企业资产负债率下降7个百分点。攻克特殊钢高效洁净低成本生产工艺等关键技术。成功创建四川省质量强市示范城市。

重要领域和关键环节改革任务落地落实。深化“放管服”改革，精简行政权力事项815项，实施容缺审批服务，工业、房地产项目审批时限分别压缩到33个、25个工作日。深入推进商事制度改革，新登记市场主体1.26万户、增长13.7%。深化国资国企改革，“三供一业”分离移交有序推进。农业农村改革加快推进。出台《攀枝花人才新政七条》。

全面创新改革试验系统推进。钒钛“五个一工程”成效明显，建成国家级钒钛检测重点实验室，制定钒钛产业国家标准4项、行业标准20项，国、省级创新创业平台达26家。军民融合取得新进展，攀钢产品进入军工领域。

三、扩大开放合作取得新成绩

对外大通道建设取得新进展。新增1个至成都航班，机场迁建、通用机场前期工作同步开展。成昆铁路扩能改造工程加快推进，大（大理）攀昭（昭通）高铁争取工作取得阶段性进展。攀大（大理）高速攀枝花段主体工程进度过半，宜（宜宾）攀高速开工建设，攀盐（凉山盐源）高速启动工程可行性研究。普通国省道路状况持续改善。

区域合作取得新成效。与成都市在交通、康养、金融、干部人才等十个方面开展深度合作。与川滇黔峰会成员市（州）的合作进一步加强，联合争取大（大理）攀昭（昭通）铁路按照高铁标准建设。与北京市西城区、海淀区合作持续深化，在北京、上海、香港、澳门等地举办芒果品牌发布推介活动。开启攀枝花与苏锡常都市圈区域合作的新篇章。成立康养产业城市联盟的倡议得到18个城市积极响应。

对外开放迈出新步伐。成功举办攀枝花钒钛资源综合利用院士行暨钒钛（国际）论坛、第三届中国康养产业发展论坛等活动，全年招引省外项目77个。主动加强与“一带一路”沿线国家和地区的交流互动，十九冶中标海外项目59项、总金额2.2亿美元。全市外贸进出口总额26.2亿元，增长89.3%，增幅居全省第二位。

四、保障和改善民生取得新成效

下足“绣花”功夫完成年度脱贫目标。完成677户2834人易地扶贫搬迁，721户农村危房改造，35个贫困村退出，8881名贫困人口脱贫的年度任务。扎实推进“六大扶贫工程”，建立四项扶贫基金1.29亿元，发放教育卫生和产业扶持基金3230万元，撬动扶贫小额贷款2.06亿元，惠及贫困人口4.17万人次。

城乡建设管理水平不断提升。完成城市总规、城市轨道交通线网规划等修编工作。总投资75亿元的东区后山道路等7个市政基础设施PPP项目开工建设，花城新区建设加快，花街花道花园花海第一期建设初步完成，城市承载能力进一步提升。推进城市执法体制改革，城市精细化管理水平持续提高。建成幸福美丽新村40个、省级“四好村”20个、市级“四好村”100个。新（改）建农村公路320公里。

民生实事推进有力。全面完成十大民生工程和十件民生实事，民生支出占一般公共预算支出超过65%。“9·19”灾后恢复重建基本完成。新建（改扩建）一批公办幼儿园、公园绿地、停车场、农贸市场。棚户区改造新开工2.2万套。成为全国老旧小区改造试点城市、中央财政支持的居家和社区养老服务改革试点地区。

社会事业全面进步。新增城镇就业1.8万人，就业促进、社会救济等保障体系更加完善。新增普惠性民办幼儿园17所，公办和普惠性幼儿园学位比例达80%，攀枝花成都外国语学校建成投用，普通高考本科上线人数实现九连升，建成国家级技能大师工作室3个，攀枝花市选手第二次获得世界技能大赛焊接项目金牌。扎实推进公共文化服务体系建设，对农广播媒体融合传播指数进入全国百强。完成城乡居民医保整合，10家医院接入异地就医即时结算国家平台，成为全国首个通过国家省市三级联动测试的地级市；引入北京301医院、四川大学华西医院等优质资源；公立医院取消药品加成累计让利3.2亿元，次均住院费用降幅居全省前列。全面二孩政策平稳有序实施。

五、社会治理水平实现新提升

完善社情民意收集回应机制。召开“我与市长面对面”“县（区）长面对面”市民座谈会，常态化听取市民和企业对政府工作的意见建议。全年办理“12345”市民热线和“市长信箱”反映事项18682件，办结率100%、抽查满意率100%。

社会大局保持稳定。深入开展平安攀枝花建设，刑事、治安案件分别下降40.7%、32.6%，平安建设群众满意度测评居全省第二位，米易县获“全国平安建设先进县”称号，圆满完成党的十九大等特殊敏感时期安保维稳任务。建立完善信访约谈、联合接访、顶岗跟班、市级领导包案等机制，市政府常务会每月专题研究信访工作，推动信访维稳形势进一步好转，信访批次、人次分别下降16.3%、48.3%，案件化解率、群众满意率分别上升34.2%、12.7%，30件省交办案件全部办结。中央环保督察期间，我市信访总量较少。

安全保障扎实有力。安全生产事故发生率、死亡率分别下降45.33%、24.07%。治理地质灾害隐患点19个，整改防汛隐患622个，集中开展极端气象条件下防汛应急综合演练2次，成功应对“6·28”暴雨灾害天气。食品药品安全保障水平进一步提升。

生态环境持续改善。集中开展“四大专项行动”，中央环保督察交办的123件信访件全部办结，省环保督察反馈的237个问题已整改210个，省挂牌督办的89户选矿企业全部关停取缔。全面实行河长制。入选四川省山水林田湖生态保护修复示范试点。强力推进污染防治“三大战役”，空气质量全面达标、优良率98.4%，城市污水处理率93.3%，地表水和饮用水水源地水质达标率100%。成功创建国家森林城市、国家园林城市。

六、政府自身建设切实加强

法治政府建设深入推进。坚持民主集中制，健全完善“三重一大”事项决策机制，严格落实常务会学法制度，行政执法三项制度全面实施，首部实体地方性法规《攀枝花市城市绿化条例》经市人大常委会审议通过。主动接受人大法律监督、工作监督，自觉接受政协民主监督和社会各界监督，办结人大代表建议94件、政协提案222件，办复率100%、满意率100%。

专业能力不断提升。扎实开展“两转一提”，全面提升干部队伍专业能力。实施对标管理，出台《关于全面开展对标管理的实施意见》，学习成都、苏州、吴锡、常州等先进地区的发展理念和工作机制。开展项目竞进拉练，县（区）和部门项目意识增强，比学赶超的竞争态势初步形成。开展双向交叉测评，强化跟踪督办，政务服务效能不断提升。

党风廉政建设不断加强。严格落实全面从严治党要求，常态化制度化开展“两学一做”学习教育。深入贯彻中央“八项规定”精神，坚决反对“四风”。认真履行“一岗双责”，扎实推进政府系统惩治和预防腐败体系建设。强化行政监察和审计监督，查办违纪违法案件446件448人，党纪政纪处分429人。党风廉政建设社会测评居全省第二位，党风廉政建设持续向好。

此外，国家安全、国防动员、双拥、消防、人防、对台和外事侨务等工作切实加强，民族宗教、妇女儿童、青少年、老龄、残疾人、慈善等工作取得新进步，统计、供销、粮食、档案、邮政、地方志、机关事务管理、关心下一代等工作取得新进展。

各位代表，过去一年，全市干部群众砥砺奋进，取得了显著成绩，全面完成了市十届人大一次会议确定的目标任务。这些成绩的取得，是省、委省政府和市委正确领导的结果，是市人大、市政协和社会各界监督支持的结果。在此，我代表市人民政府，向在各个领域和岗位上辛勤劳动、作出贡献的全市人民；向给予我们监督和支持的人大代表、政协委员，各民主党派、工商联、知联会、新阶联合无党派人士，各人民团体、社会各界人士；向鼎力支持我们工作的驻攀部门和企业，驻攀解放军指战员、武警官兵、政法干警和民兵预备役人员；向各位老领导、老同志以及所有关心支持攀枝花发展的同志们、朋友们，表示衷心的感谢！

我们也清醒地看到，全市人民日益增长的美好生活需要和不平衡不充分的发展之间的矛盾依然突出：对外高效便捷通道不畅，物流成本较高仍是制约发展的重要瓶颈；经济总量较小与产业转型升级的矛盾并存，转型发展仍处于爬坡上坎的关键时期；工业园区基础设施配套不完善，重大产业化项目落地难，项目支撑不足；城市基础设施欠账较多，优质公共服务还不够均衡；民生保障水平和质量有待进一步提升；一些政府工作人员的观念、作风、专业能力、专业精神还不适应新时代发展的要求。这些问题，我们一定努力加快解决，不辜负全市人民的期盼！

2018年工作安排

2018年，是贯彻党的十九大精神的开局之年，是改革开放40周年，是决胜在全省高水平率先全面建成小康社会的冲刺之年。政府工作的总体思路：坚定以习近平新时代中国特色社会主义思想为指导，把党的政治建设摆在首位，坚定维护以习近平同志为核心的党中央权威和集中统一领导，全面深入贯彻党的十九大精神和中央、省委省政府决策部署，认真落实省委“一二三四”战略谋划和市委“一个目标、两篇文章、三大工作抓手、四个加快建设”工作思路，始终保持专注发展转型发展战略定力，坚持稳中求进工作总基调，按照高质量发展要求，统筹推进稳增长、促改革、调结构、惠民生、防风险各项工作，打好“三大攻坚战”，加快在全省高水平率先全面建成小康社会步伐，奋力开创美丽繁荣和谐攀枝花建设新局面。

2018年，全市经济社会发展的主要预期目标：地区生产总值增长7.5%，全社会固定资产投资增长8%，地方一般公共预算收入同口径增长6%，社会消费品零售总额增长10%，城镇、农村居民人均可支配收入分别增长8.5%、9.5%，城镇登记失业率控制在4.2%以内，居民消费价格指数涨幅控制在3.5%以内，节能减排完成省政府下达任务。地区生产总值增长7.5%的目标，与全省基本持平，是积极稳妥的、有支撑的，既体现积极作为，又为转型发展预留一定空间。

重点要做好以下十个方面的工作。

一、坚持稳增长调结构，推动经济高质量发展

用习近平新时代中国特色社会主义经济思想来审视大势、更新观念、推动发展。坚持党对经济工作的集中统一领导，坚持以人民为中心的发展思想，坚持适应把握引领经济发展新常态，坚持使市场在资源配置中起决定性作用、更好发挥政府作用，坚持适应经济发展主要矛盾变化完善调控政策，坚持问题导向部署经济发展新举措，坚持正确工作策略和方法。

做实钒钛文章。全力推进工业强市，完成工业总产值2250亿元，规上工业增加值增长8.5%。加快构建现代产业体系，巩固发展钒钛钢铁等传统优势产业，积极培育钒钛新材料、石墨及石墨烯材料、节能环保装备等战略新兴产业，不断提升产业发展层次和水平。加快工业园区基础设施建设，完成投资12亿元。强化重大产业项目支撑，着力引进一批钒钛深加工项目，新开工26个、新投产30个、续建38个上亿元工业项目。大力发展实体经济尤其是制造业对工业强市至关重要，确保新增钒钛深加工等先进制造业企业10户、规模以上工业企业50户。

做好阳光文章。纵深推进5个“康养+”产业，高水平创建中国阳光康养产业发展示范区。做优“康养+农业”，加快推进田园综合体等十大重点项目建设，培育发展观光农业、体验农业等新型业态。做精“康养+工业”，加快建设康复辅助器具产业园，建成康养大数据平台。做实“康养+医疗”，加快建设攀西人类辅助生殖中心、医养康复示范中心等项目，深化与北京阜外医院、四川大学华西医院等的合作。做强“康养+旅游”，加快建设花舞人间、普达等投资亿元以上在建旅游项目，打造东方太阳谷。做活“康养+运动”，举办环攀枝花国际公路自行车赛等高水平赛事，建设攀枝花国家登山健身步道等一批重点项目。

强化抓项目、抓政策、抓资金。充分发挥投资对经济增长的关键性作用，深化“项目年”活动，加快推进银江水电站等重大项目建设，完成固定资产投资805亿元以上，交通、污水处理等重大基础设施投资250亿元，工业投资260亿元，技改投资240亿元，服务业投资100亿元，农业投资40亿元。争取各类试点、示范基地、服务平台等政策，深入推进攀西试验区“五大领域”先行先试政策，推动省上支持攀枝花矿业城市转型发展的12条措施落地。规范有序推进政府和社会资本合作，引导民间资本参与重大项目建设。向上争取财政性资金增长8%以上。

加快发展现代服务业。充分发挥消费对经济增长的基础性作用，新增限上企业20户以上，服务业增加值增长8.5%。大力培育发展现代物流、研发设计、创业孵化、科技服务等现代服务业。完成房地产投资60亿元、商品房销售150万平方米以上。全面启动全国阳光康养旅游目的地、国家全域旅游示范区、全国旅游休闲示范城市创建工作，大力推进“厕所革命”，旅游总收入突破335亿元、增长20%以上。

实施乡村振兴战略。加快建设红格等5个特色小镇、14个“百镇建设”试点镇，完成7个古村落、民俗村落改造，建设40个幸福美丽新村，创建20个省级“四好村”。推进重点水利工程和农田水利基本建设。大力发展现代特色农业，引进实施特色花卉等一批产业重大项目。提升攀枝花芒果、枇杷等区域公用品牌影响力，新培育芒果、蔬菜等出口备案企业6家，农产品出口增长20%以上。促进台湾农民创业园加快发展。启动农产品精深加工园规划建设。农业增加值增长4%。

二、构建立体交通体系，加快建设区域性综合交通枢纽

重大基础设施首攻交通，举全市之力打好交通建设硬仗，加快补齐通行不畅和物流成本较高的短板，夯实四川南向门户基础，建设综合交通枢纽迈出坚实步伐。全年完成交通基础设施投资46亿元。

加强航空保障能力建设。新增航线航班，旅客达到30万人次以上。实施保安营机场喻家坪滑坡地质灾害治理。完成新机场选址咨询和气象观测等工作，力争机场迁建纳入中国民航发展“十三五”规划中期调整。完成通用机场选址咨询报告。

加快建设高铁和区域高速路网。加快成昆铁路扩能改造。全力争取攀大（大理）铁路按照不低于250千米/小时的客运专线规划设计、攀昭（昭通）铁路按高铁标准纳入“十三五”规划。编制完成攀盐（凉山盐源）高速公路项目工程可行性研究报告，实质开工建设宜（宜宾）攀高速公路宁南至攀枝花段主体工程。铁路和高速公路完成年度投资26亿元。

加快完善市域交通体系。加快炳三区至报社隧道工程等市域交通项目建设进度，完成投资7亿元。启动城市立体交通系统规划建设，解决交通拥堵和停车难、停车乱问题。提升国省干线路网和县域交通水平，建好、管好、护好、运营好农村公路，解决边远乡镇通行难问题。

三、推动三大变革，深化供给侧结构性改革

坚持以供给侧结构性改革为主线，推动经济发展质量

变革、效率变革、动力变革，提高全要素生产率。

持续推进“三去一降一补”。把质量变革作为主攻方向，加快淘汰落后产能，完成120户“散乱污”企业清理整治。争取专线供电试点，新增直购电企业16户，争取铁路运费优惠2.8亿元，实现企业电费、运费“两降低”，促进企业研发投入、人才吸引力“两提高”。创建国家级质量强市示范城市。

深化国企改革支持民营经济发展。把效率变革作为改革重点，深化国有企业市场化改革，降低负债率，国有企业收益增长10%以上。深入推进混合所有制改革。全面落实促进民间投资的政策措施，推动民营中小微企业梯队成长。

深化农业供给侧结构性改革。加快农村土地制度改革，完善农村“三权分置”制度，落实好第二轮土地承包到期后再延长三十年的利好政策。加快农村集体产权制度改革，深化集体林权制度和国有林场、林区改革，稳步推进农业水价综合改革。推动土地托管、土地入股等多种形式的适度规模经营，促进农业发展、农村繁荣、农民增收。

积极推动金融改革发展。把动力变革作为重要抓手，完善财政金融互动政策，持续开展重点项目、重点行业、重点企业融资对接，引导金融为重大基础设施建设、城镇化建设和产业发展提供直接资金支持，促进形成金融与实体经济、房地产以及金融系统内部良性循环。加快引进一批证券、银行、保险等金融机构，加大对小微企业金融服务，支持市商业银行走出去。

四、推进全面创新改革，以战略资源创新开发引领转型发展

扎实抓好全面创新改革“一号工程”，不断增强创新驱动转型发展的辐射带动力，让经济发展更具活力更有韧性。

攀西试验区建设取得新进展。持续推进“五个一工程”。加大部省市共建力度，争创国家钒钛材料工程研究中心、国家钒钛技术创新研发中心，做强攀钢钒钛资源综合利用国家重点实验室，组建全国钒钛磁铁矿综合利用标准化技术委员会，建成攀西钒钛检验检测院，国家钒钛交易所取得实质性进展。钒钛高新区工业投资22亿元以上，工业销售收入140亿元以上。

实施创新驱动发展战略。促成国家层面对钒钛综合利用的重大关键技术开展科技攻关。完善重大科技攻关协同推进机制，开启与乌克兰钛研究院等的国际合作。引进落地院士工作站2个以上，建成1个“国家千人计划”工作站。促进军民融合发展，加强与中船重工等军工集团的项目合作，争取更多企业获得军工产品资质。创建知识产权强市、国家创新型城市，新增高新技术企业5家，高新技术企业占规上企业比重达12%，高新技术产业产值500亿元以上、占工业总产值比重超过26%，科技研发投入15亿元，占GDP的比重达1.5%左右，专利申请量2600件以上，增长4%。加快科技成果转化运用，科技对经济增长贡献率达到56.5%。力争新增国家级双创载体2家，省级双创载体3家。加大《攀枝花人才新政七条》实施力度。

加大重点领域改革力度。纵深推进“9张清单”落地落实。西区国家级基层政务公开标准化规范化试点取得可复制经验。深化商事制度改革，力争全市新登记各类市场主体1.5万户。推动电力改革，年内实现电力市场化交易。落实环保机构垂直改革要求和国家投融资、社会保障、财税改革政策。统筹推进教育、医疗、文化、体育等社会领域改革。

五、提升开放合作水平，加快建设四川南向门户

全面对接全省“四项重点工程”，深化国际经贸合作，推进开放合作迈向高水平。

推进对外开放。加大对重点地区开放力度，主动融入长江经济带、“一带一路”、东盟自由贸易区及中印孟缅经济走廊建设，拓展对外贸易，推动更多钢铁、钒钛、特色农产品出口。

深化区域合作。抢抓省委大力推进“四项重点工程”机遇，积极推进与天府新区的产业合作，承接产业转移；提前开展与天府国际机场航班航线对接，促进互联互通；用好自贸区平台，利用“蓉欧班列”加大对外贸易。协调丽江、大理、楚雄等市（州），加快推进丽（丽江）攀、攀大（大理）高速公路云南段建设。深化与北京、上海、成都、苏州、无锡、常州等城市的合作。

强化专业化招商。精准搭建合作平台，提高专业化招商能力，围绕钒钛深加工和广泛运用，强化补链强链招商。抓实产业部门招商，围绕“1+5+N”重点产业，利用西博会等活动平台，加大外资项目招引力度，引进实际到位资金700亿元。

六、坚决打好“三大攻坚战”，夯实在全省高水平率先全面建成小康社会基础

打好防范化解重大风险、精准脱贫、污染防治攻坚战，是关系群众利益的重点，也是攀枝花市能否在全省高水平率先全面建成小康社会的关键点。

防范化解重大风险。加大金融风险防控，支持银行机构加大不良贷款管理力度，降低银行不良贷款率。防范化解政府债务风险，确保政府债务率下降10%左右。妥善处置房地产领域遗留问题，保持房地产市场平稳健康发展。加强社会稳定风险管控，从源头上预防和减少信访突出问题，实现信访批次、人次“两下降”，信访化解率、群众

信访满意率“两上升”。健全立体化社会治安防控体系，深入推进平安攀枝花建设。严格落实安全生产责任制，确保安全生产形势持续稳定向好。提高防灾减灾救灾能力。落实粮食安全行政首长负责制。创建食品药品安全示范城市。

全面打赢脱贫攻坚战。高质量推进精准扶贫、精准脱贫，重点开展产业扶贫、就业扶贫、教育扶贫、健康扶贫，积极发展壮大村级集体经济。完善财政投入稳定增长机制，确保财政专项扶贫资金增幅达到35%以上。开展扶贫领域专项整治，严格执行贫困村退出标准，确保1020名贫困人口易地扶贫搬迁、剩余15个贫困村退出、6636名贫困人口脱贫任务全部完成。做好大中型水利水电移民及后扶工作。

大力推进大气、水、土壤污染防治。高质量完成中央、省环保督察反馈问题的整改。加强大气污染防治，确保空气质量优良率95%以上。全面落实河长制，加强水源地保护，加快县、乡污水处理设施建设，力争地表水、饮用水水源地水质达标率100%。打好净土保卫战，实施苏铁国家自然保护区矿山迹地治理等重点项目，危险废物处置利用率达到100%。

七、加大宜居城市建设力度，加快建设全国阳光康养旅游目的地

打好创建全国文明城市硬仗，进一步完善城市功能，优化城市管理，建设宜居城市。

提高城市设计和建设水平。加强城市设计管理，完成城市总体设计、“城市双修”规划编制和棚改腾空区、特色小镇等专项设计，逐步降低城区人口密度、建筑密度、建设强度，增强城市空间的层次感和通透性。加快建筑产业现代化和绿色建筑发展，推进装配式建筑产业发展，实现建筑业产值180亿元。加快推进火车南站等运输场站建设，观音岩引水工程实现主城区全面供水。实施主城区主要道路路面改造和城区道路边坡整治。深入开展全国老旧小区改造试点，完成危旧房棚户区改造2.46万户和“三供一业”改造移交。加快新区建设，提升医疗、旅游、康养、家政配套水平。

全面启动全国文明城市创建工作。坚持“全面创建、全域创建、全民创建”的总体思路，健全工作机制，实施信仰信念、文明素质、基础设施、环境优化、安全畅通、氛围营造等文明城市创建六大重点工程。扎实推进城乡环境综合整治。加强建成区网格化管理，规范完善小区物业管理服务。加快推进智慧城市建设，完善数字化城管运行体系。

八、坚持绿色发展，筑牢长江上游重要生态屏障

落实“绿水青山就是金山银山”的绿色发展理念，不断巩固提升美丽攀枝花的生态环境质量，加快打造绿色转型发展示范城市。

推进形成绿色生产生活方式。大力发展节能环保、清洁生产、清洁能源、生态循环农业。倡导简约适度、绿色低碳的生活方式，推进节约型机关、绿色家庭、绿色学校、绿色社区创建。加快建设清洁能源示范市，缅气入攀项目实现主城区通气，生活垃圾焚烧发电厂投产运营。

加大生态环境保护修复力度。严守生态保护红线。持续深入开展山水林田湖生态修复，实施重要生态系统保护和工矿废弃地修复重大工程。启动攀枝花湿地公园建设。建立生态环境损害赔偿制度，强化监管执法，坚决制止和惩处生态环境破坏行为。

深入实施大规模绿化攀枝花行动。抓好新一轮退耕还林重点工程，大力开展植树造林，加强森林管护。巩固提升国家森林城市、国家园林城市创建成果，加快推进攀枝花公园改造提升和绿道项目建设，让天更蓝、地更绿、水更清。

九、坚持以人民为中心的发展思想，提高保障和改善民生水平

完善公共服务体系，不断满足人民日益增长的美好生活需要，努力使城市发展更有温度。

大力兴办民生实事。在全面完成十大民生工程的基础上，扎实办好公共厕所、公办幼儿园、公共停车场、农贸市场、老旧小区改造、公园绿地、医疗基础设施、中小学设施、交通基础设施等9个方面34项民生实事，提高民生工作精准性、实效性。

抓好就业促进和社会保障。确保新增就业1.55万人。建立统一的社会保障公共服务平台，增强养老保险、失业保险兑付保障能力。健全社会救助体系，强化农村留守儿童关爱保护，提升困境儿童保障水平。建立健全“租售补”并举住房保障机制。

优质均衡发展社会事业。坚持教育优先发展战略，进一步提高教育质量和水平，提高公办和普惠性幼儿园学位占比，统筹推进城乡义务教育一体化发展，高中阶段教育普及率达94%，加强职业教育，支持攀枝花学院内涵式发展。推进“三线文化”国家级品牌打造，争创第四批国家公共文化服务体系示范区。实施健康攀枝花战略，加快推进花城新区医院、市妇女儿童医院建设，开展康养医疗基础性科学研究，积极推进家庭医生签约服务和医保付费方式等改革，提高基层医疗机构服务水平、医护人员专业化水平和医疗装备水平。

十、提升专业能力、培养专业精神，全面推进法治政府、创新政府、廉洁政府和服务型政府建设

深入学习贯彻习近平新时代中国特色社会主义思想和党的十九大精神，全面加强政府系统党的政治建设，坚定维护以习近平同志为核心的党中央权威和集中统一领导，确保党中央大政方针和省委省政府决策部署落地落实。牢固树立“四个意识”，坚定“四个自信”，认真开展“不忘初心、牢记使命”主题教育，深化“两转一提”，努力建设人民满意政府。

全面推进依法行政。坚持依法决策，推进合法性审查全覆盖。增强人大意识，自觉接受人大法律监督、工作监督和政协民主监督，坚决执行人大及其常委会的各项决议决定，认真办理人大代表建议和政协委员提案。常态化听取人大代表、政协委员、各民主党派、工商联、知联会、新阶联、无党派人士和人民团体的意见建议，广泛接受群众、媒体和社会监督。加强市场监管、维护市场秩序，强化行政执法监督，规范行政执法行为。加强审计监督。进一步规范招投标活动，加强政府投资建设项目和政府采购过程管理。深化政府信息公开。

提升政府服务效能。落实“最多跑一次”要求，深化“放管服”改革，深入推进项目并联、容缺审批。把群众的小事当大事来做，把企业的烦心事当自己的事来办，直接面对群众和企业的政务服务、行政审批还要进一步下沉到县（区）和乡（镇），提高网上办理率，政务服务更加简便高效，进一步优化营商环境。全面实现国际贸易“单一窗口”进出口货物全申报。深入推进专业化招商、项目竞进拉练、项目精细化管理、双向交叉测评，提升工作效能。加强目标督查考核，不断提升政府服务水平。

扎实开展“两转一提”。坚定用习近平新时代中国特色社会主义思想武装干部头脑，加强思想政治建设，拓视野、破陈规，大力推动观念转变。大兴调查研究之风，坚持目标导向、问题导向抓落实，整肃庸政懒政怠政行为，健全正向激励和容错纠错机制，推动形成勇于担当、真抓实干的良好政风。加强习近平新时代中国特色社会主义经济思想、产业经济政策法规和相关专业知识的教育培训，全面提升干部队伍的学习本领、政治领导本领、改革创新本领等“八种本领”，确保党的十九大各项决策部署在攀枝花落地落实。

实施对标管理。把对标管理作为推动经济社会发展的重要方法，找准攀枝花市所处的历史方位和发展坐标，完善对标管理支撑体系、考核机制，既注重与先进城市全面对标，又注重在专业化招商、园区配套、产业发展、科技创新、金融支持、要素保障、行政审批、人才引进等方面单项对标，形成比学赶超、追赶跨越的生动局面。

强化党风廉政建设和反腐败工作。严格贯彻落实中央“八项规定”精神、省市“十项规定”实施细则，防止“四风”隐形变异、反弹回潮。严格落实“一岗双责”，深化重点领域和岗位的风险防控，持续深入开展党风廉政建设和反腐败斗争。筑牢反腐倡廉思想防线，办好“阳光问廉”，持续正风肃纪，加大查办违纪违法案件力度，举一反三，始终保持惩治腐败高压态势，营造风清气正的干事创业环境。

各位代表！使命重在担当，实干铸就辉煌。让我们紧密团结在以习近平同志为核心的党中央周围，高举习近平新时代中国特色社会主义思想伟大旗帜，在省委、省政府和市委的坚强领导下，不忘初心、牢记使命，锐意进取、勤勉有为，为建设美丽繁荣和谐攀枝花、开创全市人民美好生活新局面努力奋斗！

大事记

1月

1月2日　元旦小长假期间全市共接待游客20.95万人次，同比增长15.63%；实现旅游总收入1.89亿元，同比增长22.32%。

1月3日　攀枝花市第三次全国农业普查入户登记工作全面展开。

1月4日　攀枝花市再添6家“四川省数字化医院”，分别为攀煤总医院、仁和区人民医院、米易县人民医院、米易县妇幼保健院、盐边县人民医院、盐边县中医院。截至2017年1月，全市共有13家二级及以上医疗卫生机构通过“四川省数字化医院”评审。

1月6日　攀枝花市佳禾粮油有限公司、四川攀枝花大水井省粮食储备库、四川攀枝花国家粮食储备库、攀枝花市龙达面粉有限公司、攀枝花粮油贸易有限公司、米易县储备粮中心、盐边县桐子林粮油食品站等7家商品储备企业获免税资格，可按规定享受免征印花税、房产税、土地使用税等税收优惠政策。

1月7—8日　由四川省体育总会主办的2016年四川省全民健身羽毛球业余联赛总决赛在攀枝花市仁和区举行。本次总决赛共计有来自川东、川西、川南、川北和成都5个赛区的14支代表队参加，采取五场制混合团体赛的方式进行，包括男子单打、女子单打、男子双打、女子双打、混合双打等5个单项。

1月9日　国家质检总局正式认证通过成昆铁路扩能改造工程米易东站T梁场生产的单线孔T梁。这是中国执行新标准后首个通过认证的T梁场，也是四川省内首个具备单线孔T梁生产资质的T梁场，标志着成昆铁路扩能改造工程米攀段进入T梁批量生产阶段。

1月13日　为期40天的2017年春运工作正式启动。春运首日，攀枝花火车站、市客运中心、保安营机场发送旅客约8400人次，发送旅客量较春运前一日增加近1000人次。

1月20日　召开攀枝花市食品安全委员会2017年第一次全体会议，审议并原则通过《攀枝花市食品安全工作评议考核办法》《攀枝花市食品安全网格化监管工作实施方案》等。

2月

2月3日　今年春节黄金周全市共接待游客157.93万人次，实现旅游总收入13.8亿元，与去年春节黄金周相比，分别增长21.95%和31.49%。

2月5日　攀枝花市2017年民营企业家新春座谈会在金海名都酒店举行。市委、市政府与全市50名民营企业家共同分析机遇与挑战，共同谋划新年新发展。

2月7日　攀枝花市政府与国网四川省电力公司正式签订关于共同建设攀枝花智能电网战略合作框架协议。根据协议，攀枝花市将与国网四川省电力公司密切合作，优化攀枝花电网规划，适度超前建设攀枝花智能电网，全力推进电网建设项目落地。

2月7—10日　攀枝花市第十届人民代表大会第一次会议召开。会议选举黄正富为市人大常委会主任，李建勤为市人民政府市长，陈可红、杨林、刘忠杰、孔炜、覃发树、赵琪为市人大常委会副主任，沈钧、刘建明、李仁杰、马晓凤、李文飞、敬登峰、邓斌为市人民政府副市长；李光旭为市中级人民法院院长；李杨为市人民检察院检察长。会议选举钟国元为市人大常委会秘书长，王世全等31人为市人大常委会委员。

2月13日　金沙水电站成功实现大江截流，标志着该项目全面进入主体工程施工阶段。

2月14—15日　四川省政协副主席王正荣率队调研攀枝花市基层食品药品安全工作及监管体制改革情况，并与本市有关县区、部门进行座谈。

2月15日　攀枝花市政府与神州数码控股有限公司在

攀枝花会展中心签订战略合作协议。根据协议，双方将加强高层次战略合作，携手加快大数据智慧城市建设，共促地方经济社会发展和城市转型升级。

2月21日　楚雄—攀枝花天然气（缅气入攀）管道工程建设启动会在攀枝花市召开。该工程拟于今年5月开工，2018年12月底投产试运行。

2月22日　鞍钢集团公司董事长、党委书记唐复平一行来攀与市委、市政府交流座谈，双方一致表示，将珍惜和维护良好的合作局面，携手推动地企绿色发展、转型发展、跨越发展。

2月23日　攀枝花市中心医院、中西医结合医院成功通过国家“大考”，成为全国首个测试成功、顺利接入国家异地就医即时结算平台的地级城市。

2月24日　《攀枝花市供销合作社综合改革实施意见》经市委全面深化改革领导小组第12次会议审议通过，现正式实施。

2月26日　在CCTV－4中文国际频道播出的《城市1对1》节目中，攀枝花和法国城市留尼汪就工业城市转型展开对话。节目中，央视记者不仅亲身领略四川非物质文化遗产笮山锅庄舞蹈，还带领全球观众品花城美食、游康养胜地、享阳光花海

3月

3月1日　由国家森林防火指挥部专职副总指挥马广仁率队的国家森林防火指挥部督查组一行抵攀，督查攀枝花市森林防火工作。

3月3日　根据省委、省政府统一部署，四川省环境保护督察组进驻攀枝花市开展环境保护督察。在动员汇报会上，省政府副省长、四川省环境保护督察组组长杨洪波作动员讲话。会议期间，督察组还开展环境保护问卷调查。

3月8日　攀枝花市政府召开第2次常务会议。会议审议并原则通过《攀枝花市政府与社会资本合作（PPP）项目财政支持基金管理办法》《关于进一步支持民营经济发展的若干措施》《促进民营企业建立现代企业制度》《攀枝花市“十三五”科技创新规划》等议题。

3月10—11日　中石油、中海油、唐山海清源科技股份有限公司、睿智钢业有限公司等企业，前往钒钛科技孵化加速器项目施工现场、攀钢集团有限公司海绵钛分公司、攀钢集团钒业有限公司等地，实地考察攀枝花钛合金石油天然气专用管项目，并与攀枝花钒钛高新技术产业开发区举行合作交流暨融资促进会。

3月15日　攀枝花机场举行航油加注业务开通仪式。

3月17—19日　2017年四川省全民健身网球公开赛川西片区分赛在攀枝花市举行，攀枝花、雅安、凉山等9支代表队的258名运动员在攀枝花学院网球场展开激烈角逐。

3月21日　“金砖城市奖学金”设立仪式在盐边县国胜乡中心学校举行。未来5年，国胜乡中心学校将得到100万奖学金资助。

3月29日　市委、市政府与凯盛科技集团就石墨资源综合利用及烯碳产业园建设项目展开对接，双方初步议定部分项目推进“时间表”，并明确在2017年上半年实现部分地企合作项目的开工建设。

4月

4月5日　市委办公室、市政府办公室印发《攀枝花市深化科研院所改革总体方案》，以深化体制机制改革为核心，以激发科研人员创新活力为突破口，在市属科研院所、已转制科研院所、新型研发机构全面推进改革。

4月6—8日　在2017中外知名企业四川行活动中，中国中丝集团公司与攀枝花市就具体合作项目达成协议，并与盐边县企业“联姻”，共同成立中丝天成丝绸有限公司。攀枝花市在本次活动期间共签约项目56个，项目签约金额共计244．97亿元，涉及特色农业、钒钛、新材料、康养旅游、现代物流、基础设施建设等产业和领域。

4月11日　攀枝花市与西南交通大学举行座谈会，就市校双方康养及产学研合作事宜进行座谈交流。西南交通大学党委副书记晏启鹏考察西南交通大学首批来攀挂职的3名干部。

4月11—13日　省委书记王东明前往攀枝花市、凉山州调研督导并主持召开攀西经济区工作座谈会，研究部署攀西经济区经济社会发展、改革开放、脱贫攻坚、农业农村和党的建设有关工作，推动习近平总书记系列重要讲话精神和中央、省委决策部署落地落实。

4月12—14日　省政协副主席、民建四川省委主委陈文华率调研组来攀，通过实地察看、召开座谈会等形式，就攀枝花工业固体废弃物综合利用情况进行调研。

4月14日　朝鲜“4·25”体育代表团乒乓球队一行7人来攀，开展为期三天的交流比赛。

4月15日　2017年攀枝花市—凉山州乒乓球比赛在市体育馆开赛。

4月20—21日　北京市海淀区人大常委会党组成员、副主任杨莉率北京市人大代表海淀团一行莅攀考察，与攀枝花市相关部门和部分企业负责人进行座谈，并听取攀枝花市基本市情、城市建设、养老服务等方面的情况介绍。

4月24日　中国共产党攀枝花市代表会议在攀枝花会

展中心召开。审议通过《中国共产党攀枝花市代表会议选举办法》；选举产生周树春等21名出席四川省第十一次党代会的代表。

4月26日　“2017·金沙江论坛”在攀枝花开幕。云、贵、川三省金沙江流域沿江50余个市、县、区的行业代表，科研机构及高等院校专家等近600名嘉宾齐聚一堂，共同为金沙江流域加快发展、创新发展献计献策。

同日　《2014—2016年攀枝花市知识产权保护状况（白皮书）》正式发布。

4月28日　首届中国傈僳族文化旅游高峰论坛在米易县举行。来自中国人类学民族学研究会、复旦大学、云南民族大学等研究会和高校的180余名民族文化、旅游方面的专家、学者汇聚一堂，共谋傈僳族文化旅游发展。

同日　2017年攀西区域精神卫生中心工作暨学术交流会在市三医院召开。会议对攀西区域精神卫生中心主要工作完成情况、严重精神障碍患者管理治疗、医教工作、社会公益、存在的问题等方面工作进行总结，并就下一步区域精神卫生中心的工作进行安排部署。

5月

5月4日　攀枝花市与贵州省黔西南布依族苗族自治州签署缔结友好市州框架合作协议。

5月5日　攀枝花市政府召开第6次常务会议。会议审议并原则通过《攀枝花市重大项目管理办法》《攀枝花市国家出资企业产权登记管理实施办法》等议题。

5月8日　“心向阳光 花城榜样”感动攀枝花——第四届道德模范颁奖晚会举行，隆重表彰本市11位道德模范，深情讲述他们的故事。

5月9日　四川产业振兴发展投资基金有限公司党委书记、董事长赵勇一行前往市钒钛科技孵化加速器、普达阳光国际康养度假区等项目现场考察，并就拓展合作领域、做实合作项目等具体工作与攀枝花市展开座谈。

5月10日　东北大学教授张德良、中国航天集团第七研究院总设计师郭峰、哈尔滨第一机械制造集团公司高级工程师李志成来攀考察，商议在攀建设低成本高性能钛合金制造项目具体工作，并议定多方共同努力，加快项目推进，确保该项目于2017年12月31日前建成投产。

5月11日　中国船舶重工集团党组成员、副总经理钱建平一行来攀考察。双方就新能源开发利用、钛产业发展、康养产业基础设施建设、环保、智慧城市打造等方面进行深入交流探讨，进一步寻求合作机遇，推动地企实现互利共赢。

5月12日　中铁建设集团副总经理李擘一行来攀考察，就进一步加强沟通了解，在基础设施建设、项目投资、物流等方面寻求合作共赢。

5月14日　《攀枝花市2017年度地质灾害防治方案》印发实施。2017年，攀枝花市确定7大地质灾害重点防范区域，明确重要防范点，将采取系列防治措施，保护人民群众生命财产安全，最大限度地减少地质灾害造成的损失。

5月15日　攀枝花市纪念方毅同志诞辰100周年纪念集《方毅与攀枝花》首发仪式在金海名都酒店举行。首发仪式上，攀枝花市向方毅同志之子、国际旅游投资协会理事会理事长方小榕颁发了攀枝花智库特邀顾问聘书，方小榕向攀枝花市捐赠了方毅同志相关档案和生前留下的工作生活物品。

5月16日　成昆铁路扩能改造工程米攀段首座万米隧道——总发隧道胜利贯通。

5月18日　国家康复辅具研究中心主任、附属康复医院院长樊瑜波和国家康复辅具研究中心党委书记蔡山涛一行来攀考察。在金海名都酒店，双方就康养产业发展，特别是“康养＋工业”、“康养＋医疗”、康复辅具器械等方面进行深入交流探讨，积极寻求合作契合点，共谋双赢发展。

同日　海军装备部驻重庆地区军事代表局局长郑福明率海装重庆局代表团莅临攀枝花市考察军民融合发展情况。

5月20日　2017·攀枝花市凤凰花节暨清凉夏日游在东区枣子坪街道大地湾社区凤凰花主题公园拉开帷幕。

5月23日　中建材·攀枝花石墨碳基材料研究院在攀枝花学院工程实训中心挂牌，标志着中建材凯盛科技集团和攀枝花市将在石墨矿资源综合利用方面展开深度合作。

6月

6月4日　市政府出台《攀枝花市人民政府关于加快金融发展的意见》，拟用3年左右时间努力将金融业发展成为全市现代服务业的支柱产业，基本形成较为完善的金融组织体系和良好的金融生态体系，把攀枝花逐步建设成为具有一定辐射力、带动力的区域性金融服务中心和省内次级金融中心。

6月10日　攀枝花电子商务产业园二期开园暨城市创新综合体项目启动仪式在东区奥林匹克购物中心综合馆举行。在启动仪式上，分别为攀枝花城市创新综合体、攀枝花钒钛运营中心、攀枝花京东生鲜、攀枝花创客阳光项目授牌。

6月11日　《攀枝花市对口帮扶木里藏族自治县规划（2017—2021年）》通过四川省委藏区办审核，攀枝花市新一轮对口援藏规划编制工作圆满完成。

6月12—13日 省人大常委会副主任、党组副书记黄新初率执法检查组莅临攀枝花，就攀枝花市贯彻执行《固体废物污染环境防治法》《四川省固体废物污染环境防治条例》情况，开展固体废物污染防治工作执法检查。

6月16日 “大规模绿化全川暨生态脆弱区植绿惠民—世界防治荒漠化和干旱日”主题活动在攀枝花市米易县举行。

同日 攀枝花市政府召开第11次常务会议，审议并原则通过《攀枝花市城市绿化条例（草案）》议题。

6月17日 市委办公室、市政府办公室联合印发《攀枝花市全面落实河长制工作方案》。《方案》明确提出，通过全面实行河长制，到2020年，全市在水资源保护、水域岸线管理、水污染防治、水环境治理、水生态修复等方面取得明显成效。

6月18日 在攀枝花会展中心召开领导干部大会，宣布省委关于攀枝花市党政主要领导调整的决定。决定李建勤同志任中共攀枝花市委书记，免去张剡同志中共攀枝花市委书记、常委、委员职务。王波同志任中共攀枝花市委委员、常委、副书记，同意提名王波同志任攀枝花市人民政府市长，免去李建勤同志攀枝花市人民政府市长职务。

6月20日 农业部党组副书记、副部长余欣荣一行赴攀，调研攀枝花市现代特色农业。余欣荣强调，攀枝花要立足本地独特的气候、光热、水土资源，着力培育农业特色产业，积极创新农业综合开发模式，以推进优质农产品示范基地建设为重要抓手，努力打造四川省乃至全国现代特色农业发展的成功典范。

同日 攀枝花市科协芒果防伪溯源系统开通上线仪式在仁和区总发芒果专业技术协会举行。

6月21日 全省2017年第二季度重大招商引资项目集中开工，此次攀枝花市共有28个集中开工项目，总投资达80．68亿元。

6月22日 安徽国购集团产业控股总裁兼安徽国购机器人控股公司董事长姚大全一行来攀。双方就推动攀枝花钒钛产业发展、康养旅游产业发展、特色农产品交易、新能源汽车推广、城市文化创意等方面深入交换意见。

6月26日 攀枝花市政府召开第13次常务会议。会议审议并原则通过《攀枝花市市区污水处理费收费标准调整方案》等。

6月27—28日 攀枝花市第十届人民代表大会第二次会议在攀枝花会展中心召开。会议补选王波同志为攀枝花市人民政府市长。

6月29日 攀枝花市政府与北控水务集团战略合作协议签约仪式在攀枝花会展中心举行。根据协议，攀枝花市政府与北控水务集团有限公司将在依法、公开、平等、竞争择优的基础上，本着“成熟一个合作一个”的原则，就攀枝花市新增城镇水务、水环境综合治理、环卫基础设施项目依法展开全方位合作。

7月

7月4日 省人大常委会副主任黄彦蓉及省督导组一行来攀，督导攀枝花市学习宣传贯彻省十一次党代会精神情况。

7月28日 攀枝花市政府与成都市政府在成都市天府新城会议中心签署《成都市与攀枝花市深化区域协同发展合作备忘录》。

同日 楚雄至攀枝花天然气管道项目开工仪式在云南省楚雄彝族自治州会务中心举行。

8月

8月3日 国家统计局副局长贾楠率队莅攀调研攀枝花市统计工作。

8月4日 国土资源部党组成员、副部长，国家测绘地理信息局党组书记、局长库热西·买合苏提一行赴攀，调研攀枝花市国土资源与测绘地理信息工作。

8月7日 攀枝花钒钛资源开发投资基金和攀枝花市康养产业投资基金组建签约仪式在金海名都酒店举行。仪式上，攀钢集团、四川发展产业引导基金、市国投集团公司共同签署攀枝花钒钛资源开发投资基金合作协议；中国海外控股集团南方公司、北京琨山资本、市金海实业公司、市国投集团公司、市金实基金公司共同签署攀枝花市康养产业投资基金合作协议。

8月16日 上海康时股权投资基金管理有限公司总裁高汉民一行来攀，与攀枝花市就PPP项目投资、项目入库咨询、平台公司融资等进行对接洽谈。

同日 四川省引领性劳动和技能竞赛暨“助推区域发展，建功攀西开发”劳动竞赛启动大会在攀枝花市花城新区市政务服务中心项目建设工地举行。

8月23日 攀枝花市在市中心广场举行家庭医生签约服务全面启动仪式。

9月

9月5—6日 省委常委、常务副省长王宁率省级相关部门负责人莅攀，对攀枝花市雅砻江河长制工作、水资源保护、水环境整治、攀西战略资源创新开发试验区建设等情况进行调研。

9月12—21日　攀枝花市委、市政府分别在北京、成都、上海等三地举行“阳光的味道·香飘世界”“阳光的味道·点赞攀枝花”“阳光的味道·等待·值得”——攀枝花芒果品牌发布推介会。

9月21日　“2017攀枝花城市品牌营销暨房地产全国巡展——走进西藏”“2017攀枝花市城市发展暨土地资源投资”新闻通气会在西藏拉萨市西藏大厦酒店举行。

9月29日　“阳光花城·康养胜地”2017攀枝花市城市发展暨土地资源推介会在成都举行，重磅推介攀枝花18宗共计约1402亩珍稀优质土地资源。

10月

10月9日　攀枝花市召开市十届人大常委会第五次会议。会议第三次审议并表决通过《攀枝花市城市绿化条例》。

10月10日　在河北省承德市举行的“2017森林城市建设座谈会”上，国家林业局正式授予攀枝花市“国家森林城市”称号。

10月13日　副省长杨洪波深入盐边县巴拉河流域、金沙江东区段、攀大高速7标现场等地，实地调研攀枝花市省级环保挂牌督办问题整改、重大交通基础设施项目建设等工作开展情况，

10月18日　中国水环境集团董事长侯铎一行来攀考察。

10月19日　省人大常委会党组书记、副主任陈光志一行来攀，就攀枝花市脱贫攻坚、城市转型、康养产业发展等相关工作情况开展调研。

10月22—23日　省政协副主席、农工党四川省委主委王正荣率农工党省委课题组来攀，就“充分利用水能资源，推动攀西国家战略资源创新开发试验区建设”课题进行调研。

10月30日　攀枝花市政府召开第24次常务会议，审议并原则通过《攀枝花市生活污水处理设施建设PPP项目实施方案》《关于优化工业建设项目审批程序提高审批效率的实施方案》《关于优化房地产建设项目审批程序提高审批效率的实施方案》《关于完善法律援助制度的实施意见》《攀枝花市推进外商投资管理体制改革实施方案》《攀枝花市推进普惠金融发展规划（2017—2020年）》《攀枝花市行政执法公示规定》《攀枝花市行政执法全过程记录规定》和《攀枝花市重大行政执法决定法制审核办法》等。

11月

11月1日　中国·攀枝花·盐边“悦基金”2017年第24届全球华人羽毛球锦标赛在市体育馆开幕。

11月2日　第十七届全国西部城市综合统计信息交流年会在米易县开幕。此次会议共有来自内蒙古、宁夏、陕西、青海、甘肃、广西、贵州、云南、四川等9个省（自治区）42个市（州）统计局的260余名代表，30余名嘉宾，为近年年会规模之最。

11月7日　四川攀枝花钒钛磁铁矿野外科学观测研究基地（地质资料实物库）授牌仪式在米易县举行，标志着四川省国土资源厅实物地质资料攀西分库正式纳入四川攀枝花钒钛磁铁矿野外科学观测研究基地建设内容。

11月7—8日　水利部副部长田学斌率队莅临攀枝花，深入米易县草场乡、盐边县益民乡、仁和区大龙谭彝族乡、平地镇等地，调研全市水利工作开展情况。

11月16日　2017攀枝花钒钛资源综合利用院士行暨钒钛（国际）论坛在金海名都酒店举行。

11月17日　国家钒钛检测重点实验室正式挂牌，标志着全国唯一专业从事进出口钒钛检测的国家级重点实验室在攀枝花建成。

11月18日　第五届四川农业博览会攀枝花农业投资合作签约暨天府网交会攀枝花农产品特色馆启动仪式，在成都中国西部国际博览城2号馆举行。攀枝花市各区县与部分企业进行集中签约，签约金额达13．14亿元。

11月20日　国务院发展研究中心副主任、研究员张军扩率调研组莅攀，调研攀枝花市“三农”工作。

11月23日　攀枝花市召开市政府第25次常务会议。审议并原则通过了《攀枝花市推进“多证合一”改革实施方案》《攀枝花市城乡居民基本医疗保险办法》等。

11月24日　攀枝花市花城新区基础设施PPP项目正式开工建设。

12月

12月9日　昆明钢铁控股有限公司党委书记、董事长赵永平一行来攀，双方就加快钒钛资源开发利用，推进务实合作进行深入探讨。

同日　2017攀枝花恒力杯国际皮划艇马拉松赛开幕式在金沙江畔举行。中国首次长漂队队员、地质科学家杨勇以及来自14个国家和地区的运动员、教练员、裁判员等参加开幕式。

同日　中国气象局副局长宇如聪、四川省气象局局长彭广，在红格假日酒店，双方就攀枝花市机场迁建拟选址场地气象观测等问题进行沟通交流。

12月9—10日　由民革中央、四川省政协共同主办的第三届中国康养产业发展论坛在攀枝花举行。会上，攀枝花市获得国家康复辅助器具产业综合创新试点地区称号、国家居家和社区养老服务改革试点地区称号。期间，“康养+运动”分论坛、“康养+农业”分论坛、“康养+医疗”分论坛同时举行。

12月10日　由四川省政府主办的国家战略资源创新开发试验区·全国阳光康养旅游目的地产业投资推介会在盐边县红格温泉假日酒店举行。

12月12—15日　攀枝花市市党政代表团分别在江苏省常州市、苏州市、无锡江阴市考察学习。

12月18日　金沙江银江水电站岸上工程开工仪式在省道214线倮果桥段金沙江畔举行。

12月21日　攀枝花市全面落实河长制工作领导小组第四次会议召开。会议审议并通过市级五条主要河流《一河一策管理保护方案》《攀枝花市河长制工作提示、约谈、通报制度》《攀枝花市河长制工作市级考核办法（试行）》。

同日　攀钢高炉渣提钛产业化示范项目低温氯化工程开工建设。

12月22日　攀枝花市政府召开第27次常务会议。审议并原则通过《关于提请批准2017年退出贫困村的请示》《关于加强困境儿童保障和农村留守儿童关爱保护工作的实施意见》。

12月29日　攀枝花市监察委员会正式挂牌并召开成立大会。

概　貌

自然概貌

【地理位置】　攀枝花市是中国四川省直辖市，位于中国西南川滇交界部，金沙江与雅砻江交汇于此。北纬 26°05′~27°21′，东经 101°08′~102°15′。东北面与四川省凉山彝族自治州的会理、德昌、盐源 3 县接壤，西南面与云南省的宁蒗、华坪、永仁 3 县交界。北距成都 749 千米，南接昆明 351 千米，是四川省通往华南、东南亚沿边、沿海口岸的昀近点，为“四川南向门户”上重要的交通枢纽和商贸物资集散地。

【地形河流】　攀枝花市地处攀西裂谷中南段，属侵蚀、剥蚀中山丘陵、山原峡谷地貌，具有山高谷深、盆地交错分布的特点，地势由西北向东南倾斜，山脉走向近于南北，是大雪山的南延部分。海拔昀高点位于盐边县境内的柏林山穿洞子（4195.5 米），昀低点位于仁和区平地镇师庄（937 米），相对昀大高差 3258.5 米，一般相对高差 1500~2000 米。

攀枝花市隶属长江水系，河流多，境内有大小河流 95 条，分属金沙江水系、雅砻江水系，两水系在雅江桥处汇合。流域控制面积较大的主要有安宁河、三源河、大河三大支流。其中流域面积大于 500 平方千米以上的 6 条，100 平方千米~500 平方千米的 26 条，50 平方千米~100 平方千米的 18 条，5 平方千米~50 平方千米的小河流只统计直接汇入金沙江、雅砻江的 45 条。

【气　候】　攀枝花市属南亚热带—北温带的多种气候类型，被称为“南亚热带为基带的立体气候”，具有夏季长，四季不分明，而旱季、雨季分明，昼夜温差大，气候干燥，降雨量集中，日照长，太阳辐射强，蒸发量大，小气候复杂多样等特点。年平均气温是四川省年平均气温总热量最高的地区，无霜期 300 天以上。

2017 年，攀枝花市平均气温 20.0℃~21.4℃。全年月平均气温最高出现在 6 月（25.5℃~28.2℃），月平均气温最低出现在 12 月（12.4℃~13.5℃）。全年总降水量为 787.1 毫米~1239.0 毫米，较常年偏多 215.4 毫米，偏多幅度 23%。市日照时数为 2108.3 小时~2711.0 小时，较常年炳草岗，仁和区偏少 445.1 小时，盐边县偏少 295.9 小时，米易县偏少 181.4 小时。年平均相对湿度 57%~65%，多年平均炳草岗、米易县正常，仁和区偏小 5%，盐边县偏大 3%。

【国土资源】　2017 年，攀枝花市土地面积 7440.398 平方千米。其中，耕地面积 74952.12 万平方米，水域及水利设施用地面积 20145.2 万平方米，其他土地面积 18095.97 万平方米。

【生物资源】　攀枝花市的植物和野生动物种类繁多，达 2500 多种。珍贵稀有动物中，国家一级重点保护动物有 4 种（金雕、豹、黑颈鹤、四川山鹧鸪），国家二级重点保护动物 30 种。国家重点保护的一级、二级珍稀濒危植物 14 种，其中一级重点保护珍稀濒危植物攀枝花苏铁举世称奇，成片生长，达 20 多万株，且年年开花，雌雄竞放，与恐龙、熊猫一并被誉为“巴蜀三宝”。

国民经济和社会发展

【概 况】 2017年，攀枝花市实现地区生产总值（GDP）1144.25亿元，按可比价计算，增长7.4%。其中：第一产业增加值37.16亿元，增长4.3%，对经济增长的贡献率为1.9%，拉动经济增长0.14个百分点；第二产业增加值745.02亿元，增长7.2%，对经济增长的贡献率为65.2%，拉动经济增长4.8个百分点；第三产业增加值362.07亿元，增长8%，对经济增长的贡献率为32.9%，拉动经济增长2.4个百分点。人均地区生产总值92584元，增长7.2%。三次产业结构为3.2∶65.2∶31.6。全市民营经济实现增加值565.91亿元，增长7.6%，占GDP的比重为49.5%，民营经济对全市经济的贡献率50.4%。全年东区实现地区生产总值462.18亿元，增长7.5%；西区实现地区生产总值129.97亿元，增长7.1%；仁和区实现地区生产总值250.42亿元，增长7.6%；米易县实现地区生产总值161.91亿元，增长7.7%；盐边县实现地区生产总值139.77亿元，增长7.2%。

【农 业】 2017年，全市农林牧渔业总产值65.88亿元，增长8.1%。其中：农业产值40.79亿元，增长12.8%；林业产值1.01亿元，增长7.8%；牧业产值18.96亿元，增长1.9%；渔业产值4.24亿元，下降4.5%；农林牧渔服务业产值0.47亿元，增长7.8%。

全市粮食播种面积4.36万公顷，增长2.6%；油料播种面积0.24万公顷，下降0.2%；烟叶播种面积0.63万公顷，下降16.6%；蔬菜播种面积1.5万公顷，增长4.2%。粮食总产量23.51万吨，增长2.6%；油料产量0.37万吨，下降0.2%；烟叶产量1.33万吨，下降14.7%；蔬菜产量78.9万吨，增长5.5%；水果类产量29.3万吨，增长8.8%。肉类总产量5.49万吨，增长2.4%；猪肉产量4万吨，增长2.7%；牛肉产量0.33万吨，增长1.2%；羊肉产量0.49万吨，增长1.5%。全年完成造林面积3756万平方米，封山育林面积180万平方米，育苗面积285万平方米，森林覆盖率达61.79%。全年农业机械总动力达68.98万千瓦，增长6.1%；机耕负担面积52.29万平方米，下降6.3%；年末有效灌溉面积39.62万平方米，排灌机械保有量6140台。

【工 业】 2017年，攀枝花市实现工业增加值706.11亿元，增长7.3%，对经济增长的贡献率为61.7%。年末规模以上工业企业324户，全年规模以上工业增加值增长7.5%；全年规模以上工业企业产销率为97.2%；实现主营业务收入1726.7亿元、增长21.9%，主营业务成本1540.7亿元、增长24.1%，销售费用25.4亿元、增长0.6%，资产合计2283.6亿元，增长3.1%。

2017年攀枝花规模以上工业企业主要产品产量情况表

表1

	单位	绝对数	同比累计±%
铁矿石（原）	万吨	7961	-1.9
铁精矿	万吨	1109	-5.0
成品糖	吨	8004	-4.9
啤酒	千升	38008	-1.5
水泥	万吨	340	12.7
生铁	万吨	597	6.3
粗钢	万吨	590	13.2
钢材	万吨	536	18.0
砖	万块	71206	6.6
焦炭	万吨	441	-11.8
发电量	万千瓦时	2041435	-0.1

【建筑行业】 全年全社会建筑业增加值45.86亿元，比2016年增长6%。年末资质等级以上总承包和专业承包建筑企业90个，实现总产值217.8亿元，增长9.7%。

【固定资产投资】 2017年，全社会固定资产投资745.28亿元，增长7%，其中，民间投资299.68亿元，增长14.8%。从三次产业看，第一产业投资38.78亿元，增长35.7%；第二产业投资240.65亿元，增长2.1%；第三产业投资465.85亿元，增长7.8%。从结构看，基础设施投资273.78亿元，增长22.4%；产业投资239.58亿元，增长4.8%；民生及社会事业投资159.16亿元，下降6.4%；房地产开发投资59.96亿元，增长9%。

【房地产】 2017年，全市房屋施工面积699.91万平方米，下降2.4%；房屋竣工面积46.17万平方米，下降

61.6%；商品房销售面积175.58万平方米，增长38.9%；商品房待售面积30.36万平方米，下降19.5%。

【国内贸易及旅游】 2017年，全市社会消费品零售总额352.41亿元，增长11.2%。按经营地分，城镇消费品零售额323.01亿元，增长11.2%；乡村消费品零售额29.40亿元，增长11.6%。按消费形态分，商品零售306.41亿元，增长11.0%；餐饮收入46.0亿元，增长12.3%。

旅游总收入279.31亿元，增长15.1%。接待旅游总人数2317.69万人次，增长12.4%。全市共有名胜风景区和文物保护区20个，星级饭店、宾馆17个。

【对外经济】 2017年，全市招商引资到位资金663.19亿元，增长16.7%，其中：国内省外到位资金362.23亿元，增长3.7%；省内到位资金300.96亿元，增长37.4%。进出口总额26.24亿元，增长89.3%。其中，出口总额11.21亿元，增长22.8%；进口总额15.04元，增长217.2%。

【交通、邮电】 2017年，全市等级公路达3592.86千米，高速公路195千米。全年完成公路旅客运输量2063万人次，客运周转量58313万人千米，货物运输量9628万吨，货物周转量574457万吨千米。全市机动车保有量25.95万辆，其中，私人汽车14.89万辆；摩托车9.09万辆；营动车辆1.71万辆，出租汽车1597辆。境内铁路营动里程181.6千米，与2016年持平；境内火车站个数17个；全年完成铁路客运量164.64万人次，铁路货运量1913.58万吨。水路旅客周转量1168.32万人千米，水路货运周转量1203万吨千米。

全年邮电主营业务收入13.47亿元，其中，电信业务主营收入9.76亿元，邮政业务主营收入3.71亿元。年末拥有邮电局（所）68处；全年报刊发行量2372.13万份；函件81.26万份；快递业务量1325.28万件。年末固定电话用户33.97万户；年末移动电话用户数139万户，其中，3G以上移动电话用户数43.52万户；国际互联网用户数38.82万户。

【财政、税务】 2017年，全市一般公共预算收入60.59亿元，增长6.8%。一般公共预算支出136.84亿元，增长12.1%。国税组织收入57.38亿元，增长47.6%，其中，税收收入57.66亿元，增长46.9%；增值税48.64亿元，增长53.0%；消费税1.32亿元，增长6.1%。地税组织收入32.66亿元，下降13%，其中，税收收入28.90亿元，下降15.8%；营业税收入0.45亿元，下降92.6%.

【金融、保险】 2017年年末，金融机构人民币各项存款余额981.36亿元，比年初增加42.78亿元，增长4.6%。其中，住户存款余额575.92亿元，比年初增加52.93亿元，增长10.1%。金融机构人民币各项贷款余额795.54亿元，比年初增加56.91亿元，增长7.7%。年末共有保险公司18家，全年实现保费收入25.91亿元，其中，财产保险保费收入8.26亿元，人寿保存险保费收入17.64亿元。保险赔款支出10.60亿元，其中，财产保险赔款支出3.84亿元，人寿保险赔款支出6.76亿元。

【教育、科技】 2017年，全市拥有普通高等学校2所，普通中等学校57所，中等专业学校7所，小学61所，幼儿园199所。普通高等学校在校生26067人；普通中等学校在校生75087人，其中，普通中学在校生63622人；小学在校生68712人；幼儿在园儿童数32101人。专任教师总数13989人，其中，普通中等学校专任教师5744人，小学专任教师5024人。学龄儿童入学率99.98%，初中毕业生升学率96.03%，小学教师学历合格率100%。

全年全市各项专利申请数2797项。高新技术产业实现产值500.9亿元；安排科技项目1782项，其中，安排高新技术项目607个，2017年新上高新技术项目342人；各类科技项目获市级以上科技成果奖15项，其中省部级奖15项；科技新增经济效益26.33亿元。全市拥有国内专业技术人员79674人，其中，具有中级职称以上人员32431人，农业技术人员933人。

【文化和广电事业】 2017年，全市拥有博物馆和展览馆3个；文化（艺术）馆50个，其中，文化站44个；剧场影院7个；公共图书馆6个。乡镇广播电视站43个，351个行政自然村全部开通广播和电视。广播节目综合人口覆盖率98.89%，与2016年持平；电视节目综合人口覆盖率99.21%，比2016年提高0.01个百分点

【卫生、体育】 2017年，全市拥有医院、卫生院67个，疾病预防控制中心6个，妇幼保健站6个。医院、卫生院技术人员7873人，其中：执业医师3966人，注册护师、护士4663人。年末卫生机构床位数10004张，5岁以下儿童死亡率6.47‰，产妇住院分娩比例99.9%。

全市拥有体育场（馆）10个，各级体育社会团体49个，全民健身路径489条，社会体育指导站219个。全市各类运动队夺得省级比赛金牌67枚、银牌50枚、铜牌56枚。全年举办全民健身活动98次，参加活动人数5.11万人。

【环境保护】 2017年，全市集中开展“四大专项行动”，

中央环保督察交办的123件信访件全部办结，省环保督察反馈的237个问题已整改210个，省挂牌督办的89户选矿企业全部关停取缔。全面实行河长制。入选四川省山水林田湖生态保护修复示范试点。强力推进污染防治“三大战役”，空气质量全面达标、优良率98.4%，城市污水处理率93.3%，地表水和饮用水水源地水质达标率100%，森林覆盖率61.79%。成功创建国家森林城市、国家园林城市。全市单位GDP能耗下降10.26%，降幅居全省第一。

【安全生产】 2017年，发生工矿企业生产事故29起，死亡人数27人，安全事故死亡45人，工伤事故死亡人数45人。

【人口】 2017年年末户籍总人口109.44万人，其中，农业人口52.35万人，非农业人口57.09万人。当年出生人口11721人，当年死亡人口5910人，人口自然增长率5.3‰。年末常住人口123.61万人，城镇化率为65.99%，比2016年提高0.65个百分点。全年办理结婚登记8494对，离婚登记4247对。

【收入及消费】 2017年，全市城镇居民人均可支配收入35620元，增长8.4%。其中，工资性收入22248元，增长8%；经营净收入3507元，增长8.9%；财产性收入2207元，增长16.7%；转移净收入7658元，增长7.1%。城镇居民人均消费支出22846元，增长10.1%。其中，食品烟酒支出7815元，增长5.4%；衣着支出1479元，增长6.9%；居住支出3431元，增长8.6%；生活用品及服务支出1596元，增长6.7%；医疗保健支出3706元，增长26.8%；交通和通信支出2609元，增长10.4%；教育、文化和娱乐支出1623元，增长14.8%；其他商品及服务587元，下降0.7%。城镇居民恩格尔系数为34.2%。

全市农村居民人均可支配收入15336元，增长9.1%。其中，工资性收入4849元，增长7.1%；经营净收入8959元，增长9.8%；财产净收入448元，增长20.4%；转移净收入1080元，增长8.1%。农村居民人均生活消费支出11807元，增长6.4%。其中，食品烟酒支出4422元，增长5.3%；衣着支出579元，增长1.5%；居住支出2361元，增长7.0%；生活用品及服务支出665元，增长7.0%；交通和通信支出1576元，增长9.2%；教育、文化和娱乐支出973元，增长1.1%；医疗保健支出1066元，增长11%；其他商品及服务165元，增长28.4%。农村居民恩格尔系数为37.5%。

【物价水平】 2017年，居民消费价格总水平（CPI）上涨1.2%，其中，食品烟酒类价格上涨0.1%，衣着类上涨1.8%，居住类下降0.1%，生活用品及服务上涨0.9%，交通和通信类上涨1.8%，教育文化和娱乐类上涨4%，医疗保健类上涨2.2%，其他用品和服务类上涨1.8%。工业生产者出厂价格（PPI）增长24.2%，工业生产者购进价格增长25%。

【居住条件】 抽样调查表明，2017年年末，城镇居民人均住房建筑面积34.91平方米；94%的城镇居民家庭拥有自有房屋产权；93%的城镇居民家庭住进单元房。

【社会保障】 2017年，全市参加养老保险的人数49.28万人；参加医疗保险人数63.27万人；参加失业保险人数17.30万人；参加工伤保险人数20.95万人；参加生育保险人数21.17万人。城镇登记失业率为4%。

全市享受城镇居民最低生活保障人数10361人，减少945人；享受农村居民最低生活保障人数7726人，减少4386人；社会救济对象人数72927人（包括五保、城保、农保户）。全市拥有社会福利收养性单位95个，床位9633张；社会福利院6个，床位数870张；敬老院22个，床位数1929数。

市委工作

综　述

【国民经济发展】　2017年，攀枝花市全面深入贯彻落实中央和省委决策部署，紧紧围绕迎接中共十九大、学习宣传贯彻中共十九大和省第十一次党代会、省委十一届二次全会精神，统筹推进“五位一体”总体布局，协调推进“四个全面”战略布局，坚持稳中求进工作总基调，团结带领全市干部群众，千方百计稳增长、促改革、调结构、惠民生、防风险，各项事业取得新进展。全年实现地区生产总值1144.25亿元，增长7.4%；地方一般公共预算收入完成60.59亿元，增长6.8%；全社会固定资产投资745.28亿元，增长7%；社会消费品零售总额352.41亿元，增长11.2%；城镇、农村居民人均可支配收入分别为35620元、15336元，增长8.4%、9.1%。

【工业经济】　2017年，攀枝花市围绕建成国家战略资源创新开发试验区，着力做好“钒钛”文章，出台《关于加快推进攀西战略资源创新开发试验区建设的实施方案(2016—2020年)》，大力实施钒钛“五个一工程”（建强一个部省市共建的国家钒钛重点实验室、建成一个具有标准主导权的国家钒钛质检中心、建设一个聚集全国钒钛交易资源的国家钒钛交易所、建实一个“高”“新”特色鲜明的国家钒钛高新区、建好一批有实力的钒钛企业），设立总规模100亿元的钒钛资源开发投资基金，积极筹备试验区第四次省部联席会议，成功举办攀枝花钒钛资源综合利用院士行暨钒钛（国际）论坛，钛精矿、钒产品产能和产量位居全国第一。全年完成规模以上工业总产值1797.09亿元，增长19.4%；规模以上工业增加值增长7.5%；工业投资238.65亿元、技改投资257.35亿元，分别增长2.2%、8.1%。投资20亿元的工业园区第一批基础设施PPP项目开工，为优质产业项目入驻奠定基础。攀钢产品结构优化调整改造等重大项目竣工投产，高炉渣提钛产业化示范项目低温氯化工程、银江水电站岸上工程等项目开工建设。攀钢等大企业扭亏为盈，124户停产限产规上企业恢复正常生产。全市升规企业35户，工业行业增长面达87%，主营业务收入增长21.9%，创近年来新高。

【农业农村经济】　2017年，攀枝花市聚焦建基地、创品牌、搞加工，启动现代农业（芒果）产业园项目建设，创建农业部热作标准化示范园（基地）4个，中国热科院攀枝花试验基地开工建设，早春蔬菜、优质水果、林下种养等特色优势产业进一步发展壮大。设计并打造“阳光的味道——攀枝花芒果”品牌，在北京、成都、上海、香港、澳门举办5场攀枝花芒果品牌发布推介会，形成了“小芒果，大品牌，大市场，大发展”效应。攀枝花芒果入选全国首批特色农产品优势区、2017年度中国百强特色农产品区域公用品牌，远销俄罗斯、新加坡等国家，出口突破2万吨，增长33.2%。

【现代服务业】　2017年，攀枝花市围绕建成全国阳光康养旅游目的地，着力做实“阳光”文章，加快发展“康养+农业”“康养+工业”“康养+医疗”“康养+旅游”“康养+运动”，设立总规模50亿元的康养产业投资基金，上线康养大数据服务平台，成功举办第三届中国康养产业发展论坛、第24届全球华人羽毛球锦标赛，在全国率先发布康养产业地方标准，倡议成立康养产业城市联盟，成为国家智慧健康养老示范基地，进入中国养老城市排行榜50强，“攀枝花康养旅游综合体”入选全国民生示范工程。全年完成服务业增加值362.07亿元，增长8%。房地产开发投资59.96亿元、销售商品房175.58万平方米，实现“双增长”。限上商贸企业新增20户，电商线上交易额增长30%。82户企业在天府联合股权交易中心挂牌，成为全省第一批促进科技与金融结合特色试点城市。实现旅游收入279亿元，增长15%。

【地方经济和民营经济】 2017年，攀枝花市坚持把县（区）作为推动国民经济跨越发展的战略支点，挖掘县（区）潜力，调动县（区）发展积极性，县（区）发展质量和效益不断提升。高度重视民营经济发展，出台《支持民营经济发展十条措施》，通过优环境、扶创新、拓市场、强保障、助融资、引人才、降成本、促转型等措施，有效降低民营经济生产经营成本，充分释放民间资本潜力，有力促进了全市民营经济发展，全年实现民营经济增加值565.91亿元，增长7.6%，快于地区生产总值0.2个百分点，对全市经济增长的贡献率为50.4%。

【项目建设】 2017年，攀枝花市扎实推进“项目年”工作，推行一个项目、一名领导、一套班子、一个方案、一抓到底“五个一”工作机制，攀钢1.5万吨/年氯化法钛白生产线、观音岩引水工程西区段、电子商务产业园二期建成运营，首批“攀枝花造”汽车整车下线，楚攀天然气管道等重大项目开工建设，万达广场、远大美域国际康养小镇、国电龙源风力发电等项目落地，与中船重工、北大方正、中国民生投资、中信集团等企业深度对接合作。全年新开工项目222个，到位资金155.97亿元，分别增长12.69%、5.75%。

【招商引资】 2017年，攀枝花市出台加强和改进投资促进工作的23条措施，开展专业化招商，组织参加“2017年中外知名企业四川行”、2017年“第五届中国（绵阳）科技城国际科技博览会”、第二届中国西部国际博览会进出口商品展暨中国西部（四川）国际投资大会等省级重大平台活动，扎实举办专题推介会，积极开展登门对接，全力做好招商引资和项目促进对接工作，新签约项目290个，实际到位资金663.19亿元，增长16.7%。

【城市建设】 2017年，攀枝花市完成城市总规、城市轨道交通线网规划等修编工作，加快花城新区建设，加强生态花城、宜居县城、园林县城建设，积极打造特色康养小镇，扎实推进幸福美丽新村建设，被评为中国美丽乡村建设示范地区。大力实施绿化美化净化亮化工程，精心打造花街花道花园花海，成功创建国家森林城市、国家园林城市。

【环境保护】 2017年，攀枝花市牢固树立“绿水青山就是金山银山”“长江上游共抓大保护、不搞大开发”理念，以迎接中央环保督察为契机，坚持在非常之时、用非常之举、行非常之策，以铁的决心、铁的纪律、铁的措施，举全市之力，全面再排查，全力抓整改，坚决打响“攻坚战”“大会战”“巩固战”“持久战”，全面落实河长制，有效整治环境突出问题。中央环保督察交办信访投诉案件123件，仅占全省的1.4%，数量居全省后五位，到年底已全部办结；省环保督察反馈的237个问题到年底整改210个，整改率居全省前列。

【深化改革】 2017年，攀枝花市有力有序推进农业农村、国资国企等276项重点改革任务和72项改革试点示范，深化供给侧结构性改革，在攀央企、省属国企“三供一业”分离移交稳步推进，房地产向康养、文创等多业态发展。系统推进全面创新改革试验，国家钒钛检测重点实验室、软通动力攀枝花城市创新综合体、清华启迪之星（攀枝花）孵化基地等建成，钒钛资源综合利用国家重点实验室、四川钒钛材料工程技术研究中心、四川钒钛产业技术研究院等创新平台加快建设，军民融合发展取得新进展。

【对外开放】 2017年，攀枝花市扩大开放合作取得新成绩。对外大通道建设取得新进展，新增1个至成都航班，机场迁建、通用机场建设前期工作同步开展；成昆铁路扩能改造工程加快推进，大（大理）攀昭（昭通）高铁争取工作取得阶段性进展；攀大（大理）高速攀枝花段主体工程进度过半，宜（宜宾）攀高速开工建设，攀盐（凉山盐源）高速启动工程可行性研究。区域合作取得新成效，与成都市在交通、康养、金融、干部人才等十个方面开展深度合作；与川滇黔峰会成员市（州）的合作进一步加强，联合争取大（大理）攀昭（昭通）铁路按照高铁标准建设；与北京市西城区、海淀区合作持续深化，在北京、上海、香港、澳门等地举办芒果品牌发布推介活动；开启攀枝花与苏锡常都市圈区域合作的新篇章；成立康养产业城市联盟的倡议得到18个城市积极响应。对外开放迈出新步伐，成功举办攀枝花钒钛资源综合利用院士行暨钒钛（国际）论坛、第三届中国康养产业发展论坛、第24届全球华人羽毛球锦标赛等活动，全年招引省外项目77个；主动加强与“一带一路”建设沿线国家和地区的交流互动，中国十九冶集团中标海外项目59项、总金额2.2亿美元；全市外贸进出口总额26.2亿元，增长89.3%，增幅居全省第二位。

【民生工程】 2017年，攀枝花市紧盯“两不愁、三保障”和“四个好”目标，推行“企业+合作社+贫困户”“合作社+基地+贫困户”等模式，引导贫困户开展产业脱贫，强化教育扶贫和医疗扶贫，实现35个贫困村、2199户8881人脱贫，各村贫困发生率低于3%。投入资金2838万元，实施对口帮扶项目19个，为木里藏区脱贫攻坚持续注入“攀枝花力量”。投入民生资金52.47亿元，全面完成十大民生工程和十件民生实事，民生支出占一般公共预算支出超过65%。“9·19”灾后恢复重建基本完成。新建（改扩建）一批公园绿地、停车场、农贸市场。棚户区改造新开工2.2万套。成为全国老旧小区改造试点城市、中央财政支持的居家和社区养老服务改革试点地区。

【社会事业】 2017年，攀枝花市新增城镇就业1.8万人，就业促进、社会救济等保障体系更加完善。新增普惠性民办幼儿园17所，公办和普惠性幼儿园学位比例达80%，攀枝花成都外国语学校建成投用，普通高考本科上线人数实现九连升，建成国家级技能大师工作室3个，攀枝花选手第二次获得世界技能大赛焊接项目金牌。扎实推进公共文化服务体系建设，对农广播媒体融合传播指数进入全国百强。完成城乡居民医保整合，10家医院接入异地就医即时结算国家平台，成为全国首个通过国家省市三级联动测试的地级市；引入北京301医院、四川大学华西医院等优质资源；公立医院取消药品加成累计让利3.2亿元，次均住院费用降幅居全省前列。

【依法治市】 2017年，攀枝花市统筹抓好科学立法、严格执法、公正司法、全民守法各项工作，稳步推进司法体制改革，扎实开展“法律七进”，大力推进“七五”普法，完成全市首部实体地方性法规《攀枝花市城市绿化条例》立法工作。

【社会稳定】 2017年，攀枝花市加强社会稳定风险评估，健全突发事件应急机制和处置预案，积极稳妥解决信访涉稳问题，圆满完成中共十九大、省第十一次党代会安保维稳任务，成功创建全国公共安全视频联网应用示范市，平安建设群众满意度测评位居全省第二；严格安全准入，严格风险管控，严格隐患排查治理，扎实做好国务院安全生产大检查迎检工作；开展“双随机”抽查评估及专项整治，有效开展人感染H7N9禽流感疫情防控工作，省食品安全风险监测区域中心落户攀枝花。军民团结一心共同抗击“6·28”暴雨灾害，迅速恢复灾区正常生产生活秩序。

【民主政治建设】 2017年，攀枝花市积极加强民主政治建设，支持人大、政协依法依章程履行职责，加强同民主党派、工商联和无党派人士合作共事，支持工会、共青团、妇联等人民团体履行职能、深化改革。

【党建工作】 2017年，攀枝花市坚持把党的政治建设摆在首位，出台《旗帜鲜明讲政治 进一步加强领导班子思想政治建设的实施意见》，常态化制度化开展“两学一做”学习教育，教育引导广大党员干部树牢“四个意识”、增强“四个自信”，坚决维护以习近平为核心的党中央权威和集中统一领导。扎实推动党员干部转变观念、转变作风、提升能力，组织市党政代表团赴成都、江苏苏州、无锡、常州等地区考察学习，选派31名干部赴中央国家机关、央企和省级机关、发达地区挂职锻炼，组织全市59名乡镇（街道）党（工）委书记赴江苏开展“乡村振兴战略”专题考察培训学习；出台《人才新政七条》，着力集聚、培育高端人才。进一步夯实基层基础，建立党委、书记、班子成员抓党建“三张责任清单”，开展编制“一册一本一卡”、规范支部“三会一课”等10项基础工作，创新推进“两江、两路、两园”党建示范片创建和居民小区党建、城乡党建结对共建，扎实开展机关党建“灯下黑”、软弱涣散村党组织等专项整顿，各领域基层组织建设得到整体提升。认真履行党风廉政建设责任，持续用力正风肃纪，坚持无禁区、全覆盖、零容忍惩贪治腐，扎实稳妥推进监察体制改革，全年立案446件448人，结案441件，党纪政纪处分429人。

重要会议

【市委十届二次全体（扩大）会议暨市委经济工作会议】 2017年2月6日，中共攀枝花市委十届二次全体（扩大）会议暨市委经济工作会议在攀枝花会展中心召开。会议由市委常委会主持。市委书记张剡作重要讲话。会议深入贯彻落实中共十八大、中共十八届六中全会、中央经济工作会议、省委十届八次九次全会、省委经济工作会议精神，审议通过了《攀枝花市出席党的十九大代表候选人推荐人选名单》《中共攀枝花市委关于加强和规范党内政治生活 严格党内监督 巩固发展良好政治生态的实施意见》和《中共攀枝花市委十届二次全体（扩大）会议决议》。张剡代表市委常委会作工作报告，回顾总结了2016年工作，对2017年主要工作任务作出安排部署。市长李建勤对2017年经济工作作了具体安排。

张剡指出，2016年，在省委、省政府坚强领导下，市委团结带领全市各族人民，紧扣GDP破千亿目标，深入贯彻落实中央、省委稳增长、促改革、调结构、惠民生、防风险系列决策部署，纵深推进“四个加快建设”“四区驱动”发展战略，扎实抓好“项目推进年”各项工作，狠抓产业升级、城乡建设、改革开放、普惠发展、依法治理和党的建设，全市综合实力持续增强、发展面貌持续改观、动力活力持续激发、民生福祉持续提升、社会大局持续稳定、政治生态持续好转，各项工作均取得了新成绩新进展，实现了“十三五”规划良好开局。

张剡指出，2017年全市工作总体要求是：认真落实以习近平为核心的中共中央治国理政新理念新思想新战略，全面贯彻中共十八大、中共十八届六中全会、中央经济工作会议、省委十届八次九次全会和省委经济工作会议精神，牢固树立和深入落实“五大发展理念”，坚持稳中求进总基调，以提高发展质量和效益为中心，以推进供给侧结构性改革为主线，以全面从严治党为保障，坚定不移推进“四个加快建设”“四区驱动”发展战略，继续实施“项目推进年”活动，全力做好稳增长、促改革、调结构、惠民生、防风险各项工作，努力推动经济平稳健康发展、社会持续和谐稳定，以优异的成绩迎接中共十九大和省第十一次党代会胜利召开。

张剡强调，做好2017年全市经济社会发展重点工作，要把握经济发展新方位，在推动产业转型升级上实现更大突破；要聚焦中心城市总定位，在建设美丽生态城乡上开创更好局面；要打好改革开放攻坚战，在聚合发展动力活力上增创更强优势；要提升人民群众获得感，在推动社计民生发展上迈上更高台阶；要推进治理能力现代化，在维护社会和谐稳定上营造更好氛围。

张剡强调，治国必先治党，治党务必从严。全市各级党组织和广大党员干部务必要深入贯彻落实中央、省委和市委决策部署，坚持正确方向，勇担政治责任，坚定有力推进全面从严治党，切实把攀枝花市良好政治生态巩固好发展好。要坚持落实责任从严，狠抓执行落地；坚持思想教育从严，坚定理想信念；坚持干部选用从严，锻造中坚力量；坚持管理监督从严，强化刚性约束；坚持纪律约束从严，确保令行禁止；坚持改进作风从严，推动弊革风清；坚持惩治腐败从严，形成强力震慑；坚持制度治党从严，完善治本之策。

张剡号召，全市各级党组织和广大党员干部要更加紧密地团结在以习近平为核心的党中央周围，坚定信心、振奋精神，不忘初心、继续前进，撸起袖子加油干，打好转型升级攻坚战，冲刺全面小康总目标。

【市委十届三次全会】 2017年4月11日，中共攀枝花市委十届三次全会在攀枝花会展中心举行。全会由市委常委会主持。市委书记张剡讲话。全会决定，2017年4月召开中国共产党攀枝花市代表会议，选举攀枝花市出席中国共产党四川省第十一次代表大会代表。全会确定了攀枝花市出席省第十一次党代会代表候选人预备人选，递补李勇为中共攀枝花市第十届委员会委员。全会号召，全市各级党组织和全体共产党员，要更加紧密地团结在以习近平为核心的党中央周围，高举中国特色社会主义理论伟大旗帜，全面贯彻中共十八大、十八届三中四中五中六中全会和省委十届九次全会、市第十次党代会精神，以马克思列宁主义、毛泽东思想、邓小平理论、“三个代表”重要思想、科学发展观为指导，深入学习贯彻习近平系列重要讲话精神，紧紧围绕全力推进“四个加快建设”“四区驱动”发展战略，坚定信心、振奋精神，抢抓机遇、加快发展，为实现在全省高水平率先全面建成小康社会宏伟目标做出新的更大贡献，以优异成绩迎接中共十九大和省第十一次党代会胜利召开。

【全市传达学习省第十一次党代会精神大会】 2017年6月1日，攀枝花市传达学习省第十一次党代会精神大会在攀枝花会展中心召开。市长李建勤出席会议并讲话，市委副书记虞平主持会议。

李建勤指出，刚刚胜利闭幕的省第十一次党代会，是在四川省全面建成小康社会进入决胜阶段、奋力开启现代化建设新征程的关键时期召开的一次十分重要的会议。省委工作报告全面回顾和总结了省第十次党代会以来的工作，研究和确定了今后五年全省经济社会发展的指导思想、奋斗目标和重大举措，是一个站位高、成绩实、判断准、思路清的好报告。全市上下要认真学习、深刻领会，切实把大会精神转化为推动全市加快发展的强大动力。

李建勤指出，要深刻领会、准确把握，把思想和行动统一到省第十一次党代会精神上来；科学谋划、突出重点，推动省党代会精神落地落实；强化措施、苦干实干，切实抓好当前各项重点工作。

李建勤强调，四川新的发展征程已经开启，全市干部群众要迅速行动起来，更加紧密地团结在以习近平为核心的党中央周围，以习近平系列重要讲话精神和治国理政新理念新思想新战略为统揽，以深刻学习领会和贯彻落实省第十一次党代会精神为契机，顺势而为、乘势而上，改革创新、锐意进取，苦干实干、奋发有为，推动全市经济社会加快发展，以优异的成绩迎接中共十九大胜利召开。

【推进“两学一做”学习教育常态化制度化工作会议】 2017年6月28日，攀枝花市推进“两学一做”学习教育常态化制度化工作会议在攀枝花会展中心召开。会议学习贯彻习近平总书记重要指示，传达全省“两学一做”工作会议精神，就攀枝花市推进“两学一做”学习教育常态化制度化进行部署。市委书记李建勤出席会议并讲话。市委副书记虞平主持会议。

李建勤指出，推进“两学一做”学习教育常态化制度化，是坚定维护以习近平为核心的党中央权威和集中统一领导的必然要求，是推动全面从严治党向纵深发展的制度安排，是汇聚推动全市加快发展强大动能的有力抓手。各级各部门要深刻领会中央、省委精神，不断提高思想认识，教育引导党员干部找准方向，保持定力，锐意进取，加快推动全市各项事业发展，为建设美丽繁荣和谐四川贡献攀枝花力量。

李建勤强调，各级各部门必须坚持学习教育与业务工作深度融合，围绕“学”的要求、“查”的标准、“做”的关键、“强”的基础，解决思想观念问题、工作作风问题和执行能力问题。

李建勤要求，各级各部门要强化组织领导，层层压实责任，逗硬督导考核，加强分类指导，确保推进“两学一做”学习教育常态化制度化工作落地落实，以昂扬的精神状态和务实的工作作风，不忘初心、继续前进，以“钉钉子”精神抓落实，加快建设国家战略资源创新开发试验区和全国阳光康养旅游目的地，以优异的成绩迎接中共十九大胜利召开。

【惩治“微腐败”护航阳光花城工作推进会】 2017年6月28日，攀枝花市惩治“微腐败”护航阳光花城工作推进会在攀枝花会展中心召开。会议贯彻落实中央、省委相关会议精神，对惩治“微腐败”护航阳光花城工作进行安排部署。市委书记李建勤出席会议并讲话。市委副书记虞平主持会议。

李建勤指出，“微腐败”损害的是老百姓切身利益，啃食的是群众获得感，挥霍的是群众对党的信任。当前，攀枝花市基层干部队伍主流是好的，但个别地方和部门，干部不正之风和“微腐败”问题依然存在。全市上下必须强化使命担当，积极主动作为，严厉惩治“微腐败”，不断巩固发展风清气正的政治生态，让群众感受到全面从严治党的实际成果，感受到中国共产党有腐必反、有贪必肃的决心和信心，从而更加支持中国共产党、拥护党。

李建勤强调，要深化认识、提高站位，准确把握治理“微腐败”的重要意义。要深刻认识到推进“微腐败”治理，是顺应民心民意的迫切需要，是夯实党的执政基础的关键之举，是巩固发展良好政治生态的必然要求。

李建勤强调，要标本兼治、综合施策，扎实推进“微腐败”治理各项工作。要坚持“两个导向”，做到靶向精准、有的放矢，一方面坚持目标导向，明确开展“微腐败”治理的主要目标是持之以恒正风肃纪，旗帜鲜明惩贪治腐，着力把全市党风廉政建设和反腐败斗争引向基层、引向深入，坚决遏制腐败增量、减少腐败存量，不断增强人民群众的获得感、幸福感和归属感；另一方面坚持问题导向，在治理“微腐败”的过程中不断发现问题、研究问题、解决问题。要强化“四个抓手”，即抓好惩贪治腐、抓好廉政教育、抓好监督管理、抓好建章立制，做到综合施策、形成合力。要立足实际、聚焦重点、对症下药、精准发力，围绕民生民利、作风建设、棚户区改造、国企廉政建设、项目建设、环境保护等六个方面，开展一场集中治理“微腐败”的“六大行动”，做到重点突出、有力有效。

李建勤强调，要加强领导、夯实保障，确保治理工作抓实见效。要强化责任担当，各级党委（党组）要牢牢牵住全面从严治党主体责任这个“牛鼻子”不放手，把推进“微腐败”治理纳入中心工作；各级党委（党组）书记要切实履行第一责任人责任，既要坚持严于律己、发挥好模范带头作用，又要狠抓部署落实、积极履行“微腐败”治理责任；班子其他成员要严格落实“一岗双责”，全力抓好分管联系领域和单位的“微腐败”治理工作；各级纪检组织要聚焦中心任务，突出主业主责，切实把监督执纪问责责任履行好。要注重融合推进，各级各部门要站在讲政治、讲大局的高度，坚持上下联动、城乡共进、条块结合、惩防并举的原则，把“微腐败”治理与本地区、本部门各项重点工作深度融合，推动全市上下形成“一盘棋”治理工作格局。要发挥群众作用，要加大对惩治“微腐败”护航阳光花城工作的宣传力度，使治理工作家喻户晓、深入人心，增强群众维护自身合法权益意识，激励群众积极参与到治理工作中来；要坚持开门治理、公开亮剑，健全完善信访举报受理机制，拓宽社情民意表达渠道，积极向群众问案件线索、问民意诉求、问对策建议，做到治理工作请群众参与、靠群众监督、让群众满意。

【深化领导班子思想政治建设工作推进会暨县处级主要领导干部读书班开班】 2017年7月18日，攀枝花市深化领导班子思想政治建设工作推进会暨县处级主要领导干部读书班在攀枝花会展中心开班。市委书记李建勤出席开班式并作主题报告。市长王波主持开班式。

李建勤强调，要牢固树立和认真践行创新发展理念，不断推进理论、制度、科技、文化等各方面创新；要牢固树立和认真践行协调发展理念，大力推进城乡统筹发展，改善城乡面貌，提升人居品质，营造良好风气，促进全域发展、全面进步；要牢固树立和认真践行绿色发展理念，像保护眼睛一样保护生态环境，像对待生命一样对待生态环境，守护好绿水青山、蓝天白云、阳光花城这一最宝贵的财富和最大的优势；要牢固树立和认真践行开放发展理念，积极走出去、请进来，深化区域合作，使攀枝花不仅仅是地理位置上的四川南向门户，更是一个政治、经济、文化、科技交流的四川南向门户；要牢固树立和认真践行共享发展理念，落实习近平提出的“消除贫困、改善民生、实现共同富裕”“人民对美好生活的向往，就是我们的奋斗目标”的要求，持续提升全市人民的获得感、幸福感、自豪感和归属感。

李建勤强调，要雷厉风行抓落实，一项工作，早晚要干，晚干不如早干，要干就干好，否则就是浪费生命、贻误我们的事业；要动真碰硬抓落实，不回避、不后退，以逢山开路、遇水架桥的精神和明知山有虎、偏向虎山行的劲头，变压力为动力，化挑战为机遇来推动工作；要锲而不舍抓落实，咬定青山不放松、不达目的不罢休，有“功成不必在我，建功必须有我”的胸襟，大力发扬“钉钉子”精神，一锤接着一锤敲，一步一个脚印往前走；要精准发力抓落实，善抓工作，吃透上情、把握下情，找准各项工作的切入点和着力点。

李建勤强调，要突出重点学，深入学习党章党规、习近平系列重要讲话精神和治国理政新理念新思想新战略，坚持读原著、学原文、悟原理，系统学、深入学，通过学习来把握“五大发展理念”；要联系实际学，将学习落实到做好“钒钛、阳光”两篇文章上，做到思路清、抓手实、制度严、基础实；要创新方式学，不断创新学习形式、学习载体、学习制度，紧跟学习潮流、掌握所需知识、顺应时代发展。

【全面落实金沙江（攀枝花段）河长制工作暨推进环保突出问题整改会】 2017年8月11日，攀枝花市全面落实金沙江（攀枝花段）河长制工作暨推进环保突出问题整改会议在攀枝花会展中心召开。市委书记李建勤出席会议并讲话。

李建勤强调，要提高政治站位，切实增强抓好河长制工作、推动环境突出问题整改的紧迫感和责任感。全面推行河长制工作，抓好环境突出问题整改是落实习近平提出的“绿水青山就是金山银山”“长江上游共抓大保护，不搞大开发”，推动绿色发展，扎实推进生态文明建设和环境保护工作的重大举措，也是解决环境突出问题的有效手段。各级各部门要坚定政治意识、大局意识、核心意识和看齐意识，提高政治站位，务必保持高度警醒，真正做到思想自觉和行动自觉。

李建勤强调，要构建机制，推动河长制和环境突出问题整改工作有力开展。要进一步落实好“党政同责、部门协同、上下联动”工作机制，各相关部门、县（区）及市河长制办公室要充分发挥作用，各司其职、履职尽责、加强联动、协调配合、抓好落实。要充实人员、加强力量，对金沙江（攀枝花段）组织力量开展拉网式排查，确保不留问题死角；要健全工作制度，推进问题排查整改、信息报送、沟通联络、资料整理等各项具体工作规范化、制度化；要强化监督考核，真正把责任落实到单位和个人，做到“谁排查谁负责，哪条河段出问题就由哪名河段长负责”，对造成生态环境严重损害的，严格追责问责，对成绩突出的通报表扬。

李建勤强调，要突出重点，把工作抓细抓实抓具体。要围绕环境突出问题整改这一工作重点，全面开展“回头看”。按照安排部署，全面再排查，全力抓整改，确保近期内能够整改到位的坚决整改到位；近期内整改不到位的，要拿出具体方案，全力抓落实。要防止问题反弹，巩固整改成果，做到水源地、排污口、养殖场、垃圾堆场和弃土场等重点环节和领域的排查整改全覆盖、无死角。同时，要扎实抓好防汛减灾工作，加强金沙江流域的地质灾害隐患点排查，加强预警预测，认真落实“三避让”措施，全力确保一方平安。

【依法治市工作推进会】 2017年9月20日，攀枝花市依法治市工作推进会在攀枝花会展中心召开。会议贯彻全省依法治省工作推进会精神，全面落实省委依法治省各项决策部署，总结成效，交流经验，安排当前和下一阶段工作。市委书记李建勤出席会议并讲话。

李建勤指出，攀枝花市围绕依法治市做了大量有益探索，表现在责任落实到位、“关键少数”作用充分发挥、各项工作落地落实、制度建设有序有力。当前和今后一个时期，攀枝花市要全力做好“钒钛、阳光”两篇文章，通过打造“钒钛五个一工程”和推进五个“康养+”产业发展，实现产业结构更加优化、生态环境更加优美、人民群众更加幸福，让123万人民获得感、幸福感、自豪感、归属感显著提升，以攻坚克难的精神和兢兢业业的作风，坚定不移地崇尚法治、建设法治、厉行法治，推进依法治市各项工作再上新台阶。

李建勤强调，要提高政治站位，以中共中央对社会主义法治国家建设的重大理论和实践问题及省委提出的“治蜀兴川重在厉行法治”为根本遵循及工作方向，切实增强攀枝花推进依法治市工作的责任感和紧迫感。要突出工作重点，按照省第十一次党代会提出的“建成国家战略资源创新开发试验区和全国阳光康养旅游目的地”两个定位，坚定不移地抓好贯彻落实，把法治贯穿到抓项目、抓政策、抓资金上，为做好“钒钛、阳光”两篇文章提供坚强法治保障，在保障中心服务大局上取得更大实效。要强化责任担当，加强组织领导，强化各级党委（党组）的统一领导、统一部署，推动工作层层落实；明确责任分工，实行“清单制+责任制”，倒排工期、挂图作战，促进工作齐头并进；严格督查考核，开展定期检查、专项督查和实地暗访，动态跟进、定期研判法治建设推进情况，确保工作落实到位。

【宗教工作会议】 2017 年 10 月 12 日，攀枝花市宗教工作会议在攀枝花会展中心召开。会议传达学习全国、全省宗教工作会议精神，准确把握攀枝花市宗教工作面临的形势和任务，部署当前和今后一个时期的宗教工作，为中共十九大胜利召开营造和谐稳定的氛围。市委书记李建勤出席会议并讲话，市委常委、常务副市长沈钧主持会议。

李建勤指出，宗教工作关系党同人民群众的血肉联系，关系社会和谐、民族团结，关系国家安全和祖国统一，关系中国特色社会主义事业发展，始终是我们党治国理政必须处理好的重大课题。中共十八大以来，以习近平为核心的党中央高度重视宗教工作，对新形势下宗教工作作出了系列重大决策部署，推动全国宗教工作不断取得新成效、开创新局面。近年来，全市上下积极改进和加强党对宗教工作的领导，依法加强管理宗教事务，着力引导宗教与社会主义社会相适应，不断巩固党同宗教界的爱国统一战线，有效保障了宗教和顺与社会稳定。

李建勤强调，要提高政治站位，增强做好全市宗教工作的责任感和使命感。各级各部门要认真学习、深刻领会全国、全省宗教工作会议特别是习近平重要讲话精神，切实把思想和行动统一到中央、省委对宗教问题的认识和判断上来，统一到中央、省委关于宗教工作的方针政策上来，不断增强做好宗教工作的责任感和使命感，坚决维护安定团结、和谐稳定的大好局面。

李建勤强调，要抓住重点关键，牢牢掌握全市宗教工作的主动权。要坚定不移贯彻执行党的宗教工作基本方针，着力引导信教群众热爱祖国、热爱人民，维护中华民族大团结，服从服务于国家最高利益和中华民族整体利益；要积极引导宗教与社会主义社会相适应，引导宗教界增强国家认同、民族认同和文化认同；要大力推进宗教领域法治化进程，依法管理宗教事务、依法保护合法宗教行为、依法打击宗教违法犯罪行为，坚定不移把宗教领域各项事务纳入法制化轨道；要充分发挥宗教团体的积极作用，帮助宗教团体加强组织建设、思想建设、作风建设、制度建设和能力建设，培养壮大爱国爱教人才队伍。

李建勤强调，要强化工作保障，推动攀枝花市宗教工作再上新台阶。要进一步强化党对宗教工作的领导，进一步凝聚全市宗教工作合力、夯实宗教工作基层基础、加强党员干部教育力度，通过采取切实有效的措施，努力开创全市宗教工作新局面，凝心聚力做好“钒钛、阳光”两篇文章，以优异的成绩向党的十九大献礼。

【首批大规模选派干部赴上级机关和发达地区挂职行前动员会】 2017 年 10 月 26 日，攀枝花市首批大规模选派干部赴上级机关和发达地区挂职行前动员会在攀枝花会展中心召开。市委书记李建勤出席会议并讲话，市委副书记、市长王波主持会议。

李建勤指出，赴外挂职是短时间培养干部、争取资源、加快推动地方发展的有效方式。市委高度重视选派干部赴外挂职锻炼工作，此次统筹联系了上级机关和发达地区的 26 个挂职岗位，选派 26 名干部赴外挂职锻炼。

李建勤强调，要统一思想，充分认识赴外挂职锻炼的重要意义。选派干部赴外挂职是贯彻落实中央、省委要求的具体体现；是干部到新岗位新实践中接受磨炼，进一步拓宽视野、更新理念，切实提升谋发展、抓落实能力的必然要求；是攀枝花市扩大对外开放，加强对外宣传，走出去抓项目、抓政策、抓资金，切实促进区域合作、强化招商引资，推动产业结构调整和城市转型发展的急切需求。

李建勤强调，要珍惜机会，确保赴外挂职锻炼取得实效。大家要深刻理解市委选派干部赴外挂职锻炼的良苦用心，充分认识肩负的重要使命，珍惜机遇、主动作为，突出“学、干、抓、宣”四个字，圆满完成挂职锻炼各项工作任务。

李建勤强调，要突出“学”字，提前“预习”，认真“学习”，做好“复习”，进一步开拓视野；要突出“干”字，找准定位，对标补差，精准发力，在实践中增长才干；要突出“抓”字，熟悉政策、了解政策、争取政策，收集反馈信息，积极主动服务，全力抓项目、抓政策、抓资金；要突出“宣”字，广发“名片”，用“123456”（一朵花、两条江、三线建设、四张名片、五个区县、六度禀赋）介绍攀枝花，讲好攀枝花故事，发好“请柬”，努力争取支持，吸引外来投资。

李建勤强调，要严于律己，守住底线，自觉维护攀枝花的形象。挂职干部要时刻谨记身上的担子、责任和全市人民的殷切期望，做到既锻炼本事又锤炼作风，既满载而归又留下口碑。要坚守政治底线，增强政治意识，说话办事都要先从政治上考量，任何工作都必须以符合中央精神为前提；要坚守法纪底线，增强纪律观念，牢记党纪国法，时刻心存敬畏、手握戒尺，强化自我约束；要坚守廉政底线，慎独慎微、知畏知止，保持清醒、提高警惕。

李建勤要求，相关部门要加强服务，跟踪了解挂职干部，主动关心、及时掌握他们的工作、生活、学习和思想状况，积极帮助解决挂职过程中的困难问题，加强招商引资工作的业务指导，做好必要的经费保障，为挂职干部解决后顾之忧。

【传达学习党的十九大精神大会】 2017 年 10 月 29 日，攀枝花市传达学习中共十九大精神大会在攀枝花会展中心举行。市委书记李建勤出席大会并讲话。市长王波传达中共十九大报告、十八届中央纪委工作报告和党章修正案精神。市委副书记虞平主持会议。

李建勤强调，全市上下要自觉把思想和行动统一到中共十九大精神上来，把智慧和力量凝聚到落实中共十九大提出的目标任务上来，把学习中共十九大精神转化为推动各项工作的动力，做实做细做好各项工作，不断开创攀枝花改革发展新局面。

李建勤指出，要聚焦“贯彻新发展理念，建设现代化经济体系”，着力做好“钒钛、阳光”两篇文章；聚焦“健全人民当家做主制度体系，发展社会主义民主政治”，全面推进依法治市，推动治理体系和治理能力再上新台阶；聚焦“坚定文化自信，推动社会主义文化繁荣兴盛”，着力打造攀枝花大讲堂、攀枝花智库等文化品牌，加快建设区域文化高地；聚焦“提高保障和改善民生水平，加强和创新社会治理”，全面打响交通建设“五年大会战”，进一步畅通群众出行，不断提升民生福祉；聚焦“加快生态文明体制改革，建设美丽中国”，推进绿色发展转型发展，在成功创建国家园林城市、国家森林城市基础上，加快向国家环保模范城市、全国文明城市等目标迈进；聚焦“坚定不移全面从严治党，不断提高党的执政能力和领导水平”，持续巩固发展良好政治生态。

【深入开展“走基层”活动扎实推动“两转一提”动员会】 2017年11月28日，攀枝花市深入开展“走基层”活动扎实推动“两转一提”动员会在攀枝花会展中心召开。市委书记李建勤出席会议并讲话。市长王波主持会议。

李建勤指出，推动推动广大党员干部转变观念、转变作风、提升能力，是深入学习宣传贯彻中共十九大精神的必然要求，是做好“钒钛、阳光”两篇文章、推动产业结构调整和城市转型发展的现实需要，是推进全面从严治党、锻造忠诚干净担当党员干部队伍的务实举措。

李建勤强调，要拓视野、破陈规，大力推动观念转变；重实干、强执行，大力推动作风转变；倡学习、重锤炼，大力推动能力提升。

李建勤指出，“两转一提”是打基础利长远、事关攀枝花未来的一项系统工程，是覆盖全体党员干部的务实活动，绝不能走形式。全市各级各部门要深刻把握“两转一提”的内涵实质、任务要求，提高站位、担当作为，精心组织实施各阶段各环节工作，确保扎实有效推进。

重要决策

【推进农业供给侧结构性改革，增强农业农村发展新动力】 为认真贯彻落实中央农村工作会议、省十一次党代会、省委农村工作会议精神和省委书记王东明在推进农业供给侧结构性改革座谈会上的讲话精神，2017年6月28日，中共攀枝花市委、攀枝花市人民政府下发《关于推进农业供给侧结构性改革　增强农业农村发展新动力的实施意见》。《意见》从优化结构打造品牌，着力推进农业提质增效；补齐农业农村短板，加强农业农村基础设施建设；扎实推进农村改革，激发农业农村发展内生活力；持续推进脱贫攻坚，以“四个好”为目标建设幸福美丽新村四方面，对推进农业供给侧结构性改革、增强农业农村发展新动力进行安排部署。《意见》提出，围绕农业增效、农民增收、农村增绿，加快培育优势特色主导产业，推进农村一、二、三产业融合发展，以“四个好”为目标推进幸福美丽新村建设，持续改善农业农村生产生活条件，强力推进脱贫攻坚，激发农村资源要素潜能，推动农业农村发展再上新台阶，实现全市农林牧渔业增加值增长4.2%，农民人均可支配收入增长9%。

【稳步推进农村集体产权制度改革】 为深入贯彻落实《中共四川省委、四川省人民政府关于稳步推进农村集体产权制度改革的实施意见》（川委发〔2017〕27号）精神，2017年12月29日，中共攀枝花市委、攀枝花市人民政府下发《关于稳步推进农村集体产权制度改革的实施意见》。《意见》明确稳步推进农村集体产权制度改革的指导思想、基本原则和目标任务，提出全面开展清产核资、明确集体资产归属、科学确认成员身份、量化股份落实权利、依法确立主体地位、维护集体经济权利、强化资产财务管理、加快发展集体经济、健全产权流转交易市场九方面工作重点，以及切实加强组织领导、强化基层体系建设、精心安排组织实施、加大政策支持力度四方面工作保障。《意见》提出，从2017年开始，用1年左右时间基本完成集体资产清产核资，用4年左右时间基本完成集体经营性资产股份合作制改革为主的农村集体产权制度改革，逐步构建归属清晰、权能完整、流转顺畅、保护严格的中国特色社会主义农村集体产权制度。

【推进绿色发展，建设美丽攀枝花】 为全面贯彻中共十八大以来党中央、国务院和省委、省政府关于生态文明建设、生态文明体制改革和加快推进绿色发展的新理念新战略新部署，2017 年 6 月 8 日，中共攀枝花市委下发《关于推进绿色发展　建设美丽攀枝花的实施意见》。《意见》明确了推进绿色发展建设美丽攀枝花的指导思想、基本原则、主要目标、主要任务，以及健全地方性法规规章体系、强化执法监督、健全监督考核和责任追究制度、完善配套政策措施、加大资金支持、抓好组织落实六方面的工作保障。《意见》提出，通过加快推进生态文明建设，践行绿色发展理念，争取到 2020 年，资源节约型、环境友好型社会建设取得重大进展，生态环境质量明显改善，绿色、循环、低碳发展方式基本形成。

【全面落实河长制工作】 2017 年 5 月 17 日，中共攀枝花市委办公室、攀枝花市人民政府办公室联合印发《全面落实河长制工作方案》。《方案》明确提出，通过全面实行河长制，到 2020 年，全市在水资源保护、水域岸线管理、水污染防治、水环境治理、水生态修复等方面取得明显成效。《方案》明确了工作思路、工作原则及主要目标。全面实行河长制将坚持生态优先、依法管护、党政领导、属地管理、谁污染谁治理、层级考核、分类施策的工作原则。2017 年 12 月底前，将编制完成全市主要河流一河一策管理保护方案，确保全面建立河长制。到 2020 年，全市在水资源保护、水域岸线管理、水污染防治、水环境治理、水生态修复等方面取得明显成效，乱占乱建、乱采乱挖、乱倒乱排等现象有效遏制，侵占河道、超标排污、非法采砂、破坏航道、电毒炸鱼等突出问题依法得到清理整治；全市用水总量控制在 10.3 亿立方米以内；地表水水质优良比例为 100%；国家重要水功能区水质监测覆盖率达到 100%、水质达标率 100%，完成水土流失综合治理面积 603 平方千米，湿地保有量 114.5 平方千米。根据《方案》，攀枝花将建立市、县（区）、乡（镇）三级河（段）长体系，鼓励设立村级河段长，做到无缝衔接、全面覆盖。各级设立第一总河（段）长、总河（段）长，县（区）级及以上设置相应的河长制办公室。实行市全面落实河长制工作领导小组领导下的总河长负责制，市委书记担任领导小组组长、第一总河长，市长担任总河长。金沙江、雅砻江、安宁河、大河、把关河 5 条主要河流设立市级河长，实行双河长制，实行河长联络员制度。县（区）、乡（镇）党委、政府主要负责人分别担任辖区内第一总河（段）长、总河（段）长，并分别兼任 1 条重要河流的河（段）长。

【集中力量打好全国文明城市创建和交通建设“两大硬仗”】 为深入贯彻落实中共十九大和省委十一届二次全会精神，切实抓重点、补短板、强弱项，中共攀枝花市委、攀枝花市人民政府研究决定，举全市之力打好“两大硬仗”，以创建全国文明城市为统领加快提升城市宜居水平，以建设区域性综合交通枢纽为统领大力建设交通强市，为做好“钒钛、阳光”两篇文章提供更加有力的支撑和保障。2017 年 12 月 29 日，中共攀枝花市委、攀枝花市人民政府下发《关于集中力量打好全国文明城市创建和交通建设“两大硬仗”的通知》。《通知》提出，要紧盯提升城市宜居度这一目标，以创建全国文明城市为主抓手，在继续保持新一轮全国文明城市提名城市资格的基础上，以《全国文明城市测评体系》《全国未成年人思想道德建设工作测评体系》为导向，坚持“全面创建、全域创建、全民创建”的总体思路，按照“创建为民、创建利民、创建惠民”的总体要求，扎实深入开展全国文明城市创建工作，全面提升市民文明素质、社会文明程度和群众幸福指数，确保 2020 年成功创建为全国文明城市；要紧紧抓住《国务院关于印发“十三五”现代综合交通运输体系规划的通知》（国发〔2017〕11 号）将攀枝花纳入全国性综合交通枢纽建设的有利契机，深入贯彻落实《中共四川省委关于全面深入贯彻落实党的十九大精神，推动治蜀兴川再上新台阶，加快建设美丽繁荣和谐四川的决定》提出的“大力建设交通强省，完善‘八射三联三枢纽’为主骨架的综合立体交通基础设施网络，加快建设区域交通枢纽，构建现代综合交通运输体系”的部署要求，加快建设交通强市，推进基础设施网络化、公众出行便捷化、货物运输物流化、行业管理科学化，力争通过 10 年左右的持续努力，基本建成安全便捷、畅通高效、绿色智能的现代综合交通运输体系，市域范围内形成“1 小时经济圈”，与滇中城市群形成“2 小时经济圈”，与成都经济区形成“4 小时经济圈”，打造成为区域性综合交通枢纽。

【开展大规模培训干部工作】 为贯彻落实《中共四川省委办公厅关于开展大规模培训干部工作的意见》（川委办〔2017〕18 号）精神，培养造就新形势下引领全市经济社会发展的高素质执政骨干队伍，用两年时间实施干部能力素质提升行动，分层分类分阶段开展大规模干部培训，推动各级干部解放思想、拓宽视野、提升能力、转变作风，为攀枝花“四个加快建设”战略提供坚强的组织保障，2017 年 7 月 19 日，中共攀枝花市委办公室下发《关于开展大规模培训干部工作的实施方案》。《方案》提出，干部培训工作要紧扣一条主线，聚焦两个目标，把握三个阶段，严格落实责任，加强工作统筹，强化督促检查，着力打造三大培训渠道，构建三大学习平台，重点开展理论武装培训、党性锤炼培训、发展能力提升培训、综合素质提升培训、优秀干部人才培训、基层干部培训、急需紧缺人才培训。

【深入开展“走基层”活动扎实推动“两转一提”】 为深入学习宣传贯彻中共十九大精神，根据《中共四川省委办公厅关于印发〈深入学习宣传贯彻党的十九大精神 扎实开展第二阶段“走基层、解难题、办实事、惠民生”活动方案〉的通知》（川委厅〔2017〕56号）要求，2017年11月27日，中共攀枝花市委下发《关于深入开展“走基层”活动 扎实推动“两转一提”的通知》。《通知》提出，要深入学习宣传贯彻中共十九大精神，持续抓好“十个一”活动，扎实开展大宣讲和主题党日活动；要扎实抓好开好一个动员会、写好一篇心得体会、开展一轮大调研等系列活动；要切实为群众解难题办实事，突出抓好民生工程、深入开展走访慰问、推进依法治市纵深发展；要全力投身脱贫攻坚“冬季冲刺”，认真做好群众教育引导工作，完成年度脱贫任务；要扎实做好岁末年初各项工作，切实完成全年目标任务、维护社会和谐稳定、抓好年度工作总结和明年工作谋划。

【惩治“微腐败” 护航阳光花城】 为深入贯彻落实习近平系列重要讲话精神和中共十八届六中全会、省第十一次党代会、市第十次党代会精神，着力营造崇廉尚洁、风清气正的政治生态，2017年6月22日，中共攀枝花市委办公室关于印发《攀枝花市惩治“微腐败”护航阳光花城工作方案》。《方案》提出，深入贯彻落实全省整治群众身边不正之风和腐败问题现场推进会精神，坚持监督检查与促进工作相结合，坚持具体领域整治和抓制度的刚性执行相结合，坚持执纪问责和教育引导相结合，在民生民利、干部作风、棚户区改造、国企廉政建设、项目建设和环境保护等方面开展“六大整治行动”，重点解决庸政、懒政、怠政和不作为、慢作为、乱作为“三政三不为”等问题，严惩“微腐败”，规范“微权力”，养护“微生态”，服务保障“两篇文章”，保驾护航阳光花城。《方案》明确了行动内容、责任单位、工作措施、进度安排和工作要求。

制度建设

【关于推进“两学一做”学习教育常态化制度化的实施方案】 为贯彻落实《中共四川省委办公厅关于印发〈关于推进“两学一做”学习教育常态化制度化的实施意见〉的通知》（川委办〔2017〕25号）精神，结合攀枝花实际，2017年6月28日，中共攀枝花市委办公室关于印发《关于推进“两学一做”学习教育常态化制度化的实施方案》。《方案》提出，坚持用党章党规规范党员干部言行，用习近平系列重要讲话精神武装头脑、指导实践、推动工作，重点聚焦整改机关业务工作薄弱环节折射出党员干部存在的思想观念、工作作风、执行能力问题，带动其他领域整改党员存在的理想信念、干事创业、作风形象问题，广泛开展比学习、比作风、比创新、比实干，做到创有平台、争有目标、支部有活动、党员有行动、工作有推动，引导广大党员特别是党员领导干部紧扣做好“钒钛、阳光”两篇文章，立足岗位发挥示范作用。特别是要重点把握坚持思想教育、理论武装，坚持问题导向、务求实效，坚持领导带头、以上率下，坚持融入日常、抓在经常，坚持分类指导、激发活力等五方面具体要求。《方案》对筑牢学习基础，立足岗位查改问题，做合格党员、当干事先锋，加强党建基础工作等内容作出常态化制度化规定，并对落实工作责任、加强考核督导、注重统筹兼顾等作出了明确要求。

【关于加强和规范党内政治生活严格党内监督巩固发展良好政治生态的实施意见】 为深入贯彻落实中共十八届六中全会和省委十届九次全会精神，进一步增强党内政治生活的政治性、时代性、原则性、战斗性和实践性，提升全市各级党组织和党员干部的凝聚力、战斗力，为大力推进“四个加快建设”、在全省高水平率先全面建成小康社会提供坚强保证，2017年2月15日，中共攀枝花市委下发《关于加强和规范党内政治生活严格党内监督巩固发展良好政治生态的实施意见》。《意见》提出，要牢固树立“四个意识”，坚决维护党中央权威；坚持党的群众路线，密切党和人民群众的血肉联系；坚持党的民主集中制，促进党内民主健康有序发展；坚持正确选人用人导向，打造过硬干部队伍；坚持从严落实党的组织生活制度，增强党员自我提升能力；坚持扎紧织密制度“笼子”，约束规范权力运行；坚持从严要求奖惩并举，营造干事创业的良好氛围；坚持党内监督与外部监督相结合，为全面从严治党提供重要保障。

【关于旗帜鲜明讲政治进一步加强领导班子思想政治建设

的实施意见】 为深入贯彻习近平系列重要讲话精神特别是在参加十二届全国人大五次会议四川代表团审议时的重要讲话精神，认真落实中共十八届六中全会、省第十一次党代会、市委十届二次全会精神，推进领导班子思想政治建设常态化制度化，着力在强化政治引领、提高执政能力、坚决刷新吏治、培育新风正气、反腐倡廉建设、激发担当精神上深化拓展，把各级领导班子和干部队伍建设得更加坚强有力，巩固发展良好政治生态，大力推进“四个加快建设”，奋力实现在全省高水平率先全面建成小康社会，2017年6月26日，中共攀枝花市委下发《关于旗帜鲜明讲政治进一步加强领导班子思想政治建设的实施意见》。《意见》要坚定理想信念，用习近平总书记系列重要讲话精神武装头脑；牢固树立“四个意识”，坚决维护党中央权威；加强政治能力训练，提高观大势谋全局的领导水平；严明政治纪律和政治规矩，扎实推进党风廉政建设；强化政治功能，营造干事创业的良好氛围；严肃党内政治生活，夯实全面从严治党基础；加强党内政治文化建设，培厚良好政治生态土壤；落实管党治党责任，进一步提升从严治党实效。

【中共攀枝花市委工作规则】 为落实中央、省委全面从严治党要求，进一步完善和规范市委工作运行机制，提高执政能力和领导水平，根据《中国共产党章程》《关于新形势下党内政治生活的若干准则》《中国共产党地方委员会工作条例》《中国共产党党内监督条例》和四川省《市县党委工作运行规则》等党内法规，2017年7月26日，中共攀枝花市委下发《中共攀枝花市委工作规则》。《规则》围绕组织和成员、职责、组织原则、议事和决策、理论学习、行文制度、公务活动、联系基层和群众、督促检查、监督和追责等十二个方面作出了56条具体规定。

【市委理论学习中心组学习制度】 为进一步推进市委理论学习中心组学习制度化、规范化，推动理论武装工作深入开展，提高领导干部的理论水平和工作能力，加强领导班子思想政治建设，根据《中共中央办公厅关于印发〈中国共产党党委（党组）理论学习中心组学习规则〉的通知》（中办发〔2017〕9号）精神和省委有关加强党委（党组）理论学习中心组学习的规定和要求，2017年4月17日，中共攀枝花市委办公室下发《关于印发〈市委理论学习中心组学习制度〉的通知》。《通知》围绕人员范围、责任人、责任单位、学习内容等方面作出16条具体规定。

【“精文减会”十八条】 为进一步贯彻落实中央、省委、市委关于改进文风会风的要求，切实提高工作效率，2017年8月1日，中共攀枝花市委办公室、攀枝花市人民政府办公室下发《关于印发〈攀枝花市“精文简会”十八条〉的通知》。《通知》对发文数量、文件字数、“无会日”制度、全市性会议召开、参会人员、调研检查形式等18个方面作出了具体规定。

【深化人才发展体制机制改革】 为深入贯彻习近平系列重要讲话精神，认真落实省第十一次党代会精神和《中共四川省委、四川省人民政府关于深化人才发展体制机制改革促进全面创新改革驱动转型发展的实施意见》（川委发〔2016〕10号），按照市第十次党代会部署，深入实施人才强市战略，进一步加强全市人才队伍建设，不断激发人才创新创造创业活力，提升人才队伍对攀枝花经济社会发展的贡献率，结合落实《中共四川省委办公厅、四川省人民政府办公厅关于印发贯彻落实〈关于深化人才发展体制机制改革 促进全面创新改革驱动转型发展的实施意见〉和〈四川省“十三五”人才发展规划〉责任分工方案的通知》（川委厅〔2016〕47号），2017年9月19日，中共攀枝花市委、攀枝花市人民政府下发《关于深化人才发展体制机制改革 倾力推进“四个加快建设”的实施意见》。《意见》提出，力争通过3年左右的努力，基本构建起与全面创新改革驱动转型发展相适应的更具竞争力的人才制度体系，人才引进、培养、评价、流动、激励、管理机制更加完善，形成人才引领创新、人才支撑发展的生动格局；通过5年左右的努力，基本形成与“四个加快建设”相匹配的规模适应、结构优化、布局合理、富有创新精神的人才队伍，形成科学规范、开放包容、运行高效的人才发展治理体系，为推进攀枝花“四个加快建设”提供坚实的人才支撑和智力保障。

【攀枝花人才新政七条】 为认真贯彻落实中共十九大精神、省第十一次党代会和市第十次党代会精神，围绕做好“钒钛、阳光”两篇文章，扎实推动“四个加快建设”，不断做大人才基数、优化人才结构、发挥人才作用，激发各类优秀人才创新创业活力，2017年11月20日，中共攀枝花市委、攀枝花市人民政府出台《攀枝花人才新政七条》。《人才新政七条》包括实施钒钛产业领军人才集聚攻关计划、高层次人才激励计划、青年人才储备计划、“工匠攀枝花”人才计划、“银发余晖”人才计划等“五个计划”和支持创新创业平台建设、支持用人单位引才育才等“两个支持”。《人才新政七条》适用于全市党政机关及参公事业单位以外的各级各类企事业单位，包括民营企业和在攀注册、工作岗位在外地的企事业单位，支持的项目多、标准高、范围广，既有科研攻关资助、培训资助、学费资助、安家补助、租房补贴、岗位津贴、人才年金、人才成长奖、伯乐奖、人才公寓、青年人才驿站等方面的投入与扶持，又提供平台建设和精细化服务支撑；既重视引进外地人才，又重视培养本土人才；既关心储备青年人才，又注意为银发人才发挥作用搭建平台；既实施高层次人才激励计划，又重视培养各种技能人才；既重点支持钒钛、康养产业，又兼顾全市经济社会的全面发展需求，实现了对各类人才的支持全覆盖，形成了人才引进培养稳定激励的支持全链条。为推动该项政策落实落地，攀枝花市一并配套出台了7个实施细则。

目标督查

【目标绩效管理】　坚持目标导向，提升目标绩效管理科学化水平。分解下达2017年度综合目标任务。制定印发《关于分解下达2017年度省委绩效保证目标的通知》《关于分解省政府下达我市2017年目标管理指标的通知》《攀枝花市2017年度市级综合目标任务实施方案》和《2017年度市级部门职能目标》，明确了省、市各项目标任务的责任单位和工作要求，确保省、市各项工作安排部署到位、责任落实到位。严格年度目标绩效考评，着力推动目标绩效管理工作。完成了对81个市级单位和钒钛高新区管委会2016年度综合目标考核奖惩工作，以及县（区）市级综合目标的考核，并印发省级目标完成情况通报。组织召开2016年度目标绩效管理工作总结会暨2017年度下半年工作推进会，引导各单位对照目标找差距，对着问题找药方，进一步转变作风，改进工作。2017年，共召开目标绩效管理工作会和协调会9次，召开目标任务专项督办协调会7次，对欠目标进度较多的7个单位进行了约谈。

【督查督办】　坚持问题导向，进一步改进督查督办工作。突出重点，有序有效开展常态督查。认真抓好中央，省委、省政府和市委、市政府重要会议、重要文件精神的贯彻落实，严格按要求报告情况，严格按要求督促整改。对市委常委会、市政府常务会议定事项的办理情况，实行一季度一督办并通报，跟踪督办直至办结。对市委、市政府确定的年度重点工作（2017年度四大类共82项），实行一月一督办并通报，年终进行目标绩效考评。对市政府确定的月度重点工作和月度经济调度会督办事项的办理情况，实行一月一督办并通报，跟踪督办直至办结。对市委、市政府主要领导批示指示的办理情况，实行一周一督办并专报市委、市政府主要领导，跟踪督办直至办结。2017年，共向省委、省政府报送重要会议、重要文件、重要讲话精神的贯彻落实情况报告22份。督办市委常委会、市政府常务会议定事项281项；督办市委、市政府主要领导批示、指示件725件。紧盯难点，有力有恒开展专项督查。围绕做好“钒钛”“阳光”两篇文章，专项督办钒钛“五个一工程”和“康养+”5个产业，督促责任单位明确年度目标，挂图作战，定期通报情况，协调推进工作。专项督办“抓项目、抓政策、抓资金”工作，实行双月专报、年终考评，推动形成比学赶超工作局面。专项督办市级领导和责任部门抓安全生产工作情况，实行双月通报，督促提高思想认识，强化安全生产责任落实。专项督办王宁常务副省长在攀调研座谈会指示落实情况和花街花道花园花海、背街小巷等6个专项规划项目实施情况，并形成专报报市政府主要领导，跟踪督办直至办结。2017年，共印发督办通知199份，召开督办协调会20次，开展现场督查督办17次，报送督查专报81份，印发督查通报49期。

【民生工程】　围绕改善民生，狠抓民生实事和民生工程实施。2017年，全市民生工程及民生实事共投入资金51.2亿元，超年初预算安排8.06亿元，实际拨付资金50.13亿元。及时分解目标任务，层层落实工作责任。加强项目督查督办。2017年，市级层面共组织开展各类民生工程项目督查52次，向省政府报送各类督查报告14份，印发督办通知20份；通过探索建立民生工程社会评价机制，深入开展民生工程新闻宣传等多种手段，提升项目实施效果和群众知晓度、参与度。2017年，市级层面通过《攀枝花日报》、攀枝花新闻网、攀枝花公众信息网等各类媒体平台发布各类民生信息185条。

【办理人大代表建议和政协提案】　2017年，共接收和交办市十届人大一次会议代表建议100件，市政协九届一次会议提案236件。所有建议、提案均在规定时限内办理答复完毕，按时办复率达100%，建议和提案的采纳率分别达94%和91.9%，人大代表和提案者对各单位办理工作的评价均为满意。通过“攀枝花市建议提案在线信息系统”，对全市办理工作交办、办理、办结、评价实行全过程进行统筹协调和业务管理。对办理答复函件进行审核，把好规范关和内容关。对47家办理承办单位开展专项督查。修订完善《攀枝花市人民政府办理人大代表建议和政协提案办法》及其《考核细则》。

（罗　敏）

政策研究

【关于成都市产业发展、项目建设、创新创业的调查研究】 为实地考察学习成都市在产业发展、项目建设、创新创业等方面的成功做法和先进经验，2017 年 7 月 27—28 日，攀枝花市党政代表团前往成都市考察学习，形成了题为《对标先进找差距　借势借力促发展》的调研报告。《报告》从五个方面介绍了成都市的主要做法和经验，谈了五个方面的认识和启示。《报告》建议，要加强学习交流，创新思路措施，借势借力发展；做好“钒钛文章”，发展高端制造，加快产业升级；做好“阳光文章”，发展“康养 +”产业，促进结构优化；优化城市布局，提升功能品质，打造区域中心；贴近发展需求，拿出超常举措，汇聚人力资源。

【关于苏州市、无锡市、常州市产业发展、城市管理的调查研究】 为深入贯彻落实中共十九大精神，对标先进找差距、补短板、强弱项，更加扎实有效地推动全市各项事业发展，2017 年 12 月 11—16 日，攀枝花市党政代表团前往江苏省常州市、苏州市、无锡市实地考察学习，形成了题为《学习先进转观念　创新思维谋发展》的调研报告。《报告》从六个方面介绍了三市的主要做法和经验，谈了五个方面的认识和启示。《报告》建议，要坚持聚焦转型，增强经济实力；坚持创新驱动，提升发展质效；坚持绿色发展，打造良好生态；坚持文明引领，优化发展环境。

（但镗宏　王晓龙　冯光旭　胡文华　孔德遵　刘太云　张冰清）

保密工作

【重要决策部署】 2017 年 3 月 8—9 日，全省保密工作会议召开。会议结束后，市委保密办向市委专题汇报会议精神，市委认为要深入学习中央和省委部署精神，增强做好保密工作的责任感紧迫感，坚持党管保密，完善领导体制机制，加强监督检查，贯彻军民融合发展战略，着力强化保密系统自身建设，不断开创保密工作新局面。

3 月 30 日，市委保密委召开扩大会议，市委保密委成员单位负责人、各县（区）保密委员会主任、军工企业保密委员会主任出席会议。会议讨论中央 5 号文实施意见（草案），并审议并通过《中共攀枝花市委保密委员会 2017 年工作要点》《“十三五”时期攀枝花市保密事业发展规划》《攀枝花市“七五”保密法治宣传教育规划》。市委保密委主任吴成钢指出，要切实抓好中央、省委关于保密工作的决策部署，全力做好中共十九大和省第十一次党代会筹备和召开期间保密服务保障工作，突出重点任务，在人员管理和监督检查两个方面见实效，切实加强组织领导，进一步压紧压实保密工作责任，加快全市保密事业发展，为攀枝花市在全省高水平率先全面建成小康社会保驾护航。

4 月 7 日，攀枝花市召开全市保密工作会议，传达上级指示精神和通报失泄密典型案例，安排部署 2017 年保密工作，要求各级部门单位把深入学习贯彻习近平关于加强保密工作重要指示精神，中央关于加强和改进保密工作的要求和四川省委关于加强和改进保密工作的实施意见作为一项重要政治任务，切实抓好抓实。

4 月 13 日，市委印发中央 5 号文实施意见。4 月 19 日，市委办、市政府办联合印发《“十三五”时期攀枝花市保密事业发展规划》。

【保密技术平台建设】 非涉密计算机文件监管平台主要部署在党委、政府、人大、政协、政法系统等涉密程度较高的部门，重点部署在收发文、档案、公文起草等岗位的计算机上。截至年底，市本级共部署单位 60 个，占市级机关总数的 65%，部署终端 897 台，发现敏感文件 49027 个。各县区完成平台建设一期工程，总投入 400 万元，共部署单位 210 个，部署终端 919 台，发现敏感文件 20656 个。通知全市十余个存储处理较多敏感信息的单位限期整改，要求定期将敏感文件转存至涉密计算机上，已经全部整改到位。

【保密教育培训】 市委保密办在四川大学保密学院和南京大学保密学院，举办两期全市保密工作培训，共155人参加培训；为各县区和部分部门单位集中授课5次，主要内容是保密常识、警示案例分析、保密技术等，近千人参加培训；组织征订保密宣传教育书籍，发放各类保密常识资料、保密提醒卡、挂图等3000余份。

【领导干部保密轮训会】 2017年11月27日，攀枝花市在会展中心举行全市领导干部保密轮训会。市委、市人大、市政府、市政协在攀领导，市中级人民法院院长、市检察院检察长，市委、市人大、市政府、市政协秘书长、副秘书长，市级各部门（单位）主要负责人，各县（区）党委主要负责人及保密委成员和市委办公室工作人员230余人参加轮训会。会议观看保密文献纪录片《胜利之盾》和进行窃密泄密攻防技术演示。市委书记李建勤出席并讲话，要求各单位要提高站位，坚持以中共十九大精神统揽保密工作；认清形势，增强做好保密工作的紧迫感和使命感；压实责任，把保密工作各项任务落实到位。

【服务保障】 2017年，根据省委保密办关于全力做好党代会保密工作的有关要求，市委保密办精心谋划、周密安排、狠抓落实。主动联系市委办公室和市委组织部，联合制定《十九大和省第十一次党代会保密服务保障工作方案》，明确责任分工，认真查找薄弱环节，细化工作措施，就代表赴会、参会、离会等各环节做保密提醒，特别强调要严守会议保密纪律。为市委、政协等的其他重要会议提供保密服务保障工作5次。

【国家统一考试保密监督】 根据省委保密办关于做好国家统一考试保密工作的有关要求，市委保密办（局）会同有关部门先后4次检查各个试卷保密室，就存在的不足向有关单位提出要求，并依法依规严格监督试卷入库、分发等全过程。2017年，攀枝花市高考、司法考试、研究生考试、自学考试等各项国家统一考试顺利平稳结束，无失泄密事件发生。

【推进军民融合产业发展】 根据攀枝花市军民融合工作领导小组的任务安排，市委保密办先后赴省委保密办、省国防科工办协调有关事宜，查询有关信息。同时加快推进金沙纳米等企业申办武器装备科研生产保密资质，采取主动上门，从管理制度、软硬件防护配备、保密培训等多个方面为企业排忧解难。截至年底，1家企业顺利通过保密审查。

【保密工作督查】 2017年7月11日，市委保密办印发开展自查自评工作的通知，根据各单位反馈情况，自7月25日起陆续对44个市级部门的自查自评工作进行检查。并对5个县（区）保密行政部门进行认真督查，抽检县（区）部门15个，检查涉密计算机32台，抽查非涉密计算机122台，形成检查报告88份，提出督查整改意见和建议64条。各县（区）保密委对存在问题隐患较多的单位进行集中约谈，并责令5名相关责任人做出深刻检查。

【门户网站检查】 2017年5月5日下发检查通知，要求各部门各单位对各自互联网门户网站刊登的信息逐条清查，并严格履行信息公开保密审查。自6月5日起，市委保密办开展抽查，共抽查77个单位的互联网门户网站，发现1起违规案件，要求有关单位立即整改，并对有关责任人进行批评教育。

【开展专项保密检查】 市委保密办会同市公安局抽检公安系统单位18个，覆盖市公安局5个警种的支队机关、7个分县局和6个基层所队；共抽检公安网计算机（非涉密计算机）67台，其中违规存储处理国家秘密信息的有28台；抽检涉密计算机20余台，形成检查报告30余份，提出督查整改意见和建议30余条。

【查处失泄密案件】 2017年，市委保密办共侦办省委保密办（局）交办案件2起，截至年底，结案1起。

（丁　利）

纪律检查与监察

【概　况】 2017年，在省纪委监委和市委、市政府的坚强领导下，全市各级纪检监察机关牢固树立“四个意识”，强化监督执纪问责，围绕大局、聚焦主业，忠诚履职、开拓创新，党风廉政建设和反腐败工作取得明显成效，全市风清气正、崇廉尚实、干事创业、遵纪守法的良好政治生态总体形成。2017年，全市党风廉政建设社会评价综合指数为87.49，在全省排名第2位。12月9日，市编委发文设立市监察委员会。12月28日，市十届人大三次会议选举刘海为市监察委员会主任，12月29日，市监察委员会召开成立大会并挂牌成立，与市纪委会合署办公。

市纪委监委进一步深化“三转”（自身职能、方式、作风），完成县（区）纪委内设机构调整，规范落实“三个提名考察办法”，纪委书记、副书记的提名和考察以上级纪委会同组织部门为主实现规范操作。推进市级部门派驻机构改革，加强对派驻机构的联系、服务、指导和监督，发挥派驻机构职能作用，市级部门（单位）综合派驻纪检监察机构28个，覆盖监督80个市级部门，配齐配强纪检监察负责人28人。加强对派驻机构的管理考核，对7名市级单位纪检组织负责人试用期满转正、86名市级单位纪检监察组织负责人年度考核统一考核述职测评，实现对市级单位纪检监察干部的全过程管理监督。市纪委监委深入强化纪检监察干部讲政治、守纪律、守规矩，牢固树立政治意识和底线意识，将机关党员干部理论学习、中心组学习、“两学一做”学习教育融会贯通，先后组织82名纪检监察干部参加中纪委和省纪委组织的培训，采取轮岗锻炼、岗位练兵等工作加强提升纪检监察干部实践能力160人次，切实提升执纪业务水平和能力。加大优秀年轻干部培养力度，构建“纪检监察干部后备人员库”，将优秀监察室主任、优秀县（区）纪委副书记、机关优秀的室主任（副主任）等纳入后备人员库管理，培养成熟的提拔或交流到重要岗位。因工作突出，2017年市纪委副书记、姚宏受到中央纪委嘉奖，市监察局副局长饶晓东、仁和区监察局局长陈明标、米易县纪委受到省纪委表彰。

【市十届二次全会】 2017年2月14日，市十届纪律检查委员会第二次全体会议在攀枝花会展中心举行。全会出席委员35人。各县（区）纪检监察机关负责人，市级各部门及企事业单位纪检监察机构负责人等107人列席会议。市委书记张剡出席会议并作重要讲话。市委、市人大、市政府、市政协领导班子和市法院、市检察院主要负责人出席会议。市纪委书记刘海代表市纪委常委会作题为《提高政治站位忠诚履行职责 推进全面从严治党不断向纵深发展》的工作报告。会议传达学习十八届中央纪委第七次全会、省纪委十届六次全会精神，回顾总结2016年全市党风廉政建设和反腐败工作，研究部署2017年工作任务，审议通过市纪委工作报告和市纪委十届二次全会决议。全会指出，2016年，全市各级纪检监察机关牢固树立“四个意识”，切实担负全面从严治党政治责任，旗帜鲜明反对腐败，持续发力正风肃纪，建章立制巩固成果，强化监督执纪问责，党风廉政建设和反腐败工作呈现出全面发力、多点突破、蹄疾步稳、纵深推进的态势，良好政治生态得到持续巩固。全会强调，坚定不移推进全市党风廉政建设和反腐败工作，必须提高政治站位，围绕中心、服务大局；必须保持政治定力，步履铿锵、勇于担当；必须敢于刀刃向内，修身正己、破除四气。2017年度的党风廉政建设和反腐败工作要深入推进纪律建设，加强和规范党内政治生活；要持续强化压力传导，推动管党治党责任全面落实；要持之以恒正风肃纪，坚决防止“四风”反弹回潮；要聚焦纪律从严执纪，持续保持惩治腐败高压态势；要准确把握巡察定位，创新方式全面推进巡察工作；要深入推进标本兼治，不断提升防治腐败的治本力；要深化纪检体制改革，提升纪检监察工作治理能力；要坚持严管厚爱并重，打造忠诚干净担当纪检监察队伍。

【年度述责述廉】 市纪委强化党内监督，出台《2016年度县（区）党委、政府和市级部门主要负责人向市纪委全委会述责述廉工作方案》，对单位“一把手”遵守党的纪律、履行党风廉政建设主体责任情况进行监督。2017年2月14日，市纪委监察局召开县（区）和市级部门主要负责人2016年度述责述廉会，5个县（区）党委和2个市级部门（单位）主要负责人进行大会述责述廉，全市71名党组（党委）主要负责人进行书面述责述廉。会上还进行现场提问和民主评议。通过召开述责述廉会现场听、问、评，使“一把手”更加积极主动地履行党风廉政建设“第一责任人”职责。

【开通官方微信平台“花城廉韵”】 为构建“纪检监督+群众监督+媒体监督”立体监督模式，为群众搭建便利、快捷、直接的监督平台，2017年4月1日，市纪委、市监察局官方微信公众平台“花城廉韵”正式上线运行，“花城廉韵”微信公众平台开设有廉洁资讯、廉洁互动、廉洁花城三大线上栏目，链接打通全市纪检监察系统网站、微博、微信，打造集聚性廉政宣传平台。

【警示教育活动】 2017年4月14日，市长李建勤率新一届市政府组成人员，到四川省攀西监狱反腐倡廉警示教育基地接受廉政警示教育。市领导沈钧、黄岳槐、李仁杰、敬登峰、邓斌参加活动。市纪委书记刘海陪同。在与新一届市政府组成人员的廉政谈话中，李建勤强调，新一届市政府组成人员及全市各级领导干部要坚定理想信念，牢固树立“四个意识”，严守政治纪律和政治规矩，在工作中勤政廉政、谨慎用权，在生活中知足克俭、修身养德。要带头执行《准则》《条例》，始终把好用权“方向盘”，系好廉洁“安全带”，做到“脑中紧绷弦、心中有底线”。要对照各自部门的权力和职责查找风险点，制定和完善相关制度，将权力关进制度的笼子，努力实现干部清正、政府清廉、政治清明。

【廉政谈话】 2017年6月6日，市纪委召开全市县级领导干部集体廉政谈话会议，对2017年职务发生变动的95名县（处）级领导干部进行集体廉政谈话。廉政谈话从三个方面提出廉政要求：统一思想、提高认识，切实履行管党治党政治责任，结合贯彻落实省、市党代会精神，围绕攀枝花市“十三五”发展规划，进一步落实责任；突出重点、坚持不懈，推动作风建设常态化，自觉带头遵守中央“八项规定”和省市“十项规定”精神，对“四风”问题精准施策、深挖细查、严惩严治；强化学习、以身作则，筑牢廉洁从政“防火墙”，要强化党性教育和自身修养，弘扬社会主义核心价值观和攀枝花精神，树立良好的家风家规，带头廉洁自律，自觉接受监督。会上，95名履新市管领导干部观看警示教育片，现场签订县级领导干部廉洁自律承诺书。

【惩治“微腐败”活动】 2017年6月28日，全市惩治“微腐败”护航阳光花城工作推进会在攀枝花会展中心召开，会议对惩治“微腐败”护航阳光花城工作进行安排部署。市委书记李建勤出席会议并讲话。会议强调，要深化认识、提高站位，准确把握治理“微腐败”的重要意义，标本兼治、综合施策，扎实推进“微腐败”治理各项工作；要坚持目标导向和问题导向，围绕民生民利、作风建设、棚户区改造、国企廉政建设、项目建设、环境保护等六个方面，开展集中治理“微腐败”的“六大行动”，做到重点突出、有力有效；要加强领导、夯实保障，确保治理工作抓实见效。

【调　研】 2017年7月3日，市委书记李建勤到市纪委监察局机关，调研市纪检监察工作。市委秘书长吴成钢参加调研。市委、市纪委书记刘海就纪检监察工作作汇报。李建勤肯定了全市各级纪检监察系统工作成绩，强调要围绕中心、服务大局，确保政令畅通；要压实责任、正风肃纪，确保风清气正；要加强自身建设，做到公道正派。

10月24—25日，省纪委副书记贾瑞云率调研组深入攀枝花学院附属医院（市中西医结合医院）、攀枝花·中国三线建设博物馆以及米易县、仁和区，调研攀枝花市党风廉政建设及反腐败工作。市委书记李建勤、市纪委书记刘海陪同调研。调研中贾瑞云强调，要持续加大力度惩治群众身边的“微腐败”，对“微腐败”问题要分类剖析，精准施策，切实提升群众反腐获得感；要强化监督责任，善于运用监督执纪的“四种形态”，挺纪在前，对出现苗头性、倾向性问题运用提醒、约谈等方式进行提醒教育谈话，抓早抓小防微杜渐，避免小问题演变成大问题；要充分发挥三线建设博物馆作用，继承和弘扬“三线建设精神”，培育本土特色廉政文化，营造清正廉明的社会氛围。

【环保问题专项整治】 市纪委认真贯彻落实中央、省、市生态文明建设和绿色发展决策部署，站在讲政治、讲大局的高度，把迎接中央环保督察和环境保护突出环境问题整改作为重要政治任务和重大民生工程，主动作为，将纪律和规矩挺在前面，坚决打赢环境突出问题整改攻坚战。出台《环境保护执纪督查工作方案》，按照“全覆盖、零容忍、无死角”工作方针，建立问题“清单制+责任制”，抽调纪检干部成立6个督查组，3个暗访组，实行“纪检+环保+警察”联合督查机制，紧盯中央环保督察组交办的123件信访案件和省环保督察组交办的237个问题，进行督察移交整改，确保督察组交办、群众举报以及全市综合整治行动排查发现的问题线索依纪依规问责处理到位。强化监督执纪问责，将环境问题整改纳入“微腐败”整治重要内容和专项考核，强化滞后约谈、跟踪问效、追责问责，严惩整改不力、效果不好、弄虚作假等问题，追究生态环境领域问题责任178人次，给予党纪政纪处分38人，其他处理140人次，用问责手段推动认识提升到位，工作落实到位。

【市监察委员会成立】 2017年12月29日，市监察委员会正式挂牌并召开市监察委员会成立大会。省纪委常委刘光辉到会指导，市委书记李建勤出席会议并讲话，市长王波主持会议。市委书记李建勤强调，全市上下要继续坚持高标准严要求，突出抓好思想、机制、工作“三个融合”，把握好党委负主责和纪委负专责、统筹谋划和分步实施“两大关系”，加快推进县（区）监委会组建工作，坚决完成改革各项任务。各级监察委员会要强化责任担当，牢固树立“四个意识”，坚定“四个自信”，从严从实监督执纪，扎实推进“两转一提”，全力开创反腐倡廉工作的新局面。

【压实管党治党政治责任】 市纪委牢牢抓住主体责任“牛鼻子”，制发《关于2017年党风廉政建设和反腐败工作的意见》，推行责任落实“清单管理+履职记实”，将年度任务分解为6大项50小项，制发《攀枝花市级领导班子成员履行党风廉政建设责任记实工作手册》，深化责任清单、述责述廉、约谈问责、社会评价、责任制考核等有效机制，市委带头落实党委主体责任，督促分管领导落实“一岗双责”，各级党委（党组）及其“一把手”主体责任担当不断强化，压实县（区）、乡镇（街道）“两个责任”，推动全面从严治党主体责任、监督责任一级级向基层延伸，构建起全域覆盖的责任体系。严格实施责任追究，对管党治党失职失责的，该问责而不问责的，做到失责必问、问责必严。2017年，问责党风廉政建设主体责任落实不力的党组织24个，党员干部15人，问责监督责任落实不力的纪检干部3人。

【体制改革】 自2017年11月16日全省推开国家监察体制改革试点动员部署电视电话会以来，市纪委把监察体制改革与纪律检查体制改革协同推进作为健全监督体系的重要举措，推动党委“牵头抓总”，纪委负专责，成员单位合力协调，形成推进改革的强大合力，改革试点各项工作有序推进。坚持全市“一盘棋”，按图施工、挂图作战，从省纪委部署起一个多月内，全面完成机构组建、方案报批、机构编制、人员转隶、办公用房、挂牌组建等各项任务。依法成立监察委员会，全市转隶55人，建立制度20项、文书60种，实现对13.6万名监察对象全覆盖。推进派驻监督和监察“全覆盖”，完成派驻机构改革，设置市纪委监委派驻（出）纪检监察机构28家，监督80家市一级党和国家机关，实现派驻监督全覆盖。

【正风惩腐】 保持严惩违反中央八项规定精神的高压态势，拓展落实中央“八项规定”精神成果，密切关注享乐主义、奢靡之风新动向、新表现，找出可能反弹的风险点，防止“四风”回潮复燃，开展4轮正风肃纪集中督查，持续深化三项整改“回头看”，查处违反中央“八项规定”精神问题25起36人，通报曝光13起18人。开展惩治“微腐败”护航阳光花城行动，在民生民利、干部作风、棚户区改造、国企廉洁、项目建设、环境保护6个领域开展专项整治，查处群众身边的不正之风和腐败案件204件204人。打造媒体曝光、群众测评、纪检问责三位一体的“阳光问政”全媒体直播栏目，督促整改问题21个，问责处理17人。对全市60个乡镇（街道）开展社会评价群众满意度调查，对3个镇进行延伸巡察，解决基层群众难题和痛点。围绕打赢脱贫攻坚战，开展扶贫领域“3+1”突出问题专项整治，查处扶贫领域案件17件17人。采取当面交办、发函督办、提级办理等方式，对扶贫领域重点问题实施多轮次、滚动式督办，坚决防止重督查轻整改问题，以廉政扶贫助推精准脱贫。

【源头防腐】 加强行政权力依法规范公开运行执纪监督，推动网上行权12万余件，同比增长37%。排查梳理政府系统46个单位一级廉政风险点286个，抽查审计24个单位（部门）一级廉政风险岗位73个，督促整改问题97个。发挥“一片一书一基地”警示效应，编发《忏悔实录》警示教育读本和《全面从严治党文件汇编》，组织6400余名党员干部到法纪教育基地接受警示教育。开通“花城廉韵”微信公众号，广泛开展“传家风、立家规、树新风”活动，杨文仲家规获首届“十佳天府好家规”，廉政教育的针对性和实效性不断提升。

【违纪违法案件查处】 持续高压惩腐，坚持无禁区、全覆盖、零容忍，坚持重遏制、强高压、长震慑，全市纪检监察机关立案446件448人，同比增长13.5%；党纪政纪处分429人，同比增长17.5%。坚持抓早抓小，运用监督执纪“四种形态”处理1028人次，其中，实施谈话函询、在民主生活会上作说明等进行咬耳扯袖、红脸出汗588件次，党纪轻处分和组织处理312人，党纪重处分和重大职务调整65人，严重违纪涉嫌违法立案审查63人，分别占“四种形态”的57.20%、30.35%、6.32%、6.13%。调整反腐败协调小组，构建党委领导下由纪委监委、组织部、政法委、法院、检察院、公安局和审计局共同参与的反腐败工作平台，修订协作联系机制，进一步强化党对反腐败工作的领导。

【巡察工作】 把握政治巡察定位，围绕中心，服务大局，紧盯“三大问题”，围绕“六项纪律”，发挥巡察反腐“利剑”作用。创新巡察方式，健全巡察联动机制，分类建立巡察人才库，统筹调配巡察力量，共开展4轮市级巡察、1轮回访督查，4个县（区）开展3轮巡察、1个县（区）开展2轮巡察，共巡察部门、企事业单位和乡（镇）97个，发现问题362个，发现问题线索243条，立案审查15人，组织处理5人。注重巡察成果运用，定期跟踪问题整改情况，逐级压实整改责任，推动被巡察单位即知即改、立行立改、全面整改，巡察监督的综合效果初步显现。健全机制，规范程序，进一步梳理、对接、完善巡视巡察制度，发挥巡察治本作用，从源头上筑牢防线、堵塞漏洞。

【队伍建设】 扎实推进“两学一做”学习教育常态化制度化，认真开展“两转一提”活动，采取集中学习、上挂下派、实战练兵等形式，分层分类开展领导班子政治培训、纪检监察干部业务培训、新任纪检监察干部入职培训，选派33名干部参加中央纪委和省纪委各类培训。完善内控机制，全面压实系统内“两个责任”，召开“打铁自身硬”专题民主生活会，深化廉政风险排查，查找出廉政风险点83个，明确防控措施72条，把权力关进制度笼子。坚决防止“灯下黑”，处置反映纪检监察干部问题线索16件，对3名纪检监察干部给予党内警告处分，对17名纪检监察干部进行提醒教育。

（刘芳均）

组织工作

【概　况】　2017年，全市组织系统认真贯彻中共十九大、省第十一次党代会、市第十次党代会以及全国、全省组织部长会议精神，努力为加快建成国家战略资源创新开发试验区和全国阳光康养旅游目的地、在全省高水平率先全面建成小康社会提供坚强组织保证。全年调整市管干部159人次，新提拔县级干部33名，培训各级各类干部8.7万人次，发展党员1668名，引进高层次和急需紧缺专业人才715名。

党员概况表

表2

类　别			数量（人）	比例（%）
党员总数			106164	
其中	女		28911	27.2%
其中	少数民族		8231	7.8%
年龄情况	35岁及以下		17581	16.6%
年龄情况	61岁及以上		32211	30.3%
学历情况	大专及以上		49261	46.4%
学历情况	初中及以下		34019	32%
职业情况	在岗职工党员数		46587	43.9%
职业情况	其中	党政机关	8307	18.21%
职业情况	其中	事业单位	11689	24.44%
职业情况	其中	国有企业	20981	45.15%
职业情况	其中	非公企业	5380	11.31%
职业情况	农牧渔民		16021	15.1%
职业情况	学生		749	0.7%
职业情况	离、退休人员		33042	31.1%
职业情况	其他		9965	9.2%

发展党员概况表

表3

类别		数量（人）	比例（%）	类别	数量（人）	比例（%）
发展党员总数		1668				
其中	女	725	43.5%	工人	234	14%
其中	少数民族	207	12.4%	农牧渔民	431	25.9%
其中	35岁及以下	1382	82.9%	学生	454	27.2%
其中	大专及以上	812	48.7%	其他	90	5.4%

党组织概况表

表4

<table>
<tr><th colspan="2">类别</th><th>数量（人）</th><th colspan="2">类别</th><th>数量（人）</th></tr>
<tr><td colspan="2">基层党组织数</td><td>4383</td><td colspan="2">市委直属党（工）委</td><td>31</td></tr>
<tr><td rowspan="7">其中</td><td>党委</td><td>333</td><td rowspan="4">其中</td><td>县（区）委</td><td>5</td></tr>
<tr><td>党总支</td><td>333</td><td>派出工委</td><td>4</td></tr>
<tr><td>党支部</td><td>3713</td><td>派出党委</td><td>9</td></tr>
<tr><td>企业</td><td>1745</td><td>基层党委</td><td>12</td></tr>
<tr><td>机关</td><td>801</td><td colspan="2">市委直属党组</td><td>55</td></tr>
<tr><td>事业单位</td><td>686</td><td colspan="3" rowspan="2">乡镇44个，街道16个，行政村349个，社区132个</td></tr>
<tr><td>其他</td><td>1151</td></tr>
</table>

【换届工作】　突出加强党的领导，从严抓好换届工作。全面完成市级班子换届，把加强党的领导贯穿换届始终，认真做好市十届一次人代会和市政协九届一次会相关工作。成立市委“两会”风气督导组，层层压紧压实工作责任，集中反复对代表委员、列席人员、工作人员开展形势教育、纪律教育、后果教育，认真落实监督工作“全程纪实”、风气情况“零报告”、会风会纪“全程督查”三项制度，确保市“两会”风清气正。充分酝酿人事方案，精心组织大会选举，确保市级班子换届平稳顺畅，省委批复的市人大、政府、政协及法检“两长”人选均高票当选。完成中共十九大代表推选和省第十一次党代会代表选举工作，认真做好全国、全省人大代表、政协委员的推荐考察工作，精心做好市十届二次、三次人代会大会选举等各项组织工作。统筹做好市级部门主要领导调整补充，开展市级班子和市直部门班子全面调查摸底和综合分析研判，结合届期考察，组织力量先后组成10个考察组分3轮对95个市级部门（单位）进行考察，全面掌握有关情况。着眼攀枝花未来5年经济社会发展需要，选好配强一把手，注重年龄、经历、专长、性格等方面的合理搭配，对34个市政府组成部门、9个因换届拉动出缺的市级部门（单位）主要领导进行调整补充，提升了班子队伍整体活力。有序推进村（社区）“两委”换届，市县均成立村（社区）“两委”换届选举工作指导督导组，推行县（区）领导班子成员分片联系指导、县（区）委向重点、难点村（社

区）派驻指导员、乡镇（街道）党（工）委向每个村（社区）派驻指导组3项制度。

【“两学一做”学习教育】 扎实抓好“两学一做”学习教育常态化制度化，“两学”筑基础，围绕学深学透党章党规和系列讲话，制发“两学一做”学习教育常态化制度化任务清单，通过专题辅导、征订辅导教材、知识测试等形式组织党员干部群众广泛参加学习。各级党组织开展“主题党日”活动1万余次，举办先进典型学习活动2890场次；发放党员学习卡10万余张、中共十九大学习资料6万多册，组织党员参加在线考学3万余人次，全市1.3万名党员到“三线建设”精神党性教育基地开展现场教学活动。采取“自己找、相互提、领导点、组织查”等方式，结合“三会一课”“走基层”、民主生活会等工作，聚焦贯彻落实中央、省委、市委决策部署以及整改“四风”新表现、省委巡视和环保督察反馈意见等，深入查摆观念、作风、能力三个方面问题，共建立班子、党组织、党员干部问题清单1万余张，提出整改措施2.6万条。“四比”争先进，以“学习宣传贯彻十九大，迎接十九大，做合格党员、当干事先锋”为主题，在全市党员干部中开展“比学习、比作风、比创新、比实干”活动。比学习，深入开展干部综合素质提升培训、公文写作、读书心得撰写评比等活动，组织党政代表团赴成都、苏州、无锡、常州等地考察学习。比作风，建立重点工作任务责任制，实行周督办、月检查、季评估、年考核，广泛开展“千名群众评议机关、万名党员一句话承诺”活动。比创新，广泛收集上级好意见、专家好建议，开展“我为攀枝花发展献一策”、机关文化格言等评选活动，举办学习十九大精神“怎么看、怎么干”学习讨论，收集到好建议好做法好点子6763条，以新办法推动新发展。比实干，探索推行“党建跟着工程走，支部建在项目部”工作模式，在重大项目中成立党员突击队，在重点改革领域设立党员攻坚组，全市各级创建2359个党员示范岗、566个示范团队、266个示范单位。

【脱贫攻坚】 突出用足“绣花”功夫，全力抓好党建扶贫工作。落实“三个全覆盖”抓实脱贫攻坚帮扶工作，全覆盖选派帮扶力量，向全市70个建档立卡贫困村、22个有“插花式”贫困户的非贫困村全覆盖选派帮扶力量。全覆盖开展调研督查，市委组织部部长谢晓东带队实地督导全市30个有贫困村的乡镇，发现、反馈问题33个；仁和区、米易县、盐边县党委组织部部长，分别带队全覆盖督导70个贫困村和22个非贫困村。全覆盖强化提能培训，市级举办示范培训班2期，县（区）开展大规模培训11次，实现贫困地区乡村干部、驻村干部年度培训“两个全覆盖”。实行“三项举措”激励脱贫攻坚一线干部奋发有为，实行政治激励“两个优先”，全市共提拔重用脱贫攻坚一线干部161人，其中，提拔重用贫困村第一书记34人，占总数的48.6%。实行人文关怀，全市因交通事故、自然灾害等受到人身意外伤害的3名脱贫攻坚一线干部，市、县党委组织部均进行慰问，累计发放慰问金1.11万元。实行驻村工作组成员“去领导化”，全市在岗的92名贫困村和非贫困村第一书记中，机关中层干部或单位后备干部占95%以上。推动抓党建促脱贫攻坚有形有效，着力做实党员精准扶贫示范工程，在全市70个贫困村精准遴选106户党员脱贫示范户，市县两级组织部门按每户每年不超过1万元标准进行补助，有48户示范户率先脱贫。着力建好用好“农民夜校”，制发“农民夜校”建设方案、管理实施办法、教育培训大纲，科学设计教学形式，大力整合阵地、师资、设备和教材建设资源。全市349个村均按标准建立“农民夜校”，全年举办培训1万余学时、培训35万余人次。着力推进人才精准扶贫行动，引导各类人才到脱贫攻坚主战场发挥所学所长，70名“科技特派员”和133名“公益指导员”下沉一线，培训从业人员4300余人次，发放各类技术资料2.1万余册，编写农业产业帮扶规划和具体实施方案100余个。

【对口帮扶藏区】 突出强化政治担当，持续抓好对口援助木里工作。完善工作机制，坚持市委书记、市长任“双组长”机制，重新调整对口帮扶木里县工作领导小组。市委书记带队赴木里调研对接帮扶工作，相关成员单位到木里藏区对接工作42次。修订《攀枝花市对口帮扶木里县2017—2021年援藏项目规划》，制发《攀枝花市2017年对口帮扶木里县工作责任分工方案》，全年共落实援藏资金2838万元、实施援藏项目25个。办好民生实事，将援藏资金向医疗、教育、就业、基础设施建设上倾斜。实施特色种养殖工程、特色旅游发展工程和就业帮扶等产业扶持“三大工程”，发展食用菌推广种植、牲畜暖棚示范户建设等5个产业项目，攀枝花市就业援藏工作经验在全省就业扶贫现场推进会上作交流发言。大力实施教育援助行动，攀枝花市36所学校与木里县中小学校结对开展帮扶，2017年，高考木里县硬上线58人；大力实施医疗卫生行动，市中心医院半托管木里县人民医院，援藏医疗小组深入木里县牧场、寺庙、乡镇开展义诊2800人次。深入推进智力援藏，组织木里县干部及部分援藏干部人才共计60人，到浙江大学进行为期一周的脱产培训。安排10名木里县优秀党政干部到攀枝花顶岗锻炼半年。2017年，攀枝花市帮助木里县开展医疗、旅游、教育等各类培训5200余人次，为木里各级党政机关和学校、医院帮带业务骨干120余人。

【“走基层”活动】 突出密切干群关系，认真抓好“走基层”活动。紧扣维护和谐稳定“走基层”。深入矛盾问题集中、群众意见较大的单位和地方，集中排查矛盾问题395件，及时化解199件、稳控196件。其中，纳入市领导包案的27件省交办案件和52件市级排查案件全部办结。紧扣办好惠民实事“走基层”。全力推进10项民生工程及26件民生实事，开展送文化、送卫生、送教育等活动和“暖冬行动”；着力打造花街、花道、花园、花海，抓好一县（区）一特色小镇建设，稳步推进棚户区和危旧房改造，持续打好污染防治战役。全市各级领导干部“走基层”6700余人次，解决群众生产生活问题448个，走访慰问困难群众1.4万人。紧扣推动脱贫攻坚“走基层”。强力推进交通、水利、林业等21个扶贫专项，实施基础设施、住房建设、产业发展等脱贫项目210个，增添帮扶措施286个，新改建农村公路103千米。动态开展“回头看”“回头帮”，组织开展专项督查9次、扶贫领域专项整治2轮。

【党的建设制度改革】 突出推动改革落实，稳步抓好党的建设制度改革。组织领导有力，及时调整充实市委党的建设制度改革专项小组成员，召开4次专项小组会议，专题传达上级重要改革会议精神，研究解决改革中的新情况、新问题。制定2017年党的建设制度改革工作要点、工作台账、改革任务落实台账，逐项明确责任单位、责任领导和完成时限。工作推进到位，紧跟中央、省委改革步伐，不断深化党的组织制度、干部人事制度、基层组织建设制度和人才发展制度“四大制度体系”建设。进一步规范党的建设制度改革有关工作制度，通过每月自查、实地调研等形式，有效掌握市级部门、县（区）改革任务推进情况，对欠进度的单位及时提醒、催赶进度。2017年，市级共出台重要改革文件7个。信息宣传有效，《攀枝花开展居民小区党建有效推动社区治理现代化》荣获省委党的建设制度改革创新奖，《攀枝花紧扣“选训练管”纵深推进优秀干部人才递进培养》《攀枝花学院依托“三项试点”开创人才创新创业新局面》荣获创新提名奖；改革工作信息被市委《改革动态》《改革专报》采用5条。

【队伍建设】 突出崇尚实干，注重在基层一线和急难险重工作中选人用人，着力培养选拔一批能干事、干成事、善共事、不出事的干部，全年调整市管干部159人次（不含退休），新提拔县级干部33人。出台《组织工作服务生态文明建设的实施意见》《在干部选拔任用工作中进一步体现和落实环境保护、安全生产相关要求的暂行规定》，引导干部牢固树立绿色发展理念，守住安全生产底线。严格执行《干部任用条例》、严防带病提拔。全年查核干部党风廉政、人事档案、信访、个人事项报告54人次，分别对13名在个人有关事项报告中存在问题的干部进行批评教育，对4名干部进行诫勉，起到震慑作用。加强领导班子思想政治建设，出台《旗帜鲜明讲政治进一步加强领导班子思想政治建设的实施意见》《深化领导班子思想政治建设巩固发展良好政治生态工作方案》，集中举办县级领导干部思想政治建设轮训班。深入学习宣传贯彻中共十九大和省第十一次党代会精神，将会议精神纳入各级各类干部培训主体班次，组织挂职干部赴北京参观“砥砺奋进的五年”大型成就展。开展以“新班子展示新形象、新一年再创新业绩”为主题的全覆盖谈心谈话，与县级干部谈心谈话1500余人次。强化综合分析研判，针对换届后县（区）领导班子运行、干部队伍现状、政法队伍建设等情况开展专题调研并形成3个专题调研报告，特别是按照市委书记李建勤安排，对全市干部队伍观念、作风和能力现状进行专题调研。通过调研，共查找出当前干部队伍观念、作风和能力方面存在的9个突出问题，提出了20余条针对性对策，调研报告得到市委书记李建勤肯定性批示。着眼优化领导班子和干部队伍结构，进一步加大干部交流力度，拓宽入口、打通出口，畅通干部“下”的渠道，深入推进干部能上能下。2017年，统筹交流调整市级部门（单位）县级领导干部35名，因身体健康、违纪问责等原因调整“下”的市管干部38名。推进干部考察专业化建设，出台《干部考察工作专业化实施办法》，将干部考察工作细化为8个标准文本、19项工作程序、34件归档材料。建立干部考察员库，形成一支以组织、纪检干部为主体，政法、统战、机关工委、市直部门组织人事科（室）长（主任）共同参与的182人的干部考察员队伍。定期开展干部考察员培训，编制《干部考察员工作手册》，印发资格证书，确保考察员佩证上岗、带册工作。推进干部管理信息化建设，初步建立集单位管理、干部任免上会、领导查询、统计分析等功能为一体的干部工作“大数据库”，涵盖县级领导职务干部、非领导职务干部、后备干部、退休干部等。按照“专人录入、专人审核、交叉复核”的方式，对干部基本信息、培训情况、奖惩情况、年度考核情况等14项信息进行及时更新。全面启动市、县两级干部档案数字化建设工作，高标准推进档案室软硬件建设，先后2次对档案专项审核资料进行“回头看”核查。2017年，市县两级组织部共完成2588名干部的档案数字化信息采集，其中，市管干部743名，县（区）管理干部1845名，均通过省委组织部验收。

【干部教育培训】 制定《贯彻〈干部教育培训工作条例〉实施办法》《开展大规模培训干部工作的实施方案》，举办县处级主要领导干部读书班、“四区驱动”系列专题研修班、乡镇党委书记“乡村振兴战略”专题培训班等重点班次，组织县级干部赴延安、遵义等革命老区参加党性教育。着眼于提升干部抓项目、抓资金、抓政策的能力，在市委书记李建勤、市长王波的亲自对接、指导下，选派31名干部到农业部、民政部、国家农发办、中船重工、中粮集团、“苏锡常”等上级机关和发达地区挂职锻炼，接收21名上级机关和发达地区干部到攀挂职。围绕“四区驱动”发展战略，安排培训课程，设置战略资源创新开发班、产业园区班、现代农业班、阳光康养班等专业小班；结合政法干部队伍建设需要，首次单独开设政法系统班；增加革命老区党性教育和培训总结提升环节。2017年，共遴选培养对象343人。5年来，全市共培养递进班学员1492名，超额完成1400名的培养目标。召开选调生座谈会，举办选调生专业能力提升培训班，选派12名选调生参加市级递进培养、5名选调生到脱贫攻坚一线挂职锻炼、2名选调生赴九寨沟地震灾区挂职锻炼。选派2批10名优秀选调生到市委组织部跟班学习。由选调生自己创刊发行了2期《攀枝花选调生》简报，全面展示选调生队伍精神风貌和工作概况。全年引进急需紧缺专业选调生7名和面上选调生14名。打造和完善“三线建设”精神教育基地。制定《关于调整市级机关培训费标准等相关规定的通知》，进一步规范市级行政机关培训工作。做好教材和案例开发，《开展“九星评选”搭建村民自治参与平台》入选全省干部培训“好教材、好课程、好案例”。落实领导干部上讲台制度，市县党政领导班子成员到各类培训班授课（座谈）率达100%。严格执行拟任县处级党政领导职务政治理论水平任职资格考试制度。

【干部管理监督】　严格贯彻《四川省防止干部“带病提拔”办法》，研究出台《攀枝花市防止干部“带病提拔”规定》。严格落实干部调整配备职数预审制度，对168批次1005名干部调整配备进行职数预审。认真开展重点抽查和随机抽查工作，全年共开展重点抽查核实19批116人，随机抽查101人，受理办结选人用人问题举报9件。强化选人用人专项检查，对25个市级部门（单位）2014年以来选人用人、干部人事档案专项审核等工作进行全面检查。对4个县（区）、32个市级部门的580名超配干部的整改消化情况进行“回头看”，并全面完成整改工作。加强干部日常监管，制定领导干部个人有关事项报告《查核结果认定及处理操作规程（试行）》《查核联系工作机制工作规则》和《“两项法规”明白卡》，完成985名市管干部个人事项填报工作，对漏报、瞒报行为进行严肃处理，其中，批评教育、责令作出检查、限期改正38人，诫勉23人，依纪移交纪检监察机关处理1人。加大损害生态文明追责问责力度，全市纪检、组织部门共对202名干部进行责任追究。出台《公务员职业道德规范（试行）》，规范公务员日常行为。全年共审批63名干部因私出国（境）；审批44人确因工作需要在社会团体兼职；对44名领导干部进行离任经济责任审计；谈话提醒9人、函询53人、诫勉25人；受理办结信访举报53件。加强干部正向激励，制定《充分发挥各年龄段干部积极作用激发干部干事创业活力措施》，开展干部任职意愿调查，进一步激发干部干事创业活力。全面推行县以下机关公务员职务与职级并行制度，全市按程序晋升正县级职级21人、副县级职级285人、正科级职级264人、副科级职级478人。积极开展公务员连续三年年度考核优秀记三等功工作，2016年度记三等功46人次。建立健全公务员培养选拔机制，2017年面向基层公开遴选市级机关公务员（参公人员）24名，调任科级领导干部26名。

【党的基层组织建设】　紧扣落实乡村振兴战略推进农村党建。强化农村党组织领导核心地位，逐级督促落实《村党组织工作运行规则》，深入实施支部带村、实业兴村、依法治村三项计划，确立强化村党组织规则制定权、议事提名权、执行监督权“三项权力”，从制度层面根本解决农村党组织领导“弱化”问题。出台《扶持发展农村新型集体经济的意见》，不断发展壮大村级集体经济，全市集体经济5万元以上的村达44个。全面整顿提升农村党组织，坚持“抓两头、带中间”，集中开展“两江、两路、两园”党建示范片创建，相关工作做法在全省作经验交流。持续开展软弱涣散村党组织整顿，落实“1+N+1”帮扶工作机制，制定“一村一策”整改方案，推动16个后进村党组织全部整顿转化。加强乡村带头人队伍建设，实施农村优秀干部人才递进培养计划，采取公开遴选、政策培训、学习考察、提升学历、实践锻炼“五位一体”方式，全市349个行政村共培养储备后备干部912名，常态保持每个村有2名以上后备干部。2017年市县共举办乡村干部培训班13期，实现乡村党组织书记培训全覆盖。

紧扣建设和谐美丽花城推进城市党建。全面加强制度机制建设，出台《关于完善以城镇社区党组织为核心的新型社区治理和服务体系的实施意见》，大力推进街道管理体制改革，全覆盖设置街道党建办、服务办、综治办、区域化党建工作指导委员会。强化社区工作者专业化能力建设。创新推进居民小区党建，以居民小区为边界设置党支部，每年为各小区党支部提供1万元以上活动经费，构建“党支部+业委会+监事会+社会组织”“四位一体”组织体系。推行党组织领导下的小区治理“四会”模式，破解城市基层治理“进不了院落，入不了楼栋”问题。全市已试点建立标准化小区党支部28个。小区党建工作经验被《四川基层党建情况通报》专题刊发。全面开展“城乡党建结对共建”，统筹街道社区、党政机关、国有企业、高等学校、产业园区、非公有制企业、社会组织等城市基层单位党组织与建制村党组织开展“一对一”“一对多”“多对一”精准结对，实现全市349个建制村全覆盖。

紧扣解决“灯下黑”“两张皮”问题推进机关党建。以上率下推动工作落实，出台机关党的建设意见，对加强改进机关党建工作进行再安排再部署。市委领导带头执行领导干部双重组织生活制度，将参加组织生活和讲党课等列入所属党组织日程安排。逐级建立完善领导干部联系指导基层党建工作制度，遴选38名机关优秀党务干部组建党建业务指导团。集中开展机关党建“灯下黑”整治，印发机关党建“灯下黑”整治方案，完善机关党建责任体系、运行机制、考评机制和保障机制，开展全市机关党建述职测评，进一步落实党建责任。创新组织活动方式，开展专题组织生活观摩活动。紧扣中心大局提升工作质效，围绕做好“钒钛、阳光”两篇文章，举办“机关大讲堂”，每季度邀请经济社会发展专家学者走上讲台，推动全市机关党务干部知中心、晓大局、明方向。开展“为党旗增辉 当干事先锋”主题实践活动，督促机关干部查改观念、作风、能力方面的突出问题，引导党员干部比学习、比作风、比创新、比实干。

紧扣全面加强党的领导推进国企党建。着力落实重点任务，印发《坚持党的领导加强党的建设推进国有企业治理现代化的实施意见》《市属国有企业党建工作重点任务及责任分工方案》等指导性文件，落实国企党建工作责任。开展市、县属国企全覆盖督查，推动党建工作写入公司章程、党委书记与董事长“一肩挑”等39项重点任务落到实处。着力加强党建力量，把国有企业党组织书记和党务工作者纳入全市党建工作力量同步管理、培养、保障，重点督促攀钢、攀煤等大型国企在改制分流中保证党建工作力量不减，截至年底，全市国有企业均有专门机构、专人专责抓党建。专门投入20余万元，首次大规模组织国有企业党组织书记赴浙江大学培训。着力规范管理考核，全覆盖开展市、县属国有企业党建工作情况摸排，推行党建工作“台账式”规范化管理。出台《攀枝花市市属国有企业领导班子及领导人员综合考核评价实施办法（暂行）》，提出担任党内职务的领导班子成员党建考核占绩效考核50%的规定，强化党组织书记抓党建的责任和意识。

系统谋划推进中小学校党建，出台加强中小学校党的建设实施方案，组建市县党委教育工作部门，加强中小学校党的建设统一领导。理顺中小学校党建工作管理机制，将全市117所公办中小学校党组织关系全部转至教育主管部门。督促民办学校建立党组织，实现党的组织和工作全覆盖。将学校党建工作经费按党员教职工工资收入总额2%的比例纳入学校年度经费预算安排，全覆盖配齐配强中小学校专（兼）职党组织书记。督促推动中小学校党建部署落地见效，制定教育系统党建工作考核实施细则，建立教育系统基层党建每月任务清单，开展民办、公办学校全覆盖督查，推动责任落实、任务落地。同步指导高等学校党建工作，指导攀枝花学院建立党委、党委书记、班子成员抓党建“三张责任清单”，把加强高校思想政治工作列为重要内容。将学院各级党组织开展“三会一课”、党员领导干部参加双重组织生活等情况纳入全市党建督查。

紧扣全面扩大“两个覆盖”推进“两新”党建。健全完善工作体系，成立社会组织综合党委、市总商会党委，推进市体育总会、县（区）民办教育、民办医疗等行业党组织建设，推动形成市场监管部门与属地党组织联抓“小个专”组织党建工作机制，全面理顺管理体制、明晰责任主体。实施“空壳”党组织专项整顿，撤销“空壳”党组织243个，新组建非公企业和社会组织党组织59个，全市非公企业党的组织覆盖率达80.7%，社会组织党的组织覆盖率达82.5%。推进党（团）建工作向“小个专”组织延伸，以“商圈建党、社区兜底”为抓手，建立“小个专”领域党组织106个，党的组织覆盖率达10.2%。全市44个“商圈”中建立党组织31个、群团组织13个，加强党的组织和工作覆盖。引领“两新”党组织发挥作用，推进市级“两新”党建示范单位创建和党员示范行动，设立584个党员示范岗（车间、团队），党员志愿服务500余人次；组织引导79户非公企业和6个行业商协会投入878万元参与脱贫攻坚项目。统筹安排200万元建设9个区域性、开放性、综合性党群活动服务中心。

紧扣抓基础促规范推进党支部标准化建设。实行党建工作“项目化”管理、“清单化”推进，集中实施14个基层基础提升项目。落实基本制度，出台《党员领导干部参加双重组织生活情况提醒和公布制度》，编制“一册一本一卡”，统一配发到全市每一个党支部，规范支部“三会一课”、党员发展等10项基础工作。严格落实党费管理新规定，管好用好清理补缴党费，督促党员按时足额交纳党费。育好基本队伍，建立发展党员工作联系制度，全面完成发展党员总体计划和高知识群体、国有企业、非公企业和社会组织等重点领域的倾向性计划。稳妥开展失联党员处置工作，对仍未取得联系的137名失联党员按程序进行处置。建好管好用好全国党组织和党员信息管理系统。开展党务干部大规模培训、党支部书记全覆盖培训。巩固基本阵地，分期分批在农村、社区、机关等各领域建设党员标准化活动室。强化基本保障，健全基层基础保障增长机制，全市村级组织活动和公共服务运行经费超出全省平均水平37.5%，全市农村活动场所高标准建设、社区活动场所面积全部达到400平方米以上。

【人才工作】 坚持人才强市、创新驱动，进一步发挥人才支撑发展作用。牵头抓总推进人才优先发展，出台《攀枝花人才新政七条》《深化人才发展体制机制改革倾力推进“四个加快建设”的实施意见》《扩大高等学校科研院所医疗卫生机构人事自主权七条政策》等，着力构建更具竞争力的人才制度体系。《攀枝花人才新政七条》支持范围广、项目多、标准高，引起强烈反响，得到省委常委、组织部部长黄建发肯定性批示。召开全市人才工作会，命名5个人才优先发展示范单位。开展攀西战略资源创新开发试验区人才队伍建设、康养产业人才队伍建设、人才精准扶贫行动实施情况等5个专题调研。召开人才发展体制机制改革任务推进会、党委联系服务专家工作座谈会，实行人才工作重点任务月研判制度。积极向上争取项目支持，争取到省“天府英才”资金支持377万元。强化党管人才，市委常委会、深改会等多次听取和审议人才工作，市委书记李建勤就加强人才工作专门作出批示、指示20余次，并把深化人才发展体制机制改革作为其直接抓落实的专项改革方案之一；市委组织部部长谢晓东直接抓“十三五”人才发展规划落实。坚持人才工作领导小组议事协调、联席会议、重大政策备案管理等制度，实行人才工作目标责任制考核，进一步夯实党委统一领导、组织部门牵头抓总、相关方面各司其职、协调联动的人才工作格局。

引培并举做大全市人才基数。多渠道引进各类人才，发布重点行业（领域）急需紧缺人才需求目录、海内外高层次人才和合作项目需求信息，实施5项引进国（境外）技术、管理人才项目。市委组织部长谢晓东带队赴东北大学、吉林大学等招才引智，依托招商工作组、东盟华商会等平台宣传人才政策。采取储备人才编制、统筹退休编制、单列行政编制、实行预留编制等方式，保障紧缺特殊人才用编。全年共引进高层次和紧缺专业人才715人，其中博士16人、硕士146人。重合作加强柔性引才，积极推进与中国热科院、海南大学、西南交大、四川大学华西医院、北京市西城区、成都市等方面的人才交流合作，与中铁二院、东北大学、哈工大等签订战略合作协议。携手东北大学国家“千人计划”专家张德良教授团队在攀共建低成本高性能钛合金制造项目，联合华西医院在攀开办在职硕士研究生培训班，邀请中组部、团中央博士服务团来攀调研考察、建言献策。依托9个院士（专家）工作站柔性引进41名院士（专家）及团队协同攻关。全方位培育本土人才，深入实施“钒钛之光”“大地飘香”“阳光花城”等重点人才培养工程，持续培养24名优秀企业家、5名领军型技术创新人才、20个技术创新团队、232名高层次和高技能人才，培养农村实用人才15000余人。攀枝花国际康养学院正式开学，二滩国家森林公园获批全省旅游人才培养开发示范基地。新增全国技术能手7人，入选省会计领军人才和省“青马”工程培养对象各1人，实现世界技能大赛焊接项目“两连冠”。

激发活力促进人才创新创业。搭建双创平台，清华启迪之星孵化器落户攀枝花，中建材·攀枝花石墨碳基材料研究院正式挂牌成立，中国热科院攀枝花实验基地开工建设，攀枝花国际钒钛学院、攀枝花国际钒钛研究院、中国钢研攀枝花学院钒钛技术创新中心创建。攀枝花电子商务产业园区、木棉星空创建为省级众创空间。推广试点经验，深化攀枝花学院“激励科技人员创新创业改革试点”工作，大力支持在市农林科学研究院开展市级试点。截至年底，攀枝花学院7名科技人员已离岗或兼职转化科技成果、创办领办科技型企业，市农林科学研究院11人已申请外出创新创业或创办科技型经济实体，与市场主体合作建立经济实体2个。推进综合扶持，组织开展“双创”主题活动、创业讲堂、沙龙、畅想会、创享会等60余次。立项支持干细胞和免疫效应细胞临床研究、高炉渣提钛产业化原创设计研究等技术创新团队20万元，发放创业担保贷款380万元、小额免反担保贷款10万元，资助创业实体40个。

强化保障营造拴心留人环境。抓好人才评价激励，新认定第6批高层次人才183人，兑现1~6批高层次人才安家补助、岗位津贴、租房补贴等待遇1600余万元。初评市有突出贡献专家50人、市学术技术带头人及后备人选150人。推荐16名优秀人才参加省“千人计划”、优秀大学生及科技人才创业典型、“青马”工程培养、青年科技奖等评选。拓展人才成长空间，出台《储备人才管理办法（试行）》，明确编制岗位、教育培训、考核管理、成长渠道、保障服务、办理程序等具体规定。组织4名优秀储备人才参加年轻干部人才递进培养第五期培训班，调任11名优秀储备人才担任市级机关副科级领导职务。2017年，市级拟引进储备人才19名。优化人才管理服务，市委领导带头走访慰问优秀人才，新一届市委联系服务专家增至41人。组织10918名干部人才开展健康体检，落实体检经费821万元。举办全市人才工作者培训班，开展“走基层”人才工作调研服务活动，召开人才新政新闻发布会，分类发放人才新政社会版、高校版、网络版、微信版、招商引资版等宣传资料，上线“攀枝花人才”官微，成立高端人才服务中心，进一步营造全社会招贤纳才、尚贤重才的浓厚氛围。

【老干部工作】 出台《进一步加强和改进全市离退休干部党组织建设工作的实施意见》《切实加强和改进全市离退休干部工作的实施方案》，并开展落实制度专项调研督查。开展“畅谈新变化，展望新未来、助推攀枝花四个加快建设”“助力脱贫攻坚”等活动，共征集到老干部的意见建议290余条、征文140余篇，向市委报送全市离退休干部的“金点子”18条。编发6期《攀枝花老干部学习参考》，精心运营《金沙晚晴》官微，“攀枝花仁和区离退休干部撸起袖子浇灌党性之花”被人民网头条报道。攀枝花市加强离退休干部党建工作有关做法在全省离退休干部党建工作座谈会上作经验交流发言。完善落实情况通报、学习参观、走访慰问等制度，分级分类组织参观学习活动，举办2次老干部情况通报会，看望慰问离退休干部770余人。及时调整、兑现有关老干部护理费标准和特殊困难补助，全市离退休干部年度绩效奖增幅达50%以上。老干部来信来电来访率同比下降40%。用好老干部活动中心，成立老干部合唱队，指导米易县老干部活动中心创建四川省老干部学习活动阵地规范化建设示范单位。发挥市委老干部党校作用，培训离退休干部党组织负责人和老干部工作者200余人。办好市老年大学，开展首届“阳光学员”推荐表扬工作，开设16个专业22个班，学员达1300人次。

【自身建设】　坚持内强素质、外树形象，努力打造模范部门过硬队伍。狠抓从严治部、从严律己、从严带队伍，扎实推进组织部门自身建设，努力创建“讲政治、重公道、业务精、作风好”的模范部门。突出政治建设，按照“市委组织部要为全市组织系统作表率，全市组工干部要为党员干部作表率”的要求，坚决及时学习贯彻中央和省、市委重大决策部署，推进“两学一做”学习教育常态化制度化，深入学习贯彻中共十九大精神，进一步增强组工干部“四个意识”。创新开展体验式组织生活，评选命名党员示范团队4个、党员示范岗6个，开展“党员学习日”活动28次，部机关被评为“学习型机关创建活动优秀单位”、市直机关先进基层党组织。重视培训提能，选派65人次参加中组部、省委组织部和全市各类培训；举办全市组工干部综合素质提升培训班，分3批赴阿坝州长征干部学院开展党性锤炼。全年部机关干部提拔11人，内部轮岗6人，对外交流3人；选派1名干部到农业部挂职，10名干部到中组部、省委组织部、市委巡察组帮助工作，5名干部到县（区）委组织部、乡镇、贫困村挂职锻炼。攀枝花市《党建研究》宣传工作连续4年荣获中组部党建研究杂志社二等奖，公务员统计数据连续8年获全省全优报表通报表扬，党内统计年报连续10年被评为全省第一等次；调研课题《运用“大数据”提高党建工作科学化水平研究》获全国党的建设研究会二等奖，《习近平总书记党建思想攀枝花实践研究》获全省组织工作重点调研课题优秀奖。狠抓作风建设，严格落实中央“八项规定”，省市“十项规定”要求，抓好部机关党风廉政建设、依法治市、精神文明、综治维稳等工作。扎实开展“走基层”活动、精准扶贫工作，为波西村直接落实帮扶项目4个、帮扶资金27.03万元，协调帮扶资金260.8万元，捐赠款物1.3万余元；开展3次脱贫攻坚专项督查，组织离退休干部“助力脱贫攻坚”志愿服务队到波西村开展调研走访和关爱贫困儿童活动。波西村成功摘掉省定贫困村帽子，68户建档立卡贫困户有57户实现脱贫。认真开展“双报到”工作，组织党员干部到湖光社区开展“学雷锋”志愿活动。加强信息宣传，注重归纳、提炼、总结，及时反映全市党的建设和组织工作中的创新做法和成功经验，建立完善双月通报制度、约稿制度和审签制度。全年编发《攀枝花组工通讯》《攀枝花组工网络集萃》25期；被中央、省级内刊和市级以上媒体、网站采用信息473条；全市组织系统共完成影响力网评文章2500余篇；市委组织部组工信息在省委组织部《四川组工动态》采用积分排名全省第八，在市委办《每日要情》位列市级部门第一，被评为全省组织系统组工信息工作先进单位。注重依制而行，加强对领导批示及市委常委会、部务会、部长办公会议定事项、省市委绩效保证目标落实情况的督查督办，编发内部通报12期。

（沈　婕）

机构编制管理

【概　况】　2017年，中共攀枝花市委机构编制委员会办公室共召开办公会议8次，研究议题113项；中共攀枝花市委机构编制委员会召开编委会议4次，研究议题48项；中共攀枝花市委机构编制委员会、中共攀枝花市委机构编制委员会办公室共调整党群政法机关机构编制事项18项，行政机关机构编制事项19项，事业单位相关机构编制事项78项。着力推动纪检派驻机构改革、事业单位分类、责任清单、综合行政执法试点等关键环节改革任务，完成控编减编、事业单位登记管理、机构编制督查等工作，积极向省上争取设立“攀西钒钛检验检测院”，加强攀枝花中国三线建设博物馆、四川攀枝花苏铁国家级自然保护区管理局等机构工作力量，获省委编办特批攀枝花市设立挂牌机构“攀枝花市中医药管理局”，设立攀西职业病防治中心、攀枝花市健康城市建设指导中心等，为助力全市“钒钛、阳光”两篇文章提供强有力的体制机制保障。

【市级部门机构情况】　至2017年年底，中共攀枝花市委共有工作部门10个，挂牌机构6个，市委办事机构1个，议事协调机构的常设办事机构1个，部门管理机构2个，市委直属事业单位3个；攀枝花市政府共有工作部门32个，挂牌机构11个，市政府派出机构5个，市政府直属事业单位9个；设市人大机关、市政协机关、市中级人民法院、市人民检察院；设群团机关12个，民主党派机关7个。

【完成纪检派驻机构改革】　2017年5月起，对市本级纪检监察机构进行全面调查摸底，研究制定改革方案。9月29日，市委印发《关于加强市纪委派驻机构建设的意见》，对纪检派驻机构改革进行总体部署。12月9日，市委编委会印发《关于设置市纪委派驻机构划转编制职数有关事项的通知》、《关于设置市纪委派驻机构有关事项的批复》，统一市纪委向市级党和国家机关派驻的25个派驻纪检机构名称，划转现有市直部门纪检监察编制和纪检监察机构人员占用编制110名用于派驻纪检组，明确了机构职责、领导职数和编制，市本级纪检派驻机构组建完成。

【推进国家监察体制改革试点全覆盖工作】　按照中央、省上的统一部署，国家监察体制改革试点全覆盖工作于11月中旬启动。12月4日，市委印发《攀枝花市深化国家监察体制改革试点工作实施方案》，明确市监察委员会设置方式及相关问题。12月9日，市委编委会印发《关于明确市监察体制改革有关机构编制事项的通知》，对市监察委员会的机构、领导职数和编制进行明确，国家监察体制改革试点工作顺利推进。

【推进群团体制改革】　2017年4月起，市侨联、市总工会、团市委、市妇联、市科协五家涉改群团陆续启动改革。9月26日，市委办印发《市总工会、团市委、市妇联、市侨联、市科协系统等5个改革方案》。市委编办与5家改革单位正在研究机构编制调整方案。

【政府职能转变任务】　2017年，政府职能转变任务共13项，涉及市政府法制办、市发展改革委、市民政局等10个部门。市政府机构改革领导小组办公室印发《2016年度转变政府职能和机构改革任务工作台账》，对任务予以明确。12月，按要求对各相关单位任务完成情况进行考核。

【编制公布市直部门行政权力责任清单】　完成市本级部门行政权力责任清单的编制及动态调整，共完成市本级33个部门（单位）共5155项责任清单的审定和公示。

【调整市深化行政审批制度改革工作职责】　经十届市委常委会第50次会议审定，市政务服务中心（市政管办）承担的指导、协调、监督并推进全市深化行政审批制度改革工作职责划入市委编办，市委编办加挂“攀枝花市深化行政审批制度改革领导小组办公室”（简称“市审改办”）牌子。市审改办主任由市委编办主任兼任，设市审改办专职副主任（副县级）。

【明确安全生产和环保工作职责】　印发《关于进一步落实安全生产监管职责分工的通知》，明确市安全监管局、行业主管部门及其他部门的安全生产和职业健康监管职责；修订《攀枝花市环境保护工作职责分工方案》，对市级部门的环境保护工作职责进行明确。

【推进事业单位分类改革】　推进事业单位分类批复工作，至12月底，全市已批复事业单位类别1039家，批复率94.54%（其中市本级批复事业单位类别201家，批复率90.95%）。推进生产经营类事业单位改革，完成市本级生产经营类事业单位攀枝花市广电节目广告中心转企改制方案的制定，完成盐边县建设工程质量检测所的转企改制。

【推进综合行政执法改革试点】　交通运输综合行政执法体制改革试点取得突破，设立市交通运输综合行政执法支队，整合执法职能，核定综合行政执法所需人员编制，改革实现“三减一加”，执法层级由市、区分级执法调整为市一级综合执法，执法队伍由原来的6支改革为1支，核减行政执法类事业编制15名，8个执法大队中4个派驻两区执法，米易县、盐边县交通运输综合执法机构已设立。其他领域综合执法改革试点稳步推进，市本级和东区文化市场综合执法机构有效整合，设立“攀枝花市文化市场综合行政执法支队”；仁和区市场监管综合执法队伍组建到位并正常开展综合执法工作；市本级城市执法体制改革实施方案已获得省政府批复同意。

【重点支持卫生教育事业发展】　按照“将县镇、农村中小学教职工编制标准统一到城市标准”要求，开展新一轮中小学教职工编制动态调整工作，在省上下达总量内，对市、县（区）中小学教职工编制进行重新明确。创新公立医院机构编制管理机制，出台《攀枝花市创新公立医院编制管理实行人员总量控制的试行办法》。完善公立医院管理机制，对市卫生计生委所属5家公立医院党政管理内设机构实行备案制管理。

【探索“岗编适度分离”管理模式】 探索开展“岗编适度分离”工作，通过“县管校用”“医联体”及支教、支医等方式，全年市县两级共下派人员818人，用于充实基层技术和管理服务力量，提升基层技术和管理服务能力。

【实名制管理】 严格审批机构编制事项，坚持机构编制“一支笔”审批。建成覆盖全市各级机关事业单位4万余人信息数据的机构编制实名制管理系统，市级部门机构编制调整相关文件信息和人员信息录入率达到100%，全市机构编制年度统计工作连续四年受到省委编办通报表扬。严格执行编制前置审批制度，全年共核批市级机关事业单位用编计划608名，其中，引进各类人才用编531名，占核批数的87.3%，为法制、扶贫、环保、教育、卫生、文化、政法、食药监等系统核批用编527名，占核批数的87.6%，确保重点领域人才的力量补充。

【全面完成“控编减编”任务】 强化监督管理，实现中央核定的各级行政编制总额和各类专项编制员额不突破，全市事业编制总额、工勤编制总额以2012年年底统计编制数为基数只减不增。2017年全市机构编制实有人员总量与2012年年底比较，减少710人，实现连续三年负增长。

【机构编制督查】 开展“12310”机构编制投诉举报电话受理；建立县（区）机构编制变动事项月报分析制度，加强机构编制日常监管；建立机构编制规范性文件下备一级制度，及时备案县（区）编办各类规范性文件；完善机构编制督查和审计督查联动机制，把12个方面机构编制违规违纪问题，纳入日常审计和经济责任审计，把审计发现的问题列入机构编制违规违纪台账督导整改。

【事业单位法人治理结构试点】 2017年，西区将事业单位法人治理结构建设试点范围拓展到辖区内6家社区卫生服务中心，盐边县将辖区内4家公立医院纳入试点并成立4家医院共同理事会。全市法人治理结构试点做到市级、5个县（区）全覆盖。

【事业单位登记管理】 完成2016年度事业单位法人年度报告公示，年度报告公示率99.17%。完成事业单位法人公示信息抽查，抽查46家事业单位法人公示信息，抽查率3.8%。完成机关事业单位政务和公益域名注册1228家，注册率93%。全面完成机关、群团统一社会信用代码赋码登记工作，全市共完成登记423家。完成“攀枝花市事业单位在线”网站与攀枝花市政务大厅的数据对接。

（陈绍伟）

宣传工作

【概 况】 2017年，市委宣传部有行政编制27人，工勤人员编制6人，实有干部24人，工勤人员3人，内设办公室、干部管理科（挂离退休人员工作科）、理论科、宣传科、媒体融合发展科、思想政治教育科、文化改革发展科（挂文化艺术科）、对外宣传联络科、网络监督管理科（挂网络行政执法科）、市精神文明办综合科（挂未成年人思想道德建设工作科）、创建协调科、志愿服务科12个机构。代管市对外宣传服务中心、市舆情信息中心（挂攀枝花市互联网不良与违法信息举报中心牌子）。

2017年，全市宣传思想文化战线在市委正确领导和省委宣传部有力指导下，始终坚持围绕中心、服务大局，用习近平新时代中国特色社会主义思想武装头脑、指导实践，持之以恒抓实抓好中共十九大精神的学习宣传贯彻，坚持贴近基层、服务群众，坚持改革创新、勇于突破，把牢主阵地、高扬主旋律、唱响主基调，着力增强主流意识形态引领力，着力增强理论教育说服力，着力增强新闻舆论传播力，着力增强核心价值观感召力，着力增强文化发展创新力，为在全省高水平率先全面建成小康社会提供有力的思想舆论保证和良好的精神文化条件，开创宣传思想文化工作新局面。

【理论武装工作】 出台《2017年攀枝花市党委（党组）中心组学习考评细则》，将中心组学习考核纳入各县（区）委、市级各部门党组（党委）综合目标考核体系，进行量化评分考核。以中心组学习为龙头，全力推进“攀枝花智库”建设，邀请北京大学国家发展研究院副院长黄益平，国防大学战略教研部教授马骏，中国工程院副院长干勇，钢铁研究总院结构材料研究所所长杨才福，中央党校教授辛鸣等到攀枝花市作专题学习辅导报告，3200人次党员干部参与集中学习。深入开展“党员学习日”活动，全年开办“攀枝花市民讲坛”42期，推动党员理论学习常态化。精心组织省第十一次党代会和中共十九大精神宣讲，牵头开展学习贯彻党的十九大精神，深入开展“三级三讲”学习活动，以党委（党组）书记亲自讲、班子成员带头讲、邀请知名专家学者讲三种形式，提供“菜单式”宣讲。各县（区）、大企业、高校分别成立宣讲小分队，深入社区、乡村、工厂、校园等开展“分众化”宣讲。结合“走基层、解难题、办实事、惠民生”活动，借助农民夜校等平台，在基层各村、社区开展通俗易懂、形式新颖、灵活多样的群众性“微宣讲”，覆盖党员干部群众37万余人次。围绕市委中心工作，市委中心组成员集中学习14次，深入一线、深入群众开展调研人均63天以上，帮助解决了一批实际问题，党群干群关系进一步密切。组织全市社科理论专家深入开展应用性研究，通过中共十八届六中全会、“四个全面”战略布局、城市文化形象塑造、“学习十九大 建设美丽攀枝花”等系列主题征文活动，形成《关于攀枝花经济社会发展融入长江经济带若干问题探讨》《攀枝花市发展康养旅游的实践问题研究》《论习近平全面深化改革之理路逻辑》等一批优秀理论调研文章。

【意识形态工作】 认真贯彻落实党委（党组）领导班子及主要负责人意识形态工作责任制，先后19次召开专题会议深入研究宣传思想工作，把意识形态工作作为党的建设和政权建设的重要内容，纳入重要议事日程，纳入领导班子、领导干部目标管理，与经济建设、政治建设、文化建设、社会建设、生态文明建设和党的建设紧密结合，一同部署、一同落实、一同检查、一同考核，有力推动《攀枝花市贯彻落实党委（党组）意识形态工作责任制实施细则》在各级党委（党组）的全面落实。各级党委（党组）定期分析研判意识形态领域情况，辨析思想文化领域突出问题，对重大事件、重要情况、重要社情民意中的苗头性倾向性问题，有针对性地进行引导。全面落实谁主管谁负责、谁主办谁负责和属地管理原则，进一步加强和改进思想政治工作，加强对全市各级各类媒体、研究机构、高校课堂、协会社团、讲座论坛、出版物、报告会、研讨会等阵地的管理，管导向、管阵地、管队伍的要求得到进一步落实，牢牢掌握意识形态领域主动权话语权领导权。出台《攀枝花市加强意识形态领域引导和管理考核细则》《攀枝花市党委（党组）书记抓意识形态工作专项述职制度》和《攀枝花市党委（党组）意识形态工作责任追究的执行办法》，并纳入县（区）党委和市级部门、单位党委（党组）综合目标考核体系，明确考核方法程序，细化考核项目内容，促进考核工作规范化、常态化。在全市开展专项督查工作，完成省委督查组对攀枝花市意识形态工作的专项督查。

【舆论宣传工作】 加强媒体阵地管理，牢牢把握正确舆论导向，深入研究应对新媒体的办法措施，进一步加强新闻采编播各环节制度建设。制定出台《关于进一步加强新闻从业人员全媒体采编能力建设的通知》《关于进一步加强新媒体重点报道审核制度建设的通知》等一系列制度，严格落实媒体，特别是新媒体三级三审制度和总编辑（台长）负责制。加强媒体监督管理，积极打造“花城廉韵”微信公众平台，推出《阳光政务—政风行风广播热线》26期、《阳光政务》特别节目4期。围绕迎接宣传贯彻中共十九大、省第十一次党代会和环保督查等主线，引导全市干部群众把思想和行动统一到市委、市政府的决策部署上来。围绕中共十九大精神，组织全市媒体刊发稿件1600余条次，开设“领会新思想 立足新作为 开创新局面”“砥砺奋进的五年”“十九大时光”“新时代新气象新作为”等系列专栏专题，推出《战略定力》《国家使命》《阳光转型》等攀枝花改革发展系列综述报道6篇。围绕中央环保督察，组织发稿4000余条次。创新宣传形式，运用短视频、沙画、航拍、H5动画、AR动图等新技术不间断推送，形成“一次性采集、多渠道发布、快速度传播、广覆盖受众”的多媒体、多平台传播矩阵，仅芒果推介会期间就推出相关稿件600余条。围绕贯彻落实市“两会”精神、“康养+”产业发展等中心工作，组织全市主流媒体开展“抓落实 见成效 部门行（县区行）”“绿色攀枝花”等一系列集中采访宣传活动，深入报道攀枝花转型发展取得的丰硕成果。

【对外宣传工作】 统筹资源完善外宣平台建设，成立新闻服务中心，精准服务媒体和各部门工作需求。完成全媒体宣传公益服务平台“云上攀枝花”建设，实现外宣工作管理数字化。完成百度百科攀枝花词条修订工作，确保外宣平台发布信息的准确性。完成“攀枝花发布”的二次开发升级，围绕“花城政务”“花城矩阵”“花城印象”三大板块，努力打造有价值的“城事”资讯平台、有思想的“党政麦克风”、有温度的服务平台。强化与中央、省级主流媒体的合作，围绕攀枝花“123456”城市宣传创意品牌进行全网传播，点击总量超过220万次。借助“2017中外知名企业四川行”、第五届中国（绵阳）科技城国际科技博览会、第二届中国西部国际博览会进出口商品展暨2017中国西部（四川）国际投资大会、第三届中国（四川）国际旅游投资大会、第24届全球华人羽毛球锦标赛、第三届中国康养产业发展论坛等重大活动，吸引高端媒体聚焦攀枝花，全媒体、多角度集中宣传攀枝花转型发展的新思路、新蓝图。全年，在中央、省级媒体和市外其他媒体刊播攀枝花新闻2669条。其中，《人民日报》头版刊发《攀枝花产业升级绿色转型》；新华社《新华每日电讯》头版刊发《从“钢铁硬汉”到“阳光暖男”攀枝花擦亮绿色发展底色》；《光明日报》头版刊发《攀枝花："百里钢城"变"康养胜地"》；央视新闻联播播出2条；《农民日报》头版刊发1条；《四川日报》头版头条刊发攀枝花新闻3条，居全省第二位。大力打造攀枝花芒果区域公用品牌，与人民网、新华社、上海橙娱、封面传媒等专业机构和公司合作，赴北京、成都、上海、香港、澳门等地举办5场推介会，刊发相关报道220余条，全网总曝光量超过2400万次。启动"视觉攀枝花"城市品牌建设系列活动，以图片、视频、微画册、微电影等形式全方位展现攀枝花四季独特风光。

【互联网宣传管理及舆情信息工作】 积极推进传统媒体与新兴媒体融合发展，加快攀枝花日报社"新闻中央厨房"和市广播电视台全媒体新闻中心建设，探索创新新闻生产流程。《攀枝花日报》微博微信、手机报、新闻网和纸媒组成的全媒体矩阵粉丝总量突破25万，覆盖人群达50万以上。攀枝花广播电视台手机台APP、广电传媒网、官方微信、攀枝花发布微信公众号等新媒体平台受众超过41万人。积极探索全市统筹的大网络大舆情工作格局，建立"资源共享、成果共用、渠道互通、平台互联"的网络舆情监管机制，统一重大、敏感网络舆情报送渠道。组织开展网络媒体新春走基层、《中华人民共和国网络安全法》宣传、网络中国节等活动，集中开展净化网上舆论环境、"扫黄打非 净网2017"等专项整治行动17次，营造向上向善的网络文化氛围。积极开展网络扶贫行动，通过网络教育、网络就业创业、互联网医疗等帮助贫困地区群众脱贫奔小康，发动民间商业网站对贫困山区开展智力扶贫。积极做好网络评论工作，主动设置网络议题，组织网评员与网民互动、对热点事件和敏感舆情进行跟帖引导，全年组织网评员转发评论、撰写帖文3000余条，市内各主流网站、微博微信发布正面网络信息3万余条，总点击量超过900万人次。"微攀枝花""攀枝花发布"获2017年度四川十佳市（州）政务新媒体。围绕社会舆情和网络舆情中一些带有倾向性的问题、思想理论领域的动向以及人们普遍关心的社会热点问题，坚持重点舆情分析与经常性舆情分析相结合，定量分析与定性分析相结合，形成一批有深度、有分析、有对策建议的专题舆情分析报告。快速、稳妥处置"1·4"突发舆情事件、"6·4"民间网站发布有害信息事件和H7N9禽流感舆情事件等重大舆情，做到信息及时公开，遏制舆情传播、平息突发事件。全年编发《舆情摘报》6期，《舆情监看》15期，《每日舆情》133期，领导批示170余条。

【精神文明建设工作】 公民思想道德建设稳步推进。深入开展"四川好人""我推荐、我评议身边好人"等推荐评选活动，张超、刘代祥等8人荣登"四川好人榜"，市第四届助人为乐模范刘红斌荣获第五届四川省道德模范。组织开展道德模范基层宣讲、巡讲等系列活动300余场（次）。圆满完成攀枝花市第四届道德模范评选表扬活动和颁奖晚会，16万人（次）通过各类渠道参与投票，5万余名网友通过网络直播平台观看晚会。出台《攀枝花市社会主义核心价值观工作测评体系（试行）》和《攀枝花市贯彻〈四川省社会主义核心价值观工作测评体系（试行）〉责任分工》，进一步完善培育和践行社会主义核心价值观工作的领导体制和工作机制。积极开展社会主义核心价值观示范点创建工作，选树攀枝花中国三线建设博物馆、西区玉泉街道巴关河社区等16个社会主义核心价值观工作示范点。积极培育文明风尚，深入推进诚信建设制度化，完善"红黑榜"发布机制，健全守信激励和失信惩戒联动机制。加强志愿服务信息化管理，充分发挥花城有爱·志愿服务管理平台作用。全市44支志愿服务支队，320支志愿服务大队全部入驻平台。探索建立志愿服务三级管理体系，持续开展"四川志愿·携手圆梦""同创文明城市 共建幸福家园"等主题志愿服务活动，全年累计开展各类志愿服务活动2500余次，参与志愿者达10万人次。攀枝花市野生动植物保护协会、"攀枝花苏铁乐园"自然学堂志愿服务项目荣获"四川省十佳志愿服务项目"。

群众性精神创建活动协同发展。将创建全国文明城市工作纳入全市年度目标绩效重点工作项目，把各县（区）、市级责任单位创建工作成效作为年度精神文明建设目标绩效考核的重要依据，严格考核。坚持目标导向，赴遂宁、泸州学习考察并借鉴经验做法，"党委领导、党政同责、部门协同、上下联动、公众参与"创建工作机制基本建立，文明城市"双总指挥长"制度逐步健全，创建工作力量明显改善，基本实现"保住提名城市资格"目标。切实整改中央文明办反馈的突出问题，采取专项督查、日常巡查、召开专题督办会、小范围工作推进会等形式，坚持问题导向，强化督查督办，20个点位和5大类别的突出问题整改成效显著，39条缺项或弱项指标和48条动态指标攻坚扎实推进，全域督查、全面督查、全员督查的工作格局全面形成。深入开展文明城市、文明单位、文明村镇、文明家庭、文明校园等群众性精神文明创建活动，米易县进入第五届全国文明城市测评序列，盐边县建成第四届四川省文明城市，新晋6个全国文明单位（村镇），9个现有全国文明单位（村镇）复查合格，新增17个省级文明单位、村镇（社区），陆学英、邱艳、余芳、唐明现4户家庭获评四川省第一届文明家庭。全面开展第二轮"以城带乡 结对共建"主题创建活动，文明单位履行社会责任的意识不断增强。

未成年人思想道德建设扎实有效。以"少年强 四川

美 中国梦”为主题，深入开展童心向党、向国旗敬礼、清明祭英烈、学习和争做美德少年等实践活动。传承弘扬中华优秀传统文化，开展“诵中华经典，做有德之人”攀枝花市中华经典诵读比赛活动，举办四川省首届少儿金话筒电视大赛攀枝花选拔赛等系列活动，扎实做好青少年文化内涵、道德修养等方面的培养。以推进乡村（城市）学校少年宫、未成年人心理成长指导中心为切入点，探索构建未成年人健康成长生态体系。召开全市中小学校文化建设暨文明校园创建工作现场会，市实验学校被评为第一届全国文明校园，市第十九中小学校教育集团密地外国语学校等8所中小学校被评为第一届四川省文明校园。以攀枝花文明网为基础，开发建设“文明攀枝花”微信公众号、新浪微博公众号、“花城有爱·志愿服务管理平台”等平台，微信公众号发送推文84期，阅读量达1.5万余人次，微博公众号发送推文470条，阅读量达6.8万余人次。

【文化建设工作】 现代公共文化服务体系不断完善。全面贯彻落实《关于加快构建现代公共文化服务体系的实施意见》的要求，统筹推进农村地区、民族地区和贫困地区综合文化服务中心、文化室、村村通、村村响、地面数字电视、应急广播等公共文化基础设施建设，促进基本公共文化服务标准化、均等化。新建数字影院8家，实现县城数字影院全覆盖。顺利通过省文化厅对全市公共数字文化建设的检查考核，东区获首批创建四川省现代公共文化服务体系示范县资格。攀枝花中国三线建设博物馆被评为优秀“四川统一战线中国特色社会主义教育基地”。深入推进“千村文化扶贫行动”，落实500余万元文化扶贫资金，完成35个待退出贫困村综合文化服务中心（幸福美丽新村文化院坝）改造提升工作，“一村一品”“一村一队”文化活动品牌初显成效。盐边县国胜乡大花地村、仁和区务本乡大火山村入选四川省首批“文化扶贫示范村”。

文化体制改革稳步推进。贯彻落实省市各项专项改革方案，积极推进各项工作任务，完成市属国有文化资产管理现状调查摸底并形成专题报告；推进文化市场综合执法改革，制定出台《攀枝花市文化市场综合行政执法改革实施方案》，基本完成市、县两级文化市场综合行政执法机构组建和挂牌。制定《攀枝花市加强文化领域行业组织建设实施方案》，推动全市文化行业组织健康有序发展。协调指导国有文艺院团（文化艺术中心）改革，深入推进薪酬制度改革工作。加强广播电视网络整合后续工作，积极推进“高清攀枝花 智慧广电”建设，广播电视监测系统、信息发布系统、智慧调度系统初步建成。

文化产业项目加快发展。组织完成“攀枝花文创小镇”项目总体策划和概念性规划编制工作，加快打造以“当代身体艺术”为主题的文化旅游创意小镇，培育独具特色的城市文化品牌。组织开展2017年度重点文化产业项目库征集工作，首批入库项目共计12个。组织4个项目申报2018年度四川省文化产业发展专项资金项目。依托现有优势文化产业资源，深入挖掘市场潜能，大力发展以苴却砚（石）、钛工艺品等为代表的文化创意产业。组织文化企业参加2017中国—东盟博览会、成都第六届国际非物质文化遗产节、第十三届中国（深圳）国际文化产业博览交易会等知名展会活动，攀枝花市选送的苴却砚作品荣获深圳文博会“中国工艺美术文化创意奖”金奖和银奖。

社会主义文艺不断繁荣。扎实开展“深入生活 扎根人民”“结对子 种文化”活动，第二批百名文艺工作者下基层挂职锻炼获得省级表彰，131项主题实践活动落实成效明显。广泛开展畅享院坝、文化进万家、公益电影放映、书香花城·全民阅读、“送文化”“送艺术”进校园、进社区等活动，深化金沙放歌、百姓大舞台、“大家唱”“大家跳”群众文艺赛演、“若水流韵”音乐会、攀枝花市民讲坛、攀枝花文艺大讲堂等本地文化活动品牌的打造，把“文明共建、文化共享”工作引向深入。完成《攀枝花市2018—2020年文艺作品创作生产规划》编制。深化重点文艺创作项目扶持工作，6个项目获市级2017年度重点文艺创作扶持项目资金扶持。长篇小说《宽井》《绝壁雄鹰》、小说集《峡谷记忆》、诗集《惶惑与祈祷》《太阳诗篇》、砚文化随笔集《豆室话砚》6部作品入选2017—2018年度（第十届）文学创作签约项目。广播剧《永远的攀枝花》和歌曲《四季花香》荣获四川省第十四届精神文明建设“五个一工程”奖，市委宣传部获组织工作奖，获奖数量居全省各市州前列。积极开展“我们的中国梦”——文化进万家、文化艺术进校园、2017攀枝花诗会等活动，广泛弘扬传承优秀传统文化，满足各层次、多元化文化需求。

【队伍建设】 以提升学习能力、协同能力、融合能力、执行能力为重点，强化机关建设，完善优化16项工作制度，促进机关规范化制度化运行。采取集中学习、自学反思、讨论深化等多种方式，将推动“两转一提”和学习宣传贯彻中共十九大精神融入“三会一课”等经常性教育中，与中央、省、市最新要求相结合，与市委、市政府重点工作相结合，与正反典型教育相结合，以学促干，以干促学，推进“两学一做”学习教育常态化制度化。加大机关文化建设力度，实施“机关文化墙”建设，大力开展机关群团组织文化活动，建立攀枝花宣传网，日均浏览量达500多人次。

做好县区宣传系统干部队伍建设。完成东区、仁和区、盐边县委宣传部副部长任免的审核工作。完成中宣部、省委宣传部干部调训的组织工作。强化干部队伍专业化建设，组织全市宣传文化系统干部150人次赴浙江大学、四川省干部函授学院参加“攀枝花市宣传文化系统干部综合能力提升培训班”和“攀枝花市基层宣传文化干部能力提升班”专题培训。认真抓好后备干部人才培养工作，进一步完善系统内上挂下派等人才培养制度，选派3名优秀年轻干部到省委宣传部及省级媒体上挂锻炼，选拔5名优秀年轻干部到部机关各科室锻炼学习，选派3名干部到各县（区）挂职锻炼，遴选市本级培养对象1人。

加强部机关党的建设。强化落实党风廉政建设“两个责任”，深入推进全面从严治党，组织部机关党员干部认真学习贯彻习近平系列重要讲话精神、中央八项规定和省市十项规定及其实施细则，认真学习贯彻《关于新形势下党内政治生活的若干准则》《中国共产党廉洁自律准则》《中国共产党党内监督条例》《中国共产党纪律处分条例》《关于加强和规范党内政治生活　严格党内监督　巩固发展良好政治生态的决定》《从严治党理论热点面对面》等内容，进一步增强政治意识、大局意识、核心意识、看齐意识，着力打造一支忠诚、干净、担当的宣传思想文化干部队伍。

（李　欧）

精神文明建设

【文明城市创建】　2017年，以全国文明城市创建为抓手，深化拓展群众性精神文明创建，构建高效机制。将创建全国文明城市工作纳入全市年度目标绩效重点工作项目，把各区、市级责任单位创建工作成效作为年度精神文明建设目标绩效考核的重要依据，严格督查考核。坚持落实“党委领导、党政同责、部门协同、上下联动、公众参与”的创建工作机制，大力推行创建全国文明城市“双指挥长”制度，调整完善各专项工作组组成人员，从市级部门抽调6人集中办公，严格落实区属地责任、大企业主体责任、牵头责任单位具体责任、配合部门联动责任，保障工作高效推进。10月23—24日，市委宣传部部长江海率队到泸州市、遂宁市考察学习全国文明城市创建工作。及时印发《攀枝花市落实〈全国文明城市（地级以上）测评体系（2017年版）〉工作任务分工》《攀枝花市创建全国文明城市实地考察操作指南（2017年版）》《攀枝花市迎接省文明委综合测评督查工作方案》等指导性文件，组织召开全市创建全国文明城市工作会议、推进会和现场会，确保测评指标量化、操作标准实化、工作推进细化。

突出问题导向。以中央文明办反馈的突出问题为努力方向，采取专项督查、日常巡查和召开专题督办会、小范围工作推进会等形式，倒逼问题整改，强化督查督办，整改工作收到预期成效。持续开展“垃圾乱扔、摊位乱摆、车辆乱停、广告乱贴、工地乱象”现象综合治理，扎实开展道路交通秩序、文明劝导服务、集贸市场清理整治行动，有效提升了城市文明程度。抓好社会公共场所、公共交通工具、建筑工地围挡等区域的社会主义核心价值观12个主题词展示、“图说我们的价值观”“讲文明树新风”公益广告宣传，制作户外大型公益宣传广告80多幅，设置公益广告230余幅，186个公交站台实现公益广告刊载100%全覆盖，48个建筑工地公益广告覆盖率保持在30%以上，形成有利于培育和弘扬社会主义核心价值观的生活情景和社会氛围。

统筹城乡共建。深入开展文明城市、文明单位、文明村镇、文明家庭、文明校园等群众性精神文明创建活动，米易县作为提名城市参加全国文明城市测评，盐边县成功创建第四届四川省文明城市，新晋市地方税务局等6个全国文明单位（村镇），市国税局等9个现有全国文明单位（村镇）复查合格，新增市中级人民法院等17个省级文明单位、村镇（社区），陆学英等4个家庭荣获第一届四川省文明家庭称号。全面开展全市第二轮“以城带乡　结对共建”主题创建活动，有效引导文明单位履行社会责任。

【先进典型宣传】　2017年，以道德模范评选宣传为主线，公民思想道德建设深入推进。组织开展攀枝花市第四届道德模范评选表扬活动和颁奖晚会，攀枝花市第四届助人为乐模范刘红斌荣获第五届四川省道德模范。积极组织开展“四川好人”“我推荐、我评议身边好人”等推荐评选活动，共推荐31名身边好人参与评选，张超、刘代祥等8人荣登“四川好人榜”。组织开展道德模范基层宣讲、巡讲等系列活动300余场次，参与群众达2万余人。

【推进志愿服务】　2017年，加强志愿服务信息化管理。依托“花城有爱·志愿服务管理平台”积极探索完善管理平台体系，以信息化手段实现志愿者、志愿服务队伍招募、管理、考核、培训、激励等环节的智能化、数字化，进一步激励广大志愿者更好地投身志愿服务事业。全市44支志愿服务支队，320支志愿服务大队全部入驻平台。管理平台正式投入使用以来，累计发布各类志愿服务招募活动110余次，累计招募志愿者12000人/次。

广泛开展志愿服务活动。结合文明城市创建，广泛开展“同创文明城市　共建幸福家园”宣传、“弘扬雷锋精神　构建和谐社会”学雷锋等活动。3月3日，在市中心广场举行2017年攀枝花市学雷锋集中展示交流活动暨花城有爱·志愿服务管理平台启动仪式，表彰攀枝花市2016年优秀志愿者、最佳志愿服务组织、最佳志愿服务项目、最佳志愿服务社区。开展关爱志愿服务。通过组建关爱留守学生志愿服务队伍，依托“留守学生之家”，长期结对帮扶；积极开展“互联网+圆梦村小”、志愿助残“阳光行动”“暖冬行动”等关爱活动。

开展公共文化设施领域学雷锋志愿服务。制定下发《攀枝花市公共文化设施开展学雷锋志愿服务实施方案》，明确提出建立三级学雷锋志愿服务建设体系。攀枝花市野生动植物保护协会、攀枝花苏铁保护协会“攀枝花苏铁乐园”自然学堂志愿服务项目荣获“四川省十佳志愿服务项目”。探索建立志愿服务三级管理体系，制定《攀枝花市志愿服务工作发展规划纲要（2018—2020年）》。

【未成年人思想道德建设】　2017年，持续开展主题教育实践活动，传承弘扬中华优秀传统文化。以“少年强　花城美　中国梦”为主题，组织中小学校深入开展童心向党、向国旗敬礼、清明祭英烈、学习和争做美德少年等实践活动，不断提高学生的参与度和教育的实效性。传承弘扬中华优秀传统文化，组织开展攀枝花市中华经典诵读比赛、四川省首届少儿金话筒电视大赛攀枝花选拔赛等系列活动。

探索构建未成年人成长生态体系。加强对未成年人活动阵地建设、管理、使用的监督检查，充分发挥乡村（城市）学校少年宫、市、县（区）未成年人心理成长指导中心等的作用。与凉山州、宜宾市文明办一同开展全省乡村少年宫项目互查考核工作。将全省2016年度未成年人思想道德建设工作综合测评反馈的攀枝花问题下发整改通知，督促相关责任单位加强对反馈问题的落实整改。

深化文明校园创建。积极开展文明校园创建工作，开展四川省中小学文明校园评选推荐工作，市第十九中小学校教育集团密地桥外国语学校等9所学校被评为第一届四川省文明校园，市实验学校被评为第一届全国文明校园。东区被评为第二届四川省未成年人思想道德建设工作先进县（市、区），仁和区平地镇中心学校、市外国语学校、市少年宫被评为第四届四川省未成年人思想道德建设工作先进单位，米易中学校长陈勇等3人被评为第四届四川省未成年人思想道德建设工作先进工作者。11月14日，召开全市中小学校文化建设暨文明校园创建工作现场会。

【网络精神文明建设】　2017年，市文明办加大网络精神文明传播平台建设，以攀枝花文明网为基础，相继开发建设“文明攀枝花”微信公众号、新浪微博公众号、“花城有爱·志愿服务管理平台”等一系列网络传播平台，初步构建起攀枝花市网络精神文明传播矩阵。建成以来微信公众号累计发送推文84期，累计阅读量达14115人/次，微博公众号发送推文470条，累计阅读量达68104人/次。

（蒋劲松）

统战工作

【概　况】　2017年，市委统战部内设办公室、干部科、党派科、经济联络与海外科、机关事务管理科、民族宗教科、知识分子和新的社会阶层人士科7个科（室）和攀枝花市民主党派服务中心，行政编制12名，事业编制3名，工勤编制4名，实有在职干部职工18人。

2017年，中共攀枝花市委统战部深入学习贯彻习近平新时代中国特色社会主义思想和中共十九大精神，聚焦做好“钒钛、阳光”两篇文章，认真落实中央、省委和市委关于统一战线系列决策部署，以统一战线“落实年”“创新年”为工作主题，按照“深化品牌，挖掘新点，做实基础，构建大统战”的思路，切实加强组织领导，积极完善体制机制，广泛凝聚共识汇聚力量，各领域统战工作取得显著成绩，全市统一战线呈现出团结、振奋、活跃的局面，为建设美丽繁荣和谐攀枝花、率先在全省高水平全面建成小康社会做出重要贡献。

【夯实共同团结奋斗的思想基础】　市委统战部组织统一战线广大成员和统战干部深入学习习近平新时代中国特色社会主义思想和关于统一战线重要思想，深入学习贯彻中共十九大和省第十一次党代会精神，开展多形式的主题教育活动，印发《关于在全市统一战线开展“喜迎十九大·携手同行争创一流”系列主题活动的通知》《关于全市统一战线认真学习宣传贯彻党的十九大精神扎实开展“聚力伟大梦想”主题教育实践活动的通知》，支持民主党派开展坚持和发展中国特色社会主义、“不忘合作初心，继续携手前进”专题教育，组织开展第26期民主党派、工商联和知联会负责人暑期学习活动，不断增强同向同心同步的思想共识，画出共同团结奋斗的最大同心圆。

【构建大统战工作格局】 积极完善党委统一领导、统战部门牵头协调、有关部门各负其责的大统战工作体系，加强党对统战工作的领导，市委常委会议专题研究统战工作10次，市委书记对统战工作作出批示13次，市委、市政府主要领导带头出席统战重要会议活动20余次，市委分管领导到各类培训班授课3次。加强统战力量建设，成立市民主党派服务中心，增加事业编制3名，在各乡镇（街道）配备统战委员，在“两新”组织配备统战联络员。建立对县（区）党委、统战工作任务重的36个市级部门、大企业（院校）的统战工作考核体系。确定省、市、县（区）三级共26个基层示范创建单位，建立部领导班子联系示范创建单位制度，推动示范创建有序开展。开展统战工作大宣传，被《中央统战部网站》《四川统战工作》《同心四川》等媒介采用各类宣传信息稿件150余篇。

【服务全市改革发展】 全市统一战线聚焦中心工作，深化与民主党派中央、省委的联系，打造“直通车”升级版，2017年共拜访民主党派中央领导4次，经过争取，民进中央已协调新教育研究院将攀枝花纳入新教育实验区，致公党中央副主席兼秘书长曹鸿鸣一行到攀枝花实地调研，与农工党四川省委启动第二轮农攀合作，致公党中央到攀枝花调研后上报的《关于积极应对人口老龄化的建议》获得习近平、李克强、孙春兰重要批示。认真落实市委书记李建勤调研指示，创新民主党派学习调研活动方式，攀枝花市各民主党派先后与黑龙江、江苏、天津等地建立定点合作关系，促成哈尔滨工业大学与攀枝花市签订战略合作协议、致公“脸盆计划”等项目落户攀枝花。

【脱贫攻坚】 市委统战部组织和引导全市统一战线积极投身脱贫攻坚，深入实施“统一战线定点帮扶红宝苗族彝族乡三年行动计划”，全年投入资金200万余元，协调落实帮扶事项43个，组织动员79家非公有制企业（商协会）结对帮扶70个贫困村，启动民主党派脱贫攻坚民主监督工作，将盐边县、米易县6个脱贫攻坚任务较重的乡镇作为对口监督对象，全年提出工作建议31条，并得到采纳落实。

【服务生态文明建设】 市委统战部组织和引导全市统一战线聚焦环保整治，组织开展服务生态文明建设，向全市非公企业发出环保倡议，发放宣传资料5000余份，督促非公企业整治环保问题50余个。

【推进依法治市工作】 市委统战部组织和引导全市统一战线聚焦依法治市工作，突出特色，在统一战线实施法治引领、法治建言、法律服务等“五大行动”，成立党外律师联谊分会，服务法治攀枝花建设。

【推动多党合作事业发展】 市委统战部协助市委制定《2017年政党协商计划》，组织民主党派、工商联负责人和无党派人士参加各类市级重大协商会议10余次。深化民主党派与政府部门对口联系，召开工作推进会，强化对口联系工作。按照“小切口、大问题”思路深化专题调研，向市委、市政府提交9个高质量的调研报告，得到市委、市政府高度肯定和采纳落实。建立党外人士意见建议机制，全年编报32期，获得市委、市政府领导批示15期。协助民建市基层委员会完成换届。

【党外代表人士队伍建设】 2017年，市委严格落实中央有关党外干部配备使用的规定，市、县（区）人大、政府、政协班子以及市人大、市政协在专委会中实现党外干部足额配备；调整2名党外干部充实到政府组成部门担任正职。市委统战部与市委组织部联合开展党外干部摸底调研，建立3400名党外干部的数据库，召开党外干部工作联席会和工作推进会，制定党外干部工作意见。全面加强党外干部人士培训教育，全年举办培训班次14次，累计培训1052人次。成功争取攀枝花成为全省第二批党外干部锻炼实践基地。

【巩固民族宗教领域和谐稳定】 认真落实省委编办、省委统战部、省民宗委《关于加强市县两级民族宗教工作力量的通知》文件精神，推动县（区）完善民族宗教工作机构和配强配齐工作力量。市委召开全市宗教工作会议，将全市宗教工作联席会议升格为市委宗教工作联席会议。深入开展法律进寺观教堂和和谐寺观教堂创建活动，制定法律进寺观教堂工作标准和工作计划，印发《法律知识宣传手册》5000余册。市委统战部长张敏带队调研5个县（区）宗教工作，协调推进东区江南基督教堂新址建设等7个宗教领域重点问题的逐步解决。

【党外知识分子工作】 2017年，市委统战部推动在市教育体育局、市卫生计生委等单位成立知联会联谊分会，在攀钢深入开展“爱、献、做”主题活动，支持攀枝花学院成立“同心专家服务团”，实现市知联会分支机构在主要领域全覆盖。召开全市党外知识分子统战工作座谈会，完成市知联会换届工作，知联会工作经验在全省会议上作大会交流发言。

【推进新的社会阶层人士统战工作】 市委统战部把新的社会阶层人士统战工作作为新的着力点，召开全市新的阶层人士统战工作会议，制定《新的社会阶层人士统战工作联席会议制度》《关于加强新的社会阶层人士统战工作的实施意见》，建立新的社会阶层人士列名联系制度。开展新阶层统战工作试点，全面启动10个示范点创建工作。在全省成立首家在民政登记注册的新的社会阶层人士联谊会，建立242名有影响力的代表人士名单。组织新的社会阶层人士开展新阶进、新阶送、新阶汇等主题活动31次。

【促进非公经济“两个健康”】 市委统战部在非公经济人士中持续深化开展理想信念教育活动，在延安开展理想信念专题教育培训，举办“学习贯彻党的十九大精神，促进转型升级发展”专题培训，全年举办务实政策等各类培训4期，累计培训550余人次。建立以“联合调研+联席会议+联动落实”为抓手的促进非公企业发展联席会议制度，精准服务非公企业发展。坚持走出去、请进来相结合，加强对外交流合作，与上海市普陀区工商联签订友好合作协议。加强工商联组织建设，完成县（区）工商联换届工作，市总商会率先在全省建立党委。米易县、盐边县工商联成功创建为全国“五好”县级工商联。

【加强统战部门建设】 市委统战部坚持加强党的建设特别是政治建设，用习近平新时代中国特色社会主义思想武装统战干部、引领统战成员、指导统战工作。推动“两学一做”学习教育常态化制度化，严格执行“三会一课”制度，推动党内生活常态化规范化，进一步增强机关干部的政治意识、大局意识、核心意识、看齐意识。完成机关党总支换届工作，开展党员主题日活动、党员学习日活动等各类活动17次。全面加强党风廉政建设，不断细化党风廉政建设主体责任和监督责任，认真贯彻执行中央“八项规定”和省市“十项规定”。深入开展“走基层”“双联”等活动，全面做好盐边县红宝乡蚂蟥箐村的结对帮扶工作，落实帮扶事项45项，资金110余万元，确保蚂蟥箐村2017年如期脱贫摘帽。加强机关建设和工作运转，建立并形成“全年有工作计划、半年有工作小结、月有工作例会、周有工作安排”的运行机制，在统战部形成“主动作为、争创一流”的良好氛围。

（高　雷　文凌志　伍　强）

政法工作

【维护社会稳定】 2017年，各级各部门坚持一手抓矛盾存量的攻坚化解、一手抓矛盾增量的源头预防，全力维护社会大局稳定。围绕“六个坚决防止”工作目标，持续推进“创平安 迎盛会”6大专项行动、组织开展两轮6次稳定矛盾问题摸排调研、以“清单制+责任制”形式点对点交办化解一批涉稳信访突出问题、推出党的十九大安保维稳系列“组合拳”，重大事项稳定风险评估率上升30.8%，10人以上群体性事件预警率达100%，信访事项实现“两降两升”、群体性事件下降10.5%，全市没有发生有影响的群体性事件和越级集访事件，中共十九大、省十一次党代会等特殊敏感时段安保维稳工作圆满完成，受到邓小刚、邓勇等省领导的充分肯定。

【社会治安综合治理】 2017年，各级各部门积极以变应变、以新应新，启动推进基层社会治理体制改革事项51项，不断深化治安立体化防控、网格化服务管理、特殊人群帮教管控等工作，召开全市群众工作及矛盾纠纷多元化解工作现场会，建成三级综治中心198个、“雪亮工程”227个，整治治安突出问题108处、化解各类矛盾纠纷16186件、缴获各类毒品70.8千克，全市刑事、治安案件、“八类”严重暴力犯罪分别下降40.7%、32.6%、31.2%，安全事故起数、死亡人数实现“双下降”，连续12年未发生较大以上火灾事故，平安建设群众满意度、安全感综合得分分别高于全省平均水平2.82分、1.69分，荣获全省社会治安综合治理先进集体。

【服务经济社会发展】 2017年，全市政法系统坚持以服务科学发展为取向，自觉将政法工作融入全市发展大局，积极运用法律手段调节经济社会关系，保障和促进经济社会发展。在全省率先制定《关于办理环境污染犯罪案件若干问题的意见》，成立环境资源审判庭、食品药品环境犯罪侦查大队服务绿色发展，依法侦破审结各类经济、民生类案件30000余件，执行案件执结率94.68%、执行到位标的17.36亿元，积极主动参与“6·28”抗洪抢险、环保问题整治等急难险重任务，全程跟进护航攀大高速、“康养+”等重点项目建设，《加强产权司法保护规定》和对重大项目跟踪督办“一体三化”模式被最高检推广，钒钛领域的反窃密和反制工作受到声琨书记的充分肯定、得到国安部《表彰函》表扬。

【法治建设工作】 2017年，全市政法机关坚持把推进依法治市贯穿于政法工作全过程，充分发挥政法机关教育引导、监督规范、打击保护职能，统筹推进司法体制改革工作，全市156名法官、124名检察官顺利入额，改造完善涉案财物集中保管场地9处，行政机关负责人出庭应诉上升到70.82%，7项审判质效核心指标全部向好，《刑事案件“四类人员”庭审询问规则（试行）》被最高检转发推广，公安“树型发展”改革受到公安部高度评价。整改群众反映强烈突出问题50余个，推出执法司法便民利民举措200余条，执法司法公信力、政法工作亲和力实现双提升。

【政法队伍建设】 2017年，全市政法系统坚持以提升政法队伍整体素质为根本，扎实开展“四对照四提升 做忠诚卫士”“转观念、转作风、提能力”等主题教育实践活动，与市委组织部联合开展“摸家底”调研，干部管理、年度考核、民主生活会等工作进一步规范，组织开办4期专题培训班和“政法大讲堂”等专题学习培训10余次，聘任政法系统作风监督员131名，查处政法干警违规违纪案件14件16人，积极推进新媒体矩阵建设应用，统筹开办“攀枝花政法”“平安法治攀枝花”等专版专栏，群众对政法机关或政法队伍执法工作的满意率比全省平均水平高2个百分点，荣获省级及以上先进集体76个、先进个人110名。

（敖 波）

市直机关党群工作

【概 况】 2017年，市直机关工委机关总编制15名，其中，行政编制13名，工勤人员编制2名。工委现有书记1名（由市委常委、市委秘书长兼任），常务副书记1名、副书记3名，纪工委书记1名（由工委副书记兼任）；专职委员2名（可配备3名）。

2017年，市直机关工委牢固树立主业意识、中心意识，以中共十九大精神为引领，以推进“两学一做”学习教育常态化制度化和机关党员干部“两转一提”为契机，紧紧围绕“服务中心、建设队伍”两大核心任务，带领机关各级党组织和广大机关党员走在前作表率，履职尽责，主动作为，切实加强机关党的思想、组织、作风、纪律和制度建设，努力做到围绕中心有作为、重点活动有特色、巩固提升有成效，实现了机关党建工作创新突破，为攀枝花做好“钒钛、阳光”两篇文章、推进“四个加快建设”、在全省高水平率先全面建成小康社会提供坚强保证。

【思想建设】 深入学习宣传贯彻中共十九大精神，引导机关党员干部着力在学懂弄通做实上走在前做表率，真正把机关党员干部职工的思想和行动统一到中共十九大精神上来。坚持以习近平新时代中国特色社会主义思想武装头脑指导工作，结合“两学一做”学习教育常态化制度化建设和机关党员干部“两转一提”活动，进一步深化学习型机关创建和学习型党组织建设等工作，抓好机关党员干部理论学习制度的落实，坚持开展机关党员思想状况分析，凝聚思想共识，构筑精神高地。并通过特色机关文化创建和开展特色机关文体活动，激发党员干部干事创业内生动力。

认真学习宣传贯彻中共十九大精神。为机关党组织购置《党的十九大报告学习辅导百问》《十九大党章修正案学习问答》及《十九大学习笔记》等学习资料80套，在机关党组织中举办专题讲座、学习心得交流会，开展主题宣讲，开展学习中共十九大和“123456市情知多少”网络测试活动和知识竞赛，通过编发十九大及市情学习资料、网络答题、现场竞赛和书面竞答等线上线下方式，掀起学习宣传贯彻中共十九大精神热潮，推动全市1.49万名机关党员干部以考促学入脑入心，推进机关党组织学在前、作表率。

抓好党员领导干部理论学习制度的落实。工委对市直机关单位党组（党委）中心组学习以及党员学习日制度落实情况进行督促检查，并在年底进行专项考核，推动市直机关领导班子以身作则，率先垂范，不断提高领导班子和党员干部思想政治素质和能力水平。

推进学习型党组织建设和“学习型机关”创建活动。开展“全民阅读进机关”活动，开展市直机关读书感言征集，认真学习市委推荐学习书目和文章，收到感言和心得体会340余篇。开展学习习近平系列重要讲话精神网络考学测试活动，市直机关党员3820人次参加。围绕学习习近平总书记系列讲话、市内形势政策、法律法规等知识，举办“机关大讲堂”4期，参与党员干部1000余人次。加强学习型机关创建，通报表扬53个创建活动优秀单位，定期开展观摩交流活动，推动机关互学互促。

加强和改进思想政治工作。定期开展党员队伍思想状况分析，召开党员思想状况分析会，形成分析报告供领导决策参考。积极发动机关党员干部开展“市情微调研”活动，立足岗位建言献策，收到调研文章153篇，精选37篇编印成册分送领导和相关部门。

开展特色机关文化创建和特色机关文体活动。打造特色机关文化，开展机关文化走廊建设、机关文化格言征集评选，征集单位精神22条、科室理念247条、个人格言847条，营造良好机关文化氛围和人文环境，激发机关活力和内生动力。加强机关精神文明建设，深化机关志愿服务，持续开展文明劝导活动，助推城乡环境综合治理进机关及全国文明城市创建工作，创建文明和谐机关。创新举办市直机关第二届文化节，开展乒乓球赛、五人制足球赛、元旦越野跑和元宵节登山活动，举办科学健身知识讲座及声乐、舞蹈、网球等职工才艺培训班，举办美术书法摄影比赛作品展、中华经典诵读比赛，开展市直机关文体兴趣小组活动，进一步活跃机关氛围，丰富机关干部文化生活，全年有5000余人次干部职工参与，激发了机关党员干部干事创业内生动力。

【组织建设】 扎实推进“两学一做”学习教育常态化制度化，加强基层组织规范化建设，严肃党内政治生活，严格落实“三会一课”等制度。加强党建基础，抓好党组织换届、党员发展、教育培训等工作。加强党员干部队伍教育，同时通过机关党建品牌创建，引领机关党员立足岗位发挥先锋模范带头作用，有效解决党建和业务工作“两张皮”问题，进一步增强机关党组织凝聚力、号召力和战斗力。

加强党组织规范化建设。推进市直机关“两学一做”学习教育常态化制度化，加强基层组织规范化建设，开展市直机关党建“灯下黑”专项整治，在严肃党内政治生活，严格落实“三会一课”、谈心谈话、双重组织生活等制度，抓好党员教育管理、党员发展、党组织换届、党务干部培训、党内统计、党务公开等各方面狠抓制度化规范化建设。2017年，通过召开座谈会等方式对机关党组织“三会一课”开展情况进行调研，起草“三会一课”重要环节操作规程和工作手册内容，在机关党组织设置“三会一课”议定计划、确定主题、提前预告、规范仪式、广泛讨论、全面记录、开展督查七个必须环节，推动“三会一课”机制创新和规范落实。

加强基层党建基础工作。加强基层党组织新成立及换届工作的指导与督促，建立《市直机关党组织换届工作提醒台账》，指导新成立党组织3个、党组织改建5个、31个机关党组织按期换届。加强党务干部选拔、培养、使用、交流，2017年，市直机关新任机关党委党总支专职书记1名，新进党组1名；新任专职副书记5名；1名机关党委专职书记交流任职。截至2017年底，46个直属机关党委和党总支中，共配备专职书记25名。做好党员发展工作，严把“入口关”，对134名入党积极分子进行培训，严格落实发展党员公示、票决、预审、记实和责任追究等制度，做好新发展党员的审核审批及预备党员转正工作，全年新发展党员33名、预备党员转正21名、转正失联党员1名。做好党内统计、党刊征订、党员信息录入等工作，通过开展专题培训，指导74个直属党组织完成建库和录入任务。落实党务公开，376个机关党组织均能坚持和改进党务公开工作，2017年，在整个市直机关公示《2016年度中组部代中央管理党费收支情况》，各直属党组织公开《党费收缴、管理和使用情况》、评先评优、党建项目开展等内容。

抓好党员干部队伍建设。加强教育培训，采取多种形式对机关党务干部、优秀科级干部、党建指导团成员实施分类教育培训。举办专题培训班，组织90名机关党务干部赴外开展学习培训，开阔眼界、拓展思路、提升工作能力和水平。召开党建指导团成员业务培训会，43名指导团成员参加培训。增强党员意识，购买党徽15000个发放给市直机关各级党组织和广大党员，在工作中亮明党员身份，切实增强党员责任感和使命感。

深化党建品牌创建工作。以项目化管理方式继续推动机关党建品牌创建，实现“一机关一特色一品牌”工作目标，推动机关党建和业务工作双提升，有效解决党建和业务工作“两张皮”问题。2017年，对首批机关党建品牌创建进行组织验收、命名表扬，举办“品牌建设和组织生活”观摩交流活动3次，推动“优秀党办人”“服务三农 筑梦花城”“阳光规划筑花城”“国门堡垒 攀西先锋”“税徽添彩攀枝花红”等第二批机关党建品牌项目打造，共打造品牌项目10个。同时开展“共产党员示范行动”及“在党旗下奋进”主题宣传，加大对典型的培育和选树，以点带面示范引领机关广大党员立足岗位发挥先锋模范带头作用。

抓好机关党组织推进“两学一做”学习教育常态化制度化的督查督导。通过在机关党组织中开展党建重点工作专项检查、党组（党委）中心组学习制度、党员学习日制度及党内政治生活制度执行情况的督查与考核，推动市直机关“两学一做”学习教育常态化制度化抓实抓好，把全面从严治党的各项要求落实到思想和行动上。

【制度建设】 落实党建主体责任，狠抓机关党组织对党建工作制度的落实和机制的执行，推动机关党建工作落到实处。

落实党建主体责任。认真贯彻落实省委《关于进一步加强和改进机关党的建设的意见》，并按照市委《关于贯彻落实〈关于进一步加强和改进机关党的建设的意见〉的通知》《关于进一步加强和改进机关党的建设工作的方案》要求，完善全市机关党建责任体系、运行机制、考评机制和保障机制，抓实机关党组织对党建责任、制度的落实和执行，强化机关党组织对《市直机关基层党组织书记工作职责》的执行，抓好机关专职书记党建述职测评和党建目标管理考核，全力推动年度目标任务的有效落实和机关党建工作落到实处。

落实党建工作联系指导制度。抓好《工委县级领导干部联系指导基层党建工作制度》的执行，工委县级领导干部牵头对市直部门（单位）74个直属党组织进行分类指导，参加36个机关党支部“三会一课”的现场指导，切实推动机关党建工作和“两学一做”学习教育常态化制度化落到实处。创新建立党建业务指导团制度，充分发挥党建业务指导员作用，加强对各基层党组织党建基础工作的指导。通过落实党建工作联系指导制度，进一步推动机关党建工作制度化、规范化、科学化，有效提升机关党建工作水平。

落实党员关爱机制和保障机制。落实党建工作经费保障机制，严格按工资总额2%协调财政落实直属机关党组织年度党建活动经费，同时下发《关于调整机关党组织党费留存权限的通知》，扩大党费留存权限，将留存党费权限范围由过去仅有直属机关党委扩大至所有直属党组织，留存比例由过去的25%扩大至30%，离退党支部（党小组）由过去50%扩大至80%，同时及时划拨离退休党组织活动经费，保证离退休党组织和党员学习、教育活动和正常开展。坚持生病住院党员和去世党员家属走访慰问制度，为生病住院党员和去世党员家属发放慰问金，送去党组织的关怀和温暖。

【作风和反腐倡廉建设】 纠正“四风”，不断巩固“四风”问题专项整治工作成果。开展“为党旗增辉　当干事先锋”主题实践活动和“两转一提”活动，推动机关党员干部转观念、转作风、提能力。认真落实“两个责任”，狠抓纪律建设和反腐倡廉建设，营造风清气正的良好政治生态和机关干部职工干事创业环境。

持续纠正“四风”。抓好机关对中央八项规定、省委、省政府和市委、市政府十项规定要求的长期贯彻落实，抓好《市直机关党员干部行为规范》的落实，紧盯春节、“五一”等重要时间节点，加强廉洁纪律执行情况监督检查，查处顶风违规违纪特别是隐形变异“四风”问题，巩固“四风”问题专项整治成果。

抓好纪律建设。全面从严治党，坚持开展党纪党规教育、廉政文化教育和警示教育活动，深化廉政文化“进机关”“五个一”活动。以集中学习和专题辅导等多种形式组织机关党员干部学习《廉洁自律准则》《纪律处分条例》《中国共产党问责条例》《关于新形势下党内政治生活的若干准则》《党内监督条例》等党规党纪，学习《关于加强和规范党内政治生活严格党内监督巩固发展良好政治生态的决定》等中央、省、市重要文件精神，观看《正气贯古今》《鉴史问廉以历史为镜鉴、剖析廉政文化密码》《党风廉政教育警示录》等警示片，参观攀西监狱等教育基地。抓好惩戒惩处，做好信访举报、问题线索处置和纪律审查工作，坚持“一案双查”，严查顶风违纪行为，2017年，办理案件2件，给予开除党籍处分1人，给予严重警告处分1人、警告处分1人，1人停止党员权利，强化责任追究，全面从严治党。

开展“为党旗增辉　当干事先锋”主题实践活动。紧扣“两学一做”学习教育及“三查四比”要求，开展大学习、大讨论、专题组织生活、共产党员示范行动、先锋行动，组织机关党员干部比学习、比作风、比创新、比实干，在活动中解决机关党员干部思想观念、工作作风和执行能力方面存在的问题，引导机关党员干部进一步转作风，立足岗位率先垂范作贡献。活动中，对28个先进基层党组织、60名优秀共产党员、20名优秀基层党支部书记、30名爱岗敬业模范党员、29名学习型党员标兵进行表扬，命名市直机关共产党员示范岗116个、共产党员示范团队56个。同时涌现出省级“岗位学雷锋”先进集体2个、“岗位学雷锋”标兵2个，市级“岗位学雷锋”先进集体5个、“岗位学雷锋”标兵8个。组织机关公文写作技能大赛，选派18名选手参加全省大赛，2名获一等奖、1名获二等奖，工委获优秀组织奖。

开展“走基层、解难题、办实事、惠民生”活动，扎实推动机关党员干部“两转一提”。活动中，认真抓好中共十九大精神主题学习宣讲和“不忘初心、牢记使命”主题党日活动，抓好大调研、“怎么看、怎么干”大讨论及系列竞赛活动，抓好民主生活会和组织生活会的召开，抓好问题查找、整改落实、建章立制等工作，推动机关党员干部“两转一提”。机关党员干部坚持目标导向，认真查找思想、作风、能力三方面存在的问题，列出问题清单，认真整改落实，将问题整改主动融入到做好“钒钛、阳光”两篇文章、脱贫攻坚、环境保护、安全生产等重点工作中。机关党员干部进农村、进社区、进企业、进贫困户，开展精准扶贫、抓项目、政策宣讲、志愿服务、送温暖活动，用心走基层解难题，真心办实事惠民生。通过对市直机关“两转一提”工作督导，全面推动市直机关党员干部转观念、转作风、提能力。

坚持联系基层制度。在“两学一做”学习教育和“两转一提”活动中，领导干部带头示范，认真落实联系重大项目、贫困村等制度，深入基层党支部和联系点讲党课，深入贫困村指导脱贫攻坚项目实施，为群众排忧解难，广大党员干部服务基层、服务群众意识不断增强，机关工作作风得到切实转变。

【“双联”、干部驻村帮扶及联系群众工作】 通过抓好“双联”、干部驻村帮扶、“走基层·送温暖”、志愿服务等联系群众工作，实现机关党员干部在服务大局、服务发展、服务基层、服务群众方面有作为，在脱贫攻坚等中心工作中走在前、做表率。

抓好“双联”“干部驻村帮扶”工作。加强联系领导、帮扶单位、驻村工作组管理，强化责任落实和目标考核管理。认真落实驻村干部考勤、反馈、评价、督查、通报、召回等制度，抓好驻村干部日常管理。全面优化调整70个贫困村驻村工作组成员，确保驻村干部全部实现脱产驻村。全覆盖开展驻村干部、市级帮扶单位承办机构负责人及县（区）驻村办负责人帮扶工作专题培训。严格落实驻村干部待遇保障，下发《关于做好市级部门（单位）派驻贫困村干部生活工作保障的通知》，对驻村干部生活补贴、体检、人身意外伤害保险、医疗费、工作经费等生活及工作待遇保障进行明确。采取集中检查、随机抽查、突击检查等多种方式加强对联系领导、帮扶单位、驻村工作组等帮扶力量开展工作情况进行督查督导，确保“双联”、干部驻村帮扶工作取得实效。项目化创新实施机关城乡党组织结对共建工作，用市直机关自留党费对41个共建项目给予经费支持，机关党建有力助推脱贫攻坚。2017年，市直机关工委和市委办被评为全省脱贫攻坚“五个一”驻村帮扶先进集体，5名驻村干部被评为全省脱贫攻坚“五个一”驻村帮扶先进个人；2期信息被中直机关党建网采用，11期被省脱贫攻坚办和省驻村办采用，2篇调研文章分别被中直机关党建杂志和四川机关党建杂志采用；开辟“我的驻村故事”宣传专栏，营造良好脱贫攻坚氛围。

坚持开展对困难党员和困难职工的联系帮扶。定期做好市直机关困难党员、困难职工的调查统计，并开展慰问帮扶。持续在市直机关开展副县级以上领导干部结对联系职工生活困难户工作。在元旦、春节期间，广泛开展“走基层·送温暖”走访慰问活动。

扎实开展工委机关结对帮扶贫困村工作。指导格萨拉乡上村村实施脱贫规划、争取项目资金、推进项目建设，助推上村村顺利完成2017年脱贫攻坚任务。

积极开展市直机关志愿服务工作。坚持把机关党员干部开展志愿服务与城乡环境综合治理“进机关”“全国文明城市创建”、脱贫攻坚等工作相结合，依托市直机关志愿服务大队、党员突击队、党员义工队，深入机关、社区、农村开展卫生整治、文明劝导、助学助残、扶贫帮困等志愿服务活动，充分发挥党员引领文明风尚的示范带动作用。

【统战、工会、共青团、妇女工作】 坚持统筹兼顾，整体推进机关统战群团工作，机关统战工作稳步推进，工、青、妇等群团组织充分发挥了联系群众、服务改革发展的桥梁纽带作用，努力开创了统战群团工作新局面。

抓好机关统战工作。广泛团结联系党外人士，做好党外代表人士发现、推荐、培养及动态服务和管理等工作。做好市直机关优秀党外干部的调查统计工作。协助市委统战部、侨联、侨办和台办举办好“三包三属”（台湾同胞、港澳同胞、海外侨胞及其亲属）中秋茶话会。广泛发动党外人士开展建言献策，发挥汇聚智慧、凝聚力量、服务中心的作用。

全面抓好机关群团工作。深入贯彻中央、省委、市委党的群团工作会议精神，落实群团机构改革方案，突出政治性、先进性、群众性，坚持党建带群建，构建“大群团”工作格局，凝聚群团组织力量服务中心。工会工委认真开展弱势群体关爱、困难职工联系帮扶、女职工关爱、劳模关爱等各项工作，切实维护机关职工合法权益。团工委积极组织开展形式多样的“五四”青年节纪念活动、青年志愿服务活动、团干部直接联系服务青年等工作，在服务青年成长、成才方面取得明显成效。妇工委带领机关妇女组织深入开展巾帼建功、巾帼文明岗创建、家庭教育、家庭文化建设工作，在服务大局、服务妇女方面取得明显成效。市直机关关工委充分发挥“五老”（老教师、老战士、老党员、老专家、老模范）优势，在青少年和贫困孩子中开展思想道德教育、法制教育、亲子活动、助学助困等关爱活动，在教育、引导、关爱、保护青少年方面取得明显成效。

（杨馥榕）

信访工作

【概　况】　2017 年，全市共有专门信访机构 11 个，市委群工局（市政府信访局）领导班子职数一正二副，一名副县级纪检员，内设机构为 4 科 1 室 1 中心（办公室、接访科、办信科、督查督办科、网络投诉科、“12345”市民热线受理中心），全局共有行政编制 11 名，工勤编制 2 名，事业编制 7 名，科级领导职数 6 名，因领导班子调整其分管工作也作相应调整。全市 5 个县（区）均设立县（区）委群众工作局（政府信访局）及群众工作中心（副科级事业单位），共有行政编制 16 名，事业和工勤编制 30 名；在市级部门中，市人大、市政协、市纪委、市公安局、市人社局、市国资委、市住房城乡建设局内设机构中设置有专门的信访科（室），配备专职信访工作人员；攀钢、攀煤、十九冶、钢企、电力等五大企业设有专职信访机构及工作人员。

市、县（区）、乡（镇）三级党政部门和有关企事业单位共配备专兼职信访干部 1087 人，其中专职信访干部 189 人、兼职信访干部 897 人，硕士研究生 14 人，大学本科 654 人，大专及以下 419 人；35 岁及以下 329 人，36 ~ 49 岁 739 人，50 岁以上 19 人，干部队伍年龄结构、学历层次趋于合理，综合素质较高。

2017 年，全市信访工作紧紧围绕“五个信访”建设要求和“126”信访总体工作思路，攻坚克难，扎实工作，相继打赢了全国、全省“两会”“一带一路”高峰论坛、省第十一次党代会、中央环保督察、中共十九大等重点敏感时段信访攻坚战，全市未发生大规模到省进京集访非访，未发生信访恶性事件，未发生因工作不当印发的恶意炒作，信访秩序始终保持规范有序，总体形势平稳可控，初步实现了信访事项“两降两升”的工作目标，完成了年度各项工作任务。全年，攀枝花市群众进京上访 70 批 70 人次，同比下降 5.4%、19.5%，进京非访 16 人次，同比下降 15.8%；到省上访 71 批 123 人次，同比下降 8.9%、7.1%，集访 1 批 5 人次，同比下降 50%、54%；到市上访 1068 批 4874 人次，同比下降 16.3%、48.3%；办理纸质来信 611 件，同比上升 34.0%；受理网电信访 19179 件，同比上升 13.2%。信访案件化解率、群众满意率同比上升 34.2%、12.7%。全市排查梳理的 305 件信访案件全部办结化解，省信访联席会议交办 30 件信访案件和全市挂牌督办 40 件重点信访案件全部办结化解。攀枝花市 2017 年度信访工作考核在全省排名第七，获得信访工作考核“一等奖”，实现迈入“全省第一方阵”的年初既定目标。攀枝花市被评为“2017 年度创建‘三无’活动先进市（州），米易县、西区被评为“2017 年度创建‘三无’活动先进县（市、区）”。

存在的主要问题：信访总量仍然偏大、到市、赴省、进京非正常上访时有发生；新的信访问题不断产生，老信访问题偶有反复；解决信访问题的难度大，特别是一些重访缠访闹访现象明显加剧；依法治访工作仍需进一步加强，诉访分离推行任重道远；重点信访人员稳控难，重点积案难以化解，维护社会稳定的潜在风险加大。

【矛盾纠纷排查化解】　2017 年，按照“强化源头预防，落实信访责任，及时就地化解矛盾”的目标要求，加大矛盾纠纷排查，强化初信初访，推行逐级走访，加大协调力度，把矛盾化解在初始、消除在萌芽状态。2017 年，共组织县（区）和市级单位（部门）先后开展排查 27 次，共梳理排查矛盾纠纷 1331 件，就地化解 1038 件，提出信访建议意见 58 件次。组织开展 3 轮涉稳信访突出问题排查，对已排查 305 件信访问题和 139 个重点群体和人员，逐一制定责任清单和问题清单，交办至责任单位化解稳控。向党政领导提供信访工作信息 76 件次，从源头、从基层、从初始有效解决了一大批信访问题和热点难点信访问题。

【积案难案化解】　2017 年，市委群工局高度重视信访积案化解，根据案件办理难易程度，将各项目标任务进行细化分解，制定积案化解推进日程表，全力推进积案攻坚化解；采取现场督查，实地走访、分析研判、约谈督办、通达通报等方式加大案件办理的督查督办力度，市信联办每月向市县（区）党政领导通报积案办理化解情况，并组织有关部门对信访积案化解进行实地督查督办，推进信访积案办结化解。全市排查梳理的 305 件信访案件全部办结化解，省信访联席会议交办的 30 件信访案件和全市挂牌督办 40 件重点信访案件全部办结化解。积极争取中央特殊疑难案件资金 15 万元，化解特殊疑难信访案件 6 件。有效地减少了信访存量、控制了信访增量。

【领导接访下访】　2017 年，市委、市政府高度重视领导干部接访下访工作，由市委、政府两办印发了《关于进一步加强领导干部定期接待群众来访工作的通知》，市信联办印发了《2017年市领导定期接待群众来访时间安排表》，进一步明确了市、区（县）两级党委、人大、政府、政协主要负责人及班子成员接待群众来访时间及要求。2017年，市、县（区）两级领导612人次接访下访群众3489人次（市领导103人次接访下访672人次），纳入市级领导包案的信访案件79件全部办结，16个不稳定群众的涉稳信访问题正在稳步推进。10月14日，市信访局和简阳市信访局与上访老户林某某、王某某夫妇签订了协议书和息诉罢访承诺书，彻底化解了长达10年的信访事项。市领导包案化解信访积案115件次。领导接访的大部分信访问题得到解决，受到群众的好评，领导接访群众推动了信访积案的有效化解。

【“三无”创建活动】 2017年，全市上下深入贯彻中央、省委、省政府和市委、市政府关于信访工作决策部署，坚持法治思维和法治方式，进一步规范信访工作秩序，完善群众诉求表达机制，全力抓好进京赴蓉上访人员的教育劝返，实现了基层基础更加牢固，源头防范更加有力，教育稳控更加有效，进京赴蓉明显减少的目标，进京非访、到省集访严格控制在省下达的“三无”（无重复上访、无集体上访、无信访积案）目标任务数内，进京越级访较2016年减少6人次。“三无”创建活动的开展，减少进京越级上访，降低进京非访、到省集访，为控制信访上行起到积极的作用。

【创新完善信访制度】 制定《信访接待场所极端信访事件应急处置预案》《关于处置市委市政府机关办公场所非正常上访行为的暂行办法》《市委市政府机关办公场所非正常上访处置工作流程》以及“信访流程图”“信访宣传画册”等，对信访工作的职能职责、工作流程、重点内容、责任划分等进行再明确、再细化、再规范、再落实。印发《攀枝花市信访工作约谈制度（试行）》，每月对信访工作进行通报，根据工作需要进行约谈，倒逼信访责任有效落实。创新推动联合接访工作机制，制定选派优秀后备干部进驻市群众工作中心开展联合接访工作机制。同时，明确信访量排名前两名的县（区）和前三名的市级部门，安排责任人员入驻市群众工作中心顶岗跟班、参与接访，每季度实行动态排序、动态派驻、动态管理、考评轮换、考核通报。

【“12345市民热线”】 “12345市民热线”以“一号对外，集中受理、归口办理、统一监管、分别回复、分类选登”的方式办理、回复市民来电来信，解决市民日常生活一般性求助、各类建议和诉求、投诉举报、政策法规咨询。2017年，“12345市民热线”共接到群众来信来电件15630件，已办结15630件，办结率达100%。

对“12345”市民热线来电来信、“市长信箱”群众来信等重要信访情况，及时收集、研判，并通过《群工专报》《每月信访情况通报》等形式反馈给县区党委、政府主要领导，分管领导和涉事部门，及时向党委政府和涉事责任主体单位提供快捷准确的信息，把各种已经显现的或潜在的矛盾隐患解决在初期，全年共编发各类情况通报14期。

【信访事项复查复核】 2017年，市委群工局积极探索创新复查复核工作方式方法，建立协商机制，提升信访事项复查复核案件办理质量。严格按照《中华人民共和国信访条例》和攀枝花市政府《规范市级信访事项复查复核暂行办法》的规定，对申请复查复核信访事项审查把关，加强业务指导，规范责任单位的办理程序，全年复查复核委员会办公室受理复查复核信访案件14件，其中出具复核意见3件，出具不予受理告知书11件，有效规范了信访秩序。

【信访信息化建设】 2017年，市级中心管理平台、市、县（区）视频接访系统建成并投入使用。12月，完成“12345”市民热线购买服务项目招标，现交付使用。

【环境信访案件办理】 坚持以环境信访案件“五个办理标准”为依据，严格审核拟上报案件关键要素，严把上报时间节点，强力推进中央环保督察组交办信访举报案件办理工作，确保案件按时保质上报。中央环保督察期间，全市共收到群众举报案件123件，全部办结按时上报。

（严秀英）

对台工作

【概　况】 中共攀枝花市委台湾工作领导小组办公室（以下简称市委台办）为中共攀枝花市委台湾工作领导小组的常设办事机构，挂攀枝花市人民政府台湾事务办公室（简称市台办）牌子，主管全市对台工作。市委台办内设2

个科，有机关行政编制5名、后勤事业编制1名。2017年，市委台办有职工13人，其中在职职工4人、退休职工9人。

2017年，市委台办全面贯彻落实中共十八大、十九大精神和中央对台大政方针及省委、市委对台工作决策部署，围绕中心，服务大局，聚焦“八个一”（传递一种声音、秉持一家亲理念、抓住一条主线、突出一个重点、依托一个平台、凝聚一股合力、开好一个例会、组织好一个调研），持续深化攀台各领域交流合作，对台工作取得新进展。

截至2017年年底，攀枝花市有台资企业17家，注册资金1127.91万美元，实际到位资金8084.37万美元。

【理清对台工作思路】 2017年，市委台办坚持以问题、目标为导向开展工作大调研，紧扣全市“四个加快建设”“四区驱动”发展战略，带领全市台办系统找准工作抓手、目标定位，明确“围绕钒钛、阳光”两篇文章，以经贸为重点、交流为主线、活动为平台、台湾农民创业园（简称台创园）为载体，借势借力深化攀台各领域交流合作全市一盘棋做好对台工作的基调，有效破解对台工作难题。

【攀台经贸合作】 2017年，围绕“钒钛、阳光”两篇文章，抓政策、抓资金、抓服务，发挥比较优势，在农业、康养等方面开展经贸合作。接待台商沈百合、黄文广等团组，考察洽谈芒果新品种园扩园、咖啡观光（种植）等项目。指导县（区）包装储备特色水果种植及深加工、辣木蛋白植物工厂等项目。协调资金38万元，推进台企逸品敲冰巧克力庄园34.33万平方米洛神花种植及台菜餐厅建设项目，逸品敲冰巧克力庄园已打造成攀枝花精致休闲观光农业示范点，其种植的洛神花已开发成地方特色伴手礼。顾秀莲、王东明等中央、省级领导亲临考察，外地台商纷纷考察，乐山市台办、新津台创园等到攀枝花市交流学习，游客络绎不绝。沈百合在纳尔河村的1.47万平方米8个新品种园初见成效，水蜜桃芒果、苹果、芒果等优质品种的成功试种与稼接，对攀枝花芒果品种的改良和换代具有示范带动作用。跟踪服务台湾敏盛普达阳光养护等项目落地。牵头组织了“川台农业合作成果展”大型涉台活动，指导台创园做好特装展区布展工作，全方位展示攀台农业合作成果，推介资源优势、产业项目，表达良好合作愿景。展会上，7家台企的洛神花蜜饯、芒果、火龙果、咖啡等农副产品深受市民及各地商家青睐。

【对台交流交往】 2017年是两岸开启交流30年，全市进一步加大对台交流工作力度，全年以“交流+”为主线，组织“康养+医疗”“康养+农业”、优秀校长和教育管理干部等团组赴台交流，因公赴台团组数为2016年的3倍。其中，市农牧局牵头的休闲观光农业团赴台，学习借鉴台湾现代农业“产、学、研”一体化的经营管理方式，就开发芒果精深加工产品和蚕丝蛋白美容产品、建设花卉产业园、打造攀台农业合作试验基地等方面达成多个合作意向。台方赠送的番茄“金惠红”、甘蓝“台中一号”等6个农业新品种，分别在市农科院及部分县（区）田间试种。市中心医院业务骨干赴台湾长庚医疗体系学习，观摩前沿医疗技术，借鉴医养结合新模式。双方医院签定交流合作意向书，为攀枝花“康养+医疗”发展探索新路径。市教育代表团入岛交流学习，推进“一校一品”建设、家校共育等工作，不断提高基础教育教学水平。协办两岸城市教育论坛、工会干部参访等团组赴台事宜，团组入岛交流，增进攀台两地基层民众的相互了解。同时，市委台办还积极配合相关单位做好“第24届全球华人羽毛球锦标赛”重大赛事涉台事务指导工作。2017年，全市共7个团组72人因公赴台学习交流，台湾同胞来攀旅游366人次，全市居民办理赴台签注1186人次。

【对台宣传和涉台教育】 2017年，根据省台办的安排，市委台办与台湾《旺报》深度合作，开展城市推介。《旺报》专版刊登《攀枝花——花是一座城，城是一朵花》，图文并茂地向岛内民众宣传攀枝花经济社会发展成果、优势资源、发展重点、合作方向等内容，有力提升城市知名度与美誉度。组织开展台办系统干部、市级新闻媒体记者涉台宣传培训工作，准确把握中央对台大政方针，正确规范使用涉台宣传用语。注重对台商台胞的政策宣传，支持其在“一个中国”的框架内，生产生活、投资兴业。

【台商台胞台属服务及权益保障】 2017年，继续秉持“两岸一家亲”理念，做好台商台胞台属的服务及权益保障工作。协调帮扶资金22万元，帮助受灾的台企宗展农业公司修缮水库、治理边坡。按照依法属地及时的原则，协助有关部门妥善处理东泰公司涉台经济纠纷问题。全年，市委台办对台商台胞台属的诉求做到“件件有着落、事事有回音”，以优质高效服务赢得台商台胞台属的信赖，全年实现“零投诉”目标。

市委台办积极争取到台湾爱心企业家彭荫刚善款3万元，资助盐边县红宝乡、米易县新山乡、仁和区大龙潭乡等50名贫困小学生。逸品敲冰巧克力庄园联合市内青少年公益组织、社会团体，开展四季水果采摘、石头彩绘、植物标本制作等丰富多彩的亲子游、青少年学习实践活动，2017年，被省关工委授予“四川省青少年社会实践教育基地”称号（全省首批，攀枝花市仅2家）。

【队伍建设】 2017年，认真学习贯彻中共十八大、十九大精神以及习近平新时代中国特色社会主义思想，深入推进“两学一做”学习教育常态化制度化，全市对台干部“四个意识”不断树牢。加强党风廉政建设，坚持高标准自律，忠诚敬业担当。注重干部队伍业务能力提升，组织市、县（区）台办新任领导干部业务全轮训（其中国台办培训3人、省台办培训8人次）。开展“走基层”、精准扶贫等工作，领导带队深入红宝乡蚂蝗箐村与困难群众心连心，及时帮助解决生产生活中的实际困难。

2017年，攀枝花对台工作得到省委台办的肯定。在四川对台工作先进集体及个人评选中（三年一次），盐边县委台办被省委台办评为“全省对台工作先进集体”，陈明、杨升孟被省委台办评为“全省对台工作先进个人”。

（赵雪松）

党校工作

【概　况】 2017年，攀枝花市委党校、攀枝花行政学院、攀枝花社会主义学院（以下简称校院）有职工57人，参照公务员管理系列人员27人，事业编制人员30人中专业技术人员22人：副教授11人（副研究馆员2人）、中级7人（馆员2人）、初级4人（助教3人，助馆1人）。内设16个科，即办公室、组织人事科、科研科、机关党委办公室（工会）、继续教育科、联络科、后勤管理科、教务科、公务员（党外人士）培训科、信息管理科、图书馆、党建党史教研室、经济学教研室、行政学教研室、哲学文化教研室、科社法学教研室。2017年6月14日，中共攀枝花市委机构编制委员会办公室发文《关于调整市委党校有关机构编制事项的通知》撤销该校内设挂牌机构“信息技术部”，增设内设机构信息管理科，增加内设机构正科级领导职数1名。

2017年，该校（院）陈获被评为“攀枝花市第十批有突出贡献专家”。

2017年，该校（院）全年共完成18个主体培训班次，轮（培）训学员1257名；举办民主党派入党积极分子培训班1期，培训学员53人。在全省党校、行政学院系统第一届教学管理优秀奖评选活动中被评为“优秀”单位。

2017年，该校（院）教研人员立项并完成各级各类课题12项，发表各级各类理论文章23篇。因成绩突出，2017年获四川省党校系统第十届优秀科研工作组织奖。

2017年，该校（院）远程学习中心被国家发展和改革委员会西部开发司授予“中国西部开发远程学习网优秀学习中心”称号。

【干部培训】 围绕党委政府中心工作，搞好干部教育培训，充分发挥校（院）在干部培训教育中的主渠道、主阵地作用。在全省党校、行政学院系统第一届教学管理优秀奖评选活动中被评为“优秀”单位。

2017年，完成18个培训班次，轮（培）训学员1257名，其中：举办全市“选调生专业能力提升培训班”1期，培训学员80名。在延安干部培训学院举办全市县级领导干部“全面从严治党”专题培训班1期，培训学员49名在遵义举办全市县级领导干部“加强党性和宗旨意识”专题培训班1期，共培训学员48名。举办攀枝花市优秀干部人才递进培养第五期培训班1期，培训学员114名。举办全市县处级领导干部思想政治建设轮训班5期，培训学员361名。举办全市深化领导班子思想政治建设工作推进会暨县处级主要领导干部读书班1期，培训学员87名。在复旦大学举办攀枝花市“高新技术产业开发”专题研修班1期，培训学员50名。举办东、西区优秀干部人才递进培养第五期培训班1期，培训学员106名。在中国农业大学攀枝花市“现代农业发展”专题研修班1期，共培训学员51名。在厦门大学举办攀枝花市“战略资源创新开发”专题研修班1期，培训学员49名。在厦门大学举办攀枝花市“阳光康养旅游”专题研修班1期，培训学员48名。在江阴市委党校举办攀枝花市乡镇党委书记“乡村振兴战略”专题培训班1期，培训学员65名。攀枝花市西部志愿者能力提升培训班1期，培训学员85名。攀枝花市卫生和计划生育委员会委员会基层党组织书记培训班1期，培训学员64名。

突出主业主课，彰显党校特色。课程安排上保证理论教育和党性教育占总课时70%以上，针对不同层次、不同岗位学员的差异，针对性地有所侧重。如县干班侧重领导素质培养，递进班侧重党性修养与干部成长。坚持理论学习和党性锻炼相统筹。理论教育突出学习原著原文，学习习近平新时代中国特色社会主义思想。党性教育上，突出以理想信念为核心，忠诚教育为根本。在各类主体班开设《党章》学习、“干部日常监督管理政策解读”“《中国共产党廉洁自律准则》与《中国共产党纪律处分条例》解读”“新常态下的反腐倡廉与深化改革”等专题。坚持重大理论学习和中心工作相结合。统筹抓好中央、省市重大决策部署的学习培训，增强教学的针对性和实效性。开设“学习贯彻党的十八届六中全会和省十一次党代会精神”“攀枝花市第十次党代会精神解读”“‘十三五’规划时期推进攀西试验区建设的思考”等专题。开展“攀枝花精神”教育，开设“弘扬三线精神 做合格党员”专题课，组织学员参观攀枝花中国三线建设博物馆。

坚持开门办学，丰富教学形式。开办领导讲堂。落实党校姓党、党委办党校的要求，推行领导干部上讲台的教育模式，市级领导到党校讲课或参加学员座谈的领导有6名：市委副书记虞平为全市优秀干部人才递进培养第五期培训班的全体学员讲授《强化“四个意识” 提升党性修养》的专题授课；市委统战部部长张敏为攀枝花市优秀干部人才递进培养第五期培训班的全体学员专题讲授《新形势下统一战线工作》；市委政法委书记谢忠华参加优秀干部人才递进培养第五期培训班结业座谈；市政府副市长敬登峰以“维护稳定是压倒一切的政治任务”为主题，为全市优秀干部人才递进培养第五期培训班全体学员授课；市委组织部部长谢晓东、市政府副市长李仁杰、市政府副市长邓斌参加全市县处级领导干部思想政治建设轮训班学员讨论座谈。开办专家讲堂。整合市内外教学资源，逐渐建立专兼职专家队伍，聘请省市专家学者作为客座教师来校授课。开办基地讲堂。挖掘和整合市内优势资源，培育党性教育基地。将党校教育与社会实践、课堂教学与现场教学有机结合，提高了教育的生动性、感染力。开办异地课堂。与多个高校建立干部培训合作机制，坚持主体班“走出去”办学。2017年，结合攀枝花“四区驱动”战略发展要求，在中国农业大学、厦门大学、复旦大学举办“现代农业发展”“战略资源创新开发”“阳光康养旅游”“高新技术产业开发”专题研修班，在江苏江阴市委党校举办全市乡镇党委书记“乡村振兴战略”专题培训班。

探索新的教学模式，提高教学实效。在选调生培训班和递进班中推行结构化研讨式教学。该教学模式主要以学员为主，教师为辅。讨论以深化“国家现代农业示范区”建设，发展阳光康养产业，建设“中国康养胜地”为主题，在这个主题下分别设置“康养＋农业”“人才队伍建设”“品牌化战略”三个小组讨论题目，学员通过自主选择成立讨论小组，各小组通过愿景共创、明确差距、原因分析、制定对策，最后形成对每个小题的小组目标共识及对策建议。通过以学员为主的学习讨论模式，激励学员在学习中思考问题，增强结合实际工作解决问题的能力。

【继续教育教学管理和招生】 继续开展学历教育，做好在职研究生、省干函院东财网络学院的招生、教学管理和考试工作。完成研究生三个年级共73人的教学管理及考试工作。完成东北财经大学网络学院攀枝花分院189人的教学管理和考试工作。

2017年，党校在职研究生招生报名73人，录取20人，将与2018年录取的新生合并开班；东北财经大学网络学院攀枝花分院报名录取新生47人。

【科研工作】 2017年，全校教研人员立项并完成各级各类课题14项，包括：2017年省党校重大研究课题（市州项目）1项《攀枝花“十三五”时期城镇居民收入增长相关问题研究》，省党校调研课题5项《精准扶贫背景中的志愿者组织活动调查——以攀枝花市盐边县为例》《攀枝花市城市社区党组织“三会一课”开展情况的调查与思考》《资源型城市转型视域下攀枝花“康养＋产业”的实践与思考》《少数民族贫困地区产业扶贫研究——以攀枝花市二滩库区撤销网箱养殖为例》《攀枝花市农业供给侧改革研究——以攀枝花市蔬菜业为例》，四川省体制改革和机构编制管理研究会研究课题（《新时代下建立健全机构编制动态调整机制研究——以四川省攀枝花市为例》），全省社会主义学院系统科研课题1项《少数民族贫困地区在精准脱贫过程中对协商民主的运用与发展研究——以家族议事会为例》，市社科联课题《以务实创新精神抓好机关廉政文化建设工作研究》。完成市直机关微调研课题5项。

全校教职员工共发表各级理论文章27篇，其中省级公开刊物发表13篇，市级刊物14篇。科研成果各级各类获奖24项。

在省党校行政学院系统第十届优秀科研评奖中，市委党校获优秀科研工作组织奖，科研成果获奖7项（二等奖3项、三等奖4项）。

【宣讲工作】 充分发挥党校理论宣传阵地作用，完成多项宣讲工作。围绕重大会议、重点工作，组织精干力量，开展多层次、多形式的理论宣讲。先后组织参加“依法治市”法律知识宣传、推进“两学一做”常态化制度化、省第十一次党代会精神、中共十九大精神等专题宣讲，中共十九大召开后，党校把中共十九大精神学习宣传作为当前最重要的政治任务抓紧抓好，推举政治性强、理论水平高的专家教授参加市委宣讲团，广泛宣讲。

【信息化工作】 发挥学习研究单位信息发达优势，积极开展“中国西部开发远程学习网（CDDLN）”攀枝花远程学习中心的各项工作。为校（院）教师、培训班学员及全市各级各部门提供免费远程培训课程。2017年，开设26场次专题培训，“社会治理”“新形势下的机关党建”“科技创新强国战略”“十九大精神解读”等多个专题课程，免费培训全市机关企事业单位人员1748人。2017年，攀枝花市委党校远程学习中心被国家发展和改革委员会西部开发司第五次授予“优秀学习中心”。

指导米易县委党校自主开展 CDDLN 招生工作。指导盐边县委党校申请成为 CDDLN 三级学习站点，并且开展远程培训活动。

发挥市委党校信息化考点的作用，组织“全省拟任县处级党政领导干部政治理论水平任职资格远程考试”攀枝花考点考试3次，302人参考。

（周　玮）

党史研究工作

【概　况】　全市党史研究系统现有6个专设工作机构，其中市委党史研究室、米易县委党史研究室单独设立；东区区委党史研究室、西区区委党史研究室、仁和区委党史研究室均与县（区）地方志办公室合署办公，盐边县设史志办履行党史工作职能。截至2017年年底，全市有专职党史工作人员18人，其中市委党史研究室8人、县（区）委党史研究室10人。各县（区）实行参公管理，且建立起党史联络员制度，市级各部门、各县（区）、各乡镇有一名党史工作分管领导和一名党史工作专兼职党史联络员。

2017年，全市党史工作按照《攀枝花市2017—2021年党史工作规划》文件要求，继续贯彻落实《中共中央关于加强和改进新形势下党史工作的意见》和全国党史工作会议精神，牢牢把握“一个突出，两个跟进”的工作基调，充分发挥党史资政育人作用，大力推进党史工作新发展，在党史征集、党史资政、专题研究、宣传教育等工作中不断进步。2017年，被四川省委党史研究室评为“党史宣传教育工作先进单位”。《二滩电站建设始末》被选为中央党史研究室《改革开放实录》课题，是全省4个被选为国家级课题之一。论文《攀枝花加快军民融合的探索与思考》《军民融合引爆科级创新核能，助推攀钢转型升级》入选“从三线建设到军民融合发展”专家论坛。

【编纂《中国共产党攀枝花历史》（1978—2002）】　《中国共产党攀枝花历史》（1978—2002）的编写顺利推进。《中国共产党攀枝花历史》（1978—2002）编纂方案和编纂提纲经市委常委会通过，2017年，主要开展资料收集和部分稿件撰写工作，初稿框架基本形成。全方位督促指导县、区党史基本著作的编纂工作。2017年年底，西区、米易县、盐边县党史正本第一卷正式出版，东区、仁和区党史正本第一卷正在修改完善中。

【《中国共产党攀枝花执政实录》（第十卷）出版】　《中国共产党攀枝花执政实录》（第十卷）由中共党史出版社出版。该书是系统记述攀枝花市各级党组织执政实践的年度综合性资政参考文献，收录2016年党和国家领导人到攀活动情况、市委常委政务活动、市委的重要文件、会议及决策、各单位工作情况、组织史资料等各个方面，是对攀枝花详尽、全面的工作实录。

《执政实录》编纂质量逐年提高，编纂经验在全省交流推广。通过集中培训和书面文件等多种方式培训《执政实录》执笔人，从文章内容、组织史的写法、政务活动的收集范围做了进一步规范，逐年提高编纂质量。该卷在前几卷的基础上，多次征询市委常委、编委会成员和相关部门的意见，借鉴其他市州在编纂方面的先进经验，逐步完善部分内容的编排，在篇目结构、编写质量、阅读品位上做适当调整，保证该书能与时俱进，提高可读性、针对性、实用性，编写质量得到进一步提高。2017年，在全省《执政实录》工作会上作经验交流发言。指导好各县区《执政实录》编纂，各县区已完成《执政实录》编纂出版任务。

【编辑出版《攀枝花纪事》】　2017年《攀枝花纪事》紧紧围绕市委中心工作，及时刊登市委重要决策和工作思路、攀枝花经济建设的成果、攀枝花开发建设的历史，总结加快发展的典型经验，研讨对攀枝花经济建设和社会发展的探索、研究改革和发展中的现实问题等，展示攀枝花市情和改革发展成效，回顾攀枝花历史，宣传建设攀枝花的风流人物。该刊全年出版6期，共约180万字，发放范围从党政机关扩大到中小学校、街道、乡镇、社区。2017年，在继承的基础上不断创新，进一步提高办刊水平。改革《攀枝花纪事》的发行方式，力求覆盖更广、发挥杂志更大的宣传教育作用。紧跟市委、市政府中心工作，强化《世纪记载》《前沿传真》栏目，突出攀枝花市全面深入贯彻落实中共十九大精神、全力做好“钒钛”“阳光”两篇文章、努力建设美丽繁荣和谐攀枝花这一主旋律。增设“法之经纬”专栏，宣传总结攀枝花市依法治市工作，推进“七五”普法。强化“党史纵横”栏目，多侧面解读党史理论和展示中共党史。继续深化“金沙江畔”栏目，着重刊载中共攀枝花地方党史，让读者知晓攀枝花的开发建设历史。通过再改版，进一步体现出党刊大气的主旋律，增强《攀枝花纪事》的灵动活力与可读性。

【编修《中国共产党攀枝花历史大事记》】 2017年，大事记编修继续遵循“求实、完整、及时、简明”的基本原则，秉承大事记权威、严谨的记述特色，严格把握、整合第一手资料，核准专业性知识，精炼、推敲撰写条目。注重纵向贯通，完整纪年，全方位、多层次地再现和展示攀枝花市的历史发展轨迹和取得的成就，同时注重横向拓展视野，将相近时间点的事件相勾连，贯通成线，适当充实主线的枝干，展现全貌。在市委机关刊物《攀枝花纪事》和攀枝花市电子政务内网门户网站上连载。

【编纂出版《诗意解读攀枝花》】 《诗意解读攀枝花》以攀枝花开发建设为经，以攀枝花本土文化为纬，以毛泽东主席的诗句为各篇文章标题，用不同写作手法，对攀枝花开发建设和独特的地域特色进行多侧面、多角度的表现和反映，全面追溯攀枝花的开发建设、文化、民族渊源等历史，着重对攀枝花开发50余年开发建设的历程和辉煌成就进行总结研究，诗意解读了攀枝花开发建设和改革开放进程体现出的中国特色社会主义建设的若干典型特点。

【各县（区）委执政实录出版】 《中国共产党攀枝花市东区执政实录（2016）》（第六卷）由中共党史出版社出版。该书是系统记述东区各级党组织执政实践的年度综合性资政参考文献，收录2016年攀枝花市委常委到东区政务活动、攀枝花市东区区委常委政务活动、区委的重要文件、会议及决策、各单位工作情况、组织史资料等各个方面，是对东区详尽、全面的工作实录。全书9章10节，1166千字，彩页18页，印数500册。该书封面设计、制作精美大方，书籍编纂和印刷质量好。

《中国共产党攀枝花西区执政实录（2016）》编纂出版。2017年10月底，《中国共产党攀枝花西区执政实录（2016）》由中共党史出版社出版发行。《中国共产党攀枝花西区执政实录（2016）》将彩版内容扩展，增加《重要会议》《重要活动》及《重大执政实践》，重点突出，且图文并茂，增加感性认识。大事记突出区委活动和常委活动，重点记述区委常委会，精选在区委领导下全区重大特大活动。《光荣园地》扩大收录范围，增收省级各部门的相关表彰。

《中国共产党米易执政实录（2016）》编纂出版。该书通过县常委政务活动，县委重要文件、会议和决策、各部门（单位）总结和组织史资料、历史大事记和图片等形式，如实记录了2016年度中共米易县各级组织的执政情况；全书分为政务活动、执政方略、执政实践、统一战线、群团建设、人民武装、乡镇纵横、特稿视窗、大事记、组织史、附录十一个部分。

《中国共产党盐边县执政实录》（第六卷）出版发行。本书由盐边县委主办，盐边县史志办公室承办。以2016年盐边县委执政内容为主线，各乡镇、县委各部委办、县级各部门、各人民团体、各企事业单位贯彻落实县委决策、部署为脉络，展现了2016年盐边县建设、改革、发展的历程和创造的业绩。本书由中共党史出版社出版，74万字，印数800册。

《中国共产党攀枝花市仁和执政实录》（第六卷）出版发行。该书分政务活动、执政方略、执政实践、统一战线、群团建设、党管武装、地方纵横、人事任免、大事记、组织史资料、附录11个篇目。

【党史宣教】 以宣讲为平台，宣传攀枝花地方史。市委党史研究室主任、彭本瑜深入县（区）、机关、学校、企业、乡镇等基层开展省第十一次党代会精神宣讲和中共十九大报告宣讲十余次。采取报告会、座谈会、知识竞赛、读书活动等多种形式，继续深入开展党史进校园、进社区、进基层、进机关等活动。接待、外宣水平得到提高。先后接待了山东莱芜党史研究室、凉山州和乐山市党史系统的同仁们到攀枝花市考察学习，在接待中，加大了攀枝花市情、三线建设文化、康养等的宣传力度，更多展示了攀枝花的特色，让客人们留下深刻印象。多方合作，加强宣传。做好三线建设研究和遗产保护、参加全省三线建设研讨会，与攀枝花学院、市档案局、市文物局等单位合作研讨三线建设遗产保护联合举办“贯彻党的十九大精神，弘扬中国三线建设文化”学术研讨会，被人民网、四川新闻网等多家媒体宣传报道。强化与其他单位协作，与档案局联合编纂《邓小平1965年三线建设西南行》一书。发挥攀枝花中国三线建设博物馆党史教育基地的作用，组织党史系统、全市广大干部职工进行党史、党性教育。参加攀枝花市纪念方毅诞辰100周年纪念集《方毅与攀枝花》首发仪式，室主任作为纪念集读者代表发言。与宣传、文化、教育、广电等部门合作，运用电视、网络等现代传媒手段和文学、影视等群众喜闻乐见的形式，搞好成果转化。立足本职工作，加大宣传力度。继续开展党史进机关、进基层、进社区、进学校活动，将编纂的党史资料《攀枝花历史（1921—1978）》《执政实录》《攀枝花纪事》等书刊送进基层、送进社区、送进学校，作为街道、学校图书馆的藏书，让群众、青少年了解攀枝花历史，继承攀枝花精神。把党史文化氛围营造纳入机关文化建设，打造党史文化走廊，做好对外宣传。进一步加大信息工作力度，在“中国共产党攀枝花历史网”“四川党史文献网”等网站刊载的信息量在全省名列前列，利用《攀枝花党史》头条矩阵、《攀枝花纪事》、党史微信群加大党史的宣教力度。

【党史资政】 2017 年，完成中央、省《改革开放实录》的专题研究任务。市委党史研究室共承担 3 个专题研究课题，3 个口述史研究课题。全部立项，2017 年已完成 1 个专题和 1 个口述史课题，其中《二滩电站建设始末》被选为中央党史研究室《改革开放实录》课题，是全省 4 个被选为国家级课题之一。撰写的《攀枝花加快军民融合的探索与思考》《军民融合引爆科级创新核能，助推攀钢转型升级》入选“从三线建设到军民融合发展”专家论坛。为《攀枝花纪事》“党史纵横”“金沙江畔”等栏目撰写专题文章，每期 1 ~ 2 篇，利用市委机关刊物这个平台搞好专题研究。结合市委、市政府中心工作，强化资政研究，采取约稿或研讨等方式，与有关单位开展专题协作，进行大量专题研究，内容涉及经济和社会发展战略、重大活动经验教训总结、依法治市、党的建设等方面。2017 年，以《攀枝花纪事》为平台，与相关单位合作开展资政研究，共发表资政论文 30 余篇，党史资政水平不断提高。

（刘小瑜）

人大工作

市人大常委会工作

【市十届人民代表大会会议】 2017年2月7—10日，攀枝花市第十届人民代表大会第一次会议在攀枝花会展中心召开。会议议程：听取和审查攀枝花市人民政府工作报告，审查和批准攀枝花市2016年国民经济和社会发展计划执行情况和2017年计划草案的报告，审查和批准攀枝花市2016年财政预算执行情况和2017年财政预算草案的报告，听取和审查攀枝花市人大常委会工作报告，听取和审查攀枝花市中级人民法院工作报告，听取和审查攀枝花市人民检察院工作报告，进行选举。

会议作出关于攀枝花市人民政府工作报告、攀枝花市2016年国民经济和社会发展计划执行情况和2017年计划草案的报告、攀枝花市2016年财政预算执行情况和2017年财政预算的报告、攀枝花市人大常委会工作报告、攀枝花市中级人民法院工作报告、攀枝花市人民检察院工作报告等的决议。

会议依法选举黄正富为攀枝花市第十届人大常委会主任，陈可红、杨林、刘忠杰、孔炜、覃发树、赵琪为副主任，选举钟国元为秘书长，选举王世全等31名为委员；依法选举李建勤为攀枝花市人民政府市长，沈钧、刘建明、李仁杰、马晓凤、李文飞、敬登峰、邓斌为副市长；依法选举李光旭为攀枝花市中级人民法院院长；依法选举李杨为攀枝花市人民检察院检察长；通过了攀枝花市第十届人民代表大会各专门委员会主任委员、副主任委员、委员的人选。

6月27—28日，攀枝花市第十届人民代表大会第二次会议在攀枝花会展中心召开。会议议程：选举攀枝花市人民政府市长。会议依法选举王波为攀枝花市人民政府市长。

12月24—26日，攀枝花市第十届人民代表大会第三次会议在攀枝花会展中心召开。会议议程：选举攀枝花市出席四川省第十三届人民代表大会代表和攀枝花市监察委员会主任。会议依法选举产生25名攀枝花市出席四川省第十三届人民代表大会代表，依法选举刘海为攀枝花市监察委员会主任。

【市十届人大常委会会议】 2017年，分别召开市九届人大常委会第五十一次会议和市十届人大常委会第一至八次常委会议，审议“一府两院”及市人大常委会的议题分别是：1月24日，市九届人大常委会第五十一次会议，听取和审议市第九届人民代表大会常务委员会代表资格审查委员会关于市第九届人民代表大会个别代表资格终止的报告，审议《攀枝花市第九届人民代表大会常务委员会代表资格审查委员会关于攀枝花市第十届人民代表大会代表资格的审查报告（草案）》的议案，听取和审议《攀枝花市第九届人民代表大会常务委员会工作报告（草案）》，听取《攀枝花市第十届人民代表大会第一次会议筹备工作情况的报告（草案）》，听取和审议《攀枝花市第十届人民代表大会第一次会议议程（草案）》《攀枝花市第十届人民代表大会第一次会议主席团和秘书长名单（草案）》《攀枝花市第十届人民代表大会第一次会议议案审查委员会名单（草案）》《攀枝花市第十届人民代表大会第一次会议计划预算审查委员会名单（草案）》《市人大常委会关于攀枝花市第十届人民代表大会专门委员会设置的决定（草案）》，审议通过《攀枝花市第十届人民代表大会第一次会议列席人员名单（草案）》，审议《关于提请罢免吴强四川省第十二届人民代表大会代表职务》的议案，审议任免案；4月10日，市十届人大常委会第一次会议，会前学法，学习《中华人民共和国宪法》，审议《攀枝花市人大常委会2017年工作要点（草案）》《攀枝花市人民代表大会议事规则（草案）》等11项制度，听取和审议《市人民政府关于提请市人大常委会审议批准2016年地方政府债务限额的议案》，听取《市人大常委会法工委关于2016年规范性文件备案审查工作情况的报告》，审议通过《市十届人大常委会代表资格审查委员会建议名单（草案）》，审议任免案；6月21日，市十届人大常委会二次会议，审议任免案，审议《攀枝花市城市绿化条例（草案）》（一审），听取和审议《市中级人民法院关于全市法院解决“执行难”工作情况的报告》，听取和审议《市人民检察院关于全市检察机关公诉工作情况的报告》，传达市委书记李建勤、市委副书记王波在市人大机关调研座谈时的讲话精神；6月22日，市十届人大常委会第三次会议，审议《攀枝花市第十届人民代表大会常务委员会代表资格审查委员会关于攀枝花市第十届人民代表大会代表资格的审查报告》，审议通过《攀枝花市人民代表大会常务委员会关于召开攀枝花市第十届人民代表大会第二次会议的决定（草案）》，审议通过攀枝花市第十届人民代表大会第二次会议议程（草案），听取和审议《攀枝花市第十届人民代表大会第二次会议主席团和秘书长名单（草案）》，审议通过攀枝花市第十届人民代表大会第二次会议列席人员名单（草案）；8月14日，市十届人大常委会第四次会议，听取和审议《市人民政府关于攀枝花市2017年上半年国民经济和社会发展计划执行情况的报告》《市人民政府关于攀枝花市2016年财政决算和2017年1至6月预算执行情况的报告》《市人民政府关于攀枝花市2016年市级财政专项资金使用及2017年预算安排情况的报告》《市人民政府关于攀枝花市2016年度市级财政预算执行和其他财政收支情况的审计工作报告》，审议《攀枝花市城市绿化条例（草案）》（二审），听取和审议《市人民政府关于现代农业标准化生产推进情况的报告》《市人大常委会执法检查组关于检查重点领域安全法律法规贯彻实施情况的报告》，审议任免案，审议代表资格审查报告，为财经咨询专家颁发聘书；10月9日，市十届人大常委会第五次会议，审议《攀枝花市城市绿化条例（草案）》（三审），听取和审议《市人民政府关于攀枝花市本级2017年财政预算调整方案的报告》，听取市人民政府关于贯彻实施《中华人民共和国预算法》情况的报告，听取和审议《市人民政府关于贯彻实施〈中华人民共和国环境保护法〉情况的报告》《市人民政府关于中小学教师队伍建设情况的报告》《市人民政府、市中级人民法院关于办理代表在市十届人大一次会议上所提建议、批评和意见情况的报告》《市人大常委会代表资格审查委员会关于市第十届人民代表大会个别代表资格的审查报告（草案）》《市人大常委会执法检查组关于检查〈四川省农村扶贫开发条例〉贯彻实施情况的报告》《市人民政府关于提请审议〈攀枝花市城市总体规划（2011—2030年）〉（2017版）的议案，审议任免案；12月14日，市十届人大常委会第六次会议，党的十九大报告学习辅导—地方人大常委会的职权和行使职权的基本原则，传达省十二届人大常委会第37次会议精神，听取《市政府关于攀枝花市2016年度审计查出问题整改情况的报告》，听取和审议《市人民政府关于提请市人大常委会审议批准2017年地方政府债务限额的议案》《市人民政府关于提请市人大常委会审议禁止燃放烟花爆竹的议案》《市人民政府关于2017年民生工程实施情况的报告》《关于接受邓冰蓉辞去攀枝花市第十届人民代表大会常务委员会委员和城乡建设环境资源保护委员会主任委员职务的议案》《攀枝花市人民代表大会常务委员会关于攀枝花市监察委员会副主任、委员任免及主任、副主任、委员宪法宣誓有关事项的决定（草案）》的议案，听取和审议《市人大常委会代表资格审查委员会关于市第十届人民代表大会个别代表资格的审查报告（草案）》，通过市人大及其常委会各工作机构流程图（草案），表决攀枝花市人民代表大会常务委员会关于召开攀枝花市第十届人民代表大会第三次会议的决定（草案），讨论通过攀枝花市第十届人民代表大会第三次会议议程（草案），通报“一府两院”研究处理市人大常委会审议意见情况，审议任免案；12月27日，市十届人大常委会第七次会议，听取和审议《攀枝花市第十届人民代表大会第三次会议主席团和秘书长名单（草案）》，听取和审议《攀枝花市第十届人民代表大会第三次会议执行主席分组名单（草案）》，审议通过《攀枝花市第十届人民代表大会第三次会议列席人员名单（草案）》；12月28日，市十届人大常委会第八次会议，审议任免案。

【市十届人大常委会主任会议】 2017年，分别召开市九届人大常委会第九十八次主任会议和市十届人大常委会第一至二十九次主任会议，审议和讨论的议题分别是：1月24日，市九届人大常委会第九十八次主任会议，听取市人民政府有关人事事项的报告，听取市第九届人民代表大会常务委员会代表资格审查委员会关于市第九届人民代表大会个别代表资格终止的报告，听取市人大常委会人事代表工委关于提请罢免吴强四川省第十二届人民代表大会代表职务的议案，听取市第九届人民代表大会常务委员会代表资格审查委员会关于攀枝花市第十届人民代表大会代表资格的审查报告，听取市人大常委会人事代表工委有关人事事项的报告，讨论通过攀枝花市第十届人民代表大会第一次会议议程（草案），讨论通过攀枝花市第十届人民代表大会第一次会议主席团和秘书长建议名单，讨论通过攀枝花市第十届人民代表大会第一次会议议案审查委员会建议名单，讨论通过攀枝花市第十届人民代表大会第一次会议计划预算委员会建议名单，讨论通过市人大常委会关于攀枝花市第十届人民代表大会专门委员会设置的决定（草案），讨论通过攀枝花市第十届人民代表大会专门委员会成员人选建议名单的报告，讨论通过攀枝花市第十届人民代表大会第一次会议列席人员建议名单，讨论通过攀枝花市第十届人民代表大会第一次会议日程（草案），听取市人大财经委《关于〈攀枝花市人民政府关于提请市人大常委会审议攀枝花市2016—2017年所有政府购买棚改服务资金及项目资本金列入市财政预算的议案〉的处理情况报告》的报告，听取市人大常委会办公室关于市人大常委会第51次会议召开时间和建议议题的报告，传达2017年1月22日省十二届人大五次会议精神和全市领导干部大会精神；2月10日，市十届人大常委会第一次主任会议，听取市人大常委会主任会议成员，市人大及其常委会各工作机构负责人履职表态发言；2月28日，市十届人大常委会第二次主任会议，听取常委会、主任会和机关管理相关工作制度（草案），听取常委会和各工作机构2017工作要点；3月14日，市十届人大常委会第三次主任会议，研究常委会、主任会和机关管理工作制度（二审稿），研究市人大常委会安全执法检查工作方案，研究市人大常委会《四川省农村扶贫开发条例》执法检查工作方案；4月1日，市十届人大常委会第四次主任会议，听取市人大常委会人事代表工委关于2017年度人大代表培训方案，听取攀枝花市人大常委会人事代表工委关于在全市各级人大代表中深入开展“脱贫攻坚——人大代表再行动”活动的实施意见，听取市人大常委会2017年工作要点并决定提交市十届人大常委会一次会议审议，研究攀枝花市人民代表大会主任会议议事规则（草案）等49项制度，研究市人大及其常委会各工作机构对口联系“一府两院”工作部门及市级有关单位的规定，听取市十届人大常委会第一次会议召开时间和建议议题的报告；4月9日，市十届人大常委会第五次主任会议，听取市人民政府、市中级人民法院、市人民检察院、市人大常委会人事代表工委提起的人事事项，研究市十届人大常委会代表资格审查委员会建议名单（草案），听取市人大财经委关于建议市十届人大常委会第一次会议增加审议批准2016年地方政府债务限额议题的报告；4月18日，市十届人大常委会第六次主任会议，听取关于《四川省农村扶贫开发条例》执法检查情况的报告（草案），研究通过市人大机关依法治市领导小组名单（草案），听取市人大常委会人事代表工委关于对市人大代表进行集中培训的报告，听取市人大常委会人事代表工委关于推荐人大机关2017市级优秀人才递进培养人选及贫困村驻村联络员的报告；4月24日，市十届人大常委会人大常委会第七次主任会议，听取关于审查部门决算草案准备工作的请示，讨论通过关于开展重点领域安全执法检查的工作方案（草案），讨论通过关于考察学习城市园林绿化地方立法的方案；5月26日，市十届人大常委会第八次主任会议，听取市人民政府关于2017年防洪工作情况的报告，听取市中级人民法院、市人民检察院关于人事事项的报告，研究通过攀枝花市第十届人民代表大会常务委员会财经咨询专家库管理办法（草案），研究通过攀枝花市人大常委会基层立法联系点工作办法（草案），听取攀枝花市人大常委会办公室关于2017年度市级常态工作和重点工作任务分解方案的报告，听取攀枝花市人大常委会办公室关于市十届人大常委会第二次会议召开时间和建议议题的报告；6月15日，市十届人大常委会第九次主任会议，听取并讨论关于开展《攀枝花市城市园林绿化条例（草案）》审议工作情况的报告，听取市人大内司委关于全市法院解决执行难工作情况的调研报告，听取市人大内司委关于全市检察机关公诉工作情况的调研报告，听取并讨论攀枝花市人大常委会关于贯彻执行《宗教事务条例》和《四川省宗教事务条例》情况的调研报告，听取市人大常委会办公室关于市十届人大常委会第二次会议召开时间的报告，听取并讨论《攀枝花市人大志》编撰方案；6月21日，市十届人大常委会第十一次主任会议，听取市人民政府关于人事事项的报告，通过市人民政府关于提请审议李建勤同志辞去市人民政府市长职务的议案，通过市人民政府关于提名市人民政府副市长王波为市人民政府代理市长的议案，听取市人大常委会办公室关于市十届人大常委会第三次会议召开时间和建议议题的报告，研究通过关于《攀枝花市城市绿化条例（草案）》的审议意见；6月22日，市十届人大常委会第十二次主任会议，听取市人大常委会法工委关于《攀枝花市城市绿化条例（草案）》三个组审议情况的汇总报告，听取市人大内司委关于市全市法院解决“执行难”工作情况三个组审议情况的汇总报告，听取市人大内司委关于全市检察机关公诉工作情况三个组审议情况的汇总报告；6月22日，市十届人大常委会第十三次主任会议，讨论《攀枝花市第十届人民代表大会常务委员会代表资格审查委员会关于攀枝花市第十届人民代表大会代表资格的审查报告》，讨论《攀枝花市人民代表大会常务委员会关于召开攀枝花市第十届人民代表大会第二次会议的决定（草案）》，讨论攀枝花市第十届人民代表大会第二次会议议程（草案），通过攀枝花市第十届人民代表大会第二次会议工作日程（草案），讨论《攀枝花市第十届人民代表大会第二次会议主席团和秘书长名单（草案）》，讨论通过攀枝花市第十届人民代表大会第二次会议列席人员名单（草案）》，讨论攀枝花市第十届人民代表大会第二次会议执行主席分组名单（草案）；6月22日，市十届人大常委会第十四次主任会议，听取重点领域安全执法检查情况报告，听取市人大内司委关于市全市法院解决“执行难”工作情况审议意见（草案），听取市人大内司委关于全市检察机关公诉工作情况的审议意见（草案）；8月2日，市十届人大常委会第十五次主任会议，听取市人民检察院关于全市检察机关2017年上半年工作情况的报告，听取市人民检察院、市人大常委会人事代表工委关于人事事项的报告，听取市人民政府关于医养结合服务体系建设推进情况的报告，听取市中级人民法院关于全市法院2017年上半年工作情况的报告，听取市人大常委会执法检查组关于检查重点领域安全法律法规贯彻实施情况的报告，听取市第十届人民代表大会常务委员会代表资格审查委员会关于个别代表的代表资格的报告，听取市人大常委会办公室关于市十届人大常委会第四次会议召开时间和建议议题的报告；8月2日，市十届人大常委会第十六次主任会议，听取攀枝花市2017年上半年国民经济和社会发展计划执行情况的审议意见，听取攀枝花市人民政府2016年财政决算执行和2017年1—6月预算执行情况的审议意见，听取攀枝花市人民政府2016年财政决算执行和其他财政收支情况的审计工作的审议意见，听取全市现代农业标准化生产推进情况的审议意见，听取检查重点领域安全法律法规贯彻实施情况的审议意见代表资格审查；8月25日，市人大常委会第十七次主任会议，听取市人大常委会依法治市及深化改革相关工作的报告，听取攀枝花市森林公安局关于对攀枝花市第十届人大代表史云海采取刑事强制措施的请示；8月30日，市人大常委会第十八次主任会议，听取《关于完善审计工作和审计查出突出问题向市人大常委会报告机制的意见》，听取市人大财经委关于推进落实加强预决算监督等改革任务情况的报告，听取《2017年度深化改革涉及市人大常委会人事代表工委相关工作的汇报》，听取市人大常委会法工委关于制定《攀枝花市第十届人大常委会立法规划》的报告，听取市人大常委会研究室关于制定《健全人大讨论、决定重大事项制度和各级政府重大决定出台前向本级人大报告制度》工作开展情况的报告；9月8日，市人大常委会第十九次主任会议，听取市人大内司委关于网络安全“一法一决定”委托执法检查相关工作情况汇报，审定市人大及其常委会各工作机构流程图，听取关于完善审计工作和审计查出突出问题向市人大常委会报告机制的意见》情况的汇报；9月26日，市十届人大常委会第二十次主任会议，听取市人民政府关于防震减灾工作情况的汇报，听取市人民检察院关于人事事项的报告，听取市人大内司委关于全市贯彻网络安全“一法一决定”检查情况的报告，听取市人大常委会执法检察组关于检查《农村扶贫开发条例》贯彻实施情况的报告，听取市人大常委会人事代表工委关于市人大常委会组成人员联系市代表及市代表联系区县代表的具体人员名单的报告，听取市人大常委会人事代表工委关于市十届人大一次会议代表建议议案办理情况的报告，听取市人大常委会代表资格审查委员会关于市第十届人民代表大会个别代表资格的报告，听取市人大财经委关于申请调整“项目年”重大项目建设推进情况报告时间的情况说明，听取市人大常委会办公室关于市十届人大常委会第五次会议召开时间和建议议题的报告，审定市人大及其常委会各工作机构工作流程图；9月29日，市人大常委会第二十一次主任会议，听取市人民政府关于《攀枝花市城市总体规划（2011—2030年）》（2017版）的报告，听取市人大常委会代表资格审查委员会关于市第十届人民代表大会个别代表资格的报告；10月9日，市人大常委会第二十二次主任会议，听取市人大法制委关于《攀枝花市城市绿化条例（草案）》修改情况的汇报，听取市人大财经委关于提请市人大常委会批准攀枝花市2017年市级财政预算调整方案决议的报告，听取市人大城环资委关于提请市人大常委会同意《攀枝花市城市总体规划（2011—2030年）》（2017版）的决议的报告；10月17日，市人大常委会第二十三次主任会议，听取《攀枝花市人大常委会关于我市贯彻实施〈中华人民共和国环境保护法〉情况的审议意见》，听取《攀枝花市人大常委会关于〈攀枝花市城市总体规划（2011—2030年）〉（2017版）的审议意见》，听取《攀枝花市人大常委会关于攀枝花市中小学教师队伍建设情况报告的审议意见》，听取《攀枝花市人大常委会关于全市贯彻实施〈四川省农村扶贫开发条例〉情况检查报告的审议意见》；11月1日，市人大常委会第二十四次主任会议，研究攀枝花市人大常委会关于学习贯彻陈光志同志莅攀调研指示精神情况的报告，研究市人大及其常委会各工作机构流程图；11月14日，市人大常委会第二十五次主任会议，专题讨论市政府法制办《攀枝花市人民政府重大事项、重大决策出台前向市人大报告制度》，部署制定《攀枝花市人民代表大会常务委员会讨论决定重大事项的规定》事宜；12月8日，市人大常委会第二十六次主任会议，听取市人民政府关于2017年市级重点推进项目建设情况的报告，听取市人民政府关于全市公安机关“四项建设”情况的报告，听取市人大城环资委关于提请市十届人大常委会第六次会议审议《攀枝花市人民政府关于提请市人大常委会审议禁止燃放烟花爆竹的议案》的报告，听取市人大财经委关于提请市十届人大常委会第六次会议审议《攀枝花市人民政府关于提请市人大常委会审议批准2017年地方政府债务限额的议案》的报告，听取市人民政府、市中级人民法院、市人民检察院关于人事事项的报告，听取市人大常委会人事代表工委关于《攀枝花市人大常委会主任会议关于提请审议陈林、左明职务任免案》的报告，听取市人大常委会人事代表工委关于《攀枝花市人大常委会主任会议关于提请审议〈接受邓冰蓉辞去攀枝花市第十届人民代表大会常务委员会委员和城乡建设环境资源保护委员会主任委员职务〉的议案》的报告，听取市人大常委会人事代表工委关于《攀枝花市人大常委会主任会议关于提请审议〈攀枝花市人民代表大会常务委员会关于攀枝花市监察委员会副主任、委员任免及主任、副主任、委员宪法宣誓有关事项的决定（草案）〉的议案》的报告，听取市人大常委会人事代表工委关于攀枝花市人民代表大会代表学习培训办法（草案），听取市人大常委会人事代表工委关于在全市人大代表中开展“我为攀枝花发展献一策”活动的通知（送审稿），听取市人大常委会代表资格审查委员会关于攀枝花市第十届人民代表大会个别代表的代表资格的审查报告（草案），听取法工委关于攀枝花市人大常委会2018年立法计划（草案）的报告，听取市人大及其常委会各工作机构关于“一府两院”研究处理市人大常委会审议意见情况的报告，听取市人大常委会办公室关于攀枝花市十届人民代表大会第三次会议有关事项的报告，听取办公室关于市十届人大常委会第六次会议召开时间和建议议题的报告，研究市人大及其常委会各工作机构流程图；12月13日，市人大常委会第二十七次主任会议，听取《攀枝花市第十届人民代表大会常务委员会代表资格审查委员会关于攀枝花市第十届人民代表大会个别代表的代表资格审查报告（草案）》；12月14日，市人大常委会第二十八次主任会议，研究攀枝花市第十届人民代表大会三次会议举行时间，听取《市人民政府关于提请市人大常委会审议禁止燃放烟花爆竹的议案》；12月21日，市十届人大常委会第二十九次主任会议，研究攀枝花市第十届人民代表大会第三次会议日程，研究市人大常委会关于2017年全市十项民生工程及26件民生实事实施情况报告的审议意见，研究部署市人大及其常委会各工作机构2018年工作要点。

【调研和视察】 2017年，围绕市人大常委会工作要点、市十届人大常委会议和主任会议审议的议题，市十届人大有关专门委员会和市十届人大常委会有关工作委员会，先后就钒钛产业“五个一工程”推进实施情况、“项目年”相关重大项目建设情况、2017年全市民生工程实施情况、全市法院两年内基本解决“执行难”工作情况、全市检察机关公诉工作情况、2017年上半年国民经济和社会发展计划执行情况、2016年财政决算及2016年1—6月预算执行情况、攀枝花市2016年财政决算和2017年1—6月预算执行情况、全市现代农业标准化生产推进情况、市人大常委会执法检查组关于检查重点领域安全法律法规贯彻实施情况、攀枝花市贯彻实施《中华人民共和国环境保护法》情况、攀枝花市中小学教师队伍建设情况、全市贯彻实施《四川省农村扶贫开发条例》情况、全市贯彻实施网络安全“一法一决定”情况、全市公安机关“四项建设”工作开展情况、全市华侨权益保护情况、贯彻执行《宗教事务条例》和《四川省宗教事务条例》情况等进行调查、研究，并在调查、研究的基础上形成调研报告或审查报告，供常委会议或主任会议审议参考。

关于全市法院两年内基本解决“执行难”工作情况，调研报告认为存在的主要问题是：执行工作软环境欠佳，法院自身建设滞后，执行工作人员整体素质有待提高，受经济下行因素影响，执行难度大。调研报告建议：加强法治宣传，争取全社会对执行工作理解和支持；加大执行力度，着力解决“执行难”；完善执行体制机制，共同推进执行工作；进一步加强执行工作科技含量，夯实执行基础；强化自身建设，提高执行效率。

关于全市检察机关公诉工作情况，调研报告认为存在的主要问题是：诉讼监督不彻底，监督质量不够高；公诉队伍还不够稳定，案多人少的矛盾仍然突出；公诉队伍综合业务素质不高，公诉案件办案质量还有待提高。调研报告建议：加强法治宣传，进一步提高全民法律素养；紧紧围绕司法公正，进一步加大监督力度；加强沟通协调，完善内部监督机制，进一步提高办案质量；切实强化公诉队伍建设，提高诉讼能力。

关于2017年上半年国民经济和社会发展计划执行情况，调研报告认为存在的主要问题是：个别指标进度不理想，呈明显下滑趋势。产业结构不合理，工业发展后劲不足；工业园区薄弱环节突出，支撑性项目比较少；服务业拉动不足，就业压力加。调研报告建议：全力以赴抓发展，努力实现全年目标任务；深化结构调整，加快推动工业转型升级；夯实投资基础，不断培育发展后劲；增进民生福祉，深入推进社会事业发展

关于攀枝花市2016年财政决算和2017年1—6月预算执行情况，审查报告认为存在的主要问题是：项目结转结余资金量较大，项目的实施和推进有待进一步加强；财政支出绩效评价工作还需加强，专项资金有效性评价结果运用还不明显、不充分；部分预算单位预算编制细化程度不够，科学合理性还需提高；一些预算单位的往来款项未及时清理，财政专户管理工作还需加强；财政刚性需求不断增大，收支平衡难度大。

关于全市现代农业标准化生产推进情况，调研报告认为存在的主要问题是：各类农业生产经营主体对现代农业标准化建设重要性必要性的认识不足；与现代农业发展需求相适应的农业标准体系尚不健全；新型农业经营主体培育不成熟，组织实施主体不健全，影响标准化生产带动作用的发挥。调研报告建议：按照现代农业生产发展需要，进一步制订完善攀枝花市地方农业标准体系；按照适度规模要求，加快培育现代农业新型经营主体，提升标准化生产推进的组织化程度；加快实施农产品品牌战略，增强农业标准化的内发动力。

关于全市贯彻实施《四川省农村扶贫开发条例》情

况，检查报告认为存在的主要问题是：偏远贫困地区农产品销售难问题有待进一步解决；扶贫产业生产技术培训工作仍需进一步加强；贫困村集体经济的来源和创收方式需要进一步拓展；部分贫困户陈规陋习还难以革除；脱贫攻坚档案资料整理归档需要进一步规范。检查报告建议：进一步加强《条例》在全社会的广泛宣传；进一步加强产业后期技术指导培训，提高产业的管理水平和造血能力；在“四好”推进中，进一步采取多种措施，加快形成农村好习惯、好风气。

关于攀枝花市贯彻执行《中华人民共和国环境保护法》情况，调研报告认为存在的主要困难和问题是：环保法宣传教育的深度和广度还应加强，环保意识有待进一步的提高；结构性区域性环境污染问题较为突出，环境质量成果脆弱；生态环境脆弱，环保基础设施建设欠账较多；环境监管能力、环境执法能力有待于进一步加强。调研报告建议：加强宣传教育，提高环保意识，为贯彻执行环保法营造良好氛围；围绕做好“钒钛、阳光”两篇文章，优化产业布局，为城市转型发展提供环境保障；打好“三大战役”，强化污染治理，推动环保工作取得新的成效；加强队伍建设，健全长效机制，逐步构建“大环保”工作格局。

关于攀枝花市中小学教师队伍建设情况，调研报告认为存在的主要问题是：结构性缺编问题突出；偏远农村学校老师引进难、留住难问题仍然突出；市直属学校现行教师补充和激励政策对教师队伍建设的不利影响急需予以高度重视。调研报告建议：加快推进义务教育“县管校聘”教师管理制度改革；依法强化教师表彰激励；切实解决市直属学校教师补充问题；进一步加强骨干教师队伍建设。

【办理代表批评、建议和意见】 市第十届人民代表大会第一次会议期间，代表提出的议案转建议3件，建议95件。在闭会期间，代表提出建议2件。会议期间和闭会期间市人大代表共提出建议共计100件。其中，涉及法制方面的5件，占5%；涉及财政、经济、交通方面的38件，占38%；涉及城市规划、城市管理、国土资源、环保、旅游方面的26件，占26%；涉及教育、科学、文化、卫生方面的12件，占12%；涉及农业民族宗教方面的13件，占13%；其他方面的6件，占6%。在100件代表建议中，交由市政府办理94件、市中级人民法院办理2件、市人大常委会办理1件、市委统战部办理1件、市委政法委办理1件、市妇联办理1件。

市政府办理的94件的情况。截至8月31日，市政府办理的94件代表建议中，所提建议已经解决或基本解决的（A类件）有63件，占总数的67%；代表所提问题正在解决或列入规划逐步解决的（B类件）有25件，占总数的26.6%；代表所提问题因条件所限暂不能解决的（C类件）有6件，占总数的6.4%。

其他部门办理的6件的情况。市中级人民法院、市人大、市委统战部、市委政法委、市妇联办理的建议问题已经解决。

代表对办理工作反馈意见的情况。在各承办单位的努力下，100件建议按要求全部答复代表。代表通过办理工作网上平台反馈意见和书面反馈意见，领衔代表对办理工作总体满意达100%。

市人大常委会10件重点督办件的办理情况。常委会重点督办的10件代表建议，已经解决或基本解决的（A类件）有9件；正在解决或列入规划逐步解决的（B类件）1件。领衔代表对办理工作表示满意。

【人事任免】 2017年，市十届人大常委会任免“一府两院”及市人大常委会国家工作人员84人次。分别是：4月10日，市十届人大常委会第一次会议，决定任命徐明磊为市人大常委会办公室主任；免去钟国元的市人大常委会办公室主任职务，免去徐明磊的市人大常委会副秘书长职务；决定任命刘华太为市政府秘书长，任命肖良民为市政府办公室主任，任命钱卫为市发展和改革委主任，任命董之云为市教育体育局局长，任命魏渠河为市科学技术和知识产权局局长，任命胡昱冰为市经济和信息化委员会主任，任命段怀云为市民族宗教事务委员会主任，任命敬登峰为市公安局局长，任命姚宏为市监察局局长，任命魏胜利为市民政局局长，任命蒋光忠为市司法局局长，任命刘元海为市财政局局长，任命陈建新为市人力资源和社会保障局局长，任命苟顶才为市环境保护局局长，任命王勇为市住房和城乡规划建设局局长，任命唐成斌为市交通运输局局长，任命罗启武为市水务局局长，任命邱小平为市农牧局局长，任命谢军为市林业局局长，任命张孝铭为市商务和粮食局局长，任命杨军为市文化广电新闻出版局局长，任命徐翠为市卫生和计划生育委员会主任，任命张雷为市审计局局长，任命刘松为市城市管理局局长，任命夏应云为市政府国有资产监督管理委员会主任，任命谢安德为市工商行政管理局局长，任命陈力为市质量技术监督局局长，任命赖小红为市食品药品监督管理局局长，任命张光杰为市安全生产监督管理局局长，任命柳建红为市统计局局长，任命李福惠为市旅游局局长，任命吕小平为市扶贫和移民工作局局长，任命王玖斌为市人民防空办公室主任；决定任命刘文玲为市中级人民法院立案一庭庭长，任命顾玉为市中级人民法院立案二庭庭长，任命龚卫东为市中级人民法院民事审判第一庭庭长，任命鲜林为市中级人民法院审判监督庭庭长，任命尚昭富为市中级人民法院立案一庭副庭长，任命曹宇为市中级人民法院刑事审判第二庭副庭长，任命董敏为市中级人民法院民事审判第三庭副庭长，任命张渝婕为市中级人民法院知识产权审判庭副庭长；免去刘文玲市中级人民法院刑事审判第一庭庭长职务，免去顾玉市中级人民法院民事审判第一庭庭长职务，免去龚卫东的市中级人民法院审判监督庭庭长职务，免去尚昭富市中级人民法院立案庭副庭长职务，免去曹宇的市中级人民法院立案庭副庭长职务，免去董敏市中级人民法院审判监督庭副庭长职务，免去张渝婕市中级人民法院民事审判第三庭副庭长职务，免去肖建忠市中级人民法院审判员职务，免去张方谷市中级人民法院审判员职务；免去周洪涛市人民检察院副检察长职务，免去何明荣市人民检察院检察员职务。6 月 21 日，市十届人大常委会第二次会议，决定任命王波为市人民政府副市长；免去肖春富市中级人民法院审判委员会委员、审判员职务，免去邓荣市人民检察院检察员职务，免去郭利敏市人民检察院检察员职务。8 月 14 日，市十届人大常委会第四次会议，免去赖卫国的市人民检察院副检察长、检察委员会委员、检察员职务。10 月 9 日，市十届人大常委会第五次会议，决定任命谭顺林为市人民检察院检察委员会委员；免去周洪涛市人民检察院检察委员会委员、检察员职务，免去李莉市人民检察院检察委员会委员职务。12 月 14 日，市十届人大常委会六次会议，免去陈林市人大常委会研究室副主任职务，免去左明市人大常委会办公室副主任职务；任命陈林为市人大常委会办公室副主任，任命左明为市人大常委会研究室副主任；决定免去刘文彬市政府副市长职务；免去文仁寿市中级人民法院刑事审判第二庭副庭长职务，免去张尔明市中级人民法院审判员职务，免去赵国良市中级人民法院审判员职务；任命文仁寿市中级人民法院刑事审判第二庭庭长，任命熊疆为市中级人民法院民事审判第三庭副庭长；免去王建市人民检察院检察委员会委员、检察员职务。12 月 28 日，市十届人大常委会第 8 次会议，任命姚宏为市监察委员会副主任，蔡君为市监察委员会副主任，赖卫国为市监察委员会副主任，杨仕国为市监察委员会委员，郑明祥为市监察委员会委员，钟海峰为市监察委员会委员，李宏伟为市监察委员会委员，李宁为市监察委员会委员。

（李文耀）

政府工作

综　述

【国民经济】　全市地区生产总值 1144.25 亿元、增长 7.4%，其中，第一产业增加值 37.16 亿元，增长 4.3%；第二产业增加值 745.02 亿元，增长 7.2%；第三产业增加值 362.07 亿元，增长 8%。产业结构不断优化，由 2016 年的 3.4∶69∶27.6 调整为 3.2∶65.2∶31.6。高新技术产业产值占工业总产值比重提高 0.5 个百分点，达 25.5%。实现民营经济增加值 565.91 亿元，占全市经济的比重为 49.5%。农业供给侧结构性改革稳步推进，农林牧渔业总产值 65.88 亿元，增长 8.1%。工业经济企稳回升，规模以上工业增加值增长 7.5%。实现旅游收入 279 亿元，增长 15%。投资规模平稳增长，完成全社会固定资产投资 745.28 亿元，增长 7%。市场消费活力提升，实现社会消费品零售总额 352.41 亿元，增长 11.2%。财税运行稳健，完成一般公共预算收入 60.59 亿元，增长 6.8%；完成一般公共预算支出 136.84 亿元，增长 12.1%。金融运行平稳，12 月末，金融机构人民币存款余额 981.36 亿元、贷款余额 795.54 亿元，比 2017 年初分别增长 4.6%、7.7%。

【城乡建设】　坚持规划引领，完成城市总规修编、红格特色小镇城市设计初步方案，开展轨道交通线网、地下综合管廊（管线）、排水工程、海绵城市等重大专项规划编制，启动 2017 年棚改腾空区城市设计。城市基础设施建设推进有力，总投资 75 亿元的东区后山道路等 7 个市政基础设施政府和社会资本合作（PPP）项目开工建设，实施花街花道花园花海、背街小巷、农贸（菜）市场、公园绿地绿道、停车场、公立幼儿园等建设项目 29 个，火车南站站前基础设施工程完成项目投资 10 亿元。完成房地产投资 57 亿元，销售新建商品房 157 万平方米。花城新区建设加快，干通路工程全面完工，总投资 50.2 亿元的基础设施 PPP 项目开工建设，市政务服务中心主体工程启动建设，花城新区医院完成投资评审工作。建成幸福美丽新村 40 个、省级“四好村”20 个、市级“四好村”100 个，新（改）建农村公路 320 千米。城镇化率 65.99%，居全省第二位。成功创建国家森林城市、国家园林城市，空气质量全面达标、优良率 98.4%。

【社会事业】　知识产权强市建设步伐加快，科技创新及成果转化取得新进展，科技对经济增长的贡献率提高 0.5 个百分点、达 55.5%，高新技术产业实现产值 500.9 亿元；全市专利申请数量 2797 件，发明专利申请数量 1300 件，万人有效专利拥有量 17.1 件、居全省第二位；获批全省第一批促进科技与金融结合特色试点城市。全市学前三年毛入园率 98%，公办和普惠性幼儿园学位比例达 80%；九年义务教育完成率 99.3%；普通高考本科上线 5225 人，本科上线人数实现九连升；小学、初中、高中教师学历达标率分别为 100%、100%、99.88%；攀枝花国际康养学院建成投用。建成 43 个乡（镇）广播站、352 个村级广播室，142 个地面数字电视基站，本地自办广电节目覆盖率 87%，广播节目综合人口覆盖率 99%，电视节目综合人口覆盖率 99.3%；攀枝花手机台等新媒体传播平台建成，用户总数突破 48 万人；网络视听作品《春夏秋冬又一春》获亚洲微电影节金海棠奖。2017 年年末全市卫生机构床位数 10004 张，县、乡两级医疗机构医疗联合体覆盖率 100%；住院分娩率 99.9%，婴儿死亡率 5.54‰，人口自然增长率 5.38‰。全年举办市级以上体育赛事活动 23 次，参与人数达 1.5 万人次；全市各类运动队夺得省级比赛金牌 44 枚、银牌 38 枚、铜牌 36 枚。

【人民生活】　城乡居民收入稳步增长，全年城镇居民人均可支配收入 35620 元、增长 8.4%，其中，工资性收入

22248元、增长8.0%，经营净收入3507元、增长8.9%，财产净收入2207元、增长16.7%，转移净收入7658元、增长7.1%；农村居民人均可支配收入15336元、增长9.1%，其中，工资性收入4849元、增长7.1%，经营净收入8959元、增长9.8%，财产净收入448元、增长20.4%，转移净收入1080元、增长8.1%。2017年居民消费价格总水平（CPI）上涨1.2%。2017年年末，全市城镇居民人均住房建筑面积34.91平方米，94%城镇住户拥有自有住房，93%的城镇居民家庭住进单元房。2017年，全市参加养老保险的人数（不含机关事业单位人数）43.83万人、增加0.66万人，参加医疗保险人数68.17万人、减少0.07万人，参加失业保险人数17.3万人、减少2.23万人，参加工伤保险人数20.95万人、与2016年持平，参加生育保险人数21.17万人、减少0.09万人，城乡居民基本医疗保险参保率为97%。城镇登记失业率为4.01%。全市享受城镇居民最低生活保障人数10361人，减少945人；享受农村居民最低生活保障人数14398人，减少714人。

重要举措

【多措并举稳增长】 坚持以项目化组织经济工作，深化月度经济运行调度，创新开展项目竞进拉练，加大专业化招商力度，推动“康养+”产业发展，经济总量、发展质量稳步提升。2017年，全市地区生产总值增长7.4%；规上工业增加值增长7.5%，新增规模以上工业企业35户，工业行业增长面87%，主营业务收入增长23.8%；全社会固定资产投资增长7%；社会消费品零售总额增长11.2%；城镇、农村居民人均可支配收入分别增长8.4%、9.1%；地方一般公共预算收入增长6.8%。

【转型升级调结构】 三次产业结构为3.2∶65.2∶31.6，高新技术产业实现产值500.9亿元。推动工业升级提效，出台支持民营经济发展十条措施，完善“红名单”制度，“一企一策”推动124户停产限产规上企业成功复产，35户企业实现升规。加快发展绿色矿业、先进材料、高端装备制造、新能源、生物医药与健康五大产业。攀钢产品结构优化调整改造等重大项目竣工投产，“攀枝花造”中国重汽智能渣土车成功下线，高炉渣提钛产业化示范项目低温氯化工程开工建设。促进军民融合发展，加强与中船重工、中航工业、航天科工等军工集团的项目合作，攀钢产品进入军工领域。大力发展现代服务业，加快推进“康养+”产业发展，攀西兰花谷等33个农康产业基地景区加快建设，成为国家康复辅助器具产业综合创新试点地区，攀枝花国际康养学院建成投用，攀枝花康养旅游综合体获评全国“2017年度民生示范工程”。积极推进农业供给侧结构性改革，中国热科院攀枝花实验基地开工建设，新创建热作标准化示范园4个，完成马鞍山、梅子箐水库主体工程；新增“三品一标”农产品10个；攀枝花芒果入选首批中国特色农产品优势区、2017年度中国百强特色农产品区域公用品牌，远销俄罗斯、新加坡等国家，出口突破2万吨、增长33.2%。

【创新方法抓项目】 扎实推进“项目年”工作，推行“五个一”项目工作机制，出台改进投资促进工作23条措施，开展专业化招商，探索组建产业招商专家团队。2017年，新签约新筑股份轨道交通、成都天翔环境节能环保产业、台湾德林义肢、常青国际岩神山百花禅修康养度假区等项目290个，签约金额1063亿元，招商引资到位资金663.19亿元；新开工建设中丝集团茧丝绸产业化、大华园艺红旗河坝花卉产业园、恒大城市综合体二期等项目222个，项目金额511.21亿元，开工项目到位资金155.97亿元；美年大健康体检医院、攀枝花国际康养学院、星月谷康养度假中心等项目建成运营。

【深化改革增活力】 深入推进“三去一降一补”，退出低效煤炭产能87万吨，淘汰落后钢铁产能25万吨。深化银政企合作，红名单企业融资成本下降0.8个百分点。为企业争取铁路运费优惠2.7亿元，地方售电公司实质运营，直购电用电门槛标准下降50%。规上工业企业资产负债率下降7个百分点。攻克特殊钢高效洁净低成本生产工艺等关键技术。成功创建四川省质量强市示范城市。深化“放管服”改革，精简行政权力事项815项，实施容缺审批服务，工业、房地产项目审批时限分别压缩到33个、25个工作日。深入推进商事制度改革，新登记市场主体1.26万户、增长13.7%。深化国资国企改革，“三供一业”分离移交有序推进。农业农村改革加快推进。全面创新改革试验系统推进，钒钛“五个一工程”成效明显，建成国家级钒钛检测重点实验室，制定钒钛产业国家标准4项、行业标准20项，国、省级创新创业平台共26家。

【开放合作促发展】 举办攀枝花钒钛资源综合利用院士行暨钒钛（国际）论坛、第三届中国康养产业发展论坛等活动，全年招引省外项目77个。承办全球华人羽毛球锦标赛、国际皮划艇马拉松赛、全国桥牌公开赛、全国女子垒球锦标赛等国内外运动赛事。在2017中外知名企业四川行活动中，签约项目56个，投资总额244.97亿元；在第二届中国西部国际博览会进出口商品展暨中国西部（四川）国际投资大会上，签约42个项目，项目总金额356.33亿元；先后赴拉萨、成都等地开展城市品牌营销暨房地产巡展活动。与成都市在交通、康养、金融、干部人才等十个方面开展深度合作；与川滇黔峰会成员市（州）的合作加强，联合争取昭（昭通）攀大（大理）铁路按照高铁标准建设；与北京市西城区、海淀区深化合作，在北京、上海、香港等地举办芒果品牌发布推介活动。

【以“绣花”功夫精准扶贫】 完成677户2834人易地扶贫搬迁，721户农村危房改造，35个贫困村退出，8881名贫困人口脱贫的年度任务。扎实推进“六大扶贫工程”，实施交通、水利、电力通信等扶贫项目210个；引导贫困户发展特色种植业8937.8万平方米，养殖业出栏63.6万头（只），新培育农民合作社25个、农业科技示范基地37个，在贫困地区打造“三品一标”农产品27个；建立四项扶贫基金1.29亿元，发放教育卫生和产业扶持基金3230万元，撬动扶贫小额贷款2.06亿元，惠及贫困人口4.17万人次；持续动态保持“两线合一”，4937人纳入城乡低保精准扶贫对象，实施精准扶贫对象临时救助364人次，按照标准对507名残疾扶贫对象发放生活补贴，完成1346户贫困户“回头帮”工作。

【凝心聚力惠民生】 全面完成十大民生工程和十件民生实事，民生支出占一般公共预算支出超过65%。“9·19”灾后恢复重建基本完成。完成花街花道花园花海打造项目3个、背街小巷改造项目3个，新建（改扩建）农贸（菜）市场项目3个、停车场项目1个。成为全国老旧小区改造试点城市、中央财政支持的居家和社区养老服务改革试点地区。实施棚户区改造41个项目、2.2万套，新增城镇就业1.8万人，新增普惠性民办幼儿园17所，公办和普惠性幼儿园学位比例达80%，攀枝花成都外国语学校建成投用，普通高考本科上线人数实现九连升，建成国家级技能大师工作室3个，攀枝花市选手第二次获得世界技能大赛焊接项目金牌。扎实推进公共文化服务体系建设，对农广播媒体融合传播指数进入全国百强。完成城乡居民医保整合，10家医院接入异地就医即时结算国家平台，成为全国首个通过国家省市三级联动测试的地级市；引入北京301医院、四川大学华西医院等优质资源；公立医院取消药品加成累计让利3.2亿元。

重要会议

【全市国资国企改革发展工作会议】 全市国资国企改革发展工作会议于1月18日在攀枝花会展中心召开。市委副书记虞平，副市长刘文彬出席会议。会议总结全市国资国企2016年工作，并对2017年工作进行安排。会议指出，2016年，全市国资国企深化改革取得新进展，在推进公司法人治理结构改革、三项制度改革、企业分类监管改革等方面持续深化。到2016年底，全市国资监管企业资产总额达280.83亿元，利润总额7682万元，上缴国有资本经营预算580万元，国有资产保值增值率100.55%，主要经济指标平稳增长。会议要求，要持续推动“集团化”战略，在加快市国投集团、市建设集团转型发展步伐的基础上，着力推进市公用事业集团、市文旅商贸集团组建步伐；要加快建立完善现代企业制度，建立健全党委会、董事会、经理层办公会、监事会、职代会等五会制度；要推动国资管理由管资产向管资本转变，防止国有资产流失，扩大资本效益；要全面推动“三供一业”分离移交，力争2017年年底前基本完成攀煤集团“三供一业”分离移交，在攀央企“三供一业”分离移交工作取得阶段性成果。

【全市投资促进工作会】 全市投资促进工作会于3月23日在攀枝花会展中心召开。市委书记张剡出席会议并讲话。市长李建勤主持会议。市人大常委会主任黄正富，市政协主席李群林出席会议。会议对近年来的招商引资工作进行总结，对下一步重点工作进行安排。会议要求，深刻把握形势任务，紧紧围绕“四个加快建设”“四区驱动”战略布局，以更加积极的姿态、更加务实的作风、更加有力的举措，扎实有效地推进项目招引和落地建设，以招商引资新成效推动攀枝花经济社会发展新跨越。压实招商责任，做好工作配合，严格考核奖惩，营造声势氛围，共同为项目的引进和落地搞好服务，形成推动招商引资工作的整体合力。

【全市河长制暨防汛抗旱和水库管理工作会议】 全市河长制暨防汛抗旱和水库管理工作会议于5月12日在攀枝花会展中心召开。市委书记、第一总河长张剡出席会议并讲话。市长、总河长李建勤主持会议。会议要求，全市各级各部门要齐心协力、密切配合，真抓实干、攻坚克难，努力夺取各项工作新胜利，不断开创以水促发展、以水惠民生、以水保生态的新格局。会议指出，推行河长制是常抓不懈的重要政治任务，做好防汛抗旱是促进经济社会健康发展的重要保障，加强水库管理是确保群众生命财产安全的重大举措。会议强调，要着力建立全覆盖的河长体系，构建全周期的工作机制，加强全域化的管理保护，推进全方位的问题整治；要健全防汛抗旱组织体系，加强防汛安全隐患排查，完善监测预警体系和应急预案，严格执行工作纪律；要健全水库管理体系，探索推广水库“企业化”“物业化”管理模式，大力发展“水库＋阳光康养旅游”“水库＋休闲观光农业”项目，推进水库管理工作常态化长效化。

【城市基础设施建设项目推进会】 城市基础设施建设项目推进会于5月17日召开。市委书记张剡、市长李建勤出席会议并讲话。市委副书记虞平主持会议。会议研究确定今年及今后一个时期城市基础设施建设重点项目。会议指出，推进城市基础设施建设是促投资稳增长的重要举措，全市各级各相关部门要紧紧围绕市第十次党代会提出的建设区域性现代化中心城市的奋斗目标，增强城市基础设施建设的责任感、紧迫感。会议确定，攀枝花市将实施建设轨道交通一期工程、炳三区至攀枝花日报社隧道工程、东区后山道路一期工程、城市景观打造、新庄至河石坝规划城市主干道、东区沿湖路、炳仁线与机场路交叉口至鱼塘高速出口连接线二期工程及炳仁线陈家埡口隧道前立交工程、渡仁西线复线等8个城市基础设施建设项目，项目估算总投资约93亿元。会议要求，要立即成立领导小组，组织开展各项前期工作，推动项目尽快开工建设，力争2020年全部完成。会议强调，8个城市基础设施建设项目是优化城市交通网络，满足市民出行需求的迫切需要。全市各级各部门要抢抓机遇，按照“急用先做、先易后难、量力而行、尽力而为、尽快开工”的原则，通力协作形成合力，积极推进项目建设。

【市政府第二次全体会】 市政府第二次全体会于8月2日召开。市长王波出席并主持会议。常务副市长沈钧，副市长黄岳槐、刘文彬、刘建明、马晓凤、李文飞、敬登峰出席会议。各位副市长通报分管工作开展情况及下半年工作的具体安排。会议指出，2017年上半年，全市经济社会呈现稳中有进势头，总体呈现出工业产能利用率提高、改革创新取得积极进展、城乡统筹发展深入推进、生态环境保护力度加大、社会民生持续改善等特点。会议强调，要强化政务服务，加快补齐园区基础设施短板，大力开展专业化招商；要大力推进大通道项目和城市基础设施项目建设；要以康养地产为重点，加强房地产业招商和促建；要着力提高康养产业、科技服务、现代物流的发展水平；要切实提高现代农业发展质量；要抓好脱贫攻坚，围绕农村贫困人口脱贫、城市困难群体解困、水电移民安置扶持三方面精准作为；要紧贴群众需求，精准改善民生，提升城市发展温度。

【迎接中央环保督察工作推进会】 迎接中央环保督察工作推进会于8月5日召开。市政法委书记谢忠华主持会议。市长王波出席会议并讲话，常务副市长沈钧、市委秘书长吴成钢、市纪委书记刘海、副市长邓斌出席会议。市委、市政府包案领导等参加会议。副市长邓斌通报督查工作推进情况。市人大、市政协专项督导组各组组长汇报督导情况。王波强调，全市上下要以良好的工作成效、良好的精神状态、良好的工作形象迎接中央环保督察。要狠抓问题整改，已整改到位的要巩固成果，防止反弹；中长期整改的难点问题，要明确目标、责任单位、责任人和完成时限，狠下决心、用硬措施逐一抓好整改，确保整改有序推进；新发现的问题，不能放任，要主动整改，邀请专业人士“把脉”，确保整改措施科学有效。要落实责任，按照“谁主管谁负责”“谁联系谁负责”“谁督导谁负责”的原则，强化责任担当。

【“我与市长面对面”市民代表座谈会】 “我与市长面对面”市民代表座谈会于8月11日召开。市长王波出席并主持会议。政法委书记谢忠华通报有关环保问题处理情况。座谈会就环境问题整改和城市建设发展进行对话交流。王波指出，环境问题关系到每个人的身体健康、生命安全，环保工作是党委、政府高度重视的重点工作，是群众关心的民生话题。王波强调，各县（区）、各部门要积极回应群众关切，长短结合，科学统筹，集中精力解决群众反映的突出问题；要全心全意抓发展，通过加密航班、机场扩建、完善高速路网、争取高铁建设等措施，打破交通制约瓶颈，建成全国综合性交通枢纽；要下大力气抓产业，坚持“一县（区）一园区，一园区一主业”原则，完善园区配套基础设施建设，为推动产业链向中高端延伸打下基础；要切实抓好现代农业、旅游、背街小巷治理、公园绿地建设、公交线路优化等工作，加快公办幼儿园、社区卫生服务中心、停车场、农贸市场等城市基础设施配套建设，让群众的生活更加便利舒心；要不断降低城市建设的强度和密度，突出天际线、通透性和层次感，打造宜居宜业的山水园林城市。

【全市老旧小区改造和公共厕所规划建设工作会】 12月4日，市长王波主持召开全市老旧小区改造和公共厕所规划建设工作会，副市长李文飞出席会议。会议传达住房和城乡建设部老旧小区改造试点工作座谈会精神，研究部署下一步工作。王波强调，全市要紧抓攀枝花市被列为试点城市的机遇，提高认识，创新方法，完善方案，根据老旧小区居民的不同需求“对症下药”，紧密结合棚户区改造和背街小巷治理，明确县（区）主体责任，分期分批实施，及时总结经验，着力解决资金统筹和后续管理问题，充分发挥街办、社区作用，做细做实群众工作，确保全市老旧小区改造试点工作稳步推进，城市居住环境日益完善，群众生活品质不断提高；要全力推进“厕所革命”，把旅游公厕、交通公厕、城区公厕和乡镇公厕统筹起来，以县（区）为建设主体，城管部门为管理主体，科学规划布点，分清轻重缓急，有序推进建设，努力补齐影响群众生活品质和城市形象的短板。

【全市统一战线专题调研成果汇报会】 全市统一战线专题调研成果汇报会于12月22日在攀枝花会展中心召开。市委书记李建勤出席会议并讲话。市长王波出席并主持会议。市政协主席李群林，市委副书记虞平，常务副市长沈钧，市委统战部部长张敏，市委组织部部长谢晓东，市人大常委会副主任刘忠杰等出席会议。会议听取各民主党派、市工商联和市知联会的专题调研汇报，就做好新形势下统一战线工作作出部署。2017年，各民主党派、市工商联和市知联会围绕全市中心工作和当前改革发展中的一些重点、难点问题，在查阅大量资料、深入基层实地调研，并学习借鉴外地成功经验的基础上，经过反复研究论证，形成《关于加强钒钛耐磨铸件投资促进工作的建议》《关于倾力打造“攀枝花早熟枇杷”区域公用品牌做实做好“阳光”文章的建议》《完善养老保险结构，提升养老服务水平，让更多的攀枝花老人共享社会发展成果》等9篇调研报告。

重要事件

【金沙水电站实现大江截流】 2月9日，金沙水电站成功实现大江截流，标志该项目全面进入主体工程施工阶段。金沙水电站2016年被确定为国家重大建设项目，是国家西部大开发的30项重点工程之一，由四川能投集团控股开发建设，总装机容量为56万千瓦，工程投资约74.23亿元，计划2020年首台机组发电。电站建成发电后，平均每年可节省标煤约79万吨，分别减少二氧化碳、二氧化硫、氮氧化物年排放量200万吨、0.6万吨、0.5万吨；同时具有供水、改善城市水域景观和取水条件、对观音岩水电站进行反调节等综合效益。

【攀枝花“康养+”产业推介会在蓉举行】 4月7日，市委、市政府在成都市举行“阳光康养·产业融合”——攀枝花“康养+”产业推介会，向国内外100多家知名企业推介攀枝花市“康养+”产业重大招商引资项目，热忱欢迎海内外有识之士到“阳光花城·康养胜地”访友作客、康养度假、参观考察、投资兴业。副省长杨兴平出席推介会并讲话。市委书记张剡在推介会上致辞。市长李建勤主持推介会。软通动力城市创新综合体项目、锦成天源龙井湾康养山庄项目、常青国际百花禅修及康养旅游度假基地项目、丽新园艺花卉产业园项目、星月谷国际康养度假中心项目和花城新区医院项目等6个项目现场签约。

【攀成两地签署深化区域协同发展合作备忘录】 7月28日，攀枝花市人民政府与成都市人民政府在成都市天府新城会议中心签署深化区域协同发展合作备忘录。攀成两地在交通、现代农业、产业协作配套、旅游、康养产业、金融、科技创新创业、社会事业、干部人才交流、县（区）合作等10个领域深化合作，深入贯彻新发展理念、落实省第十一次党代会精神和省委“多点多极支撑”发展战略，推动成都平原经济区与攀西经济区协同发展。

【攀枝花市钒钛资源开发投资基金和康养产业投资基金成功组建】 8月7日，攀枝花钒钛资源开发投资基金和攀枝花市康养产业投资基金组建签约仪式在市金海名都大酒店举行。市委书记李建勤出席签约仪式并讲话。市长王波主持签约仪式。市委副书记虞平，常务副市长沈钧出席签约仪式。攀钢集团、四川发展产业引导基金、市国投集团公司共同签署攀枝花钒钛资源开发投资基金合作协议；中国海外控股集团南方公司、北京琨山资本、市金海实业公司、市国投集团公司、市金实基金公司共同签署攀枝花市康养产业投资基金合作协议。

【攀枝花市举行2017年第一次项目竞进拉练】 8月31日，攀枝花市在米易县举行2017年第一次项目竞进拉练活动，召开专题座谈会。市长王波出席活动并讲话。常务副市长沈钧主持座谈会，市领导黄岳槐、刘文彬、刘建明、邓斌出席活动。活动对米易县的七星光电科技有限公司、垭口镇农业主题公园及特色小镇、东方钛业有限公司节能减排项目、益满达二期项目、新山梯田、河西社区、海棠蓝湾自驾游营地、米易县城公园绿地等项目进行拉练，体现全市上下蹄疾步稳、真抓实干的工作成效，对各县（区）、各部门找准短板差距、提振发展信心起到积极作用，在全市形成“比学赶帮超”的良好氛围，延续良好的经济发展态势。

【攀枝花芒果品牌发布推介会在京举行】 9月12日，市委、市政府在北京举行“阳光的味道·香飘世界”——攀枝花芒果品牌发布推介会，在10余个国家部委和近百家国内外知名企业的共同见证下，隆重发布攀枝花芒果品牌标识，重点推介攀枝花芒果产品和“康养+”等产业项目。市委书记李建勤出席推介会并致辞。市人大常委会主任黄正富出席会议。市委宣传部部长江海主持会议。李建勤、黄正富与嘉宾共同发布攀枝花芒果品牌标识，见证攀枝花芒果新形象的诞生。截至9月，攀枝花芒果已获得国家农产品地理标志、绿色食品、欧洲良好农业规范(GAP)、全国首个芒果质量安全出口示范区等认证，产品畅销北京、上海、广州等国内大中城市，出口到俄罗斯、德国、加拿大、哈萨克斯坦、新加坡等10余个国家。

【攀枝花市获授“国家森林城市”称号】 10月10日，在河北省承德市举行的“2017森林城市建设座谈会”上，国家林业局正式授予攀枝花市“国家森林城市”称号。市长王波代表攀枝花市现场接牌。2013年，经国家林业局批准，攀枝花市按照“创森”总体规划，全面实施27大“创森”工程，2016年底，全市城市建成区绿化覆盖率从“创森”之前38.16%增加至40.04%，人均公园绿地面积从8.8平方米增加至11.49平方米；全市森林覆盖率从58.97%增长至60.1%，水系绿化率从82%增加至91.51%，道路林木绿化率从83%增加至88.47%。森林面积和森林蓄积实现双增长，森林质量有效提高。

【攀枝花市成功创建成为“国家园林城市”】 10月27日，住房和城乡建设部关于命名2017年国家园林城市的通报中，攀枝花市成功入选。2012年，市委、市政府提出“国家园林城市”创建目标，以公园绿化为重点，以道路绿化为网络，以小区绿化为依托，以街头绿化为点缀，以立体绿化为亮点，以点、线、面、体为要素构筑“一心、二环、三带、多点、多廊”的城市绿地结构；大力实施增绿扩绿、花城景观建设、生态修复、碧水蓝天、育林造林、基础设施建设“六大系统工程”，全面提升城市生态环境，建设天蓝、地绿、水碧、城美的绿色家园。2012年—2017年，全市新（改）建公园13个，新增公园绿地近200万平方米，提升道路绿化景观80余公里，实施立体绿化和花城景观建设项目112个，改造老旧小区7个，实施生态恢复治理项目10余个、2500余万平方米，评选出省市级园林式单位311个、花园宾馆（酒店、农家乐）68家、花园社区（小区）32个，花园家庭46户。

【攀枝花市工业园区（钒钛高新区、迤资园区）基础设施综合配套工程PPP项目正式开工建设】 10月30日，攀枝花市工业园区（钒钛高新区、迤资园区）基础设施综合配套工程PPP项目正式开工建设。市委书记李建勤出席开工仪式并宣布项目开工。市长王波主持开工仪式。常务副市长沈钧出席开工仪式。副市长、钒钛高新区党工委书记邓斌介绍项目情况。攀枝花市工业园区（钒钛高新区、迤资园区）基础设施综合配套工程PPP项目静态总投资20.118亿元，采取PPP模式，由市政府授权市经济信息化委作为项目实施机构，社会资本方中国十九冶集团有限公司、政府出资方市国有投资（集团）有限责任公司联合出资组建项目管理公司（SPV）推动建设。项目涉及20个子项目，涵盖钒钛高新区和迤资园区新改建13条道路，以及排洪系统、既有路面修复、园区风貌打造、弃土场建设、标准化厂房场平等内容，建设总工期24个月。

【第24届全球华人羽毛球锦标赛在攀枝花开幕】 11月1日，中国·攀枝花·盐边2017年第24届全球华人羽毛球锦标赛在市体育馆开幕。市委书记李建勤宣布比赛开幕。市长王波，世界羽毛球联合会前理事、全球华人羽毛球联合会会长吴俊彦分别在开幕式上致辞。全球华人羽毛球联合会常务副会长李建国，全球华人羽毛球联合会常务理事梁海清，中国羽毛球协会副主席、全球华人羽毛球联合会名誉会长李永波，四川省旅游发展委员会主任傅勇林出席开幕式。市人大常委会主任黄正富，市政协主席李群林，市委副书记虞平等市委、市人大、市政府、市政协领导出席开幕式。比赛共4天，全球各地2200余名的羽毛球运动员及华人羽毛球爱好者参赛，选手中年龄最小20岁，最大96岁。攀枝花市有172名羽毛球爱好者参加比赛。

【2017攀枝花钒钛资源综合利用院士行暨钒钛（国际）论坛举行】 11月16日，2017攀枝花钒钛资源综合利用院

士行暨钒钛（国际）论坛在市金海名都大酒店举行。300余名全球各地钒钛科研领域的专家学者参加论坛。市委书记李建勤出席开幕式并致辞。市长王波主持开幕式。市人大常委会主任黄正富，市委副书记虞平出席开幕式。2017攀枝花钒钛资源综合利用院士行暨钒钛（国际）论坛以“钒钛新材料的机遇与绿色发展”为主题，举办钒钛产业发展战略咨询会、钒钛军民融合及新技术交流会、钒钛标准技术交流会、钒钛科技创新大讲堂、钒钛产业项目路演及成果推介会等活动。论坛上，干勇、中国科学院过程工程研究所研究员杜浩代表中国工程院院士张懿、伊万·费多罗维奇·切尔沃内、张平祥等先后作主题报告。

【第三届中国康养产业发展论坛在攀枝花举行】 12月9日，由民革中央、四川省政协共同主办的第三届中国康养产业发展论坛在攀枝花市开幕，600多位有志于推动健康中国战略的各级领导、专家学者和行业精英参加论坛，全国政协副主席、民革中央常务副主席齐续春出席开幕式并讲话。市委书记李建勤、秦皇岛市副市长冯志永分别致辞。市长王波，市人大常委会主任黄正富、市政协主席李群林、市委副书记虞平等出席开幕式。论坛以中共十九大精神为引领，围绕“康养攀枝花·东方太阳谷”主题，就康养产业融合发展、康养政策体系、康养与金融结合、康养示范区打造等进行互动交流、深入探讨，以创新发展理念、分享成功经验、探索实现路径，为新时代康养产业发展凝聚各方智慧，形成强大合力。

【金沙江银江水电站岸上工程开工】 12月18日，金沙江银江水电站岸上工程开工仪式在省道214线倮果桥段金沙江畔举行，标志着银江水电站建设取得实质性进展。市委书记李建勤出席开工仪式，并宣布银江水电站岸上工程正式开工。市人大常委会主任黄正富，市政协主席李群林，常务副市长沈钧，市委统战部部长张敏，市委组织部部长谢晓东，市政法委书记谢忠华出席开工仪式。副市长敬登峰主持开工仪式。省国土资源厅副巡视员吴游，华润集团贵州省首席代表、华润集团驻贵州工委书记兼华润电力西南大区总经理刘伟，长江勘测设计研究院副院长程卫民出席开工仪式。沈钧代表市委、市政府介绍银江水电站项目情况。银江水电站是国家金沙江中游“一库十级”规划的最末一级，是国内少有的在城市中心城区建设的大型水电站，电站装机容量39万千瓦，水库正常蓄水位998.5米，最大坝高73米。银江水电站开发任务为发电、改善城市水域景观和取水条件，对全市合理开发和有效利用金沙江干流水能资源，变资源优势为经济优势，促进产业结构调整、城市转型发展具有重大意义。电站的建设，有力推动绿色发展理念在攀枝花市落地，筑牢长江上游生态保护屏障，改善城市环境、提升城市品位，助力打造全国阳光康养旅游目的地，实现全市人民亲水近水、宜居宜业宜游的梦想。

政务工作

【办理人大代表建议和政协提案】 市政府坚持问题导向、目标导向，及时进行任务分解，明确办理单位和要求，加大督办问效力度，所有建议、提案均在规定时限内办理答复完毕，按时办复率100%。市十届人大一次会议以来，市政府共承办人大代表建议94件。所提问题已经解决或基本解决的（A类）共63件，占承办总数的67%；所提问题正在解决或已列入计划逐步解决的（B类）25件，占26.6%；所提问题因条件限制暂不能解决的（C类）6件，占6.4%。市政协九届一次会议以来，市政府共办理政协委员提案222件。所提问题已经解决或基本解决的（A类）共138件，占承办总数的62.2%；所提问题正在解决或已列入计划逐步解决的（B类）66件，占29.7%；所提问题因条件限制暂不能解决的（C类）18件，占8.1%。从办理结果看，人大代表对市政府办理的94件建议，满意率为100%；政协委员对市政府办理的222件政协提案，满意率为100%。

【政务公开】 加大政务公开深度和广度，重点公开财政预算决算、“三公”经费和行政经费、保障性住房等21个领域的工作信息。2017年，公开规范性文件信息200余条，重点领域信息1200余条，全市累计上报政务信息资源目录8895条，通过审核发布8230条，市政府门户网站发布各类信息22313条，政府信息公开目录系统公开各类信息11523条，公共企事业单位办事公开系统公开信息1206条。推动廉洁型政府建设，推进行政权力在阳光下运行，2017年，全市各级行权单位通过行权平台网上公开运行行政权力事项31600项，上网运行数1867项。加快政府信息资源整合与共享工作，推进“一站式”网上政务服务，开发建设全市公共企事业单位公开目录系统，整合全市医疗、教育、交通等企事业单位信息，为市民提供更加便捷的服务。参与报道全市两会、攀枝花市第十次党代会等全市重大活动，门户网站共发布相关信息600条，制作专题网站15个，采访报道新闻发布会13次。播出“阳光政务—政务行风”电视节目3期、政风行风电台热线31期，公开征集公众意见82次，解读相关政策文件163条。市政府门户网站页面浏览量达4510176次，网站访客数（UV）达1625303人次，已成为外界了解攀枝花的主要窗口。

【政务信息】 2017年共收到各县（区）政府、各市级部门、各企事业单位报送的信息7670条，组织编发《每日政情》95期、工作动态88期、《攀政快讯》16期、《攀政快讯特刊》5期、政府工作大事记11期。编辑上报“放管服”专题信息31条、依法治市简讯27条，向省政府办公厅报送政务信息867条，累计得分超过300分，政务信息多次获得相关领导肯定性批示，发挥信息工作参谋助手作用。结合国家、省上及全市重点工作，把握经济社会热点、群众关心的热点难点，第一时间组织报送产业发展、扶贫攻坚、棚改货币化安置、防汛减灾等重要信息。围绕领导决策报送信息，以信息服务领导、服务基层、服务群众，就经济发展、攀西战略资源创新开发试验区建设、“康养+”、河长制、环保等中心工作组织编报大量信息，《攀枝花市推进攀西试验区建设重点工作取得实效》《攀枝花市实行“1+N”河长工作机制护绿金沙江》《攀枝花市着力“康养+”打造全国阳光康养旅游目的地》等信息被省政府办公厅采用，《攀枝花市化解煤炭行业过剩产能的主要做法、存在的困难和问题及工作建议》被省要情专报采用，为政府领导掌握情况、科学决策、指导工作提供高质量信息。

【政务调研】 针对全市经济社会发展中的重点、难点和热点问题，紧紧围绕大力实施“四个加快建设”、不断深化“四区驱动”战略，着眼做好“钒钛、阳光”两篇文章，认真开展调查研究，形成观点鲜明、数据翔实、内容可靠，对工作具有指导意义的政务调研成果，为政府科学决策提供智力支持。完成《关于四大企业的调研报告》《关于打造攀枝花湿地公园的建议》《攀西战略资源创新开发试验区政策再研究》《做实“康养+”，做足阳光文章》《培育壮大中医药产业夯实“康养+”医疗融合发展基础》等5个重点课题的调研和起草工作。开展全市政府系统2017年度政务调研成果评选活动，共收到调研文章278篇，评出5个政务调研工作先进集体和60篇政务调研优秀成果，推动全市各级政府、各部门政务调研工作全面开展，为科学决策提供重要参考。

【紧急救援与应急保障】 编制“十三五”应急体系建设规划，推进应急指挥平台建设，实施大数据中心应急板块建设，建立应急即时集群通讯对讲系统，协助公安应急指挥通信系统和人防小型机动指挥通信系统建设，制定突发事件应急处置流程、气象灾害联动应对机制，开展应急通信设备、救灾物资、救援力量统计，整理公共服务平台（热线）电话及职责，编制《“9·19”洪灾启示录》。开展防范预警，推进救灾物资储备库建设和防灾救灾机制建设，修订自然灾害救助、食品安全突发事件应急、生产安全事故灾难应急等应急预案，组织开展以应对自然灾害、事故灾难、公共卫生、社会安全为背景的系列应急演练。7月15日，举行极端气象灾害应急联动演练，参加演练的公安干警、民兵以及交通、通信、电力、水务、城管、卫生、国土资源等部门人员3000多人次，出动车辆200多台次、机械设备100多台次、冲锋舟36艘次，模拟处置险情10起。积极应对“1·4”会展中心枪击事件、“3·21”米易县草场乡车辆坠塘事件、仁和区H7N9疫情、“6·28”强降雨、“10·3”强降雨等突发事件，未发生因救援不力引发的次生灾害，实现抢险救援人员零伤亡。

（胡德炯　何　虎　覃曹原）

外事侨务

【概　况】 2017年，攀枝花市成功承办“2017年中国（四川）—尼泊尔卫生医疗人员研修班”，是攀枝花市首次承接国际培训项目，更是四川省首次将尼泊尔系列培训放在省会成都之外的其他市（州）举办，填补攀枝花从未举办国际培训的空白，开启全市对外交流合作的新篇章。组织参加“第十五届东盟华商会”“第十六届中国西部海外高新科技人才洽谈会”重大涉侨活动；走访慰问26户生活困难的归侨侨眷，帮扶仁和区、米易县4户散居农村贫困侨眷家庭发展生产，共送去帮扶资金3万余元；做好来攀投资考察的“侨资企业西部行”广东省侨商的接待工作；广泛宣传侨法，维护侨益，全年接待、处理归侨侨眷来信来访、涉侨政策咨询21件次；成立攀枝花市首家

"为侨法律服务站"；提高早期归侨生活补助费，每人每月发放500元生活补助；2017年，全市侨务工作新增国内工作对象6人，新增国外工作对象3人，截至2017年年底，全市国内、国外侨务工作对象分别为766人和2237人。侨务科被评为"四川省外事侨务系统先进集体"。

【因公出国（境）】 全年，全市派遣因公出国（境）共22批次38人；自组团8团23人，参加双跨团组14团15人，培训团组10团13人。分赴前往日本、德国、奥地利、安哥拉、意大利、荷兰、加拿大、美国等国家，拜访当地各界人士、开展医疗援助、参加培训学习，在工业、农业、医疗、环保、体育、新闻等多领域开展国际交流与合作，促进攀枝花市经济社会发展。

2017年2月，市外侨办组织攀枝花市代表团参加香港欢乐春节文化庙会活动，展示攀枝花特色产品，宣传攀枝花特色风貌，中央电视台《新闻联播》、新华社、凤凰卫视、《四川日报》、四川卫视等国内多家知名媒体对活动进行报道；受韩国2017国际农业博览会组委会邀请，攀枝花市组织锐华农业及黑金椹农业两家农业龙头企业赴韩国参加展会，对攀枝花芒果品牌、攀枝花特色农产品进行集中宣传，进行商贸洽谈。11月13日、16日攀枝花市在香港、澳门举办以"阳光的味道"为主题攀枝花芒果品牌推介会（香港："阳光的味道·香江芒果香"；澳门："阳光的味道·香飘澳门"）。推介会邀请香港、澳门知名商会负责人及有关企业家共计400名嘉宾参加。全市代表团与香港、澳门知名企业负责人，围绕芒果出口、基地建设、精深加工、劳务输出、康养产业和文化旅游等重点进行深入对接，签订有关合作协议。

【外宾来访接待】 加强与"一带一路"沿线国家的交流互动，助推全市区域医疗卫生高地打造，在省外事侨务办的支持和指导下，攀枝花市成功举办"2017年中国（四川）—尼泊尔卫生医疗人员研修班"。此次研修班的成员包括尼泊尔公共卫生学者、医院管理专家、医生和护士等共35名医疗卫生工作者，通过专题讲座、现场教学、小组讨论及实地调研等培训形式，增进尼泊尔学员对中国医疗卫生技术水平以及中国医疗卫生管理体制的了解，提升参训学员的卫生管理理论水平和医疗临床实践能力。

【侨务招商引资、引智】 6月9—12日，由国务院侨务办公室、中华全国归国华侨联合会和云南省政府共同主办的第十五届东盟华商会在昆明市召开，来自42个国家和地区的600余名华商、侨领参会。市外事侨务办做好项目预对接工作，组织市商务粮食局、市侨联单位参会，发放宣传资料100余份，向参会嘉宾推介攀枝花《投资指南及招商项目》，共推出100余个项目，涉及特色农业、钒钛、机械制造、新材料、新能源、康养旅游5个领域。与香港入境旅游接待协会、旅菲华侨工商联总会、南部非洲上海工商联总会等企业、华商洽谈并建立友好联系，与宏大建设集团公司、易门康源公司等企业就河道治理、羊肚菌销售加工等项目达成初步合作意向，有的企业表示在合适的时间，赴攀实地考察康养旅游项目。

7月26—28日，"侨资企业西部行"广东省考察团一行22人由四川省外侨办和广东省侨办共同组织，到攀枝花市进行投资考察。侨商们考察调研全市的康养等项目，与相关部门就双方合作及攀枝花发展进行交流座谈，市政府办主任肖良民出席座谈会并讲话，诺丽茶斐济有限公司、澳大利亚长江控股集团有限公司对攀枝花市农产品深加工、钒铁电池产业园、康养产业等项目表示浓厚的兴趣，希望加强合作。

9月10—15日，组织市投资促进局、市科技和知识产权局、钒钛科技孵化器等部门参加"第十六届中国西部海外高新科技人才洽谈会"。市委组织部部长谢晓东出席会议。

【宣传侨法、维护侨益】 大力宣传侨法，努力营造依法护侨的良好氛围。12月成立攀枝花市首家"为侨法律服务站"，增强侨界维权力度；在"12·4"国家宪法日时，组织开展形式多样的侨法宣传活动。推动侨法宣传进社区，通过提供建设资金、发放侨法宣传资料等多种方式，积极支持、指导民建社区侨法宣传角开展宣传教育活动，贯彻落实"侨法"，开展一系列富有成效的宣传工作。通过推动侨法宣传进企业，侨法学习进机关等形式广泛宣传侨法，增强侨法宣传影响力，切实维护归侨侨眷的合法权益。

全年共接待涉侨信访11件次，涉侨政策咨询10件次，涉及房屋拆迁、贫困救助等方面事宜，主动协调有关部门，为上访归侨侨眷排忧解难，做到事事有回音，件件有落实，办结率100%。

（张穗蓉、曾　媛）

人力资源和社会保障综合管理

【概　况】　2017年，全市有6个人力资源和社会保障局，其中，市局1个，县（区）5个；下辖9个直属单位，分别是市就业局、市社保局、市医保局、市人才服务中心、市转业军转培训中心、市劳动保障监察支队、市人事局考试中心、市劳动争议仲裁院、市劳动保障信息中心，其中副县级单位5个，参照公务员法管理事业单位4个。全系统共有在编在职人员254人，其中共产党员185人，占65.6%；35岁以下61人，占21.26%；大学本科及以上学历183人，占72.05%。全系统中有高级职称6人，中级职称9人，初级职称9人。

全力抓好就业创业工作。全年累计实现城镇新增就业18071人，城镇登记失业率4.0%，控制在4.2%年度目标内。兑现就业扶持政策资金9849万元，惠及3600余人次。不断完善社会保障体系。完善社会保障制度，整合社会保障政策体系，织密织牢民生安全网，增强群众获得感。实施人才强市战略。全年引进高层次和急需紧缺人才共500余名，其中硕士研究生以上学历、副高以上职称140名。选拔市级专家200名。实施引进国外智力项目5项，引进英国、法国等国外专家来攀帮助解决技术瓶颈和管理难题。聘请政府顾问和政府特聘专家20名。全年培养技能人才12658人。攀枝花市选手宁显海在第44届世界技能大赛焊接项目比赛中获金牌，卞涛在建筑金属构造项目比赛中获优胜奖。努力构建和谐劳动关系。全年共化解拖欠农民工工资案件112件，为16391名农民工追发工资1.52亿元；发放困难企业军转干部生活补助1600余万元；处理劳动争议3830件，涉及劳动者5795人，涉及标的7616.33万元；受理各类信访件589件次、涉及589人次，及时化解集体来访35批次，涉及956人次。全力推进就业精准扶贫工作和人社服务“一号工程”实施。

主要问题：城镇企业职工医疗保险基金缺口较大，急需政策调整。城镇职工养老、失业、工伤保险和就业创业补助资金等缺口大，约33亿，呈增长态势，需要不断向省上争取转移支付。化解剩余的拖欠农民工工资积案难度较大，存在维稳压力。人社干部的观念、作风、能力存在不足，人社公共服务体系建设与群众要求相比还有差距，需要创新工作思路、拓展工作方法，需要不断提升群众满意度。

【就业创业】　市人力资源和社会保障局深入实施积极的就业政策。2017年，全市城镇新增就业18071人，完成目标任务1.55万人116.59%；城镇失业人员再就业6178人；帮助就业困难人员实现再就业1428人；城镇登记失业率4.0%。2014级民族地区“9+3”学生全部实现就业。促进大学生创业257人。离校未就业高校毕业生实名登记1008人。

【就业精准扶贫】　市人力资源和社会保障局全力推进就业精准扶贫工作。强化监督考核。印发贫困家庭技能培训和就业促进扶贫专项方案，制定专项工作相关考核办法，建立定期督查通报制度，明确就业扶贫台账、资料归档工作规范，加快推进就业扶贫工作。全市共开展各项就业培训、农村实用技术培训1.88万人次，促进创业219人，劳务输出1142人，企业和生产经营主体吸纳贫困劳动力1771人，灵活就业892人，开发公益性岗位1003个，就地安置贫困劳动力962人次，转移就业5456人，发放资金360万元。结合乡村特色产业升级推进就业扶贫。将就业扶贫工作与产业转型升级紧密结合，鼓励各县区依托烤烟、特色水果、乡村旅游等优势产业，及时跟进产业发展兑现就业扶贫各项政策措施，鼓励农民工（农民企业家）返乡创业。根据贫困劳动力需求开设扶贫专班28个，培训贫困劳动力667人，农村实用技术和劳务品牌项目培训贫困劳动力224人，涉及养老护理、农艺工、酒店服务、砌筑工、电工等15个工种。米易县黄草村返乡创业示范基地初步建成。米易县新山村被评定为省级就业扶贫示范村。

【就业服务“一号工程”】　市人力资源和社会保障局积极实施就业服务“一号工程”。全面推进基层公共就业创业服务平台建设。全市16个街道、44个乡镇，132个社区、350个行政村，公共就业平台服务覆盖率分别为100%、91%、98%、69%，四级公共就业服务体系构架形成。基层平台建设正积极融入基层“一门式服务”总体部署，再造流程、简化手续，标准化、信息化、协同化、专业化正在加速提升。依托就业服务管理信息系统将就业创业服务、各项补贴申报、失业保险金待遇申领等18项主要服务项目全部延伸到社区（村）一级办理。城乡劳动者可不出社区、不出乡镇办理各项公共就业创业和失业保险服务项目。通过采取政府购买服务的方式，完善攀枝花公共招聘网、攀西人才网为用工单位和求职者提供全程免费职业介绍服务。设立攀枝花就业微信公众号及时向求职者免费推送岗位信息。协调银海公司做好省版就业服务管理信息系统和网厅服务对接。提升失业预警和研判能力。做好失业预警国家试点工作，提升综合失业率精准性，新增社区失业预警监测点，运用误差理论实现综合失业率预警区间划分，建立起组合预测失业预警分析模型，实现对未来3个季度失业状况的预测。围绕全市大企业、重点园区加强失业动态监测、园区用工监测和就业形势研判分析，制定应对预案和政策储备，有效应对企业规模性减员风险。

【大众创业】 市人力资源和社会保障局积极推进大众创业工作。推进“众创空间”建设。以攀枝花市创业服务中心为核心的一批层次多样、特色鲜明、覆盖全市的众创空间正在加快构建。北京奥创智酷创业服务公司作为运营团队面向创业者启动全方位指导服务。2017年建设创新创业数据库入库项目500余个，组织创业项目诊断、咨询辅导活动50余次，全程参与指导各项创业活动或大赛。全力推动返乡创业。成立支持农民工返乡创业工作联席会议制度，印发《攀枝花市关于支持农民工和农民企业家返乡创业的实施意见》，安排部署七项专项行动方案。制定进一步支持小型微型企业发展、加快电子商务发展的相关配套实施意见，落实小额担保贷款实施方案一系列支持农民工和农民企业家等群体创业的政策措施。全年返乡创业农民工2906人，在第一产业创业987人，第二产业创业1189人，第三产业创业730人，创办企业43个，农民工返乡创业园1个，吸纳就业人员5530人。构建立体融资担保服务模式。制定新的《攀枝花市创业担保贷款管理办法》，将个体创业、小微企业、重点企业全部纳入扶持范围，贷款（借款）额度从2万元至500万元不等。针对城市低收入群体、高校毕业生、合伙创业、中小微企业构建起从生存启动到发展壮大的立体融资担保服务模式，有力促进全市创业带动就业工作。通过举办各类创业论坛、创业比赛和宣传活动不断提升全市创业氛围。指导恒力集团、攀枝花学院联合举办“恒力杯”创新创业大赛，开创企业、高校联合搭建平台、办赛引才先河。组织四川省第一届“天府杯”创业大赛攀枝花初赛，四川东立科技股份有限公司“钛白企业废弃物综合利用项目”获省级大赛创业创富组第五名优异成绩夺得“四川省创业创富典型”称号。

【重点群体就业帮扶】 市人力资源和社会保障局强化重点群体就业帮扶工作。突出做好大学生就业帮扶，完善离校未就业大学生实名制管理和就业见习制度。认定见习基地86个，清理退出“僵尸”见习基地8个，见习行业涵盖20个主要门类，基本实现习基地产业、行业全覆盖。全年离校未就业高校毕业生全部实现就业。攀枝花学院建立攀枝花首个高校就业服务工作站，为高校毕业生搭建起更加方便、快捷的政策咨询、业务办理平台。指导在攀两所高校举办校园专场招聘，搭建就业信息平台，帮助大学生实现就业。全年共审核兑现534名大学生求职创业补贴42.72万元，276名大学生就业见习补贴221.42万元。实施就业困难人员和城镇低收入群体帮扶行动。建立规范化、精细化和长效化的就业援助制度。开展“春风行动”“就业援助月”“民营企业招聘周”专项活动，搭建高效用工信息平台。举办各类专场招聘会21场，与就业援助对象达成意向协议406人，通过各种方式提供就业岗位8800余个，就业援助对象实现就业999人，就业困难人员享受政策1562人次，提供免费职业指导4999人次和政策咨询11400余人次，发放宣传资料27300余份，帮扶就业困难人员实现就业人数1191人，开展低收入家庭入户调查529户，认定低收入家庭员278人，开展就业援助908人次，全市新开发公益性岗位359个，安置就业困难人员361人，累计开发公益性岗位1941个，安置就业困难人员1931人。对下岗生活困难人员给予重点帮扶。国企下岗职工生活困难人员帮扶作为基层服务平台就业援助工作的重点，实施就业援助、创业援助、培训援助和社保帮扶等四类帮扶。农村贫困家庭劳动力1.8万人全部实名制采集入库并按季更新。大力实施技能脱贫行动，全市24个贫困村开展送技能下乡行动，共培训建档立卡贫困劳动力1241人，农村实用技术培训208人，劳务品牌培训166人，贫困家庭就业能力得到提升。结合“就业援助月”“春风行动”等专项活动，为贫困劳动力搭建政策宣传和用工对接平台。开展送岗位信息下乡活动599场次，提供岗位6246个，开展扶贫专场招聘会41场，实现就业4291人。开发“9·19”抗洪救灾特殊公益性岗位100个和农村公益性岗位150个，共拨付补贴49.38万元。印发《攀枝花市贫困家庭申请小额借款操作办法》，为贫困家庭从事种养殖业提供2万元的免息免担保小额借款，为返乡农民工和草根能人创业提供融资担保贷款，带动贫困家庭就业脱贫。

【职业能力建设】 市人力资源和社会保障局积极推进职业能力建设工作，抓好职业技能培训工作。完成青年劳动者技能培训2792人，完成省民生工程和目标任务的111.68%；完成贫困家庭技能培训1116人，完成目标任务的101.45%；建立从初级工、中级工、高级工到技师、高级技师的职业技能培训体系，积极组织开展新技师培训项目。做好全市技能人才职业技能鉴定考核管理工作。全年参加职业资格鉴定16910人，获得职业资格证书12658人，其中初级工2039人，中级工9652人，高级工967。推进技能人才工作。新建技能大师工作室6个，充分发挥高技能人才带徒传技、技能攻关、技艺传承等重要作用，拓宽技能人才成长之路，提升人才培养成效。成功定向培养高技能人才12人，其中技师3人，高级技师9人。攀枝花市选手宁显海在第44届世界技能大赛在焊接项目比赛中获得金牌，卞涛在建筑金属构造项目比赛中获得优胜奖。推进专业技术人员继续教育，近2万人参加专业技术人员继续教育网络培训。完成2017年度公务员培训工作。完成2017年度机关事业单位工人技术等级考试考核工作。全年全市共有762人参加机关事业单位工人技术等级考试考核，取得初级工证书4人，中级工证书153人，高级工证书395人。加强3所技工学校学生学籍注册、助学金、零时价格补贴等管理和向上申报工作。会同教育部门做好对学校师资配备、课程设计、教学科研、考试考核、教材使用、学生安全等方面的日常教学监督管理；3所技工院校招新生1863人。

【提升劳动者职业技能水平】 市人力资源和社会保障局积极推进提升劳动者职业技能水平工作。结合经济结构转型和新型产业发展，重点开设养老护理、育婴师、美容美发和保健按摩等专业的订单式技能培训，努力扩展就业渠道。对困难群体给予培训补贴，减轻个人负担。全年全市共组织8763名城镇登记失业人员就业技能培训，共组织大中专学生、城乡劳动者开展创业意识培训10031人次，创业能力培5087人次，创业实训1444人次。对适宜到乡村培训的农艺工、美容师等“短平快”工种，把培训项目“送下去”；对电工、焊工等不适宜到乡村的培训工种，把贫困劳动力“请上来”。对有外出务工意愿但又缺乏技能的贫困劳动力，制定“技能培训+订单就业”套餐，由培训机构联合用人单位提供“意向招用—量身培训—定向上岗”一条龙服务。针对民族地区贫困劳动力，实施以“技能+语言培训”为重点的“启明星计划”；对有创业意愿和创业能力的贫困劳动力，推广“技能+创业培训”模式，有效提高贫困人口的就业创业能力。组织开展创业引领者专项活动暨创业培训讲师大赛活动。大赛共历时5个月时间，期间组织80余名培训讲师参加“点亮马兰花”赛前启动活动，组织30名骨干讲师初赛赛前培训班，评选出5名选手参加省级比赛。其中刘鑫春老师以排名第三的成绩获省二等奖，胡晓雁老师获省三等奖。落实企业参保职工职业技能提升补贴政策。全年审核发放135人职业技能提升补贴，涉及补贴金额17.7万元。

【农民工工作】 市人力资源和社会保障局全力推进农民工工资。“劳务品牌培训”1250人。返乡创业农民工2390人，创办企业43个。开展农村贫困家庭技能培训和就业促进扶贫专项工作。转移贫困劳动力就业2576人，促进创业107人，就业培训1108人，拨付培训补贴70.12万元，累计开发公益性岗位1003个，安置贫困劳动力969人次，拨付公益性岗位补贴288.00万元。开展农村创业带动就业工作。鼓励贫困家庭自主创业，对有创业意愿并具备一定创业条件的贫困家庭劳动力，给予免费创业培训、免费创业指导、小额担保贷款贴息等政策扶持，帮助其自主创业脱贫。鼓励能人创业带动扶贫，大力支持农民工返乡创业，通过在农村创业带动贫困劳动力脱贫。以典型示范带动就业扶贫全面发展。将就业扶贫工作与城市产业转型升级紧密结合，鼓励各县区依托烤烟、特色水果、乡村旅游等优势产业，兑现各项就业扶贫优惠政策，扶持返乡创业，服务产业脱贫。做好农民工等人员返乡创业工作。为返乡农民工发放贷款120万元。在县、乡（镇）、社区建立公共创业指导服务中心，为农民工和农民企业家返乡创业提供服务。

【公务员管理】 市人力资源和社会保障局切实抓好公务员管理服务工作。全面完成各项公务员招录工作，全年共招录公务员（参公人员）268人。其中：从优秀村干部、优秀工人农民和服务基层项目人员中招录乡镇公务员8名，市县乡机关公开考录公务员（含参公人员）153名，公安机关公开考录人民警察101名，从公安院校公安专业应届毕业生中录用人民警察6名。开展科级领导干部调任工作。畅通国有企事业单位优秀人才进入公务员队伍渠道，组织开展两批次科级干部调任工作，从国有企事业单位调任科级领导干部26人。开展市级机关公务员公开遴选和考调工作。注重从基层一线选拔干部，组织开展市级机关（参公单位）全年面向基层公开遴选公务员（参公人员）工作，拟遴选25名县区人员到市级机关（参公单位）。共有7个单位开展面向全省或本市公开考调工作人员工作，考调公务员（参公人员）24名。开展河长制工作和环保督查相关工作，组织开展7次巡河检查。从下属单位抽调专人组织8个排查组两次开展“全覆盖”巡河检查共排查出问题77个。加强督促检查，整改率达82%。制定《攀枝花市人力资源和社会保障局关于加强履职保障环保整改工作顺利推进的通知》，认真做好相关工作以及相关材料的收集整理和报送工作。做好公务员日常管理工作。完成2016年市级部门年度考核和记三等功工作，共有103人记三等功。做好省和国家开展的各项表彰活动的推荐评选工作，共推荐先进集体24个，先进个人66名。共办理55名公务员（参公人员）的流动手续。按程序及时办理提请市政府任免干部60余人次，提请市人大常委会任免干部36人次。

【事业单位管理】 市人力资源和社会保障局深入推进事业单位人事制度改革。通过考核招聘方式共引进110余名博士、硕士研究生和副高级以上高层次人才和急需紧缺人才；采取先测试专业技能再进行笔试、加大专业技能成绩占考试总成绩比例的方式选拔专业技能人才，取得明显成效。加强事业单位工作人员和编外人员管理，着力解决“吃空饷”和清理规范在编不在岗以及编外大量用人等问题。加强事业单位分类改革过程的人事管理工作，合理处置事业单位分类改革中安置和分流人员176人。推行事业单位绩效考核制度和考核反馈制度，充分发挥人事管理激励作用。

【专业技术人员管理】 市人力资源和社会保障局积极推进专业技术人员管理工作。构建多层次专业技术人才培养体系，在教育、卫生、钒钛、农业等重点行业领域确定高层次专业技术人才培养对象118人，并按培养计划，以外出培训、高层次学历教育、挂职锻炼、学术交流、考察学习和项目带动等方式稳步推进高层次专业技术人才培养工作。组织470名高层次人才在重点行业领域结对培养中青年骨干人才598人。成功举办太阳能利用与产业化发展高研班，培训省太阳能行业领域专业技术及管理人才82人。调训10名相关行业专业技术骨干参加畜牧兽医、智慧城市建设、美丽乡村立项评价标准等省级高级研修培训。推荐“攀西国家级战略资源开发试验区产城协同研究”等5个科研项目申报省学术和技术带头人培养经费资助，其中攀枝花学院“三线建设对四川推进‘一带一路’的贡献与发展路径研究”课题获省厅批准。加强博士后科研工作站建设，推荐攀枝花钢城集团有限公司申报设立博士后创新实践基地，推荐陈虎等6名博士后研究人员申报四川省博士后科研项目特别资助。在站博士后研究人员共7名，经考核，兑现2016年度在站博士后研究人员生活补助费21万元。注重优秀专业技术人员选拔，在教育、卫生、农业、工程、文化艺术、社会科学、技能等行业和领域选拔市级专家200人。推荐百千万人才工程国家级人选、第十三批省突出贡献专家、第十二批省学术和技术带头人及其后备人选参选人员共计78人。构建职称服务体系。全市组织申报初、中级职称评定1220余人，推荐参加高级职称评定338人；组织开展二级建造师、执业药师、经济师等各类执（职）业资格和专业技术资格考试50余项，参加各类职称考试9800余人次。推进专家服务基层工作。围绕基层和农村在农业、林业、教育、卫生、康养旅游等行业领域建设市级专家服务基地13个、省级专家服务基地2个，实施山羊、枇杷、蔬菜、芒果、核桃、社区卫生、基层保健、基础教育、康养旅游等建设项目15个；在29个贫困村确定“专家下基层行动”短期智力服务项目17个，涉及农业、林业、教育、康养、旅游、卫生等行业领域共37个智力服务小项。全年组织200余名专家深入基层和农村，直接培训、指导基层和农村技术人才3000余人次。

【扩大高等学校科研院所医疗卫生机构人事自主权】 市人力资源和社会保障局出台七条政策扩大高等学校科研院所医疗卫生机构人事自主权。扩大公开招聘自主权，高等学校、科研院所和医疗卫生机构公开招聘工作人员，在核定编制和岗位总量内，经机构编制部门核准用编后，可以参加全市统一组织的公开招聘，也可以自主确定招聘条件、时间和考试考核方式。采取自主公开考试招聘，招聘方案经主管部门核准，由主管部门面向社会发布公告并组织实施，主管部门负责对拟聘人员审核确认（攀枝花学院可自行确定招聘方案和组织实施，对拟聘人员审核确认，攀枝花市农林科学研究院报市人力资源社会保障局审核确认）；采取直接考核方式招聘高层次和急需紧缺人才，招聘方案经主管部门同意并报市人力资源社会保障局核准，拟聘人员报市人力资源社会保障局审核确认（攀枝花学院可自行确定招聘方式，对拟聘人员审核确认）。各高等学校、科研院所和医疗卫生机构要严格执行干部人事工作各项政策法规，权责统一，面向社会公开招聘制度，严格公开招聘程序，严守公开招聘纪律。主管部门要加强监管，履行好审核确认职责，严把入口关，防止招聘工作中的违规违纪行为。扩大人员流动自主权，高等学校、科研院所和医疗卫生机构体制内科研人员相互流动（不含逆向流动），市管干部按有关规定办理，其他人员经市委编办批准用编后由主管部门负责审批（攀枝花学院和攀枝花市农林科学研究院自行审批）。允许高等学校、科研院所和医疗卫生机构科研人员在履行好岗位职责、完成本职工作的前提下，经所在单位和主管部门同意，到科技型企业兼职按规定取得报酬或奖励；支持有创新实践经验的企业家和企业科研人员到高等学校、科研院所担任兼职教授、项目负责人或创业导师，促进产学研人才双向流动。扩大岗位管理自主权。高等学校、科研院所和医疗卫生机构根据事业发展和人才队伍建设需要，可动态调整岗位设置方案，合理确定岗位结构比例，按照规定自主开展内部人员竞聘上岗。可适当提高高、中级专业技术岗位结构比例；可将上一等（层）级专业技术空缺岗位，用于下一等（层）级岗位聘用；高等学校可将初级岗位结构比例用于中级岗位设置，初级专业技术人员按不低于国家和省基本条件自行聘用。市委组织部、市人力资源社会保障局统一引进的高层次和急需紧缺人才，首次聘用可不实行岗位结构比例控制。高等学校、科研院所和医疗卫生机构引进急需紧缺高层次人才，经市人力资源社会保障局同意，可按规定设置特设岗位。特设岗位人员比照本市同类、同职务（岗位）等级人员实施聘用，不受单位岗位总量、最高等级和结构比例限制。扩大职称评审自主权，科学界定、合理下放职称评审权限，推动科研院所和医疗卫生机构按照管理权限自主开展中、初级职称评聘，包括制定评审标准、建立评审机构、组织开展评审、使用评审结果等，职称管理部门不再审批评审结果，改为事后备案管理。高等学校、科研院所和医疗卫生机构科研人员在（离）岗创新创业的业绩成果，作为评聘相应专业技术职务的重要条件；离岗创（领）办科技型企业成果和贡献突出的，可通过原单位破格申报相应专业技术职称。职称外语和计算机应用能力由用人单位或评委会自主确定，不作统一要求。扩大薪酬分配自主权，在主管部门核定的绩效工资总额范围内，由高等学校、科研院所和医疗卫生机构制定分配办法，自主进行内部分配，可采取年薪工资、协议工资和项目工资等多种分配方式。对引进急需紧缺高层次人才的特殊报酬，职务发明完成人、科研项目完成人、科技成果转化重要贡献人员和团队的奖励，以及面向企业和社会承担科研项目、开展技术服务（含技术开发、技术转让、技术培训和咨询等）所获收益中发给科研人员及其团队的劳动报酬，由主管部门专项据实核增，计入当年单位绩效工资总额，不作为绩效工资总额基数，核增情况送人社、财政部门备案。高等学校、科研院所和医疗卫生机构可结合实际自筹资金设立“人才发展资金”，用于高层次人才的引进、稳定、培养和激励，“人才发展资金”总额由主管部门核准，计入单位绩效工资总额，不作为绩效工资总额基数，核准情况送市人力资源社会保障局、市财政局备案。科研人员职务科技成果转化的收益，按规定划归成果完成人及其团队部分，以及科技人员从承担科技计划项目所获得的劳务报酬和绩效激励，不纳入绩效工资管理。创新编制管理方式。高等学校、科研院所和医疗卫生机构引进高层次人才和紧缺专业人才，机构编制部门按用编程序在核定编制总量内支持用编。对符合条件的公益二类事业单位逐步实行备案制管理。完善社会保险政策。高等学校、科研院所和医疗卫生机构科研人员在岗创新创业、离岗创（领）办科技型企业期间，根据本人自愿，可选择在原单位继续参加各项社会保险并缴费或将参保关系转移至新单位参保并缴费，不重复参保缴费；科研人员在与原单位、新单位签订的书面协议中应分别明确自愿选择参保单位情况。科研人员创（领）办科技型企业期满后离开原单位的，按规定转移接续社会保险关系。原单位及新单位均应依法为其参加工伤保险，期间发生职业伤害经认定为工伤的，按规定享受工伤保险待遇。

【人才开发和市场管理】 市人力资源和社会保障局全力推进人力资源开发和市场管理工作。创新做好人才开发工作，会同市委组织部拟定《攀枝花人才新政七条》及实施细则，增强人才政策的含金量和包容度，形成更具竞争力和吸引力、更加开放包容的人才制度优势。开展人才引流分析。对全市机关企事业单位、攀钢集团有限公司、中国十九冶集团有限公司、攀煤（集团）有限公司、钢城集团有限公司等重点单位2014—2016年人才引进、流失情况进行统计调查、分析评估，全面掌握人才引进、流失情况。做好人才待遇落实。完成1~5批高层次人才2016年在岗情况确认，函商市财政局兑现698名高层次人才优惠待遇1300余万元；完成第六批高层次人才审核、认定工作，认定第六批高层次人才187名，兑现优惠待遇360余万元。审核5名博士和正高职称高层次人才子女择校申请。全面落实高层次人才各项优惠政策，稳定激励高层次人才在攀干事创业。坚持柔性引才加大国内外智力引进。聘请20名政府顾问专家，借脑助推全市经济社会向前发展。在钒钛、医疗卫生、特色农业等领域实施5个引智项目，引进英国、法国、奥地利、以色列等国外专家来攀服务，帮助解决相关领域技术瓶颈和管理难题，切实提升自主创新能力。国家、省外专局批准引智资助资金52万元。推动“两证整合”高效做好“放管服”改革。开展外国人来华工作许可制度试点工作，将“外国人入境就业许可”和“外国专家来华工作许可”整合为“外国人来华工作许可”。通过职能调整整合，统一管理机构，明确专门人员，建立分工明确、协调配合、运转高效的“外国人来华工作许可”管理新模式。全年共办理外国人来华工作许可16项。规范做好编外用工工作。开展市级机关事业单位编外用工调查研究，掌握编外用工情况。会同市委组织部、市委编办、市财政局完成市交通运输管理局、市扶贫移民局等单位181名编外用工申请计划和市安全生产远程监控中心等单位58名编外用工续聘计划的初审工作。精细做好“三支一扶”大学生管理工作。全年共招募“三支一扶”计划大学生117名，给予2016年新招募且在岗服务满6个月以上的“三支一扶”大学生一次性安家费补贴2000元。评选推荐2名优秀“三支一扶”大学生。

【攀枝花人才新政七条】 市人力资源和社会保障局会同市委组织部为激发各类优秀人才创新创业活力制定新政策七条。实施钒钛产业领军人才集聚攻关计划。面向海内外精准引进一批具有钒钛科研领军才能和成果转化能力的人才（团队）。对海内外钒钛顶尖人才（团队）来攀进行钒钛攻关或成果转化，根据其科技含量、市场需求程度、成果转化产能及效益等因素，给予最高6000万元综合资助；对本土钒钛重点实验室、研究院、检测中心及钒钛企业实施的重大科技攻关、产学研检合作等给予最高2000万元综合资助。将攀西国家战略资源创新开发试验区“五个一工程”建设人才引进培养列为全市人才工作“一号工程”，实行一事一议、特事特办，优先支持保障。实施高层次人才激励计划。引进人才支持力度，对新引进的一至八类（中国科学院院士、中国工程院院士等八类）高层次人才给予8320万元安家补助、为期三年的每月1000元至2000元租房补贴或入住人才公寓，其中一至四类高层次人才可终身入住人才公寓。加大本土人才稳定和培养力度，对一至七类高层次人才给予每月500元至20000元的岗位津贴。建立人才年金制度，对社保关系在攀的一至八类高层次人才，退休时给予最高40万元人才年金。提供学术交流交通补贴，对参加国家级以上学术交流会议并作学术报告的高层次人才，报销往返商务舱机票费用。提供科研配套经费，对牵头承担的省级及以上科技计划项目的人才及团队，按立项经费5%给予最高50万元地方配套资助。设立“本土人才成长奖”，对本土各类人才在攀期间成长为一至四类高层次人才或获得国际比赛（评选）奖项（称号）的，给予最高500万元奖励。重视为高层次人才提供优质服务和保障。成立“攀枝花市高端人才服务中心”，建立高端人才服务专员制度，发放“攀枝花高层次人才证”。一至六类高层次人才配偶自愿随调的可安排工作或协调推荐就业，子女可在攀枝花市内中小学、幼儿园选择入学，提供高层次人才就医、社保关系转移接续、工商注册、证照办理、免费健康体检等绿色通道，实行一对一、保姆式服务。实施青年人才储备计划。市内外高职以上毕业生在攀求职就业的，可先落户后就业；建设“青年人才驿站”，为来攀求职就业的高职以上毕业生提供最长10天的免费住宿。对来攀工作且服务企事业单位年限在8年及以上的全日制博士研究生给予3万元学费资助；对新引进来攀工作且服务企事业单位年限在8年及以上的全日制硕士研究生给予2万元学费资助。实施“工匠攀枝花”人才计划，为钒钛、康养等重点产业所需人才提供免费技能培训，对新取得职业资格证书的，全额报销考试（鉴定）费用。支持在攀高校、职业技术（技工）院校围绕钒钛、康养产业发展需要调整专业设置，给予最高100万元补贴。鼓励在攀企业与高校、职业技术（技工）院校合作开展人才培养，给予最高100万元补贴。对新创建的省级及以上高技能人才培训基地给予最高200万元资助。支持在攀企业建立首席技师制度，对新创建的市级及以上技能大师工作室给予最高30万元资助。实行技能大师工作室领（创）办人津贴制度，分级每月给予2000元至3000元津贴。实施“银发余晖”人才计划。鼓励海内外退休专家、学者、高技能人才等“银发人才”来攀（在攀）发挥余热，对围绕钒钛、康养产业和全市经济社会发展大局开展技术技能培训、带徒、参与课题研究、项目攻关的，给予项目启动经费等支持，外地来攀银发人才可入住人才公寓。支持创新创业平台建设，对新引进入驻的省部级及以上科研院所给予最高500万元的启动资金资助。对新创建的院士（专家）工作站、博士后科研工作站、创新实践基地、创新创业孵化基地、专家服务基地等给予最高200万元建设资助。支持用人单位引才育才，设立引才育才“伯乐奖”。对企事业单位及有关个人在引进顶尖钒钛、康养人才（团队）方面作出显著成绩的，给予最高50万元奖励；对培养本地人才获国家级及国际技术技能比赛（评选）奖项（称号）的企事业用人主体，给予最高30万元奖励。

【人才服务工作】 市人力资源和社会保障局稳步推进人事人才服务工作。证书办理简化流程正式上线，各类专业技术资格证书和职（执）业资格证书办理流程正式按简化流程办理，改变考生交登记表后才能办理证书的做法，缩短办理证书的时间，即方便考生又提高了效率。全年共办理和发放全市专业技术资格证书和职（执）业资格证书和专业技术职务资格证书5062本。完成89人高层次人才申报资格初审和经费预算；13个专家服务示范基地的日常管理、建设项目的组织实施、年度工作总结、工作经费的申请和拨付；17个“专家下基层行动”执行项目的组织实施、年度工作总结、工作经费的申请和拨付。组织22名企业专家和高层次人才进行健康体检；14名专家赴外休假疗养。做好专家下基层服务工作。在农业、卫生、教育等领域执行“专家下基层行动”项目共计17个，参与服务专家共80人，专家服务100人次，开展专题调研25次，召开交流座谈10次，实施现场指导40次，举办专题讲座15场，培训基层和农村技术人员2000人次。

【工资福利】 市人力资源社会保障局根据国家和省上的统一部署，于2016年11月22日由、联合财政局下发了《关于转发〈四川省人社厅、财政厅转发人社部、财政部关于印发法官、检察官工资制度改革试点宣传提纲的通知〉的通知》《关于转发〈四川省人社厅、财政厅关于印发四川省法官、检察官和司法辅助人员工资制度改革试点实施办法的通知〉的通知》，正式启动全市法官、检察官和司法辅助人员的工资制度改革工作。全面完成279名法官、检察官的工资套改工作，根据省上的要求，于2017年3月底前兑现到位。转发“四川省人力资源社会保障厅、四川省财政厅《关于转发人力资源社会保障部、财政部〈关于建立传染病疫情防治人员临时性工作补助的通知〉的通知》（川人社函〔2017〕166号），对此项工作进行布置。转发“四川省人力资源社会保障厅、四川省财政厅《关于转发人力资源社会保障部、财政部〈关于执行人民警察法定工作日之外加班补贴有关问题的通知〉的通知》（川人社办发〔2017〕899号）、《转发人力资源社会保障部、财政部〈关于建立政法委机关工作津贴有关问题的通知〉的通知》（川人社办发〔2017〕901号），对两项工作进行布置。根据相关文件精神，完成2017年市级机关（含参公管理事业单位）工作人员按年度考核结果晋升级别、机关（含参公管理事业单位）工作人员正常晋升级别（岗位）工资档次、事业单位工作人员正常增加薪级工资和机关（含参公管理事业单位）工作人员年终一次性奖金审核工作。根据事业单位实施绩效工资相关政策规定，完成市属事业单位2016年度绩效工资总量和奖励性绩效工资审核工作。完成全市2016年度工资和退休统计年报上报和年报分析工作。完成市工商局10名工作人员划转地方后工资核定工作。继续做好退休中人缴费年限认定工作。

【军转安置与解困维稳】 市人力资源和社会保障局完成军转安置及企业军转干部解困维稳任务。8名计划安置军转干部全部安置到市级部门，落实公务员岗位；副团职军转干部首次落实副调研员职务，其他7名营职及以下军转干部落实相应非领导职务，撤并降改移部队人员、立功人员和长期在艰苦地区工作的人员全部得到重点安置。7名自主择业军转干部全部按政策安置到相应县区。发放补助近1500万元；集中开展两次特殊生活困难补助，基本解决171人次的特殊困难；在春节、建军节对全市企业军转干部进行走访慰问，慰问3357人次，发放慰问金134.28万元。企业军转干部无赴省进京上访和到市委、市政府集访事件发生。

【人事考试】 市人力资源和社会保障局完成全年各项人事考试任务26项，参考人数19614人，科次数45523科，全年没有发生考试安全责任事故。严控考试风险，坚持在每项考试的实施方案里，对各个考务工作流程节点标注风险点，明确风险等级以及防控责任人，将考试安全风险防控责任落实到具体岗位具体人头上，不断夯实预防考试安全事故的制度基础。严肃考风考纪，严格执行公务员、专业技术人员、事业单位考试违纪违规处理规定，人防技防相结合，多举措严厉打击考试舞弊行为，全年共依照相关规定，按程序查处违纪违规考生13名。推进人事考试信息化建设。投入资金9万元，新建户外LED显示大屏，用于显示考试规则、注意事项等相关信息。人事考试指挥中心三期工程建设在3所学校采取新建+接入现有监控的模式，建设120间标准化考室。同步改造考室中心办公区域（含机房、保密室）的监控摄像，实现全覆盖、无死角、高清晰，不间断录像。稳步推进自主命题建设。在市属及4个县（区）事业单位公招联考笔试公共科目7000份试卷中采取改良后的变换卷方法，有效防范高科技作弊和相互抄袭行为，降低雷同率。投入5万余元新购两台机读卡光标阅读机，提升工作效率。

【规划财务】 市人力资源和社会保障局推进局系统规划财务、社保基金预决算和统计工作。规划工作：执行新《预算法》，组织分配省转移支付就业资金134.82万元（不含米易县、盐边县），为人社工作开展提供资金保障。收集挑选8篇人力资源和社会保障统计分析报告上报省厅。发布2016年人力资源和社会保障事业公告。按照检查要求重新清理内部控制制度，完成2018年社保基金预算及2017年社保基金预算调整编制协调审核汇总工作。统计工作：发布2016年人力资源和社会保障事业公告。对人力资源和社会保障基层公共服务平台建设情况进行清理自查，认真核对后填报基层劳动就业社会保障公共服务平台和网络标准化规范化建设情况统计表和四川省基层劳动就业社会保障公共服务平台和网络建设情况统计报表。财务工作：组织编制2018年部门预算。接受市财政局等单位乱发津补贴检查及2016年支出绩效评估检查，未发现违规情况存在。重点检查三公经费支出情况，对检查中发现问题及时指出限时整改。严格按照相关法律法规报销账务，认真执行中央“八项规定”、省、市“十项规定”，厉行节约杜绝浪费。

【依法行政】 市人力资源和社会保障局全面推进依法行政工作，使行政执法责任制得到落实。加强“放管服”改革工作，对取消3项行政确认事项，下放的1项行政许可事项和1项政务服务事项及委托1的项行政许可事项（工伤性质认定）进行监管。加大规范行政权力清理力度，积极推进政务服务一体化建设。按照市委、市政府要求，认领人社部门的公共权力和公共服务事项，一体化建设工作正在有序推进。依法推进行政复议应诉工作。全年共参与省、市政府法制办提出行政复议答复6件，参加行政应诉18件。推进法治宣传教育，制定方案，强化部门普法工作责任，认真开展国家宪法日等各类时间节点的宣传日、宣传周、宣传月法治宣传活动。全面落实执法人员资格制度。依法配备人员，加强证件管理。根据上级的安排部署，严格依法配备执法人员，按照规定申领行政执法证件，确保执法人员的合法性。切实加强执法证件管理，对调进、调出的执法人员及时办理执法证件的注销和申领。全局共有执法资格证人员28人。全面推进政务公开工作。决策、执行、管理、服务、结果公开落实到位。

【行政审批】 市人力资源和社会保障局加强行政审批工作。审批企业职工退休1149件，审批特殊工时2件，审批劳务派遣2户。认定工伤657件。许可外国人来华工作20件。加强提前退休审批工作，对有异议的档案认真研究讨论，形成讨论意见并存档。对符合提前退休条件的通知当事人前来办理提前退休审批；对不符合条件的向当事人作详尽的政策解释，对有异议的问题书面告知当事人维权渠道。全年共研究讨论400余件有争议的档案。按月建立提前退休审批台账，做到情况明确，底数清楚。开展预防骗保工作，挽回社保基金损失100万余元。

【矛盾纠纷化解】 市人力资源和社会保障局加强矛盾纠纷多元化解。推进人力资源和社会保障方面社会矛盾预警机制、利益表达机制、协商沟通机制建设，引导和支持当事人理性表达诉求、依法维护权益。建立以“矛盾纠纷多元化解”为载体，推动劳动人事仲裁、行政裁决、行政复议、诉讼等有机衔接、相互协调的多元化纠纷解决机制。搭建人社工作社会矛盾监测预警平台，推进以“信、电、网、访”维权渠道建设。实行“一把手”负责制和“一包到底”，逐一登记建档，逐一落实责任领导，逐案进行政策法规、合理性方面的研判，制定切实可行的处理方案，以“事要解决”为目的，实行专案攻坚、联动调解，确保信访积案化解整体推进。强化“目标责任”意识，实行“一岗双责”机制。层层压实责任，将矛盾纠纷排查化解工作纳入工作目标考核，严格考核奖惩。凡因履职不到位，重大矛盾隐患未能及时发现或者发现后未按规定及时报送情况、未能及时开展调处工作从而引发重大群体性事件的，依规依纪依法追究其责任。全年在推进社会治安综合治理过程中，创新性开展矛盾纠纷多元化解，关口前移，解涉稳矛盾矛盾纠纷，减轻信访维稳压力，促进社会平安和谐稳定，提高群众安全感满意度。充分发挥维权、维稳职能部门统筹协调指导功能，履职尽责，引导社会各方面力量积极参与矛盾纠纷化解，确保人社系统为维护全市大局和谐稳定发挥独特作用。将预防矛盾纠纷贯穿于重大决策、行政执法、司法诉讼全过程。建立矛盾纠纷解决机制，加强人民调解与行政调解、司法调解的衔接联动，组织和推动律师参与化解涉法涉诉案件，积极培育行业性、专业性人民调解组织，支持和鼓励多方参与运用法治思维和法治方式化解各类矛盾纠纷。认真探索人社系统矛盾纠纷多元化解的成功经验，借助人社系统“一站式”服务网络平台，加大矛盾纠纷多元化解平台建设。积极推进工作机制和方式创新，打造解决矛盾纠纷人才培养升级版，深入调研矛盾纠纷多元化解，大胆探索创新、依法治理、综合治理和源头预防，将矛盾纠纷消除在萌芽状态。

【和谐劳动关系】 市人力资源和社会保障局努力构建和谐劳动关系，在化解矛盾风险上开拓新路径。牢固树立底线思维，压实维稳责任，深化源头治理，扎实开展矛盾纠纷排查和化解，积极预防群体性事件发生，全市劳动关系总体和谐稳定。切实解决拖欠农民工工资问题。综合运用调解、仲裁、行政、经济、司法手段，合力化解拖欠农民工工资积案，全年共化解拖欠农民工工资案件112件，为16391名农民工追发工资1.52亿元。全力抓好企业军转干部解困维稳工作。全年发放困难企业军转干部生活补助1600万元。连续多年没有企业军转干部赴省进京上访、到市委市政府集访。加大调解仲裁力度，全年处理劳动争议3830件，涉及劳动者5795人，涉及标的7616.33万元。做好信访维稳工作。以确保党的十九大顺利召开为重点，加强信访接访和办理工作，全年受理各类信访件589件次、涉及589人次，及时化解集体来访35批次，涉及956人次。

【劳动保障监察】 市人力资源和社会保障局加大劳动保障监察执法力度，促进整个劳动保障工作的开展。主动监察用人单位2398户，审查用人单位报送书面材料154户；参与处理突发事件44件，涉及劳动者人数1991人；追发劳动者工资待遇1.67亿元，涉及劳动者17928人；协调处理案件数163件，立案157件，结案151件，结案率100%；接到劳动者投诉149件，接待群众来访1050批次，2517人次。督促11户用人单位为116名劳动者缴纳社会保险费129.67万元；督促5户用人单位为124名劳动者办理社会保险登记。化解农民工工资积案，农民工工资总包建账项目275个，建账率80%。全市93件欠薪积案已化解73件，为5247人追发工资待遇8932.16万元。

【劳动人事争议仲裁】 市人力资源和社会保障局全面推进劳动争议仲裁工作。全年全市接待来访群众15647人次，处理劳动争议3830件，涉及劳动者5795人，涉及标的7616.33万元，结案率99.8%，启动裁决文书“上网”工作，通过将裁决书实时公布在门户网站，方便当事人（群众）及时查阅并了解案件办理结果，接受社会各界对劳动人事争议仲裁工作的监督，充分体现仲裁的公平性，不断提升仲裁的权威性，切实做到以公开促公正、以公正树公信，让群众在每一个仲裁案件中感受到公平正义。全年共计“晒出”裁决书225份，点击浏览量突破22万人次。

【信息化工程】 市人力资源和社会保障局推进信息化建设工作。完成信息系统基础设施改造，提高业务经办效率和系统运行速度。顺利完成全省异地就医结算平台和全国跨省异地就医联网系统建设工作，市内2家定点医院成功接入国家异地就医平台。完成全省全民参保计划信息平台建设，为全省推进全民参保计划工作奠定良好的技术保障基础。开发MIS实时监控系统、医疗保险智能监控系统、全国异地医疗结算系统等，从实际生活中给群众带来便利。开发城乡居民医疗保险系统，做好参保登记、缴费、待遇支付部分的需求讨论和系统开发整改等相关工作。着力开发“智慧人社”相关系统软件，做好攀枝花智慧人社微信公众号上线运行、完成社会保险网上经办大厅上线等工作。完成近99万张社会保障卡的发行任务；把社会保障卡功能覆盖至人社全业务领域。做好“12333”电话咨询服务工作，咨询服务热线“12333”话务总量达57.87万人次，人工服务33.72万人次，自动服务24.15万人次。

【改进人社公共服务】 市人力资源和社会保障局着力改进人社公共服务，在优化服务能力上实现新提升。深入学习宣传贯彻党的十九大精神，扎实推动“两转一提”，全面建设群众满意的人社公共服务体系，切实加强党风廉政和政风行风建设，人社工作的公共服务水平和群众满意度得到提升。全面建设群众满意的人社公共服务体系，全市共建成60个乡镇（街道）劳动就业和社会保障服务中心、132个社区服务站、350个村级服务站。开通人社网上办事大厅，13项单位业务、28项个人业务实现网上自助办理。实现社会保障卡在民生领域的综合运用，攀枝花市被人社部确定为第二批全国社会保障卡综合应用示范基地。建成“社保+银行”一体化服务平台，实现银行网点一站式办理24项社会保险业务，以“网点”跑路代替群众跑路。扎实推进人社干部转观念转作风提能力。深入推动“两转一提”，以讲党课、大调研、大讨论、日学一小时、撰写读书笔记、为人社发展献一策活动为抓手，推动“比学赶拼”，找结症、促整改。举办“人社大讲堂”活动，邀请国内知名专家开展能力提升培训，共培训人社干部职工1000余人次。加强党风廉政和政风行风建设，落实“一岗双责”、首问负责制、限时办结制和责任追究制，强化“微腐败”治理，促进行风政风不断优化。强化警示教育，组织干部职工廉政誓师、参观攀西监狱，筑牢拒腐防变思想。

【人社信访】 市人力资源和社会保障局切实强化信访办理工作。把好初信、初访“入口关”，对初信、初访问题做到一次性告知，符合政策的一次性解决。有效地防止新问题拖成老问题、小纠纷变成大问题。使人社信访形势出现根本好转，网上网下信访秩序进一步规范，信访存量大幅减少，信访人满意率上升，完成信访存量清零工作。狠抓信访制度改革，推动网访网复办理工作成效显著。以网访与来访人数相比，来访人数占比减少近70%。依法受理群众来信，受理国家投诉网、“省长信箱”、人民网、“市长信箱”、“12345”市民热线、“局长信箱”等497件次、涉及人数497人次、重复访、联名信53批次、191人次；接待来访群众1149批次，涉及群众1979人次；及时化解集体访33批次，涉及农民工等群众876人次。与有关部门配合召开专题研究信访人诉求联席会议12次，召开人社系统信访维稳及阶段性工作布置会议8次、排查信访苗头性案件形成专报6期。

（肖礼荣）

扶贫移民

【概　况】 2017年，市扶贫移民局聚焦“两不愁三保障”和“四个好”目标，下足“绣花”功夫，坚定不移打好脱贫攻坚战，切实做好移民搬迁安置和后扶工作，扎实抓好采煤沉陷区综合治理。全市高质量高标准完成35个贫困村、8881名贫困人口的脱贫任务，超计划数184人，识别精准度、脱贫精准度、“五个一”帮扶满意度、帮扶措施满意度100%，完成省委下达的脱贫攻坚任务，按要求完成第三方评估和省级抽查考核评估，脱贫攻坚取得阶段性胜利。

【脱贫攻坚战略】 2017年，按照贫困对象退出的标准和程序，由攀枝花市、县（区）脱贫攻坚领导小组分别完成对贫困村、贫困户的退出验收工作，聘请第三方机构开展评估验收。

2017年，计划脱贫退出35个贫困村、2189户8697人贫困人口，实际完成脱贫退出35个贫困村、2199户8881人，超出计划数184人，计划脱贫的贫困户全部达到或超过“一超六有”退出标准。在年人均纯收入上：脱贫退出的贫困人口年人均纯收入超过3300元的标准，其中人均3300～4300元的占19.6%，人均4300～5300元的占25.6%，人均5300元以上的占54.8%。在有义务教育保障上：贫困户中义务教育阶段适龄学生1444人，无一人因贫辍学。在有基本医疗保障上：所有贫困人口参加农村新型合作医疗，县域内住院医疗费用支出控制在10%。在有住房安全保障上：2017年退出的贫困户通过实施易地扶贫搬迁、农村危房改造、移民避险解困项目，都有安全住房，实现功能区分配套。在有安全饮用水上：有安全饮用水，用水量、水质、方便程度、保证率符合行业标准。在有生活用电上：贫困户家中通生活用电，能满足照明、能保障基本家用电器用电需求。在有广播电视上：贫困户能通过直播卫星、有线电视、地面数字电视三种方式接收广播电视信号，村上建有具备应急广播功能广播系统。

2017年计划退出的35个贫困村全部达到或超过“一低五有”退出标准。在贫困发生率上：35个贫困村的贫困发生率低于3%的标准，其中，20个村贫困发生率为0，占57%；15个村贫困发生率在0.03%～2.41%之间。在有集体经济收入上：35个村集体经济收入超过人均3元标准，总收入3500～58000元，人均最高47.3元，最低6.03元，其中人均6～9元的有8个，人均9～15元的有16个，人均15元以上的有11个。在有卫生室上：35个村建有卫生室，业务用房面积39～180平方米，超过30平方米的标准，配有合格乡村医生和基本医疗器械和药品，能满足基本医疗卫生服务需要。在有文化室上：35个村建有文化室，业务用房面积30～218平方米，达到或超过20平方米的标准。各村设有党员远程教育、图书阅览室，建有室外文化活动场地。

在完成贫困户建档立卡“回头看”、数据核查、自主移民识别等工作的基础上，2017年，按照“应进则进、应出则出、总体平衡”的原则，全市新识别增加贫困人口2301人，其中整户识别新增204户761人，未整户识别新增1540人；与公安、财政、工商、房管、交管等部门对全市贫困人口信息进行比对，清退不符条件农户1606人，全市贫困人口净增加695人，确保贫困对象更加精准。

全市结合农业供给侧结构性改革，聚焦发展特色产业和就业扶贫。引导贫困户发展特色种植业89.33平方千米，养殖业出栏63.6万头（只），新培育农民合作社25个、家庭农场18个、农业科技示范户614户。建立产业扶持基金3790万元，在贫困村构建起“一村一品”发展格局，在贫困地区打造“三品一标”农产品27个，建成标准化养殖小区（场）4个、农业科技示范基地37个，开展实用技术培训2.8万余人次。创建并推广复制“福田模式”基地14个、9338万平方米，带动贫困户2000余户户均增收2万元以上。大力开展贫困家庭技能培训和就业促进扶贫，贫困劳动力转移就业2576人，开发公益性岗位842个，建成就业扶贫示范村3个，发布就业宣传资料2.1万余份，提供岗位9900余个，安置贫困劳动力969人，全市有劳动能力的贫困户实现至少有一项增收产业或至少有一人实现就业。

2017年，推进实施扶贫项目210个。交通上：硬化村、社道路260千米，新建机耕道83千米、村道小桥14座、农村交通招呼站6个，计划退出的35个贫困村实现道路硬化目标，乡村公路通达率100%。水利上：新增和改善恢复农田节水灌溉面积466.9万平方米，新增发展高效节水灌溉面积667万平方米，新建和改造提灌站61座，整治沟渠80千米，新建水窖池551口，管道架设581千米，计划脱贫贫困户自来水普及率100%。电力通信上：完成农网改造项目46个，完成投资1.39亿元，改造高低压线路900千米，新建通信网络498千米，计划退出的贫困村村部都通宽带，至少有一家无线通信网络覆盖。

坚持“早谋划、早开工、早建设、早完成”，市住房联席会议4次安排部署，抓好易地扶贫搬迁项目和农村危房改造工程。建立易地扶贫搬迁“一周一通报、一月一稽查、一季一分析、半年一小结、全年一考评”“五个一”工作制度。完成省下达的677户2834人易地扶贫搬迁任务，完成投资1.23亿元，严格控制面积和造价，全市易地扶贫搬迁项目无原址重建，人均住房面积未超过25平方米，无因建房而举债户。做好搬迁后续帮扶工作，配套完善相关基础设施和公众服务设施，因人因户落实产业、就业、社会保障措施，确保搬得出、稳得住、逐步能致富。完成省下达全市的721户农村危房改造项目，完成投资1000余万元。

制定《创建市级“四好村”活动工作方案》《攀枝花市创建“星级农户”活动实施方案》政策措施，引导农民进行自我管理、自我教育、自我提升，不断提高农村精神文明建设水平。职能部门制定《攀枝花“农民夜校”教育培训大纲（试行）》《攀枝花市“农民夜校”管理实施办法（试行）》办法，通过“农民夜校”、村文化室平台，开展移风易俗、破旧立新等教育活动。累计建立“农民夜校”349个，每校配备6名以上相对固定的教师，开课1412次，培训和教育群众8万余人次。贫困群众自力更生思想和“脱贫光荣”意识不断增强，由“要我脱贫”到“我要脱贫”的思想转变正在实现，贫困群众帮扶工作认可度99%以上。

把保障贫困人口接受义务教育放在教育扶贫的优先位置，投入资金4903万元，加强对农村贫困薄弱学校的标准化建设，新增校舍建设面积1.57万平方米，改扩建校舍15.3万平方米。对贫困户子女从幼儿园到大学全程资助，建立教育扶贫救助基金1500万元，发放107万元。免除贫困家庭子女幼儿保教费，落实义务教育阶段建档立卡学生“三免一补”政策，对贫困家庭普通高中学生发放国家助学金、免除学费、学杂费和教科书费，对贫困家庭中职学生发放生活补助，对贫困家庭新入学全日制、本专科学生，按照每生每年4000元的标准给予学费资助和生活补助，惠及建档立卡学生6400余人，贫困户家庭适龄子女无因贫辍学。

把实现贫困人口基本医疗有保障作为卫生扶贫的优先选项，改扩建村卫生室35个，培训村医103人，完成建档立卡贫困人口免费体检27223人；建立卫生扶贫救助基金1500余万元，已支出106余万元，累计救助947人。贫困人口新农合（保）参合率100%，继续落实好医疗扶贫

“十免四补助”、分级诊疗政策，对纳入医疗救助的贫困人口，住院费用除按规定医保报效外，个人承担部分，在年度救助限额内给予补助，2017 年全市贫困人口在县域内定点医疗机构就诊住院 5536 人次，产生费用 1743.45 万元，实际报销 1631.25 万元，个人支付占比控制在 10% 以内。

对完全或部分丧失劳动能力的贫困人口，注重扶贫政策与农村最低生活保障制度有效衔接，调整农村最低生活补助标准到 3660 元·年，持续动态保持“两线合一”。全市有 4937 人纳入城乡低保精准扶贫对象，支付低保资金 1100 余万元；实施精准扶贫对象临时救助 364 人次，支出救助资金 35 万元，按照标准对 507 名残疾扶贫对象发放生活补贴，使其收入至少达到国定扶贫标准。全市所有贫困户购买“扶贫保”，实现应保尽保。开展“回头看”“回头帮”，完成对 1346 户贫困户“回头帮”工作。

【扶贫资金管理】 坚持扶贫责任、任务、资金、权力“四到县”制度，为县（区）级整合项目资金、因地制宜安排项目资金、集中财力办大事拓展空间。2017 年，全市投入各类扶贫资金 18.8 亿元，其中财政专项扶贫资金 12514 万元省级以上 2286 万元、市级 1350 万元、县（区）8878 万元，市级财政专项扶贫资金同比增长 35%，市（县）涉农资金 50% 以上用于扶贫项目，捆绑集中使用，提高资金使用的精准度和综合效益。

“四项基金”总规模达 1.25 亿元，发放（撬动）资金 2.23 亿元。推进扶贫小额信贷，到位扶贫小额信贷风险基金 4949 万元，发放扶贫小额信贷 4869 户 1.6 亿元，全市平均贷款率为 89.85%，风险金覆盖率 30.37%。发放贫困户危房重建贷款 9200 余万元，易地扶贫搬迁贷款 9400 余万元，支持贫困户 6700 余户；为贫困家庭就业或从事种养殖业提供 2 万元免息免担保小额贷款，为返乡农民工和致富能人提供融资担保贷款，鼓励其带动本地贫困劳动力就业。

【对口帮扶】 建立领导联系指导贫困村制度，38 名市领导及市级单位主要领导牵头联系指导贫困村，对 70 个贫困村实现全覆盖，每年到贫困村督导调研 6 次以上；建立定点帮扶机制，151 个市级党政群机关、国有企事业单位切实履行定点扶贫职责，帮助贫困村、贫困户制定发展规划，进村入户开展政策宣讲，集中力量解决影响贫困群众致富最迫切的问题，为贫困群众办好事、办实事。市、县（区）两级定点帮扶单位派出帮扶人员 4200 余人次，帮扶贫困户 9600 余户。开展“万企帮万村”活动，全市 67 家民营企业主动参与脱贫攻坚。开展“扶贫日”系列活动，2017 年募集善款 3300 余万元。

在贫困村“五个一”帮扶力量全面落实的基础上，为 70 个贫困村每村选派 1 名科技特派员，为贫困村产业发展提供科技支撑和智力服务，2017 年调整贫困村第一书记 24 名，配强“五个一”帮扶力量。为贫困户超过 20 户的非贫困村精准选派第一书记 22 名，配齐农技巡回小组，全市贫困户都有帮扶责任人，非贫困村“三个一”帮扶力量全面落实。开展驻村农技员、科技特派员、科技致富带头人集中技术培训 210 余期，培训 1.5 万余人次。开展对口支援木里县脱贫攻坚工作，全年投入资金 2455 万元，启动对口帮扶项目 18 个，完工 8 个，为木里藏区脱贫攻坚持续注入“攀枝花力量”。

【水利水电工程移民】 贯彻《国务院关于修改〈大中型水利水电工程建设征地补偿和移民安置条例〉的决定》（国务院令 679 号），抓好移民搬迁安置，确保工程实施，满足主体工程的建设需要。2017 年，桐子林、观音岩、乌东德和金沙四座水电站移民安置任务 128 项，新增移民资金计划 46043 万元（其中乌东德水电站 34613 万元、金沙水电站 11430 万元），到位资金 42168 万元（其中乌东德水电站 33265 万元，金沙水电站 8903 万元）。

银江水电站，取得省政府对《银江水电站移民安置规划大纲》审批，完成《银江水电站建设征地移民安置规划报告》审查批复，开展交通枢纽区前期建设征地工作。2017 年 12 月 18 日，银江水电站岸上工程开工。

金沙水电站，完成移民生产安置总任务的 60%，资金兑付量超 90%，完成通讯线路及电力线路迁复建工作，完成煤矿治理工程量 90%。移民投资 2.07 亿元，向电站业主争取 2000 万元支持地方发展建设资金，用于支持西区、仁和区移民发展相关问题。

观音岩水电站，移民安置工作进入收尾阶段，完成临时用地复垦方案、临时用地复垦实施方案设计单位委托工作。开展观音岩水电站滑坡塌岸查勘，配合项目业主完成蓄水影响新增滑坡塌岸专题报告编制及报审工作。

乌东德水电站，督促县（区）移民管理机构加大工作力度推动农村部分、城集镇部分和企事业单位安置协议签订和补偿补助资金兑付工作；协调落实乌东德水电站移民单项工程总承包事项，推动落实移民单项工程监理单位统一招标事项，现正开展招标前期准备工作；组织项目业主、移民综合监理、移民综合设代深入移民区和移民安置区解决工作开展过程中存在的重、难点问题。拨付各县（区）2017 年度移民资金 1.05 亿元；积极协调省政府、省扶贫移民局、三峡公司对移民二类项目资金分配，乌东德水电站淹没成昆铁路复建征地拆迁费用拨付，跨金沙水大桥建设资金争取工作。

桐子林水电站，完成库区德盐路段及安宁河右岸段机耕道塌岸路段治理工程设计报告评审和报批工作，完成头道河渣场临时用地设计报告的报审工作，开展米易县小得石林场生产安置点的建设工作。

马鞍山水库，累计投入移民补偿补助资金9800万元。全力推进63人的搬迁安置（置换商品房）工作，安置房主体工程建设完毕。11月底完成6个重大设计变更报告编制工作。南北干渠征地补偿标准调整按重大设计变更程序报省扶贫和移民工作局立项审批，完成水库库底清理工作。

梅子箐水库，累计拨付移民资金2400余万元；完成梅子箐水库房屋单价调整设计变更报告编制工作。

【移民后期扶持】 开展直发直补登记、核查工作。截至2017年12月，核减后期扶持移民151人。全市享受后期扶持人口26994人，发放直补资金1214.55万元。

对2015年省上下达的269万元切块、解困后扶资金项目（2016年实施）进行全面检查。米易县项目开展县级验收。对仁和区项目实施存在的问题提出调整、整改意见。与省扶贫移民局一起对盐边、米易县和仁和区2015年移民后扶项目资金进行内部稽查审计及2017年切块后扶资金项目进行调研。

争取到雅砻江公司二滩滑坡塌岸治理资金3000万元。米易县住房建设、道路建设、产业发展全部完工。盐边县二滩滑坡塌岸治理项目完成总任务50%。

米易县移民避险解困安置点建设完成，正组织县级验收。督促盐边县尽快启动渔门镇、永兴镇和国胜乡花果山移民避险解困安置点的规划设计工作；盐边县召开避险解困工作推进会，明确各乡镇任务，县领导与相关乡镇签订责任书。国胜乡花果山移民避险解困安置点开工。

全市“十三五”移民后扶规划送审稿通过省扶贫移民局的审查。“十三五”移民后扶项目总投资12.50亿元。规划建设内容包括：移民直发直补、避险解困、移民增收和美丽家园建设。

【沉陷区居民搬迁】 完成《攀枝花煤炭采空区综合治理工程实施方案》编制。会同市发展改革委、市国资委、市住建局、市财政局等部门，专题研究利用“棚户区改造”“三供一业”政策助推采煤沉陷区治理工作具体措施，争取国家、省级有关项目和资金支持。启动光伏项目和工矿废弃地复垦种植芒果项目综合治理试点工作。对仁和区采煤沉陷区农村居民1240户进行影响地质成因鉴定，做好防汛度汛和维护稳定工作。

【信访维稳】 贯彻省上信访维稳工作会议精神，向市委、市政府报送《关于瀑电移民信访维稳相关情况的报告》，就攀枝花市水利水电工程移民维稳工作提出具体的意见建议。每天按时上报信访维稳工作情况；组织人员认真研究《国务院关于修改〈大中型水利水电工程建设征地补偿和移民安置条例〉的决定》（国务院令679号），提出政策解读意见，确保解答口径统一，共同维护好移民群众合法权益；要求各县（区）认真清理各电站、水库移民安置工作，特别是移民后期扶持工作，对未落实的要列出清单。抓好市领导包案化解信访突出问题的排查化解工作，全市水电移民类信访突出问题共9个，市扶贫移民局把任务分解到各县（区），及时进行深入研究和梳理，有针对性地制定化解和稳控举措，确保各类矛盾问题尽量化解在当地、解决在基层。

【党风廉政建设】 开展党风廉政教育和反腐败斗争，层层落实党风廉政建设责任制。开展作风纪律整顿，建立健全党组会议、信访接待、财务管理等七个方面的制度。

结合职能职责，开展脱贫攻坚过程中廉政风险防控工作，把廉政风险防控作为巡察整改的有力措施，推进扶贫领域惩防体系建设。2017年，共梳理廉政风险点52个，制定72条风险防控措施。其中一级廉政风险点6个，制定11条风险防控措施；二级廉政风险点25个，制定31条风险防控措施；三级廉政风险点21个，制定30条风险防控措施。

牵头开展扶贫领域突出问题整治及惩治微腐败专项工作，组织专项督查3次、暗访巡查2次；开展扶贫领域“3+X”专项整治2轮；联合市级相关部门开展督查整治7次；针对“阳光问政”电视直播节目反映的扶贫领域相关问题开展专题督办1次；针对易地扶贫搬迁、农村危房改造、扶贫小额信贷、扶贫资金拨付使用方面开展专项稽查41次，形成反腐高压态势，推动“两个责任”落实。

根据市委第二巡察组巡察反馈意见，切实抓好巡察整改工作。先后召开8次党组会议、6次职工大会，对照反馈问题认真梳理，把反馈问题细化为4类11个具体问题，逐项明确责任领导、责任科室、完成时限。坚持严字当头，把纪律和规矩挺在前面，思想认识和整改落实双到位；坚持开门整改，全过程接受组织和群众监督；坚持举一反三，全面整改存在的具体问题，深入查找相关问题，不放过线索，不留隐患。通过巡察整改，强化责任意识，违规违纪问题得到全面整改，以制度管人管事机制完善，提高全局干部职工特别是领导干部政治站位，思想觉悟和政治敏锐性得到提升，干部队伍作风意识转变，工作积极性和主动性增强。

（邓　奎）

招商引资

【概　况】 2017年，攀枝花市投资促进工作围绕全市发展战略目标，创新工作思路，强化项目统筹，突出产业招商，重点打造活动平台，完善体制机制，加强招商专业化队伍建设，全力做好协调服务，推动项目落地。

2017年，全市招商引资履约项目475个，累计到位资金663.19亿元，同比增长16.7%。其中，国内省外投资项目166个，国内省外到位资金362.23亿元，同比增长3.73%。

市委、市政府高度重视招商引资工作，把投资促进作为抢抓机遇、深化改革、创新发展，大力做好“钒钛、阳光”两篇文章直接抓手。市委、市政府主要领导多次对招商项目推进作出重要批示，亲自率队搞招商、促项目，参加重大活动、会见重要客商、洽谈重大项目、协调重大问题。2017年，市领导（市委书记、市长、市委常委、市政府副市长）共赴外开展招商活动156批次，比2016年多93次，同比增长147.62%，成功促成国电龙源电力、万达广场、蓝时钒钛新能源汽车等重点项目正式签约。

参加“2017年中外知名企业四川行”“第五届中国（绵阳）科技城国际科技博览会”、第二届中国西部国际博览会进出口商品展暨中国西部（四川）国际投资大会等省级重大平台活动。借助省级平台活动，举办“康养+”产业推介会和“国家战略资源创新开发试验区·全国阳光康养旅游目的地”产业投资推介会，开展项目促进、领导会见和登门对接等专项活动，在举办的省级平台活动上共签约项目163个，金额1144亿元。

招商工作机制完善。印发《关于进一步加强投资促进工作的意见》，建立完善重大项目备案制、会商制、督查考核制，重点产业及项目专责制、招商合伙人制、投促工作信息报送制等工作机制。印发《招商引资项目对接洽谈工作规范性要求》，规范项目对接洽谈工作。

【2017“中外知名企业四川行”活动】 4月6—8日，2017年中外知名企业四川行活动在成都举行。攀枝花市共签约项目56个，涉及特色农业、钒钛、新材料、康养旅游、现代物流、基础设施建设产业和领域，项目签约金额共计244.97亿元。省级平台签约项目43个，签约金额142.84亿元；市级平台签约项目13个，签约金额102.13亿元。攀枝花市举办的“阳光康养·产业融合——攀枝花‘康养+’产业推介会”，副省长杨兴平出席推介会并讲话，市委书记张剡在推介会上致辞，市长李建勤主持推介会，副市长李文飞作攀枝花“康养+”产业推介发布重大投资项目。

【攀枝花市印发关于进一步加强投资促进工作的意见】 攀枝花市印发《关于进一步加强投资促进工作的意见》。《意见》突出三个亮点：明确重点。以“阳光康养、特色农业、钒钛钢铁、机械制造、新材料、新能源”为产业重点，大力发展“康养+”产业，着力招引有利于促进产业集聚、引领产业成链集群发展的龙头项目。激活动能。鼓励外资企业在攀投资发展，允许社会资本在攀投资医疗、养老、教育、文化、体育社会领域。强化支持。提出及时兑现承诺、加强要素保障，设立“钒钛产业发展基金”和“康养产业发展基金”产业发展基金。安排专项资金对引进的重大招商引资项目予以支持和奖励。在项目全部竣工验收后，按项目实际完成固定资产投资总额的5‰给予投资企业一次性奖励；在项目投产后的前三年，市政府分别按企业上缴税收收入市级分享部分的30%、20%、10%给予投资企业奖励。对租赁标准化厂房、闲置厂房或参与并购重组的企业提出奖励措施。

【第二届中国西部国际博览会进出口商品展暨中国西部（四川）国际投资大会】 攀枝花市全力做好招商引资和项目促进对接工作，共签约42个项目，项目总金额356.33亿元。签约的42个项目中，正式投资协议项目39个，协议投资额335.33亿元；框架协议项目3个，意向投资额21亿元。项目涉及钒钛、新材料、新能源、文化教育、现代农业、康养旅游、生态环境保护、基础设施建设众多产业和领域。第一产业项目9个，金额15.5亿元；第二产业项目17个，金额70.53亿元；第三产业项目16个，金额270.3亿元。

【攀枝花万达广场项目正式落地】 11月15日下午，在市公共资源交易服务中心，大连万达商业地产股份有限公司发展中心常务副总经理范光耀在2017—BS1号地块土地成交确认书上签字，以10338万元成功竞得该宗地的国有建设用地使用权，标志着攀枝花万达广场项目正式落地。攀枝花万达广场项目选址的2017—BS1号地块位于炳三区市政务服务中心对面，占地面积1119.75万平方米，用地性质为商业用地，容积率小于等于2.2。攀枝花万达广场项目总投资15亿元以上，将建设集休闲、购物、文化、餐饮、娱乐、培训等大型商业中心。

【国家战略资源创新开发试验区·全国阳光康养旅游目的地产业投资推介会】 12月10日上午，国家战略资源创新开发试验区·全国阳光康养旅游目的地产业投资推介会在攀枝花市红格假日酒店召开。攀枝花市、凉山州、雅安市共签约项目77个，投资总金额648.73亿元，其中攀枝花市签约项目48个，投资总金额483.82亿元。正式合同项目39个，协议投资额250.82亿元；框架协议项目9个，意向投资额233亿元。签约项目包含：工业、农业、钒钛、康养等项目，四川金杯集团（攀枝花）东方太阳谷国际康养大旅游度假区项目投资额120亿元。

全国政协副主席、民革中央常务副主席齐续春，四川省副省长朱鹤新，全国政协教科文卫体委员会副主任刘敬民，河北省政协副主席卢晓光，四川省政协副主席崔保华、王正荣出席签约仪式。攀枝花市委书记李建勤，市长王波，市人大常委会主任黄正富，市政协主席李群林、市委副书记虞平等市领导出席会议。

（陈斌良）

机关事务管理

【概　况】 攀枝花市机关事务管理局是攀枝花市政府直属正县级参公事业单位。2017年，配备1名正县级领导干部、3名副县级领导干部（含市纪委派驻副县级纪检员1名），内设办公室、房地产管理科、车辆管理科、物业管理科、节能管理科5个科室，共有干部职工19人，局领导班子成员4人，中层干部6人，其他干部职工9人。下属事业单位市机关后勤服务中心共15名干部职工，负责市级机关职工食堂的日常监督管理及食品卫生安全保障工作、公务用车平台建设及公务用车集中后的日常管理服务工作。

全年，完成全市公共机构单位建筑面积能耗下降2.2%，向市财政上缴房产租赁收入719万元；开展办公用房统一权属登记管理，全年登记办公用房所有权证48本、土地使用证26本；集中调度公务用车保障环保督察、康养论坛等重大特殊公务出行600余次，安全行驶15万余千米；实施办公用房维修改造项目17个，投入资金1703万元，统一调配办公用房2995平方米。

【房地产管理】 全年共组织实施办公用房工程维修改造项目17个，投入维修改造资金1703万元。通过编制2017年市级办公用房维修改造项目计划，分别实施市科技和知识产权局、市委群工局新办公场所维修改造、会展中心消防和屋面安全隐患应急整改等维修改造项目17个，竣工9个、在建1个、完善设计和财政评审等前期工作7个。严格按照工程招投标法规定，规范市级办公用房维修改造公开招标、竞争性磋商、比选流程，加强维修项目监管。编制和实施《2017年市级机关办公用房调整计划》，调整、分配办公用房面积2995平方米，解决市关工委、市民政局、市科协等单位办公用房不足和市安全监管局、市邮政管理局、市委群工局、市科技和知识产权局等单位办公用房整体搬迁问题，落实市监察委、市委巡察机构办公（业务）用房。严格按照办公用房使用管理规定，审核编制市科技馆、“双创”中心、钒钛高新区科技孵化器等机构入住钢城经贸大厦副楼房屋使用方案，加强监督管理，严禁功能异化，强化办公用房管理使用纪律规定。

【公务车辆管理】 贯彻落实《关于四川省党政机关恢复购置公务用车的通知》，从严把关公务用车更新和报废。全年共购置公务用车73辆，其中一般公务用车22辆，特种专业技术用车51辆；报废公务用车7批次共252辆；核定专业技术用车编制182辆，西区57辆、东区120辆、市本级5辆；严格执行中央、省、市规定的公务用车价格、排量“双控”标准，严格公务用车编制管理，无一超标超编。组建“攀枝花市市级机关公务用车保障平台”，建成由“公务用车申请”“调度监控”“车辆电子档案管理”三大系统组成的“攀枝花市公务用车调度管理系统”。全年为保障环保督察、康养论坛等重大特殊公务活动共调度出车600余次，安全行驶15万余千米，保障24家参改单位日常公务出行、精准扶贫、防汛抗旱等公务用车。春节、“五一”“国庆”等重要时间节点，配合市纪委和市交通管理部门对公务用车使用管理进行重点抽查和明察暗访，对违纪违规使用公务用车问题及时发现，要求整改。

【物业管理】 全年市级机关纳入集中管理办公用房629处，同比增长8.26%，面积58.15万平方米，同比增长10.39%；办公地产186宗，同比增长16.25%，面积232.75万平方米，同比增长116.46%。纳入集中管理办公用房建筑面积和土地面积有所增加。加强市人才公寓、职工周转房及91处1.84万平方米出租房产的经营管理，全年为财政增收719万元，同比增长17.45%。解决市民政局、市公积金管理中心、市委组织部等4个单位办公和业务用房，承租办公用房2339.5平方米，同比降低61.75%，支出租金89.37万元，同比降低66.30%。

通过清理入住人员、严格审核入住，及时清缴租金，加强和规范人才公寓、职工周转房管理，入住率达82.13%，同比增长11.46%。全年向市级财政上缴租房收入270万元。推进经营性房产统一招租等措施，与91个商户签订租赁合同，租赁面积达1.7万平方米，全年累计向市财政上缴租金收入449万元。通过实地调研原市政府驻上海、无锡办事处当地市场行情，采取合理化建议租赁房产，确保国有资产保值、增值。重申市级机关事业单位房地产权属集中管理要求，对市级机关事业单位房屋权属情况开展摸底调查，加强房地产统一权属登记管理，全年共登记房屋所有权证48本、土地使用证26本。充分依托社会资源，实行购买服务，通过招标选聘一级资质物业服务企业为市人才公寓、干部职工周转房提供专业化、规范化物业服务。组织专业人员排查整改消防、电梯、电气设施等安全隐患200余处，保障小区安全。

【公共机构节能管理】　推进绿色机关建设，全面完成全年全市公共机构单位建筑面积能耗下降2.2%的省级目标任务。市政府办印发《攀枝花市公共机构节能“十三五”规划》。全年连续举办两期公共机构节能培训班，邀请专业技术人员对86个市级部门（单位）、5个县（区）机关事务管理局进行新版能耗统计软件培训；6月11—17日，市机关事务管理局会同市发展改革委、市水务局，围绕“节能有我、绿色共享”主题，开展大规模、多渠道、多形式的“节能宣传周”和“低碳日”活动，在部分机关单位开展“节能体验日”活动，大力普及节能相关知识，增强节能意识，广泛宣传节能工作的重要意义。投入资金共35万元，省级补助15万元，市级配套20万元，完成市实验学校国家级节约型示范单位创建后续工作；申报市第三十六中小学校节约型示范单位创建工作。示范单位在节能工作中发挥了的表率引领作用。依据国家、四川省出台相关法律法规，紧密结合攀枝花市实际，草拟并按程序报审，市政府办印发《攀枝花市公共机构节能管理制度》，弥补全市公共机构节能管理制度上的短板，全市公共机构节能工作纳入规范化、法制化轨道。

【机关职工食堂管理】　做好市级机关职工一食堂和四食堂的服务管理。全年两个食堂为43个单位1600名职工，提供18.70万人（次）工作餐，提供早餐6.82万人（次），提供午餐11.89万人（次）。依法依规开展市级机关职工食堂劳务公开招标，顺利实现平稳交接。完善食材供应商招投标程序，印发《攀枝花市级机关职工食堂食品安全应急预案》《攀枝花市级机关职工食堂考核细则》等管理制度；严控运行成本，建立食堂成本核算机制。深入市场、供应基地，及时了解食材原料价格、供货渠道、环保情况，严把质量关，确保食品安全，全年无食品安全事故发生；开展职工食堂满意度测评，满意率达98%，根据调查情况和部分职工意见，改进管理办法，提升服务质量和水平。

（陈其祥）

政务服务

【概　况】　全年，市政务服务中心紧紧围绕提升审批服务效率、降低群众和企业办事成本、激发市场活力，从规范行政权力运行、改进优化服务入手，持续深入推进“放管服”改革，政务服务效率提升，发展环境改善，群众和企业获得感增强。全年，市政务服务中心共进驻行政审批部门、公共服务单位、公共资源交易部门、代理收费银行和监督管理部门59个，进驻项目471项，进驻人员450余人。市级政务服务窗口共受理各类服务事项327万件，按时办结327万件，按时办结率100%，现场办结率100%，群众满意率99%。

【推进简政放权】　精减行政审批事项，落实行政审批项目动态调整、清单目录管理等制度，及时动态调整行政审批项目，共取消中央指定地方实施的行政审批事项4项，承接省级下放行政审批事项19项，将73项投资项目审批事项整合为46项，保留市本级行政审批事项204项。开展“减证便民”行动，对市、县（区）两级各部门在群众办事过程中要求村（社区）开具的各类证明事项进行全面清理，编制公布了市、县（区）两级保留、取消村（社区）证明两张清单，共取消村（社区）证明事项227项，保留14项，保留证明事项仅占原有证明事项的5.8%。完成全省公共服务事项清理试点工作，编制公布《攀枝花市第二批公共服务事项目录》，对36个部门的239个大类、419个公共服务事项名称、申报条件、申报材料、法律依据、收费依据及标准、办理流程等进行全面规范。

【优化审批服务】 推行重大项目跟踪服务机制，结合全省“大篷车”进市州活动，编制重点项目目录，建立提前介入、全程跟踪的服务机制。全年跟踪重点项目18个，帮助项目业主协调解决各类问题130个。率先推行容缺审批服务机制，在全省率先编制公布“容缺审批”服务事项清单，对14个部门85项审批服务事项涉及的563个申报材料，实行“容误后改”“容缺后补”的审批服务机制，审批事项容缺率达1/3，可容缺事项审批提速平均达70%以上。精简工业建设项目审批程序，制定《关于优化工业建设项目审批程序提高审批效率的实施方案》，通过压缩工业建设项目审批事项对外承诺时限、推行“同步申报、并联审批”服务模式等方式，实现工业建设项目从立项到开工累计审批时限由原116个工作日缩短至33个工作日，总提速率252%。完善三级纵横联动审批机制，推进“先照后证”“证照分离”“多证合一、一照多码”商事登记改革，将原需20个部门办理的各类涉企证照进行整合，全面实行“一套材料、一表申请、一窗办理、一照一码”，办理全流程网上内部流转。开通司法、林业、住建等7个行业部门网上联动审批平台，47项联审事项纳入平台实行网上联动审批。开通投资项目在线审批监管平台，推行投资建设项目网上“一口受理、同步办理、限时办结、互抄互告”的网上联合审批模式，全年通过投资项目在线审批监管平台完成项目审批1908个，总投资1333.27亿元。启动“最多跑一次”改革，制定《关于推进“最多跑一次”改革进一步加强政务服务工作的意见》。启动“最多跑一次”改革工作，逐项细化分解改革任务，明确完成时限。政务服务标准化向纵深推进，将政务服务标准化建设列入“质量强市”重大发展战略，深入实施政务服务标准化示范项目，顺利通过省级项目验收，政务服务标准化、规范化水平提升。加快“互联网+政务服务”平台建设，完成一体化政务服务平台建设任务，开通“攀枝花市政务服务”微信平台，推动政务服务由实体办事大厅向网上办事大厅延伸。

【规范行政权力运行】 制定《攀枝花市行政权力动态调整管理办法》《攀枝花市行政权力运行平台建设和使用管理办法》，全面规范权责清单动态管理和行权平台运行管理。对照省政府公布的《四川省行政权力清单（2016年本）》，按照“只减不增”的原则，对市本级行政权力事项进行大幅调整，编制公布《攀枝花市本级行政权力事项清单（2017年本）》，共认领市本级行政权力事项9类5155项，较原公布的行政权力事项减少1019项，减幅16.5%。严格执行行政权力清单目录管理制度，对认领公布的行政权力事项名称和事项类型全面实行编码化管理，除涉密行权事项外，100%纳入行权平台“晒出”行使过程和结果，初步实现“清单目录外无行政权力”“行政权力阳光下运行”的目标。全年全市通过行权平台公开运行案件达12万件，增幅35%。

【加强政务服务监管】 依托行政审批系统和效能视频监控系统，建立进驻部门窗口工作人员网上日查及时办理、部门窗口首席代表网上日查及时审批、中心管理人员网上日查跟踪督办的三级监管机制，加强对审批办件全过程的监督，实现全年审批办件“零超时”的目标。2017年，各进驻部门窗口共受理办件32.75万件，全部按时办结。强化日常巡查监督，通过线下在各窗口摆设评价仪、在实体政务大厅开设意见箱、开设“96196”政务服务热线和“96960”行政效能监察热线、推行“双牌”上岗制度、成立巡查组每日巡查，线上开设“主任信箱”、在线投诉举报平台方式，畅通群众利益诉求渠道，强化对审批服务人员的日常监督管理，做到有诉必应、有诉必查、有责必究，努力营造风清气正政务服务环境。强化事中事后监管，完成随机抽查事项清单和执法人员名录库、市场主体名录库“一单两库”动态调整工作，实现随机抽查事项全覆盖的目标要求。运用“双随机”方式加强事中事后监管，提升监管执法的公平性、规范性和有效性。重新修订《攀枝花市政务服务中心窗口考核办法》《攀枝花市政务中心窗口工作人员考核办法》等考核管理制度，细化考核内容，量化考核指标，建立考核结果与窗口及其工作人员评先评优、误餐补助挂钩的考核管理机制，奖惩逗硬。

（汪友景　邓　淋）

住房公积金管理

【概　况】 2017年市住房公积金管理中心设有综合服务科、归集科、会计科、办公室、信（项）贷科、技术科、稽核科7个职能部门和仁和区管理部、盐边县管理部、米易县管理部、西区管理部、东区管理部5个派出机构。有事业编制48人，在岗职工46名，其中正县级干部1名、副县级干部3名、正科级干部11名、副科级干部4名。另有编外临聘人员10人。

【住房公积金缴存管理】　全年新增缴存住房公积金19.84亿元（含结息），较2016年增加30875万元，增长18.4%。截至年底，缴存总额17.55亿元，缴存余额72.24亿元，比2016年增加3.96亿元。

全年全市单位和职工个人住房公积金缴存比例为各5%~12%。单位和职工个人月缴存上限2415元，月缴存下限是69元。2017年人均月缴存额1260元（单位+个人），比2016年增加43元。2017年年底，职工人均住房公积金余额4.13万元，比2016年增加0.34万元。

全年新增缴存单位154户、新增缴存人数10045人，同比增长0.73%。2017年实际缴存人数124696人，比2016年增加16900人。

虽然大企业欠缴住房公积金情况有所好转，钢城集团要做到新账不欠仍有困难，3家大企业的历史欠账也很难在短期内补缴到位。截至2017年年底，钢城集团公司欠缴1.8亿元、攀煤欠缴1.3亿元、攀钢欠缴2.1亿元。以上3户企业共欠缴住房公积金5.2亿元。

【使用管理】　2017年，缴存职工使用住房公积金28.39亿元（提取+贷款），比2016年28.74亿元减少3501万元，下降1.3%。2017年住房公积金使用额占当年缴存额的143.1%。

全年全市共提取住房公积金15.88亿元，比2016年18.03亿元减少2.15亿元，下降11.9%。提取下降主要是受提取政策调整（购房提取和还贷提取二选一）、解除劳动关系减少等因素的影响。全年提取额占年缴存额（不含结息）的84.2%。

2017年，全市共向4248户职工家庭发放住房公积金贷款12.51亿元，比2016年10.71亿元增加1.80亿元，增长16.8%。截至12月底，累计向50342户缴存职工家庭发放公积金个人住房贷款88.11亿元。12月底缴存余额72.24亿元，贷款余额52.66亿元，个贷率（贷款余额/缴存余额）72.8%，比2016年增加4.7个百分点。

全年，职工直接用于住房消费的住房公积金22.3亿元（住房消费提取9.8亿元+住房贷款12.5亿元），撬动住房销售27.9亿元，占全市同期住房销售金额的一半以上，住房公积金资金成为购房资金主力。全年，住房公积金贷款发放额12.51亿元，占全市同期住房贷款额20.88亿元的61.7%，住房公积金贷款成为全市住房贷款的主流。

【住房公积金运营效益及收益分配】　全年，住房公积金业务收入为2.61亿元：其中住房公积金利息收入7973万元、增值收益利息收入2010万元、委托贷款利息收入1.61亿元，其他收入3万元。业务支出为1.18亿元：其中支付职工个人住房公积金利息1.04亿元、归集手续费支出150万元、委托贷款手续费支出542万元，其他支出669万元。全年实现增值收益为1.43亿元，比2016年1.69亿元减少2548万元，下降15.1%。增值收益下降的主要原因是住房公积金存款利息收入比2016年下降4317万元。

根据财政部《住房公积金财务管理办法》和《财政部关于加强住房公积金管理等有关问题的通知》第七条的规定，全年实现增值收益1.43亿元，按住房公积金增值收益的60%提取分配贷款风险准备金8583.25万元、分配管理费用1169.18万元（含信息化建设费用252.27万元）、分配廉租住房补充资金4552.99万元。2017年年末，个人贷款和项目贷款风险准备金余额为6.57亿元、累计提取廉租住房补充资金3.07亿元，住房保障能力和抗风险能力增强。

【资金管理及安全】　12月底缴存余额72.24亿元，贷款余额52.66亿元，结余资金（缴存余额－贷款余额）19.58亿元，比2016年减少2.22亿元，下降10.2%。加上提取的贷款风险准备金和增值收益存款，12月底，住房公积金在银行的存款为25.14亿元，比2016年减少2.18亿元，下降8%。2017年资金来源25.2亿元（归集18.8亿元+回收贷款本金6.4亿元），资金使用28.4亿元（提取15.9亿元+贷款12.5亿元）。资金缺口3.2亿元，比2016年减少2.6亿元，实现收支平衡。

全年住房公积金贷款回笼本息8.04亿元，其中本金6.43亿元、利息1.61亿元。12月底个人贷款逾期余额132.9万元，比2016年减少58.3万元，个人贷款逾期率为0.25‰，比2016年下降0.16个千分点，贷款风险得到控制。

【住房公积金改革】　5月，对住房公积金使用办法进行调整。在计算可贷款额度时，取消“缴存余额不足1万元的按1万元计算”的规定；取消“商转公”业务；明确因特殊原因（包括退休、完全丧失劳动能力、出国（境）定居、判刑、死亡5种情形）与单位终止劳动关系，且无住房公积金债务的，可以办理销户提取。

【便民措施】　改变公积金提取方式，将原来的现金提取变为转账提取，确保提取资金的便捷性和安全性；办理还贷逐月委托提取，将借款职工一年一取的提取方式改为按月自动提取，取得公积金贷款的职工当月实际支付的还款本息在次月从职工公积金账户直接划到指定还款账户；系统中能查询到的信息，包括缴存、提取、还款等信息和已经扫描录入系统的材料等，不必再提供；借款人、购房人、租房人提取本人住房公积金不再提供婚姻状况证明，申请还贷提取不再提供银行打印的还款明细清单，申请住房公积金贷款不再提供房产查询信息；取消住房公积金贷款的中间费用，将向个人收取的评估费、公证费、期房阶段性担保费、担保公司的服务费改由市住房公积金管理中心承担，不再向借款人收取；实行全市统筹，职工不受地域限制，可在任何一个公积金窗口办理提取业务，并将提取资金转入职工指定的任一银行卡上。开通网上营业厅，职工、单位专管员、房地产开发企业可以网上办理相关公积金业务；开通“12329”服务热线，在线接听职工咨询；开通手机短信服务平台、微信和手机APP，实现缴存、提取、贷款信息发送。

【信息化建设】 10月，通过市经信委组织的信息化项目竣工验收。11月，通过住建部、省住建厅组织的公积金综合服务平台检查验收，全新、安全、高效、便民的住房公积金管理信息系统全面建成。

【管委会会议】 3月9日上午，在会展中心302会议室召开市住房公积金管理委员会四届三次会议。会议由市政府副秘书长庞德主持，市政府副市长李文飞作重要讲话。会议审议通过《2016年住房公积金管理运营情况及2017年住房公积金管理运营计划》《2016年度住房公积金增值收益分配方案》《住房公积金2016年年度报告》《关于调整住房公积金使用办法的请示》。

【住建信息化检查验收】 11月14日，由国家住建部、省住建厅组成的住房公积金综合服务平台检查验收组，对攀枝花市按照《住房公积金综合服务平台建设导则》建设住房公积金综合服务平台情况进行检查验收。检查组听取市公积金中心的情况汇报、对住房公积金综合服务平台运行和相关文档进行现场检查和审阅，经过质询、答疑和讨论，检查组认为攀枝花市按要求建成住房公积金综合服务平台，提高工作效率、规范管理、改进服务，住房公积金信息化建设上新台阶，同意攀枝花市住房公积金综合服务平台通过检查验收。

（张治文）

接待服务

【概　况】 2017年，市接待办认真做好政务接待、内部管理和扶贫帮乡等工作，完成各项接待工作任务，被省委、省政府接待办评为“全省公务接待工作优秀集体”；被市委、市政府评为“第三届中国康养产业发展论坛承办工作先进单位”；认真开展精准扶贫工作，确保板棚村及40户贫困户全部脱贫摘帽。

【主要接待任务】 2017年，按照“安全、周到、细致、节俭、规范、廉洁”总的要求，全年共完成接待任务258批10572人次，安全行车11万余公里，全年接待“零”失误。

接待省部级以上领导43批57人。其中国家级领导1人，全国政协副主席、民革中央常务副主席齐续春。省部级领导有国土资源部原副部长徐德明、国家安监总局副局长李兆前、国家森林防火指挥部专职副总指挥马广仁、国家统计局副局长贾楠、国土资源部副部长库热西·买合苏提、农业部副部长余兴荣、中国地质调查局原局长孟宪来、致公党中央副主席曹鸿鸣、钢铁研究总院院长干勇、水利部副部长田学斌，省级领导王东明、尹力、陈光志、王宁、范锐平、曲木史哈、吴靖平、黄彦蓉、黄新初、朱鹤新、杨洪波、邓勇、李登菊、王正荣、高烽，省军区司令员姜永申、河南省政协副主席李英杰、黑龙江省政协原副主席、陕西省政协副主席冯月菊，省级老领导何郝炬、冯元慰、韩邦彦、秦玉琴、杨海清等。

接待督查组、调研组等综合工作组173批6284人，包括中组部、国家发改委、水利部、国家体育总局、国家统计局、国家安委会、中国佛教协会等调研组，中央改革办督查组、国家取缔地条钢检查组、国家产能置换工作调研组、省爱卫办目标考核组、省改革督察组、省换届风气督导指导组、省政府新型城镇化检查组、省节能减排考核组、省质量工作考核组、省废水处理检查组、省环保督导组、省国企改革调研组、省民生工程督察组、省信访督查组、省依法治省督查组、省信访维稳督查组、省法治政府建设督导组、省安全生产大检查督查组、省维稳工作第三督查组、省煤矿安全工作督查组、省水资源管理考核组、省质量强市示范城市验收组、省环境问题整改督导组、省语言文字督导组、省党建工作第四督查调研组、省依法治市检查组、省委学习宣传贯彻中共十九大精神督导组等。

完成重大活动接待任务6批3590人次。包括北京阳光艺术团、华人羽毛球锦标赛、2017年攀枝花钒钛论坛、第三届中国康养产业发展论坛、第四届钒钛产品推介会、欢乐阳光节等。

【接待工作规范化建设】 围绕中心工作，推进三个转变。坚持“围绕中心、服务大局”的指导方针，紧扣做好“钒钛、阳光”两篇文章，推进“三个转变”。由事务型向政务型转变，及时调整思路，新时期的接待工作，超出传统意义上“吃、住、行”的范畴，把接待工作放到全局工作中来认识和把握，发挥接待工作参谋和助手的作用。由被动型向主动型转变，在公务接待工作中，存在惯性思维，按部就班，被动地接受安排。通过加强管理，主动靠前研究接待工作，收到较好效果。由传统管理手段向现代管理手段转变，传统的事务性管理无法满足现代管理需要。因此，推进接待信息化和接待人员专业化、接待基地市场化建设。建立和完善接待资料数据库，用数据分析来宾的情况和需求，有针对性地搞好服务，使接待工作更加规范、科学、高效。

严格接待管理，重点抓好三个环节。本着“安全、周到、细致、节俭、规范、廉洁”的原则，加强接待管理。健全工作机制，一方面建立由“党委、政府统一领导，接待部门牵头协调，相关部门密切配合、上下左右协作联动”的接待工作机制，主动联系上下、沟通左右、协调并指导县区、部门工作的开展；另一方面建立市委、市人大、市政府、市政协秘书长联席会议定期或不定期听取接待工作汇报制度，加强对接待工作的组织领导。认真执行公务接待管理办法和工作制度，严格范围、标准、程序和工作要求，定点接待，定期通报，严格监督，确保接待工作有章可循、规范有序。抓好接待管理，主动适应形势变化，加强接待前的沟通与衔接，掌握接待任务的基本情况和要求，突出地方特色，精心谋划接待方案，精细检查接待环节。严把接待经费使用关口，经费报销实现公函、审批表、消费明细的“三项审核”制度。接待内容安排务实，礼仪庄重简洁，做到接待从严从简从细。

强化责任担当，发挥三个作用。做好接待服务工作必须有强烈的责任担当意识。紧密结合实际，发挥“宣传员、联络员、服务员”三个作用。发挥宣传“窗口”作用，当好“宣传员”。国家与省委、省政府对攀枝花的发展历来十分重视，每年来攀枝花视察的各级领导和客商很多。这既是展示攀枝花、推介攀枝花，又是争取支持、加快发展的重要契机。利用这些机会，向来宾介绍攀枝花市情，宣传攀枝花建设成就，推荐攀枝花优势项目，展示攀枝花美好前景，为攀枝花经济社会发展赢得支持。发挥交流“桥梁”作用，当好“联络员”。一方面通过接待服务，让各级领导了解攀枝花经济、社会等方面的情况；另一方面，在接待工作中，广泛收集各方面的信息，了解先进地区的经验、做法以及客商的投资意向，并把一些有价值的信息反馈给相关领导和部门。发挥合作“平台”作用，当好“服务员”。接待工作从来不是简单的迎来送往，接待工作不但能出政治效益、社会效益，更能出经济效益。在发展竞争日益激烈的今天，可以说，接待工作的好与坏直接影响一个地方的发展软环境。始终坚持树立优质服务的理念，以更加优良的接待服务，赢得更多的朋友，为攀枝花的发展积累更多的资源，带来更加旺盛的人气和实实在在的项目，为加快实现国家战略资源创新开发试验区和全国阳光康养目的地注入更强进的动力。

坚持以人为本，锻造一支高素质接待队伍。坚持以人为本，加强接待队伍建设。深入学习中共十九大精神，坚持以习近平新时代中国特色社会主义思想为指导。按照市委书记李建勤关于“两转一提”系列讲话精神，以争创“思想素质高、业务能力强、工作能吃苦、团结协作好”的一流队伍为主线，认真学习党的方针政策，学习新时期国家和省关于公务接待的相关规定、规范、程序，注重业务学习和工作经验的积累，了解掌握积累社会各个领域与行业的知识。强化服务意识、廉洁意识，效率意识、奉献意识和创新意识的培养。加强技能培训，开展案例讲评活动，举办公务接待礼仪培训班，组织赴外地学习、考察、座谈、交流等活动，了解相关接待体制、机制，以及先进的工作方法和经验，提高思想文化素质和业务工作能力。注重把好入口关，通过公开招考，充实到接待队伍，优化接待工作队伍结构，完成上级各项接待任务，多次得到上级部门、领导的肯定和来宾的好评。

（赵　智）

地方志工作

【概　况】 全市地方志工作按照贯彻落实《中共中央关于加强和改进新形势下地方志工作的意见》和国务院、省政府地方志“十三五”规划要求，全省地方志工作会议精神，市地方志办组织相关部门、相关县（区）召开编纂工作会，启动《中国名村志工程丛书—迤沙拉志》编纂，争取纳入中国名村志文化工程。完成与市旅游局协作，修订、编纂《花语果语》，探寻服务市文化事业、旅游发展的新思路。指导米易县志办重新点校整理《邛嶲野录》200本，作为米易县地方历史文化的有力佐证。

【部门志、行业志编修】 市地方志办加强对部门志、行业志书评审指导，召开20余次评审座谈会，对承担的部门志、行业志书就内容、结构、体例、规范等方面提出修改意见。《攀枝花市工会志（1989—2013）》出版发行，《攀枝花市质量技术监督志（1978—2014）》出版发行，《攀枝花市防震减灾志（1965—2015）》出版发行，《攀枝花市西区政协志（1991—2013）》出版发行，《米易县妇联志》《攀莲镇志》《攀枝花市西区政协志（1991—2013）》《攀枝花市第十二中校志》完成编纂指导。

【年鉴（2017）编纂出版】 制定《攀枝花年鉴（2017）》编纂出版工作进度计划，明确按进度时序狠抓节点控制，定人定位抓质量落实，提前3个月完成编辑、审稿、印刷和出版工作。《攀枝花年鉴（2017）》全书约76万字，内设254分类。内文配以统计图表、附录中选载有重要文件目录、统计资料等，增加了二次文献分量，方便使用者查询。《攀枝花年鉴（2017）》在分类、框架、体例和篇目上作了较大调整，版式设计和彩页部分更是体现攀枝花“康养+”，在阳光、芒果、钒钛方面紧扣市委、市政府中心工作，发挥年鉴优势，为宣传攀枝花服好务，该书连续出版26卷。

【县（区）年鉴编纂出版】 为深入贯彻《四川省人民政府办公厅关于加强全省综合年鉴工作的通知》，市地方志办督促指导各县（区）编写综合年鉴。《东区年鉴（2017）》《西区年鉴（2017）》《盐边年鉴（2017）》《米易年鉴（2017）》公开出版发行。

【企业、单位年鉴编辑出版】 2017年，市地方志办继续指导企业年鉴编辑出版。全年出版《攀钢年鉴（2017）》《钢城集团年鉴（2017）》2部企业年鉴和《攀枝花统计年鉴（2017）》1部部门年鉴。

【《攀枝花史志》出版】 2017年，市地方志办编发《攀枝花史志》4期，共收录文章100余篇稿件，近35余万字，彩图40余幅。《攀枝花史志》在内文图片、栏目设计、稿件质量上都有进步，紧扣攀枝花经济建设中心任务，在旅游、饮食、文化、交通等方面有突出体现。

（王　婧）

电子政务

【概　况】 市电子政务办公室是全市电子政务工作的综合管理职能部门，主要负责全市电子政务的规划、建设、管理、协调推进和督导工作，由市委办和市政府办共同领导，隶属市委办公室，为市级公益一类事业单位，人员参照公务员法管理，核定事业编制23名，实有在编人员21名。在四川省2017年政府网站绩效评估工作中，市公众信息网列全省21个市（州）政府网站第10名。

【电子政务管理】 市电子政务办公室印发《2017年攀枝花市政府网站绩效评估指标体系》《2017年全市电子政务内网网站信息报送目标任务和计分标准》，把政务信息工作和电子政务网站建设纳入市委、市政府年度目标管理。印发《关于定期开展全市政府网站自查工作的通知》《关于进一步加强全市政务公开工作和政府网站建设的通知》，每季度对全市纳入政府网站普查系统的55家网站进行检查、通报，规范全市政务网站管理。

【电子政务基础设施建设】 市电子政务办公室完成《攀枝花市电子政务内网建设和管理工作“十三五”规划》编制，审议通过《攀枝花市电子政务内网建设项目采购实施办法》，完成市电子政务内网核心机房、市级网络节点、电子政务内网门户网站建设，推进全市电子政务内网传输链路招标工作。在2016年提速降费的基础上，市电子政务办与电信营运商谈判协商，达成新的协定，电子政务外网光纤链路基础网络带宽由10兆提升为20兆，每条资费由700下降至600元。截至12月31日，全市接入电子政务外网的单位960家。

【政务信息系统整合共享】 按照中央和四川省关于政务信息系统整合共享工作的决策部署，印发《攀枝花市政务信息系统整合共享工作方案》，完成全市政务信息资源目录编报、政务信息系统审计清理工作，推进政务信息系统整合、电子政务外网核心机房改造、电子政务云以及数据交换与共享平台建设，为全市政务信息系统整合共享工作创造条件。

【互联网+政务服务】 按照中央和四川省关于深化“放管服”改革的决策部署，印发《攀枝花市加快推进“互联网+政务服务”工作方案》，推进5个县（区）、47个市级部门对行政权力事项、公共服务事项清单的认领和实施清单的录入、完善、上报。截至12月31日，全市共认领行政权力事项3.85万条，上报3.38万条，共认领公共服务事项3476条，上报2789条。

【电子政务应用】 全市协同办公平台进行优化调整，保障平台的稳定运行和用户的流畅使用，截至12月31日，全市协同办公平台使用单位1137个，注册用户1.75万人。全年发送公文58.96万份，比2016年增加135%，接收公文630.41万份，比2016年增加130%，发送短信294.04万条，比2016年增加95%。依托全市协同办公平台，完成县处级主要领导干部外出请假备案系统开发，推进党政机关数字图书馆建设，提升全市系统办公平台服务党政机关和企事业单位的能力。

【政务网站】 利用市公众信息网、市电子政务内网门户网站、市电子政务外网门户网站三大门户网站，做好全市重点工作网上宣传报道。2017年，市公众信息网发布信息2.26万条，市电子政务内网门户网站发布信息7533条，制作开设全市“两会”、依法治市、全面深化改革、脱贫攻坚、中央环境保护督察等专题专栏15个，完成米易新春活动、深化公安改革等新闻发布会信息发布13次，发布阳光政务—政务行风电视问政节目信息3期、政风行风电台热线信息31期，公开征集公众意见82次，解读相关政策文件163条，保障人民群众的知情权、参与权和监督权。

【政务信息公开】 围绕“三公”经费、政府采购、征地拆迁、保障性住房、环境保护、食品药品安全等重点领域和热点信息，全市政府信息公开目录管理系统公开信息1.1万条，全市公共企事业单位办事公开目录管理系统公开信息1200条。通过政务微信、政务微博、移动APP、网站链接等多种途径，推送市委、市政府重点工作信息2.17万条。向省电子政务内网门户网站报送信息2148条，省电子政务内网门户网站发布攀枝花信息1086条；向省政府门户网站报送信息2921条，省政府门户网站发布攀枝花信息390条。

【网络与信息安全】 投入资金23.8万元，完成政府网站内容监控与安全防护服务采购，建立全市“智能扫描+人工检测”相结合的管理机制，对各级各部门政府网站性能、质量、内容更新等运维情况统一监管。严格落实《攀枝花市政务网站管理办法》《信息安全管理制度》等38个网络与信息安全规章制度，加强网络、网站和信息发布安全管理工作，定期对服务器进行巡检，强化网上巡网，严格执行电子政务公共机房7×24小时值班制度，确保全年无重大安全事故发生。

（郑　建）

政协工作

政协攀枝花市委员会

【概　况】　政协第九届攀枝花市委员会设界别28个，委员名额300名；设立8个专门委员会，即提案委员会、经济委员会、人口资源环境委员会、教科文卫体委员会、社会和法制委员会、学习文史委员会、联谊民族宗教委员会、地方政协和委员联络委员会，设置办公室、研究室2个正县级综合办事机构，机关党委1个副县级机构。办公室下设13个正科级机构，即综合科、秘书科、机关事务管理科、离退休人员工作科、调研信息科、提案科、经济科、人口资源环境科、教科文卫体科、社会和法制科、学习文史科、联谊民族宗教科、地方政协和委员联络科，其中提案科、经济科、人口资源环境科、教科文卫体科、社会和法制科、学习文史科、联谊民族宗教科、地方政协和委员联络科既是办公室的内设机构，又是专委会的办事机构。截至2017年年底，攀枝花市政协机关实有人数71人，其中干部57人（在岗不在编人员31人，含不驻会的5名厅级领导，含纪检组长申仲安），工勤人员14人。

2017年，市政协牢牢把握团结和民主两大主题，始终坚持"市委中心工作推进到哪里，市政协履职就跟进到哪里"，充分发挥人民政协协调关系、汇聚力量、建言献策、服务大局的重要作用，积极助推做好"钒钛、阳光"两篇文章，为攀枝花经济社会发展作出积极贡献。

【九届一次会议】　2017年2月5—9日，中国人民政治协商会议第九届攀枝花市委员会第一次会议在攀枝花会展中心举行。会议应到委员300人，实到289人。

出席开、闭幕大会并在主席台就座的有政协第九届攀枝花市委员会第一次会议主席团常务主席、大会执行主席、主席团成员。应邀出席会议并在主席台就座的有中共攀枝花市委、市人大常委会、市政府、攀枝花军分区、市法院、市检察院的领导，原市领导，八届市政协主席及副主席，各民主党派、工商联的领导；攀第十一届省政协委员应邀参加开、闭幕大会。市委、市政府各部门及有关单位负责人，市级各民主党派、工商联负责人，有关企业分管统战工作的领导，大企业、攀枝花学院、市直机关工委统战部（科）负责人，市政协机关县级干部应邀列席会议。

会议期间，有10人进行大会发言，另有11篇书面发言。发言紧扣攀枝花市中心工作，把握经济社会发展及人民群众关心的热点问题，就康养产业发展、规划保护利用好"新三湖"水、高炉渣提钛产业化、青少年校外阵地建设、民营经济健康发展、供给侧结构性改革中维护职工合法权益、加强地企协作、建设城区半小时快捷交通圈、打造职业教育名片等方面作精彩阐述，为促进攀枝花经济社会发展积极建言献策。

按照会议议程安排，与会委员列席市十届人大一次会议，听取并讨论政府工作报告、市中级人民法院工作报告、市人民检察院工作报告，讨论攀枝花市2016年国民经济和社会发展计划执行情况及2017年计划草案的报告、攀枝花市2016年财政预算执行情况和2017年财政预算草案的报告，会议对以上报告表示赞同。

会议审议并通过市政协副主席赵忠义代表政协第八届攀枝花市委员会常务委员会所作的工作报告和市政协副主席周治端代表政协第八届攀枝花市委员会常务委员会所作的提案工作情况的报告。

会议一致通过《政协第九届攀枝花市委员会第一次会议决议》《政协第九届攀枝花市委员会第一次会议提案审查委员会关于提案审查情况的报告》。

委员们以无记名投票的方式，选举李群林为政协第九届攀枝花市委员会主席；伍维根、何群、吴文发、周治端、赵忠义、雷雨、徐明义、李明为政协第九届攀枝花市委员会副主席；代兴强为政协第九届攀枝花市委员会秘书长。同时，选举政协第九届攀枝花市委员会常务委员。

【主席会议】　2017年，市政协共召开14次主席会议。专题传达学习中共十九大精神，传达学习《中共中央办公厅印发〈关于加强和改进人民政协民主监督工作的意见〉的通知》《中共四川省委关于加强社会主义协商民主建设的实施意见》等文件精神和中国共产党四川省第十一次代表大会、环保部西南督查中心环保督察攀枝花市调研汇报会、市级主要领导联席会议、全市依法治市工作推进会精神，专题学习人民日报评论员文章《扛起生态文明建设的政治责任》和市委书记李建勤在市政协首次“委员活动日”所作的《精心育花花更红——做好“钒钛、阳光”两篇文章》主题报告等。

会议听取市政协九届一次会议各小组讨论常委会工作报告和提案工作报告情况汇报、市中级人民法院和市人民检察院2017年上半年工作情况的通报、市纪委（市监察局）2017年上半年党风廉政建设和反腐败工作情况的通报、市公安局关于全市公安工作情况的通报、市国土资源局关于工矿废弃地复垦情况的通报、市农牧局关于攀枝花市工矿废弃地复垦利用工作进展情况的通报、市发展改革委关于攀枝花市加快推进钒钛“五个一工程”建设工作方案的情况通报、市住房城乡建设局关于城市总体规划（2011—2030）（2017版）的情况通报、市经济和信息化委关于全市民营企业建立现代企业制度工作的通报、市科学技术协会关于农村专业技术协会建设情况的通报、市安监局关于全市安全生产工作情况的通报、市法制办关于攀枝花市推进地方立法工作情况的通报，会议书面听取市政协各工作机构2017年上、下半年工作情况汇报。

会议协商讨论《政协第九届攀枝花市委员会委员参加单位、委员名额和人选名单（草案）》，审议《政协第八届攀枝花市委员会常务委员会工作报告（草案）》《政协第八届攀枝花市委员会常务委员会关于提案工作情况的报告（草案）》《关于召开政协第九届攀枝花市委员会第一次会议的决定（草案）》《政协第九届攀枝花市委员会第一次会议议程（草案）》《政协第九届攀枝花市委员会第一次会议日程（草案）》《政协第九届攀枝花市委员会第一次会议常委会工作报告报告人和提案工作报告报告人建议名单》《政协第九届攀枝花市委员会第一次会议列席人员范围（草案）》《政协第九届攀枝花市委员会第一次会议编组原则（草案）》《政协第八届攀枝花市委员会常务委员会关于授权主席会议审议政协第八届攀枝花市委员会常务委员会第三十二次会议未尽事宜的决定（草案）》《政协第八届攀枝花市委员会常务委员会关于唐云城等人免职的决定（草案）》和政协第九届攀枝花市委员会第一次会议主席团建议名单、主席团会议主持人建议名单、主席团常务主席建议名单、主席团常务主席会议主持人建议名单、秘书长建议名单、副秘书长建议名单和提案审查委员会组成人员建议名单、政协第九届攀枝花市委员会第一次会议日程（草案）、各次全体会议执行主席和主持人建议名单、政协第九届攀枝花市委员会副秘书长建议名单、专门委员会设置方案（草案）、专门委员会主任、副主任建议名单、《2017年度协商计划（草案）》《政协攀枝花市委员会全体会议工作规则（草案）》《政协攀枝花市委员会常务委员会工作规则（草案）》《政协攀枝花市委员会专门委员会工作通则（草案）》《政协攀枝花市委员会委员履职工作规则（试行）（草案）》《政协攀枝花市委员会提案工作规则（草案）》《政协第九届攀枝花市委员会委员界别组召集人建议名单、领导联系委员界别组建议名单》《政协第九届攀枝花市委员会常务委员会关于职务任免的决定（草案）》《政协第九届攀枝花市委员会常务委员会关于任命专门委员会副主任（兼）的决定（草案）》《政协第九届攀枝花市委员会常务委员会关于同意李启勇辞去常务委员、委员职务的决定（草案）》《政协第九届攀枝花市委员会常务委员会关于免去王惠兰委员职务的决定（草案）》，审议通过政协第九届攀枝花市委员会第一次会议预备会议议程、《政协第九届攀枝花市委员会主席、副主席、秘书长分工》《政协攀枝花市委员会主席会议工作规则》《政协第九届攀枝花市委员会2017年工作要点》《政协第九届攀枝花市委员会2017年工作安排表》《关于市党政部门和单位与市政协各专门委员会对口联系的方案》《政协第九届攀枝花市委员会各专门委员会组成人员名单》《关于通报表扬市政协九届一次会议大会发言的决定》《2017年度市政协领导督导市级重点工作任务分工》《政协攀枝花市委员会关于助推全面创新改革驱动转型发展工作的意见》《政协第九届攀枝花市委员会委员任职培训方案》《政协攀枝花市委员会经济委员会工作规则》《政协攀枝花市委员会人口资源环境委员会工作规则》《政协攀枝花市委员会教科文卫体委员会工作规则》《政协攀枝花市委员会社会和法制委员会工作规则》《政协攀枝花市委员会学习文史委员会工作规则》《政协攀枝花市委员会联谊民族宗教委员会工作规则》《政协攀枝花市委员会地方政协和委员联络委员会工作规则》《政协攀枝花市委员会办公室工作职责》《政协攀枝花市委员会研究室工作职责》《政协攀枝花市委员会秘书长会议工作规则》《政协攀枝花市委员会关于加强市政协委员担任特约监督员管理工作规则》《政协攀枝花市委员会关于加强与市级各民主党派、工商联和人民团体联系的意见》《政协攀枝花市委员会办公室关于进一步加强和改进政协新闻宣传工作的意见》和2017年市政协主席会议成员重点督办提案、2017年度市政协机关目标绩效考核工作任务分解方案、政协第九届攀枝花市委员会书画院换届相关事宜等；还审议通过市政协经济委员会、人口资源环境委员会、教科文卫体委员会、社会和法制委员会、联谊民族宗教委员会的相关调研报告。

会议通报市委、市政府领导对市政协2017年上、下半年报送的调研、视察报告的批示情况，审议市政协九届二次会议有关事项及有关人事事项，开展“怎么看”“怎么干”大讨论，研究筹备召开市政协2017年常委会议、2018年新年茶话会有关事宜。

【常委会议】 2017年，市政协共召开6次常委会议。专题学习传达中共十九大精神，传达学习习近平参加十二届全国人大五次会议四川代表团审议时的重要讲话精神和全省依法治省工作推进会议、2017年省政协学习会议精神，中国共产党四川省第十一次代表大会精神和中共中央《关于加强和改进人民政协民主监督工作的意见》、中共四川省委《关于加强社会主义协商民主建设的实施意见》文件精神等。

会议听取市政协九届一次会议各小组讨论《政府工作报告》和《攀枝花市2016年国民经济和社会发展计划执行情况及2017年计划草案的报告》《攀枝花市2016年财政预算执行情况和2017年财政预算草案的报告》、“两院”工作报告、会议决议及提案审查报告情况汇报；听取市政协领导带队赴江苏省常州市、江阴市、贵州、湖北、广西等地学习考察情况报告；听取市文化广电新闻出版局关于攀枝花市非物质文化遗产保护工作情况的通报、市妇联关于贯彻实施《反家庭暴力法》情况的通报、市政府关于市政协九届一次会议以来提案办理情况的通报和市政协提案委员会关于提案工作情况的汇报、市纪委（市监察局）关于2017年全市党风廉政建设和反腐败工作情况的通报、市发展改革委关于攀枝花市2017年国民经济和社会发展计划执行情况的通报、市旅游局关于全市康养+旅游发展情况的通报、市农牧局关于促进攀枝花市特色水果产业健康发展情况的通报并进行协商讨论。会议书面听取市政协各专门委员会2017年工作总结及2018年工作要点。

会议协商讨论并通过《政协第九届攀枝花市委员会委员参加单位、委员名额和人选名单》；审议《政协第九届攀枝花市委员会第一次会议议程（草案）》《政协第九届攀枝花市委员会第一次会议日程（草案）》；审议通过《政协第八届攀枝花市委员会常务委员会工作报告》《政协第八届攀枝花市委员会常务委员会关于提案工作情况的报告》《关于召开政协第九届攀枝花市委员会第一次会议的决定》《政协第九届攀枝花市委员会第一次会议列席人员范围》《政协第九届攀枝花市委员会第一次会议编组原则》《政协第八届攀枝花市委员会常务委员会关于授权主席会议审议政协第八届攀枝花市委员会常务委员会第三十二次会议未尽事宜的决定》《政协第八届攀枝花市委员会常务委员会关于唐云城等同志免职的决定》、政协第九届攀枝花市委员会副秘书长名单、政协第九届攀枝花市委员会专门委员会设置方案、政协第九届攀枝花市委员会专门委员会主任、副主任名单，决定唐云城不再担任政协第八届攀枝花市委员会秘书长、办公室主任，姜志明不再担任政协第八届攀枝花市委员会教科文卫体委员会主任，张南菲不再担任政协第八届攀枝花市委员会提案委员会主任；决定任命黄武明、张雪峰为政协第九届攀枝花市委员会副秘书长；决定政协第九届攀枝花市委员会设置八个专门委员会，即提案委员会、经济委员会、人口资源环境委员会、教科文卫体委员会、社会和法制委员会、学习文史委员会、联谊民族宗教委员会、地方政协和委员联络委员会；决定任命唐超雄为提案委员会主任，罗毅、高兴凤为提案委员会副主任，税军为经济委员会主任，朱川刚、胡湘川为经济委员会副主任，李莉为人口资源环境委员会主任，鲜克、王廷刚为人口资源环境委员会副主任，卢宗祥为教科文卫体委员会主任，范小红、杨可为教科文卫体委员会副主任，李泽文为社会和法制委员会主任，杜毅华、余敦一为社会和法制委员会副主任，卢开南为学习文史委员会主任，杜维雄、肖鹏举为学习文史委员会副主任，卢国胜为联谊民族宗教委员会主任，张国良、黄龙为联谊民族宗教委员会副主任，张春为地方政协和委员联络委员会主任，吴红霞、尚华为地方政协和委员联络委员会副主任；任命刘岚为政协攀枝花市委员会办公室主任，免去刘岚政协攀枝花市委员会研究室主任职务，免去杜毅华政协第九届攀枝花市委员会社会和法制委员会副主任职务；审议并表决通过《政协第九届攀枝花市委员会常务委员会关于任命专门委员会副主任（兼）的决定》，决定任命王波、李海、周永明、饶晓东、秦吉中、彭军为提案委员会副主任（兼），任命万宁、李平伟、何国燕、汪沛川、张晓东、张家梅、黄平银、谢志祥为经济委员会副主任（兼），任命马海波、朱斌、仲吉鑫、杨丁、余晓琴、胡建荣、岷德良、黄家红为人口资源环境委员会副主任（兼），任命王平、田巨龙、刘自力、李永祥、何金华、张学东、罗昌轶、彭建兵为教科文卫体委员会副主任（兼），任命王朝辉、杜新、郑红、胡世明、秦胜永、蒋光忠、蔡雪梅为社会和法制委员会副主任（兼），任命兰静、牟飞、李冠华、陈颖、梁云彬为学习文史委员会副主任（兼），任命王棣、庄仕龙、刘丰、吴雨、段怀云为联谊民族宗教委员会副主任（兼），任命王万华、孙永发、肖文兴、肖方敏、张华凯、钟毅刚、秦宏敏、袁大勇为地方政协和委员联络委员会副主任（兼）；审议并表决通过《政协第九届攀枝花市委员会常务委员会关于同意李启勇同志辞去常务委员、委员职务的决定》

《政协第九届攀枝花市委员会常务委员会关于免去王惠兰同志委员职务的决定》，同意李启勇辞去政协第九届攀枝花市委员会常务委员、委员职务，决定免去王惠兰政协第九届攀枝花市委员会委员职务；审议通过《政协攀枝花市委员会全体会议工作规则》《政协攀枝花市委员会常务委员会工作规则》《政协攀枝花市委员会专门委员会工作通则》《政协攀枝花市委员会委员履职工作规则（试行）》《政协攀枝花市委员会提案工作规则》；还审议通过市政协人口资源环境委员会、教科文卫体委员会、社会和法制委员会、联谊民族宗教委员会的相关调研报告。

会议还对市政协九届一次全会以来市政协常委参加常委会议的情况进行书面通报。

【提案工作】 市政协九届一次会议以来，市政协委员和政协各参加单位紧紧围绕市委、市政府中心工作和人民群众普遍关心的热点难点问题，深入开展调研，积极建言献策，会议期间及闭会后，共收到提案257件，经审查立案236件，立案率为91.8%。其中，委员提案174件，共有126名委员参与提出提案；各民主党派、工商联、有关人民团体提出提案62件。通过网络提交提案的委员达90%以上。所立提案均在规定时间内办复完毕。236件提案中，被有关部门采纳或基本落实及正在落实的（A类）148件，占62.7%；正在研究解决或准备纳入计划逐步解决的（B类）69件，占29.2%；因条件所限，暂时难以解决的（C类）19件，占8.1%。从提案者在线反馈的意见和书面反馈的意见看，对提案办理结果均表示满意。2017年，市政府及各部门吸收采纳政协提案占提案总数的91.9%。

开展提案督办工作。6月6日，市政协副主席周治端、李明带领市政协提案委员会、人口资源环境委员会、教科文卫体委员会，对116号重点提案《关于开通公交卡网上充值的建议》开展督办工作。6月7日，市政协副主席何群、徐明义带领市政协提案委员会、学习文史委员会，对234号重点提案《关于尽快修复滨江大道沿江景观损毁地段、完善厕所等设施并加强管理的紧急提案》进行督办。6月8日，市政协副主席吴文发、赵忠义带领市政协提案委员会、经济委员会、地方政协和委员联络委员会，前往东区和仁和区视察机动车驾驶人考场建设情况，并对38号重点提案《关于引进机动车驾驶人考场的建议》开展督办。6月15日，市政协主席李群林在市政府副市长李仁杰的陪同下，率市政协办公室、研究室和提案委员会前往盐边县益民乡、红格镇等地，重点督办市政协九届一次会议第186号提案《关于规范攀枝花芒果产业发展的建议》。6月20日，市政协副主席伍维根、雷雨带领市政协提案委员会、社会和法制委员会、联谊民族宗教委员会，对163号提案《关于尽快推进连接火车南站片区市政道路建设的建议》进行重点督办视察。7月4—21日，对37个市级政府部门和县（区）承办单位进行拉网式的督查，对220件提案的办理工作进行协商和督办，实现政府办理提案的全覆盖，发现六类共计78个问题，并逐一提出整改意见和建议。7月27日，召开市、县（区）政协提案工作座谈会。市政协副主席何群、徐明义出席座谈会。市政协提案委员会主任、专职副主任，各县（区）政协分管提案工作副主席和提案委员会主任、副主任参加会议。

2017年，通过强化提案办理协商、改进重点提案督办、狠抓“不满意件”二次办理、开展提案办理“回头看”等，一批民生提案得到落实，提案反映的“花街花道花园花海”“背街小巷”“农贸（菜）市场”“公园绿地绿道”“停车场”“公办幼儿园”6个方面29个项目纳入2017年全市建设计划，一批民生问题得到解决或基本解决。

【考察工作】 1月5日，八届市政协主席单荣率主席会议成员前往市中级人民法院，视察攀枝花市法院两年基本解决“执行难”工作情况。市政协党组副书记李群林，市政协副主席赵勇、何群、吴文发、周治端、赵忠义、雷雨参加视察。4月20日，市政协教科文卫体委员会组织部分市政协委员和相关专家对攀枝花市“开展全民健身工作，推动健康城市建设情况”进行视察，并形成情况专报。6月9日，市政协副主席周治端、雷雨率市政协人口资源环境委员会对攀枝花市采空沉陷区工矿废弃地复垦种植芒果情况进行视察，并形成《关于我市工矿废弃地复垦利用试点工作的视察报告》，获市委书记李建勤、市委副书记虞平、副市长李文飞批示。6月14日，市政协副主席雷雨带领市政协联谊民族宗教委员会，赴米易县考察宗教场所建设、自治自养和开展宗教活动情况。6月，市政协副主席伍维根、何群、雷雨率市政协联谊民族宗教委员会和委员第三学习活动组，到中国历史文化名村迤沙拉和攀枝花市阳光康养重点打造项目邑度酒庄开展学习考察。7月5日，市政协主席李群林率市政协常委，通过现场视察、会议座谈、专家讲解等形式，对钒钛“五个一工程”推进情况进行考察，形成《关于钒钛“五个一工程”推进情况的视察报告》，获市委书记李建勤批示。7月26日，市政协副主席雷雨带领市政协社会和法制委员会对攀枝花市政务服务工作情况进行考察。8月24日，市政协副主席徐明义带队对东区部分重点项目、园区环保治理情况进行视察。10月31日，市政协主席李群林率市政协常委通过现场考察、听取汇报、座谈讨论和情况介绍等形式，对攀枝花市康养产业发展情况进行视察，形成《关于我市康养产业发展情况的视察报告》，获市委书记李建勤批示。11月22日，市政协副主席赵忠义率市政协经济委员会对全市安全工作开展视察，重点对钒钛高新区安全生产工作进行视察，并提出继续改进工作的意见建议。

9月11—16日，市政协副主席周治端参加四川省政协人口资源环境委员会与云南省政协人口资源环境委员会对四川、云南等地旅游资源开发和环境保护情况的联合考察。

【专题调研】 3月7日，市政协主席李群林就弯腰树汽车产业服务园建设工作进行现场调研，秘书长代兴强陪同调研。4月7日，市政协主席李群林到米易县调研政协工作，秘书长代兴强参加调研。4月10日，市政协主席李群林到仁和区调研苴却砚产业发展，秘书长代兴强参加调研。4月中下旬，市政协副主席赵忠义、吴文发带领市政协经济委，联合市发展改革委、经济和信息化委、钒钛高新区管委会等部门和国网攀枝花供电公司，对攀枝花市工业用电电价情况进行调查，同时外出对周边的云南省楚雄、昆明、红河、昆钢等市（州）和企业以及省内的凉山、雅安、德阳等市（州）的工业用电电价情况进行调研。5月10日，市政协副主席雷雨带领市政协社会和法制委员会及相关部门负责人，就攀枝花市《反家庭暴力法》贯彻实施情况开展专题调研，形成《关于我市〈反家庭暴力法〉贯彻实施情况的调研报告》，获副市长马晓凤批示。6月15日，市政协主席李群林调研东区御湖花都项目建设，副主席吴文发陪同调研。市政协副主席徐明义、李明率团于5月下旬，赴延边朝鲜族自治州、黔东南苗族侗族自治州、湘西土家族苗族自治州等地学习考察非物质文化遗产的保护与传承工作；6月中旬观摩“第六届成都国际非物质文化遗产节”；在吸纳外出学习考察成果的基础上，7月4—6日，对攀枝花市非物质文化遗产的保护与传承情况进行专题调研，并形成《关于我市非物质文化遗产的调研报告》，获市委副书记虞平批示。7月10—14日，市政协副主席雷雨带领市政协社会和法制委员会赴成都、深圳两地学习考察政务服务工作情况，形成《关于赴成都、深圳考察政务服务工作的情况报告》，获市长王波、常务副市长沈钧批示。7月2—9日，市政协副主席伍维根率市政协联谊民族宗教委员会就攀枝花市特色水果产业发展现状、存在问题开展专题调研，并率队赴海南省海口、三亚等地考察学习特色水果和现代农业示范基地建设、水果产业标准化体系和质量安全监管体系建设、品牌打造以及与其他产业融合发展方面的先进经验，形成《关于我市特色水果产业发展情况的调查报告》，获市委书记李建勤批示。8月9—10日，市政协副主席李明带领市政协教科文卫体委员会，通过实地察看、会议座谈、专家讲解等形式对攀枝花市农村专业技术协会工作情况开展调研，并形成《关于我市农村专业技术协会工作情况的调研报告》，获市委书记李建勤批示。8月15日，市政协主席李群林带队调研西区庄上、玉佛寺景区康养项目，秘书长代兴强陪同调研。8月24日，市政协副主席吴文发、赵忠义带领市政协经济委员会，对攀枝花市民营企业建立现代企业制度情况进行专题调研，并形成《关于我市民营企业建立现代企业制度情况的调查报告》，获市委副书记虞平批示。9月8日，市政协主席李群林调研仁和区普达康养项目及芒果产业发展。9月11日，市政协主席李群林调研米易县精准脱贫工作，看望慰问困难群众。9月21日，市政协主席李群林调研花舞人间项目进展情况，秘书长代兴强陪同调研。10月10日，市政协主席李群林调研盐边县烤烟助农增收工作情况。围绕“康养+农业”产业发展课题研究，市政协副主席雷雨率市政协联谊民族宗教委员会于10月和12月分别赴广西、贵州和成都等地考察新农村建设。11月9日，市政协副主席周治端带领市政协社会和法制委员会及相关单位领导，对市政府开展拟定地方性法规草案和制定规章工作情况进行专题调研，形成《关于市政府开展拟定地方性法规草案和制定规章工作情况的调研报告》。11月22日，市政协主席李群林调研东区花舞人间项目建设情况并出席项目建设推进协调会，秘书长代兴强陪同调研并参加会议。

【学习会和培训会】 积极开展委员培训。6月21—23日，九届市政协委员任职培训在攀枝花会展中心举行。市政协主席李群林，副主席何群、吴文发、周治端、赵忠义、雷雨、徐明义、李明，秘书长代兴强，240名九届市政协委员，以及市政协机关干部参加培训。委员参训率80%，其中新委员参训率达93.7%。此次培训邀请到全国政协常委、十届省政协副主席吴正德为委员授课；市委副书记虞平代表市委，在结业典礼上对全体委员提出殷切希望；常务副市长沈钧要求相关部门专门研究并起草好经济形势报告材料；市委统战部部长张敏为委员讲授统一战线知识；副市长刘建明向委员们介绍攀枝花当前经济形势。

全年共安排38名市政协委员、县（区）新任政协主席和副主席、市县（区）政协机关干部参加全国政协和省政协专门培训。其中北戴河全国政协培训中心3批23人、青岛全国政协培训中心1批5人、省委党校全省政协干部培训班1批10人。

深入学习中共十九大精神。中共十九大召开后，及时发出《关于认真学习宣传贯彻党的十九大精神的通知》；11月24日，市政协机关党委一支部举行学习贯彻中共十九大精神专题学习讨论会，畅谈学习中共十九大报告心得体会。市政协主席李群林、副主席赵忠义以普通党员的身份参加学习讨论会，并交流学习心得体会。11月28日，召开常委专题学习会，各民主党派、工商联和部分专委会负责人就学习贯彻中共十九大精神作专题发言；12 月 20 日，市政协召开学习贯彻中共十九大精神市委宣讲团宣讲报告会，邀请中共十九大代表何丽作宣讲报告。市政协党组书记、主席李群林，副主席何群、周治端、赵忠义及市政协机关全体党员干部参加宣讲学习。

全面加强思想政治建设。3 月 22 日，市政协主席李群林为县（区）政协、市政协机关党员干部讲题为《坚持“学”、认真“做”、厉行“严”，当“懂政协、会协商、善议政”的新时期政协人》的党课。市政协副主席赵忠义、雷雨聆听党课。3 月 28 日，市政协机关召开专题学习会，传达学习全国“两会”精神、习近平在参加十二届全国人大五次会议四川代表团审议时的重要讲话精神和省委《关于认真学习贯彻习近平总书记在参加十二届全国人大五次会议四川代表团审议时的重要讲话精神的通知》精神。市政协主席李群林出席会议并讲话。4 月 6 日，市政协党组召开会议，专题学习贯彻《中国共产党党委（党组）理论学习中心组学习规则》，市政协党组书记李群林，党组成员雷雨、徐明义、代兴强参加会议。5 月 4 日，组织机关青年干部职工召开“庆五四·展风采”学习座谈会，市政协副主席赵忠义、秘书长代兴强参加座谈。6 月 29 日，市政协主席李群林主持召开会议，传达学习“攀枝花市推进‘两学一做’学习教育常态化制度化工作会议”和“全市惩治‘微腐败’护航阳光花城工作推进会”精神，并就贯彻落实市委书记李建勤讲话要求进行安排部署。8 月 14 日，市政协主席李群林召开市政协机关推进“两学一做”学习教育常态化制度化工作会。8 月 29 日，市政协机关召开“比学习、强素质，着力提升调查研究能力”专题学习研讨会，机关党员干部参加研讨并进行交流发言。市政协副主席赵忠义出席研讨会，并传授分享撰写调研报告的经验方法和心得体会，对机关干部撰写的调研报告进行点评分析。9 月 25 日，市政协副主席雷雨主持召开机关干部大会，开展国庆、中秋节前廉政教育。12 月 19 日，市政协主席李群林主持召开市政协机关党风廉政建设工作会议，深入学习贯彻中共十九大精神，结合省委第三巡视组反馈的整改意见，对进一步加强市政协机关党风廉政建设和反腐败工作作出安排部署。市政协副主席赵忠义、徐明义，秘书长代兴强出席会议。12 月 27 日上午，市政协机关举办公文写作与处理规范专题讲座，邀请市政府办公室副主任牟刚林讲解公文写作与处理规范知识。市政协秘书长代兴强及市政协机关全体干部聆听讲座。

【协商座谈会】 开展整体协商。在市政协九届一次会议上，对“一府两院”报告及其他相关报告进行协商讨论，市政府将委员们提出的 79 条意见和建议办理落实情况以专函回复市政协，委员们的协商议政成果得到切实转化。

开展专题协商。围绕《攀枝花市城市总体规划（2011—2030）》（2017 版），从优化城市功能布局，坚持绿色生态发展等方面畅所欲言，为科学编制城市总体规划倾智出力。市政协副主席周治端、雷雨带领市政协人口资源环境委员会与市旅游局就《攀枝花市建设全国阳光康养旅游目的地研究报告》《攀枝花市建设全国阳光康养旅游目的地指标体系》《全国阳光康养旅游目的地的实施意见》以及配套起草的《攀枝花市建设全国阳光康养旅游目的地十条政策》开展专题协商。《攀枝花市加快推进钒钛“五个一工程”建设工作方案（2017—2018 年）》出台后，市政协经济委员会围绕方案进行专题协商，着重从钒钛产业发展、企业布局、项目库建立、积极争取政策等方面提出相关建议，推动“五个一工程”落地落实。

开展重点协商。主席会议、常委会议听取纪委、法院、检察院和公安、安监部门关于党风廉政建设和反腐败及相关工作情况通报，提出意见和建议，支持相关工作开展。

开展对口协商。4 月 20 日，市政协教科文卫体委员会组织部分市政协委员和相关专家就攀枝花市“开展全民健身工作，推动健康城市建设情况”开展专题协商。5 月，市政协联谊民族宗教委员会与市农牧局就攀枝花市农产品区域公用品牌创建工作召开对口专题协商会。7 月 14 日，市政协副主席周治端率市政协人口资源环境委员会与市城管局、市住建局等相关部门就攀枝花市城市部分道路维修整治工作进行对口协商。8 月 22 日，市政协副主席吴文发、赵忠义率市政协经济委员会就攀枝花市中小企业融资难问题召开对口协商会，并采用“实地调研 + 座谈交流 + 财务分析”等形式，进行融资情况全面解剖剖析，并带着问题赴成都市及其双流区和龙泉驿区考察学习外地先进经验，形成《创新金融资本运营管理　破解中小企业融资难题》报告。8 月 22 日，市政协社会和法制委员会参加省政协召开的“推进以审判为中心的刑事诉讼制度改革”对口协商会，并在会上作非法证据排除的发言，与会领导给予较高评价。11 月 3 日，市政协副主席伍维根率市政协社会和法制委员会，与市食品药品监管局就加强食品安全监管工作进行监督协商。市政协还围绕城市损毁道路维修整治、特色水果产业发展、农村专业技术协会工作等开展对口协商，积极建言献策。

参与立法协商。9 月 8 日，市政协召开专题座谈会，副主席雷雨、市政协社会和法制委员会及部分市政协委员，就《攀枝花市城市绿化条例（草案）》进行认真讨论，形成《关于对《攀枝花市城市绿化条例（草案）》的修改建议》，3 条建议获市人大采纳。

【委员无题座谈会】 4 月 19 日，市政协组织农工党、科技、教育等界别委员召开委员无题座谈会，市政协副主席李明到会听取委员们的意见和建议。7 月 14 日，市政协组织致公党、侨联、社会科学、社会福利和社会保障、文化艺术等界别委员召开委员无题座谈会，市政协副主席何群到会听取委员们的意见和建议。11 月 3 日，市政协组织共青团与青联、科协、社会科学、经济、农业、新闻出版等界别委员召开委员无题座谈会，市政协副主席赵忠义到会听取委员们的意见和建议。12 月 14 日，市政协组织民盟、民进、九三学社、无党派、妇联、科协、体育等界别委员，召开委员无题座谈会，市政协副主席伍维根到会听取委员们的意见和建议。在这四次会议上，委员们分别就产业发展、环境保护、社会民生、道路交通、防灾减灾、康养产业、城市管理、招商引资、文明城市创建以及花城打造、基础设施建设等方面提出意见和建议。市政协将委员反映的 103 条意见和建议形成《我市部分市政协委员反映的几个问题》，以政协信息的形式分 4 期报送市委、市政府，促进相关具体问题的解决。

【宣传工作】 2017 年，市政协在市内外报纸杂志及各级新闻网上发表宣传政协工作的稿件 432 余篇（幅）。11 月 16 日在《四川政协报》刊载专版《展政协作为，助脱贫攻坚》。12 月 5 日在《人民政协报》刊载专版《康养 + 这里得天独厚——四川省攀枝花市转型发展之路》。在《攀枝花日报》上举办 4 期《政协之窗》专版，发挥政协门户网站、微信平台的宣传阵地作用，建立市政协常委、委员微信群，及时发出政协声音，把好舆论导向，营造有利于政协事业发展的良好氛围。市政协被评为 2017 年全省政协新闻宣传报道先进单位。

8 月 30 日，市政协召开市、县（区）政协、各民主党派、工商联秘书长联系会暨宣传信息工作会，市、县（区）政协、各民主党派、工商联秘书长及通讯员、信息员参加会议。会议总结和交流全市政协新闻宣传和社情民意信息工作，安排部署下一步工作。

【社情民意信息工作】 2017 年，市政协向市委、市政府报送《严密关注观音岩水电站库区因旅游业发展造成的饮用水源污染问题》等 10 期《政协信息》，供市委、市政府领导决策参考；首次以《社情民意专报》形式报送《关于我市棚改工程中抢救保护及创意利用部分红砖房的建议》，获市长王波批示。向市政协各工作机构、各组成单位和政协委员收集书面社情民意信息 62 条，向省政协报送社情民意信息 15 条，采用 7 条，其中《建议加大投入夯实民族地区学前教育基础》被省政协第 25 期信息专报采用，报送副省长杨兴平；《让探亲假更加贴近亲情》《急需建立快递包装回收利用体系》《关于工矿废弃地复垦挂钩指标的建议》《关于将卡介苗等 4 种特殊疫苗改成 1 人份每支的建议》《关于铁路客运列车增设加宽卧铺床位方便携带小孩的同志乘车的建议》《关于涉银行债权案件司法处置的建议》被省政协采用，并报送全国政协。

【文史工作】 2017 年，完成文史资料第 19 辑《绿色的呼唤》编辑、审稿、校对工作，并联系专业印刷出版机构印刷出版 1000 册。

开展书画交流，联谊会友。5 月 14—18 日，十一省（区）二十市（州）政协第十五届书画联展在河南省平顶山市举行。八届市政协主席单荣、九届市政协副主席雷雨带领 4 位市政协书画院书画家参加此次联展活动。攀枝花市参展作品 15 幅，其中书法作品 8 幅、山水画作品 7 幅、互赠 1 幅国画作品。7 月 28 日，九届攀枝花市政协书画院召开工作会议，市政协副主席赵忠义、雷雨出席会议，市政协副主席、九届市政协书画院院长徐明义出席会议并讲话。九届攀枝花市政协书画院宣布成立并聘请 48 名攀枝花书画艺术家为书画院成员。攀枝花市委书记李建勤对政协书画院高度重视，并就与常州市政协书画院开展文化交流活动作了“以书画为媒，推进两市合作发展”的专门批示。11 月 5—8 日，11 省（区）21 市（州、盟）政协第十六届（常州）书画联展在江苏省常州市举办，八届市政协主席单荣带领 5 名市政协书画院书画家参加此次联展活动。攀枝花市参展作品 11 幅，其中书法作品 5 幅、山水画作品 6 幅、互赠 1 幅山水画作品。

主动融入由省政协文史委员会牵头的《市井闲谭》编撰工作，7 月 21 日，市政协副主席徐明义召开《攀枝花市井闲谭》稿件工作座谈会，安排部署《攀枝花市井闲谭》稿件相关征集工作。12 月 25 日，市政协副主席徐明义主持召开“攀枝花市井闲谭”编审工作会议。全年共征集稿件 563 篇，并从中挑选出 200 余篇，交有关专家进行修改、完善和编审，最后确定 150 篇文章报省政协审定。

全方位调研考察仁和区大龙潭乡格地村三国时期诸葛亮题刻“可以棲遅”遗址、拉鲊古渡、史迪威公路，并积极走访三线建设、马帮、古渡的亲历者。在充分调研的基础上，对古渡、古树、古道、“可以棲遅”遗址和苴却砚的保护开发、太阳谷打造等工作提出具有可操作性的意见建议。9 月 21 日，市政协副主席徐明义主持召开市政协关于传承发展中华优秀传统文化工作座谈会，立足攀枝花三线建设文化实际，提出精心塑造“三线文化”品牌、倾力打造攀枝花“东方太阳谷”、加强文化基础设施建设、加强非遗保护和传承发展、做好传统文化杰出人才的留根和吸引工作等意见建议，并形成《关于报送传承发展中华优秀传统文化的几点建议的报告》，市委书记李建勤为此专门做出批示，要求目督办将 5 条建议分解到相关部门，研提意见，汇总后报市委、市政府研究。11 月 2 日，市政协副主席徐明义带队到仁和区调研攀枝花市历史文化遗存相关工作。

【上下联动联谊交流】 坚持“上下联动”理念，主动邀请省政协和外地政协领导来攀调研视察。1 月 25—26 日，省政协副主席赵正铣率队调研攀枝花市康养产业发展情况，八届市政协主席单荣陪同调研。2 月 14—15 日，省政协副主席王正荣率队调研攀枝花市基层食品药品安全工作及监管体制改革情况，市政协主席李群林、副主席李明陪同调研并参加座谈。2 月 13—16 日，省政协副主席晏永和率队调研攀枝花市康养产业发展情况，市政协副主席赵忠义陪同调研。3 月 3 日，副省长、省环境保护督察组组长杨洪波一行到攀钢钒公司弄弄坪厂区开展环保现场督察，市政协副主席徐明义陪同督察。4 月 13—14 日，省政协副主席、民建四川省委主委陈文华率调研组到攀枝花市调研攀枝花工业固体废弃物综合利用情况，市政协主席李群林、副主席雷雨陪同调研并参加座谈会。9 月 21—22 日，致公党中央副主席兼秘书长曹鸿鸣一行到攀枝花市调研，市政协主席李群林、副主席何群陪同调研并参加座谈会。10 月 20—21 日，陕西省政协副主席冯月菊一行来攀开展“中医药服务能力建设”专题调研，市政协主席李群林，副主席李明陪同调研并参加座谈会。10 月 22—24 日，省政协副主席王正荣率队来攀开展“充分利用水能资源，推动攀西国家钒钛战略资源创新开发试验区建设”专题调研，市政协主席李群林，副主席赵忠义、徐明义、李明陪同调研并参加座谈会。10 月 24—25 日，省政协党组副书记、副主席高烽来攀调研攀枝花市政协系统助推全面创新改革试验情况，市政协主席李群林、副主席李明陪同调研并参加座谈会。11 月 6—8 日，省政协副主席陈文华率队来攀开展“康养产业发展情况”专题调研，市政协主席李群林、副主席雷雨陪同调研并参加座谈会。省政协社会法制委员会、省政协农业委员会、省政协地方政协联络委员会也多次来攀，专题调研攀枝花市供给侧结构性改革、脱贫攻坚、“川字号”特色农产品品牌培育等工作。11 月 6—8 日，省政协常委、副秘书长何一立率省政协视察组对攀枝花市康养产业发展情况进行视察，省政协委员、港澳台侨和外事委员会专职副主任钟勇参加视察。市政协主席李群林陪同视察，市委常委、副市长黄岳槐汇报攀枝花市康养产业发展情况，市政协副主席雷雨陪同考察并主持座谈会。

积极开展汇报和对外交流。3 月 4—7 日，攀枝花市政协主席李群林、副主席赵忠义、秘书长代兴强赴省政协对接相关工作。3 月 8 日，市政协副主席雷雨赴省政协社会法制委员会对接相关工作。3 月 23 日，市政协副主席李明赴省政协教育委员会和文体医卫委员会汇报联系工作。4 月 20 日，市政协副主席何群带领提案委员会到省政协提案委员会汇报联系工作。4 月，市政协经济委员会参加全省政协经济委员会工作座谈会并作《创新履职方式　提升履职质效　全力助推攀西试验区建设和阳光康养产业发展》交流发言。5 月初，市政协副主席周治端率队参加在江西新余召开的川滇黔赣冀湘 6 省 22 市州政协第四十一次联系会议，围绕发展绿色能源和建设生态文明进行交流。5 月 8—12 日，市政协副主席伍维根在达州市参加省政协农业供给侧改革工作座谈会，就攀枝花市推进农业供给侧结构性改革、促进“三农”工作提质增效进行经验交流。5 月 23 日，市政协主席李群林在省政协拜访全国政协常委、民盟中央原副主席、十届省政协副主席吴正德，秘书长代兴强陪同。6 月 28—29 日，市政协副主席雷雨在成都参加全省政协社会法制委员会工作座谈会暨培训会，并作《围绕中心干实事　开拓创新谋发展》的交流发言。6 月 29 日，市政协副主席赵忠义带队到省政协经济委员会汇报联系工作。7 月 10 日，市政协主席李群林带队赴省政协拜会省政协副主席、农工党四川省委主委王正荣，副主委夏华祥，市政协副主席李明陪同。同日，市政协主席李群林带队拜会民进省委副主委赵川荣，市政协副主席周治端陪同。7 月 10—12 日，市政协副主席徐明义带队赴省政协学习文史委员会、书画院对接工作。7 月 15 日，市政协副主席雷雨带队赴成都与省政协社会法制委员会开展座谈。8 月 9 日，市政协副主席雷雨出席省政协“推进以审判为中心的刑事诉讼制度改革”对口协商会。8 月 22—24 日，市政协副主席李明出席在眉山市召开的全省政协教育委员会工作座谈会。9 月 25 日，市政协主席李群林在成都参加政协四川省第十一届委员会常务委员会第十九次会议学习讲座。9 月 27 日，市政协主席李群林在成都出席全省政协工作经验交流会，秘书长代兴强参加会议。10 月 16 日，市政协副主席赵忠义在成都出席全省政协信息宣传工作会议。10 月 17 日，市政协副主席赵忠义在成都出席四川省人民政协理论与实践研究会工作会议。10 月，市政协联谊民族宗教委员会参加在云南省临沧市召开的川滇黔赣冀湘 22 市（州）政协第四十二次联系会议，并作《找准履职为民切入点，助力脱贫开发攻坚战》的交流发言。11 月 5 日，市政协副主席赵忠义、秘书长代兴强在西昌出席四川省政协川南片区秘书长暨后勤工作联系会。11 月，市政协副主席雷雨率队参加在眉山召开的全省政协系统民族宗教工作座谈会，在会上作《扎实开展“我为扶贫攻坚做件事”活动，为助推民族地区实现全面小康献计出力》的经验交流。12 月 1 日，市政协副主席雷雨在眉山市出席四川省政协民族宗教工作交流会。12 月 28 日，市政协副主席赵忠义在雅安出席四川省县域绿色发展路径研究座谈会。

做好外地政协来攀学习考察的联络、协调、服务工作，先后接待新疆维吾尔自治区昌吉回族自治州州政协、江苏省江阴市政协、陕西省渭南市政协、北京西城区人大代表、政协委员金融街联组代表团、河北省秦皇岛市政协、黑龙江省宁安市政协、湖北省宜昌市政协、贵州省毕节市政协等68批565人次外地政协客人，利用各种机会，主动推介攀枝花，扩大攀枝花的知名度、美誉度和影响力。

【委员活动日】 首开全省地市级政协系统先河，成功举办首次“委员活动日”活动。市政协学习、借鉴温州等地政协经验，针对新一届委员的特点和需求，制定《政协第九届攀枝花市委员会“委员活动日”办法》（以下简称《办法》），市政协党组多次召开专题会议研究，市委书记李建勤亲自指导修改，并将每年活动举办次数定为2次。《办法》经市政协党组会议研究，并报市委常委会议审定，确定“委员活动日”举办方式、时间地点和活动内容的基本构架，对活动经费和后勤保障等也予以明确。

按照《办法》要求，经市政协党组会议研究决定，并报市委常委会批准，首次“委员活动日”于9月17—18日在米易县举办，市委书记李建勤为委员作主题报告，全市政协委员和政协机关干部300余人参加此次活动。市政协机关全体干部职工与米易县政协密切配合、通力协作、精心筹备、细致安排，确保首次“委员活动日”的成功举办。此次活动内容丰富、形式新颖，会风端正、纪律良好，广大政协委员和机关干部热情高涨，积极参与，反响良好，领导满意、委员满意、社会满意，市委书记李建勤专门批示：“活动组织的好，受到委员欢迎，望总结、完善、提升”。

【领导调研政协工作】 6月19日，市委书记李建勤调研市政协工作，看望慰问市政协机关干部并召开座谈会，就政协工作提出围绕中心，服务大局；突出重点，提升实效；加强自身建设，提升履职能力三项要求。市政协主席李群林陪同调研，副主席伍维根、何群、吴文发、赵忠义、雷雨、徐明义、李明，秘书长代兴强参加座谈会。6月20日，市委副书记王波调研市政协工作，看望慰问市政协机关干部并召开座谈会，向市政协交办三项任务，即如何提升干部队伍专业化能力和水平、如何提升政务服务效能、围绕如何推动钢铁和钒钛等产业延伸发展开展调查研究。市政协主席李群林陪同调研，副主席伍维根、何群、吴文发、赵忠义、雷雨、徐明义、李明，秘书长代兴强参加座谈会。

为贯彻落实市委、市政府主要领导的指示要求和交办的任务，市政协主席会议成员和各工作机构负责人就如何贯彻落实市委书记李建勤、市长王波的讲话精神，助推攀枝花发展进行认真思考，并于6月26日召开主席（扩大）会议，就如何抓贯彻、抓落实进行讨论。市政协主席李群林主持会议，市政协副主席伍维根、吴文发、周治端、赵忠义、雷雨、徐明义、李明，秘书长代兴强以及市政协各工作机构负责人参加会议。会后形成《关于贯彻落实李建勤书记、王波市长在市政协调研时的讲话精神的报告》报送市委、市政府，并在市政协全年工作中贯彻执行、落实。

【助推康养产业发展】 2017年，市政协发挥政协优势，广泛开展考察调研，集智聚力，助推“康养+”产业向纵深发展。

根据中国康养产业发展论坛举办模式，主动向市委、市政府提出尽早筹备第三届中国康养产业发展论坛的建议，并积极向民革中央和省政协汇报攀枝花市康养产业发展情况，密切联系。11月3日，市政协主席李群林陪同市委书记李建勤在北京向民革中央常务副主席齐续春汇报第三届中国康养产业发展论坛相关事宜，省政协副主席王正荣出席汇报会，市政协副主席雷雨参加汇报会，最终促成“第三届中国康养产业发展论坛”于12月8—10日在攀枝花市成功举办。论坛上，19个城市共同倡议成立康养产业城市联盟，为研究政策、探索路径、合作项目、营销产品搭建有效平台。筹备论坛过程中，市政协牵头做好第三届中国康养产业发展论坛对外联络工作，统筹协调邀请全国知名专家、企业家和部分城市参会，高效完成嘉宾邀请、动态更新、汇总统计和主旨演讲相关准备工作，积极参与、协调相关对口接待工作，被市委、市政府评为论坛承办工作先进单位。

围绕“康养+产业”开展调研考察，积极建言献策。3月6日，市政协副主席徐明义参加攀枝花市“康养+产业”发展现场会，就发展阳光康养产业，突出康养与其他产业融合发展进行考察调研。3月21日，全市政协统战系统助推“康养+”工作座谈会在攀枝花会展中心举行，会议深入分析攀枝花康养产业发展面临的机遇和挑战，并对下一步市政协统战系统助推“康养+”工作进行安排部署。市政协主席李群林，副主席周治端、赵忠义、雷雨、李明出席会议。攀枝花市各民主党派和工商联代表分别就发挥“直通车”优势，助推“康养+”工作积极建言献策。4月18—21日，市政协主席李群林率队赴江苏省常州、江阴、扬州等地进行考察学习，就文化旅游和康养产业发展、服务民企等工作开展深入交流，并形成《赴江苏省常州市、江阴市、扬州市学习考察报告》，从产业规划、加强宣传、加快体制机制创新等方面提出建议。4月19—28日，市政协副主席周治端、雷雨带领市政协人口资源环境委员会、县（区）政协、相关部门的领导同志分别赴贵州省六盘水市钟山区、水城区，黔西南州兴义市，遵义市湄潭区、红花岗区、播州区、南部新区，广西壮族自治区河池市东兰县、巴马县和湖北省宜昌市，对“康养＋旅游”产业发展情况进行考察学习，并形成《解放思想找差距 大干快上促康养——赴贵州、湖北、广西学习考察报告》。8月22日，市政协副主席周治端、雷雨带队对攀枝花市“康养＋旅游”产业发展情况进行专题调查，并与相关部门、县（区）进行座谈交流，形成《关于我市阳光康养旅游产业发展情况的调查报告》，获市委书记李建勤批示。10月，市政协副主席赵忠义带领市政协人口资源环境委员会、经济委员会对攀枝花市康养产业民营骨干企业——攀枝花市金联旅游开发股份有限责任公司进行视察，实地查看攀枝花金沙江生态湿地旅游休闲度假景区基础设施项目建设进展情况。10月9日，市政协主席李群林主持召开东方太阳谷项目策划方案专题研究会，市政协副主席徐明义、秘书长代兴强出席会议。11月，受市委主要领导委托，市政协副主席徐明义联合四川大学对太阳文化进行研究，牵头开展“东方太阳谷”项目策划。

受市主要领导的委托，市政协、省社科院联合编写《攀枝花市“康养＋”解读》手册。3月初，市政协主席李群林带队赴四川省社科院就手册编制事宜进行磋商。4月，市政协副主席雷雨带领市政协人口资源环境委员会，陪同四川省社会科学院社会学研究所专家团队，对攀枝花市康养产业进行全域调研，并进行“康养＋”课题专家评审工作。在手册编撰中，市政协认真吸纳各方面意见，与省社科院的专家一起反复修改，形成《攀枝花市“康养＋”解读》（初稿）。市委书记李建勤批示：“此项工作很有意义，也很有价值，望再做完善。请康养办将此件分送“康养＋”涉及的部门审核、补充、完善。汇总后报政协。”并亲自为手册作序。8月底，《攀枝花市“康养＋”解读》正式出版，发至全市各部门。

【助推攀西试验区建设】 发挥优势，助力破解攀西战略资源创新开发试验区建设难题。4月中下旬，市政协副主席吴文发、赵忠义带领市政协经济委，对攀枝花工业用电电价情况进行深入调研，结合对云南以及省内其他地区工业用电电价调研情况，反复研究论证，形成《攀枝花市工业用电电价调查及对策建议》，分析电价构成，提出争取开展跨省跨区跨网电力市场化交易试点、协调建立长期稳定的钒钛产业电价政策等5条具体建议。调研报告得到市委、市政府主要领导高度重视，市委书记李建勤、市长王波先后作出批示，市政府专门召开会议进行研究。为使调研建议上升转化为国家对攀西战略资源创新开发试验区的政策支持，积极发挥政协组织上下联动集中力量办大事的优势，与民主党派中央和省政协开展联合调研，不仅争取到致公党中央副主席曹鸿鸣、省政协副主席王正荣率队先后来攀专题调研，还争取到全国政协常委吴正德的大力支持，将调研报告转化为《关于以攀西钒钛基地为试点 探索就近消纳模式 减少水电弃水的建议》的社情民意信息，并报送全国政协，国务院副总理张高丽对此作出重要批示。经过不懈努力，国家发改委出台《关于促进西南地区水电消纳的通知》，提出建立水电跨网消纳机制、开展水电与载能企业专线供电试点等具体措施，批复同意攀枝花高炉渣提钛项目享受电能替代输配电价、二滩留存电量继续对钒钛高新区扶持等两项具体政策。

为助推钒钛“五个一工程”建设早日见成效，市政协常委会安排专题视察。围绕钒钛高新区的优势没有凸显、企业的主体作用发挥不足、科技的支撑作用发挥不够、钒钛产品定价话语权和标准主导权的争取难度较大等问题，有针对性地提出钒钛高新区要在“高”“新”上下工夫、钒钛企业要在“强”“大”上卖力干、科技支撑要在“突破”“转化”上做文章、两个中心要在争取“标准主导权”“定价话语权”上求实效等13条对策建议。市委、市政府主要领导作出批示，相关部门认真研究落实，形成《攀枝花市加快推进钒钛“五个一工程”建设工作方案（2017—2018年）》。市政协对方案进行专题协商，着重从钒钛产业发展、企业布局、项目库建立、积极争取政策等方面提出相关建议，推动“五个一工程”落地落实。

【开展环保督导】 2017年，市政协高度重视生态文明建设和迎接中央环境保护督察工作，按照市委、市政府的部署安排，坚决贯彻落实“三非、三全、三铁”（“三非”在非常之时、用非常之举、行非常之策，“三全”全市总动员、全面再排查、全力抓整改，“三铁”铁的决心、铁的措施、铁的纪律）工作要求，以“三个不、三个更加注重”（“三个不”工作任务不变、工作标准不降、工作力度不减，“三个更加注重”更加注重问题导向、更加注重协调配合、更加注重敢于担当）的工作作风，认真履行政治协商、民主监督、参政议政职能，积极发挥联系广泛、协调关系、凝心聚力的优势，持续开展环境保护突出问题专项督导和五个“回头看”，助推环境保护突出问题整改取得阶段性成果。针对环保突出问题，切实开展民主监督，做到在一线发现问题，在一线建言献策，在一线推动工作。7—9月，按照市委、市政府统一安排，市政协副主席赵忠义、雷雨、徐明义分别担任3个环保督导组组长，对米易县、盐边县、钒钛高新区开展环保专项督导工作，深入现场58次，发现环保突出问题672个，提出解决意见402条，督促整改问题643个，全面完成市委、市政府交办的督导任务。组织委员参加“我与环保局局长面对面”

活动，积极为攀枝花市生态文明建设和环境保护建诤言献良策，参与环保视察 20 余人次，报送环保社情民意信息 10 余篇，提出意见建议 30 余条，在“环保攻坚战”中发挥政协的特殊优势和作用，并获市委书记李建勤批示：“政协在环督工作中发挥了作用”。

【助推创新工作】 4 月 27 日，市政协助推全面创新改革试验工作领导小组会议召开。市政协主席李群林出席会议并讲话，市政协副主席徐明义主持会议，市政协副主席李明做相关工作情况通报，制定《关于助推全面创新改革驱动转型发展工作的意见》。主席会议成员深入基层调研指导，及时召开工作推进会议；各界别委员发挥在本职岗位上的带头作用，积极参与重大项目、重点领域和核心技术的创新攻关。6 月 30 日，《四川日报》以《不负重托　全力助推“一号工程”》为题，重点报道攀枝花市政协助推全面创新改革的成功经验和攀枝花市政协委员孙朝晖、陈俊参与“全创”的先进事迹。9 月 30 日，“政协系统助推全面创新改革试验工作”特刊·第 11 期，专题介绍攀枝花市政协助推全面创新改革试验的四大举措。

专题考察工矿废弃地复垦利用试点工作，提出的意见得到市委、市政府的充分肯定，有关建议受到省政协重视，帮助向上呼吁。组织赴深圳和成都学习考察政务服务工作，提出坚决贯彻中央“放管服”改革的各项要求、强力推进“互联网＋政务服务”等建议。召开专题座谈会，深入研究在攀枝花设立国家级钒钛研究院和钒钛人才培养相关问题，为市委、市政府在攀西战略资源创新开发试验区部省联系会上争取相关政策提供参考。调研全市民营企业建立现代企业制度，提出分类指导推进、强化政策引导、加强宣传培训、用典型说话等有针对性的意见。

协助省政协经济委开展“推进供给侧结构性改革，促进转型升级”重点调研，完成《攀枝花市推进供给侧结构性改革促进转型升级调研》调研提纲，上报省政协经济委。协助省政协经济委开展“我省智能制造领先示范企业发展情况视察”，提交上报《攀枝花市智能制造试点示范企业发展情况》。

10 月 24—25 日，省政协党组副书记、副主席高烽来攀调研攀枝花市政协系统助推全面创新改革试验情况，对攀枝花政协各级组织、各参加单位和广大政协委员积极参与全面创新改革试验工作情况给予肯定，认为攀枝花市政协高度重视并把助推全面创新改革试验工作摆在重要位置，紧密结合本地实际和中心工作，积极助推，在发挥界别优势等方面进行有益探索，充分发挥委员主体作用和人才优势，既找准定位又发挥作用，成效显著，特色鲜明。

【脱贫攻坚工作】 2017 年，市政协认真落实省政协关于“我为扶贫攻坚做件事”的号召，广泛动员全市政协各级组织、各参加单位和广大委员积极参与。8 月 4 日，市政协主席李群林召开攀枝花市政协系统“我为扶贫攻坚做件事”工作推进会。1032 名市、县（区）两级政协委员参加，参与率达 100%，通过每月联系、收集委员扶贫情况并准确填报省政协“我为扶贫攻坚做件事”电子台账系统。据统计，全市政协委员全年共计联系帮扶贫困户 4943 户次，协调、筹措基础设施建设、产业发展等各种资金，先后为贫困户办理各种实事 13530 件次。形成的《发挥“政协组织＋委员个体”优势助推民族地区脱贫攻坚工作》经验材料得到省政协副主席罗布江村的批示。

继续做好对口帮扶贫困村仁和区务本乡大火山村工作。为巩固提升大火山村 2016 年脱贫摘帽成果，市政协主席李群林多次带队前往仁和区务本乡大火山村开展脱贫攻坚调研和督导，通过入户走访慰问贫困户，为干部群众宣讲中共十九大精神、省委第十一次党代会精神、开展“养成好习惯，形成好风气”“走基层、送温暖”活动等多种方式开展扶贫扶志。市政协创新提出实行“精准扶贫网格化管理”的帮扶模式，着力增强大火山村村支两委的领导能力、村集体组织驾驭市场的能力、贫困户脱贫发展的内生动力，对如何建立巩固脱贫攻坚成果的长效机制进行积极探索。

市政协副主席伍维根、何群、吴文发、周治端、赵忠义、雷雨、徐明义、李明多次带队深入各自联系的贫困村，宣传脱贫攻坚相关政策、对接帮扶农户需求，帮助贫困村解决基础设施建设、产业发展、旅游新村建设等问题，使脱贫攻坚目标任务落到实处。

【参与全市重点工作】 2017 年，市政协牵头和参与督导 16 项市级重点项目。主席会议成员及各工作机构明确任务、落实责任，深入现场、靠前指导，尽力协调解决项目建设过程中的困难和问题，花舞人间景区建设、“三供一业”分离移交、幸福美丽新村建设、地质灾害综合防治体系建设等一批重点工程年度目标如期完成。着力发挥政协特邀监督员作用，积极参与民生工程验收、警风警纪检查、对国家机关工作的民主评议，有力促进部门和行业进一步转变作风。

（谢昌霖）

民主党派

民革攀枝花市委员会

【概　况】　2017年，中国国民党革命委员会攀枝花委员会（以下简称民革市委）认真学习中共十九大和民革十三大精神，坚持以习近平新时代中国特色社会主义思想为统领，以坚持和发展中国特色社会主义学习实践活动为主线，深入开展“不忘合作初心，继续携手前进”主题教育活动，围绕做好“钒钛、阳光”两篇文章，团结和带领全体民革党员，不断加强自身建设，切实履行政治协商、参政议政、民主监督职能。

2017年，民革市委共发展党员6人，其中博士1人，政府工作人员1名，中级技术职称3名，新阶联1名，平均年龄38岁。截至年底，共有党员133人，其中省人大代表1人，市人大常委1人，市人大代表4人；省政协委员1人、市政协常委3人，市政协委员4人、县（区）政协常委3人、县（区）政协委员5人；在人大、政府、高校担任实职的县处级领导干部4人，行政事业单位担任科级干部20人；担任市级各类特邀（约）员5人。党员中，有女党员50人，占总数38%；与原中国国民党及台湾、海外有渊源关系的党员40人，占30%。按界别划分：科技界18人，占15%；教育界21人，占17%；医卫界18人，占13%；政府机关、群团组织机关47人，占34%；大企业12人，占9%；新的社会阶层人士17人，占12%。从学历职称看，具有大专以上学历的党员125人，占94%；具有高级职称的党员41人，占31%；具有中级职称的党员36人，占27%；从年龄结构看，党员平均年龄49岁，其中40岁以下的37人，占27%；41～50岁的62人，占46%；51～60岁的14人，占10%；60岁以上的20人，占17%。离退休党员26人，占19%。

2017年，民革党员中担任各级人大、政府领导职务的有：主委魏渠河担任市科学技术和知识产权局局长，民革党员魏功训担任市人大农业民族宗教侨务委员会副主任。

【主要工作】　2017年，民革市委充分发挥“直通车”优势，继续助推攀枝花做好“阳光”这篇文章。12月9—10日，由民革中央和四川省政协联合主办的第三届中国康养产业发展论坛在攀举办，全国政协副主席、民革中央常务副主席齐续春出席开幕式。其中，通过民革市委积极协调，邀请到24位来宾来攀参会。经民革组织牵线搭桥，哈工大副校长、中科院院士韩杰才作主旨演讲，并代表哈工大和市政府签订战略合作框架协议。

2017年，有来自辽宁、河南、江苏、黑龙江、贵州、内江等地民革组织到攀枝花考察康养产业。民革四川省委在攀举办全省民革驻会副主委、秘书长、办公室主任暨社情民意信息员培训班。民革市委通过争取上级组织支持，加大同省内外民革组织的交流力度，进一步宣传攀枝花阳光康养产业，扩大美誉度，助推康养产业发展，为攀枝花市创建中国阳光康养产业旅游目的地奠定基础。

民革市委在市政协八届七次会议上提交大会发言1篇，书面发言材料1篇，集体提案12件。其中，大会发言《关于发展康养旅游的建议》被评为优秀大会发言。集体提案反映的问题涉及机动车驾驶培训线路调整、城市垃圾处理、优化农业主导产业、非机动车管理等，得到市级相关承办单位的积极办理。

2017年，民革市委会围绕中共攀枝花市委、市政府下达的调研课题，积极开展调研活动，形成《关于加强钒钛耐磨铸件投资促进工作的建议》调研报告。积极开展党外人士意见建议工作，其中《实施立体绿化　打造现代山地阳光花城》得到市委领导肯定性批示，助推花街花道花园花海的打造。组织民革党员开展“我为攀枝花发展献一策”活动，共提交建议14篇。按照中共市委统一安排部署，民革对口盐边县温泉乡开展脱贫攻坚民主监督工作。民革市委按照“寓监督于帮扶之中、寓帮扶于监督之中”

原则，积极开展脱贫攻坚民主监督工作。7 月，民革市委调研组赴温泉乡开展民主监督专题调研，针对该乡产业集中度不高、增收可持续性差等问题，提出《关于脱贫攻坚存在的问题及建议》，得到市脱贫攻坚领导小组的采纳。

2017 年，民革市委扎实开展“观故居，走多党合作之路”“不忘合作初心，继续携手前进”“庆祝民革成立 70 周年”主题教育活动。6 月，赴上海开展“观故居，走多党合作之路”。9 月，举办台海形势报告会。民革市委开展记录抗战老兵口述历史工作，共记录 5 位抗战老兵的经历，留下珍贵的历史资料，得到四川普善基金会的认可。重要节假日，民革市委和各支部均开展慰问抗战老兵活动。

2017 年，民革市委积极开展红宝乡长草坪村精准扶贫和全市统一战线定点帮扶红宝乡工作。推荐红宝乡中心校 1 名女教师参加民革省委“四川中山学院”全免费英语培训班；联系协调，为红宝乡籍大学、中专学生提供暑期实践机会；组织医疗专家到红宝乡广东湾村开展义诊活动，义诊内容涵盖内外科、骨科、儿科、测血压等，为村民购买 70 个爱心医疗救助包进行发放，价值 3000 余元；组织市农牧局专家到红宝乡长草坪村，为村民开展科学养羊技术培训；组织市农林科学院专家到红宝乡干坪子村，为村民开展冬桃、牧草种植技术培训，发放《温带水果栽培技术》《山羊标准化养殖技术》书籍和畜牧草种 40 余袋，价值1000 余元；组织民革党员为红宝乡长草坪村困难群众捐款 1 万元；民革党员企业家罗阳勇捐赠 5 万元，用于红宝乡长草坪村禾麻湾组堡坎修复工程。

2017 年，民革市委机关被民革中央授予“民革全国社会服务先进集体”；被省委统战部评为“深入开展坚持和发展中国特色社会主义学习实践活动先进集体”；被市委统战部评为“全市党外人士意见建议先进单位”“全市统战信息工作先进单位”。民革市委副主委陈伟被民革中央授予“民革全国参政议政先进个人”称号。民革党员曹文飞被民革中央授予“民革全国组织建设先进个人”称号。

（曹文飞）

民盟攀枝花市委员会

【概　况】　2017 年，中国民主同盟攀枝花市委员会（以下简称民盟攀枝花市委）有总支 3 个，支部 18 个。年内新发展盟员 16 人，截至 12 月底，有盟员 454 人，其中女盟员 169 人，占盟员总数 37%；具有中共党员和民盟盟员双重身份的有 27 人，占 6%。按界别划分，文教界 256 人，占 56%；科技医卫界 95 人，占 21%；政府机关、群团组织机关等 53 人，占 12%；新社会阶层人士 13 人，占 3%。从学历职称看，具有大专以上文化程度者 391 人，占 86%；具有高级职称者 197 人，占 43%；具有中级职称者 192 人，占 42%。从年龄结构看，全市盟员平均年龄 56 岁，其中 40 岁以下的 60 人，占 13%；41～50 岁的 122 人，占 27%；51～60 岁的 123 人，占 27%；61 岁以上的 147 人，占 33%。离退休盟员 170 人。

盟员中，有市人大常委 1 人，市人大代表 10 人；县（区）人大副主任 2 人，常委 3 人，代表 9 人；省政协委员 2 人，市政协副主席 1 人，市政协常委 2 人，委员 12 人；县（区）政协副主席 1 人，常委 4 人，委员 21 人；四川省司法厅监督员 1 人，市级纪检、监察、监督员 6 人，行风监督员 2 人。他们在参政议政岗位上，注意观察和发现身边的各种情况，积极反映群众的意见和要求，为市委、市政府及时掌握社情民意作出贡献。

民盟攀枝花市委获 2017 年度“全市政协宣传信息工作先进单位”表彰。盟员张林、蒋冰韬获民盟四川省委 2017 年度“反映社情民意信息工作先进个人”表彰。民盟攀枝花市委被评为攀枝花市 2014—2016 年定点扶贫工作先进单位。

【主要工作】　在市政协九届一次大会上，民盟攀枝花市委就《康养热中的冷思考》作大会发言，就《打造职业教育名片　助推攀西战略资源创新开发试验区建设》作大会书面发言，就《攀枝花制造业发展相关问题》作联组发言。提交《关于充分利用攀枝花库区资源优势　创新延伸阳光康养产业链的建议》等集体提案 8 件，内容涵盖医疗、交通、康养、教育等多个方面，相关部门高度重视，按照规定程序得到及时妥善办理。如《关于修缮改造密地桥北至变电站路段的建议》提案，在办理过程中，市城管局市政设施管理处多次与民盟攀枝花市委联系沟通，邀请民盟攀枝花市委人员去现场督查。2017 年底，该路段修缮改造完毕，有效缓解交通堵塞状况，方便过往群众和车辆。

搞好社会调研，反映社情民意。7 月 3—5 日，民盟攀枝花市委邀请到省政协常委、民盟四川省委副主委彭学松来攀调研《我省农业供给侧改革面临的主要问题及建议》。调研组一行 8 人实地考察攀枝花特色芒果、枇杷、石榴、草莓等生产基地，分别与米易县、仁和区农牧局、科知局、林业局等部门进行座谈，重点了解攀枝花特色农产品标准化体系建设方面的做法、困难，以及生产者和政府希望通过哪些措施来促进农业供给侧改革。民盟攀枝花市委全程参与调研，并在该调研成果基础上形成《建议加快我省农业标准化体系建设积极助推农业供给侧结构性改革》上报民盟四川省委，被中共四川省委统战部《党外人士意见建议》采用并获中共四川省委书记王东明批示。

完成中共攀枝花市委、市政府重点调研课题《关于倾力打造“攀枝花早熟枇杷”区域公用品牌，做实做好“阳光”文章的建议》，得到市委书记李建勤的肯定。李建勤表示，“枇杷”品牌打造问题找得准，分析深入，建议针对性强，市政府在打造枇杷品牌时可借鉴民盟的建议。完成两件重点调研课题《关于稳定与激励攀枝花医卫教育系统中青年骨干队伍的政策建议》《攀枝花特色农产品规范化、标准化品牌打造策略研究》。组织盟员专家学者撰写相关论文参加民盟四川省委法治论坛；向民盟省委、市政协、市委统战部报送《建议在部分领域的“僵尸”国企试点探索公开招聘职业经理人》《国企职工家属区“三供一业”分离工作需处理好历史遗留下来的涉农转供水电问题》《建议对青年学生实行心理筛查和分类指导》《建议培育乡村特色精品民宿》等社情民意信息30余条，其中《建议在部分领域的“僵尸”国企试点探索公开招聘职业经理人》获中央统战部采用，《关于破解办学体制瓶颈建设好攀西地区钒钛高技能人才培养基地的建议》《国企职工家属区“三供一业”分离工作需处理好历史遗留下来的涉农转供水电问题》获省政协采用。另有《关于强化老年人保健品市场监管的建议》等10条信息被民盟四川省委采用，《民盟市委与红宝乡中心校儿童共庆“六一”》等9条稿件、信息和《发展民宿经济助力脱贫攻坚及农业供给侧改革的建议》等5条建议获市委统战部采用。

积极开展社会服务工作。做好米易县草场乡仙山村精准扶贫工作。仙山村于2016年年底整村脱贫。为巩固脱贫成果，防止返贫现象发生，2017年，民盟攀枝花市委作为牵头单位，主委伍维根多次率队到仙山村开展脱贫攻坚工作。民盟攀枝花市委帮助仙山村做好“康养+旅游”产业规划；向仙山村捐赠扶贫资金9000元；帮助该村1名贫困生就读攀枝花学院卫校护理专业；完善村规民约；做好联系协调市级帮扶单位和企业工作。联系协调本地企业参与帮扶取得成效。协调攀枝花学院落实核桃烘干机购置费用10.5万元，帮助开发村民信息数据系统，完善村民信息采集。经过各帮扶单位协力共建，仙山村脱贫攻坚工作稳步推进。

做好盐边县红宝乡定点帮扶和捐资助学工作。为进一步落实攀枝花市统一战线定点帮扶工作，民盟攀枝花市委主动衔接攀大医学院，特招4名红宝乡初中毕业生就读攀枝花学院卫校护理专业；联系协调仙山村种植合作社，帮助红宝乡村民学习核桃、花椒等农产品的烘烤技术和集体经济运作；“六一”期间，民盟攀枝花市委组织红宝乡中心校学生开展夏令营活动，带领学校3~6年级58名学生到攀枝花学院和三线博物馆参观学习，让孩子们拓宽眼界，增长见识，同时捐赠价值5270元文具；关心贫困村落建设，两次组织攀枝花学院土木建设专家到红宝乡蚂蟥箐村部考察，为其发展旅游进行规划、设计接待点改造方案。

2017年，全市统一战线开展脱贫攻坚民主监督工作，民盟攀枝花市委对接的是米易县得石镇。对此，民盟攀枝花市委高度重视，及时与该镇联系了解详情，召开启动会，商议制定《民盟攀枝花市委脱贫攻坚民主监督工作方案》，从组织领导到工作安排都作出细化。主委伍维根和机关人员先后4次到该镇和其下辖贫困村，与村委和村民代表举行座谈会、查阅资料、入户走访，坚持问题导向，深入一线调查研究，切实了解该镇贫困人口的精准识别问题、脱贫任务的完成、涉农资金的使用和“一超六有”“一低五有”“四好村建设”等情况。经仔细调查梳理，形成《得石镇脱贫攻坚民主监督工作情况汇报》调查材料，将发现的情况和建议及时向党委、政府做汇报。上报《二滩库区网箱撤除后沿湖村民返贫问题应予重视》等2件信息，为脱贫攻坚建言献策。

2017年，民盟攀枝花市委继续捐助西区路南社区贫困大学生敬蕙宁同学学费7000元，民盟盐边总支一支部持续资助贫困生贺小英、罗淇1000元助学金。各支部积极开展“三下乡”活动，民盟西区总支三支部和盐边总支一支部分别到仁和区布德中小学校、盐边县益民中心校进行慰问辅导，捐赠价值1000元的图书；盟员医生积极参加所在医院送卫生下乡活动，到周边县乡散发农村科普资料、医疗保健知识材料5000余份，开展健康咨询、预防医学等方面的宣传和服务。

（王　娟）

民建攀枝花市基层委员会

【概　况】　2017年，民建攀枝花市基层委员会发展1名会员，截至年底，共有会员60人，设4个支部（攀钢支部、市直支部、东区支部、仁和支部）平均年龄45岁，其中女会员17人；具有大学以上学历的47人，其中9人为研究生学历；具有高级职称的7人；会员中省政协委员2人；市人大常委1人、市人大代表1人、县（区）人大代表1人；市政协委员4人、县（区）政协委员7人；有市公安局特邀监督员3人，市检察院特邀检察员1人，市法院特邀监督员1人；民建省委专门委员会委员9人；会员中经济界人士40人，占72%，其中25人为非公有制经济人士和新的社会阶层代表人士，经济界人士中有国有企业管理人员，钢铁钒钛产业业主及管理人员，流通领域业主等。机关设办公室，行政编制人员1名，工勤人员1名。

【参政议政】　民建攀枝花市基层委员会把履行参政党职能与党委、政府中心工作紧紧结合在一起，将经济发展和社会民生问题作为参政议政的重点，积极建言献策。在市政协九届一次会议上做《关于加强地企协作共渡发展难关的建议》大会发言。会员在各级人大、政协会议上提交提案议案共计10余篇。2017年，为提升参政议政水平，结合攀枝花实际和民建攀枝花市基层委员会联系经济界的优势，确定以农产品区域公用品牌建设为内容开展调研，于12月在全市统一战线重点课题汇报大会上做汇报，受到中共攀枝花市委、市政府的肯定。2017年，提供的《关于攀西战略资源创新开发试验区体制机制创新改革的提案》和《关于促进我省金沙江流域区域发展的提案》调研成果转化为民建省委集体提案被省政协采纳并表彰为优秀提案。积极组织会员参与“我为攀枝花发展献一策”活动，提交稿件3篇。按照规定上报促进生态文明建设的调研建议1篇。

【精准扶贫】　2017年，民建攀枝花市基层委员会在中共攀枝花市委、市政府的正确领导和具体指导下，坚持科学发展观，努力建设和谐文明新村，积极开展精准扶贫。按照中共攀枝花市委工作安排，针对帮扶村米易县攀莲镇南厂村基本情况，基层委员会找准扶贫攻坚工作的着力点和关键点，充分发挥自身优势，整合资源，努力为该村扶贫工作献智出力，全年为该村联系户捐赠生产生活物资4000元，组织专家到该村进行种植、养殖培训1次。按照定点帮扶红宝乡工作计划，民建攀枝花市基层委员会机关人员多次前往红宝苗族彝族乡，组织会员为该乡中心小学捐赠电脑3台，协调争取扶贫资金5万元，同时还协助完善农产品销售渠道，开展农民种植养殖培训，为农民工外出务工提供帮扶支持。以特色活动为载体，依托基层委员会书画文艺创作室，开展送文化服务和书画作品下乡下基层活动10余次，服务群众700余人。加强对外联系积极宣传攀枝花，先后接待广东河源民建调研组、重庆江津民建区委和山西大同民建市委等各地民建组织来攀枝花考察、调研，共计50余人次。

【思想建设】　2017年是民建攀枝花市基层委员会的换届之年，为切实保障换届选举工作的顺利举行，按照《中国民主建国会章程》有关规定，民建攀枝花市基层委员会召开支部换届工作会，积极主动走访相关单位党委和统战部，经过有序筹备，6—7月，民建市直支部、攀钢支部、仁和支部、东区支部顺利完成换届选举工作，产生新一届支部委员会，推选支部主委、副主委。以学习中共十九大精神为核心，组织班子成员和各支部开展思想政治学习，民建攀枝花市基层委员会及支部共计开展各类学习中共十九大专题活动8余次，通过领导班子成员撰写学习心得、领导带头宣讲、各支部集中学习交流心得体会等多种形式，使会员们对中共十九大精神实质和习近平新时代中国特色社会主义思想有深刻领悟。积极参加和组织民建省委“同学治蜀，携手兴川”“不忘初心　牢记使命　携手新时代”等宣讲活动。继续深入学习习近平新时代中国特色社会主义思想和中国特色社会主义理论体系、统一战线工作条例、多党合作历史和理论，完善宣传联系机制，提升宣传水平和会员思想水平。选派领导及会员共计10余人次参加民建中央、省市委、市委统战部等各级各类培训和专题讲座；机关健全完善与会员单位中共党组织走访联系制度和情况通报制度，建立内部联系制度，即基层委员会委员、支部委员联系会员制度，建立会员动态信息制度，启动民建会内文化建设工作，优化社会服务活动的开展条件和会员文化生活环境。通过主委会、全委会部署安排组织建设、参政议政、社会服务等工作，重点和专题研究基层组织建设、后备干部的选拔培养、重点调研课题、扶贫工作等内容，坚持贯彻民主集中制，充分发挥领导班子的集体智慧，不断提升领导班子执行力。民建攀枝花市基层委员会领导应邀参加各类征求意见会，就人事安排、政府工作报告等重要文件、市人大立法工作等提出意见建议。

民建攀枝花市基层委员会机关根据实际工作开展情况，明确岗位责任分工，逐步健全工作制度、议事规则、基层组织有关工作规定等若干制度，机关定期召开机关办公会议和学习会议，组织开展多种形式的培训、专题研讨和学习实践活动，积极安排机关干部9人次参加省委会、市委统战部、组织部举办的学习班、培训班，进一步提升机关干部工作水平和业务能力。严格执行中央改进作风、密切联系群众和“八项规定”“三严三实”的总体要求和省、市“十项规定”精神，坚决反对“四风”。定期通过邮寄方式为会员发送会刊、简报及相关文件等材料，建立民建攀枝花QQ群、微信群畅通民建攀枝花交流渠道，机关编印攀枝花民建会员通讯录，完成《参政议政10年成果汇编》，收集、整理、编纂攀枝花三线建设博物馆统一战线史料（民建篇）。通过网站、微信群、QQ群宣传中共十九大、民建中央、省委相关会议精神，会内重要活动、民建先进人物事迹等，弘扬正能量，传递民建情。

【向上争取支持工作】 3月，中共攀枝花市市委常委、统战部部长张敏率市委统战部、民建攀枝花市基层委员会前往北京专程拜访民建中央。民建中央副主席、秘书长吴晓青参加会见并亲切座谈。座谈就攀枝花市基本情况，特别是攀枝花市第十次党代会召开后确定的今后5年攀枝花市“四个加快建设”“四区驱动”的战略发展目标进行简要介绍，并希望民建中央继续一如既往地关注、关心和支持攀枝花经济转型、产业升级、改革发展的各项事业。同时，邀请民建中央、中华职教社来攀实地调研指导攀枝花职业教育发展，恳请民建中央中华思源基金会继续对攀枝花市脱贫攻坚工作和公益慈善事业给予大力支持。

7月，通过当面向民建省委会副主委、中华职业教育社副理事长、四川应用技术职业学院董事长苏华汇报，并向民建省委正式报告，邀请中华职业教育社领导和专家到攀枝花讲学、调研和考察，促进攀枝花职业教育发展。

（牟小佳）

民进攀枝花市委员会

【概　况】 2017年，中国民主促进会攀枝花市委员会（以下简称民进攀枝花市委）有总支部3个（下设7个支部）、直属基层支部11个，会员406人，其中女会员180人；会员中具有大专以上学历的326人，占会员总数80.3%，其中博士2人、博士后1人；具有高级职称的会员180人，中级职称154人；获特级教师称号7人；会员中教育界309人，其他界别97人。

会员中，有市人大常委1人，市人大代表3人；县（区）人大副主任1人，常委3人，人大代表5人；省政协委员1人，市政协副主席1人，市政协常委2人，委员9人；县（区）政协常委4人，委员16人；市政府行政执法监督员1人，市检察院特约检察员1人，市法院司法廉洁监督员2人，市法院司法作风评查员2人，市政府法制办公室行政复议陪议员1人，市新闻评论员1人，市监察局特邀监察员1人，市政务服务监督员1人，市计生委医德医风监督员1人，市卫生监督局行风监督员1人，市交警支队警风监督员1人，市公安局特邀监督员2人，市教育局行风监察员5人，市环保局监督员1人。会员中中共党员22人。全年发展会员15名，年发展率为3.8%。其中机关事业单位人员6人，普教界6人，医药卫生界1人，文化艺术界1人，新社会阶层1人。

【调查研究】 2017年，民进攀枝花市委主委周治端参加民进中央和民进四川省委联合调研组，在对凉山彝族自治州的深度贫困地区问题进行调研后，形成的《关于解决好凉山深度贫困地区三个根本性问题的建议》的报告，获习近平总书记重要批示，成为凉山扶贫攻坚工作的重要参考。

2017年，民进攀枝花市委在市委和市政府本年度拟请各民主党派和市工商联重点调研课题中选择《完善养老保险结构，提升养老服务水平》课题，精心组织调研组，深入调研，形成高质量的调研成果，并在攀枝花市统一战线专题调研成果汇报会上获三等奖。

2017年，民进攀枝花市委确定民俗文化的调研方向，重点就是米易颛顼文化。调研课题组明确调研主题、成员分工、调研时间节点，并深入实地开展调研，积极为颛顼文化建设献言，让阳光康养插上文化的翅膀，从而形成具有深层内涵的攀枝花城市文化特色，提升攀枝花城市影响力。

【特色亮点】 2017年4月，通过民进四川省委、民进攀枝花市委联系协调，中共市委常委、统战部部长张敏带领攀枝花市教育界负责人在成都再次拜会民进中央副主席、全国政协副秘书长朱永新，正式提交攀枝花市加入新教育试验区的申请。7月，在南京市栖霞区召开的全国新教育实验第十七届研讨会上，攀枝花市教体局与新教育理事会签订加入协议，攀枝花市正式成为全国新教育实验区。

2017年，民进攀枝花市委与民进江苏省委、常州市委在攀开展教育均衡发展调研座谈会，致力于搭建攀枝花、江苏、常州三地沟通交流平台，加强教育资源共享、促进三地学生交流互动，借助民进教育界别优势，学习江苏、常州前瞻性的教育理念、创新的教育模式，做好教育牵手结对服务工作，助力攀枝花教育新发展。

【参政议政】 2017年，民进攀枝花市委向政协大会提交大会发言《规划、保护、利用好“新三湖”水刻不容缓》，获市政协大会发言一等奖。提交集体联名提案12件，向市人大提交建议9件，本会员人大代表、政协委员向“两会”提交个人、联名提案、建议20余件。

2017年，民进攀枝花市委承担的民进四川省委课题《提升职业教育品质，助推地区实体经济发展》（攀枝花篇），获2017年民进四川省委立项调研课题三等奖。

【民主监督】 2017年，民进攀枝花市委领导班子及省、市、县（区）人大代表、政协委员及各类特邀人员共参加中共攀枝花市委、市人大、市政府、市政协及县（区）党政部门、市公检法等部门召开的协商会、通报会、座谈会、研讨会、学习会和各项调研、视察活动60余次，就攀枝花市的重要人事安排、经济发展、城市建设、产业发展、新村建设、机关效能建设等方面提出意见和建议。

2017年，民进攀枝花市委在继续联系指导盐边县鳡鱼乡小石洼村脱贫后续工作的基础上，对鳡鱼乡开展脱贫攻坚民主监督并制定《民进攀枝花市委关于开展脱贫攻坚民主监督工作的实施方案》，前后6次前往鳡鱼乡开展调研，深入了解对口监督的鳡鱼乡贫困状况和扶贫工作开展情况。

【组织建设】 2017年，在组织发展方面，民进攀枝花市委严格按照《中国民主促进会基层组织工作条例》《民进攀枝花市委关于组织发展程序的规定》和“三个为主”的原则，注重质量、坚持标准、保持特色地进行组织发展，优化成员结构，走精品发展之路，吸引各类优秀人才充实队伍。2017年，全年组织发展15人，年发展率为3.8%，其中机关事业单位人员6人，普教界6人，医药卫生界1人，文化艺术界1人，新社会阶层1人，使组织发展的层次、涉及的行业更加完善。

2017年，民进攀枝花仁和总支部、东区总支部、米易支部荣获民进四川省委学习实践活动先进集体；会员1人荣获民进中央学习实践活动先进个人；会员4人荣获民进四川省委先进个人；会员2人荣获民进四川省委优秀通讯员。

2017年，民进攀枝花市委举办新会员培训班，组织20余名会员参加市委统战部组织的培训班；派送市委会班子成员、机关干部、基层组织主委、骨干会员30余人次参加民进中央、民进四川省委、中共市委统战部组织的学习培训班，提高会员素质和履职能力，为建设高素质的后备干部队伍奠定基础。

【社会服务】 2017年，民进攀枝花市委在对中共市委统战部、各民主党派市委共同努力打造的攀枝花市统一战线社会服务帮扶和教育基地盐边县红宝乡进行定点帮扶的基础上，进一步加大帮扶力度。民进攀枝花市委先后组织骨干教师2批次近20余人次前往红宝乡中心校开展送教助学活动，为中心校捐赠图书200余册，送教内容由语数外拓展至音体美及培训校鼓号队训练，为红宝乡苗族文化传承和发展献策出力。

2017年，民进攀枝花市委基层组织积极开展捐资助学活动、“推进移风易俗，树立文明新风”送文化下乡宣传活动、“统战同心 情暖彝家”等活动，为困难群众和学生送去慰问金和助学金5400元，春联90余副。会员1人向盐边县温泉乡政府捐赠3万元作为扶贫基金，为盐边县红果小学捐赠18万元。

2017年，民进攀枝花市委按照全市精准扶贫工作要求，继续联系指导于2016年年底整村脱贫的盐边县鳡鱼乡小石洼村。组织相关市县两级帮扶单位先后12次前往小石洼村开展“走基层 送温暖”“扶贫日”“春节慰问”等活动，为贫困户送去棉衣棉被和慰问金，协调帮助解决贫困户生产生活中存在的困难。

民进攀枝花市委荣获全市2014—2016年度定点扶贫工作先进单位称号。

【宣传信息】 2017年，民进攀枝花市委编发简报12期，向民进四川省委、市政协、市委统战部、攀枝花公众信息网发送消息、报道176条，四川统一战线网站采用报道1篇，民进四川省委网站采用报道44篇。对外宣传方面，民进攀枝花市委在《四川政协报》刊发2篇，《攀枝花日报》刊发1篇；在《四川民进》刊发30篇，完成全年宣传工作任务。

通过四川民进微信平台、电子邮件、攀枝花民进QQ群、攀枝花民进微信群等网络宣传方式，借助民进中央和民进四川省委网站等平台，第一时间就统战工作、党派工作的新动态、新举措、新形势进行转发和宣传，及时面向全市会员开展宣传教育和理论学习工作，全年向全市会员发送宣传、学习邮件65件，充分发挥对外联络作用和思想宣传工作的引领作用。

【机关建设】 2017年，民进攀枝花市委机关共召开25次机关办公会议和学习会议。选派机关干部2人参加市委组织部和市委统战部在武汉社会主义学院联合举办的攀枝花市党外干部培训班；选派机关干部2人参加民进四川省委在深圳大学举办的四川省专职干部培训班；选派1人参加民进四川省委在浙江大学举办的宣传信息培训班。机关1人荣获民进全国机关建设先进个人，2人荣获民进四川省委优秀通讯员，1人征文获民进全国机关建设年“我与民进共成长”征文活动三等奖。

2017年，民进攀枝花市委荣获民进四川省委2017年度“组织工作先进单位”“思想动态信息征集组织工作先进单位”“征文活动组织工作先进单位”“社会服务工作先进单位”“机关建设工作先进单位”5项表彰。

（张　玥）

农工党攀枝花市委员会

【概　况】 2017年，农工民主党攀枝花市委员会（以下简称农工党攀枝花市委）共有17个基层组织，其中4个总支委员会，13个支部。截至12月底，全市共有农工党员319人。其中，男党员170人，占党员总数53%；女党员149人，占党员总数47%；具有中共党员和农工党员双重身份的有14人。按界别划分，教育界13人，占4.1%；科技界3人，占0.9%；医药界255人，占80%；公有制经济2人，占0.6%；新的社会阶层2人，占0.6%；法律界4人，占1.2%；政府机关、党派机关、环保部门等20人，占6.3%；其他界别20人，占6.3%。从学历职称看，具有大学以上文化程度的174人，占55%；具有高级职称的81人，占25.4%；具有中级职称的221人，占69.3%。从年龄结构上看，全市农工党员平均年龄52.7岁。其中，40岁以下76人，占总人数的23.8%；41~50岁的113人，占35.4%；51~60岁的46人，占14.4%；61岁以上的84人，占26.3%。在职党员208人，占总人数的65.2%；离退休党员111人，占34.8%。

全市农工党员中有省人大代表1人，省政协委员1人，市政协副主席1人，市人大代表5名，市政协委员14人，其中，担任市政协常委3人。

农工党攀枝花市委批准符合发展条件的15人为农工民主党党员，其中男党员11人，女党员4人，平均年龄为38.6岁。新党员中，硕士研究生2人，大学本科学历11人，大学专科学历2人；高级职称4人，中级职称11人。

【主要工作】 2017年，农工党攀枝花市委以《拓展医养新内涵助力康养产业新优势》为题在市政协九届一次全委会上发言，获得市政协优秀大会发言奖。农工党攀枝花市委共提出集体提案10件，个人及个人联名提案12件，这些提案内容涉及攀枝花市医疗、交通、康养、教育、机械加工等多个方面多个领域。无论是集体提案还是个人或个人联名提案，都得到相关部门的积极回应，提案主办单位对农工党攀枝花市委提案高度重视，多次与农工党攀枝花市委联系并进行座谈沟通。农工党攀枝花市委还积极参加市有关部门和单位组织的各种活动和会议。

2017年，农工党攀枝花市委积极开展调研活动。3月，中共攀枝花市委、市政府为加快攀枝花市经济社会发展，给各民主党派拟定出调研课题，对此农工党攀枝花市委高度重视，决定以“抓住军民融合机遇　加快推进攀枝花钛金属产业发展”为调研题目，并在12月初召开的全市统一战线专题调研成果汇报会上发言，获得统一战线调研成果汇报三等奖。

2017年，农工党攀枝花市委争取到省政协副主席、农工党省委主委王正荣，农工党省委夏华祥、景世刚副主委一行来攀，就攀西国家战略资源开发区电力成本问题进行调研，调研组先后前往二滩水电站、攀钢海绵钛厂等地，就氯化法钛白、高钛渣等项目进行实地调研，并通过座谈形式详细听取了解水能资源利用、企业用电成本等情况。通过调研，农工党攀枝花市委上报的《充分利用水能资源，推动攀西国家战略资源开发试验区建设》调研课题，被省委会采纳。随后农工党省委将调研情况向中共四川省委、省政府和农工党中央汇报，积极争取省和国家层面的支持，助推攀枝花国家战略资源开发试验区建设，推动加快攀枝花工业产业升级发展。

10月，积极争取到农工党省委与攀枝花市委、市政府签订第二轮“农攀合作”协议。协议在第一轮农攀合作项目基础上，加强农工党省委在攀枝花市的参政议政调研，丰富农工党省委在攀枝花开展社会服务工作，加强在医疗技术援助、助推攀枝花市“康养+医疗”产业发展、助力生态环境保护事业发展等方面支持，增加干部的培训教育、双向挂职锻炼等方面的合作内容。

2017年，为帮助提升攀枝花县域医疗信息化建设水平，农工党攀枝花市委积极协调组织米易县医院和农工党米易县支部前往绵阳、泸州、雅安等市的部分县（区），学习调研城乡医疗信息共享建设情况，助力米易县整合县域各个医疗机构信息系统，提升米易县医疗卫生管理水平，打造健康城市信息化平台。

2017年，农工党攀枝花市委高度重视社情民意工作，积极组织党员开展调查研究，收集人民群众关心的热点难点问题，并在充分调研的基础上，积极收集整理社情民意信息，全年社情民意信息的上报量较2016年幅度提升。全年向省委会报送社情民意信息12篇，其中省委会采用3篇，省政协采用1篇；向市委统战部、市政协上报社情民意20余篇。

2017年，农工党攀枝花市委按市委统战部安排，收集整理农工党中央和省委对攀枝花三线建设的帮助与支持的历史影像资料，提供给中国三线建设博物馆收藏展览。

2017年，针对农工党攀枝花市委和各支部换届后，新任农工党攀枝花市委委员、支部主委较多，以及新党员增长迅速的情况，农工党攀枝花市委重点加强组织基础建设：对全市各基层支部进行逐一走访，对基层支部和党员的思想动态、党务工作开展和支部建设存在的困难进行详细了解，并拜访基层组织党员所在单位的党政领导和对应的县（区）统战部领导，取得他们对农工党工作的支持和帮助。研究制定的《农工党攀枝花市基层组织2017年工作指引》下发到各基层组织，并对机关支部和仁和支部加强指导，力促这两个支部在加强参政议政能力建设、提升组织凝聚力、创新拓展社会服务形式和内容等各方面工作的全面提升，作为支部建设的样板，起到组织建设以点带面的作用。以社会主义学习实践活动为载体，开展“不忘合作初心，重温历史，继续携手前进”主题教育系列培训，重温党的光荣历史，组织会议传达中共四川省第十一次党代会精神和农工党四川省委第十二次代表大会精神，还组织党员认真观看学习全国政协副主席、农工党中央常务副主席刘晓峰主讲的《中国农工民主党的历史道路和优良传统》、中国地质大学李长安教授的《民主党派如何提高参政议政能力》、武汉市委统战部党派处处长王磊的《新时期民主党派基层组织建设思考》等视频讲座、讲解，启发和引导党员们积极提升参政议政能力、组织建设工作实效，不断提高建言献策的水平。

2017年，农工党攀枝花市委社会服务工作扎实推进，顺利完成帮扶村“脱贫摘帽”任务。精准扶贫，对口帮扶，脱贫攻坚，民主监督。本着“突出重点、有的放矢、尽力而为、量力而行”的原则，全力帮扶对口的盐边县红宝乡干坪子村2017年脱贫摘帽。认真开展走基层送温暖活动，年初农工党攀枝花市委两次组织市中心医院、邮储银行攀枝花分行，对干坪子村贫困户进行逐一走访，详细了解贫困户近期生产、生活和家庭收入情况以及在医疗、就业和子女上学方面遇到的问题，为贫困户送上大米、菜油及慰问金等节日慰问。携手红宝乡政府和村委会共同研究帮助干坪子村和监督红宝乡解决脱贫重点难点问题。3月初，农工党攀枝花市委与盐边县人大、县政府相关部门到红宝乡就干坪子村2017年脱贫摘来帽工作的重点难点问题进行研究部署。6月初，市政协副主席、农工党市委主委李明，带领攀枝花市中心医院、邮储银行攀枝花市分行等帮扶单位，对红宝苗族彝族乡脱贫攻坚工作进展情况进行调研督导。督导组一行先走访贫困户，对贫困户产业发展和家庭收入等情况进行检查，又详细对标检查干坪子村村摘帽“一低五有”和户脱贫“一超六有”等工作落实情况。帮助干坪子村开展“四好”文明村创建活动，协调市中心医院出资帮助干坪子村全村302户1113人每户群众发放一套价值70元洗漱用品的爱心卫生包，共计21140元。向干坪子村捐赠价值7500余元的30套学习用品、篮球、羽毛球和5台电视。组织农工党农技专家前往红宝乡干坪子村开展中药材种植、冬桃种植、林下种植技术的知识培训讲座，为村民讲解种植经济作物中所遇到的困难和问题，实地入户指导村民开展更加科学合理的种植技术。农工党攀枝花市委申请到5万元科技帮扶资金用于干坪子村的冬桃和中药材种植科技帮扶。组织开展对干坪子村进行健康扶贫跟踪调研，对2016年调研时取得的数据跟踪了解该村因病致贫和因病返贫村民2017年情况，并将调研数据上报。积极关心帮助重点贫困户。会同市中心医院对红宝乡开展送医送药义诊活动，发放健康教育及宣传资料，宣传健康的生活方式和疾病预防知识，免费向村民发放药品一批。同时还协调市中心医院帮助红宝乡培训乡村医务人员。

积极为对口联系企业发展出谋划策。按照中共攀枝花市委、市政府的安排，市政协副主席、农工党市委主委李明率农工党攀枝花市委机关职工到大笮风餐饮有限公司调研。详细了解大笮风餐饮公司的生产经营情况、技术配套、农副土特产品的收购、生产、加工和销售情况，并就企业继续发展壮大提出期望和建议。

农工党各基层支部组织党员积极开展社会服务活动。3月1日农工党东区二支部成员到格里坪参加市卫计委“科技之春活动周宣传活动”。展出宣传展板5块，散发艾滋病、禽流感手册、折页、宣传单1000份；4月12日，仁和支部牵头组织开展爱心企业向仁和区中坝乡捐资助力精准扶贫捐赠活动。活动中，四川普得时代科技有限公司攀枝花项目部负责人谢清华、北京洁源新能源投资有限公司攀枝花项目部负责人徐爱东分别代表公司，向中坝乡捐赠精准扶贫资金2万元；5月13日，农工党西区总支携手市中心医院支部、市中西医结合医院支部、攀煤总医院支部和市二医院的医疗专家在西区格里坪镇漂流广场开展联合义诊咨询活动。此次义诊活动涉及外科、小儿科、呼吸科、心血管科、重症科、预防保健科等12个科室的20名医务人员，共为群众义诊600多人次，免费开展血糖、血压检测和现场免费发放价值2000余元的药品，并发放300多份宣传资料，为格里坪镇周边群众送去健康和幸福，提高群众的健康水平；6月16日，仁和支部到仁和区前进镇高峰村进行“林下中药材重楼种植项目”现场技术指导，针对重楼进入最佳生长期，重点向农户介绍生长期管理要点。通过仁和支部重楼项目的实施带动，2017年年底该村新增重楼种植大户一户，种植重楼近3000株，重楼项目正在进一步推广扩大，有效地带动农户脱贫致富。5月5日、22日、6月22日，农工党米易支部3次参加米易县政协举办的“委员同心助脱贫”—医助帮扶义诊活动。10月17日，在第四个“全国扶贫日”到来之际，为深入贯彻落实习近平总书记在山西太原深度贫困地区脱贫攻坚座谈会上的重要讲话精神，农工党仁和支部以“打好攻坚战　共圆小康梦”为主题开展捐款活动，此次活动共捐款1300元。

2017年，农工党机关支部获农工党中央坚持和发展中国特色社会主义学习实践活动先进集体称号。农工党仁和支部滕繁荣获农工党中央坚持和发展中国特色社会主义学习实践活动先进个人称号。农工党攀枝花市委获农工党省委2017年度综合优秀集体、思想建设工作优秀集体、脱贫攻坚工作先进集体；获订阅《前进》杂志工作先进集体。农工党党员王平、刘光兴、沈娟被评为农工党省委2017年度优秀农工党员。

（王沛然）

致公党攀枝花市委员会

【概　况】 2017年，中国致公党攀枝花市委员会（以下简称致公党市委会）发展新成员17名，截至2017年年底，成员总数228名，平均年龄52岁；其中女成员105人，占总数46％；全市党员中有副厅级干部1人，正处级干部2人，副处级干部3人，正科级干部21人，副科级干部16人。市人大代表4名（其中常委1人），县（区）人大代表5人（其中常委2人）；省政协委员2人，市政协委员20人（其中副主席1人，常委2人），县（区）政协委员33人（其中副主席1人，常委8人）。

【参政议政】 2017年，致公党市委会积极对接上级组织重点课题，向致公党中央报送的《关于在攀西战略资源创新开发试验区开展跨省跨区跨网电力市场化交易试点》《将大理——攀枝花——昭通铁路按高速铁路标准建设并纳入国家高铁网》两篇社情民意信息，获得致公党中央高度重视。9月21—22日，致公党中央副主席兼秘书长曹鸿鸣一行到攀枝花，围绕区域铁路建设、电力市场化改革等内容，就“长江经济带上游地区经济发展”进行实地调研，根据调研整理形成的《关于推进攀西国家战略资源创新开发试验区建设的建议》报送国务院并获得张高丽副总理亲笔批示并转国家发改委。

2017年，致公党市委会积极发挥参政党职能，紧紧围绕全市钒钛、阳光产业发展，开展专题调研、收集社情民意，形成一系列参政议政成果，专题调研报告《关于培育发展研学旅行产业　弥补我市康养旅游产业短板的建议》在全市统一战线专题调研成果汇报会上获一等奖；向攀枝花市政协九届一次全委会议递交集体提案9件，递交的大会发言《得天独厚康养城　阳光花城生态游》和调研报告《关于钢铁产业“去产能”的建议》均获评优秀。2017年，致公党市委会鼓励全市致公党员聚焦热点，关注民生民情，撰写反映社情民意信息，全年共征集报送意见建议58篇，其中《将卡介苗等4种特殊疫苗改成1人份／支的建议》被全国政协采用，另有7篇意见建议获中共攀枝花市委、市政府领导批示。

【社会服务】 精准扶贫成效明显。2017年，致公党市委会作为新山村精准脱贫工作牵头单位，为新山村争取基础设施建设资金24万元，组织人员赴新山村开展送温暖活动2次，向贫困户送去价值1000元的慰问品，向2名贫困学生捐赠助学金6000元。与致公党天津市滨海新区区委继续开展结对帮扶新山村活动，争取致公党天津市委10余名医疗专家队赴米易县医院和米易县中医院，开展为期一天半的“致福送诊”大型公益义诊活动，并利用半天时间深入新山村入户义诊，还向贫困群众捐赠水窖修建费8500元，并继续向该村10名贫困儿童捐赠一学年助学金1.44万元。有效开展民主监督，按照攀枝花市各民主党派开展脱贫攻坚民主监督工作总体部署，致公党市委会对米易县普威镇脱贫攻坚工作进行民主监督，致公党市委会组织精干力量走村入户，调研了解该村脱贫攻坚取得的成效及存在的问题，并以书面材料向普威镇反馈情况，就如何进一步做好该乡贫困村脱贫工作提出可行性建议，得到采纳。

创新形式开展爱心服务。致公党市委会争取致公党四川省委支持，与成都慈善总会合作，将“脸盆计划”第58期、第72期活动引进盐边县温泉彝族乡中心校、米易县新山傈僳族乡中心校，两次活动共筹集善款15万元，其中攀枝花市致公党党员捐款1.5万元，活动将健康服务带到边远少数民族地区，受益群众2000余人。在米易县新山乡中心校开展的“脸盆计划”活动，不仅为新山傈僳族乡学龄儿童及社区妇女带去健康服务，还将音乐课、航模课等置入活动之中，受到学生热烈欢迎。

2017年，致公党市委会与爱德基金会合作的“e－万行动”资助孤儿人数新增8人，仁和区、米易县、盐边县共有36名孤儿接受资助，全年捐款总额5.2万元。争取致公党北京市西城区区委支持，为攀枝花市9名困难女童捐赠助学费用12960元。在仁和区裕民村、西区金家村各投入10万元实施致公社区发展基金项目，其中仁和区裕民村社区发展基金第一轮贷款已发放，帮助10户村民走产业发展道路；西区金家村社区发展基金第一轮贷款已全部收回，资金实现循环使用，通过致富带头人引领全村走上产业致富的道路。

【表彰情况】 2017年，致公党市委会获评“中国致公党社会服务工作先进集体”“中国致公党四川省委员会先进集体”“四川省各民主党派开展坚持和发展中国特色社会主义学习实践活动先进集体”“2017年度全市党外人士意见建议工作先进单位”“2017年度全市统战信息工作先进单位”。

2017年，致公党米易县支部获评“中国致公党坚持和发展中国特色社会主义学习实践活动先进集体”“中国致公党四川省委员会参政议政先进集体”、致公党东区支部获评“中国致公党四川省委员会宣传思想理论先进集体”，致公党仁和区支部获评“中国致公党四川省委员会社会服务先进集体”，致公党西区支部获评“中国致公党四川省委员会对外联络先进集体”，致公党盐边县支部获评“中国致公党四川省委员会组织建设先进集体”。

2017年，致公党党员唐光荣获评“中国致公党坚持和发展中国特色社会主义学习实践活动先进个人”，致公党党员范大才、黄宏疆获评“中国致公党社会服务工作先进个人”，致公党党员饶晓东获评“四川省各民主党派开展坚持和发展中国特色社会主义学习实践活动先进个人”，丁加凤、马萍、王非亚、杨应东、邱盛鸿、陈颖、范大才、郑红延、郝建璋、候甫兵、饶晓东、唐光荣、黄宏疆、曾国涛等14名致公党党员获评“中国致公党四川省委员会先进个人”，饶晓东、陈颖、丁朝霞、张洪、郑红延、马萍、何顺东等7名致公党党员获评“2017年度全市党外人士意见建议工作先进个人”。

（何顺东）

九三学社攀枝花市委员会

【概 况】 2017年，九三学社攀枝花市委员会（以下简称九三学社市委）全年新发展社员18人，其中高中级职称占61%，平均年龄35岁；调出2人，死亡1人，净增15人。截至12月31日，全市有基层委员会1个，支社15个；社员664名，其中高中级职称占90.3%，平均年龄58岁。现有全国人大代表1人；九三学社中央委员1人；省人大代表1人；省政协委员2人（其中常委1人）；社省委委员3人（其中副主委1人）；市人大代表11人；市政协委员19人。

九三学社市委有2个支社按计划完成换届工作，2个支社完成届中调整。攀钢一支社第九届支社委员会：主委黄平生；副主委摆松林、叶云良。攀钢二支社第九届支社委员会：主委吴洪英；副主委唐毅；支委陈扬、袁敏、蒋骞。攀煤支社补选张宏为主委，增补李海龙为支委。仁和支社增补唐睿韩为副主委。

2017年，刘建明、唐超雄同志荣获九三学社中央2013—2017年度参政议政先进个人。九三学社市委被九三学社省委表彰为组织工作先进集体、参政议政先进集体、机关建设先进集体、信息工作先进集体、新闻宣传工作先进集体。九三学社市委被中共市委统战部评为2017年度全市党外人士意见建议工作先进单位，全市统战信息工作先进单位；罗汝琼被评为2017年度全市党外人士意见建议工作先进个人。

【主要工作】 思想建设 九三学社市委及基层组织全年开展各类学习中共十九大专题活动20余次，通过领导班子成员撰写学习心得、社市委老领导带头宣讲、各支社集中学习交流心得体会等多种形式，使社员们对中共十九大精神实质和习近平新时代中国特色社会主义思想有深刻领悟。2017年，在省委统战部、省人社厅和省级民主党派联合表彰中，九三学社市委获“坚持和发展中国特色社会主义学习实践活动先进集体”，李宇峰获“坚持和发展中国特色社会主义学习实践活动先进个人”。在九三学社省委表彰中，仁和支社、市政二支社、攀钢三支社3个支社被授予九三学社省委“坚持和发展中国特色社会主义学习实践活动先进集体”；白羽、蒙举、蒋祺、李军、摆松林、张宏、伍文霞、古伯琼、刘大海、唐毅、杨丰宇、胡生富、罗庆、刘庆春、蒋和平、韩林16人被授予九三学社省委“坚持和发展中国特色社会主义学习实践活动先进个人”。

积极参加“五四运动与九三学社缘起”“九三学社文脉与传承”等理论研究活动，完成研究文章3篇。以九三学社成立72周年纪念日为契机，通过邀请老中青社员参与“我为九三做件事”主题活动，开展社史、社章专题讲座等多种形式的活动，引导社员继承弘扬优良传统。

组织建设　基层组织建设，以选好基层组织带头人为首要任务，全年完成4个支社换届和2个支社届中调整工作，顺利推进基层组织领导班子的政治交接。九三学社市委结合社员和基层特点，积极探索工作开展的方式方法，结合议政调研、精准扶贫等工作提升社组织的凝聚力；支社班子注重与社员所在单位、中共统战部门沟通情况，汇报工作，反映问题，交换意见，在社员培养等方面争取支持和帮助；支社区别开展组织活动，老年成员以交流沟通和看望慰问为主，在职骨干成员以参政议政和社会服务为主，新社员以座谈学习和实践活动为主，取得较好成效；支社建立基层负责人与新社员谈心制度，增强新社员的自豪感、归属感和使命感。

“九攀合作”方面　通过“九攀合作”平台，在九三学社中央、省委支持下，争取到九三学社专家及团队的具体项目支持。经过多次协调沟通，促成攀枝花市与清华大学韩敏芳教授在固体氧化物燃料电池推广、北京大学刘忠范院士在石墨烯资源开发利用、中科院重庆绿色智能中心罗莊竹博士在钢轨制造等方面有项目合作。通过九三学社中央与国家海洋局海水淡化所，在钛产品应用开发及工业废液处置等方面，初步建立合作关系。

发挥九三学社横向联系的优势，加强区域之间的合作。邀请九三学社重庆市北碚区委专家组、资阳市委、省直工委来攀枝花市考察调研、座谈交流，围绕钒钛产品在航天航空领域的运用、特种合金、碳排放交易市场、太阳能高效综合利用与开发、康养产业、生物有机肥制造等领域进行深入交流和寻求合作。

参政履职　重视在“两会”平台展示参政议政的成果。九三学社市委在政协全委会上提交大会发言3篇，集体提案11篇，其中《关于促进我市房地产业健康发展的对策建议》《关于国胜茶品牌保护及做大做强的建议》《创新管理模式　规范自发市场　巩固创卫成果》被评为优秀大会发言；集体提案《关于促进下岗职工再就业的建议》受到市政府高度重视，要求相关部门通过摸底调查、采取加大培训和公益性岗位开发及安置力度等措施，落实提案建议。在市政协提案“回头看”中，对2015年提案《关于将观音岩饮水工程列为2015年一号民生工程加以推进的建议》进行现场跟踪督办，取得良好效果。充分发挥人大代表、政协委员的作用。据统计，九三学社市委人大代表提交人大议案15篇，政协委员提交个人提案25篇，其中《关于在市二医院设立“康复医疗中心”的建议》被列为市政协重点提案，市政府积极采纳，投入资金500万元，拟打造全省首个康复联合体。

九三学社市委围绕攀枝花“钒钛、阳光”两篇文章，发挥人才优势，扎实做好调研工作。组成课题组通过与部门座谈、赴米易和攀钢调研等，就攀枝花工业绿色发展现状及存在的问题，形成《践行绿色发展理念　助推我市工业绿色转型发展》的调研报告，在全市调研成果汇报会上获二等奖。组织专家对攀枝花钢铁钒钛产业发展进行多次研讨，形成《攀枝花钢铁、钒钛产业发展对策与建议》报告，通过“直通车”渠道报送中共攀枝花市委、市政府主要领导。

重视发挥参政议政骨干的作用。多次组织骨干社员，围绕中共市委、市政府中心工作，结合绿色发展、康养旅游、人才引进、钒钛产业、特色农业等人民群众关心的热点、难点问题，展开考察调研、座谈讨论，为提案、信息、大会发言提供好的思路和素材。通过整理汇编形成政协全委会大会发言3篇、集体提案17篇，“我为攀枝花发展献一策”建议16条。

结合自身特色和优势，切实做好米易县丙谷镇的脱贫攻坚民主监督工作，九三学社市委领导多次带队赴丙谷镇就扶贫政策落实、产业安排、资金使用等开展专项监督，形成监督报告，就存在问题提出整改意见并督促整改。积极参与全市异地搬迁督导工作，先后到务本乡、福田镇进行实地督导。

九三学社市委领导应邀参加各类征求意见会，就人事安排、《政府工作报告》等重要文件、市人大立法工作等提出意见建议。认真组织社员中的各级人大代表、政协委员、各类特邀员履行职责，积极完成各类专题协商、人事安排协商、界别协商、提案办理协商等工作。

社会服务　以“九红合作”为基础，全力投入精准扶贫工作。针对核桃箐村缺乏集体经济、产业发展不充分等问题，多次邀请种养殖、中草药、蓝莓等专家为核桃箐村把脉，为他们寻找集体经济项目和增加新的产业出谋划策。九三学社市委全年捐款2万余元，用于送“爱心包”“送温暖”活动及乡卫生院改造等工作。组织种养殖技术专家在核桃箐开展培训班，服务群众200余人。组织医卫专家在红宝乡中心校开展义诊，为60名学生做先天性心脏病筛查。在基础设施帮扶上，协调争取北京西城区资金200万元用于红宝乡基础设施建设，其中48万元用于定点帮扶的核桃箐村青龙组完成6公里的村级道路硬化。募集资金8.3万元用于核桃箐村小板山组的产业路建设。

机关建设　创建服务型机关。充分发挥机关的枢纽和桥梁作用，不断强化“三个服务”意识，为主委会、全委会和广大社员服好务，完成各类调研组的课题调研、九三界别小组活动及各级各类会议、接待工作。创建学习型机关。通过各类学习培训、参加调研、下基层等，不断提高学习思考能力、调查研究能力、文字表达能力及办文办会能力。发挥九三学社人才济济的优势，启动“九三讲坛”活动，开展中医养生的首期专题讲座。按九三学社中央、省委要求，开展“社员之家”试点推广工作。

加大宣传力度。编辑《社讯》2期，宣传稿件50余篇被九三学社省委采纳，20余篇被社中央采纳，16篇在《团结报》、团结网、四川政协网、《攀枝花日报》上发表。通过网站、微信群、QQ群宣传中共十九大、九三学社中央、省委相关会议精神，社内重要活动、九三学社先进人物事迹等，弘扬正能量，传递九三情。

（郭绍珊）

社会团体

市工商联

【概　况】 2017年，市工商联有执委92人，其中，主席、副主席17人（企业家副主席13人），副会长12人（企业家副会长9人），秘书长1人，常委43人。机关有干部职工12人，其中，行政人员8人，事业人员2人，工勤人员2人。

【人才培养】 强化教育培训。组织工商联干部和非公经济人士及时收看中共十九大盛会、听取中共十九大报告，通过开展报告宣讲、座谈交流、讲座学习、专题党课等形式，结合“两学一做”学习教育活动，领会精神实质，增强政治自觉，提升“四个自信”。以“走出去”方式，举办非公经济人士“坚定理想信念教育”（延安）培训班、民营企业高管（上海）培训班；以“请进来”方式，邀请上海知名企业家和高校教授赴攀举办“企业在国家经济转型时期的自我调整”“科技创新是第一生产力”“在十九大精神引领下民营企业转型升级的思考”3个专题的培训会；以联合办会的方式，邀请市经信委、国网攀枝花供电公司专家举办“关于支持非公经济发展的政策宣讲”“非公企业如何合理用电降低成本”两个务实培训会，全年培训非公有制经济人士1000人次以上。

坚持典型引路。组织开展拟作政治安排的非公有制经济代表人士的综合评价工作，开展年度民营企业50强、优秀民营企业家、优秀职业经理人、守法诚信示范企业等非公先进典型的申报评选工作，会同市委宣传部开展优秀民营企业宣传活动，着力引导广大非公有制经济人士争做爱国敬业、守法经营、创业创新、回报社会的典范。

【精准扶贫工作】 组织发动79家民营企业（商协会）结对帮扶全市70个建档立卡贫困村并签定帮扶协议，实现结对帮扶工作全覆盖。在智力扶贫方面，钢城集团、安宁铁钛、龙蟒矿冶、立新养殖、浙江（温州）商会、天正集团、联银工贸、正源科技、骏丰矿业、亚太传媒等企业积极开展贫困学生捐助帮扶活动；在产业扶贫和基础设施建设方面，攀路集团、行远牧业、天成丝绸、炅林工贸、青年企业家商会、中盛恒信、美宇商品混凝土、宇直方大、锦秀机械、益满达、宏德物流、金沙纳米、金联旅游、敬仁堂、大互通、金勇工贸等企业分别开展建桥修路、改善人畜饮水、危房改造、发展特色产业等方面的捐资捐物活动；在就业扶贫方面，丽新园艺、骏丰矿业、捷茂中药等企业优先安排贫困户家庭中的适龄人员就业，帮助贫困户增收脱贫。一通担保、红发物资、中天矿业、泓兵钒镍、申通快递等非公有制企业也通过多种方式积极投身全市精准扶贫事业。参与企业全年捐款捐物200余万元。

【促进非公有制经济发展】 积极建言献策。组织市工商联干部职工开展集中调研4次，走访民营企业100余家，形成《关于攀枝花芒果产业发展的建议》《关于加快攀枝花战略性新兴产业发展的建议》《关于攀枝花钒钛磁铁矿采选业存在的问题与对策建议》等3篇专题调研报告和5件政协集体提案、两期《非公要情》。针对在调研中收集到的问题，及时帮助协调解决，有力促进非公有制经济的发展。

搭建政企互动平台。举办民营企业家新春座谈会，攀枝花市主要领导、市级有关部门负责人和民营企业家代表参加座谈会。民营企业家的建议、意见经市工商联梳理，报市领导审阅后，转市级相关部门办理落实，有力促进民营企业和全市民营经济的健康发展。完善市级领导联系民营骨干企业制度。在广泛开展调研、有关部门推荐的基础上，对市级领导联系的民营骨干企业进行调整，各位市级领导均开展对所联系企业的走访调研工作，及时协调解决企业的困难和问题，有力促进民营骨干企业的发展。建立促进非公经济发展联席会议制度，由市委、市政府分管

（联系）领导定期召集市级相关部门及时研究解决企业发展中遇到的困难和问题，促进非公有制企业发展。

积极加强对外联络。与陕西省延安市工商联、上海市普陀区工商联建成友好工商联，邀请上海市一批企业赴攀开展商务考察和投资项目对接活动，中共攀枝花市委、市政府在上海举办的芒果品牌发布推荐会得到上海市工商联，普陀区、黄浦区工商联以及工商界企业的支持；邀请全国工商联旅游商会、上海和孝康养集团公司等赴攀参加第三届全国康养发展论坛；促成上海置辰智慧集团、月星集团对攀枝花市部分项目进行二次考察。

积极做好维权服务。主动为企业排忧解难，积极帮助非公企业协调解决经营、销售、劳资等方面纠纷40余项，有效化解一些社会矛盾。

【组织建设】 积极争取相关支持，在全省21个市（州）率先成立总商会党委；推动成立攀枝花福建商会、河北商会，扩大工商联组织覆盖面。

加强对县区工商联的指导，五个县（区）工商联顺利完成换届工作，米易县、盐边县工商联成功创建为全国县级“五好”工商联。

（刘　波）

市总工会

【概　况】 2017年，全市各级工会组织以中央、省、市委党的群团工作会议精神为统领，以中央、省、市委《关于加强和改进党的群团工作的意见》为指导，以打造“服务型工会”为目标，在组织、引导、服务职工和维护职工合法权益上依法履职、探索创新，发挥党联系职工群众的“桥梁纽带”作用。2017年，工会工作获各种表彰奖励20余项，劳动保护、财务规范化建设、经费审查等工作被评为全国先进，普惠性服务等10项工作在全省作经验交流，全省工会经济技术工作推进会等5项省级会议（活动）在攀枝花举办。

截至2017年年底，全市共组建各类工会组织4613个，发展会员45.82万人，有专职工会干部约440名（不包括省属企事业单位专职工会干部）。市总工会有职工（含直属事业单位及临聘人员）151人，其中，在职在编职工54人，离退休职工78人，聘用人员12人（机关聘用人员3人，特派员8人，专职社会化工会工作者1人）。

【技能人才培养】 2017年，市总工会以培养高技能人才为抓手，以培养优秀班组长为重点，以典型示范作用为引领，在班组中广泛开展争创“五化五强”班组劳动竞赛，开展面达91%，造就一大批品牌班组和明星员工；其中，中国十九冶集团有限公司职工宁显海代表中国参赛，在第44届世界技能大赛上，获得焊接项目比赛冠军；在全市工会组织中实施“蓝领人才培养”工程，推动攀枝花第二产业创新驱动发展，攀枝花职工杨林、曾正超被评为全省首批“四川工匠”。

【劳动竞赛】 2017年，以市委办、市政府办名义下发《关于开展市级重点项目劳动竞赛的通知》，确定20个重点工程（工作）竞赛参赛项目，涉及投资金额30亿元，共有3万余名职工参赛。2017年，全市规模以上企业参与面达90%以上，参与职工达30万人次以上；全市企业开展“三大行动”参与面达85%以上。8月16日，四川省引领性劳动和技能竞赛暨“助推区域发展，建功攀西开发”劳动竞赛在攀枝花市正式启动，市总工会成功承办四川省工会经济技术工作座谈会，为促进攀西地区城际间职工技能提升夯实基础；组织开展“大培训、大比武、大提升”为主题的第四届“百岗万人”职工职业技能大赛，分别设置电工复合焊工、焊工复合钳工、旅游服务、特色菜品、基础医疗卫生等14个工种（项目）的比赛；市各县（区）工会、产业工会、大企业工会及其所属（辖）单位分别组织开展多工种、多层面的职工技术比赛；比赛涉及26个工种（项目），120余场次，参赛职工达到6万余人次；万余名职工实现技术等级晋升。

【经济技术创新工程】 2017年，围绕“优质、安全、高效、节能、环保、和谐”的目标，在全市工业、建筑、交通、市政建设等行业开展“六比一创”（比工程质量、建设工期、技术创新、科学管理、安全节约、文明施工、创和谐团队）为主要内容的重点工程和窗口服务行业优质服务劳动竞赛，企业参与面达82%以上；“六比一创”以职工节能减排义务监督员为主体，开展“我为节能减排做贡献”“我为节能减排献一计”专项合理化建议活动，企业参与面达90%以上，进一步加强职工节能减排义务监督员队伍建设；劳动竞赛所形成的凌聚力、战斗力、竞争力促进企业经济效益、管理水平的提高；开展攀枝花市第三届

“钒钛之光”职工经济技术创新活动，共产生职工合理化建议18560余条，各基层单位推荐优秀职工成果百余项。

【安全生产管理】 2017年，市总工会与市安监局联合下发《关于建立攀枝花市安全生产职工代表大会专项报告制度的通知》，督促生产经营单位在职工代表大会上专题报告安全生产工作，接受职工代表监督，促进生产经营单位安全生产管理的优化，较好地体现《中华人民共和国安全生产法》中“职工参与”的意志和主张；认真开展广场“安全生产月”咨询宣传，制作安全知识工会劳动保护法律法规展板，发放防治矽（尘）肺病宣传资料上万份，参与职业病防治机制建设，全面完成职业病防治专项集体合同，提质扩面的签订工作；以“安康杯”竞赛活动为载体，把“安康杯”竞赛活动嵌入重点工程竞赛和技术创新中，引导企业和职工开展安全生产岗位教育、岗位培训、岗位练兵等活动，提高职工对安全生产隐患的防范意识；全年，市总工会参与全市伤亡事故和职业危害事故处理31起；市总工会在全省工会劳动保护业务知识培训班上作《工会在安全生产中应充分发挥职能作用》经验交流，得到省总领导的好评。

【劳模评选】 2017年，市总工会完成全国、省“五一”劳动奖状（章）、“工人先锋号”的评选工作，其中获全国五一劳动奖章2名、晋升全国劳动模范1名，获四川省五一劳动奖状3个、四川省五一劳动奖章3名、四川省工人先锋号3个；积极争取上级工会和财政的支持，推动实现劳模“三津”发放140万余元；加强劳模（先进）事迹的宣传，在“五一”期间，开展劳模事迹宣传，努力营造学习劳模、争当劳模的浓郁社会氛围；编制《攀枝花劳模名录第二卷》（初稿）；落实劳模政策，完成各级劳模的认证和相关资讯工作，强化违规违纪劳模的调查处理，较好地纯洁劳模队伍，使劳模精神成为职工在参与经济社会发展中的行动指针；完善劳模创新工作室管理办法，充分发挥劳模创新工作室作用，深入开展劳模创新工作室创建，推荐产生全国劳模创新工作室1个，省劳模创新工作室4个；攀枝花市总工会、攀枝花市职工技术协会共同命名（确认）全国劳动模范李建雄创新工作室等27个劳模创新工作室为“第三批攀枝花市劳动模范创新工作室”，并于4月27日在市中心广场举行的“筑梦花城　劳动赞歌”活动进行集中表彰授牌。

【职工思想引领】 2017年，市总工会组织职工参加学习中共十九大精神、习近平系列讲话精神、省第十一次党代会精神和省委十届二次全会精神。10月起开展“昂扬奋进迎十九大　砥砺前行展劳动美”职工主题教育实践系列活动、组织开展“我想唱给你听”喜迎十九大专场音乐会、举办“我和砥砺奋进的这五年”全市职工演讲比赛，为宣传学习贯彻中共十九大精神营造良好的氛围；持续深入地开展“中国梦·劳动美”文化下基层活动，为重点工程工地、偏远厂矿、职工和农民工集中的社区送去21场电影和4场文艺演出；积极参与第四届道德模范评选，推荐和申报攀枝花市全国职工职业道德建设标兵单位，“温暖攀枝花”走基层活动典型人物，“最美中国人”各族群众笑脸，优秀志愿者、志愿服务组织。截至2017年年底，共创建3家全国级职工书屋、1家省级职工书屋，1家省级农民工文驿站示范点（其中：国家级示范东区枣子坪街道大地湾社区、西区玉泉街道动力站社区、东区大渡口街道大渡口街社区；省级示范西区河门口街道北街社区；省级农民工示范仁和镇弯庄社区工会联合会）。2017年，全市已建职工书屋126家，职工教育示范点6家，其中全国级职工教育示范点5家，省级1家。

【企业和职工文化建设】 2017年，市总工会开展“道德模范”评选活动、以“我为攀枝花‘四个加快建设’作贡献”为主题，开展职业道德创建活动、十大感动攀钢人物评选；举办“企业精神大家谈”“改革大家谈”“穷尽潜能大家谈”等大型访谈节目，深入推进企业文化、树立企业核心价值观，增强企业职工职业道德意识；建立市总工会网络平台，职工通过上网登录网页或在手机上下载APP即可在PC终端和手机终端通过离线阅读、观看讲座等进行学习；举办“筑梦花城·劳动赞歌”系列活动之“花城最美劳动光影”摄影比赛、“阳光康养增活力　庆十九大展风采”全市职工球类运动会；在市工人文化宫、攀钢文化馆设点举办第五期培训，共开设13个种类68个班次，免费为2040名会员职工提供为期3个月的培训。制定《志愿服务活动方案》，以建立“攀枝花市职工服务网”为契机，打造志愿服务活动网络平台，实现志愿者及志愿活动网上全流程跟踪管理服务；在重大节庆时刻组织文化志愿服务队深入基层，为职工送去专场音乐会、文艺演出等4场，送电影21场；组织志愿者到中坝、格里坪镇等敬老院开展送温暖服务；组织志愿者开展帮扶捐助失学儿童，为困难职工、下岗职工提供西点烘焙等就业技能培训；结合攀枝花阳光“康养+”，开展职工体育活动培训，组织志愿者教授太极拳、游泳；针对职工群众普遍关心的禁毒、公共安全等组织志愿者开展宣传、讲座和应急演练等活动。全年全市各级工会组织共开展活动170余次。

【困难帮扶】 2017年，市总工会申报各类帮扶资金项目67个，全年获批各类帮扶项目资金1125.95万元；加强困难职工帮扶中心（站、点）规范化、制度化建设，全市已成立198个困难职工帮扶中心、帮扶工作站，其中乡镇（街道）55个、社区124个，企业19个；建档困难职工家庭情况开展针对性就业帮扶、生活救助、助学救助等，对患重大疾病职工开展医疗救助、“关癌行动”等，全年共开展生活救助5168人次，发放救助金413.45万元，开展医疗救助157人次，发放救助金83.2万元。2017年，全面完成省级民生工程目标任务，帮助下岗职工再就业990人；为符合条件的建档困难职工提供生活和医疗救助，资助困难职工子女632人，其中为三中、七中就读的困难家庭子女103人发放每人1300元爱心餐卡助学金。

【“送温暖”工程】 **“冬送温暖”** 2017年，市总工会开展元旦春节送温暖活动，对全市建档困难职工给予600～1200元慰问金，组织603名市级领导及市级部门在职副县级以上领导走访慰问自己联系的困难职工家庭；全市各级工会系统累计慰问一线职工、困难职工、困难农民工、困难劳模等24276户，发放款物总额1043.42万元。

“春送岗位” 2017年，市总工会与人社局共同开展“春风送岗位”“民营企业招聘周”“工会就业援助月”“送岗位进社区”等招聘活动，帮助求职人员实现再就业。全市各级工会组织组织专场招聘会18次，组织参加职业技能培训810人，提供免费就业服务4084人（贫困户454户），介绍就业663人（贫困户331户），接待就业、创业等咨询3463人次，发放宣传资料10000余份。通过工会就业帮扶，全年成功实现就业再就业990人。

“夏送清凉” 2017年，市总工会把“送清凉”与送文化、送法律、送安全、送健康等相结合，督促企业按有关规定改善职工生产生活条件，推动企业进一步做好防暑降温、高温季节劳动保护、农民工权益保障等工作。6月初，在市总工会主席吴成钢率领下，看望慰问在酷暑中、烈日下坚守岗位的攀钢钒业公司、钢城集团环业公司、观音岩引水工程、天星湖景观工程等现场，交警、环卫、公交车司机等从事户外和高温岗位的职工、农民工等共计1080余名，为他们送去价值14万余元的防暑用品。全市各级工会共计慰问高温岗位职工9万余人，送上清凉用品300余万元。

“秋送助学” 2017年，市总工会实施助学帮扶延伸行动，全市各级工会共计帮扶贫困学生632人次，发放助学金287.63万元；开展“金秋助学”活动：2017年共资助100名困难家庭子女，其中大学新生50名，小学到高中阶段的50名，省总工会下拨专项补助资金23.8万元。

【工资集体协商工作】 2017年，全市共计签订专项集体合同2551份、覆盖职工375324人，工会工资集体协商建制率达97%；大力推进女职工专项集体合同，特别规定相关条款全部纳入女职工权益保障、劳动安全卫生及职业病防治等专项内容，依法维护广大职工的合法权益。在签订的集体合同中，有专门章节和条款规范劳动安全和职业卫生工作，高危企业签订安全生产和职业卫生专项集体合同。制发《全市2017年集体协商“集中要约月”暨“集中宣传月”工作方案》，在全市开展声势浩大的集体协商“集中要约月”即“集中宣传月”活动，各县（区）总工会和钒钛高新区工会还在人员相对集中的广场、社区等开展23场大型集中宣传活动。2017年，市总工会打造表扬集体协商先进典型16家，其中东区环卫行业、钒钛高新区获评四川省集体协商示范单位，东区环卫行业集体协商经验入选《四川省集体协商案例选编》在全省推广。

【厂务公开民主管理】 2017年，市总工会建立和落实推进创新企事业单位民主管理制度改革工作台账，工作台账任务事项落实率100%；开展“公开解难题、民主促发展”主题活动，选择6个单位作为活动试点开展工作创新和交流；开展优秀职工代表提案征集评选活动，评选出优秀提案13件；攀钢集团公司、十九冶集团公司荣获全国厂务公开民主管理先进单位称号，攀枝花卓越钒业科技股份有限公司等4家企业评为四川省厂务公开民主管理示范（先进）单位；攀煤集团公司小宝鼎煤矿掘进一队101孔三班等5个班组评为四川省职工民主管理示范班组；积极培育选树集体协商先进典型，攀钢集团公司、东区环卫行业、钒钛高新区获评四川省集体协商示范单位。截至2017年11月，全市国有及国有控股企业、事业单位，职代会、厂（事）务公开实行率达100%，规范化率达100%；建会规模以上民营企业厂务公开实行率95%，规范化率达95%；建会国有及国有控股公司职工董事、职工监事建制率达100%；建会非公有制公司职工董事、职工监事建制率达85%。

【构建和谐劳动关系】 2017年，市总工会在“去产能、结构性改革”中积极维护好职工权益，在2017年市政协九届一次会议上作题为《在结构性改革中维护好职工权益》的大会发言，并获得大会优秀发言；牵头开展全市职工队伍稳定调研排查化解工作，对重点行业、重点群体和职工群体性事件和信访反映突出问题进行调研排查，撰写的调研报告获市委、市政府主要领导肯定性批示。

2017年，市总工会利用职工服务中心平台开设法律援助窗口；成立各级工会职工法律援助中心（分中心、工作站）112个（其中市级1个、县（区）级5个、乡镇（街道）一级54个、社区工会法律援助工作站34个、国有企业2个、非公企业16个、园区1个）。全年全市各级工会为职工、农民工提供专业法律服务738件次，受理劳动争议维权案件207件次，涉及2630人，挽回经济损失4000余万元；市、县（区）、乡镇（街道）、社区（村）及141家国有及国有控股企业全部建立劳动争议调解委员会，建会的非公企业中有3798家建立劳动争议调解委员会，组建率达89%；配合政府有关部门开展农民工工资支付情况、劳动法律法规贯彻落实情况专项检查，发现存在拖欠工资的企业39家，涉及劳动者1074人，清理拖欠工资4279.02万元；各级工会对用人单位开展劳动法律监督检查，针对发现违反劳动法律法规的问题向用人单位发出劳动法律监督意见书6份，全方位、多角度做好职工权益维护工作。

【女职工工作】　2017年，市总工会推荐攀煤（集团）公司水电公司供水所800吨加压站被全国总工会授予“全国五一巾帼标兵岗”荣誉称号；组织女职工积极参加“百岗万人技能大赛”等重大活动，21名优秀职工获市级以上荣誉称号，7名职工获省级劳模殊荣；3—5月，在全市范围内组织开展“玫瑰书香”读书征文比赛，共有56家单位、3000余名女职工参与，评选出获奖征文10篇，组织奖10名，充分展示我攀枝花市女职工的良好气质和精神风貌；4—5月，在全市范围内开展困难女职工“两癌”免费筛查工作，对全市98名建档的困难女职工进行“两癌”免费检查，同时开展对女职工适龄妇女“两癌”防治知识的宣传教育，使知晓率达85%以上；对交通工会、西区总工会、米易县总工会、盐边县总工会、日报社工会申报的5家“妈咪宝贝屋”进行督导验收，截至2017年12月底，全市建成妈咪宝贝屋15所；建立7所“职工心灵驿站”，组织国家级专家来攀深入企业、机关、社区、学校举办心理健康专题知识讲座100余场；建立“5·1”情缘网，为单身职工搭建择偶平台。

【夯实“双基”】　2017年，市总工会坚持以“六有”（有依法选举的工会主席、有独立健全的组织机构、有服务职工的活动载体、有健全完善的制度机制、有自主管理的工会经费、有会员满意的工作绩效）“双亮”（工会组织亮牌子，工会主席亮身份）为标准，将工会组织规范化建设活动纳入专项考核，落实“双亮”工程经费预算1万元；截至12月底，攀枝花市建会企业“双亮”开展面达88%；“六有”建设面达80%以上，规范化建设面达86%；印发《攀枝花市总工会关于加强工会组建和会员发展的实施意见》，全面梳理未建会企业，通过比对工商、税务和工会经费税库银系统，将未建会企业名单发放到各县（区）总工会，积极宣传工会组建政策，结合开展“互联网+工会+普惠性服务”，吸引大批未建会企业和职工加入工会组织；强化基层工会会员会籍管理，做好入会申请、会员登记、会员证发放、台账管理和会员关系转接工作，自主开发工会组织和会员数据库系统，完成省总数据库系统信息录入；市总工会开展农民工入会集中行动，主席办公会专题研究，每新增1名农民工会员给予20元工作经费补助；2017年，新增农民工会员6770人，补助经费135400元。截至12月底，攀枝花市职工人数为461073人，会员人数458247人，建会企业职工入会率98%以上。

【工会改革】　2017年，市总工会成立由市总工会主席吴成钢为组长的工会改革领导小组，明确职责分工，为顺利推进改革方案起草和实施提供组织保障；《攀枝花市总工会改革方案》于9月27日以市委办名义印发；10月20日召开全委扩大会暨改革动员部署会，对攀枝花市改革方案和普惠工作的实施进行动员和部署；完成《攀枝花市总工会改革方案》“问答式”改革解读；制定《攀枝花市总工会改革工作时间进度安排方案》，细化29项具体改革措施，明确工作责任和时间进度，截至12月底，完成了12项具体改革措施。市总工会内设机构及下属事业单位职能职责调整经市委编办发文明确；根据实际情况，制定《乡镇（街道）、开发区（产业园区）工会工作经费保障办法》，工作经费现拨付到位。攀枝花市总工会积极发挥下属事业单位作用，推行计算机联网审计等创新做法在全省推广。

【精准扶贫】　市总工会、市委编办、仁和区政协办公室、区科知局联合对口帮扶啊喇村，成立精准扶贫5人驻村工作组，市总工会民管部部长张泽周任村第一书记、驻村工作组组长；制订《市总工会等4单位对口帮扶啊喇村2017年脱贫攻坚工作计划》《啊喇村精准脱贫规划》《啊喇村2017年精准脱贫工作计划》，明确涉及帮扶村生产、发展、民生和社会建设等十项举措；全年市总工会开展工作调研10次，陪同市级领导开展“走基层”专题调研3次，召开精准帮扶协调会13次，专题研究帮扶工作，落实帮扶措施；根据工作部署，市总工会由分管领导牵头组织党员干部先后10余次深入帮扶村开展精准扶贫调研、入户调查和走访慰问。2017年，帮扶啊喇村退出贫困村和20户41人脱贫，全年帮扶资金共达50.46万余元。

【“互联网+工会+普惠性”服务工作】　2017年，作为全省首批试点市州之一，市总工会进一步转变服务理念、扩展服务内容、提升服务水平，把实施会员普惠服务、推行工会会员服务卡作为服务民生建设的重要载体，探索出一条推动工会工作创新发展的新路子。通过逐步完善“一网一库一卡一平台”，以市总工会职工服务网，微信公众服务号、“花城工惠”手机APP为载体，开发推出帮扶救助、法律援助、就业创业、才艺培训、技能提升、婚恋交友等服务项目，与职工互动交流，向职工推送宣传内容，回应职工关切的热点问题。与涵盖“吃住行游购娱”在内的70余个商家签订普惠服务单位合作协议，联合市商业银行制作发放“花惠卡”106414张。攀枝花普惠工作多次受到省总工会通报表扬，开展普惠工作的经验在全省推广。

（艾　莉）

团市委

【概　况】　2017年，全市共有团委111个、团工委17个，团总支102个，团支部1860个，其中团市委直属团（工）委、团总支32个，协管团委11个。全市14～35周岁青年有222873人，团员51323人，专职团干部61人，少先队员86057人。团市委机关内设办公室、组织和统战联络部、市关工委办公室、学校少年和维护青少年权益部、青年志愿者工作部、青年工作部6个部室，共有行政编制13个（含关工委2人），在编11人在岗6人，有书记1名，副书记3人（1人由关工委专职秘书长兼任）；下辖攀枝花市少年宫1个事业单位，编制数25个，在编21人。

【服务党政中心】　扶持青年创业创新，服务经济发展。多措并举造氛围。运用“传统媒体＋新媒体＋日常工作”的方式，增强“SYE”在攀枝花市的覆盖面和影响力；开展政策展览宣讲、摘录编印《攀枝花市青年创业创新扶持政策问答》发放并组织导师进行辅导培训，为创业青年提供无息、无抵押、免担保贷款。截至2017年年底，为攀枝花市184名创业青年争取到创业扶持贷款资金1349.5万元，新增就业岗位800余个；项目涉及节能环保新能源、医疗美容、电子商务、种植养殖、教育培训等多个行业，帮扶青年数、获得资金数均为全省前茅。跟踪服务解难题。采取“市级＋县级”相结合的方式，坚持不定期地对创业青年的项目运行情况进行巡诊，现场了解创业青年的项目运转情况、存在的困难和问题。组织创业导师对138个项目进行200次巡诊，提出对策，助力青年创业项目的良性运行发展，每个月对90%以上的项目进行回访对接，同步开展诚信教育。形式多样促交流。以攀枝花青年创新创业创客俱乐部、导师俱乐部为载体，组织青年参加创业创新沙龙、培训、讲堂和展示展销等活动10次，吸引创业青年1000余人次参加。强化升级有特色。项目预审采用“路演＋答辩”的模式进行，导师现场坐镇，面对面考察青年的综合创业能力，同时通过答辩也使创业者更加清晰的认识到自身项目的优劣势所在，真正达到促进项目的发展和创业企业成长的目的。

整合资源创新举措，助力脱贫攻坚。联合“910”汽车电台举办“2017年攀枝花市贫困村特色农产品快乐购活动”，带动扶贫村增收万余元，开展“走基层、解难题、办实事、惠民生”活动，联合相关部门走进米易县新山傈僳族乡中心学校、丙谷镇中心学校、普威镇中心学校开展“关爱困难少年儿童群体计划”，开展艺术培训。开展针对困难青少年的送温暖活动，帮扶困难青少年966名，送去温暖包、生活必需品、学习用品及慰问金价值19万元。组织全市50名留守儿童、困难家庭子女及家长参与“中环天地——极地冰雪嘉年华”活动欢度元宵。组织青年社会组织、青年志愿者针对贫困地区、困难青少年开展扶贫帮困、亲情关爱、技术服务等志愿服务活动。做好新建村结对帮扶工作，联合市政法委在定点帮扶的盐边县鳡鱼乡新建村开展“四好同创”扶贫系列活动，在贫困群众中掀起“比、学、赶、超”的热潮。春节慰问结对贫困户、困难职工、困难党员10余次，送去慰问金、爱心奶粉等物资11万元。以关爱活动为载体，以社会资源为助力，积极发挥好共青团组织在打赢脱贫攻坚战中的生力军作用，开展以“汇青春·同奋进·共成长”为主题的攀枝花市2017年暑期青少年免费观影活动，组织64名贫困家庭儿童免费观影，积极争取“我要上大学帮扶项目”，为攀枝花市23名考上本科的贫困高中毕业生争取到11.5万元助学资金，为盐边8所贫困地区中心校争取到“壹基金”多功能运动场项目，获赠相关运动物资及体育教师培训等经费近80万元，为贫困村困难学生争取“壹基金”温暖包600余个。

立足优势找准切入，参与社会治理。继续加强赛会、旅游、法治等志愿者队伍建设，开展春运、春节旅游志愿服务，招募春运青年志愿者108人，累计服务旅客7.2万人次，发放旅游地图、旅游指南等各类宣传资料4.2万份。中秋国庆期间，开展“欢乐阳光行·最美攀枝花”中秋国庆旅游志愿服务行动，累计服务游客3.2万余人次，发放资料2.8万余份。开展“青春志愿行·共建攀枝花”青年志愿服务行动月活动，志愿服务260余次，服务群众2.8万人。参与青年志愿者1200余人。做好中国·攀枝花·盐边“悦基金”2017年第24届全球华人羽毛球锦标赛志愿服务工作，组织80名志愿者为来攀的2000余名运动员提供志愿服务，完成攀枝花钒钛资源综合利用院士行暨钒钛（国际）论坛、攀枝花城市推介会志愿服务工作，积极筹备攀西战略资源创新开发试验区第四次省部级联席会议、第三届中国康养产业发展论坛等大型赛会志愿服务青年志愿者选拔培训工作。做好西部计划志愿者的服务管理工作，新增西部计划志愿者43人，在攀服务志愿者99人，同时举办西部计划志愿者能力提升培训班。攀枝花在2017年四川省大学生志愿服务西部计划培训会上作为优秀市州项目办代表进行经验交流。加强对青年社会组织指导管理，成立攀枝花市社会组织协力网络，开展5次能力提升培训。

【青少年思想引导】 以“喜迎十九大”为主线，开展以“青春喜迎十九大 不忘初心跟党走”为主题的五四青年节系列活动，举办攀枝花市纪念五四运动98周年座谈会、“践行社会主义核心价值观 争做向上向善好青年”主题评选和“不忘初心跟党走”——攀枝花市2017年青少年离队入团仪式暨“14岁集体生日”主题示范活动，引导青少年进一步坚定理想信念，践行社会主义核心价值观。在“六·一”“十·一三”举办第四届全国少先队辅导员及少年儿童书画作品公益巡展暨攀枝花市少年儿童“喜迎十九大·欢庆六一”书画展、“铿锵鼓号伴成长 童心相约中国梦”攀枝花市少先队鼓号队展演赛、“听党话跟党走”攀枝花少先队新队员入队仪式示范活动、攀枝花市少先队建队日主题示范活动，广泛组织全市各级少先队开展“喜迎十九大——我向习爷爷说句心里话”“我是光荣的少先队员”主题队日活动和“争做新时代好队员”主题活动，引导全市少年儿童特别是少先队员树立正确的价值观念，进一步坚定青少年理想信念，听党话跟党走。举办“我学十九大 青春正飞扬”演讲比赛和“学习十九大 建设美丽攀枝花”主题征文活动，动员全市干部群众特别是团员青年不忘初心跟党走，岗位建功新时代，在做好“钒钛、阳光”两篇文章的具体实践和攀枝花加快发展的新征程中贡献智慧和力量。

以网络阵地为依托，针对时代特点扩大工作覆盖。积极开展网上正面宣传教育，利用新媒体“微”功能传递党的正能量，打造具有时代特点的青年思想引导的新平台。用好团属微信、微博、网站等宣传媒介，推送宣传中央、省委、市委重要部署、精神等正面引导信息10999条，同时加强与团省委、团县（区）委网络阵地的联动，以新媒体矩阵的方式集体发声，扩大影响。建好“青年之声”互动平台，平台累计浏览量620万次，与青年互动交流1.4万余次，在团属网络平台上新设“每周团讯”栏目，定期发布攀枝花市共青团重要活动、青年关注等热点信息，通过网络有效实现共青团与青年紧密连接，提高攀枝花市共青团的凝聚力影响力。2017年3月，“共青团攀枝花市委”微博在全省优秀政务新媒体评选中，被评为“四川省优秀政务微博”账号。

以优秀典型为标杆，激发青年干劲，鼓励创优争先。攀枝花市少工委在第四届全国少先队辅导员暨少年儿童书画作品征集展示活动中被授予“优秀组织单位”称号，攀钢研究院钒钛冶金研究所获评全国青年安全生产示范岗，攀枝花市实验学校——红领巾国学社团被评为“全国优秀红领巾国学”小社团，同时推荐报送的17名个人、22个集体获评省级“两红两优”，选树40名个人、25个集体为市级“两红两优”，43名中学生和6名中学生为市级“最美中学生”和“最美中职生”，推荐报送1名中学生参加全国“最美中学生”评选。在全市开展“共青团员先锋岗（队）”创建工作。集中宣传报道一批优秀青年典型、创业青年代表，并结合宣讲会、集中表扬等形式扩散先进事迹，提升典型影响。

【青少年关爱服务】 坚持需求导向，关爱青年成长。开展2017年“逐梦计划”，帮助在校大学生调整择业观念、增强就业能力，提供见习实习岗位347个。举办青年能力提升培训班，覆盖青年380名。成功举办2017年“姚基金”希望小学篮球赛，全市30所希望小学，300名学生参赛，选送30名学生参加四川省“姚基金”希望小学篮球赛，以赛事推动青少年身心健康发展。试点开展“童伴计划”，争取5万元资金为湾丘彝族乡建立“童伴之家”，为53名留守儿童提供帮助和成长指导。开展“12355”中、高考减压活动，组织心理辅导志愿者赴全市24所初、高中为临考学生进行心理疏导、减压，覆盖5300余人。整合各类青少年活动阵地，建成“青年之家”19所。同时积极争取市青少年活动中心项目，为青少年提供更多活动阵地。为贯彻落实《中长期青年发展规划（2016—2025年）》中关于服务青年婚恋交友的工作要求，积极整合资源，创新模式和载体，为花城青年搭建平台，举办以“爱在花城 浪漫七夕”为主题的攀枝花市青年公益相亲会和以“情定终身·缘在花城”为主题的相亲交友会，来自全市各行各业的单身青年共计200余人参与本次活动。

推进依法治市，深化预防青少年违法犯罪和保护未成年人合法权益。联合攀枝花银监分局，组织讲师对攀枝花学院和四川机电职业技术学院500余名学生开展“防通信诈骗及不良校园贷知识进院校”公益讲座，增强大学生识别和应对通信诈骗能力，拒绝不良贷款；积极引导各级团组织与公安、交通、消防、安监等相关部门合作深入学校、街道、社区、留守儿童集中开展以“增强法制意识，学会保护自己”“青春自护·平安春节”为主题的青少年自护教育专题讲座53场，覆盖4500余人。组织全市100余名师生代表联合公安、交通、消防等部门开展法治宣传教育和自护亲身体验教育。联合市禁毒办、“12355”青少年综合服务平台、各县（区）团委和各县（区）禁毒办联合开展2017年攀枝花市暑期青少年自护教育和禁毒知识进社区系列活动11场，覆盖400余名青少年，发放《禁毒基本知识及危害》等宣传资料1万余份。做好禁毒包片村工作，通过实地督导，提供禁毒宣传资料、召开禁毒宣讲等，开展好包片村特别是当地青少年的禁毒工作。

直接联系青年，畅通交流渠道。建立开展共青团与人大代表、政协委员面对面活动制度化、规范化、经常化长效机制，发挥共青团作为党和政府联系青年的桥梁和纽带作用。开展“1+100”团干部直接联系青年活动，通过“青年之友”微信平台，直接联系青年1.3万人，通过线上交流、分享，线下组织活动、座谈等与青年互动2400余次。通过召开青年群众代表会议、青年座谈会、工作通报会和新媒体，向青年及时通报年度或近期重大工作项目和重点工作任务，搭建让青年一起设计、参与、评议的工作渠道。

【夯实团建基础】 全面推进共青团改革。成立共青团改革领导小组，全面推进改革工作，把握改革要义。通过党组会、工作例会、改革座谈会等方式，组织团干部对团中央、团省委改革方案及市委领导批示进行深入学习，吃透文件精神，推动方案出台。按照基层调研、方案起草、内部讨论、征求意见、上报初审、下发文件的工作步骤，确定时间节点，积极推动《攀枝花共青团改革方案》印发，确保任务落实。及时召开团系统改革动员部署会，编印《〈攀枝花共青团改革方案〉一问一答》，及时分解重点任务，加强专项督导，确保任务推进。方案印发后，各级团组织积极响应、迅速行动，在机构设置、工作方式、阵地建设、经费保障等多个方面成效明显。如东区试点推行团员清理预登记工作，把规范团员身份作为推优入党的重要条件；盐边试点开展“团员找团组织、团组织找团员”的“双找”活动，解决基层团组织薄弱问题。

全面加强组织队伍。在全市共青团系统集中开展“学习总书记讲话　做合格共青团员”教育实践。成立专项领导小组，以月为单位，详细列明工作内容、工作要求、具体步骤，便于基层团组织抓好贯彻落实。同时要求各直属团组织结合实际制定各自工作方案，做到内容不缺项、节奏不滞后、举措有创新。通过紧扣主线重点学、创新载体互动学、结合实际定向学，在全市青少年中掀起学习活动热潮。米易县丙谷镇开展“学习总书记讲话　做合格共青团员”主题团课先后被四川新闻、中国青年网报道；《攀枝花仁和区团委：“一学一做”教育实践“纵深推进”》被人民网采用。结合从严治团、共青团改革、脱贫攻坚以及“1+100”等重点工作，各直属团组织干部均建立团支部联系点。针对团员档案、团员发展、团费收缴、团的组织生活和团日活动开展等方面存在的突出问题，开展团组织清理整顿，共清理团组织7个，对25名不合格团员按流程进行处置。

加强团干部关爱力度，重视思想政治建设。分层分类举办团干部专题培训班、报告会、宣讲会、座谈会等20余次，邀请党政干部、专家学者、业务专干和先进典型作专题交流，覆盖团干部5000余人次。重视干部多岗锻炼。通过召开工作务虚会、实地专项调研、定期交心谈心等多种方式，了解干部思想、工作和学习情况，教方法、谈感悟，帮助干部成长。重视“传帮带”，2名团干部参加市级递进培训班学习，2名团干部顺利转岗，4名团干部分别到北京市海淀区和投促、经信、团委等省级机关挂职，3名团干部到市级部门跟班学习。

【关心下一代工作】 以丰富“三爱”教育活动为切入点，着力提高青少年思德教育的趣味性、互动性。全市各级关工委积极发挥“五老”优势，以培育践行社会主义核心价值观为主线，深入开展“两史三爱教育”“攀枝花精神教育”等主题活动，引导广大青少年立志向、爱祖国、建家乡。一批批“五老”“花儿”志愿者走进三线建设博物馆义务解说，万名少儿正唱响中共十九大精神和攀枝花“123456”。各县（区）关工委整合资金70余万元，举办“绿色发展　健康成长”暑期全免费公益夏令营，690余名特殊青少年直接受益。东区组织百名小记者采访攀枝花开发建设者，编成采访录《千山红树万山云》。西区不断深化家庭教育，在15所学校、30所幼儿园、32个社区、10个村建立家长学校。仁和区注重实践育人，开办“爷爷奶奶一堂课”“儿童跳蚤市场”等。米易县长期开展文化下乡进校园、“火红青春　绿色米易”青少年卫士突击行动等，引导青少年爱文化爱劳动爱卫生。盐边县开展“寻找身边榜样”活动，依托《盐边艺苑》等丰富青少年教育载体。

以建立“绿色救助”通道为突破，着力加强助孤帮困的针对性、创新性。全市各级关工委按照省关工委“帮扶到人、关爱到心”的工作目标和要求，主动助力脱贫攻坚，不断加强助孤帮困工作。健全工作机制，开展“绿色救助”。市关工委制发《关于开展全市特殊青少年“绿色救助”工作的通知》。全年全市“绿色救助”申请121份，纳入救助40人，其中3人获市级救助金10.2万元，同时得到相关单位的特殊帮扶。建立“两库一卡”（全市关心下一代志愿者信息库、全市特殊青少年信息库及结对关爱卡），开展全面结对。2017年，全市各级关工委进一步摸清特殊青少年底数，完善“两库一卡”。据统计，全市有“五失”青少年771人，其他困难青少年750人。其中：孤儿206人、事实无人抚养儿童（特困供养儿童）152人、艾滋病病毒感染儿童8名、农村留守儿童249人、重残儿童330人。各级关工委长期招募志愿者，全面开展结对关爱，确保每名特殊青少年至少有一名结对责任人（村社工作人员）和一名结对志愿者，得到长期的亲情陪伴与精神鼓励。凝聚各方力量，实施整体联动。2017年，教育部门累计投入2.29亿元，资助家庭经济困难青少年儿童上学18.14万人次。全市小学入学率100%、辍学率0.1%，初中入学率99.5%、辍学率0.2%。民政部门发放事实无人抚养儿童基本生活费111.08万元、孤儿生活费269.34万元、重度残疾儿童生活费42.17万元、艾滋病病毒感染儿童生活费10.46万元。人社部门开展就业培训、农村实用技术培训1.88万人次，组织专场招聘会57期，送岗位信息下乡入村活动628场。有关部门现建成留守儿童之家、“三爱”教育体验点等校外阵地，以及“12355”青少年热线、心理驿站等服务平台175个。为130余名学生发放“金秋助学金”53.35万元，募集45.662万元为33名贫困学子圆梦大学。

以构建“大关工”格局为目标，着力提升关工委工作的影响力、凝聚力。全市各级关工委认真学习贯彻党的十九大精神，不断强化“大关工”意识，积极构建“大关工”工作格局，努力营造全社会共同关心下一代的良好氛围。学习促动。8月，市关工委、市委党校联合举办全市关心下一代工作培训班。市委、市人大、市政府、市政协领导出席开班仪式，市委书记李建勤作开班辅导报告。随后，三个县（区）相继举办培训班，全市参训学员达500人次。其中，盐边县68个“一把手”到会学习，有力提高了工作认识。自党的十九大召开以来，全市关工委有效运用微信、网站等平台，广泛开展学习宣传活动。市关工委召开4次会议集中学习研究，明确贯彻落实意见任务，并调整充实市关心下一代宣讲工作团，邀请中共十九大代表许静到攀枝花为1000名团干青年、关工干部、“五老”和青少年学生等做示范宣讲报告。“五老”带动。全市关工委老同志长期参加老少结对关爱、“五老”主题报告和义务监督网吧等工作，开办春芽读书会、“五老”报告会约400余场次，参与青少年5万余人次；1600多名“五老”志愿者与特殊青少年广泛结对；300余名“五老”担任校外辅导员，长期义务开展学业辅导、科普文体活动等；316名“五老”配合职能部门义务监督网吧等游乐场所，积极参加校园周边环境整治。宣传互动。为大力弘扬“五老”精神，讲好攀枝花关心下一代故事，切实加强关心下一代宣传工作，市关工委积极调整思路，着力建设宣传员队伍，完善激励制度，打造网站、微信等宣传平台，发动各单位积极订阅《中国火炬》《关爱明天》刊物。截至2017年年底，市关工委官网微博微信发送相关信息108条，市级以上媒体采用38条，《关爱明天》及省级媒体采用信息36条次，有2篇稿件获省十佳新闻作品奖。

（杨　兵）

市妇联

【概　况】　攀枝花市妇女联合会（以下简称市妇联）2017年，全市各级妇联组织学习贯彻中共十九大精神及中央、省委、市委群团工作会议精神，切实保持和增强妇联组织的政治性、先进性、群众性，围绕党政工作大局，按照“1251”工作思路，即突出一个主题（汇聚巾帼正能量，共建幸福攀枝花），实施两个纲要（妇女、儿童发展纲要），深化五大行动（素质提升、巾帼建功、幸福家庭、维权服务、强基固本），实现一个目标（攀枝花妇女儿童事业发展整体水平和妇联工作整体水平走在全省前列），积极推进妇联组织和妇联工作改革创新，扎实有效完成各项目标任务，团结引领全市妇女为美丽幸福攀枝花建设做出新贡献。2017年，市妇联被全国妇联表彰为“妇女儿童维权工作先进集体”，被省妇联、省教体局等评为“家庭教育先进集体”，被省政府妇儿工委评为“四川省实施妇女儿童发展纲要先进集体”，在省妇联年度目标考评中获全省特等奖。

【宣传教育活动】　学习宣传中共十九大精神。2017年上半年，全市各级妇联以“花城姐妹齐行动　聚力喜迎十九大”为主题，开展系列宣传活动，营造喜迎中共十九大的社会氛围。中共十九大召开后，通过微信公众号、微信、微博、网站等媒介在妇女群众中开展“巾帼心向党　建功新时代”学习宣传教育活动，做到在线直播、即时推送、线上线下互动。举办妇联系统十九大精神网上知识竞赛、演讲比赛等活动，5000余人参与。将中共十九大精神宣讲与“走基层”“维权课堂”“家教讲堂”等工作同步推进，深入基层一线，扎实开展中共十九大精神学习宣讲40余场。开展群众性文化体育活动。各级妇联开展“智慧悦读 涤荡心灵”“书香花城 幸福家庭”“我是朗读者”等全民阅读活动，征集读书心得1000余篇。建立市旗袍协会、仁和区时装协会，500多人参与，举办旗袍礼仪培训，开展旗袍秀活动，弘扬民族文化，展示女性魅力，丰富妇女群众精神文化生活。利用“三八”妇女节等契机，开展“千人健身跑”、歌咏比赛及颁奖晚会、趣味体育运动会等活动。

【妇联组织改革工作】 2017年9月，市委印发《攀枝花市妇联改革方案》。10月，市委副书记虞平牵头召开妇联系统改革动员部署会，推进妇联改革工作。

优化市妇联机关职能。强化妇联组织在家庭工作中的独特作用和重要职能，市妇联成立家庭和儿童工作部，承担家庭文明建设、指导推进家庭教育工作及儿童校外教育、关爱救助困境、留守儿童等职能。

基层妇联工作力量得到加强。在村妇代会改建妇联（简称会改联）工作中，市、县两级妇联加强与组织部、民政局等相关部门的沟通协调，争取党政在换届选举工作中，将女性参选参政、妇联基层组织建设同步推进，从源头上提供组织保障。市妇联建立市、县（区）、乡（镇）、村（社区）四级妇联换届工作QQ群，全程关注，掌握动态，加强指导，跟踪落实。4月，全市481个村（社区）全部完成“会改联”工作，新增村（社区）妇联执委1690人，加强了基层妇联组织力量。“会改联”后，妇女工作由妇代会主任一个人做变成一帮人在做，变服务对象为工作力量，体现妇联组织广泛的群众性，切实加强基层妇联“网底”建设。

乡镇（街道）妇联区域化建设改革有序推进。打开大门建妇联，大力推进乡镇（街道）辖区内各个单位、各个组织、各个领域的女性共同参与、开放互动、全面覆盖的妇联组织建设和妇女工作新格局。全市配备乡镇（街道）兼职副主席38人，新增妇联执委64人，在“两新”组织中新建立妇联组织5个，其中比较典型的是盐边县“火烧天”妇联和东区电子商务产业园区妇联。

基层组织实现六个100%目标。行政村“村委”班子中100%有女性、村（社区）妇代会100%改建为村妇联、村妇联主席100%进村“两委”（通过合法程序担任）、村妇联主席工资待遇100%解决、基层妇联组织100%有工作经费、“妇女之家”100%覆盖到村（社区）。

打造妇联网上工作新平台。构建联系网、服务网、工作网三网合一的“互联网+妇联”工作新格局。以“妇联通”、微信群、微课堂、“花城幸福家”“笮山女声”等微信公众号为依托，利用掌门直播平台，提高妇女素质、服务妇女创业就业、指导家庭教育、维护妇女合法权益。

加强能力提升培训工作。各级妇联结合妇女工作实际，按需分层培训，为女性提升素质能力搭建平台。县（区）妇联对基层改革后新增人员开展妇联业务工作培训。市妇联组织150余名妇联执委、妇代会代表、妇女工作者及科级女干部到复旦大学参加女干部履职能力暨幸福家庭建设培训学习。

【巾帼建功行动】 实施“巾帼家政+康养产业服务”培训工程。市、县（区）妇联联合人社部门、美之源职业技能培训学校在全市开展“巾帼家政+康养产业服务”专业培训，举办培训班16期，900多名城镇下岗失业妇女和农村贫困妇女参加培训。学员们通过为期一月的理论学习和实际操作，全面系统掌握家政、康养服务知识，通过考试取得国家劳动部颁发的上岗资格证书，愿意就业者由学校100%推荐就业。

深化“精准扶贫 巾帼同行”行动。各级妇联继续深化巾帼脱贫“七个一”活动，走村入户开展扶贫督查工作。通过农家女大课堂开展培训，鼓励妇女居家灵活就业，大力发展种养殖、阳光康养等特色项目，增强城乡妇女脱贫致富本领和自我发展能力。全年深入结对帮扶村举办农家女大课堂168场，协调农林、畜牧业专家深入结对帮扶村开展种养殖技术培训30场。动员社会力量参与贫困妇女精准脱贫，建立“巾帼脱贫”示范基地。协调落实农村县（区）20万~30万元专项资金，用于贫困村妇女素质提升和家庭建设。

动员组织女职工踊跃参加岗位练兵、劳动竞赛、科技创新、节能减排、钒钛资源综合利用、市场开拓等活动，推动女职工成为行业能手。在危旧房棚户区改造和环境治理等重点工作中，发挥“半边天”独特作用。在“两新”组织中推动“巾帼文明岗”建设。2017年，新建4个省级、3个国家级“巾帼文明岗”。发挥巾帼志愿者队伍积极作用，有效开展服务活动，全年新注册巾帼志愿者1000人，共注册1721人。

【幸福家庭建设】 围绕“孝、爱、亲、和、廉”，开展寻找“最美家庭”活动。“三八”妇女节期间市妇联评选宣传全市“最美家庭”50户，提名家庭48户，“好家风好家训”作品21幅。由基层推荐、选拔8人组成巡讲团，开展“最美故事”巡讲10多场，5000余人聆听“最美故事”。深化平安家庭创建活动，全市创建平安家庭示范户500户。开展廉洁文化进家庭活动，发挥家庭助廉优势，推动反腐倡廉工作。向省妇联推荐家庭文化优秀作品39个，获奖12个。开展好习惯好家风培育。市妇联印发1.5万册日历、春联，在贫困村广泛宣传“四个好”，开展“创四好、树新风、助脱贫”活动。在盐边县温泉乡实施“脸盆计划”，为妇女群众发放卫生清洁包。米易县以家庭环境卫生“七个好”为重点开展测评活动，通过挨家挨户督查评比、缺啥补啥发放奖品，使新山乡傈僳族群众思想观念和行为习惯发生转变，家庭环境和个人卫生全面改观。完成省妇联“家风建设与社会主义核心价值观”课题研究项目。

【家庭教育指导】 与市教育体育局等部门联合出台《攀枝花市关于指导推进家庭教育的五年规划（2016—2020年）》，向市委、市政府提出关于将家庭教育指导纳入全市城乡公共服务体系的建议并推动落实。开展“科学家教进万家”“做四有家长”“隔代教育”等公益讲座，开展线上线下培训。协调市委组织部在“农民夜校”中增加“家庭教育和幸福家庭建设”内容，参与课程设置和培训工作。全年学校、村、社区开展家庭教育讲座1100余场。其中，仁和区妇联牵头开展“幸福家庭智慧家教”公益讲座，聘请高级指导师举办公益讲座47期，培训家长6800余人。

【妇女儿童维权服务】 推进“两纲”实施。以实施攀枝花妇女儿童发展纲要为抓手，召开妇儿工委全委会暨“两纲”实施现场推进会、“两纲”监测统计会，加强“两纲”指标的监测、统计分析和评估。着力推进“儿童之家”建设、女性村委会主任配备等重点指标落实。2017年全市新建“儿童之家”30个。

加强法制宣传工作。各级妇联围绕“七五”普法和法律“七进”工作，以“三八”维权周、“6·26”禁毒宣传日、“12·1”艾滋病防治日、“12·4”宪法宣传日等节日为契机，广泛开展普法宣传活动。利用“维权大讲堂”将“妇女权益保障法”“反家庭暴力法”等法律法规送进家庭、社区、学校和机关。全年开展各类普法讲座、法制文化活动等130场次，参与妇女达5万余人。推动市政协就攀枝花市“反家庭暴力法”实施情况开展专题调研，形成调研报告，在市政协常委会上作汇报，有力促进“反家庭暴力法”的贯彻执行。全市发出“告诫书”9份，“人身保护令”2份。

加强信访接待工作。坚持“理解在前、安抚优先、主动沟通、全力协调、及时化解”的信访工作原则，认真做好群众来信来访，杜绝群体性事件的发生。建立婚姻家庭纠纷调解工作长效机制，加强婚姻家庭纠纷调解工作，全市建立70个“花城联姐”工作室。发挥“12338”维权心理热线效能，做好重点个案风险评估与管控，保持信访“零”积案。2017年，市县两级妇联接听“12338”热线127次，接待来访336件，办结率100%，为妇女儿童实施法律援助148件，为群众提供专业法律咨询服务500多人次，完成“中彩金”法律援助项目个案20件。承办省妇联“中国妇女法律援助”项目现场培训会，在现场介绍经验，在会上进行交流发言。

【惠民关爱行动】 开展妇女“两癌”（宫颈癌、乳腺癌）免费筛查工作。各级妇联宣传、组织农村妇女和城市低收入妇女参加“两癌”免费筛查，全年筛查妇女23500余人。对21名特别贫困的患者积极申请全国妇基会的“两癌”救助资金。

关注“失管儿童”。全市符合帮扶条件的163名失管儿童全部实现“爱心妈妈”结对帮扶。组织西区“失管儿童”及牵手的“爱心妈妈”30余人参观三线博物馆，以沙盘为载体为“爱心妈妈”开展关爱心理疏导技巧培训。“爱心妈妈”通过家访、郊游、参加家庭活动等多种形式给予结对孩子生活帮助和心理关爱，解决亲情缺失、家教缺乏、监护不力等实际问题，促进孩子们健康成长。

走访慰问贫困妇女儿童。利用春节、“三八”妇女节、母亲节、“六一”儿童节等契机，走访慰问贫困母亲、特殊儿童。妇联干部深入村、社区、边远山区开展慰问、送温暖活动，宣传党的惠民政策，宣传中共十九大精神，引导发展思路。全年各级妇联慰问困难妇女儿童500余人，家庭800多户。为西区重病贫困孩子组织捐款13800元。

（徐云芳）

市侨联

【概　况】 2017年，市侨联内设办公室1个，行政编制3名，机关后勤事业编制2名，在职干部职工3名。同时与工、青、妇等其他5家群团组织共同在全市社区建设有14个群团组织社会服务中心。

9月，市委办印发《关于印发市总工会、团市委、市妇联、市侨联、市科协系统等5个改革方案的通知》。一年来，市侨联扎实推进侨联改革，充分发挥桥梁纽带作用，凝聚侨心、汇集侨智、发挥侨力、维护侨益。

【经济科技】 主动做好侨务引资工作。2017 年，组织参加第 15 届东盟华商会、一带一路华商峰会等重大涉侨经贸活动，取得实效；参加赴欧洲交流访问，协助促成意中产业项目发展基金会王馨主席率意大利相关企业来攀投资考察，与市政府达成合作框架协议；邀请省侨联领导和上海御庭集团等 12 名专家、企业家来攀参加第三届中国康养产业发展论坛。

认真做好侨务引智工作。2017 年，拜会省“千人计划”专家联谊会会长，努力为攀枝花市人才办与省“千人计划”专家联谊会合作牵线搭桥；继续加强与市侨联海外顾问等海外高层次人才的联系，走访慰问攀枝花市省“千人计划”专家，就进一步加强攀枝花市“千人计划”专家和归国留学人员联谊，发挥侨界智库作用进行座谈；建立攀枝花市“千人计划”专家、留学回国人员数据库，推荐攀枝花学院 2 名教师当选省华侨华人学会理事。

【权益保障】 广泛宣传侨法。2017 年，争取攀枝花市“七五”普法规划明确写入“大力宣传归侨侨眷的合法权益保护等方面法律法规”，市侨联同时制定下发文件予以落实；将侨法纳入 2017 年度市委党校干部培训班的学习内容之一，编印《常用涉侨法律法规手册》。

关爱归侨侨眷。2017 年，市侨联先后走访慰问攀枝花市 20 余户归侨侨眷，帮扶 2 户农村贫困侨眷家庭发展养殖业和水果种植。认真做好涉侨信访工作，2017 年，共接待归侨侨眷和侨资企业信访 10 人次，做到事事有落实，办结率 100%。加强侨情调研，联合市委组织部、市人社局开展专项侨情调研，与市委组织部、市公安局等部门达成侨情共享，工作协同的联系机制。

【海外联谊】 广泛开展海内外联谊活动。2017 年，参加赴欧洲交流访问，与法国华侨文成联谊会等海外侨社建立联系；利用参会、接待等各种机会，广交朋友。如在参加一带一路华商峰会期间，主动拜会意中产业发展基金会等海外社团，达成合作共识；在春节、端午节等中华民族传统节日期间向海内外重点工作对象发送电子贺卡 100 余份，进一步加强联系，建立攀枝花市联系侨团侨社和华商数据库。

【参政议政】 主动建言献策。在 2017 年的市政协九届一次全会上，市侨联联合致公党攀枝花市委在大会上作题为“得天独厚康养城、阳光花城生态游”大会发言，提交集体提案一件。认真组织侨联界别活动，为侨界委员参政议政做好服务，2017 年，侨联界别 5 名市政协委员共提交 5 件个人提案，积极为全市发展建言献策。积极配合市人大、市政协开展华侨权益保护调研、侨资企业调研等活动，主动构建侨联工作合力。

【公益捐赠】 1 月，争取到四川省华侨公益基金会向温泉乡野麻地村 57 名贫困小学生捐赠“侨爱暖心包”；3 月，海外侨胞捐资 10 万元为野麻地村捐建扶贫桥竣工；帮助野麻地村筹集培训示范专项资助款 1 万元，资助该村 6 户精准贫困户 4800 元。同时，争取到香港同胞资助攀枝花市 33 名农村学生，捐赠新衣服 95 件，捐赠 7500 元帮助建设侨心小学校园文化项目。

【文化宣传】 2017 年，编印以“123456”市情为主《攀枝花市简介》宣传册；3 月，《攀枝花日报》对香港同胞长期关注支持攀枝花市教育事业的感人事迹进行报道；5 月，攀枝花市侨眷杨文仲家庭的家规被评为首届四川十佳“天府好家规”；9 月，《四川侨声》报用专版对攀枝花市情进行特别报道。2017 年，组织参加第十八届世界华人学生作文大赛取得佳绩，全市有 33 名学生获奖，市侨联荣获大赛组织奖。

（吴庆育）

市残疾人联合会

【概　况】 2017 年，市残疾人联合会（以下简称市残联）内设办公室、康复科、教育就业科、维权科 4 个职能科室，下属残疾人康复教育中心、残疾人劳动就业服务中心 2 个事业单位。全市残联系统（含三区两县残联）有在职职工 70 人（含临聘人员 26 人），其中市残联 26 人（机关 13 人、事业单位 13 人，含临聘人员 4 人）、东区残联 9 人（含临聘人员 6 人）、西区残联 6 人（含临聘人员 4 人）、仁和区残联 12 人（含临聘人员 7 人）、米易县残联 7 人（含临聘人员 2 人）、盐边县残联 10 人（含临聘人员 3 人）。全市残疾人人口 7.46 万人，持证残疾人 2.75 万人。

2017 年，攀枝花市残疾人工作在市委、市政府的领导下，在四川省残疾人联合会（以下简称“省残联”）的指导下，按照“一个中心、两大体系、三大保障”（以“量体裁衣”式残疾人服务为中心，不断健全残疾人社会保障体系和服务体系，提升组织保障、资金保障和设施保障）工作思路，全面推进残疾人康复、教育、就业、维权等工作，全市残疾人工作持续健康发展。2017 年，攀枝花市残疾人社会保障体系进一步健全，各项优惠政策落实到位；残疾人扶贫工作力度加大，措施精准有力；残疾人民生得到更广泛关注，残疾人民生状况较好改善；残疾人文化体育活动丰富，残疾人参加文体赛事再创佳绩。但基层残疾人组织建设工作还很薄弱，影响残疾人工作深入开展。

【全市残联工作会议】 2017 年 3 月 23 日，全市残联工作会议在攀枝花会展中心召开。市政府残工委各成员单位参加会议，会议总结 2016 年残联工作，对 2017 年工作进行安排部署。2016 年，全市共为 3.5 万残疾人提供各类服务 22.4 万项次，落实覆盖率达到 100%，入户调研的精准度、“一人一策”服务的精准度、精准监督的精准度均达 90% 以上，被省残联评为“全省 2016 年度市（州）残联绩效考核一等奖”。

【残疾人社会保障】 2017 年，攀枝花市残疾人社会保障体系进一步健全，各项优惠政策落实。

残疾人社会保障制度落实。全市符合条件的城乡残疾人家庭和困难成年重度残疾人纳入最低生活保障，实现“应保尽保”。2017 年，纳入城乡低保残疾人 6343 名，其中农村低保对象 4294 人、城市低保对象 2049 人，享受残疾分类施保对象 3649 人；纳入特困人员供养残疾人 1014 人。全年参加城镇职工社会保险的残疾人 7247 人。全市城乡居民基本养老保险、城乡居民基本医疗保险工作全覆盖，残疾人参加城乡居民基本养老保险、城镇居民基本医疗保险和新型农村合作医疗优惠政策落实，全年参加城乡居民基本养老保险的残疾人 18499 人，参加城乡居民基本医疗保险残疾人 21049 人。

提高困难残疾人生活补贴标准。积极配合民政部门做好提高持有第二代残疾人证的低保对象困难残疾人生活补贴标准工作。从 2017 年 1 月开始，发放标准从每人每月 60 元提高至 70 元。

【残疾人民生工程及民生大事】 2017 年，市残联认真做好涉及残疾人的 7 项民生工程和 1 件民生实事的项目申报、实施、督查、验收、后续跟踪等工作，确保各项工作全面完成，切实让残疾同胞受益。全年帮助 7265 名城乡残疾人实现居家灵活就业；扶持 1206 名农村贫困残疾人发展生产；为有辅助器具需求的残疾人适配辅助器具 1504 件；对 436 名残疾人扶贫对象据实发放差额补助，达到年收入国家扶贫标准；为 9755 名重度残疾人发放护理补贴；为 637 户有需求的残疾人家庭实施无障碍改造；为 102 名贫困家庭脑瘫儿童提供阶段性康复训练服务；为 35 名贫困家庭听力残疾儿童提供人工耳蜗手术、助听器适配、听力语言康复训练等康复服务；为 910 名贫困精神病患者开展医疗救助，其中为 750 名贫困精神病患者补贴服药费用，为 160 名重症精神病患者提供一次性住院治疗补助。2016 年 12 月 2 日，经市政府常务会议研究决定，市残疾人康复教育中心和市三医院医技楼合建，市残联立即抓紧开展各项相关工作，项目建设于 2017 年 9 月 12 日开工，2017 年底完成主体工程施工。配合市民政局对 5786 名持有第二代残疾人证的低保对象发放困难残疾人生活补贴 470.4 万元。

【残疾人服务】 按照省残联统一部署，2017 年，全市进一步深化“量体裁衣”式残疾人服务，不断完善“量服”四大机制（深化常态的入户调研机制、以需求为导向的“一人一策”服务机制、以每个残疾人直接监督为主的新型监督机制、信息化管理和实据量化决策机制），依托四川省“量服”信息平台和“智慧量服”手持终端，全年为 3.78 万名残疾人提供各类“量体裁衣”式残疾人服务约 34.7 万项次。全面推进“机构量服”，全市申报并通过审批的机构量服单位共 91 个，其中市本级机构 16 个、县（区）级机构 75 个，并按要求开展服务。深入推动“开放量服”，通过积极申报，2017 年完成残疾人自助办理业务内容的申报工作，残疾人可以在网上直接进行申办业务。

【残疾人康复】 2017 年，市残联会同民政等市级相关部门，成功争取国家康复辅助器具产业综合创新试点在攀落地；在全市卫生计生系统的协助下，利用“爱耳日”“爱眼日”和“世界精神卫生日”等节日开展康复防治知识宣传和义诊活动，普及康复知识，提高公众残疾预防和康复意识；开展康复服务，帮助残疾人恢复或补偿功能，减轻残疾人痛苦和家庭负担。

视力康复。2017 年，市残联系统在市卫生计生系统的协助下，全年为 150 名贫困白内障患者免费实施复明手术。

残疾儿童康复。2017 年，配合市卫生计生系统开展第五轮“0～6 岁儿童残疾筛查工作”，筛出疑似残疾儿童 29 名。为 30 名 0～7 岁智力残疾儿童提供康复训练；为 2 名精准扶贫对象中的 0～6 岁残疾儿童提供康复救助；输送 2 名脑瘫儿童到四川省八一康复中心进行矫治手术，为 97 名脑瘫儿童制作矫形器 214 具；为 10 名自闭症儿童实施康复救助。开展各类残疾儿童联谊活动 20 期 2000 余人次，帮助残疾儿童更好融入社会。

其他康复工作。2017 年，市残联为成年贫困听力残疾人适配助听器 92 台；为 4 名下肢残疾人适配假肢。

【残疾人扶贫】 2017 年，市残联按照精准扶贫工作要求，加大残疾人扶贫工作力度，努力帮助贫困残疾人脱贫解困。

走访慰问困难残疾人。2017 年元旦、春节期间，攀枝花市、县（区）政府残疾人工作委员会成员单位和攀钢集团有限公司等大企业继续开展“温暖万家行”活动，走访慰问贫困残疾人家庭 2000 余户。

残疾人精准扶贫。市残联加强与市扶贫移民系统的联系，全年对 436 名符合条件的残疾人扶贫对象发放差额补助，达到年收入国家扶贫标准。积极配合住建部门筛选、鉴定残疾人危房，并将残疾人危房户纳入优先改造范围。2017 年，全市有残疾人危房户 46 户，已改造 32 户，改造率达 70% 。

“双联”工作。2017 年，市残联“双联”工作帮扶联系点为盐边县红宝乡核桃箐村。市残联党员干部按要求与 8 户扶贫对象家庭结成帮扶对子，开展走访慰问、制定帮扶方案，给予力所能及的扶助。

【残疾人教育】 2017 年，市残联继续协助攀枝花市特殊教育学校做好盲、聋哑、智残学生招生工作，帮助残疾适龄儿童、少年入学。全市投入资金 50 万元，资助 500 名正在接受义务教育的困难家庭残疾学生。1 名残疾高考生申请并享受到残疾考生参加高考平等机会和合理便利政策，在高考中，获得考试延时、优先进入考场、使用特殊试卷等合理便利。协助教育部门、招生单位做好残疾高考学生录取工作，4 名残疾高考生圆了“大学梦”。

【残疾人就业】 2017 年，市残联协助有关部门监督检查残疾人福利企业残疾职工用工情况，督促安置残疾人就业单位为残疾职工足额缴纳社会保险费用，保障残疾人合法权益。与市地税局、市财政局共同做好年度残疾人就业保障金征收工作，完成年度征收任务。继续开展残疾人就业和职业培训情况实名制统计工作，对就业年龄段残疾人进行就业和职业培训情况实名制管理。开展残疾人职业技能培训，培训残疾人 1089 人。攀枝花市 2 名盲人参加 2017 年全国盲人医疗按摩人员考试，其中 1 名通过考试，这是攀枝花市首次有残疾人参加全国盲人医疗按摩人员考试并取得考试合格证。正式启动攀枝花市用人单位安置残疾人就业情况网上审核工作，即通过使用“四川省用人单位安置残疾人就业网上申报系统”开展用人单位安置残疾人就业情况审核工作，全年通过审核的市级、东区、西区安置残疾人用人单位 122 家，共安置残疾人 327 人。

【残疾人维权】 2017 年，全市残联系统办理残疾人来信来访 178 件次，其中市本级接待残疾人来访 60 人次，全部按时按质办结，全年未发生残疾人赴省、赴京集体上访事件。市残联为 213 名拥有机动车的残疾人申请发放 2017 年残疾人机动轮椅车燃油补贴。

【残疾人宣传】 2017 年，市残联积极与新闻单位联系，加大残疾人工作宣传力度，全年在市电视台、市广播电台和市级报刊播放、刊登反映残疾人事业发展和自强不息残疾人信息 10 余次（篇）。继续利用市残疾人联合会网站和市政府门户网站的市残联部门窗口，向广大群众宣传残疾人优惠政策，公开全市残疾人工作重要活动、重要事项等，营造良好扶残助残社会氛围。

【残疾人文化体育】 开展残疾人文化体育活动，丰富残疾人文体生活。2017 年 6 月，在武汉举办的 2017 年全国残疾人游泳锦标赛中，攀枝花市肢残运动员邓雅勇夺 1 枚金牌；7 月，在天津举办的第十三届全国运动会中，攀枝花市残疾人选手赵攀伟夺得第十三届全国运动会群众比赛象棋冠军；10 月，在浙江杭州举办的 2017 年全国残疾人象棋锦标赛中，市残联按照省残联的要求组队代表四川省参加比赛，攀枝花籍选手获得 1 个第三名、1 个第五名和 1 个团体第三名的优异成绩；11 月，在江苏无锡举办的第二届“阿炳杯”全国盲人器乐独奏大赛中，攀枝花市盲人选手博史尼撒荣获大赛西洋器乐组三等奖。

2017 年，全市推荐 5 名残疾人运动员到四川省残疾人游泳队参加长期集中训练，备战下届残运会。开展残疾人康复（健身）体育进家庭活动，为 310 名残疾人送体育器材、体育方法、体育服务到家庭。

（阚忠钰）

市文联

【概　况】 市文学艺术界联合会（以下简称市文联），市文联机关设有组织联络部、办公室 2 个职能部门，两个正科级财政全额拨款的事业单位，攀枝花文学院（《攀枝花文学》杂志社）、攀枝花市书画院（市城市雕塑创作室）。

市文联机关编制 7 个、事业单位编制 18 个（书画院 8 个，文学院 10 个）。文联机关领导职数为主席 1 名、副主席2名、科级领导职数2名。截至2017年底，文联机关和事业单位在职职工共22人。

市文联市级团体会员有市作家协会、市书法家协会、市美术家协会、市摄影家协会、市音乐家协会、市舞蹈家协会、市戏剧家协会、市曲艺家协会、市文艺评论家协会、市民间文艺家协会等14个市级社会团体。

攀枝花市有县（区）、企业文联7个：东区文联、西区文联、仁和区文联、米易县文联、盐边县文联、攀钢（集团）公司文联、川煤（集团）攀煤公司文联。

2017年，全市各级各类会员有4110余人（其中省级会员1200人、国家级会员129人）。

【迎春茶话会】 1月24日，市文联在攀枝花文艺创作中心召开2017文艺界迎春茶话会，来自全市文艺界的部分知名老中青文艺家欢聚一堂。市文联党组书记、主席李平在认真倾听大家的发言后寄语新春，寄语全市文艺工作者。

【举办颁奖典礼】 2月17日，《攀枝花文学》2016年度优秀作品奖颁奖仪式暨名家对话会在攀枝花文艺中心文艺大讲堂举行。

小说《我是特务》（作者：陈杰），荣获“优秀小说作品”奖。组诗《山坡上，空空的麦地》（作者：温馨），荣获“优秀诗歌作品”奖。散文《一尾名叫张玉的鱼》（作者：张玉），荣获“优秀散文作品”奖。文艺评论：《想象为视觉设宴——从王文革看“工业题材”新的审美趋势》（作者：吴雨声），荣获“优秀文艺评论”奖。

“《攀枝花文学》2016年度作品奖”颁奖活动体现2016年度《攀枝花文学》杂志的收获，体现文学关注现实、反映时代的精神风貌，体现文学在艺术创新之路上不断前行的丰硕成果。

【文艺创作工作会】 2月28日上午，全市文学艺术创作工作会在攀枝花文学艺术创作中心召开。会议对2016年度涌现出的县（区）、企业文联、市级文艺家协会先进集体、文艺创作先进个人、协会工作先进个人进行表彰。市文联党组书记、主席李平就进一步推动2017年全市文学艺术创作提出要求。4月19日，攀枝花市书画院在文艺创作中心三楼召开重点作者创作工作会。会上，对2017年书画院建设、院聘画师管理、创作采风展览活动、美术、书法等工作进行安排部署。

【重点文学创作项目签订】 5月16日，攀枝花文学院举行2017年度文学创作项目签约仪式。经现场答辩，专业委员会评审，确定6个年度签约项目，一部农村题材长篇小说，一部反映脱贫攻坚的长篇小说，一部反映攀枝花三线建设的小说，一部本土地域特色诗集，一部砚文化随笔集。

【专题工作会】 6月13日，市文联召开全市文联系统专题工作会，专题学习贯彻四川省第十一次党代会精神和全市宣传文化系统专题工作会会议精神。

【攀枝花诗会】 市文联与市委宣传部、东区区委、区政府具体承办2017攀枝花诗会。诗会由攀枝花市委、市政府、中国诗歌学会主办，《星星》诗刊杂志社协办。以此弘扬中国诗歌吟花咏花的传统，传播攀枝花城市形象。

诗会由诗作征集评颁奖和“攀枝花城市文化形象与诗歌传播”主题研讨、诗歌采风、交流等系列活动组成，从2017年6月1日开始到12月20日结束。

诗会吸引国内外知名诗人，即有著名诗人，也有众多的诗歌爱好者，投稿近万件，其宣传影响极为广泛。以“花”为主题，以“花”为抒写对象，表达花与人生、花与爱情、花与生活，诗与阳光花城攀枝花的吟唱共鸣。以此宣传攀枝花的人文魅力，提升攀枝花的知名度和影响力。

【专题调研】 2017年8月16—17日，四川省文联党组书记、常务副主席平志英率新文艺组织专题调研组到攀枝花，就攀枝花市新文艺组织、新文艺群体、新文艺聚落、新文艺个体工作者的发展现状进行调研。通过走访调研，省文联将在搭建平台、建立评奖机制、扶持专题项目、创意策划等方面给予大力支持，不断延伸工作手臂，进一步为新文艺组织、新文艺群体、新文艺聚落、新文艺文艺工作者服务，为全省经济社会发展服务。

9月7日，省作协创研室副主任黎正明一行到攀枝花市开展区域文学发展情况专题调研。通过调研，肯定了攀枝花作协工作，对攀枝花市文联有文学院这样的专业机构，作协领导由文联班子成员兼任，具体工作由文学院专业人员兼职，为全省作协工作提供宝贵的经验。省作协将在搭建平台、扶持重点作品、建立评奖机制等方面给予大力支持，不断延伸工作手臂，进一步为全省基层文学工作者服务。

【打造人文教育平台】 由攀枝花学院、市文联共同主办，由攀枝花学院通识学院和市文联攀枝花文学院承办的“诗与远方”混合式教学课程建设项目，8月31日晚在攀枝花学院第二教学楼多媒体教室正式启动，市作协主席、本土诗人李平围绕《让诗歌照亮生活》主题，从什么是诗、什么是好诗、传统诗歌与新诗的对比等几个方面，为大学生们进行一场精彩的课堂教学。

【文艺惠民】 2017年元旦、春节期间，市文联广泛开展“我们的节日”文艺惠民系列活动，活动从2016年12月23日开始到2017年2月23日，惠民活动涉及全市三区两县。

市文联组织市书法家协会、市美术家协会、市摄影家协会、攀枝花书画院的艺术家们，深入攀枝花市三区两县的部分乡镇和社区，开展文艺惠民10场1000余人次，共送春联、福字、书画4000余幅，照片500余张，提前给农村各族群众和社区居民带来春节的祝福。

2月22日，市文联组织市书画院、市美协、市书协书画家到市公安消防支队开展“艺术进军营”活动，为官兵们现场创作十余幅作品并进行现场交流；4月17日，由市委宣传部指导，市教体局牵头实施，市文联及其下属协会、西区文联落实的“文学艺术进校园”走进中小学校系列活动正式启动。当天，市书画院院长、市美协常务副主席梁云彬，带领10多位艺术家与市第26中小学校全体师生共同开展“结对子、种文化”活动；5月12日上午，市文联组织市书画院、市美协、市书协7位艺术家在市第40中小学校开展文艺进校园书画活动。在该校“第十三届读书节之艺术家进校园”活动现场为广大师生写字、作画，并带去艺术书刊；6月8日，市文联副主席刘虹组织市美术家协会画家20余人来到精准扶贫点米易县弯丘乡青山村，实地进行村文化墙打造，创作出20余幅大型墙体壁画，为村里增添一道靓丽风景。市文联在脱贫攻坚工作过程中，结合自身特点积极探索文化帮扶的新形式和新内容，给群众送去喜闻乐见的文化艺术，积极推动文艺惠民和文化扶贫，帮助青山村早日脱贫致富；10月13日，市书画院、市美协、市书协共9名艺术家在攀枝花市成都外国语学校与全体师生共同开展“艺术家进校园”活动；12月21日，市书画院、市美协、市书协下基层开展“结对子、种文化”活动在盐边县红格中学举行。市书画院院长梁云彬带领7名艺术家与学校全体师生共同展开“笔墨润校园”活动。

【文艺大讲堂】 1—12月，市文联“文艺大讲堂”先后开展了《砚边随想录》《唐宋山水画的文化脉络》《趣谈攀枝花地名文化》《〈红楼梦〉与“红学”》《语言的艺术魅力》《真相只有一个——漫谈推理小说的前世今生》《摄影构图与用光》等13场专题公益性讲座。

【艺术展览】 1—12月，市文艺创作中心组织举办“大美东区”教师书画作品展，“墨韵·典藏”迎春书画展，“红韵墨芳”攀枝花市首届女子书法篆刻作品展，“和谐藏乡　生态木里”攀枝花大学艺术学院2017届毕业设计优秀作品展，“庆祝中国人民解放军建军90周年美术、书法、摄影作品展”“攀枝花喜迎十九大、共筑中国梦美术、书法、摄影展”等公益性展览9场次。

【文学创作成果】 2017年，市文联组织举办“喜迎十九大共圆中国梦”有奖征文活动，以活动推动文学创作，收到稿件近1000件，宣传攀枝花讲好攀枝花故事。通过“喜迎十九大”征文活动的举办，有力的讲好攀枝花故事，向全国宣传攀枝花的美丽。

组织创作一部长篇非虚构文学作品《西偏南——钢铁花城》（暂用名），该部作品着眼于攀枝花市伟大的历史进程，以地理和历史文化为切入点，运用大量的资料、历史现场勘查、准确而又珍贵的采访与问答，真实、客观、真诚、全景式地讴歌参与攀枝花建设发展整体和全貌。深度反映攀枝花市丰富的自然和人文历史资源，弘扬老三线精神和攀枝花市多年淬炼而成的城市精神。出版诗歌、小说、散文1部，在省级以上刊物发表文学作品51件。

【艺术创作成果】 2017年，5人8件美术作品入选全国展或获奖，17人21件美术（书法）作品入选获奖省级展及专题展。

（冯　阳）

市社科联

【概　况】 2017年，市社科联全面做好社科课题规划、社科优秀成果评奖、理论研讨、学术交流、社科普及、刊物编辑、学会管理、自身建设等工作，完成市级社科规划课题27项，完成省“十三五”社科规划课题1项，组织开展社科学术活动5次，2期《社科重要成果专报》得到市委领导肯定性批示，4项社科研究成果荣获全省第十七次社会科学优秀成果三等奖，被评为全省社科联系统咨询服务先进单位。

【社科课题研究】 2017年，市社科联以攀枝花经济社会发展重大现实问题为主攻方向，下达完成《基于一带一路的攀枝花市产业结构及布局调整研究》《供给侧改革视角下的攀枝花康养产业发展研究》《基于精准扶贫的攀枝花市地方特色产业建设模式研究》《攀枝花“康养+”品牌塑造及产业发展研究》《公共图书馆全民阅读推广的实践与研究——以攀枝花市图书馆为例》等27项市级社科规划课题，研究课题以应用性对策研究为主，内容涵盖经济、政治、文化各个方面。此外，市社科联还完成省“十三五”社科规划课题《协商民主视阈中的农村社区治理研究—以攀枝花市农村社区为例》。

【社科学术活动】 3月，市社科联与市委宣传部联合开展“攀枝花城市文化形象塑造”主题征文活动，此次征文活动共收到稿件51篇，市社科联将部分优秀论文的主要观点进行整理，形成《攀枝花城市文化形象塑造征文综述》，以《社科重要成果专报》的形式呈送市委、市政府领导供决策参考，得到市委分管领导的肯定性批示。7月，市社科联组织开展“攀枝花市生态环境保护治理存在的问题及对策研究”主题征文活动，此次征文活动评选出优秀论文18篇，汇编的《攀枝花市生态环境保护治理存在的问题及对策研究征文综述》，以《社科重要成果专报》的形式呈送市委、市政府领导供决策参考，得到市委书记、副书记和分管常委的肯定性批示。8月，市社科联组织开展“攀枝花市家规家风”主题征文活动。10月19日，市社科联组织召开攀枝花市家规家风学术研讨会，20多名优秀论文作者参加研讨。11月23日，市社科联组织召开攀枝花社科界学习贯彻中共十九大精神座谈会，20多名社科界专家学者参加会议。

【社科优秀成果评奖】 2017年，市社科联评选推荐攀枝花市优秀社科成果参加全省第十七次社会科学优秀成果评奖活动，选送的《科技金融形势及其检验》《县域资源型老工业基地发展研究——以攀枝花市西区为例》《攀西战略资源创新开发试验区发展模式运行机制及对策研究》《省属地方高校转型发展专题研究》等4项社科成果荣获省社科优秀成果三等奖。

3月9日，市社科联向市委报送《关于调整攀枝花市社会科学优秀成果评奖时限范围的请示》，市委同意，将攀枝花市社会科学优秀成果评奖活动由每两年进行一次调整为每三年进行一次。

【社科知识宣传普及】 2017年，市社科联贯彻落实《四川省科学技术普及条例》有关规定，将社科知识普及工作与三下乡活动、走基层活动、精准扶贫工作相结合，组织全市社科学会和社科工作者开展社科知识普及和咨询服务工作，重点是开展好“三下乡”活动、3月“科技之春”科普宣传月活动和5月的“科技活动周”活动。据统计，全市社科界全年开展社科普及工作30多次，制作各类科普展板200多块，发送《百姓生产生活常用法律知识手册》《农业生产技术》《无公害蔬菜栽培》《畜禽病防治》等科普资料6000余册。

【《攀枝花社会科学》编发】 2017年，《攀枝花社会科学》（季刊）出刊4期，共刊发理论文章80篇，图片38幅。截至年底，刊物共出刊104期，保持和全国各省市300多家兄弟单位的刊物交换关系，继续为展示和宣传攀枝花社科工作发挥着重要作用。

【市社科联七届二次常务理事会】 8月25日，市社科联七届二次常务理事会在攀枝花会展中心召开，会议决定免去沈钧市社科联第七届理事会理事、常务理事、主席职务；免去牟飞市社科联第七届理事会理事、常务理事、副主席职务；免去陈膑、何松林、许松、许杰等4人市社科联第七届理事会理事、常务理事职务；增补江海、熊锦成、任文、祝刚、任兵、杨江等6人任市社科联第七届理事会理事、常务理事。会议采取无记名投票和等额选举的方式，选举市委常委、宣传部部长江海为市社科联第七届理事会主席，选举市委宣传部副部长熊锦成为市社科联第七届理事会副主席。会议还听取市社科联第七届理事会工作报告。市委常委、宣传部部长，市社科联主席江海在会上讲话，就进一步做好全市社科工作提出要求。

（谢仲华）

市科协

【概　况】 市科学技术协会（以下简称市科协）机关内设办公室、学会部、普及部、科教部4个职能部门，核定编制参公人员8人，工勤人员1人；2017年底有在职人员8人（其中参公人员7人，工勤人员1人），离退休人员16人。下属市院士专家服务中心（增挂“市科技活动服务中心”牌子）、市科技馆2个公益一类事业单位，核定编制12人；2017年底有在职人员11人，离退休人员7人。截至2017年底，有市级学会（协会）36个、会员16719

人；企（事）业科协12个、会员19201人；农村专业技术协会122个、会员4.8万户，带动农户9.5万户。盐边、米易、仁和、西区4个县（区）科协独立建制，东区科协与东区科知局合署办公；全市各乡（镇）建立科协组织，村村设立科普小组，社社设置科普员。

2017年，市科协以“中央书记处关于科协工作的几点意见”为指导，以保持和增强科协系统政治性、先进性、群众性，推进开放型、枢纽型、平台型组织建设为目标，围绕中心、服务大局，扎实履行党和政府联系科技工作者的桥梁纽带职责，以科技工作者为根本，以全面深化改革为动力，以学会工作、科学素质工作、科技人才工作为重点，为攀枝花经济社会创新发展、科学发展提供科技支撑。

【科学素质工作】 2017年，市政府办公室印发《攀枝花市全民科学素质行动计划纲要实施方案（2016—2020年）》，市纲要办印发《攀枝花市全民科学素质行动2017年实施方案》和《攀枝花市全民科学素质行动2017年重点工作任务清单》，指导各县（区）制定《全民科学素质行动计划纲要实施方案》。委托第三方（中国科普研究所），在全市范围内开展2017年攀枝花市公民科学素质抽样调查。据公布的数据显示，2017年，攀枝花市公民具备科学素质的比例达6.7%，比2015年增加2.3个百分点，排名全省21个市（州）第4名。组织开展全市《全民科学素质行动计划纲要》“十二五”实施工作先进集体和先进个人评选，市政府通报表扬30个先进集体、50名先进个人。组织推荐的2个集体和4名个人，分别被省委组织部、省人社厅、省科协等9部门授予四川省《全民科学素质行动计划纲要》“十二五”实施工作先进集体和先进个人称号。市科协获2017年全国科普日活动优秀组织单位，所属市青少年科技活动中心开展的科普活动获2017年全国科普日优秀活动称号。

发挥市、县（区）两级领导小组及办公室作用，加强指导、协调、服务和督促检查，完善目标考核督查机制。围绕“提升创新能力、促进创新创造”的工作主题，细化考核方案，完善检测评估体系，规范考核程序，加强联络员培训，指导各县（区）、各成员单位开展主题活动，推进工作落实。进一步完善沟通协调机制、任务分工机制和督查通报机制等制度建设，助推公民科学素质建设各项工作全面落实，切实增强相关单位和县（区）牢固树立加强公民科学素质建设的政治意识、大局意识和责任意识，为公民科学素质建设营造良好的政策环境和社会氛围。各县（区）结合本地实际，积极推动全民科学素质工作融入当地经济社会工作大局。市级成员单位充分履行工作职责，发挥各自优势，将《实施方案》中的有关内容纳入本部门、本系统工作规划和年度工作计划，切实抓好自身承担任务和职责的落实。

为持续推进《科学素质纲要》的广泛深入实施，攀枝花抓住省委继续把《科学素质纲要》实施工作纳入省委绩效目标考核内容的有利时机，细化市级对各县（区）科协工作的目标考核细则，将《科学素质纲要》实施工作作为重要考核内容进行督查。各县（区）对《科学素质纲要》实施工作认识到位、行动自觉、责任落实、保障有力，重点工程深入推进，重点工作特色鲜明，主题活动亮点突出，科普助推地方经济社会发展作用有效发挥。

为夯实科普示范县（区）创建基础，确保示范工作顺利达标，市纲要办（市科协）联合市级相关部门指导仁和区政府按照《全国科普示范县（市、区）创建办法》和《全国科普示范县（市、区）标准》，认真开展2016—2020年度全国科普示范县（市、区）示范建设工作，为迎接中国科协和省科协抽查验收做准备。东区、仁和区政府认真贯彻《科普法》和《科学素质纲要》，以科普示范县（区）创建和巩固为切入点，不断加强辖区科普组织、科普队伍和科普阵地建设，党委领导、政府推动、部门协作、社会参与的科普工作格局基本形成。

【群众性科普活动】 充分发挥各级科协组织科普工作主要社会力量作用，结合全市科技文化卫生“三下乡”“科普之春”科普活动月和“全国科技活动周”“全国科普日”等全民科普活动的开展，积极整合社会资源，努力搭建社会化科普服务平台，深入农村、城镇、社区和学校，广泛开展群众性科普活动。2017年，共举办各类科普宣传活动67次，宣传活动到达37个乡（镇）、20个社区，发放科普宣传资料16.4万份、科普年历1500张、环保购物手袋2800个、科普漫画扑克500副，展出主题科普展板170块，受益群众16.2万人次。建立“攀枝花市科技助力精准扶贫工程专家信息库”，选聘159名农业科技人员和乡土人才组成科普专家服务队，深入贫困乡村开展科技培训和技术指导，组织种养殖实用技术培训56次，培训农民3200人次，发放农村实用技术手册7.5万册。开展科普大篷车进校园13次，进社区2次，展出科教展品240台次、展板360张次，3.2万人次参观体验。举办“专家进校园”科普报告会5场，2000余名师生聆听报告。举办农村乡土人才创新创业大赛2届，推荐7人参加省级大赛。命名市级科普示范学校2所、示范基地3个、示范社区12个。组织实施“科普中国·百城千校万村行动”，建成科普信息化传播系统，68台全媒体在线阅览屏客户端分布于各县（区）社区、农技协和学校；开通“科普攀枝花”微信公众号；制定《攀枝花市科协系统科普信息化传播平台使用管理办法》等配套管理规章。四川科技馆向攀枝花捐赠30

套科技展品支持攀枝花新科技馆建设。中国流动科技馆第二轮巡展在盐边县永兴镇启动。与省金属学会合作编写出版金属科普系列丛书之《钢铁——人类文明的脊梁》。

市科协领导及相关工作人员先后7次深入盐边县红宝乡中槽村开展“精准扶贫”帮扶活动，2次派遣工作人员驻村开展工作。组织市级知名农业科技专家深入红宝乡，开展产业发展调研咨询学术研讨活动，提出产业扶贫、产业脱贫指导意见11条。为中槽村核桃种植产业科普示范基地配套修建机耕道33公里，配置全媒体在线阅览屏客户端1台。组织机关、事业单位9名党员干部与该村12户困难群众结对帮扶。分4个年龄段，向24户精准扶贫户中的42名子女，赠送《小巴掌童话》《中华上下五千年》《经典文学系列丛书》《干法》《活法》等图书195册，价值0.52万元。会同市投促局等市县帮扶单位，邀请市农林科学研究院核桃专家团队进村入户开展核桃、花椒栽培管理技术示范培训；筹资20万元帮助改建鸡公嘴桥，彻底解决该村部分村民出行难和产业脱贫难问题；为全村149户家庭每家配置一套“爱心清洁包”，指导村支两委开展“四好家庭”评比。

为引导当地人民群众牢固树立科学生产、文明生活、合法生育的意识，促进生产、生活、生育观念转变和科技文化素质全面提升，2017年，市科协继续在盐边县渔门镇岩朗村开展计划生育“三结合”帮扶工作。安排4000元专项资金，用于20户新增户发展生产，安排1.6万元专项资金，用于该村科技示范基地建设。向当地群众散发生产生活实用技术宣传手册7种1400册。向79户计划生育家庭107名幼儿、小学、初中、高中（中专）子女，赠送童话、历史、文学、励志类图书753册，价值1.55万元。举办计划生育“三结合”户党的十九大精神集中宣讲和家庭教育知识培训1场。

【基层科普行动计划】 积极培育“科普惠农兴村计划”和“社区科普益民计划”项目，全面推进“基层科普行动计划”深度实施。2017年，组织成立国胜乡中药材协会、红宝乡择木龙高山生态种养殖协会等14个农村专业技术协会。依托农村专业技术协会，大力实施“科普惠农兴村计划”，创建产业示范基地，培育产业示范户，提升贫困地区群众依靠科技脱贫奔康的意识和能力。实施“会村合作”计划，推进农村科普示范基地建设和农业产业化发展，组织县（区）科协、市农林科学院科协、市属相关学会、农技协与25个贫困村结对帮扶，联系贫困户500户。仁和区总发芒果专业技术协会、东区炳草岗街道新源路社区、西区清香坪街道杨家坪社区、盐边县科协、盐边县共和乡干果协会、米易县科协、米易县草场乡枇杷专业技术协会、米易县芒果专业技术协会，获国家基层科普行动计划项目8个、专项资金55万元。仁和区同德种养殖业专业技术协会、米易县火龙果种植专业技术协会、盐边县益民乡鲊石村果蔬协会、攀枝花欣林盛种养科普示范基地、东区枣子坪街道办事处枣树坡社区居民委员会、西区玉泉街道办事处动力站社区居民委员会和仁和区大龙潭乡新街村吴明武、米易县普威镇独树村钟天康，获省级基层科普行动计划专项奖补资金64万元。争取省级科普经费70万元。组织发放“银会合作”贷款70笔4192万元，兑现贴息补助15万元，建立金融服务站2个。完成大田石榴、红格脐橙2套防伪溯源系统升级改造，开通攀枝花芒果防伪溯源系统，发放防伪溯源标识71万枚，有效关联和使用35万枚，实现18个省（市、区）53个城市扫码查询。

【学术交流活动】 充分发挥学术交流主渠道优势和科技“智囊团”作用，广泛开展调查研究、学术研讨、决策建议三位一体的学术交流，为做足、做好、做强“钒钛、阳光”两篇文章发出科协声音、展示科协智慧、贡献科协力量。全年共组织学术交流活动400次，交流论文1287篇，参加人员3.1万人次。举办学术报告会143场，9600人次听取报告。组织科技人员外出参加高层次学术交流会议1007次，交流论文374篇，参加人数1691人次。为推动“阳光康养”产业的健康稳步发展，不断满足人民群众日益增长的康复医疗和营养健康需求，组建成立攀枝花市康复医学会、攀枝花市营养师协会。市环境科学学会组织开展的“《攀枝花市环境空气质量达标方案》评价”为市委、市政府改善环境空气质量提供科学的决策参考依据。市预防医学会组织开展的“攀枝花冬季阳光康养对外来人群生活质量的影响研究”为全市有效配置康养资源和制定阳光康养政策提供科学依据。市农林科学研究院科协组织开展的“科技上山精准扶贫”工程，为精准扶贫、精准脱贫，决胜全面建成小康社会摸索出一套全新有效的扶贫攻坚模式。市林学会创设的“攀枝花苏铁乐园”自然学堂，积极为打造攀枝花苏铁这张城市生态名片服务。市金属学会主办的“持续打造钒钛国家联盟合作技术交流平台”、攀钢集团矿业有限公司科协主办的“尖山采场东帮挂帮矿回收方案研讨”、市地震学会主办的“川滇毗邻地区震情趋势会商会”等为学科水平的提高积极发挥作用。市金属学会、市医学会、市建筑学会、市统计学会、市心理学会、攀煤集团公司科协编辑出版的《钢铁钒钛》《攀枝花医药》《攀枝花建筑》《攀枝花统计》《心灵驿站》《宝鼎科技》等科技刊物，努力为科技人员发表和交流学术观点搭建有效平台。

开展学会、企事业科协2016年度目标管理考核和优秀活动项目评选，奖补优秀学会、企事业科协7家，优秀学术活动22项、优秀活动项目20项。组织开展攀枝花市科协系统第九届优秀科技论文评选，评出优秀科技论文179篇，编印出版《攀枝花市科协第九届优秀科技论文集》。推荐王建芳、张春燕、杨磷3人参评四川省第14届青年科技奖。组织开展2017年度科协会员日活动。走访慰问科技工作者代表17人。

【青少年科技教育】 以“体验·创新·成长”为主题，组织开展攀枝花市第32届青少年科技创新大赛，评出项目一等奖44项、二等奖69项、三等奖97项。在四川省第32届青少年科技创新大赛终评展示会上，攀枝花6支代表队获省一等奖3项、二等奖16项、三等奖17项。其中米易第一小学贾一鸣同学的《多功能能源收集器》被推荐参加第32届全国青少年科技创新大赛获二等奖。组织举办攀枝花市第10届“恒辉杯”青少年电脑机器人创新大赛，28所中、小学校500余名学生参加，评出一等奖51名、二等奖73名、三等奖120名、优秀组织奖2名、优秀教练员5名。选拔推荐的19所学校138名选手在参加四川省第15届青少年机器人创新实践活动大赛中，12项获一等奖、14项获二等奖、18项获三等奖。攀枝花市大河中学、仁和区东风小学代表队入选四川省队参加第17届中国青少年机器人竞赛，分获全国一等奖、二等奖。组织市三中、市七中和大河中学各10名学生分别参加电子科技大学、重庆大学、华中科技大学3所高校承办的2017年四川省青少年高校科学营活动。组织开展2017年四川省青少年调查体验活动，并将活动成果提交省科协。

【院士（专家）工作站建设】 继续加大省、市院士（专家）工作站建设力度，助力攀西战略资源创新开发试验区建设，推动创新驱动助力工程广泛实施。认真落实《中共攀枝花市委关于制定国民经济和社会发展第十三个五年规划的建议》对院士（专家）工作站建设提出的新要求，深入钒钛产业高新技术园区及各县（区）园区、企（事）业单位摸排调研，重点掌握园区产业发展趋势及实际需求，指导其与全国性学会对接，积极引进高端专家开展项目合作。强化院士（专家）工作站标准化、规范化建设，推动工作站创建不断提档升级，已建成的7家院士（专家）工作站，有3家通过中国科协认证，其余4家正待审核。大江钒钛新材料有限公司申报参评新一轮省级院士（专家）工作站。攀钢矿业公司和攀枝花学院注册中国科协和省科协专利数据库网络2.0版。指导四川一美能源、天民钛业有限公司、攀枝花众益康养文化旅游研究所、市农牧局经济作物技术推广站积极开展市级院士（专家）工作站创建。根据《攀枝花市院士（专家）工作站管理办法》和《攀枝花市院士（专家）工作站考核办法》相关规定，市科协向4家优秀建站单位兑现考核奖补资金12万元，市人才办向2016年建成的3家市级院士（专家）工作站兑现补助资金30万元。

【“金桥工程”和“讲比”竞赛】 深入实施，大力开展“讲理想、比贡献”竞赛活动。10个学会、企事业科协、县（区）科协申报市级金桥工程项目18个，登记省级金桥工程项目10个。实施“讲比”竞赛活动项目892项，创经济效益4.34亿元。实施“厂会协作”项目36项，技术服务208项。组织科技人员提合理化建议1.7万条，被采纳6791条，创经济效益3.9亿元。与市总工会等单位联合开展攀枝花市第3届“钒钛之光”职工经济技术创新活动成果评选。通报表扬2016年度金桥工程优秀项目11个、优秀组织单位5个、优秀组织者6人和“讲比”活动先进单位5个。3个单位、5人被评为四川省“讲比”活动先进集体、创新团队、创新标兵和优秀组织者。

【科协系统改革】 完成《攀枝花市科协系统改革方案》《攀枝花市科协所属学会有序承接政府转移职能试点工作实施方案》调研、起草、送审工作，两个方案先后提请市国有企业和科技体制改革专项小组及市委全面深化改革领导小组审核通过。8月23日，市委办、市政府办联合印发《攀枝花市科协所属学会有序承接政府转移职能试点工作实施方案》，市科协及时动员部署，积极推进方案落地实施，首批确定5个学会承接市卫计委、市安监局、市科知局7个项目的政府转移职能开展试点工作。9月19日，市委第39次常委会议审议通过《攀枝花市科协系统改革方案》，9月26日，市委办公室以攀委办〔2017〕105号文形式正式印发。随后，市科协完成“一问一答”式政策解读文稿的起草工作，组织召开方案实施宣传动员会和县（区）科协改革工作推进会。12月20日，市委改革办印发《〈攀枝花市科协系统改革方案〉实施责任清单》。截至2017年年底，《攀枝花市科协系统改革方案》涉及的16项改革任务完成1项，启动实施12项，其余3项正在研究筹划。市科协第八次代表大会代表、委员、常委、兼职副主席候选人推荐审核全面完成，各项指标符合《攀枝花市科协系统改革方案》要求，大会各项筹备工作基本就绪。完成省科协第九次代表大会代表、委员候选人推选工作。

（潘学才）

法 治

政府法制

【审查制定备案市政府规范性文件】 市法制办共收到市政府各部门报送的以攀枝花市政府名义下发的规范性文件草案及其他涉法文件草案66件，均按期审查完毕，向市政府提交审查报告64件，确保市政府规范性文件合法、有效。严格执行《攀枝花市行政规范性文件制定和备案规定》，2017年，市政府发布的23件规范性文件均按时向市人大常委会和省政府法制办报送备案，无一件被确认违法或撤销。同时做好各县（区）政府和市政府各部门规范性文件备案审查工作，全年共收到市政府各部门及县（区）政府报送备案审查的规范性文件51件，均按时审查完毕，做到“有件必备，有备必审，有错必纠”。

【规范性文件清理】 2017年6—12月，市法制办组织全市各级各部门对全市规范性文件、“放管服”类规范性文件、生态文明建设和环境保护规范性文件及建市以来文件进行全面清理。共清理“放管服”改革涉及的规范性文件128件，已废止67件，已修改30件，拟废止5件，拟修改26件。清理涉及生态文明建设和环境保护规范性文件120件，拟修改16件，拟废止12件。清理市政府规范性文件308件，继续有效204件、拟修改24件、废止59件、失效21件。协助市政府办完成建市以来全市文件清理工作，历时5个月，涉及56个市级部门、5个县（区）政府及206个县级部门、60个乡（镇）政府，共清理政府文件23.04万件。其中，保留（继续有效）文件7.21万件，占清理总数的31%；宣布失效文件14.70万件、废止文件9992件、拟修改文件1213件，占清理总数的69%。

【建立健全立法机制】 代市政府拟定《攀枝花市人民政府拟定地方性法规草案和制定规章程序规定》，对市政府拟定地方性法规草案和制定规章的立项、起草、审查、决定、公布、解释、修改、废止等法定程序作出明确规定。2017年11月21日市法制办报请市政府审议。

【征集立法项目】 市法制办严格按照设区的市行使地方立法权相关决策精神及市人大常委会统一部署，于2017年10月，先后通过发征求意见函、召开座谈会、报刊、网络登载等多种方式公开征求意见，有针对性地面向有关行政部门及社会各界征集攀枝花市在城乡建设与管理、环境保护、历史文化保护等方面的立法项目建议。共收到拟制定地方性法规项目建议3件。

【法律顾问履职尽责】 市法律顾问团成员积极参与涉法事务处理，提供专业法律意见，为政府排忧解难。共参与处理污水处理厂破产重组事宜、火车南站PPP项目建设事宜、省体育局红格基地建设事宜、调整观音岩水电站环评方案事宜、降低实体经济企业成本事宜、低速电动车生产管理事宜、钒钛高新区道路修复工程实施事宜、金沙江乌东德水电站库尾攀枝花河段水环境保护措施项目实施事宜、工业园区期初设施综合配套工程PPP项目、东区后山道路工程、炳三区至报社隧道工程、渡仁西线复线工程、新庄至河石坝PPP项目、“攀枝花芒果”品牌转让事宜、炳二区综合客运中心停建事宜等涉法事务。审查《攀枝花市火车南站站前基础设施PPP项目合同》《攀枝花市智慧城市产业投资发展有限责任公司组建方案》《攀枝花市重点项目基金实施建议方案》《中建三局集团有限公司投资合作协议》《攀枝花市人民政府中铁二院工程集团有限责任公司战略合作协议》《G4216线宁南至攀枝花段高速公路投资协议》《攀枝花市人民政府与成都市新筑路桥机械股份有限公司合作协议》等协议、合同60余件，提出审查意见和建议300余条，为政府决策提供强有力的法律依据，切实发挥政府法制参谋、助手作用。

【受理并审理行政复议案件】 市法制办收到公民、法人和其他组织向市政府提起的行政复议申请12件，审结12件，其中维持3件，其他处理3件，终止4件，不予受理1件，驳回1件。行政复议案件涉及县（区）人民政府和人社、住建、国土等多个部门，案件内容涉及工伤认定、强制拆除违法建设、颁发林权证、责令信息公开、非法占地、国有土地上房屋征收与补偿等行政管理领域。在案件审理中，市法制办坚持秉公办理，不偏袒，不护短，立足“案结事了、定纷止争”原则，将调解工作贯彻行政复议案件审理全过程，不断创新工作方法，充分发挥行政调解功能，有效化解行政争议，依法维护当事人合法权益。继续开展行政复议陪议、听证审理和行政复议案卷评查工作，不断提高行政复议案件办理质量。

【行政应诉工作】 健全工作机制，制定《攀枝花市关于完善和改进行政应诉工作实施意见》，规范行政应诉工作程序，印发《关于统一规范行政应诉法律文书的通知》，对行政诉讼答辩状、法定代表人证明书、授权委托书、证据目录等文书进行统一规范。依法办理行政应诉案件，2017年共办理市政府行政应诉案件3件，一审庭审2件，二审庭审1件。已审结，一审裁定撤诉2件，二审驳回上诉、维持原判1件。推进行政机关负责人出庭应诉工作，每月对全市行政机关负责人出庭应诉情况进行通报，2017年行政机关负责人出庭应诉率达70.82%。由于工作成绩明显，由市法制办撰写的《攀枝花市行政机关负责人出庭应诉工作的实践探索》入选《四川省法治蓝皮书——2017年依法治省年度报告》。

【行政复议案卷评查】 为深入推进攀枝花市行政复议规范化建设，进一步规范各级行政复议机关办案程序，有效提升行政复议办案质量，促进行政复议机关认真履行工作职责，2017年11—12月，市法制办开展行政复议案卷评查活动。此次行政复议案卷评查采取自查和集中评查方式，从案件认定事实、适用法律依据、法定程序等多个方面逐卷进行评查，共评查行政复议案卷41卷。从评查情况看，各级行政复议机关基本做到依法履行行政复议职责，办理的行政复议案件符合案卷制作和归档要求，但个别行政复议机关还存在程序不合法、文书档案不规范等问题。针对行政复议案件办理各环节存在的问题，市法制办从提升对依法规范办理行政复议案件重要性的认识，健全完善行政复议相关制度，加大行政复议宣传力度，提高行政复议工作人员业务素质等四个方面提出提高行政复议案件质量的建议和意见，进一步加强对全市行政复议机关指导，提升行政复议工作水平。

【行政执法证件管理】 市法制办办理各类行政执法证件共327本，对市级部门及县（区）政府上报的拟办证人员不符合办证要求的一律予以退回，共退回不符合办证条件的人员59人，保障申领执法证件的执法人员资格合法。年审3246本执法证件，审验合格3057本，注销189本。

【行政执法资格认证培训】 严格执行行政执法人员资格认证制度，开展行政执法资格认证培训，将《中华人民共和国行政许可法》《中华人民共和国行政处罚法》及行政执法证据、说理性行政处罚决定书及行政执法案卷制作知识作为培训重点内容，将法律知识结合案例进行讲解。全年共举办行政执法人员资格认证培训7期，培训行政执法人员900余人。

【重大行政处罚和重大行政强制备案】 认真落实重大行政处罚和重大行政强制备案制度，维护公民、法人和其他组织合法权益，及时发现、纠正执法部门重大行政处罚和重大行政强制存在问题，确保行政执法机关具体行政行为合法有效。市法制办审查各县（区）政府和市级各部门报送的重大行政处罚、重大行政强制备案55件，通过备案审查提前介入，实现层级监督关口前移，及时发现和纠正违法或不当的行政行为。

【行政执法与刑事司法衔接】 市法制办与市检察院等单位密切配合，大力推进“两法衔接”，联合建立行政执法监督与检察监督协作机制，依法支持检察机关通过检察建议、公益诉讼等方式，强化对行政机关依法履行职责的外部监督，联合印发《关于严格按照相关工作规定办理“两法衔接”工作中涉嫌犯罪案件移送的通知》，督促行政机关主动移送涉嫌犯罪案件。2017年，行政执法机关通过两法衔接平台共移送涉嫌犯罪案件18件。

【建立行政执法“三项制度”】 建立《攀枝花市行政执法公示规定》，详细规定执法信息公示范围、载体和运行机制，明确行政执法决定（结果）信息公示时限，拓展公示渠道，推进行政执法事前、事中、事后公开，依法及时向社会公开行政执法信息，主动接受社会监督。建立《攀枝花市行政执法全过程记录规定》，规定行政执法机关应当通过文字、音像等记录方式对行政执法行为进行记录，实现行政执法全程留痕和可回溯管理，对调查取证、举行听证会等6种执法活动要进行音像记录。建立《攀枝花市重大行政执法决定法制审核办法》，规定未经法制审核，行政机关不得作出重大行政执法决定。明确重大行政执法认定标准。要求法制机构审核拟作出的重大行政执法决定，审核人员不得少于2人，审核后应根据不同情况分别作出同意、不予同意、变更等书面意见，便于执法机构开展下一步执法活动。

【修改法规、规章草案】 市法制办收到省法制办发来的《四川省安全生产条例》《四川省农作物种子管理条例》《四川省农村能源条例》等地方性法规、省政府规章征求意见稿13件。市法制办及时向市政府各部门及县（区）政府征求意见，并将意见收集、汇总、研究后按时反馈书面意见，为立法工作提供建议意见。

【行政调解】 市法制办进一步强化履行行政调解指导、督促职责，及时梳理汇总行政调解数据。全年各级行政调解主体共办理行政调解案件4076件，调解成功4029件，调解成功率98.85%。对2013年梳理出的行政调解依据进行全面梳理，共梳理出涉及行政调解主体25个，行政调解依据134条。

【仲裁工作】 大力宣传和推行仲裁法律制度，服务地方经济发展和社会和谐稳定。2017年，全年共受理仲裁案件102件，标的额达1.03亿元，与2016年相比，案件数上升142.86%，涉案标的额下降5.46%，至2017年已结案29件。从案件类型来看，民间借贷和买卖合同纠纷所占比重较大，占受理案件的83.33%。在办案过程中，仲裁委坚持以办案质量和效率为重心，严格把好立案关、组庭关和裁决关，进一步规范仲裁程序，着力提高仲裁办案效率，打造“公正、高效、权威”的攀枝花仲裁品牌。

【举办依法行政能力提升培训班】 2017年10月22—27日，市法制办在重庆大学举办攀枝花市2017年“依法行政能力提升”专题培训班，市、县（区）行政执法部门和政府法制机构工作人员50余人参加培训。为确保培训取得实效，市法制办积极与重庆大学沟通协调，针对规范性文件实务、行政诉讼法修改后对行政执法提出的新要求，行政执法存在的难点问题等方面，对培训内容和方式作了细致的筹备和安排。邀请重庆大学、西南政法大学知名法律专家学者授课，更新法制机构工作人员知识储备，拓宽工作视野，提升依法行政农作能力和水平。

【宣传教育】 市法制办加大信息收集和整理力度，编印《政府法制工作摘要》12期。继续办好“攀枝花市人民政府法制办公室”网站，上传更新各类信息数据200余条，网站全年点击访问量达40万余次，充分发挥法制信息服务领导、交流经验、指导工作的作用。加强同各级新闻媒体联系沟通，宣传报道政府法制工作。《攀枝花市党政主要负责人推进法治建设工作亮点纷呈》《攀枝花市出台进一步完善和改进行政应诉工作的意见》《攀枝花市出台行政执法“三项制度” 助推严格规范公正文明执法》等3则新闻被四川省人民政府法制信息网宣传报道。《四川日报》“良法与善治的辩证法”刊载攀枝花市行政应诉工作取得的成效和经验。

市政府继续认真落实常务会学法制度，市法制办精心制定年度学法计划，组织相关专家学者分别就《中华人民共和国环境保护法》《中华人民共和国水法》等进行宣讲，实行部门负责人亲自讲法，更加注重结合实际，更加注重实用性，讲法过程形成“讲、问、答”互动交流，既生动又有实效，全年讲法17次，切实提升领导干部运用法治思维和法治方式推动发展能力。

（杨清敏）

公 安

【概 况】 12月21日，经市编委批准，同意成立市公安局机场分局。市公安局直属分局不再挂市公安局机场分局、民航西南地区管理局公安局攀枝花市机场分局牌子。3月24日，经市委同意，刘文权任中共攀枝花市委政法委员会常务副书记。

全年全市各级公安机关紧紧围绕中央、省、市政法、公安系列会议精神，以中共十九大安保维稳工作为主线，瞄准迈入全省一流方阵的总目标，以“深化公安改革、争创‘三个一流’”为总体思路，公安业务工作和队伍建设全方位发展、次第开花，综合工作绩效首次迈进全省优秀行列，年度综合评价位列全省第三，社会公众安全感保持全省前列。为全市做好“钒钛、阳光”两篇文章，实现在全省高水平率先全面建成小康社会，营造安全稳固的政治环境、安定有序的社会环境、公平正义的法治环境、优质高效的服务环境。全年刑事案件立案4153起，破获2241起；逮捕712人，移送审查起诉1743人。破获毒品刑事案件186起，缴获各类毒品70792.75克。侦破经济犯罪案件156起，挽回经济损失1832.53万元；查处治安案件6699

起，治安拘留3385人。主办人大代表建议、政协委员提案10件，满意率100%。

【刑事犯罪侦查】 全市公安机关围绕“快破大案、多破小案、精准办案、追赃挽损”的刑侦工作方针，组织开展“打黑恶、保民生、净环境、促发展”专项行动等系列行动，案件高发势头得到有效遏制。全年刑事案件立案4153起，破案2241起，移送审查起诉1743人。全年全市命案发案6起破案6起，成功破获14年前、24年前2起命案积案。全市公安机关始终保持对传统“盗抢骗”犯罪和通讯网络诈骗犯罪的严打高压态势，提升破案打击和追赃挽损实效，有效遏制案件高发势头，增强群众安全感。全年全市“盗抢骗”等五类侵财案件立案2781起，破案1150起，破案率为41.35%，公诉犯罪嫌疑人592人，其中判处五年以上有期徒刑33人，追缴赃款赃物折合人民币716.17万元。全市刑侦部门按照“以快制快、以专对专”的方针，巩固完善市、县（区）两级联席会议制度，加强市“反诈中心”建设，落实“统一组织指挥、快速接警止付、集中研判侦查、统一抓捕起诉”工作机制，对通讯网络诈骗案件进行快速查询、快速止付，开展专案侦查，实施全链条打击，取得明显成效。全年市反诈中心和各分、县局根据预警信息阻止支付300万元，紧急止付105万元，冻结资金60.59万元。全市公安机关积极运用公安部儿童失踪信息紧急发布平台“团圆系统”，快速查找失踪儿童。全年发布失踪儿童信息6条，6名失踪儿童均及时找回。成功破获1起29年前的母子（女）3人被拐案，为一个破碎的家庭成功找到失散多年的亲人。全年全市共派出73个追逃小分队奔赴省内、外开展追逃工作。共抓获历年逃犯52人，其中省级A级通缉令督捕逃犯2名。

【治安管控】 全市公安机关突出问题导向，深化警务机制改革，不断推进治安工作朝着基础信息化、防控一体化、打击精准化、管理规范化、队伍实战化的“五化”目标迈进。制定出台《攀枝花市公安局深化派出所警务运行机制改革实施方案》，配套下发《攀枝花市公安局派出所内部管理规范（试行）》等8个派出所工作规范性文件。组建两级食品药品环境犯罪侦查队伍，以专业队伍、专业手段打击专业犯罪，选调50名业务骨干民警，专司打击破坏环境资源违法犯罪工作。全年共出动警力500人次，检查点位300个，督促整改环境问题70个，完成各级领导交办环保检查12次。对省督导组反馈的273个环境污染问题、5个集中饮用水源地问题、4个央视曝光问题及群众举报问题逐一进行现场督导，对315个污染点进行调查取样。全年全市共破获污染环境案件9起，抓获犯罪嫌疑人14人。推进“立体化”治安防控体系建设，整合以特巡警、交警、派出所民警为骨干，社会化辅助力量为重要组成部分，群防群治力量为补充的三级巡防网络，构建与武警常态化联勤机制，形成工作合力。按照“属地管理、分级负责”的原则，实行“网格化”布警，完善巡逻机制。建成田房和石龙坝两个省级环川卡点，启动实施环川治安卡点24小时查控机制。推动与云南楚雄、丽江边际警务协作纵深发展，与丽江市公安局签订丽攀高速石龙坝公安检查站联勤联动框架协议书。全年全市共受理治安案件10143起，查处6699起；治安处罚4586人，其中治安拘留3385人、警告657人、罚款544人。积极推动开展寄递物流专项整治行动，制定下发《危爆物品和寄递物流专项整治行动工作方案》，建立以“收寄实名登记系统”为核心的信息化、动态化管理机制，推动收寄验视、实名收寄、过机安检“三个100%”制度的落实。对全市21家寄递企业、255个营业网点、1254名从业人员信息进行维护更新，开展安全检查1200家次、发现并落实整改隐患116起，破获寄递渠道涉毒刑事案件2起、查处治安案件3起，抓获违法犯罪嫌疑人4人，收缴毒品1878.8克，查获寄递渠道涉烟案件179起、卷烟102.97万支，涉案金额114.09万元，刑事拘留6人、逮捕1人。

【禁毒缉毒】 全市公安机关围绕“立足本地，打零包、断网络、摧体系、重强戒”工作思路，严格办案程序，创新打击毒品犯罪技战法工作模式，狠打全市吸毒、贩毒网络，挤压毒品犯罪生存空间，推动全市禁毒缉毒工作迈上新台阶。开展“禁毒严打整治”“利剑”专项行动、“春季平安”战役、“两节两会”严打整治、秋季集中严打整治、“黄赌毒”专项整治等专项行动。全年共破获涉毒刑事案件186件；缴获各类毒品70792.75克，其中海洛因58013.39克，冰毒8137.99克，麻古3785.27克，大麻339.9克，美沙酮512.4克。全市共查处涉毒行政案件1844件，查获吸毒人员1788人次，强制隔离戒毒667人，社区戒毒278人，行政拘留1763人。全市两级禁毒委充分发挥职能作用，在原有工作机制的基础上，层层签订禁种铲毒责任书，不断深化禁种铲毒责任落实，动员人民群众广泛参与，全面强化对非法种植毒品原植物的严防、严控和严打措施，确保毒品原植物“零产量”。全年全市共查、破非法种植毒品原植物案件15件，追究刑事责任9人，行政处罚6人，铲除毒品原植物9576株。全市公安机关针对当前网购物流快递快速发展的新情况，密切关注网络快递物流涉毒犯罪新动向，公安与邮政部门加强协作配合，先后破获邮包物流寄递毒品案件2件，抓获犯罪嫌疑人3人，缴获各类毒品1700克。始终坚持把禁毒预防教育作为禁毒工作的治本之策，不断增强人民群众识毒、防毒、拒毒意识。全市机关企事业单位、各类学校、街道社区、手机用户禁毒宣传教育覆盖面达100%。全市共举办各种宣传活动37场，制作禁毒宣传横幅165条，播放禁毒公益广告32次，发放禁毒宣传资料56000份，制作宣传展板96块。在中央级媒体和网络刊发禁毒宣传稿件15件、省级媒体和网络刊发28件、地方级媒体和网络刊发382件。

【经济犯罪侦查】 全市经侦部门以扎实推进队伍正规化、专业化建设为保证，全面聚焦风险防控主题，始终紧扣“信息化建设、数据化实战”主线，确立以“多破案、多打击、办好案”为具体目标，组织开展“云端2017”专项行动，突出重点打击金融、涉税、假冒侵权、假币犯罪、传销等五大领域犯罪，全力维护全市经济秩序稳定和人民群众利益安全。全年全市各类经济犯罪案件立案156起，破案123起，移送审查起诉196人，挽回经济损失1832.53万元。成功破获张某某等人涉“五行币”组织、领导传销案；詹某某等人虚开增值税专用发票案等重点领域案件；成功破获市吉武商贸公司虚开发票案，涉案金额1亿元。组织开展全市房地产企业欠交、挪用维修资金及契税专项整治。对全市欠交、挪用维修资金的房地产企业23家(24个项目)进行专项整治。通过整治，全市公安机关共立案5件，采取强制措施5人，追缴资金899万元，涉及企业承诺补交维修资金和契税2600万元，查封资产价值4000万元。加强与工商、税务、烟草等行政执法部门联系协作，建立类罪监测点，分析研判类罪特点。全年全市经侦部门通过与税务部门协作配合，破获涉税案件18件，挽回损失1162万元，打击处理29人。通过与工商、烟草等部门的协作配合，破获假冒侵权案件8件，打击处理10人。与金融单位互派反假币工作联络员，加大打击假币犯罪工作力度，共收缴假币122330元。邀请市政府处非办(处置非法集资集中治理办公室)、市工商局、市国税局、市地税局、人民银行攀枝花中心支行、市烟草专卖局等部门在市中心广场联合开展主题为“与民同心，为你守护”的打击和防范经济犯罪宣传日活动。共印制宣传横幅12幅，制作展板40块，向群众发放宣传资料5000余份、宣传手册1800余本，接待群众法律法规咨询800余人次。市电视台、报社等新闻媒体对此次活动进行现场报道。

【安全监管】 全市公安机关围绕大型活动安全、危爆物品监管等重点领域，把握提前主动，防控治安风险，安保能力不断提升。进一步加强大型活动安全监管，完善以重要会务为重点的物防、技防和人防措施。指导各地在审批许可举办大型活动中严格实行风险评估和分级分类管理，不断提高大型活动安全监管水平。维护校园和医院正常秩序，加大校园、医院及周边突出治安问题整治力度，推进物防、技防、人防建设，创建“平安校园”“平安医院”。深入开展“护校安园”行动，对照中小学、幼儿园安全技术防范系统国家标准要求，以校园“一键式”报警装置建设为重点，推动全市城市校园安装率达80%以上，进一步强化中小学、幼儿园安全防范工作，切实维护校园持续安全稳定。继续落实对危爆物品、散装汽油、射钉器材等危险物品购买、运输、储存、使用等环节的安全监管。开展公务用枪及涉案枪支专项检查和烟花爆竹、焰火燃放安全检查、民爆物品隐患排查，以及射钉器材、散装汽油购销实名登记的监督检查，共出动警力780人次，共排查涉爆单位367家次，发现并现场责令整改隐患59起，下发隐患整改通知书19份，排查涉爆人员679人，组织召开安全教育会议4次，取消违规操作人员资质证件2人，纳入涉爆重点人员管控2人，督促涉爆单位和人员签订不私藏爆炸物品具结保证书1380份。交警部门继续推进交通安全隐患排查治理。共计排查出包括波形护栏、标志标线、路面破损、道路损毁、地质灾害等各类道路交通安全隐患181处。共同加强对重点车辆及驾驶人管理，深入辖区重点运输企业开展安全检查55次，下发隐患整改通知书36份，约谈客运企业93次，下发责任告知书93份，风险提示93次，联合相关部门执法检查45次。对46条农村公路进行排查，协调落实115.93公里道路隐患治理工作。

【交通管理】 全市公安交警部门以公安交通管理社会化、法治化、智能化、专业化为重点，坚持公路安全与城市畅通并重，着力提升道路交通综合治理能力，确保全市道路交通安全形势持续平稳。全年全市共发生道路交通事故6435起，死亡77人，受伤797人，直接经济损失469万元。全市保持3人以上的较大事故零发生。以构建常态化、实战化、网格化勤务运行机制为主线，强化科技信息化支撑作用，全面实施推行“123勤务模式”；发挥支队、大队两级指挥调度平台的巡查调度作用，不断强化人防(路面巡逻)、技防(视频巡查)和人机互动(定点查缉)，落实“民警主要负责主、次干道，辅警主要负责支线、小区道路”工作职责，形成网格化、动态化、全覆盖的路面勤务管控机制，全面提升路面“见警率”“管事率”。全年全市共查纠交通违法行为44.55万起，处罚17.82万人(次)，5类(大中型客车、大中型货车、出租车、危化品运输车、校车)重点车辆应扣分的违法处理记分率达100%。查处酒后驾驶1353起，醉酒驾驶328起，无证驾驶1857起，行政拘留930人。在强调城市畅通、交通文明的现实要求下，针对城市堵点乱点，科学优化路网，精细组织交通。开展交通标志标牌“两化”工作，狠抓交通设施完善工程，打造交通文明示范街(路)，强化城市交通治理科技信息应用，运用法治思维和法治方式破解顽症难题，有效提升城市交通治理水平。对主城区93个主要路口和路段智能交通系统进行调整升级，安装中心护栏、车行道分离栏、人行道隔离栏1500米，组织施划交通标志标线13789.8平方米。坚持“良法善治”，针对交通违法行为时间和空间分布规律，强化“点、线、面”交通秩序管控，大力整治严重影响城市交通的突出违法行为，开展违法抢道占道整治行动、非机动车交通违法以及医院、学校、幼儿园等重点区域周边道路交通秩序系列整治行动，切实提高城市文明水平，不断提升城市宜居品质。树立“宣传工作是第二警力”的理念，持续开展“交通文明行动计划”，大力实施传统媒体与新媒体双轮驱动，做到城市和农村并重、传统宣传和虚拟网络同步。2017年，攀枝花交警微信在全省公安系统微信榜排名第一，攀枝花微信和微博在全省公安交警系统综合榜排名第一；与攀枝花电台FM91.0汽车频道新打造一档《交警e空间》节目，在《人民公安报》刊载文章22篇，在中央人民广播电台播报消息4条，道路交通安全宣传教育的传播力、影响力、感染力不断提升，获得广泛的理解和支持。

【公安改革】 全市公安机关积极践行“树型发展”改革理念，搭建起以执法权力运行机制改革、队伍建设、警务保障机制建设为根，以实战指挥体系建设为干，以派出所警务运行机制改革、警种专业化建设和“放管服”“大部门大警种制”、辅警管理改革为枝，以各类制度、机制、体系为叶的改革布局，推动出台《攀枝花市全面深化公安改革实施意见》《攀枝花市规范公安机关警务辅助人员管理工作实施意见》《攀枝花市关于进一步推进户籍制度改革的实施意见》，全省公安改革片区现场会、情报工作现场会和监管工作现场会先后在攀枝花召开，执法规范化建设等改革经验在全省推广。

【警务保障】 全市警务保障部门强力推进实战化保障体系建设，重点加强基础设施保障。2017年，市公安局应急物资装备库、东区公安分局业务技术用房相继建成并投入使用；“两基地”（警务技能暨反恐怖训练基地、警犬基地）等重点基础建设项目开工建设；市看守所迁建工程，田房和石龙坝两个省级环川卡点，西区、仁和区公安分局业务技术用房等重点工程建设有序推进，全市公安机关的工作和训练环境逐步得到改善。

【服务民生】 2017年，攀枝花公安进一步改进工作作风，持续深化管理创新，不断拓展便民渠道举措，正式制定出台“八项便民利民措施”（增设出入境办证点、出入境证件办理微信服务、消防执法辅助系统微信服务、下放信息网络安全审核权限、推行师生假期专场和双休日车驾管服务、驾驶证申领全程互联网自主办理、设立15个车驾管便民服务网点、道路交通事故互联网在线快速处理）。治安部门按照市委、市政府《关于进一步推进户籍制度改革实施意见》的要求，进一步优化户口登记、迁移登记、证件签（补）发、户口登记项目变更更正等户政业务的办理流程，全面放开全市城镇落户限制，同时积极协调相关部门推进配套改革措施的制定和落实，积极引导农业转移人口落户城镇。全年全市共办理居住证7442个。行政审批窗口积极推行延时、错时工作制，探索部分公安行政审批项目节假日办证、急事急办、开辟绿色通道，推进“一窗式”“一站式”“一网式”“一证式”服务模式，落实网上预约、网上申领、网上审批等措施，提高审批效率。出入境管理部门积极落实省厅6条便民措施，在西区和仁和区政务服务中心增设出入境业务受理点，服务群众“最后一公里”；开通出入境微信公众号，为办理出入境证件的群众提供微信预约、在线问答、办事指南等服务；投入63万余元，建立自助服务区，购置预受理机、自助证件发放设备。公安交管部门以深化“放管服”改革为重点，全力打造“家门口的车管所”，全面推进驾考新政实施。全年共简政放权4项内容，放管结合3项举措，优化服务9条措施；清理出剧毒化学运输审核、机动车驾驶证核发、行驶证核发等3大项6个子项的审批项目；阳光驾考举措深入实施，共有18723名学员完成报名建档；深化机动车号牌管理改革，全国统一的机动车选号系统提前在上级规定的时限内顺利实施；新增1家机动车安全技术检测线、2家机动车登记服务站。

【队伍建设】 全市公安机关坚持实战化要求、战斗力标准，着力提升实战化水平和专业化素养，全年共组织769名民警参加“战训合一”培训。采取专题业务培训、干部培训、高校送培等多种形式，组织专业培训441期1180人次，严格开展全警执法资格考试，有效提升民警实战业务技能和法治素养。2017年，全市民警执法资格考试过关率进入全省前三名。建立完善职业风险救助机制，大力支持公安“五小工程”建设，积极开展有益的警营文化活动，依法维护民警合法权益，推动实施警察荣誉制度、战时表彰制度，加大评优评先工作力度，积极选树先进典型，大力推进警营文化建设，鼓舞士气，激发斗志。充分运用“双微”、报刊等各种媒体平台开展公安“正能量”宣传，先后发表宣传文章1984篇，其中中央媒体156篇，省级媒体471篇，市级媒体1357篇；发表微信微博22847条。涌现出以“全国一等车管所”、全国特级优秀人民警察李慧川、全国优秀人民警察詹涛等为代表的先进集体161个、先进个人538人，队伍呈现出积极向上、风清气正的良好局面。

（姜　鑫）

检　察

【概　况】　2017年，全市设市和县（区）两级检察院6个，政法专项编制364名，共有119名员额制检察官。全市检察机关依法打击各类刑事犯罪，全力维护社会和谐稳定，共受理审查逮捕案件668件915人，批准（决定）逮捕565件760人；受理审查起诉案件1785件2324人，提起公诉1403件1855人。依法查办和预防职务犯罪，促进反腐倡廉建设，立案查办贪污贿赂、渎职等职务犯罪案件75人。全市检察机关贯彻落实新发展理念，保障经济社会平稳健康发展；深化依法治市实践，保障社会和谐稳定；坚持反腐败不手软，巩固发展良好政治生态；强化对诉讼活动的检察监督，维护司法公正；统筹深化司法体制改革，提升检察工作公信力；加强自身建设，筑牢检察事业发展根基。两级检察院获全国检察机关“文明接待室”、全国检察业务专家等国家级荣誉29个，获全省“十二五”打击破坏生态资源违法犯罪工作先进集体、先进个人，全省检察文化建设示范院等省级荣誉25个。

【案件集中管理】　全市检察机关案件落实司法责任制改革要求，深入推进“执法规范化建设年”工作，持续深化案件集中管理职能，再造执法监管新机制，构建规范司法行为新常态，形成案件管理新格局。全年统一受理、分流案件2809件，结案审核2734件，接收法律文书11400余份，审核法律文书4700余份，接待律师查阅案卷273次，申请会见16次，申请变更强制措施4次，要求听取意见5次，查询350余次；管理入库涉案款项2679万元，涉案物品20件；截至11月30日，已结案未处置案件4件，款项272.4万元、物品4件，未结案未处置案件36件，款项3539万元、物品34件；制作电子卷宗5897卷517947页，制作率100%。重点评查33件特定情形案件，年度抽查审查逮捕案件81件，公诉案件150件，民行案件72件。

【侦查监督】　全年办理审查逮捕案件668件915人，批（决）捕565件760人，办结延长侦查羁押期限案件10件15人，提请批准延长侦查羁押期限案件5件7人。监督公安机关应当立案而不立案19件，17名立案监督案件犯罪嫌疑人被判处徒刑以上刑罚，不应当立案而立案8件，监督公安机关撤案8件，建议自侦部门立案6件。坚持重大案件提前介入制度，发出书面纠正违法通知书9份，纠正率达100%，与市公安局会签《攀枝花市人民检察院攀枝花市公安局〈关于加强刑事案件侦查活动监督衔接配合实施办法〉（试行）》。坚持以“两个专项监督活动”为抓手，有效推进“两法衔接”协作共建机制。依托平台监督行政执法机关移送涉嫌犯罪案件17件，监督公安机关立案侦查6件。

【公　诉】　全年共受理审查起诉案件1785件2324人，同比件数增加14.2%，人数增加6.26%。其中，受理公安机关移送审查起诉案件1703件2232人，受理检察机关侦查部门移送案件82件92人。共审结案件1441件1914人，审结率为80.73%。审结案件中提起公诉1403件1855人，不起诉36件55人，不起诉率为2.88%。受理二审上诉案件108件250人，同比件数下降34.54%，人数减少38.57%；办理二审抗诉案件16件22人，同比件数上升60%。共出庭支持公诉案件1505件，同比上升6.7%。法院审结判决1210件1575人，撤回起诉案件3件3人。

全年共追诉漏犯（含漏罪）47件70人，向侦查机关发出纠正违法通知书34份，口头提出纠正意见90余件次。提出抗诉案件16件22人，提抗件数同比上升23%。经审查支持抗诉8件（含省院支持1件），不支持4件，4件尚未审查终结。市中级人民法院审结9件，改判或发回重审共8件，省检察院支持市检察院提起审监抗案件1件，综合抗诉意见采纳率90%，较2016年提高10个百分点。

创新开展直诉案件工作，制定《攀枝花市检察机关办理直诉案件工作细则》，对全年办理的900余件直诉案件进行有效规范，提升繁简分流效果，确保直诉案件规范、高效办理，取得良好的办案效果，取得省检察院副检察长张树壮肯定批示。

【未成年人刑事检察】　受理移送审查逮捕未成年犯罪嫌疑人案件21件32人，其中，批准逮捕16件26人，不批准逮捕5件6人；受理移送审查逮捕侵害未成年人案件10件10人，其中，批准逮捕9件9人，不批准逮捕1件1人；受理移送审查起诉未成年犯罪嫌疑人案件51件68人，起诉未成年被告人案件57件75人；受理审查起诉侵害未成年人案件15件15人，起诉11件11人；纠正侦查活动违法案件1件1人；对1名未成年犯罪嫌疑人作出不起诉决定，对4名未成年犯罪嫌疑人作出附条件不起诉决定，对1名附条件不起诉考验期满后符合不起诉条件的涉罪未成年人作出不起诉决定；为涉罪未成年人提供法律援助70

余次；开展或督促公安机关开展社会调查68次；通知法定代表人、合适成年人到场120人次；对49名涉罪未成年人犯罪记录进行封存；诉前非羁押率72.06%，超过全省平均水平2个百分点；对3名符合条件的未成年被害人或被害人家属给予司法救助金2.5万元。共到41所中小学开展“法治进校园”宣讲活动57场，普法人数2.6万余人，发送宣传资料1.7万余份。

【查办和预防职务犯罪】 创新工作模式，围绕观音岩饮水工程、攀大高速公路攀枝花段、花城新区建设、金沙水电站等重点投资建设项目跟踪预防，被最高检和省检察院推广，获市委肯定。深入贯彻《服务保障经济社会发展十二条意见》，查办涉企职务犯罪案件时，依法妥善开展经济影响风险评估46次，杜绝因查办案件导致项目搁浅，企业经营困难、倒闭。开展预防警示教育92场次，受教8300余人（次）。在国网攀枝花供电公司举办《国有企业职务犯罪现状及预防对策》专题讲座，全省供电系统视频直播。启动“预防职务犯罪邮路”，制作6万份宣传折页定点投放，借助附邮资举报信封、营业网点LED、智能包裹柜等多种载体，广泛传播廉政文化，营造廉政氛围。依法对某PPP项目可能围标开展预防调查，致某国企6家子公司主动放弃投标，项目更加规范。为政府采购和招投标把好廉洁关，提供行贿犯罪档案查询1633次。

强化职务犯罪查办。成立统一协同行动的职务犯罪侦查指挥中心，启动代号为“荣誉”的百日会战。立案查办贪污贿赂犯罪75人、渎职侵权犯罪14人，同比分别上升31.6%、27.3%，大要案比例达81.3%，查处资阳市原市长邓某某特大受贿案。集中查办为“村霸”和宗族恶势力充当“保护伞”的职务犯罪，成功办理盐边县“村霸”袁某某和乡农经办李某某相互勾结，骗取200余万元拆迁补偿款的窝串案。

【民事行政诉讼监督】 全年共办理各类民事行政监督案件137件，办案总数较2016年同期上升50%，其中，发出再审检察建议17件，提请省检察院抗诉5件，办理对审判活动监督案件15件，办理对执行活动监督案件18件，办理对行政机关违法行为监督27件，办理督促起诉、支持起诉和刑事附带民事诉讼案件15件，虚假诉讼监督案件5件，移送行政机关工作人员职务犯罪线索4件。扎实推进公益诉讼，严格执行省委、省政府《关于深入推进公益诉讼工作的实施意见》，主动加强与法院、公安、环保、食药监、国土等部门沟通协调，凝聚公益保护合力。与市政府法制办联合制定《关于建立行政执法监督协作机制的实施意见》，实现行政执法信息和司法监督信息资源共享，被省检察院推广。创新“联、筛、备、查”四位一体办案机制，初查案件线索12件，立案7件，发出诉前检察建议5件，收到行政机关回复4件并依法予以审查，有效维护社会公益。

【控告申诉工作】 全年受理来信来访425件，处理控告举报案件209件，开展律师参与化解和代理涉法涉诉案件21件，开展远程视频接访21（件）次、举报初核17件、不立案举报线索审查10件。加大刑事申诉办案力度，着力纠防冤错，全年受理刑事申诉案件8件，其中不服法院生效裁判刑事申诉案7件，不服检察机关刑事处理决定申诉案1件，均做到案结事了，息诉息访。制定出台《攀枝花市人民检察院关于在刑事申诉检察工作中加强产权司法保护的工作规定（试行）》，受到最高检和省检察院肯定。发挥司法救助扶贫解困职能，切实解决刑事被害人及其近亲属的生活贫困问题，全年办理国家司法救助案件8件20人，发放国家司法救助金8.2万元。

【法律政策研究】 全市两级检察院共完成各类调研文章120余篇，其中被省级刊物采用19篇，国家级刊物13篇。撰写的《关于对全市重大项目建设开展职务犯罪专项预防工作的情况报告》，被市委书记李建勤批示“做得好，继续完善、提升。”以侦查监督、民事行政检察、执行检察三项工作职能为切入点撰写《攀枝花市检察机关内外兼修为民破解执行难题》，着力破解执行难问题，被省检察院副检察长沈洵批示。认真做好“治蜀兴川法治论坛”“中国法学青年论坛”“西部法治论坛”“泛珠三角合作与发展法治论坛”“国家检察官论坛”等活动的论文征集、组织工作，编辑整理修改论文20余篇，向各论坛报送各类高质量论文10余篇。其中，《员额背景下检察队伍思想状况调查和应对》被评为“深化司法改革与四川检察队伍建设”主题调研征文活动优秀调研文章；《认罪认罚从宽制度的完善路径》获国家检察官论坛采用。以检委会议事议案子系统试点工作和检委会规范化建设为契机，提高检委会工作质量和效果，共召开检察委员会会议39次，审议议题102件。

【人民监督】 两级院检察长上门走访辖区内省级以上人大代表40余人次，两级院班子成员带队集中走访代表委员2000余人次，确保代表委员联络全覆盖；定期编发图文并茂、刊载重要检察工作信息和代表委员参加检察工作情况的《阳光检务》专刊10000余份；邀请代表委员参加两级院联络活动80余人次；开展视察联络活动9次。完成人民监督员选任管理改革，新聘任10名省级和25名市级人民监督员上岗履行职责，共办理人民监督案件19件。

【检察技术】 强化技术性证据审查工作，紧紧围绕法律监督办案的实际需要，大力开展侦查监督、审查起诉、民事行政检察、刑事执行、控告申诉等环节技术性证据材料审查工作，共受理技术性证据审查案件129件，办结129件，其中同意原鉴定意见120件、不同意9件，为检察执法办案提供科学依据。强化技术协助工作，发挥检察技术在突破案件中的优势和作用，办理技术协助案件6件。加强检验鉴定工作，配合民事行政检察、反贪等部门，共受理检验鉴定案件5件，办结5件，出具鉴定书3份，检验报告2份，为检察机关打击各类犯罪、正确履行检察职能提供技术支持。

【司法警察】 全市检察机关司法警察共参与查办职务犯罪案件66件75人。在涉黑、涉恶以及有重大影响的提押、出庭公诉工作中，参与刑事检察案件出警386余人次，切实保护检察官人身安全，维护正常办案、办公、控申接待场所秩序。高度重视办案安全防范工作，不断完善办案工作区使用审批、出入登记、交接、执勤等规章制度，改进办案工作区管理模式。

【生态环境保护】 落实《攀枝花市检察机关加强和推进生态环境建设工作的实施意见》，开展破坏环境资源违法犯罪专项立案监督活动，批捕7件9人，起诉46件56人。依法严惩负有监管职责的国家工作人员失职渎职、贪污受贿等犯罪行为，立案查办东区环保局原局长郑某某受贿、滥用职权案。以检察建议督促治理水土流失面积18亩、恢复被损毁国有林地20亩、关停环境污染企业2家。

【脱贫攻坚】 出台《法治扶贫八条意见》，制定市检察院党组成员赴对口联系贫困村轮值工作制度，帮助完成道路硬化、易地搬迁、饮水工程建设、蚕房圈舍改造等任务。开展集中整治和加强预防扶贫领域职务犯罪专项行动，依法查处职务犯罪案件4件5人，查办的米易县交通战备办公室原副主任蒋某某受贿案入选全国精品案例。与最高检方圆杂志社联合主办全国检察机关“立足检察职能，推进精准扶贫”研讨会，最高检和全国16个省市检察机关相关负责人、专家参与研讨。东区检察院规范扶贫资金监管的创新举措、西区检察院帮扶大麦地村脱贫做法被推广。

【加强和创新社会治理】 深化“法律七进”，采取主题宣讲、庭审观摩、现场答疑、释法说理方式强化法治宣传，创新党员远程教育平台开设法治专栏，将触角延伸至村社。反家庭暴力，起诉严重侵害妇女人身权益犯罪29人。保障换届选举，印发《基层干部预防职务犯罪手册》3000余册，查处盐边县国胜乡梭罗村彭某某拉票行为。

【检务公开】 探索“互联网＋检察”工作模式，打造“指尖上的检察院”。向辩护律师、案件当事人推送办案程序性信息5259条，发布重要案件信息140条，公开终结性法律文书1347份。拍摄《阳光检察》电视法治专题节目53期，通过微信、微博、官网发布检察信息1425条，召开新闻通气会11次，开展微直播8次。新媒体直播案例《一个村如何骗到2000万拆迁补偿款》，被新华社转载，百万人次点击，并作为全省唯一案例被评为全国检察系统“十佳新媒体案例”。

【检察改革】 积极稳妥推进司法体制改革。认真落实《攀枝花市检察机关完善司法责任制的实施意见》，制定检察官权力清单。出台《检察官办案组设置办法（试行）》等文件，探索实行独任检察官和检察官办案组两种办案组织形式，明确错案责任追究范围、追究程序以及责任划分。积极推进以审判为中心的刑事诉讼制度改革，推广证人、鉴定人、侦查人员和有专门知识人员的庭审询问规则，被最高检和省检察院转发。深化涉法涉诉信访改革，律师参与化解和代理涉法涉诉信访案件21件。积极配合司法行政机关推进人民监督员选任管理方式改革，选任人民监督员25人。

扎实推进执法规范化建设。确定2017年为执法规范化建设年，针对不规范情况开展专项调查整治，检纪处理3人。编撰《司法不规范典型案例集》，引导各业务条线学习。积极推进规范化办案区、远程提讯系统等建设，以硬件设施完善带动办案质量和执法规范化水平提升。规范运用统一业务系统，对案件实行严格的流程管理和动态监督。加强涉案财物监管，持续开展警车警械管理使用、规范安全文明执法等专项检务督察。创新开展直诉案件规范化办理，出台《办理直诉案件工作细则》，获省检察院肯定。

【基层基础建设】 开展基层检察院建设抽样评估和检察文化建设示范院创建工作，针对问题研究制定改进措施并督促落实，全面提升基层检察院建设工作水平。积极推进基础设施建设，市检察院“两房”项目顺利开工。推进队伍正规化专业化职业化建设，选派干警112人次参加最高检调训、省检察院和市委轮训，组织业务骨干赴厦门大学专题学习。制定《青年人才培养“雏鹰计划”实施方案》，加强优秀年轻干部选拔培养。开展检校共建，与攀枝花学院互派人员学习挂职，攀枝花学院法学专业实践教学基地和攀枝花市基层检察机关司法能力研究中心正式启动工作。

（栗　一）

法 院

【概 况】 2017年，全市法院共有政法专项编制462个，实际在编人员410人。其中，员额法官（按照中央关于司法体制改革的部署，从现有政法编制数额内，按照首批35%左右，最终不超过39%的比例，择优选任的行使审判权的法官）150人，占36.58%；法官助理、书记员、司法警察及其他工作人员260人，占63.4%。市法院内设机构27个，实际在编人员103名。

全年全市法院共受理各类案件28933件，办结27934件，较2016年增长14.75%和15%；市中院受理各类案件3498件，办结3404件，同比增长19.02%和19.77%。市中院荣获全省法院争创“两个一流”工作一等奖，受到省高院嘉奖表彰。全年获省级以上表彰奖励52项。市中院、仁和区法院被评为“省级最佳文明单位”，米易县法院等4单位被评为全省法院先进集体。4名干警获评为全国、全省办案标兵。

【刑事审判】 全年全市法院共受理各类刑事案件1689件，同比上升4.13%；审结1641件，同比上升3.86%。加强刑事审判，依法惩处各类犯罪。严厉惩处故意杀人、故意伤害、“两抢一盗”、危险驾驶等犯罪，审理案件955件，保障群众生命财产安全；加大毒品犯罪惩治力度，审理案件136件，遏制毒品犯罪高发态势；从严惩治贪污贿赂、渎职侵权犯罪，审理案件73件，德阳市原市委常委、宣传部部长杨某某，攀枝花市土地储备中心原主任韩某某，东区环保局原局长郑某某等被依法判处刑罚。贯彻宽严相济刑事政策，强化挽救改造工作，对785名被告人依法适用管制、缓刑。深化轻刑快审机制改革，轻刑案件平均审限缩短为7.6天，服判息诉率提高到98.73%，改革经验被省高院推广交流。

【民商事审判】 全市法院受理各类民商事案件15391件，同比上升18.31%；审结15044件，同比上升19.46%。

加强民商事审判，助推产业结构调整转型。落实《政法工作保障服务经济发展指导意见》精神，依法审理涉重点产业、重大项目、重大招商引资案件1442件，服务保障“项目推进年”。落实“去产能、去库存、去杠杆、降成本、补短板”政策，依法开展破产重整、破产清算，妥善审理案件22件，富邦公司、菲德勒公司破产重整工作顺利推进，服务保障产业结构调整。制定《服务保障康养产业发展的指导意见》，妥善办理涉旅游服务、医疗养老等案件80件，服务保障“康养+”产业发展。加强司法政策研究，妥善化解涉“棚改”纠纷450件，服务保障新型城镇建设。依法审理涉攀大高速、成昆铁路复线扩能改造等案件216件，服务保障“南向门户”建设。

【行政审判】 全市法院共受理行政案件348件，审结344件，同比增长86.10%、86.96%。

加强行政审判，助推法治政府建设。强化行政协调，促使盐边县永兴镇23件涉征地拆迁群体性行政案件得以实质解决。深化行政机关负责人出庭应诉工作，全市法院公开开庭审理一、二审行政案件233件，行政机关负责人出庭应诉165件，占负责人应出庭应诉案件的70.82%，同比上升50.82个百分点。每季度开展典型行政案件庭审观摩活动，邀请300余名行政机关负责人到庭旁听，增强依法行政意识。行政机关败诉案件坚持“一案一建议”，发出司法建议19份，逐案分析原因，助推提高依法行政能力。

【环境资源审判】 全年全市法院共受理环境资源诉讼和检察机关提起的环境资源公益诉讼案件137件，同比上升44.21%；审结131件，同比上升39.36%。

加强环境资源审判，助推美丽攀枝花建设。落实最严格生态环境保护制度，制定《加强环境资源审判工作服务绿色发展的指导意见》，设立环境资源审判庭，实行涉环境资源刑事、民事、行政案件“三合一”审理，办结涉环境污染、破坏性开采、毁坏林地等案件137件。积极服务环保督察，出台《全市法院力保环境突出问题整改攻坚战的八条措施》，组织精干力量快速办理环保督察期间发生的各类纠纷。强化典型案例教育作用，发布环境资源典型案例4个，营造环保法治氛围。加大环保执法指导力度，向3个部门发出司法建议，促进环境执法水平提高。

【执行工作】 全市法院共受理执行案件11270件，同比上升10.46%；执结10670件，同比上升9.48%。

破解执行难题，助推诚信社会建设。深化“两年内基本解决执行难”工作，持续开展“百日执行攻坚”“执行亮剑”“特殊主体执行”等专项行动，强化对失信被执行人惩治。10187人次被纳入失信黑名单、限制高消费、限制出境，215 人被司法拘留，2 人被判处刑罚，执行到位标的 17.36 亿元。加强与政府、金融机构的沟通协作，突出抓住“涉僵尸企业、涉政策性关闭煤矿、涉房地产企业”全市三大执行重点难点，与市经信委等政府部门共同分析研判，协助煤矿企业申请退回缴纳的土地保证金、资源价款，扩大执行案款来源。执结涉煤案件 489 件，执行到位金额近 3 亿元，执结涉金融案件 242 件，到位标的 4159.46 万元。破解涉“僵尸”企业、涉政策性关闭煤矿执行难题做法，受到省高院院长批示肯定。争取省高院支持，细化执行方案，涉米易县石峡电站等 1270 件群体性案件得以妥善执结。开展“执行示范整治年、有财产可供执行案件集中攻坚年”活动，强化监督问责，切实整治消极执行、选择性执行、乱执行问题，内部管理愈加规范。

【服务大局】 全市法院紧扣市委决策部署，全面发挥司法的调节指引作用，助推全市做好“钒钛、阳光”两篇文章。

加强政策研究应对，发挥司法调节指引作用。落实市委“四个加快建设”和“四区驱动”发展战略决策部署，加强司法跟踪服务措施研究，制定全市法院《关于充分发挥审判职能作用服务和保障全市康养产业发展的意见》《关于加强环境资源审判工作服务攀枝花绿色发展的实施意见》，充分发挥审判职能保障服务经济社会发展大局。

加强协调配合，助力防范化解风险。在全省法院首创与政府建立涉企案件协同处置机制，加强协调配合，高效处置涉案企业转型发展中的难题。建立法院与金融机构联席会议机制，依法审理非法吸收公众存款、集资诈骗等刑事案件 59 件，金融借款、民间借贷纠纷 2712 件，规范金融秩序、化解金融风险。加强与住建、国土等部门沟通，妥善审理涉房地产案件 3503 件，就预售资金监管、“烂尾楼”处置等工作提出司法建议，促进房地产行业健康稳定发展。

【司法为民】 全市法院紧扣增进民生福祉目的，落实民本司法措施，推进幸福攀枝花建设。

做强民生审判，维护群众合法权益。妥善审理涉劳动就业、教育医疗、社会保障等民生案件 1061 件，为群众劳有所得、学有所教、病有所医、老有所养提供司法保障。审理生产销售有毒有害食品药品、泄露公民信息犯罪案件 13 件，保护群众舌尖上的安全和个人信息安全。加大司法救助力度，依法为当事人缓减免诉讼费 325.24 万元，确保困难群众打得起官司。开展“司法大拜年”等涉民生案件专项执行活动，执行到位金额 3605 万元，兑现群众胜诉权益。

做优服务举措，畅通群众诉讼渠道。推行“互联网+”新模式，打造服务大厅、网上诉讼服务中心、“12368”热线、微信平台和移动 APP“五位一体”的智慧服务体系，为当事人提供网上立案、信息查询、远程接访等便捷诉讼服务，实现全市首例刑事案件远程开庭，让信息多跑路，群众少跑腿。推进“阳光、效能、服务”三型人民法庭建设，开展巡回审判 206 场次，举办专题宣传咨询 80 余场次，打通服务群众“最后一公里”。

做实脱贫攻坚，助推全面建成小康。严厉惩治以仁和区大龙潭乡新街村村委会原主任刘某某为代表的脱贫领域职务犯罪案件 20 件，判处刑罚 22 人次，依法审理涉假冒伪劣农资农药、涉林涉农案件 107 件，服务保障脱贫攻坚。强化政治担当，落实市委决策部署，选派 4 名优秀干部担任驻村第一书记蹲点扶贫，搭建“花城法官”党员志愿服务工作站，投入帮扶物品、资金，举办法治、脱贫攻坚等专题讲座，切实助力脱贫攻坚。

【法院改革】 全市法院紧扣提升审判质量和效率，稳步推进司法责任制改革，推进审判事业科学发展。

完成人员分类管理改革，优化审判资源配置。实行法官员额制改革，全市法院经严格考试考核首批遴选 156 名员额法官，分流转岗原法官 78 名。科学配置司法辅助人员、行政人员，让各类人员各归其类，各司其职，各尽其才。打破以庭为办案单元的组织结构，组建 57 个审判团队，优化配置团队成员，建立健全“办案专业化、管理扁平化”的办案新机制。

落实司法责任制改革，完善审判权运行机制。建立司法人员职责清单，扩大承办法官权限，限缩院庭长审批权和审委会讨论案件范围，实现“让审理者裁判，由裁判者负责”。压实员额法官办案主体责任，院庭长带头办理复杂疑难案件。建成以审判流程关键节点网上自动监控为重点的静默化监管体系，建立专业法官会议机制，完善审判委员会制度，加强案件质量评查，严格错案责任追究，实现“放权不放任”。改革一年来，员额法官人均结案 185.05 件，较 2016 年改革前增加 79.44 件，居全省第 4 位，审判质效 7 项核心指标全部向好，改革成效充分显现。

推进综合配套改革，提高改革整体效能。完善法官履职保障机制，实行法官单独职务序列管理，增强职业尊荣感。成立法官权益保障委员会，落实防止外部、内部干预司法规定，确保司法人员依法履职不受追究。实行审判业绩与待遇挂钩，激发司法人员工作积极性。推进文书送达等辅助事务剥离改革，让法官专注于审判。推进刑事庭审实质化改革，发挥庭审在查明事实、认定证据、保护诉权中的决定性作用。推进案件繁简分流改革，努力实现“简案快审，难案精审”，东区法院作为市委确定的试点单位，积极探索，取得较好成效。

【司法公开】 全市法院深入推进司法公开，着力提升司法公信力。

加强公开平台建设。全市法院继续推进司法公开三大平台建设，确保实现应上网的裁判文书100%上网公开，在互联网公布裁判文书28231份。切实加强科技法庭建设，建成网络直播庭审平台，在互联网直播庭审188次。推进执行信息公开，畅通申请人网络查询渠道，让申请人随时掌握执行动态。推行网络司法拍卖，全市两级法院均在淘宝网上开通网上拍卖，以网络拍卖为原则、传统拍卖为例外，力促财产处置公开透明。切实加强新闻宣传工作，严格落实“双月”新闻发布例会制度，积极发挥法庭报道的集群效应，召开新闻发布会，主动公开重大案件审理情况和重要工作部署。

加强法治宣传，营造良好法治氛围。积极参与“6·26”国际禁毒日、开学第一堂法治课、“12·4”宪法宣传日等主题法治宣传活动，引导市民学法守法。播发“现在开庭”“每周一案”“法官在线”等法治宣传栏目175期，发表宣传稿件768篇。与中国教育台合作，市中院两名法官走进演播厅录制2个法制节目。与中央电视台2频道《经济与法》栏目合作，先后两次对攀枝花市法院审理的3件案件进行专题报道，扩大社会影响力。

主动接受人大、政协及社会各方监督。坚持重要工作向人大、政协报告通报制度，2017年6月，市人大常委会专题调研全市法院“两年基本解决执行难”工作，市中院作专题汇报。7月，市政协主席会议专门听取法院半年工作情况通报。认真落实代表委员意见建议，梳理“两会”期间人大代表、政协委员提出的意见建议49条，落实整改措施49条。向人大代表和政协委员发送手机彩信周报3万余条，寄送《法院重大事项通报》3600余份，邀请旁听庭审、监督执行和参加重要会议50余人次。

【队伍建设】 全市法院紧扣忠诚担当、公正廉洁品格，推进队伍“两学一做”“两转一提”，夯实审判事业基石。深化“花城法官”党建品牌创建，树典型立标杆，选树“全国模范法官”顾玉、“全国法院办案标兵”袁凯、“全国法院先进工作者”汪易林等先进典型。市中院、仁和区法院被评为“省级最佳文明单位”，米易县法院等4个单位被评为全省法院先进集体。

严格执纪问责，转变司法作风。紧抓“关键少数”，压实“两个责任”，推行领导干部党风廉政职责纪实制度，创办《勤廉之窗》专栏，开展廉政知识“双月学双月考”，确保“五个到位”，获省高院肯定并在全省法院推广。出台《惩治“微腐败”护航阳光花城方案》，深化“五项规范建设”，开展司法作风痼疾、重点领域关键环节、制度执行落实等三项集中整治，明确整改措施37条，建立健全作风建设机制30个，开展“四风”问题专项检查、审务作风效能督查8次，整改司法作风问题25个，作风有新转变，形象有新提升。

加强人才培养，提升司法能力。创新人才培养机制，实施导师制、“后起之秀”培养计划，促使青年干警早日成才。开展“书香法院”创建、全员网络在线学习，使继续教育成为常态。紧贴审判实际，开展庭审技能、文书制作、执勤保障等业务培训45场。

（安红飞）

司法行政

【概　况】 攀枝花市司法行政系统包括市司法局、市强制隔离戒毒所、市法律援助中心、5个县（区）司法局、6个公证处、60个司法所、24个律师事务所、18个基层法律服务所。市司法局机关设13个内设机构和政治部（警务部）、机关党委。根据《中共攀枝花市委机构编制委员会关于设置市纪委派驻机构划转编制职数有关事项的通知》要求，划转政法专项编制2个，核销纪检监察副县级和正科级职数各1个。2017年，市司法局获评全市综治、维稳、投资促进、定点扶贫、党的十九大维稳安保、全省社区矫正工作等先进集体表扬13个，3人荣获全国模范人民调解员称号，1人荣获全省司法行政系统“十大杰出人物”。

【人民调解】 市司法局不断加大行业性、专业性人民调解组织培育力度，持续推进人民调解向规范化、专业化迈进。将市医调委设立单位由市律师协会调整为市人民调解员协会，与7名专职调解员签订聘用合同，规范管理，稳定队伍。与市教体局合作组建“市校园纠纷调解委员会”，制定《攀枝花市校园纠纷人民调解工作规程》，开展校园纠纷人民调解，成功调解3起校园纠纷。与市公安局联合制定《关于建立完善人民调解与治安调解衔接联动机制的意见》，在25个城区派出所设立调解室或建立调委会，有效整合人民调解和公安机关治安调解资源。全年全市人民调解组织调解纠纷6767件，调解成功率99%，涉及金额15223.99万元。

【安置帮教】 市司法局认真落实刑满释放人员必接制度，严密做好刑满释放人员衔接工作，与攀西监狱建立“定期双向联系”制度，确保刑满释放人员和监狱假释、暂予监外执行罪犯接送工作衔接紧密，确保各个环节不出问题。全市共衔接刑满释放人员 803 人，安置 785 人，安置率 97%，帮教率 100%，无重新违法犯罪人员。

【社区矫正】 市司法局扎实开展“社区矫正执法技能大比武活动”“基层基础工作信息录入大会战”专项活动，全面提升社区矫正工作水平。探索建立强戒民警参与社区矫正工作机制，从市强制隔离戒毒所抽调民警协助开展社区服刑人员点验、收监执行押送等工作，有效缓解基层司法所人力不足的问题。建立健全政法、综治、公检法司等部门联席会议制度，定期研究解决难点问题。与四川司法职业警官学院签订共建协议，在米易县建立实训基地，为全市社区矫正人才培养、理论研究等提供保障。与攀西监狱建立矫治效果共同考评机制，理顺监狱假释、暂予监外执行罪犯与社区矫正衔接问题。全市全年累计接收社区服刑人员 737 人，成功教育改造解除社区服刑人员 736 人，在册社区服刑人员 910 人，累计撤销缓刑 7 人，对暂予监外执行收监执行 3 人，警告 89 人，未发生脱管漏管问题。

【司法所规范化建设】 市司法局持续推进司法所规范化建设，全年完成 16 个司法所规范化建设达标工作。按照省司法厅《司法所外观及室内标识规范》，完成对 22 个司法所的升级改造。贯彻落实《司法所业务工作规范》，建立“月督查、季汇报、年考核”机制，定期召开经验交流会，强化提高司法所业务工作水平。全市有 35 个司法所达到规范化建设标准。

【律师事务】 攀枝花市 24 家律师事务所、246 名律师共办理各类案件 5632 件，担任政、企事业和社会团体法律顾问 595 家，开展公益事业和社会活动 2456 人次，办理法律援助案件 658 件。8 月，成立市党外律师联谊分会，积极开展党外律师工作，强化党外律师社会责任。有序推进公职律师、公司律师制度改革试点工作，在市司法局律师公证工作科设立法律顾问办公室，提供法律咨询、服务等。全面贯彻落实中央、省、市侨务政策，推进全市侨务工作发展，攀枝花市首家“为侨法律服务工作站”在四川卓乐律师事务所挂牌成立。深入开展律师行业规范执业专项整治活动和律师协会网站后台操作业务培训，成立维护律师执业权利中心和投诉受理查处中心，建立律师维权快速联动处置机制和投诉查处机制，完善律师工作督查机制。

【公证事务】 攀枝花市 6 个公证处认真贯彻落实《公证程序规则》《公证员职业道德基本准则》和司法部《关于公证执业“五不准”的通知》要求，建立健全首问责任制、限时办证、预约办证、投诉信访登记、公证档案管理等制度，不断规范公证执业行为。积极开展涉外公证，主动服务棚户区改造和困难群众，不断拓宽服务领域，持续推进公证事业健康发展。全年共办理各类公证事项 6353 件，无错证假证。

【司法鉴定】 攀枝花市司法鉴定机构全年办理司法鉴定案件 2601 件，按时办结率 100%。6 月，按照省司法厅统一部署，全市司法鉴定机构首次开展司法鉴定行业诚信等级评估工作。经省司法厅最终评估，市第三人民医院精神医学司法鉴定所被评为五星级鉴定机构，攀枝花法正司法鉴定中心被评为四星级鉴定机构。

【法律援助】 攀枝花市法律援助机构全面启用法律援助业务系统，升级改造完成“12348”法律服务热线。全年办理法律援助案件 1270 件，提供法律服务 16763 人次，在东区长寿路街道、大渡口街道，西区摩挲河街道，仁和区前进镇、仁和镇，米易县麻陇乡新建 6 个规范化乡镇（街道）法律援助工作站，全面完成省、市法律援助民生工程目标任务。积极介入信访、“大调解”等非诉讼领域，参与办理信访案件 32 件，提供法律意见 120 余条，办理老人、妇女儿童、军人军属等重点人群法律援助案件 83 件。扎实开展“岁末年初农民工讨薪专项活动”，受理农民工讨薪案件 123 件，涉及农民工 219 人，涉及金额 378.5 万余元。

【外来企业投诉】 市外来企业投诉中心不断加强与人民调解、法治宣传、法律服务、法律援助各项工作的有效对接，有效整合司法行政机关律师、公证、司法鉴定、法律援助和人民调解等职能资源，积极搭建政企、企企、企社合作交流平台，实行精准服务。全年共为外来企业举办法制讲座 84 场次，帮助外来企业处理法律事务 320 余件，提供法律援助 60 件，成功调解外来企业纠纷 120 件，受理并妥善解决投诉案件 12 件，帮助企业挽回经济损失 800 余万。6 月，市司法局荣获 2016 年全市投资促进先进集体，1 人荣获投资促进先进个人。

【“七五”普法启动】 3 月，市委、市政府印发《攀枝花市法治宣传教育第七个五年规划（2016—2020 年）》，并召开全市“六五”普法总结表彰暨“七五”普法动员部署工作会，全面启动“七五”普法。持续加强制度建设，形成党委领导，人大、政协监督，政府实施，各部门各负其责、协调配合、齐抓共管的大普法工作格局。开展“法治攀枝花”微电影征集活动和“清凉之夏”法治坝坝电影展播，全市拍摄制作法治宣传片、微电影、法治广告等22部，创编法治文艺节目，各县区广泛开展多种形式的法治文艺演出。选聘市人大、市纪委、市委党校、攀枝花学院的专家学者和司法、执法部门系统专业人员充实全市普法讲师团，建立涵盖依法治国、依法行政等8类50余个课题的法治宣讲课题库，推行“菜单式”普法。全年组织开展法治宣传教育大型主题活动20余场次，发放宣传资料10万余份，提供法律咨询30万余人次。

【法律七进】 市司法局着力完善“依法治市办公室统筹协调、市司法局负责推动、相关部门分别牵头、各单位广泛参与”的工作机制，持续推动“法律七进”深入开展。有效落实领导干部学法用法、各级党委（党组）中心组集中学法和会前学法制度；大力实施乡村“六个一”普法工程，联合市林业局、市教体局在仁和区平地镇中心校开展“法律进校园、进乡村”活动；在市二小、市二中、市七中3所学校开展“法治教育进课堂”课题研究，主办“为爱汇聚，拥抱未来，无毒无悔”为主题的禁毒宣传“法律进校园”活动，完成市直属学校法律顾问述职测评，在法院、公安、司法、消防等部门建立青少年法治教育基地；推动落实《攀枝花市法律进单位实施意见》，在车站、机场、医院、公园等公共服务场所，有针对性地开展法治宣传活动。

【“12·4”国家宪法日暨全国法制宣传日】 12月4日，攀枝花市在中心广场举行“12·4”国家宪法日暨全国法制宣传日大型法治宣传活动。通过举行宪法宣誓仪式，发布2017年度全市法院十大典型案例，开通“12348”公共法律服务热线，开展全市依法治市成果宣传展、现场法律宣传、咨询和法律服务等系列活动，取得良好法治宣传效果。市人大常委会主任黄正富，市委副书记虞平，市委政法委书记谢忠华，市人大常委会副主任陈可红、覃发树，市政府副市长敬登峰，市政协副主席赵忠义、雷雨，市中级人民法院院长李光旭，市检察院检察长李杨等市领导出席活动。各县（区）、市直各部门，各相关单位人员，以及各界群众和新闻媒体共计1200余人参加活动。

【法治示范创建】 攀枝花市组织创建全国法治先进县（区）1个（米易县），命名市级法治示范县（区）、乡镇（街道）和学法用法机关18个；推荐申报全国法治先进社区2个（东区新源路社区、盐边红格镇阳光社区），创建省级法治教育基地1个，省级“法律七进”示范点6个。

【司法考试】 9月16—17日，攀枝花市2017年度国家司法考试在市三中开考，共计685名考生参加考试。

【司法体制改革】 2017年，根据省司法厅统一安排部署，先后制定出台《关于完善法律援助制度实施意见》《攀枝花市完善国家工作人员学法用法制度的实施意见》和《关于深化律师制度改革的实施意见》，并抓好落地落实。圆满完成公证机构体制改革任务，全市3家涉改行政体制公证机构全部改为事业体制。根据最高人民检察院、司法部《人民监督员选任管理办法》，坚持“公开、公平、公正、择优”的原则，严格按照公告、报名、审核、考察、公示等程序，完成人民监督员选任工作，共推荐省级人民监督员12名，选聘市级人民监督员25名并开展工作。截至2017年年底，已监督各县（区）人民检察院案件15起，观摩案件评审2起，49人次参加案件评审工作。

【精准扶贫】 司法局围绕进一步做好精准扶贫工作，及时转换帮扶思路，调整工作重点，制定下发《攀枝花市司法局关于进一步做好精准扶贫工作的通知》《攀枝花市司法局文化惠民扶贫2017年度实施方案》，着力巩固脱贫、防止返贫。3月，市司法局被市委、市政府评为“2014—2016年度定点扶贫工作先进单位”。7月4日，省人大副主任黄彦蓉和市委书记李建勤到该村考察精准扶贫工作，对市司法局帮扶工作给予高度肯定。

【基础建设】 列入“十二五”政法基础设施建设项目的市司法局业务用房，立项投资667万元，建筑面积2383平方米，全面完成并投入使用。7月21日，市司法局完成搬迁进驻。市强制隔离戒毒所整体迁建至仁和区总发乡乐弄四组相关工作按计划推进。依托电子政务外网，司法厅、市、县（区）司法局、司法所实现“四级联网”，统一使用“省司法行政工作平台”进行业务办公，建成1个标准化机房和2个多媒体会议室。

【巡察整改】 4月，市委第一巡察组对市司法局开展为期20天的集中巡察，7月17日反馈巡察情况。市司法局党组专门成立巡察整改领导小组，认真制定《中共攀枝花市司法局党组落实市委第一巡察组反馈意见整改方案》，明确责任领导、责任单位和整改措施、整改时限，压实巡察整改责任，扎实开展巡察整改工作。经过2个月的集中整改，巡察组反馈的3大类17个问题、21个问题线索全部完成整改。

（冷　钢）

国防建设

攀枝花军分区

【概　况】　2017年，攀枝花军分区辖东区、西区、仁和区、米易县、盐边县5个人武部和攀钢集团公司、攀煤集团公司、钢城集团公司、十九冶集团公司、钒钛产业园区5个大企业（园区）武装部和60个乡镇（街道）武装部。军分区司令员王庆吉（2017.06起），政治委员李力生（2017.01—2017.06），政治委员秦光龙（2017.06起）。

2017年，在省军区党委和市委、市政府坚强领导下，军分区党委坚决贯彻中共中央、中央军委和习近平决策部署，始终围绕强军目标，坚持稳中求进工作总基调，坚定"三个维护"固根本，加快"三个转变"抓改革，聚焦主责主业做准备，持续正风肃纪强作风，依法从严治军保稳定，深入推进思想政治建设、练兵备战工作、改革任务落实，国防动员和后备力量建设呈现向上向好新局面。

【思想政治建设】　坚持政治建军，思想政治建设有新加强。坚持用习近平系列重要讲话精神武装头脑，着力在正本清源、立根固本上下工夫、见成效。深入学习贯彻中共十九大精神。迅速组织传达学习和动员部署，研究制定《学习宣传贯彻措施》，集中组织收看收听新闻报道，及时购买辅导读本、编印辅导材料下发学习。采取任务分工、集智攻关、成果共享的方式安排机关和人民武装部领导辅导宣讲，开展中共十九大精神"美文分享、讨论交流、你问我答"和"学习新党章、重温入党誓词"活动，推动中共十九大精神进入思想、进入工作。扎实抓好"两项"重大教育。深入推进"维护核心、听从指挥"主题教育和"两学一做"学习教育常态化制度化，采取常委率先学、党委中心组带机关和部队同步学、领导上党课、党小组集体学等方式，认真学习领会习近平在中央政治局第42次集体学习时、省部级主要领导干部专题研讨班开班式上、朱日和沙场阅兵时、庆祝建军90周年大会上的重要讲话精神，军分区党委常委通过电视会议领读原文，认真解读讲话中一系列新的重要思想、重要观点、重大判断、重大举措和关键词，现场提问检验学习效果。牵头组织驻攀部队开展纪念建军90周年大型图片展，反响大、效果好。认真落实党管武装制度。注重加强军地协调，主动请示报告工作，解决部队困难问题，积极协调推动转业干部、退役士兵安置、干部子女入学。及时增补军分区、人武部党委第一书记，调整健全武装工作领导机构，拟制签订党管武装工作目标考核责任书，推动党管武装工作有效落实。

【军事斗争准备】　聚焦主责主业，国防动员能力有新拓展。加强军事斗争国防动员准备，着力提升专司主营能力。按照应急应战标准抓战备。深入贯彻《战备工作条例》，严格落实各项战备制度，不断推进规范战备基础建设。修订完善应急应战预案和配套方案计划，完成军分区作战值班室改造，制订下发《战备值班运行规则》，集中组织作战值班员培训，组织全体官兵、民兵应急分队、地方领导进行开训动员和战备拉练，部队始终保持良好战备状态。紧贴实战要求抓训练。先后4次召开党委议训会议，及时解决军事训练中的矛盾问题。拟制上报《军地处置突发事件联合保障规范》研讨文章，组织首长机关战术作业课题研练，开展《民兵军事训练大纲》森林（草原）灭火行动课目试训论证，完成1362人基干民兵训练任务，参加"花城利剑"反恐实战演练和极端气象条件应急救援演练，部队和民兵遂行任务能力进一步提高。11月上旬，组织67名乡（镇、街道）、大型企业、高校基层专武部长培训，开展基层武装部正规化建设观摩和经验交流活动，进一步打牢基层武装部建设基础。

【党委班子和干部队伍建设】　强化首任首责，党委班子和干部队伍建设有新局面。紧紧围绕习主席全面从严治党战略思想，大力加强党委班子建设，不断增强创造力、凝聚力、战斗力。强化班子核心作用。修订党委议事规则，落实民主集中制，在干部任用、大项经费开支等重大问题上坚持集体研究决定。认真召开党委常委民主生活会，进一步查找问题、理清思路、推进建设。充分发挥基层组织功能，抓好党小组会、领导干部过双重组织生活、每月主动缴纳党费等基本制度落实，制作党费缴纳公示栏加强监督。加强干部队伍建设。注重干部能力素质培养，通过岗位锻炼、代职轮训等多种形式提升干部综合素质。2017 年，选送 6 名师团职干部到院校培训，安排 4 名干部到人武部代职、2 名干部到人武部当兵蹲点；先后接收交流干部 8 名，本级提升使用 2 名；完成 10 名干部转业安置工作。坚决完成改革调整任务。及时成立军分区改革实施工作领导小组，制定下发改革实施总体方案，开展“坚决服从改革大局、忠实履行职能使命”教育活动，广泛开展谈心交心，精准掌握思想底数，帮助解决实际困难。按照“定职能、定机构、定编制、定机制”要求，依令完成机构改革调整，及时建立健全各级党组织，各单位按新编制运行平稳、开局良好。持续深入推进作风建设。狠抓党性、党风、党纪教育，集中观看《浴火强军》《永远在路上》专题教育片，组织团以上干部及时传阅军队严重违纪高级干部忏悔书，夯实拒腐防变思想防线。持之以恒纠“四风”、转作风，制作发放严禁违规喝酒小卡片，引导督促大家遵章守纪，对照身边的“微腐败”和不正之风 70 条问题清单，组织官兵逐条进行对照清理，及时整改办公室面积超标、办公室养花养鱼等问题，营造风清气正的良好环境。

【国防动员工作】 着眼保障打赢抓动员。认真组织全市动员潜力核查，深入推进民兵转型建设，完成 9000 名基干民兵整组任务。狠抓征兵工作落实，以大学生为重点对象，深入乡镇、村组、社区、高校开展精准宣传，全市兵役登记率达 96.7%，在《攀枝花日报》刊发廉洁征兵“十不准”公告，征兵工作人员人人签订廉洁征兵责任书，应征青年家庭户户填写廉洁征兵反馈卡，入伍新兵个个手书安心服役保证书，纪检部门全程跟进廉洁征兵监督，实现连续 45 年无责任退兵。

【安全稳定】 全面依法治军，正规化建设质量层次有新提升。认真贯彻依法治军从严治军要求，加强正规化建设与管理，树牢底线思维、红线意识，部队保持安全稳定和集中统一。建章立制抓规范。紧跟改革进程正规部队秩序，及时制订、修订 7 个规章制度，明确各处工作职责，确保部队在新体制下规范有序运行。开展条令学习月活动，汇编军委国防动员部部队管理“六个规范性文件”，开展新形势下治军带兵理论研讨，不断强化官兵法治思维，培塑法治精神，提高法治能力。严防严治抓重点。严格落实早操、点名、查铺查哨、请销假等制度。认真开展枪弹专项清理整治“回头看”，人人签订枪弹零持有责任书和承诺书。严格车辆使用派遣，杜绝随意用车和公车私用问题。加大涉密载体管理力度，完善配套保密设施设备，定期组织保密检查，组织涉密岗位人员政治考核，严防发生失泄密问题。毫不放松抓整改。以迎接上级安全大检查为抓手，严密组织百日安全活动、安全工作大检查和武器装备清理整治。对照《军委国防动员部安全工作检查考评暂行细则》，采取各级自查、上级督查、整改纠治的办法，围绕安全防范的重点领域、重大活动、重要时节，先后 3 次组织安全大检查，查纠整改各类隐患 110 项。

【综合保障能力】 围绕服务抓保障。对照制度规定，坚持问题导向，狠抓整改落实，不断加强后装科学化、规范化管理，提高保障效益。持续推进经济适用住房建设专项清理整治和办公用房超面积问题“再回头”清理。坚持党委当家理财，严格落实财经管理规定，狠抓军分区本级经济责任审计问题整改，指导各人武部高标准落实财经制度，杜绝问题增量，减少问题存量。按要求、按时限全面完成有偿服务停止工作。投入经费 5 万余元改造干部公寓楼老旧线路和破旧煤气管道，组织开展评残工作，协调市中心医院对军分区 100 余名官兵职工进行健康体检。

【参建参治】 军政军民团结有新发展。注重发挥军分区桥梁纽带作用，积极参与地方经济社会建设，巩固发展军政军民团结良好形势。双拥工作推进有力。协调驻军支持地方党委、政府工作，主动作为、当好先锋、发挥作用。与市双拥办共同牵头，对全市双拥工作进行检查督导，督促军地双方落实双拥工作各项制度。主动负责部队双拥共建资料的收集整理，协调其他驻军参与创建事宜，为攀枝花市连续四届成功获批“全国双拥模范城”做出积极贡献。脱贫攻坚成效明显。深入开展精准扶贫，军分区和各县（区）人武部共投入 150 万元建立扶贫开发专项基金，深入开展定点帮扶和结对帮扶工作，先后派 2 人担任扶贫村党支部第一书记，军分区共与 8 个村、74 户贫困家庭、3 所学校、1 个卫生所、31 名贫困学生建立帮扶关系，受益群众千余人。9 月中旬，军分区本级深入扶贫村进行新一轮扶贫项目调研，投入 30 万元援建村文化阅览室、幼教中心，广泛开展技能培训、教育扶贫等活动。急难险重任务完成出色。全年共出动民兵 2700 余人（次），积极参加公山湾地质灾害隐患排险、巴斯箐隧道淤塞抢通、森林灭火等抢险救灾行动，疏散群众 400 户 600 余人、转移物资 20 余吨、抢通道路 3.2 千米、加固堤坝 325 米、疏通防洪沟4.5千米、扑灭山火8次，受到地方党委、政府和群众高度赞誉。9月，抽组150名民兵骨干，对攀枝花学院和5所高中共计9500名学生进行军训，取得良好社会效益，展现军分区风采风貌。

【攀枝花军分区党委第一书记任职暨班子调整命令大会召开】 6月29日下午，攀枝花军分区党委第一书记任职暨班子调整命令大会召开。省军区副政委李阳，攀枝花市委书记李建勤、攀枝花军分区全体官兵出席会议。会上，李阳宣读中央军委国防动员部命令和省军区党委有关党内任职的通知。根据中央军委国防动员部命令，王庆吉任攀枝花军分区司令员、秦光龙任攀枝花军分区政治委员、张德勇任攀枝花军分区副司令员。同时省军区党委增补攀枝花市委书记李建勤为中共攀枝花军分区委员会委员、常务委员会委员、第一书记。李阳对攀枝花军分区党委班子提出五个方面要求：要始终保持政治上的清醒和坚定；要持续推进调整改革落地和落实；要大力加强党委班子和干部队伍建设；要统筹抓好当前各项工作，圆满完成年度任务；要确保部队高度集中统一和安全稳定。

（黄　河）

武　警

【思想政治教育】 2017年，武警攀枝花市支队坚持用习近平系列重要讲话精神武装官兵头脑、统领官兵思想，纵深推进“两项重大教育”和政治能力训练，制定支队推进“两学一做”学习教育常态化制度化27条措施，积极探索“士兵讲堂”，运用菜单模式和“五小”（值日小讲评、进步小周记、警营小板报、学习小交流、新闻小点评）自我教育活动搞活经常性教育，全体官兵在忠诚、拥戴、维护习主席上更自觉、更坚定、更纯粹，在迎接保卫中共十九大上无杂音、无杂念、无杂质。官兵思想纯洁稳固。充分利用驻地中国—攀枝花三线建设博物馆、大田会议旧址等红色文化资源，扎实开展建党96周年和“强军风采”系列文化活动，精心打造军乐队、舞龙舞狮队、威风锣鼓队等“一队一特色”文化队伍，用实实在在的活动诠释对建队育人的理解，官兵思想纯洁稳固。

【组织建设】 武警攀枝花市支队党委坚持抓学习提素质，把忠诚笃信、维护核心作为首要政治任务，紧跟习主席思想步伐，从严抓实中心组学习，班子成员的理论水平、政治信仰、思维方法和实践能力不断提高。坚持以战斗力标准引领部队建设，始终把心思精力向战斗力聚焦；坚持“抓基层打基础”的建队思路不动摇，提出“不烧三把火、注重打基础”的口号，引导各级把心思和精力沉到“抓基层打基础”上来；坚持把强化号令意识和执行力作为建设好班子的首要标准，带领官兵时刻叫响并做到“最南最热最坚定、最偏最远最安心”。坚持抓风气树导向，旗帜鲜明的提出“要积极倡导什么、坚持什么、崇尚什么，极力反对什么、摒弃什么、抵制什么”，全年调整使用干部57人，年初提出的“10件实事”件件有落实、事事有回音，部队正能量、正风气蔚然成风。

【干部队伍建设】 武警攀枝花市支队以强化事业心责任感为主线，面对深化改革调整，扎实开展“四个”正确对待教育，不断打牢干事创业思想根基。运用“四会教员”比武、政工例会等时机，深入做好干部学军事学指挥活动和经常性业务培训，干部队伍素质能力明显提升。坚持随机对基层干部进行网上点名，每月组织实地检查，每季度进行讲评，通过运用制度、依靠组织和群众监督把干部管住管好，没有严重违纪和受处理的干部。重视搞好人文关怀，为14名干部发放困难补助7万元，积极做好5名转业干部安置、军人家属工作岗位调整和3名干部子女入学入托等协调工作，科学统筹干部休假，大力推进建成并分配干部士官公寓房70余套，有效激发干部队伍活力动力，全体干部忠诚干净担当。

【军事训练】 武警攀枝花市支队坚持按照“紧贴实战”要求抓训练，以任务为牵引，全面推进军事训练，分层抓好射击、体能、战术、刺杀等10大项24个小项训练考核，每月组织军事训练网上会操，每季度集中组织全员实弹射击，有效提升官兵抓中心、打胜仗的综合素质。着眼提高官兵实战处置能力，组织官兵“重走抗洪路”，进行检验性、复盘式推演，分批组织狙击手、应急班和反恐特战排集中训练和“魔鬼周”极限训练等各类集训，有效提升部队反恐处突能力。

【战备执勤】 武警攀枝花市支队坚持按照“压舱托底”要求抓战备，深入贯彻“三场维稳战役”部署会精神，积极争取战备“三化”建设经费，狠抓机关全要素、特勤排和应急班全员全时战备值班，5次组织针对性拉动，4次组织机关首长带战备分队实兵实装演练，2次与凉山支队进行“红蓝”对抗，部队战备水平持续提升。完成各类临时勤务56起，在“6·29”抗洪抢险等任务中，支队反应高效、报告及时、决策科学、处置圆满，以实际行动有效维护花城安宁，保障人民群众生命财产安全。坚持按照“精细规范”要求抓执勤，紧紧围绕干好维稳这件大事，不断强化抓中心工作的力度，严格落实党委议勤制度，采取网络覆盖全程管、不打招呼随机查、跟踪督导末端抓、通报讲评限期改等方法抓“软隐患”；先后投入资金280余万元，对4个执勤单位的执勤设施和隐患进行升级改造和治理，攻坚克难治理执勤“硬隐患”，年内成功处置入监人员企图脱逃、无人机在监区上空盘旋拍摄等执勤险情6起，确保固定目标万无一失。

【后勤建设】 武警攀枝花市支队坚持按打仗要求建后勤、用后勤，不断提升“前勤”能力，较好地完成各项服务保障工作。着眼依法治后勤，从严监管经费预算、申请、使用、报销、核算全过程，有效确保后勤工作制度化规范化运行。特别是在年初迎接中央军委审计中，支队党委坚持按照“新官理旧账”的要求，主动把问题摆出来，提前对表定人抓整改，得到审计组的高度评价。坚持人往基层走、钱往基层花、事往基层办，严格落实“1126”和“6211”保障标准，统一公开招标遴选副食品供应商，坚持定期考察价格、每周制定食谱，从主副食品采购、实物验收、加工制作等环节入手，从炊事人员细小养成、饮食卫生等小处抓起，不断提升伙食质量，官兵满意率超过98%，服务基层成效明显。着眼建设忠诚、干净、担当的红色后勤，改变“一个萝卜一个坑”的人才培训储备方式，结合官兵兵龄结构和岗位需求，提前着手培养后备人才，保持后勤队伍的稳定性。克服“能上不能下”的用人习惯，组织各类后勤人员轮岗交流和代职锻炼，根据岗位需要，合理调配，人尽其才。年内，先后组织4批28人次司务长集中办公和培训，培训驾驶员、炊事员、卫生员、军械员34人次，进一步增强各专业队伍的业务技能和实际操作能力。

【拥政爱民】 武警攀枝花市支队着眼为攀枝花这座全国“双拥模范城”增光添彩，坚决响应市委、市政府号召，积极投身地方建设，参与开展捐款捐物、资助失学儿童重返校园、照顾驻地孤寡老人、便民服务等助民活动。“军爱民，民拥军，军民团结一家亲”，为推动精准扶贫相关工作切实落实到实处，支队长唐阳、政委韩志强多次率工作组，带着人民子弟兵对驻地群众的深情厚谊，深入市仁和区同德镇双河村开展定点精准扶贫，为困难群众送去扶贫资金、家电家具和大米等必需品，受收到驻地群众一致欢迎。特别是在“6·29”抗洪抢险救援任务中，支队参战官兵“讲奉献、比贡献”，冲锋在最前面，战斗在第一线，连续奋战3天2夜，担负救援、封控、排障、紧急疏散、道路清理等任务，以实际行动彰显人民子弟兵的良好形象，事迹先后被中央、省、市多家媒体跟踪报道。

【文化宣传】 武警攀枝花市支队借力中国·攀枝花三线建设博物馆、大田会议旧址等红色文化教育基地，深入开展纪念建党96周年、建军90周年和“强军风采”系列文化活动，圆满筹办“强军新征程”文艺晚会，不断砥砺官兵血性虎气。积极协调驻地市、县、区图书馆在7个基层中队建立分馆，极大丰富官兵的业余文化生活；结合驻地特色，精心打造军乐队、舞龙舞狮队、威风锣鼓队等“一队一特色”文化队伍，用实实在在的活动诠释对建队育人的理解。年内，先后在《解放军画报》《中央电视台》等中央级媒体发表稿件5篇，中国武警、中国军网发表稿件3篇，总队信息网发表800多篇，中央、省、市电视台转播“6·29”抗洪抢险救援相关新闻20余次。支队政治处宣传股新闻报道员张在雄被武警四川省总队表彰为“新闻宣传先进个人”。

（孙玉壶）

消　防

【概　况】 2017年，市公安消防支队在省消防总队和市委、市政府以及市公安局的坚强领导下，坚决贯彻落实习近平“四句话、十六字”总要求，始终以“服务经济社会发展、保障人民生命财产安全”为己任，以“护航十九大、宣贯十九大”为主线，围绕防、灭火中心工作，求真务实搞建设，凝心聚力抓发展，固优求新谋突破，各项工作呈现喜人局面，火灾四项指标同比2016年实现“三降一平”，全市连续12年未发生较大以上火灾，为全市经济建设发展创造良好的消防安全环境。支队在省消防总队条令条例、消防产品、消防监督讲师等比赛中均排名前五，冬春火灾防控工作被省消防总队评为优秀，荣获全省消防部队财务会审一等奖；6个单位获“全国青年文明号创建活动成绩突出集体”“全省青年文明号”等省级以上荣誉，6名官兵获全国消防部队“士官优秀人才二等奖”“优秀党务工作者”和全省“青年优秀志愿者”“优秀共青团员”及全省消防部队“优秀共产党员”“优秀党务工作者”“五类标兵”等省级以上表彰，1名官兵获全市第四届“道德模范”，百余名官兵立功受奖。

【接处警及火灾形势】 全年，市公安消防支队共接警出动1581次，出动消防执勤车辆2717台次、警力13950人次，抢救疏散被困人员970名，抢救保护财产价值近亿元，成功处置“6·28”抗洪抢险和“7·5”钒钛产业园区7吨液压油油罐火灾、10余吨四氯化钛泄漏处置等急难险重任务，圆满完成第24届全球华人羽毛球锦标赛和全国两会、“G20”峰会、中共十九大等重大安保任务，无灭火抢险救援失误。

全年，攀枝花市共发生火灾346起，死亡0人，受伤0人，直接经济损失1446869元。同比2016年，火灾起数下降12.62%，亡人数下降100%，伤人数下降100%，直接财产损失下降87.56%。

从火灾地域分布看，东区170起，占总起数的49.13%；西区35起，占总起数的10.11%；仁和区89起，占总起数的25.72%；米易县11起，占总起数的3.18%；盐边县33起，占总起数的9.54%；钒钛高新区8起，占总起数的2.31%。

从火灾发生原因看，电气类火灾96起，占总起数的27.75%；生活用火不慎引发火灾95起，占总起数的27.46%；吸烟引发火灾24起，占总起数的6.94%；自燃引起火灾49起，占总起数的14.16%；生产作业类火灾22起，占总起数的6.36%；玩火6起，占总起数的1.73%；其他原因44起，占总起数的12.72%；不明确原因火灾8起，占总起数的2.31%；刑事放火引发火灾2起，占总起数的0.57%。

从火灾场所分布看，居（村）民住宅火灾113起，占总起数的32.66%；交通工具类（汽车）发生火灾21起，占总起数的6.65%；垃圾及废弃物场所发生火灾74起，占总起数的21.39%；学校、办公、娱乐、宿舍等建筑面积小于500平方米的场所发生火灾40起，占总起数的11.56%；其他场所发生火灾96起，占总起数的27.75%。

【抓党建强堡垒】 市公安消防支队始终把加强党的建设作为伟大工程，坚持不懈地抓好班子自身建设“龙头工程”，努力营造善谋大事、团结和谐、敢想会干、风清气正的良好氛围。通过党委中心组学习和党委书记、副书记授课，学习党的创新理论文件30余个，调研重点课题20余次，9篇论文选录入“全省调研文章选集”，7项工作作法被省消防总队经验简报刊载。落实省消防总队党建工作“361”规则，创新意识形态、党委议事和《基层党组织党建工作任务清单》《基层党支部预备党员转正答辩制度》及党团建设“六个一”工程等6项制度，定期召开党委会、务虚会、形势分析会，研究“三重一大”事项14次、各类议题180余个。开展党组织书记培训2期，建成应用党组织会议音视频系统、党员之家和红门影院，提升基层党建水平。开展帮建支部、帮带干部、帮抓骨干“三帮”活动，通过党委成员蹲点定期帮、机关科室对口全年帮，推动基层党建工作提质增效。

加强人才建设。修订支队“一细则、两规定、两办法”（《士官量化考评实施细则》和《消防文员管理规定》《干部管理规定》及《干部考核实施办法》《连排职干部晋升考核实施办法》），对干部、文员、士官开展全员日常考核，实行晋职晋衔、评先评优、进退走留“三挂钩”，发挥考核评价“指挥棒”作用。把牢选人用人关口，实行重要岗位“双公”（公推、公选）和晋职晋升“双考”（考试、考核）选拔模式，选拔任用干部23人、中队长助理9人、班长30人，7名干部走上副团职领导和工程师岗位，连续3年产生正团职干部。落实支队《成才在警营指导意见》《干部“菜单式”培养工作细则》，固化“一帮一”、师徒“结对子”、军地两用人才培养等工作流程，完善防火、灭火、文体等9个人才库，开展考学士兵、预提班长、装备技师等培训，6名官兵取得冲锋舟操作手相应证书、无人机驾驶执照。

加强作风建设。落实支队《机关下基层、机关借用基层官兵相关规定》，每月统筹安排、提前公告，持续改进作风，同时精简文风会风，会议文件数量同比2016年减少23%。落实“两个责任”和“三级纪检人员”工作清单，实行廉政“绩效对账”和“六个必谈”机制，开展“三严三争”和“公开述职述廉”，组织官兵观看警示教育片、参观廉政教育基地20余次，打造屏保、展板、橱窗、短信等微文化。支队纪委主动介入执法、采购和人事等事项，协调市委组织部等5部门核实“个人事项报告表”，重大项目审计实现100%。

【铸警魂激活力】 市公安消防支队终牢牢把握政治工作强军兴军生命线，着力筑牢忠诚警魂，激发队伍活力，确保官兵坚定不移听党指挥，高效履职能打胜仗，为防灭火中心工作提供强有力的政治服务保障。开展“两项教育”和“四句话、十六字”“四对照四提升、做忠诚卫士”专题教育及十九大精神宣贯活动，依托支队内网主页制作系列教育活动专栏，用党的最新理论武装官兵头脑。自主开展“铭记从警点滴”和“翰墨飘香”警营创建等“七个一”活动，结合建党、建军等时机开展宣誓等活动，引导官兵学传统、知传统、用传统，坚定理想信仰、传承红色基因、纯洁队伍风气。利用三线建设博物馆、烈士英雄纪念碑、五七干校等辖区资源建成7个教育基地，拓宽教育渠道。搭建“基层精品好课堂”平台，开展主题演讲、板报制作、现场授课、教案评比等活动，在“红橙绿”平台和微信、短信上推送学习内容，丰富教育形式。

注重文化育警。部署“喜迎十九大 青春写忠诚”警营文化建设年和“板报月月评”、兵说兵事、读书观影、党的十九大主题成就展等系列活动，举办“橙色警营．激扬青春”文体运动会，全体官兵踊跃参与。开展“红门影像 多彩警营”主题微电影创作等“六个一”活动，3部微电影登陆横店、太平洋两大影城，《烈焰雄心》《我是一名消防兵》等5个精品节目在全市2次大型文艺会演上展出。以攀枝花消防英雄为主核，完善10个中队的忠诚、坚守等分核文化，建成数字化队史馆和1个示范荣誉室，提档升级9个3D影院、7个电子阅览室，为各级购置电脑43台、报纸杂志20余种、图书2000余册。

注重从优待警。修订《从优待警实施细则》，安排8名人员疗养和22名已婚官兵入住公寓房，为全体人员开展体检并购买人身保险，官兵探亲休假100%。制定党委为基层办实事计划，为基层办实事14件，解决官兵子女入托入学8名。健全党员济困帮扶基金制度，帮扶困难官兵22名。出台《军人及家属医疗管理规定》，解决官兵医疗保障现实问题。中共十九大安保期间，以党委名义向官兵家属致以慰问信，邀请30余名官兵家属到攀开展“家属联谊会”，争取家属的理解支持；在机关干部缺编32%的情况下，仍下沉机关三分之一警力，充实基层一线。

【除隐患保平安】 市公安消防支队始终以“减少一般火灾、避免较大火灾、杜绝重特大火灾”为目标，坚持关口前移、源头防范、依法治理，加强火灾防控基础建设，持续开展各类火灾隐患整治，着力构建全民消防体系，提高消防工作社会化水平，持续打造优良的消防安全环境。以冬春火灾防控和夏季消防检查为主线，部署电气火灾、独居老人、康养旅游场所等14个专项整治，开展“守护”“利剑”系列行动，整改商业街大棚等8处重大火灾隐患，高层建筑消防安全排查率在全省率先实现100%。依托市人大开展安全生产专项执法检查这一契机，梳理检查最不放心的区域、行业、场所15处，集中排查整改火灾隐患580余处。2017年，全市消防部门共检查单位（场所）22883家，发现并整改火灾隐患45511处。

【消防责任落实】 市公安消防支队以宣贯落实国务院办公厅《消防安全责任制实施办法》为主线，协调市、县（区）两级政府召开消防工作专题会议16次，与职能部门签订责任状260份。各级党政主要领导带队调研检查消防工作80余次，市、县（区）两级党委政府听取辖区火灾形势汇报14次。利用支队长任政协委员、政治委员任人大代表的政治身份，在全市“两会”上提交和协办消防提案2份。

行业部门监管责任落实。按照“行业主管、协同推进”监管模式，会同市发改、综治、住建、工商、民政、安监等部门制定各类联合整治方案和指导性文件7个，组织各行业开展系统内消防安全培训26期，参与联合检查30余次，发现并整改火灾隐患3200余起。

单位主体责任有效落实。出台《十类行业单位消防安全标准化管理达标创建方案》，提升行业单位的消防安全标准人管理水平，打造18家行业示范单位。全市人员密集场所的“四个能力”建设达标率、重点单位消防安全“户籍化”档案建档率、重点人员密集场所的“三提示”工作覆盖率均达100%，设有消防控制室的重点单位值班人员持证上岗率达80%以上。

【社会化消防工作】 市公安消防支队持续夯实火灾防控基础工作，联合市综治办出台《关于组织网格员协助开展消防工作的通知》，推动全市1204名网格员落实基层消防工作。协调市安全生产委员会印发《关于进一步加强消防安全工作深入推进安全社区建设的实施方案》，开展“消防安全社区”创建活动，社区创建达标率87%，聘用社区“消防宣传大使”38名。制定《攀枝花市微型消防站星级建设标准》，按照“梯度式”建设模式，提档升级微型消防站，建成重点单位微型消防站489个、社区微型消防站128个、区域联防组织16个，其中三星级微型消防站21个、二星级微型消防站70个、所有重点单位和87.7%的街道社区为一星级微型消防站。

加强公共消防设施建设。新建市政消火栓110个，全国重点镇和其他建制镇消防规划编修完成65%。提请市消防安全委员会印发《城乡消防规划及公共消防设施专项检查工作方案》，开展市政消火栓联合检查70次，整改隐患290余处。

【执法规范化建设】 市公安消防支队坚持夯实素质、依法行政，提升执法队伍专业化、执法流程信息化、执法指导长效化水平。出台《党委委员督导和防火处科室指导大队执法工作制度》，组织审核验收、火灾事故调查、法制等3期业务培训班和“执法大讲堂”活动22次，成立火灾调查服务队伍，创新开展“火调现场拉练”活动，规范现场监督执法工作。研发消防行政许可“双随机一公开”APP应用，建设执法记录仪信息采集室和信息管理平台，执法业务全流程网上操作。制定执法档案示范卷，完善数字化执法档案室，制定以岗位责任制、档案归档、保管、保密为主要内容的档案管理体系，全面落实消防监督执法档案规范化管理。

【社会化消防宣传】 市公安消防支队以消防“七进”为宣传主线，在《四川法制报》《攀枝花晚报》和攀枝花电视台等媒体开设消防宣传专栏，召开“119”消防宣传月启动暨冬春火灾防控工作新闻媒体见面会，创新“两报两网两微一台”宣传模式，打造“掌上消防”宣传新阵地，实现消防宣传全覆盖。创新“消防开讲了”进党政机关，向市委、市人大、市政府、市政协，“公检法司”及消安委成员单位赠送“救援包”400余套。举办全市第二届“消防智勇大比拼”、首届“全民消防我代言”和119宣传等活动，创新开展消防宣传进傈寨网络直播、“校园消防技能”竞技比赛及“花城消防之最”评选等十项活动，军训学校13家、学生14000余名，表彰26个宣传示范社区、38名宣传大使。

【部队正规化管理】 市公安消防支队始终将执行条令条例作为从严治警的根本抓手，开展“法治警营”建设和部署条令学习月、“三深入、三强化”等专项活动，印发《制度汇编》，坚持党委会、行管会定期研判管教形势，为督察组配发8台酒精测试仪，开展各类暗访督察180余次，严肃处理5个单位、10名官兵，切实规范部队秩序。实行机关指纹、面部打卡双考勤，完成“基础篇”和2个单位“自主篇”建设，正规化达标率100%。开展“八无一培”、安全大检查、保密排查等活动，严格落实“灭火作战及部队管理‘双八条’”，整改“六查六防”“三违三重”“百日安全防事故”问题隐患200余个，部队始终保持安全稳定，无任何安全事故和违法违纪案件发生。

【花城消防铁军】 市公安消防支队始终坚持战斗力标准，依法从严治警，全力打造秩序正规、内部和谐、安全稳定、纪律严明、战斗力强的花城铁军。创新防消联勤，实行防火检查、熟悉演练双参与制。完成28名基层指挥员考评，指挥员100%持证上岗。组建2支机动队和3个企业工艺处置队，开展高层建筑、微型消防站“两长”和专职、现役、高层机动“三队”联训，26个星级微型消防站纳入隧行处警，6个政府专职队完成评估调研。组织军事业务比武竞赛和攻坚组集训3期，参加“花城利剑”反恐处突、地震拉练和石油化工、高层建筑等大型灭火实战演练8起。召开执勤战备工作现场会，每季度评审战训资料，印发应知应会手册400余册，创新战术操法10项，配发移动终端108台，水源录入率100%。为各执勤中队配备防爆电台、4G图传、集群系统终端等通信设备200余套，建成8个通信基站和350兆数字同播网现场覆盖系统，城区无线通信覆盖率达85%。配齐10名通信保障分队人员，升级改造指挥中心服务器、华平会议终端，完成PGIS消防子系统与接处警系统对接。

【后勤保障建设】 市公安消防支队始终以“服务官兵、强化管理、厉行节约”为主线，围绕中心、面向基层、靠前保障，全力推动部队保障效能根基稳固、增长快速、协调发展、持续有力。落实党委当家、后勤理财和“一支笔”审批制度，对重大开支项目集体研究、集体决定、集中采购，行政消耗、三公经费连续4年下降。严格预算编制，全面应用预、决算系统并组织开展培训、辅导，定期公布预算执行情况。加强装备建设，出台“装备建设指导意见”和“装备统型方案”，推进装备升级换代和规范统型，购置消防车7台、器材5885件套，改造9辆水罐消防车，研发出“30秒防盗门快速扳手”等10项革新器材在全市推广应用。加强队站建设，攀西区域性训练基地和东区大中队重建营房年内入住，机关大楼完成规划改造。

【大型灭火救援实战演练】 2月17日，市公安消防支队在中石油金江油库举行4.5万立方米石油化工大型灭火救援实战演练，全市消防部队17辆消防车和100余名官兵参与演练，用时2小时。中石油四川省攀枝花市销售公司金江油库库区储油罐12座，总储量4.5万立方米。此次演练改变过去事先集结，到场后按预案展开的方式，全程由演练导调组根据作战任务进行导调，按照石油化工火灾扑救程序，根据“集中优势兵力，固移结合、分片灭火、冷却防爆，先地面后罐体，控制燃烧范围、备足力量、一举歼灭、防止复燃”等处置原则，重点针对火情侦察、灾害处置、火场警戒、紧急撤离、战勤保障等环节进行模拟实战开展工作，完成油罐冷却控火、围堰扑灭支队导调流淌火、协助厂方技术人员关阀断料、多中队联合协同作战、应急联动单位协同处置、紧急避险等战斗科目。通信保障组运用动中通、3G单兵图传系统、卫星便携站等设备组建现场指挥网络，架设图传系统，开展全景拍摄，将演习全过程传回现场指挥部和支队指挥中心。战勤保障组向战斗部队不间断补充油料、灭火剂，轮换抢修故障车辆装备，做好参战官兵饮食保障。宣传报道组组织攀枝花市电视台、《攀枝花日报》等媒体开展一线采访报道。

【处置大型危化品灾害事故】 7月5日，市钒钛高新技术产业园区相继发生攀钢钛冶炼厂7.4吨变压器液压油火灾、运达钛业10余吨四氯化钛泄漏两起大型危化品灾害事故。11点56分，支队接到报警：攀钢钛冶炼厂7.4吨液压油发生火灾。13时30分，支队再次接警：同在产业园区相距不足5千米的运达钛业10余吨四氯化钛发生泄漏。支队立即启动《危化品事故紧急处置预案》，针对性地调集泡沫、干粉、防化、空呼充填等特种车辆和抢险、防化、侦检等专业装备以及各中队业务骨干力量，先后调派8个大中队、18辆消防车、120余名官兵赶赴现场，全勤指挥部隧行出动。支队战勤保障机制立即响应，全程实施保障。副市长邓斌、敬登峰亲临现场指挥，联动调集安监、环卫、交警等部门和多家社会联动单位、社会应急救援力量，以及槽车、挖掘机等大型机械设备到场协同处置。支队李兴荣支队长率领全勤指挥部成员赶赴产业园区，处置四氯化钛泄漏事故，支队夏鹏副支队长率备勤人员指挥液压油火灾扑救，围绕化工灭火、危化品抢险两个重点，及时对现场参战力量进行分类编排，确保两边都能集中优势兵力，发挥主攻优势。

在7.4吨液压油火灾扑救现场：现场侦查发现，装有7.4吨液压油的变压器正处于猛烈燃烧阶段，10余吨四氯化钛（属易挥发、高毒、强腐蚀性、强刺激性酸味的无色或微黄色液体，且不能用水直接稀释）正处于泄漏状态。按照“警戒疏散、控制消灭”同步进行的思路，分别划定1千米、1.5千米的警戒区域，禁止无关人员入内，组织4个搜救队疏散人员150余名、抢救被困人员13名。现场设置5个水枪泡沫阵地，压制并防止火势蔓延至其余变压器。15时30分，成功扑灭火势。17时45分，着火变压器内剩余的5余吨液压油成功倒罐转移，险情排除。

在10余吨四氯化钛泄漏现场：经现场指挥部及专家组讨论制定“现场排烟、中和稀释”和“先堵漏、再倒灌”的技战术措施。派出3个排烟小组对现场持续排烟，5个抢险小组利用16吨石灰对泄漏在地表的四氯化钛进行化学中和稀释。攻坚小组2次进入核心区，利用棉被、胶带等工具对罐体泄漏点实施封堵，但因核心区酸雾较大，加之罐体陈旧锈迹老化（1985年出厂），堵漏宣告失败。经场指挥部与专家组再次研究，决定进行倒罐处理。21时37分，四氯化钛罐车进入现场开始倒罐，参战官兵全程监护并协同处置。时至7月7日凌晨00时30分，罐体内四氯化钛安全输转。

经过支队120余名官兵和相关部门及社会应急力量连续奋战36小时，成功处置险情，无人员伤亡。

（柯于强）

人民防空

【概　况】　攀枝花市人防工作始终以军事斗争人防应急准备为牵引，遵循“长期准备、重点建设、平战结合”方针，着力推进防空防灾“两防一体化”建设。2017年，市人防办继续以完成“六个一”（一个基本指挥所、一个机动指挥所、一个以上规模化人防工程、一个核心疏散基地、一个民防宣传教育中心、万人以上乡镇一套预警报知系统）项目建设为目标，逐步推进人防各项重点项目建设，全面提高信息化条件下人民防空整体防护能力、组织指挥能力、通信预警能力、快速反应能力、民防应急能力，努力构建军民融合的人民防空体系。

【人防发展指导性文件】　出台两份人防发展指导性文件。1月24日，市委、市政府、攀枝花军分区联合印发《关于深入推进人民防空改革发展的实施意见》；1月23日，市国防动员委员会印发《攀枝花市人民防空（民防）建设发展“十三五”规划》。

【人防重点项目建设】　按照省政府要求，市人防办于2014年启动市级人防基本指挥所与民防宣教中心两个建设项目，总投资1.1亿元，总建筑面积9000平方米。攀枝花市将两个项目纳入市政府PPP项目，于2016年12月6日正式开工建设。截至2017年年底，基本指挥所及相关项目的建筑主体方案基本确定，民防宣教中心的布展方案正在抓紧进行深化设计。

【人防综合性演习】　按照省人防系统综合演习任务分工，市人防办于12月初组织攀枝花人防机动应急通信分队16人，出动中型指挥通信车1台、小型指挥通信和信息采集车2台、移动警报车1台，赴凉山州分会场，参加“四川省人民防空综合性演习（蜀盾—2017）”，圆满完成开设野外临时指挥所、跨区域协同支援行动等演习任务。被四川省人民政府办公厅授予“蜀盾—2017”全省人民防空综合演习“先进单位”称号。

【人防（民防）工程建设规划】　根据省人防办、省住建厅《关于印发〈四川省人民防空（民防）建设规划编制办法〉的通知》要求，市人防办编制《攀枝花市人防建设规划（2015—2030）》，经市规划委员会审定，于2017年11月正式发布实施。

【人防组织指挥建设】　为完善攀枝花市人防机动指挥系统建设，按照《国家人民防空办公室关于组织开展全国人民防空信息系统综合集成试点建设的通知》要求，市人防办新建一套投资200万元的小型人防机动指挥信息处理系统，进一步增强攀枝花市人防指挥通信系统的机动抗毁能力、应急指挥控制能力和快速反应能力。2017 年该系统顺利通过验收并投入使用。

【人防工程建设】 依法开展结合民用建筑修建防空地下室工作，实现社会资金投资人防工程建设 1.2 亿元。全年审批人防工程易地建设 26 件，严格执行《四川省发展和改革委员会、四川省财政厅、四川省人民防空办公室、四川省住房和城乡建设厅关于进一步规范防空地下室易地建设费的通知》规定，收取易地建设费 3800 万元。涉及政策减免的民生工程、学校、公益性医院、幼儿园项目 12 件，累计减免人防易地建设费 327.5 万元。主城区新增人防“结建”工程面积 47693.41 平方米，新增停车泊位 1300 个。直管人防工程开发利用率达 90%，平战结合收入 100 余万元，解决社会就业岗位 360 个。规模化人防工程建设加快推进，建成并投入使用规模化人防工程 6 个。

以东区阳城社区为试点的人防工程网格化管理工作取得实效，形成阳城社区居民委员会—网格员—物业管理为核心条块结合的社区网格化管理模式。

【人防预警报知系统建设】 为进一步履行“战时防空，平时服务，应急支援”的使命任务，提升防空防灾预警能力，市人防办 2017 年新建 3 台电声防空警报器。解决东区恒大城、西区武装部、仁和南山工业园区等地周边防空警报音响覆盖盲区问题，进一步提升全市重要经济目标防护和应对自然灾害的能力。顺利完成“9·18”全市防空警报试鸣工作，全市共 75 台警报器参加试鸣，鸣响率 100%。

【人防疏散地域建设】 继续贯彻落实《四川省人民防空战时（应急）人口疏散基地建设的意见》，结合新农村建设实际，加强疏散基地基础设施建设，不断提高安置保障能力。年内完成仁和务本和米易湾丘 2 个战时应急人口疏散乡（镇）达标验收工作，战时可安置疏散人口 10400 人。截至 2017 年，全市共完成 24 个战时应急人口疏散乡（镇）达标验收，战时可疏散安置人口 32 万人。

【人防各类训练】 按照年初制定的训练计划，组织人防应急通信分队开展人防地面站、机动指挥车、信息采集车互联互通常态化训练。全年开展 3 次跨区域训练，行程约 3500 公里，参训人员达 97 人次，训练时间达 170 小时，参训单位包括市人防办及各县（区）人防办相关人员。应急通信队伍坚持每月 2 次市内专业技术训练，参训人员为市人防信保中心、盐边、米易人防办的应急通信技术人员，训练时间达 150 小时。组织民防志愿者队伍应急训练、演练 1 次；组织警报维管人员业务培训 1 次。

【人防宣传教育】 市人防办以宣传人防政策法规和城市人民防空（民防）建设成就为重点，努力提高人防工作的影响力，不断开辟人防宣传教育的新阵地和新载体。“3·1”国际民防宣传日，在竹湖园广场集中开展宣传活动，当天共发放宣传资料 6000 余份，接受群众咨询 100 多人次。开展人防宣传进学校活动，在仁和大河中学等学校开展人民防空基础知识专题教育讲座，受教育学生人数达 50 余人。在阳城社区微信公众账号开辟“智慧人防”栏目，随时推送人防相关知识和信息，以“社区教育居民，居民宣传到户”的方式培养全民学民防的良好氛围，全年共推送信息 47 条，关注人数 2.5 万余人，阅读量近 3 万次（不包含平台阅读量，只包含推送信息阅读量）。建立图文宣传教育阵地，在五十四广场、阳城社区、机场路制作人防法律法规和民防知识宣传栏，悬挂宣传标语，制作宣传牌，为广大市民提供学习人防法律和民防知识的平台。全年受教育人数超过 6 万人。

【脱贫攻坚】 重视扶贫攻坚工作，全年走访棕树湾村共 9 次，给村里捐赠水泥 200 吨，送去慰问金及扶贫资金 2.15 万元，捐赠闲置衣物 270 件，捐赠实用类书籍 120 余本，向联系贫困户和易地搬迁户捐赠过冬用的新棉被和新棉大衣各 12 套，帮助协调落实专项农村道路建设资金 32 万元。

（杨子仪）

武警攀枝花市森林支队

【概　况】 2017 年，武警攀枝花森林支队各级坚持以习近平系列重要讲话精神为指引，紧紧围绕学习贯彻中共十九大这条主线，直面“五个大考”，坚持“稳中求进”，全力掌控官兵思想、全程推进工作落实、全面提升标准质量，支队整体建设始终保持向上向好的态势。支队政治处被总队表彰为先进政治处，盐边大队和二中队、四中队被总队表彰为基层建设先进单位，三中队被表彰为进步明显中队，二中队党支部被表彰为先进基层党组织。孙胜兰被森林指挥部表彰为优秀基层政治干部，茶静松被森林指挥部表彰为优秀共产党员，薛晓波被总队表彰为优秀党务工作者，张波被总队表彰为优秀共产党员，75 名官兵立功受奖。

【思想政治建设】 始终聚焦“十九大”这个最严政治大考、紧盯向习主席看齐这个最高政治要求，打牢“三个维护”思想根基。紧跟习近平思想步伐立起主心骨。跟进学好习近平“7·26”“8·1”和阅兵时的重要讲话，认真抓好《武警部队学习〈习近平论强军兴军〉五项机制》贯彻落实，认真学好《习近平论强军兴军》“两个读本”，10 月 18 日，集中全支队官兵组织观看中共十九大开幕式，第一时间对报告原文进行学习；严格落实党委中心组带机关理论学习制度，运用“五学一进入”抓好党委中心组理论学习，学习借鉴“大功三连”学系列讲话做法，组织干部每周开展“背创新理论、记名人典故、讲哲理故事、育‘四有’新人”活动；规范基层官兵学习习主席讲话“读、抄、背、写、谈、践”六步法，广泛开展“最喜爱习主席的一句话”活动，做到学思践悟、真学真信，真当习主席的好战士。紧盯“两项重大教育”守牢主阵地。精心组织主题教育，严格落实党委议教、召开教育准备会、试讲试教制度，探索建立“211”教育模式，走实思想调查、动员部署、大课辅导、微课辅导、讨论辨析等环节，先后组织参加 5 次大课辅导，10 次微课辅导，5 次集中讨论，广泛开展各项配合活动，组织官兵参观三线博物馆，提升教育成效，打牢官兵维护核心、听从指挥的政治自觉，主题教育经验做法被总部政工网刊发和总队转发。狠抓两学一做“四项机制”落实，制定常态化制度化实施方案，学好“一党章两准则三条例”，组织 2 次党员理论测试、3 次承诺践诺活动，“一班人”带头自觉交纳党费、过双重组织生活、报告个人事项，为部队上党课 5 次，确保学习教育全程有人抓、工作有人推。支队“两学一做”学习教育推进计划表受到指挥部通报表扬，茶静松同志被指挥部表彰为优秀共产党员。做细经常性思想工作打好主动仗。严格落实政治教育月课制度，采取网上查课、推门听课等方式抓好日常思想教育落实，在局域网开设政治教育课视频专栏，供官兵补课学习、供中队借鉴交流、供机关查课查学。组织优秀政治教员比武竞赛活动，干部、士官同台竞技，以评促练提高思想政治教员能力素质。二中队中队长蒋瑾彧勇夺总队优秀“四会”政治教员比武竞赛第二名。针对干部配备使用、转业安置和士兵考学期间，官兵思想活跃的实际，深入开展“提振精气神、聚力迎大考”“严肃组织纪律、反对个人主义”专题教育、密切内部关系教育整顿和法律心理暨文化活动到基层活动，密切内部关系 6 项措施被总队转发。积极开展“学强军思想、讲强军故事、干强军事业”群众性主题实践和“卫士风采”群众性文化活动，配合开展重温誓词、无偿献血、扶贫帮困、学雷锋日、图书进警营、烈士纪念日和“迎新春联欢晚会”等活动，文化育人功能作用发挥明显。6 名战士考入士官学校，官兵排练的《舞鼓河山》《森警战士心向党》《龙行甘露》在攀枝花市建军 90 周年双拥晚会受到好评。采取“送出去、请进来”的办法，协调市人社局对 76 名退伍老兵进行创业培训，人人取得创业证书。扎实开展精准扶贫工作，为扶贫对象马井村捐资 10 万元。围绕推进“三项工程”传递正能量。大力推进“三项工程”，组织保卫委员思想心理骨干培训，跟进做好新兵“第二适应期”思想稳定工作。14 名官兵报考心理咨询师，壮大心理骨干队伍。建立家长和家属微信群、召开家属座谈会，结合攀枝花市“八一”评选“最美军嫂”活动，2 名军嫂受到市里表彰，2 名优秀干部士官带家属疗养，协调 1 名干部转业安置，为 5 名家属申请未就业随军补助，救济特困干部和党员 12 名，看望慰问住院官兵 5 人次，组织官兵进行心理测查和体检，使组织关怀真正温暖官兵心坎。

【军事能力建设】 牢固树立能打仗、打胜仗这个强军之要，坚持一切向中心工作聚焦、向战斗力标准聚焦。聚焦中心，扎实抓好战备工作。紧紧围绕打好防火灭火“三场战役”总体部署，坚持中心居中、主业主抓，持续加强核心军事能力建设。按照“三化”标准狠抓战备建设，全面细化各类方案预案，召开冬春防火誓师动员大会，常态开展战备拉动演练，持续规范战备值班秩序，组织实兵演练和不打招呼检查拉动 12 次，严肃处理 4 名值班干部和 5 名执勤哨兵履职不尽责问题，有效提升“两个不经、一个保持”水平。破解难题，稳步提升训练水平。严格落实每季度首长机关训练；组织教练员集训，对 16 名干部骨干进行达标考核；落实以考促训，先后组织 3 批次新大纲比武集训、3 批次教练员集训考核、4 次干部专项考核和 3 批次不达标士官整训，在参加总队优秀教练员达标考核中，取得集体总评第二、刘磊个人第二的好成绩。在总队“三项”比武中刘磊被通报表彰，支队《新大纲军事集训暨建制班比武情况报告》被总队转发。严密组织“卫士—17 天府”演习，贴近实战和驻地地形地貌特征，进行真训、真演、真练，受到总队通报表扬。坚持把“打防并举、预防为先”的科学理念和有益经验固化为长效机制，积极配合林业部门开展计划烧除、防火宣传等勤务，在元旦、春节、清明、五一、端午等防火重点时段，共计 21 天，累计出动兵力 178 人，深入风景名胜区、重点目标区、自然保护区、敏感关注区等重点林区，进行不间断的防火宣传和巡护，多次协同市森林防火指挥部指开展防火巡查督查。全年累计出动兵力 2340 人次，扑救森林火灾 2 起，参加防火执勤

5次，执行计划烧除8次。

【从严治警建设】 贯彻依法从严治军，严格落实《正规化管理规定》，扎实开展“条令法规学习月”活动，按照“机关作表率、主官当样板”要求，采取视频普查、实地督查、随机抽查等方式，从领导干部严起、从党委机关纠起、从穿衣戴帽等具体事抓起，机关突出办公秩序、军容风纪、体能训练等规范，基层突出早操时间、训练秩序、礼节礼貌等内容，每天考勤、每周通报，在严抓细抠中确保制度执行，部队日常管理更加规范有序。扎实开展“战备月”活动，制定下发《“战备月”活动实施方案》《“战备月”安全管理措施》，着力在党委总揽、教育先行、落实制度、备战打仗、隐患治理五个方面聚焦用力，狠抓中共十九大各项安保工作落实。严督导管控。把督导检查作为推动部队建设的有力抓手，建立值班首长、作战勤务值班和机关督查“三位一体”联合检查和每日督查、每周通报、每月讲评、每季综合检查机制，加强重要领域、重点时段、重点问题安全管理，先后5次召开阶段性工作讲评会，切实做到有职必有责，有责必尽责，失责必问责。严重点防范。按照安全工作规范要求，以“百日安全竞赛”为载体，以转化安全大检查活动为契机，突出防范重大安全问题和日常安全问题。加强车辆管理，定期开展驾管人员安全行车教育，21名有私家车的干部纳入教育范畴，并进行驾驶技能考核和审批，统一签订安全责任书，督导文明行车。抓好防间保密，先后4次围绕硬件建设、技术措施、保密制度、人员素质4个方面对保密情况进行检查，特别是“永恒之蓝”蠕虫病毒爆发后第一时间采取有效措施，防止失泄密问题发生。严密组织枪弹专项清查整治和“回头看”活动，人人签订保证书，各级组织层层进行承诺，确保绝对安全。扎实开展“落实中央八项规定和禁酒令”专题教育，严格落实军委“十一条禁令”和总部“八个严禁”纪律规定，“两节”期间先后8次派出明察暗访组突击检查“禁酒令”落实情况。

【基层建设】 坚决贯彻习主席“四个坚持扭住”抓基层指示要求，坚持把工作重心放在基层，大力推进强军目标在基层落地生根。精准帮建促动力。严格“一队一案、一队一策”要求，认真研究蹲点帮建工作和当兵住班计划，明确挂钩帮带责任，规范党委机关到操场抓训练、到哨位抓执勤、到课堂抓教育、到班排抓学习、到床头抓谈心的“五抓”帮建方法，利用常委蹲点调研，工作组每季考察帮建和机关干部蹲连住班、下连当兵等时机，手把手、面对面、心贴心地为基层干部教方法、理思路，进一步加强精准帮建。2017年，先后组织4批工作组下基层蹲点调研帮建，4名常委、5名机关干部下连当兵。连续12年未进先进的二中队前三季度考核排名均在前两名，进步幅度明显。狠抓培训强能力。立足干部骨干队伍现状，采取集中与自学、交流与反思、辅导与观摩相结合的方式，1月，对20名保卫委员、思想心理骨干和10名新闻报道员进行集中培训；4月，对基层党组织纪检委员进行为期7天的业务培训；6月，利用总队《纲要》暨基层干部理论轮训之机，对全体干部进行培训；结合每月政治教育准备会，以会代训，集中破解难题。争先创优增活力。健全完善《按纲建队考评实施细则》，采取分类型评比、分层次竞争的办法，坚持“一把尺子量长短”，按照“平时检查与季度考核、量化评比与定性分析”相结合的考评办法和“周检查、月讲评、季分析”日常检查督导机制，严密组织按纲建队季度考评，并召开季度讲评和双向讲评会，指出存在不足，明确努力方向，不断激发基层主动作为、实干争先的积极性主动性。

【后勤建设】 紧紧围绕现代后勤“三大建设任务”，牢固树立“后勤变前勤”的理念，打造“六型”后勤。抓好后勤规范化管理。注重加强三级战备物资储备库和“三库一室”建设，严密组织后勤战备演练，加强分队合成、人装结合训练和综合要素演练，应急保障能力不断提升。坚持依法管财理财，一切经费物资按标准供、按制度管；每月利用“司务长之家”活动，组织后勤人员学习法规制度。结合西部战区审计提出的整改意见，组织开展经费管理、军需粮秣、车辆油料的自查自纠，健全粮秣收支登记，建立车辆及机具油料使用管理登记，修订完善财务管理和大宗物资采购《细则》，严格执行经费计划预算，落实公务卡结算、副食品集中配送和办公用品集中采购制度，提高经费物资的使用效益。大力维护官兵身心健康。以经济实用和满足官兵日常需求为原则，进一步增强集中配送的运行模式；严格伙食管理，加大伙食监管力度，充分发挥经济民主组作用，提高官兵生活质量；分批次对官兵进行年度体检、专业岗位兵和退伍老兵体检；及时送6名伤病员住院治疗，为4名官兵申请评残；抓实禽流感的预防，有效维护官兵正当权益。加强后勤队伍建设。以后勤学堂为平台，采取集中培训、以会代训等形式，分层次、分业务举办后勤干部和专业兵培训，有效提升后勤专业队伍素质能力。2017年，先后分两批组织为期50天、人均1800千米的驾驶员复训，培养驾驶员16名；选送推荐10名驾驶员、6名炊事员和1名卫生员参加上级培训。抓好基础设施建设。预算1187万元，对机关警勤排士兵宿舍楼和士官公寓、盐边大队车库食堂、两个训练大棚4个项目进行改扩建，目前进入公示招投标阶段。积极协调市政府、市国土资源局、仁和区政府、市土地储备中心等相关单位，办理攀枝花大队营区新置换土地不动产证，支队机关防火综合库和攀枝花大队车库食堂楼的不动产证正在办理中。

【组织建设】 坚决贯彻习主席全面从严治党战略部署，大力抓好党委班子建设，以建强党委自身，凝聚带动部队。提升政治能力。坚持把提升党员领导干部政治能力作为当前首要政治任务和“补钙壮骨”的根本保证，严格落实党委中心组带机关理论学习、党委书记上党课等制度，严密组织开展学哲学用哲学专题学习活动，紧跟习主席思想步伐，悉心领悟习主席哲学思维，读深读透《矛盾论》《实践论》，学好用好《习近平论强军兴军》读本，在学深悟透中增强信仰的纯度、看齐的准度、思维的深度和践行的力度，真正筑牢信仰大厦。严守纪律规矩。把向党中央、习主席看齐，作为最高政治纪律和政治规矩，突出思想清理和组织清理，扎实开展深刻汲取戴肃军案件教训专题教育，全面彻底肃清郭徐案件流毒影响，常委带头授课，带头清查，以上率下帮助官兵提升思想纯洁性、党性忠诚度。先后两次利用组织生活时间对上级有关肃清相关指示要求进行再学习、再领会，人人围绕肃清工作谈认识、亮态度，进一步亮明支队党委紧紧追随习主席，坚决同郭徐流毒斗争到底的决心。学习领会毛泽东《党委会工作方法》，认真贯彻落实民主集中制，坚持依法科学民主决策，谨慎处理各类大事、难事、急事，做到违背大多数人意愿的不上会、酝酿不充分的不拍板、决议不科学的不勉强，发挥集体智慧，确保了决策准确。坚持严人先严己，支队党委一班人带头以普通党员身份参加小组活动，过“双重组织生活”，通过层层带动，部队战士看骨干、骨干看委员、委员看书记，基层看机关、机关看班子、班子看主官的“双看齐”氛围更加浓厚。“三对照三查纠”专题民主生活会上，班子成员之间敢于思想交锋、严肃开展批评与自我批评，在“画像”“出汗”“洗澡”中增强班子集体的威信和力量。突出整风整改。着眼营造“海晏河清”的政治生态，扎实开展“党纪条规学习月”“真情助廉寄语”和基层风气监察联系点等活动，支队党委、纪委认真履行“两个责任”，对照纠治官兵身边的“微腐败”和不正之风的70个具体问题，深入查纠，发现一起、处理一起，设立网上“意见箱”“举报栏”，制作口袋书和风气监察联系卡，将士官选改、入党考学、立功受奖、干部调整、工程建设招标、大项物资采购、重大经费开支等情况向部队公开，接受官兵监督。全年，推荐32名技术学兵，调整任用干部21名（提职9名，平职调整12名），发展党员13名，选取士官16人。

（刘培学）

财税工作

财　政

【概　况】　2017年，攀枝花市财政系统共有在职干部职工534人。其中，市财政局122人，5个县（区）财政局251人，钒钛产业园区财政局11人，51个乡（镇）财政所161人。市财政局选派2名优秀干部到省财政厅挂职锻炼，推荐1名优秀干部到贫困村担任“第一书记”，共抽调干部26人次参与市委巡察办、市纪委、市委组织部及其他部门工作。4月，市财政局启动公开招录工作，共招录7名工作人员，其中：局机关3人、支付中心3人、财监局1人。根据市委组织部安排，接收1名省委组织部选调生；与市军转办沟通，接收1名军转干部。7月，与省财政厅、市委编办充分沟通，将市农村综合改革领导小组办公室并入农业科，并新成立绩效评价科。

2017年，市财政局以“抓项目、抓政策、抓资金”为抓手，充分履行公共财政职能，采取切实有效措施稳增长、促改革、助转型、保民生、护生态，财政工作有序推进，财政运行总体平稳。3月，荣获市政府表彰的“定点扶贫工作先进单位”“全市维护社会稳定工作目标优秀部门”“2011—2015年全市法治宣传教育先进集体”；4月，荣获省人社厅、省财政厅联合颁发的“四川省会计工作先进集体”荣誉称号；6月，获市委、市政府表彰“投资促进工作先进集体”；7月，荣获市政府表彰“双拥先进单位”；11月，荣获市委、市政府表彰“中共十九大期间维稳安保工作先进集体”，组织参加市直机关第二届文化节美术书法摄影比赛获组织奖。并在编制2016年度政府资产报告、2017年社会保险基金预算报表、2016年社会保险基金决算报表，以及2016年度企业财务会计决算工作中，获省财政厅表彰。

【全市财政预算执行情况】　按照新的《中华人民共和国预算法》规定，政府预算应按公共财政、政府性基金、国有资本经营、社会保险基金“四本预算”进行编制。

一般公共预算执行情况：2017年，全市地方一般公共预算收入完成60.59亿元，完成预算的100.9%，增长6.8%；全市实现一般公共预算支出136.84亿元，完成预算的96.4%，增长12.1%；全市地方一般公共预算收入加上级补助、上年结余、调入资金、纳入一般公共预算管理的地方政府债券转贷资金，可供安排的收入总量为194.75亿元，减去当年一般公共预算支出、上解上级支出、援助其他地区支出、一般公共预算地方政府债券还本等支出总量188.15亿元后，年终结存6.59亿元。结存资金按规定清理后，补充预算稳定调节基金1.48亿元、因项目跨年实施需要结转下年继续使用5.11亿元。2017年全市实现一般公共预算收支滚动平衡。

政府性基金预算执行情况：全市政府性基金收入完成11.46亿元，完成预算的129.5%，增长87.3%，加上级补助、上年结余、调入资金、纳入政府性基金预算管理的地方政府债券转贷资金，可供安排的收入总量为33.26亿元。全市政府性基金支出20.45亿元，完成预算的90.6%，增长59%，加调出资金、上解上级支出、政府性基金预算地方政府债券还本支出后，支出总量为31.15亿元，收入总量减去支出总量后，全市结余2.11亿元。

国有资本经营预算执行情况：全市国有资本经营预算收入完成1030万元，完成预算的100%，增长17%。全市国有资本经营预算支出420万元，完成预算的100%，同口径下降8.7%。

社会保险基金预算执行情况：全市社会保险基金（不含省级统筹的企业职工基本养老保险基金，下同）收入完成24.86亿元，完成预算的106.2%，增长6%。加上年滚动结余后，可供安排的收入总量为42.48亿元。全市社会保险基金支出实现23.95亿元，完成预算的101.5%，增长2.7%。收入总量减去当年实际支出后，全市年终滚存结余18.52亿元。

【市本级财政预算执行情况】 2017年，一般公共预算执行情况：市本级地方一般公共预算收入完成28.19亿元，完成预算的100.7%，增长5.7%；市本级实现一般公共预算支出60.09亿元，完成预算的96.8%，增长15.6%。市本级地方一般公共预算收入加上级补助、上年结余、调入资金、下级上解收入、纳入一般公共预算管理的地方政府债券转贷资金，可供安排的收入总量为133.16亿元，减去当年一般公共预算支出、补助下级支出、上解上级支出、援助其他地区支出、一般公共预算地方政府债券还本等支出总量129.80亿元后，年终结存3.36亿元。结存资金按规定清理后，补充预算稳定调节基金1.38亿元，因项目跨年实施需要结转下年继续使用1.98亿元，实现一般公共预算收支滚动平衡的目标。

政府性基金预算执行情况：市本级政府性基金收入完成0.52亿元，完成预算的124.7%，增长27.6%，加上级补助、上年结余、下级上解收入、纳入政府性基金预算管理的地方政府债券转贷资金，可供安排的收入总量为25.43亿元。市本级政府性基金支出9.37亿元，完成预算的89.9%，增长41.1%，加调出资金、补助下级支出、政府性基金预算地方政府债券还本支出后，支出总量为24.38亿元，收入总量减去支出总量后，市本级结余1.05亿元。

国有资本经营预算执行情况：市本级国有资本经营预算收入完成600万元，完成预算的100%，增长3.4%。调出180万元到一般公共预算后，市本级国有资本经营预算支出420万元，完成预算的100%，同口径下降8.7%。

社会保险基金预算执行情况：市本级社会保险基金收入完成21.96亿元，完成预算的107.1%，增长5.4%。加上年滚动结余后，可供安排的收入总量为38.38亿元。市本级社会保险基金支出实现21.09亿元，完成预算的99.3%，下降0.7%。收入总量减去当年实际支出后，市本级年终滚存结余17.28亿元。

【助推重大项目建设】 2017年，全市争取新增地方政府12.84亿元，其中市本级6.84亿元，主要安排用于攀枝花至大理高速公路建设项目征地拆迁、建设补助资金、国省干道改造市级补助资项目、攀枝花机场固定加油设施建设项目、炳四区征地拆迁安置资金、公安智能二期建设项目、重大产业项目专项扶持等全市重大项目建设。积极争取2017年新型城镇化专项债券9953万元，其中市本级为7053万元，主要安排用于花城新区小石潭景观工程项目、花城新区天星湖园林景观工程项目、仁和第二污水处理厂及截污干管工程建设。积极筹措资金，着力解决密地桥南至龙箐大桥主干路，全市标准化考点作弊防控系统建设，应急救灾农发行贷款利息，市青少年体育活动中心，检察院“两房”、警示教育基地、指定监视居住点等工程建设，市科知局和市委群工局办公楼维修改造，攀枝花市项目精细化管理信息系统，攀枝花市红格南矿区区划功能调整方案及论证服务等项目的资金缺口。积极协调国土等部门做好国有土地出让、征收工作，安排出让土地宣传推广工作经费200万元。

【创新政府资源配置方式】 7月，攀枝花市正式启动创新政府资源配置方式工作，市财政局代市政府草拟《攀枝花市关于创新政府配置资源方式的实施意见》和《攀枝花市创新政府配置资源方式改革工作方案》，均印发出台。

【政府和社会资本合作（PPP）】 完善项目储备库建设。组织各县（区）、市级相关部门对本区域、本行业符合投资方向的潜在项目进行评估和筛选，及时更新攀枝花市PPP项目储备库。全市进入采购及执行阶段项目14个，投资规模116亿元，其中：市本级6个投资规模77亿元。截至年底，市本级项目全面开工5个，投资额64亿元。加强项目宣传推介，积极搭建PPP项目交流平台。积极促进中国交建、中建集团、华西集团等多家企业与攀枝花市PPP项目主管部门，进行项目洽谈及对接。为吸引更多优质社会资本参与攀枝花市PPP项目建设，加强信息对接，拓宽融资渠道。市政府副市长黄岳槐、市财政局局长刘元海等一行到上海参加“2017年第三届中国PPP融资论坛”，为攀枝花市PPP项目进行推介。做好PPP模式政策宣传。及时收集整理PPP政策资料，每半年印发一期PPP政策制度汇编和相关政策解读资料册，内容包含特色案例、风险辨识等方面。按照PPP模式操作流程及相关规定，积极稳妥推进全市重点PPP项目落地。火车南站基础设施项目、花城新区医院项目、花城新区天星湖景观工程、市政务中心等项目开工建设，投资规模约45亿元。自2016年以来，与深圳金砖城市先导基金管理公司合作设立攀枝花市PPP财政支持基金，为攀枝花市政府与社会资本合作建设模式提供资金保障。草拟并经市政府常务会议审议通过《攀枝花市政府与社会资本合作（PPP）项目财政支持基金管理办法》，以加强攀枝花市PPP财政支持基金使用管理。

【向上争取资金工作】 强化“抓资金”工作，制定出台《攀枝花市市级部门争取资金考核办法》，建立向上争取激励考核机制，定期向市委、市政府反映进展情况。全年，全市争取到上级资金178.99亿元，较2016年增长10.1%，有效缓解当前财政困难，促进了全市经济社会发展。其中，争取到地质灾害防治体系建设中央、省级补助资金1亿元，较2016年增加4053.74万元。入选省级山水林田湖生态保护修复示范项目，攀枝花市宝鼎——河门口片区山水林田湖生态保护修复示范工程和米易县安宁河流域生态保护与修复示范工程两个申报项目及实施方案，顺利通过省级部门、专家实地考察及竞争性立项现场答辩评审，以第一、第二的名次入选四川省山水林田湖生态保护修复示范项目，共获得4.2亿元专项补助资金。

【保障社会民生】 2017年，市财政局始终守住民生“底线”，落实财政“兜底”责任。全年共投入“十项民生工程”及民生实事资金52.48亿元，超预算21.7个百分点，民生支出占一般公共预算支出的比重达65%以上。整合投入扶贫资金3.93亿元，全力实施21个扶贫专项，做大做实、管好用好“四项”扶贫基金，开展光伏扶贫、资产收益扶贫，推进财政扶持村集体经济发展试点，实行扶贫支出进度和规范化管理的督查督办，确保年度脱贫攻坚目标的实现。深化医药卫生体制改革。开展城镇居民医保和新农合的整合工作，按每个村卫生室每年市级财政平均补助500元确保村医补助予以落实。落实基本公共卫生财政补助政策，按国家统一政策提高补助标准，下达补助资金3762万元。实施国家基本药物制度的财政补助政策，按人均2元/年下达市级补助资金128万元，及时转拨上级补助资金732万元，确保实施国家基本药物制度后基层医疗卫生机构的正常运转。支持攀枝花市公立医院改革，完善社会救助和社会福利制度，支持全市城乡低保工作、城乡医疗救助工作、社会临时救助等工作开展。下达养老服务体系建设资金1678万元，大力支持城乡社区日间照料中心建设、养老机构床位建设、居家养老服务等。做好残疾人救助帮扶工作。下达困难残疾人各类补贴372万元，落实残疾人就业保障金636万余元，大力支持残疾人职业培训、辅具适配、创业就业和居家托养等。支持做好就业促进和人才队伍建设工作，落实高层次人才引进稳定和培养相关政策，全年下达人才专项资金1881万元。

【政府采购监管】 加强对评审专家的监督管理和对社会代理机构代理政府采购业务的监督。6月，市财政局与聘请的第三方机构组成检查组，检查9家政府采购社会代理机构115个项目，检查组根据检查中出现的问题与被检查单位交换意见，并下发整改通知书。11月，由省财政厅选派人员，市财政局积极组织，对攀枝花市150余名政府采购评审专家开展培训、续聘工作。通过随机或暗访的方式进行现场监督，督促政府采购代理机构从业人员依法依规代理政府采购业务。通过约谈，赠送政策汇编，提醒注意等方式，引导采购代理机构从业人员依法代理政府采购业务，提高政府采购代理机构从业人员代理政府采购业务的意识和代理质量。

【政府性债务管控】 2017年，攀枝花市共争取到新增地方政府债券资金13.81亿元（一般债券4.4亿元，专项债券9.41亿元），同比增长42%，其中：市本级7.55亿元，增长29%，弥补了攀枝花市基本建设资金不足，保障了在建公益性项目的后续融资。共获得置换债券额度51.45亿元（一般债券42.31亿元，专项债券9.14亿元），同比增长8%，其中：市本级27.89亿元，增长10%，覆盖全市2017年到期的政府债务以及以后年度到期除政府债券和外债以外的政府债务，缓解攀枝花市政府性债务还本付息的压力，保证到期债务的及时延续，有效化解资金链断裂的风险。开展违法违规融资担保和政府购买服务清理整改工作。2017年，经过清理发现攀枝花市涉及违法违规融资担保问题的项目26项，涉及违法违规政府购买服务的项目17项，目前各项目均按照具体的整改方案，通过提前还款、变更偿债责任主体、撤销收回担保承诺文件、修订相关合同协议、转型为PPP项目等方式进行整改。加强地方政府债务限额管理和预算管理。2017年，下达攀枝花市的地方政府债务限额为155.94亿元（不含扩权县），其中市本级95.4亿元。市财政局将地方政府债务分类纳入预算，并实行限额管理，及时将2017年地方政府新增债券、置换债券等债务变化情况逐笔录入地方政府债务管理系统。严格债券资金使用的监督管理。置换债券和新增债券的分配使用方案全部报呈市、县（区）政府审定；置换债券和新增债券中的一般债券和专项债券分别纳入一般公共预算和政府性基金预算管理；对各县（区）置换债券资金使用情况进行全面的监督检查，并对科目使用错误、还款进度等方面存在的问题提出整改意见并督促落实；做好债权解除协议的签订工作，做好对银行及相关单位的解释、协调，确保债权解除协议签订工作顺利完成；置换债券资金严格按照财政国库管理制度有关规定和协议规定直接支付，资金严格逐笔对应到存量政府债务项目。

【财政监督检查】 2017年，市财政局开展扶贫资金及教育、卫生、产业扶持和小额信贷四项扶贫基金专项检查；扶贫领域“贪污侵占、截留挪用、骗取套取扶贫资金等问题”专项整治，共检查9个县（区）级相关单位（部门），6个乡（镇），13个村，42户村民，发现有问题资金708.73万元；深化拓展三项整改“回头看”工作；重度残疾人护理费用补贴资金专项检查；会计监督检查，发现违规问题户数10户，违规金额2760.07万元；全面严肃财经纪律、严格部门预算管理、违规发放奖金、工资、补贴专项检查，对全市616个单位（市本级190个、县级单位

426个）进行行政事业单位预算管理情况（预算编制、预算执行及调整、决算编报）、内部财务管理情况（财务会计管理、资产和财政票据管理）和乱发钱物、奖金、补贴以及私设“小金库”情况的自查自纠，自查面达100%；社保财政补助资金管理使用情况专项检查，检查财政社保补助资金11388.5万元，其中，城乡居民最低生活保障资金7197.56万元，就业困难人员灵活就业社保补贴2115.73万元，计划生育特别扶助资金1328.94万元，重度残疾人护理补贴746.27万元；预决算公开检查，形成财政专项资金、奖金、工资、补贴规范管理的长效机制。2017年，市财政开展内部监督检查工作。印发《攀枝花市财政局关于开展2017年财政内部监督检查的通知》，市本级财政24个业务部门进行自查自纠，开展市财政局内部监督交叉检查，检查面达100%。

【行政事业性收费督查】 2017年，市财政局编制完成攀枝花市政府性基金和行政事业性收费目录清单，并对外公布。加大收费政策落实情况的专项督查力度，2、4月，与市发改委、市经信委、市民政局组成联合检查小组，通过现场查看、听取汇报等方式，对国家、省相关收费政策落实情况开展专项清理检查。

【非税收入和票据管理工作】 2017年累计归集非税收入211140万元，其中，公共财政收入107892万元，政府基金收入68434万元，代管资金34814万元。加大非税收入管理力度。充分应用“非税收入单位执收管理系统”软件，促进行政事业单位非税收入的科学管理，使财政部门的征管工作延伸到第一线，实现对单位使用票据、征收程序、资金汇缴和数据共享的有效管理，提高财政和单位的征管水平、征管质量，确保非税收入应收尽收。完善“政府非税收入执收单位管理平台”。积极协调、联系软件公司做好非税收入执收单位管理平台系统维护服务工作，确保系统正常运转。进一步优化退款工作流程，规范退款办理，提高工作效率。确保全市非税收入征管所需财政票据的领用，全年从省财政厅移库财政票据4748箱，向县（区）移库1203箱，共核销24类票据达1558万份，销毁票据达13吨。认真实行非税收入、财政票据专项检查。对市国土局等21家单位进行非税收入执收及财政票据管理专项检查，对其中4家单位发出整改通知，进一步促进各用票单位对票据管理的规范化、对非税收入及时足额入库的制度化。

【国库管理改革】 强化现金支付管理，规范现金支付范围和审批程序。要求预算单位严格执行《攀枝花市市级公务卡强制结算目录制度》，凡纳入公务卡强制结算目录的支出事项，按规定应使用公务卡结算。现金支出总量得到有效控制，财政资金安全得到有效保障。规范、完善支付方式。市财政局制定UKEY（密钥，网络安全证书，提高资金安全）管理制度，明确UKEY的使用、交接和保管要求，并在国库支付经办、国库支付审核、支付中心经办、支付中心审核等资金支付流程中的重要岗位启用UKEY管理。2017年，攀枝花市共清理撤销财政专户24个，其中，市本级撤销财政专户9个，县（区）级撤销财政专户15个。积极稳妥推进市级国库现金管理。在保障国库资金流动性的前提下，拿出近4.27亿国库沉淀资金开展国库现金管理，增加了152.5万的利息收入，提高了国库资金管理效益。建立市财政预算执行动态监控内部管理制度，明确局内各部门在预算执行动态监控管理工作中的职责，并纳入《市财政局业务科室职能目标考核细则》，通过电话核查、调阅材料、约谈走访、实地核查等多种核查方式，有效地防范财政资金“体外循环”和“库款搬家”现象；通过系统对支付数据进行智能筛选和自动预警，大幅度提高核查的效率和针对性；通过发挥动态监控信息集中的优势，对支付数据进行综合统计，构建起动态监控管理工作定期报告（季报）和专项核查报告制度，增强预算执行透明度，防范和控制财政资金支付风险。

【会计管理服务工作】 市财政局组织完成2017年注册会计师、会计专业技术初级、中级、高级考试资格审查工作。全年共办理会计从业资格证260人，办理会计从业资格证书调转手续64人，会计从业资格证书信息变更48人。组织各项培训工作。组织由各县（区）财政、市级相关部门、攀枝花学院以及华光会计师事务所等50名师资人员，赴上海国家会计学院进行为期一周的会计人员继续教育师资培训。根据实际情况，将《中华人民共和国预算法》《行政事业单位内部控制规范》《行政事业单位内部控制建设》《政府会计准则——基本准则》等内容作为会计人员年度继续教育的重要学习内容，全市共有11506名会计人员参加继续教育培训。加强代理记账机构的管理。对全市2017年以前批准的代理记账机构在“全国代理记账机构管理系统”中进行信息录入和备案工作，以及换发启用新版代理记账许可证书，并将备案情况形成攀枝花市机构发展报告上报省财政厅。认真做好代理记账机构的行政审批和后续监管，协助和配合省财政厅做好攀枝花市会计师事务所等中介机构的监管工作。

【内部控制建设】 组织各县（区）财政、全市各行政事业单位参加《行政事业单位内部控制报告管理制度（试行）》报告编制培训和布置工作。经局党组会议研究制订并组织实施《行政事业单位内部控制报告重点检查工作方案》，组织全市行政事业单位的相关人员参加省财政厅召开的业务视频培训会；对各县（区）财政局、市级各行政事业单位内部控制的负责人和工作人员共180人进行专题培训，就内部控制报告专项督查工作相关指标和要求向与会人员作详细讲解，指导帮助各单位加强内部控制建设。9—10月，组织全市行政事业单位开展内部控制建设情况自查。强化重点检查。成立由市财政局、市审计局、第三方机构等部门人员参与的市内控联合检查组，对照省财政厅《行政事业单位2016年度内部控制报告监督检查指标及说明》，依据行业影响、资金规模等选取17家市级单位、23家县（区）属单位作为本次重点检查对象，对单位内部控制报告逐项查验，对内部控制报告质量及单位内部控制建设情况进行评价打分，并现场公布评分结果，要求各单位对存在的问题限期整改，以查促建，有力地促进行政事业单位内部控制建设。

【扶持实体经济发展】　积极对接省中小企业发展基金政策，组织东区高创投资开发有限责任公司申报省中小企业发展基金创新融资基金项目，争取省中小企业发展基金参股地方金融服务平台。加大财政金融支持实体经济力度。鼓励银行业金融机构向新兴产业发展壮大、传统产业改造提升、军民融合产业深度发展的企业发放固定资产贷款，财政部门对经办金融机构给予补贴。抓好风险补偿。通过中、小、微型企业信用贷款风险补偿、科技信贷风险补偿制等措施发挥财政资金杠杆作用，引导社会资金和金融资本支持创业活动，拓展中小企业融资渠道，解决小微企业和重点群体创业融资难、融资贵问题。做好担保融资。入股资本金3000万元到省信用再担保公司，鼓励担保机构开展定向业务。用好PPP项目财政支持基金，力争更多项目由社会资本建设。用好兴攀产业基金，设立得天新兴产业股权投资基金、钒钛产业发展基金和康养产业发展基金，促进攀枝花市钒钛、石墨等新兴产业发展，积极推动工业升级提效，大力发展“康养+”，构建中国阳光康养产业发展试验区产业体系，引导康养产业快速发展。

【财政支农工作】　2017年，全市共安排支农资金4.14亿元，其中市级支农资金1.63亿元，同比增长8.98%。聚集财力7300万元，推动攀枝花市现代农业示范园区和集成创新示范农庄建设。加快推进林业生态建设。全市共投入林业资金1.19亿元，重点支持国家森林城市创建、天保工程二期、生态功能区、公益林生态效益补偿等。支持水利基础设施建设。安排落实水利财政专项资金6000万元，主要用于中小河流防洪治理、五小水利、渠系配套、沟渠整治以及旱涝保收高标准农田建设和水土流失治理等方面。做好防灾减灾工作。安排资金400万元用于农业病虫害防治、畜禽疫病防治；安排资金180万元，用于森林防火等防灾减灾工作；安排拨付各项专项经费19477万元，支持防汛减灾工作正常开展。抓好幸福美丽新村建设。安排资金630万元用于幸福美丽新村和省级“四好村”建设，重点用于新村基础设施和公共服务设施建设，优化农村人居环境，完善公共服务设施。全面推进2017年村级公益事业“一事一议”财政奖补。及时安排下达2017年一事一议财政奖补资金1129万元，督促县（区）落实县级配套资金，加快村级公益事业一事一议奖补项目建设。

2017年，市财政局创新财政资金支农方式，将市级财政支农资金划分为林业、农业、扶贫、新农村、水利等五类专项，通过切块方式下达市级专项资金3305万元，其中：农业发展专项资金345万元，林业专项资金300万元，扶贫专项资金1350万元，农业产业化烤烟生产专项资金170万元，新农村建设资金250万元，水利建设专项资金890万元。推进资产收益扶贫试点。资金下达各县（区）和项目单位，由县（区）统筹使用，提升各县（区）财政支农资金整合空间。

结合脱贫攻坚工作，投入360万元财政资金，主要支持仁和区、米易县、盐边县农民合作社建设和村集体经济发展，探索建立“股权量化、按股分红、收益保底”为核心的资产收益扶贫模式。建立健全政策性农业担保体系。用好省级下达攀枝花市的财政农业改革创新科技示范奖补资金109万元，专项开展全市农业信贷担保体系建设，增强农业信贷担保机构的融资担保能力和化解风险能力。开展农业产业化银行贷款贴息工作。积极申请省级农业产业化项目银行贷款财政贴息项目资金，获10万元贴息资金支持攀枝花市茶产业发展。

组织相关县区开展农业综合开发试点项目申请申报工作，组织仁和区农发办编制仁和区产业融合试点项目项目建议书，积极向国家、省农发办争取。组织各县（区）开展田园综合体试点项目摸底调查和探索，召开全市农发工作会议，学习相关政策，探讨项目申请申报思路，并积极向省农发办汇报相关情况，争取支持。

【财政扶贫工作】　2017年，共计下达财政专项扶贫资金4189万元推进精准扶贫工作，其中市级财政扶贫专项资金1350万元，同比增长35%。用于支持贫困地区项目区路网、渠网、田网等基础设施建设和产业发展。完善扶贫资金管理制度建设，结合实际修改完善《攀枝花市财政专项扶贫资金管理办法》；指导县（区）制定财政专项扶贫资金管理办法、四项基金使用管理办法和实施细则等；会同市扶贫移民局制订《攀枝花市财政专项扶贫资金公告公示管理实施细则》。加强四项基金使用管理。为确保四项扶贫基金持续运行，本级财政预算追加、整合财政涉农资金、调整住房贷款分险基金等形式，筹集资金4106万元对四项扶贫基金进行补充，同时，在非贫困村设立贫困户产业扶持基金，召开了四项扶贫基金专题培训会。支持贫困村产业扶持基金发展集体经济。2017年，市县两级财政筹集资金1535万元，壮大贫困村产业扶持基金规模，总额达3875万元，确保每个贫困村的扶持基金达50万元以上。

【世界银行贷款管理工作】 2017年，世行贷款攀枝花环境治理项目全部实施完毕并正常投入使用，整个项目的提款报账工作全面结束，项目累计提款报账7015万美元（折合人民币43795万元），累计投入国内配套资金40211万元人民币。日元贷款攀枝花市水环境治理项目结束提款报账，各标段的截污干管工程和污水处理厂均建成并正常投入使用，项目累计提款报账11.85亿日元（折合人民币8018万元），累计投入国内配套资金8468万元人民币。仁和区人民医院项目和市中西医结合医院项目建设均全面完工并投入使用，提款报账工作也在关账期结束前顺利完成，共计使用贷款资金1998.05万美元，总项目提款完成率为99.9%（其中市中西医结合医院累计提款报账998.05万美元，提款完成率为99.8%；仁和区人民医院累计提款报账1000万美元，提款完成率为100%）。

做好外债项目到期贷款本息的回收和偿还工作，维护政府信誉。2017年，市本级财政共偿还科威特政府贷款攀枝花机场项目本金1347.03万元，利息275.91万元，管理费及手续费35.79万元；偿还日元贷款经济中心项目本金5.91万元，利息1.01万元；偿还世行贷款攀枝花市环境治理项目本金1395.59万元，利息351.16万元；偿还世行贷款安宁河农业开发项目硬贷款（国家开发银行利用借入资金发放的贷款）本金175.47万元，利息6.62万元；偿还日元贷款攀枝花市水环境治理项目本金247.03万元，利息及手续费19.03万元；偿还德国政府贷款疾控中心项目本金33.83万元，利息及手续费3.52万元；为县（区）财政垫付世行贷款安宁河农业开发项目硬贷款本金722.84万元，利息27.26万元；垫付沙特基金会贷款本金925.06万元，利息及手续费385.36万元。所有外债项目均按时足额对外还本付息，未出现拖欠现象。

【援藏工作】 积极组织评审力量，帮助木里藏族自治县唐央乡3个村完成通村通畅工程的投资评审工作。10月底，木里县乔瓦镇小高山农机局家属院下方大面积滑坡，严重威胁到17户68人的生命安全，同时造成省级公路S216严重堵塞。仁和区财政局第一时间组织财评中心精干专家力量，快速行动，深入木里县施工实地，完成滑坡治理财评工作，以确保施工队伍早日开工，确保安全畅通。为进一步巩固对口帮扶成效，提前谋划并实施2018年帮扶工作。11月，市财政局与仁和区财政局组成联合帮扶组赴木里县，开展2018年对口帮扶县乡财政管理工作对接。在工作座谈会上，双方针对木里县财政管理中存在的困难和问题共同研究，初步拟定2018年对口帮扶内容，主要包括四项扶贫基金管理、涉农资金统筹整合、PPP项目推进、财务人员培训、乡镇财政管理等方面。

【法治财政建设】 2017年，市财政局制定印发《市财政局贯彻落实法治政府建设工作方案（2016—2020）》，着力将财政工作全面纳入法制化轨道。推进行政审批制度改革，市财政局原有行政审批（许可）事项2项，2017年暂停会计从业资格许可颁证，仅保留代理记账许可事项。完善行权平台建设，对照2017版行权事项清单，完善平台设置内容调整后，行权事项共65项，包括：行政许可1项、行政强制1项、行政裁决1项、行政处罚54项、行政检查3项、其他行政权力5项。强化责任落实，局各相关科室（部门）与局领导签订行政权力依法规范公开运行目标责任书，推进行政权力依法规范运行。推行“双随机一公开”，印发《攀枝花市财政局随机抽查工作实施细则》，制定并公布《财政局随机抽查事项清单》和《财政局随机抽查执法检查人员名录库》。依法办理行政复议（应诉）案件，全年共办理行政法院案件2件，出庭行政应诉案1件。组织各县区和局各科室（部门）开展“依法行政依法理财”评估工作，并参加市（州）交叉检查，圆满完成评估工作。

【预算绩效管理】 市财政局制定出台《攀枝花市市级预算绩效目标管理办法》《攀枝花市财政局预算绩效管理内部规程》《2018年市级项目支出预算事前绩效评估试点工作方案》，规范局预算绩效管理内部工作关系，健全局内科室之间工作协调机制，明确科室职责分工，确保预算绩效管理工作高效有序运转。2017年，市财政局要求市级部门在编制次年度市级部门预算时，需报送支出绩效目标，首次实现财政支出绩效目标对市级部门预算的全覆盖，进一步提高预算资金分配决策的科学性、公开性、公正性。

【财政科研工作】 2017年，市财政局紧紧围绕当前全市经济社会发展，开展扶贫小额信贷、政府采购电子化、地方税源建设、行政事业单位内控制度、国有资产管理改革等相关热点、难点方面的课题研究，形成多个研究成果，为市委、市政府提供政策参考，发挥参谋助手作用。同时，通过组织各课题小组成员积极参与课题研究和论文评选，提升财政干部的政策理论水平、业务素质和写作技能，全局财政科研成效突出。全年有多篇优秀科研文章在《财政科学》《四川财政与会计》《攀枝花科技与信息》等国家、省级、市级刊物上推荐发表，全局财政干部科研水平得到较大提升。

【财政投资评审工作】 2017年，市财政局完成政府投资项目评审120个，审查金额18.61亿元，审定金额15.84亿元，审减金额2.77亿元，审减率为14.91%，为项目招投标工作顺利实施和财政投资控制提供有效支撑；完成政府投资项目工程结算审计83个，审查金额1.26亿元，审减金额1667.91万元，审减率为13.25%；为项目财务决算审计和财政建设资金拨付提供可靠依据。加强协作机构管理，进一步提升评审质量。同时有效控制财政投资，全年经复审核减项目投资预算5222.54万元。通过对工程概算、预算和结算的评审，实现了财政投资评审与建设招投标工作和工程决算的有效结合，为全市的经济建设节省财政资金。

【财政信息公开工作】 2017年，市财政局继续深入推进“阳光财政”工作，全面公开除涉密信息外的所有总预决算、部门预决算和“三公”经费信息，并将总预决算支出和部门预决算支出细化公开到功能分类的项级科目。2017年“阳光财政”公示项目共87项，公示财政专项资金总额14.59亿元。主要包括城乡居民最低生活保障、新型农村养老和医疗保险、农村基础设施建设、义务教育等涉及民生保障的重点领域专项资金。公示财政专项资金总额较2016年增加9849.35万元，增长7.2%。同时，通过市财政局门户网及时、准确地向社会公开，方便群众、企业和其他单位查询，主动接受社会监督。做好信访工作，维护社会稳定。2017年，市财政局累计收到信访举报案件3件，及时回复处理信访举报案件3件，信访结案率为100%。未发生一起信访和涉稳事件。在各类网站上公开、报送信息超350余篇次。发布2017年度财政公开信息370条，通过《攀枝花日报》、攀枝花广播电台、攀枝花电视台等新闻媒体，及时刊载稿件320余条。

【召开财政工作座谈会】 3月，攀枝花市召开2017年财政工作会议，会议主要传达全省财政工作会议精神，以及市委书记张剡、市长李建勤近期对财政工作的重要批示精神，全面回顾总结了2016年财政工作，并就当前存在问题及2017年工作重点进行分析和安排。常务副市长沈钧出席会议并作重要讲话。他强调，要加强抓好组织收入，全力做大财政总量；创新财政支持发展方式，着力推动产业转型升级，有效推动全市“四区驱动”战略的深入实施；不断优化财政资金支出结构，竭力保障公共财政支出；坚持促进发展和防范风险并重，提高政府债务管理水平；进一步提高知识水平和综合能力，从严从实全面加强财政干部队伍建设。9月，市财政局组织召开全市财政工作座谈会，市财政局领导班子和各科室（部门）负责人，以及各县（区）财政局长、预算科（股）长和办公室主任参加会议。市财政局局长刘元海主持会议并讲话。会上，市财政局领导班子成员及有关科室（部门）负责人分别就2017年10—12月的重点工作进行安排部署，各县（区）财政局长作交流发言。

【领导调研】 11月21—22日，财政部驻川专员办、省财政厅及省国资委组成联合调研组，莅临攀枝花市调研考察“三供一业”分离移交实施情况。期间，省调研组一行实地走访考察了攀煤集团与西区政府正在进行“三供一业”改造的3个小区，并召开全市“三供一业”座谈会。会上，省调研组对攀枝花市将“三供一业”工作与“棚户区改造”工作相结合，将“三供一业”资金与“棚户区改造”资金进行整合使用的方式，给予肯定，对攀煤集团与西区政府的“三供一业”分离移交工作给予高度评价。11月23—24日，省财政厅企业处处长黄永昶带队，会同省扶贫和移民局后扶处，联合对攀枝花市盐边县、米易县及仁和区大中型水库库区移民后期扶持工作进行实地调研。市财政局、市扶贫和移民局结合攀枝花市独特的光热资源优势，向调研组汇报了攀枝花市两县一区移民后期产业升级扶持发展思路和规划方案，凸显特色。省调研组对攀枝花市依靠地方特殊资源发展特色产业给予高度评价。12月5—7日，省财政厅信息中心副主任邱兴华一行莅临攀枝花市专题调研财政信息化建设工作。邱兴华副主任对攀枝花市财政信息化建设工作所取得的成绩给予充分肯定，对攀枝花市财政系统推广使用OA协同办公平台的工作做法表示赞赏。同时，也指出攀枝花市在财政信息化建设中普遍存在专业专职人员配备不足，以及信息化建设经费保障有待加强的问题。并对做好财政网络安全以及数据整合等工作提出意见和建议。

【干部队伍建设】 2017年，攀枝花市财政局着力加强干部队伍建设，认真开展干部培训、选任、选调等工作。组织全局86名公务员（参公人员）积极参与“攀枝花市行政机关工作人员环境保护法律法规全员网络培训”；9月，举办两期综合素质能力培训班，统筹各县（区）财政局、对口援建的木里县财政局共95名干部，分别前往上海财经大学、浙江大学开展培训；选派2名优秀干部到省财政厅挂职锻炼；共抽调干部26人次参与市委巡察办、市纪委、市委组织部及其他部门工作。结合“两学一做”专题教育活动，抓好干部教育和日常学习。组织全局职工观看中国共产党第十九次全国代表大会开幕式，围绕学习贯彻习近平系列重要讲话精神，共组织召开党组中心组理论学习（扩大）会7次，完成治国理政、党风廉政和反腐败工作、全面创新改革试验、意识形态工作、绿色发展理念、社会主义核心价值观、依法治市、省第十一次党代会决策部署等13个专题的学习。开展优秀年轻人才递进培养。提拔市政府和社会资本合作中心副主任1名，市国库集中支付中心副科级领导干部1名；配合做好1名引进人才从市世界银行贷款管理办公室副主任（副科级）到预算科副科长的转岗工作。13名市管干部、27名正科级领导职务干部按要求进行领导干部个人事项报告。推荐副县级优秀干部2人、正科级优秀干部2人、副科级优秀干部3人、高层次优秀人才1人，及时上报市委组织部。制定《攀枝花市财政局人事教育科内部控制操作规程（试行）》，进一步规范干部职工请休假管理。

（范春林、谢雨辛）

国家税务

【概　况】　2017年，攀枝花市国家税务局（以下简称市国税局）辖东区、西区、仁和区、米易县、盐边县、钒钛产业园区等6个县（区）国家税务局，下设市稽查局、第一稽查局（风控办）、直属税务分局3个直属单位，17个机关科室。领导班子构成为局长1人，副局长3人，纪检组长1人，总经济师1人，总会计师1人。2017年，市国税局领导班子进行调整，魏伟任党组书记、局长，陈力功不再担任党组书记、局长职务。截至2017年底，全市国税系统在职职工581人，担负着全市6.51万纳税户税收征管工作。2人入选总局人才库，32人入围省局人才库，29人通过注册会计师、税务师和律师等执业资格考试。

市国税局全年组织考核口径税收收入55.5亿元，同比增长43.9%，增收16.94亿元。其中，完成中央级收入30.06亿元，增长30.2%，增收6.97亿元；省级收入7亿元，增长54.5%，增收2.47亿元；市级收入8.47亿元，增长42.8%，增收2.54亿元，国税对地方财政贡献率提高到30.4%。全年采取稽查、评估、清欠等优管措施组织入库税收2.02亿元，拉动税收收入增长5.2个百分点。严格执行各项税收优惠政策，全年共减免税收9.4亿元，办理出口退（免）税3097万元，支持了地方经济转型发展。

市国税局先后荣获“全国文明单位”“全国税务系统纪检监察先进集体”“全国税务系统信息化建设先进单位”等称号，直属税务分局获评“全国巾帼文明岗”，米易县局获评“全国税务系统先进集体”等荣誉；4人次荣获“四川省劳动模范”“四川省三八红旗手”“全国税务系统先进个人”称号。

【党建工作】　抓好思想建设。学习贯彻中共十九大精神，组织党组专题学、专家辅导学、日学1小时、党员大讨论等系列活动，扎实推进“两学一做”学习教育常态化制度化，在全市中共十九大精神及市情知识竞赛中荣获第一名。强化党性教育，细化13条合格党员标准、30项不合格党员表现，树标立杆，促进党员干部“两转一提”。组织开展“身边榜样”先进典型系统巡讲活动，营造对标学习氛围。

抓好基层党建。落实党建工作两个机制，统筹协调好党建党廉工作，建立党组成员联系基层局、机关与县（区）局党支部结对共建等制度。坚持主体论和方法论，持续完善党组抓系统、机关党委抓本级、党支部抓局域“三级一体”的责任体系，落实主体责任汇报、党组书记抓党建述职测评等具体措施。切实把政治建党摆在首位，思想建党放在重要位置，坚持“五必谈”层层抓好思想政治工作，努力解释好、解决好“职务与职务级并行”等干部职工关心的问题。

抓好党建品牌建设。选准“一窗一人”联合办税、强化征管基础行动等结合点，切实把党建成果体现到税收主业和队伍素质提升上。“税徽添彩·攀枝花红”被省国税局评为“第一批党建特色品牌”，1名共产党员被表彰为“全省岗位学雷锋先进个人”。着手建设“智慧党建”，搭建以基层党组织信息系统、党务工作管理系统、党员教育培训系统为核心的党建信息工作平台，促进党建工作可视化、考核明晰化、成长痕迹化、交流实时化。

抓好作风纪律建设。加强内控机制建设，开展多轮巡察、审计和综合监督检查，推进“制度落实大检查、执法风险大排查”专项行动，查找和化解风险。推行《谈话提醒工作制度》《问责处理实施办法》，用好执纪监督四种形态，抓早抓小清除隐患。市国税局被省局评为“2017年度纪检监察工作先进集体”。

抓好精准扶贫工作。落实党员干部结对帮扶，筹措资金26万元，解决盐边县大湾彝族贫困村34户人畜饮水难题，帮助销售高山土豆、莲花白等滞销的优质农产品2000多公斤，对口帮扶凉山州盐源县局建成职工心理减压室。

【税收收入】　2017年，全市国税系统紧抓攀枝花市经济较快发展契机，采取多种措施优管促收，全年共组织税收收入57.7亿元（含海关代征增值税21700万元），同比增收18.4亿元。其中，完成增值税46.5亿元，同比增收15.4亿元；完成消费税1.3亿元，同比增长6.1%，增收0.1亿元；完成企业所得税5.6亿元，同比增长21.2%，增收1亿元；完成车辆购置税2.1亿元，同比增长30.7%，增收0.5亿元；完成海关代征增值税2.2亿元，同比增长205.6%，增收1.5亿元。办理出口退税0.31亿元，同比下降25%，减少0.1亿元。

全市国税收入呈现五个特点：税收收入创新高。受域内资源产品价格上涨、政府重点工程项目推进、“营改增”政策翘尾收入影响，全市组织税收收入55.5亿元，收入增幅排全省第5位，但规模仍居全省第11位。主体税种全面增长。增值税增长49.5%，剔除四大行业“营改增”收入后增长37.7%，增幅为各税种最高；消费税增长6%，增幅同比下降8.1%；企业所得税增长21.2%，增收0.98亿元；车辆购置税受政策及购车数量增加影响增长31%，增收0.5亿元。第三产业税收占比提升。2017年，三次产业的税收比重为0.03∶57.42∶42.55，第三产业占比较2016年提升1.39%，但仍低于全省平均（55%）。第三产业税收中，商业、软件信息技术服务、房地产、租赁和商务服务业等4个行业合计增收5.7亿元，拉动三产税收增长68.06%。重点税源支撑明显。年纳税500万元以上重点税源企业增至129户，共入库税收42.2亿元，占全市考核口径收入比重76%，与2016年相比，重点税源企业增加55户，税款增加13.8亿元。减免税惠及面广。2017年，共减免税收9.4亿元。其中，改善民生0.22亿元，鼓励高新技术1.27亿元，促进小微企业发展1.58亿元，节能环保2.2亿元，支持金融资本市场2.47亿元，支持三农0.6亿元，其他1.06亿元。

【依法治税】 草拟《加强县级国税机关法治基础建设的意见》，努力增强基层组织、政务、主业、监督、护税、文化6个法治基础，该项工作在全省国税法规工作会议上作经验交流。加强案件复审工作，全年复审评查案件30件，重大案件审理3件，经重大税务案件审理后，无因过错造成税务行政复议撤销或行政诉讼败诉的情形。运用好自主开发的“涉税风险评估稽查暨内控系统”，借力信息技术加强对纳税评估、税务稽查执法过程的监控。深入开展学法用法守法活动，坚持局务会会前学法制度，结合“税收宣传月”“法律七进”“七五普法”等开展好税法宣传，市国税局被表彰为“2011—2015年全市法治宣传教育先进集体”。深化法治示范创建，以点带面推进税收法治建设，3个县（区）局保持或新建成“全省国税系统法治税务示范基地”。严打涉税违法行为，查办永秀纺织、“5.12”“1.17”等虚开发票专案，警税联合行动抓捕虚开发票团伙1个，批捕7人、取保候审23人，涉案金额9673万元，查补入库及挽回税收损失2818万元，打虚打骗工作得到税务总局肯定，1名稽查人员被税务总局通报表扬。

【纳税服务】 积极推行“非接触式”服务，宣传推广“12366”纳税服务平台和手机办税APP，在办税厅设置网上办税服务区，配置自助办税终端和计算机40台，组建办税辅导团队10个，积极引导纳税人“网上办税＋自助办税”，提高纳税人办税效率。深化“放管服”改革，取消审批事项80项，仅保留7项税务行政许可，取消率达91.95%，全力激发市场主体活力。落实优化营商环境20条措施，推出6类25项56条便民办税措施，实施纳税服务“百千万”行动，了解和回应纳税人需求，强化纳税服务供给侧建设。坚持守信激励、失信惩戒原则，为诚信纳税人提供放宽发票领用限量、取消专票扫描认证、提供便捷办税等激励措施，“税银互动”帮助信用良好企业贷款4223万元。抓好实体大厅建设，持续深化联合办税、联合定税、联合稽查等国、地税合作，盐边县局率先推行的“一窗一人”国、地税联合办税模式，被确定为“全市第一批全面深化改革可推广可复制经验成果”，相关经验在《四川改革专报》刊发。重点围绕提升限时办结率，优化大厅窗口设置，设立“简事易办”窗口、大企业服务通道、线下发票寄递配送中心，落实专人进行限时办结考核，全市限时办结率达99.58%。

【税收征管】 全年组织6类17个风险应对项目，涉及纳税人372户，查补入库税款1.37亿元，查补收入占比为2.57%。组织精干力量开展“财务报表涉税风险分析项目管理”，围绕财务报表真实性，从表间内部逻辑关系等6个方面分析比对数据并构建模型，筛查预收账款长期挂账等10类风险，共查补4户企业税款和滞纳金1615万元。开发“数据处理辅助工具”，整合集成SQL语句和数据透视表等操作功能，搭建小规模企业虚开发票等5个数据处理模型，处理数据61万余条，形成定期、常态、自动扫描风险机制。运用好自行开发的“虚开增值税发票风险管理项目”成果，组织“专用发票销货清单风险应对”，查补入库及进项转出税款8353万元。市国税局上报的《攀钢集团税收风险典型案例》，被省局评为“大企业税收风险管理10大典型案例”。成立“税户普查”清理核实团队，按期完成“税户普查”工作，共核实补录基础登记信息1084户次、补办税务登记23户，补缴税款187.1万元。全面推开实名办税，积极扩大实名办税业务范围，利用实名信息严厉打击虚开走逃（失联）行为。以《税收征管规范（2.0版）》为依据，形成走逃（失联）企业认定、欠税追征、注销清税等3大类12个重点基础事项规范，推进基础事项模板化、标准化管理。重点开展走逃（失联）纳税人虚开发票治理，查明走逃企业涉嫌虚开金额4268万元，处理消除1082户6112条普票基础管理风险，强化征管基础“三项行动”受到省国税局通报表扬。

【基层建设】　抓好队伍建设。加强市、县局两级班子建设，1名县局局长被异地提拔为市（州）局纪检组长，调整3名县（区）局班子成员。开展“大练兵、大比武”，健全市国税局各类人才库。关注干部年龄结构和梯队培养，推行“雏鹰”计划，实施“青苗工程”，推行导师制，组织12名基层年轻干部到市局跟班轮训。

建好能力工程。建设税务家园，搞好“民心工程”，落实走访慰问、大病救助等制度，建好文化展览室、职工小餐厅等“五室一厅”。建好“精神家园”，整合系统资源，推进文化建设，定期组织“花城国税·香溢味道——厨艺展示”等季度主题活动，评选“税月留痕·心声犹唱——党员先进事迹巡讲”等优秀文化项目。深化精神文明创建，市国税局通过全国文明单位复查验收，米易县国税局被国家税务总局评为“税务系统先进集体”。

开展“三增三减”服务行动。集中开展“两走访、两提升”活动（走访纳税人、走访基层一线，提升服务能力、提升纳税人满意度），收集意见、建议151条，努力解决一线实际问题。落实精文简会18条，严格上挂下派、跟班作业等抽调基层人员的审批程序，坚持机动经费向困难单位倾斜，努力改善基层办公和生活条件。完善并推行“网上行政系统”，集成网上办会、督查督办、资产管理、请假事务、食堂管理等功能，提升基层管理质效。

优化外部环境。积极以税资政，成立“重大项目国税政策服务团队”，及时跟进50个政府重大项目的税收管理服务。积极争取攀西试验区钒钛产业资源综合利用增值税优惠政策，努力提升地方站位和影响。形成的《大型水电企业增值税政策评估报告》《跨县区建筑业增值税分享建议》获市委书记、市长肯定性批示5次。

（曾丽娟）

地方税务

【概　况】　攀枝花市地方税务局辖东区、西区、仁和区、米易县和盐边县5个县（区）地方税务局和4个直属单位（市地税局第一直属税务分局、市地税局第二直属税务分局、市地税局第三直属税务分局、市地税局稽查局）。市局机关内设12个科（室）和1个事业单位。全系统在职职工598人。其中大专以上学历职工592人，占在职职工人数的99.63%，在职研究生46人，注册税务师34人，取得法律职业资格3人；中共党员484人，占在职职工人数的80.94%。

全市地税系统干部职工凝心聚力，抓收入、重法治、强征管、优服务。2017年，市地税局荣获全国文明单位，获四川省五一劳动奖状，获攀枝花市2014—2016年度定点扶贫工作先进单位、市2016年度政务调研工作先进集体、2016年度攀枝花市政务服务先进集体、2011—2015年全市法治宣传教育先进集体、2015—2016年“学习型机关创建活动优秀单位”、2016年度“巾帼建功”及妇女工作优秀单位等多项荣誉，宣传调研、纳税服务、网站舆情、税务稽查等多项工作获省地税局通报表扬。

【组织收入】　全市地税系统组织各项收入32.66亿元，同比增收1.25亿元，增长3.98%。其中，税收收入28.9亿元，扣除“营改增”基数，同比增收0.72亿元，增长2.56%，完成全年任务的100.69%，超收0.2亿元；基金附加收入3.76亿元，同比增收0.53亿元，增长16.41%。完成市本级税收8.37亿元，超市政府目标任务700万元。市、县（区）两级税收对攀枝花市财政一般预算收入的贡献率达31.03%，其中市本级税收对市本级一般预算收入的贡献率为29.69%。

全市三次产业地方税收分别完成0.29亿元、18.41亿元和10.2亿元，占税收总额的1.02%、63.69%和35.29%。从占比变化率来看，第一、第三产业地方税收分别下降0.1和8.25个百分点，第二产业提升8.35个百分点。其中，工业地方税收完成16.65亿元，同比增收2.11亿元，增长14.53%，对全年税收收入总额贡献率为57.62%，同比提升15.11个百分点。对地方税收贡献率最高的十大行业中，公共管理、社会保障和社会组织业同比减收2.09亿元，建筑业同比减收0.29亿元；采矿业同比增收0.15亿元，制造业同比增收0.59亿元，电力、热力、燃气及水的生产和供应业同比增收1.37亿元，房地产业同比增收0.47亿元，金融业同比增收0.08亿元，批发和零售业同比增收0.01亿元，居民服务、修理和其他服务业同比增收0.27亿元，租赁和商务服务业同比增收0.11亿元。

13 个地方税种中，耕地占用税减收 1.99 亿元，烟叶税减收 0.34 亿元，契税减收 0.28 亿元，土地增值税减收 0.23 亿元，个人所得税减收 0.19 亿元，城镇土地使用税减收 0.08 亿元。其余 7 个税种均不同程度增收，其中：企业所得税增收 2.18 亿元，是增收最多的税种。

【党建工作】 市地税局始终坚持党管税务，围绕党建抓税收，抓好税收促党建，出台了《关于进一步加强和改进全市地税系统党的建设的实施意见》，建立党建责任“三张清单”，把学习宣传贯彻落实中共十九大精神与“两学一做”学习教育有机结合，坚持会前学法讲纪，党组成员带头讲党课，举办党性修养教育专题班。创建“阳光地税心服务”党建品牌，探索“党建+”模式，打造地税文化，运用网络平台开辟党建新阵地，推动党建工作实体化运转，构建起大党建工作格局，成功创建为全国文明单位。扎实开展思想理论、法纪、警示和先进典型“四项教育”，落实“三项整改”，加强作风纪律大整顿，防止“四风”问题反弹。坚持廉洁从政，制定党风廉政建设工作任务分工表，9 大任务 70 项具体工作逐级分解，193 项监督工作细化落实，监督检查 480 项行政管理权力。市地税局荣获全省地税系统“喜迎十九大、永远跟党走”文艺展演活动优秀组织奖，税引家庭被表彰为“四川省十大‘绿色洁美最美家庭’”，市局办公室、第一直属税务分局纳税服务股被市直工委命名为“共产党员示范岗团队”，郭太鸿、姜以伟被市直工委表彰为“共产党员示范岗”，文亚秋、崔坤燕、张莉分获市直机关优秀共产党员、优秀基层党支部书记、爱岗敬业模范党员表彰。

【深化改革】 深入推进基层征管改革，按照“大党建、大服务、大征管”的改革思路，调整优化县（区）地税局部门职责，实现党建实体化、纪检专业化、纳服标准化、征管集成化、督审规范化。大力整合执法督查、内部审计、风险控制、数据管理职责，成立二分局归口管理，有效解决“政出多门、数出多门、监督分散”的问题，探索出督查内审新模式。全年完成 60 个项目的督察审计、5700 余户纳税人风险任务应对，查补入库税款 2.61 亿元。被省地税局确定为重大执法决定法制审核试点单位，探索出“一办法、一清单、一规范、一范本”法制审核机制，执法行为进一步规范，东区局地税局、西区局地税局，米易县地税局第一税务所分别被省地税局、省政府法制办命名为“四川省地税系统法治基地”“四川省地税系统依法行政示范单位”。水资源费改税、环保税开征工作推进有力，在全省率先完成两税征收资料交接，12 月 1 日正式实施水资源费改税。

【政策争取】 成功争取到雅砻江水电开发公司企业所得税保留在攀缴纳，并将年度汇算清缴的 90% 留在攀枝花缴纳，年增加市级财政收入 6740 万元。全力推进攀西战略资源创新开发试验区建设，努力争取税收优惠政策，深入开展水资源费改税调研，促成全国第二批水资源费改税试点工作在全省铺开。成立第三直属分局专司攀枝花钒钛高新区税收征管，光伏发电项目税收征管难题得到有效破解。推进共伴生矿资源税改革，提出对钒和钛征收资源税的建议进入国家立法程序。

【税收征管】 完成 5464 户纳税人信用等级评价，评定 A 级纳税人 222 户。推广 CA 数字签名证书使用，免费发放 2000 多个 CA 证书，推进无纸化办税。推进“银税互动”，以“纳税信用”换取“贷款信用”，助力 219 户企业获得贷款 107.05 亿元。强化税务稽查，落实“双随机”抽查制度，完成 34 户纳税人稽查，查补入库税款 2.61 亿元。建立跨市（州）欠税清收机制，加强与法院、银行等合作，全年清收欠税 3.06 亿元。贯彻落实国务院 6 项减税政策，顶格落实西部大开发、小微企业发展、创业就业、棚户区改造、促进供给侧结构性改革等税收优惠政策，共为 3.5 万余户纳税人减免税收 9.43 亿元，同比增加 3.88 亿元。深化商事制度改革，全面取消税务行政审批，首批实现“二十证合一”，累计新登记“一照一码”纳税人 8446 户。继续深化国、地税合作，“一人一窗”联合办税举措走在全省前列，联合办税 145 万户次，经验、做法先后被四川电视台、《四川日报》报道。

【纳税服务】 市地税局率先实现 12 项业务“全省通办”“全市通办”覆盖全部常规业务，推出 24 小时自助办税服务，46431 户（次）纳税人实现就近办税。创新推行容缺办（受）理服务，税务登记、申报纳税及优惠办理等 5 大类 47 项业务可“材料不齐先办后补”，338 户纳税人受益。实行资料“预审”，减少办税时间，提高办事效率。推行“首席税收服务员”，对 68 户重点企业进行“点对点”“面对面”针对性的个性化服务，解决税收疑难问题 67 个。大力推广网上办税服务厅和“天府 e 税”手机 APP 网上办税渠道，全市地税系统网上申报率达 86% 以上。利用地税微信平台实现排队等候情况一键查询，引导纳税人错峰办税。清理取消 12 项资料收取项目、3 项不规范业务流程和 474 项表、证、单、书等。常规涉税业务办理时间缩短到 5 分钟以内。市地税局纳税服务科被四川省人力资源和社会保障厅、四川省地方税务局表彰为“四川省地税系统纳税服务先进集体”。

【队伍建设】 出台《中共攀枝花市地方税务局党组议事

决策规则（试行）》，制定《领导干部选拔任用工作流程》，全年选拔任用副科级以上干部16名，轮岗交流30名科级干部，选派7名优秀干部到市委办、市政府办以及基层一线跟班学习、挂职锻炼，向系统外推荐提拔科级干部5人。组织编写全系统优秀税务工作案例160余个，创新推出“每月一讲”，利用网络教育、内训、送培等方式组织各类培训58期、4300余人次。组织开展“怎么看、怎么干”大讨论，积极参与“我为攀枝花发展献一策”，提出建议61条，4条建议获优秀奖。入选国家税务总局人才库1名，省地税局人才库3名、业务骨干和岗位能手7名，更新市地税局稽查人才库11名，7人在市级以上征文比赛中获奖。王建荣获“全国五一劳动奖章”；刘太云获“省直机关公文写作技能大赛领导讲话类公文写作一等奖”，侯伟、张戈、刘明珠获省地税系统纳税服务先进个人，王攀、黄梅、王健、廖一阳分获征管评估类、纳税服务类、信息技术类“四川省地税‘素质提升115工程—专业骨干’”；谯宇龙、王奉川、顾家兴、王攀、莫艳、宋近朱、黄梅、陈开梅、廖一阳、王健分获行政管理类、征管评估类、税务稽查类、纳税服务类、行政管理类、征管评估类“四川省地税系统‘素质提升115工程—岗位能手’”。

【政务管理】 市地税局综合统筹上级指标和全局重点工作，制定系统考核指标71项、机关考核指标136项、个人考核指标17项，考评奖惩进一步细化，日常考核更加科学，结果应用得到强化。严格执行公文“退修”制度、信息发布通报制度、信息审核制度、网站“共建共管”制度，加大主动公开力度。全年通过内、外网主动公开信息3235条，506篇次工作动态信息被国家税务总局、省政府、省地税局、市委、市政府、市电子政务中心办公室采用，2期工作简报被省地税局采用。6篇调研文章荣获市以上表彰奖励，连续两年被表彰为市政务调研工作先进集体。

【精准扶贫】 市地税局坚持把扶贫工作纳入党组重要议事日程，强化市局统筹，签订责任书落实帮扶责任。坚持党组牵头调度、第一书记具体落实，市地税局班子成员到仁和区布德镇老村子村调研45次，党员干部入户207户次。为该村投入帮扶资金共计314万元，协调各类帮扶资金1183万余元，维修硬化道路21.56千米，医疗、助学保障、农产品产业基地和旅游援建等，村级通讯网建设、57户贫困户房屋（庭院）维修改造完工，113户贫困户“一户一策”产业帮扶基本完成，贫困户人均纯收入超过3300元标准线，顺利通过检查验收退出省级贫困村。

（赵　锐）

经济管理

宏观经济

【经济目标完成情况】 2017年，全市实现地区生产总值1144.25亿元、增长（同比，下同）7.4%。第一产业实现增加值37.16亿元、增长4.3%，第二产业增加值实现745.02亿元、增长7.2%，其中规模以上工业增加值增长7.5%，第三产业增加值实现362.07亿元、增长8.0%。全社会固定资产投资实现745.28亿元、增长7.0%。社会消费品零售总额实现352.41亿元、增长11.2%。实现一般公共财政预算收入60.59亿元、增长6.8%。城镇居民人均可支配收入达35620元、增长8.4%。农村居民人均可支配收入达15336元、增长9.1%。居民消费价格指数（CPI）累计上涨1.2%。单位生产总值能耗下降10.26%。

【经济运行分析工作】 建立健全经济运行调度制度，代拟了《攀枝花市人民政府办公室关于进一步加强月度经济运行调度工作的通知》，印发了《攀枝花市发展和改革委员会关于建立月度经济运行会商会制度的通知》。积极加强经济运行情况监测、分析，撰写10余篇经济运行分析材料，牵头起草《攀枝花市发展改革委员会关于全市2017年上半年经济运行情况的报告》。代市委、市政府草拟了《关于做好2017年下半年全市经济工作的实施意见》（初稿），研究制定了《攀枝花市2017年主要经济指标考核办法》。组织了6次市委财经领导小组会议，帮助市委、市政府研究解决一系列重大财政、经济事宜。

【产业经贸工作】 2017年，市发展改革委扎实推进全面创新改革工作，制定了《攀枝花市全面创新改革试验2017年工作计划》，印发综合改革试验等“9张清单”，推广全省第一批全面创新改革试验经验成果，总结上报攀枝花市11条全面创新改革试验经验成果。加强创新平台建设，帮助攀钢研究院高速重载钢轨开发省级工程实验室成功申报国家地方联合工程研究中心。严格执行产业政策，对新建项目严把政策关，争取中央预算内资金2800万元支持鼓励类新建项目，杜绝不符合产业政策的项目上马。帮助西区成功列入财政部独立工矿区专项支持范围。

【农村农业工作】 2017年，认真研究和把握国家宏观调控政策和投资导向，深入调研，抓好项目包装、储备工作，累计争取中央、省级项目资金1.72亿元，用于支持攀枝花市梅子箐水库扩建、马鞍山水库工程等重点水利项目和易地扶贫搬迁工作。坚持抓好政策培训，坚持执行国家政策，坚持做好精准识别，坚持实行每月稽查，坚持聚焦后续脱贫，易地扶贫搬迁经验材料《搬迁种下“黄金叶”，脱贫致富奔小康》，作为典型案例向国家发展改革委进行推荐；2017年完成搬迁建房2834人677户、投资1.23亿元，超额完成易地扶贫搬迁年度目标任务，完成“十三五”易地扶贫搬迁规划目标任务的79.23%。全面落实“五个一”帮扶工作，全力助推米易县丙谷镇护林村脱贫摘帽。扎实推进雅砻江河长制工作，成立雅砻江（攀枝花段）河长联络员单位工作领导小组，建立健全省、市河长及县（区）、乡（镇）、村五级工作联络机制，制定《雅砻江（攀枝花市段）河长制工作方案》，市级河长巡河5次，市级联络员单位巡河11次，各县（区）级巡河46次，25个已发现问题整改完成19个，28个新发现问题全部完成整改。

【完善对外大通道】 攀枝花机场改造升级、通用机场选址工作全面推进，委托中铁西北科学研究院有限公司加快开展保安营机场继续安全论证工作，一个通用航空机场纳入《四川省通用机场布局规划（2016—2030年）》，正开展通用机场选址、论证工作。攀大（大理）高速攀枝花段主体工程进度过半，2017 年，累计完成投资 9.02 亿元，宜（宜宾）攀高速开工建设，攀盐（凉山盐源）高速启动工程可行性研究。成昆铁路扩能改造工程攀枝花段积极推进，其中米攀段 2017 年实现投资 14.5 亿元，累计完成投资 92.20 亿元，占总投资 126.9 亿元的 72.7%；峨米段 2017 年实现投资 3.03 亿元，累计完成投资 3.03 亿元，占总投资 15 亿元的 20.2%。与大理白族自治州、丽江市、凉山州和昭通市等建立沟通协调机制，共同争取大（理）至攀至昭（通）铁路按照高铁标准规划建设。与中铁二院工程集团有限责任公司签订战略合作协议，完成大—攀—昭高铁建设方案研究报告，完成攀大（理）铁路预可研深化研究。

【改善能源体系】 全市重点能源项目计划投资 30 亿元，全年完成投资 36.6 亿元，完成年度计划的 121.99%。水电项目整体推进。2017 年，水电完成投资 11.81 亿元。金沙水电站开工累计完成投资 30.2 亿元，2017 年，累计完成投资 10.31 亿元。左坝肩开挖支护及堆积体治理工程、厂坝基坑开挖按计划有序推进，9 月 8 日完成主体工程首仓砼浇筑，提前完成土石方开挖向砼浇筑转序的节点目标；银江水电站前期准备工作全部完成，项目核准要件基本齐备，岸上工程建设有序推进。全面完成自然保护区小水电清理工作。涉及自然保护区核心区、缓冲区的 5 个小水电全面完成拆除工作。积极推进光伏项目建设。2017 年，光伏累计完成投资 14.8 亿元，建成装机 23.1 万千瓦。灰力苏组 20 兆瓦综合利用光伏发电项目竣工，太阳坡 35 兆瓦设施农业光伏发电项目、攀枝花市盐边县红格大面山农风光发电互补项目、攀枝花仁和区大宝鼎烂泥箐 30 兆瓦光伏发电项目（省属煤矿企业脱困转型升级项目）、布德镇布德村干箐组 20 兆瓦农光互补分布式光伏发电项目、攀枝花市仁和洁源太平 30 兆瓦并网光伏项目顺利实现并网验收。加快推进风电项目建设。2017 年，风电累计完成投资 4.6 亿元。风电建成装机 34.45 万千瓦，在建装机 19.4 万千瓦。仁和区风电四期、盐边大面山二期（设计 50 台风力发电机），均完成施工、准备调试及申请验收工作。仁和黄桷垭 10 万千瓦、盐边大面山三期 4.4 万千瓦、米易龙肘山 5 万千瓦实现开工建设。天然气管道项目稳步推进。楚雄至攀枝花天然气支线管道项目计划投资为 3 亿元。2017 年累计完成投资约 4 亿元，仁和区平地段完成管沟开挖约 15 千米，全线共完成组焊约 40 千米。楚雄州 1 标段（楚雄牟定县）完成布管、组焊 15 千米，2 标段（楚雄元谋段）完成布管、组焊 16 千米。烂泥田隧道完成 200 米掘金计划，穿跨越工程基坑开挖完成 100%，基坑浇筑完成 40%。项目推进顺利。电网建设顺利推进。全市中心村、农村通动力电共争取项目 25 个，争取资金 13864 万元，10 月全面完工，等待验收。米易回龙沟 220 千伏输变电工程于 6 月 30 日投产，运行名称为 220 千伏禹王宫变电站。成昆铁路扩能攀枝花南、米易东、盐边牵引站 220 千伏供电工程开工建设。完成攀枝花煤炭采空综合治理实施方案编制。组织编制《攀枝花煤炭采空综合治理实施方案》，配合市扶贫移民局组织审查并定稿。

【固定资产投资工作】 2017 年，市发改委狠抓投资管理。年初召开全市投资工作会，安排部署全年工作目标，并将全年投资目标、月度投资目标分解到各县（区）、钒钛高新区。每月监测分析投资和重大项目计划执行情况，针对存在问题，进行深入分析研究，及时提出对策措施建议。督促指导各县区抓好投资和重点项目工作、项目入库工作。积极争取资金。全年，共争取上级资金 7.4 亿元，其中，中央预算内资金 6.9262 亿元，省预算内资金 0.4723 亿元。积极申报年度投资计划，18 个项目纳入 2017 年中央预算内投资计划。积极做好项目审批工作，共批复政府投资项目 15 个，总投资 202.86 亿元；调整可研项目 4 个，总投资 3.74 亿元。深化投融资体制改革，加大简政放权力度，严格执行国家、省核准目录，进一步减少投资项目审批事前审查内容，提高审批效率；深化投资体制改革，完善咨询机制，3 次充实投资咨询评估机构库，开展自查评估，六大类投融资改革事项全部完成。积极推动政府和民间资本合作，审批 9 个市级 PPP 项目，总投资 81 亿元，为攀枝花市西区至凉山州盐源县高速公路项目争取到 PPP 前期工作经费 80 万元。

【社会事业发展】 加强项目申报争取资金，2017 年为攀枝花学院攀西战略资源开发产教融合实训基地等项目争取中央预算内资金 8140 万元，其中东区阿署达旅游基础设施建设项目为攀枝花市首次争取到旅游类中央预算内资金；为普达国际康养度假区、米易迷阳休闲度假区争取到国家专项建设基金 1.7 亿元，拉动投资 10 亿余元。立项批复攀枝花市第三人民医院门诊医技楼建设项目等 5 个项目，总投资 11179 万元。加强康养产业发展工作，修改完善《攀枝花阳光康养产业示范区发展规划》；编制并提请省政府向国务院上报攀枝花市创建中国阳光康养产业示范区总体建设方案；成功举办康养产业论坛，联合秦皇岛等多家城市发起康养产业城市联盟倡议。

【重大项目建设】 2017 年，攀枝花市共确定重大项目 31 个，总投资为 1128.57 亿元，2017 年计划投资为 79.52 亿元。省重点项目 18 个，总投资 767.7 亿元，2017 年计划投资为 59.95 亿元，累计完成投资 74.77 亿元，占年度计划的 124.72%；市级重点项目 13 个，总投资 360.87 亿元，

2017 年计划投资 19.57 亿元，累计完成投资 34.38 亿元，占年度计划的 175.68%。

【攀西国家级战略资源创新开发试验区建设】 出台《关于加快推进攀西国家战略资源创新开发试验区建设的实施方案（2016—2020 年）》《攀枝花市加快推进钒钛“五个一工程”建设工作方案（2017—2018 年）》等系列文件，进一步明确试验区“五大领域”政策先行先试、“五个一工程”建设、重大科技攻关和产业化项目实施等方面工作目标及任务。梳理《攀枝花市拟向国家争取支持攀西战略资源创新开发试验区加快建设的政策建议》《关于加大对攀西战略资源创新开发试验区人才建设支持的请示》等政策建议，上报国家发展改革委、省人才办、省发展改革委等相关单位争取支持，其中，争取到省试验区专项资金对钒钛资源开发投资基金每年 1 亿元左右，连续三年的支持（已下达 9300 万元）；配合市国税局做好“高炉渣生产四氯化钛”和“尾渣提钒”税收优惠政策的争取工作，已报送国家税务总局。组织项目申报，攀钢高炉渣提钛产业化示范项目——高温碳化工程、年产 20 万吨钒钛汽车板簧项目等 2 个项目争取到省试验区专项资金 2800 万元（已下达 1400 万元）。指导和帮助西区成功申报四川省产业衰退地区。修改完善《攀枝花市城区老工业区搬迁改造实施方案（2016—2022 年）》，成功创建全国老工业区搬迁改造示范工程，清香坪——格里坪市政基础设施建设等 3 个老工业区项目申报中央预算内投资资金支持通过国家发展改革委评审，预计将获得补助资金 6782 万元。赴正德气基竖炉高效还原钒钛磁铁矿循环铸造产业园项目、天脉年产 30 万套新型钛复合材料精深加工制品项目等开展项目检查，确保项目按期推进，资金使用安全。积极配合省发展改革委做好试验区第四次省部联席会议筹备工作。

【财政金融与外资工作】 做好企业债券申报监管工作，指导协助盐边县集中供排水及污水处理一期项目成功发行 4.7 亿元项目收益债券；积极监管市国投集团三期共 22 亿元和城投公司 6 亿元存续期企业债券，确保依法使用，按时兑付本息。起草《攀枝花市推进外商投资管理体制改革实施方案》，为攀枝花市金实股权投资基金管理有限公司等企业办理西部地区鼓励类产业项目确认书。

【社会信用体系建设】 加强社会信用体系建设，印发《攀枝花市社会信用体系建设联席会议工作机制》《攀枝花市建立完善守信联合激励和失信联合惩戒制度加快推进社会诚信建设实施意见》等，正通过“政务云＋信用平台”统筹推进信用信息平台建设，完成全市机关群团和事业单位、社会组织以及企业的统一社会信用代码工作，组织金融机构开展诚信文化进校园、进机关、进企事业单位等多种形式的宣传活动，督促米易县撒莲镇摩挲村村民委员会完成政府机构失信问题整改，开展涉金融领域失信问题专项治理。

【招投标管理】 完善健全招投标监管制度，印发《关于进一步明晰工程建设招标投标监督管理相关事宜的通知》，建立招标审核事项执行情况跟踪核查制度，专项台账登记所有招标审核项目。推动公告发布、招标文件获取、补遗澄清等方面实现电子化，强化招投标法律法规政策规定的学习宣传，进一步严格立项审批和招标审核，严格执行招标事项备案制。2017 年，依法依规成功完成国家投资工程建设项目招标共计 30 个标段，总成交金额约 28300 万元，节约资金约 5734 万元，节资率为 13.35%；依法依规完成比选项目共 8 个合同段，比选总交易额为 544.58 万元，总节约金额为 143.14 万元，节资率为 20.13%；指导监督业主严格通过四川日报招标比选网自主择优选择代理机构共计 11 次。

【行政审批工作】 努力提高和加强窗口服务质量，树立市发展改革委窗口的良好形象，实现群众评议满意率 100%，有效投诉为零。优化和规范行政审批流程，创新行政审批方式，建立“放管服”改革工作台账，及时动态修改并公布审批事项办事指南。根据《企业投资项目核准和备案管理条例》等相关规定，精简企业投资项目核准前置要件为规划选址和用地预审意见两项，调整其他相关审批事项通过四川省在线审批监管平台在开工前并联办理；实行备案项目网上告知制度；除跨县（区）或需市级统筹平衡资金、资源等建设条件的，以及国家和省明确规定由市级政府或市级投资主管部门管理的项目外，其余项目的核准、备案权限一律下放县（区）。2017 年，全市通过在线审批监管平台申报并通过预审获得编码的项目 1908 个，投资总额 1335.12 亿元，其中：审批类项目 612 个，总投资 495.42 亿元；核准类项目 31 个，总投资 40.11 亿元；备案类项目 1265 个，总投资 799.59 亿元。

【发展规划制定与实施管理】 制定印发《〈攀枝花市国民经济和社会发展第十三个五年规划纲要〉任务分工方案》，切实做好五年规划与年度重点工作计划衔接，充分发挥规划的统筹和导向作用。完成《攀枝花市大中产业废弃物资源综合利用“十三五”规划》《攀枝花市“十三五”节约能源规划》《攀枝花市攀西战略资源创新开发试验区全面创新改革对策研究》等专项规划和课题研究。

【节能减排与环境资源工作】 起草印发《攀枝花市县（区）人民政府能源消耗总量和强度“双控”考核体系实

施方案（2017—2020年）》《攀枝花市控制温室气体排放工作方案》《攀枝花市“十三五”温室气体排放目标责任考核办法》《攀枝花市“十三五”节能减排降碳综合工作方案》，2017年，全市单位GDP能耗下降10.26%，超额完成省下达2.5%目标任务。建立攀枝花市秸秆综合利用和禁烧工作部门联席会议制度。积极推进用能权及碳排放权试点，开展用能权有偿使用和交易试点前期摸排，上报碳排放权交易相关企业名单。大力推进环保督察工作，汇总整理决策部署类、工作落实类2个大类10个小类的各类规划、工作总结、会议纪要、资金文件等迎检档案资料；完成整改督察组反馈攀枝花的涉及市发改委的12个问题整改，为市本级2011年以来通过市发改委审批立项的政府投资12个项目补办环评手续；完成“三大战役”办安排的水污染防治、大气污染防治等方面任务。

【区域合作】 深化与成都市的区域合作，签订《成都市人民政府 攀枝花市人民政府深化区域协同发展合作备忘录》，共同印发《成都市人民政府 攀枝花市人民政府深化区域协同发展合作备忘录责任分工表》，明确各项合作内容责任分工，划定每一个时间节点需完成的目标任务，促成12家攀枝花特色农产品直销店落地成都，成功引进云南锦爱旅游集团、康辉旅行社公司、盈科美辰国际旅行社有限公司在攀设立企业。起草与黄浦区、昭通市区域合作框架协议。印发《攀枝花市深化泛珠三角区域合作重点工作分工方案的通知》，立足攀枝花经济社会发展实际，充分发挥攀枝花市“钒钛”“阳光”资源优势，从区域经济合作发展、统一市场建设、重大基础设施一体化建设、区域创新驱动发展、社会事业领域合作、共同培育对外开放新优势、推进生态文明建设、深化与港澳合作、创新和完善合作机制九个方面加强与“泛珠三角”区域的合作。

【经济体制改革】 编制出台《攀枝花市2017年深化经济体制改革工作要点》和《经济体制改革专项小组2017年工作台账》，提出65条改革台账任务。起草完成《攀枝花市2017年推进供给侧结构性改革工作方案》，有序推进供给侧结构性改革，每月分析汇总改革进展情况。牵头攀枝花市中介机构与党政机关脱钩改革工作，完成（第二批）13家单位试点任务。加强就业分配工作，申报市米易县公共实训基地项目，2017年，获得中央、省预算内投资800万元、300万元。

【法治工作】 规范行政决策，完善决策机制，制定《2017年度市发改委领导干部学法计划》，印发《攀枝花市发展改革委2017年依法治市工作实施方案》《攀枝花市完善国家工作人员学法用法制度的实施意见》。规范行政执法行为，健全行政执法制度，加强执法人员法律培训，健全与市级各部门之间的信息互通和协调配合，印发《关于加快推进行政许可和行政处罚等信用信息公开工作的通知》，清理上报市发展改革委的行政权力清单，除行政许可外共为57项，即：行政处罚46项，行政强制3项，行政确认1项，行政检查1项，行政奖励1项，其他行政权力5项。2017年，2件行政处罚已向市政府法制办备案，无执法投诉案件、行政复议案件、行政调解案件。

【成本调查监审与价格监测】 加强农产品成本调查工作，继续保留2016年农产品成本调查品种，完成2017年农户存粮、种植意向、农资购买专项调查、主要农产品的成本预测和中籼稻、烤烟、上半年生猪直报等调查，形成2017年种植业和饲养业各品种生产成本分析材料11篇，加强对农调户记账的业务培训和联系。加强重要商品成本调查工作，完成钢材、煤炭、自来水、污水处理的重要商品成本调查数据和分析材料。提高成本监审质量，保证政府制定价格的科学性。核减市煤气总公司和华润燃气有限公司三年不合理成本1213.83万元，核增5.51万元；核减格萨拉旅游景区门票三年不合理成本630.75万元；核减攀枝花市社会福利院老年公寓三年平均不合理成本182.75万元；完成国家部署的农业水价综合改革任务，核减胜利水库、大竹河水库、跃进水库农业供水三年不合理成本分别为162.53万元、364.41万元、61.20万元。加强实施价格监测工作，进一步健全完善价格应急工作机制，积极开展肉、禽、蛋主副食品价格、化肥、建材、成品油、劳动力等价格的监测预警预报工作，定期在《攀枝花日报》上刊登全市主要农贸市场副食品、蔬菜价格。

【价格检查监管】 坚持放管服相结合，着力做好价格行为事中事后监管，加大市场价格行为监管力度，认真处理“12358”价格投诉举报，严厉查处价格违法行为，坚决维护正常价格秩序。专项检查商品房销售明码标价、格萨拉等景区旅游价格、新建居民小区供配电设施统一收费与统一建设、易地扶贫搬迁中建材价格、全市有线数字电视价格、电力价格等事宜，受理市委巡察办移交的涉嫌乱收费问题线索。2017年，共受理群众来信、来访、来电、咨询477件（其中价格监管平台377件），处理完结477件。2017年查处价格违法行为实施经济制裁共计336.25万元，其中：清退37.40万元、没收149.43万元、罚款149.43万元。

【价格认证】 加强涉案财物价格认定工作，不断提高案件认定质量，2017年办理刑事案件价格认定626件，认定金额622.69万元，办理行政案件价格认定47件，认定金额205.61万元，办理涉纪财物价格认定2件，认定金额

37.70 万元。努力调解价格赔偿纠纷，化解价格矛盾，2017 年办理价格矛盾纠纷调解案价格认定 15 件，认定金额 315.17 万元。

【价格调控】 认真落实各项价格调控管理措施。2017 年，全市居民消费价格指数上涨 1.2%，控制在年度任务目标内。深入推进水资源价格改革，2017 年年底，完成了全市改革任务中骨干供水工程和末级渠系等环节水价的制定工作。深入推进电力价格改革，完善上网电价形成机制，实行水电分类标杆上网电价，实施丰水期富余电量消纳政策，落实差别电价政策，化解过剩产能。贯彻落实《四川省发展和改革委员会关于四川电网 2017—2019 年输配电价及有关事项的通知》（川发改价格〔2017〕378 号）、《四川省发展和改革委员会关于降低四川电网目录销售电价合理调整电价结构有关事项的通知》（川发改价格〔2017〕379 号），逐步向“放开两头，管住中间”的电价改革目标迈进。运用价格杠杆，降低企业用电成本，一季度为攀枝花直供区 22 家企业用电争取每千瓦时补贴 5.07 分，共补贴金额 1624.01 万元；大力落实直购电、富余电政策，2017 年，国网攀枝花供电公司为全市直购电、富余电量退费合计 7.02 亿元。大力落实《关于降低四川电网目录销售电价合理调整电价结构有关事项的通知》（川发改价格〔2017〕379 号），降低大工业电价 1.2 分/千瓦时，一般工商业电价 1.87 分/千瓦时，取消或暂停城市附加、小型水库扶持基金，降低重大水利及大、中型水库移民扶持基金。7—12 月，共减少大工业用户电费支出 946 万元，一般工商业用户电费支出 640 万元。

【收费管理】 公布《2017 年度涉农收费和价格公示表》、四川省与攀枝花市行政事业性收费目录清单、四川省与攀枝花市涉企行政事业性收费目录清单、四川省与攀枝花市考试考务费目录清单，贯彻落实有线电视安装服务收费、外事部门行政事业性收费、不动产登记收费、司法鉴定服务收费、公证服务收费、防空地下室易地建设费、特种设备作业人员资格考试收费、水土保持补偿费、教育系统考试考务行政事业性收费等收费政策。继续清理规范行政事业性收费、经营服务性收费，取消或停征 41 项行政事业性收费，降低 8 项行政事业性收费，放开具备市场竞争条件的 107 项医疗服务项目收费，取消和暂停商业银行部分基础金融服务收费。继续加强教育收费管理，制定攀枝花市成都外国语学校收费标准。规范医疗服务价格，公布攀枝花市按病种付费 101 个病种目录，核定 42 项新增和修订医疗服务项目收费。

【攀西资源开发】 积极争取项目资金支持，2017 年争取中央和省支持项目 13 个，争取补助资金 2950 万元，其中，西部大开发前期工作项目 1 个，中央补助资金 100 万元，攀西资金补助项目 12 个，省级补助资金 2850 万元。主动融入“一带一路”，转发《四川省推进“一带一路”建设 2017 年工作要点》，建立季度信息报送机制，成昆扩能改造工程、攀枝花至大理（四川境）高速公路等“一带一路”项目加快推进。贯彻落实《攀西经济区 2017 年工作要点》，着力推进脱贫攻坚、战略资源创新开发、基础设施建设、产业转型升级、开放合作、改善生态环境等六大重点工作。起草并提请印发《攀枝花市健全生态保护补偿机制实施方案》。

【重大项目稽查】 配合省发展改革委稽查办稽查 2017 年省重点项目 4 个、2016 年省预算内攀西资源开发资金支持项目 10 个、2015 年国家发展改革委通报问题整改项目 4 个，督促西区、仁和区、米易县、盐边县政府及市级有关部门明确一名负责人，深入分析原因，提出具体整改措施，倒排工期，限时推进，确保整改落实到位，形成《关于省预算内攀西资源开发资金项目专项稽查整改意见落实情况的函》报省发展改革委。对省政府办公厅通报的 35 个进展慢、未开工项目进行专项督查，查看项目现场，实地了解项目进展，听取县（区）政府和项目业主单位的情况汇报，形成《攀枝花市发展改革委关于开展 2015 年、2016 年中央预算内投资进展慢和未开工项目专项稽查情况的报告》向市政府专题报告。配合省稽查办对市妇女儿童医院、仁和区公安分局业务技术用房、仁和区民族中学棚户区改造安置房配套设施等 3 个项目的整改落实情况进行督查，形成《关于落实国家发展改革委通报问题项目整改工作情况的报告》报市政府。对钒钛高新区管委会、盐边县发展改革局开展省预算内投资未开工项目专项稽查。

【代建项目管理】 认真做好代建项目管理，制订《攀枝花政府投资项目代建制暂行办法》等三个规范性文件及相关配套文件，实行月报与工程简报相结合的进度报送制度，认真落实代建合同备案制度，全面掌握市本级代建项目总体实施情况。2017 年，下达市级政府投资代建项目 13 个；其中：城市基础设施和政法项目 4 个，教育、卫生等社会事业项目 6 个，交通能源项目 3 个，项目总投资控制额度 6.25 亿元。现开工项目 9 个。

【对口援藏】 牵头完成《攀枝花市对口帮扶木里藏族自治县规划（2017—2021 年）》编制工作。落实 2017 年对口帮扶木里藏族自治县项目 25 个，安排对口援藏资金 2838 万元。组织相关专家开展项目咨询帮扶。

（林升钦）

工业经济

【工业经济综述】 2017年，市经济和信息化委认真学习贯彻中共十九大、省第十一次党代会、省市经济工作会精神，深刻领会省委关于加快建设美丽繁荣和谐四川的战略部署，切实增强使命担当，深入实施“三大发展战略”，推进“四个加快建设”、深化“四区驱动”，以省党代会描绘的“攀西经济区建成国家战略资源创新开发试验区和全国阳光康养旅游目的地”的宏伟蓝图为指引，着力抓好产业升级、城市转型、改革开放等各项工作。贯彻落实“三抓”（抓资金、抓项目、抓政策），推动工业稳步向前；确定工业园区定位，加强工业园区建设；推进智慧城市建设；建立地企合作和困难企业“一企一策”帮扶机制，服务企业；构建“2+2+2”为重点的康养工业体系。工业经济发展思路进一步明晰，主要抓手进一步明确，发展信心不断高涨，工业经济总体运行平稳有序。

全年实现规模以上工业增加值同比增长7.5%，全市工业行业增长面达87%、主营业务收入增长21.9%。全年完成工业投资238.7亿元、技术改造投资257.4亿元，全年35户企业实现升规，单位工业增加值能耗下降11.71%，单位工业增加值用水量超额完成下降5%的目标。全市实现民营经济增加值565.91亿元，增长7.6%，对全市经济增长的贡献率为50.4%，民营经济增加值占GDP的比重为49.5%。

【生产要素协调与保障】 煤炭方面，完善新疆、内蒙古、贵州省六盘水市等市外供煤渠道；继续采取“北上南下西进”措施全力保障煤炭供应，2017年，全年累计外调煤炭633.67万吨。工业用电方面，认真组织电力市场化交易和消纳丰水期富余电量。2017年，全市执行直购电政策电量67.91亿千瓦时，降低企业用电成本6.81亿元，执行富余电政策电量5844.60万千瓦时，降低企业用电成本2074.97万元。成品油方面，积极争取成品油资源，强化成品油的综合协调，按照优先保障顺序，确保全市工业对成品油的正常需求。2017年全年，全市累计购进成品油59万吨，累计销售61.4万吨。铁路运输方面，通过与铁路部门的进一步协调与沟通，全市重点企业的铁路运输费用均得到适度下降，有力地帮助企业降本增效。攀钢、德胜、龙蟒、安宁铁钛、球团、钒钛加工、机械加工等企业均不同程度得到了降低铁路运输费用的优惠政策。其中攀钢的铁路运输费用平均下降15%~20%，德胜公司下降15%~18%，其他企业的运输费用享受10%~13%的降价优惠政策。2017年，全市工业企业累计享受铁路部门降低的铁路运输费用达到2.78亿元。

【重大工业产业化项目推进】 2017年，克服产品市场低迷、融资困难、用地指标紧张等不利因素影响，47个重大工业产业化项目中已开工41个项目，完成投资25亿元，完成开工累计投资55亿元，重大工业产业化项目成效显著。

一批项目相继竣工投产。攀钢1.5万吨氯化钛白、攀钢产品结构调整优化改造项目、恒琗低氧氢化脱氢粉末项目、亿丰瑞选矿项目、泓岩科技3.5万吨/年粗氧化锌项目、钛米科技新型环保含钛建筑材料综合利用项目、天脉钛业30万套/年钛锅项目、天佑新能源麻栗坪风电项目、七星光电磷酸铁技改项目、川能投红格农光互补项目、川能投大面山二期风电项目、高晶钒钛汽车板簧项目、宝鼎烂泥箐沉陷区农光互补项目、攀钢钢构装配式房屋项目一期项目等20个项目竣工或部分工程竣工投运。

一批重点项目顺利开工建设。攀钢高炉渣提钛产业化示范项目高温碳化工程高温碳化工程于8月4日取得环评批复，10月底完成工程设备采购，所有设备均运抵项目施工现场。低温氯化工程于12月11日取得环评批复，12月21日举行项目开工仪式。正在进行厂房建设，设备基础及设备安装施工等；天佑麻栗坪风电场项目完成年度投资1.52亿元，开工累计完成投资5.12亿元，已吊装风机24台；川能投大面山二期风电项目完成年度投资4.44亿元，已投产46台机组。长矶3.6万吨/年高纯硅品质提升项目当月完成年度投资1亿元，厂房基本完工，设备正在陆续进场；安宁潘家田铁矿技改扩能项目完成年度投资4578万元；攀煤宝鼎矿区烂泥箐沉陷区农光互补项目完成全部投资，累计投资2.35亿元，所有工程已经完成，现场正在进行消缺和厂区绿化。

【经济发展方式转变】 产业升级取得新成效，钒钛标准化体系建设加快推进。启动了全国钒钛磁铁矿综合利用标准化技术委员会筹建工作，并向省质监局提交申请。攀枝花市负责起草的《钒钛磁铁矿冶炼废渣处置及回收利用技术规范》作为国家标准正式发布；《钒钛铁精矿》《钒钛铁球团矿》等行业标准正式被国家批准立项；《铸造用钒钛生铁标准》已由中国铸造协会正式发布。全市形成了从钒渣到五氧化二钒、三氧化二钒、钒氮合金、中钒铁（FeV-50）、高钒铁（FeV-80）、硅钒铁等全系列冶金用钒制品产业链；以及从钛精矿到高钛渣钛白粉、四氯化钛、海绵钛、钛锭、钛合金铸件等全流程钛产业链，成为全国最大的钒制品、钛原料、钛化工生产基地，也是国内唯一的全流程钛工业基地。2017年，实现高新技术产业产值490亿元，同比增长18%。工业逐步由钢铁经济为主向钒钛、钢铁经济并进转变，由初级产品向精深加工转变。

【信息化工作】 信息基础设施建设。编制通信基础实施专项规划，获批工信部“第三批电信普遍服务试点城市”，加快宽带网络基础设施建设。全市352个行政村全部实现有线光纤网络覆盖，城乡光纤覆盖率达到100%；加大贫困山区通信基础设施建设力度，全市70个贫困村全部实现通信网络覆盖；起草了《关于推进第五代（5G）移动通信网络建设的实施意见》。

智慧城市建设。起草了《攀枝花市智慧城市建设总体方案》等文件，统筹开展大数据中心项目和智慧城市建设，大数据中心初步具备服务能力，芒果大数据和康养大数据已初步上线运行；建立月度例会和周报制度；组织完成市质监局特种设备智能监管系统、市公积金中心信息系统等项目验收，市发展改革委项目精细化管理、市综治办视频联网应用等项目评审；开展国家智慧健康养老应用示范基地、示范街道（乡镇）申报工作，12月28日攀枝花市示范基地和三个示范街道（乡镇）正式命名授牌。

完成了第三届康养论坛等重大活动通信保障工作；参与中船重工、航天科工、启明星辰、九洲集团、北京思源、天翔环境等企业合作洽谈，提出了合作建议。

【“互联网+”和两化融合工作】 2017年，联合百度公司举办了200余人参加的互联网+工业及智能制造专题培训会；积极组织企业争取省级资金支持，钒钛大数据中心和志林公司共获得340万元专项资金，比2016年增加210万元；组织安宁铁钛公司成功申报两化融合管理体系贯标试点企业；完成全市工控系统等关键信息设备的信息安全摸底核查工作，建立全市18套工控系统清单。

【产业园区建设】 争取省级园区产业发展引导资金工作。积极组织各园区做好2017年四川省产业园区产业发展引导资金项目的申报和评审工作。3月，四川米易白马工业园区“大草坝新材料产业园配套35千伏输变电工程”获得2017年四川省产业园区产业发展引导资金200万元。

“园保贷”试点园区工作。4月，向省经信委推荐攀枝花创新开发产业园区和攀枝花格里坪工业园区申报四川省产业园区“园保贷”园区配套风险补偿金各300万元，11月，攀枝花创新开发产业园区和攀枝花格里坪工业园区成功确定为省“园保贷”试点园区。

工业园区主导产业定位工作。2017年按照市政府“一县（区）一园区、一园区一主业”的发展思路，充分发挥攀枝花市优势资源，培植特色产业，延伸产业链，着眼世界500强和国内500强企业，招大引强，在工业园区布局重大项目，明确了全市6个工业园区主导产业，并沿主导产业链梳理重大招商项目，又编撰《关于我市工业园区主导产业定位情况的报告》，明确工业招商方向，为推进全市工业转型发展提供前瞻性指引。

在全省市州中，率先完成《攀枝花市产业园区创新改革发展规划（2016—2020）》编制工作；做好全市工业园区基础设施综合配套工程项目前期工作。

【无线电管理】 无线电频谱管理。严格规范行政许可审批审核。2017年，审批了钢城集团天洁物业管理有限公司、市恒意达物业管理有限公司、市顺扬科技公司、西区沃尔玛4户企业使用无线电频率。

无线电年检。为攀钢物流公司、攀枝花攀大安信物业服务有限责任公司等44家企业办理无线电台（站）年检。按照国家规定收取无线电频率资源占用费16万元。监测站开展无线电发射设备（对讲机、车载台、公众通信基站）指标抽查检测140余个，保障无线电发射设备正常运行。

无线电安全保障。10月18—25日，中共第十九次全国代表大会召开期间，市经济和信息化委制定专项保障工作方案。5个固定监测站24小时开机监测，派出2个无线电监测组分别在市广电中心及市委、市政府等重要区域开展防插播巡测，共出动监测车15台次。按照市安全播出领导小组要求，会议期间的新闻联播及开闭幕会等重要时间段安排人员在市广电中心坐班值守，有效保障了十九大会议的安全播出。为全市公务员招考、2017年普通高等学校招生考试、2018年研究生考试及其他专业考试提供了防无线电作弊保障。有效维护了考试公平公正。

开展频谱使用评估工作。制定攀枝花市《关于开展2017年频谱使用评估工作的通知》并附“攀枝花市2017年无线电频谱使用评估工作方案”。经监测站实施测定，按时完成了对广电频段的频率监测。

开展打击整治“黑广播”“伪基站”专项工作。2017年接群众举报查获“黑广播”一起。

（郭英卓）

国有资产投资

【概　况】　攀枝花市国有投资集团（简称市国投集团）是经攀枝花市人民政府批准组建的地方大型国有资本投资运营类企业集团，集团注册资本51.75亿元人民币，资产总额217.26亿元，旗下有全资、参股、控股企业23家，包括原水公司、产投公司、花投公司等重点市属国企，涵盖金融、能源、交通、智慧城市等重要行业。市国投集团作为助推攀枝花可持续发展的国有资本投资运营平台，2017年围绕全市中心工作，坚决贯彻市委、市政府决策部署，紧扣产融结合，推动创新发展，深化“战略引导投资商、金融服务平台商、产业经营创新商、潜力区域开发商”四大定位内涵，充分发挥地方债务融资、重大项目战略投资、服务中小企业、资本运作、资产管理、引领产业发展等职能，实现了国有资本保值增值和价值最大化。

【深化国企改革】　围绕“助推攀枝花可持续发展的国有资本投资运营平台”的战略定位，把推动市场化转型发展作为年度改革的主攻方向，大力推进构建“引领化、产融化、平台化”的发展模式，不断完善“权责清晰、有效制衡”企业法人治理结构，新组建了多家混合所有制企业，在攀枝花市花城投资有限责任公司成功探索职业经理人市场化选聘，在攀枝花市智慧城市产业投资发展公司探索员工持股改革试点，推进薪酬和绩效制度改革，建立“宽带薪酬”体系，形成“能上能下、能进能出”的选人用人机制，各项工作取得良好成效。

【实施三年转型攻坚计划】　根据五年发展战略规划，制定转型基础年（2017）、转型突破年（2018）和转型提升年（2019）的三年转型攻坚计划，2017年编制“一建一投四优化”的“114”行动计划，以建平台、投项目、优化机制体制、优化资产结构、优化运营模式、优化能力素质为抓手，大力推进企业转型发展。

与攀钢集团、四川九洲集团等央企、国企和神州数码股份、新筑路桥股份、成都中科大旗、川能智网等民营企业构建了战略联盟，组建了攀枝花市智慧城市产业投资发展公司、攀枝花鸿途智能空轨产业有限公司等混合所有制企业。

依托智慧城市、基金、担保、小贷、创投等子企业，成功搭建信息数据平台、投资运作平台、战略联盟平台和金融服务平台，投资建立支撑智慧城市的“一中心四平台”（大数据中心和芒果大数据、农村产权交易平台、康养大数据、钒钛大数据四个应用平台），形成了攀枝花市数字经济、平台经济、资本经济的先发优势，促进地方特色产业发展和优势实体项目落地。

【争取棚改项目贷款】　作为全市棚改项目专项资金直接贷款人，筹集到位并发放32.98亿元，惠及全市棚改群众2万余户；按照市政府统一安排，成为全市棚改五、六期项目的承接主体，以政府购买服务形式与国开行、农发行、邮储行银行开展合作，累计完成六个批次棚户区改造项目政府购买服务协议的签订，协议金额共计180.37亿元，成功实现五期项目贷款融资共计83.72亿元，发挥了服务民生和投资拉动的双重效应。

【承担融资功能】　维护政府存量债务安全链接，通过2017年度跟踪评级，维持了AA级信用等级，完成一、二、三期企业债券利息的按时足额支付和转回售后的本金偿还，积极破解市本级以及各县（区）、花城新区、钒钛高新区新增融资问题，全年全口径融资余额144.05亿元，为地方经济社会发展提供了强有力的资金保障。

【实施战略投资】　按照市政府的安排，与神州数码股份公司合资组建攀枝花市智慧城市产业投资公司，攀枝花市大数据中心，芒果大数据、农村产权交易、康养大数据、钒钛大数据等项目按计划推进；与攀钢集团、中崇集团就攀枝花市国家钒钛交易中心建设达成合作意向，并签署合作备忘录；与新筑路桥股份公司合资组建攀枝花鸿途智能空轨产业有限公司等混合所有制企业；作为政府出资方代表参与攀枝花市工业园区（钒钛高新区、迤资园区）基础设施综合配套工程PPP项目。

【组建康养、钒钛产业基金】　引入北京琨山资本管理有限公司、中海外南方投资建设有限公司等社会资本共同组建攀枝花市金琨康养产业股权投资基金中心，并在中国证券投资基金业协会成功备案，成为攀西地区首只市场化运作的私募股权投资基金。该基金设立规模为50亿元，首批募集资金已到位0.2亿元，主要投向符合攀枝花市“康养+”产业发展方向和有利于推动“康养+”产业发展的项目。基金的成功运作，架起了攀枝花市康养产业与资本市场的“桥梁”，为攀枝花市康养产业发展、康养项目落地提供资金保障，促进金融资本更好地服务实体产业发展，对于攀枝花市做好“钒钛、阳光”两篇文章、实施“五个康养+”发展战略，具有重要的现实意义。

与攀钢集团等签订战略合作协议，共同发起设立攀枝花钒钛资源开发投资基金，总规模100亿元。组建后，将围绕助推攀枝花市钒钛产业做大做强、把钒钛资源优势转化为产业优势的目标，立足于对攀枝花区域内重点钒钛产业化项目投资，为攀枝花加快建设国家级攀西战略资源创新开发试验区提供强有力的资金保障。

【花城新区建设】 依托集团所属企业花投公司，积极服务全市“花城新区建设”战略，全年完成投资5.97亿元；完成花城新区干通路、巴斯箐沟弃土场二期等重大工程项目建设，顺利推进干通路、干鑫路等重点工程建设，作为政府出资方代表参与花城新区天星湖园林景观工程、市政务服务中心等PPP项目建设。

（罗　勇）

城市建设投资

【城市基础设施建设】 2017年，市城投公司共组织代建项目5项：市实验学校北校门和完善周边市政设施建设项目、金沙江南岸仁和沟口大桥至密地桥段步行系统—滨江大道沿江美化10千伏配电施工工程、炳二区地龙箐排洪涵洞改建工程、市人民检察院“两房”、警示教育基地项目、市救灾物资储备库建设项目（一期）。5个项目共完成代建投资额3192.5万元。其中市实验学校北校门和完善周边市政设施建设项目、金沙江南岸仁和沟口大桥至密地桥段步行系统—滨江大道沿江美化10千伏配电施工工程、炳二区地龙箐排洪涵洞改建工程已完工。市人民检察院“两房”、警示教育基地等项目方案已通过评审，并完成初步设计和场平施工图设计，正组织初步设计报审，场坪施工图审查，场坪土石方工程已开工。市救灾物资储备库建设项目（一期）正在等待业主协调追加投资及财评事宜，待财评后组织招标。PPP项目1项：火车南站“商贸城”市政道路配套工程建设PPP项目。其中：火车南站“商贸城”市政道路配套工程建设PPP项目完成总园路施工图设计及仁和区经济性评审，完成莲花路超投资分析报告，报仁和区住建局组织调概；总发路全面开工建设，正在进行路基及涵洞工程施工。同时，公司按照市委、市政府推进攀枝花市向旅游康养城市升级的战略和要求，持续发力，普达阳光项目进展顺利，其康和敏盛养老照护院项目试营业，康和南苑一期房地产开发项目售罄。红格特色小镇项目安置房拟建设模式建议方案已报政府。

2017年市城市建设投资经营有限公司建设项目情况表

表5

项目名称	建设规模	金额
市实验学校北校门和完善周边市政设施建设项目（已完工）	建设内容包括：修建大门工程、道路工程、挡墙工程、垃圾房工程、地面硬化工程、天桥工程、防护屏障工程、文化墙、花池、绿化工程以及安防监控系统	487万元
金沙江南岸仁和沟口大桥至密地桥段步行系统—滨江大道沿江美化10千伏配电施工工程（已完工）	6台箱式变压器安装及电缆、电气配管、检查井等	396万元
炳二区地龙箐排洪涵洞改建工程（已完工）	排水体制为雨污分流，设置并新建截污干管；新建排洪涵洞总长约500米，新建污水管网总长约230米	3973万元
市人民检察院“两房”、警示教育基地项目	办案用房和专业技术用房，警示教育基地，指定监视居住点，停车库及功能性附属用房，同时配套建设供电、给排水、绿化、内部道路、室外体能训练场、地面停车位等，总建筑面积17647平方米	12215万元

续表5

项目名称	建设规模	金额
市救灾物资储备库建设项目（一期）	总建筑面积3000平方米，建设内容包括：救灾物资储备库房及生产辅助用房（3000平方米）、道路、消防、排洪涵洞、围墙等相关配套设施	1300万元
火车南站“商贸城”市政道路配套工程建设PPP项目	1. 莲花路道路工程，沥青砼路面，含沿线市政管网（雨水、污水、给水、电力、通信、燃气）、道路照明、绿化及附属工程等。2. 总发路北段一期工程，沥青砼路面，双向四车道，沿线配套建设市政管网（含雨水、污水、给水、电力、通信、燃气）、道路照明、绿化及附属工程等。3. 总园路道路工程，沥青砼路面，双向四车道，沿线配套建设市政管网（雨水、污水、给水、电力、通信、燃气）、道路照明、绿化及附属工程等	50800万元

【拆迁安置】 2017年，市城投公司积极协助、配合项目所在辖区相关单位和部门协调解决市人民检察院“两房”、警示教育基地、火车南站“商贸城”市政道路配套工程建设PPP等项目征地拆迁安置补偿问题，使拆迁安置工作满足工程建设需要。

【筹融资】 2017年，金融形势十分严峻，融资成本大幅提高，融资工作异常艰难。城投公司紧盯国家金融、货币政策新动向，在重点推进企业债、融资租赁等直接融资模式的基础上，巩固间接融资阵地，开辟间接融资渠道，大胆尝试金融创新工具。全年共融资14.66亿元，分别向市兴攀产业发展股权投资基金中心（有限合伙）融资1亿元；向上实融资租赁有限公司融资3亿元，向攀枝花商业银行股份有限公司望江支行融资2亿元；由中信·民享43号攀枝花城投应收账款流动化信托项目继续融资1.96亿元；向兴业银行成都分行融资1.3亿元；为“攀枝花市2017年棚户区改造（城中村）二期项目”融资，到位5.4亿元，促进了城镇转型升级发展，保证了基础设施建设资金及维稳资金。同时，及时转售攀城投小微债，经与平安证券合作，小微企业增信集合债券转售5.2亿元，于10月30日全部完成转售，债券期限为2年。

（蒋 波 李建莉）

交通投资开发经营建设和管理

【概 况】 攀枝花市交通投资开发有限公司（以下简称交投公司）2017年，交投公司围绕目标任务和要求，转变思维模式，强化发展实力，加快公司做强、做优、适应市场需求的步伐，严格按照国家基本路桥建设程序和有关规定组织建设，建立健全管理制度，加强工程优质、高效、安全、节约、廉洁等方面的全过程控制，各项目实行标准化管理，努力实现工地标准化、施工标准化、管理标准化，文明施工。不断提升综合竞争力，抢抓机遇，公司净利润实现扭亏为盈，企业文化建设不断完善、党风廉政建设不断加强、人才工作持续开展、多种经营业务创新发展、成本控制成效明显，各项生产经营目标任务圆满完成。

【招投标】 2017年，交投公司认真做好各项目招投标准备工作，强化合同管理，督促施工、监理、监控等参建单位严格履行合同义务和各自职责，认真核查建设、监理单位资格条件，确保建设管理机构和管理人员条件合格、素质过硬、管理规范，并制定对建设单位和施工、监理管理人员的考核办法，努力为各项目的开工建设创造有利条件。项目实施过程中积极开展投资控制管理，严格执行概算不超估算、预算不超概算的原则，坚持以批准的预算为基准，以招标价为依据，积极开展优化设计工作，加强设计变更管理，按规定程序控制设计变更，严格计量支付管理，杜绝超计和重复计量，通过各种有效手段成功节约大量建设成本，确保了项目投资控制处于良好状态，未出现项目超概情况。

2017 年攀枝花市交通投资建设招投标项目情况表

表 6

序号	工程项目	类别	开标日期	中标单位	中标金额（元）
1	G108 线 K3022 +600 和 K3025 +800 段滑坡治理工程	施工	2017. 2. 13	攀枝花市仁和现代建设集团有限公司	4368290
		监理（比选）	2017. 2. 20	四川合石工程咨询监理有限公司	125000
2	S214 线渡口立交一号桥维修加固（大修）工程	勘察设计	2017. 12. 19	四川恒盛路桥勘察设计有限公司	540640
3	省道 214 线 K0 +000 - K45 +746 段路面大修工程	勘察设计	2017. 12. 20	四川恒盛路桥勘察设计有限公司	2031568
4	省道 310 线 K186 +732 - K197 +982 段路面大修工程	勘察设计	2017. 12. 27	四川省交通运输厅公路规划勘察设计研究院	783782

【竣工决算】 2017 年，交投公司加强投资控制和资金管理，严格执行概算不超估算，预算不超概算的原则，坚持以批准的预算为基准，以招标价为依据，加强设计变更管理，合理控制设计变更，积极开展优化设计工作，杜绝超计量和重复计量，做到专户储存，努力创造良好的工程投资环境和条件，全年完成工程竣工决算大项目 4 个，批复结算金额共 57793325 元。

2017 年攀枝花市交通建设竣工决算情况表

表 7

工程项目	施工单位	监理单位	合同金额（元）	变更金额（元）	批复结算（元）
攀枝花市机场路 K10 +200 - K10 +240 段地质灾害治理项目	攀枝花攀甬路桥建设有限公司	攀枝花道和监理有限公司	1399418	162381	1406267
攀枝花市机场路 K10 +935 - K10 +985 段地质灾害治理项目	攀枝花攀甬路桥建设有限公司	攀枝花金路工程咨询监理有限公司	1272628	67869	1200436
攀枝花市综合客运中心边坡应急抢险工程	四川省华地建设工程有限责任公司	四川省交通运输厅交通勘察设计研究院	49675910	10275679	54220622
攀枝花市交通投资开发有限公司苗圃建设项目	四川省金锟建筑工程有限公司		966000		966000

【拓展融资渠道】 2017 年，通过各种渠道到位资金 12960. 63 万元，其中市交通局拨款 10160. 63 万元，银行贷款 2800 万元。在资金使用过程中，对每个建设项目单设账套，单独核算，主动汇报建设项目进展情况和资金使用情况，听取银行好的资金管理建议。在资金日常支付过程中，严格实行专款专用，保证资金安全有效，确保工程项目资金及时支付，保证了工程项目建设进度。

【重点路桥建设】 2017 年，实施了 1 个续建项目（金沙江三堆子大桥新建工程）、3 个新开工项目（省道 214 线渡口立交 3 号桥、省道 310 线密地尾矿沟桥、县道 14 线大花地桥、乡道 200 线法拉大桥桥梁维修加固工程，G108 线 K3022 +600 - K3022 +800 段滑坡治理工程，格里坪超限检测站迁建工程）和 3 个正开展前期工作的建设项目（省道 310 线 K186 +732 - K197 +982 段路面大修工程，S214 线渡口立交一号桥维修加固（大修）工程，省道 214 线 K0

+000—K45+746 段路面大修工程)，其中 2 个项目建设完成并试运营。1. 省道 214 线渡口立交 3 号桥、省道 310 线密地尾矿沟桥、县道 14 线大花地桥、乡道 200 线法拉大桥桥梁维修加固工程；2. G108 线 K3022+600－K3022+800 段滑坡治理工程。全年共完成投资 9773 万元，占计划投资的 177%。

金沙江三堆子大桥新建工程，2016 年 9 月按照 BLT（拨改租）建设模式正式开工建设。桥型采用连续钢构，主桥长 426 米，匝道长 2659 米。建设工期为 3 年，项目总投资 3.2 亿元。截至 2017 年 12 月，完成建设投资 6500 万元，占计划投资的 130%。

省道 214 线渡口立交 3 号桥、省道 310 线密地尾矿沟桥、县道 14 线大花地桥、乡道 200 线法拉大桥桥梁维修加固工程，立项投资金额为 2485 万元，资金来源：市财政资金和争取上级补助，项目工期 18 个月。2017 年 2 月开工建设，9 月完成全部四座桥梁建设并试通车，完成投资 1900 万元。

G108 线 K3022+600－K3022+800 段滑坡治理工程，立项投资金额 523.83 万元，资金来源：财政资金（燃油税分成资金）及其他资金，项目工期 6 个月。2017 年 3 月开工建设，8 月完工，完成投资 473 万元。

格里坪超限检测站迁建工程，立项投资金额为 1653.81 万元。资金来源：市财政资金（市路政规费等交通专项资金）和争取上级补助，项目工期为 12 个月，2017 年 3 月开工，截至 12 月，完成投资 900 万元。

【业务拓展】 根据交投公司特点和集团公司的优势，公司转变经营理念，加强企业文化建设，强化企业内部凝聚力，加强人才培养和引进，创新经营模式，细化生产经营管理，深化市场运作，紧盯新兴产业规划和重大重点产业项目，拓宽经营范围，多渠道拓展第三产业，增加业务覆盖范围。

物业、租赁业务稳步发展。积极谋划与市政多家单位建立汽车租赁长期合作关系，扩展汽车租赁业务覆盖面，全年汽车租赁公司经营收入达 27.5 万元；理顺物业公司管理关系，加强业务管理，完善相关制度，提高服务质量和业务增长点，全年物业管理收入 46 万元。

谋划新兴产业投资项目。积极跟踪全市装配式建筑发展情况，主动与十九冶、成都建工等装配式先行者对接，谋划在攀枝花组建装配式龙头发展企业。抓住攀枝花确定为全省首批智能停车场建设示范试点城市机遇，积极与市地理信息中心对接，合作开展全市智能停车场项目事宜。同时分别与市中心医院和市公交公司对接智能停车场合作项目事宜。

进一步盘活存量、做好增量。积极谋划道路闲置土地等资产的清查盘活和运营管理；积极参加市水务局举办的金沙江干流攀枝花段河道采砂权公开拍卖会，成功拍下西区格里坪镇庄上村和仁和区金江镇鱼塘的 2 个采砂点。

（杨　凡）

国有资产监督

【国有资产管理】 2017 年，市国资委 5 家监管单位资产总额 334.8114 亿元，同比增长 3.98%；实现营业收入 6.728 亿元，同比增长 13.56%；实现净利润 2957 万元，同比增长 4.4%；国有资产保值增值率 100.58%；上缴税金 7734 万元，同比增长 17.45%。

2017 年，陆续出台《攀枝花市改革和完善国有资产管理体制的实施意见》等 10 个规范性改革配套文件，“1+22”文件为主体的监管框架体系基本形成，新的国资监管模式初步建立。攀煤（集团）公司首批 5 个小区改造接近尾声。十九冶供电改造完成，煤气改造分离移交实施协议签订。攀钢（集团）公司物业改造实施协议和可研报告正在与辖区政府协商。其余企业正在进行资金申报。经过历时 1 年多的拉锯式艰难谈判，停产近 10 年的川投化工成功实现 100% 股权转让，全面恢复生产。成功实施水务集团托管攀枝花宾馆，同时，攀宾转制改企方案已经制定，适时提交职代会讨论通过后报请市政府研究审定并实施。

在新成立的攀枝花智慧城市产业投资公司、电动智能空中交通公司等一批公司中推动实施混合所有制。成功申报攀枝花智慧城市产业投资公司纳入全省国有控股混合所有制企业开展员工持股试点单位。在学习借鉴外地市场化选聘企业高级经营管理人员经验的基础上，率先在花城投资公司和下属立仁教育公司试点开展市场化选聘 3 名副总经理工作。市国投集团公司和建设集团公司完成全市重点项目融资共计 103 亿元，有力地推进了攀枝花智慧城市建设、棚户区改造、花城新区建设、康养产业发展、观音岩引水工程等一批重大项目的建设。

【国资国企改革】 认真落实市委、市政府关于市级国有资产盘活重组的部署要求，研究制订《攀枝花市深化国资国企改革工作实施方案》《攀枝花市市属国有资本运营公司组建方案》，拟通过整体并入、资产划拨、股权收购等方式优化国有企业资源配置，打造若干大型国有企业集团，实现国有资产布局的科学优化，突破国企发展瓶颈，提高国有经济运营效率。完成4家监管企业公司治理结构的调整和完善，企业治理主体、决策机制、议事规则和报告制度进一步完善。突出市场化导向，改进选人用人和管理机制。制订并上报了《攀枝花市属重点国有企业董事会选聘高级管理人员的实施意见（试行）》和《国投集团、建设集团高管人员市场化选聘工作方案》，指导花投集团市场化选聘副总经理。

市国投集团实现关键岗位面向社会公开招聘，完成定编定岗和全员双向选择竞聘上岗，调整完善薪酬体系和绩效考核办法，初步建立起员工能进能出、管理人员能上能下、收入能增能减的工作新机制。出台《攀枝花市市属国有企业功能界定与分类监管办法（试行）》，完成对12户一级市属国有企业功能分类工作，为下一步分类改革发展和分类监管打下扎实基础。

【监管企业发展】 市国投集团与成都市新筑机械股份有限公司签订战略合作协议，合资组建攀枝花鸿途智能空轨产业有限公司，大力推进攀枝花“空中巴士”建设，为加快攀枝花公交多样化发展提供新模式；与神州数码公司合资组建了市智慧城市产业投资公司，全面启动攀枝花市大数据中心建设，有效促进攀枝花数据信息服务产业发展，助力国家新型智慧城市试点示范。市国投集团下属金宇投资公司与市地理信息中心合资组建市地理信息服务公司，整合全市优势资源，全面拓展大数据服务市场。

市城投公司和盐边发展（集团）有限公司共同投资组建攀枝花太阳谷投资管理有限公司，共同推进红格特色小镇建设。市园林建设公司成立市立仁教育投资有限公司，积极与市三中合作，按照市场化导向，整合优势教育资源，打造具有较强实力和品牌效应的教育机构。成功申报攀枝花智慧城市产业投资公司纳入全省国有控股混合所有制企业开展员工持股试点名单，坚持试点先行稳步推进，通过实行员工持股建立激励约束长效机制。

研究制订了《攀枝花宾馆转企改制方案》，顺利实现市水务集团整体托管攀枝花宾馆，为下一步攀宾转企改制打下基础。金泰公司扭亏取得积极进展。通过实施去库存，累计回笼资金5700万元，偿还银行债务3990万元。通过加强债权清收和债务化解，共收回应收账款500万元，实施债转股1100万元，化解历史债务4086万元。

完成川投化工100%股权转让，川投电冶股权及债权转让正式启动，川投电冶磷渣堆山生态恢复治理全面推进。扎实推进涉企维稳工作，妥善解决川投化工职业病群体诊疗、国企职教幼教退休教师待遇等遗留问题，确保了重大节假日及重要活动期间无赴省进京到市群访、集访和非法上访现象发生。

【监管企业生产经营状况】 攀枝花市国有投资集团2017年累计完成利润总额1508万元，与国资委全年目标1600万元差91.65万元；净资产收益率目标值为0.17%，累计完成值为0.16%；经济增加值目标值为-3966万元，累计完成值为-18265.08万元。由于棚改资金大幅增长，引发负债增长，同时平均资本成本率上升，综合效应严重影响经济增加值完成值。分类指标：累计完成新增融资额60.63亿元，较国资委全年目标38亿元完成率达159.55%；完成康养产业发展基金合伙协议的签订，同时完成工商登记注册，注册资本金4000万元，基金设立规模50亿元；完成钒钛产业发展基金出资协议的签订，基金设立规模100亿元。

攀枝花建设（集团）有限责任公司2017年实现营业收入4.6亿元；完成施工产值2.8亿元；完成代建投资1.8亿元；完成房地产投资1亿元；化减政府存量债务1.5亿元；剔除金泰公司历史债务财务费用（含处置存量房产亏损）和国信公司改制工作经费（含资产折旧费用）后的利润总额为200万元。

攀枝花市水务（集团）有限公司2017年完成供水量6508.78万吨，为年度计划的90.40%；完成售水量5489.17万吨，为年度计划的87.13%，水质综合合格率100%；处理污水2305.95万吨，为年度计划的96.08%，污水全部达标排放。实现营业收29228.93万元，实现利润总额2338.93万元。净资产收益率为5.34%，为年度计划的81.16%。集团公司本部资产负债率为53.91%。

攀枝花宾馆2017年资产总额为8295.65万元，负债总额4053.77万元，所有者权益4241.88万元。主要资产为国有划拨土地4.04万平方米，房屋建筑25812平方米（主要包括东楼、南楼、三江食舫、市旅游局办公楼等，不含市机关事务管理局委托管理的会展中心21930平方米）。尚有1.4万平方米建设发展预留用地。2017年，攀枝花宾馆实现经营收入1800万元。

攀枝花市国正投资有限责任公司2017年实现营业收入498.14万元，实现利润总额172.64万元，资产总额为14707.90万元，负债总额为3534.90万元，净资产为11173.00万元。

【监管企业安全和稳定】 国资委领导班子成员主动约见上访职工进行沟通，切实化解矛盾；建立重大决策风险评估机制，对市属国有企业集团公司组建方案阶段组织社会稳定风险评估。抓好“两节”“两会”等重要时间节点期间的安全、稳定工作。全年先后处理来信来访115件，接待上访人数约983人次，稳控处理群体上访事件11起；办理回复“四川省信访信息系统”来信来访件21件、市长信箱13件、“12345”市民热线2件。召开安全生产和信访维稳会议16次，其中向国资委党委专题汇报安全生产工作3次，委务会专题研究安全生产工作5次。组织开展社会稳定风险评估一件，组织“人员密集场所和建筑施工领域专项整治活动”“夏季消防检查”和“安全生产大检查”等专项安全生产活动；组织进行了三轮“涉稳突出问题排查整治”、重点稳控旧城改造涉及改制企业职工群体、市建二公司职工群体、攀枝花宾馆职工群体等主要利益群体和宋贵州、周文荣等重点上访人员；结合汛期、“两会”“一带一路高峰论坛”“省十一次党代会”“十九大安全保卫”“建军九十周年”等重要时间节点和“今冬明春火灾防控”“安全生产月”等专项安全生产活动，先后组织成立安全检查小组8支，开展安全隐患检查13次，其中国资委主要领导参与检查5人次，共检查重点场所、重点单位和重点部位35个，发现安全隐患42起，提出整改措施44条。督促、指导各监管单位及时整改重大隐患3起，商请市机关事务管理局督促攀枝花宾馆加快市会展中心重大隐患整改。

组织对监管企业应急预案、应急物资、应急队伍、应急装备和各项防范措施进行全面的检查、清理。截至2017年年底各监管单位投入安全隐患整改资金1900余万元。

【国有企业党风廉政建设】 加大警示教育力度，对市国资委系统90名纪检监察干部综合业务进行培训；对各监管单位党组织和纪检监察机构负责人进行集体约谈，并签订落实“两个责任”责任书；制定《攀枝花市国资委系统2017年党风廉政建设和反腐败工作要点》《攀枝花市国资委系统2017年党风廉政建设和反腐败工作任务分工》，与国资委班子成员、监管单位、处室主要负责人签订党风廉政建设责任书，层层落实工作责任，切实抓好责任分解、责任追究，并纳入企业目标管理考核，与企业领导实现薪酬挂钩，形成业务工作与党风廉政建设工作同部署、同落实、同考核的工作格局。严格落实《攀枝花市市属国有企业负责人履职待遇、业务支出管理办法》，推动国有企业负责人廉洁从业、履职尽责。

（陈伟鹏　陈一萍）

统计管理

【统计分析服务】 2017年，市统计局坚持目标导向，做到事前及时预警、事中深入分析、事后跟踪督查。在关键时间节点，围绕目标措施、影响因素、支撑建议等课题，组织人员深入开展统计分析研究，形成一批观点鲜明、有一定深度的分析报告，得到市领导的充分认可。全年共编印统计月报11期、统计参阅14期、统计分析120期、统计专报14期、统计工作动态40期，发布456条政务微信、微博。

【统计管理职能】 2017年，市统计局认真贯彻执行统计制度和统计标准，规范开展涉企统计报表清理工作，强化数据管理职能，制定了严格的数据、资料发布制度。围绕GDP、农业、工业、服务业、投资、商贸、城乡居民收入等重点统计指标，加强与发改、经信、住建、商粮、国调队等部门的沟通联系，不断丰富和拓展统计交流和信息共享。多次对部门“主动”送服务，加强对部门统计的培训与服务，促进统计部门与行业主管部门间的交流沟通。

【统计改革创新】 2017年，市统计局代拟并由市委办、市政府办联合下发《关于深化统计管理体制改革进一步加强统计工作的实施意见》，明确改革目标和工作职责。争取承担“县域经济综合管理系统推广应用”“第四次全国经济普查”“第三次全国农业普查”“县级以下统计机构垂直管理”等四项全国、全省统计改革试点。初步完成县（区）域经济社会综合管理系统推广运用试点任务；勤政通APP开发完毕，进入试用完善阶段；探索形成了“统计局管经费、管业务、管培训、管考核，街道乡镇管编制、管人员”的县乡统计垂管模式。工作成果得到国家统计局和省统计局相关领导高度评价。

【大型普查工作】 2017年，市统计局认真组织开展全市“三农普”工作，狠抓建章立制、现场督导和业务培训，规范高效地完成入户登记、汇总上报、审核修正等阶段工作任务。全市现场采集上报农户、规模户、农业经营单位14.25万户，在联网直报平台上填报乡表、村表452张。深入县（区）开展普查业务督导10次，完成媒体宣传2

次，对2个县（区）开展省级普查事后质量抽查，对5个县（区）开展主要普查数据“回头看”。认真开展全市第四次全国经济普查前期筹备工作，完成第四次全国经济普查国家级专项试点工作，并荣获“四川省第四次全国经济普查国家级专项试点先进单位”。

【统计法制建设】 2017年，市统计局完善统计法制制度体系，印发《攀枝花市统计局行政执法责任制》《攀枝花统计局统计工作约谈办法（试行）》等4项制度。强化依法治统宣传，将统计法治宣传与业务工作、特色宣传活动相结合，以第八届“中国统计开放日”、全国第三次农业普查、培训会议等为依托，广泛开展统计法治宣传教育。强化执法检查，对5个县（区）的29户企业（含11个投资项目）进行巡查，责令部分基础资料不健全，统计基础薄弱的企业进行限期整改；严肃查处省统计局转办的“东区2016年固定资产投资统计工作中存在虚报投资额、统计资料不完整、部门代报等问题”案件，对相关企业、人员依法进行行政处罚，并将案件及处理情况向全市通报。

【统计对外交流】 2017年，市统计局主动请示汇报、争取领导支持，以重要会议、重大活动为契机，不断扩大统计工作影响力。市委、市政府高度重视统计工作，市委书记李建勤、市长王波先后陪同国家统计局副局长贾楠、司长许剑毅在攀调研，多次出席相关统计会议。11月2日，第十七届全国西部城市综合统计信息交流年会在米易县隆重召开，市长王波出席会议并致词，省统计局相关领导、西部9个省（自治区）42个市（州）统计局的260余名代表齐聚攀枝花，共商统计改革，共谋统计发展。与会代表对攀枝花的阳光康养、现代农业、城市建设、人文环境赞不绝口，对“六度”禀赋的“阳光花城”纷纷点赞。

【统计教育培训】 按照市长王波在7月20日统计工作专题研究会上“针对各县区、各部门统计工作的不同情况，做好专业化、个性化、定制化培训”的工作部署，市统计局迅速行动，采取“走出去”“请进来”“沉下去”“送上门”等多种形式，历时一个半月，全面完成对县（区）、相关部门、“四上”企业和统计系统内部人员的统计业务培训，总数达1000余人次。同时编发《统计业务知识汇编》1000册，巩固培训成果。此外，还组织全市90人参加统计专业技术资格高、中、初级考试，不断夯实人才基础。

（钟继雪）

审计管理

【概　况】 2017年，市审计局人员编制59人，在编51人。领导职数7名。设有办公室、人事科、监察室、法规科、内部审计监督指导科、行政事业审计科、固定资产投资审计科、财政审计科、经济责任审计分局、农业与资源环保审计科、社会保障与外资审计科、企业与金融审计科等12个职能科（室）、分局。

2017年，攀枝花全市审计机关认真贯彻落实中共十九大精神要求，按照上级党委、政府决策部署和省第十一次、市第十次党代会、全省全市审计工作会议精神，紧紧围绕全市中心工作，紧扣经济、民生、改革、廉政等重点工作，有力、有序推进各项工作，较好地履行了审计监督职责。全市共完成审计项目及调查202个，审计查出主要问题金额41.71亿元，发现非金额计量问题307个，处理处罚金额33.92亿元，移送司法机关、纪检监察机关和有关部门处理事项23件，移送处理人员7人。审计促进整改落实有关问题金额15.07亿元，审计后挽回（避免）损失6991万元，核减投资额2.39亿元。审计提出建议647条，被审计单位采纳审计建议466条，促进被审计单位制定、完善规章制度36项，向社会公告审计结果50篇。

市审计局被省审计厅评为2016年度“审计工作绩效考核良好单位”、2016年度“审计信息宣传考评优秀单位”；被市委、市政府评为2016年度全市社会治安综合治理工作目标优秀单位、全市维护社会稳定工作目标良好单位和“两项资金”管理先进集体，2011—2015年全市法治宣传教育先进集体，2014—2016年度定点扶贫工作先进单位，2015年度全市水资源管理节约和保护工作先进集体；连续多年保持“省级文明单位”。

【宏观政策措施落实情况跟踪审计】 2017年，全市各级审计机关把宏观政策措施落实情况跟踪审计作为政治责任放在更加重要的位置，在“做实”上下工夫，采用“结合审计”和“专项审计”双轨并行方式实施审计，把宏观政策落实情况作为重要内容贯穿到各个审计项目中，紧紧围绕“项目年”和“精准扶贫”“三去一降一补”“放管服”改革、环保督察整改落实、“康养+”等重大决策部署贯彻落实情况，有层级、有针对地确定每季度主攻方向，着力揭示弄虚作假、有令不行及重大履职不到位等问题，促进政令畅通，推动了中央和省委、省政府、市委、市政府重大政策措施落实落地。

【财政审计】 2017年，市审计局着眼于增强财政审计的宏观性、整体性和建设性，除开展常规的预算执行情况和税收征管审计外，对市财政和部门开展了决算草案审签。依托财政支付大平台和非税收缴系统，采取“集中分析、分散核查，统一指挥、统筹整合”的组织方式开展审计，首次运用数据审计方式对部门预算执行情况进行审计，通过对财政支付数据的集中分析筛查出疑点，再针对疑点分散核实，并使用数据库管理语句、维度分析法、重算对比法、差额逆查法等计算机自动化审计取代人工抽查式审计，对21万余个行财政业务数据进行全覆盖分析，实现常规审计事项全覆盖与专项审计事项重点覆盖，大大提高审计效率和审计质量。加大了对地方政府财政、税收及债务的审计监督力度，及时揭示风险隐患，作出预警、提出对策建议，积极稳妥化解累积的财政风险。

【扶贫审计】 2017年，市审计局积极组织对全市“插花”贫困地区开展扶贫资金专项审计，对扶贫政策进行跟踪审计，并将扶贫内容有机植入各专业审计，还与市财政局等部门开展2017年扶贫领域“贪污侵占、截留挪用、骗取套取扶贫资金等问题”专项整治重点检查，努力实现扶贫审计全覆盖。全年扶贫审计共延伸至25个乡（镇）、189户贫困户。

【投资建设项目审计】 2017年，市审计局起草完成《攀枝花政府投资建设项目审计办法》，并以市政府名义下发实施，推动政府投资审计回归监督本位，标志着政府投资建设项目“凡投必审”成过去式，审计力量向投资总额在1000万元以上、社会关注度高、涉及民生的重大项目倾斜。此外，市审计局积极调整投资审计重心，从单一工程造价审计向全面投资审计转变，更加注重对工程建设项目的程序管理进行监督审计。全市审计机关共核减投资额（避免损失）19528万元，市本级核减投资额（避免损失）16204万元，进一步规范攀枝花市政府投资工作。

【领导干部经济责任审计】 2017年，紧扣全面从严治党要求，市审计局共开展领导干部开展经济责任审计项目10个（含省审计厅统一安排的对甘孜州泸定县党政主要领导干部开展的交叉审计项目2个），通过揭示和反映存在的问题，向被审计单位和个人提出规范管理的意见建议，进一步促进领导干部履行经济责任“依法、尽责、有为”，有效推动廉洁政府建设。

【内部审计工作】 2017年，市审计局认真贯彻《四川省内部审计条例》和《攀枝花加强和改进内部审计工作实施意见》，进一步加强对内部审计工作的指导和监督，较好地推进全市内部审计工作的开展。自3月开始，市审计局有计划、分批次组织全市内审及相关人员300余人到成都参加全国内部审计后续教育培训，有效提高内审人员的业务水平和业务技能。

市审计局继续加强对全市内部审计工作的指导和监督，对市交通运输局开展的“市路政处、市公路养护总段财务收支”两项内审工作实施现场指导监督，并对该局内审工作的内控制度及日常管理工作提出针对性的建议，进一步推动内部审计工作有序开展。

【督促审计发现问题整改】 2017年，市审计局进一步强化整改措施，压实整改责任，有效督促审计发现问题整改到位。市审计局针对审计发现的突出问题及审计署、省审计厅交办的整改问题，主动向市委、市政府做好汇报，通过向各县（区）主要领导发出问题通达函、开展集体约谈、专项检查等措施推动整改。同时，与市目标督查办、市住建局等部门组成联合督察组跟踪督促。其中，审计署、审计厅反映涉及攀枝花市的42项问题得到整改，其中已整改执行完毕29个，其余13个正在整改，推动建立完善相关管理办法、制度4个。

【审计宣传】 2017年，市审计局除将《攀枝花市2015年度市级预算执行和其他财政收支审计整改情况的报告》《攀枝花市2016年度市级预算执行和其他财政收支的审计工作报告》全文在《攀枝花日报》及市审计局门户网站及时予以公告外，还向社会公告单项审计结果20项，大力推进审计结果公告。全年向市委、市政府和上级审计机关报送审计信息107篇，报送审计专报4个，《攀枝花日报》采用刊登审计信息6篇。通过在《攀枝花日报》开辟专栏、市审计局门户网站、审计宣传栏等媒体和形式多方面宣传审计，2017年共办审计宣传栏4期。同时，市审计局还利用网站、微博、微信等网络媒体宣传审计重点工作，全年共发审计工作动态281篇，总阅读人数在18万人以上。

【审计改革发展】 2017年，市审计局积极协调对接，稳妥推进全市审计机关人财物管理改革。切实承担人财物管理改革的牵头责任，做好宣传动员工作，草拟并提请市委、市政府审议印发了《攀枝花市关于完善审计制度若干重大问题的实施方案》，为全市稳妥推进审计改革，有重点、有步骤、有深度、有成效实现审计全覆盖，及有效保障审计独立性起到重要作用。

市审计局积极开展领导干部自然资源资产审计试点，制定了《攀枝花市2017年领导干部自然资源资产管理和生态环境保护审计试点工作方案》，采取领导干部自然资源资产离任审计与经济责任审计相结合的方式，对1个市级部门领导和5个乡（镇）党政主要领导开展了自然资源资产离任审计试点，积极探索符合攀枝花市实际的领导干部自然资源资产离任审计的方式、方法和内容。

市审计局采取有力措施，强力推进计算机数据审计应用，审计信息化建设成效显著，计算机数据审计迈上新台阶。依托财政支付大平台、非税收缴系统、房产管理数据库、国土资源卫星遥感数据库等，将数据审计广泛运用于财政审计、部门预算执行审计、保障房跟踪审计及经济责任审计中，计算机数据审计应用范围更广。通过组建计算机数据审计攻坚团队，加强计算机审计人才培养培训和招录专业技术人员等一系列措施，计算机审计专业人才队伍不断扩大。组织编写了《攀枝花市预算执行和决算草案计算机审计指南》，对指导全市广泛运用计算机数据审计具有较大的促进作用。

【自身建设】 2017年，市审计局始终坚持党要管党、全面从严治党，进一步强化干部队伍政治建设、思想建设、组织建设、作风建设和能力建设，综合运用教育培训、交流轮岗和挂职锻炼等多种方式，加大对审计人员培训培养力度，公开遴选和招考公务员5名。进一步加强对各县（区）审计机关领导班子协管力度。持续用力正风肃纪，持之以恒抓好作风建设，认真落实党风廉政建设“两个责任”，着力锻造信念坚定、业务精通、作风务实、清正廉洁的高素质审计干部队伍，全局上下基本形成了想干事、能干事、干成事、善共事、不出事的良好氛围。

（周梦娇）

工商行政

【概　况】 2017年，市工商行政管理局共有内设机构17个，内设机构行政编制72个、县级职数（领导实职6名、领导非职2名）、正科级领导职数17名、副科级领导职数9名。

2017年，市工商局围绕全市产业升级、城市转型、改革开放、环境生态、民生改善等重点工作，充分发挥市场监管主力军作用，深化商事制度改革，加强信用监管，强化消费维权，营造宽松平等的准入环境、公平竞争的市场环境、安全放心的消费环境。实施“多证合一、一照一码”改革。在原“五证合一、一照一码”基础上，将公安、住房城乡建设等6个部门的15个涉企证照事项整合到营业执照上，全市统一实行“二十证合一”。积极开展工商登记全程电子化。实现以电子营业执照为支撑的网上申请、网上受理、网上审核、网上发照和网上公示，使市场主体足不出户即可办理工商登记。推行商务秘书制度形成企业集群注册登记模式。出台《攀枝花市商务秘书托管企业登记管理暂行办法》，依托商务秘书托管服务登记机制为抓手，形成企业集群注册登记模式。开展企业设立登记异地办理业务。与中国（四川）自由贸易试验区川南临港片区管理委员会行政审批局开启服务事项跨地区远程办理、跨层级联动办理、跨部门协同办理的“互联网+政务服务”新模式。全面实施企业简易注销登记，全市已有401户企业通过国家企业信用信息公示系统进行简易注销公告，办结简易注销登记176户。全面落实“先照后证”行政审批事项。除现行法律法规和国务院明确规定的必须先许可、后办照的46项行政审批事项外，其他149项行政审批事项一律作为工商登记后置审批项目，充分为市场主体“准生”松绑。2017年，全市新登记各类市场主体1.26万户，新登记注册资本167.62亿元；全市实有各类市场主体8.03万户、注册资本1598.24亿元。

【市场主体登记管理】 2017年，全市新登记各类市场主体1.26万户、同比增长13.71%，新增注册资本167.62亿元，同比增长32.12%。其中：新登记企业中，私营企业2475户，同比增长4.12%；个体工商户9829户，同比增长17.12%；农民专业合作社160户，同比下降14.44%。

全市期末实有各类市场主体8.02万户（其中个体工商户6.12万户、私营企业1.58万户、内资非私营企业2002户、外商投资企业65户、农民专业合作社1282户），注册资本1598.24亿元，比2016年同期分别增长10.35%和16.59%。办理股权出质设立登记125户，帮助企业融资143.12亿元。

【商事制度改革】 2017年9月25日起，在全市全面推行“多证合一、一照一码”改革工作。“多证合一”是在全面实施“三证合一、一照一码”“五证合一、一照一码”登记制度改革和个体工商户“三证整合”系列登记制度改革的基础上，以“互联网+”和大数据技术为手段，统一标准，简化申请材料，优化审批流程，将涉及企业（包括个体工商户、农民专业合作社）信息采集、记载公示、管理备查类的一般经营项目涉企证照事项以及企业登记信息能够满足政府部门管理需要的涉企证照事项（关系公共安全、经济安全、生态安全、生产安全、意识形态安全的除外）进一步整合到营业执照上，以“减证”推动“简政”的重要改革任务，有效降低市场准入制度性交易成本，为大众创业万众创新注入新的活力。“多证合一”登记制度的实施，简化了办理程序，优化了办理流程，提高了办事效率，减轻了企业负担。

巩固扩大企业“多证合一、一照一码”成果。召开市级质监、税务、公安等部门联席会，明确各部门职责，确定各部门分管领导及联络人员，加强各部门沟通，形成对接机制，确保企业“多证合一、一证一码”新登记模式的组织实施，促进“一照一码”广泛应用。全市应换发加载社会统一信用代码营业执照的各类型企业1.91万户，已换发1.71万户。

工商登记全程电子化。实现以电子营业执照为支撑的网上申请、网上受理、网上审核、网上发照和网上公示，使市场主体足不出户即可办理工商登记，年内登记48户。

推行商务秘书制度形成企业集群注册登记模式。出台《攀枝花市商务秘书托管企业登记管理暂行办法》，依托商务秘书托管服务登记机制为抓手，形成企业集群注册登记模式，年内登记1户，办理入驻托管企业12户。

推进企业年报公示工作。全市工商（市场监管）部门完成2016年度企业年报公示工作，全市企业、个体工商户、农民专业合作社年报公示率分别为93.05%、73.81%、95.29%。盐边县、米易县和西区市场监管局年报公示工作受到省工商局通报表扬。全面推进“双随机一公开”工作。对“双随机一公开”清单进行动态调整，在全市范围随机抽取257户企业和省工商局下达的年报抽查任务424户企业、873户个体户、32户农民专业合作社进行全面检查。切实推进涉企信息统一归集工作。代市政府起草《关于建立攀枝花市市场主体信用信息及法人基础信息数据库共享协作联席会议的通知》《攀枝花市政府部门涉企信息统一归集公示工作实施方案》，已印发实施。积极推动“四川省政府部门信息共享及监管协作平台”的使用。截至12月25日，该平台上有6546条行政许可记录，970条行政处罚记录，113条抽查检查信息，并自动推送至国家企业信用信息公示系统，归集于企业名下，为实行联合惩戒夯实数据基础。

【商标品牌战略】 开展商标普法宣传。开展《中华人民共和国商标法》及其相关法规的宣传贯彻，参加“4·26”知识产权宣传周、食品安全宣传月活动，发放宣传资料3000余份。

开展品牌培育。积极参与“攀枝花芒果品牌”的打造与保护工作，认真履行攀枝花芒果地理标志商标注册的牵头工作，积极指导申请注册主体开展相关工作。积极开展商标培育工作，2017年，培育四川省著名商标1件，完成省著名商标续展6件，全市有效注册商标总量达3200件。积极组织推介活动。组织攀枝花市龙头企业参加2017中国国际商标品牌节暨中华品牌博览会，并获得银奖；组织商标企业参加“讲商品品牌故事”征文活动；参与“四川商标品牌馆（网）”建设，积极为“四川商标品牌馆（网）”采集企业信息。开展“商标助企大走访”活动，采取集中座谈、实地调研、现场办公等走访形式，完成对108户重点对象的走访。2017年，全市新增有效注册商标596枚；截至2017年年底，全市有效注册商标3200枚。

商标专用权保护。认真组织开展“红盾春雷2017”“双打”“春风”“白酒钢材市场”“溯源”等专项整治行动、查处销售侵犯“天伦”注册商标专用权产品专项行动、“攀枝花芒果”打假专项行动，切实维护“攀枝花芒果”良好品牌形象。全市共立案查处商标侵权案件20件，罚没28.48万元。

【市场监督管理】 切实履行工商行政管理部门维护市场经济秩序主要职能，强化市场秩序监管，为市场经济健康发展营造公平、公正、有序竞争的环境。

开展“红盾春雷行动2017”。市、县（区）工商（市场监管）部门检查经营企业和个体工商户2.40万户，检查商场、超市、集贸市场等各类市场647个，整治重点区域239处。全市工商系统立案查处各类违法案件共计513件，案值142.88万元，罚没款125.54万元，移送司法机关案件5件。其中强化商品质量监管案件127件，规范市场竞争行为案件93件，其他适用工商法律法规立案或查处案件175件，无照经营案件40件，食药质监类案件78件。受理消费者申诉举报303起，为消费者挽回经济损失82.83万元，开展行政指导329次，开展协作执法128次，在市级以上媒体刊登宣传报道47篇。与2016年相比，案件查办数增长152.7%，市级以上媒体宣传报道数量增长27.03%。

强化网络交易监管力度。加大宣传力度。实地走访攀枝花故事、攀乡食品等多家本地电商企业，通过发放调查问卷、组织座谈等方式，积极宣传《网络交易管理办法》等法律法规；开展进网络宣传进校园活动，在攀枝花学院举办《网络诚信　消费无忧》讲座。开展网络市场监管专项联合执法行动。会同市发改委等10部门联合开展2017网络市场监管专项行动。利用全国网络交易平台监管服务系统（2017四川专版），完成省局指派的2556个网店（网站）定向监测数据筛查。建立联席会议制度。在征求市发展改革委员会等10部门意见后，报经市政府同意建立攀枝花市网络市场监管部门联席会议制度，为攀枝花市实施“互联网+”战略奠定基础。

开展非法集资专项整治。全市工商和市场监管系统对辖区开展民间投资理财咨询类企业非法集资问题专项整治工作，播放“打击非法集资　维护群众利益”“打击非法集资　共创社会和谐”标语20副，散发“非法集资主要特征”“非法集资常见手段”等各种宣传资料2500余份，张贴“远离非法集资，建设美好生活”“远离非法集资（六不）忠告”等宣传标语3400余份，进一步增强消费者对虚假广告的防范意识和识别能力。

集中开展公用企业限制竞争和垄断行为专项行动。在全市开展公用企业限制竞争和垄断行为突出问题集中整治行动，通过走访、座谈等形式，对公用企业的市场经营状况进行周密细致的摸底排查，开展行政指导或行政约谈，查办首例被政府所属部门指定的经营者（防雷中心）利用独占地位滥收费用的不正当竞争案件，弥补了攀枝花市此类案件空白，增强了公用企业的诚信守法意识和经营者、消费者的自我保护意识，共同营造公平、公正的营商环境。

规范广告主体行为。加强广告监测。监测各类广告2.43万余条次，纠正涉嫌违法广告60条次；开展互联网金融广告及以投资理财的名义从事互联网金融活动风险专项整治、涉嫌非法集资广告资讯信息排查清理、“国家机关特供、专供”违法广告专项整治、虚假违法医疗广告专项整治、保健食品非法会议营销及虚假宣传专项治理及2017年第24届全球华人羽毛球锦标赛广告监管工作。加强对虚假违法广告的监管。全年约谈市级主流媒体、广告经营业主等共计10户次。全市工商、市场监管部门共查处各类虚假违法广告案件34件，罚没3.48万元。

查处取缔无证无照经营行为。根据商事登记制度改革后“查无”工作的新特点，坚持齐抓共管，坚持牵头履职与信息互通、专项整治与日常监管相结合的方式强化监管。全市工商与市场监督管理局检查各类市场288个次，经营户2.91万户次，对发现的147户无照经营户要求限期办理营业执照，清理无证无照经营580户次，下达监督意见书或责令整改通知书372份，依法取缔220户，查处无照经营案件44件。

强化合同监管。开展形式多样的主题宣传活动。通过微信微博及门户网站对“守合同重信用”企业公示活动进行积极宣传。认真组织2015—2016年度市级“守合同重信用”企业公示工作，并同步录入行权平台，全年抽查率为5%。组织针对消费领域热点行业、公用事业、垄断行业格式条款专项监管行动。加强动产抵押登记指导工作，全市办理动产抵押登记65件，抵押登记价值39.16亿元。

强化专业市场监管。开展农资市场专项检查。检查经营户156户次，抽检农资产品62个批次，查办案件14件，罚款2.1万元。开展成品油市场专项检查。检查112个加油站（点），抽检成品油产品32个批次，查处无照经营案件1件。开展“限塑”专项整治。检查经营户8840户次，商场、超市及市场156个次，发放宣传资料4万余份，在各市场和重点区域张贴限塑公告500份，签订责任书2260份，责令下架超薄购物塑料袋1.5万余个，没收不合格塑料袋24.69万个，罚款4400余元，立案4件。开展道路交通安全综合整治。治理货车非法销售改装拼装，检查汽车销售企业122户次，检查机动车安全技术检验机构1户、报废汽车回收拆解企业3户、二手车交易市场2户，有力净化汽车市场环境。

大力开展各类专项行动。依托市工商局网络监管平台，坚持日常与集中监测并举，对全市169户网站开展政治性有害出版物销售（代购）监测，查办本市首例公众号违法广告案，维护国家领导人形象。检查校园周边商家186户。排查以“虚拟货币”名义从事非法活动的工作。全市摸排2件“五行币”传销活动案件，公安机关立案查处1件并起诉。开展2017年打击传销专项行动。立案查处1起参与传销案件，罚款1000元，取缔传销窝点1个，遣散传销人员3人；与公安机关密切协作，摸排涉嫌网络传销线索6个。

【保护消费者合法权益】　加强流通领域商品质量监管。开展流通领域商品质量抽检工作。开展服装、儿童用品等重点商品抽检405批次，对检测结果不合格的138批次商品，依法立案查处59件；及时在市工商局门户网站发布小家电、服装等153批次商品检测信息；对省、市抽检中发现的不合格商品，依法移交辖区市场监管部门立案查处。组织开展省工商局抽检不合格钢材、电暖用品等不合格商品专项清查2次，检查经营户5863户次。开展流通领域电器火灾治理专项工作，指导、督促县（区）市场监管局依法做好流通领域电器、消防产品质量监管。对抽检不合格的商品均移交辖区市场监管部门，立案查处7件。

开展重点领域和服务领域专项治理。2017年，根据全市消费者投诉、举报中涉及经营者侵害消费者合法权益比较普遍、突出的重大违法行为，适时组织开展专项整治。查处侵害消费者权益案件120件，案值56.1万元，罚没100万元，其中服务消费案件51件，案值19.24万元，罚没13.82万元。加大诉转案工作力度。全市办理诉转案15件。做好消费维权行政约谈和指导工作。分别约谈中国电信股份有限公司攀枝花分公司等5家公司，指导督促企业切实履行质量和消费者权益保护法定义务。继续推进流通领域地条钢专项整治。全面摸排辖区钢材经营户购销，重点检查钢铁企业的产品情况，签订依法经营承诺书103户；开展专项检测，抽检10户经营户16批次钢材，不合格8批次，立案查处6件。

发挥“12315”维权作用。开展系列消费宣传教育活动。3月14日，召开2016年度全市消费维权工作新闻发布会；举行“3·15”广场大型宣传活动，市委秘书长吴成钢，市人大副主任杨林，市政府副市长李仁杰，市政协副主席赵忠义考察活动现场，并对活动的周密组织和丰富内容给予肯定。积极参与“四川消费我点赞”、消费维权知识进校园等活动，宣传健康消费理念，开展家电和通信行业行政约谈。发布消费提示12期。积极处理消费投诉。全市消委系统共受理并调解消费者投诉399件，消费争议金额1682.5万元，投诉调解率100%，为消费者挽回经济损失239.8万元；接待来访咨询1961人次。开展“康养产业消费满意度指数”调查，为攀枝花市供给侧改革和“阳光康养示范区”建设成果提供理论依据，已完成方案设计和调查前期工作。开展老年（阳光康养）消费教育活动。通过发放宣传资料，打造宣传栏，开展讲座等形式进行点对点宣传。推进“12315”指挥中心信息化改造，完成改造方案与招投标程序。

【推进法治工商建设】 开展规范性文件清理，审核拟废止规范性文件7件。聘请法律顾问实施重大决策专项论证。在完成市政府交办的“市工商局牵头倒逼攀枝花钒钛交易中心规范经营”的工作任务中，首次组织法律顾问对重大决策进行专项论证。做好行政处罚案件立案、核审工作。共办理案件立案登记75件，办理行政处罚案件核审85件。加强和改进行政应诉工作。制定、印发《市工商局行政应诉工作暂行办法》，明确行政机关负责人出庭应诉案件范围，理顺法制机构和其他业务机构行政应诉职责分工，明确行政应诉工作规范要求。不断优化行权平台建设。动态调整行政权力清单，认领市级工商部门行政权力事项（不含行政许可）合计242项。制定印发《行权平台运行管理办法（试行）》，理顺各内设机构行权平台建设、使用和管理职责，并建立行政职权目录动态调整管理机制。组织召开全局行权平台专题培训。

【个私协会管理】 2017年，市个私协会围绕省个私协会工作意见和市委、政府经济工作会议精神，结合个私会员实际情况，主动服务会员发展壮大，促进全市个体私营经济持续健康发展。

加强宣传教育。重点围绕近年来新制定修订的与生产经营密切相关的《中华人民共和国公司法》《中华人民共和国消费者权益保护法》《中华人民共和国广告法》《中华人民共和国商标法》《企业信息公示暂行条例》等法律法规，在会员中开展相关主题宣传培训活动。利用市个私协会网站、手机短信、QQ、宣传资料等各种传媒，与个私会员建立高效、便捷、动态的双向沟通联系方式和渠道，及时传递时事政治、法律法规、职业道德、理想信念、健康知识等内容，提高会员的综合素质和预防应对风险的能力。

开展就业创业工作。宣传落实各项创业就业优惠政策，开展免费咨询业务，倡导有能力的会员企业更多地为失业人员创造就业机会和就业岗位。围绕大众创业万众创新，协助人力资源和社会保障部门、教育部门和工商部门宣传落实各项创业就业优惠政策，参与多种形式的创业辅导和就业招聘活动，协助会员企业利用其优势开发更多适合高校毕业生、农村转移劳动力、城镇困难人员、退役军人等重点人群的就业岗位。

创建文明社会。开展思想道德教育，职业道德教育，党员理想信念教育，推动普法工作，引导会员企业增强文明诚信意识，提升会员的思想道德素质。配合开展食品安全、传销、消费维权、“禁毒”“防艾”等活动宣传，营造和谐、文明的社会环境。开展非公经济领域统一战线工作，通过教育引导、党建示范带动、参与光彩事业、舆论宣传等途径，引领非公人士与其他社会阶层一起在党的领导下不断进步。

加强党建工作。重点抓好个体工商户、专业市场、小微企业和钒钛园区分会的党建工作，重点做好入党积极分子的培养和发展工作。摸底、调查、统计党组织情况、非公党建工作进度等情况，建立党建工作“五个清”台账，为非公组织党建工作的开展提供大量基础数据。

（张　彦）

质量技术监督

【概　况】 2017年，市质量技术监督局共设科室11个、直属技术机构4个、派出机构4个，建有1个国家级质检中心、2个省级检测中心。单位总编制229人，在编169人，离退休73人。其中公务员编制89人、在岗82人；机关工勤编制10人、在岗8人；事业编制130人、在岗79人。

2017年，市质量技术监督局坚持围绕中心、服务大局，大力推动质量发展，建成四川省质量强市示范城市，建成全国首个向公众开放的电梯安全体验中心，成功将仁和区申报为全市首个四川省有机产品认证示范创建区，质量强市、安全监管等4项工作得到党政领导的肯定批示，政务信息、网站建设、综治维稳等7项工作得到省、市通报表扬。

【质量强市建设】 2017年，攀枝花市牢固树立“质量第一、效益优先”的发展理念，突出质量共建、质量共治、质量共管、质量共享，四川省质量强市示范城市51项工作任务和指标全部完成，成功创建“四川省质量强市示范城市”。

2017年，攀枝花市把质量强市上升为全市战略，纳入“十三五”国民经济和社会发展规划，实施“三督查、一巡视”（市委、政府、政协每月督查，人大定期巡视），压实工作责任，实现由传统抓实体质量向产业、产品、工程、环境、服务五大质量拓展转变，由经济指标到发展质量的转变，初步形成“党委领导、政府主导、部门联合、企业主责、社会参与”的“大质量”工作格局。大力开展质量对标提升行动，围绕6个园区、4个阳光康养产业集中区，推进钒钛钢铁、钛材生加工、康养旅游等产业优质集群发展，对标抽检3种产品38批次进行参数比对和分析研判。组织专家队伍在全省率先开展质量治理体系研究和质量满意度调查分析，产品质量抽查合格率、工程验收合格率、空气质量优良率、服务业顾客满意度等质量发展主要指标优于全省目标值，居全省前列。注重培育行业质量标杆，大力推广全省同行业领先的管理模式，成功打造碧桂园、得天独厚、攀钢集团海绵钛等10个质量强市示范项目。大力培育质量人才，开展全市机关事业单位质量轮训1000余人次，开展企业质量管理人员培训5000余人次，培训首席质量官146名，11名首席质量官进入国有企业管理层。7月1—5日，攀枝花市质量强市工作领导小组办公室组成专家组对全市创建工作进行验收，预验收得分958分，并针对预验收过程中存在的问题开展整改。8月31日，市政府向四川省质量强省工作领导小组办公室递交正式验收申请。10月28—30日，四川省质量强省工作领导小组派出验收组对攀枝花市创建“四川省质量强市示范城市”工作进行验收，攀枝花市以1112分顺利通过验收。12月29日，四川省质量强省工作领导小组发布2017年第3号公告，同意命名攀枝花市为“四川省质量强市示范城市”。

【质量监督抽查】 2017年，四川省产品质量省级监督抽查中，共抽查攀枝花市产品315批次，占全省抽查总数的2.3%；合格率100%，较全省合格率高5.1个百分点，居全省第一。印发《攀枝花市2017年工业产品监督抽查计划》，开展136批次市级重点工业产品监督抽查，合格136批次，合格率100%。针对汽柴油、防水材料、液化石油气、水果套袋、一次性食品用塑料餐盒（碗）等涉及安全和民生的产品开展125批次风险监测工作，各类产品质量稳定，风险等级为可允许风险。抽查8所学校（幼儿园）的住校生床上用品共29个批次；抽查学生服（校服）42个批次产品，查获“黑心棉”案件1起共500床，并立案查处。开展证后监督工作，完成取证企业证后巡查44家，取证企业监督巡查计划完成率100%；实现工业企业建档率达100%；结合化解过剩产能，对65家涉钢企业、5家水泥生产企业重点排查；对全市8家食品相关产品生产企业开展质量管理及检验技能培训。

【质量宣传】 2017年，在春节、“质量月”、示范城市创建工作验收期间共开展3次大型质量宣传，在全市建筑工地、酒店和银行电子显示屏、小区广告机及各部门机关、全市中小学校广泛宣传质量工作和城市质量精神；在城市主要道路投放大型户外广告，宣传质量强市建设54处。拍摄《阳光花城　质量强市》在市内媒体滚动播出。扩大质量参与面，利用“质量月”“3·15”等活动开展集中宣传，利用电视、报刊、网络等媒体专刊专栏宣传268次，发送质量宣传短信20万条，全市质量宣传受众达60万人次，共建共享的城市质量氛围日渐浓厚，“攀枝花，让质量与阳光同行”的城市质量精神进一步深入人心。

【品牌战略实施】 2017年，市质量技术监督局坚持从品牌培育、品牌宣传、品牌激励三方面发力，深入推进品牌战略实施。全市24个产品被评为第十二届四川名牌，市水务集团公司参加中国“品牌价值评价”，4家企业6名个人参加第四届四川质量奖评选，2名个人被评为天府工匠（四川质量奖个人奖），攀钢钢轨、钒制品两个产品入选《中国品牌》，攀钢集团钢钒有限公司等4家企业入选《四川名牌大典》。全市国家级品牌产品达75个、省级品牌产品达41个。

【国家钒钛质检中心建设】 围绕“中国钒钛之都”建设，按照市委建好一个具有标准主导权的国家钒钛质检中心的总要求，制定时间表、路线图，创新举措。大力整合资源，在广泛考察、深入研究的基础上，提出组建攀西钒钛检验检测院的思路，争取到省委编办和市委、市政府的支持，并制定机构整合设置建议方案。大力提升竞争力，争取话语权，加快筹建全国钒钛磁铁矿综合利用标准化技术委员会，省、市各级领导多次带队赴京争取国家标委、重点企业、科研机构和专家学者的支持，顺利完成筹建方案，提交筹建申请书，答辩未获得通过。大力提升影响力，参与制定国家标准4项、行业标准20项，申报省级科研项目1项、市级科研项目2项，承办2017攀枝花钒钛资源综合利用院士行暨钒钛（国际）论坛钒钛标准技术交流会，会上9名专家把脉问诊形成钒钛产业发展5项建议。大力增强硬实力，购置安装扫描电子显微镜、火花直读光谱仪等价值800万元的检测设备，开展2次扩项认证，资质认定参数达3258个，完成省级钒钛产品专项抽查82批次。

【标准化工作】　构建阳光康养标准体系。围绕“中国阳光花城”建设，启动实施“康养＋产业”标准化建设四年规划，明确2017年到2020年依次为“标准制定年、标准试点年、标准推广年、标准评估年”。2017年3月，联合中国标准化研究院启动了康养产业标准制定工作，坚持“急用先立、需求导向”的原则，突出阳光元素、产业特色，绘制阳光康养产业标准框架图，着眼核心标准和基础标准，采取购买社会服务的方式，围绕农业、工业、医疗、旅游、运动五大领域，推进标准调研、标准编制、标准应用、标准示范，经实地调研、专题研讨、以编代训、标准审查，11月，组织相关领域专家及市级有关部门、部分企业代表，在成都召开标准审查会议，并按专家组提出的意见修改完善，形成报批稿上报省质量技术监督局备案审定。12月，攀枝花市在全国率先发布首批13项康养产业区域性地方标准，首次定义了康养产业的基础术语、服务规范和服务质量，完成理论与实践的重大突破，实现标准化工作与康养产业发展的有机融合。

推进现代集成创新示范农庄综合标准化建设。在广泛开展专题调研、培训及学习考察的基础上，3月，联合示范农庄领导小组成员单位，会同中国标准化研究院和农业部、国家林业局等行业领域专家，对形成的农庄标准综合体及重要引用标准进行专题审定讨论。8月，在海南召开了现代农庄标准化研讨会，并参观学习农业部颁证的热作标准示范园——三亚绿地芒果标准化生产示范园。10月，召开芒果标准制定研讨会，重点比对攀枝花芒果与欧盟标准的差异性，为攀枝花芒果出口做好标准制定工作。经比对筛选，可借鉴或采用的国家、行业标准共180项，由中国标准化研究院、海南热作院、西北农林科技大学等分别起草12项标准，初步形成草案并发起意见征求。

开展质量对标提升行动。根据四川省质量对标提升行动的总体安排，针对攀枝花市建材市场，兼顾产品流通量以及区域基本覆盖，结合技术标准资源和检验检测能力，按照加快启动、边实践边提高的原则，制定《2017年攀枝花市质量对标提升行动比对工作方案》，在建材产品中开展产品质量标准比对工作。比对产品涉及热轧光圆钢筋、热轧带肋钢筋、通用硅酸盐水泥，3种产品，共计38个批次。完成比对样品的取样、检验、参数比对和报告分析研判，编制形成《质量对标提升行动技术分析报告》。

培育发展团体标准。贯彻落实国务院《深化标准化工作改革方案》和省质监局《关于培育和发展团体标准的实施意见》文件精神，指导市红发物资有限责任公司、四川龙蟒矿冶有限责任公司等11家企业参与制定、市标准计量学会发布《钒钛铁精矿》团体标准。

推进企业标准自我声明公开。采取分批培训、现场指导、网上查询、监督检查等方法措施，着力健全事中事后监督机制，引导企业在信息平台上公示企业产品标准，推动企业自觉完善自我声明公开新型管理机制。网上监督抽查企业29家，标准35条；现场监督抽查企业27家，抽查企业标准58个。全市136家企业在企业标准信息公共服务平台公示了457项标准，包含国家标准148条，行业标准69条，地方标准6条，企业标准234条。

开展标准化专项检查。条码监督抽查出动12人次，5家企业9个产品，经抽样检验“符号等级”“译码正确性”“空白区宽度”项目均符合GB 12904－2008《商品条码 零售商品编码与条码表示》标准。以“世界标准日”为契机，在全市范围内就企业质量、安全、环保、服务等标准落实情况及物品编码开展监督检查。检查出动42人次，检查企业39家，发放《用水定额》《商品条码小达人》《商品条码管理办法》等能耗标准、法律法规、宣传资料300余份。

【特种设备安全监察】　2017年，攀枝花市特种设备数量为：锅炉195台、压力容器6216台、电梯3402台、起重机械4886台、大型游乐设施41台、客运索道1条、场（厂）内专用机动车辆675台，压力管道128千米，各类气瓶25万余只。

2017年，市质量技术监督局认真部署特种设备安全监管工作，开展了汛期特种设备安全、涉危特种设备专项、燃煤锅炉清理整治和安全生产大检查大整治等9项重点工作。实施分级分类监管，将111家特种设备使用单位2948台特种设备按重大风险（0台）、较大风险（143台）、一般风险（771台）、低风险（2034台）进行分类，制定安全风险“红、橙、黄、蓝”电子图实施分级监管，全年共出动执法人员1245人次，累计检查各类特种设备1446台套，发现隐患240处，下达《特种设备安全监察指令书》59份，办理特种设备安全行政处罚案件7件，处罚金额25万余元。全年未发生特种设备安全事故。

2017年，市特种设备远程监控中心累计处理应急事件

208宗，其中困人报警135起，电梯故障报警73起；处理市民电梯投诉3起；通过中心指挥调度，及时解救被困人员285人次；救援人员到达现场平均用时17.47分钟；平均救援用时为19.15分钟，未发生一起解救过程中的被困人员人身伤害事件和电梯损坏事件。

2017年，对全市6家特种设备作业人员考试机构进行现场检查，共计检查18次。全市现有持证（有效期内）特种设备作业人员16532人，全年培训特种设备作业人员3860人，合格2855人，合格率73.9%。

积极探索，创新工作。7月，启动全国首个电梯安全体验中心建设，模拟电梯停电、超重、冲顶蹲底、困人、溜梯、轿厢抖动、开门走梯等9种常见故障，让广大市民直观掌握电梯构造、运行原理、保护装置、乘坐方法，切身体验，亲身感受电梯应急救援处置流程，全面提升群众的电梯安全意识和城市安全保障水平。12月底，该项目完成施工。

【计量工作】 2017年以计量惠民工作为切入点，采取监督检查和服务宣传“两结合”的方式，保障集贸市场、医疗卫生单位、眼镜店等计量器具量值准确。

开展集贸市场计量器具免费检定。计量检测人员主动上门服务，对全市63家集贸市场的台秤、电子秤、电子计价秤等计量器具进行免费检定，共检定5415台件，向消费者、商户发放宣传资料8000余份。

停征强制检定计量器具检定收费。深入企业宣传《关于贯彻落实取消或停征4项行政事业性收费决定的通知》，对全市用于贸易结算、安全防护、医疗卫生、环境检测方面的强制检定计量器具实施登记备案和免费检定，全年共完成4.55万台件强制计量器具的备案和免费检定，向省质监局申报备案633台件，免收检定费用310万元。

开展计量专项检查。对18家定量包装生产企业101个批次商品进行抽样检验，合格率为98%。开展全市成品油市场计量专项整治行动，共检查加油站93家，加油枪500余支，对检查中发现的加油站标识、标牌不符合相关规定等问题，通过限期复查、立案处罚等方式进行整改。开展元旦、春节、“5·1”、国庆前的节日市场计量监督检查，共检查23家超市、30家集贸市场、20家餐饮企业、18家宾馆、50家加油站，检查情况较好，切实维护了广大消费者的切身利益。

【认证工作】 加快推进有机产品认证示范区创建。转变工作方式，3次邀请国家、省级农业和认证专家来攀指导创建和开展培训，结合市委、市政府提出的“康养+农业”的工作目标，出台《攀枝花市关于加快推进有机产品认证示范区创建的意见》，重点围绕环境保障、生产种养、加工制造等环节推进质量提升，培育有机种养、加工企业6家，取得有机认证证书、有机认证转换证书共8张。12月15日，仁和区正式被四川省质监局批准为“四川省有机产品认证示范创建区”。

参加四川省低碳产品认证试点。联合中国质量认证中心成都分中心开展攀枝花市钛白粉低碳产品评价示范，对全市钛白粉生产企业工艺流程、重点排放设备设施、生产过程能耗等方面开展调研，研究钛白粉行业节能低碳相关政策、标准、规范，建立钛白粉产品碳排放数据库。编制《钛白粉低碳产品认证评价技术规范及实施细则》，在基础条件较好的攀枝花东方钛业有限公司等3家钛白粉企业开展了低碳产品评估，引导指导钒钛企业加强技术攻关和工艺改进，为钛白粉行业开展节能降耗提供科学数据和技术支持。

开展强制性产品认证专项检查。围绕社会关注的电饭煲、智能手机、儿童玩具等消费品和低压电器、消防产品等开展专项监督检查，对合格率偏低、问题集中的产品开展了专项检查，涉及66家生产、销售企业的63个品种，受理、处理了涉及强制性产品认证的投诉举报案件2起。

【行政执法】 2017年，市质监局深入开展“质检利剑”春风行动、扫雷行动、秋风行动，办理行政处罚案件52起，涉案货值金额150万元，累计罚款金额135万元。

开展“质检利剑”春风行动。以化肥生产企业为重点开展农资打假专项执法检查，共检查全市4家化肥生产企业（1家企业正常生产；3家企业间歇性生产）；对攀枝花东立磷制品有限公司生产的“肥料级磷酸氢钙”进行监督抽检，抽检结果为合格。以保护品牌企业为重点开展地理标识产品专项执法检查，共检查地标产品生产企业8家，销售门市15个，对1家企业申请专用标志的使用进行了现场指导。

开展“质检利剑”秋风行动。以电梯维保使用为重点开展特种设备执法检查，出动200余人（次），检查特种设备生产使用单位32家次，检查特种设备100多台套，依法查处4起使用超期未检定电梯和不按照特种设备安全技术规范对电梯进行维护保养的违法案件。以家用电器为重点开展强制性认证产品专项检查，检查25家超市及电器卖场，抽查电饭煲、空调、微波炉、电视、冰箱、洗衣机、儿童玩具、插座等强制性认证产品600余批（次），对2家涉嫌伪造买卖强制认证证书的企业立案查处。以贸易结算计量器具为重点开展计量执法检查，对21个超市、15个集贸市场计量器具开展执法检查，对3家使用超期未检计量器具的超市立案查处。以“双十一”为重点开展电商产品专项执法检查。对苏宁易购、国美电器经销的儿童用品、小家电等消费品进行现场检查，对攀枝花市电商产业园内的1家电商企业涉嫌销售未经“3C”认证产品（头戴式折叠插卡蓝牙耳机）进行调查处理，责令企业做出商品下架处理。

开展打击取缔“地条钢”专项行动。对全市68家涉钢企业进行3次摸排，对摸排出的42家重点企业（有中频炉的熔炼轧钢企业）采取夜间突击检查、定期和不定期检查等方式加强监管和执法检查；会同经信、环保、供电部门对全市35家有中频炉的企业进行拉网式排查、暗访；开展打击“地条钢”回头看，对科陶金属铸造、双赢工贸、宇泰轧钢、衡达型钢等重点企业开展执法检查，对1家生产“地条钢”企业、2家无生产许可证擅自生产热轧钢筋用钢坯的企业依法进行立案查处。

开展中国制造海外形象维护“清风”行动。对大互通钛业有限公司、四川长矶金属工业有限公司、天伦化工有限公司、锐华农业开发有限公司等9家出口商品生产企业开展执法检查，未发现侵权假冒违法行为。

【国家地理标志产品保护】 2017年，市质量技术监督局大力强化国家地理标志保护产品培育、申报、宣传、监管工作，11月15日，米易枇杷经国家质检总局公告批准正式取得国家地理标志产品保护，全市国家地理标志保护产品增至8个。全年组织苴却砚、国胜茶、攀枝花块菌、米易红糖、攀枝花噹噹鸡等国家地标保护产品参加第二届西博会进出口商品展、第五届四川农博会攀枝花馆大型展销推荐活动，米易红糖成功入选国家质检总局编印的《走近中国地理标志产品》。

（李 凯）

国土资源

【国土资源】 攀枝花市土地总面积7440.40平方千米，其中耕地面积74952.12万平方米，城镇村及工矿用地面积26759.57万平方米，交通运输用地面积7539.26万平方米，水域及水利设施用地面积20145.12万平方米，其他土地面积18095.97万平方米。

全市发现矿产76种，探明储量39种，得到开发利用的矿种40种。主要优势矿种保有储量分别为：钒钛磁铁矿65.9亿吨、伴生钒矿0.1亿吨、伴生钛矿4.36亿吨、晶质石墨矿0.16亿吨、煤矿6.6亿吨。全市共有探矿权46宗，其中含钒钛磁铁矿10宗、煤矿4宗、石墨2宗；采矿权149宗，包括钒钛磁铁矿12宗、煤矿36宗。矿产资源开发领域从业人员约2.4万人，年产矿石总量约5762万吨。

【耕地保护】 抓好基本农田保护，进一步提高耕地保护水平，切实提高耕地保护效果，积极主动提高耕地质量。全年全市耕地保有量达749平方千米，超过省级下达目标任务89.71平方千米，完成全年目标任务的113.61%。完成建设高标准基本农田14平方千米任务目标。开展中心城区永久基本农田划定工作，保留划为永久基本农田的总量527.41平方千米，超目标任务0.15平方千米。加快推进28个省投资土地整治项目建设，建设总规模225平方千米，新增耕地面积63平方千米。

【保障发展用地】 依法统筹各业用地，做好重大产业化项目、新区建设和民生工程用地服务，优先保证能源、交通、水利等重要基础设施用地，积极争取年度用地计划指标和各类政策支持。全年共争取计划指标500万平方米，同比增长2%，共上报农用地征（转）用面积634.5万平方米，新增建设用地面积528.33万平方米，同比增长288.92%；积极争取国土资源部和省国土资源厅支持，对民生等重点项目实行特事特办，灵活使用临时用地、先行用地政策，精确保障了成昆铁路攀枝花段扩能改造、金沙水电站、火车南站站前基础设施等重点项目用地需求。全年市本级供应国有建设用地20宗，面积90.85万平方米，合同价款4.67亿元。

【节约集约用地】 加强建设用地全程监管，开展节约用地专项清理，加快批而未供、闲置土地开发利用，全市发现闲置土地48宗，通过依法调查取证，对市本级的闲置土地20宗，89万平方米土地进行处置。对攀钢、攀煤、十九冶的低效用地进行全面清理，3大企业共有低效用地97宗，面积478.04万平方米。加快推进已供未开发房地产用地的开发巡查工作，城区已供未开发房地产用地25宗，面积108.87万平方米，通过积极督查，实现动工的19宗、面积107.77万平方米，动工面积比例93.47%。积极落实促进经济稳定增长和提质增效推进供给侧结构性改革政策措施，按程序办理已出让未开发房地产用地用途转换4宗，涉及土地面积15.29万平方米。

【矿政管理】 加快推进钒钛磁铁矿整装勘查项目，完成地质勘查投资约6000万元；及时推出仁和区飞机湾钒钛磁铁矿普查探矿权项目，起拍价达8300万元。对全市62宗有效探矿权和40家矿山企业的依法采矿情况、资源开发利用情况、矿山地质环境保护情况、土地复垦方案编制等情况进行抽查和检查；对25宗矿权的新立、延续、转让、变更实施方案进行审查，完成权限内20宗矿权的储量核实报告评审备案；完成盐边中梁子铁矿探转采工作，积极跟进米易潘家田铁矿、盐边大老包铁矿、盐边湾子田铁矿的探转采工作。

【矿山环境恢复治理】 按照“开发保护并重”的原则，结合矿业城市转型发展、改善矿区群众生产生活条件，探索实施与促进当地旅游产业发展相结合的矿山地质环境恢复治理思路。开展山水林田湖生态修复，构建长江上游生态屏障，市国土资源局牵头编制申报的两个省级山水林田湖生态保护修复项目，分别以第一和第二名的成绩获得省级专项补助资金4.2亿元。

【地质灾害防治】 积极推进地质灾害防治工程建设。已开展19处地质灾害治理项目的勘查设计，完成22处排危除险项目方案编制，完成131户避险搬迁。2017年度获省级地质灾害综合防治体系建设补助资金1.08亿元，全市未发生因地质灾害造成的人员伤亡。不断完善地质灾害群策群防、部门联动、预防避让和应急响应机制，健全“市、县（区）、乡（镇）、村、社、点”6级群测群防网络。全年共组织开展应急演练280次，参演人数1.2万人，向1600余名学校师生讲解防灾基础知识，发放宣传品5000余份，开展地质灾害防治知识专业培训3次，培训4800人，开展地质灾害防治知识专业培训4次，培训约720人。

【精准扶贫】 用好用活国土资源支持政策，制定《攀枝花市农村土地整治扶贫专项2017年实施方案》，将全市正在实施的土地开发整理项目中涉及贫困村的项目全部列入实施方案。整合土地整治、地灾防治等项目资金、力量，全力保障贫困地区经济社会发展，通过农资帮扶、贫困户子女就学资助、村水毁道路修复、水毁灌溉管网修复、土地整治等措施，解决帮扶贫困村农业灌溉难、道路出行难、教育培训难等问题。通过土地整治建立高效、高产、优质作物为主导的农业种植结构，实现农民增收。

【不动产登记】 积极摸索和改进业务流程，优化窗口设置和人员配备，开展不动产登记“中梗阻”清理，逐一排查在政策执行、部门衔接、登记能力、问题处置等方面的问题。及时会同相关部门研究并化解金域阳光二期、攀枝花武警森林支队、公路建设公司、在攀国有大企业等产权登记遗留问题。坚持“一个窗口收件、一站式审核、一条龙服务”，开通绿色通道、特事特办、急事急办，最大程度方便群众，共颁发不动产权证书2.26万本，发放不动产权证明1.4万本。

【执法监察】 不断强化执法监管在资源利用保护中的重要作用，通过动态巡查、举报奖励、严肃查处、部门联动等多种方式，规范土地矿产资源管理秩序。全市国土资源系统共开展动态巡查1834次，巡查参加人数4147人（次），重点区域巡查覆盖率达99%，其他区域巡查覆盖率达95%以上，巡查发现土地违法行为47件，制止率100%；立案查处土地违法案件23件，矿产违法行为2件，有效遏制违法违规行为，让违法问题发现在初始，解决在萌芽，取得较好成效。

【政务服务】 全年报送的政务公开信息中，地质灾害预警预报171条，人事任免信息15条；政策法规类195条，其中土地类52条，综合类39条，市本级18条，地质与矿产类86条。发布公示公告358条，工作动态231条。发布政务微信原创信息34条。典型的国土资源违法行政处罚25条。全面加强信访维稳工作，全年共收到信访信件159件，接待来访共56人次，收到“市长信箱”“12345”等信访线索116件，全部办结。

【向上争取支持】 全年向上争取各类资金共计2.62亿元。成功争取中国地质调查局未来5年内对攀枝花市地质勘查2.2亿资金支持。成功争取到省国土资源厅支持攀枝花市矿业城市转型发展政策。为推动政策早落地、见实效，市国土资源局牵头草拟并上报市政府印发了《攀枝花市人民政府办公室关于印发落实国土资源厅支持攀枝花市矿业城市转型发展若干措施工作方案的通知》，从工作目标、任务分工、保障机制等方面对政策落实工作进行细化、具体化。组织开展政策专题解读宣讲会，邀请厅和土地督察成都局5名领导干部和专家来攀向各县（区）政府和市级相关部门主要负责人授课，打通政策落实的“最后一公里”。各项具体任务严格按照时间节点有序推进，如石墨资源勘查开发利用、2017年地质灾害防治体系建设、省级山水林田湖生态保护修复、钒钛磁铁矿野外观测基地建设等部分政策及时转化为一批项目和资金。采矿用地试点改革、工矿废弃地复垦利用、国家级山水林田湖生态修复保护等政策争取工作正在抓紧推动。

【党风廉政建设】 制定《中共攀枝花市国土资源局委员会2017年党风廉政建设和反腐败工作实施意见》《中共攀

枝花市国土资源局委员会2017年党风廉政建设主体责任实施意见》和《责任清单》，严格落实党风廉政建设分片包抓责任制。组织召开全市国土资源系统2017年党风廉政建设工作会议，全年全系统分解下达7大项，24个子项党风廉政工作任务，层层签订党风廉政建设责任书和承诺书。深化正风肃纪，严查违规行为。对系统内干部职工工作效能、劳动纪律等情况开展督查检查8次，下发纪律作风检查通报7期，表扬通报1期，开展提醒谈话、警示谈话、勤政廉政谈话等各类谈话125人次，给予1人政纪处分。坚决维护纪律规定的权威性和严肃性。

【机构和队伍建设】　全年共组织各级各类培训共计422人次。突出主业主责和培训重点，积极按要求选派干部参加省国土资源厅和市委组织部的各类调训，涵盖机关、基层各类业务领域。共选派干部赴市外培训59人次，组织机关事业人员参加公务员市内集中培训242人次，组织事业单位人员继续教育培训115人次，选派6名干部参加省国土资源厅和市委组织部优秀年轻干部递进培养。结合本系统实际，安排开展业务标兵、业务骨干、业务能手评选，鲜明实干导向，促进能力提升，形成创先争优、比学赶帮的良好氛围，努力建设一支“政策熟悉、业务精通、实绩突出、作风优良”的国土资源人才队伍。

（何典钊）

食品药品监督

【概　况】　2017年，攀枝花市共有食品生产经营主体3.4万余户，从业人员9万余人。全市共有食品生产经营获证企业（业主）1.64万户，其中，获证食品生产企业89户，获证食品经营企业（业主）1.63万户。鲜活农产品销售经营户约1.7万户，食品生产加工小作坊、食品摊贩约2000户。共有药品生产企业2户，药品经营单位559户（其中，批发企业14户，药品零售连锁企业14户，零售单店531户）；共有医疗器械生产企业（定制式义齿）2户；化妆品经营企业1572户；药品及医疗器械使用单位1643户。

市食品药品监管局（含稽查支队）在职人员69人，其中，行政人员37人、事业执法人员25人、工勤人员3人、占编聘用人员4人。离退休人员14人。

2017年，市食品药品监管局坚持“抓重点难点防风险、抓特色亮点树形象、抓考评要点求进位”，实现食品药品安全无责任事故，有效保障公众饮食用药安全。攀枝花市“三把钥匙开启食品药品监管新征程”“强化食品安全党政同责”等8条经验、做法在全省推广，食品药品安全主要评价指标保持全省领先。在省食品药品监管局年度考评中，攀枝花市食品药品监管局综合考评排名第四，被评为综合考评先进单位；同时，获食品安全示范创建和风险隐患大排查大整治两个单项工作先进。从局机关公用经费中挤出5万元帮扶该村建设完善村民文化活动广场，组织职工捐款为该村送去免费医疗服务及价值4500元的药品，向结对联系的10名贫困学生捐赠了3700余元的学习用品，协调推进“回好村”创建活动，该村已通过县级“回好村”验收。

市食品药品监管局深化“放管服”改革，优化行政审批，严把主体准入关。市政府印发《攀枝花市食品药品监督管理事权划分方案》，委托县（区）食品药品监管局开展食品经营许可、GSP认证、第一类医疗器械生产备案、第二类医疗器械经营备案（零售），将自建网站交易的食品生产经营主体备案下放各县（区）局实施，让群众就近办理相关许可、备案事项。全面完成政务服务一体化平台的搭建工作，认领行政许可54项，行政服务19项，行政处罚、行政强制、行政检查及其他事项440项；通过平台办理行政处罚55件次，办理行政强制25件次，办理其他行政权力1728件次。全面推行“一张明白单、一站式办结、让群众只跑一趟路”“三个一”服务，全年办理食品药品行政许可4640件，政务服务满意率100%。

2017年，市食品药品监管局坚持源头严防、过程严管、后果严惩、风险严控，咬住食品药品安全突出问题不放松，严查违法违规行为不手软，实现食品药品安全“零事故”。在市食品药品检验检测中心项目建设上，项目建设小组“倒排工期、挂图作战、争分夺秒”抢抓流程进度，项目一期主体框架工程于12月28日完工。完成省级民生工程食品抽检258批次、市级食品药品抽检4800批次，开展食品药品“你点我检”抽检11个品种22个批次，全年食品抽检量达到3.5份/千人，食品药品抽检“靶向性”、问题样品“处置率”等指标保持全省领先。

突出重点，加强日常监督检查。食品方面，以开展食品生产经营企业风险分级管理、“放心肉菜示范超市”创建、农村食品安全示范店创建、餐饮食品安全量化分级管理等为抓手，落实食品安全主体责任。检查食品生产企业及小作坊260家次、发现并整改问题67个、抽样检验140批次、责令整改46家、责令停产4家、关停“黑作坊”2家。检查食品经营户3920户，发出监督检查意见书300余份。对4394户持证餐饮单位进行量化分级评定，优良等级单位2253户（其中，优秀64户，良好2189户）。与2016年同期828户（其中，优秀25户，良好803户）相比，优良率提升272.1%；2016年优良率占持证总数5.86%，2017年提高到优良率占持证总数49.21%。全市餐饮单位完成“明厨亮灶”3485户（其中，透明厨房978户，隔断厨房1564户，视频厨房943户），完成总户数率为76.12%。2017年，全市共查处食品生产环节案件77件，包括一般程序案件53件、简易程序案件24件，货值金额为5.84万元，罚没款145.19万元，责令停业整顿2户次。在查处的一般程序案件中，涉及食品生产企业12件、食品加工小作坊41件。共查处食品经营环节案件179件，包括一般程序案件130件、简易程序案件49件，移送司法机关案件3件。案件货值总金额为24.46万元，罚款86户次，罚没款117.68万元。药品方面，在药品生产经营企业扎实开展药品GMP、GSP认证及认证后跟踪检查，2家药品生产企业通过GMP认证，14家药品批发企业、13家连锁公司、517家零售药店通过GSP认证，注销药品经营许可证27张，撤销和收回GSP证书10张。创新开展医疗机构药械管理规范化建设、药品生产经营企业分级管理、医疗器械生产经营企业信用等级管理，全市546家药品生产经营企业、571家医疗器械生产经营企业实行分级管理。鼓励药品流通企业通过多种方式实现规模化、集约化、信息化发展，支持发展形式多样的新型零售经营方式。开展药械生产、经营、使用环节专项检查，全年检查药械生产、经营、使用企业4585家次，化妆品经营企业3895家次，日常监督检查覆盖率达100%。2017年，全市共查处药品违法案件137件，包括一般程序案件122件、简易程序案件15件，货值金额14.77万元，罚没款84.95万元，取缔无证经营1户，责令停产停业1户，移送司法机关12件。

开展风险研判，加强风险防控。始终坚持把风险防范作为食品药品安全监管的核心，让监管跑在风险前面。坚持定期研判，对突出风险点和重大问题进行挂牌督办。坚持集中治理与“回头看”“回头查”相结合，开展了豆制品、桶装饮用水、药品流通领域、医疗器械使用等16个专项整治行动，排查治理食品药品安全风险点2118个。对学校食堂、农村自办群体性宴席、药械化重点工作、不合格药品无害化处理等重点场所、重点领域开展了10个专题“双随机”抽查评估。实施食品生产经营风险分级管理，食品生产企业风险等级评定率达100%。

积极争创国家食品安全示范城市。把争创工作作为全年工作的重点，年初进行全面安排部署。对照国家食品安全城市标准，进行分析评估，找出差距，确定在创建中重点突破的难点问题。赴成都、泸州两市学习先进经验，到省食安办寻求工作指导，向市政府呈报了考察学习报告。召开食安办工作联席会议，组织市食安委各成员单位对创建工作进行研讨会商。攀枝花市已成为创国家食品安全示范城市全省推荐城市之一，米易县创建成为省级食品安全示范县，东区、西区跻身省级示范创建行列。认真开展质量强市示范城市创建。及时分解质量强市、示范创建等各项工作任务，确保质量强市工作的顺利开展，顺利通过省级质量强市示范城市的考核验收。全国文明城市创建工作有序推进。及时分解2017年度全国文明城市创建实地考察、网上申报指标工作任务，扎实开展创建文明城市缺项或弱项和动态指标攻坚、社会宣传等各项整治行动。在创建全国文明城市关键节点的工作中，“分区包抓”推进实地考察点位整治，分工协作推进网上申报材料报送。

【依法行政】　建立和完善《规范性文件制定及备案制度》《重大复杂案件集体讨论制度》《法制宣传制度》《案件复核制度》《听证制度》《行政复议制度》《执法证件管理制度》《案卷归档保管制度》《执法监督制度》《复议应诉管理制度》《学法用法（学习培训）制度》《法律顾问制度》《案件（案源）移送制度》《行政执法全过程记录实施办法》《重大行政决策程序规定》《行政执法公示制度》《重大执法决定法制审核制度》《行政处罚案例指导制度》《食品药品违法线索管理规定》等20个工作制度。2017年，行政执法无行政诉讼，有1件被行政复议案，复议机关维持市食药管理局行政处罚决定。根据省清单和市清单公布的行政权力目录，加强权力清单和责任清单动态管理，将2017年行政权力调整为行政处罚352项、行政强制2项、行政检查4项、行政奖励1项、其他行政权力3项。市政府下发《攀枝花市食品药品监督管理事权划分方案》，赋予县（区）食药管理局相应审批、监管职责，做好省市县三级联审事项的衔接落实，完善统一的联动审批流程规范，健全联动审批事项办事指南，并在办事窗口公开。全面推行“一张明白单、一站式办结、让群众只跑一趟路”“三个一”服务，全年共办理食品药品行政许可4640件，其中食品3894件，药品医疗器械746件，按时办结率、群众满意率均达100%。规范行政权力，将所有行政权力在行权平台上公开运行，行权平台办件数量在全市各单位中位居前列。10月，全省“行政权力依法规范公开运行平台”“行政审批平台”，通过技术融合改造、搭建“一体化政务服务平台”，市食药管理局全面完成一体化平台运行数据库搭建工作，认领公共服务22项、行政许可58项、行政处罚等346项。

【食品药品安全监管】 完善监管工作机制，制定出台《攀枝花市食品药品监督管理局“双随机”抽查工作制度（试行）》，开展建筑工地食堂、烧烤、冷冻肉及其制品、春季学校食品、食品药品生产企业、药品经营企业、医疗器械生产经营使用企业等“双随机”检查10次，抽查管理相对人约220余家次。制定出台《攀枝花市食品药品监督管理局突发事件应急处置和应急保障工作方案》，2017年12月15日，在攀枝花市第12中学成功举办四川·攀枝花食品安全突发事件（Ⅲ级）应急处置演练，得到省、市领导赞扬。制定出台《关于印发食品药品安全信用体系建设工作实施方案的通知》，及时向省食药管理局上报“黑（红）名单”，通过“信用四川”、省食药管理局网站等渠道定期发布，推出诚实守信典型和违法失信典型；对守法诚信企业加大宣传力度，发挥先进典型示范作用，宣传药品经营示范店5家、餐饮服务示范单位5家、医疗机构药械质量规范化管理示范单位5家。对失信的食品药品生产经营者增加监督检查次数，对严重失信的食品药品生产经营者，与相关部门联合给予实施惩戒。

【基础能力建设】 加快食品安全检（监）测项目建设。攀枝花市食品安全检（监）测能力（市食品药品检验检测中心）建设项目属中央投资和地方资金配套建设项目，项目建设小组“倒排工期、挂图作战、争分夺秒”抢抓流程进度，项目一期主体框架工程于2017年12月28日完工。扎实推进基层监管所建设。市食品药品监管局制定并下发《关于2017年基层监管所达标验收的通知》，将基层监管所规范化建设纳入年度重点工作，采取“试点建设、示范引领、对标验收、兑现考核”的方式强力推进。全市32个基层监管所有27个达到规范化建设要求，达标率84%。县（区）均出台基层监管所建设相关文件，机构、人员编制纳入“三定”方案予以明确。全市建立的32个基层监管所人员编制177人，实际到岗190人（含临聘人员27人）。投入31万元为基层监管所配备“复印机、多功能一体机、现场执法音像记录仪”各一台，投入120万元用于支持困难基层所规范化建设和监管人员业务培训。狠抓监管队伍建设。市级机构共有行政事业编制（含稽查支队）73人，在岗人员69人，到岗率达94.52%。县级机构共有行政事业编制516名，在岗人员460人，到岗率89.15%。加大教育培训力度。2017年，全市食品药品监管系统行政机构干部通过各类渠道参加教育培训共计405人、1481人（次）、3.57万学时。

【食品药品安全宣传】 落实制度抢占“主阵地”。制定并印发了新闻发布制度、新闻宣传及政务信息工作考核办法、信息公开管理办法等制度和“食美药安”志愿活动方案。年终召开了两次新闻发布会，全年发布微信334条，微博288条，“攀枝花食药监”政务“双微”获全省食药监系统政务新媒体影响力排行榜（TOP10）第七位。举办食品药品知识讲座55场，依托各类新闻媒体发布信息和科普知识300余条，开展进社区、进乡村宣传等7次，在电视台播放公益广告120次。典型宣传传播“好声音”。由“食药卫士、企业典型、从业人员典型”组成巡回报告团，深入5个县（区）开展巡回演讲，掀起树典型、学典型、争当典型、宣传典型的热潮，社会反响强烈。组织“食美药安”志愿者开展“我宣传、你传递”活动，全市50名志愿者积极参与了“全国食品安全宣传周、安全用药宣传月”集中宣传，组织志愿者、媒体、人大代表、政协委员共同参与食品药品实地抽检活动、执法观摩活动，传递了食品药品监管“正能量”。主题宣传奏响“最强音”。广泛开展“食品安全宣传周、安全用药月、食品药品安全‘七进’”等主题宣传活动，印制发放宣传手册14万余份，“三小”条例宣传资料5000册，宣传折页2万份。开展普法宣传活动9场（次），接受群众咨询1100余人（次）。组织三甲医院专家、药品经营企业开展“食品药品安全乡村行、社区行”活动23次，受众上万人。全年投入宣传经费30万元，大力营造了浓厚的食品药品安全科普和法治氛围。

【食品药品专项整治】 全年开展了农村食品安全、“地沟油”、白酒、茶叶、豆制品、调味面制品、淀粉及淀粉制品、食用植物油、桶装饮用水、冷冻库食品、乳制品、食用盐、农作物农药残留超标、畜禽水产品、学校食堂及校园周边食品、旅游景区餐饮食品、建筑工地食堂、餐厨废弃物、烧烤、餐饮服务环节违法添加罂粟壳、节令食品、医疗机构制剂、特殊药品、药品流通领域专项整治“回头看”、城乡结合部和农村地区药店诊所药品质量安全、药品购销渠道、中药材、中药饮片、药品“两非”、化妆品流通环节、无菌和植入性医疗器械、医疗器械使用质量安全、医疗机构药械质量管理等40余项专项整治。在豆制品专项整治中，检查豆制品生产加工单位75户、经营户116户、下达整改意见书15份，关闭生产环境卫生不合格小作坊3户。在调味面制品专项整治中，检查各类调味面制品经营户792户，向经营户发放宣传资料520份，下达监督检查意见书212份、责令改正通知书17份、当场警告处罚1份，没收标识标签不符合规定的小食品7.1千克。在桶装饮用水专项整治中，检查生产经营企业41家次、发现问题22个、责令整改12家、责令停产4家、抽检样品19批次57组、立案查处3起，罚没款共计13.82万元。在畜禽水产品专项整治中，检查经营单位1000余户次，下发宣传资料1000余份；抽检猪肉、牛肉、羊肉、鱼、鸡、猪蹄、畜禽内脏等各类畜禽水产品共计535批（次），对不合格的3批（次）水产品立案查处，罚没款共计23万元。在学校食堂及校园周边食品专项整治中，检查学校食堂及校园周边餐饮单位1003户（次），出具监督检查意见348份，责令整改487户；培训学校（含托幼机构）和学校周边餐饮单位626家，培训人员1735人。在烧烤专项整治中，检查烧烤经营户（摊点）428户（次），出具监督检查意见书214份，责令整改30户，取缔无证流动烧烤摊点25处，规范出店经营、占道经营烧烤店78家，暂扣烧烤炉具8个。在药品流通领域专项整治“回头看”中，检查药品经营企业1360家（次），企业报送整改报告535份，发出责令整改意见书153份，撤销药品零售药店（门店）GSP证书11件，立案查处违法案件61件，罚没款14.82万元，移交公安机关5件。在城乡结合部和农村地区药店诊所药品质量安全专项整治中，检查药店诊所403家（次），立案查处违法行为68件，罚没款21.91万元，移送公安机关4件。在化妆品流通环节专项整治中，检查化妆品经营使用企业1430家（次），发出责令整改书45份，立案查处违法案件9件，罚没款7.13万元。在无菌和植入性医疗器械专项整治中，检查医疗器械批发企业36家、药品零售连锁总部兼营第二类医疗器械企业12家，使用单位10家，检查覆盖率100%。责令整改23家，给予警告3家。

【食品药品及医疗器械检验检测】 全年食品抽检量达3.5份/千人，抽检常规食品（省级民生工程）262批（次），完成率101.55%，不合格62批（次），不合格率23.66%，抽检食用农产品1564批次，完成率100.26%，必检品种、必检项目完成率100%。抽检药品765批（次），完成率101.3%，不合格53批次，不合格率6.93%，完成医疗器械监督抽检40批次、化妆品抽验9批（次），完成率100%。上报药品不良反应报告1778份，完成率361%，上报医疗器械不良事件报告402份，完成率218%，上报化妆品不良反应报告165份，完成率412%，上报药物滥用监测报告1606例，完成率247%。及时控制抽检不合格食品、药品、化妆品，问题样品“处置率”、信息公示率100%。对国家食品药品监督管理总局、省食品药品监督管理局通报的不合格药品，及时采取风险控制措施，办理抽检不合格药品案件17件。

（罗　鑫）

安全生产监督

【概　况】 攀枝花市按照“党政同责、一岗双责、齐抓共管、失职追责”的要求，坚持安全发展理念，牢固树立安全生产红线意识，紧紧围绕安全生产工作目标和任务，严格落实安全生产责任和措施，扎实稳步推进各项工作，安全生产形势持续稳定向好。

2017年，全市共发生各类生产安全事故45起、死亡45人，同比下降37.5%、11.8%，实现事故起数、死亡人数“双下降”既定目标，死亡人数占省政府下达控制指标78人的57.7%，未发生较大及以上生产安全事故（省政府下达较大事故控制指标2起）。全市安全生产形势总体稳定。

【安委会工作】 安全生产责任体系进一步完善，组织保障。市委、市政府出台《推进安全生产领域改革发展的实施办法》，提出五个方面加强和改进安全生产的改革举措和工作要求，着力解决制约安全发展的突出问题；市委常委会、市政府常务会5次听取安全生产工作汇报，研究解决安全生产重大问题；市人大开展重点领域安全执法检查，市政协开展安全生产专项视察并听取安全生产工作报告，市政府召开5次安委会会议研究部署安全生产工作，市委、市政府领导批示28次；印发《攀枝花市安全生产“十三五”规划》，突出做好“钒钛、阳光”两篇文章，提出9项主要任务和6项重点工程，与国民经济和社会发展“十三五”规划同规划、同部署、同推进。

强化制度保障。出台《攀枝花市委市政府和市级有关部门安全生产工作职责规定》，进一步明确党委政府领导责任、部门监管责任，解决安全生产职责边界不清的问题；出台《攀枝花市市委市政府领导安全生产职责清单》，进一步明确市委、市政府领导的安全生产职责和主要安全工作内容，解决具体该做什么的问题；出台《攀枝花市安全生产党政同责工作目标绩效管理实施细则（试行）》把“党政同责、一岗双责”工作要求具体化。

强化考核问责。加大安全生产考核权重，对承担安全生产责任的38个市直部门在年度职能目标中赋予“安全生产和职业卫生”分值2～7分；对安全生产党政同责工作单独考核，得分前三分之一的市直部门，在综合目标考核中加0.85分。严格落实安全生产“一票否决”制度，对市人大代表、政协委员初步人选资格及拟评定为优秀等次县级领导干部开展安全生产履职审查，1 名市人大代表被取消资格；市、县（区）两级安办约谈安全生产重点工作推进滞后政府及部门、事故责任单位37 家，市纪委、攀枝花电视台开展以公共安全为主题的“阳光问政”，推动相关职能部门认真履职；严肃事故查处，对安全生产大检查期间发生的7 起生产安全事故责任单位和责任人员严肃追责，1 人移送公安机关立案侦查，4 家企业纳入“黑名单”管理。

开展安全生产大检查。在7—10 月大检查期间，全市共组织检查组2046 个，检查企事业单位1.21 万家次，打击非法违法违规违章行为3110 起，责令停产整顿企业81 家，关闭取缔企业37 家，联合惩戒失信企业3 家，问责曝光工作不力单位11 家。市委书记、市长分别2 次带头下井检查煤矿安全，市委常委和副市长也分别带队检查联系领域、分管部门（系统）的安全生产工作，省政府安委会3 次对攀枝花市安全生产大检查工作进行督查并给予充分肯定。

【安全教育培训】　严格实行安全生产培训计算机考试，督促培训机构严把考试关，不断提高培训质量。2017 年，全年共培训生产经营单位负责人和安全管理人员1550 人，特种作业人员9333 人，培训其他各类从业人员6 万人。

【安全监察执法】　2017 年，市安全生产监察执法支队加强对煤矿、非煤矿山、危险化学品、烟花爆竹、民用爆炸物品、冶金机械等行业的生产经营单位以及重大项目建设单位的安全监管执法，出动执法人员1188 人（次），检查生产经营单位594 家（次）、下达检查记录298 份、下达责令改正指令书140 份、下达行政处罚决定书64 份、罚款463.37 万元。

【举报投诉】　全年共受理各类举报78 件，其中通过“12350”电话举报68 件，信函举报6 件，网络举报4 件。在受理的举报中，属于安全事故类的举报14 件，隐患类举报52 件，违法类举报14 件，职业卫生类举报1 件，其他类举报1 件。按照“有报必查、查必有果”的原则，认真详实开展举报核查，及时将举报调查结果回复举报人员，回复率100%。

【安全生产宣传】　面向公众开展安全宣传。通过短信、通讯、图片、电视、电台、报刊等方式报道安全生产动态，普及安全生产知识，进行灾害提醒预警。在《攀枝花日报》、市广播电视台重要版面和黄金时段持续编发消防安全、交通安全、食品安全、资金安全小常识和公益广告，刊播新闻报道500 余条（幅），刊发曝光新闻44 条，推送安全生产宣传语60 余次。

开展特殊时段重点宣传。以“安全生产月”“12·4”法制宣传日等活动为抓手，采取安全生产专题访谈、播放公益广告、有奖问答、征集安全生产方面的合理化建议等形式，扩大宣传覆盖面，大力宣传安全生产法律法规、工作成效、工作经验、先进典型，营造安全生产浓厚氛围。组织开展“媒体走基层访安全”“安全科技活动周”活动、“安康杯”竞赛活动、职工安全生产“知险、避险、应急救生”教育、安全宣传团宣讲、安全体验项目等一系列活动，取得安全宣传的良好效果。

开展“安全生产宣传咨询日”活动。6 月16 日上午，在全市范围内开展安全生产宣传服务咨询日活动。活动分1 个主会场和5 个分会场，主会场设在市竹湖园，由市政府副秘书长陈绍泉主持，市政法委书记谢忠华、市人大常委会副主任杨林、市政协副主席吴文发出席活动，市安委会成员单位，大企业、部分重点企业的主要负责人以及新闻单位记者等共计500 余人参加活动。活动现场设咨询台32 个，展出宣传展板50 块、挂图185 幅。各有关部门和参加咨询的企业向群众派发各类安全宣传材料2 万余份，凉扇3000 余把、安全知识扑克2200 副。为群众提供企业安全生产、交通安全、家庭防火、安全用电等各类咨询500 余条。

开展安全生产大宣讲活动。组织12 个安全宣讲团，按照县（区）、乡镇、村社和重点企业全覆盖的模式，以解读《中共中央国务院关于推进安全生产领域改革发展的意见》精神为重点，开展安全生产法律法规、政策措施、形势任务宣讲。市安全监管局邀请有多年一线从业经验和讲课经验的专家到全市所有县区开展了6 场宣讲。市交通局、市教育局、市消防支队、市团委等部门也结合自身实际，开展了安全知识竞赛、“水上知识进校园”、小手拉大手、青年团员宣讲等活动，受教育人数达1.3 万余人。

开展电影“片头一分钟”活动。在安全生产月活动期间，在全市6 家电影院插播1 分钟的安全公益宣传广告和安全宣传字幕。教育引导观众关注安全，珍爱生命，提高安全意识，努力营造全社会关注安全、关心安全的良好氛围。据统计，全市受教育人数达到30 余万人（次）。

开展安全生产“四个一”活动。即：开展一次安全生产承诺践诺活动；开展一次事故警示教育活动；开展一次“隐患大家查”隐患排查治理活动；开展一次应急演练活动。

【应急演练】　汛期，市委、市政府主要领导及分管领导分别带队深入地质灾害点、电站、油库、水库、尾矿库、加油站、重大建设项目施工现场开展防汛安全检查42 次。消防部门结合本地实际，以高层建筑、公共娱乐场所、人员密集场所为重点，组织开展灭火应急疏散演练活动；市农牧局组织农机监理、渔业船舶及农村沼气管理人员开展农机事故、渔业船舶及沼气事故应急预案演练；市客运中心进行消防灭火、应急疏散逃生桌面演练；市交投公司组织格福路改建工程施工方和监理方开展工地防洪抢险实战应急演练；市路政支队五大队开展防汛抢险应急预案桌面推演；市地方海事局在雅砻江和金沙江两江汇合处组织开展水上交通救灾实战应急演练；质监部门组织了“模拟电梯困人应急救援”演练活动。

【人大监督】 5月，市人大常委会牵头开展了安全执法检查。检查分6个组进行，每个组由市人大常委会一名领导带队，安监、公安、交通、住建等部门全程参与，检查对象涉及煤矿、非煤矿山、尾矿库、排土场、工业渣场、铁路施工、高速公路建设、特种设备、消防、校园安全等十一大类近百个点位。检查内容主要包括开展安全法律法规学习宣传教育情况；各级政府健全安全监管体制机制、强化行政监督职责、加强监督执法队伍建设等情况；开展“打非治违”、排查整治安全隐患情况；生产经营单位安全生产和管理的主体责任落实情况；安全事故应急救援体系和救援力量建设情况；2014年来安全生产事故防范措施落实情况和责任追究落实情况。据统计，发现问题541项，要求相关部门督促整改。各部门按要求进行了整改。

【依法行政】 健全制度规范行政行为。推进“放管服”改革工作，开展行政权力事项清理，进一步优化内部流程，明确岗位工作职责清单，建立权责明晰、行为规范、监督有效、保障有力的工作体制。建立健全《攀枝花市安监局局长办公会议、专题会议制度》《攀枝花市安监局案审会制度》《攀枝花市安监局重大事项报告及责任追究制度》等一系列制度，进一步健全和完善集体决策机制和集体审议制度，促进依法行政的规范化和科学化。建立法律顾问制度，长年聘请攀枝花市知名律师担任法律顾问，对安全生产行政执法工作提供专业咨询服务。

加强行政公开。进一步完善门户网站设置，对法律法规、行政审批、安全监管、安全培训、安委会工作、领导班子、执法人员信息等情况实行公开，适时更新，并开设公众参与专栏，提供举报、投诉、咨询等便民通道，行政行为实现公开化、透明化。

强化队伍建设。市、县区安全生产监察执法人员全部归岗；组织市、县、乡三级安监人员90人分三批参加执法能力提升专题培训，提升执法能力。

严格规范行政执法行为。认真落实行政执法案卷评查制度，组织评查人员对各县（区）的行政执法案卷进行抽查评查，重点对行政执法行为的合法性、合理性和执法文书的规范性进行评判。同时，选取2卷案卷报送至四川省安全生产监管局参加评查。

【安全生产行政审批】 全面清理，确保依法审批。按照省政府公布的市州行政许可目录，对市安全监管局涉及的6大类、12子项的安全生产行政审批事项的申办条件和申报材料进行全面清理，逐一核对，前置条件数减少51项，保留124项，其中包括以法律、行政法规和部门规章为依据的112项、以国务院及其部门文件为依据的7项、以地方性法规和省政府规章为依据的5项，确保每一个行政审批事项有法可依、依法审批，为企业松绑减负，激发市场活力。

精简事项，优化审批流程。多次修订安全生产行政审批事项“七项公开”制度，依法取消安全资格认定、危险性较大的建设项目安全设施竣工验收、危险化学品建设项目以外的危险性较大的建设项目安全条件审查、建设项目职业病危害预防性审查等行政审批事项，进一步减少审批环节，优化审批流程，建立了规范有序、便民高效的运行机制。

落实责任，加强事中事后监管。2017年，对市安全监管局发证权限范围内的非煤矿山、危险化学品安全生产许可证发证情况进行了清理，和市国土局、各县（区）安全监管局加强对接，对全市颁证权限范围内的26家安全生产许可证有效期满未办理延期手续、5家安全生产许可证有效期即将到期、2家安全生产许可证在有效期内但采矿许可证有效期满未延续的企业逐一摸底调研、督促申办，对其中安全生产许可证有效期满未办理延期手续的24家企业在局门户网站上进行了公告注销，进一步规范了安全生产许可证发放管理工作，从源头上遏制企业违法违规从事生产经营活动的行为发生。

2017年，共受理办结行政审批事项7103件。其中特种作业人员操作证审批6891件，易制毒化学品经营许可7件，危险化学品经营许可157件，烟花爆竹经营（批发）许可3件，安全生产许可证22件（危化12件），危险性较大的建设项目安全审查23件。实际办理提速79.05%，累计提速天数达3559天。

【煤矿安全监督管理】 煤矿专项整治。开展全面安全体检。整合市、县（区）监管力量、专家团队技术力量，共出动1000余人（次），“体检”5家公司和20处煤矿，形成体检报告24份，发现隐患和问题1991条，下达执法文书207份，实施行政处罚38.4万元。

严厉打击非法违规生产经营建设行为。通过企业自查，市、县（区）两级监管部门检查、抽查、督查，重点对煤矿安全生产管理责任落实情况、安全生产管理制度建立和执行情况、安全风险管控情况、隐患排查治理情况、汛期安全防范责任和措施落实情况、应急管理情况等六个方面进行检查。共检查56矿次，下达各类执法文书121份，查处安全隐患及问题769条，实施行政处罚8次，处罚金额15.7万元。

对矸石堆场进行分类处置。按照矸石堆场所属企业（责任主体）、堆存时间、堆存方式、设计堆存高度及实际堆存高度、堆存量、堆场整体稳定性、影响范围等内容进行全面摸排，共排查出矸石堆场117处，实际堆高1米~105米，堆存方量150万立方米~780万立方米，所有堆场均处于稳定状态。

提升煤矿安全水平。先后开展超能力生产、应急管理、瓦斯和水害防治、交叉执法等专项执法检查，共检查93矿次，下达执法文书121份，查处隐患和问题866条，停止采掘作业2矿次，暂扣煤矿安全生产许可证4个，实施行政处罚7矿次，处罚金额163.3万元。

化解煤炭行业过剩产能。分解并与3个产煤县（区）政府签订目标责任书，明确了目标任务和关闭时间；全年共关闭退出煤矿7处、退出产能87万吨。

煤矿安全生产标准化建设。印发建设工作方案，确定工作目标，组织开展新标准培训5次，培训人员300余人次；结合煤矿安全体检、安全生产大检查等专项行动开展上门服务108矿次。2017年，全市建成1处一级标准化矿井，17处二级标准化矿井，4处三级标准化矿井。

落实挂包和定点联系制度。进一步细化市领导挂包煤矿安全生产工作责任制度和市、县（区）监管人员定点联系制度，明确挂包和定点联系工作分工和任务，做到了挂包和定点联系全覆盖。共开展市领导挂包和监管人员定点联系督导检查47次，查出隐患386条，下达执法文书141份。

开展重大灾害防治工作。组织重大灾害防治专题培训，开展煤矿瓦斯和水害防治专项检查10次，发现隐患和问题130条，其中瓦斯防治80条，水害防治50条。

【非煤矿山安全监督管理】 推进尾矿库“头顶库”综合治理，制定《攀枝花市尾矿库“头顶库”综合治理实施方案》，市政府与东区、盐边县和米易县政府签订“头顶库”治理工作目标责任书，2017年完成12座“头顶库”治理。

加强非煤矿山防汛管理。严格“四位一体”防汛责任，层层签订责任书，市安全监管局开展全时段督查，不定时抽查。组织龙蟒矿冶公司牛望田尾矿库参与全市极端气象灾害应急联动演练。根据攀枝花市加快推进攀西战略资源创新开发试验区建设实施方案和市政府与攀钢地企合作需解决的问题工作安排，配合市经信委、市国土局等部门推进马家田尾矿库接替库建设工作。

开展安全生产大检查工作，对全市51座尾矿库、38个排土场开展专项检查并督促消除隐患。开展安全总监试点工作，启动非煤矿山双重预防机制建设工作，确定4家市级试点示范单位，绘制全市安全风险等级四色分布图。继续实施金属非金属矿山三维可视化监管项目，利用三维激光扫描技术，一期完成22座尾矿库（含排土场、采场高边坡）扫描工作，建立市级金属非金属矿山重大危险源平台，二期确定24个扫描对象。强化执法检查，全市检查非煤矿山742个（次），查出一般隐患1514条，制作现场检查记录470份。

【危险化学品安全监督管理】 危险化学品综合治理：制定印发《攀枝花市危险化学品安全综合治理实施方案意见》，明确攀枝花市将在2019年年底完成9个方面、33项具体工作任务。

危爆物品专项整治：督促企业开展风险分析和评估，实行风险分级管控；加强危爆物品安全管控，严格民爆物品日常监管，加强硝酸铵等物品的销售、使用、储存等环节的安全管控。

长江流域危险化学品企业专项整治：全面摸排沿江流域危化企业情况，加强对沿江流域的危险化学品企业突出环境问题隐患的整治。经查，全市沿江流域的6家企业危险化学品罐区监测监控系统完善、实现清净下水池三级联防联控措施、事故状态下清净下水池等环保设备设施运行正常。

精细化工反应安全风险评估：组织开展全市范围内精细化工企业摸排，全市13家精细化工企业（其中12家在园区），主要涉及钛白粉、油漆、氯碱行业。

重大危险源管控：2017年年底，全市危险化学品重大危险源21个，其中一级重大危险源2个，二级重大危险源4个。

【烟花爆竹安全监督管理】 开展烟花爆竹安全生产大检查。实施安全风险分级管控，烟花爆竹企业A级企业2家、B级企业2家。开展烟花爆竹安全生产监督执法检查12家次，发现隐患或问题40余条。

实施主城区域烟花爆竹禁售禁放。广泛听取群众意见，共计发放调查问卷6035份。市政府先后组织7次专题会议研究部署全市主城区烟花爆竹禁售禁放事宜，全面开展社会稳定风险评估，分析社会风险和不稳定因素，研究化解矛盾和降低风险的措施。通过多媒体、广播电视、微博、微信等途径并依托街办社区向居民做好烟花爆竹禁放禁售宣传解释工作，发放宣传手册3000份，张贴宣传公报450张，发送多媒体信息1万余条。12月22日，市人大常委会审议通过主城区域内常年禁售禁放烟花爆竹决议后，市区两级安全监管部门对禁放禁售区域内的烟花爆竹零售点进行细致摸排，禁售禁放区域内涉及零售户190户，爆竹产品存量5571件，价值219万元。市、区两级政府安排财政资金219万元对零售户未销售完的产品按计划分步实施回购，统一安排专项资金12万元、专业机构1家、专业人员399人次、专用车辆182台次、专用库房3个进行回购产品清理、回收、运输、保管。

【民爆物品安全监督管理】 开展安全大检查。开展民爆行业危险化学品综合治理和警示教育，开展隐患排查治理，会同省国防科工办对民爆企业进行全覆盖检查，发现各类隐患或问题40余条，下达整改指令书3份。

提升全市民爆物品产能。经工信部安全司和省国防科工办同意，易普力米易分公司现场混装炸药的年生产能力由7500吨提升至1.5万吨。雅化鑫祥化工的年产能由3000吨提升至5000吨，全市民爆物品年产能提升至47000吨。

市安全监管局被四川省国防科学技术工业办公室表彰为四川省民爆行业“十二五”规划期间安全监管工作先进单位。

【冶金安全监督管理】 打击“地条钢”，全面排查摸清冶金企业基本情况。全市有熔炼设备的涉钢企业共56户，其中有中频炉设备企业35户，在清理过程中未发现企业有生产“地条钢”的行为。开展钢铁行业专项检查。市、县（区）两级监管部门出动人员120余人次，检查冶金企业71家次，下发执法文书31份，发现问题和隐患140余项，经检查，未发现存在“五个问题”的企业。开展冶金煤气、受限空间作业专项整治。健全完善冶金煤气、粉尘涉爆企业基础台账，对辖区内涉及企业开展专项执法检查75家次，发现各类隐患或问题200余条。制定并实施《攀枝花市工贸行业有限空间作业专项整治工作方案》。加强冶金类工业渣场安全监管。先后对攀钢巴关河渣场、西渣场、鼎星钛业渣场、米易一枝山渣场进行督查检查，停止巴关河渣场位于苏保区红线范围内钢城集团的相关生产作业。

【职业健康监督管理】 在《攀枝花市市委市政府关于推进安全生产领域改革发展的实施办法》中明确“管行业必须管安全、管业务必须管安全、管生产经营必须管安全、管安全生产必须管职业健康”，将职业健康监管作为重点任务纳入其中。在《攀枝花市委市政府和市级有关部门安全生产工作职责规定》《攀枝花市市委市政府领导安全生产职责清单》《攀枝花市安全生产党政同责工作目标绩效管理实施细则（试行）》等政策性文件中，都包含职业健康监管责任及相关内容，加大职业健康考核权重。严格按照安全生产与职业健康一体化监管执法规定，做到检查安全生产必须检查职业健康工作，2017年，市、县（区）安全监管部门共检查用人单位301家，发现职业健康问题和隐患477项，下达执法文书187份，处罚决定书9份，行政处罚35.5万元。

开展职业病危害专项治理行动。完成攀枝花市陶瓷生产和耐火材料制造企业粉尘危害专项治理行动，组织现场培训3次，培训耐火材料制造企业负责人、管理人员及劳动者90余人次；督促检查企业9户次，发现问题16项，整改16项，整改率100%；积极开展《推动落实水泥行业淘汰落后产能开展安全生产和职业健康执法专项行动》，继续巩固和深化水泥生产和石材加工两个行业的粉尘治理成果，重点推进水泥生产企业包装和装车两个环节的技术升级改造，实现自动化生产。制定开展《攀枝花市汽车制造行业尘毒危害专项治理》，各级安监部门联合交通运输部门进行宣传动员，对管理人员进行职业健康培训，督促相关企业加强自查自改。配合省安全生产监督局对102家企业进行工业企业粉尘、化学毒物、噪音危害状况调查，企业按要求如实填写调查表。

开展职业健康宣传教育培训。利用职业病防治宣传周、安全生产宣传月等形式，广泛开展职业病防治宣传，市、县各级安全监管部门共印发职业健康宣传材料7000份，出动宣传人员120人次，宣传受众3800人次；共培训监管人员170人次，组织培训企业负责人、职业健康管理人员650余人次，培训接触职业病危害劳动者8500余人次。

【钒钛高新区安全监督管理】 2017年，钒钛高新区发生道路交通死亡事故1起，死亡1人；发生生产安全事故4起，死亡4人。

统筹谋划安全发展。将安全生产纳入高新区国民经济和社会发展规划，建立完善“党政同责、一岗双责、齐抓共管、失职追责”的安全生产责任体系，按照三个“必须”要求，明确各局室、派驻机构的安全监管职责、范围和对象，做到安全监管全覆盖。开展企业班组长、工段长、车间主任、专兼职安全管理人员安全生产示范性培训。2017年10月27日至12月17日组织高新区企业600余人在攀枝花技师学院开展了7期示范性培训，从班组安全建设着手，重点对班组管理、安全防护的薄弱环节进行针对性培训。

积极推进危险化学品安全生产攻坚项目实施。联合四川省安全生产科学技术研究院推进钒钛高新危险化学品安全生产攻坚项目实施，2017年，完成25家危险化学品企业基本信息调查，建立“一企一档”资料；绘制13家企业的航拍图谱，建立了1家典型化工企业三维全景档案，完成3家典型化工企业的风险等级及“三重点”（重点物品、重点环节、重点场所）K指标确定。

开展企业安全生产专家诊断。联合省安全科学技术研究院对攀钢集团钛业有限责任公司、攀钢集团有限公司海绵钛分公司、攀钢集团钛业有限责任公司钛冶炼厂、攀枝花钢企欣宇化工有限公司开展安全专家诊断，全面排查关键环节、重点场所、重要设施安全隐患，帮助企业发现安全隐患，规范作业行为，强化现场安全管理。

开展安全监督检查。对29家正常生产的危险化学品企业进行安全风险分级，确定B级4家、C级20家，D级5家。全年检查危险化学品企业160家次、涉钛企业90家次、冶金机械企业40家次、洗选建材企业40家次，巡查烟花爆竹经营点21家次，对发现的安全隐患依法下达限期整改指令，督促企业认真落实安全生产主体责任。

【安全生产监测监控】 充分发挥煤矿瓦斯实时监控预警作用。1—12月，共发生非掉线类零至三级报警7.12万次，及时处置三级报警181次。

安全生产预警体系建设。2017年12月8日，攀枝花市安全生产预警体系建设工作验收完成，该项目共投入131万余元。具备了企业安全生产信息填报、安全生产风险分级管控、危险源在线监测预警、安全监控数据统计分析、GIS监管、安全生产行政执法、应急值守等功能，标注了298家企业的地理信息，采集了109家企业安全生产信息，在线监测监控企业5家，准确掌握企业安全生产现状和态势。

瓦斯监控平台升级改造。2017年10月，市安全监管局开展市级瓦斯监控平台升级改造工作，12月20日验收完成，项目共投资50万元。通过对市安全生产远程监控中的软硬件进行升级，完善煤矿监控系统自动报警、实时查询、历史数据查询、数据报表打印、数据备份等功能，实现单井监控系统数据异地保存，对于传感器配置变更频繁和传感器数值趋势进行预警，加强网络防护，有效确保了监控系统的可靠性、适用性、先进性。

（叶　雨）

海　关

【概　况】 中华人民共和国攀枝花海关（以下简称攀枝花海关）为隶属于成都海关的正处级海关。1996年11月经国务院批准成立，其监管区域包括攀枝花市、凉山彝族自治州，面积6.74万平方千米，是成都海关关区隶属海关机构中离总关最远的“内陆边关”。根据成都海关机构设置、主要职责和人员编制规定，攀枝花海关内设办公室、综合业务科、监管科，处级领导职数1正2副、科级领导职数1正3副，截至2017年12月31日职员人数为13人。主要任务是依照《中华人民共和国海关法》和其他有关法律法规，对进出境的运输工具、货物、物品实施监管，征收关税和其他税费，查缉走私，编制海关统计和办理其他海关业务。

2017年，攀枝花海关在总署、总关的坚强领导及攀枝花市委、市政府大力支持下，全面贯彻落实全国海关工作会议和成都海关关区工作会议精神，继续以打造“精志”海关为抓手，围绕“持续发展、改革创新、从严治关”主线，提前谋划、精细部署、主动作为，积极融入攀西地区经济发展大局，全力助推攀西地区开放型经济稳健发展，确保了全年各项工作任务的顺利推进，业务发展实现了提档升级。2017年攀枝花市外贸进出口总值26.2亿元人民币（以下货币单位均为人民币），在全省21个市州中列第8位，比2016年（下同）增长89.3%，增幅位列全省第二，远高于同期四川41.2%的水平。其中，出口总值11.2亿元，增长22.8%；进口总值15亿元，增长2.2倍，突破2004年历史峰值13.1亿元。进口通关时间为8.33小时，出口通关时间为1.61小时，与2016年进口通关时间45.88小时，出口通关时间3.31小时相比，呈倍数大幅缩短，通关效能的提升直接降低了企业的进出口成本，拉近了攀枝花通向海外的距离，增强了本地企业参与国际市场竞争的信心，甚至还吸引了非本地注册企业来攀枝花报关出口。

【海关监管】 2017年，外贸经济基础薄弱、综合竞争力不强，产业档次较低、投入研发不足，部门间统筹协调不够一直制约着攀枝花外贸做大做强。针对攀枝花市外贸“低温”症结，攀枝花海关突破传统思维模式，创新管理手段，简化企业报关流程，严格内控管理，切实加大与上海洋山、外港、深圳蛇口、大鹏、广西钦保等口岸海关的协调沟通，量“企”定“制”服务便利措施，将企业“请回来”属地自主申报，不断做大攀枝花外贸经济体量。

全年共监管进出口货运量199.8万吨，增加56.5%，其中进口195.1万吨、同比增加57.9%，出口4.6万吨、同比增加15.1%；进出口货值20.5亿元，同比增长2倍，其中进口13亿元、同比增长2.1倍，出口7.5亿元、同比增长1.9倍。接受进出口报关单申报1192份，同比增长1.1倍，其中进口45份、同比增长60.7%，出口1147份、同比增长1.1倍。加强风险分析，强化内部控制，着力后续管理，全年完成常规稽查1家；查验6票，查验率3.8%，处置简易程序案件1起。

【税收征管】 2017年，攀枝花海关牢固树立“税收一盘棋”思想，提高认识，树立信心，切实做好全年关区综合治税工作。积极帮助企业协调解决进出口环节中遇到的困难和问题，协调出入境检验机构，进一步提升贸易便利化水平，优化“三个一”货物通关模式，简化报检报关程序，缩短通关时间，吸引更多企业采用“三个一”通关模式，为企业提供便捷、优质、高效的通关服务，推动更多企业选择属地报关、属地纳税。2017年，攀枝花市属地申报率达80%，同比提高27.7个百分点，仅次于成都位列全省第二。截至2017年12月31日，两税入库2.23亿元，增长2.3倍，其中关税0.06亿元，进口环节代征税2.17亿元。审批减免税1批次，减免货值77万美元，减免税总额147万元人民币。

【服务地方经济】 围绕改革促发展，结合工作实际，全力确保通关一体化、电子支付、无纸化通关、担保验放、信任通关、自报自缴等系列改革措施落地见效，推动攀西开放型经济稳健发展。

主动配合攀枝花市政府“推动设立海关特殊监管区域建设”工作。多次组织关内业务骨干学习研讨海关特殊监管区域管理相关政策；领导班子还多次到总关职能部门汇报和沟通攀枝花市拟设立海关特殊监管区域工作情况并征求意见建议，形成《关于攀枝花市申建海关特殊监管区域的重要意义及现实途径》调研成果，得到市领导肯定。

充分发挥统计分析职能，每月为攀枝花市政府报送《海关统计分析简报》，全年共为地方党委政府报送统计分析简报15期，受到市政府领导的高度肯定。积极向市委、市政府分管领导汇报和宣讲海关改革新政、成都海关支持地方经济发展措施等，并针对攀枝花外贸出口外流原因开展专题调研，撰写《关于提升攀枝花开放型经济水平的思考和建议》，为提升攀枝花外贸增量建言献策。

通过与各县（区）政府、相关部门座谈、实地走访企业、专题业务培训等方式帮助各县区发展外贸经济。11月14日，攀枝花市高晶钒钛汽车板簧有限公司63吨，货值4.6万美元的合金钢热加工条正式出口到越南，实现西区外贸零的突破，标志着攀枝花市各县区对外贸易全覆盖。

（李　研）

出入境检验检疫

【概　况】 攀枝花出入境检验检疫局（以下简称攀枝花检验检疫局）是四川出入境检验检疫局（以下简称四川检验检疫局）设在攀枝花市的正处级分支局，实行垂直领导；是四川检验检疫局授权依法主管攀枝花市和凉山州出入境检验检疫工作的行政执法机关和涉外经济监督部门。

攀枝花检验检疫局设局长1名，副局长2名，正副科级领导职数11名。非领导职务按照有关规定配备。

2017年，攀枝花检验检疫局内设办公室、综合业务科、通关科、行财科、动植食检验检疫科、检验监管科、风险管理科、攀枝花国际旅行卫生保健中心、技术保障服务中心，共计7科室2中心。同时设机关党支部、工会。有在职职工21人（其中公务员17名、事业人员4名），退休人员6名。2017年，抽调至四川检验检疫局动植处1名，新退休人员1名。

2017年，攀枝花检验检疫局共检验检疫进出口商品324批，比2016年增长6%，货值5610万美元，比2016年增长29%。

【出口产品检验检疫监管】 2017年，攀枝花检验检疫局共检验出口商品296批，比2016年增长3%，货值4717万美元，比2016年增长15%。

出口植物及植物产品35批，比2016年增长169%；货值88万美元，比2016年增长63%。出口植物及植物产品均为一次检验合格。出口植物及植物产品品种为牛肝菌干品、鲜块菌、鲜芒果、花椒、鲜枇杷等，出口到美国、新加坡、法国、俄罗斯、西班牙等国家。

出口食品140批，比2016年增长18%；货值1569万美元，比2016年减少26%。主要出口产品为调味鸡精、煎鱼调味料、浓缩苹果汁、冷冻浓缩石榴汁、冷冻松茸等。产品主要出口到菲律宾、美国、泰国、韩国、意大利等国家。其中1批因包装问题检验不合格，经企业整改合格出境。

出口化工产品71批，比2016年增长9%；货值2762万美元，比2016年同比增长84%。出口化工产品品种为五氧化二钒、三尖杉碱、硫酸亚铁。主要出口到韩国、日本、美国、加拿大、荷兰等国家。其中 7 批货物因货证不符、数重量短缺、品质缺陷三方面原因检验不合格，经企业整改全部合格出境。

出口矿产品 50 批，比 2016 年减少 35%；货值 298 万美元，比 2016 年减少 25%。出口品种为氧化镧、氧化铈。出口到日本、韩国、巴西、意大利、美国等国家和地区。其中 1 批氧化镧因重量短缺检验不合格，经企业返工整理出境。

检验鉴定出境货物运输包装 3 批，比 2016 年减少 83%。出口包装检验均为一次检验合格。

【进口产品检验检疫监管】 2017 年，攀枝花检验检疫局共检验进口商品 28 批，比 2016 年增长 56%，货值 893 万美元，比 2016 年增长 257%。

进口机电产品 22 批，比 2016 年增长 144%，货值 858 万美元，比 2016 年增长 305%。进口品种为医用直线加速器、磁共振成像系统、正电子及计算机断层扫描系统、医用血管造影 X 射线机/新、X 射线计算机体层摄影设备等。原产国为英国、美国、德国、荷兰、瑞士等国家，一次检验合格。

进口食品 1 批，比 2016 年减少 67%，货值 3 万美元，比 2016 年增长 50%。进口品种为卡曼桔粉。原产国为菲律宾，一次检验合格。

进口化工产品 5 批，比 2016 年增长 400%，货值 32 万美元，比 2016 年增长 310%。进口品种为钢丝绳、润滑脂、钢轨。原产国为德国、韩国、澳大利亚，其中 1 批因无警告标识检验不合格，经整改后合格入境。

【疫情监控、进口粮后续监管】 2017 年，攀枝花检验检疫局制定《攀枝花检验检疫局 2017 年国门生物安全监测调查计划》，在攀枝花市、凉山州 4 县 3 区 14 个乡镇共设置 14 个监测点，布放 47 个诱捕器。监测时间 4—10 月，期间共诱捕到 3 类实蝇 1.11 万头，其中桔小实蝇 9091 头，占 81%；南瓜实蝇 1854 头，占 17%；瓜实蝇 201 头，占 2%。1.11 万头实蝇分别从 Me、Cue 和 p 诱捕器中诱捕到，优势蝇种为桔小实蝇，主要品种与 2016 年监测结果基本一致，因气候等原因，未监测到川黑实蝇。

对辖区进口粮食检验监管工作情况进行调研分析，落实中央储备粮库后续监管工作要求，督促企业落实检验检疫各项管理制度。9 月，检疫监管核销中央储备粮西昌直属库进口玉米加工 1400 吨，至此，2013 年入库的 9884 吨进口玉米全部核销。检疫监管攀枝花密地国家粮食储备库 1 批 1 万吨。

【产地证签证】 2017 年，攀枝花检验检疫局签发原产地证书 587 份，金额 5080 万美元。其中，一般原产地证书 72 份，金额 407 万美元；其他各类优惠原产地证书 515 份（中国巴基斯坦自由贸易区原产地证书 45 份，中国智利自由贸易区原产地证书 20 份，中国东盟自由贸易区原产地证书 139 份，亚太贸易协定原产地证书 18 份，普惠制原产地证书 180 份，海峡两岸经济合作框架协议证书 8 份，中国韩国自由贸易区原产地证书 61 份，中国澳门自由贸易区原产地证书 37 份，中国新西兰自由贸易区原产地证书 4 份，中国瑞士自由贸易区原产地证书 3 份），签证金额 4673 万美元。按平均减免关税 5% 的幅度计算，各辖区企业享受进口国家关税优惠 1402 万元。

【服务地方经济】 2017 年，攀枝花检验检疫局创建省级和国家级出口食品农产品质量安全示范区建设取得进展。先后建成金阳国家级出口青花椒白魔芋质量安全示范区和西昌市省级出口洋葱质量安全示范区，启动会理县出口石榴质量安全示范区创建。通过示范区创建带动攀西地区青花椒、石榴、枇杷、松子等特色农产品实现首次出口，带动农民增收致富。

开展“一市一特产”品牌创建。着力打造攀枝花芒果品牌，攀枝花锐华农业芒果除稳定出口新加坡市场外，8 月挺进香港市场。新培育的出口企业—攀枝花美果宝农业开发有限公司，8 月，出口 1 吨芒果突破俄罗斯市场，填补该国果蔬供应“空窗期”，为攀西特色农产品探索走上“一带一路”建设打开知名度奠定了基础。

开展生态原产地产品保护工作，提升农产品品牌价值。会同西昌市人民政府、中国检验认证集团四川有限公司签署《共建生态原产品保护示范区合作备忘录》。建成金阳县生态原产地产品保护示范区。对凉山州普格县 3 个申报生态原产地保护的产品（螺髻山黑猪、乌骨鸡、乌洋芋）开展初评并实施现场认证。

【实验室建设】 2017 年 2 月，实验室获国家认证认可监督委员会实验室资质认定 CMA 和中国合格评定国家认可委员实验室认可 CNAS“二合一”复查评审，继续保持相应资质和 11 大类产品的 113 个 CNAS 认可检测项目；2017 年度实验室参加三次能力验证活动，包括钒钛、铁矿等三类产品共 7 个检测项目，均获满意结果。攀枝花检验检疫局任小青主持起草的检验检疫行业标准《出口钒铁中硅、铝、锰、磷、铜、镍、铬、钛的测定电感耦合等离子体原子发射光谱法》（SN/T4757—2017）5 月获得国家质检总局批准发布，12 月 1 日正式实施。10 月攀枝花检验检疫局局国家钒钛检测重点实验室被列入国家质检总局对外公布的 2017 年度通过核查验收国家检测重点实验室（第一批）名单之中，标志着攀枝花检验检疫局与攀枝花学院合作共建的国家钒钛检测重点实验室顺利建成，完成了国家质检总局下达给四川检验检疫局筹建国家钒钛检测重点实验室的任务。11 月，攀枝花检验检疫局和攀枝花学院举行国家钒钛检测重点实验室挂牌仪式。11 月，在“2017 攀枝花钒钛资源综合利用院士行暨钒钛（国际）论坛”中，国家钒钛检测重点实验室参加承办“钒钛标准技术交流会”。

（范勇伶　吕　蕾）

民营经济

【概　况】 2017 年，攀枝花市委、政府高度重视民营经济发展，出台了《支持民营经济发展十条措施》，通过优环境、扶创新、拓市场、强保障、助融资、引人才、降成本、促转型等措施，有效降低民营经济生产经营成本，充分释放民间资本潜力，有力地促进了全市民营经济发展。2017 年，攀枝花市实现民营经济增加值 565.91 亿元，增长 7.6%，快于地区生产总值（7.4%）0.2 个百分点，对攀枝花市经济增长的贡献率为 49.9%，民营经济增加值占 GDP 的比重为 49.5%。攀枝花市各个县（区）的民营经济快速发展，逐渐成为县域经济发展的主要力量，2017 年各县（区）民营经济增长均快于地区生产总值（GDP），东区、西区、仁和区、米易县、盐边县分别实现民营增加值 189.24 亿元、63.62 亿元、146.16 亿元、93.89 亿元、67.27 亿元，占地区经济总量（GDP）比重分别为 40.9%、48.5%、58.4%、58%、48.1%。

【产业结构】 产业结构继续优化。在“加快转方式调结构，积极培育发展新动能”发展战略的推动下，攀枝花市民营经济产业结构不断优化。2017 年，攀枝花市实现民营经济增加值 565.91 亿元，其中第一产业增加值 13.71 亿元，增长 4.4%；第二产业增加值 371.78 亿元，增长 7.4%；第三产业增加值 180.42 亿元，增长 8.3%。攀枝花市民营经济中三次产业结构由 2016 年的 2.5∶70.1∶27.4 调整为 2017 年的 2.4∶65.7∶31.9，呈现一产稳、二产降、三产升的良好态势，产业结构持续优化。

【民间投资】 2017 年，攀枝花市民间投资完成 299.68 亿元，同比增长 14.8%，扭转了自 2015 年以来的负增长局面，比固定资产投资（7.0%）增速快 7.8 个百分点，民间投资占全社会固定资产投资比重 40.2%，民间投资保持较快增长态势。从产业看，民间投资更侧重于第三产业，其中，第一产业民间投资增长 6.4%，第二产业下降 5.8%，第三产业增长 35.5%。

【民营经济队伍】 2017 年年末，攀枝花市民营经济市场主体在册总数 7.69 万户，同比增长 10.5%；注册资金 768.4 亿元，同比增长 24.4%，期末从业人员 14.6 万人，同比增长 3.8%；纳税 13.19 亿元，同比增长 31.9%。

（郭英卓）

工 业

钒 钛

【概 况】 2017 年，攀枝花市钒钛产业产值首次突破 200 亿元，达 212.73 亿元，同比增加 68.94 亿元，增长 47.94%。其中，钒产业产值 84.09 亿元，同比增加 17.64 亿元，增长 26.56%；钛产业 128.64 亿元，同比增加 51.30 亿元，增长 66.33%。钒钛产业产值约占全市工业总产值 1797 亿元的 11.84%，同比上升 2.84 个百分点；钒钛产品总出口 5.29 万吨，创汇 2.04 亿美元，与 2016 年基本持平。

（郭英卓）

钒钛高新技术产业开发区

【概 况】 2017 年，钒钛高新区有入园企业 127 家，其中建成工业企业 95 家，规模以上企业 64 家，国家高新技术企业 12 家，省级创新型企业 10 家，产值亿元以上企业 32 家，拥有 1 个国家级钒钛科技孵化器。拥有国内产业链最完整的全流程钒钛产业化深加工体系，钒钛产业链完整度和产能规模全国居首，是国内发展潜力最大的钒钛低（微）合金钢机械深加工产业基地。

【经济发展】 2017 年，钒钛高新区实现工业总产值 261 亿元，同比增长 13%；完成固定资产投资 30 亿元，同比增长 67%，其中，技改投资 19.76 亿元，同比增长 127%；工业投资 19.39 亿元，同比增长 108%；实现地方一般公共预算收入 2.16 亿元，同比增长 80%；实现高新技术产业总产值 111.27 亿元，高新技术产业产值占工业总产值的比重达 35.4%，实现专利申请量 90 件；实现外贸进出口额 31900 万元人民币，同比增长 81.12%；实现招商引资到位资金 51.39 亿元，同比增长 12%；其中国内省外到位资金 24.26 亿元，同比增长 8%；新增规模以上工业企业 5 户，同比增加 2 户。

【规划建设】 认真学习贯彻国家、省、市“十三五”规划和科技部关于高新区建设的发展规划，编制《建实一个“高”“新”特色鲜明的国家级钒钛高新区行动方案》，明确“高科技、高增长、高效率，新产业、新机制、新模式”发展方向，形成以创新发展为核心，以深化改革为动力，以产业创新应用创新为抓手，全力推进规划引领、改革创新、科技支撑、产业提升、环境优化五大重点任务，全面提升钒钛高新区国际国内竞争力和影响力的总体思路。在市政府主导下，进一步优化高新区发展的产业定位，从钒钛、机械加工、物流三大产业调整为钒钛新材料、智能制造两大产业，着力推动产业向中高端、产品向终后端演进。

【创新驱动】 谋划高新区管理体制机制改革。充分借鉴宝鸡、成都、重庆、遵义等地高新区和经济开发区的先进经验，明确专业、绩效、市场化的改革方向，突出聚焦主业、精简高效、行政职能归位、社会事务属地、强化绩效激励等改革重点，形成《攀枝花钒钛高新区体制机制改革试行方案》《钒钛高新区专业化招商工作方案》及配套材料。及时谋划对标管理选标工作，通过市政府采购聘请专业机构编制《钒钛高新区对标管理方案》，选择与高新区发展情况匹配的国内先进高新区作为标杆，从各个方面与标杆园区进行比较、分析、判断，通过学习先进经验改善自身的不足，获得竞争优势，实现可持续发展的良性循环。

推进国有公司改革。完善“管委会＋公司”的开发模式，全力支持钒钛科技孵化器公司做强、做优、做大，鼓励国有企业市场化探索，支持钒钛科技孵化器公司与瑞康智慧能源公司联合组建攀电售电公司（混合经济），参与全省电力市场化交易。大力推进孵化器公司打造资本市场AA信用评级平台公司，支持孵化器公司开展风投、股权投资等，着力提高孵化器公司的市场化融资和综合性投资能力，切实解决融资难、融资贵、渠道少的难题，夯实公司发展基础，增强造血功能，化解历史债务，快速提升对园区发展的支撑力。2017年，公司实现重点项目融资1.5亿元，融资平台功能凸显。

推进科技体系创新。出台《关于培育国家高新技术企业的实施办法（试行）》《高新区专利促进激励办法（试行）》，兑现攀钢钛业等18户企业2015—2016年专利促进激励资金71.83万元；加强产学研用合作、深化对外开放，推动天民钛业与东北大学、蓝天特钢与西华大学等共同建设企业研发中心、国家“千人计划”工作站。推动高品质钒钛工模具钢研发、硫磺还原钛白石膏、硫酸亚铁综合利用技术研发等一批重大科技项目研企协同攻关及成果转化；推动军民融合发展，推进金沙纳米与中国兵器工业第53、第59研究所开展实质性合作；推进仁通钒业与中国船舶重工集团公司第七一二研究所合作，共同开展潜艇动力推进系统升级项目研究；推动东北大学、天民钛业、中航七院开展低成本高性能钛及钛合金粉末冶金中试及产业化。

【项目带动】 瞄准“全流程钒钛及新材料、含钒钛机械制造”两大主导产业，编制招商规划和行动计划，完成《委托招商管理办法》，大力推进活动招商、专业招商、委托招商、领导赴外招商，全年共赴外招商44次，对接法国燃气、中集集团、中国化工集团、东旭集团、珠海银隆、神州长城等企业60余家，洽谈项目105个，锁定签约项目37个，投资总金额461.59亿元。完成新引进省外投资5亿元以上重大项目4个。

实行“一个领导、一个项目、一个团队、一个专案、一周一报、一月一次推进会”的项目推进机制，推动25个新项目完成签约，签约总金额21.06亿元。促成北京客商（攀枝花）三角梅高新技术产业园区项目、大互通废酸浓缩清洁化生产技改（一期）项目、鞍钢（攀枝花）1.5万吨/年氯化法钛白氧化试验装置工程项目、蓝天锻造4.2万吨/年高端钒钛铸锻件技改工程项目、东立化工硫酸亚铁制酸项目、福建三能（攀枝花）综合节能减排项目等一批产业项目履约，投资总金额44.68亿元。

不断创新工作思路、层层压实责任，完成高新区规划区内240万平方米土地和187户房屋的征收，支付征地补偿及相关安置费用2.11亿元，有力推动钒钛高新区基础设施综合配套工程（PPP）项目、物流园区主干道工程、钒钛科技孵化加速器（标准化厂房）工程、马店河水厂供水工程（一期）等重点项目按时开工建设。推动海峰鑫公司石膏渣技改项目、重庆竞发渣场环保安全综合整治项目、金沙金江截污干管项目、大西南铁路货场和金江铁路货场环保整治项目完成施工建设。

【补齐短板】 聚焦“政策短板”，抓好要素保障与营商服务。落实直购电优惠政策，降低企业用电成本；完成新增建设用地指标调整82.16万平方米，获批城市建设用地约21万平方米，完成供地14宗共66.42万平方米，保障项目用地；为23户企业减免各类税收1300余万元，为18家企业争取专项扶持资金共计3532.82万元，为5家企业申请9880万元应急转贷资金，为4家企业减免基础设施建设占用边沟、人行道、公路用地、穿（跨）越公路费用68.54万元。健全“一企一策”稳增长措施，及时解决企业实际困难，推动川投化工、长矶等企业复工复产。建立健全投资服务、投诉处理和反馈机制，实现项目单位工商登记、立项备案、安评、环评等各项手续“一站式办理”；推广钒钛高新区“智慧”交通微信号乘车预约服务，引导辖区企业职工、居民乘坐正规营运车辆安全、便捷出行；组织企业参加各类专业培训12次，建立现代企业制度，提升生产经营管理水平；大力开展政务环境、评审评定、监督执法、行政收费等专项整治，推进法治建设，杜绝损害营商环境的行为。

聚焦“资金短板”，抓好风险防控与资金管理。抓债务风险防控，完成续借4.49亿元，实际支付本息2.26亿元，节约融资成本400万元，完成货币化置换债券资金3681万元、定向承销2.26亿元。积极拓展税源，联合两税举办2016年度企业所得税汇算清缴培训会，采取“规范管欠、分类压欠、信息控欠、服务减欠”等措施，加强欠税管理。2017年，完成国税收入1.85亿元，同比增加9100万元，增长96.8%；完成地税收入0.96亿元，同比增加437万元，增长5%。

【民生事业】 抓好社会主义核心价值观的宣传，大力营造文明城市创建、森林城市创建、平安社区创建良好的舆论宣传氛围，投入经费20余万元，累计制作单立柱宣传画14幅、大幅宣传标语119幅、火车站内宣传海报10幅、各类创建展板和宣传板608块，印发各类宣传单2.46万份、宣传书册1766册、环保手提袋1400个，努力提升辖区群众对各类创建活动、突出环境问题整治、生态文明建设成效的知晓率、参与度和满意率，让群众以更加充实的获得感、幸福感、安全感喜迎十九大胜利召开。

落实民生保障资金3.35亿万元，持续强化教育医疗、养老保险、住房保障、旧城改造、道路建设、扶贫攻坚等民生实事。持续深入摸排化解劳资纠纷、工程欠款、征地拆迁、移民安置、工伤工亡等矛盾隐患，全年共受理各类信访件177件，办结174件，办结率98.3%，受理各类纠纷136件，成功化解124件，及时预警并妥善处置长江造林局移民搬迁人员集访、PPP重点工程征地拆迁等群体性事件；配强公安、交通力量，强化火车站、农村客运站、主要街道等人员密集场所的治安防控和交通整治，在全市范围内率先推广施工现场微型消防站建设，全年辖区交通事故死亡“零发生”，各类治安、交通违法违规犯罪行为得到有效遏制。

【安全环保】 安全生产。动态掌控危化品企业生产、存储、使用、购销情况，建立危化企业安全生产档案，与省安科院签订安全生产技术合作协议，完成高新区安监机构设置方案，扎实开展安全生产大检查工作；落实地质灾害防治资金1150余万元，实现8个地质灾害防治工程按进度推进，14个新增隐患监察点无险情；联合各部门组建120人的应急抢险队伍，完成“6·28”抗洪抢险任务；妥善处置“7·5”四氯化钛泄露事件，确保“零伤亡”。

环境保护。抓好环保模范城市创建，推进《生态工业园区规划实施方案》《钒钛高新区“十三五”环保规划》《钒钛高新区“十三五”环境保护应急预案》编制工作；推进突出环境问题整改，2017年，整改完成90余个环境突出问题，关停取缔环境违法项目46个，完成金江镇范围内禁养区、限养区的10家畜禽养殖户关停搬迁；打好环境保护“三大战役”攻坚战，成立“三大战役领导小组”，投入经费3472.32万元，扎实开展固废、污水、废气三大整治行动；深入推进“四项整治”专项行动，严厉打击“地条钢”，坚决淘汰10蒸吨及以下燃煤锅炉，扎实推进污水处理厂提标改造、金沙江截污干管等环境整治工程建设；指导综合渣场、钛都化工等6家源头企业完成自动冲洗设施安装，有效遏制道路扬尘；持续美化环境，清理固废58万余吨、绿化补植5万余株，完成金江镇斑鸠湾村、保安营村100户生态家园创建。

（潘俊羽）

钒产业

【概　况】 2017年，攀枝花市有钒产品生产企业9家，其中地方7家，攀钢2家。几种主要钒产品生产情况：钒渣产能50万吨，产量44万吨，同比增长8.24%；五氧化二钒产能3.32万吨，产量9544吨，同比下降62.7%；高纯五氧化二钒产能100吨，产量100吨；50钒铁产能2.8万吨，产量0.9万吨，同比下降47.37%；80钒铁产能1.5万吨，产量1.2万吨，同比增长69.71%；钒铝合金产能120吨，产量100吨，同比增长382.35%；钒氮合金产能8500吨，产量6430吨，同比增长46.14%；钒产品出口5900吨，同比增长64.35%，创汇1.09亿美元。

（郭英卓）

【攀钢钒产业情况】 2017年，攀钢公司钒产业规模得到提升，废弃资源综合利用取得进步。在不增加生产设施的情况下整合现有产线，实现了钒产品产量增加。公司秉承绿色发展理念，实施还原烟气治理改造，取得理想效果；并启动废水污泥综合利用工程建设，实现废弃资源的综合利用。全年生产氧化钒2.18万吨，同比增加3690吨；生产高钒铁8664吨，同比增加1593吨；生产钒氮合金4839吨，同比增加538吨；生产钒铝合金72吨，同比增加67.2吨；生产粉钒54吨。

（黄长银）

钛产业

【概　况】 **钛精矿**（只统计含二氧化钛46%以上，钛中矿未统计）。2017年，钛精矿产能约372万吨，产量272.696万吨，同比增加33.626万吨，增长14.07%；产值39.54亿元，同比增加21.6097亿元，增长120.52%。2017年国内钛精矿总产量约380万吨，进口钛矿约330万吨，攀枝花市钛精矿产量约占国内总产量的71.76%。

钛　渣 2017年，钛渣产能为60.2万吨，约占国内钛渣产能的30%。产量22.1946万吨，约占国内总产量的30%，同比增加7.0626万吨，增长46.67%。钛渣产值9.9876亿元，同比增长136.43%。

钛白粉 2017年，钛白粉产能65.52万吨，约占国内钛白粉产能的20%。产量44.99万吨，约占全国总产量的16.07%，同比增加9.46万吨，增长26.62%，产值64.82亿元，同比增加21.32亿元，增长49.02%；出口4.71万吨，同比下降0.85万吨，下降15.37%，创汇0.96亿美元。

金属钛 2017年，海绵钛产能1.5万吨，产量1.57万吨，同比增加0.15万吨，增长10.56%，产值8.16亿元，同比增长16.46%；钛锭产能1.2万吨，产量0.40万吨，同比增加0.33万吨，增长457.92%，产值3.24亿元，同比增加2.81亿元，增长650.97%；钛材产能0.6万吨，产量0.28万吨，同比下降0.37万吨，下降57%。产值1.79亿元。

钛白废副综合利用 东立科技、德铭化工、瑞天环保、金沙纳米4个主要综合利用企业全年共利用硫酸亚铁约50.6万吨（约占产出硫酸亚铁总量的30%）制取新硫酸；利用废酸约0.1万吨。东立科技是攀枝花市综合利用硫酸亚铁和废酸投入资金最多、处理能力最大的企业。

硫 酸 2017年，全市硫酸总产能111.7万吨，总产量95.94万吨。其中硫酸专业生产企业4家，产能35.5万吨，产量29.71万吨；钛白企业自配硫酸厂3家，产能76.2万吨，产量65.72万吨。硫酸是钛白粉生产重要原料之一，攀枝花市自产硫酸大约可解决钛白粉生产三分之二左右需求量，另三分之一需外购。

（郭英卓）

【攀钢钛产业情况】 2017年，重庆钛业通过环保搬迁建设，9月实现月达产；攀钢通过新建氯化法钛白粉生产线，7月实现月达产。全年，攀钢生产钛白粉19.99万吨，同比增长66%；钛渣16.04万吨，同比增长20%；氯化钛白初品5924吨，高钒四氯化钛1964吨，经营钛精矿76.97万吨。

（黄长银）

钢 铁

【扭亏为盈】 2017年，攀钢集团有限公司（以下简称攀钢）扭亏为盈取得阶段性胜利。集团公司实现工业总产值550.68亿元，同比增加28.31%；实现工业增加值127.79亿元，同比增加46.83%；实现营业收入670.07亿元，同比增加34.34%；盈利5.68亿元，实现扭亏。子分公司全面发力，经营绩效显著改善，呈现出诸多亮点。攀钢钒公司盈利16.3亿元，同比增利12.04亿元；其中钢铁业务盈利10.7亿元。钒产业共计盈利9.4亿元，同比增利10.45亿元。工程公司盈利1.28亿元，同比增利0.98亿元，告别多年的亏损状态，实现经营止现金流。矿业公司扭亏为盈，实现利润5.4亿元。物资贸易公司既全力做好经济安全保供，又抢抓机遇做大贸易业务，实际经营创效1亿元。营销系统抓住市场机遇，战略品种销量稳步增长，钢材综合售价比行业平均水平高478元/吨。积微物联坚持线上与线下品牌融合发展，各项业务继续保持高速增长势头，实现营业收入95亿元，同比增长158%。生活公司积极做大连锁超市等产业，拓展超市门店至23家；鸿舰公司整合集团内部钢球业务形成产业优势，全方位开源节流，两家单位均彻底摆脱持续亏损的困境。新钢业医院继续保持平稳健康发展态势。

【生产经营】 2017年，攀钢公司铁、钢、钢材分别完成980.67万吨、924.22万吨、833.32万吨，铁、钢、钢材产量同比减少0.09%、0.27%、0.65%；铁精矿完成1136.87万吨，同比增加3.06%，钛精矿完成88.69万吨，同比增加44.52%；钒渣完成43.08万吨，同比减少2.96%；高钛渣、钛白粉、海绵钛、钛材分别完成16.04万吨、19.99万吨、1.59万吨、0.3万吨，同比分别增加20.37%、65.61%、11.41%、14.63%。2017年，钢铁重点产品重轨、汽车用钢、攀长特自炼钢材分别完成135.02万吨、145万吨、17.2万吨，同比分别增加5.36%、2.84%、29.09%。

2017年，攀钢集团公司钢材综合产销率为98.34%，同比下降0.71个百分点。热轧板卷、冷轧板卷、轨梁材实物产销率分别完成100.72%、100.61%、99.29%；钒铁、钒氮合金、高钛渣、钛白粉产销率分别完成99.47%、101.64%、97.79%、94.07%。2017年，集团公司实现出口销售收入2.55亿美元，同比减少2.42%，其中钢材出口5.71万吨，同比减少75.16%，钒钛产品出口4.9万吨，同比增加25.48%。

【深化改革】 2017年，攀钢深化改革取得突破性进展。4月，鸿舰公司、汽运公司、冶材公司、生活公司等四家单位顺利完成人员分流安置工作，标志着攀钢以人力资源优化为核心的第一阶段改革任务全面结束，取得阶段性成果。科学制定攀钢发展战略，明晰了企业的发展方向。确立了新攀钢建设的战略构想，形成了“平台、跨界、产融、生态”的经营思路，“积微速成、深彻变革、一体两翼”的经营策略，并每年修编《攀钢三年滚动发展规划》。优化人力资源配置，解决了冗员突出的历史难题。近四年来劳动用工总量由92758人减少至49304人，减幅达到46.8%；其中协商一致解除劳动合同28935人，年可节约人工成本25亿元以上。调整产品产线产业结构，重构企业的核心竞争力。累计削减粗钢产能362万吨，占总产能的26%；攀成钢彻底关停全部钢铁产线，转型升级打造以科创研发、高端制造、现代物流等产业为核心的积微智慧产业园；攀长特全面调整优化人员和资本结构，年降低成本在3.2亿元以上。培育新兴产业和非钢产业，形成新的强大的利润增长点。积微物联自成立以来，交易量由40万吨增加至1477万吨，交易额由11亿元增加至709亿元，年复合增长率分别达508%和703%；建立非钢产业“自主经营、独立运行、自我发展”管控模式，“8+2”试点单位2017年实现利润8456万元，同比增长16.9倍。同时，以构建高度市场化的体制机制为重点的第二阶段改革正式启动。实施集团公司总部改革，机关部门逐步由行政职能型管理向运营及改革发展改善型管理转变；完成股份公司改革，实现钒钛产业一体化运营；整合供应、销售、物流资源，分别搭建集中统一管控平台；编制“全定”实施方案，逐步开展更深层次的人力资源优化配置；“处僵治困”全面完成阶段性目标，33家治理的特困企业中亏损减少至6家，亏损额同比减少62.8亿元；扎实推进“压减”工作，注销法人企业17家。

【转型发展】 2017年，攀钢转型发展取得创造性成果。科技创新创业收获新成效。在重大工艺技术研发方面，高炉渣提钛产业化示范线正式开工建设，形成了低成本、全流程的熔盐氯化系列专有工艺技术；在新产品开发方面，全年完成新产品330万吨，独有领先产品销量占比42.1%，国内第二家成功开发出DP1180汽车用高强钢，航空航天用高温合金成功应用于WS15、WZ10直升机发动机；在创新科技体制方面，持续推进“三制一金”改革，初步形成了科研机构有活力、研发团队有干劲、企业有效益、个人有收益的新机制，实现科技创效18.36亿元。产业转型升级迈上新台阶。积微物联昆明达海物流园建成投用，与清华大学共建四川工业大数据创新中心，与电子科大联合成立西南首家区块链研究所，与浙大网新携手建设西南云计算智慧产业基地；天府惠融搭建“凡太聚宝”互联网金融服务平台，积极拓展商业保理等业务，融资总额超过13亿元；物资贸易公司利用渠道优势，充分挖掘供应链市场的产品及服务，贸易业务规模实现快速增长。同时，传统产业战略调整步伐加快，重庆钛业硫酸法钛白粉、矿业公司白马选钛等新建产线实现月达产，氯化法钛白、棒线材、定宽压力机等项目建成投产。绿色生态发展开创新局面。牢固树立“环保达标就是企业生命线，环保能力就是企业竞争力，环保投入就是发展投入”理念，全面完成环保隐患排查整治，顺利通过中央及省市环保专项督察。

【管理提升】 2017年，攀钢管理提升取得实质性进步。坚持依法从严治企，推进管理重心下移和精细化管控，全面补齐管理“短板”。授权和制度体系更加健全。建立“三张表”制度，坚持授权到位、责任到位、目标到位，促进党建、纪检、生产经营改革发展“三箭齐发”。制定修订《攀钢核心业务审批流程》《董事会议事规则》《总经理议事规则》等制度，建立健全各司其职、协调运转、有效制衡的法人治理结构，基本形成权责清晰、流程规范、运作高效的制度体系。三大基础管理平台建设加快推进。在制造单位全面推行“五制配套”管理模式，建成示范作业区7个；深入推进“精益六西格玛”管理，实施黑带项目137项，西昌钢钒被评为“全国推进六西格玛管理先进单位”；启动实施打造最优工厂（产线）工程，重要产线的技术指标、管理指标持续优化。风险防控能力明显提升。坚守“两条红线”不动摇，严格控制“两金”占用，利用债转股、产业基金等途径优化债务结构，确保资金链安全，资产负债率下降6个百分点。持续推进安全标准化作业，千人负伤率降至0.18‰。切实抓好法律事务、审计、监察、保密等工作，生产经营重大风险总体受控。“两化”融合工作有序展开。编制完成“两化融合”总体规划，股份公司钛冶炼厂MES系统等项目正式启动实施。

【和谐建设】 2017年，攀钢和谐建设取得连续性成效。思想文化工作展现新作为。坚持用习近平新时代中国特色社会主义思想武装头脑、指导实践、推动工作，学习宣传贯彻中共十九大精神掀起热潮；突出抓好品质文化、制度文化、变革与创新文化、诚信与信任文化建设，凝聚起改革发展的正能量。干部职工队伍能力素质建设持续深化。探索建立领导人员见习制，实施重点人才培养开发工程，举办第七届职工技术运动会，评选表彰第四届“攀钢十大杰出青年”。保障和改善民生进一步加强。坚持收入分配向一线职工倾斜，提高职工中夜班津贴标准；深入开展“践行共享理念、关爱一线员工”专项服务行动，征集项目和建议322项，集团公司立项实施123项；加大困难职工帮扶力度，全年走访慰问困难职工、退休人员等24630人次，发放救济金、助学款和慰问品655余万元。履行社会责任得到广泛认可。依法妥善化解矛盾纠纷，扎实做好信访维稳工作；研究制定精准扶贫规划，投入扶贫资金400余万元，实施精准扶贫项目20余项；推动离退休管理、武装保卫、档案、拥军优属等事业全面发展，有效维护了企业和社会的和谐稳定大局。

（黄长银）

矿 业

【概 况】 攀钢集团矿业有限公司成立于1973年5月1日，原为攀枝花冶金矿山公司。1993年6月并入攀钢（集团）公司，1994年更名为攀钢集团矿业公司。2008年4月，改制为攀钢集团矿业有限公司。截至2017年年底，境界内可采基础储量约4.45亿吨。其中，攀枝花矿区1.21亿吨，白马矿区3.24亿吨。主要生产钒钛磁铁精矿、钛精矿、石灰石、生石灰粉、高镁石灰等矿产品。经过四十余年的发展，已形成年产钒钛磁铁矿石3500万吨，钒钛磁铁矿精矿1150万吨（品位54%～57%），钛精矿95万吨（品位≥47%），石灰石成品矿85万吨的实际生产能力。公司正在积极争取红格南矿区矿权，拟通过对红格南矿区开发建设，进一步提高资源优势和保障能力。

截至2017年12月末，公司资产总额134.01亿元，其中：流动资产16.99亿元，固定资产净值60.09亿元，在建工程12.45亿元，无形资产34.85亿元（其中采矿权10.20亿元），其他资产22.08亿元。上缴税费6.63亿元。

【生产经营】 2017年，公司紧紧围绕生产经营目标及重点项目，成立应急保产领导小组，制定《矿石应急保产生产组织管理办法》，强化了生产组织和调度指挥，狠抓了生产指标的分解与项目的落实，克服了国家环保政策收紧、尖山地采停产、矿石品位降低、白马采场剥采比增大、设备状况老化等诸多因素影响，抓住钛精矿市场好转的有利时机，坚持规模化最大限度放量生产，较好完成了全年产量目标。攀枝花铁矿完成采剥总量4127万吨，输出铁矿石1744万吨。白马铁矿完成采剥总量6769万吨，输出铁矿石1772万吨。密地选矿厂生产铁精矿497.8万吨，品位53.77%。白马选矿厂生产铁精矿472.9万吨，品位55.79%；生产钛精矿12.1万吨，品位47.05%。选钛厂生产钛精矿51万吨，品位47.33%。兴茂公司生产钛精矿16万吨。外委生产铁精矿128.9万吨。公司自产钛精矿达79.1万吨。石灰石矿狠抓辅料矿生产组织，满足了冶炼生产需要。矿研院发挥科技创新创效的优势，为公司持续发展、降本增效提供技术支撑。动力厂、质计量中心等单位认真做好水电供应、质量计量检测等工作，为公司实现生产经营目标做出了贡献。

2017年，公司完成铁矿山采剥总量10895万吨，为年计划的100.14%；输出铁矿石3516万吨，为年计划的99.45%；生产铁精矿1136.9万吨，为年计划的98.86%，较2016年有一定幅度的增长；钛精矿88.7万吨，为年计划的126.71%，居全国第一；石灰石粉矿33.6万吨、生石灰粉42.9万吨、高镁灰4.9万吨。铁、钛精矿产销率分别为99.11%、87.39%。公司实现营业收入45.14亿元，报表利润5.32亿元，考核利润2.38亿元，超基本目标6835万元，超奋斗目标3835万元，实现全年生产经营目标。

【降本增效】 2017年，矿业公司针对电价、燃油、物资采购、外委等价格上涨以及剥采比上升等因素造成降本增效压力大的实际，为确保实现利润目标，公司年初对各厂、矿（单位）进行调研，通过对2016年实际成本利润情况和降本增效潜力进行分析预估，反复测算并按照成本费用加压要求，制定了降本增效保障措施，编制完成2017年公司全面预算，向各单位分解下达成本、利润预算指标。制定《攀钢集团矿业公司2017年系统降本增效保障体系》，做好量化降本工作，对厂矿（单位）开展财务督导工作，督导各单位成本费用指标层层分解落实，明确横向到边，纵向到底的“降本增效”责任，形成全员成本管理格局。狠抓降本增效攻关，公司成立了扩大生产规模、优化技术经济指标、降低采购成本、人力资源优化、物流优化、压缩变动费用、资源综合利用7个降本增效攻关队，狠抓降本增效措施落实，主要产品成本受控。其中，扩大生产规模及物流优化完成率达95%以上。密地铁精矿、白马铁精矿、密地钛精矿制造成本分别为165.21元/吨、200.41元/吨、368.82元/吨，完全成本分别为269.38元/吨、276.79元/吨、533.94元/吨，同比除铁精矿完全成本略有上升外，其余产品均有一定幅度下降。严格投资规划管理，推进重大工程设计及优化，节约投资费用5000万元。加大能源降耗力度，全年创效2127万元，铁精矿综合能耗20.81千克标煤/吨，同比降幅3.12%；钛精矿综合能耗30.92千克标煤/吨，同比降幅1.03%。

【人力资源优化】 不断巩固人力资源优化改革成果，持续优化人力资源配置，适度借助社会资源，盘活存量人力资源，先后重新梳理并核定新组建单位攀枝花铁矿、兴茂公司，以及白马铁矿、白马选矿厂定员编制，优化定员编制300余人，解决了新建工程项目配员需求。其中，解决了朱兰采场矿石胶带运输系统配员需求和电机车调车员岗位100余人；为白马选钛、白马田家村废石胶带运输、白马二通道3号破碎站等新建项目配员150余人；调剂60余人补充选矿厂、质计量中心、能动中心等严重缺员岗位。持续开展机构优化、业务整合，逐步实现机构精简，人员精干。完成采购系统移交整合，撤销物资处，调转汇裕公司30人。积极配合推进集团公司物流业务整合，新白马公司弯丘铁路专用线、桐子林转运站、选矿厂铁路专用线、石灰石矿铁路专用线等业务和资产与西部物联整合。停止兴茂公司铸球加工业务，对管理技术人员进行分流安置。组建红格南矿区资源综合利用项目筹备处，开展矿权争取及调规、现场调查等工作，为红格南矿区资源开发创造条件。截至2017年12月末，在岗职工6671人，同比减幅1.8%。按2017年度公司主要产品综合产能测算，人均年劳动生产率较2016年增加129吨。

【创新管理】 严格投资规划管理，编制完成公司2015—2020年（“十三五”）发展规划、2016—2018年发展规划，推进重大工程设计及优化，节约投资费用5000万元。加强能源管理，节能降耗全年创效2127万元，铁精矿综合能耗20.81千克标煤/吨，同比降幅3.12%；钛精矿综合能耗30.92千克标煤/吨，同比降幅1.03%。强化设备管理，狠抓设备风险管控，深化点检定修工作，设备运行受控，主要生产设备开动率稳定，设备作业率保持较高水平。夯实基础管理，制定下发《基础管理工作2016—2018年规划》《攀钢集团矿业有限公司管理升级工作方案》，积极推进“精益六西格玛”和“五制配套”工作，完成管理制度“废改立”工作。公司已发布管理制度151项，形成了矿业公司管理制度体系框架。加强安全管理，强化“党政同责、一岗双责”，建立责任清单制度，严格落实安全生产法律法规，加强重点领域风险管控，狠抓隐患排查治理，安全管理水平得到有效提升。

【工程建设】 为提升规模化生产能力，公司加快技改工程项目建设进度，2017年，完成朱兰开拓运输系统改造工程——矿石破碎及运输系统、白马铁矿1号土场及废石胶带运输系统、石灰石矿0号溜井等技改续建项目，运行效果良好。超常规推进环保工程项目建设，选钛厂粗粒干燥生产线异味深度治理于5月完工后投入试运行环保指标满足要求；密地生活水制水工艺退水达标排放改造工程于12月完工并投用；石灰石矿破碎除尘改造工程于12月底完工并投用；涉及攀枝花铁矿、石灰石矿土场（采场）的覆绿项目按期完工；川南硫铁矿酸性废水处理—周家硫铁矿废水站、白马铁矿架设及及坪采场爆堆洒水防尘及4号排土场复垦水源管道、石灰石矿采场破碎区域综合环境整治等23项工程按期完工。有序推进维简及安全生产费项目，在雨季前完成选矿厂尾矿库东西部坝面新建防洪沟、朱兰上部排洪系统清理修复、白马铁矿Ⅰ号土场1号沟和0号沟垮塌治理、松林坪土场3号沟垮塌修复等14项防洪工程。及时组织保产与隐患治理项目实施，完成了攀枝花铁矿排土场Ⅰ土—1下方挡渣防护、石灰石矿3号运矿支巷安全隐患治理、攀枝花铁矿1285米矿石振动仓装车线采场硐口段边坡加固、白马能动中心取水趸船保产措施、选矿厂粗破工序无人值守自动化改造、白马选厂选钛作业区隔粗增加复振筛、白马铁矿及及坪1945道路局部扩宽改造等项目的实施，确保公司生产顺行。

【科技工作】 2017年，共立项、下达科技项目113项，扎实推动重大技术研发。承担四川省科技支撑计划项目—攀西战略资源创新开发试验区项目，以及国家支撑计划项目—难回收钛铁矿高效利用与示范1项。全年共完成结题26项，计划完成率62%。大力推进成果转化及重点科研项目，粗粒铁精矿长距离管道输送工艺技术研究、白马铁矿矿石破碎胶带运输系统高效节能、清洁环保工程技术研究等6项科技成果通过四川省科技成果鉴定。同时，通过开展白马选钛生产线达产达效攻关，攻克了在极低品位原矿中经济回收钛精矿的世界性难题，对加快攀西钛资源综合利用步伐有着深远意义。进一步完善院士（专家）工作站试验仪器和设备，加快推进院士（专家）工作站科研项目。开展群众性技术创新活动，累计提出合理化建议2954条，实施1693条，累计创效3548万元。积极推广应用新工艺、新技术、新材料，推广应用攀枝花铁矿边坡预裂孔“柔性填塞”法，密地选矿厂试用高效磁选机试验和新型耐磨钢球及衬板，兴茂公司将AB耐磨材料使用到3245、2736球磨排矿螺旋，为高效率低成本生产提供了保障。开展工艺参数优化，完成选钛厂细粒强磁精矿分级分选的工艺优化改造等项目。全年组织申报“四新”项目40余项，立项29项，16项试用项目完成验收，7项在试用单位得到推广应用。全年投入研发费共1.74亿元，科技创效2.4亿元。

【矿山建设】 全面推进绿色矿山建设，落实企业环境保护主体责任，认真对待环保督察，建立问题责任清单，快速响应环保投诉，注重整改实效。环保督察期间，各督导点位接受政府部门、两级公司督察约186次1132人，完成省厅编号环保问题责任清单11大项中的23项、集团公司管控环保问题责任清单2项、公司内部自查环保问题责任清单6大项中的17项，共投入整改资金1.3亿元（其中厂容厂貌整治资金968万元），矿区绿化，现场环境有较大改善。大力推进数字矿山建设，编制完成《“两化融合”人力资源优化方案》及公司“两化融合”三年规划。完成第一批“两化融合”项目的方案设计。全力推进和谐矿山建设。认真开展网络问企工作。搭建技能传承、创新、创效平台，加强“技能大师工作室”建设，着力加大职工技能培训和岗位成才力度。在攀钢第七届职工技术运动会上，公司4名职工获得攀钢“技术状元”，29名职工获得攀钢“技术能手”称号。认真落实企业文化建设规划，大力弘扬“艰苦奋斗、永攀高峰”的攀钢精神，扎实开展“践行共享理念、关爱一线员工”专项服务行动，费用预算近5700万元，已完成27项。努力改善职工物质、文化生活水平，发放各类扶贫帮困资金77.21万元。

（黄长银）

冶金建设

【概　况】　2017年，中国十九冶（集团）有限公司（以下简称中国十九冶）以中共十九大精神为引领，紧紧围绕中冶集团“做冶金建设国家队、基本建设主力军、新兴产业领跑者、长期坚持走高技术建设之路”的战略定位，紧跟公司“三个加快建设、四个创新驱动、五个发展保障”的顶层设计，铁血降本增效，全年实现新签合同指标265亿元，营业收入108亿元，利润3.45亿元。市政公用工程施工总承包资质升为特级，晋升“三特级”资质企业；荣获“四川省建筑业优秀企业”、四川省五一劳动奖状、入围2016年度中国建筑业竞争力200强企业。

【市场开拓】　2017年，中国十九冶创新、创利，以多元板块经营支撑，始终把“投融资引领”作为核心目标，不断创新营销模式，从被动寻找市场向主动创造市场转变，从独立开发市场向合作开发市场转变；深度整合多方金融资源，加强与信托基金合作。实现多种资本金融资方案，提高项目资金落地的时效性和便捷性。深化银企合作，掌握PPP项目运作主动权。全年中标各类PPP项目15项，与2016年相比，PPP项目总投资增加16.5亿元，增幅5.43%；非冶金市场占比88.61%，冶金市场占比6.18%。同时，紧跟国家“一带一路”倡议和中冶集团“走出去”战略，相继签约27个海外项目。

共赢、共享，建立良好的市场关系。以西部市场为核心，中国十九冶先后与成都、攀枝花、泸州、德阳等城市建立了良好的合作关系；积极拓展省外优质项目，先后在河南、新疆、西藏、山东、福建、贵州等20多个省市县，与各地政府洽商建立关系；与华西能源、川投航信、中国农业银行、辽宁交投、巴音郭楞蒙古自治州、都江堰市政府、北京首钢国际工程技术有限公司等签署战略合作协议。

【工程建设】　2017年，中国十九冶在海内外130个在建项目中，以匠心、诚心、真心，持续放大“西部铁军”高效、诚信、与时俱进的品牌价值。新兴产业建设—沈阳铁西新城综合管廊进入施工收尾阶段，昆明、成都高新区中和片区、中山翠亨新区等地下综合管廊建设如火如荼；浙江三门美丽乡村一期项目封顶；四川天府新区新兴工业园标准厂房二期项目全面封顶。

基本建设：贵州遵绥、三施高速公路进展顺利；天府新区路网工程，重庆鱼洞综合客运换乘枢纽，重庆两江新区安置房项目，台州内环路项目相继竣工；攀枝花第四十二中小学、第四十一中学（成都外国语学校）开学招生，校方代表特别感谢中国十九冶270天的倾力付出，创造了“十九冶速度”。

PPP项目建设：攀枝花市火车南站项目，泸州二环路项目等施工顺利推进；河南濮阳市干线公路、攀枝花工业园区基础设施等工程顺利开工；重庆西部现代物流产业园土地一级开发整治项目、遂宁船山区PPP项目大干快上；岳池PPP项目安置房工程通过主体结构验收。

海外建设：21世纪世界最美的高炉—台塑越南河静1号高炉投产，成为“西部铁军”打造国家品牌最具价值和魅力的名片。印度尼西亚OBI岛镍铁项目一期工程全面投产；塔里阿布岛铁矿项目完美竣工；马来西亚关丹产业园350万吨钢铁项目轧钢高线联动试车；援建阿富汗喀布尔大学综合教学楼和礼堂项目稳步推进。

【人才建设】　代表中国参赛的中国十九冶选手宁显海，在第44届世界技能大赛焊接项目比赛中，夺得冠军，卞涛获得建筑金属构造项目第四名。11月21日，宁显海、卞涛在中南海受到中共中央政治局常委、国务院总理李克强、副总理马凯的亲切接见。

匠心筑梦，高技能人才优势持续扩大。中国十九冶以打造工匠集群作为高技能人才建设的核心，全年创建国家、省、市企业级工作室6个，新增全国技术能手10名，中国十九冶成为四川省三家“双国级”技能大师工作室单位之一，和中冶集团成为唯一拥有“双国级”技能大师工作室的单位。

结构优化，专业技术人才建设持续提升。全年引进一级建造师39人，博士3人，硕士59人，本科114人，注册建筑师、注册造价师等7人；新增教授级高级工程师18人；抓好投融资专业人才建设，形成了一支由40人组成，平均年龄27岁，公司乃至中冶集团最具开发潜力的投融资团队，其中，博士1人，硕士26人，本科14人，党员17人，持有一级建造师、ACCA证书、律师执业资格证书各1人，持有注册会计师证书2人。

【科技创新】 成功申报“四川省城市综合管廊技术研究中心”；与西南交通大学在贵州高速公路上的技术开发，让产学研合作迈出实质性一步；中冶市政路桥工程技术中心通过组建验收；4项科技成果通过中冶集团鉴定，其中1项达到国际先进水平，4项科技成果通过省部级鉴定，6项工法被评为省部级工法；全年专利受理252项、新授权专利103项，参编行业标准2项，突出科技进步“再提升、再创新”。

【文化品牌】 在国资委、中华全国总工会等开展的“一线故事”活动中，《OBI岛上的跨国恋》获“中国建设者十大故事奖”，《焊动世界的95后》获得优秀作品奖；视频短片《老高说高炉》登上央视“厉害了，我的国”，在中央电视台《第一时间》和《经济信息联播》栏目4次连播，并获视频最佳出镜奖；在国资委开展的“砥砺奋进新国企”系列宣传活动中，推选的周树春入选国资委“党员idol”公益广告展示；推选的程越、曾正超事迹入选中央人民广播电台《我爱你中国》系列声音纪录片《中国建设者》。中国十九冶荣获“2016—2017年度全国企业文化优秀成果奖”。

（罗　珣）

煤　炭

【概　况】 攀枝花煤业（集团）有限责任公司（以下简称攀煤公司）是川煤集团规模最大的子公司，始建于1964年，是20世纪60年代国家在“大三线”建设中为攀枝花钢铁基地配套建设的国有大型煤炭企业。经过近半个世纪的艰苦创业和改革发展，攀煤（集团）公司已建设成为以煤为主，电力、火工、建筑建材、机械制造等多业并举、配套发展的综合性企业。公司煤炭核定生产能力507万吨/年，现有4对矿井、300兆瓦电力、2亿块煤矸石砖及火工、机械制造、物流贸易、农林开发等产业在内的18个分公司、9个子公司等共27个单位，在册员工12919人，其中在岗员工10654，员工家属10万余人，总资产90亿元。企业先后获得四川省优秀企业、全国节能一级企业、全国思想政治工作优秀企业、全国五一劳动奖状等荣誉称号。

【生产经营】 2017年，是攀煤公司全力落实“十三五”规划重要的一年，也是公司实施三年改革脱困规划最后的一年。攀煤公司按照川煤集团统一部署，围绕“改革攻坚、扭亏增盈、转型升级”工作主题，砥砺奋进，攻坚克难，渡过了近几年“主力矿井赋存条件变化异常、煤炭价格断崖下行、资金链条几近断裂”的三重危机，扭转了连续五年严重亏损的被动局面，改革脱困取得阶段性胜利。全年生产原煤375.7万吨，同比增加32.8万吨；产销精煤179.5万吨，同比增加8.9万吨；销售电煤16.39万吨；总进尺33905米，同比减少9218米；矸石发电2.9亿度，同比减发1.1亿度；生产矸石砖4645万块，同比增加787万块；销售火药12178吨，同比增加329吨。营业收入22.65亿元，同比增加6.32亿元，其中，煤炭收入20.44亿元，非煤收入2.18亿元；实现利润2.1亿元，同比减亏6.55亿元；经营现金流量3.4亿元，同比增加3.37亿元。矿井百万吨死亡率0.53，控制在川煤指标范围内；地面无重伤及以上事故。全年在岗员工人均收入预计4.85万元，同比增加6.5%，其中一线员工收入5.5万元，同比增长9.5%。

【煤炭生产】 2017年，攀煤公司面对煤炭行业持续五年“寒冬”、矿井赋存条件变化异常的严酷现实，一方面从优化生产布局、调整采掘接替、合理劳动组织、激活分配杠杆上，加强了原煤生产组织管理，特别在培育打造核心工作面上，相继把太平、花山矿两个厚煤层大采高，小宝鼎39号层、大宝顶综放采面作为重点，调整补欠，循环调控。制定实施单产单进综合考核办法，组织开展产量台阶加价、单产单进劳动竞赛，着力提升单产单进水平，矿井生产由被动转为主动，全年生产原煤375.7万吨，同比增加32.8万吨，其中，大宝顶矿保持持续高产稳产态势，为公司提升总量做出了突出贡献，本煤公司呈现出产销两旺、稳中向好的发展态势。一方面从加大煤质联动考核、扩大在线煤质监测系统、强化煤质过程管控上，注重抓好原煤质量，落实采优缓劣、合理配采、严控采高、分装分运、现场捡矸等措施，有效降低了条件变化对原煤质量的影响，四矿原煤综合灰分54.84%，均控制在公司指标范围内，其中，小宝鼎矿提质增收效果明显，仅此一项实现增收3000余万元。为适应攀钢、昆钢用户焦煤等级变化需要，改进煤炭洗选工艺和流程环节，精煤回收率在原煤质量同比普遍下降的情况下，达49.98%，较年初预算提高3个百分点。一方面在积极拓展市场、主动稳价提价、走访重点客户等方面，加大运销激励约束力度，专门针对市场反弹、运输吃紧的情况，注重加强与铁路站段的沟通协调，解决运输瓶颈制约，煤炭产品实现全产全销，效益较大化。加大市场调查研究，密切关注市场动态，建立市场风险防范机制，实施择机差异化营销策略，在维护权衡攀钢、昆钢等大客户、重点客户的前提下，开辟了柳钢、大为焦化、华润水泥、中建材等新用户，精煤自销价比统销价每吨高出80元以上，全年实现增收500余万元。

【非煤产业】 2017年，攀煤公司面对非煤产业长期依附煤炭主业、相关产业市场疲软的困难局面，在全力推进市场化独立运营的基础上，严格实施非煤经营资金封闭运行。其中，水电公司立足转变管服职能，通过加强全面预算管理，争取容量费和直购电优惠政策，抢抓“两供一业”电力安装维护业务，实现收入1.69亿元，利润1902万元。矸石电厂在上网电量、上网电价大幅下跌，水火置换政策取消、停发时间过长的严峻形势下，着力内强管理节支降耗，维护了企业基本生存和生产秩序。机制公司规范内部强管理，面向市场拓业务，积极谋求与贵州恒鼎和攀枝花板簧厂合作，拓展维修、制造业务，全年实现产值3879万元，利润309万元。九鼎公司积极推进窑炉废气、原料粉尘环保治理，实施砖一厂技术改造，拓展副产品加工业务，开展矸石再洗和配煤加工，全年实现产值3310万元，亏损245万元，同比减亏715万元。在机电维修、加工业务上，讲诚信、重质量，机电业务板块人均产值达到30万元以上。恒威公司，充分利用自身爆破技术优势和爆破培训资质，扩大联营、合作伙伴，开展爆破、运输、培训创收业务，实现产值3200万元，利润634万元。成都公司努力盘活闲置房产、土地，用好酒店租赁资金，着力抓好乳化油以及三个新品种的生产与市场开拓，实现收入1014万元，亏损174万元，同比减亏286万元。其他单位如物房公司承揽“两供一业”部分工程，生活公司启动内部餐饮业务整合与社会化服务，供应公司加强对外贸易业务，救消大队拓展对外救援培训和对外业务创收，技术中心稳定信息网络服务，培训中心利用培训资质大胆走出去扩大对外培训，都发挥了自身服务职能和专业资质优势，巩固扩大了不同渠道、不同业务的内外创收。

【经营管控】 2017年，攀煤公司面对管理相对粗放、连续五年严重亏损的被动形势，强力推行全面预算管理，细化实施经营管控措施，经营效果进一步彰显，在三年来年均减少各类费用2亿多元的基础上，全年同比减少各类费用0.9亿元、上缴税费3.2亿元、实现利润2.1亿元，保证了公司经营秩序基本不乱，资金链条基本不断，员工工资基本不欠，员工社保待遇基本不影响。在成本管控上，健全完善了材料预算指标体系及配套定额考核办法，继续推行招采分离，扩大集中采购招标范围，从采购源头上控制材料成本。深入开展清仓利库、修旧利废、回收复用等工作，全年回收2857万元，复用1353万元，修旧利废757万元。继续执行水电消耗错峰平谷政策，调整压缩高耗能设备，严格水电“三方计量”双向管控，水电单耗同比降低12.58%。调整完善工资总额核定与结算使用，实行纵横宏观调控，通过清理规范劳动、劳务用工，压缩无效工时、单项奖金，减少不必要的工资支出，在川煤集团工资总额核增5%的前提下，公司实际工资总额与同期相比基本持平。量力而行，严控工程投资，特别对所有外委工程、服务协议进行了梳理，除政策硬性规定或从业资质限制外，其他一律收回自营，全年投资预算1.03亿元，实际发生8526万元，较预算减少17.25%。归口管理，大力压缩非生产性费用支出，修订完善并严格执行“五费”管理办法，建立责任部门挂钩考核体系，实行归口集中管理，“五费”同比下降8.5%。全年吨原煤完全成本315元，同期同口径相比下降5%，吨精煤加工费93元，同期同口径相比下降3%。在资金管理上，将所有资金收、支全部纳入预算管理体系，强化资金流向监控，从严审批程序，所有对外资金支付严格按审定的月度资金预算由公司财务集中办理，没有列入预算的一律不准支出，确保资金链不断，保证了正常安全生产经营所需；组织开展库存占用、应收账款、对外股权投资专项清理活动，建立货款回收激励约束机制，对各单位下达货款回收目标，加强应收账款清收，当年货款回收率达100%，陈欠货款回收0.55亿元。多方筹措资金，确保授信额度不减，调整贷款和票据融资结构，财务费用在商票贴现总额增加、贴现率大幅提高的情况下，同比减少1000多万元。在挖潜增收上，重点加大煤炭副产品的综合利用，开展矸石再洗，实施中煤配比加工，实行煤炭副产品（含中煤）每月竞价销售，全年实现收入7265万元，其中，竞价溢价收入1533万元。积极开展煤炭贸易，实现收入1.2亿元，利润340万元。根据存量资产资源隶属关系，采取“公司+单位”的租赁、合营、调剂等方式，对闲置的资产资源、设备配件等进行了有效利用，充分盘活。

【改革发展】 2017年，攀煤公司面对人多效率低、体制机制不活的突出矛盾，一方面立足实际，着力调机制、压层级、减冗员。在2015年启动实施三年改革脱困规划的基础上，进一步从定编定岗定员入手，重点实施两级机关以及主要生产单位物资供应、地面辅助、后勤系统的改革工作，在前两年减员分流4010人的基础上，全年在岗减员分流831人，全公司在岗人数减至10654人；从调整分配体系入手，重点推行了四矿、精煤公司工资分配结构制改革，全公司一、二、三线分配比例调整更趋合理，更加体现收入向生产一线、向苦脏累险、向技术技能岗位倾斜；从理顺管理体制入手，推行煤炭主业一矿一策、一面一策，对接市场，挖潜增收。以不亏完全成本为目标，进一步完善内部市场价格结算体系，建立市场变化20%收入风险及煤价与工资预算的联动机制，实行财务费用吨煤50元摊销连带反应机制，真实反映成本管控水平；调整压缩经营指标考核体系，加大成本、利润、现金流的考核权重，变数量考核为效果考核。实施非煤经营分兵突围、分灶吃饭，在完善资金封闭运行管理的基础上，按照一企一策、一点一策，推行多元化、市场化经营方式改革，在保证国有资产不流失的前提下，充分下放权力，推向市场、自主经营。一方面两眼向外，着力争政策、推分离、减负担。积极利用国家“三供一业”分离移交资金，加快推进公司“两供一业”改造工程，完成整体工程形象进度的20%左右。加快推进化解过剩产能相关工作，完成了花山矿核减产能60万吨目标，保证大、小宝鼎矿正常生产。积极支持川煤集团实施医疗系统市场化、专业化整合，顺利完成总医院的剥离。

【安全工作】 2017年，攀煤公司安全生产开局不利，1—4月接连发生两起顶板事故共死亡2人，倒逼公司提前三个季度进入安全决战期。事故发生后，公司坚持投入保障不断加大，全面开展煤矿安全体检，持续加强隐患排查整改，以国家煤矿达标验收为载体，强力推进安全生产标准化建设；坚持责任落实不断强化，细化落实领导“一岗双责”，干部值班、带班制度，建立健全各级安全包保体系，推行全员安全风险抵押，强化每月安全绩效、每季质量标准化考核，突出加强重点头面、薄弱区域、要害部位、特殊时段的过程管控，制定实施年末特别是中共十九大期间的安全生产特别规定，严格落实驻矿巡查工作制度，一级抓一级、一级保一级；坚持基层基础不断深化，深入开展安全文化建设，注重加强员工安全教育、行为规范，确保后期安全生产。

【人力资源管理】 2017年，攀煤公司继续规范用工制度、完善薪酬分配机制、加强职工素质培养和业务培训，通过协议歇岗、轮岗休假、强制年休等办法，推进减员分流工作，取得较好效果。用工管理上，全年共计减员分流1184人，其中，退休470人，内部退养474人，政策性买断解除劳动合同111人，清理清退“七类”人员解除劳动合同84人，其他45人。各级管理人员1412人，较年初减少384人，其中：公司领导7人，公司中层管理人员（处级）114人，较年初减少4人，公司基层管理人员（科级及以下）1290人，较年初减少382人，各级管理人员占在册员工的11%，占在岗员工的13%；专业技术人员393人，占公司在岗员工的4%；操作类员工9242人，占公司在岗员工的87%，较年初减少783人。操作岗位员工中持有职业等级资格证各类技能性员工2689人，占在岗员工的25%，其中：高级技师4人、技师44人、高级工535人，中级工1395人，初级工711人。薪酬管理上，持续深化推进薪酬分配制度改革，规范完善薪酬结算分配制度，调整薪酬结构，促进人力资源结构优化调整和减员分流工作。规范和完善公司《工资结算考核管理办法》和《企业负责人薪酬管理及经营业绩考核办法》；出台《进一步规范基层单位工资分配管理的指导意见》和《进一步规范基层队队务公开工作实施意见》；编制《攀煤公司2017年工资专项审计报告》及《攀煤公司2017年工资总额预算报告》，全年在岗员工人均收入4.85万元，同比增加6.5%。培训管理上，全年组织安全管理人员培训班计划400人，实际培训494人，完成计划的123.5%；特种作业人员培训计划2200人，实际培训2696人，完成计划的122.5%；煤矿班组长培训计划600人，实际培训534人，完成计划的89%；四矿开展职业病防治培训5484人，开展其他安全培训5639人；焦化公司分流员工转岗培训41人。

【科技创新】 2017年，攀煤公司结合改革创新实际，编制完成《科技创新机制改革方案》；修订完善了《攀煤（集团）公司科技工作管理办法》《攀煤（集团）公司科技项目管理办法》等11项科技创新管理制度办法，为公司实施科技扭亏战略提供制度保障；强化项目管理，安排推进的21个科技项目，4项参加省级科技成果鉴定，1项获四川科技进步三等奖。10项参加川煤鉴定，1项获二等奖，5项获3等奖。33件专利参加川煤评比，1件获一等奖，4件获2等奖，5件获3等奖；多渠道争取科技项目各级研发资金，申报“太平矿急倾斜薄煤层综合机械化开采技术研究”等3项科技研发项目参与减免税，减免税金150万元；积极开展学术交流，组织开展40余人参加的科技报告撰写专题培训班，出版《宝鼎科技》3期，登载论文31篇，进一步提升专业技术撰写能力；公司连续多年保持川煤技术创新优秀单位称号。

【信息化建设】 2017年，攀煤公司严格按照信息化“两个办法”定期开展了检查、指导、培训和服务保障工作。组织完成了公司信访办视频监控及供应处江南库视频监控项目建设，完成公司OA办公系统文件二级分布式存储管理，与川煤成功实现对接。组织专项检查考核2次，处理矿井、管理信息化系统故障80余次，整改信息技术问题10余项，技术改进6项，较好地解决了系统存在的如运行不稳定、功能不够完善、信息整合不全面等问题；组织信息化系统及川煤集团安全生产管理信息系统培训200余人次，内部交叉培训，技术结对8人次，有力提升了系统维护保障能力，公司获川煤信息化工作考核第一名。攀煤公司实现信息传递网络化、数据处理自动化、信息管理规范化、软硬件建设同步化。

【节能环保】 2017年，攀煤公司认真履行企业环保主体责任，严格执行和落实《中华人民共和国环境保护管理办法》《节约能源管理考核办法》，全年对各单位大气、水、噪声、无组织排放等监测出具报告174份；定期及不定期检查10余次，下发《环保简报》3期、通报2个。强化环保问题整改，省环保督察中涉及攀煤公司的5个问题，3个按期限整改完成；接到中央、市、区环保问题投诉5件，现全部解决；攀枝花市环境“风暴”以来，开展集中自我排查，对排查出的26个问题，全部整改完毕。强化危化品监管，编制完善《危险化学品管理制度》《危险化学品管理考核办法》《公司危化品事故应急预案》《公司危化品泄漏事故应急预案》，进行了季度及不定期检查，组织精煤公司、小宝鼎煤矿、花山矿开展危险废物处置工作，清查各单位过期或报废的危化品。积极推广节能“四新”技术，淘汰落后机电设备，共淘汰井下23台油浸式变压器，淘汰燃煤锅炉2蒸吨1台，太平煤矿、花山煤矿启动了燃煤锅炉改空气源热泵，恒威公司启动燃煤锅炉改电锅炉，井下电网电改造工程全部完成。加强计量标准资质考核，公司17项企业最高计量标准全部通过省质量技术监督局考核，其中5项强制检定标准获得授权。

【和谐矿区建设】 2017年，攀煤公司坚持以人为本，力保员工工资发放，在企业经营十分困难的形势下，员工收入保持稳中有升。注重开辟解决历史遗留问题新渠道，制定信访维稳处置预案，落实领导包案制，与西区政府建立政法信访维稳联动机制，定期召开信访例会，有效化解了农企纠纷、临转合、沿江劳服司等多起历史遗留问题，着力解决了欠缴职工社会保险、欠付职工通勤费等涉及民生的历史欠账问题，积极推动沉陷区治理、棚户区改造房产证办理问题；注重加大困难群体帮扶救助力度，落实公司帮扶中心困难群体帮扶救助方案，争取和自筹资金402万元，救助困难群体4258人次，保障困难群体基本生活；不断丰富矿区文体生活，适时开展职工篮球比赛、女子排球比赛、喜迎十九大等文体活动，维护整个矿区的和谐稳定。特别是党的十九大期间，信访维稳工作实现、进京、赴蓉零目标，杜绝了群体性上访事件。

【转型升级】 2017年，攀煤公司面对一煤独大、一股独大的固有束缚，努力盘活资产资源，推动项目转型落地。一方面加大政策研究，发挥政策研究委员会的作用，分系统分专业开展调查摸底，掌握公司各类现状和困难，在主动对接省、市有关部门的同时，与攀枝花市政府建立了地企联动机制，与西区政府建立了“两供一业”协调推进机制，全年争取包括国债、水资源、直购电、土地使用税、电力容量费、科技创新等各类费用减免及补助共计6000多万元。一方面加快转型项目落地见效。利用矿区闲置土地荒山，积极推进农光互补、农林开发、规模化养殖项目，开展物流、信息、贸易，拓展井巷工程、土建施工、机电安装等业务，特别是大宝顶一期30兆瓦光伏发电合作项目，6月底建成投运，每年可为公司增加利润300余万元；机关苗圃、养殖场项目基本成型，逐步从试验型转到规模化发展。

（张洪伟　庞文斌）

电　力

国网四川省电力公司攀枝花供电公司

【概　况】 国网四川省电力公司攀枝花供电公司是国网四川省电力公司下属的特一型供电企业，担负着攀枝花市5个区（县）及周边部分地区近万平方千米的供电任务，供电客户41万户。网内共有变电站114座，其中500千伏变电站3座、220千伏变电站15座、110千伏及以下变电站96座。公司下设职能部门11个，县级供电企业4个（仁和供电公司、西区供电公司、米易县供电公司、盐边县供电公司），业务支撑和实施机构6个，集体企业平台公司1个，农村供电所21个。公司全口径用工总人数

2751人（其中全民职工1788人，集体职工242人，集体企业聘用职工546人，劳务派遣用工175人）。2017年，全年完成售电量95.54亿千瓦时（同比增长9.64%）。

【电网建设与发展】 2017年，完成固定资产投资5.36亿元，其中电网投资4.68亿元，新增变电容量48.63万千伏安、输电线路61.2千米。促成四川省电力公司与市政府签订智能电网建设框架协议，促进政企合作水平迈向新的台阶。完善攀枝花电网“十三五”规划，完成攀枝花6个工业园区专项电网规划。建立“一口对外”协调机制，整合内部资源，推动属地协调工作，为甘泉—会东、二滩—普提500千伏线路工程顺利推进奠定基础。成昆铁路扩能牵引站等5项输变电工程按期开工、有序推进，220千伏回龙沟输变电工程比计划提前4个月投运。

【精准扶贫】 精准对接全市脱贫攻坚战略目标，大力推进电力扶贫，2017年，完成农网投资2.43亿元，新建和改造农村10千伏线路308.54千米、低压线路1281.12千米，新增10千伏配变269台，全面完成新一轮农网“两年攻坚战”工程建设任务。累计完成贫困村电网改造投资1.47亿元，全市70个贫困村中，已实现62个贫困村电网脱贫，剩余8个贫困村项目全部纳入2018年计划实施；2017年，解决异地扶贫搬迁746户生活用电问题，通过政府验收合格。在定点扶贫工作中，为大窝凼村提供林下养殖技术和高寒土豆种植技术，贫困村民产业发展愿望和脱贫积极性有较大提高，29户贫困户年人均收入提升1000元。

【市场服务】 完成1.47万户“三供一业”供电设施改造移交，“两供一业”分离移交协议签约率达100%。推动钒钛园区恢复了两部制电价。积极拓展电锅炉、电烤烟等电能替代领域，完成替代电量20.92亿千瓦时。在全川率先实现智能电表全覆盖，业扩报装办理时限提升37.49%。推进互联网+营销服务，在全川率先实现支付宝购电，“掌上电力”绑定用户比例居全省前列。主城区5个24小时应急抢修点全年共开展电力抢修6100次。累计投入3050万元改造全市老旧、弃管小区配电设施，受益用户2.09万户。利用集体企业平台公司增加售电业务，有力引领区域售电市场发展方向。协助客户充分参与电力交易，让改革红利释放到终端客户，推动企业扩大产能。

【安全生产】 发布安全生产“双十条禁令”、发放农网“保命卡”、开展精准“日管控”、班组反违章，安全管理基础不断夯实。成立带电作业室，全年带电作业次数同比增长115.2%。率先在全四川省开展输电线路机器人检修，创新使用无人机开展安全质量巡查。2017年，线路跳闸率同比下降38%。两次配合四川省三大直流保电工作，为三大直流在迎峰度夏期间满功率稳定运行提供有力支持。成功组织各类应急演练87次，高质量完成援助凉山公司、南方电网的跨区域多次救灾抢险工作及各项重大保电任务。

（王　晨　廖光宇）

雅砻江流域水电开发有限公司二滩水力发电厂

【概　况】 2017年，二滩电厂按照雅砻江公司“创新突破年”工作指导思想，围绕中心工作，以“安全生产，稳发满发”为目标，以“NOSA”体系及班组建设为抓手，持续完善“一厂两站”管理模式，积极推进“国际一流水电厂”创建，深化规范精细管理，深入开展作风建设，扎实做好提质增效工作，电力安全生产、设备老化应对、规范精细管理和创新创效工作取得新突破，技术管理、团队建设及党建工作进一步得到增强。截至12月31日，二滩水电站长周期安全生产3748天，连续长周期安全生产超十年，桐子林水电站长周期安全生产803天，投产以来保持连续安全运行并实现零强停。2017年1月，二滩水电站通过“NOSCAR”复审认证，桐子林水电站在首次“NOSA”评审中获四星认证。

【主要指标完成情况】 2017年，在二滩水电站设备持续老化，以及桐子林水电站设备处于磨合期、泄洪闸门操作十分频繁等严峻形势下，二滩电厂全年未发生二类障碍及以上不安全事件，安全指标完成情况优异。截至12月31日，二滩电厂年发电量167.3亿千瓦时，其中二滩水电站148.4亿千瓦时、桐子林水电站18.9亿千瓦时。二滩水电站主设备完好率100%，水工建筑物完好率100%；桐子林水电站主设备完好率100%，水工建筑物完好率100%，各项可靠性指标、经济技术指标优于雅砻江公司下达考核值。

（王灵芝）

华电四川发电有限公司攀枝花分公司

【概　况】 华电四川发电有限公司攀枝花分公司、攀枝花三维发电有限责任公司实行两块牌子，一套班子的管理模式。四川攀枝花华电新能源有限公司由华电四川发电有限公司攀枝花分公司代管。

华电四川发电有限公司攀枝花分公司是在撤并原攀枝花、河门口、新庄电厂基础上组建而成。1999 年 5 月合并时装机总容量为 33.6 万千瓦，按国家关于关停小火电政策规定，所有机组于 1999—2007 年期间先后全部关停，现已无在役运行机组。华电四川发电有限公司攀枝花分公司继续保持“中国华电集团公司四川分公司文明单位”“四川省文明单位”荣誉称号。

四川攀枝花华电新能源有限公司成立于 2015 年 12 月 20 日，是华电四川发电有限公司全额出资组建成立的全资子公司，国有独资的有限责任公司，由华电四川发电有限公司攀枝花分公司代管。2017 年，主要经营 5.88 兆瓦太阳能发电项目。该项目分两期建设，一期项目于 2016 年 5 月 21 日投入试运行。全年，光伏一期项目完成发电量 408.96 万千瓦时。

攀枝花三维发电有限责任公司位于西区河门口镇。2017 年主要经营管理两台 135 兆瓦超高压中间再热循环流化床燃煤（矸石）发电机组。截至 2017 年 12 月底，下设 16 个部室，有职工 938 人（在岗职工 468 人，内部退养 470 人）。全年，发电量完成 0.406 亿千瓦时，同比少发 2.7 亿千瓦时，完成年度执行预算的 13.1%。售电量累计完成 2.69 亿千瓦时，同比下降 3.12 亿千瓦时。设备平均利用小时数完成 150 小时，同比下降 1002 小时。攀枝花三维发电有限责任公司继续保持四川省“省级安全文化建设示范企业”“省级电力企业安全生产标准化达标企业”“中国华电集团公司四川分公司文明单位”“四川省文明单位”荣誉称号。

【安全生产】 2017 年，按照“安全体系全覆盖、安全管理零容忍、安全事故硬考核、责任追究严查处”要求，以安全性评价整改为抓手，以隐患排查整治为重点，推进本质安全型企业建设。持续深入推进一线班组、操作层的安全规章制度措施落实，加强安全生产全过程管控。全年查出整改项目 537 项，查出项目已全部整改完毕。开展春季、秋季安全大检查、安全隐患整治、安全生产月、节前安全大检查、防汛防洪、防止地质灾害等专项检查活动。加强对外发承包工程安全管理和交通安全管理，修订《外出工程安全管理标准》，完成《对外工程安全管理规定汇编》并严格落实。以高度的使命感和责任感做好安全环保各项工作，圆满完成党的十九大、全国“两会”等重大活动和重要时段的安全保卫工作，实现全年公司无事故。

【经营管理】 2017 年，华电四川发电有限公司攀枝花分公司、攀枝花三维发电有限责任公司（以下统称公司）持续实施低成本战略，以增收节支、提质增效统揽全局工作，以精益管理为抓手，提升存量资产经营绩效。2 月 28 日，公司出台《2017 年度增收节支工作措施方案》，编制增收节支工作任务分解表，从电量、电煤、电价、能耗指标、政策争取、物资管理、成本控制等方面分解为 84 个子项的增收节支具体措施，逐项明确任务目标和责任部门。印发年度重点工作分解及跟踪督查通知，加强目标管理和过程控制。成立 9 个专项工作组，分别由领导班子成员对资产经营、转型发展、政策争取、企业稳定等重点工作进行挂牌督办，从组织机构、制度措施、督办力度上为增收节支、降本增效提供坚实保障。通过严格落实增收节支工作措施方案，全面推进精益管理，各项工作取得较好成效。检修费、材料费、管理费等三项费用同比降低 643.23 万元。

【内部改革】 为更好适应“走出去”战略实施，实现转型发展，公司经过研究决定，按照“精干高效、科学合理”的原则，对公司内部运行、检修、燃料物资采购、项目开发、工程技术市场拓展等职能进行整合，将燃化部合并入运行部，项目开发建设部合并入营销计划部，燃料供应部和物资供应部合并为燃料物资供应部，将对外工程技术业务拓展、管理职能纳入对外业务项目部管理，该部门与生产技术部合署办公。9 月 19 日，印发文件明确规定涉及整合部门的管理职责。

【依法治企】 充分发挥以总法律顾问为中心的法律事务管理工作体系作用，综合运用法律审核、内部审计监督、纪检监察等重要抓手，建立完善法律风险防范机制，加强对公司内部职权运行的法律把关和纪律刚性制约。实现规章制度、经济合同和重要决策三项 100% 法律审核把关。全年审核重大决策 5 项，对修订、制定的 53 个内部规章制度进行法律审核。全年组织安排法律事务管理人员参与公司招议标监督 107 项次，审核会签合同 163 份（含多经租赁合同）。6 月，开展“法律体检”活动。对公司治理、行政许可、劳动用工、招投标、合同管理以及纠纷案件管理等六个方面工作进行依法合规检查，发现合同台账管理不严谨、合同编号不规范、对方委托人手续不完整，合同档案管理不规范、合同会签手续不完整等 33 项问题，逐一落实整改，确保公司各项工作依法合规。1 月 4 日，按照国资委全面推进法治央企建设新要求，围绕“十三五”规划期间公司经营发展目标任务和法治需求，公司印发《开展法治宣传教育的第七个五年规划》，以完成“一个中心、四个提升、四个明显增强”为目标，全面启动公司“七五”普法工作。5 月 16 日，组织开展了年度普法知识大赛。12 月 21 日，公司成立法治建设领导小组，出台《企业主要负责人履行推进法治建设第一责任人职责实施办法》，落实企业主要负责人依法治企职责，细化分解法治建设目标任务，加强企业法治建设。

【对外市场拓展】 2017年，公司继续承运理县甘堡运维和金上变电站两项运维项目。新承接水洛河公司施工变电站、水洛河公司固滴电站、瓦屋山公司220千伏瓦东线、110千伏楼芦线路等4项运维项目及泸定公司鱼类增殖站养殖项目。泸定鱼类增殖项目于10月27日完成秋季10万尾育苗放流任务，并成功实施秋季10万尾育苗孵化任务。完成西溪河、木里河、水洛河、瓦屋山沙坪电站春季机组2台A修，9台C修及设备年检预试任务。冬季，公司再次组建4个水电检修项目部对西溪河联补电站，水洛河宁朗、撒多电站，木里河立洲、卡基娃电站共14台机组进行检修维护。全年实现合同收入2648万元（不含税），同比增加1300万元。

【公务用车】 1月17日，为贯彻落实中央“八项规定”精神和厉行节约反对浪费的总体要求，出台《公务用车制度改革方案》，全部取消公务用车，原有8台公务用车仅保留4台用于机要文书、重要档案、大额资金往来、应急等工作时使用，其他4辆公务车辆按照使用年限和车况进行报废、拍卖处置。其中3台报废，一台经过公开招标后出售。对符合条件的公务用车实行限额据实报销交通费的用车模式。

【“三供一业”分离移交】 加快推进“三供一业（供水、供电、供气和物业管理）”分离移交工作，主动对接攀枝花市国资委，争取相关政策支持。加强与国网攀枝花供电公司、攀枝花水务集团公司，市煤气总公司、东区政府、西区政府沟通协商，在4—6月期间，完成供水、供电、供气、物业管理框架协议的签订。9月，完成大渡口、清香坪、河门口3个职工家属区的供电分离移交实施协议书的签订。

【“两学一做”常态化】 公司党委以党委会、中心组学习等为抓手，定期开展学习。各党（总）支部以“三会一课”为基本制度、“党员活动日”为基本载体，把“两学一做”作为党员教育的基本内容，长期坚持、形成常态。每次中心组学习都指定班子成员领学、发言，重点谈体会、查问题、提措施。公司班子成员根据自身实际制定个人自学计划。发挥领导干部“关键少数”作用，大力推进领导干部挂牌攻关，完成了6个挂牌攻关项目任务。持续实施“党员活动日”制度，围绕公司生产经营管理重点工作开展，做到了有计划、有记录。提高“三会一课”质量效果，制定“三会一课”计划，开展了党委书记、党委委员、党支部书记和普通党员讲党课。

【红色主题教育】 组织开展迎接“十九大”红色教育活动。组织党员干部参观攀枝花市三线建设博物馆、英雄纪念碑、历史陵园等红色教育基地，感怀党的优良传统和革命历程，学习攀枝花创业者们艰苦卓绝和感天动地的创业精神。依托攀枝花三线建设资源，以“传承弘扬三线精神、助推企业经营发展”为主题，参加泸定公司承办的四川公司红色讲堂。开展“我的红色记忆”主题征文、“红色故事”征集，收到征文、故事8篇。按照集团公司的安排，组织人力收集攀枝花电力三线建设资料，进行了大力采访，创作了报告文学《裂谷壮歌》，入选集团公司《红色品格》，并派人担任《红色品格》执行编辑。充分运用《攀电通讯》《职工风采》等平台和微信、QQ等新媒体，大力宣传先进典型，增强正面宣传的辐射力和影响力，提升正能量。精心组织开展纪念建党96周年系列活动，评选表彰“两优一先”。

【“三大”培训】 3月，公司继续组织开展以“大培训、大比武、大提升”为主题的职工培训，设置开展火电技术监督、安全应急、法律事务管理、班组作业前“三查”、财务知识、党群业务技能共7个项目的职工“三大”劳动竞赛活动，参赛人员189人次。其中，安全应急技能、法律事务管理技能两项参加了四川公司的比赛，并分别取得四川公司团体二等奖，三等奖的好成绩，在四川公司组织的火电技术监督技能大赛上，一名职工获得金属专业个人赛一等奖的优异成绩，被授予“四川公司技术能手”荣誉称号。

（刘爱军）

化　工

【概　况】 2017年，全市规模以上化工企业55户，完成工业总产值282.29亿元，同比增长25.67%。其中硫酸产量（折100%）198.39万吨，同比增长9.94%；盐酸产量（氯化氢，含量31%）4.95万吨，同比增长69.08%；烧碱产量4.85万吨，同比增长59.30%；涂料产量1.43万吨，同比增长16.83%；化学试剂产量14.39万吨，同比增长34.89%。

【重点化工企业】 攀枝花东方钛业有限公司成立于2006年6月，系攀钢钛业公司与四川安宁铁钛股份有限公司共同出资组建，2011年7月由攀钢钛业公司控股。公司占地20余公顷，有员工1000余名，是一家高档金红石钛白粉研发、生产和销售的资源综合利用企业。公司建有一期4万吨、二期6万吨硫酸法金红石钛白粉生产线，生产规模在西南仅次于龙蟒，是国内排名前五名的大型金红石钛白粉生产企业。主要生产R5566、R258、R248等系列产品，远销世界35个国家和地区，出口比例近50%。2017年，钛白粉总产量11.05万吨，主营业务收入14.13元，利润1.67亿元。

攀枝花市海峰鑫化工有限公司位于四川省攀枝花市钒钛高新技术产业开发区内，占地11公顷，2006年11月29日注册成立，注册资本7000万元，有员工近500人。公司主要经营范围为生产、销售钛白粉，钛白粉生产技术的咨询服务，进出口贸易，硫酸的生产及销售等。公司拥有年生产6万吨/年金红石型钛白粉生产线及20万吨/年硫磺制酸装置，厂房面积9万平方米，资产总额8.56亿元。公司主要产品有通用型产品R－618、造纸专用型产品、塑料专用型产品R－616S及R－9930等三大类，产品生产工艺均为公司自主研发，具有完全的自主知识产权。2017年，钛白粉产量3.84万吨，销售收入4.74亿元，利润164.89万元。

（郭英卓）

地方工业

【概　况】 2017年，全市规模以上地方企业325户（除去攀钢、攀煤、二滩），完成工业总产值1294.5亿元，同比增长19%，占全市工业总产值的72%，较2016年下降4.3个百分点。规模以上地方工业企业主营业务收入上亿元的企业202户，其中，100亿元以上1户，20亿元～50亿元5户，10亿元～20亿元12户，5亿元～10亿元33户，1亿元～5亿元151户。

【冶金行业】 2017年，全市规模以上冶金生产企业104户，完成工业总产值854.21亿元，同比增长23.11%。其中铁矿石原矿产量7960.65万吨，同比减少1.87%；铁矿石成品矿产量1134.44万吨，同比降低4.85%；生铁产量596.98万吨，同比增加6.31%；钢材产量535.64万吨，同比增长18.01%；铁合金产量5.01万吨，同比增长10.47%；十种铁合金产量2.16万吨，同比增长10.68%。

【轻工行业】 2017年，全市规模以上轻工企业20户，完成工业总产值50.18亿元，同比增长24.58%。其中大米产量32018吨，同比增长9.23%；饮料酒产量38240升，同比减少4.87%；蚕丝产量173.2吨，同比降低18.30%；纸制品产量132394吨，同比增长6.84%；多色印刷品产量90200对开色令，同比降低27.14%。

【机械行业】 2017年，全市规模以上地方机械制造企业44户，完成工业总产值226.18亿元，同比增长23.93%。其中铸铁件产量155.32万吨，同比降低1.10%；铸钢件产量28.31万吨，同比增长9.94%；铝合金产量2.40万吨，同比降低17.70%；齿轮产量0.69万吨，同比降低14.28%；高压开关板产量4.82万吨，同比降低5.40%。

（郭英卓）

主要工业企业

【攀枝花钢城集团有限公司】 2017年，攀枝花钢城集团有限公司（以下简称“钢城集团”）下设8家分公司、10家全资子公司和4家控股子公司；机关设职能部室13个；职工13000余人。

2017年是钢城集团公司上下坚定信心，正视困难，全力以赴，坚持“回归工厂、风清气正、落实落地”，把保障职工合法权益放在首位，及时采取一系列非常措施，取得较好效果，生产经营逐步稳定向好，职工队伍保持总体稳定，基本保障了职工的合法权益。面对前所未有的危机，钢城集团安排部署了对历史遗留问题，特别是影响钢城集团正常生产经营的重大问题进行了专项清理，滚动管理，确定66项重大专项工作任务，并明确责任人、时间、进度，收到一定成效。走访金融机构，积极争取债权银行支持，金融债权人自律公约及一致行动方案签订12家，金融债务重组工作取得阶段性成果。融入攀钢生产链，做好对攀钢保供产品的组织、生产和运输相关配套服务，与攀钢签定战略合作协议，双方合作取得重大突破。加大资产处置及变现力度，盘活低效、无效和体量大的存量资产，回笼资金，一定程度上缓解了资金压力。债权清收、争取政府政策支持、节能减排等工作，全面清理、专题研究、专项推动。强化安全环保责任意识，按计划推进环保整治专项工作，加大自查和整改力度，严格考核和责任追究。优化生产组织，按照市场需求和效益优先原则，强化产供运销有机衔接，生产组织不断优化，加大市场开拓力度，着力开展对攀西周边重大工程的产品直供销售，22个主要产品实现经营收入49.46亿元，增幅50%。加强资金支付管理，统筹考虑、合理平衡资金安排，降低资金短缺对生产经营的不利影响；建立实施维护生产经营稳定和职工队伍稳定信息“零报告”制度，落实维护“两个稳定”责任人，保证了生产经营稳定和职工队伍稳定；钢城集团在资金紧张的情况下，抽出2.9亿元资金，解决2017年底以前所欠职工工资、股权回购款等关系职工切身利益的系列问题；保证了职工工资等相关福利待遇的按时发放，并提高了职工工作餐补贴；千方百计筹集资金，自2017年10月开始足额缴纳了当期社保费用，并补缴部分以前年度欠缴的社保费用，保证职工就医、退休等社保待遇的正常享受。每月挤出部分资金，分期分批逐步解决退休等销户职工提取住房公积金的补费问题。

2017年，钢城集团实现经营总收入145.44亿元、工业总产值99.38亿元，同比分别增长23.89%、27.74%。2017年钢城集团位列“中国制造业企业500强”第401位；位列“2017中国民营企业制造业500强”第292位；位列“四川企业100强”第38位；位列“四川制造业企业100强”第16位；位列“2017攀枝花市民营企业50强”第一位；位列“2017攀枝花企业50强”第二位；分获“2017攀枝花制造业30强”第二位，“纳税30强”第四位。环业公司QC成果被评为2017年全国优秀QC小组成果奖；环业公司申报两个项目获“中国公路学会科学技术二等奖、三等奖”；瑞海公司科研项目获“2017年度凉山州科技进步二等奖”；汉风公司被评为“4A级物流企业”；瑞鼎公司被评为“四川省散装水泥行业绿色健康发展优秀企业”。

（陈姣姣）

【攀枝花市大西南实业有限公司】 攀枝花市大西南实业有限公司是一家集科工贸为一体的大型钒钛铸件生产民营企业，成立于2000年，2003年成功收购了攀枝花市大中型破产企业原“渡口钢铁厂”，注册资本5000万元，是攀枝花市人民政府重点扶持的优势企业之一。占地面积26万平方米，建筑面积45000平方米。拥有年产优质含钒生铁15万吨、氧化酸性球团30万吨、钒钛铸件10万吨的生产能力及年吞吐量达50万吨货物的铁路专用线及货场。公司秉承“以市场为导向，以效益为中心，爱心、精心、责任心、诚意、让消费者满意”的经营理念，突出利用钒钛资源，依托先进制造技术和装备，生产高附加值产品，打造国内外第一家拥有自主知识产权生产钒钛蠕墨铸铁汽车零部件企业。公司拥有2项专利，员工总人数290余人（其中，管理人员48人，高工2人，中级技术职称以上5人），主要致力于汽车铸件——制动鼓等产品的生产与研发。

【四川龙蟒矿冶有限责任公司】 四川龙蟒矿冶有限责任公司成立于2002年3月，有员工1400人，是一家集科研、生产、销售为一体的钒钛磁铁矿采选大型民营企业。公司通过对红格北矿区矿产资源整顿整合、科技创新、节约资源、绿色发展、高效开发利用，形成年产原矿1600万吨（其中表内矿800万吨）、铁精矿300万吨、钛精矿80万吨的生产能力，是“国家高新技术企业”“全国矿产资源开发整合先进矿山”“矿产资源综合利用示范基地”“国家级绿色矿山”试点企业。公司在钒钛磁铁矿资源综合开发利用领域上多项技术处于国内、国际先进水平，获授权专利37项（其中发明专利13项），是全国最大的钛原料供应基地。

（郭英卓）

农林　水务

农　业

种植业

【农业生产条件】　2017年，全市乡镇个数44个，其中镇个数21个，村委会个数349个，自来水受益村数174个，通有线电视村数270个，通宽带村数311个。乡村户数15.73万户，乡村人口数55.44万人，乡村劳动力资源数34.29万人，乡村从业人员人数31.20万人，其中农业从业人员24.41万人。

农业用地情况：年末耕地面积750平方千米，其中水田287平方千米，旱地463平方千米，水浇地1649万平方米。园地484平方千米，林地3841平方千米，草地154平方千米，设施农业用地3740平方千米。

农业主要能源及物耗：农村用电量2.24亿千瓦时；农用化肥施用量（折存）2.87万吨；农用塑料薄膜使用量3127吨，其中地膜使用量2733吨，地膜覆盖面积108平方千米；农用柴油使用量10361吨，农药使用量1241吨，乡村办水电站39个，装机容量5.08万千瓦，发电量8763万千瓦时；陡坡25度以上的陡坡耕地面积2446.66万平方米；转移出省劳动力9479人。

【粮油生产】　2017年，攀枝花市粮食作物播种面积43589万平方米，比2016年增加1086万平方米，粮食产量23.51万吨，比2016年增加0.6万吨。

全市小春粮食作物种植面积128平方千米，比2016年增加47万平方米，产量3.65万吨，比2016年增加0.01万吨。小麦面积5238万平方米，比2016年减少232万平方米，产量1.73吨，比2016年减少773吨；豌豆面积4504万平方米，比2016年增加114万平方米，产量0.72万吨，比2016年增加352吨；马铃薯面积509万平方米，产量0.29万吨，比2016年增加96吨；大麦面积233万平方米，产量0.04万吨，与2016年持平；油菜面积1674万平方米，产量0.25万吨，与2016年持平。

大春粮食播种面积307平方千米，比2016年增加3193万平方米,；产量19.86万吨，比2016年增加0.6万吨。水稻面积14176万平方米，比2016年减少172万平方米，产量12.18万吨，比2016年增加0.03万吨；玉米播种面积141平方千米，比2016年增加1173万平方米，产量7.08万吨，比2016年增加0.55万吨；薯类面积1255万平方米，比2016年增加33万平方米，产量0.31万吨，比2016年增加0.01万吨；豆类播种面积1012万平方米，主要为大豆，产量0.23万吨，与2016年持平。

其他经济作物生产，花生播种面积752万平方米，产量0.11万吨，与2016年持平；甘蔗种植面积367万平方米，比2016年减少23平方千米，产量4.23万吨，比2016年减少0.41万吨；烟叶种植面积6333万平方米，比2016年减少1257万平方米，产量1.33万吨，比2016年减少0.1万吨。

2017年，全市建立3个粮食规模化经营功能区，共3333.33万平方米。其中米易县粮食高产规模化示范区，示范面积1666万平方米，仁和区粮食高产规模化示范区，示范面积1000万平方米，盐边县粮食高产规模化示范区，示范面积666.66万平方米。

【蔬菜生产】　2017年，全市蔬菜种植面积152平方千米，产量78.86万吨，分别比2016年增加618万平方米、4.12万吨。其中商品菜地1.24万万平方米，产量66.44万吨；季节菜地面积8911万平方米（设施蔬菜栽培面积3204万平方米），产量47.73万吨，产量比2016年增加2.87万吨；自食菜地2883万平方米，产量12.42万吨。根据对攀西、丙谷等几个大的交易市场的销售情况调查，各类蔬菜综合均价为3.2元/千克，与2016年基本持平。

2017年，举办绿色蔬菜生产技术培训班3期，田间蔬菜技术培训5批次，共计培训农民800余人，发放资料1000余份，通过技术培训使农民生产达到标准化，提高种植业农民的劳动技能，减少农业投入品使用量，提高蔬菜的产量和质量，增加农民的经济收入。开展新技术试验示范，开展甜瓜、茄子、苦瓜的嫁接试验示范及推广项目工作，2017年，茄子嫁接苗面积110万平方米、甜瓜、苦瓜各10万平方米，辣椒4万平方米。

【水果、茶叶生产】 2017年，全市水果种植面积47803万平方米，比2016年增加12848万平方米，产量29.25万吨，比2016年增加2.37万吨。增加的面积主要为芒果。茶叶面积708万平方米，产量0.01万吨。

芒果生产：2017年，芒果种植面积增加10010万平方米，总面积达32132万平方米，全年芒果产量12.56万吨，比2016年增加1.62万吨。

枇杷生产：2017年，枇杷种植面积2042万平方米，产量1.09万吨，比2016年增加0.06万吨。

石榴生产：2017年，石榴种植面积680万平方米，产量1.5万吨，比2016年增加0.11万吨。

葡萄生产：2017年，葡萄种植面积1546万平方米，产量1.46万吨，比2016年增加0.1万吨

桃子生产：2017年，桃树种植面积1910万平方米，产量1.70万吨，比2016年增加0.11万吨。

其他水果：2017年，西瓜种植面积762万平方米，比2016年增加8万平方米，产量3.2万吨，比2016年增加0.1万吨。樱桃种植面积1000万平方米、产量0.58万吨，比2016年增加0.01万吨。

2017年攀枝花市成功创建中国特色农产品——芒果的优势区，完成3333万平方米“现代特色效益农业标准化基地建设”。开展芒果大数据中心建设。认定农业部热作标准化示范园4个：仁和区福田镇攀枝花农胜源种养殖专业合作社的芒果标准化示范园、仁和镇攀枝花市平丰农业家庭农场有限公司的桂圆标准化示范园、总发乡攀枝花箐河农业开发有限公司的火龙果标准化示范园和西区格里坪攀枝花市龙果农业有限公司的芒果标准化生产示范园。

【蚕桑生产】 2017年，全市发蚕种88150盒，生产蚕茧0.34万吨，单产38.5千克，全年蚕茧均价50.6元/千克，比2016年增加16.1元/千克，价格增长46%。全市蚕农蚕茧收入2亿元。蚕业综合产值突破5.5亿元，比2016年增加6500万元，农民人均增收120元。盐边县采取新的管理模式和激励机制、推广新的雄蚕品种、使用方格簇上茧、仪器评级、化蛹选茧收购、鲜茧塑料篮堆新技术等“六大”改革创新举措，蚕茧质量提升效果明显。全市鲜桑果外销、果汁加工和桑果干累计销售2.8万吨（折合鲜果），农民桑果销售收入实现1.4亿元。

【植物检疫】 2017年，对全市种子苗木生产、经营、调入者检疫抽查率达33%；植物疫情防控处置率达100%。设立稻水象甲监测点10个、红火蚁监测点2个、柑橘黄龙病监测点2个、柑橘溃疡病监测点2个，实行定期监测和定时上报制。全市有检疫性有害生物3种，分别是红火蚁、柑橘黄龙病、柑橘溃疡病，其中红火蚁防控难度较大。

全市农产品市场设立植物检疫宣传点6个，现场咨询1300余人次，全市出动宣传车46车次，张贴标语条幅14条，发放宣传资料4800余份。开展植物检疫执法检查6次，出动执法人员48人次，检查种子门市48家，种子1140余个，标签违规（无检疫证编号）种子2个。

【病虫害防治】 2017年全年实施农作物病虫害专业化统防统治比例34.6%；实现主要作物绿色防控覆盖率为23.4%；农药使用量增长率为0%；全年植物疫情防控处置率达100%。

2017年，全年发布病虫发生趋势预报6期，预报准确率达90%以上；市、县联合开展病虫调查20余次，印发植保情报2500余份，发布病虫防治简报3期；技术培训和技术指导3.7万余人次，印发资料近4万份。新建绿色防控核心示范区1500万平方米，辐射带动面积4133万平方米，安装杀虫灯168盏、性诱装置800套，悬挂诱虫色板5.45万张，果实套袋面积13333万平方米；实施统防统治面积30933万平方米次；政府购买服务实施病虫害防治面积573万平方米次。新增群众测报点8个，成立植保社会化服务组织（植保专合组织）18个，从业人员172人，高效植保机械2398台，日作业能力达253万平方米。

【农药市场监管】 2017年完成农药抽样70个，检测合格66个，合格率达94.3%；举办新《农药管理条例》培训班一期，对修订要点进行详细解读；全市开展农药市场执法检查70余次，出动执法检查人员420余人次，检查农药门市980余户次，检查农药品种2.24万余品次。加强农药包装废弃物回收监管，控制农药面源污染，规范农药包装

废弃物回收处置工作，市农牧局出台《攀枝花市农药包装废弃物回收处置工作实施方案》《攀枝花市农药包装物规范化管理工作实施方案》，下发《关于加强农药包装物规范管理工作的通知》；联合县（区）农药监管部门集中开展检查3次，检查农药门市300余家，各门市积极推进农药包装废弃物回收行动，建立农药包装物回收台账，摆放农药包装物回收桶，收回农药包装废弃物约3吨。

【无公害农产品监测】 2017年，全市完成蔬菜、水果、茶叶、鱼4类农畜产品质量安全监测19批次，样品385个，检测参数8240个；检测土壤中重金属1批次，样品100个，检测参数700个。

蔬菜监督检测：监测任务包括米易、盐边、仁和3个县（区）蔬菜主产区专项监测。检测项目与省级蔬菜质量安全监测项目保持一致，每种蔬菜监测农药残留指标40项，全年监测4批次，样品105个，参数4200个。

特色水果监督检测：在全市抽检米易枇杷、葡萄、火龙果、芒果、大田石榴、盐边桑葚、西瓜等特色水果。按照与省级水果质量安全监测项目一致的40项农药残留指标检测，全年监测7批次，样品90个，参数2820个。

国胜茶专项监测：监测对象为2017年的国胜春茶和秋茶，监测项目与省级茶叶专项监测一致，包括农药残留及重金属12项参数。检测样品20个，参数240个。

水产品例行监测：全年对水产品进行监测1批次，检测参数为水产品中磺胺类、孔雀石绿、氯霉素。检测样品30个，参数180个。

畜禽产品例行监测：全年抽检畜禽产品100个，其中猪肉样品40个，鸡蛋样品30个，鸡肉样品30个，猪肉监测项目为5种磺胺类药物及9种β-受体激动剂类药物、鸡蛋和鸡肉的监测项目为4种氟喹诺酮类药物，共计完成检测参数800个。

土壤检测：完成100个土壤样品的检测，参数700个。

社会委托检测：全年完成7批次，样品19个，出具检验报告19份。

完成省农业厅下达的各项农产品质量安全监测任务：全年完成各项例行、专项、监督监测任务12批次，抽检样品1060个，完成检测参数20715个。

农药市场监督抽查：全市抽检2016年1月1日以后生产的单制剂产品70个，检测农药产品中标明的有效成分。

养殖业

【畜牧生产】 2017年，全市生猪出栏60.22万头，肉产量4万吨；肉牛出栏2.73万头，肉产量0.33万吨；羊28.36万头，肉产量0.49万吨；家禽出栏405.34万只，肉产量0.61万吨；兔14.82万头，肉产量0.02万吨。全市现有种畜禽场6家，其中，种牛场1个、种猪场2个、种羊场3个（种兔羊场1个、种山羊场2个）。

生猪饲养规模情况：年出栏数1~49头场（户）数76837户，年出栏数26.87万头；年出栏数50~99头场（户）数887户，年出栏数6.59万头；年出栏数100~499头场（户）数190户，年出栏数5.92万头；年出栏数500~999头场（户）数51户，年出栏数3.7万头；年出栏数1000~2999头场（户）数46户，年出栏数7.81万头；年出栏数3000~4999头场（户）数14户，年出栏数6.25万头；年出栏数5000~9999头场（户）数1户，年出栏数0.51万头；年出栏数10000~49999头场（户）数1户，年出栏数2.57万头。

蛋鸡饲养规模情况：年末存栏数1~499只场（户）数549个，年末存栏数1.88万只；年末存栏数500~1999只场（户）数19个，年末存栏数1.8万只；年末存栏数2000~9999只场（户）数18个，年末存栏数8.04万只；年末存栏数10000~49999只场（户）数15个，年末存栏数22.46万只；年末存栏数100000~499999只场（户）数2个，年末存栏数44.17万只。

肉牛饲养规模情况：年出栏数1~9头场（户）数11263个，年出栏数1.53万头；年出栏数10~49头场（户）数387个，年出栏数0.69万头；年出栏数50~99头场（户）数41个，年出栏数0.31万头；年出栏数100~499头场（户）数3个，年出栏数0.05万头；年出栏数500~999头场（户）数1个，年出栏数0.06万头。

羊饲养规模情况：年出栏数1~29只场（户）数17053个，年出栏数12.42万头；年出栏数30~99只场（户）数2276个，年出栏数9.78万头；年出栏数100~199只场（户）数266个，年出栏数3.42万头；年出栏数200~499只场（户）数45个，年出栏数1.78万头；年出栏数500~999只场（户）数13个，年出栏数0.96万头；

【动物防疫】 2017年，全市动物防疫经费落实到位441.92万元，市级工作运转经费285.69万元，村级防疫员市级补助经费109.19万元；县（区）156.23万元，包括重大动物疫病防控工作经费和业务运作费、实验室正常运转及动物疫病排查经费、免疫死亡赔偿经费和村防疫员补助经费；另外中央基层动物防疫工作补助经费440.797万元（不包含扩权县）全额下拨相关县（区）。省财政下达全市动物疫病防控经费23.36万元。

全市重大动物疫病疫苗支出资金418.81万元。全市春防组织重大动物疫病防控疫苗：禽流感H5N1灭活苗220

万毫升，禽流感 H5H9 二价灭活苗 75 万毫升，禽新重组二联活疫苗 132 万羽份，猪 O 型口蹄疫灭活疫苗 112.5 万毫升，牛羊 O 型亚洲 1 型口蹄疫双价疫苗 77 万毫升，牛口蹄疫三价疫苗 4 万头份，高致病性猪蓝耳病灭活疫苗 58.5 万毫升，猪瘟脾淋弱毒活疫苗 87 万头份，小反刍兽疫活疫苗 32.8 万只份；秋防组织采购重大动物疫病防控疫苗：猪 O 型口蹄疫疫苗 112 万毫升、牛羊口蹄疫双价疫苗 76 万毫升、牛口蹄疫三价疫苗 4 万头份、禽流感（H5 + H7）二价灭活疫苗 295 万毫升、禽新二联苗 132 万羽份、小反刍兽疫活疫苗 33 万头份、高致病性猪蓝耳病灭活疫苗 58.5 万毫升、猪瘟脾淋弱毒疫苗 87 万头份。

全市秋防猪瘟应免 41.78 万头，口蹄疫（猪、牛、羊）应免 98.41 万头（只），猪蓝耳病应免 41.78 万头，禽流感应免 298.66 万羽，鸡新城疫应免 275.07 万羽，小反刍兽疫应免 30.81 万只，各病种的免疫密度均达 100%。

人畜共患病和常规动物疫病防控：全市开展布病基线调查，其中，监测牛 1317 头，全部阴性；监测羊 9447 只，9444 只呈阴性，3 只呈阳性。对监测阳性羊只及时采取了扑杀和无害化处理，同时开展定点流调工作，及时上报流调信息。狂犬病、炭疽、结核病、血吸虫病等人畜共患病及常规动物疫病的防控：全年共实施狂犬病免疫犬只为 27438 只，其中城市犬只免疫密度达 95% 以上，农村犬只免疫密度为 19.6%。奶牛结核病监测 38 头，血吸虫监测 100 头份，所有监测病种监测结果为阴性。

动物疫病流行病学调查：全市共调查畜禽 1360.32 万头（只/羽）/次，441 个养殖场/次，发病 141 个场/次，发病畜禽 7.94 万头（只/羽），发病率 0.58%，死亡 0.22 万头（只/羽），死亡率 2.77%，导致死亡病种主要为仔猪黄、白痢和普通病。

动物疫病病原学监测：全市采集口蹄疫 63 份、猪瘟 33 份、猪蓝耳 33 份、小反刍兽疫 15 份、禽流感 32 份等病原学样本，送云南农大动科院进行检测，监测结果为：口蹄疫有 8 份阳性，分型鉴定后，为 O 型口蹄疫，其余均为阴性。

H7N9 防控工作：全市活禽交易市场活禽及环境病原学采样送省疫控中心检测 220 份，结果均为阴性。市疫控中心用检测卡检测活禽泄殖腔和咽喉棉拭子 150 份，检测结果为阴性，血清学（HI）检测样品 90 份，结果全为阴性。全市采集养禽场、散养户、活禽交易市场和环境等 H7N9 病原学检测样品 2317 份，送云南农业大学进行检测，检测结果为 H7N9 病毒阴性；市动物疫控中心对各县区采集的养禽场、散养户、活禽交易市场和环境等 H7N9 病原学检测样品 424 份，采用胶体金抗原检测法进行病原学检测，初筛 217 份，全部阴性。采购 H7N9 监测试剂金标卡 900 条，消毒药品 1100 件。

【动物卫生监督】 2017 年，全市有 6 个动物卫生监督所，34 个动物卫生监督分所，官方兽医人员总计 139 名。通过兽药 GSP 认证的兽药经营企业 146 家。全市出动执法人员 1273 人次，执法车辆 319 车次，检查兽药经营门市 1168 个次，检查养殖场 1508 个次，未发现假兽药。全市监督检查动物诊疗机构 25 次，清理整顿 13 家动物诊疗机构，并对辖区内 13 名执业兽医师、3 名助理执业兽医师进行备案登记。

全年签订动物规模养殖场（小区）动物防疫和动物卫生安全责任书 94 份，养殖环节无害化处理病害猪 2720 头。根据四川省农业厅《关于进一步加强动物标识佩戴管理工作的通知》要求，对全市 204 名畜牧兽医技术人员、官方兽医（包括 8 名水产渔政方面的官方兽医）及部分相关人员进行追溯系统云平台操作系统培训。全市订购检疫合格证明产品 A 证 240 本，产品 B 证 5760 本，动物 B 证 240 本，小标识 4 万枚，2 枚检疫证章。加强活禽市场监管，规范销售行为。全市共发放宣传资料 4696 份，举办培训班 9 次，培训人员数量达 384 人，报刊公告 1 次、电视访谈 1 次、电视宣传 1 次，监督检查出动人员 274 人次。全年屠宰环节无害化处理生猪共计 514.45 头，确保病死畜禽生物安全处理率达 100%。2017 年，屠宰检疫生猪 22.63 万头，牛羊 7357 头，家禽 30.46 万羽；抽检待宰生猪尿样共计 2.80 万份，其中盐酸克伦特罗 9944 份，莱克多巴胺 9167 份，沙丁胺醇 3276 份，检测结果全部为阴性。2017 年组织发放"瘦肉精"检测卡盐酸克伦特罗共计 1.5 万张，莱克多巴胺 1.5 万张，沙丁胺醇 2.2 万张，抗体金标卡 1.28 万张（3200 套）。

2017 年，全市产地检疫申报受理率达 100%，产地共检疫生猪 16.90 万头，牛羊 5.33 万头，家禽 158.81 万羽。

【渔业生产与管理】 2017 年，全市水产品总产量达 1.33 万吨，比 2016 年减少 1.61 万吨，同比下降 55%。水产养殖面积达到 3600 万平方米，苗种生产 20 亿尾。开展鱼类增殖放流 8 次，放流各类苗种 11 种计 214.16 万尾，价值约 569 万元。完成 17.26 万平方米池塘改造、51.33 万平方米稻藕综合种养。发展山区流水养殖面积（包括全流水、半流水、微流水等）33.33 万平方米，生产优质水产品 3000 余吨，溪河人工增殖管理面积近 133.33 万平方米。

春季禁渔：2017 年禁渔期间全市累计出动宣传车、船 100 余台次，印发、张贴宣传资料 2000 份，媒体宣传 25 次，张贴标语 200 余条。开展专项执法检查 170 余次，参加执法检查人员 1200 余人次，收缴电捕鱼器 30 台套，查处违规捕捞船 30 艘，收缴销毁违规网具 100 张，行政处罚 10 余人。

渔船安全管理：全年开展渔船及船员安全培训 4 次，

培训200余人。组织召开渔业安全会议5次，下发安全文件8个发放安全告知书等安全资料300余份。督促落实全市渔船安全生产责任制和救生衣“双100%”（100%配、100%穿）要求。实现渔船登记率、检验率均达100%。2017年，渔船安全零事故、零伤亡。

农业服务

【农民负担监管】 2017年，市农牧局加强农民负担监管，维护农民合法权益，按照四川省农业厅等6部门《关于进一步做好2014年农民负担监管工作的通知》、省农民负担监督管理领导小组转发农业部《关于开展2014年涉农乱收费专项治理工作的通知》要求，发布“关于开展农民负担监管检查的通知”和“关于开展全市农民负担监管工作和涉农乱收费专项治理工作检查的通知”，从全年的检查情况看，全市农村基层涉农收费公示到乡率达100%，到村、社率达95%以上，收费公示面达100%。

全市严格按照《四川省人民政府办公厅关于进一步做好农民负担监管工作的意见》《攀枝花市村民一事一议筹资筹劳管理试行办法》和各县（区）村级公益事业建设一事一议财政奖补资金管理办法等文件要求，对全县（区）村级组织“一事一议”筹资筹劳议事原则、议事范围、议事程序、申报审批、资金管理、审计监督等做出明确规定。全年未发生一起涉农恶性案（事）及违纪违规行为。落实省《关于开展农业领域非法集资风险专项排查活动的通知》精神，全市农业领域无非法集资发生。全年接待各种性质农民上访197起。

截至2017年年底，全市注册农民专业合作社1272家、家庭农场465家。全年新培育农民合作社147个，家庭农场111个，分别增长13.06%、30.08%。农民专业合作社成员数达85969个，农民专业合作社带动非成员农户16941户。

【落实惠农政策】 2017年，市农牧局根据《财政部关于调整完善农业三项补贴政策的指导意见》精神和四川省农业厅、四川省财政厅关于印发《四川省调整完善农业三项补贴政策实施方案》的通知文件精神要求，结合全市工作实际，市农牧局会同市财政局研究制定详细的实施方案。经过登记、汇总、审核、公示等程序，完成农业支持性保护补贴中的“耕地地力保护补贴”工作。补贴资金通过“一折通”全部发放到全市户种粮农户手中。同时，市农牧局根据四川省农业厅《关于做好强农惠农资金使用突出问题专项整治问题整改和阶段总结工作的通知》要求，重点检查攀枝花市2015—2016年的中央财政补助补贴项目56个，资金约1.15亿元；省级财政预算安排机耕道、太阳能提灌站建设项目8个，资金1111万元；2013—2015年的国家现代农业示范区高标准农田建设项目2个，资金1620万元。2015年的农业综合开发农业部项目1个，资金316万元。共计检查项目67个，资金1.46亿元。经检查，未发现个人或集体违法违纪、政策落实不规范不到位、制度建设不匹配不完善问题。

2017年，中央和省财政安排攀枝花市农民培训补助资金共计149万元（其中米易县74万元、盐边县8万元、仁和区53万元、东区7万元、西区7万元），支持开展新型职业农民培育工作。

全年完成农机购置补贴79.33万元，补贴各类机具263台套，受益农户262户，结算30.20万元，占完成资金的38.07%。补贴资金率达95%以上。

【农广校招生与培训】 2017年，米易县农广校开展农民实用技术培训83场次，培训人员1.01万人次，主要培训内容是蔬菜设施栽培、优质稻种植、烤烟种植、无公害蔬菜和水果种植、畜禽养殖、平衡施肥、蔬菜工厂化育苗、农作物病虫害综合防治等技术，结合农业生产实际，以农牧业主导技术为培训重点。开展科技咨询宣传24场次，发放农牧业科技资料1.47万余份。仁和区13个乡镇共完成实用技术培训4000人次。发放培训资料6000余份。盐边县农广校完成26个村7000人次的农村实用技术培训任务。发放培训资料1.35万余份。通过举办蔬菜设施栽培、优质水果种植、畜禽养殖以及农作物病虫害综合防治等技术培训班，辐射和带动农民农业科技水平进一步提高。

【农资市场管理】 2017年，全市出动执法人员3060人次，查处起数20起。开展兽用抗菌药、“三鱼两药”、生猪屠宰“扫雷”“瘦肉精”、生鲜乳、农资打假等6个专项整治行动。全市农业部门出动执法人员3628人次，查处问题19起，责令整改19起，取缔无证照企业10家。

2017年，全市解决种子案件13起，均使用简易处罚程序办结，办结率100%，出动执法车辆95车次，执法人员450人次，检查种子经营门市2194个次，查收非法种子27.14千克。全年委托和抽检种子样品252个，不合格样品8个，种子合格率96.7%。对全市363户种子经营人员进行种子法律法规和农业基础知识培训及相关考试，实行种子经营培训合格上岗制度。培训520人次，培训率98.3%，发放资料2000余份。

【农田基本建设】 2017年，全市完成高标准农田建设3866.66万平方米，完成田土型调整986.66万平方米，新建农田排灌渠系148.97千米，修建蓄水池154口，整治山坪塘1座，提灌站1座，新建和整治机耕路60.72千米，培肥地力1440平方千米。实现新增灌面520万平方米，改善灌面2333.33万平方米，新增和改善除涝面积6.66万平方米，新增节水灌溉面积266.66万平方米；完成投资9053.14万元，其中各级财政投资8184.24万元，群众自筹869.1万元。

实施测土配方施肥：全年土壤样品采集400个（包括骨干样40个）；施肥调查30户，安排田间芒果中微量元素单因子肥效试验1个、芒果新型肥料试验1个；推广测土配方施肥面积2.4万万平方米，配方肥应用面积2万万平方米次，配方肥施用量0.1万吨（折纯）。水肥一体化滴灌带或喷灌带补助133.33万平方米。采购生物有机肥1000吨，发放275吨。开展技术培训6场次1852人次，宣传资料印制9000册，开展现场观摩活动2次。全市秸秆资源化利用率68%，化肥使用量实现负增长。

【农村能源建设】 2017年，全市农村能源建设资金总投资195万元（新建新村集中供气项目资金），其中省财政投资156万元，县区配套24万元，农户自筹资金15万元。全市新建沼气集中供气项目3处，举办安全知识培训班94个，培训5848人次。全市建设农村户用沼气池9.3万户，占全市总农户数的68.9%，占适宜建池农户数的93%；建成大型沼气工程4处；建成集中供气沼气工程6处；推广太阳能热水器15.2万平方米；推广省柴节煤灶8.6万台。

【农业抗灾救灾】 2017年，全市农业生产受灾主要在汛期。据统计，整个汛期主要灾害为洪涝、风雹，农作物受灾面积累计2988.17万平方米，成灾面积累计1810.85平方千米，绝收面积累计658.07万平方米，农业直接经济损失4971.89万元。

工作措施：汛期强化应急值守，业务人员24小时值班，确保24小时通讯畅通，在第一时间掌握灾情、及时通报情况，确保灾情得到及时处理，灾害得到有序应对。通过短信、微信等方式及时将气象信息发送至各县区农牧局、龙头企业及农民专业合作社，确保第一时间了解气象信息，做好预防工作。督促攀枝花“9·19”灾后重建工作。

【农机发展与管理】 2017年，全市新建和改造提灌站54座，为目标任务数的113%，其中，新建固定提灌站31座（其中太阳能提灌站9座），修复改造提灌站23座；机电提灌保灌面积2.01亿平方米。农机化水平达53%，农机合作社作业面积增长率2.01%，新建农机化生产道路6.6千米，农机购置补贴资金结算进度95%以上。农机总动力68.5万千瓦，主要农作物机耕面积3.47亿平方米，机收面积14333万平方米，机插机播面积680万平方米，机电灌溉面积2亿平方米，主要农作物耕种收综合机械化水平达53%，比2016年增长3.23%。

农村提灌设施建设：2017年，新建固定提灌站31座/40台/902.5千瓦，其中：太阳能提灌站9座/221千瓦（占建设总量的31%）；新增提灌控灌溉设备44台/914.5千瓦；维修改造提灌设备998台套/37708千瓦。新增和改善灌溉面积1645万平方米。新增节水灌溉面积1333万平方米。全年提水量4108万立方。2017年，省级财政提灌建设650万元。纳入民生工程项目管理的太阳能提灌站3座，其中仁和1座、盐边2座。市农牧局、市财政局、市水务局联合出台《攀枝花市太阳能提灌站项目建设管理办法》。

农机化生产道路：2017年，全市整合各类支农资金5631.43万元，新建维修农机化生产道路242.9千米，其中，硬化道路210.6千米，占完成总量的86.7%。修建桥涵106座。

农机社会化服务：2017年，全市进行跨区作业的机具212台，台均年收入2.64万元左右，台均作业面积8万平方米。发放跨区作业证50张。培训农机化技术、管理人员883人，其中，培训拖拉机驾驶人员251人。

农机管理：2017年，全市开展农机安全宣传97场次，现场受益人数达5.3万人次，发放农机安全宣传资料6.4万份，向全市44个乡镇、352个行政村免费发放《关于开展严厉打击变型拖拉机各类违法犯罪行为专项行动的通知》各一套，发送手机短信1.65万条。全市注销拖拉机455台，新上号牌240副，年检拖拉机1777台，年检率68.2%。在农机隐患排查治理上，对全市范围内9个农机经销企业、47个农机经销点、71个农机维修厂及维修点进行拉网式检查，排查各类隐患54个，整改49个。清理变型拖拉机842台，其中省内193台，省外649台。查处变形拖拉机12台次，签订农机安全生产责任书150份。举办拖拉机驾驶培训班6期，培训拖拉机驾驶员522人。

【农业产业化】 农业产业扶贫：2017年，市农牧局积极贯彻落实《攀枝花市社会扶贫专项2017年实施方案》，出台《关于加快全市中高山地区现代农业发展的实施意见》，编制《攀枝花市“现代农业上山”规划实施方案》《攀枝花市农业产业扶贫专项工作方案》《攀枝花市农业产业结构调整规划纲要》等方案，确保一村一个主导产业，构建“一村一品”发展的良好格局。

在贫困地区建成1408.66万平方米集中连片、旱涝保收、稳定高产、生态友好的高标准农田，新建和改造提灌站61座，建设4个设施完备、环境友好的标准化养殖场（小区）新增农机动力3407瓦，在贫困地区建成机耕道约

83千米。新建和改造农业产业基地约6400万平方米，出栏猪、牛、羊等大牲畜和鸡、鸭、兔等小家禽约63.6万头（只），水产养殖面积3573万平方米。依靠农业产业脱贫的贫困户50%以上收入来自于产业发展，重点支持"攀枝花芒果""攀枝花枇杷""米易阳光""大田石榴""国胜茶"等农业区域品牌建设。全市贫困地区有效期内的"三品一标"农产品达27个，其中：无公害农产品8个、绿色食品和有机农产品13个、地理标志产品6个。新培育农民合作社25个，新培育家庭农场18个

产业融合发展：2017年，全市建设农产品产地初加工设施53个，其中米易县建设30个，盐边县建设18个，仁和区建设5个，涉及农产品清洗、分选、烘干、包装等方面。建设农业主题公园4个，建设休闲农业专业村3个。建设现代农业产业融合示范园5个，东区、西区、仁和区、米易县和盐边县各建设1个。举办攀枝花市首届芒果采摘节，全面启动金河—纳尔河3333.33万平方米芒果主题公园、布德66.67万平方米莲藕产业观光示范园、沙坝现代农业产业园、和爱田园综合体和26度庄园等休闲观光农业重点项目建设。引进干切花、核桃油、芒果干和芒果月饼等特色农业项目，不断开发康养新产品。同时，启动在仁和区平地镇打造高端葡萄种植基地和葡萄酒庄园项目。

农产品品牌建设：2017年，攀枝花市培育了"攀枝花芒果""霸王龙""攀西横山""米易枇杷"等4个农产品品牌，在北京、上海、成都、香港、澳门等地举办攀枝花芒果区域公用品牌发布会，"攀枝花芒果"被评为"2017中国百强农产品区域公用品牌"。攀枝花芒果出口突破2万吨，同比增长25%。全市建成物联网基地3个，其中米易县建成1个，仁和区建成2个。

（詹晓东）

农业综合开发

【概　况】　市农业综合开发领导小组办公室（以下简称农发办）是攀枝花市农业综合开发项目的管理机构。农发办分设2级，共6个部门，其中，市级1个、县（区）级5个。截至2017年年末，各级管理人员共计16人（市级3人，县、区级13人）。

2017年，全市总计投入农业综合开发项目建设资金6201.83万元。其中争取中央资金2633.1万元、省级资金2104.7万元、市级安排资金498万元、县（区）安排资金358.2万元、自筹资金607.83万元。

【土地治理项目】　2017年，攀枝花市农业综合开发在米易县白马镇、盐边县国胜乡、仁和区太平乡开展土地治理高标准农田建设项目。总计投入2550万元，其中，中央资金1700万元，省级资金603.8万元，市级财政安排资金28万元，县（区）配套资金48.2万元，群众自筹170万元。项目建设高标准农田1060万平方米，整治山坪塘2座，新建取水坝1座，衬砌渠道37.95千米，新建输水管网38.1千米，蓄水池163口，硬化道路16.01千米，田型调整17万平方米，改良土壤106.67万平方米，技术培训3300人次，示范推广474.67万平方米，购置太阳能杀虫灯50盏。

【产业化项目】　2017年，攀枝花市共获上级产业化项目10个，其中：国家产业化发展财政补助项目5个，国家产业化发展贷款贴息项目3个，省级现代农业产业带发展项目2个。10个项目总计投入1760.5万元，其中，财政资金1454万元，自筹资金312.5万元。

国家产业化发展财政补助项目：仁和区6.67万平方米芒果种植基地改建项目、米易县13.33万平方米晚熟芒果种植基地改建项目、米易县6.67万平方米蔬菜种植基地改扩建项目、盐边县33.33万平方米晚熟芒果种植基地改建项目、盐边县66.67万平方米蚕桑种养殖基地改扩建项目。

国家产业化发展贷款贴息项目：仁和区寿乾农场农发产业化贷款贴息项目、锐华农业开发有限责任公司农发产业化贷款贴息项目、盐边县天成丝绸有限责任公司农发产业化贷款贴息项目。

省级现代农业产业带发展项目：仁和区213.33万平方米芒果种植基地改扩建项目、米易县266.67万平方米优质樱桃种植基地改建项目。

【其他项目】　部门项目：米易县农业综合开发前进渠中型灌区节水配套改造项目分两年实施（2016—2017年），2017年投资980万元，其中：中央资金700万元，省级资金280万元。市、县级地方立项项目：2017年，农业综合开发市级地方立项项目7个，总计投资905.33万元，其中，市级财政投入470万元，县级财政投入310万元，群众自筹125.33万元。

（周德敏　刘　飞）

林 业

【概 况】 2017年，攀枝花市有林业行政管理机构7个，其中市林业局1个、市森林公安局1个、县（区）林业局（农林畜牧局）5个，林业企事业单位12个，包括二滩国家森林公园管理处（二滩风景名胜区管理局）、普威林业局、盐边林业局、市国营林场总场、市金沙国有林场、四川攀枝花苏铁国家级自然保护区管理局、市森林病虫防治检疫站、市林业调查规划设计院、市林业执法稽查队、市林业科技推广站、市天保示范苗圃、市鸿森园林有限公司。

全市共有林业用地55.42亿平方米，占幅员总面积74.9%，森林覆盖率61.79%。林业用地中，有林地42.70亿平方米、疏林地683万平方米、灌木林地7.96亿平方米、未成林造林地157万平方米、苗圃4万平方米、无林地1.63亿平方米，宜林地3.03亿平方米，辅助生产林地24万平方米。森林活立木总蓄积量4065.83万立方米，其中有林地蓄积4044.22万立方米、疏林地蓄积4.49万立方米、四旁树蓄积12.12万立方米、散生木蓄积5万立方米。有林地中，天然林蓄积3722.01万立方米，人工林蓄积322.21万立方米。

全市有野生动物464种（不含昆虫纲），其中国家Ⅰ级重点保护动物6种、国家Ⅱ级重点保护动物40余种。全市共有植物（包括引进）2300余种，其中木本植物约1500种、草本植物700种、藤本植物70种。

2017年，攀枝花市成功创建国家森林城市。稳步推进天然林资源保护二期工程，全年新增森林面积2733.3万平方米，森林覆盖率增长0.37%，森林蓄积增长50万立方米。落实林地保有量55.4亿平方米，集体公益林生态效益补偿8.92亿平方米，1.83亿平方米上一轮退耕还林成果得到有效巩固，完成新一轮666.67万平方米退耕还林建设任务。完成岩神山及普达生态功能区综合治理33.33万平方米，干坝塘生态修复20万平方米以及森林抚育2000万平方米，编制完成《湿地保护与利用规划》。森林火灾损失率控制在1‰以下，林业有害生物成灾率控制在3‰以下。2017年，市林业局分获全省“十二五”规划打击破坏生态资源违法犯罪工作先进集体、全省目标考核先进单位、全省林业系统2017年度安全生产先进单位、全省统计及宣传工作先进集体、全省建设长江上游生态屏障先进集体、全省2012—2016年保护发展森林资源目标考核优秀单位、全省首届森林消防技能竞赛优秀奖、“第二届四川生态旅游博览会”组织一等奖等荣誉称号。

【天然林资源保护工程】 2017年，市政府与各县（区）签订天保目标责任书，分解落实年度工作任务。实施单位安排巡山管护人员1202人，有效管护森林面积32.28亿平方米，其中国有林23.36亿平方米，集体公益林8.92亿平方米。在各单位自查的基础上，对全市天保实施单位天保工程目标、任务、资金、责任“四到县、区（局）”情况进行考核检查，并针对考核检查中发现的问题，在全市进行通报。认真完成2016年度天保工程“四到市、州”自查工作，成功通过省林业厅考核验收，同比提高11个名次。完成全市集体公益林生态效益补偿8.92亿平方米，完成率100%。国有林业职工五项保险参保率100%。制定《攀枝花市林业局关于加强天然林保护全面落实天然林森林管护责任制的通知》，将13亿平方米集体和个人所有天然商品林纳入天保工程管护体系。出台《攀枝花市林业局关于开展天保工程森林管护野外智能监测巡护系统试点工作的通知》，引入“互联网+”管护的手段，创新开展国有林管护区智能管护系统应用试点工作。

【退耕还林工程】 2017年，攀枝花市实施退耕还林工程目标、任务、资金、责任“四到县（区）”管理，由市政府与县、县与乡、乡与农户层层签订退耕还林目标任务责任书，将巩固18333.33万平方米退耕还林任务分解落实到各县（区），并加强检查验收，兑现补助面积7846.98万平方米，兑现资金2993.52万元。完成新一轮退耕还林建设任务666.78万平方米，兑现补助资金800万元。落实2015年新一轮退耕还林第三年检查验收及兑现工作，兑现资金840万元。完成前一轮补助政策期满退耕地还生态林补充申报公益林工作。通过2017年度退耕还林工程省级检查验收。完成全市2017年退耕还林生态参数数据统计上报。

【森林城市创建】 2017年，全市在巩固已取得的创森成果基础上，深入推进生态体系、产业体系、文化体系、支撑保障体系等四大体系建设，完成攀枝花国家森林城市项目138个。全年完成新增（改造）绿地3888万平方米，完成义务植树254.03万株，义务植树尽责率96%，古树名木保护率达100%，苗木自给率达82%，乡土树种使用率达82%，森林覆盖率达61.79%，实现森林面积和蓄积双增长。9月29日，国家林业局正式授予攀枝花市“国家森林城市”称号。

【森林资源管理】　2017年，全市深入开展林地变更调查工作，通过开展林地变更调查，查清近几年来林地和森林的客观变化状况，理清林地和耕地、草地等的界限，修订完善林地一张图。市林业局继续加大对省、市重点项目占用征收林地的协调服务指导，确保各项重点工程按时开工和依法使用林地。全市共审核审批上报占用征收林地109宗，涉及林地620.52万平方米，收取森林植被恢复费5945.22万元。其中永久性50宗，398.58万平方米，临时占用35宗，203.61万平方米，为林业生产服务的24宗，18.32万平方米，保障了重点项目依法使用林地。开展林地林木监督检查、毁林开垦整治专项行动和打击违法使用林地专项行动，对非法使用林地和采伐林木的行为及时查处。严格木竹材经营加工管理，完善木竹材经营加工单位的管理制度，组织开展木竹材经营加工单位抽查，核查木竹经营加工单位原料来源以及木竹材来源备案和运输销售核销登记情况。

【林业行政执法】　2017年，全市林业系统落实林业综合行政执法改革，坚持严打方针，始终保持对涉林违法犯罪的高压态势，先后组织开展了“森林火案查处”“守护绿川”“毁林开垦整治”等专项行动，并取得显著成效。全年共立项涉林案件627起，查破608起，综合查处率为97%。其中刑事案件69起，侦破50起，破案率达72.5%；受理并查处行政案件558起；依法处理违法犯罪人员613人，强力震慑涉林违法犯罪分子。

【野生动植物保护及自然保护区建设】　2017年，全市继续深入开展“湿地日”“世界野生动植物保护日”“爱鸟周”等宣传活动，攀枝花苏铁国家级自然保护区管理局与攀枝花市野生动植物保护协会联合开展以“寻找最美攀枝花苏铁”为主题的野生动植物摄影作品征集活动，共收到56名参赛者的287幅（组）作品。深入开展兼具科普性、趣味性、参与性的“攀枝花苏铁乐园”自然学堂活动，全年共计开展30余期，累计参与市民达1200人次，11月，“攀枝花苏铁乐园”自然学堂被四川省精神文明建设办公室授予“四川省十佳志愿服务项目”荣誉称号。深入贯彻落实《中华人民共和国野生动物保护法》《自然保护区条例》《陆生野生动物保护实施条例》《野生植物保护条例》等法律法规，继续开展林业法律进乡村、进学校、进社区、进企业活动，发放野生动植物保护宣传资料8000余份，进一步增强全社会生态保护意识，提升广大群众对野生动植物保护的责任感。加强对野生动物疫源疫病监控，严密监测野生动物动态，未发现野生动物疫源疫病情况。认真开展古树名木普查工作，全面完成古树名木外业调查及内业工作，全市古树名木现计280株。

严守生态红线，确保自然保护区面积99938.3万平方米不减少。积极迎接中央、省、市环境保护督察和四川省自然保护区专项督察，全力抓好问题整改，全年完成问题整改36个，整改完成率达92.3%。进一步规范自然保护区管理，新制定《攀枝花市国家级、省级林业自然保护区综合管理暂行办法》，联合6个市级部门，组织开展2017年自然保护区联合执法检查。加大自然保护区基础设施建设力度，已建成8个保护站，配备了必要的巡护设施设备，设置近400块标识标牌。深入推进湿地建设，加强湿地资源保护管理工作，加大宣传力度，严厉打击破坏湿地资源的违法犯罪行为，积极争取湿地保护建设项目和资金。编制完成《攀枝花市湿地保护利用规划（2016—2030年）》和《米易梯田省级湿地公园总体规划》，并积极申报省级湿地公园。

【森林病虫防治检疫】　2017年，攀枝花市认真执行政府和林业双线目标责任制管理，严格执行林业有害生物防治检疫法律法规，全市未发生松材线虫病疫情，无林业有害生物成灾，测报准确率98.36%，无公害防治率和产地检疫皆为100%。抓好松材线虫病春秋季普查，及时排查、处理异常枯死松树56株，设置诱捕器650个诱捕媒介昆虫9.4万头，实现全市无松材线虫病疫情发生。健全林业有害生物监测预警和测报体系建设，开展无人机监测试点面积400万平方米，建立完善市县乡村四级测报网络。强化检疫执法，守住关口严防外来有害生物入侵，严格执行检疫要求书制度，开展检疫执法专项行动，严格外地引入绿化苗木落地复检，开展检疫执法检查36次。成功开展攀枝花市第三次林业有害生物普查，调查寄主107种，采集制作病虫鼠有害植物标本385种，收集形成工作报告、技术报告、风险评估报告、分布图、数据库、《攀枝花市林业有害生物图鉴》等8大成果资料。深化川滇联防联检机制，成功开展“攀枝花西区——丽江华坪”“攀枝花仁和——楚雄永仁”联防联检专项行动，签订相关区域联防联检框架协议，建立联防联检、统防统治长效机制，实现林业有害生物跨区域协作。开展生态修复区、林业产业林病虫害调查防治、技术培训和推广应用，巩固创森成果，助推林农增收致富，促进林业产业持续健康发展。

【森林防火】　2017年，全市严格履行森林防火责任制，落实防火工作党政同责。市森林防火指挥部印发《2017—2018年森林防火工作方案》等文件，细化、明确年度工作目标、工作重点和工作要求，调整市级森林防火指挥部成员，明确各级森林防火指挥部成员单位职责，要求各成员单位协作配合，履职到位。攀枝花市与移动通信运营商、电力、石油、铁路等16家林区重点企业以及米攀高铁、攀大高速、铁塔公司等5家林区重点工程施工单位紧密沟通，发放《森林防火告知函》，指导林区重点企业防范森林火灾，清除森林火险隐患，落实森林防火责任。深入推广农事用火“电话申报、传真批复”模式，进一步规范农事用火，提高用火审批率，审批农事用火1033起，涉及农户5000余户。在东区、西区、仁和区、米易县开展森林火灾处置新技术、新装备试验，提高森林火灾处置效率。森林防火项目建设稳步推进，森林重点火险区综合治理三期工程建设项目完成投资1749.16万元，于7月通过省林厅验收；盐边县森林防火综合能力规范化建设试点示范工程建设项目总投资882万元，分三期开展建设，2017年年底，第二期建设接近尾声；四川省川西南山区森林防火通讯系统建设项目到位资金514.83万元，2017年，完成车辆和物资设备的采购。

防火期内，全市各级值班室实行24小时值班，24名瞭望员、573名专职巡山员、762名兼职巡山员全部在岗，不间断开展瞭望巡护。全市共成立专业扑火队13支，招聘队员371人；乡镇应急扑火队45支，组织队员450人；义务扑火队408支，动员队员4200人。全年完成计划烧除面积4.79亿平方米，烧铲防火隔离带800千米，林下割（锄）草面积超400万平方米。全市共发生森林火灾33起，其中，一般森林火灾32起，较大森林火灾1起，火场总面积196.02万平方米，受害森林面积9.31万平方米（公益林2.92万平方米，商品林6.39万平方米），森林火灾受害率0.022‰，远低于省级下达目标，无重特大森林火灾、无扑火人员伤亡发生。印发各类森林防火宣传资料25.4万份，出动宣传车辆600余台次，推送手机短信10.2万条，报刊、电视、电台、微信等刊播各类通告、宣传片、公益广告、流动字幕等1300余次。

【林业产业】　2017年，全市林业产业以核桃产业为龙头，特色经果、林下种养业、花卉苗木业、森林康养为重点，林业产业稳步发展，全市干果种植面积4.32亿平方米，产量1.84万吨（其中核桃种植面积超过3.49亿平方米，产量1.62万吨）。全市木竹原料林种植面积7574万平方米，特色水果类经济林2.68亿平方米，茶叶1133万平方米，桑树4520万平方米，中药材1780万平方米，森林蔬菜537万平方米。实现林业总产值41.4亿元，较2016年增加14.45%（其中生态旅游收入17.07亿元），农民人均从林业获得的收入2260元，较2016年增大7.77%。米易县、盐边县继续推进新一轮重点县建设工作，分别获得省级财政300万元资金支持，新建核桃（核桃、花椒混交林）基地603万平方米，低改核桃基地20.53万平方米，新建蓄水池3004立方米，修建林区生产道路21.2千米。重点县年度考核中，盐边县获评优秀等次，米易县良好。四川省林产品质量安全监测米易站通过验收投入使用，全年完成100批次检测。新增省级林业产业化重点龙头企业1家（攀枝花市丰盛源农林开发有限公司）。

大力发展森林康养产业，主动融入全市“康养+”发展战略，新增花舞人间、岔河同德、万宝营、欧方营地等4处省级森林康养基地，欧方营地森林康养基地列入“全国森林康养基地试点单位（第二批）”，并获评“四川省首批森林康养国际合作示范基地”称号。米易县、盐边县获“四川省林业生态旅游示范县”称号。全市评定星级森林康养人家22家。

【林业宣传】　2017年，市林业局以国家、省、市级媒体为平台，开展国家森林城市创建、天然林资源保护、退耕还林、野生动植物保护工程和森林防火等系列宣传。结合全国第23个世界防治荒漠化和干旱日主题活动和大规模绿化攀枝花、创建国家森林城市及“6·29”全民义务植树活动，于6月16日在攀枝花市典型生态脆弱区（米易干热河谷绿化、盐边石荒化绿化、东区山体绿化、西区矿山迹地绿化、仁和水库湿地绿化）同步开展大型植树活动，邀请国家、省、市相关部门领导参加，国家、省、市相关媒体对活动进行全程同步报道，在《攀枝花日报》以“让水更清山更绿，人民群众生活更舒心”为题刊登两个彩色专版，扩大全市创森宣传力度和层次；在国家行业报刊《绿色时报》和省级林业杂志《绿色天府》作创森专题宣传，在国家行业杂志《国土绿化》分3期对攀枝花市创森工作及经验成效开展专栏宣传。联合市司法局、市教体局在仁和区平地镇开展林业法律“进乡村进学校”和毁林开垦整治专项行动宣传活动；配合国家林业局“天保记者行”活动，由专业媒体组在《人民日报》《第一财经日报》《工人日报》等十余家国家级媒体刊发文章，对攀枝花市天保工程二十周年成效进行宣传报道；在市科技宣传周和“三下乡”活动现场发放《攀枝花林业知识100问》等宣传材料计3000余份，接受咨询300多人次。全年在各级报纸杂志、广播电视和网络媒体上刊登林业外宣报道近200篇（条、次、幅）。

【林业改革与发展】　2017年，全市林业改革稳步有序推进。持续推进政策性森林保险，全市森林保险参保面积达21.51亿平方米，保费总额242.71万元。继续加强盐边县、米易县林权交易平台建设与运行，录入交易平台的林权流转共41宗，完成交易20宗。2017年，受理网上林权交易3宗，面积16.91万平方米。完成经济林木（果）权和林权抵押贷款改革省级试点工作，并上报自评工作报告，发放经济林木果权证3本，面积48.69万平方米，发放林地经营权流转证2本，面积123.57万平方米，经济林木（果）权证和林地经营权流转证在盐边县全县推广。

【林业科技】 2017年，市林业局开展攀枝花块菌菌根苗培育与栽培示范、金沙江干热河谷区乡土景观植物筛选与培育、创森工程技术管理规范和安全评价、林下食用菌人工繁育技术研究、金沙江干热河谷区乡土耐旱植物繁育、林下食用菌（灵芝、杏鲍菇）栽培示范、攀枝花市核桃良种选育及良种示范园建设、攀枝花市核桃良种选育及丰产栽培技术示范基地建设、平衡根系轻基质容器育苗关键技术在攀枝花市干热河谷生态治理和林业产业发展中的应用推广、林下种植与示范、攀西地区核桃和青花椒引种扩繁和丰产栽培技术推广示范、干热河谷生态修复技术集成等12个科研项目。全年培育鉴定、转化推广及完成实施市级以上林业科技创新成果7项，即：创森工程技术管理规范和安全评价、金沙江干热河谷区乡土景观植物筛选与培育、平衡根系轻基质容器育苗关键技术在攀枝花市干热河谷生态治理和林业产业发展中的应用推广、攀枝花块菌菌根苗培育与栽培示范、林下食用菌（灵芝、杏鲍菇）栽培示范、干热河谷生态修复技术集成、金沙江干热河谷区乡土耐旱植物繁育。

（吴 韬）

水 务

【概 况】 全市有市水务局、东区农业水务局、西区水务局、仁和区水务局、米易县水务局、盐边县水务局6个水务行政管理单位。全市水务系统现有职工351人，其中硕士研究生20人，本科学历169人，具有大学学历117人，中专20人，高中及以下18人。职称方面，高级职称15人，中级职称53人，初级职称83人。2017年，全市水务系统组织和参加培训413人次，全年投入培训资金70余万元，主要包括参公单位省主管部门业务培训、公务员更新知识培训、专业技术人员专门培训，人均受训50学时，人均投入培训经费1787元。成功推荐1名引进人才参加市递进人才培训班学习培训，通过公开考试招聘，市胜利水库管理所新进入3名人员，同时通过考核聘用，选定1名专业技术人员进入事业单位编制。荣获全省2017年度水利规划计划工作先进集体、全省2017年度创建水土保持科技示范园区先进单位、全省际边界水事矛盾纠纷排查化解活动先进集体、全省2017年度水利政务信息工作先进集体、全市党委系统信息工作先进单位、创建国家森林城市工作先进集体等十余个奖项。

2017年，全市水务系统投入各类水利建设资金6.98亿元。向上争取资金突破3.16亿元（其中：中央2.43亿元，省级7298万元），较2016年增长9%；市以下资金3.82亿元（含贷款及社会投入）。新增蓄引提能力432万立方米，新增节水能力110万立方米，新增高效节水灌溉面积1492万平方米。综合治理水土流失面积150平方千米，完成水系生态廊道建设面积40.36万平方米。观音岩引水工程、马鞍山水库、梅子箐水库、麻晃引水工程等重点水利工程均提前完成年度投资计划，中小河流防洪治理、病险水库整治等项目按目标任务稳步推进。

【水利投资】 2017年，全市完成水利投资6.13亿元；其中纳入中央投资计划直报系统考核投资3.45亿元（中央投资计1.89亿元，地方投资1.55亿元），完成中央投资1.77亿元，占中央投资计划的93.76%；完成地方投资1.12亿元，占地方投资计划的72.12%；中央投资完成率比全国、全省平均水平高4个百分点，地方投资完成率比全国、全省平均水平低8个百分点。各县（区）投资执行情况：东区完成中央投资计划10万元，占下达中央投资计划10万元的100%；西区完成中央投资6010万元，占下达中央投资计划6010万元的100%；完成地方投资1712万元，占地方投资计划6040万元的28.34%，地方投资完成率差；仁和区完成中央投资1865万元，占下达中央投资计划2327万元的80.15%，进度较迟缓；完成地方投资1985万元，占地方投资计划1985万元的100%；米易县完成中央投资5969万元，占下达中央投资计划5969万元的100%；完成地方投资7414万元，占地方投资计划7414万元的100%，投资进度完成得好；盐边县完成中央投资3891万元，占下达中央投资计划4610万元的84.4%，进度较迟缓；完成地方投资85万元，占地方投资计划85万元的100%。

【重点水利项目建设】 2017年，观音岩引水工程完成投资2.38亿元，503管桥、观音岩管桥贯通，荷花池大桥至灰老沟桥段施工完成，尖山隧洞建成，提前1年实现格里坪水厂通水目标，累计完成29.9千米线路建设，安装管道51.7千米。西区梅子箐水库、米易马鞍山水库主体工程完工。河心水库完工，正办理结算和蓄水验收。小河沟水库和麻晃引水工程按节点顺利完成年度投资计划。指导、配合县（区）加快项目前期工作，提高项目前期工作质量，米易老街子水库、仁和栗树湾水库、盐边沙坝水库等3座中型水库前期工作有序推进，部分专题报告获省级相关部门审批。西区梅子箐水库、米易马鞍山水库最后一笔中央资金1.1亿元足额到位，至此两座续建中型水库4亿元中央投资和1.56亿元省级配套资金全部到位。中小河流、病险水库整治前期工作按计划推进。仁和栗树湾水库、米易老街子水库、盐边沙坝水库纳入国家《水利发展“十三五”规划》和《全国中型水库建设规划》，16个中小河流治理项目、70座小型病险水库除险加固项目成功列入国家灾后水利薄弱环节建设实施范畴，规划总投资6.05亿元。灾后重建和薄弱环节建设推进有力，仁和、大渡口污水处理厂灾后恢复重建任务如期完成并恢复正常运行。胜利水库“9·19”灾后水毁恢复工程进展顺利，一、二期工程完成既定目标任务。米易安宁河克朗段防工程的可行性研究报告已审查，安宁河剩余4段堤防可行性研究报告编制完成并送审，惠民河、大河防洪治理项目基本完工，盐水河、永兴河、巴关河、大河等4条河流防洪治理工程开工建设。

【河长制工作】 建立市、县（区）、乡镇（街道）、村（社区）四级河长制工作体系，全市设立河长735名，在《攀枝花日报》公示，树立公示牌77块。成立攀枝花市全面落实河长制工作领导小组，市委书记任市级第一总河长，市长任市级总河长，设立总河长办公室，分设金沙江、雅砻江、安宁河、大河、巴关河等5条主要河流的市级河长10名，实行“双河长制”，市河长制办公室设在市水务局，具体承担全市河长制各项工作。市、县（区）、乡（镇）先后召开河长制工作推进专题会议305次，市级5条主要河流河长率队开展现场调研督察36次，县（区）级河段长率队开展现场巡查检查347次，乡（镇）级河段长率队开展现场巡查检查530次。全面梳理全市河流名录，建立河流名录信息库，完成流域面积50平方千米以上52条河流河（段）长设立。开展大规模涉河环境问题大排查2次，梳理主要河流共性问题九大类，排查发现突出环境问题147个，整改完成128个，绘制河长制工作示意图，挂图作战、销号整改。出台《攀枝花市全面落实河长制工作方案》，印发《攀枝花市河长制工作信息报送制度》《攀枝花市河长制工作会议制度》等5项制度。加强河长制宣传，利用“世界水日”等重要活动日，开展“河长制，河长治”等主题系列宣传活动，制作大型户外广告牌7块，宣传栏93处，张贴宣传标语、悬挂宣传横幅共260余条，发放宣传册、明白卡等共2万余册，利用LED显示屏向群众进行宣传讲解，全面普及河长制知识，提高全民参与积极性。完成市级5条河流目标、任务、问题、责任“四张清单”。精准施策，提前半年高质量完成“一河一策”方案编制。

【涉水环保工作】 2017年，全市水务系统先后经历了“12·2”中央电视台曝光、迎接省环保督察和中央环保督察三个阶段。问题整改实行清单化，对反馈问题仔细认真核查，对涉水环保职责和事项进行全面规范梳理，共核实登记全市规模以上入河排污口25个，规模以下入河排污口100个。坚持“一事一档”，依据环保督察反馈事项，形成涉水环保档案21个问题33个专卷，逐项销号。问题整改实行责任制，涉水环保问题整改过程中，建立市、县（区）局长负总责、分管领导直接抓、各部门和乡镇具体抓的责任机制，后期群众信访举报过程中，对环保督察反馈市水务局的7个牵头事项、16个配合事项均连夜进行处置，逐一明确牵头领导、责任主体和整改时限要求，强化问题整改过程痕迹管理。建立长效机制，落实“党政同责、一岗双责”要求，将环保工作与水利工程建设管理、水资源管理保护等工作紧密结合，与水务工作同部署、同检查、同考核，实现工作结合常态化。

【防汛抗旱】 早部署早安排，汛前落实市、县、乡三级行政首长负责制，分级分类签防汛目标责任书1000余份，登报公示全市水库、水电站和主要河流行政、技术和管理责任人。认真总结2016年“9·19”特大暴雨灾害经验教训，形成《“9·19”大河流域洪灾启示录》在电视台滚动宣传，利用网络、信息平台等新渠道进行宣传，提升全社会防汛安全意识。组织开展覆盖市、县（区）、乡（镇）及Ⅰ型以上水库责任人业务专项培训。强化应急保障，建立19个应急物资储备点，储备应急物资5万余件，专业救援装备车辆200余台，救援力量3000余人，实行动态管理，确保遇险群众“五有”（有干净水喝、有住所、有饭吃、有衣穿、有医疗保障）。强化过程管理，市委、市政府先后5次组织召开市级专题会议对防汛工作进行安排部署，市长王波等市政府领导亲自组织防汛气象趋势调度会商15次，市县两级召开会商会85次。结合实际情况及时修订完善各类防灾减灾应急预案，着力构建“横向到边、纵向到底”预案体系。有针对性地开展危险区域应急避险演练，2次集中开展防汛应急综合实战演练，市委、市政府主要领导亲自指挥，全年累计演练600余次。汛期实行双人24小时值班制度，严格落实防汛值班规定，定期不定期进行值班抽查。狠抓隐患整改，汛前、汛中分别开展高强度、高频次防汛检查，联合国土、安监、交通等部门对全市743处防汛隐患点位进行全面排查，建立台账，全市巡查排查隐患点1869点次，发现并整改隐患622个，全年未发生一起防汛安全事故。强化监测预警，发布各类气象预报273期，发送雨情提醒短信6.8万余条，成功应对6次大暴雨过程，转移避险3671人。全市水利工程汛末计划蓄水1.33亿立方米，现蓄水1.355亿立方米，在确保工程安全的情况下，超计划完成全年蓄水保水目标任务，保障冬、明春生产生活用水需求。

【高效节水灌溉】 认真总结并不断完善工作机制，把高效节水灌溉推广普及和农业水价综合改革有机结合，强化建管并重，推行管护机制创新，初步形成独具攀枝花市特色的高效节水发展推进模式。其中，平地镇作为高效节水灌溉和农业水价综合改革典型案例报水利部。水利部副部长田学斌和水利部灌排中心及省水利厅专家对攀枝花市高效节水灌溉和农业水价综合改革工作调研，初步同意国家灌排中心、省水利厅和攀枝花市签订高效节水灌溉战略合作协议，合力推进全域高水平高效节水灌溉。2017年，投入资金4400余万元，新建高效节水灌溉面积1478万平方米。高效节水灌溉的优势逐步被广大农民群众和社会接受认可，部分群众和民营企业已自主发展高效节水灌溉。

【水资源管理与保护】 全面落实水资源“三条红线”管控，依法开展水资源论证、取水许可审批，足额征缴水资源费1400余万元。组织推进市县两级取水许可核查和水资源费征收资料交接，完成水资源费改税准备工作，确保12月水资源税顺利征收。完成节水型社会重点县和国控水资源二期建设任务，完成省政府对攀枝花市政府实行最严格水资源管理制度考核自查及现场核查工作和规上入河排污口、江河水功能区、部分支流、生活污水散排点、饮用水水源地水质监测任务。加强饮水水源地保护，结合环保督察，对水源地环境突出问题进行全面排查和整治，投入资金约30万元清理胜利水库水面漂浮物1000余吨，安装水源地一级保护区隔离防护网约2千米。投资94.6万元，实施市胜利水库水生态保护暨水利风景区规划2016—2017年度绿化工程。加强水环境治理，开展以“四清”（清污水、清污泥、清垃圾、清障碍）为重点，以“四无”（饮用水水源无污染、城镇河道无污染、堤岸水面无垃圾、河道畅通无障碍）为目标的水环境专项治理，建立“一库一策”的水环境处置和保护机制。积极争取和申报国家水土保持综合治理项目，盐边县被纳入全国坡耕地水土流失综合治理“十三五”规划专项建设和全省“天地一体化”试点范围，其余4个县（区）被纳入2017—2020年国家水土保持重点工程范围，第一批国家坡耕地专项资金700万元计划已下达。依法落实水土保持“三同时”制度，批复生产建设项目水土保持方案20个，完成生产建设项目竣工验收4个，全年水土流失综合治理面积150平方千米，水系生态廊道建设面积40.36万平方米，征收水土保持补偿费189万元。依法强化水土保持监督检查，对攀大高速、成昆复线工程等21个重点项目开展汛前水土保持专项检查和巡查，印发意见15份。米易县迷易湖成功创建为攀枝花市首个省级水利风景区。完成地方电力年发电量5亿千瓦时。

【民生水利发展】 加强农田水利基本建设，全市整合项目资金1.60亿万元，在仁和区、米易县、盐边县打造6个农田水利基本建设示范区，建设面积2404万平方米，新增节水能力110万立方，启动全市7个中型灌区农业取水计量设施安装工作，完成水源工程建设10处、渠系整治90.69千米，新增蓄、引、提能力432万立方。加大光伏太阳能提灌站推广力度，全年新建光伏太阳能提灌站10座，全市已累计建成固定式太阳能提灌站40座。切实解决农村人饮安全，投入民生资金2562万元，解决35个贫困村6423人饮水不安全问题，完成省政府下达解决2093人建档立卡脱贫人口饮水安全问题目标任务307%。加快推进幸福美丽新村建设，加快水利基础设施建设，生产、生活、生态供水保障能力明显提升，构建现代化农业用水管理体系，打造精致现代农业园区，建设美丽乡村，农田水利“最后一千米”不断完善。强化水利扶贫工作，编制完成《攀枝花市水务局关于水利建设扶贫专项2017年实施方案》，安排水利建设扶贫专项资金7046.74万元，紧盯精准扶贫、精准脱贫“路线图”和“时间表”，圆满完成当年水利扶贫建设任务。

【水利改革】 加快行政审批制度改革，加大“放、管、服”改革力度，清理、调整行政权力目录136项，保留行政审批项目10项。全年窗口受理行政审批事项38件，提前办结率、群众满意率、归档率均达100%。全面深化农村小型水利工程产权制度改革，出台《贯彻落实〈中共四川省委、四川省人民政府关于全面深化农村改革努力开创“三农”发展新局面的意见〉责任分工方案》，制定《明晰和移交工程产权改革范围和原则》，编制完成《米易县水利工程建管一体化实施意见》，各县（区）试点乡镇确权工作全部完成，颁证率达60%。河道采砂权改革取得突破，编制年度采砂规划报告、采砂实施方案和采砂权出让方案，对金沙江干流攀枝花段采砂权首次实现公开出让，完成河道采砂权“招拍挂”工作。大力推进农业水价综合改革，出台《攀枝花市农业水价综合改革实施方案》，在仁和区、米易县和盐边县实施农业水价综合改革试点，完成灌溉面积3730万平方米。

【观音岩引水工程西区段通水】 2017年12月29日上午，在攀枝花市西区格里坪镇庄上村广场举行观音岩引水工程西区段通水仪式，市民代表和参建方代表进行通水仪式剪彩，市委书记李建勤现场宣布观音岩引水工程西区段正式通水。这标志着全市饮用水水源地环境整改工作取得重大的阶段性成果，标志着观音岩引水工程项目建设进入全新阶段。

【领导调研】 2017年11月7—8日，水利部副部长田学斌率水利部农水司、国家灌排中心有关专家深入米易县草场乡龙华村枇杷微喷灌示范区、盐边县益民乡龙头村露天蔬菜水肥一体化膜下滴灌基地、东区阿署达村农业生态园高效节水灌溉等地调研攀枝花市高效节水发展和农业水价改革情况。省水利厅厅长胡云，市委书记李建勤，市长王波，市委常委吴成钢，副市长李仁杰先后陪同调研。

（刘克宏）

住房和城乡规划建设、城市管理、花城新区

住房和城乡规划建设

【城乡规划】 为适应城市发展需要，更好的发挥城市总体规划对城市建设的指导作用，市住房城乡建设局加快了城市空间结构体系构建。完成《攀枝花市城市总体规划(2011—2030)》修改工作，完成各片区控制性详细规划修编编制工作。完善城市设计编制体系。开展了轨道交通线网、地下综合管廊（管线）、排水工程、海绵城市等重大专项规划编制。进行了中心城区总体城市设计基础资料收集、现场踏勘，完成红格特色小镇城市设计初步方案，启动了2017年，棚改腾空区城市设计。开展了“多规合一”基础数据收集、调研等前期研究。编制完成背街小巷、农贸（菜）市场、公园绿地绿道、停车场4个专项规划，配合制定了花街花道花园花海、公办幼儿园2个建设计划。着力服务重大项目建设。围绕万达广场、银江水电站、光伏发电站、“两基地一所”、三中花城国际学校等省市重点项目做好规划选址、方案论证、手续办理等服务工作，确保项目尽快落地建设。完善了乡镇规划体系。调整了《西区新村建设总体规划》(2012—2020)，编制完成《攀枝花市仁和区前进镇总体规划》《攀枝花市仁和区大龙潭彝族乡乡域总体规划及集镇控制性详细规划》。严格执行规划审批。办理《建设工程项目规划选址意见书》、核发《建设用地规划许可证》、批复设计方案、办理规划条件核实、办理施工图审查备案等服务事项360项，围绕重点工程、民生工程、保障性住房、基础设施项目做好协调服务工作。

【新型城镇化推进】 2017年，市住房城乡建设局围绕建设全国阳光康养旅游目的地，牵头开展一个县（区）一个特色小镇的培育创建工作，进行规划研究、产业发展及城市设计。平地镇、红格镇成功列入首批省级特色小镇名单。指导7个百镇建设试点镇推进“9+N”公共服务设施项目的污水和垃圾处理设施等基础设施建设，完成投资1.9亿元，提升和改善试点镇综合承载能力。推进农村危房改造，对农村土坯房存量情况进行全面摸底，完成省政府下达的农房改造任务。加强农房建设质量监管力度，对米易县新山乡29户减贫户住房存在的安全隐患进行督促整改。开展全省“城市双修”试点城市、传统村落申报工作。市长王波就攀枝花市“城市双修”工作在全省新型城镇化建设经验交流暨工作推进会上作经验交流发言，并参加住建部在厦门市召开的老旧小区改造试点工作座谈会。攀枝花市被成功纳入全国老旧小区改造试点城市。

【争取资金及招商引资】 2017年，市住房城乡建设局全年争取各类资金95.37亿元，其中棚改专项贷款资金75亿元、资本金14.4亿元、配套基础设施建设资金4.52亿元，污水垃圾处理建设债券资金8216万元，海绵城市建设专项资金1737万元，小城镇建设专项资金2000万元，农村危房改造资金4135万元。招商8个项目，落地开工2个项目，总投资26.3亿元。

【基础设施建设】 2017年，城市基础设施建设推进有力，完善了城市公共服务配套设施。牵头实施了花街花道花海花园、背街小巷、农贸（菜）市场、公园绿地绿道、停车场、公立幼儿园等建设项目29个，总投资11.61亿元。启动城市交通基础设施建设。开展东区后山道路——炳东线工程、炳三区至报社隧道工程、渡仁西线复线（和润小区段、招那段）两个PPP项目可行性报告、实施方案等前期

工作，完成社会资本招标，并在年底实现开工建设，计划总投资26.3亿元。开展轨道交通建设项目制式论证工作，由西南交通大学开展第三方评估。继续推进火车南站站前基础设施建设。全年实现项目投资10亿元，完成高压铁塔、强制戒毒所和警犬基地搬迁及抗滑桩、土方回填等工程施工。

【建筑业管理】 2017年，市住房城乡建设局完成建筑业总产值217.8元，同比增长10.5%。

2017年，建筑行业管理不断规范，建筑行业农民工工资拖欠治理成效明显。采取约谈企业、建设方垫支、动用农民工工资保证金、移交司法处理等方式，包案的9件农民工工资拖欠积案全部化解，直接发放423名农民工工资864万元。制定并实施《关于推进建筑产业现代化发展的实施意见》，标志着攀枝花市推进装配式建筑工作正式起步。严格建筑行业管理。严厉打击建筑施工违法发包、转包，违法分包及挂靠等违法行为，采取“双随机、一公开”方式对施工企业、监理企业和招投标代理企业开展动态核查，完成了建设工程施工合同、工程竣工结算、造价咨询合同备案工作任务。抓好建筑领域环保督查和质量安全工作。对全市在建工地开展扬尘污染治理检查1490余次，责令整改507起，行政处罚3期，在建工地顺利通过环保检查。2017年，全市在建单位工程395个，建筑面积661万平方米。

【房地产业】 2017年，全年实现房地产销售面积175.5万平方米，同比增长39.5%；完成房地产开发投资60.4亿元，同比增长9.7%；房地产从业人数增速为41.7%，房地产从业人员劳动报酬增速为27.9%。

房地产市场健康平稳发展。出台《促进房地产市场持续稳健发展的实施意见》，有效鼓励居民住房消费和优化房地产市场发展。制定实施棚改房源筹集方案，牵头搭建棚改实体购房平台和网上房产超市，方便棚改居民选房购房。制定并实施城市品牌营销暨房地产巡展系列活动方案，加强城市品牌整体营销，面向成都、拉萨等地大力开展“阳光花城　康养胜地”城市品牌整体营销推广，拓展市场需求。通过约谈企业负责人、开通绿色审批通道、建立领导包联服务制度等方式，帮助房地产企业协调解决相关问题。经过努力，25个已供地未开工房地产项目中18个项目已经开工，督导在建的39个项目加快建设进度。化解房地产领域信访积案62件，化解率100%。其中天娇名城建成交房，香榭丽都已复工。全年共处理房地产领域“市长信箱”“12345”市民热线及信访投诉152件，接待来访人员2300余人次。

【住房保障】 全年实施棚户区改造41个项目、22595套，惠及群众约7万人，完成率107.2%；公共租赁住房分配942套，完成率100%；发放租赁住房补贴1310户，完成率267.3%。全市农村危房改造开工2559户、开工率111%，竣工1755户、竣工率243%；721户建档立卡贫困户危房改造任务全面竣工。省住建厅下达的1100户“百万安居工程”任务竣工2718户，完成率247%。

保障性住房建设成效显著。创新工作机制。采取“市级统筹、区级实施”的棚改模式，建立市级领导干部包联工作机制，极大地提高棚改效率。完善棚改政策。制定并印发《危旧房棚户区改造项目房屋征收补偿货币化安置有关问题的通知》等系列政策性文件，保障棚改居民的合法权益。推出棚改房票制度，解决棚改资金实行报账制的滞后性问题，实现持房票购房与现金购房同步交房的待遇。全力做好资金筹措，多次与国家政策性银行进行对接沟通，探索引进邮储银行等商业性银行加入棚户区改造资金申贷银行，有效确保贷款资金来源。

【行政审批】 大力推进行政审批改革。为进一步促进房地产市场持续健康发展，推动项目尽快开工落地，按照市委、市政府工作要求，牵头优化精简房地产建设项目审批流程，制定《关于优化房地产建设项目审批程序提高审批效率的实施方案》。将原7个审批环节优化合并为4个环节，审批时间由原来的56个工作日缩减到25个工作日，提速55%，做到简化审批程序，提高办事效率。该《实施方案》经市政府第24次常务会审议通过。加大容缺受理审批服务力度。打破申请材料齐全且符合法定形式后再受理的传统审批模式，将补正材料与受理审核由先后顺序改为并行推进，即一边受理，一边补充或修正材料。采用容缺受理方式后，可以做到当天接件、当天审件、同步审核、同步办结，大大缩减企业办证时间。推行分阶段办理工程规划许可和施工许可模式。对于建设项目配套建设有支挡结构的，可按场坪部分、主体部分分别办理建设工程规划许可证和建筑工程施工许可证，有效加快项目建设进度避免因主体项目施工图设计时间较长，建设单位急于开工建设而出现未批先建的行为。切实减少建设项目“一站式收费”，2017年，取消建设项目白蚁防治费、新型墙体材料专项基金和散装水泥专项基金共3项费用的收取，为企业新建建筑工程再节约成本约10元/平方米。持续做好便民服务工作。2017年，共为126家次企业和305人次到省住建厅开展全程代办服务；开展上门服务10次、延时服务60次。

【行政执法】 加大规划建设执法力度。牵头开展“两违”整治专项行动，共整治违法用地和违法违规建设面积

19.982万平方米。以依法行政示范创建为着力点，充分发挥执法监督的重要作用，将执法监督工作作为规范执法行为、贯彻依法行政的重要手段。完善制度建设。共清理行政处罚类权力事项352项，行政强制类权力事项1项。向市法制办备案重大行政处罚案件21件。严格履行执法信息公开制度，2017年公开行政处罚案件24件。

【勘察设计审查】 施工图审查成效明显。全年共完成建设工程施工图审查项目134项，审查总建筑面积约22万平方米，共发出审查报告118份，合格书115份。对民生及重大工程项目施工图审查提效增速，审查时限缩短20%~50%。

【建设资金征收】 建设项目规费征收工作再上新台阶。依法依规开展建设项目规费征收工作，共计征收1.49亿元，其中城市建设基础设施配套费4832万元。

【散装水泥及节能墙材管理】 制定并实施《攀枝花市加快绿色建筑发展工作的实施意见》，推动攀枝花市绿色建筑发展工作。新建建筑施工阶段节能标准执行率和禁止现场搅拌砂浆和混凝土执法检查率均达100%，新型墙材使用比例85%以上，水泥散装率达64.32%。

【工程造价管理】 扎实推进建设工程造价管理。全年共办理建设工程施工合同备案50项，对66个工程项目进行安全文明施工措施费费率测定并办理退还20项。全面改版市建设工程造价网，提升工程造价信息服务质量。

【城建档案管理】 接收整理工程档案3109卷。完成声像专题片《花城建设之桥》编研制作。工程档案预验收159个项目，业务指导211个工程项目、530人次，对县区城建档案工作进行调研和指导检查，做到为建设单位、施工单位排忧解难，受到服务单位的好评。

【自身建设】 加强干部队伍思想政治建设。以中心组学习会、局长办公会、党组会等形式为载体扎实开展学习活动，以交叉测评为契机，持续加强作风建设，提高服务质量、服务效率。抓好基层组织建设，创建“阳光规划筑花城”党建品牌，通过开展“双报到”“三分类三升级”等活动加强基层支部和党员教育管理。全面落实从严治党主体责任。坚持把贯彻学习中共十九大精神和“两学一做”学习教育作为重大政治任务强力推动，牢固树立“四个意识”，坚守政治担当，扎实推进政风肃纪，全系统党风廉政建设不断加强，政风行风持续向好。严格执行干部谈心谈话、三会一课等制度，定期开展党员干部廉政教育，不断提高工作效率和服务水平。大力开展精准扶贫。向对口帮扶的鳡鱼乡联合村送去慰问金、物资价值共计4万余元，筹集资金60余万元，援建了产业发展引水灌溉工程，帮助完成脱贫退出验收检查。推进“双联”工作，通过不断改善对口帮扶村基础设施、农业生产发展条件，帮助脱贫脱困。科学设置内设机构和配备领导干部。主动与组织、人社和编制管理等部门协调对接，增设花城新区规划分局、村镇建设科、招商科、信访科和住房保障管理科，争取市编研中心加挂规划设计院牌子，进一步健全完善管理机构。积极创建学习型机关。组织开展了“天津大学攀枝花市城乡规划专题培训”等多种形式交流培训活动，全局干部职工德才素质和履职能力得到明显提高。

（马　琳）

城市管理

【民生工程】 2017年，攀枝花市生活垃圾焚烧发电项目累计完成投资25639万元，主体厂房封顶，汽机砌体、涂料全部完成，取水工程渗滤液处理站调节池主体完成，取水泵房主体封顶，锅炉、汽机、垃圾池、办公区域、集控中心、电子间、各高低压配电室、空压机房、化水间等全部交付安装，提前3个月完成年度投资2亿元的目标任务。攀枝花市生活垃圾治理项目（7镇100村）为省级民生工程，印发《关于加快推进四川省城乡垃圾处理设施建设三年推进方案和2017年省级民生实事的通知》，完成任务分解，明确时间节点完成时限。同时，督导各县（区）顺利完成7镇100村生活污水和生活垃圾治理。

【成功创建国家园林城市】 2017年是攀枝花市创建国家园林城市考核迎检年，严格按照相关要求起草《攀枝花市创建国家园林城市申报材料》《攀枝花市创建国家园林城市指标说明》《攀枝花市创建国家园林城市指标印证材料》等书本材料。同时，立足市情，综合分析市园林绿化特点，提炼形成《山地城市生态修复》《老旧小区改造》《立体绿化》《花城景观》等反映市特色绿化的印证资料；完成170余盒创国园各类档案资料整理归类，撰写、印刷创国园指标说明、印证资料、花城景观打造、生态修复等10本申报资料。并按照突出特色、彰显亮点在主干道沿线对绿化景观进行氛围营造，摆放木质花箱共618个，制作安装各类造型20余组，栽种和摆放三角梅造型1500余株，栽种、摆放各色花卉共计37万余株，凸现阳光花城绿化特色。目前攀枝花市顺利通过住建部对攀枝花市创建国家园林城市的考核验收，获得国家园林城市命名。

【市政设施】 按照“路面平、管道通、路灯亮”目标，市城管局有序开展道路、路灯维修，地下通道附属设施、道路隔离栏维护等工作。完成隆庆路、市区道路大修工程，钢化路维修整治工程；渡口桥南至五十四路段增设道路中间隔离栏、人行道护栏项目；攀枝花大道、炳草岗大街、人民街、钢城大道西段、格萨拉大道、苏铁中路道路维修项目，完成沥青路面整治约34000平方米以及元亨边坡治理工程等。牵头组织完成学园路、陈家埡口隧道（美化亮化）维修改造项目、城区桥梁一期维修加固工程、隧道结构安全检测项目、新宏路（君临江山至龙箐大桥东）排水设施整治工程、陈家埡口隧道道路渗水处理工程等项目的前期工作。共计维修人行道3735.2平方米、沥青路面1516平方米、道路隔离栏7853米，3798盏次，修复线路3090米，清洗路灯29400盏次，处理故障357次，确保市政设施完好率达95%以上，有效地保障了市政公用设施的服务功能。

【安全生产】 2017年，市城市管理按照“安全第一，预防为主，综合治理”方针，以“市长热线”、信访件和服务热线办理为切入点，督促燃气企业合理分配抢险力量，科学组织应急抢险，增设报警热线电话，从而推进燃气安全应急、维修抢险保障能力建设，不断提高维修服务效率和燃气企业服务热线（抢险维修热线）的办理效率。狠抓各项制度落实，建立安全责任体系，强力推进燃气安全隐患整治，各燃气企业按照总体安排部署，积极开展自查，建立隐患台账，制定隐患治理方案，成功治理五十四、钢花村、渡口桥北农贸市场等煤气泄漏事故。严格落实巡查制度，每月对主管网、商业用户进行巡查，对商业用户发送安全用气须知，对管网附近开挖单位进行告知、警示；每季度对庭院管网及附属设施、阀门、阀井进行巡查，做到隐患早发现、早处理。按照《四川省燃气管理条例》规定，启动瓶装液化石油气统一配送工作，现各县区燃气主管部门和燃气企业已完成库房选址、库房建设并将实瓶集中存放，消除了经营网点存在的安全间距不够等问题，降低事故发生率。全市供气保障能力和供气服务质量得到进一步提升，安全生产工作持续健康发展。

【数字化城管】 攀枝花市数字化城管建设稳步推进，对系统现有“GIS”软件（地理信息系统）进行升级改造，实现数字化城市管理信息系统基础底图及移动信息采集器终端（城管通）地图的适时更新。系统健康运行，主动发现各类城市问题并及时派遣处置，“12319”热线接受全市市民的电话投诉举报，采集各类城市问题信息243605件，立案241864件，处置136313件。开展“生命至上，线前礼让”斑马线秩序专项监督行动，通过现场及监控视频进行抓拍，曝光不文明机动车，充分发挥“千里眼，顺风耳”作用。与此同时，为推动县区数字化城市管理平台建设，多次前往两县深入了解两县数字城管建设内容、现状、进度及预期完成时间，要求两县数字城管建设要对照数字城管建设系列国家标准及行业标准进行，并跟全市数字城管信息系统无缝对接，同时按照国家及省里规定的时间节点按期完成系统建设。

【制度建设】 完善行政决策机制，规范城市管理事项的议事程序和决策程序，完善重大决策集体决定制度、事后评估制度、法律顾问制度和专家咨询制度，确保决策科学，效益最大化。清理规范行政权力，实行清单动态调整，市城管局现有行政权力127项，其中行政许可14项、行政处罚98项、行政征收6项、行政强制4项、行政奖励2项、其他权力事项3项。采取切实可行的公开方式，依法全面、及时、准确、真实地公开政府信息，扩大群众知情权和参与权，增强民主决策的透明度。完善“双随机一公开”抽查机制，建立《攀枝花市城市管理局随机抽查执法检查人员名录库》，编制《攀枝花市城市管理局随机抽查事项清单》，确定随机抽查比例和频次，根据城管执法工作实际，采取定期和不定期相结合的方式，进行随机抽查，确保必要的随机抽查覆盖面和工作力度。同时，在门户网站将抽查依据、抽查主体、抽查事项、抽查方式、抽查程序和抽查结果等监管信息进行全面公开、实时更新，接受社会监督。

【改革创新】 攀枝花市城市执法体制改革深入推进，《关于深入推进城市执法体制改革改进城市管理工作的实施方案（代拟稿）》形成后，书面征集30余个部门修改意见，并多次进行座谈及讨论。市委全面深化改革领导小组第13次会议已审议通过该《实施方案（送审稿）》，市政府第17次常务会议、市委第40次常委会议分别对该方案进行审议，并正式下发。制定首部实体地方性法规《攀枝花市城市绿化条例》（以下简称“《条例》”）。《条例》分总则、规划和建设、管理和保护、法律责任和附则，共五章三十六条。省十二届人大常委会第三十七次会议审议批准该《条例》。《条例》中规定，有大气、噪声污染的工矿企业应当按照国家和省规定设立防护林带；鼓励采用体现攀枝花市观花、观果特色的乔、灌木用于绿化项目建设；鼓励采用屋顶绿化、挡墙绿化等措施进行立体绿化等。同时，《条例》还对市、县、区城市规划区内城市绿化的规划、建设、管理和保护，绿化专项规划编制的原则、要求和程序及相应的行政处罚等具体内容作出明确规定。

（曹诗若）

花城新区

【概　况】　市花城新区开发建设管理委员会（以下简称花城新区管委会）是攀枝花市政府派出机构。主要职能为统筹花城新区项目建设、负责责任区域内基础设施建设、参与花城新区土地利用总体规划和城市规划编制审查、协调招商引资等工作。管委会内设办公室（党工委办公室、监察室）、发展和目标管理科、规划和建设科、招商和投融资管理科、土地开发科5个科室，核定行政编制10名、后勤事业编制1名，现有干部职工10人，其中行政编制9人，后勤事业编制1人。经攀枝花市政府授权，市土地储备中心花城新区分中心由花城新区管委会代管，核定事业编制18名，现有干部职工13人，2017年3月，市土地储备中心花城新区分中心更名为“攀枝花市花城新区投资促进中心”，负责花城新区投资促进相关事务性、服务型工作。

【项目建设】　2017年，花城新区管委会紧扣市委、市政府“项目年”工作部署，按照“市场化运作、企业化经营、专业化招商、精准化服务”的工作原则，抓紧公建配套，狠抓环境塑造，加快城市新区建设。坚持以规划为龙头。开展渡仁片区控规修编及城市设计，编制《渡仁片区发展规划（2017—2021年）》；推进双创小镇总体策划和概念性规划，全力塑造城市新区特色风貌。完成市政务服务中心等重点项目基本规划建设手续的办理。坚持以基础设施和公共服务设施为引领。启动阳光大道南北延线建设，对外连接高速公路，对内加强新老城区的快速连接；有序实施干通路、干橄路建设，加快推进干鑫路、华沙路北段、干梅路前段项目前期工作，提升城市通达性和微循环能力；加快市政务服务中心、花城新区医院等重点项目建设，推动城市服务功能有序向新区转移。坚持以生态为优先。加快实施小石潭景观、天星湖园林景观等核心区标志性景观工程建设；推进市城市艺术中心、花城新区森林公园、渡仁片区慢行系统等项目的包装和落地。坚持以产业为支撑。加快实施碧桂园·翡翠郡房地产项目，快速聚集花城新区人气、商气；服务和保障中国·攀枝花阳光森林体育公园项目落地建设，加快推进体育运动场馆项目一期开工建设。

2017年，续建项目6个，总投资约34.6亿元，全年完成投资16.65亿元，分别为招投标项目干通路、干橄路，PPP项目市政务服务中心、小石潭景观、天星湖园林景观，招商引资房地产项目碧桂园·翡翠郡；新开工项目5个，总投资约72.7亿元，全年完成投资5.15亿元，分别为PPP项目花城新区医院、阳光大道金福片区后段及连接线项目、鱼塘高速路出口至新区干坝塘连接线道路工程，招投标项目独松树梁子生态修复、渡仁片区整体城镇化。

【用地保障】　截至2017年，在土地利用总体规划调整工作中，调入建设用地指标591.67万平方米；报批林地346.68万平方米；收储城市建设用地用16个批次共计503.53万平方米；供应土地105.13万平方米，其中划拨土地89.64万平方米，上市拍卖土地15.49万平方米。获得土地储备贷款10.34亿元，争取省、市财政资金支持3亿元；完成市政务服务中心、花城新区医院等重点项目用地征拆工作，启动渡仁片区电力线路迁改、巴斯箐和弯腰树范围内的坟墓异地搬迁、市民兵武器库和市警察培训学校搬迁工作，保障了市政务中心、花城新区医院、天星湖园林景观工程、小石潭公园、干通路、干鑫路、干橄路、阳光大道金福片区后段及连接线、鱼塘高速路出口至新区干坝塘连接线等项目的顺利推进。

【招商引资】　2017年，花城新区招商引资工作全面展开。分别与中建三局、九州通医药集团联合体、太平洋建设集团、碧桂园房地产集团签订4份PPP项目合同；与珠海鸿仁签订20亿元的招商引资协议书；与9个目标企业对接洽谈，建立重点招商对象档案。完成固定资产投资21.8亿元；完成招商引资投资10.5亿元，出让用地3宗收益2.36亿元。项目建设成效明显。以项目为抓手，拉动投资总计143亿元，累计完成投资38.5亿元。产业发展稳中有升。首个落户花城新区房地产项目碧桂园·翡翠郡，规划小区住宅1063套（低层花园洋房108套、高层精装洋房955套），完成销售1009套，去化率达95%（高层全部销售完毕），其中外地人员购房率达21%；四川高宇集团竞拍取得新区5.42万平方米土地使用权，总投资约12亿元，正式进军攀枝花市房地产市场。此外，北大方正双创小镇（100亿元）、省铁投五星级酒店综合体（25亿元）、爱琴海购物中心（25亿元），省铁投区域中心（10亿元）等产业项目已深入洽谈，总投资约160亿元。招商工作全面开展。随着渡仁片区城市功能的不断完善，吸引了众多社会资本投资花城新区建设。对外融资方式更加成熟。为破解融资难、融资贵的难题，自2016年以来，花城新区管委会采用PPP模式全力推进渡仁片区基础设施及公建配套项目建设，先后引入社会资本，开工建设小石潭景观、天星湖园林景观、政务服务中心、花城新区医院项目建设，总投资约23.6亿元。2017年11月，阳光大道金福片区后段及连接线、鱼塘高速路出口至新区干坝塘连接线道路2个PPP项目开工建设，静态总投资达50.2亿元，标志着花城新区采用PPP方式进行基础设施项目建设取得重大突破。

（张　鑫）

交通　环境保护　旅游

交　通

交通运输

【概　况】　市交通运输局是贯彻执行国家有关交通运输行业的方针、政策和法律、法规，贯彻执行省地方性法规、规章、交通运输行业规划、政策和规范性文件，组织拟订并监督实施公路、水路等行业发展战略、政策，会同有关部门组织编制综合运输体系规划的政府机构。按照市委、市政府安排，从2017年3月起，市交通运输局联系攀枝花保安营机场工作。下属11个单位，其中：参公事业单位5个，事业单位5个，国有企业1个，交通运输系统职工总数达5400余人。

【固定资产投资】　全年完成投资14.6亿元，为年度目标任务10亿元的146%，连续五年保持投资增长趋势。

【大通道建设】　大力推进南向门户建设，高速公路已建设3条195千米、在建2条71.6千米、启动工可编制2条118千米，高速公路主骨架逐步形成，为全市社会经济发展提供有力支撑。攀大高速项目建设四川境内已完成总体建设56%，云南境内已启动工可编制工作。国道4216线宁南至攀枝花段高速公路实现开工建设。攀盐高速公路和绕城东段高速公路已启动工可编制工作。经过持续沟通、对接，丽攀高速云南段主体工程取得实质性进展。

【国省干线建设】　三堆子金沙江大桥推进顺利，南、北两岸匝道工程完成35%，实现主桥墩台顺利渡洪和匝道工程全面开工。提前完成“9·19”应急抢险省道214线银厂箐段新建桥梁及引道工程等5个项目。干线公路更加安全畅通，完成法拉大桥等5座危病桥加固项目、国道108等2个地质灾害整治项目。国省干线路况性能指数达到91.4。

【农村公路建设】　全年新改建农村公路327.1千米，为市级目标任务的273%。以市政府名义印发《关于开展“四好农村路”示范县（区）创建工作督导考评的通知》和《关于进一步加快农村公路养护管理的意见》，指导各县（区）完成“四好农村路”建设方案制订，组织市、县干部参加“四好农村路”创建培训班，不断深化“四好农村路”建设。

【民航发展】　扎实开展航线拓展、机场迁建、地质灾害治理等工作。新增1个攀枝花至成都航线。与深圳航空和东方航空续签航线补贴协议，成功降低运营补贴。开展保安营机场持续安全运营论证工作，地灾治理有序推进。机场迁建前期工作稳步推进。启动机场迁建前期咨询工作，初步确定仁和区双龙潭为迁建场址。

【对口帮扶】　继续巩固定点扶贫村盐边县红果乡大槽村2016年摘帽后脱贫成果，全村48户脱贫户全部入住新房，在全村推行“公司+支部+专合组织+贫困农户”模式发展产业。为该村争取资金30万元，开工建设2处过水路改桥项目，指导大槽村开展公路养护和水毁修复，有效解决村民出行难问题。帮扶木里县唐央乡里多村解决贫困户农业用水难题。

【交通融合发展】　开展“交通+旅游”行动，拉动贫困村旅游经济发展。在国省干线增设景观标志标牌、景观台宣传公路沿线历史、人文景观，助推乡村旅游发展。开展

“交通+产业”行动，指导县区做好白马选矿、安宁工业园区等30余段产业园区连接路的整治和改造工作，为产品运输、产业发展提供有力保障。

【货运发展】 充分利用货运信息平台，联合16家企业成立无车承运运输联盟。开通攀枝花至成都甩挂运输线路。全市21家危货运输企业电子运单和车辆技术电子档案使用率达100%。寄递物流“三个100%”落实到位。鼓励物流企业设立农村物流网点，培育建设农村物流示范点，完成“乡城在线”电商平台建设。建成3个乡村“电商+物流”综合服务中心网点。密地物流园区建设加快推进。全年累计完成公路货运量0.96亿吨、货运周转量57.45亿吨千米，综合运输量同比增长7.39%。完成水路货运量18.47万吨，货运周转量1203万吨，综合运输量同比增长10.4%。

【客运发展】 新增通客车乡镇1个、行政村28个。更新出租车769辆。进一步满足群众出行需求，调整优化线路40条，开通公交卡手机充值和微信服务，推广使用公交APP。君临江山等公交首、末站建成投入使用。新建改建站场4400余平方米。

【驾培服务】 “先培后付”培训服务模式达100%。全市新增驾校1所、教练场70.9万平方米，严把教练员资格审查，文明交通进驾校“五个一”活动形成常态。

【交通运输综合行政执法改革】 经过3年持续努力，2017年12月28日，攀枝花市交通运输综合行政执法支队正式挂牌成立，实现了减少执法层级、整合执法职能、强化执法力量的目标。

【行政审批改革】 率先在全省交通运输系统创新推行“容缺审批”服务，建立28项“容缺审批”目录清单，审批时限提速70%以上，实现群众办事“最多跑一次”。进一步加大减政放权力度，授权下放14项行政审批事项和6项公共服务事项。开展延时服务、节假日预约服务、特殊群体代办服务、主动上门服务、开通“绿色通道”服务等多种特色服务，受到群众、企业广泛好评。交通运输服务窗口获2017年度全市“优秀市级窗口”称号。

【航运改革】 以市政府名义印发《攀枝花航运发展规划》。全面完成水路客运公司化改革，注销68户个体船主，新增水路运输企业6家，落实企业安全生产主体责任。深入开展水路运输经营者经营资质专项治理，规范企业安全风险防控制度管理。推进水路客运承运人责任险投保工作，提高保险额度，进一步增强水路客运企业抗风险能力。

【法制部门建设】 全面推行党政主要负责人履行推进法治建设第一责任人职责。进一步建立健全重大行政决策机制和行政执法责任制。全面实行行政处罚、行政检查和社会收费事项权责清单管理。

【行业管理】 探索建立“一路四方”协调联动机制，为高速公路从建设到营运期提供全过程优质服务。构建行业管理正面清单，挂网公示规范性文件。完善项目招商引资、工程招投标等制度。切实抓好公路治超工作，认真开展公路货车违法超限超载行为专项整治，投入执法人员1.29万人次，检测载货车辆51.8万台次，卸载9679台次，卸载货物6920吨，超限率控制在2%以内。

【信用评价工作】 将日常监督检查、专项检查和信用评价考核有机结合，加大对攀大高速、三堆子大桥等重点项目的监管力度，充分利用工程建设项目信用评价管理平台，以信用评价考核为制约手段，促进从业单位提高履约能力、规范作业行为，有效保障工程建设项目质量和安全。

【智慧交通建设】 大力推进“互联网+交通”发展，市民出行更便捷、更多元。客运站全部实现互联网售票，客运站和旅游、高速客车实现WIFI全覆盖。完成交通运行监测与应急指挥系统工程设计。城市公共交通一卡通工程建成投入使用。实现GPRS平台划定码头港口限速区，保障船舶运行安全。全系统开通政务微信、微博、网站，及时发布交通路况信息、项目建设进度、政策法规、工作动态，交通影响力不断扩大。

【绿色交通发展】 持续开展“节能宣传周”“低碳日”“车、船、路、港”千家企业交通运输专项行动等系列活动，开展绿色工程建设，严格控制能耗和强度指标。优先发展城市公交，主城区城市公共交通分担率达36.43%，实现稳步增长。积极推行新技术、新能源应用，更新新能源公交车63台，提供了更环保、更舒适的出行条件。

【环境污染防治】 全系统树立“一盘棋”思想，上下齐心，全力以赴打好环境污染治理“三大战役”，全面完成上级反馈的9项突出问题整改。完善公路养护制度10项、扬尘治理和运输污染专项整治制度15项、突出环境问题整改方案10个，公路路域环境整治、超限运输治理、机动车维修和船舶污染防治取得成效。

【平安交通建设】 2017年，未发生较大以上安全责任事故。完善安全责任体系，制定《交通运输安全管理清单手册》，进一步完善《“党政同责、一岗双责、失职追责、齐抓共管”安全生产管理责任体系》，安全生产监管“责任清单、权力清单”更清晰。构建安全生产风险分级管控和隐患排查治理双预防机制，实行安全生产体系化、规范化、精准化、痕迹化、闭环式管理。强化安全监管。开展安全生产大检查、重点行业领域专项整治、打非治违等活动，强化安全生产薄弱环节和突出问题整治，四大重点行业领域安全生产形势持续稳定。全年累计开展安全生产专项检查、督查1139次，排查风险隐患376起，整改376起，打击严重违法违章行为24起，有效防范安全生产事故的发生。

【应急防汛工作】　不断完善应急预案，明确应急处置领导机构及职责、报告程序、处置办法，组织开展应急演习演练，进一步提升应急预案应对突发事件的针对性和可操作性。汛期，累计投入资金208万元、出动人员1万余人次、机械台班1075台次，处置断道28处、坍方6万余方，确保公路安全畅通。

【行业软实力建设】　不断深化政风行风建设，通过持续努力，政风行风“五大行动”考核综合评分在全省排名前列。深入开展全国文明城市创建工作，在公交站、客运站、出租车、码头等窗口宣传核心价值观、讲文明树新风等理念，营造创文氛围，提升群众知晓率和参与度。公交首倡“礼让斑马线”活动，带动全市社会车辆礼让行人，引领社会风尚，提升城市文明形象。开展“亲情车厢”“精品线路”“爱心送考”“小红帽”“文明劝导”等活动，持续提升行业形象。“公交驾驶员余霞帮助走失小孩寻找家人事迹”被中央电视台“晚间新闻”报道，展现了攀枝花交通人的良好风貌。利用报刊、微信、微博、网站、电台等方式发布宣传稿件1800余篇，向全市“两代表”“一委员”寄送1100余封信件，展示行业亮点、成效，行业形象不断提升。

（夏林秀）

铁　路

【概　况】　2017年，攀枝花境内铁路由西昌车务段管辖的车站共有17个：弯丘、青杠、沙坝、米易、丙谷、垭口、枣子林、桐子林、牛坪子、三堆子、攀枝花、倮果、密地、渡口、弄弄坪、巴关河、格里坪站。其中：客运办理站2个，米易、攀枝花；货运办理站12个，弯丘、青杠、米易、垭口、桐子林、攀枝花、倮果、密地、渡口、弄弄坪、巴关河、格里坪；区段站2个，攀枝花、密地。主要承担着攀枝花及周边市县的客货运输任务及大量军、专、特运任务，经济吸引区辐射凉山州、云南省广通、丽江、巧家等市县地区。

【境内运输经营】　2017年，攀枝花境内发送旅客164.6万人，其中直通旅客29.8万人，管内旅客134.8万人，到达旅客165.10万人，完成客运收入2.08亿元。货物发送量：31.67万车，1913.6万吨，货物到达量：17.63万车，1035.1万吨。

【境内暑运】　暑运期间攀枝花境内发送旅客30.1万人，其中直通旅客5.9万人，管内旅客24.2万人，到达旅客29.6万人，完成客运收入3808.28万元。

（李小莉）

航　空

【航空市场】　2016年12月22日，攀枝花机场开通了“攀枝花—武汉—上海”直飞航线，班期为每周三班，由A319执飞。该航线为广大市民通往长江三角洲等地的出行提供了便利条件，促进了攀枝花与长江三角洲的交流合作、扩大对外交流开放、对升级钒钛产品、发展康养产业具有重要的意义。2017年12月16日，攀枝花机场加密“攀枝花—成都”航线，班期由每日两班增加至每日三班。多家航空公司的竞争机制，进一步降低了机票价格，让更多市民参与到这条主要以商务为主的航线，使得直飞、中转成都的旅客同比增长14%。

【机场服务】　2017年3月15日，攀枝花保安营机场临时供油设施投入使用，中国航油开始提供航油保障服务。随着攀枝花机场的运营发展，长距离航线的不断开辟，提升航班正常率，航油供应业务缺失成为制约攀枝花机场发展的重要瓶颈。通过攀枝花市人民政府、四川省机场集团有限公司、攀枝花保安营机场三方不懈努力，最终于2017年3月15日，开通航油加注业务。航油加注业务的开通，为攀枝花机场未来的发展和航线市场开拓打下坚实的基础。2017年攀枝花保安营机场运输服务部阳光随行班组被评授誉为“四川省优秀质量信得过班组”称号。

【基础建设】　2016年12月1日，攀枝花保安营机场13号滑坡应急抢险工程开工，2017年9月10日竣工，该工程有效消除滑坡危害，确保攀枝花保安营机场运行安全。2017年2月13日，攀枝花保安营机场12号滑坡堆积体应急抢险工程开工，8月24日竣工，该工程能有效保证边坡稳定，消除安全隐患，确保飞行安全。2017年8月1日，攀枝花保安营机场特性材料拦阻系统工程开工，11月19日竣工，特性材料拦阻系统能确保飞机偶尔冲出跑道时的安全，是保证和提高机场安全运营保障能力的必要措施，对于提高机场运行安全裕度，保证旅客生命财产安全具有非常重大的意义。

（贺春梅）

邮　政

【概　况】　2017年，市邮政管理局内设办公室、行业管理科两个科室，共有在编在岗人员8人，其中副县级2人，正科级2人，副科级1人，科员3人，无县区级邮政监管机构。全市邮政业共有国有企业3家，分别为中国邮政集团公司攀枝花市分公司（以下简称市邮政公司）、邮政速递物流公司、中铁快运。其中，市邮政公司有生产车辆132辆，投递车辆81辆，从业人员603人。民营快递法人企业10家，备案分公司、分拨中心12家，法人企业分支机构175处，末端备案网点104处，快递企业从业人员965人，投递车辆550台，实际经营寄递品牌20个。

2017年，攀枝花市邮政行业业务总量完成4.06亿元，同比增长39.95%，增幅排名全省第5；完成邮政业业务收入3.71亿元，同比增长55.86%，增幅排名全省第1；完成快递业务量1325.28万件，同比增长28.54%；完成快递业务收入2.31亿元，同比增长63.91%。2017年“双11”快递旺季期间，收件量168436件，较2016年同期增长42.22%；派件量1092503件，较2016年同期增长39.84%，单日收投处理最高峰为155749件。

【普遍服务监管】　全市邮政普遍服务网点共68个，其中自办网点27个，委代办网点41个。攀枝花市邮政管理局依法开展行政审批和备案，邮政普遍服务营业场所信息变更备案1个，无撤销网点，无停办限办业务审批，无非邮企业申请经营邮政通信业务审批。重点对《丁酉年》等特种邮票、“补白”网点运营、法定业务开办、网点合规等方面进行检查，结合“扫黄打非”、机要通信专项检查等重要行动开展专项检查，开展反宣品、有害出版物的查堵。强化普遍服务新标准贯标工作检查，通过邮政行政执法信息系统采用“双随机”方式随机抽取并随机派遣执法人员检查了19个乡（镇）邮政局所兼邮件投递处理场所，人工抽查5个邮政局所兼邮件投递处理场所，检查频次为52人次。对全市4个机要通信营业场所以机要通信邮路外包问题为中心，全面检查各机要通信营业场所的封装、交运、运输押运、接收、投递等生产运行环节，并调阅监控视频。出动执法人员72人次，共检查了全市4个机要通信营业场所，1个转运交接场所，4辆机要投递车辆，4条邮政机要运输邮路。在行政处罚方面，对米易草场邮政代办所及市邮政公司机要室分别开出责令整改通知书1份。办理涉及邮政服务问题的申诉89件，其中有效申诉5件，全部处理结束，回访用户满意率100%。加强终端服务设施建设，全市共建成邮政智能包裹柜累计135处，格口9304个，平均使用率60%以上，2017年全市通过智能快件箱进行有效投递超52.23万件。

【快递市场监管】　依法完成全市10家法人企业年度报告审核，强化准入审批，开展许可变更、许可注销、延期申请及分支机构新增核查。8家企业入驻密地物流园区，4家企业入驻南山工业园区，8家企业通过租用场地自建分拣中心进行分拣。7月，制定《攀枝花市邮政管理局邮政业发展“十三五”规划目标和任务措施分工》，结合规划要求，细化分工措施54项，明确责任领导和责任科室，保障规划顺利实施。

三个方面着力推动邮政业“3个100%”制度要求落实。落实100%实名收寄方面，联合3个部门成立领导小组1个、分层分级开展实名操作培训3次、开展实名督导会议3次，检查36次、集体约谈企业12家、印发实名收寄提示资料2.03万份；落实100%过机安检方面，争取政府资金补贴51万元配齐安检设备、开展安检机操作培训3次，现场检查18次，视频安检检查每月1次；落实100%实名收寄方面，要求各企业必须对收寄的邮（快）件进行100%开箱验视，在第一时间查验是否有禁、限寄物品，正常物品按要求安全收寄；无法识别的物品，要求用户提供安全证明后方予收寄，不能确定安全性的物品坚决不予收寄；限寄物品按相关规定予以收寄或不予收寄，并告知用户理由，发现禁寄物品按照《邮政行业从业人员反恐怖宣传手册》妥善应对并及时报告。

邮政业各企业向公安机关提供线索12条，协助公安机关查获外地寄递进攀毒品案件2起，查获冰毒53克、查获海洛因1745克。配合烟草部门开展烟草打假行动，开展专项检查10余次，查堵违规收寄烟草100余条。

2017年，市邮政管理局共检查网点500余家次，作出行政处罚14次，处罚金额45000元，下发责令改正通知书34份，行政约谈企业16家次，责令停业整顿1家次。邮政行业认真做好全国“两会”、春节、“一带一路”国际合作高峰论坛、金砖国家领导人第九次会晤、中秋国庆、中共十九大以及“双11”“双12”等重要时段、重大节日期间寄递安全和服务保障工作，全年未发生重大影响社会稳定的收寄问题。

【标准化建设】 投递车辆管理标准化。按照《攀枝花市邮政快递车辆通行证使用管理办法》，明确规定了申请办理攀枝花市邮政快递车辆通行证需具备的条件、提供的资料、办理的一般程序、通行证使用方法、换证管理等内容。2017年6月，印发《攀枝花市邮政管理局关于开展2017年度邮政快递车辆通行证年审的通知》，启动换证工作，强化快递配送车辆顶灯、车身标识及车辆通行证“三位一体”的车辆标准化管理。网点标准化建设改造升级。2017年3月下旬组织全市快递企业负责人、网点负责人共50余人前往中通南山旗舰店、申通攀果鲜专卖店等标准化网点进行现场观摩，引导企业按照《攀枝花市邮政快递企业标准化建设指导意见》规定进行建设；3月底，召开标准化网点建设专项会议，以企业标准化建设相关基础管理台账为着力点进行指导与部署；4月底至11月底，开始对各企业分支机构营业场所进行标准化复查，先后对西区、东区、仁和区、米易县、盐边县120余个网点进行复查，大部分网点建设达标，对20余处网点安全培训记录不全、整洁度不足等问题提出整改。

【行业宣传阵地建设】 2017年，制定了《攀枝花市邮政管理局法治宣传教育第七个五年规划实施方案（2016—2020年）》，贯彻落实“谁执法谁普法”的普法责任制，邀请法律顾问开展“学习十九大，送法到基层”普法知识讲座1次，利用“3·15”消费者权益日、“6·26”国际禁毒日等载体开展普法活动，配合相关部门开展“安全生产月”“禁毒宣传月”“宪法宣传日”等活动；持续落实“3个100%”要求，制作并印发实名收寄提示资料300份，安易递用户版宣传卡片20000份；与邮政公司建立政企联席会议制度，每季度召开联席会议1次。10月，拍摄《攀枝花政法》第四期——筑牢寄递物流安全“防火墙”，专题讲述攀枝花市邮政管理局、综治、公安、交通等部门坚持寄递物流业安全监管的“五化驱动”，推动寄递行业实现管理工作制度化、网点建设标准化、业务办理规范化、从业人员专业化、安全监管常态化各项内容。强化局门户网站建设和宣传，定期在门户网站添加图片新闻、行业动态、行业统计等相关信息，做好政府信息公开工作，保障公民知情权。

【快递下乡】 市邮政管理局引导申通、中通、韵达、圆通四家企业，以“资源共享，共同持股”的方式注册同城快递—“攀枝花市聚优购电子商务有限公司”，并在格萨拉乡试点，设立“城乡优购”快递+助农电商服务中心，依托互联网、物联网开发农村网络订单式销售，探索出快递下乡新模式。城乡优购”的设立整合了多家快递公司的资源优势，以“平台”为核心，抱团发展。该快递下乡模式随后在仁和区大龙潭乡大龙潭村、国胜乡新坪村、大田镇、红格镇等12个地方推广设立，助农增收超过15万元，满足当地百姓用邮需求的同时积极服务农村地区特产外销。

【投诉受理】 市邮政管理局通过在报纸、网站上公布投诉地址、电话、邮箱等信息，进一步完善申诉受理渠道，认真处理用户投诉、申诉事件，加强对邮政、快递企业的公众监督力度。2017年，市邮政管理局共收到市政府“12345”热线投诉6份，1份反映邮政基础设施问题，5份反映快递企业服务质量问题，均及时协调双方就投诉事宜协商妥善解决，在时限内完成答复，满意率100%。市信访办转办件1份，受理来访投诉3份，日常电话投诉58件，网上申诉843件，其中有效申诉75件，投诉受理满意率98.7%。

【快递服务现代农业】 全市20个快递品牌22家企业及分支机构抓住机遇参与攀枝花芒果外销寄递。各企业纷纷利用自身优势，通过在芒果产出乡镇设立快递网点、在水果销售市场设点、上门收件、电商微商合作等形式提供寄递服务，综合利用陆运、空运形式，做好芒果产出旺季的寄递服务工作。市邮政管理局督导企业严格落实邮政业“3个100%”要求，做好人力、物力、财力等准备，配备专业客服人员，全力做好旺季安全和服务保障。2017年6—11月芒果产出旺季期间，邮政、快递企业外销芒果约1020万件、5.1万吨，占全市总产量的25.5%，月均外销170万件、8500吨，日均外销量5.67万件、283吨，销售额约4.4亿元，占芒果总销售额的20.95%。

（柳 兰）

环境保护

【环境质量】 2017年，攀枝花市主城区环境空气质量达标率98.4%。全市环境空气质量6项污染物平均浓度均达到国家年均值二级标准。水环境质量状况保持良好，全市7个国控地表水监测断面水质达标率100%。3个饮用水源地监测断面水质达标率100%。声环境质量达标且呈向好趋势。

水环境质量 地表水水质：龙洞、倮果、二滩、雅砻江、金江5个断面按国家《地表水环境质量标准》（GB3838－2002）评价，金沙江攀枝花段水质优，水质类别为Ⅱ类，雅砻江攀枝花段水质优，水质类别为Ⅱ类。

二滩水库水质：二滩库区设柏枝、鳡鱼、红壁滩下和二滩4个监测断面，全年所有断面水质优，水质监测结果均达到《地表水环境质量标准》（GB3838－2002）Ⅱ类标准，二滩断面水质为贫营养状态，其余断面水质为中营养状态。

饮用水源地水质：2017年集中式生活饮用水源地水质监测徐家渡、水文站、金江3个饮用水断面，所有断面水质类别符合《地表水环境质量标准》Ⅲ类水质标准。徐家渡、水文站断面水质类别为Ⅰ类；金江断面水质类别均为Ⅱ类

环境空气质量 2017年，监测天数共365天，主要污染物为可吸入颗粒物。全年空气质量92天优，267天良，6天轻度污染，全市达标率为98.4%。二氧化硫年均浓度35微克/标立方米、二氧化氮年均浓度36微克/标立方米、可吸入颗粒物年均浓度66微克/标立方米、细颗粒物年均浓度34微克/标立方米、臭氧年均浓度119微克/标立方米、一氧化碳年均浓度2.648毫克/标立方米。2017年6项污染物年均浓度均达标。

攀枝花市3个测点共采集降水样品202个。全年总雨量为1975.4千米，pH均值为5.23，酸雨样品90个，酸雨频率44.6%。酸雨量947.8千米，酸雨pH均值4.96。2017年，全市降尘量均值为14.1吨/平方千米·月，硫酸盐化速率年均值为0.53mg. SO3/100平方厘米·碱片·日。

声环境质量 2017年，攀枝花市城市区域环境噪声均值为51.6分贝。全市功能区噪声2016年昼间测量值51.4分贝，夜间测量值45.7分贝。全市道路交通干线噪声平均等效声级值69.3分贝。有18个路段交通噪声测量值超过70分贝。

两县空气质量状况 2017年，米易县环境空气质量达标率为100%。二氧化硫年均浓度20微克/标立方米、二氧化氮年均浓度26微克/标立方米，可吸入颗粒物年均浓度67微克/标立方米，细颗粒物年均浓度32微克/标立方米，臭氧年均浓度129微克/标立方米，一氧化碳年均浓度为1.366毫克/标立方米；盐边县环境空气质量达标率为99.7%，二氧化硫年均浓度为22微克/标立方米，二氧化氮年均浓度为17微克/标立方米，可吸入颗粒物年均浓度为34微克/标立方米，细颗粒物年均浓度为21微克/标立方米，臭氧年均浓度为113微克/标立方米，一氧化碳年均浓度为2.3毫克/标立方米。

【水污染防治】 2017年，印发《水污染防治行动计划攀枝花市实施方案》《攀枝花市良好水体保护方案》。配合开展河长制和沿江排污口清理工作。组织开展县级饮用水源地环境问题排查，督促县区编制整改方案，推进饮用水源地环境问题整改工作。

【大气污染防治】 2017年，攀枝花市确定大气污染防治工作重点领域和行业、重点企业，印发《攀枝花市大气污染防治行动计划实施细则年度实施计划》《工业堆场扬尘污染整治工作方案》《攀枝花市环境空气质量持续改善方案》。推进燃煤锅炉淘汰、大气污染源深度治理、扬尘污染整治等工作，城市建成区淘汰10蒸吨及以下燃煤锅炉56台。攀钢提钒炼钢厂1台老转炉一次除尘项目，广川球团、米易白马球团脱硫升级改造工程完成建设，投入试运行。

【土壤污染防治】 2017年，起草《〈土壤污染防治行动计划攀枝花市工作方案〉2017年度实施计划》，完成全市土壤污染重点行业企业空间位置遥感核实工作，对530家企业开展核实，开展全市农用地土壤污染详查点位核实工作，完成污染详查点位核实和控制单元划定，已通过经省级审核和国家确认。

【三大战役】 2017年，完成各县（区）、钒钛高新区管委会环境污染防治“三大战役”2017年度目标责任书签订工作。编制印发《攀枝花市环境污染防治“三大战役”工作方案》和《2017年环境污染防治“三大战役”重点工作》。

【环保督查】 2017年，完成环保督察迎检工作。截至12月31日，省级环保督察反馈攀枝花市的237个问题，已完成整改210个，完成率88.6%；2017年应完成的193个问题已全部完成；省挂牌督办的盐边县巴拉河流域76户选矿企业、东区13户选矿企业的关停取缔工作提前完成。

【环境法制建设】 2017年，开展8期新环保法培训，参训人员2000余人。开展企业法人、企业环境管理人员环保法规4期，参训人员1200余人。

【环境宣传教育】 2017年，在攀枝花市主流媒体上推出环保报道3900余条，在各媒体平台上共刊播环保公益广告及公益宣传片12600余次；在市外各级媒体推出报道122条。

【环境影响评价管理】 2017年，市级完成建设项目环境

影响评价文件审批55个，编制报告书项目24个，编制报告表项目31个，总投资103.63亿元，其中环保投资2.6亿元。完成建设项目竣工环保验收审批21个。窗口共办结161件申请，其中行政审批事项72件，公共服务事项89件，办结率为100%，群众满意率达100%。

【环境监测管理】　2017年，市环保局加强全市环境监测管理，做好环境污染应急监测，不断加强监测能力建设，积极开展地表水环境质量监测、城市饮用水源水质监测、空气质量自动监测、噪声监测、辐射监测等工作。完成对国省控污染源，国、省控重金属污染源，减排重点污染源每季度一次的监督性监测，18000多个数据，编发监测报告955份，自动监测共报出数据72000多个。

【生态文明建设】　2017年，出台《攀枝花市加快推进生态文明建设行动方案》《攀枝花市健全生态保护补偿机制实施方案》等政策措施，大力推进长江上游生态屏障建设。建成4个省级生态县（区）。

【环境监察执法】　2017年，开展“利剑斩污”等8个专项行动，全市共立案185余件，实施处罚182件，处罚金额1559.45万元。其中按日计罚3件276.62万元、查封扣押1件、限产停产7件、移送拘留11件、涉嫌犯罪移送5件。

【核与辐射环境监管】　2017年，印发《2017年核与辐射安全监管工作要点》和《2017年核技术利用单位辐射安全监督检查计划》。开展日常监管、汛期辐射安全隐患排查、辐射安全年度检查等一系列工作，共检查核技术利用企业25家，全年共出动车辆45台次，执法检查人员120余人次，提出整改意见150余条，完成60家单位的排查工作和相关信息的补录工作。开展电磁辐射执法检查，共检查移动基站点位210个，出动车辆20台次，出动执法人员36余人，提出整改意见50余条。

【环境信访】　2017年，全市环保系统共受理1696件。其中，来信335件，来访24件51人次，来电1241件，网络投诉96件。按污染类型分类：大气污染741件，噪声污染459件，水污染234件，固体废物61件，电磁辐射1件，第三产业污染4件，生态破坏29件，畜养农药化肥污染4件，其他109件，建设项目类1件，行业作风类1件，发明建议类4件，咨询类7件，其他41件，已全部办结。中央环保督查中全市收到中央第五环境保护督组群众来信来电举报投诉件共计123件，交由市环保局办理26件，占比21.5%，应在规定期限内办理完毕26件，实际办理并上报相关材料的26件。

【排污费征收】　2017年，攀枝花市共完成排污征收户数262家，其中：一般工业企业105家、污水处理厂3家、畜禽养殖业3家、小型企业143家、建筑施工单位5家、小型三产3家。截至10月底，征收开单3129万元，解缴入库3004万，欠缴125万。对全市2012年以来的排污费征收情况进行全面清理整改，并在全省范围内率先完成环保部门向税务部门排污费征收档案的移交工作。

【企业环境信用评价】　2017年，扩大企业环境信用评价和环境污染强制责任工作试点范围，将国控、省控、市控重点企业和重污染行业等33家和52家企业纳入企业环境行为信用评价和环境污染责任保险。

（朱丽娜）

旅　游

【概　况】　攀枝花市旅游局（以下简称市旅游局）。2017年，市旅游局内设机构有办公室、规划财务科、产业发展科、市场促进科、质量规范管理科。单设机关党总支（副县级机构）。市编委2012年核定行政编制15名，2017年核减2名编制，2017年末实有行政编制15人，其中，领导班子成员4人（局长1人、副局长3人、党总支书记1人），已调走人大任职的纪检组长编制仍在市旅游局，调研员1人，科级领导干部5人，主任科员4人。下属事业单位2个：旅游执法支队和市旅游公共服务中心（由原市旅游培训中心更名），事业单位共有在编人员21人。

2017年，市旅游局紧紧围绕市委、市政府确定的“加快建设中国康养胜地，深化中国阳光康养产业发展试验区”目标，在“阳光”上做足文章，以中共十九大和省第十一次党代会精神为指导，积极推动攀枝花“康养+旅游”产业融合发展，实现旅游收入279亿元、增长15%、占全市生产总值的25.14%，接待游客2200万人次、增长6.7%。总体来看，攀枝花旅游产业仍保持在合理区间平稳运行，旅游市场发展健康有序，总体趋势向好。

【品牌争创】 2017年，全市已建成国家A级旅游景区20个，国家工农业旅游示范点3个，国家级自然保护区和国家历史文化名村各1个，国家乡村旅游模范村2个、模范户2个、金牌农家乐15个；省级旅游度假区2个，省级生态旅游示范区2个，省级旅游强县1个，省级乡村旅游强县2个，省级乡村旅游示范县1个、示范乡（镇）6个、示范村9个；旅游新村16个。全市现有星级旅游饭店17家、星级农家乐（乡村酒店）158家；旅行社21家，旅行社分社20家，旅行社服务网点38家，导游人员226名。

【精准招商】 按照《攀枝花市重点旅游招商引资项目库》，重点推进旅游项目建设，成立专业招商团队，建立招商引资三库（重点项目招商数据库、龙头企业投资客商库、产业支撑专家库），借助各类展会、洽谈会、招商会等平台及与北京市西城区、成都市的合作机遇，实施精准招商，全年招商签约资金近300亿元。

【项目建设】 完成《攀枝花市建设全国阳光康养旅游目的地研究报告》《东方太阳谷项目策划》《盐边生态民俗走廊示范点系列策划》，出台《攀枝花市关于建设全国阳光康养旅游目的地的实施意见》，发布《全国阳光康养旅游目的地指标体系》。全市重点旅游项目建设有序推进，阿署达花舞人间景区、普达阳光国际康养度假区、苴却砚文化旅游区、西佛山景区、庄上梅子箐康养度假区、新山——芭蕉箐傈僳风情旅游观光区等精品项目推进顺利。

【资金争取】 积极主动向国家、省级有关部门汇报工作，制定完善旅游产业发展议事程序、议事规则，相关职责、奖励扶持政策、管理办法及产业发展试行意见，引导旅游部门和宾馆、饭店、租车公司等旅游企事业单位拓展市场，打造精品，为康养旅游产业发展提供有力的政策支持。全年向国家和省争取到旅游发展资金1547万元。

【宣传营销】 举办首届四川旅游新媒体国际营销大会，参加2017中国（昆明）国际旅游交易会、四川旅游推介会和中国大香格里拉旅游推广联盟联席会、第四届四川国际旅游交易博览会、“天府四川　最美金秋”—2017四川旅游（广东）推介会，相继推出“缤纷米易、九襄花海4日游”“西昌、米易、攀枝花别样阳光5日游”“遇见那片海　探寻那枝花双飞6日游”等特色旅游产品，陆续举办蓝花楹节、庄上狂欢水宴、“5·19”中国旅游日宣传、凤凰花节、“寻找攀枝花市最合适候鸟老人过冬的地方”评选、康养房产及旅游推介等活动，促进攀枝花与其他城市的沟通交流，提高攀枝花城市知名度和旅游吸引力。落实《攀枝花市拓展旅游市场补贴办法》，充分调动旅游企业积极性，全年共361个外地旅游团队、11356人次申报旅行社团队旅游补贴，覆盖20余城市，提升了攀枝花市旅游形象。

【智慧旅游】 通过攀枝花市旅游信息网、资讯网、微信、微博和《成都日报》、四川旅游、攀枝花广电等媒体，及时发布出游资讯，营造夏季旅游浓厚氛围，仅“五一”小长假，全市共接待游客56.33万人次，实现旅游总收入4.24亿元，与2016年同期相比，分别增长5.25%和9.31%。举办“花漾阳光，康养攀枝花”验客活动，共刊发微博62篇，在新浪微博、网易、搜狐、携程、今日头条、飞猪旅行、天天快报、一点资讯等平台刊发游记攻略文章192篇，平台文章总阅读量超360余万。2017年，攀枝花市共发布旅游政务信息804条，蝉联全省第一。荣获“同程旅游2017十大休闲度假旅游目的地”“四川省优秀政务微博账号”等殊荣。

【市场监管】 严格贯彻执行《中华人民共和国旅游法》，开展依法治旅宣传教育，增强旅游从业人员法律意识，提升旅游行政执法人员依法行政能力；全年开展联合（专项）检查25次，检查涉旅企业400余家，处理旅游服务纠纷案件12起，涉及金额5万余元，建立联合执法机制，重抓重治不合理低价游、景区卫生环境、欺客宰客等问题，着力规范旅游市场秩序；按照“党政同责、一岗双责、失职追责”的要求落实旅游安全责任制，排查、整改问题，确保全年安全责任零事故目标；针对全市康养旅游发展实际，制订康养旅游服务相关标准，提升旅游服务品质；结合文明城市创建工作，推行“文明餐桌”、诚信企业“红名单”、旅游品牌创建等工作，推进旅游市场主体信用建设，营造诚信经营氛围。

【旅游培训】 举办宾馆饭店、景区、旅行社、导游、讲解员、乡村旅游、旅游专题等培训班共计54期，培训3308人次，先后组织4期乡村旅游、民宿（客栈）投资负责人、基层干部及相关管理人员103人次赴贵州、大理、丽江及台湾等旅游发达地区交流学习，进一步促进全市乡村旅游及民宿发展提档升级。

【旅游援藏】 全年，共帮助木里培训旅游人才114人次，其中组织师资及规划人员赴木里对从业人员举办讲座及培训1次、培训80人次；组织木里县旅游文体局16人到攀枝花市考察学习旅游新村及旅游项目建设；组织援助木里县旅游产业相关管理人员18人赴海南海口市、三亚市等地区交流学习，有针对性地学习景区建设开发、经营、管理，自驾车营地及旅游车公司建设运营。

（梁　川）

教育　体育

基础教育

【概　况】　2017年，攀枝花市教育工作紧紧围绕促进教育公平和提升教育质量两大任务，加快推进教育现代化，加快建设区域教育高地。教育综合改革取得新成效，教师“县管校聘”改革工作在全省义务教育学校校长教师交流轮岗工作推进会上作经验交流发言，完成三个省级教育综合改革试点项目工作。直属学校市七中，市九中合并为市七中教育集团，市外国语学校教育集团华山校区正式运行，新高考改革在市十二中开展试点。学前三年毛入园率98%，公办和普惠性幼儿园学位覆盖率80%。

2017年攀枝花市教育事业发展情况表

表8

学校类别		学校数（所）	毕业生数（人）	招生数（人）	在校生数（人）	教职工数（人）	
						合计	其中：专任教师
基础教育	1. 普通中学	53	23070	20525	63622	5537	5189
	高中	8	8894	7472	24566	1747	1619
	初中	45	14176	13053	39056	3790	3570
	2. 小学	55	12981	10818	68712	5317	5024
	小学教学点	141	940	1269	5832	591	584
	3. 幼儿园	164	13076	10375	32101	3638	1820
	其中：民办	158	7013	5300	17979	2436	1131
	4. 特殊教育学校	1	160	117	698	42	32
中等职业教育	普通中等职业学校	8	4430	5641	15462	1021	790
	其中：民办	2	783	783	2889	194	102

【学前教育】　大力实施第三期学前教育行动计划。各县（区）均制定并实施第三期学前教育行动计划，下达普惠性幼儿园发展奖补资金601万元，新增17所普惠性民办幼儿园，购买3200个普惠性幼儿园学位。全力提高公办幼儿园数量，2017年，开工建设公办幼儿园5所。

【义务教育】 联合市级12个部门印发《攀枝花市贯彻实施〈四川省人民政府关于统筹推进县域内城乡义务教育一体化改革发展的实施意见〉任务分工方案》，出台《攀枝花市规范中小学办学行为实施办法》《攀枝花市义务教育阶段学生入学实施规定》，规范办学行为。全面贯彻落实《第二期特殊教育提升计划（2017—2020年）》。大力促进义务教育均衡发展。开展学区化管理集团化办学改革工作，由盐边和西区开展试点，转向全市推进；落实21所城区学校对口帮扶21所少数民族乡镇和盐边县北部片区乡镇中心校的“21+21”结对帮扶工作。出台《攀枝花市义务教育特殊群体学生入学实施办法》，保障特殊群体学生受教育权利。2017年秋季学期，全市义务教育阶段共有20601名进城务工人员随迁子女，占在校学生总数的19.1%；农村留守儿童946人；在校残疾学生648名。

【普通高中教育】 新高考选课走班改革在市十二中开展试点。普通高考本科上线人数连续9年增长。其中，一本上线1889人，上线率22.13%，超省划线率2.73个百分点。万人口上线15.6人，为省平均的1.36倍。二本上线4518人，上线率52.63%，超省划线率4.65个百分点。万人口上线人数37.2，为省平均的1.31倍。

【扎实推进民族教育发展十年行动计划】 完成争取省级民族地区十年行动计划项目申报工作，按照学校申报、县（区）审核、市民族教育行动计划领导小组审定的程序，确定2017年市级项目23个。市级民族地区十年行动计划项目资金随项目进度下达，省、市级民族教育十年行动计划所有项目全面开工。

【中等职业教育】 2017年，全市8所中职学校共招生5918人。抓好“9+3”免费教育计划工作开展，2017年，共招收“9+3”新生715人，其中，藏区286人，彝区429人。成立市级教学诊改专家组，强化三所国家中等职业教育改革发展示范校“后示范”建设，继续开展中职学校结对帮扶工作促进职业教育均衡发展。持续深化中职教学改革，夯实基础能力，提高育人质量。省级现代学徒制试点单位从2016年的2所增加到4所，分别是市华森职业学校、攀枝花技师学院、市经贸旅游学校、市建筑工程学校，其中，市华森职业学校近期成功申报为国家级试点单位，是四川省唯一一所入选第二批国家级现代学徒制试点单位的中职学校。目前全市已建成国家级技能大师工作室2个、省级3个、市级14个。顺利完成2017年中职学校学生对口高考和高职单招工作，130名学生通过五年制高职继续深造，813人通过对口高考、高职单招、五年一贯制、拔尖人才免试等多种形式升入高一级学校学习。7月，在阿布扎比举办的第44届世界技能大赛中，攀枝花市中职毕业生宁显海勇摘焊接项目冠军，2017年，全市中职毕业生4349人，就业人数4263，就业率98.02%，对口就业人数3202，对口就业率73.63%；2014级藏区“9+3”毕业生336人，全部落实就业岗位，就业率100%。

【成人教育】 以攀枝花广播电视大学为主阵地，以远程开放教育为中心，与重庆大学、西南大学、中国医科大学等国内知名高校开展联合办学；在省电大信息中心的支持下，建成攀枝花市社区教育平台；与炳草岗街办合作，相继挂牌成立3个社区教育学习中心，扎实推进社区教育试点，加强社区教育管理者队伍建设，推动学习中心制度建设，积极开展各类活动，完成社区教育特色项目结项验收工作，实施课程资源建设。制作综合展板，参加2017年全省终身学习活动周布展展示。

【卫生艺术】 开展春秋两季卫生宣传月活动，研究制定《攀枝花市关于强化学校体育促进学生身心健康全面发展的实施意见》《攀枝花市关于全面加强和改进学校美育工作的实施方案》。成功举办2017年攀枝花市庆“六·一”暨合唱、舞蹈专场比赛和美术书法作品展。全市5000余名学生参加活动，近2000学生参加市级决赛。140余件学生美术书法作品参加展出。成功举办四川省第十三届中小学生优秀艺术人才大赛（攀枝花赛区）。4500余人分获一、二、三等奖。举办全市拉丁舞比赛，共有1000余名选手参赛。组队参加2017年四川省青少年各项目锦标赛取得优异成绩。2017年四川省青少年各项目锦标赛攀枝花市参加了22个大项、35个小项的比赛，取得44枚金牌、36枚银牌、36枚铜牌共计116枚奖牌，金牌榜和积分全省排名第5。

【教师队伍建设】 2017年，认定教师资格503人，直接考核招聘高层次人才和紧缺专业人才20名，接收安置省属免费师范毕业生36人。建立乡村教师生活补贴制度，实行乡村教师生活补贴差别化政策。全面实施教师资格定期注册，1万余名中小学教师资格定期注册，评选表扬20名优秀乡村教师和校长，2045名在乡村学校工作满30年教师获国家颁发乡村教师荣誉证书。新推荐省特级教师7名，2017年全市中小学共有正高级职称教师6人、副高级职称教师2255人、中级职称教师4917人，中级以上职称约占专任教师的58%；有省市学术技术带头人及后备人选和突出贡献专家90名，省特级教师31名，有省级骨干教师196名，市、县级骨干教师2146名，比例为专任教师的23%左右。全年25个培训项目共培训各级各类教师管理干部10509人次。

【学区化管理集团化办学改革】 直属学校市七中教育集团实现整体合并；市外国语学校集团华山校区正式运行；市实验学校集团如期推进。各县（区）学区化管理集团化办学全面推进，完成各县（区）学区的组建、领导班子的配备工作。全域推进新教育课程改革。确定首批课改实验样板校10个，市外国语学校、市二中、市三中、市七中、市二小、市二十五中小、市十八小、仁和区平地镇中心学校、米易一小、盐边县桐子林小学授牌为“新教育实验学校”，推进新教育改革试点，全市全域加盟全国新教育实验区。

【教育民生工程】 完成农村义务教育学校教师周转宿舍项目，开工建设农村地区教师周转宿舍40套。完成农村义务教育学生营养改善计划目标任务，享受营养餐学生人数达63860人，3个县（区）采取食堂供餐模式的学校占70.1%，食堂供餐模式学生数78.1%，食堂供餐比例均比2016年有所提高。农村义务教育学生营养改善计划覆盖173所（含教学点）学校，受益学生66937人。全年资助各级各类学生24万人次，资助资金2亿元。

【学校改造】 继续实施“全面改薄”项目计划。完成2017年“全面改薄”工作专项督导，完成“全面改薄”项目规划中期调整工作，调整后，全市新增校舍类项目9个，新增建设面积1.57万平方米，新增县级资金2434万元。2017年，全市规划总投资3.61亿元，完成投资3.62亿元，完成投资比为100.44%。规划校舍类建设项目面积为22.83万平方米，开工面积为21.99万平方米，开工比为96.30%；竣工面积为20.27万平方米，竣工比为88.77%。全市共规划设备采购资金为6202.18万元，完成设备采购资金5030.41万元。

【精准扶贫】 安排第二批“21+21”精准帮扶行动支教教师、支教干部和跟岗教师支教下派薄弱学校。对米易、盐边县和仁和区部分受援薄弱乡镇中心校实施精准帮扶行动进行暗访，督促教育精准帮扶工作落到实处。在木里县召开“实施藏区千人支教行动计划”启动仪式，攀枝花市36所义务教育学校和幼儿园校（园）长与木里县36所校（园）长进行对口帮扶。同期，木里县选派8名教育行政管理干部、20名义务教育阶段语文和数学骨干教师、5名中小学教导主任到攀进行研修培训。教体局局机关37名职工与32名特殊困难青少年结成帮扶对象。

【教育资助】 减免非民族地区1276名家庭经济困难幼儿保教费。减免民族待遇县2.02万名在园幼儿保教费。对全市11.72万名义务教育学生免收学杂费、作业本费，免费提供教科书。完成2.2万名家庭经济困难寄宿生生活补助、7588名家庭经济困难高中学生国家助学金发放。免除12279名中职在校学生学费及8295名家庭经济困难高中学生学费。资助6540名中职家庭经济困难学生。对4529名地方属普通高校经济困难学生发放国家助学金。国家励志奖学金资助563名地方属普通高校优秀学生。免除567名建档立卡贫困家庭幼儿保教费，特别资助全市建档立卡贫困家庭中职学生233人、高校学生67人。

【开展“法律进学校”活动】 深入推进“法律进学校”，与市依法治市办、市委宣传部、市司法局联合转发《四川省贯彻〈青少年法治教育大纲〉的通知》。推进“法治教育进课堂”市级课题研究工作，开展全市“法治教育进课堂”的教案评比活动，评选出中学组优秀教案58份，小学组优秀教案36份。在法院、检察院、公安局、司法局等部门建立首批法治教育基地8个。开展市直属学校“法律进学校”专项督导检查。在全市中小学开展法治微电影征集、“学宪法讲宪法”演讲以及“宪法与我”有奖征文比赛。与市禁毒委及相关部门联合开展多次“法律进学校”活动。

【市情教育】 立足本地实际，广泛开展攀枝花市情教育。印发《在全市中小学进一步加强攀枝花市情教育的实施意见》，通过课程讲授、活动熏陶、研学培养等多种形式，让青少年学生对攀枝花“123456”为代表的基本市情入脑入心。市九小的“123456”歌影响全市中小学生，使攀枝花精神、三线建设精神通过一代代攀枝花人传承下去并发扬光大。

【教育信息化建设】 全市投入3368万元，建成县（区）教育局的教育城域网、市直属学校中心机房，推进全市教育城域网的建设。完成全市“三通”建设，提升基础支撑能力；实施“三平台”建设，提升教育管理和教学服务能力；建好“三个课堂”，扩大优质教育资源覆盖面。

【学校安全维稳工作】 年内没有发生一般及以上安全责任事故及较大涉校涉学生事故，发生学生死亡事故10起，死亡10人，事故总数和学生死亡人数较2016年减少。属地学校开展安全演练占学校总数80%及以上，中小学开展应急演练每月不少于1次，幼儿园每季度应急演练不少于1次，提高了学校应急管理能力。成功调解3起校园意外伤害事故，有效维护校园的和谐稳定。办理信访271件，其中省信访系统转办7件，省教育厅转办5件，市委领导批示2件，市长信箱39件，市民“12345”热线38件，局长信箱127件，网络舆情1件，来信来访24件，纪检监察室来信28件，业务科室接待群众来访182批293人次，来电（咨询）854人次。

【区域教育合作】 先后组织10名义务教育学校、幼儿园校（园）长赴北京西城区开展为期两周的跟岗研修。48名优秀教师参加北京西城区教委开展的“西城区教育科研月”活动观摩，邀请西城区、成都师范学院教育专家到攀对“中考改革”“学校校园文化建设”“深化教育体制机制改革”进行专题讲座。组织21名优秀校长参加成都教育局高端论坛“文翁大讲堂”报告会，选派21名优秀教师赴成都、温江等地开展跟岗学习培训。派出6位教育专家与中学校长参加在成都举办的有29个国家和地区参加的“2017亚洲教育论坛年会”。东区教育局、仁和区教体局等4个教育部门与武侯区教育局等3个教育部门签订教育合作协议。向省教育厅推荐2名西部项目教师，1名教师被国家汉办录取为2017年上半年第二批汉语教师志愿者储备人员。推荐3名老师和26名学生赴新西兰参加“中国—坎特伯雷青年创新技术研讨峰会”。

【提案建议办理】 2017年，承办市十届人大一次会议代表建议和市政协九届一次会议委员提案共计21件，其中：主办人大建议6件，政协提案12件；会办人大建议2件，政协提案1件。主办的18件建议、提案中所提问题已解决或基本解决14件，正在解决和列入计划逐步解决的4件。

【党建工作】 制定并印发实施《中共攀枝花市委组织部 中共攀枝花市教育体育局委员会关于印发〈关于加强中小学校党的建设工作的实施方案〉的通知》。严格落实党委主体责任、第一责任人，抓实“两学一做”学习教育和基层党建重点任务，建立健全党建工作目标任务考核体系、党建责任包片督查机制，实行党务工作联络员制度、党建工作责任清单制度等。党委主要负责同志专题听取党建汇报6次，讲专题党课2次、廉政党课2次、形势报告1次，党委会集体听取党建汇报10次，集体开展党建专项督查1次。抓好中心组理论学习，1—11月，集中学习20余次，学习篇目100余个。对19名科级干部进行交流调整，2名90后干部提任副科级领导岗位，调整充实6个直属学校领导班子。完成全系统47名县级干部和100名正科级干部个人重大事项报告有关工作。

高等教育

攀枝花学院

2017年攀枝花学院基本情况统计表

表9

类目	数量	类目	数量
一、学生情况（单位：人）		四、办学条件	
1. 普通高等教育在校学生总数	16202	1. 年末固定资产总值（万元）	70718. 35
普通本科生数	15065	2. 校园占地面积（万平方米）	81. 52
普通专科生数	1137	3. 校舍面积（万平方米）	54. 06
2. 普通高等教育招生数	4555	4. 教学科研仪器设备总值（万元）	20723. 05
普通本科生数	4150	5. 图书馆面积（万平方米）	1. 67
普通专科生数	450	6. 年末纸质图书册数（万册）	133. 51
3. 普通高等教育毕业生数	3651	7. 教学用计算机台数（台）	4312
普通本科生数	3252	8. 各类实验室和工程中心总数	
普通专科生数	399	国家重点实验室（个）	1

续表9

类目	数量	类目	数量
4. 成人教育在校生数	3086	省级工程技术研究中心（个）	2
成人教育毕业生数	5731	省级重点实验室（个）	1
成人教育招生数	723	省高校重点实验室（个）	5
二、学科及专业设置（单位：个）		省高校科技成果转化平台（个） 省级研发基地（个）	2
1. 本科专业数	52	省级研发中心（个）	1
2. 专科专业数	41	省级研究中心（个）	2
三、教职工构成（单位：人）		省级技术研究中心（个）	2
1. 教职工总数	1093	省级公共服务平台（个）	1
2. 专任教师数	803	省级文化普及基地（个）	1
3. 正高级职称数	106	市级重点实验室（个）	7
4. 副高级职称数	308	市级研究中心（个）	3
5. 博士	89	市级工程技术中心（个）	1
6. 硕士	619	市级工程技术研究所（个）	1
		市级研究所（个）	3

【概　况】 2017年，攀枝花学院占地面积81.52万平方米，校舍面积54.06万平方米，固定资产总值7.07亿元，馆藏文献340.21万册（纸质资源133.51万册），教学与科研仪器设备总值2.07亿元，下设19个教学单位、3个科研单位和1个三甲中西医结合医院（附属医院），开设52个本科专业，41个专科专业，专业设置涵盖理、工、文、法、经、管、医、艺、农9个学科门类。全日制本专科在校生及研究生、留学生16000余人，生源覆盖全国30个省（自治区、直辖市），形成以工为主、多学科兼容，普通高等教育、高等职业教育、成人高等教育协调发展的办学格局。

2017年，学校有教职工1093人，其中专任教师803人，副高及以上专业技术职务人员363人，占专任教师的45.21%；硕士以上学位624人，占专任教师的77.71%。现有国务院政府特殊专家津贴获得者1人，四川省学术和技术带头人2人，四川省第十一批有突出贡献的优秀专家1人，四川省第十一批学术和技术带头人后备人选15人，攀枝花市学术和技术带头人及其后备人选、攀枝花市有突出贡献专家、攀枝花市委直接掌握联系的高层次人才等119人。

2017年，学校建有国家级特色专业1个，国家级专业综合改革试点项目1个，省部级优势专业13个，省级特色专业7个，省级应用型示范专业3个，省级专业综合改革试点项目3个，省级卓越人才培养计划12项，省级精品课程11门。入选“教育部·中兴通讯ICT产教融合创新基地项目”第二批合作高校，2017年首届“中兴班”开班。建有市级以上科研平台41个，其中国家级2个、省部级25个、市厅级14个。

【教学综合改革】 2017年，攀枝花学院对现有专业结构进行梳理和调整，申报数字媒体艺术、机械电子工程、眼视光医学3个专业，对不适应发展的传统专业停止招生；加强产教融合项目建设，积极开展“攀枝花学院与中兴通讯ICT产教融合创新基地”“攀枝花学院产教融合工程建设项目”等项目的实施。继续推动工程教育专业认证工作，在材料科学与工程等5个专业实施国际工程教育认证试点工作，将国际工程教育认证工作中的教育理念、方法、规范逐步纳入人才培养工作中。继续推进卓越人才计划，探索校企、校地联合培养高素质应用型人才新模式；截至年底，建有省级卓越工程师教育培养计划9项、卓越医师教育培养计划1项、卓越法律人才培养计划1项，卓越农林人才教育培养计划1项，所有培养计划均以行业需求为背景，以岗位能力为主线，着力提高学生创新意识、执业素质和实践能力。继续深化基础课程改革，推进思想政治、大学英语、高等数学、大学物理等基础课程的教学内容和教学方法改革。开启100门混合式教学课程建设计划，打造共享、开放精品课程；加强通识教育管理，积极开设慕课课程，全年开设校级选修课程314门，开出选课班643个，选课人数45327人次。

【教学常规管理】 2017年，严格执行教学计划，全年学生网上选课291403人门次，参选课程1542门、选课行政班级495个、上课班级5189个。确保学籍数据准确，完成2017年度全日制本、专科学生16202人电子注册工作。组织毕业授位和专升本工作，完成2017届3651名毕业生正式学历注册工作，86名学生专升本录取选拔工作，2893名普通本科毕业生、41名成教毕业生及8名老挝留学生的授位工作。坚持学分制管理及学业警示制度，处理学籍异动事宜，为617名学生办理学籍异动手续，为27名学生办理终止学籍手续。联合市三中承办全国硕士研究生入学考试，设置134个标准化考场，参考考生4340人，其中校本部设置考场80个，容纳考生2719人。加强教学监控，执行听评课制度，全校累计听评课5000余人次。加强教学质量过程控制，调查处理教学事故8人次，涉及6个教学单位。加强信息收集、实时监控实时反馈，收集各类教学信息2800余条，编写教育教学质量年度分析报告、本科教学基本状态数据等决策参考资料。加强审核评估，明确工作进程与任务、工作职责与措施，完善教学质量自我保障与监控体系；组织开展教学质量或质量保障评估，全面检查迎评促建工作进展情况和质量，及时整改完善。

【实践教学】 2017年，深化创新创业人才培养机制，将创新创业教育纳入人才培养方案，推进以创新创业为导向的人才培养模式改革。进一步加大实践教育平台建设，注重校企合作，共同实施人才培养，产教深度融合，强化应用技术型人才培养，截至年底，建立校内实验实习实训场所258个，校外实习、实训基地405个。开展大学生创新创业训练计划和学科竞赛，全年组织学生参加各级大学生创新创业训练计划240项，参与学生1000余人；大力开展学科竞赛，培养学生动手能力，组织学生参与英语竞赛、电子设计竞赛、数学建模竞赛等各级各类竞赛55项，获国际比赛三等奖3人次，全国比赛获奖317人次，四川省比赛获奖473人次。加强实验室开放，促进实验教学方法改革，提高实验室资源利用率，开放实验室592个，开放人时数170515人学时。强化就业创业指导教育，开设《创业学》、GYB《产生你的企业想法》、SYB《创办你的企业》《网店经营与管理》等18门创新创业课程，选课人数1.1万余人，举办职业发展及就业指导讲座15场。将创业理论教学与实践紧密结合，举办创业沙龙、实训、项目路演等活动28场。组织学生参加国家、省、市举办的各类创新创业大赛，征集参赛作品145份，网报参赛项目1403项，获奖项目24项。遴选、培育、孵化优质项目，大学生孵化园累计孵化项目60余个，成功孵化企业37家，创业就业人数约500人，带动参与创业学生超8000人次。

【继续教育】 2017年，报考学校成人教育的学生1670人，比2016年增加751人，增长率81.7%。报考第一志愿的有1549人，第一志愿率达92%，实际录取1382人。报考应用型自学考试学生307人；全年招收各类学生1689人，完成年初招生计划任务。推广非学历教育考试，全年报考全国计算机等级考试人数16591人次，报考人数稳步增长。开展非学历培训，为全市举办培训优秀年轻干部培训5个班次，共培训优秀人才干部284名，其中举办优秀年轻干部3期，共培养优秀干部及递进人才157人。根据市场需求变化，灵活培训方式，送知识上门服务，为中国人民银行攀枝花分行、市林业调查规划设计院等职工举办两期人才培训班。加大校外办学点建设，新建内江职业技术学院、四川机电职业技术学院两所校外办学点。自考工作获省教育考试院2016年度高等院校自学考试工作目标考核奖一等奖。利用高校的优质资源，结合攀西地区社会经济建设的需求，主动开发地方市场，为社会培养优秀的应用型人才，2017年，毕业5731人，自学考试学生累计7000余人。

【普教招生和就业】 2017年，学校坚持实施招生工作“阳光工程”，面向全国26个省（市、自治区）招生，招生计划为4427名。其中本科招生计划为4017名，招生专业为52个；高职专科招生计划为410名，招生专业为10个（其中新办专业雕刻艺术设计）。在川计划招生4137（其中本科3727名、高职专科410名）；省外计划招生290名（全为本科）。录取新生4555名，招生计划执行率为102.89%。其中录取本科新生4150名，招生计划执行率为103.31%；录取高职专科新生405名，招生计划执行率为98.78%。新生报到4362名，报到率为95.76%。其中本科新生报到3977名，报到率为95.83%；专科新生报到385名，报到率为95.06%。

2017年，毕业生3651人，其中本科生3252人，专科生399人，涉及57个专业（其中本科46个、专科11个），就业率达96.14%，保持在较高水平（其中本科为96.53%、专科为92.98%）。高于省、国家平均水平，完成省教育厅下达的就业任务。

【学风建设】 2017年，持续改进学风，开展大学生思想政治教育，推进社会主义核心价值观教育实践活动；完善素质拓展和社会实践活动体系，加强学生创新意识和实践能力培养；加强考风考纪教育，完善学生评价多方联动机制，构建学生综合素质立体化评价体系。全年获得毕业证书学生3425人，毕业率94.15%，本科毕业生授位率89.29%；133人通过专升本录取选拔；318人考上研究生，较2016年增加75人；39人被评为2017届省级优秀大学生，267人被评为校级优秀大学生，624人被评为校级三好学生、492人被评为校级优秀学生干部；评选出优秀班集体50个，优秀文明寝室312间；学校申报各类创新创业项目600余项，获省级银奖7项，铜奖17项；学校获四川省优秀易班工作站、四川省第三届“互联网+”大学生创新创业大赛优秀组织奖、四川省第八届大学生艺术节展演优秀组织单位、攀枝花市征兵工作先进单位等荣誉。

【奖、助学金工作】 2017年，全面落实国家关于家庭经济困难学生各项资助政策，做好对家庭经济困难学生认定工作和完善家庭经济困难学生信息档案建设工作。做好学生资助管理工作，完成生源地信用助学贷款工作，为3164名学生办理2333.967万元的生源地助学贷款。完成奖、助学金评审工作，获国家奖学金25人，获国家励志奖学金585人，获攀大青年奖学金600人，获校园之星奖学金132人，获创新创业奖学金23人，获学业进步奖71人；获各类奖、助学金资助者共计6088人，资助金额1877.87万元。做好应征入伍毕业生学费代偿工作，为75名入伍学生办理学费补偿手续，代偿金额81.65万余元。整合校内外勤工助学资源，设立校内勤工助学岗位340个。

【校园文化建设】 2017年，学校加强宣传工作和舆论引导。改版校园网，完善校园网新闻发布细则，出版《攀枝花学院报》共20期；进一步规范新媒体平台的作品采编、审核、发布流程，强化宣传思想阵地的运行和管理；完成第二教学楼一楼走廊文化装饰建设、思源坡思源亭、登高亭对联及主题浮雕建设项目、办公楼走廊文化装饰建设，启动东苑校区文化装饰建设；开展文化传播、文明风尚传播、文明服务活动30余场，服务群众数千人；组织开展“学雷锋”“道德讲堂”“全民阅读”“全民健身”等主题教育活动，“送科普、种文化”“深入生活，扎根人民”等社会服务活动，“原创攀大”校园微电影剧本征集、优秀校园视听作品征集等宣传教育活动。

【依法治校工作】 2017年，加强党对依法治校的领导，建立党委行政议事规则、党委重大决策规程和党委领导下的校长负责制实施意见。进一步完善学校管理制度，结合党的建设制度“废改立”工作，制定完善各类规章制度50余项。深化校风建设，完成学校质量保障体系建设工作，完善领导干部作风建设考核制度，制定科研人员行为准则与学术道德规范。加强民主监督，落实校领导接待日制度，全年安排校领导接待日14次；执行教职工代表大会规定，推行基层工会主席列席二级学院党政联席会制度。健全纠纷解决机制，严格依法依规处理教学质量事故和责任事故，建立健全学生申诉制度。加强普法师资队伍建设，组建以法学专业教授、教师为代表的市“七五”普法讲师团及以法学社成员为主体的学生普法团、普法志愿者队伍；开展师生法治教育，全年组织开展大型普法宣传活动8次，安排以法律、规章制度为主题的教职工政治学习7次，开展专题讲座5次。

【科研工作】 2017年，学校完善科研管理、评价体系，修订科研奖励办法、科研团队建设管理办法等文件，加强间接费用管理。全年有科研项目结题验收149项，其中国家级项目1项、省级项目13个、市厅级项目13项、校级项目110项、其他项目12项；教师发表论文649篇，其中EI、SCI、ISTP收录103篇；2项科研成果获第十二届省教育厅哲学社会科学三等奖，10项成果获2016年度攀枝花市科技进步奖；获国家知识产权局专利授权260件，其中发明35件、实用新型84件、外观设计141件。加强项目申报管理，科研立项128项，其中国家级项目1项、省级项目14个、市厅级项目99项、横向项目14项，到账经费420万元。加强科研平台和科研团队建设，国家钒钛检测重点实验室通过国家质检总局核查验收并正式挂牌，“中建材·攀枝花碳基材料研究院”落户攀枝花学院并揭牌。组建“钒钛系新能源材料及其应用四川省青年科技创新研究团队”等省级创新团队3个，组建“特色生物资源开发攀枝花市技术创新研究团队”等市级创新团队2个，组建校级创新团队1个。推进科研成果转化，服务地方发展。“激励科技人员创新创业”省级试点改革实现科技成果转化26项；“膨润土粘结剂及其制备方法”“基于焦炉煤气的钒钛磁铁矿竖炉还原熔分连续一体化工艺技术”等科技成果成功转化。

【队伍建设】 贯彻落实《攀枝花人才新政七条》，配套招引措施，直接考核招聘引进人才55人，其中博士15人，硕士40人；学校教师考取博士研究生6人。加强专家遴选，推荐10人申报四川省第十三批有突出贡献的优秀专家、19人申报四川省第十二批学术和技术带头人后备人选；推荐106人申报市级专家，其中，17人申报市第十批有突出贡献专家，46人申报市第八批学术和技术带头人，43人申报市第八批学术和技术带头人后备人选。多渠道开展人才培养培训，35人参加四川省高校新任教师职业技能培训；174人参加2017—2018年实践能力（行业背景）培养；4人参加国内访学、1人参加国外访学；29人参加创业实训师资培训，147人参加辅导员培训；2人参加四川省哲学社会科学教学科研骨干研修，1人参加2017年高校思想政治理论课骨干教师研修，1人参加“供给侧结构性改革”专题研讨；995人参加专业技术人员“大数据时代的互联网信息安全”网络课程培训。推进职称评审制度改革，全校96人参加教学水平评价，推荐78人参加职称评审申报；制定《攀枝花学院职称评审专家管理暂行办法》，组建专业技术职务评审委员会外校专家库；以双向匿名的方式送审鉴定论文54份，通过同行鉴定论文39份；初聘中级职称6人，聘任副研究图书馆员1人，研究员1人，教授14人，副教授23人。

【对外交流合作】 2017年，继续深化校地企合作，签订校企（事、校、地）新合作协议22份，经济合同217份，合作内容涉及基础建设、教学、培训、科技等方面；推动建立产学研合作联盟，开展技术开发、科技项目转化、人才培养等方面的合作；与攀钢集团、中兴科技、中软国际、四川南骏汽车集团、市农林科学研究院、华坪县定华能源（集团）有限责任公司、汉风物流公司等企事业单位签订合作协议。开展国际合作与交流，与台湾健行科技大学和泰国商会大学签订合作协议；开展学生出国工作，选派52名学生赴美国、英国、瑞典、泰国、厄瓜多尔等国学习交流、实习实践；做好外教和留学生工作，首次成建制招收50名巴基斯坦临床医学专业本科留学生，制定攀枝花学院国际学生学籍管理办法等6个国际学生管理制度、留学生招生工作方案和招生简章，全年有4名美中友好志愿者在校任教，8名老挝本科留学生完成学业并顺利毕业；开展教师国际交流活动，举办中国（四川）—尼泊尔卫生管理干部培训班。落实精准扶贫工作要求，做好木里县、木里县纳子店村和米易县仙山村对口帮扶工作，纳子店村、仙山村实现脱贫，学校被省委、省政府授予“五个一”帮扶工作先进单位。推进校友会组织建设，在台州温岭市召开第三届校友会长联谊会，筹备成立新疆校友会及经管成都校友分会等6个专业校友分会，组织开展“慨叹青春年华，畅说明日辉煌”校友讲座、友谊足球赛等校友返校活动。截至年底有地方校友分会15个、专业校友分会22个；更新校友信息，新增攀枝花学院本专科2017届3662名校友基础信息，新增技校2017届23名校友信息，新增卫校2017届321名校友信息，共计75085名校友基础信息。

【后勤服务工作】 2017年，累计投入建设资金近4000万元，完成医学实验楼施工并交付使用；完成交通与汽车工程学院实训楼的竣工验收；完成西苑运动场、道路、大门、实验室等39项维修项目；完成康养学院整体搬迁及部分教学院系办公用房调整搬迁；完成“攀枝花学院后勤服务综合楼项目”等40个项目的一审结算审计工作，一审审定金额6565.1157万元。制定《公房管理办法》，对超标使用办公室进行检查整改。进一步完善后勤管理服务体系，组建产业公司；启动驾校改革，加大餐饮管理力度和食品卫生安全监管；加强节约型校园建设，水电消耗量比上年度下降8%。

【信息化建设】 2017年，完成校园“一卡通”建设，实现校园生活、学习、购物等一卡通；落实校园无线网建设项目，完成校内办公楼、实验楼、图书馆、公共广场及部分教室的大部分区域校园无线网安装、调试工作，基本实现校园无线网覆盖。办公OA系统、档案管理系统、学工综合管理、数字迎新离校、资产管理、教学基本状态数据库及评估等系统上线运行。投入专项资金112.2万元，新增网络多媒体教室34间，总计有多媒体教室151间，公用多媒体教室覆盖率100%。装备智慧教室4间。配合全自动高清录播系统，建设教学资源平台，发布教学视频资源，供师生访问。开展信息技术能力专项培训，以“混合式教学”为抓手推进课堂教学模式的改革与实践。启动微课、慕课建设计划，建设自主知识产权的网上精品课程、优质课、公开课、微课和慕课103门，共2360节次，容量约2.7T。建立完善网络教学课件资源网，混合式课程立项建设81门，网络课程1147门，注册教师1148人，注册学生14561人，累计290万次浏览。

【附属医院建设】 2017年，附属医院门、急诊量73万余人次，同比增长1.77%；住院人次36560人次，同比增长8.13%；出、入院诊断符合率100%；手术人次15535人次，同比增长10.95%；手术前后诊断符合率100%；治愈率69.1%，同比下降2.21%；好转率29.0%，同比下降3.65%；重、危病人抢救成功率89.88%，同比下降0.24%；基础护理合格率100%。

2017年，通过国家住院医师规范化培训基地评审；依托军地融合平台，整合普外科、肝胆科、消化内科、肛肠科成立消化系统疾病中心；神经睡眠中心建成并投入使用。建立攀西地区首家远程医疗服务中心，与70余家单位和机构达成远程医疗协作及“康养+医疗”合作协议。完善科研教学管理机构，成立科教部，下设教务科、科研科、学生科，成立教研室10个；通过国家级住院医师规范化培训基地，建成2300平方米的临床实训中心1个，下设分中心10个，设置示范教室11个，科研实验室2个（细胞实验室、分子生物实验室）；承担本、专科课程47门课程，理论教学4362余学时，实验约962余学时，见习1095余学时；承担中专25门课程，理论教学3088学时，实验8学时；参与本、专科理论授课教师127人，中专授课教师45人。加强科研管理，全年开展国家级继教项目1项、省级继教7项、市级继教22项，市级科研立项12项，发表论文156篇，其中核心期刊85篇，获专利6项。

2017年，完成健康体检中心、内科楼老旧配电房、眼科医院、第二CT室等58个装修改造工程，完成医院门厅及门前花园式广场景观改造设计方案设计。推进同级医疗机构检查、检验结果互认。加强信息化建设，每年按医院业务收入的5%进行预算，保障信息化的稳步实施。规范停车场的管理。制定《停车场管理制度》，通过内扩外建，新建职工停车场，在原体育球场空地上建设五层立体停车场，将学术厅后危房拆除改为地面停车位，现车位达400余个，基本解决患者、职工停车难问题。

【党建工作】　2017年，学院共召开党委理论中心组学习12次，组织教职工政治学习18次，开展党员学习活动8次，开展集中宣讲70余场。成立全国首个中国特色社会主义理论教育学院，设立党委教师工作部和督查巡察组，创新组建攀枝花学院钒钛学院、攀枝花国际钒钛研究院。全面落实党建工作责任。把党建工作列入党政工作要点和单位目标绩效考核，学院党委书记切实履行党建主体责任，召开党建、统战、群团、思想政治工作会，党委专题研究党建工作50次。配合省委第一巡视组完成巡视工作并做好巡视整改准备。牢固树立“四个意识”。制定党委意识形态工作实施办法，成立意识形态工作领导小组。修订党委议事规则，制定“三重一大”规程，严格执行“四个不直接分管”、重大事项请示报告制度。学院党委书记讲党课6次，在中心组学习大会上主题发言3次。贯彻落实中央和省委党的建设和基层党建工作部署。制定加强和改进思想政治工作实施意见，成立思政工作领导小组，启动思政文化课题立项，举办“三线建设文化”学术研讨会。加强干部队伍专业化建设，选派11名干部参加省级培训、向省市推荐优秀年轻干部30名、1名干部交流提拔。克服地理和交通区位的不利影响，落实市“人才新政”，引进博士14名、硕士31名。加强党组织书记队伍建设，选派70余名党组织书记到省委党校等学习，举办直属党组织书记培训班，完成23个“一般”党组织整改。推进“两学一做”学习教育常态化制度化，建立党建工作“月任务清单”和党支部“十规范”制度。深入开展“走基层”“两转一提”活动，查摆党员干部观念、作风、能力方面的问题，制定“树立四个观念、强化五种作风、提升六大能力”的标准。做好木里县及纳子店村和米易县仙山村精准扶贫工作，被省委、省政府授予“五个一”帮扶工作先进单位。扎实推进党风廉政建设和反腐败工作。研究部署党风廉政建设和反腐败工作13次，开展二级单位主要负责人述责述廉和民主测评。坚决贯彻落实省属高校纪检监察干部培训会议精神，全力支持和保障纪律审查工作，纪检监察部门增加编制9个，二级党委初步实现纪委全覆盖。第一种形态处理60人次，党纪政纪轻处分8人。严守廉洁纪律。严格遵守中央“八项规定”、省“十项规定”实施细则和六大纪律。制定领导干部讲廉政党课实施意见，党委书记讲廉政党课3次。修订《信息公开目录》，组建90余人的监督人员库。

（杨　杰）

四川机电职业技术学院（攀钢党校）

【概　况】　2017年，四川机电职业技术学院（攀钢党校）（以下简称学校）有全日制在校学生9739人，在职员工539人，其中，专职教师334人。教学科研仪器设备资产总值8087.83万元，设置与专业配套的校内实习室、培训车间和实验室94个，校外实习实训基地262个。图书馆馆藏图书56.54万册。有400米和300米塑胶跑道绿茵运动场各1个，2个标准游泳池，2座多功能室内体育馆。

学校有机械工程系、电子电气工程系、材料工程系、管理工程系、信息工程系5个教学系，以国家骨干重点专业及4个省级重点专业为龙头，以重点专业带动一般专业，打造国家钒钛产业发展所需的高职品牌专业。2017年，新开设电子商务、建设工程管理、房地产经营与管理、工业机器人技术4个专业，学校设有专业共计41个。1月，被攀钢集团公司表彰为“攀钢先进单位”；5月，承办攀枝花科技活动周，荣获“攀枝花市科普示范学校”；7月，4个“省级重点专业”通过省教育厅、省财政厅验收；8月，四川省人民政府授予学校“全省大学生征兵先进单位”。

【党建工作】　在推进“两学一做”学习教育常态化制度化中学习贯彻中共十九大精神的要求，坚持用党的理论武装全体党员干部和广大师生。加强理论武装，党委中心组学习及专题党课31次，修订党委中心组理论学习制度、党委会议事规则、教职工思想政治工作制度等20多项规章制度。党委中心组成员积极参加各党总支、党支部的学习和组织生活中去，带头讲党课、带头开展批评与自我批评，带头融入到党支部、党小组的“共产党员工程”项目工作中去，为党员和群众树立榜样。组建中共十九大精神讲师团，为学校师生、攀钢党员干部和扶贫点干部群众宣讲党的理论，吸收55名学生加入中国共产党。

【精准扶贫】　根据省教工委、省教育厅《关于发挥高校优势开展对口帮扶精准扶贫工作的指导意见》和市委、市政府《关于做好2016—2020年定点扶贫工作的通知》的工作安排，学校2017年承担甘孜州稻城县和米易县草场乡碗厂村两个扶贫任务。深入稻城县开展教育精准扶贫总体规划工作，参加省扶贫组交叉检查稻城县金珠镇、阆中县、炉霍县等三地扶贫情况；组织大学生赴稻城县开展大学生暑期脱贫攻坚暗访调研活动，引导学生参与脱贫攻坚实践，提高其社会实践能力；为稻城县金珠镇牧区寄宿制学校和桑堆镇中心校两所学校配备80台电脑及相关配套设施；为稻城县傍河乡普牙村、木拉乡马武村2所村级幼儿园增添教学设备设施及教具；为稻城县68名中小学的音乐、美术、计算机教师开展为期5天的师资培训；为米易县草场乡碗厂村的特困户修缮房屋，为米易县草场乡碗厂村干部和村民举办2期60余人的能力素质提升培训。按省委要求，向稻城县省母乡派出1名驻村干部，为稻城县省母乡各瓦、省母两个村申报第五批中国传统村落，争取到省住建厅保护资金，帮助省母乡农副产品寻找销售渠道。2017年，投入扶贫工作专项经费46万余元。

【四个“省级重点专业”通过验收】 7月，根据《四川省教育厅四川省财政厅关于做好高等职业院校省级重点专业建设项目省级验收工作的通知》精神，经自评、专家网评、会议评审和现场检查，冶金技术、机械制造与自动化、机电一体化技术、电气自动化技术四个专业，通过省教育厅、省财政厅验收，获“四川省高等职业教育重点专业”称号。

按照《四川省教育厅　四川省财政厅关于确定2014年四川省高职院校省级重点专业建设项目的通知》精神，学校的黑色冶金技术、机械制造与自动化、机电一体化技术、电气自动化技术等4个专业被立项为省级重点建设专业。学校组建专业建设团队按照专业任务书及实施方案，以提高人才培养质量为核心，围绕校企合作制度与管理机制建设、“双师”教学队伍建设、课程改革与资源建设、实践教学体系与条件建设、人才培养模式改革创新、教学方法与手段改革、服务社会能力建设等方面，完成省级重点专业建设项目全部计划任务，通过省教育厅24个一级指标、93个二级指标、596个验收要点。

【教学与科研】 根据四川省教育厅关于确定教育部《高等职业教育创新发展行动计划（2015—2018年）》四川任务（项目）承接院校的通知文件要求，申报6个项目，其中《创业信息技术》创新创业教育专门课程、机电设备维修生产性实训基地、机械加工实训基地3个项目被省教育厅立项。根据《四川省教育厅办公室关于开展四川省高等职业教育创新发展行动计划2017年执行绩效数据采集工作的通知》要求，完成执行绩效和人才培养工作状态数据采集平台填报工作，在中国高职高专教育网上发布学校2017年度高等职业教育年度质量报告。

在人才队伍建设方面，对62名教学名师、专业带头人、教学带头人和管理与服务带头人奖励45万元。组织以信息化教学应用为主题的“第十六届耕耘杯”教学说课竞赛，推进信息化手段在教学过程中的全面应用，提升了教师信息化教学水平。学校组织教师参加攀钢第七届职工技术运动会，在“专业课程（项目）开发能力”和“现代教学手段或方法应用能力”两个项目的技术比赛中，5位教师获攀钢“技术能手”称号。

邀请四川省高职院校教学诊改工作专家委员会主任到校指导教学诊改工作，修订《学生顶岗实习管理办法》《学生学籍管理办法》《教学督导实施办法》等6项教学管理制度，促进了学校教学质量保障体系建设工作。组织实施四川省教育厅2项省级课题的鉴定、结题工作；组织申报省委党校科研项目1项并获得立项，已结题；组织申报四川省教育厅科研项目2项；参与省委党校科研工作评奖，获优秀奖。

【招生与就业】 通过多种方式，加大招生宣传力度。2017年，招收普通专科生3810人，超额完成计划的108%，成人教育招生650人，网络教育在校学生273人。积极拓展就业渠道，中航锂电、成都铁路局、攀钢钢钒和西昌钢钒等70多家大中型企业先后到学校招聘，全年举行各种招聘会120余场，为毕业生提供5000余个就业岗位。2017年，毕业生3215人，就业3054人，就业率95%。

【职业教育与培训】 学校发挥技能培训优势，拓展攀钢内部和攀枝花培训市场，提升培训水平和服务质量。2017年，培训学员26024人次。其中，党群、管理类培训7008人次，职工技能培训6574人次，职工特殊工种鉴定8357人次。社会劳动力培训198人次，学生职业技能鉴定8442人次，创业培训6430人次，业余培训6430人次。

贯彻落实省市大学生创新创业“创新、创业”要求，探索出“市政府主导、高校承办、企业参与”的创新创业大赛模式，33个项目参加国家“互联网+大赛”，23个项目入围省赛，6个项目参加四川省“天府杯”创业大赛。产业孵化12家公司，341人通过创业就业，带动700多名学生参与创业；四川省、攀枝花财政划拨280多万元资金用于学校大学生创业培训工作。

【党校教育】 党校教育培训共承办党群、管理类培训班133个，培训学员7008人次，学员培训合格率100%。承担中央企业思想政治工作研究会课题2个和省委党校、攀枝花市、鞍钢集团和攀钢集团12个课题，编写《攀钢领导人员“两学一做”学习资料汇编》以及《违纪违法警示录——攀钢近十年查处典型案例剖析》点评，为公司各级干部增强执政本领提供理论支持。

【职业技能鉴定】　按照省、市两级安全生产监督管理局和质量技术监督管理局对特种设备作业人员培训要求，53个工种2370人通过职业技能鉴定，组织特种作业人员培训考试8407人次，办理特种作业人员证书7944个，确保实现公司特种作业人员100%持证上岗。组织25人参加四川省职业技能鉴定指导中心举办的通用工种鉴定考评员的培训。协助攀钢人力资源部和工会做好攀钢第七届职工技术运动会工种筛选和竞赛大纲编写工作，承办攀钢第七届职工技术运动会理论考试和电工复合钳工、钳工复合焊工及计算机3个工种的实作比赛，荣获攀钢第七届职工技术运动会“优秀组织奖”。

【学生工作】　加强思想引领，深化理想信念教育，弘扬社会主义核心价值观。利用主题班会、讲座、观看视频、知识竞赛等形式在学生中深入学习宣传中共十九大精神。以党建工作带动团建和学生党员的培养。开展德育论坛、“育人杯”竞赛、辅导员技能竞赛等活动，提高辅导员队伍水平和学生思想政治工作水平。开展思想政治工作专题研讨会，探讨新形势下高校学生思想政治教育途径。

注重学生人文素养教育，提升学生综合素质。组建管弦乐团、军乐团等艺术团，参加学生千余人。举办“五四”体育文化节、迎新晚会、田径运动会、宿舍文化月活动、形象礼仪大赛、“做文明有礼大学生”校风建设活动、大学生辩论赛等活动，丰富学生文化生活。组建学生社团30多个。开展“第三届三维数字化创新设计大赛”“Auto-CAD班徽设计制作大赛”“汽车运用与维修技能竞赛”“六项技能大赛”“网络设备配置与管理技能竞赛”“大学生艺术作品展”“毕业照创意设计大赛”“营销实战辩论赛”“财务专业技能大赛”“理工杯五项技能大赛”等一系列富有专业特色的技能竞赛，提高学生的技能水平。材料工程系工程造价专业学生在全国BIM毕业设计大赛荣获三等奖；信息工程系学生在四川省高职院校“信息安全管理与评估”技能大赛获三等奖；管理工程系学生在攀枝花市物流仓配技能大赛中获佳两个三等奖、在四川省第三届“互联网+”大学生创新创业大赛荣获铜奖；机械工程系学生获四川省第六届农民工技能大赛工钳工三等奖。

以奖助学为平台，做好奖助学工作。完善奖、勤、助、贷、补等助学帮困体系，建立完整、准确、动态的贫困学生信息库。2017年，评选出国家奖学金5人，国家励志奖学金230人、国家助学金2808人，共计金额961.4万元，占学生总数的31%；1620名学生获得生源地助学贷款1245.3余万元；143余名学生获得应征入伍学费133万元；为家庭发生重大事故、疾病、意外的学生发放临时困难补助，为10000余名在校学生办理学生平安保险和校方责任险以及基本医疗保险手续。

【学校建设】　筹备资金对学生宿舍内外墙、电路和消防设施、实训大楼消防设施和运动场地等的改造，通过BOT方式引进宿舍网络线改造、宿舍空调2个项目，建设近600平方米的攀钢心理咨询中心。

（葛启安）

体　育

【体育设施完善】　2017年，安排市级体彩公益金84.89万元，招投标购置40套全民健身路径、50张乒乓球桌以及500个篮球，安装投放到省级贫困村、康养场所、新农村、人口相对集中的社区等处。积极向省级争取中央体育彩票公益金980万，建设西区清香坪街办、东区银江镇密地二村、盐边县渔门镇3个乡镇农民健身工程和西区路北社区1个多功能社区运动场。积极推动各县（区）“一场一馆一池”和城市社区15分钟健身圈建设，建成市、县（区）两级体育场馆群，新建成市青少年体育活动中心、市老年体育活动中心。在城市农村社区、居民小区、康养度假区、贫困村、旅游新村、新建楼盘等地累计安装1000余套全民健身路径和休闲健身设施。建成国家级皮划艇激流回旋、射箭、飞碟射击、四川省青少年体育活动中心（红格训练基地）四大体育竞训基地。目前，全市体育场馆基本完善，共有标准体育场地1171个，全市人均体育场地面积达1.37平方米，高于全省平均水平。

【农民体育健身工程】　在四川省率先实现体育设施乡、村全覆盖（即每个村均建有1个篮球场、2个乒乓球台）；在重点乡（镇）建成5个省级乡镇农民体育健身示范工程，正在推进2个示范工程建设。

【体育组织建设】 市、县（区）成立全民健身指导委员会。全市44个乡（镇）、16个街办均成立全民健身组织，129个社区、352个行政村全部建立文体活动中心（室）。全市有健身辅导站261个，专（兼）职辅导员500余人。有各级各类社会体育指导员3572人，每1000人拥有社会体育指导员近3人，超过国家文明城市千分之二的标准。老年人体育、桥牌、篮球、信鸽等18个体育协会相继成立，形成专业水平相对较高、各项运动覆盖面较广的体育健身组织机构。

【开展健身活动】 举办市级、县（区）级和各行业系统30余个运动项目、150余项次、20余万人次参与的各类体育运动。四年一届的全市运动会暨全市老年人运动会已形成传统。在元旦、春节、元宵、全国健身日、欢乐阳光节等传统节庆假日广泛开展系列大型群众体育运动。坚持户外运动与旅游互动融合，利用彝族火把节、欢乐阳光节、“三花节”等特殊节庆，打造出两条徒步走户外运动游精品线路。

【体质提升工程】 建成市、县（区）、乡镇（街道）三级国民体质监测中心、站点，实现全市国民体质监测样本量年均达3000人，定期发布市、县（区）国民体质监测报告。推进“体质监测及运动处方大数据”处理及结果运用，积极实施非医疗健康干预，加强科学健身指导，受益人群逐年增加。举办科学健身知识讲座，编辑科学健身知识资料，推广科学健身方法，提升全民科学健身水平。

【青少年体育】 以促进学生身心健康全面发展为目标，强化学校体育。大力发展足篮排“三大球”和乒羽网“三小球”，深入开展阳光体育活动，落实中小学生每天在校锻炼一小时工作要求。完善中小学校体育竞赛机制，发挥优势，突出特色，打造品牌，帮助青少年学生养成锻炼习惯、掌握体育技能、提升竞赛水平、增强身体素质。2017年，开展了田径、游泳等22个项目的业余训练。

【体育赛事和活动】 充分开发利用全市大型体育场馆群和四大体育竞训基地等场馆资源，举办全球华人羽毛球锦标赛、亚洲青年女子垒球锦标赛、攀枝花国际皮划艇马拉松赛、全国排球联赛、全国桥牌公开赛、冠军荣耀中国行走进攀枝花等一系列国际国内高水平精品赛事和活动，每年吸引4000余名运动员来攀参赛。通过加强纵向沟通协调，做好横向宣传推介，曲棍球、飞碟射击、皮划艇激流回旋、垒球等30多个项目、30余支国家及省（市）专业运动队、千余名运动员、教练员来攀冬训、夏训。举办元旦全民健身跑活动、元宵登山活动、“6·10”纪念日、“8·8”全国全民健身日活动。

【发展体育产业】 收集梳理与“康养+运动”相关的政策、文件并汇总成册编印给各县（区），以市政府名义出台举办体育赛事资金奖补政策。制定下发《攀枝花市体育产业发展规划》。到2022年将重点推进基础设施建设、冬训胜地打造、体育旅游休闲、体育精品赛事、“互联网+体育”产业、体育企业培育、体育彩票销售、促进整合发展等八大工程。

【康养+运动】 编印《2017康养+运动推介项目》手册、《运动休闲康养胜地》宣传画册，精心包装14个招商引资项目，借助大型活动和赛事平台积极开展项目推介，积极配合市康养办组织召开第三届全国康养产业发展论坛，并成功举办主题为“康养运动·产业融合”分论坛。成功签约中国攀枝花阳光森林体育公园、岩神山户外文化体验园、市运动员公寓、山水鞠阳光足球公园及足球文化小镇、市体育产业整体打造等项目，总投资约137.35亿元。

（刘万康　邬　婷）

文 化

文化广电新闻出版

【概 况】 攀枝花市文化广电新闻出版系统有在职职工442人，其中正高职称5人、副高职称50人、中级职称167人、初级职称98人。市文化广电新闻出版局机关有在职职工35人，其中行政人员31人、机关工勤人员4人。市编办批准内设机构12个：办公室、文化艺术科、文化市场管理科（文化产业科）、文化遗产保护科、新闻出版与版权科（市“扫黄打非”工作领导小组办公室）、广电宣传管理科、广电科技与事业科、电影与传媒机构管理科、行政审批科（政策法规科）、人事科、计划财务科、党委办公室（统战科）。

攀枝花市辖县（区）文化广电新闻出版行政管理机构有5个：东区文体广电新闻出版局、西区文化旅游广电新闻出版局、仁和区文化广电新闻出版局、米易县文化广电新闻出版局、盐边县文化广电新闻出版局。

市文化广电新闻出版局有直属单位10个：市文物局、市文化市场综合执法支队、市广播电视台、市有线电视信息中心、市图书馆、市文化馆、攀枝花中国三线建设博物馆（市博物馆）、市文艺创评室、市文化艺术中心、市广电节目广告中心。

全市基本实现市、县（区）有图书馆、文化馆，乡镇有综合文化站，村、社区有文体活动室的四级文化服务网络，并全部免费开放。有公共图书馆6个、文化馆6个、博物馆2个、纪念馆2个，市级专业演艺公司1个，市级广播电视台1家、县级广播电视台3家；市级办有综合性广播节目两套，每天自办节目达30小时；电视节目3套，每天自办节目2.4小时。广播电视节目基本实现全域覆盖，全市有线电视数字化率达98%，市、县（区）自办节目覆盖率达87%。

2017年，AAAAA级文创小镇、市图书馆新馆等项目建设推进有力，攀枝花中国三线建设博物馆挂牌“中国三线建设研究基地”“中国三线建设博物馆论坛基地”“四川省青少年社会实践教育基地”，新增幸福美丽新村文化院坝19个。精心筹备“攀枝花三线建设遗产保护研讨会”，组团参加第六届中国成都国际非物质文化遗产节，被省政府表彰为组织工作“突出贡献单位”。新创《我们都是发现者》《攀枝花市非物质文化遗产集藏》《吆山祭祀》等优秀文艺作品46件。京剧小戏《破晓红云》，荣获四川省第十六届戏剧小品小戏比赛三等奖。广播连续剧《永远的攀枝花》荣获四川省十四届精神文明建设“五个一工程”奖。微电影《春夏秋冬又一春》荣获亚洲微电影节金海棠奖。《“工匠精神”丰富“西部铁军”文化内涵》荣获“2016至2017年度全国企业文化优秀成果奖”。《喊太阳跳月亮》《傈傈迎宾歌》2首歌曲入录《唱响四川 百姓喜爱的歌曲音乐创作工程歌曲集》一书。作品戏曲剧本《绝活儿》获国家艺术基金20万元资助。对农广播（汽车电台FM91.0）媒体融合传播指数列全国百强榜第五十位、四川省地（市）级电台第一位。

公共文化服务场所全部免费错时延时开放，广泛开展“畅享院坝”“文化进万家”等系列文化惠民活动。每天一场广场“大家唱”“大家跳”活动，每周一场公益文艺演出、一堂“攀枝花市民讲坛”，每月一场公益电影进乡村、社区，每季一场“百姓大舞台”综合文艺演出，已经是群众文化生活常态。

艺术创作

【音乐创作】 新创作、执排和改编复排音乐作品22个，创作歌曲《国家的胸膛》《妈妈的爱》《务本山上开桃花》《万物生机》《俯仰之德》《心中的太阳》《登上营盘山》《梦想从这里启航》《喊太阳 跳月亮》《傈僳迎宾歌》等10首；新配器《走进三月》《爱在攀枝花》，小提琴独奏《四季（春·夏·秋·冬）》，大提琴独奏《天鹅》《春节序曲》《匈牙利舞曲》《斯拉夫舞曲》12件。《喊太阳 跳月亮》《傈僳迎宾歌》2首歌曲入录《唱响四川 百姓喜爱的歌曲音乐创作工程歌曲集》一书。市文化馆女子合唱团荣获在浙江宁波举行的第14届中国合唱节老年组银奖。市文化馆获“天籁之音 石海之约”第三届西南民歌比赛铜奖。

【舞蹈创作】 编排创作《花城 花季》《满身泥巴的兵》《列兵日记》《真诚的美丽》舞蹈作品4件。舞蹈《花城花季》在2017攀枝花市庆“六一”暨中小学舞蹈专场比赛中荣获一等奖，并代表攀枝花市参加四川省第二届农民艺术节暨“群星奖”音乐舞蹈作品比赛。

【戏剧创作】 新创、复排、学演戏剧20余件，新创京剧小戏《破晓红云》、京剧小品《西游新记》、京剧长绸舞《夜深沉》、京剧戏歌《铁肩担道志冲霄》、小品《在我和世界之间》等。复排和学演大型方言话剧《粉祸》、方言小品《听不懂》、京剧戏歌《梨花颂》、京剧小戏《小放牛》、戏曲歌舞《家和万事兴》等。京剧小戏《破晓红云》荣获省第十六届戏剧小品（小戏）比赛三等奖。该剧被列入国家艺术基金2018年度资助项目立项名单。

【文学作品】 攀枝花市第一部康养文化书籍《身意轻安》公开出版，正式出版发行全面反映全市十余年来非物质文化遗产保护成果的大型图文集《攀枝花市非物质文化遗产集藏》。编辑书籍《第一书记扶贫故事》和创作反映科技扶贫成果的书籍《福田模式》，由《攀枝花文化》刊登。完成4期《攀枝花文化》的编撰工作。

艺术表演

【演 出】 2017年，公益性演出场次达100场以上。主要有完成攀枝花市2017年春节团拜会文艺演出，赴攀枝花市对口支援的凉山州木里县开展慰问演出5场；参加庆祝建军90周年双拥晚会演出；参加攀枝花市第十届人大“欢庆国庆、喜迎十九大文艺汇演”；“高雅艺术进校园”和“戏曲进校园”完成30场次；文化惠民演出完成33场次；第八届《金沙放歌》文化展演6场。

【获 奖】 2017年，反映仁和区迤沙拉发展旅游文化的的微电影《春夏秋冬又一春》获得亚洲微电影节金海棠奖；京剧小戏《破晓红云》荣获省第十六届戏剧小品（小戏）比赛三等奖；市文化馆女子合唱团荣获在浙江宁波举行的第14届中国合唱节老年组银奖；音乐作品《乡野歌谣》获四川省第三届民歌“天籁之音 石海之约”民歌比赛铜奖，并代表攀枝花市参加四川省第三届民歌大赛颁奖典礼暨“脱贫攻坚 文化暖冬”群星奖优秀作品惠民巡演的演出。

美术·书法·摄影·展览

【美术作品】 美术作品12件：《风景》《秋之静美》《静物》《陌上》《永乐宫壁画》《聊斋 香玉》《秋塘》《士兵肖像》《晴方好》《金沙裂谷》《肖像》《荷花》。

【书法作品】 书法作品8件：《陶渊明归田园居》《隶书对联》《欧阳修朋党论节录》《行书条幅》《录董其昌—论书》《小楷心经》《隶书对联》《草书条幅》。

【摄影作品】 摄影作品7件：《裂谷神韵》《牧场》《山高人为峰》《我家就在山那边》《人间最美在春天》《山水故土》《彝家欢歌》。

【展 览】 3件作品入选四川省第二届农民艺术节暨第三届群星璀璨美术书法摄影优秀作品展；1件作品入选厦门“金砖五国会晤”国际抽象作品展；1件书法入选“守墨鼎新——四川省政协书画研究院作品展”；1件书法作品入选“观自在——首届全国知名书家写经展”；4件作品入选攀枝花市迎春书画摄影作品展等。组织31件作品参加四川省第二届农民艺术节暨第三届群星璀璨美术书法摄影优秀作品展；37件作品参加第十一届“大河上下 生生不息”黄河流域九省（区）艺术摄影展；40件书画作品参加11省20市政协第十五届书画联展（平顶山）。

群众文化

【公共文化服务体系】 2017年，继续免费开放6个图书馆、6个文化馆、1个博物馆、2个纪念馆、44个乡（镇）综合文化站。开展“攀枝花市民讲坛”35期，除在市图书馆多功能报告厅举办的讲座外，还开展讲坛乡村行、社区行、校园行，扩大讲坛的覆盖面和影响力；在市中心广场组织“大家唱”247场，“大家跳”324场；全年开展“周末写生”活动50次，共计800余人次参加活动。

【公共图书馆】 2017年，热情耐心接待读者，让读者在图书馆能顺心借书、静心读书。坚持每周开放78小时，全年各部门共接待读者26万余人次。新办借书证1646个；图书流通借出69000余册，流通还回68000余册；期刊流通借出9254册次，期刊流通还回9338册次。电子书刊借阅3028册次。办理续借3000余次（含管理系统、电话、网络），预约借书400余人次。新书上架6000余册。做新书通报、新书推荐10期。解答读者咨询1400余次。修补破损图书2000余册。收集地方报刊18种，收集读者赠书104册，收集地方文献260册。为强制隔离戒毒所、湖光小区、红星小区、西区地税局、市地税局等馆外借书点轮换图书2000余册。2017年总共为基层借书点及科技下乡活动送期刊900册，其中3月市图书馆为渔门镇榨古村社区图书室赠送图书、期刊300余册，丰富了社区图书室藏书。举办“中文图书分类编目、文献资源建设培训班”，来自攀枝花、凉山州、雅安、乐山等各市、州、区县公共图书馆编目人员70余人参加培训。2017年，共享工程攀枝花支中心开展2次网络培训（关于推广使用“数字学习港”手机APP和《公共文化服务保障法》解读专题讲座）；多次组织本馆职工参加数字图书馆建设，interlib系统学习，移动图书馆使用学习等培训。共举办共享工程网络培训3次。

【文化馆事业】 2017年，市文化馆坚持开展免费开放项目7项以上。开展“大家唱”“大家跳”。免费接待单位、个人来馆排练、学习、培训和观展11000余人次、790余场次。坚持开展“周末写生”活动，全年50次，共计600余人次参加活动。坚持开展“摄影艺术沙龙”活动，全年6次，共计200余人次参加活动。到米易普威镇新龙社区送歌舞、图书、报刊资料；到贫困村开展2场精准扶贫送文化下乡演出，组织文化馆3位专家赴基层针对全市贫困村的文体辅导员举办公益辅导员结对帮扶培训，共培训65个贫困村的文体辅导员。深入开展“送文化 下基层”文化惠民活动，全年派出业务干部下基层辅导500余人次，辅导基层单位30余个、基层群众约10500人次以上，累计全年辅导基层单位人次约10000余人。

【全民阅读】 “书香花城 全民阅读”活动于2017年4月23日上午在攀枝花市中心广场顺利启动，标志着攀枝花市2017年全民阅读活动正式拉开帷幕。以“助力全民阅读，建设书香花城”为主题的书香花城 全民阅读日系列活动启动仪式由市全民阅读指导委员会、市委宣传部、市精神文明建设办公室、市文化广电新闻出版局、市教育体育局主办，市城市管理局协办，新华文轩教育服务事业部攀枝花市公司、市广播电视台承办。此次活动包括“寻找朗读者嘉宾”海选活动、新华书店八十周年店庆座谈会、出版物惠民展销、青少年爱国主义读书教育等系列全民阅读活动、全民阅读“进农村、进社区、进家庭、进校园、进机关、进企业、进军营”活动。

2017年，市图书馆举办优秀图书展览、“你读书，我买单”活动，举办攀枝花本土文化作品、精品奇石苴却砚展览，让广大市民、读者了解攀枝花本土文化，旨在积极配合读书活动，营造城市文化氛围和良好的阅读氛围。市图书馆承办2017四川省“悦读家”活动——“书香家庭，唯美阅读”攀枝花市分赛区决赛。举办“我们为什么要读书”专题讲座，与市民们分享交流读书学习的乐趣。

攀枝花邮政系统举办“营造书香校园”公益活动和“营造书香社区、乡镇”活动。市文化广电新闻出版局被表彰为“全省全民阅读宣传先进单位”。

遗产保护

【文物保护】 全面落实文物保护主体责任，加大优秀传统文化保护传承利用力度。文物保护不断加强，积极做好第九批省级文保单位申报工作，营盘山古军营、拉鲊古渡等全国三国文化（攀枝花段）遗存野外调查工作顺利结束，“刘家印子房”维修工程竣工，打造文物保护“惠民样本”。非物质文化遗产传承活力不断增强，市政协专题调研攀枝花市非遗保护工作，组织32名参加“四川大学非遗传承人群普及培训班（雕刻类）”培训，开展优秀非物质文化遗产进校园、进社区活动24场，组团参加第六届成都国际“非遗节”。非物质文化遗产保护利用与阳光康养产业融合发展，结合民俗活动凸显民俗亮点，定期举办傈僳族“约德节”、彝族“火把节”等特色节庆活动，推动文旅阳光康养产业发展。

【组团参加第五届“中国成都国际非物质文化遗产节”活动】 6月10—18日，攀枝花市组团参加第六届中国成都国际非物质文化遗产节，攀枝花市主题展馆展示展出“中国苴却砚雕刻技艺”“傈僳族织布技艺”“盐边国胜茶制作技艺”“盐边油底肉制作技艺”“土法熬制红糖技艺”“手工钛雕技艺”“傈僳族三道酒风俗”7个项目。攀枝花展馆以现场技艺表演、静态实物展示、图文并茂介绍等多种形式全面生动地展示全市绚丽多彩的非物质文化遗产及在保护工作中所取得的成果，让更多的人认识“中国钒钛之都”“阳光康养攀枝花”独特的文化魅力，文化部副部长项兆伦、副省长杨兴平到攀枝花主题展馆视察。

【开展三国文化遗存调查工作】 加强文物保护区域合作，市文物局与成都武侯祠博物馆签订合作协议，联合开展“三国文化”遗存调查与研究工作。2017 年 8 月 20—24 日，攀枝花市与成都武侯祠博物馆共同组成全国三国文化遗存（攀枝花段）调查工作小组，完成营盘山古军营、拉鲊古渡及打箭岩等攀枝花三国文化遗存野外调查工作。

【完成刘家印子房修缮工程】 积极争取资金，完成市级文物保护单位“刘家印子房”修缮工程，其历史风貌得到完整保存。同时，结合攀枝花中国阳光康养胜地的打造，对其进行文化旅游资源的发掘、利用。

【攀枝花市非物质文化遗产调研】 7 月 4 日、6 日，市政协副主席徐明义、李明带队，市政协教科文卫体委员会组织部分市政协委员和市级相关部门对攀枝花市非物质文化遗产的保护与传承工作进行调研。调研组对省级非遗生产性保护示范基地、传习基地进行视察，对“大田板凳龙”“迤沙拉谈经古乐”、米易县新山傈僳族非遗项目保护利用以及与旅游产业结合发展情况进行视察，形成《关于我市非物质文化遗产的调研报告》报市政府，进一步促进攀枝花市非物质文化遗产保护利用工作。

【《攀枝花市非物质文化遗产集藏》出版发行】 攀枝花市非物质文化遗产集藏》由四川美术出版社公开出版发行，收录攀枝花市省、市、县级非遗项目 55 项，该书的出版是对攀枝花市 10 余年来非物质文化遗产保护工作成果的展示，也是对散落于山村乡野的民间文化的挖掘和盘点。

印刷·出版·发行

【印　刷】 全市共有印刷企业 44 家，其中出版物印刷企业 6 家，包装装潢企业 6 家，其他印刷企业 32 家。

【出　版】 全市共出版报纸 3 种，总印数 1925.8 万份；总印张 32576 千印张；出版期刊 2 种，总印数 1.7 万册；有报刊型内部资料 28 家，省内报刊社驻攀记者站 2 家。

【发　行】 全市共有出版物发行单位 245 家。其中书刊零售店、音像制品零售、出租店 202 家，出版物连锁经营企业直营门店 5 家（新华文轩），昆明新知门店 1 个，邮政系统报刊亭 37 家。

文化市场

【概　况】 2017 年，全市共有文化市场经营单位 884 家，其中电影放映场所 9 家，印刷复制企业 317 家，互联网上网营业场所 127 家，歌舞娱乐场所 227 家，游戏娱乐场所 10 家，艺术品经营单位 13 家。

【版权保护】 加强版权宣传培训，举办各种版权宣传活动 20 余次，提高公众识别侵权盗版能力，增强全民知识产权保护意识。2017 年，攀枝花市在国家及省版权事务中心新登记文字、美术、摄影、音乐等作品版权 3074 项。全市共拥有各类作品登记 3200 项。市文化广电新闻出版局被省版权局表彰为全省版权保护突出贡献单位。

【文化产业】 2017 年，全市纳入文化及相关产业统计的规上文化法人单位有 31 家，营业收入 12.8 亿元，同比增长 14.2%，对攀枝花经济的贡献进一步提升。

攀枝花市特色文化企业、商品、项目参加 2017 中国——东盟博览会（南宁）文化展和第十三届中国（深圳）国际文化产业博览交易会。期间，东盟博览会文化展组委会还在其官方微信公众号中制作《南方有簇攀枝花》专刊，对攀枝花市参展的特色文化商品（项目）和工艺美术大师进行专题推介。在本届展会上，攀枝花市荣获“最佳组织奖”，金海文化旅游投资有限公司、加勇石艺有限公司和阳光诗社文化传播有限责任公司荣获“文化创新奖”。

推荐遴选攀枝花市创客咖啡及钒钛文化创意基地、西区庄上金沙江文旅小镇文化提升项目、米易颛顼龙洞龙文化旅游品牌创建工程、盐边县国圣有机茶循环经济贷款贴息项目、金海苴却砚文化旅游区、三线建设文化创意产品开发项目等项目申报 2017 年中央文化产业发展资金。积极推荐市文化艺术中心“花城系列音乐会”项目申报省级音乐产业发展专项资金。

【行政执法】 2017 年，全市各级文化市场监管和执法机构继续强化监管和执法工作，以日常巡查监管、继续打击网吧非法接待未成年人、规范出版物市场和文化市场安全工作为重点，先后开展“元旦、春节”“人代会、政协会”文化市场专项整治、暑期文化市场专项检查、网吧专项整治、保考禁噪专项整治、文化市场环境噪音专项整治、娱乐场所专项检查、校园周边文化市场专项整治行动、“扫黄打非”五大专项检查、印刷业专项检查、安全隐患排查、禁毒防艾以及“保考禁噪”等一系列专项治理工作。全市共出动执法人员16419人次，检查各类经营场所6406家次，其中网吧2572家次、音像店172家次、书报刊560家次、歌舞娱乐场所2142家次、电子游艺场所36家次、印刷打字复印企业851家次，责令改正144家次，行政处罚59起，其中停业整顿3起，吊销许可证1起，取缔无证经营场所9家，取缔非法黑广播2起，收缴各类非法出版物1000余册，累计罚款近7万元。

【“扫黄打非”工作体系】 建立完善全市“扫黄打非”工作体系，持续开展“清源2017”“净网2017”“护苗2017”“秋风2017”“固边2017”五大专项行动和其他专项治理，始终保持“扫黄打非”高压态势，为攀枝花的政治稳定，文化安全，净化社会环境，维护群众文化权益，推动社会主义精神文明建设做出积极的贡献。组织市公安局查处一起涉嫌传播淫秽物品牟利案。删除“淫秽低俗庸俗类”有害信息1000余条。注重“扫黄打非”进基层工作，深入推进“扫黄打非”工作网格化管理，开展示范网格建设，充分发挥引领带动作用。2017年，东区向阳五村社区第三网格等六个网格被评为省“扫黄打非”网格化管理示范网格，其中，东区向阳五村社区第三网格荣获2017年全国“扫黄打非”进基层示范点单位。继续推进“扫黄打非”进农村、进社区、进企业、进学校、进景点“五进”工作，夯实“扫黄打非”工作基层基础。

广播影视

【广播电视宣传】 2017年，全市广播电视工作者以习近平新时代中国特色社会主义思想为指引，深入学习宣传贯彻中共十九大精神，紧扣大力推进“四个加快建设”，着力做好“钒钛、阳光”两篇文章，以市十届人大一次会议、市政协九届一次会议、省第十一次党代会、中共十九大、芒果品牌推介，“康养+产业”“我和我的城市”“撸起袖子加油干俯下身子抓落实”“聚力三抓奋力实现开门红”县区行、部门行、项目行，“砥砺奋进的五年”“学习贯彻中共十九大精神 走基层惠民生”等重大主题进行宣传报道，采写播出一批接地气、有人气、有思想、有温度、有品质的广播电视节目，新闻舆论传播力引导力影响力公信力不断提升，为攀枝花在全省高水平率先全面建成小康社会营造良好的舆论氛围。

组织完成第二十一届攀枝花广播电视节目奖评选工作，从全市广播电视播出机构选送的122件作品中，评选出91件获奖作品。其中，广播节目优秀奖14件、提名奖18件，电视节目优秀奖25件、提名奖34件，电视短消息《洪流中的营救》、广播连续剧《永远的攀枝花》等39件作品获得优秀奖；电视连续（系列）报道《“康养+”系列报道》、广播新闻专题《取消网箱养鱼：攀枝花躲不开的环境挑战》等52件作品获得提名奖。组织向省新闻出版广电局和省广播电视学会推荐2015、2016年度四川广播电视节目评审推选，攀枝花市选送37件作品参评，共有30件作品获奖，其中优秀奖9件、提名奖21件，获奖率达81%，市文化广电新闻出版局受到省新闻出版广电局通报表扬。其中，广播新闻专题《世界“焊王”曾正超》、电视评论《保护攀枝花芒果品牌迫在眉睫》等9件作品获得优秀奖；广播长消息《“光伏大棚”助脱贫》、纪录片《中国傈僳族》等21件作品获得提名奖。

在参加全省广播电视公益广告创作展播活动中，从2017年3—9月开展集中创作和展播，按时选送3件广播作品、7件电视作品参赛。在“建设美丽繁荣和谐四川”优秀广播电视作品采风活动中，由市广播电视台选派的记者采写广播作品获全省第二名，电视作品获全省第四名，市文化广电新闻出版局被评为“优秀组织单位”。拍摄《航拍攀枝花2017》《飞越百灵山》等20多部适合新媒体传播的电视短片。广播连续剧《永远的攀枝花》荣获四川省第十四届精神文明建设“五个一工程”奖。2017年，市广播电视台在四川广播电视台播出新闻504条（广播新闻282条、电视新闻222条），在中央人民广播电台播出新闻10条，在中央电视台播出新闻10条。

2017年是《小科帮忙》栏目成立第九个年头，这一年一如既往的秉承“有事你说话，小科来帮忙”的服务宗旨，为市民排忧解难。在专注解决求助者难题的同时，仍不忘初衷，从基层来到基层去。9月，仁和区太平乡养蜂人李兴云近2500公斤优质蜂蜜销售遭遇困境。得到求助后，帮忙小弟前后三次到养蜂基地实地采访，走访相关部门，对接商家。经过多方努力最终帮他打开销路。在传统媒体整体萎缩的背景下，主动转变思路，联合新媒体“早安攀枝花”，强势推出《新版伙食团》，在娱乐中品美食，在品美食中促宣传。获得广大商家和好吃嘴的一致好评。

《阳光旅游》栏目2017年围绕市委、市政府创建中国阳光康养旅游城市主题，完成高清旅游电视节目采访、制作和播出52期，每期40分钟，合计播出时长14560分钟。其中微电影《雪莲花开米拉山》采制过程中，栏目组于4月和5月，两次深入海拔五千米的西藏米拉山，克服高寒缺氧的恶劣环境，精制节目，在四川省工会组织的400多部微电影评选活动中，脱颖而出，获得全省纪录片金奖和网络展播最佳人气奖。

《攀枝花消防》栏目组，制作播出消防微电影《爱在九一九》参加全国消防微电影网络展播，获得消防官兵和观众的一致好评。

【事业建设】 广播电视公共服务网点建设方面，全市已建成36个农村广播电视公共服务网点建设，为农村广播电视用户提供方便快捷的服务。

地面数字电视建设方面，全市已建成141座地面数字电视基站，其中西区2座、仁和49座、米易36座、盐边54座，发展5.7万户农村地面数字电视用户。广播村村响工程建设方面，全市已建成43个乡（镇）广播站、352个村级广播室（含9个社区）。电视户户通工程建设方面，2017年完成列入全省十项民生工程的2500户电视户户通工程建设任务。

广播电视脱贫攻坚方面，认真落实省、市委部署，将民生工程与年度脱贫攻坚任务精准对接，2017完成年全市8697减贫人数对应的2189减贫户户户有广播电视，35个退出贫困村村村有村级广播系统的脱贫攻坚目标。

加快推动传统媒体与新兴媒体深度融合。投入600多万元用于2个频道高清化升级改造。投入400多万元用于广播电视新媒体发展，市广播电视台完成“三微一端”建设，建成攀枝花手机台和攀枝花网络电视台，攀枝花手机台已开办15个一级页面、43个二级页面，发展13万多用户，新媒体业务正不断发展壮大。积极争先创优，市广播电视台“全媒体协同工作平台”在全省路演中荣获“2017四川广播电视媒体融合创新优秀案例”，获得扶持资金2万元。

下一代广播电视网建设。全市已基本建成有线、无线、卫星广播电视综合覆盖网，基本解决群众看电视问题。大力推进广播电视数字化、双向化、高清化、智能化建设，目前有线网基本完成数字化改造、双向化改造达90%，已开通互动电视点播，新发展用户基本实现高清化。四川广电网络攀枝花分公司积极争取省网络公司800万元，启动攀枝花市“智慧社区”建设。

【电影管理】 做好农村、社区、学校电影放映工程，全面实现每村每月放映一场公益电影目标，全市351个行政村放映4212场公益电影；社区公益电影全面实现每社区每月放映1场公益电影目标，全市132个社区放映1584场公益电影；学校公益电影实现在全市122所有条件放映的学校每学期放映2场公益电影，全年放映488场。加强院线管理，建立覆盖广泛的公益电影服务体系。开展农村数字电影放映员培训，提高公益电影放映质量。公益电影放映实时监控。

制定攀枝花市县（区）影院建设总体方案，积极探索本地城市影院市场运营模式。西区新建数字影院两家，实现数字影院全覆盖，全市已建成城市数字影院8座，实现票房收入3885万元。

【安全播出】 基本建成监测调度指挥系统。投入80万元顺利完成市广播电视监播中心数字化升级改造工作，可对有线、无线、调频、地面数字电视、IPYV、手机电视进行监测，基本建成广播电视信号监测、信息发布和指挥调度系统。认真贯彻落实中央、省、市安全保障工作会议精神，精心安排、周密部署、完善预案、加强演练、落实措施，完成十九大安全播出工作任务，实现“零停播”“零插播”“零失误”，确保中共十九大期间广播电视安全播出和信息网络安全。完成春节、两会、省第十一次党代会、五一、国庆假期等重要节点及日常广播电视安全保障工作任务，确保广播电视安全播出。

（赵　杨）

地方报业

【概　况】 2017年，攀枝花日报社下辖“两报一中心一厂”:《攀枝花日报》《攀枝花晚报》、攀枝花日报社新媒体中心、攀枝花日报印刷厂。拥有11个媒体平台:《攀枝花日报》《攀枝花晚报》（4月休刊）、攀枝花新闻网、“攀枝花日报”微信公众号、“下一站攀枝花”微信公众号、攀枝花日报新浪官方微博、“攀枝花晚报”微信公众号、攀枝花晚报新浪官方微博、攀枝花日报数字报、攀枝花日报社户外屏媒、新闻客户端。截至2017年底，攀枝花日报社在编人员107人（编辑部52人、印刷厂55人），其中专业技术人员50人（正高级职称1人、副高级职称3人、中级职称9人、初级职称37人），大专及以上学历79人；招聘人员27人，其中专业技术人员16人，大专及以上学历26人（2人为研究生）。全年广告收入982万元，较2016年下降18.2%；攀枝花日报印刷厂完成印刷业务收入和非印刷业务收入524万元，较2016年下降21%；攀枝花日报社资产总额4853万元，净资产总额790万元；完成《攀枝花日报》2018年订阅数16494份。

2017年，攀枝花日报社及其下辖的各媒体平台始终坚持正确的政治方向和舆论导向，坚定不移发挥好党媒的思想引领作用、坚定不移推进媒体融合加速从“相加”走向“相融”、坚定不移推进报业经营发展，积极主动服务全市经济社会发展大局，完成各项新闻宣传工作任务。注重写好言论，强化思想引领。在重要会议、重大活动、关键时间节点推出社论和评论，充分发挥党报的思想指导性和舆论引领作用，实现上情下达效果的最大化。在市委十届二次全会召开后，日报迅速推出系列评论员文章，阐明市委的观点、凸显市委的意图、体现市委的要求，有力地强化舆论引导的效果。主动融入大外宣格局，大力宣传推介攀枝花。《人民日报》刊登《攀枝花日报》记者采写的消息《四川攀枝花帮扶木里藏区　能人来带动　项目有示范》《四川日报》《中国税务报》等刊发本报记者采写的稿件9条。利用“新华社客户端　四川频道”推送《攀枝花日报》和攀枝花日报社新媒体集群的稿件，有效扩大对外宣传覆盖面。在“新华社客户端　四川频道”推送的《攀枝花日报》的稿件《诗人齐聚阳光花城　共襄一场诗歌盛会》，阅读量达到11万人次。

2017年，攀枝花日报社获省级及以上新闻奖35件。其中，《攀枝花日报》22件，一等奖3件、二等奖6件、三等奖13件；《攀枝花晚报》13件，一等奖2件、二等奖2件、三等奖9件。

【中共十九大宣传报道】　在迎庆中共十九大胜利召开重大主题宣传报道中，《攀枝花日报》在深刻领会市委精神上下工夫，在梳理掌握全市中心工作上下工夫，变工作思路为新闻思路，在市委宣传部的组织下，撰写《战略定力》《国家使命》《阳光转型》《幸福之源》《驰而不息》《绿水青山》6篇综述，全面展现中共十八大以来，特别是市委书记李建勤履新以来，攀枝花改革发展的新思路、新举措、新成绩，掀起迎庆中共十九大的新热潮。此外，《攀枝花日报》通过“1+N”的模式，在一版分阶段推出喜迎中共十九大、欢庆中共十九大、深入学习宣传贯彻中共十九大精神的相关报道，并在其他版面以特别报道、专刊等方式，紧扣“四个加快建设”“四区驱动”、钒钛“五个一工程”、五个“康养+”产业、项目推进、脱贫攻坚、城乡建设、全面深化改革、创业创新、生态文明建设等市委、市政府重点工作，对攀枝花市过去五年极不平凡的奋斗历程和成就进行回顾总结式报道，集中展示各县（区）、市级各部门、相关企事业单位在市委、市政府领导下，五年来在狠抓各项工作落实、加快谱写美丽繁荣和谐四川攀枝花篇章的伟大征程中取得的重大成就、积累的宝贵经验和发挥的重要作用以及在深入学习宣传贯彻中共十九大精神工作中的亮点做法。“1+N”的报道形式，迅速形成强大的舆论宣传阵势，在全市树立起一面党媒旗帜。

【中央环保督察宣传报道】　《攀枝花日报》积极适应市委对新闻舆论工作的新要求，主动顺应不断加码的工作新常态，完成市委交办的各项宣传报道任务。在中央环保督察新闻舆论工作中，《攀枝花日报》共刊发“推进绿色发展建设美丽四川”专刊35个，刊发反映环境突出问题治理工作的文字稿件近300条、图片70余幅，全面报道市委、市政府对环境突出问题整治工作的战略部署、调研督察，各级各部门各企事业单位的工作成效以及群众的热烈反响。

【攀枝花芒果品牌推介新闻宣传】　在攀枝花芒果品牌推介新闻宣传工作中，《攀枝花日报》坚持“以芒果为媒，以芒果品牌发布推介会为平台，进一步强化城市品牌建设，提升攀枝花知名度、美誉度”的主线，开展大规模的立体化行进式集中报道。围绕在北京、成都、上海、香港、澳门五地举行的芒果品牌发布推介会，《攀枝花日报》刊发消息、通讯32篇，新闻图片33幅，公益广告6条。攀枝花日报新媒体中心共推出或转载攀枝花芒果品牌发布推介会相关报道98条，总阅读量约190784次，高于同城其他新媒体。其中，《攀枝花日报》记者采写的综述《“小芒果”引发“大效益”》得到市委书记李建勤肯定，并印发市级相关部门学习。

【攀枝花党政代表团赴苏锡常考察学习宣传报道】　在攀枝花党政代表团赴苏州、吴锡、常州等地考察学习的宣传报道中，《攀枝花日报》创新报道方式、密集发稿，综合运用消息、通讯、言论、侧记、综述、图片等多种体裁，新媒体当天发稿，传统媒体版面互动并和新媒体互动，拓展报道内容，强化宣传报道效果。

【康养论坛、钒钛论坛宣传报道】　《攀枝花日报》一版刊发成就性新闻报道，其余版面辅以专题报道，尤其是在12月9日康养产业发展论坛开幕当天，日报共刊发16个版，其中专题报道10个整版，为论坛开幕营造浓厚的氛围。

【民生宣传报道】　《攀枝花日报》及时反映与百姓生活密切相关的资讯信息，受到市民的普遍关注和好评。攀枝花日报社新媒体增加民生新闻比重，攀枝花日报官微4月20日推出的《刚刚，攀枝花狂风大作！大田下冰雹！总发下暴雨！雷电+降温正在路上》阅读量10万+，留言上百条。《攀枝花晚报》停刊后，《攀枝花日报》接力“圆梦行动”，传承大爱和温暖。截至2017年，坚守13年的“圆梦行动”累计收到捐款1546.33万元，共资助1352名贫困学生圆梦大学。

【做实媒体融合发展】 攀枝花日报社下辖的11个媒体平台有效联动、互相推进，形成“你中有我、我中有你、取长补短”、及时性与深度性互融共进的新闻报道更加成熟，新媒体粉丝量不断增加。省级重点项目——“攀枝花新闻中央厨房集成系统”建设加快推进，即将投入运行。攀枝花日报社新媒体集群实现内容整合，“后来如何”微信公众号关闭，“攀枝花微报”更名“下一站攀枝花”，聚焦五个“康养+产业”，进一步提升传播力、引导力、影响力、公信力。

（毛哲先）

卫生　计生

卫生工作

【概　况】　2017年，全市有医疗卫生机构1064个、床位10004张。卫生技术人员10375人，其中执业（助理）医师3966人、注册护士4663人。每千人口有床位8.10张，每千人口有卫生技术人员8.40人，每千人口有执业（助理）医师3.21人，每千人口有注册护士3.77人。

【医药卫生体制改革】　公立医院推行“一院一策”“一县一策”改革，制定《公立医院收入分配制度改革实施方案》《公立医院法人治理结构建设试点工作方案》等配套方案。2017年，全市医疗总费用增幅为9.04%，控制在省指标10%内，公立医院次均住院费用年下降5.4个百分点。市、县两级公立医院取消药品加成，累计让利群众3.2亿元。分级诊疗制度初步建立，印发《分级诊疗制度实施方案》，建立基层首诊等7项分级诊疗制度框架。全市所有基层医疗机构均与市、县（区）级医疗机构签订双向转诊协议并实施转诊。建立5个纵向到底的医疗服务联合体，实现医联体全覆盖，在基层设立延伸门诊及病房29个。建成远程心电会诊中心、远程影像会诊中心各3个，覆盖辖区及周边67家县、乡医疗机构。2017年，三级综合医院医师日担负住院床日同比下降3.7%，县级医疗机构门诊诊疗量增幅18%，住院诊疗量增幅12%，床位使用率103.2%，基层医疗机构门诊和住院诊疗量年均分别增长5.66%和16.56%。群众对县级医院的满意度上升6.5个百分点。

药品购销领域全面实施“两票制”，全市医疗机构药价平均降低5%以上；城乡医保顺利整合，按病种付费的病种数达102个，2017年，全市应参加新农合人数48.04万人，实际参合47.89万人，参合率99.67%（新农合工作于8月22日正式移交市人社局）。

【区域医疗卫生高地建设】　省级区域医疗中心、省级精神卫生中心、攀西职业病防治中心落户攀枝花。推进区域医学教育中心建设，市中西医结合医院成功申报国家级住院医师规范化培训基地。全市累计建成重点专科57个，其中国家级1个、省级23个、市级33个，覆盖辖区及周边67家县、乡医疗机构。区域医疗中心牵头医院—市中心医院市外住院患者占比达到47%。

【区域合作】　推进中国医学科学院阜外医院与市中心医院心血管培训基地建设，建立与华西、北京阜外医院等优质医疗资源的合作机制，市第二人民医院与省康复医院组建职业病防治医疗联合体。市中心医院正式托管凉山州盐源县人民医院，组建全市首个跨区域医疗联合体。

【医养结合】　建立全市“康养+医疗”项目库，纳入项目34个，制定7项医养结合标准；举办“康养+医疗”专题招商活动和第三届中国康养产业发展论坛“康养+医疗”分论坛，签约项目金额57.1亿元；打造市第二人民医院医养（康复）示范中心、普达护理学院等一批特色医养结合示范项目。

【规划财务】　开展11个卫生计生专项资金的督导检查和绩效评价。建立完善内控制度，制定《内控手册》。完成全市卫生总费用测算，个人卫生支出占总费用比例控制在30%以内。编制完成《十三五大型医用设备配置规划》，启动《攀枝花市卫生计生事业发展“十三五”规划》《攀枝花市区域卫生规划》中期评估。

项目建设。花城新区医院和市妇女儿童医院建设项目大力推进，市第三医院门诊住院楼建设项目主体封顶。米易县人民医院住院综合楼扩建项目、盐边县妇幼保健院迁建项目、仁和区妇幼保健院业务综合用房改造项目完成项目可研、立项等前期工作。

健康攀枝花建设。编制下发《“健康攀枝花2030”规划纲要》，召开攀枝花市卫生与健康暨健康城市建设动员大会，健康攀枝花建设全面开展。攀枝花被纳入省级健康城市试点，出台健康细胞建设试行标准和考核评审办法，完成149个市级健康细胞建设工作。

【政策法规】 制定下发《贯彻攀枝花市法治政府建设工作方案（2016—2020年）的实施意见》《市卫生计生系统法治宣传教育第七个五年规划（2016—2020年）》等规划和文件7份；编印《卫生计生健康惠民政策明白卡》，内容涉及卫生计生各项惠民政策29项。制定会前学法年度学习计划，全年开展会前学法14次，集中法治培训考试3次；完成行政执法案件法制审核12件，重大行政处罚案件备案2件；续聘2名常年专职法律顾问，全年完成合法性审查13件，出具法律意见书7份，举办法制专题讲座2期；办理完结行政复议案件1件，无行政应诉案件发生；向省法学会人口与卫生法学研究会推荐理事人选1名；向市“七五”普法讲师团推荐讲师1名。

【疾病预防控制】 制定《攀西职业病防治中心建设实施方案（2017—2020年）》，成立攀西职业病防治联合体。制定下发《区域精神卫生中心建设实施方案（2017—2020年）》，搭建区域精神卫生信息平台，召开2017年攀西区域精神卫生中心工作暨学术交流会。2017年，全市疾控机构和二级以上医疗机构艾滋病检测实验室覆盖比例均达100%，建成艾滋病相关检测实验室21个、快速检测点70个，覆盖全市各级医疗卫生机构。全市传染病报告发病率为268.13/10万，居全省第20位。国家免疫规划疫苗平均接种率99.59%，继续保持无脊灰状态，无暴发疫情发生。东区、西区、米易县实现基本消灭麻风病，仁和区、盐边县麻风病疫情稳步下降，麻风病治疗覆盖率100%。全市肺结核患者成功治疗率96.88%。2017年，全市严重精神障碍患者在册率4.02‰、管理率90.77%、服药率76.38%。米易县、盐边县达到国家消除血吸虫病标准，盐边县、仁和区饮水型地方性氟中毒病区达到国家控制水平。联合县（区）科学处置6月16—17日仁和区人感染H7N9禽流感疫情，有效控制疫情蔓延。市疾控中心创建“三级甲等”疾控机构成功，获“全国麻风防治先进集体”荣誉称号，确定为“四川省食品安全风险监测区域中心”。

【综合监督执法】 全年未发生被复议机关决定撤销或确认违法的案件，无行政诉讼败诉案件；完成质量强市省级验收工作；“双随机一公开”全面覆盖，按要求实施监督抽检并上报全市数据，完成国家抽检任务。

【妇幼保健】 全市婚检率94%，较2016年提高3%，免费孕前优生检查覆盖率107.67%，孕产妇死亡率7.19/10万、婴儿死亡率5.54‰、5岁以下儿童死亡率6.47‰；补助农村孕产妇4170人，孕产妇住院分娩率99.9%；实施农村妇女及城市低收入妇女“两癌”筛查，其中乳腺癌筛查20768人、宫颈癌筛查20582人；为7432名农村妇女免费增补叶酸；孕产妇梅毒、艾滋病、乙肝的检测率达99.9%。开展0~6岁残疾儿童筛查，初筛疑似残疾类型人数33人，确诊残疾类型7人；开展病残儿鉴定4例，确诊病残儿4例。孕产妇系统管理率、儿童系统管理率分别为96.93%、97.26%。为262名贫困孕产妇减免住院分娩费用84.1万元，实现零支付。市中心医院建成省新生儿听力障碍诊治分中心。全市产前诊断分中心分子实验室改造完成。米易县妇幼保健院成功创建二级甲等妇幼保健院。米易县成功创建国家妇幼健康优质服务示范县。

【行政审批】 开展行政权力清理工作，清理市级行政权力事项226项，包括行政处罚190项，行政强制15项，行政确认6项，行政检查11项，行政奖励1项，其他行政权力3项。责任清单在卫生和计生委员会门户网站进行公开。

【医政（药政）管理】 联合发改等9部门出台《关于在攀枝花市公立医疗机构药品采购中推行“两票制”的实施方案》，全市二级以上公立医院全面推行药品采购“两票制”。制定下发《攀枝花市公立医院绩效评价实施方案（试行）》，建立公立医院定期考核评价制度。统筹优化全市医疗卫生资源，建立由5家三级医院、8家二级医院、65家基层医疗机构组成的五大纵向医联体，县、乡两级医疗机构医疗联合体覆盖率达100%。完善质控网络，市质控分中心达到31个，建立县（区）质控小组40个，组织开展院感、护理、药事管理等质控督导36轮，督导190家单位，举办学术会议或培训班61次，累计培训9268人次。对市第三人民医院等4家医院开展大型医院巡查。2017年，全市三甲医院预约诊疗率为54%，辖区医疗机构门诊、住院次均费用总增长率分别控制在4.3%、0.4%。全年无偿献血1.68万人次26751U，较2016年同期增长9.7%。继续保持临床用血100%来自无偿献血、自愿无偿献血100%的“双百目标”。

【中医药事业】 加强《中医药法》宣传和培训。开设《中医药法》宣传栏及墙报200余期，举办《中医药法》及中医执法能力培训一期110人参训。实现100%的乡镇卫生院和社区卫生服务中心设置中医科，打造特色中医馆10个，基层中医药服务量达45%。创新中医人才培养模式。推进中医药传承，开展国家中医药传承、跟师带徒、中医全科医师、医养融合等项目培训，全年共培养中医人才271名，其中跟师传承带徒80名、全科医师20名、中医药治未病63名、专科专病108名。实施“名医、名科、名院”战略。新增省中青年拔尖中医师2名、省优秀中医人才2名、国家中医优秀人才1名，新增省级以上重点中医专科2个。加强中医治未病服务能力建设。在市中西医结合医院和米易县中医医院分别建成四川治未病中心攀枝花分中心、四川省治未病中心米易分中心，县级中医医院设置中医药治未病科室。开展中医药文化宣传，实施中医药“三进（社区、乡镇、家庭）工程”，中医知识普及率达80%以上。

【卫生应急】 建立联动应急救护机制。修订卫生计生防汛预案及全市突发公共卫生事件应急预案。组织开展全市卫生应急演练，组建市、县应急救援小分队，建立应急救护微信群，构建市—县—机构联动的快速响应机制。建立重症胸痛患者急救“高速通道”。构建起集120院前急救、区域远程医疗和多科联合的急救服务体系，市中西医结合医院胸痛中心荣获“2017年中国胸痛中心年度质控金奖”。对市120急救指挥调度系统进行改造升级。增加急救成员单位，实现城区急救半径5公里，急救反应时间15分钟的目标。

【爱国卫生】 攀枝花市顺利通过第二轮国家卫生城市复审，米易县通过第一轮国家卫生县城复审；仁和区平地镇、米易县垭口镇和盐边县红格镇成功创建国家卫生乡镇，实现国家卫生乡镇零突破。新创四川省卫生乡镇5个、卫生村39个、卫生单位15个。开展第三次健康城市基线调查工作，完成《攀枝花市健康城市基线调查评估报告》《攀枝花市健康城市建设发展规划》。在44个乡镇开展健康巡讲活动，宣传新时期爱国卫生政策法规、健康知识66条。举办“历史与展望—为了人民健康的65年”纪念爱国卫生运动65周年成果展，开展第29个爱国卫生月“四个一”专项活动。3家单位、8名个人分别获四川省“爱国卫生先进集体”和“先进个人”称号。

【基层卫生】 全市人均基本公共卫生服务项目补助标准增加5元，达到50元，新增免费提供避孕药具、健康素养促进行动2个项目。制定下发《攀枝花市家庭医生签约服务的实施方案》，全面启动家庭医生签约服务，组建家庭医生团队320个，普通人群签约646348人，签约服务覆盖率52.44%，重点人群签约380559人，签约服务覆盖率82.14%。基层医疗卫生机构门急诊诊疗量同期增加5.66%，其中，乡镇卫生院住院人次同比增加23.58%。城乡居民健康档案电子建档率96.3%，高血压、糖尿病患者健康管理率分别为71.27%、60.71%。基层医疗机构规范化建设率81.25%。6个乡镇卫生院、1个社区卫生服务中心分别建成“群众满意的乡镇卫生院”和“优质服务示范社区卫生服务中心”。开展基层卫生岗位练兵、民族地区基层卫生岗位练兵及技能竞赛，在省级竞赛中获团体二等奖1个、个人单项一等奖2个、二等奖6个、三等奖4个。

【人才队伍建设与科技教育】 推动基层医疗卫生机构“四项基金计提”政策落实，提高奖励基金计提比例，将奖励基金最高限额由8000元提高到15000元。组织开展5批次国家、省、市各类别专家（包括首席专家）、领军人才、技能名师、学术技术带头人及其后备人选推荐工作，95名优秀人才推荐为候选人，229名卫生专业技术人才通过高级专业技术职务任职资格初评。开展外国智力引进项目4个，3名外国专家来攀开展学术讲座、手术示范和病例讨论。认真落实援外任务，选派3名卫技人员赴莫桑比克和安哥拉执行援外医疗任务。2017年，全市引进人才98名，新招录编外卫技人才101名，选派5名卫技人才赴国外进修；通过调任、考调、遴选等方式为机关补充8名干部，选派3名干部到省、市卫生计生委上挂锻炼，3名干部参加全市递进培养班学习。推进乡村卫生计生人员一体化改革，全市“村医乡聘”率达43%。

援助木里工作。成立卫生援藏领导小组，制定未来四年援助方案、县级医疗机构一对一帮扶5个子方案和2018年援助工作要点，签订未来四年援助协议；通过组团式、托管式帮扶，从科学管理、重点专科建设、人才培养、远程医疗、巡回医疗、设备捐赠等方面对木里县医疗卫生机构进行援助。

推进科技创新，市卫生计生系统获年度市科技进步二等奖7项、三等奖9项。完成规培招生143人，规培医师参加全省竞赛获单项特等奖、团体一等奖；举办医学教育学术活动、教育培训140余场，参训1.5万人次，继续教育覆盖率100%；组织全科医生转岗培训50人；培养在职临床医学专业硕士研究生106人。新建国家级住院医师规培基地1个、省级专科医师规培基地1个、省级护士规培基地1个、县级全科医生转岗培训基地3个。

计划生育

【概　况】　全面落实计划生育特殊家庭"一对一"扶助关怀工作，全年开展走访慰问2次，1300余人，发放慰问金28万余元。落实计划生育家庭奖励扶助"三项制度"，为12672名奖励扶助对象发放奖励扶助金2609.52万元。出台《关于进一步加强计划生育特殊家庭扶助关怀工作的通知》，重点解决建立完善医疗绿色通道、为特殊家庭成员死亡减免有关丧葬费用、给予特殊家庭公共交通补贴等三项问题。新增计划生育"三结合"帮扶户1436户，新建和继续建设基地45个。免费计划生育基本技术服务落实率100%，通过计划生育手术并发症鉴定20人。举办计划生育手术并发症鉴定管理培训班2期，培训92人。开展流动儿童和农村留守儿童健康关爱工作，建立5个关爱流动儿童和农村留守儿童健康示范学校。

加强流动人口信息互通，全年流动人口231351人，其中流入168746人，流出62605人。开展流动人口动态监测调查440户。东区成功创建全省首批流动人口基本公共卫生计生服务均等化示范区。

2017年，全市生育登记9184人，全市出生人口11721人，符合政策生育率达97.55%。死亡人口5910人，人口出生率10.71‰，人口死亡率5.40‰，人口自然增长率5.31‰，出生人口性别比107.41。

【信息化建设】　完成市级人口健康信息平台一期项目基础设施建设，全市县级以上医疗保健机构和64家基层医疗卫生机构全部接入市级平台，实现市、县、乡三级医疗机构互联互通。组织开展"医疗三监管"平台建设，全市县级以上医疗保健机构和使用"四川省基层医疗卫生机构管理信息系统"的基层医疗卫生机构全部接入平台。首批制发4079张居民健康卡，完成医疗保健机构用卡环境改造工作。新创三星数字化医院1家、二星数字化医院2家、二星数字化基层机构1家，全市二级以上数字化医院占比93.33%。完成基层医疗卫生机构管理信息系统升级改造，开展"村医通"试点，基层医疗机构公共卫生业务功能使用率100%，基本医疗业务功能使用率90%。组织开展全市卫生计生信息化和统计技能竞赛活动，在省级决赛中分别获信息化和统计组团体二等奖、三等奖。仁和区被评为2017年度全省医疗信息化运用示范县（区）。

【健康扶贫】　制定《攀枝花市健康扶贫专项2017年实施方案》，将新农合筹资标准由450元/年提高到600元/年。支持贫困村医疗卫生建设，完成35个贫困村卫生室达标建设，合格村医配备100%；50名贫困白内障患者实施了复明手术，建档立卡贫困人口免费开展健康体检30556人次，25118名建档立卡贫困户100%参加新农合，免费治疗艾滋病等重大传染病和麻风病等地方病病人1830人次；贫困人口家庭医生签约服务率达100%。建档立卡贫困户县域内定点医疗机构就医个人自付费用占比0.12%。设立卫生扶贫救助基金，筹资1500万元，救助1052人次，拨付救助基金114.55万元。

【卫生计生宣传教育】　制定《2017年卫生计生宣传工作意见》《攀枝花市卫生计生突发事件信息发布和舆论引导办法》。建立舆情应对处置机制，卫生计生舆情同比下降8.5%，全年无重大负面舆情发生。建立新闻发布制度，在市政府新闻办新闻发布平台举行新闻发布会1次，媒体发布信息74次。2017年，全市卫生计生系统在各类媒体上发稿1764条，在省级以上主要媒体刊发正面报道184篇，政务微信和政务微博开通率均为100%。结合"7·11"、精神卫生、无偿献血、防艾宣传、健康中国行等各类卫生计生纪念日宣传活动开展主题宣传。攀枝花市医养结合工作在《四川日报》的专版宣传。在全市原有宣传栏目基础上，新增加《攀枝花日报》媒体平台；开通"健康攀故花"广播栏目，邀请专家开展健康知识和卫生计生政策讲座。医改、健康城市建设、康养+医疗、家庭医生签约服务、改善医疗服务、健康扶贫等专题在国家、省、市媒体进行报道。

（田维新）

科学技术

科技和知识产权

【概 况】 2017年，全市科技和知识产权工作，大力实施创新驱动发展战略，坚持科技创新和体制机制创新双轮驱动，系统推进全面创新改革，健全创新体系、强化重大科技攻关和科技成果转化，提升创新能力，推动创新创业，为经济社会发展提供了有力支撑。攀枝花市科技进步综合水平指数为63.6，培育新增国家高新技术企业5家，全年实现高新技术产业产值500.9亿元；全年共申请专利2797件，其中发明专利1300件，万人有效发明专利拥有量达2797件。完成技术合同认定登记金额约2.95亿元。

2017年，全市安排市级科技计划项目97项。其中：重点科技项目（10万元以上）36项，经费731万元；一般科技项目61项，经费340万元，科技专项经费429万元。投入应用技术研究与开发经费1500万元。安排科研与技术开发项目1782项，投入资金17.42亿元，完成科技项目449项，新增经济效益26.23亿元。其中省属以上国有大中型企业安排科研与技术开发项目914项，投入资金14.36亿元，完成科技项目281项，新增经济效益12.62亿元。

2017年，全市有9所国有独立科研院所（其中市规划院多年无数据，市环科所因机构改革未填报数据，以下数据为其余7个单位的数据），共有职工825人，从事科研工作的科技人员有633人，占职工总数的76.72%；有专业技术职称的科技人员为494人，其中高级职称229人、中级职称242人、初级职称23人。攀枝花钢铁研究院从事科技工作的人员占70.93%，市属科研院所占29.07%。

【科技体制改革】 深化职务科技成果权属混合所有制和科研院所改革。指导攀枝花学院制定《攀枝花学院激励科技人员创新创业专项改革试点工作实施方案》强化政策引领激励，科技人员离岗离职转化科技成果、创办领办科技型企业或兼职从事创新活动，并被遴选为四川省职务科技成果权属混合所有制改革试点单位（全省十所高等学校之一）。市农林科学技术研究院推动新建了农业部芒果种质资源保护四川创新基地、全国灌溉试验重点站等一批创新创业基地。农业科技人员领办、联办科技型企业3家，推科技成果转化项目18个，研发节水产品5类18种。《攀枝花市国家创新型城市建设方案》通过省级相关部门组织的专家咨询评议，已报至国家相关部委。研究拟定《攀枝花市深化市级财政科技计划管理改革方案》《市级科技计划项目管理信用档案实施方案》构建规范高效的科技计划管理机制、推进科技信用体系建设。

【攀西试验区重大科技攻关】 紧抓攀西试验区重大科技攻关，钒钛产业技术创新取得新成效。高钛型高炉渣提钛生产氯化法钛白启动产业化，1.5万吨氯化钛白生产线建成投产，正在建设4万吨/年低温氯化四氯化钛产业化示范线。国内首次成功实现100毫米厚度钛及钛合金中厚板磁控窄间隙焊接，顺利开发出大规模耐蚀中厚钛板，为大规模海洋工程用钛产品开发奠定基础。天民钛业、恒晖等多家企业开发氢化钛粉、球形钛粉以及进净成形加工航空航天、民用钛产品，钛粉末冶金及3D打印产业初步成型，东方钛业开展绿色清洁钛白生产技术，逐步形成独具特色的“钛—硫—铁”硫酸法钛白循环产业链。钒钛产业进一步向产业链中高端延展。

【农业科技】 绿色种养及精深加工技术攻关成效显著，科技支撑农业供给侧结构性改革进一步增强。“金白花”芒果、攀杂苦瓜7号等果蔬品种分别获得农业部重点推介和省级品种审定。早春蔬菜标准化生产、冷却排酸牛肉加工技术、晚熟芒果产业关键技术等一批研究成果达到国内先进技术水平。研发出芒果干、芒果粉、芒果香肠、礼品盒装羊肉汤、牛肉品、攀西三宝、野拔子茶等新产品。建立芒果深加工生产线2条，冷却排酸牛肉加工生产线1条，特色水果、早春蔬菜、生态养殖等特色农业向着基地化、品牌化、精深化发展，科技支撑引领农业供给侧结构性改革的作用进一步增强。

【民生科技】 康养科技创新正式起步，全国阳光康养旅游目的地创建基础进一步夯实。开展环境综合治理、康养医疗、新能源、中药现代化、公共安全、节能减排、资源综合利用技术创新。大力推进生态文明、国家森林城市、国家园林城市的建设。“页岩气开采用超低密覆膜陶粒支撑剂量产关键技术研究”获省科技厅立项经费200万元支持。攀枝花市芒果主产区土壤重金属污染评价及其动态监测系统建立、攀枝花特色农产品防伪溯源体系建设示范加快推进全市食品安全科技进步。编制《攀枝花市中医药大健康产业发展规划（2016—2025）》，强化中医药产业发展顶层设计，支持攀枝花芒果养生产品研发中心、民族医药研究所组建及芒果养生文化打造，夯实了康养产业发展基础。

【创新平台建设】 “钒钛五个一工程”重大科技创新平台建设取得阶段性进展。出台《关于提升科技创新能力打造钒钛国家科研大平台的建设方案》；促成攀钢研究院与成都地矿所签订了战略合作协议，启动实质合作；督促指导攀枝花学院形成《四川省钒钛材料工程研究中心建设方案》，报省发改委；按照国家最新政策，提出“一室两中心”创建思路，草拟国家钒钛技术创新中心组建方案，已报省科技厅征求意见。构筑形成线上线下融合发展的“双创”支撑平台。“攀枝花市科技孵化中心”“四川钒钛产业技术交易平台（钒钛通）”“成都科创通平台攀枝花分平台”建设协同化推进，清华启迪之星孵化器入驻企业达13家，开展双创主题活动创业讲堂、沙龙、畅想会，创享会60余次。“木棉新空”和“攀枝花电子商务产业园”升级为省级众创空间。

【知识产权工作】 制定印发《攀枝花“十三五”知识产权发展规划》，对未来5年全市知识产权工作目标、重点任务、重大工程等进行安排部署。发布《2014—2016年攀枝花市知识产权保护状况》白皮书。组织4家企业申报十九届中国专利奖，组织仁和区申报了国家知识产权强县工程试点县，1家学校申报国家知识产权试点学校，5家学校申报四川省知识产权普及教育试点学校。获省知产局批复设立四川（攀枝花）知识产权举报投诉与维权援助中心。知识产权远程教育攀枝花分站被评为全国优秀分站。市科技和知识产权局被评为全省专利行政执法先进单位。出台《攀枝花市促进科技与金融结合特色试点城市工作实施方案（2017—2019）》，知识产权质押融资贷款1140万元。

【科技精准扶贫】 聚焦全市脱贫摘帽目标任务，为精准脱贫注入科技力量。培育特色产业17个，打造科技示范基地22个，培养乡土技能人才105人，搭建科技服务平台4个，培训农民5500余人次，接待咨询人数1200余人次，免费提供科技成果200余项，建立示范户200余户，发放各类技术资料2.1万余册，引进推广新品种30余个，示范推广实用新技术8套30余项，示范推广面积达53余平方米，为全市精准扶贫、精准脱贫工作提供有力的科技支撑，对口帮扶肖家坪村2017年完成脱贫摘帽任务。

【决策咨询】 优化结构，提升层次，以打造一流决策咨询智囊队伍的标准加强队伍建设，有意识地、有重点地物色、培养和选用钒钛产业、交通、康养、旅游、热带水果等专业领域的69名市内外专家组建成第二届决策咨询委员会专家团队。以开展重大决策咨询活动为载体，以重大课题研究为抓手，充分发挥委员的智囊、参谋作用，针对攀枝花市经济社会发展中的重大问题开展咨询论证，报送《攀西战略资源创新开发试验区建设对策再研究》《攀枝花绿色建筑发展研究报告》《攀枝花扶贫小额信贷助推精准脱贫的政策和模式研究》课题成果等10个课题研究成果。

（胡　荣）

防震减灾

【概　况】 2017年，市防震减灾局内设办公室、震害防御科（应急救援科）、科学技术科、监测预报科，下设攀枝花市地震监测中心、马兰山地震台、乌龟井地震台、地龙井地震台4个直属事业单位，在职职工31人。市防震减灾局将防震减灾作为事关人民生命财产安全、经济可持续发展和社会稳定的一项重要工作来抓。全年，获四川省地震局组织的2017年全省市（州）防震减灾工作年度考核优秀奖；获省地震局授予的抗震设防优秀奖、地震监测工作先进单位；地震监测台网运行全省第一名；地震编目全省第二名、公文质量评比三等奖；完成《2018 年度攀枝花市及邻区地震趋势研究报告》；各类监测手段均获全国全省评比优秀奖。

【地震监测预报】 2017 年，攀枝花市有地震监测预报人员 28 名，设有地龙井、马兰山、乌龟井、仁和大田、米易、盐边 6 个前兆观测台站以及 1 个地震监测中心，共计 10 套地震前兆监测仪器，24 个测项，15 个测震子台和 11 个骨干地震宏观观测点。定期召开震情会商会，按照周、月、季度对地震监测数据进行科学分析和研究，对异常情况展开跟踪分析，认真研判地震趋势，及时向市委、市政府和四川省地震局报送预测意见。完成《2017 年年中地震趋势研究报告》《2018 年年度地震趋势研究报告》并上报省地震局，全年形成《震情分析》12 期，填报《震情监视工作报告》65 期，对全市境内及周边邻区地震活动情况提出较为准确的分析研判意见。

【地震群测群防】 截至 2017 年年底，攀枝花市共有“三网一员”总人数 1249 人，所有乡镇和街道均设防震减灾助理员，并由干部专（兼）任，所有村（社区）设宏观观测员、灾情速报员、科普宣传员。发布群测群防工作制度和人员更新、备案制度，定期开展培训活动，更新人员通讯录，并及时将人员更新情况上报四川省地震局，形成覆盖全市的群测群防网络。

【创新震情会商机制】 建立多层次、多维度震情会商机制，明确地震会商的时间和具体要求。每月由市、县（区）防震减灾机构及攀枝花地震基准台相关人员，依据前兆资料，开展月度震情会商；每季度由攀枝花市、凉山州、攀枝花地震基准台和西昌地震中心站共享各级各类观测数据、异常情况，开展季度震情会商；每年由攀枝花市、凉山州、楚雄州、丽江市等川滇毗邻市州与攀枝花地震基准台、西昌地震中心站等专业台站共同分析震情发展形势，开展年度震情会商，提出攀枝花市及周边地区未来一段时间的地震趋势预测意见，为地方经济社会发展保驾护航。按照上级要求，及时上报每周、每月震情跟踪登记表以及每月震情跟踪台账。2017 年 5 月，及时处置仁和区棉沙湾蟾蜍聚集宏观异常现象，并在“gogo”攀枝花论坛上对该事件进行回应，同时将异常核实报告提交四川省地震局。

【地震活动】 2017 年 1 月—12 月 31 日攀枝花市境内共发生 1.0 级以上地震 31 次，其中 1.0～1.9 级地震 19 次，2.0～2.9 级地震 7 次，3.0 级以上地震 5 次，最大地震为 2017 年 7 月 10 日攀枝花与会理交界 3.5 级地震。

【农村民居地震安全工程】 按照《关于进一步加强农村民居地震安全工程的意见》，建立“统筹安排、部门联动、政策集成、资金整合、集中投入”的工作机制，聘请乡镇农房质量技术指导员，对农民自建房屋进行抗震设防指导。2017 年，攀枝花市完成农房改造 3701 户。其中仁和区 534 户、米易县 1467 户、盐边县 600 户、东区 667 户、西区 388 户、钒钛高新区 45 户。

【抗震设防监督管理】 严格执行《四川省防震减灾条例》和《四川省工程建设场地地震安全性评价管理规定》等法律法规，加强对建设工程抗震设防监督管理，做好工程建设项目抗震设防备案。将新建、扩建、改建建设工程抗震设防审查纳入施工图设计审查基本程序，所有新建、改建、扩建建设工程全部执行抗震设防标准，辖区内重大建设工程和可能发生严重次生灾害的建设工程，全部依法开展地震安全性评价，对不进行地震安全性评价和不按抗震设防要求进行抗震设防的，依法追究责任。

【创建防震减灾基础单元】 出台《攀枝花市地震安全示范社区管理暂行办法》，在应急物资、应急预案、应急人员、应急演练、宣传教育等方面提出具体要求。截至 2017 年，攀枝花市共建成国家级防震减灾科普教育基地、国家级地震安全示范社区各 1 个；建成省级防震减灾科普示范学校 7 所，省级地震安全示范社区 1 个。建成市级防震减灾示范社区 14 个，防震减灾示范学校 13 所。

【创建地震安全示范医院】 按照市防震减灾局、市卫生计生委联合制定的《攀枝花市地震安全示范医院创建办法（试行）》，采取“医院自行申报 + 专家组织验收评审”的方式，推进地震安全示范医院建设。2017 年，在全省率先建成地震安全示范医院两家：米易县公共卫生医疗服务中心和仁和区人民医院。

【防震减灾宣传】 利用“5·12”防灾减灾日、攀枝花“8·30”地震纪念日等时段，采取播放广播、展示展板、发放宣传手册、在《攀枝花日报》《攀钢日报》刊载，以专题、专栏等方式进行科普知识和法律法规宣传。2017 年，共开展大型宣传活动 5 次，发放各类宣传资料 16 万余份，受教育人数超过 100 万人次。

【完善地震应急预案】 建立各级政府、部门和大型企事业单位地震应急预案制定和更新制度。修订和完善市级部门和行业地震应急预案，各县（区）防震减灾局（办）指导完成乡镇、村社地震应急预案的编制、修订和完善。按照《攀枝花市地震应急预案》规定的内容，为每一位市级地震应急指挥人员印制明白卡，简化指挥步骤，更加具有操作性和针对性。

【落实应急指挥场址】 通过市防震减灾局、市政府应急办、市国土资源局等部门踏勘论证，选定攀枝花学院西苑运动场为破坏性地震应急指挥场址，督促电力、通讯等企业完成设施新建和改造，确保应急指挥场所通信安全。

【应急通讯普查】 为加强地震应急工作，建立健全地震应急指挥体系，全面提升防灾减灾救灾应急处置能力，对攀枝花市通信设备使用情况进行全面普查，截至2017年底，全市有通讯电台20台，卫星电话60台，静中通卫星通讯5台，动中通卫星通讯1台。

【地震应急救援演练】 2017年，攀枝花市开展各级各类地震演练300余次。其中，市级综合演练1次，县（区）级应急演练6次，学校、医院、社区、企业等人员密集场所应急演练300余次。6月1日，市地震灾害紧急救援队开展24小时地震拉动应急演练，完成快速集结、负重徒步、营地搭建、应急通讯、深井救援、坑道救援等项目，提高了全市应对突发破坏性地震事件的快速反应能力和紧急救援能力，保证震时地震应急工作高效有序进行。

【安装地震应急装备柜】 截至2017年，市防震减灾局投资30多万元，在部分学校、宾馆及医院等人员集聚场所安装60多套地震应急装备柜（应急器材包括：二氧化碳灭火器、手持扩音器、应急背心、应急通用工具、医用紧急救护器材等15种应急工具），为公众应急逃生提供支持。

（王　斌）

气　象

【概　况】 2017年，攀枝花市气象系统职工145人，其中在职职工80人、离（退）休职工65人。市气象局下辖盐边县、米易县和仁和区气象局，属国家一般气象站，设办公室（人事教育科）、业务科技科（法规科）和计划财务科（监察审计室）3个参照公务员法管理内设机构；设市气象台、市气象信息中心（四川省农村经济综合信息中心攀枝花分中心）、市气象探测中心、市公共气象服务中心和市气象局财务核算中心5个直属事业单位；其他独立设置的县级气象机构1个：攀枝花气象站；管理市人工影响天气办公室（市农业气象中心）、市防雷中心2个地方气象事业单位。

2017年5月12日，市委书记李建勤在市政府第七次常务会上要求："市气象局要加强对灾害性天气的预报预警；市委宣传部要协同气象、安监、国土、水务、环保、交通等部门做好天气预报、灾害预警等信息发布工作"。5月24日，李建勤再次主持召开灾害性天气应对暨防灾减灾工作专题会，进一步落实工作举措。12月9日，市长王波与前来出席第三届中国康养产业发展论坛的中国气象局副局长宇如聪、省气象局局长彭广共商攀枝花气象事业发展大计。10月26日，副市长李仁杰带队拜访省气象局，对接攀枝花气象事业发展重大项目。市政府7月15日和9月5日分别组织全市气象灾害应急联动演练和全市防汛救灾实战演习，市气象局参与演练方案编写和实战演习，气象部门应急组织管理能力显著提高。部门联动措施新。5月31日市委宣传部组织建立全市气象地质灾害信息发布平台，切实解决预警信息"最后一公里"问题。6月29日，市应急办印发《攀枝花市气象灾害联动应对机制》，部门主体责任进一步明确。

2017年，气象现代化建设扎实推进。加强区域站集约化调整和布局，升级改造7个骨干区域站，实现"测站—省级"数据直接传输和区域站5分钟加密观测；完成4个国家站DSG5型降水现象仪和综合集成硬件控制器安装与调试工作。购置WR－1D型火箭发射装置4套，进一步提升人工影响天气能力。完成市气象局监测预警业务用房建设等3个项目可研报告上报和入库工作。仁和国家气象观测站迁建工程完工；防雷体制改革进展顺利。市政府常务会议审议并印发攀枝花市优化建设工程防雷许可实施意见后，全市防雷安全工作纳入各级地方政府安全生产责任制考核体系；市、县两级防雷许可交接顺利，安全监管职责明晰。开展防雷装置设计评价项目13个，竣工检测项目48个，定期检测项目631个。气象行政审批制度改革进一步深化。深入推进"放管服"工作，及时更新办事指南并向社会公布。预报业务流程改革一步到位。从6月1日起将常规天气预报调整为短时临近预报和气象灾害监测预报预警服务，气象服务能力显著增强。机关公务用车制度改革全面完成。市、县（区）气象局机关公务用车制度改革实施方案经财政部专员办审核通过并实施；气象依法行政能力明显提升。将83项行政权责事项调整为45项，在行权平台和一体化政务平台上线公开运行并向社会公开。建立“双随机一公开”机制，围绕气象监管领域，确定5项随机抽查事项清单，切实加强事中事后监管。成立气象行政执法支队，有专职执法人员2名，在县级设有执法岗位2个。89家企业（单位）被纳入防雷安全监管库，9月12—20日，对10家企业进行了防雷安全执法和汛期安全生产检查，防雷社会管理职责进一步落实；科技创新和人才队伍建设继续加强。《攀枝花市气候灾害监测评估及变化研究》等课题顺利推进，科技创新能力明显增强。全市气象干部远程培训人均达90学时以上；注重年轻干部使用，调任和新提拔科级领导干部8人，选派1人上挂省局锻炼，新录用和招聘人员4人，9人申报中、高级职称。

2017年，市气象局荣获四川省第四届省级文明单位，荣获2017年度全省气象部门年度目标考评优秀单位，荣获2017年度重大气象服务先进集体。市人工影响天气办公室荣获2017年度人工影响天气工作目标任务先进单位一等奖。

【气象服务】 2017年，市气象局认真落实《防汛调度日报》和《气象分析周报》，准确预报5次区域性暴雨天气过程，印发《重要天气警报》等决策气象服务材料172期，发布《气象灾害预警信号》86期，气象风险预警和决策气象服务短信接收人员达5288人，6次全网发布暴雨重大灾害性天气预警信息共计300余万人次，特别是“6·29”暴雨天气过程，市委书记李建勤凌晨2:30组织召开防汛救灾紧急会议时肯定气象部门：“预报预警发布及时，成效明显。后期要加强预报预警，做好部门联动配合。”全力以赴，整个汛期全市气象系统实现无责任事故和人员伤亡。制定2017年农业气象服务周年方案，重点开展“点对点、直通式”专题气象服务，发布《农用天气预报》等22期，开展人工防雹作业1140次，用弹8848发，为全市烟农、烟技员发送气象服务短信260余万条，雨情信息29次，及时发布小春粮食气象产量趋势和定量预报，盐边县“三农”气象服务专项工作取得实效。积极落实环境污染防治“三大战役”（大气、水、土壤污染防治）工作方案，服务生态文明建设。加强攀枝花市“康养+旅游”气候优势分析，与省气候中心合作，共同完成保安营机场扩能改造气候论证，与西南空管局对接，新建6要素自动气象站，为新机场建设选址提供气象可行性论证，助力地方经济社会发展。充分利用新媒介发布气象信息，微博关注人数由31000人增加到49000人，气象信息覆盖面进一步扩大，公众气象服务满意度持续提升。节假日、“两会”、中高考和第三届中国康养产业发展论坛等气象保障服务受好评。

【气候综述】 2017年，攀枝花市年平均气温正常略偏高，降水量正常略偏多，日照时数大部分地区偏少，相对湿度大部分地区正常。雨季开始期偏晚，米易县开始于6月16日，盐边县开始于6月25日，炳草岗、仁和区开始于6月29日；雨季结束期仁和区偏早，结束于9月22日；炳草岗正常，结束于10月12日；米易县、盐边县偏晚，结束于10月22日。

年内干雨季分明。1—2月，降水极少，有一般性冬干发生。3—4月气温回升，降水增多。5月降水偏少，5月16—6月9日出现夏旱。6月中旬雨季逐步开始，降水增多，日照变少。5—10月降雨量占全年87%以上，出现了9次暴雨过程，其中有6次区域性暴雨，部分地区出现大风、冰雹、暴雨、洪涝等灾害，其中9月19日的暴雨过程造成全市大范围洪涝灾害，给农业、交通等多方面都造成严重损失。年内无秋旱发生。11月、12月气温偏高，降水偏少，11月下旬发生了一般性冬干，持续至次年1月初。

全年攀枝花市光温条件较好，降水正常偏多。年初冬干，雨季前的夏旱仍有发生，暴雨、洪涝、大风、冰雹灾害一般。综合分析，本年农业气象条件属于一般年景。

【气　温】 2017年，攀枝花市平均气温20.0℃～21.4℃，较常年仁和区偏高0.9℃，米易县偏高0.8℃，炳草岗和盐边县正常；年极端最高气温40.2℃（仁和区6月9日），年极端最低气温2.2℃（米易县12月22日）。

月平均气温分布为：3月开始迅速回升，6月气温最高，后又逐渐下降，1月、6月、8月、9月、10月、12月气温偏高，其中1月、9月、12月显著偏高，4月显著偏低，其他月基本正常；月平均气温最高出现在6月（25.5℃～28.2℃），最低在12月（12.4℃～13.5℃）；年内旬平均气温变化幅度大，其中：1月全月、6月上旬、8月下旬、9月全月、10月上旬、12月中旬显著偏高，3月下旬、4月下旬、5月中旬显著偏低，其余时间基本正常。

气温空间分布：南部高于北部（如：仁和区高于米易县），年平均气温仁和区最高（21.4℃），米易县最低（20.0℃）。

【降　水】 2017年，攀枝花市总降水量为787.1～1239.0毫米，较常年盐边县偏多215.4毫米，偏多幅度23%，其余地区正常。

年内各月降水分布不均，3月、4月显著偏多，11月偏少，其他月份正常，绝大部分降水集中在3—10月，2月、11月有少量降水，1月、12月仅有微量降水；年内干雨季分明，3—10月总降水786.0～1232.9毫米，占全年降水量的90%～96%，炳草岗、米易县的6月，盐边县、仁和区的7月为一年降水最多月；总降雨量呈现出由西北向东南逐渐减少的趋势。

【日照时数】 2017 年，攀枝花市日照时数为 2108.3～2711.0 小时，较常年炳草岗正常，仁和区偏少 445.1 小时，盐边县偏少 295.9 小时，米易县偏少 181.4 小时。

年内分布 1 月偏多，其余时间正常略偏少，其中 4 月显著偏少。日照时间分布为：雨季少，干季多；月日照时数仁和区 3 月最多，其余地区均为 1 月最多，达 239.5～274.0 小时，平均每天有 7.5～8.8 小时；7 月最少，平均每天 3.8～5.7 小时，空间分布上南部地区多于北部。

【相对湿度】 2017 年，攀枝花市平均相对湿度 57%～65%，较多年平均炳草岗、米易县正常，仁和区偏小 5%，盐边县偏大 3%；年内分布为 4 月显著偏大，其余时间均为正常略偏小，8 月为最大月，相对湿度 70%～79%；3 月为最小月，相对湿度仅 37%～45%。

【气象灾害】 2017 年，攀枝花市气象灾害发生情况较常年一般，大风、冰雹、暴雨、洪涝都有发生。其中暴雨和冰雹带来的损失较大，其他灾害一般发生。主要的气象灾害如下：

大风冰雹 3 月 27 日凌晨，盐边县出现一次冰雹及大风天气过程，截至 4 月 1 日，渔门镇、惠民乡、红果乡 3 个乡（镇），8 个村 22 个组，1042 户 4301 人受灾。大风冰雹导致青花椒、核桃、芒果、玉米、蔬菜等农作物受灾，3 个乡（镇）农作物受灾面积共计 187.33 万平方米，均为成灾。灾害造成直接经济损失 167.90 万元，其中农业损失 167.90 万元。

暴雨洪涝 6 月 28 日晚至 7 月 1 日晨，攀枝花市出现强降雨天气过程，致全市多个县（区）出现山体滑坡、塌方、山洪等自然灾害，出现道路阻断、民房损毁、车辆掩埋、电力通讯中断等情况。

截至 7 月 1 日 18 时，全市共计转移安置 2227 人，其中，分散安置 1941 人，集中安置 286 人；农作物受灾 834.2 万平方米，成灾 404.94 万平方米，绝收 131.297 万平方米，毁坏耕地 9.73 万平方米；倒塌房屋 3 户 9 间，严重损坏房屋 3 户 13 间，一般损坏房屋 94 户 199 间；因灾死亡羊 9 只；医院、道路、桥梁、沟渠、供电线路、饮水管道等基础设施不同程度受损。预计直接经济损失 6998.85 万元，其中农业经济损失 1172.67 万元，基础设施损失 2201.83 万元，居民家庭财产损失 1844.55 万元。9 月 10 日，市米易县遭受了一次强降雨天气过程，暴雨造成得石镇、丙谷镇、撒莲镇、普威镇 4 个乡（镇）13 个村 52 个组 330 户 1209 人受灾，紧急转移 190 人，分散安置 133 人；集中安置 57 人。房屋严重损坏 4 户 8 间，一般损坏 16 户 61 间。灾害导致农作物（芒果、甘蔗、豇豆、茄子等）受灾 57 万平方米，成灾 28.867 万平方米，农作物绝收 21.2 万平方米。得石镇冲走 140 只鸡、31 只羊、13 头猪。灾害还导致部分村社道路垮塌断道，饮水管损毁。灾害共计造成直接经济损失 1975.41 万元，其中农业经济损失 326.85 万元，家庭财产损失 64.5 万，基础设施损失 1584.06 万。

（李一波　张椿林）

农林科研

【概　况】 2017 年，市农林科学院有蔬菜研究所、果树研究所、林业科学研究所、畜牧兽医研究所、作物烟草研究所、水利与农机研究所、农业信息与经济研究所、生物技术研究所、成果转化示范中心和办公室（离退休人员管理科）、党委办公室（监察科）、财务科、科技管理科 13 个内设机构，有职工 205 人，其中离退休职工 93 人、在职职工 112 人。在职职工中有专业技术人员 74 人，其中高级职称 34 人（正高级 11 人、副高级 23 人）、中级职称 33 人。有享受国务院特殊津贴专家 1 人、市级有突出贡献专家 5 人、市学术技术带头人 7 人、市学术技术带头人后备人选 19 人。2017 年，市农林科学院按照全市“三农”发展需求，结合农业供给侧结构性改革和全市“康养 + 农业”发展要求开展科研工作。全年开展科研项目 95 项，其中 2017 年新上项目 16 项。获科技创新与成果转化示范推广等集体荣誉 27 项、市社科奖三等奖 2 项、市金桥工程奖 2 项。取得实用新型专利 2 项，国家、省、市各种媒体报道全院科技信息 160 余次，科技人员下乡累计 2675 人次，举办适用技术培训班 235 期，培训农业从业人员 8870 人次。印发科普资料 11 万余册。

【蔬菜研究】 2017 年，市农林科学院蔬菜研究所开展蔬菜科技示范园品种引育和栽培模式的技术研究，总结出一套成熟技术。探索蔬菜科技示范园市场化运作模式，向耕华锦农业有限公司供应盆栽蔬菜 500 盆，蔬菜科技展示园接待学生 2000 余人，接待游客 2 万余人。

新品种引育。引进新品种 150 个，选育苦瓜、丝瓜材料75个，强雌系3个，组合比较19个，筛选优良组合6个。在盐边县格萨拉乡大湾村开展新品种播期试验和14个新品种筛选试验。筛选适宜品种5个。在米易县攀莲镇南厂村1社开展12个新品种筛选试验，筛选适宜品种4个。

栽培技术研究。进行绿色生态栽培关键技术研究，开展6项早春蔬菜栽培技术研究，分别是大棚番茄不同开厢方式与密度试验研究、生物有机肥在番茄栽培中的应用效果研究、不同土壤消毒剂对大棚番茄青枯病的防效研究、番茄、辣椒、茄子秸秆处理技术研究、蔬菜秸秆、钛矿渣复合基质对番茄育苗的效果研究、不同生物杀菌剂对番茄晚疫病的防治效果研究。总结叶菜水培、番茄、辣椒、黄瓜、西瓜基质栽培技术。

【果树研究】 2017年，市农林科学院果树研究所开展芒果为主的热带亚热带特色水果的新品种引育、标准化栽培关键技术攻关及温带水果品种筛选和关键栽培技术研究。

芒果研究。优选出“攀育2号”等新品种进行品种区域比较试验，对外开展种质资源和新品种共享利用。开展芒果畸形病综合防治、鉴定出芒果畸形病病原菌，建立病害预测预报系统。开展芒果现代科技种植示范园建设，建立芒果百果园，面积1.6万平方米，共保存芒果种质资源172份，按每品种3株种植，行、株距为4×3米。本着四季有果，重点突出冬季有果观赏的原则，芒果品种园共展示37个组合，其中早熟品种5个，中熟品种27个，晚熟品种5个。进行标准化种植技术示范，示范自动化节水灌溉技术和水肥一体化技术。展示建园技术、整形修剪技术和果园生物覆盖抗旱技术（牧草、自然生草、地布）。开展现代化果园管理技术应用示范，利用果园监控系统、自动温湿测定仪、田间持水量速测仪等现代化手段进行果园田间管理。开展现代农机、农具装备设备示范，示范小型旋耕机、小型割草机、轻简化喷药设备等。“凯特”芒果品种通过全国热带作物品种审定委会审定。“攀枝花市晚熟芒果控时成熟技术”项目获攀枝花市科学技术进步奖一等奖。

石榴研究。选育的紫美石榴荣获第二届中国石榴博览会石榴产品评奖活动金奖。

其他水果研究。建立仁和区大龙潭乡干坝子村建立温带水果品种引种园，引进无花果、柿子、樱桃、桃、枇杷、杏、李、梨、苹果、枣、石榴、树莓等共16个树种、80个品种。

【烟草作物研究】 2017年，市农林科学院作物烟草所开展烟草肥料营养、微生物菌剂改良保育土壤技术研究。研究出攀枝花烟区优质烤烟品种的合理栽培密度、不同生长时期肥料均衡配施和水肥调控技术。形成符合攀枝花生态环境的独特的抗旱栽培技术模式。研制出以水为介质的太阳能供热及辅助加热烤房技术。开展马铃薯种植技术研究，筛选出马铃薯新品种S04—921、云薯304最适合的播种期和播种密度。初步构建仁和区大龙潭乡干坝子烤烟科研基地的市场化管理运行机制。编制的《攀枝花市中棵烤烟栽培技术图册》由科学出版社正式出版。

【畜牧研究】 2017年，市农林科学院畜牧兽医研究所为全市提供肉羊良种347只，引进筛选巨菌草、杂交象草、苞谷草、野生苡芒4个优质牧草。在米易县麻陇乡红岩村、庄房村，盐边县建新喜洋洋种养殖专业合作社、攀枝花春秋农牧科技开发有限公司建立种草养畜示范点4个。研发4个山羊专用预混料配方和2个山羊专用浓缩料配方，供给养殖户山羊专用饲料浓缩料6吨。在平台建设上改造羊圈0.03万平方米，种植饲料玉米0.67万平方米，建机耕道1.5千米。5月，加入四川省牧草品种审定及区域试验网。

【林业研究】 2017年，市农林科学院林科所在研项目20项，开展核桃全产业链关键技术、林下中药材种植技术、干热河谷生态植被恢复技术、园林花卉品种引育及栽培技术研究。

核桃研究。“攀枝花市核桃产业发展关键技术研究”项目筛选出不同海拔区段的适生核桃品种，总结出能促进核桃新枝萌发和生长的技术。核桃展示园有来自云南省、重庆市等核桃优良品种21个，云南省引进的品种生长情况最优，其他品种的生长情况均属正常。完成核桃良种采穗圃1.67万平方米，丰产栽培示范基地6.67万平方米。

中药材研究。重楼项目界定出攀枝花地区重楼栽培的适生区域和最适宜荫蔽度，选定华重楼为当地重楼主栽品种，筛选出重楼育苗的最佳条件，种子的发芽率66%，较对照提高34%，子叶出土时间由2年缩短到9个月，根状茎切块繁殖试验使顶芽段2年萌芽率达100%，总结出适合当地种植重楼的最佳施肥配方和方法，单位面积产量提高2倍，重楼用根状茎体积估算根状茎重量，可靠程度达95%，属国内首创。

乡土树种研究。建立青花椒栽培技术示范园2个。完成滇榄仁、青花椒、香椿3种树种育苗基质的配制及筛选。编制技术手册一套，形成一套原始档案资料。开展番石榴10个样地、10株优良单株的基本情况调查工作。总结出毛红椿种子育苗技术、毛红椿行道树苗木定向培育技术，编写毛红椿行道树苗木定向培育技术规程。培育毛红椿小苗2000余株、出圃大苗100株。

园林绿化研究。2017年，市农林科学院融入全市创建国家森林城市、国家园林城市和全市绿化美化工作当中，植物标本采集工作收集枫杨、凤凰木、黄槐、木蝴蝶、云南黄杞、清香木等种子资源275份，拍摄影像资料1700余份，向国家平台信息系统提交乔灌木种质资源150个。研究出金丝梅分株繁殖在6—8月成活率最高。

【生物技术研究】 11月11日，市农林科学院在盐边县新九乡人工种植块菌试验基地首次采集到9个块菌，块菌人工种植取得突破。新建块菌栽培示范林0.2万平方米，筛选出适合攀枝花栽培的3个羊肚菌菌种，在盐边县格萨拉上村、大湾村示范种植，带动14户贫困户种植羊肚菌，亩产100千克，产值1.2万元。启动金沙江南亚热带植物园专类园—食用菌智能温室大棚建设，建成食用菌菌种场、菌根苗培育大棚、食用菌基地管护房。

【节水研究】 2017年，市农林科学院水利与农机研究所开展适宜山地条件的低成本灌溉管材、灌水器、滴灌带研发与推广，引进全产业链小、微机械在中高山示范推广。完善节水科研平台建设，研发的5类18种规格型号的节水产品推向市场。启动建设废旧滴灌带、管材回收循环利用平台。“攀西干热河谷早春主要蔬菜膜下滴灌技术集成研究与推广”项目获市科技进步二等奖。

【农业信息与经济研究】 2017年，市农林科学院农业信息与经济研究所开展芒果、蔬菜种植物联网建设，参与芒果大数据中心建设调研工作，编制《攀枝花市农民专业合作社标准化示范工程“四种能力”提升规划方案》《仁和区大宝鼎烂泥箐30MWP光伏项目A区农业开发利用设计》。开展攀枝花市废弃矿山复垦的前期调查和土样的采集，调查废弃矿山地块100余处，采集65个土样及13个水样。

【成果转化与示范】 2017年，市农林科学院开展科技成果转化和科技服务工作，科技成果累计推广26000万平方米，创社会经济效益2.28亿元。“福田模式”入选四川省干部培训教材《“绣花”功夫四川脱贫攻坚案例选》，推广“福田模式”，复制18个基地。建立芒果、核桃专家示范基地6个，承担成果转化项目18个，项目资金100万余元，创办科技型经济实体1个，合作共建成果转化平台2个。

【交流与合作】 3月10日，攀枝花市妇联主席刘道卢率市妇联全体成员到四川省科普基地暨攀枝花市青少年科普教育基地—市农林科学院蔬菜科技展示园，参观指导园区蔬菜科技创新创业工作。3月10日，市农林科学院院长张洪祥、副院长罗照西到西区格里坪镇调研葡萄农庄、格里坪村、金家村、苦荞村、庄上村的土壤、气候、水资源等情况，听取西区人民政府副区长张林关于农业产业发展情况报告。3月21日，市农林科学院、市民族宗教委一行8人到四川省雅安市雨城区“福祥香猪”养殖场考察。3月23日，市扶贫移民局党组书记吕小平、市农林科学院副院长唐平一行9人到盐边县红果乡白沙沟村进行核桃、花椒、魔芋、中药材、林下种牧草和养羊、养牛等种植业和畜牧业方面的情况进行调研。4月20日，市林业局副局长孙彦彬带领局科技科、西区农林畜牧局负责人到市农林科学院就林业产业发展、干热河谷植被恢复研究、科技创新等工作进行座谈。4月20—26日，市农林科学院林业科学研究所兰海、吴名付到驻马店市遂平县参加“国家林木种质资源共享服务平台2017年度工作会议暨第四届全国林木种质资源与生态环境建设高端论坛”。4月26—28日，市农林科学院滕志到贵州省兴义市参加“中国热带作物学会2017年科普工作年会”。5月9—18日，市农林科学院邀请以色列芒果与节水专家Avihai Tlan博士到攀枝花市开展节水灌溉和芒果种植技术讲座与学术交流。5月11日，市农林科学院副院长韦雷飞率科计人员李华李桂珍与常青集团负责人一行8人到云南省富民县考察休闲观光农业。6月9—10日，市农林科学院院长张洪祥、副院长韦雷飞一行7人到广东省湛江市参加“2017东盟农产品交易博览会暨热带水果产业高峰论坛”。8月24—25日，市农林科学院朱军保到北京参加国家农业环境数据监测方法与规范的培训学习。8月24—27日，市农林科学院李恒、顾国栋到黑龙江省哈尔滨市东北林业大学参加全国经济林年会。9月17—21日，市农林科学院副院长韦雷飞、芒果专家杜邦到河南省海口市参加“热作物种质资源保存和共享利用学术研讨会”。10月11—14日，市农林科学院副院长唐平到云南省楚雄州参加“2017年川滇两省六地州（市）林业学术交流会”。11月3日，四川农业大学新农村发展研究院副院长罗正华、枇杷专家邓群仙、芒果专家马均川、芒果专家莱仕珍到攀枝花市调研枇杷、芒果、枣等果树栽培技术和病虫害防控模式，市农林科学院领导陪同调研。12月8—9日，市农林科学院副院长韦雷飞与畜牧专家杨鹰、杨应东到四川省绵阳市梓潼县参加“四川省畜牧兽医学会第十次会员代表大会暨2017年学术年会”。

【技术培训】 2017年，市农林科学院实施“科技特派员”行动，开展贫困村产业发展科技培训、科技咨询和科技服务工作，1月20日，市农林科学院潘宏兵驻帮扶村米易县攀莲镇南厂村为农民夜校开班，举办芒果种植技术培训。2月7日，果树专家尧美英到米易县白马镇棕树湾彝族村和黄草村指导新品种樱桃的栽培技术。2月15日，科技特派员和献锋、彭建勇到盐边县温泉乡肖家坪村开展花椒栽培技术培训。3月7日，芒果专家李贵利、刘斌到米易县丙谷镇护林村、新安村开展芒果技术现场培训。3月10日，畜牧专家王荣蛟、黄秀君到仁和区啊喇乡啊喇村开展山羊寄生虫调查与养殖技术现场指导。3月22—23日，畜牧专家杨鹰、芒果专家李贵利、蔬菜专家胡湘军到米易县攀莲镇镇南厂村开展科技扶贫培训。3月31日，科技特派员黄云到仁和区务本乡大火山彝族村，开展芒果花期管理技术、芒果花期肥水管理技术、芒果白粉病、芒果炭疽病等技术培训。5月19日，烟草所李再胜、孙强到米易县攀莲镇南厂村为扶贫困户开展新品种马铃薯栽培技术培训。6月15日，科技特派员潘宏兵到仁和区中坝乡大纸房村开展芒果种植技术培训。7月6日，科技特派员李恒到米易县得石镇草坝村开展核桃技术培训。7月18日，副院长唐平、纪委书记王广林、副院长韦雷飞等一行7人到米易县攀莲镇南厂村开展山羊养殖技术现场培训。7月24—26日，科技特派员李恒、张春花、孙强、李所清与盐边县农牧局驻村农技员张兵、胡忠诚等一行7人到盐边县红宝乡中槽、蚂蟥箐、长草坪村，开展核桃、青花椒种植管理技术培训。7月26—28日，科技特派员彭建勇、顾国栋到米易县麻陇乡红岩村、中心村、马井村和盐边县温泉乡肖家坪村开展核桃夏季肥水管理、病虫害防治、青花椒采前管理、采摘技术等技术培训。9月26日，畜牧所专家文建国、宋定州等到米易县麻陇乡红岩村和庄房村开展山羊药浴、牧草种植及青贮饲料的技术培训。9月27日，林业专家和献锋、顾国栋到盐边县温泉乡四呷左村，开展农业产业生产实用技术培训。9月28日，经济林、畜牧、作物和中药材等专家和献锋、陈昌国、补雪梅、顾国栋到盐边县红宝乡，开展农业产业发展技术培训。10月11日，科技特派员尧美英、曾金华、王成、刘斌到仁和区平地镇辣子哨村开展技术培训。10月19日，科技特派员朱俐遐、彭善新、李贵利到米易县丙谷镇护林村开展技术培训。11月1日，专家杨鹰、黄云、尧美英、王成、刘斌，到仁和区同德镇双河村开展芒果、果桑栽培技术和山羊饲养技术培训。11月9日，科技特派员补雪梅、蒋祺到盐边县红果乡白沙沟村，对红薯、豌豆生长情况进行田间关键技术指导。11月17日，科技特派员李恒、黄秀君到米易县麻陇乡马井村开展核桃栽培技术和山羊病虫防治技术培训。11月22日，科技特派员童俊青到米易县白马镇棕树湾社区农民夜校开展林下鸡养殖技术培训。

【科技扶贫】 2017年，市农林科学院选派61名科技人员到全市70个贫困村开展科技培训、科技咨询和科技服务工作。派出科技特派员900余人次，免费提供科技成果200项，建立示范户200余户，发放技术资料2.1万余册，编制农业产业帮扶规划100余个，发放价值110万余元的农资、农用设施设备，实施核桃产业科技扶贫示范基地建设等13个扶贫项目，引进、推广山羊、玉米、核桃、花椒、樱桃等新品种30余个，推广农业实用技术8套。开展米易县攀莲镇南厂村对口帮扶工作，做好，蔬菜、核桃、畜牧等产业发展种植示范户建设。开展中高山地区农业全产业链共性技术和关键技术的科技攻关。争取科技扶贫项目8个。2月10日，作物烟草研究科研人员到米易县攀莲镇南厂村6社贫困户李万贵家对试点种植的“商薯19”进行回购，“商薯19”亩产2627千克，回购价1.3元/千克，亩产值3415元。2月15日，市科知局副局长张存岭、市农林科学院副院长韦雷飞到盐边县温泉乡肖家坪村对2户示范户和4户带动户发放种羊。对山羊养殖户开展山羊饲养管理，疫病和疫情的防治、牧草种植等技术培训，使该村的山羊养殖示范户会养羊，养好羊。2月21日，科技特派员韦雷飞、王荣蛟、孙强等到米易县麻陇乡马井村开展山羊养殖技术和马铃薯栽培技术指导。2月22日，科技特派员到米易县攀莲镇南厂村为4户贫困户开展山羊圈舍修建技术、山羊养殖技术指导，了解结对帮扶户张顺禄家在建羊舍的进展情况，讲解标准化羊舍修建的具体要求，对羊舍建设中未按标准建设的部分提出整改意见，并赠送3500元羊舍修建扶助款。随后到其他3户贫困户家中查看羊舍修建情况，进行圈舍修建、山羊饲养管理、山羊疾病诊治等技术指导。2月28日，科技特派员韦雷飞、杨鹰等到米易县麻陇乡马井村开展山羊养殖技术培训。3月22日，科技特派员韦雷飞、杨鹰到米易县攀莲镇南厂村开展山羊养殖技术培训，现场开展羊圈修建指导工作。3月30日，科技特派员韦雷飞、宋定州到米易县攀莲镇南厂村指导羊舍修建，赠送3000元羊舍修建补助款。5月10日，市农林科学院组织市邮政总公司、米易县政协到米易县攀莲镇南厂村召开脱贫攻坚工作联席暨推进会，攀莲镇书记江波作脱贫规划、住房安居改建、扶贫政策落实、产业发展扶持、基层设施建设、集体经济培育等情况汇报。市农林科学院院长张洪祥对南厂村精准扶贫工作提出具体要求。5月11日，市农林科学院副院长罗照西一行8人到米易县得石镇黑谷田村、草坝村开展“专家下基层行动”，为农户讲解“芒果栽培技术”“芒果高效节水灌溉技术”“山羊养殖技术”，现场进行操作示范、免费发放《芒果病虫害识别与防控原色图谱》100册和技术培训资料100份。5月12日，市农林科学院召开攀枝花市“2017年科技特派员产业扶贫行动推进会”，市人才办、市民族宗教委、市财政局、市人力资源社会保障局、市农牧局、市林业局、市扶贫移民局分管领导、市农林科学院、县（区）科技和知识产权局负责人、科技特派员共计100余人出席会议。会议要求增强科技特派员产业扶贫工作的责任感和紧迫感，把产业扶贫行动工作落到实处。强化考核，注重宣传。遵守纪律，廉洁扶贫。5月16日，科技特派员杜邦、刘斌到盐边县鳡渔彝族乡小石洼村开展精准扶贫工作，应贫困户杨兵对冬桃品种接穗的需求，为他推荐雪桃品种，并赠送雪桃接穗。冒雨到小石洼村芒果种植区，在李发军的芒果园对栽培管理、病虫害防控技术方面知识进行解答，筛选出3户示范户作为技术帮扶对象。5月17—18日，科技特派员彭建勇、市农工党驻村工作组成员王沛然、盐边县林业局驻村农技员熊洁到盐边县红宝乡干坪子村到贫困户家调查生产、生活情况，宣传党和政府的扶贫政策、产业发展情况。发放核桃、青花椒栽培技术资料，到田间地头指导核桃、青花椒、冬桃等管理技术。5月18—19日，科技特派员滕志、补雪梅等蚕桑、林业、畜牧、作物专家到盐边县箐河乡贫困村石龙村，开展复制“福田模式”科技精准扶贫活动，即“科研团队+示范户+对子户+一般农户”的科技扶贫成果转化新模式，开展病虫害防治、优化群体、品种改良、规范管理技术指导。6月16日，科技特派员罗桂仙等一行9人，到米易县普威镇板棚村开展烟草、核桃、花椒产业扶贫科技培训，讲解“中棵烟栽培的关键技术”“烤烟工业对烤烟烟叶质量的要求”“烤烟上部烟叶一次性采收技术”“攀枝花核桃种植的关键技术”“青花椒栽培技术”和“核桃、青花椒主要病虫害防治技术”，强调过早采摘核桃带来的严重后果，到核桃园培训果农56人，发放技术资料80册。6月20—22日，科技特派员杨应东到盐边县格萨拉乡上村、毛坪子村、红宝乡谜塘村，欣林盛种养殖合作社、渔门镇安曼养殖合作社，针对畜牧养殖工作中出现的牛羊饲养管理差、营养不均衡等情况进行技术指导，纠正民区群众普遍认为这个季节雨水好，草长势好，牛羊不缺营养的错误观念、推广优质牧草种植，开展重大疫病防控、羊舍修建、牧草粉碎调制、巨菌草定植等技术现场指导。免费发放巨菌草种10800株。7月6日，科技特派员李贵利等一行8人到仁和区平地镇波西村考察，为该村脱贫后的产业升级作规划，针对如何利用现有资源提高土地利用率及可持续性生产，如何进行产业结构优化及调整，提高农产品的质量和安全，如何打造旅游新村等提出建设性意见。7月18日，市农林科学院副院长唐平、副院长韦雷飞、王广林到米易县攀莲镇南厂村给贫困户送去种羊30余只，开展养殖技术培训并与村干部进行帮扶工作对接。7月28日，科技特派员张春花到盐边县红果彝族乡松坪子村，对30位贫困户开展核桃、青花椒生产管理技术培训，讲解夏季施肥的方法、种类、病虫害防治措施，解答生产中遇到的技术问题，到田间纠正农户的栽植密度过密、品种选择错误等问题。发放核桃、青花椒种植技术资料各70份、物资68袋。8月18日，畜牧兽医专家杨鹰到米易县攀莲镇南厂村讲解山羊常见病的防治技术、山羊寄生虫防治及治疗技术，对患有口疮的山羊进行现场治疗，教会贫困户治疗方法。对帮扶的对子户李文现家里唯一的种公羊进行术后治疗，公羊羊角向后反曲生长，经过市农林科学院畜牧专家杨应东、文建国施行专业的去角手术，术后由于养殖户护理不当，导致种公羊伤口长期不能愈合，并化脓，此行杨鹰手把手教会养殖户术后护理技术。8月30日，科技特派员韦雷飞、杨鹰到米易县麻陇乡马井村开展养殖技术培训，并送给贫困户牧草新品种巨首草。8月30日，科技特派员蒋祺等到米易县麻陇乡红岩村，对圈养山羊养殖技术、半夏种植技术开展夜校培训。9月7日，市农林科学院长张洪祥、副院长唐平到米易县攀莲镇领南厂村，召开南厂村脱贫攻坚推进会，攀莲镇副镇长向海鑫介绍脱贫攻坚工作及存在问题。张洪祥对脱贫攻坚工作给予肯定，强调重点工作是要确保贫困村摘帽、贫困户脱贫，针对南厂村核桃栽培密度普遍偏大，易发生病虫害，造成核桃减产的情况，市农林科学院决定在南厂选定核桃示范户，以科学栽培的示范效果，引领南厂村核桃产业科学发展。会后张洪祥等走访联系贫困户，查看贫困户标准化山羊示范养殖地，对贫困户山羊出现的病症进行现场诊治，并赠送相关药品。9月27日，科技特派员和献锋、顾国栋、李恒到盐边县温泉乡肖家坪村，查看建立的4.26万平方米核桃产业扶贫基地和3.33万平方米青花椒产业扶贫基地内病虫害防治情况和苗木的长势情况，对冬季管理技术开展专题培训。11月7日，科技特派员韦雷飞、王广林、杨应东到米易县攀莲镇南厂村开展养殖技术指导。

（刘家伶）

社会管理

民政事业

【概　况】　市民政局内设办公室、社会组织管理科（社会工作科、行政审批科、中共攀枝花市社会组织第二综合委员会办公室）、优抚安置科、救灾科、社会救助科、基层政权和社区建设科、区划地名科（攀枝花市地名领导小组办公室）、社会福利和慈善事业促进科（攀枝花市救灾捐赠接收办公室）、社会事务科、法规财务科、人事科共11个职能处室。攀枝花市拥军优属拥政爱民工作领导小组办公室承担拥军优属拥政爱民工作领导小组具体工作。机关党委负责机关和直属单位的党建工作。市纪委、市监察局派驻市民政局监察室，负责驻在部门所属系统的纪检、监察工作，监督检查、贯彻落实党风廉政建设责任制和廉政勤政有关规定的情况。管理市老龄工作委员会办公室、市军供站、市救助管理站（挂市流浪未成年人救助保护中心牌子）、市社会福利院（挂市社会福利有奖募捐委员会办公室牌子）、市儿童福利院（挂市儿童福利服务指导中心牌子）、市军队离退休干部休养所（挂市光荣院牌子）、市殡仪馆、市青山公墓管理所、市减灾中心（挂市救灾物资储备管理中心、市低收入家庭经济状况核对中心牌子）共9个事业单位。对东区民政局、西区民政局、仁和区民政局、盐边县民政局、米易县民政局、钒钛产业园区社会事务管理局的民政业务进行指导。全市民政系统组织机构和工作网络健全，44个乡镇、16个街道办事处配备有专（兼）职民政助理员或社会事务工作人员。

3月，被市委、市政府评为“2014—2016年度定点扶贫工作先进单位”“‘9·19’抗洪救灾先进集体”；3月，市社会福利院被全国老龄委评为“第二届全国‘敬老文明号’”；4月，市军供站被民政部、中央军委后勤保障部评为“全国重点军供站”；7月被市委、市政府、军分区评为“双拥先进单位”；9月，被四川省民政厅确认为“四川省养老机构建设和服务标准化、规范化试点”“四川省省级居家和社区养老服务改革试点”；11月，攀枝花市被民政部、财政部确认为“国家居家和社区养老服务改革试点地区”；11月，攀枝花市被民政部、发展改革委、科技部、工业和信息化部、质检总局、中国残联确认为“国家康复辅助器具产业综合创新试点地区”。

【城乡居民最低生活保障】　及时调整全市城乡低保标准。按照中共四川省委办公厅、四川省人民政府办公厅《关于印发〈四川省交通建设扶贫专项2017年实施方案〉等22个扶贫专项2017年实施方案的通知》精神，按照市委、市政府目标任务，从2017年1月起，全市农村最低生活保障标准不低于按年度动态调整后的国家扶贫标准，实现“两线合一”。认真收集全市居民收支变动情况，研究低保标准调整工作：2016年全市城镇居民人均可支配收入32860元，同比增长8.23%，农村人均居民人均可支配收入14057元，同比增长9.29%；2016年，全市城市居民平均消费支出为20745元，同比增长4.46%，农村居民人均消费支出11092元，同比增长12.01%。为此，依据《社会救助暂行办法》《四川省社会救助实施办法》《攀枝花市人民政府关于加强最低生活保障工作的实施意见》按照城乡人均消费支出比例法、居民膳食标准法、住户调查消费支出法提出三个调整低保标准方案。经市政府常务会议批准，城市低保标准调整为490元/人月，农村低保标准按城市低保标准62%，调整为月人均305元，从2017年1月1日起执行。做好低保近亲属备案管理。加大监管力度，切实杜绝“关系保”“人情保”，继续严格执行县（区）民政局、乡（镇）、村（社）干部和经办人员近亲属享受最低生活保障备案规定，5月、9月，先后2次对全市备案的低保对象进行全面审查。

按照《社会救助暂行办法》和省、市最低生活保障政策规定，全面落实以户为单位，按标补差、应保尽保、应补尽补、应退尽退目标任务。截至12月，全市城市低保有6480户，10361人，累计支出6010.76万元；农村低保有7726户，14398人，累计支出4235.88万元。2017年，城市低保累计新增597户，899人，累计退出1044户，1847人。农村低保累计新增913户1804人，累计退出859户，2518人。

【城乡医疗救助】 积极配合市卫计委开展医疗保障扶贫工作；根据市医改领导小组改革方案，配合市人社局开展新农合、城镇居民医保合并为城乡居民基本医疗保险后居民参保工作。认真梳理民政部门资助困难群众参保政策，主动牵头办理数据汇总、政策查询、意见收集、资金测算工作。先后3次征求县（区）民政局意见，会商资助参保资金问题。按照工作职责，指导县（区）民政局与同级残联核对数据，衔接工作，防止出现民政、残联资助参保“两不管”的现象发生。

指导县（区）民政局规范落实医疗救助审批工作。对患有重大疾病的精准扶贫对象，按程序给予救助。会同市人社局、市财政局、市卫计委、市扶贫移民局、市保险行业协会出台《关于加强医疗救助与城乡居民大病保险有效衔接的通知》。1—12月，全市实施医疗救助37975人次，累计支出2686.18万元。全市符合医疗救助条件的重点对象经各类医疗保险报销后，政策范围内住院自负费用在年度救助限额内救助比例达71.28%。全市重大疾病医疗救助3802人次，支出1009.18万元。重大疾病医疗救助人次占直接救助人次比例达24.81%。

【特困人员救助供养】 开展全市城乡特困人员救助供养排查工作。为落实责任，细化措施，印发《攀枝花市民政局关于转发〈四川省民政厅关于做好特困人员认定工作的通知〉的通知》《攀枝花市民政局关于开展全市城乡特困救助供养对象排查工作的通知》等文件，要求各县（区）民政局召开专题会议及时安排部署，层层压实责任，落实排查要求和时间节点，精心组织、认真摸排，切实抓好本辖区城乡特困人员排查认定工作。各县（区）民政局严格按照《民政部关于印发特困人员认定办法的通知》规定，对纳入救助供养范围的农村五保对象、城市“三无”人员和其他符合特困人员救助供养条件的特困群众进行摸底排查，全面核实掌握特困供养人员的基本情况、自理能力、供养需求。对符合特困人员救助供养条件的城市“三无”人员和农村五保对象，直接确定为特困人员；对符合救助供养条件但未认定为特困供养人员的特困群众，按程序及时纳入救助供养范围。

各县（区）民政局按照“一人一档一协议”的要求，全面建立特困人员分类管理档案，专人管理。目前，全市正在开展全国最低保障信息系统特困人员救助供养模块信息录入工作。

全年全市共有城乡特困人员3367人，其中，农村2887人、城市480人，累计使用城乡特困人员救助供养金2712.61万元，其中农村2298.09万元、城市414.52万元。生活不能自理特困人员集中供养率35.77%。

【临时救助】 全市临时救助工作主要是规范落实政策。根据省民政厅年初工作安排，指导县（区）民政局按照依法救助、及时救助的要求，对临时救助政策执行过程中存在的主要问题进行梳理，收入调查难，短时间内不易核准；对象繁杂，有的还无理取闹；临时救助资金预算不足；临时救助工作量大。针对这些问题，积极与县（区）民政局、乡镇政府、街道办事处衔接，共同研究解决问题。为加强政策宣传，与市司法局、市公安局衔接，提出合力建议。2017年，全市实施临时救助6826人次，累计支出798.24万元，重点解决困难群众应急性、突发性困难问题。在临时救助总数中，县（区）对精准扶贫对象1090人次实施临时救助，支付救助资金72.35万元。

【社会救助体系建设】 为认真贯彻落实国务院第162次常务会议和国务院、省政府关于加强困难群众基本生活保障有关工作的精神，指导县（区）建立由县（区）政府领导任组长（或召集人），县级民政部门牵头，发展改革、教育、财政、人力资源和社会保障、住房城乡建设、卫生计生、扶贫、残联等部门参加的困难群众基本生活保障工作协调机制，统筹解决县级困难群众基本生活保障问题。指导西区开展矿区困难群体就业创业与社会救助联动试点工作。

【精准扶贫】 开展低保兜底“回头看”专项工作。指导仁和区、米易县、盐边县民政局开展精准扶贫工作低保兜底“回头看”工作。“回头看”工作重点做好低保制度与扶贫开发制度的政策衔接、对象衔接、标准衔接和管理衔接，精准识别低保“兜底”对象；“回头看”专项行动以问题为导向，按照国家、省最低生活保障政策为依据，全面普查最低生活保障政策落实、工作组织实施、管理服务、农村最低生活保障职责落实等方面存在的主要问题。纠正和杜绝分配低保指标、不按家庭施保，不入户调查、不公示、不民主评议、不定期开展复核、不计算收入补差发放低保金、不按标施保、不应补尽补等问题。为落实省厅工作安排，印制10万份《社会救助宣传单》，3000册《社会救助文件汇编》，发县（区）民政局、乡镇政府、村委会，开展培训工作，加强政策宣传，方便群众查询社会救助政策。在市民政局官方网站上公开所有社会救助政策法规，接受社会监督。为做好低保兜底“回头看”工作，对办理低保经办人员和村民委员会成员的近亲属备案资料进行全面审查。仁和区、米易县、盐边县民政局指导乡镇政府全面普查低保对象认定的各项制度规定及其实施情况，主要包括低保审核审批、动态管理、入户调查、民主评议、公开公示、经济状况核对、低保经办人员和村干部近亲属享受低保备案，责任追究等制度的落实情况。在专项活动中，仁和区、米易县、盐边县民政局、乡镇人民政府都公布投诉举报电话，畅通群众投诉举报渠道，提高“回头看”工作的透明度和公开性。对社会各界反映的问题和群众举报，反映的个案，县区民政局及时进行调查处理。调查处理结果与当事人见面，同时做好低保、扶贫政策宣传和政策解释工作，化解“回头看”专项行动中的矛盾，维护社会稳定。与市扶贫移民局组织开展低保兜底一批数据与建档立卡对象数据比对，共比对数据1.3万余项。及时将比对结果反馈县（区）民政局核查低保救助情况。

开展脱贫攻坚低保兜底复核认定工作。为全面贯彻落实市委、市政府精准扶贫工作安排部署，会同市扶贫移民局扶贫科指导仁和区、米易县、盐边县民政局开展低保兜底对象符合认定工作，复核认定工作按照全覆盖要求，对2014年以来纳入低保兜底的脱贫攻坚对象进行逐一入户，全面调查，重点复核低保兜底对象、救助标准、救助金、银行资金发放凭证、低保兜底台账、近亲属备案等情况，确保符合条件的脱贫攻坚对象低保兜底全覆盖。全市共复核认定脱贫攻坚总任务中低保兜底对象2269户、7566人。对建档立卡贫困人口中无劳动力或丧失劳动能力无法通过生产就业帮扶脱贫的实行“一兜到底”，做到应兜尽兜；对符合低保条件尚未享受低保政策的贫困人口全面纳入低保范围，做到应纳尽纳。2017年11月，通过复核认定，全市已脱贫户中仍在享受低保兜底政策对象1003户，3172人；未脱贫户中低保兜底对象1266户，4394人。

截至12月，在全市农村低保总数中，有5123名精准扶贫对象纳入农村低保救助，累计支付救助资金1379.63万元。在医疗救助总数中，县（区）民政局按照医疗救助扶持一批的要求，对2057人次实施医疗救助，累计支付资金99.69万元，其中住院救助507人次，累计支付住院救助资金76.90万元。

【救　灾】 全年全市遭受洪涝、风雹、滑坡、泥石流等灾害共计23次，全市5个县（区）110794人（次）不同程度受灾，因灾失踪1人、无因灾伤病人口，紧急转移安置3465人次；农作物受灾4134.54万平方米，成灾2405.19万平方米，绝收837.87万平方米；倒塌房屋21户51间，1112间房屋不同程度损坏；造成直接经济损失17184.05万元，其中农业损失6531.09万元，家庭财产损失2647万元。全市下拨中央、省、市救灾资金1283万元；下拨御寒物资棉被4000床，棉大衣1000件。

为提高救灾应急能力，不断完善救灾应急预案，认真做好综合减灾救灾应急指挥体系建设工作，扎实开展救灾应急演练，指导受灾地区妥善做好受灾群众紧急转移安置和生活救助；强化救灾应急预案管理，修订完善《攀枝花市自然灾害救助应急预案》，进一步规范全市自然灾害救助应急工作。

积极推进全国综合减灾示范社区创建工作，东区弄弄坪街道冶金街社区、西区玉泉街道河石坝社区、米易县草场乡杨柳湾社区、仁和区仁和镇弯庄社区被国家减灾委员会、民政部命名为“全国综合减灾示范社区”。

【优待抚恤】 全面落实优待抚恤政策，及时足额发放优抚对象抚恤补助，全市共下拨2017年度重点优抚对象等人员抚恤补助经费2532万元，发放抚恤补助标准自然增长经费574.58万元，发放义务兵家庭优待金706户共894.18万元。切实解决重点优抚对象“治病难”“住房难”问题。共为重点优抚对象发放医疗补助201万元，对44户住房困难的优抚对象新建、维修住房共发放补助经费41.7万元。严格按要求做好残疾等级评定工作，共上报新评（调整）残疾等级9人，新接收部队转移伤残关系退役士兵4人。以仁和同德烈士陵园、米易县烈士陵园和盐边县烈士陵园为主阵地，热情接待市内外人员，开展形式多样的烈士纪念活动，其中，9月30日，在米易县烈士陵园举行2017攀枝花市暨米易县烈士公祭活动，2490余人参加活动。严格按规定做好残疾军人康复辅助器具配置工作，共为3名残疾军人按规定配备辅助器具。共安排在乡6～10级残疾军人、在乡老复退军人、带病回乡军人、“三属”共12人前往四川省革命伤残军人大邑休养院参加短期疗养。规范优抚数据管理，超额完成优抚对象数据核查目标任务，全市应核数530人，已核数861人，核查进度162.45%。结合优抚数据核查等工作，进一步完善优抚信息系统数据信息，全市优抚系统内各类优抚对象身份认证率达99.71%。深入开展涉军退役人权益保障工作，进一步加强对优抚对象关爱帮扶，做好优抚对象稳定工作，确保全市涉军群体的总体稳定。

【退役士兵安置】 全市全年共接收退役士兵293人，其中，选择自主就业284人，共发放一次性地方经济补助405.69万元，符合政府安排工作条件9人全部安置到机关工勤岗位，完成退役士兵接收安置率100%和符合安排工作条件的退役士兵安置工作率100%。完善退役士兵报到政策宣传和登记程序，退役士兵职业教育和技能培训知晓率达100%，有培训意愿的退役士兵培训率达100%，全市有130名退役士兵参加培训。全面落实军休干部政治、生活待遇和军休安置政策，积极开展全省军休服务管理机构规范化建设单位复检工作。市军休所（光荣院）新址重建项目主体部分竣工验收。市军供站加强军供站现代化、规范化建设，提高新形势下军供应急保障能力，增强军供区域保障能力，再次被评为全国重点军供站。

【基层政权和社区建设】 全面完成村（居）委会换届选举。3月底全面完成第十届村（居）委会换届选举工作，共产生居委会成员834名，其中主任132名、副主任26名、委员676名；村委会成员1470名，其中主任349名，副主任17名、委员1104名。

积极开展村（居）委会成员培训。全市分3期对新当选的481名村（居）委会主任从习近平重要讲话、基层治理、社区建设、基层党建、基层党风廉政建设和脱贫攻坚等方面进行培训，同时各县（区）也对新选出的2300名村（居）委会成员开展大规模培训，努力培养一支政治上靠得住、作风上过得硬、工作上有能力、群众公认度高的村（社区）干部队伍。

持续推进社区公共服务综合信息平台建设。对现有8个部门129个事项办理情况进行统计分析和梳理，进一步优化事项流程，委托西南财大做好社区信息平台建设规划编制工作。结合智慧民政项目，大力推进社区信息平台在民政系统内部应用，力争实现“无缝衔接”和“后台自动流转”，不断开展与其他部门的磋商合作，加大社区信息平台的应用推广。

深入实施依法治村（社区）。开展“法律进乡村（社区）”活动，不断加强村（社区）的法治宣传教育，全年共张贴宣传标语2404条，制作宣传栏1675版，印发宣传资料181226页，同时以示范创建活动为抓手，着力提升村（社区）建设水平，全年上报全国民主法治示范村（社区）2个。

规范完善村规民约（居民公约）。指导督促新一届村（居）委会班子结合新形势、新情况和本地实际，突出地方特色和可操作性，将公共环境卫生、移风易俗、家庭美德等内容写入村规民约（居民公约），发挥其在约束个人言行、促进社会和谐等方面的重要作用。全市481个村（社区）全部完成村规民约（居民公约）的修订完善并张贴到显目位置。

加强村（居）务公开。在全市所有村（社区）设立固定的公开栏，重点公开惠民政策落实、征地拆迁、土地流转、财务收支等与群众息息相关的事项，做到一般事项按时公开，重大事项及时公开，切实保障群众的知情权和监督权。

广泛开展民主协商。探索建立以村（居）民会议和村（居）民代表会议为主要载体，以村（居）民理事会、议事会、小区协商、业主协商、民主评议等为补充的协商议事形式，紧紧围绕生产生活中涉及群众利益的公共事务、公益事业、迫切需要解决的实际困难和问题，广泛开展灵活多样的协商活动。目前，全市城乡社区全部开展社区协商工作，全年累计协商事务914件。

做好村（居）委会赋码工作。落实工作日报制度，定期对县（区）赋码工作进展情况督导检查，对上报的信息采集表和数据比对情况市级按照30%比例进行抽查，及时将发现的错误反馈给县（区）修改完善，成为全省第一个完成村（居）委会统一社会信用代码赋码的信息采集和数据比对工作的市。

加强社区综合服务设施建设。积极争取和切实抓好省级社区建设项目，加大福彩公益金支持力度，围绕社区服务需求，大力改进社区服务设施，不断完善社区服务功能。2017年，全市共投入社区建设资金2578万元，新建街道（乡镇）社区服务中心4个，新建街道（乡镇）社区服务中心面积1070平方米，新建社区服务站11个，新建社区服务站面积3220平方米，实现社区综合服务设施全覆盖。

【社会福利事业】 认真组织、积极指导、强化督查督办、及时足额下达省级（市级）补助资金3111.41万元，全面完成2017年全省十项民生工程社会养老服务体系建设目标任务：新增公办机构床位300张、民办机构床位1700张、维修改造公办机构床位200张，建设城乡社区日间照料中心55个。从1月1日起，提高全市困难残疾人生活补助标准，从60元/人·月提高到70元/人·月。2017年，为5786名困难残疾人共计发放470.404万元。

积极开展全市养老院服务质量建设专项行动，通过统强化组织领导、强化工作措施、强化自查自纠和强化部门联动核查整治等四项举措，进一步提升全市养老院服务质量标准、信息化管理和养老服务水平。

全面启动养老机构建设和服务标准化规范化试点工作。出台的《实施方案》围绕建立部门联动机制、完成养老机构调查摸底等9个方面分三步来实现攀枝花市养老机构建设和服务标准化规范化工作。

积极争取省级资金263.38万元，用于养老机构安全隐患的整改；不断加强对养老机构消防、食品安全风险管控工作；发放养老机构运营补贴。全年共安排98.85万元福彩资金对养老机构养老床位运营进行补贴；积极争取省级福彩公益金30万元，开展“晚晴行动”，为全市151名城乡特困人员装配假肢矫形康复辅具269件，此举进一步提高全市城乡特困人员的生活质量和水平。继续实施养老机构责任保险补贴。全年安排8.27万元福彩公益金补助给公、民办养老机构购买养老机构责任险，有效提高养老机构抵御意外风险及善后处置能力。全年安排50万元福彩公益金继续购买政府公众责任险，为外地老人在攀发生意外提供保障；加强福彩公益金使用、评估及监管。全年共安排福彩公益金1165万元用于全市社会养老服务体系建设，健全福彩公益金使用管理全流程监管机制；强化养老护理员队伍建设，养老护理水平在全省取得良好成绩。8月，全市选拔5名护理员参加四川省第一届养老护理员职业技能大赛。经过激烈角逐，全市代表队在全省21支参赛队伍中荣获体队三等奖，4名个人获得优秀奖。

积极指导推进养老机构信息惠民试点。试点工作取得成绩，利用“互联网+”技术，提升养老机构信息化、智能化服务水平，推进全市养老机构信息惠民工作进程。

指导推进民办公助非营利性养老机构（PPP）试点。盐边县PPP项目争取到省民政厅同意建设地址调整。

继续开展医养结合试点工作。与市卫计委联合下发《关于开展攀枝花市医养结合示范点建设的通知》在全市范围内遴选9家具有示范、带动作用的医养结合示范点进行打造。

《攀枝花市台湾敏盛长辈照护中心养老工作案例》作为全省典型案例被省民政厅推荐到民政部。继续采取以政府为主导购买第三方服务的形式推进老年人能力评估工作。

【社会慈善工作】　积极向省上争取到10万元资金开展“慈善情暖万家”走访慰问活动，对2016年遭受“9·19”强降雨局部特大暴雨诱发的山体滑坡灾害造成房屋倒塌的受灾群众家庭、福利机构、孤儿、部分事实无人抚养儿童近500余人进行慰问。

积极向省慈善总会申请专项资金3.5万元为全市700名特殊困难群体老年人购买综合意外伤害保险。积极争取省级资金慈善超市运行补助资金10万元并及时下拨试点县（区）用于开展慈善爱心超市运营试点工作。

爱心捐款助力脱贫攻坚和帮困助学。市慈善会积极接收14个爱心企业和1个爱心人士定向爱心捐赠，累计54.44万元，及时将款项拨付到指定账户，助推全市7个扶贫乡（村）产业发展、1名困难家庭子女继续完成大学学业。

多方筹集资金，全力助推2017年慈善·福彩助学活动。通过积极争取省级资金26.7万元，市级福彩公益金筹资58万元，天府银行攀枝花分行爱心捐助资金8万元，合计筹资92.7万元共帮助243名贫困学生圆梦大学、高中。

攀枝花市爱心人士徐伯玉、徐刚荣获首届“四川慈善奖”最具爱心慈善个人，丁爱谱荣获首届“四川慈善奖”最具爱心慈善楷模，攀枝花市“在同一片蓝天下·慈善助学助医”慈善项目荣获首届“四川慈善奖”最具影响力慈善项目表彰。

【行政区划和地名管理】　认真做好第二次全国地名普查工作。按照国务院和省地名普查办的安排和部署，3月通过地名普查成果市级核查，同时报送省地名普查办检查验收。8月底完成和乐山市、雅安市地名普查工作交叉监理检查，10月下旬完成对西区、仁和区、盐边县位于川滇线跨省界自然地理实体地名普查数据的集中审议核查修改工作。编制出台《攀枝花市第二次全国地名普查成果转化规划（2016—2020）》，全面启动普查成果转化工作。完成《中华人民共和国标准地名词典》第一部分（攀枝花市）采词和词条释文稿的编纂工作，采集在行政区划、居民点和城镇交通方面的169条词条。与市档案局联合下发《攀枝花市第二次全国地名普查档案管理工作指导意见》，为全市地名普查档案管理工作提供理论指导。积极推进攀枝花市区划地名网和地名信息系统建设，并进行测试。

加强地名管理。市民政局统一指导，各县（区）民政部门具体负责，联合各级公安部门，完成全市城乡门牌编码率上墙率99%的目标任务。按照省厅安排，做好《地名标志管理办法（征求意见稿）》的征求意见工作。印发《攀枝花市加强地名文化保护清理整治不规范地名工作实施方案》，明确主要任务和实施步骤。按照《地名管理条例》，主动联系并致函市发改委、市住建局，共同做好对全市建筑物名称的审核管理。通过争取，市人大将《攀枝花市地名管理办法》纳入地方立法五年规划，为地名规范化管理提供法制保障。结合攀枝花市地名工作实际，选定成都市、厦门市、南京市分别对焦城市地名管理、地名标志设置、地名信息化建设工作作为科室中长期对标目标。按照攀枝花市语言工作委员会的要求，结合科室职能职责，统一规范全市门牌语言文字的标准化使用。做好对涉及地名工作信访件的及时回复。

做好行政区划和行政区域界线管理。按照市委、市政府的安排部署，多次前往干坝塘片区进行行政区划调整调研，形成详实的界线和调查资料，并积极征求两区政府对该片区区划调整的意见和建议，加强行政区划调整方案论证和社会稳定风险评估，严格申报审核程序，积极稳妥做好行政区划调整工作。6—10月，攀枝花市按照《行政区域界线管理条例》规定和中央综治办、民政部的要求，联合丽江市民政局、楚雄彝族自治州民政局，顺利完成川滇线攀枝花段第三轮联检工作，进一步促进平安边界的创建。

积极撰写理论研究课题。由秦胜永、胡林、彭雪梅共同研究并撰写的论文《坚持全面从严治党　建设过硬的领导班子和干部队伍》，荣获全国民政政策理论研究三等奖。

【社会组织管理】 依法开展行政审批。全年共审批同意登记9个社会团体，6个民办非企业单位。为13个社会团体，1个民办非企业单位办理了变更登记，完成2016年度社会组织年检工作。截至12月，全市登记有社会团体515个，民办非企业单位300个，其中，全市性社会团体197个，民办非企业单位46个；市级实行直接登记的社会团体17个，民办非企业单位3个。

扎实推进社会组织管理制度改革，稳妥开展第二批行业协会商会与行政机关脱钩试点工作。截至2017年年底，纳入全市第一、二批脱钩试点的30个全市性行业协会商会中，有12个行业协会商会经相关部门完成有关脱钩事项的确认对接，1个行业协会办理注销。完成拟制全市关于培育发展和规范管理社会组织的意见的工作。完成2016年度社会组织年检。对市本级应参加年检的187个社会团体，36个民办非企业单位开展了年度检查。对年检中发现有问题的个社会组织，纳入抽查范围，抽查率达4%以上。启动全市慈善组织认定工作。有1家社会组织按新成立申请慈善组织登记。积极倡导社会组织参与扶贫活动。制发《关于2017年，组织社会组织开展扶贫活动的通知》《关于全市性社会组织开展2017年扶贫日活动的通知》，增强对各县（区）、各全市性社会组织及其业务主管单位参与开展扶贫活动的目标指导。据统计，有关社会组织结合扶贫日活动，向省扶贫基金会、攀枝花市县（区）有关村、校捐赠资金、物资合计50余万元。

积极开展有关社会组织党建的基础工作。积极推动建立市民政局开展社会组织党建工作的工作机制，获市委组织部审批同意设立市社会组织第二综合党委。将社会组织党建内容列入社会组织申请登记时的《章程》模版，并要求同时提交党建承诺书。年检时对社会组织党建情况进行检查。党建内容纳入行业协会商会评估指标。做好社会组织登记管理的政务公开。把每个社会组织的成立批复、公告以及年检结果、变更情况等信息，以及可以在互联网上公开的社会组织法规政策、办事指南、申请用表等，都在市民政局网站上进行发布，接受社会监督。

【婚姻登记和收养登记】 全年全市共依法办理结婚登记8494对，办理离婚登记4247对，补领结婚证6009对，补领离婚证648个。婚姻登记合格率达100%。办理国内公民收养12个，收养登记率达100%。加强婚姻登记、收养登记规范化建设工作，以出台的《婚姻登记工作规范》为标准，对全市婚姻登记人员进行培训，婚姻历史数据补录工作提前高质量完成，婚姻登记合格率100%。加强与房管、银行等部门的沟通，严格执行不出具有关婚姻记录证明的原则，方便群众办事，减轻群众“跑路”开证明的负担。

【殡葬管理】 加强殡葬管理服务工作，落实殡葬惠民救助保障制度。先后开展社会公墓（塔陵）建设经营情况排查工作和殡葬行业突出问题专项整治活动，对殡葬服务单位存在问题进行规范和整治，进一步优化殡葬服务流程，督促殡葬单位依法定价，做好服务收费公开，杜绝不合理收费，维护群众合法权益。全面启动殡葬改革工作联席机制，联合市发改委、市住建局、市国土局、市林业局等5个部门，对全市农村公益性墓地存在的问题以及农村乱建乱葬的问题进行现场检查、与辖区政府交流座谈等督查工作。积极督促各县区认真执行殡葬惠民政策。以行业作风群众满意度测评和清明节为切入点，不断加强殡葬行风建设，优化服务流程，公开服务事项，主动接受群众监督，有效避免群众治丧利益受到不法侵害。全年减免惠民殡葬费用53.584万元，惠及2368户居民。2017年清明节，加强抓宣传舆论引导，营造殡葬正能量氛围。市殡仪馆与《攀枝花日报》共同推出记者直击“走进殡仪馆”宣传活动，电视台、广播频道均在清明期间对殡葬工作进行报道和宣传。引导群众厚养薄葬、文明治丧、节俭办丧。共接待祭祀群众约14万余人，车辆约8400余辆，全市各级民政部门及殡仪服务机构会同公安、交警、消防、安监、工商、城管等部门全力做好群众祭扫活动服务保障、交通疏导、消防安全、新闻宣传等工作，确保全市群众清明节期间祭祀活动的安全、有序、文明、和谐。2017年，全市共火化遗体3497具，各经营性公墓销售墓穴1441个，经营收入达2552.9万元。

【流浪乞讨人员救助】 进一步加强救助管理工作规范化，做好流浪乞讨人员寻亲服务、滞留人员安置和家庭暴力受害人庇护救助工作。为解决查找不到身份信息的长期滞留人员的户籍问题，与市公安局研究下发《关于进一步加强生活无着流浪乞讨人员身份查询和照料安置及做好弃婴有关工作的通知》，解决与公安机关弃婴（弃童）处置工作配合问题和流浪乞讨滞留人员户籍等问题。加强未成年人保护工作，对仁和区示未成年人社会保护试点工作进行检查评估验收。联合法规财务科、监察室对各类救助资金使用情况进行检查。整合流浪乞讨专项资金，将流浪乞讨专项补助资金并入困难群众救助补助资金。全市各项救助工作有序开展，全年共救助流浪乞讨人员2410人次，其中未成年人74人次，老年人260人次，残疾人366人次，智障和精神病人164人次，救助人员自主返乡1209人次，护送返乡118人次，临时安置15人次。对符合救助条件的求助对象救助率达100%。

【农村留守儿童关爱保护工作】 留守儿童关爱保护保障工作在整合中有条不紊的开展，经市局党组研究决定，儿童福利工作由慈善福利科转至社会事务科。牵头开展农村留守儿童“合力监护，相伴成长”专项关爱保护行动，落实监护责任，切实兜住留守儿童安全底线。5月24日，以市政府名义组织召开全市儿童关爱保护保障工作暨农村留守儿童“合力监护，相伴成长”专项关爱保护行动推进工作电视电话会议，代市政府起草的《攀枝花市人民政府关于加强困境儿童保障和留守儿童关爱保护工作的实施意见》于12月28日出台。“明天计划”工作有序开展，截至12月31日，共计34名特殊困难群体通过“明天计划”项目资金申请。确立孤儿基本生活费自然增长机制，2017年1月起，攀枝花市已经连续3次提高机构养育孤儿和社会散居孤儿基本生活最低养育标准，从最初的1000元/人·月和600元/人·月，提高为2017年的1300元/人·月和810元/人·月，全市现有206名孤儿均得到妥善保障。困境儿童基本情况录入工作先于省厅要求结束数据录入工作。精准掌握留守儿童的数量、分布、入学、户籍以及监护情况，为做好关爱工作打下坚实基础。经初步摸排，全市2016年有农村留守儿童301名。

【人才工作】 采取多种形式，有计划、有步骤地开展干部职工培训培养工作，使广大干部职工不断更新知识，扩大知识面，尽快成为适应新形势发展需要的人才。有计划地选派优秀青年干部到基层、艰苦地区、省级部门实践锻炼，进一步提高优秀年轻干部的能力。选派2名科级干部到精准扶贫村担任“第一书记”，1名科级领导干部被市委组织部选派支援木里建设，1名县级领导干部被市委组织部选派到四川天府新区挂职，1名科级领导干部被市委组织部选派到四川省民政厅业务处室顶岗锻炼，选送1名科级干部参加市优秀干部人才递进培养，安排新考入事业单位的4人到局机关综合科室进行实践锻炼。切实加强干部培训。安排2名县级领导干部分别参加市委举办的县处级主要领导干部读书班；全市县级领导干部“加强党性和宗旨意识”专题培训班；积极选派民政业务干部参加国家、省、市组织的各类业务技能培训、综合能力提升培训以及赴外考察学习交流。组织全体干部职工参加党校、行政学院、干部院校培训20人次，参加攀枝花市行政机关工作人员环境保护法律法规全员网络培训，参加各类专题业务培训人289人次，参加网络主题培训27人次，赴市外学习交流50人次。在应对重大事件、重大自然灾害、推动重点项目建设中培养锻炼干部。举办防汛减灾演练3次，民政局系统205人次参加演练培训，提高全体干部职工防灾减灾能力；举办全市城乡社区干部培训478人次。

（普　浩）

社会保障

【完善社会保障体系】 市人力资源和社会保障局不断完善社会保障体系，整合社会保障政策体系，进一步织密织牢民生安全网，增强群众获得感。积极向上争取资金。全年共向上争取社保资金共计43.20亿元，其中养老保险调剂金39.51亿元，同比增加6.55亿元；工伤保险调剂金1246万元，同比增加254万元；城乡居民养老保险财政补助7922万元；城乡居民医疗保险财政补助27798万元。完成城乡居民医保整合。7月底，城乡居民医疗保险统一交由市人力资源社会保障局管理，12月出台《攀枝花市城乡居民基本医疗保险办法》和相关配套文件，在全市建立统一的城乡居民医保制度。提高养老保险待遇。企业退休人员人均月增加154.59元，增幅5.8%；机关事业单位退休人员人均月增加212.73元，增幅4.4%。加大欠费清缴力度。与欠费大企业签订分期偿还协议，督促企业偿还社保欠费3.74亿元，保证全市各项社保待遇按时足额发放。推进异地就医结算。攀枝花市被列入全省第一批接入异地就医即时结算国家平台试点城市，实现与省内20个统筹地区就医即时结算。改革医保付费方式。配合市发改委完成102种单病种收费标准及医保支付标准的制定；对基本医保付费总额控制办法进行完善和对2018年总额付费的初步方案制定。全力加强基金监管。充分利用信息化平台对异地就医报销进行实时审核监控等多种手段，拒付异地就医不合理费用合计423.3万元，追回违规金额303.02万元。

【社会保险扩面征缴】 市人力资源和社会保障局全力做好扩面征缴工作。全市城镇职工基本养老保险参保人数492764人（其中，企业在职参保人员264318人，机关事业单位在职参保人数34676人）；城镇职工基本医疗保险参保人数681691人；失业保险参保人数172979人；工伤保险参保人数209500人；生育保险参保人数211705人。累计征收城镇企业职工基本养老保险费298568.89万元；城镇职工基本医疗保险费153504万元；失业保险费

13296.14 万元；工伤保险费 19429.44 万元；生育保险费 5213.09 万元。全市城乡居民养老保险参保人数 248374 人，其中缴费人员 130697 人。居保基金总收入 12255 万元，总支出 8363 万元。全市机关事业单位养老保险参保人数 54512 人，其中在职参保 34676 人，退休人员 19836 人。累计征缴收入 76589 万元，养老金支出 117923 万元。

【社会保险待遇发放】　市人力资源和社会保障局继续确保全市基本养老金按时足额发放，及时支付各项社会保险待遇，维护参保人员合法权益。全市 253087 名各类符合领取基本养老金条件人员（2017 年，全年新办理城镇企业职工退休 6369 人）的基本养老金全部通过银行实行社会化发放，1—12 月累计发放基本养老金 706568.43 万元（其中包含企业退休人员 1—7 月调待补发金额 18307.94 万元，机关事业单位退休人员 1—7 月调待补发金额 2856.22 万元，城乡居保基本养老金 7402.45 万元），按时足额发放率和社会化发放率均保持 100%。1—12 月，共争取省级城镇企业职工养老保险调剂金 394865 万元和城乡居保上级补助资金 7922.78 万元。共支付各项社会保险待遇 889903.2 万元。其中：企业职工基本养老金 580532.43 万元、机关事业单位退休人员基本养老金 117923 万元、基本医疗保险金 127701 万元、工伤保险金 16699.98 万元、失业保险金 33999.93 万元、生育保险金 4933.86 万元、城乡居保养老金 8113 万元。

【"互联网＋社保"建设】　市人力资源和社会保障局做好"互联网＋社保"建设工作。结合工作实际和新时期社会保险公共服务体系建设的需要，进行网上经办业务开发，与 8 家银行签署代收协议，方便个体人员缴费。7.17 万人与银行签订代扣代缴协议，占个体参保人员 11.8 万人的 60.7%。非本地户籍人员参加职工社会保险，不要求申请人提供在原籍或其他地区参加社会保险情况证明；已办理"多证合一"工商营业执照的参保单位，在申请办理社会保险登记证申领、变更、注销、验证等业务时，不再需要提供税务登记证和组织机构代码证；取消社会保险登记证换证年检规定。加强异地业务系统建设，有效提升社会保险关系转移接续、异地领取待遇资格认证等异地业务的经办效率，方便参保人就近办事，避免"垫资""跑腿"情况出现。"市人力资源和社会保障网上办事大厅"正式上线。办事群众可在网厅自助服务区通过网上办事大厅即时办结业务。560 家单位使用网厅进行工资基数申报、单位人员增减变动办理、社保证明打印等业务；个人注册用户达到 600 人，使用网厅查询和开具各种参保证明、异地住院备案等业务。与工商银行合作，开通 3 个"社保＋银行"一体化便民服务网点，提供 24 项社保业务办理服务，在"最多跑一次"的基础上创新"就近跑一次"服务模式。

【完善全民参保登记】　市人力资源和社会保障局完善全民参保登记工作。对需缺项补充采集数据的 17 万参保登记人员，通过查阅试点、与移民扶贫部门精准扶贫数据比对、再次入户走访等方式，进一步补充完善数据。共计上传参保登记人员基础信息 105.42 万条，参保信息 262.95 万条。全民参保登记工作获省级评估小组高度的评价。

【社会保险精准扶贫】　市人力资源和社会保障局深入推进精准扶贫工作。盐边县、米易县和仁和区社保经办机构和县（区）扶贫部门，对辖区范围内精准扶贫人员进行进一步的清理和筛查，通过采取乡镇排查，公安数据比对等方式，最终确定符合城居保参保条件的精准扶贫人员 25585 人，其中已参保 16865 人（含参保并已享受待遇 5582 人），未参保 8720 人，未参保人员于 2017 年 12 月前全部办理完参保手续。全市符合城居保代缴条件的精准扶贫参保人员共计 20003 人，实现精准扶贫政府代缴共计 13149 人，代缴金额 1298450.00 元。未实现精准扶贫政府代缴人员为 6854 人，主要原因是在全市实施精准扶贫代缴方案之前，这部分人员已自行缴费，按照各县（区）实施方案，将由县（区）扶贫、人社及财政部门将应由政府代缴的城居保养老保险费以现金的方式发放到这部分人员手中。盐边、米易均发放到位。

【机关事业单位养老保险】　市人力资源和社会保障局做好全市机关事业单位养老保险缴费基数申报、清欠及待遇计发的准备工作。集中开展全市机关事业单位 2017 年度养老保险和职业年金缴费基数的申报工作。市本级 318 个独立参保的机关事业单位全部完成缴费工资基数的申报，人均缴费工资基数 6935 元，比 2016 年度增长 936 元，增长率 15.6%。对市本级机关事业单位养老保险或职业年金欠费 1 万元以上的单位进行集体约谈催缴。全市机关事业单位养老保险和职业年金的征缴率达 99%。已完成退休"中人"职务职级等基本信息及养老金新老标准对比时涉及老标准计算的有关数据采集工作，全市 2316 人退休"中人"职务职级等基本信息全部采集并导入系统。完成 717 人在 2017—2018 年退休"中人"数据的核实与录入工作。开展市本级实施的"老机保"个人缴费清退工作，本次清退共涉及 180 余家机关事业单位，清退人员 12793 人，应清退金额 6133.5 万元（其中个人缴费本金 4880.3 万元，利息 1253.2 万元），除个别遗留问题外，其他已完成"老机保"个人缴费的清退任务。

【调整增加基本养老金】 市人力资源和社会保障局顺利完成调整增加退休人员基本养老金工作。积极筹措资金，核实各类人员调待基础数据，及时制定调待工作方案和信息系统需求，完成全市机关事业单位和企业退休人员调待支付计划，通过银行发放，陆续开始执行调整退休待遇资金的补发上账工作，确保补发待遇落实兑现到全市所有机关事业单位和企业退休人员手中。调待涉及2016年12月前已办理退休手续的企业退休人员17.14万人，人均月增加基本养老金154.59元，增幅5.8%，高于全省5.5%的平均增长率，调待后人均月基本养老金2809元；机关事业单位退休人员1.92万人，人均月增加基本养老金212.73元，增幅4.4%，调待后人均月基本养老金5030.8元。

【基金财务决算】 市人力资源和社会保障局做好2016年基金财务决算报表的编制、审核、汇总和上报以及社会保险基金预算管理工作。按照社会保险基金预算管理的要求，根据近三年来的社会保险运行情况，制定科学的基金预算管理制度。经过严谨细致地工作，按时上报2016年度基金决算报表，并通过省人社局财政厅审核。认真分析2017年度各项社会保险基金收入支出执行进度并及时报告情况，确保各项社会保险基金预算全面完成。完成2017年企业养老保险等预算调整和机关事业单位养老保险预算调整，按照要求完成2018年工伤保险等5个险种的预算编制和机关事业单位2018年基金和职业年金预算编制任务，并获省人社厅和财政厅审核通过。各项社保基金严格按照预算管理，增强社会保险预算管理的严肃性。

【医保工作】 市人力资源和社会保障局圆满完成城镇基本医疗保险各项目标任务。城镇基本医疗保险参保人数681691人，其中：城镇职工医保参保人数为446775人（当期农民工48994人），居民医疗保险参保人数为234916人。全市已参（续）保居民达23.4万人，实施进度完成101%，住院医疗费用政策范围内报销比例达75%，完成省医保局下达的城乡居民参保率达97%，住院政策范围内报销比达75%的目标任务。

【整合城乡居民基本医疗保险制度】 市人力资源和社会保障局认真贯彻《国务院关于整合城乡居民基本医疗保险制度的意见》，全面实施城镇居民基本医疗保险和新型农村合作医疗两项制度整合，初步建立统一的城乡居民基本医疗保险制度，促进社会公平，提高整合效应，优化公共服务。市人社、市卫计委、市财政联合印发《关于整合城乡居民医疗保险过渡期管理工作中有关问题处理的通知》，确保过渡期间经办管理、财务核算、费用结算、医疗机构管理、基金审计、数据合并、档案管理、大病保险等工作开展。开展城乡居民医保制度建设。印发《攀枝花市城乡居民基本医疗保险办法实施细则》。完成居民医保经办机构整合、新农合参保人员信息比对以及数据迁移工作。全面开展城乡居民医保征缴工作，城乡困难群体信息数据全部进入数据库。重新开发新的城乡居民医疗保险信息系统，集参保、缴费、查询、基金财务、结算支付、基金监管等功能为一体，并且与城镇职工基本医疗保险等险种在数据比对上进行联动，减少重复参保、重复报销等问题的发生，实现参保缴费代扣代缴、前台直缴等方式，实现城乡居民医保的全国异地就医即时结算、市内统一前台结算和统一规范经办流程、统一定点医疗机构管理等功能。

【医保费用监审】 市人力资源和社会保障局加强医保费用监审工作。全面推进医疗保险智审系统落地。将特殊医用材料等部分项目医保支付标准嵌入金保系统，完善审核规则参数配置和项目内涵。全年审核联网费用职工医保住院66448人次，统筹支付43810.72万元，扣除违规费用248.4万元；审核居民医保就诊72264人次，基金支付10706.29万元，扣除违规费119.05万元；审核工伤保险就诊155976人次，统筹支付4611.16万元，扣除违规费用263.02万元；审核生育保险1969人次，统筹支付639.72万元。确保精细。标准化设置垫付费用审核报销的业务流程，明确环节职责，建立多层复核机制和疑单大单科室集体讨论机制，防控风险，确保基金安全。全年审核报销垫付医保异地住院费用6357人次，统筹支付4783.32万元；审核报销康柏西普、酪氨酸激酶抑制剂等医疗费用77人次，统筹支付93.63万元；审核工伤就诊772人次，基金支付1118.27万元；审核生育207人次，生育保险基金支付50.58万元。通过规范管理办法、审核流程和报销目录，随机抽取临床专家复审机制，动态管理按照全省门诊特殊疾病医疗补助数据标准建立的目录库。全年审批门诊特殊疾病医疗补助资格10314人，完成备案登记9062人；审核门诊特殊疾病门诊费用175349人次，统筹支付8855.75万元。开展专项检查，引导监审深度。检查协议机构30家，共检查出涉及问题的医疗机构27家，检查3172人次的病历，违规结算396人次，涉及医疗总费用326万元，对确认的违约金额130万元进行处理，其中医疗费用21万元，购销存正升溢总额109万元；对23家民营医疗机构在交叉检查中所查出的购销存账目数量不符、串换药品上传、虚假数据上传等问题进行约谈，并履行签字确认手续，按照协议约定对110万元违约金额进行处理。拓宽监审维度，两定点监督检查全覆盖。完成全市93家定点医疗机构、356家定点零售药店2016年度的综合考核工作，2017年通过日常稽核处理10家违规定点医疗机构，追缴医疗费用84.42万元。开展定点医疗机构分级管理工作。2017年确定公布A级标准14家定点医疗机构，AA级标准4家定点医疗机构。探索第三方核查机制。委托第三方实地核查异地就医垫付费用报销资料，将金额在1万元以上的异地就医费用纳入重点核查范围。2017年，委托第三方实地核查异地就医1379人次、异地医疗机构142家，涉及金额3700万元。

【异地就医联网结算】 攀枝花市异地就医联网结算工作初见成效。异地就医省内结算快步向前，在顺利开展20家省内异地就医住院即时结算基础上，有7家开展了省内异地就医门诊特殊疾病医疗补助即时结算，完成省内异地就医多项需求联网结算全覆盖的省、市两级任务，实现与省内21个统筹地区参保人员异地住院、门诊特病即时结算。参保人员在异地就医即时结算住院9222人次，较2016年增加2626人次，基金支付10193.27万元，较2016年增幅达29.77%；通过省级平台结算门诊特殊疾病7224人次，基金支付353.37万元。其他地区参保人员在攀枝花市异地就医即时结算住院2573人次，较2016年增加1014人次，基金支付2605.22万元，较2016年增幅达60.23%，124人次通过省级平台办理门诊特殊疾病结算。国家平台接入运行通畅。攀枝花市作为全省第一批参保地和就医地双向接入异地就医即时结算国家平台的试点城市，是全国首个成功通过国家、省、市三级联动测试的地级市，有10家医院接入国家平台。全市参保人员291人次通过国家平台到其他省、市联网医院办理住院结算，基金支付421.31万元。其他省、市参保人员65人次在攀枝花市通过国家平台成功办理住院结算，基金支付49.97万元。

【统筹推进失业保险】 市人力资源和社会保障局统筹推进失业保险各项工作。确保失业保险待遇正常发放。累计发放失业保险金19241.59万元，增长21.7%；代缴失业人员基本医疗保险费支出9920.42万元，增长33.3%，确保24056名失业人员基本生活。失业保险便民改革试点全面推开。出台工作方案，明确各级机构工作职责、办理流程、监管办法和法定责任。通过信息系统改造升级、流程再造、强化培训等多项准备，逐步推广实施。各县（区）失业人员均可就近在社区、街道办理失业保险7项业务，失业保险便民服务得到群众好评。通过基层平台发放失业保险待遇4万余人次，涉及基金约4.57亿元。强化失业保险基金风险防控。严格按行业决算报送指标体系、决算政策和填报口径，完成全市失业保险待遇决算工作。组织各级失业保险经办机构，查找待遇发放经办风险点，划定风险等级，制定预防措施，编印下发专项风险防控手册，建立失业保险运行定期自查、互查、督查制度，进一步完善运行内控制度。对全市各县（区）2016年以来失业保险基金运行情况开展专项检查，进一步加强失业保险基金监督管理，强化失业保险基金风险防控。全市失业保险基金运行和扩支试点工作运行正常，未发现基金违规问题。

【工伤生育保险】 攀枝花市工伤生育保险业务经办运行平稳。

为贯彻落实国家全面两孩政策，市人社局印发《关于加强我市城镇职工生育保险经办管理及就医结算有关问题的通知》，规范经办及结算管理、数据上传标准，明确并发症报销办法。按照新政策规定对已审核的生育保险津贴进行及时足额补发，共涉及参保女职工1100余人，补发金额430余万元，有效维护全市生育女职工的合法权益。规范工伤保险辅助器具管理。完善省上对工伤保险辅助器具装配要求，市人社局印发《关于加强我市工伤保险辅助器具配置管理有关问题的通知》，从适度放宽定点准入限制、修订和完善配置项目目录、健全相关管理制度、强化综合考核管理、加大违规处罚力度等方面对辅助器具配置、更换、维修进一步明确规定，并召开工作会贯彻。审核各项待遇，保障参保人员工伤、生育保险权益。全年共审核工伤人员各类待遇30517人次，金额8840万元，其中供养配偶12398人次，金额1065万元；一次性伤残补助金622人次，金额2689万元；一次性工亡补助金92人次，金额2710万元；伤残津贴4307人次，金额824万元；5～10级一次性医疗补助金136人次，金额440万元；伤残护理费3589人次，金额331万元；丧葬费88人次，金额238万元；其他待遇9285人次，金额543万元。全年共审核生育保险津贴待遇1468人次，金额2553万元，其中审核生育津贴1100人次，金额2485万元；审核节育津贴368人次，金额68万元。

【落实医保惠民利民政策】 市人力资源和社会保障局加强医保惠民利民政策落实工作。做好2017年版《国家药品目录》切换工作。印发文件明确药品编码信息维护及2017年版《国家药品目录》切换要求，确保全市2017年版《国家药品目录》和36种国家谈判药品顺利接入和新老药品目录平稳衔接。做好建档立卡贫困人口基本医疗保障相关工作。印发文件清理底数，对接资金，确保全市建档立卡贫困人口100%参保，100%落实医疗待遇政策。建立报告和公示制度，接受社会监督。城镇职工年度住院费最高赔付限额提高5万元，城镇职工和城镇居民医保年度住院费最高赔付限额分别达到50万元和35万元；城镇居民医疗保险财政补助标准增加30元，达到每人每年450元。全面实现前台联网“一单制”结算，全市享受大病保险待遇2800人次，享受大病保险赔付金额1027万元，其中在市内定点医疗机构及省异地就医即时结算平台前台联网“一单制”结算赔付2466人次，赔付873万元；医保经办机构垫付费用报销“一单制”结算赔付334人次，赔付154万元。解决参保人员因病返贫成效显著。民政救助抓落实，救治儿童先天性心脏病、白血病9人次，报销住院费33.71万元，实际报销比例达89%。

【社保基金监管】　扎实开展专项检查，成效明显。累计投入63人开展工作，抽查正常退休310人、提前退休220人和一次性补缴1310人，核查重复领取退休金人员709人，疑似死亡领取退休金人员2161人。纠正违规退休1人，追回多领养老金3.64万元；清退重复领取待遇79.25万元，追回死亡冒领社保待遇29.92万元；发现涉及违规医疗费用326.35万元。对部、省下发的疑似重复、死亡冒领的疑点信息，要求相关经办机构建立核查台账，积极追缴冒领多领基金，确保整改到位。开展城乡居保社保经办机构现场检查，对审核审批流程不全、岗位设置不合理、缺乏业务风险识别和防控等问题，提出整改意见和要求。按照《四川省社会保险经办风险管理专项行动实施方案》的要求，对照全省《社会保险风险管理专项行动检查评分表》116项标准，进行逐一对照自查，进行完善、规范。对系统内岗位进行权限重新划分、整理业务经办权限共计274项，完成权限的重新分配，实现业务经办实名制，杜绝滥用、混用账号的现象，有效的预防职务犯罪和违规操作风险；建立失业保险待遇支付申领、发放、信息系统管理、重大事项集体决策等10余项失业保险基金监督管理制度；印发《攀枝花市医保局岗位职责与业务流程》，明晰业务流程和岗位职责，各级医保经办机构建立健全就医审批流程、医疗费用审核结算流程、医疗服务监管流程。深入开展基金常态化监管，及时查处违规行为。全年稽核192户，稽核参保人员41215人，查实有违规行为的181户，涉及漏报少缴596人，追回少缴社会保险费536.49万元；通过全省领取养老保险资格认证平台比对重复享受待遇的人员36人，清退费用14.87万元；比对机保退休人员重复享待在全市清退4人，涉及金额35.57万元，归垫工作正在进行。全市监管检查定点零售药店达50%以上；集中检查35家民营定点医疗机构，发现购销存账目数量不符、串换药品上传，虚假数据上传等问题，仁和区、西区医保局通过日常监管收回违规医保基金37.6万元。开展网络监督，不断提升非现场监督效能。核查发生基本养老保险预警1023条；失业保险预警38208条，工伤保险基金预警1391条；基本医疗预警4163条，生育保险预警43条，综合保险预警5条，通过预警信息核查，停发失业再就业人员违规享受失业保险待遇170人，停发重复领取养老待遇和工伤定期待遇4人，追回多领失业保险金29.88万元，多领工伤定期待遇2.53万元。加强监管系统运用，运用监管软件的功能筛查出退休的疑点信息310人，为专项检查提供有力的数据支撑。大力查处社保欺诈案件，追回骗取养老保险金3.7万元；查实省厅交办医保基金举报案件1件。

（肖礼荣）

民族宗教

【概　况】　全市有彝族、傈僳族、苗族、回族、纳西族等41个少数民族；有少数民族人口17.5万人，占全市总人口的14.1%；有17个民族乡镇（米易县5个、盐边县7个、仁和区5个），占全市44个乡镇的39%；民族地区辖区面积3940平方千米，占全市总面积的54%。盐边县、米易县、仁和区享受民族地区待遇。全市有宗教团体5个，其中全市性宗教团体4个，分别是市佛教协会、市伊斯兰教协会、市天主教爱国会和市基督教三自爱国运动委员会；县域宗教团体1个，即米易县伊斯兰教协会。批准设立宗教活动场所34处，其中佛教寺庙15处、伊斯兰教清真寺8处、天主教教堂（点）5处、基督教教堂（点）6处。全市现有宗教教职人员69人，有信教群众近11万人，其中佛教约9.1万人、道教约2100人、伊斯兰教约2560人、基督教约7000人、天主教约6000人。市民族宗教委认真贯彻党的民族宗教政策，着力抓好民族宗教五项重点工作，认真贯彻党的民族宗教政策，依法管理民族宗教事务全力推进民族地区经济发展。全市民族地区各族群众的生产条件明显改善，生活质量不断提高，民族地区经济加速发展，农民收入实现稳步增加，各项社会事业不断进步，全市各族人民互相尊重、互相学习、互相帮助、和睦相处，民族地区和宗教领域保持和谐稳定的大好局面。

攀枝花市宗教活动场所一览表

表 10

教别	场所名称	场所地址	教职人员数
佛教	1. 攀枝花市东区玉佛寺	东区银江镇沙坝村五组	10
	2. 攀枝花市西区西佛寺	西区格里坪镇大水井村三社	2
	3. 攀枝花市仁和区宝灵寺	仁和区宝灵寺巷 3 号	15
	4. 攀枝花市竹木山观音崖寺	仁和区金江镇保安营村山林窝组	9
	5. 攀枝花市仁和区同德观音寺	仁和区同德街 294 号	1
	6. 攀枝花市仁和区宝鼎金山寺	仁和区太平乡大坝村苍房组	
	7. 仁和莲花寺	仁和区仁和镇莲花村（暂未建）	
	8. 米易县灵佛寺	米易县普威镇街村一社	2
	9. 米易县盘龙寺	米易县丙谷镇橄榄河村二社	
	10. 米易县圣龙寺	米易县白马镇挂榜村十三社	0
	11. 米易县观音寺	米易县攀莲镇观音村三社	4
	12. 盐边县百灵寺	盐边县桐子林镇怀华百灵寺	2
	13. 盐边县兴盐寺	盐边县永兴镇范村四社	1
	14. 盐边县菩提寺	盐边县桐子林镇纳尔河村（暂未建）	
	15. 米易县如来藏寺	米易县攀莲镇青皮村（在建）	1
伊斯兰教	1. 攀枝花市仁和区中坝清真寺	仁和区中坝乡团山村灰鲊凹组	1
	2. 米易县五锁沟清真寺	米易县丙谷镇雷窝村五社	1
	3. 米易县田坝清真寺	米易县白马镇田坝回族村五社	
	4. 米易县湾崃清真寺	米易县撒莲镇湾崃村七社	1
	5. 米易县乡农清真寺	米易县白马镇黄草回族村一社	1
	6. 米易县磨盘清真寺	米易县白马镇挂榜村十一社	1
	7. 米易县大水沟清真寺	米易县攀莲镇观音村十二社	
	8. 盐边县桐子林镇清真寺	盐边县桐子林镇西环南路（暂未建）	
天主教	1. 攀枝花市东区五十四圣伯多禄堂	东区五十四金福南街 64 号	3
	2. 攀枝花市西区平江天主教堂	西区河门口公园内（迁建中）	1
	3. 攀枝花市仁和区大田天主教德助撒堂	仁和区大田镇大田街 222 号（重建）	
	4. 米易县天主教善牧堂	米易县攀莲镇青皮村十五社	1
	5. 红格上主慈悲堂	盐边县红格镇假日酒店东侧	1（备注：该人也在东区五十四圣伯多禄堂任教职人员）

续表10

教别	场所名称	场所地址	教职人员数
基督教	1. 攀枝花市东区江南基督教堂	东区江边街宁和巷07号	6
	2. 攀北活动点	东区瓜子坪攀北社区	1（备注：该人也在东区江南基督教堂任教职人员）
	3. 攀枝花市西区基督教圣恩堂	西区河门口南街24号	1
	4. 攀枝花市仁和区基督教伯利恒教堂	仁和区仁和镇大河居委会二组	2
	5. 米易县基督教永生堂	米易县攀莲镇贤家村三社	1
	6. 米易县基督教永生堂克朗活动点	米易县草场乡克朗村一组50号一栋二单元	1（备注：该人也在米易县基督教永生堂任教职人员）

【民族地区开发】 2017年，争取和安排省市民族资金1912万元，其中争取省级资金1212万元、安排市级资金700万元，在民族地区组织实施了四大民生工程。小流域现代农业增收工程。投入资金235万元，在米易县、仁和区实施606.67万平方米芒果基地配套设施建设，扶持民族地区核桃、芒果、杏子等科技成果转化示范基地7个。“四小”基础设施建设工程。投入资金1359万元，配套其他资金实施“四小”基础设施建设，实施道路硬化41千米、新建和整治道路40千米、新建人行便桥2座、架设各类管道65千米、新建水池1900立方米、整治沟渠3千米、整治河道556米，改善1万余人的通行及农副产品运输条件和300万平方米农田及林果基地的灌溉条件，解决700余人的饮水困难问题。社会事业发展工程。争取和安排资金226万元，稳步推进民族地区教育十年行动计划，实施7所学校教学设备采购、校园文化建设、食堂和宿舍改造等工程，改善7所学校2800余名师生的教育教学条件。扎实做好参加四川省第十五届少数民族传统体育运动会参赛项目、表演项目的组训工作，繁荣少数民族体育运动。保障创建民族团结进步示范县（区）活动投入，维护民族地区和谐稳定。少数民族培训工程。安排资金92万元，完成各类培训共121期，培训学员9360人次。其中，实用技术培训104期，培训学员8462人次；完成12期对口帮扶培训任务，培训人员500人次；完成3期两资管理、民族宗教界人士、民族干部培训，培训人员329人；完成2期农业产业发展考察培训，培训人员69人；发送技术资料20000余份；发放价值39万元的农药、肥料等物资。

【民族团结进步创建】 启动民族团结进步示范县（区）创建。制定并印发《进一步加强和深化民族团结进步创建活动奋力建设民族团结进步同步全面小康示范工作方案（2017—2020）》，组织各县（区）民宗局及相关人员到成都、雅安、凉山等市（州）学习考察民族团结进步创建先进经验，启动仁和区创建省级民族团结示范区工作，做好东区、西区、盐边县、米易县2018年启动创建省级民族团结示范县（区）前期准备工作。深入开展民族团结宣传教育。在市广播电视台开设民族宗教政策法律法规宣传专题，FM88.5综合广播每天播放1期，已播出40期；深入民族地区开展5场社会主义核心价值观、爱国主义感恩教育；举办民族政策和法律法规及禁毒防艾知识讲座3次，发放民族政策和法律法规及禁毒防艾宣传手册4000余份；教育引导各族群众树立正确的国家观、民族观、历史观、文化观。全力维护民族地区稳定。开展矛盾隐患排查30余人次，对排查出的隐患，落实管控措施、化解责任，依法处理各类涉及民族宗教因素的矛盾纠纷19起，确保省十一次党代会、中共十九大召开等重要会议和特殊敏感时期民族地区和谐稳定。加强城市民族工作。指导协调东区、西区以城市社区为主体，在少数民族人口集中社区建立少数民族服务站，推行社区城市民族工作网格化管理，开展好法律维权、劳动就业、特殊困难援助工作，促进各民族的交往交流交融。强化自发迁居农民管理。深入开展自发迁居农民问题调研，摸清底数、锁定目标，召开自发迁居农民管理工作会，落实责任，强化疏堵管，推进遏制增量、减少存量工作常态化。积极促成省民族宗教委、省社科院调研组来攀调研自发迁居农民工作。协助米易协调处理湾丘基地自迁历史遗留问题、撒莲镇小板厂自迁农民居住点地质灾害问题。

【依法管理宗教事务】 筹办召开全市宗教工作会议，学习宣传全国全省宗教工作会议精神，市委、市人大、市政府、市政协主要领导出席会议，市委书记作重要讲话，研究安排部署宗教工作任务，为当前和今后一段时期加强和改进宗教工作指明方向。加强社会主义核心价值观教育。以“和谐寺观教堂创建”和“法律进寺观教堂”等活动为载体，深入宣传全国、全省宗教工作会议、中共十九大精神和宗教政策法律法规，开展法治宣传教育近30次，开展交心谈话、点对点教育200余人次，发放普法宣传资料2000余份，进一步增强宗教界人士信教群众的国家意识、公民意识、法律意识。强化宗教领域规范管理。深入宗教活动场所开展专项督查20余次，指导全市宗教团体、宗教活动场所财务管理，制定《攀枝花市佛教寺院斋堂食品安全规定》等制度，推行文明敬香、建设生态寺院活动。组织开展地质灾害、防恐反恐、防火防盗、食品、车辆安全检查30余次，指导、帮助宗教团体、宗教活动场所做好安全工作，全年未发生安全责任事故。坚决抵御渗透。加强与统战、公安、国安等部门沟通协作，及时交流信息，认真排查处置全市宗教领域涉稳隐患，有效抵御境外敌对势力的渗透，保持宗教领域的稳定。加强宗教团体自身建设。完成市伊协、市佛协换届工作，组织开展宗教界人士培训3期，培训人次200余人次。

【民族地区脱贫攻坚】 争取和安排民族资金510万元，在14个贫困村实施14个扶贫项目，助力贫困村脱贫攻坚。基础设施建设方面，投入资金494万元，配套其他资金，实施水泥路硬化18.4千米、新建和整治道路24千米、修建人行便桥3座，改善5000余人的通行条件；整治沟渠3公里，架设各类管道30千米，新建蓄水池30立方，改善1500余亩田地的灌溉条件；新建34户厕所及配备太阳能，改善170余人的卫生条件。产业发展方面，投入资金16万元续建3个核桃科技成果转化示范基地建设，培养示范户38户、对子户36户，开展专家集中培训和田间技术指导30次，培训1500人次，发放技术资料6000份。全面落实结对帮扶红宝乡谜塘村工作，组织开展送温暖、送政策、送技术、送项目“四送”活动，投入资金40万元改善交通基础设施，组织实施16户贫困户危房改造，为帮扶村购置电脑、打印机、复印机各1台，会议桌椅60套。积极引导宗教参与社会扶贫，募善款4万余元，用于帮扶贫困村困难群众。

【全市宗教工作会议】 10月12日，市委、市政府召开全市宗教工作会议，市委、市人大、市政府、市政协的主要领导出席会议。市委书记李建勤在讲话中强调，要进一步统一思想、深化认识，创新思路举措，强化制度落实，进一步提高全市宗教事务管理规范化、法治化水平，有效维护全市宗教领域的和谐稳定。

【督导调研工作】 5月22—24日，省民族经济开发办公室副主任何耀军一行到攀枝花市调研督导“两项”资金管理工作，市民族宗教委党组书记、主任段怀云陪同调研。何耀军一行分别深入到仁和区、米易县、盐边县民族地区，采取实地查看、听取汇报、走访农户、查看资料等方式对2015—2016年实施的基础设施建设项目、产业发展项目和“两项”资金管理情况进行调研。何耀军对攀枝花市近年来的“两项”资金管理工作取得的成绩给予充分肯定。他对攀枝花市的“两项”资金管理工作提出四点要求：要注重整合资源，统筹推进民生项目，按照“拾余补阙”的投入导向，继续完善民族地区的基础设施建设。要加大对特色优势产业的扶持力度，加大民族地区产业发展配套设施建设。抓好项目内业资料收集整理，扭转“重外业、轻内业”的思想，把项目资料收集整理工作做细做实。要加强两项资金的管理调研，认真研究资金投向，使资金发挥最大效益。

8月6—9日，省民族宗教委、省社科院调研组，赴攀枝花市调研自发迁居农民问题。在攀调研期间，省调研组深入米易县撒莲镇金花塘村、得石镇坊田村和仁和区同德镇道中桥村、布德镇巴关河村等自发迁居农民聚居点进行调研。调研组走村入户，与村组干部座谈，了解自发迁居农民与当地村民的交流交往情况；与自发迁居农民交流沟通，了解他们的生产生活现状及下一步打算、愿望。基层调研结束后，调研组与攀枝花市市级相关部门进行调研座谈，对自发迁居农民问题涉及的相关法律法规进行研讨，听取市级相关部门对自发迁居问题的建议。

9月22日，省民族宗教委教科文语处处长、省少数民族语言文字工作委员会办公室主任杨跃加一行3人，到攀枝花市调研少数民族语言文字工作。调研组深入到仁和区平地镇中心学校，对该校挖掘、整理、改良当地彝族“里泼”支系谈经古乐、山歌、舞蹈、手工艺等文化遗产，开发校本课程，丰富学生课外活动的工作情况进行调研。调研组认为，攀枝花市立足本地实际情况，积极探索以政策、项目支持县（区）民族初中和民族乡（镇）中心校以校本课程开发的模式开展世居少数民族传统文化课外活动，以培养各世居少数民族青少年对本民族语言、文字乃至传统文化传承的兴趣，取得较好成效，他们对攀枝花务实创新少数民族语言文字工作给予充分肯定。

【首届中国傈僳族文化旅游高峰论坛】 4月28日，首届中国傈僳族文化旅游高峰论坛在米易县举行。来自中国人类学民族学研究会、复旦大学、云南民族大学等研究会和高校的180余名民族文化、旅游方面的专家、学者汇聚一堂，共谋傈僳族文化旅游发展。国家民委政法司原巡视员、中国人类学民族学研究会副会长黄忠彩，国家旅游局综合司原巡视员邓宗德，文化部民族民间文艺发展中心原副主任张刚，云南民族大学党委副书记、博士生导师刘荣，中国人类学民族学研究会副秘书长、中国人类学民族学研究会傈僳学专业委员会会长鲁建彪，攀枝花市、副市长刘文彬，攀枝花市人大常委会副主任陈可红，攀枝花市政协副主席李明，市民族宗教事务委员会主任段怀云等出席论坛活动。这是中国傈僳族历史上第一次明确以文化旅游为主题的高峰论坛，得到国家民委、国家旅游局、文化部层面的关注，这不仅有利于傈僳族文化从“自娱自乐”走向“自我展示”，走向全国，还有利于帮助攀枝花市积极探索民族传统文化优势向产业优势转化的新途径，探索民族地区精准扶贫的新思路。

【宗教界扶贫日行善举暖人心】 10月17日，结合全国第四个扶贫日，市民族宗教委发动全市宗教界人士开展慈善周行动，组织市佛教协会、市基督教爱国会、市天主教爱国会、市伊斯兰教协会深入盐边县红宝乡谜塘村开展行善助推精准扶贫活动。当日，4个宗教团体将善款2万元交到村委会，帮助谜塘村购置村社办公设备和155个“爱心清洁包”。

（胡金城）

档案事业

【概　况】 攀枝花市2017年有市级档案部门1个，县（区）级档案局5个，均为参照公务员管理的直属事业单位。市档案局（馆）（以下简称市档案局）内设办公室、政策法规科（行政审批科）、档案业务指导科、档案整理部、档案保管利用部、档案编研部、档案微机管理部7个科（部、室）。2017年，市档案局馆藏全宗283个，纸质档案54.22万卷（件），其中案卷37.14万卷，以件为保管单位24.98万件。声像档案2941盘、照片档案6.41万张、实物档案2634件、资料2.58万册。

1月，市档案局被省人力资源和社会保障厅、省档案局联合表彰为全省档案工作先进集体；2月，市档案局获省档案局表彰2016年全省档案法治工作先进单位及精准扶贫档案工作先进单位；7月，市档案馆被中共省委、省政府联合命名为四川省爱国主义教育基地。全市档案工作存在的不足：馆藏档案数字化进程较缓，全市数字档案室建设相对滞后，档案事业专业人才不足。

【重大项目档案管理】 市档案局服务“项目年”活动。受省档案局委托，联合市水务局等项目主管部门对“盐边县红坭河红果乡防洪治理工程”项目档案进行专项验收，联合市交通局对“丽攀高速公路攀枝花段”项目档案进行指导和预验收。参与省档案局组织的“盐边县万家山30兆峰瓦大型并网光伏电站”“雅砻江桐子林水电站”两个重点建设项目档案验收工作。

【重大活动档案管理】 按照《第三届中国康养产业发展论坛攀枝花市筹备工作领导小组及职责分工》，作为成员单位，及早介入，加强沟通。根据《四川省重大活动档案管理办法》制定《关于做好第三届中国康养产业发展论坛档案资料工作的通知》，就各相关部门档案管理职责、档案资料形成质量、门类、归档要求、移交方式等做明确规定，确保重大活动结束后档案资料能齐全、完整、规范移交进市档案馆，为论坛工作留下完整、宝贵的档案资料。

【民生档案管理】 市档案局服务城乡居民医疗保险整合工作。按照《攀枝花市整合城乡居民医疗保险工作的实施方案》要求，联系人社、卫计委等部门到县（区）开展调研、听取相关工作人员建议，征求意见，草拟并联合市卫计委、市人社局印发《关于加强攀枝花整合城乡居民医疗保险工作中新农合档案管理工作的通知》，规范指导新农合档案档案资源的收集整理、移交、鉴定销毁等工作。

【企业档案管理】 市档案局开展《企业数字档案馆（室）建设指南》的宣传贯彻，继续加强企业、科技事业单位的规范化建设，并按照新《四川省档案工作规范化管理办法》对“国盛车检公司”“攀枝花学院附属医院”进行认定，均达到企业、科技事业单位省二级标准；对10个企业、科技事业单位进行规范化复查。全年共对16个单位开展23次指导，其中涉及民营企业3个。

【规范化管理】 市档案局继续巩固攀枝花市档案工作规范化管理成果，对市属28个机关及企事业单位进行规范化管理检查。重点从机构与组织管理、硬件建设、业务规范、档案开发利用及数字化加工等多方面进行监督指导和检查，进一步提高各单位规范化管理水平。

【脱贫攻坚服务】 市档案局“四个先行一步”当好脱贫攻坚勤务兵，先行一步试点脱贫攻坚档案管理办法，先行一步开展脱贫攻坚档案业务培训，先行一步制定工作计划，把脱贫攻坚档案纳入市级相关部门和县（区）档案部门的重点目标考核范畴；先行一步开展脱贫攻坚档案建档、收集和整理情况大检查。目前，脱贫攻坚档案建档率达100%，全市脱贫攻坚档案工作进度与脱贫攻坚工作进度相一致。

开展对口帮扶村扶贫工作。米易县新山傈僳族乡新山村为市档案局精准扶贫对口帮扶村，全村建档立卡贫困户91户，在年底实现贫困户全部脱贫、贫困村摘帽。市档案局派驻干部一名进行驻村帮扶。全年组织全局职工到户慰问3批次，80余人次，发放粮油等物资折价0.8万元，捐赠新山村委会现金0.3万元、“脸盆计划”0.3万元。协调短平快项目发放鸡苗3600余只。协助中国致公党天津市委员会、中国致公党天津市滨海新区委员会为贫困户捐赠水窖一口（折合价格0.85万元）、协调贫困学子助学金1.44万元，协助组织致公党天津专业医疗团队深入农户开展大型义诊活动。在“七一”建党节组织新山村党员、贫困户代表先后到攀枝花中国三线建设博物馆重温三线建设精神，到市档案馆参观《党和国家领导人情系攀枝花图片展》《杨文仲家风家规资料展》，到市农科院大棚基地学习先进农业技术。

【资源建设】 市档案局按双套制正常接收档案资料27442卷（件），涵盖市人大常委会、川投化工等单位。征集各类档案1817件进馆，其中市级领导、国家级专家等文件、著作、照片、资料1769张，全市优秀摄影图片48张。

【法制化建设】 市档案局制定本局行政执法“双随机一公开”工作方案和实施细则；完成7名行政执法人员证件年审；完成行政审批事项自查，根据修改后的《中华人民共和国档案法》《中华人民共和国档案法实施办法》调整行政权力事项，取消行政审批、整合相近事项5条，当前市档案局行政权力事项共计14项，行政处罚5项，行政奖励1项，行政执法1项，其他行政权力7项。先后对29个机关、国有企业、事业单位开展行政执法检查工作，结合年度工作重点，根据《档案数字化外包安全管理规范》，对已开展档案数字化工作的13家单位开展档案数字化外包安全管理专项执法检查。根据各单位现场检查情况，填写行政执法检查情况登记表1份，发出行政执法建议书27份，发出行政责令整改通知书1份，并将执法检查结果全部及时著录到“行权平台”。

【信息化建设】 市档案局抓实“双套制”管理，积极推进全市数字档案馆建设。档案存量数字化有新成绩。全市535个单位档案室有211个启动数字化加工工作，完成加工任务的有135个。全市6个综合档案馆应数字化档案5158万页，现完成1712万页，完成率33%，其中米易县档案馆、盐边县档案馆全部数字化。增量数字化有新成果。纳入目标考核的80个一级部门中开展数字化加工工作的达50余家，其余单位也正在比选、招投标、合同签订中。稳步推进“双套制”管理模式。加强调研形成《关于在档案“双套制”管理中发现的问题》，组织相关业务部门共同研讨。根据存在的问题，及业务研讨达成的共识，印发《攀枝花市档案局关于实行档案“双套制”管理有关问题的补充通知》。对13个单位开展数字化外包安全管理的专项执法检查。利用规范化管理检查、日常上门指导（30余个单位上门指导）、网络平台等加大对各单位档案数字化工作指导服务。邀请在攀枝花开展数字化外包服务的10家公司召开座谈会，强调档案安全工作和质量标准，并做现场指导服务，答疑解难。

【文化建设】 市档案局加强档案档案文化建设。4月，从档案中总结杨文仲家训——“心许三线、服务祖国，舍小为大、奉献社会”推荐省纪委、省委宣传部，该家规从全省400余篇家训家规、800余篇家风家训故事评选中脱颖而出，荣获“首届十佳天府好家规”称号。深入挖掘档案文化，利用馆存档案编研撰写《方毅与攀枝花》，该书公开发行3000册，市档案局筹划举办《方毅与攀枝花》首发式，促成方毅副总理之子、原中旅集团总经理方小榕先生的攀枝花康养旅游指导之行，市委、市政府特聘方小榕先生为攀枝花智库特邀顾问，为攀枝花康养旅游发展出谋划策。围绕市情讲好攀枝花故事。2017年编辑、推送《档案里的攀枝花》44期，稿件围绕中心与服务社会两个特征更为鲜明。服务中心方面：在重要时间节点，着眼全市经济建设大局，编辑、推送《邓小平视察攀枝花》《“钉子”为什么钉在攀枝花》《攀枝花苏铁二三事》等10余篇揭示攀枝花三线建设史实、介绍“巴蜀三宝”之攀枝花苏铁发现历史的档案文献。服务社会方面：着眼攀枝花市情，用档案讲攀枝花故事，编辑、推送《“洋”味道的二街坊》《弄弄坪“七户人家”的故事》《攀枝花市名称由来考》等20余篇攀枝花人常讲常说而又不得要领的历史故事，介绍攀枝花开发建设初期的真实情形。

【馆库建设】 全市5个县（区）级国家综合档案馆全部纳入国家中西部县级档案馆建设规划，全面突破制约档案工作发展关键瓶颈，现建设完成10357平方米，完成总投资3900万元，其中省级及以上配套资金1949万元。当前米易、盐边两县新馆投入使用，东区新馆于年初获国家、省级配套资金538万元，市档案馆于2016年被批准按“公共档案服务中心”模式纳入“市民之家”建设，规模为31800平方米。

率先在全省创建为“省级爱国主义教育基地”。2017年7月，经省委宣传部检查验收，攀枝花市档案馆成功创建为“省级爱国主义教育基地”，成为全省21个市州档案馆首批省级爱国主义教育基地。

【安全体系建设】　市档案局落实档案管理“九防”措施，确保微型消防站及消防设施正常运转，对进馆档案进行冷冻杀虫处理工作。邀请市消防支队专业人员结合市档案馆工作实际讲解消防知识和灭火演练。市档案局除自身日常安全检查外，逢重大节假日及汛期组织人员对全市国家综合档案馆及重点档案室开展安全检查。全市各档案馆均无档案失窃、泄密、损毁等事故发生。与银川市档案局、绵阳市档案馆分别签订异地备份协议，6个综合馆数据全面实行异地备份。

【档案利用】　全年全市共接待查阅档案利用者9672人次，调阅23472卷（件），其中异地查档跨馆服务接待查阅利用36例，其中市档案馆1031人次，3809卷（件），异地查档18例；盐边县档案馆789人次，1323卷（件、册）次；仁和区档案馆3766人次，4860卷次，异地查档11人次；东区档案馆1188人次，1426卷/件次；西区档案馆382人次，6715卷/件次，异地查档7人次；米易档案馆2516人次，5339卷/件次。市档案局办理“未开放档案查阅”事项658件，并通过市档案局行政权力依法规范公开运行平台全部进行网上登录。全市档案馆爱国主义教育基地接待参观档案展览3326人次，其中市档案馆1056人次、东区档案馆300人次、西区档案馆300人次、仁和档案馆200人次、米易档案馆1350人次、盐边档案馆120人次。

【档案培训】　5月8—12日，在成都举办1期档案人员基础业务培训，307人参训；组织全市干部人事档案管理人员参加省档案校、省干函院《干部人事档案与人才档案管理》专题培训1次，140人参训；组织新任和需要换证的档案行政执法人员专业法知识培训和考试，共计11名。

【档案工作宣传】　开展档案法专题讲座，全年分别到盐边县、西区开展法治讲座，参加人数达200余人。向新闻媒体报送信息简报201篇，各类传统媒体采用39篇，其中国家级媒体9篇，四川档案11篇，市级媒体19篇，新兴媒体132篇，其中四川档案网97篇，中国档案网22篇，档案资讯网13篇。

（高利敏）

老龄事业

【概　况】　2017年，攀枝花市60周岁及以上老年人22.8万人，其中100岁及以上老年人38人。2017年，全市发放高龄津贴1704.6万元，人均750元/年，位居全省前列；为全市1456名特殊困难老年人购买老年人意外伤害保险；为23569名老年人提供政府购买居家养老服务；市内各景区对老年人免票达到349.9万人/次；公共交通对老年人免票达到1489万人/次。

【创建“敬老文明号”】　为构建养老、孝老、敬老社会环境，2017年，市老龄办积极组织开展“敬老文明号”创建工作。市国网攀枝花供电公司、市社会福利院于3月23日荣获全国“敬老文明号”称号。

【需求状况调查】　为掌握全市老年人需求状况，2017年市老龄办在米易县和西区开展老年人需求状况调查工作。在两个县（区）各选择500个老年人样本，以问卷调查的方式，开展涵盖生活照料、家政服务、医疗保障等9个方面27项内容的老年人需求状况调查工作。调查工作于6月29日结束，发放调查问卷1000份，收回1000份。通过问卷调查，市老龄办进一步掌握攀枝花市不同年龄层次老年人的各项需求，为老龄事业各项决策提供有力的数据支撑。

【生活状况监测调查】　2017年，仁和区被全国老龄办抽中为老年人生活状况监测调查的县（区），在市老龄办的指导下，仁和区选择4个乡（镇）所属的16个社区96名老年人开展生活状况监测调查，于8月31日完成调查工作并将数据统计并上报全国老龄办。

【开展“敬老月”活动】　为弘扬敬老爱老助老社会风尚，

喜迎中共十九大胜利召开，市老龄办于10月1—31日在全市范围内开展以“关爱老年人，欢庆十九大”为主题的“敬老月”活动。活动期间，市老龄办投入活动经费9.23万元，开展敬老爱老助老工作，为老年人送温暖、办实事、做好事、解难事。李建勤、王波等市领导参与走访慰问、送温暖等敬老爱老活动。

【开展“攀枝花市阳光康养老人”评选活动】 为激励全市老年人发挥正能量、作出新贡献，助推攀枝花阳光康养产业向纵深发展，市老龄办于9月25日—11月6日首次在全市开展“攀枝花市阳光康养老人”评选活动。经过推荐、评选、公示等环节，评选出“阳光康养奉献老人”“阳光康养文艺老人”“阳光康养运动老人”共10名，市老龄办为获奖老人颁发荣誉证书并给予每人1000元的奖励金。

【成功申报养老机构建设和服务标准化、规范化试点城市】 2017年，市老龄办参与攀枝花市养老机构建设和服务标准化、规范化试点申报工作。9月4日，攀枝花市被省民政厅评选为养老机构建设和服务标准化、规范化试点城市。

【参展中国（四川）老龄事业暨养老服务业国际博览会】 10月27—29日，市老龄办牵头参展在成都举办的中国（四川）老龄事业暨养老服务业国际博览会，投入财政资金60.54万元，展区面积达到322平方米，发放各类宣传资料1.1万余份（册）。展会期间参观人员络绎不绝，现场销售特色水果上万元、钛系列产品0.6万余元。攀枝花展区是省人大常委会副主任刘道平巡馆时唯一参观的市州展区，省民政厅益西达瓦厅长、刘家鹏副厅长，省老龄办赵汝鹏常务副主任多次参观指导攀枝花市展区并对攀枝花参展工作给予高度评价。

【成功申报居家和社区养老服务改革试点】 2017年，市老龄办牵头开展全市居家和社区养老服务改革试点申报工作，经过层层申报以及多次前往国家有关部委汇报工作后，申报工作得到上级大力支持。9月4日，攀枝花市获省级居家和社区养老服务改革试点城市称号；11月10日，攀枝花市获国家第二批居家和社区养老服务改革试点城市称号；12月25日，攀枝花市获中央财政居家和社区养老服务改革试点补助资金3736万元。

【成功申报国家康复辅助器具产业综合创新试点】 2017年，市老龄办牵头开展国家康复辅助器具产业综合创新试点申报工作。经过层层申报，攀枝花市于11月上旬被民政部等六部门确定为国家康复辅助器具产业综合创新试点地区，将获30项国家政策支持。

【老龄人口信息管理】 2017年，全省统一的“老龄信息管理平台”上线运行，市老龄办为更准确地掌握全市老龄人口信息，主动提高工作标准，将全市老年人信息采集录入范围从省老龄办要求的“年满80周岁老年人”拓展到“年满60周岁老年人”。11月30日，集中导入数据期间，仅用不到2个小时就完成全市21万多名老年人的信息导入，获得省老龄办好评。

【第五轮敬老模范创建】 为积极应对人口老龄化，进一步建立和完善老龄工作激励机制，市老龄办启动全市第五轮敬老模范创建工作，于12月31日完成《市政府办公室关于开展第五轮创建敬老模范县（区）和乡（镇、街道）、单位的实施意见（2017—2019年）》，将省级和市级创建标准上报市政府，对下一步全市各县（区）和乡（镇、街道）、单位开展创建工作作出具体要求。

【老龄问题调查研究】 为进一步掌握全市老龄工作有关情况，市老龄办在全市范围内开展老龄工作调研活动，各县（区）老龄办认真完成调研成果上报。市老龄办向省老龄办推荐优秀作品4篇，其中东区老龄办撰写的《单位制社区的变迁与老年人群体意义空间的变化》《养老机构标准化建设的思考与对策》被分获2017年度四川省老龄政策调研优秀成果一、二等奖。

【成功申报全国智慧健康养老应用试点示范地区】 市老龄办参与攀枝花市申报全国智慧健康养老应用试点示范地区工作。配合市经济和信息化委将东区炳草岗街道、仁和区前进镇、米易县草场乡成功入围全国智慧健康养老示范街道（乡镇）名单。12月19日，工信部、民政部、国家卫计委等部委发文，公示全国智慧健康养老应用试点示范地区名单，攀枝花市榜上有名。

【推进康养产业发展】 2017年，市老龄办将康养产业与老龄事业共同发展，全程参与康养论坛筹备工作，牵头多项康养产业具体工作，全面夯实全市康养产业基础，深入打造阳光康养金名片，有力推动全市康养产业快速发展。

参与一次康养论坛组织筹备：全程参与第三届中国康养产业发展论坛的组织、筹备工作，论坛期间做好成果展示、对口接待等工作，圆满完成论坛各项工作任务；完成两个康养规划评审工作：6月29日，完成《攀枝花康养产业发展规划》《攀枝花康养人才队伍建设中长期规划（2016—2025）》的评审工作。牵头三项康养产业具体工作：牵头初步建成全国首个专业康养大数据平台，12 月 8—10 日，康养大数据平台在第三届中国康养产业发展论坛上顺利实现首发上线并开展试运行；牵头代攀枝花市政府草拟创建中国阳光康养产业发展示范区的请示材料，于 12 月 27 日经省政府呈报至国务院；牵头完成《中共攀枝花市委　攀枝花市人民政府关于深入推进康养产业发展的实施意见（送审稿）》，于 12 月上报市政府审定。参与四项康养产业标准制定：参与全市康养产业 13 项地方标准中《攀枝花市社区居家养老服务规范》《攀枝花市社区居家养老服务质量评价通则》《攀枝花市老年康养社区建设基本要求》《攀枝花市养老机构护理区建设基本要求》等 4 项涉及养老服务的标准制定，并于 12 月 4 日获准发布。

（陈麓杈）

商贸流通

商贸 粮食

【对外贸易】 2017年，市商务和粮食局加强与外贸重点企业鞍钢国贸攀枝花公司的跟踪服务，及时宣讲扶持政策，指导公司用好政策促发展。鼓励东方钛业、攀钢钛业和中瑞商贸等钛白粉出口企业，抢抓钛白粉价格回暖机遇，提高国际市场占有率。支持红宇白云和四川长矾等出口企业，主动适应国际市场，加快产品结构和经营方式调整，提升出口产品质量和技术含量，增强国际竞争力。经过省、市商务部门争取，钒钛高新区管委会，米易和盐边商务部门新增为对外贸易经营者备案登记机构，夯实外贸发展基础。联合钒钛高新区，完成四川省攀枝花市钒钛产业基地的国家外贸转型升级示范基地考核认定资料的上报工作。支持东方钛业、中瑞商贸等公司参加中东涂料展、欧洲涂料展、韩国涂料展和越南涂料展等专业性展会；鼓励钒钛高新区参加第5届中国（上海）国际技术进出口交易会，展示、宣传高新区科技创新成果，发布技术需求信息。组织参与第二届西博会进出口展暨国际投资大会展览展示工作，全市30户企业现场展示，现场销售及达成国内外贸易协议金额4.9亿元，十九冶集团签订境外工程项目协议金额5.4亿元，攀钢集团、米易百果鲜果业公司等参展企业达成20余项意向性合作协议，取得良好成效。2017年，全市外贸实现进出口总额26.24亿元，同比增长89.3%，增速、规模分别居全省第2、第8位，完成省政府下达全年目标任务12亿元的218.67%。

【外资外经】 2017年，全市外商投资实际到位资金2.91亿元，全省排位进入前十，完成省政府目标的143%。

召开全市外资工作推进会，邀请省商务厅专家为攀枝花市外资企业及各县（区）外资工作人员讲课，主动为企业服务。参加埃塞俄比亚——四川经贸论坛等外经贸活动，对接美国通用基因科技公司等企业，为下一步交流合作奠定基础。做好外经企业服务，积极推动企业开展境外投资、国际工程承包和劳务合作，不断提高外经监管水平。

【社会消费品零售】 2017年，全市社会消费品零售总额完成352.4亿元，增速11.2%，高于省政府下达年度目标任务（10%）1.2个百分点。

2017年，共组织全市40余家辖区企业开展迎春购物月、欢乐阳光节、重庆啤酒节等大型促销活动50余场，拉动消费5.5亿元。以国内、省内有一定影响力的综合性、专业性品牌展会为载体，组织、指导本地商会、企业积极参加“川货全国行”长春站、川货新春大拜年等多场活动，同时积极争取政策和资金，加大对参展企业支持、补助力度。达到扩大攀枝花市在省内外的消费市场，提高攀枝花市优质产品综合竞争力和市场占有率，推动攀枝花市经济稳定增长的良好效果。

【服务业发展】 2017年，全市服务业实现增加值362.07亿元，同比增长8%；服务业占GDP的比重为31.6%，自2003年以来首次超过30%。

编制完成全市“十三五”服务业、物流业发展规划和2017年攀枝花市服务业投资指南。推进“渡口记忆”三线文化特色商业街区、密地现代物流园区二期、普达阳光康养度假区等各类服务业项目建设。

【菜市场建设】 加快“菜篮子”工程建设，市场服务民生项目能力进一步提升。在民意调查的基础上，按照“2017年度中心城区菜市场推进计划”，顺利完成主城区3个农贸市场建设。广泛调研，草拟《攀枝花市中心城区农贸（菜）市场建设方案》；组织考察，学习成都益民生鲜菜市场先进经验，制定出台《攀枝花市菜市场标准化建设指导意见》；征求意见，草拟《攀枝花市中心城区菜市场建设改造补贴方案（代拟稿）》。

【招商引资】　加强与中崇集团、红旗连锁等重点企业的沟通联系，强化组建国家级钒钛交易所、建设物流公路港等重点项目的对接促进，全年现代物流和电子商务等4个行业产业招商新签约项目51个，项目合同金额885.97亿元，全年累计到位资金21.53亿元；新开工项目41个，项目合同金额86.15亿元，到位资金26.55亿元；新投产项目5个，到位资金0.73亿元。

【项目建设】　按照“2017年度中心城区菜市场推进计划”，顺利完成主城区3个农贸市场建设。邮政电子商务进社区智慧020电子商务平台及配送支撑项目全面完成，投资480万元，建成邮政智能包裹柜60个。盐边芒果交易中心项目完成前期资金投入，基础设施建设顺利开展。加快电子商务项目建设，完善农村电商服务网络。完成电商产业园二期建设，完成大水井省储库粮库信息化建设和仓顶光伏电站建设、盐边县桐子林粮站2000吨仓容建设。

【市场流通监管】　认真开展全市打击侵犯知识产权和制售假冒伪劣商品、单用途商业预付卡备案管理、粮食库存检查等商务粮食流通领域执法检查工作，全年开展商务和粮食领域执法检查50余次，分别处置、转交“12312”投诉15件、4件。组织开展2017年度粮食库存交叉检查工作，全市粮食储备总体情况较好，数量真实、质量可靠、账实相符。

【电子商务】　起草《2017年攀枝花市电子商务工作要点》，促进攀枝花市电子商务与各行业充分融合发展。积极推进仁和区阿里巴巴农村淘宝战略协议，构建农村电商服务体系；仁和区政府和阿里巴巴签订战略合作协议，区级服务中心完成选址。电商园区二期开园，攀枝花城市创新综合体、攀枝花钒钛运营中心、攀枝花京东生鲜、攀枝花创客阳光等项目入驻二期。组织26度果园、聚智商贸等电商企业参加2017年中国（四川）电子商务峰会，活动期间，电商企业通过线上推广和线下布展共实现交易额115万元。

【项目资金争取】　全年成功争取上级部门各类资金和费用补贴3600余万元，其中省级内贸流通服务业发展促进资金500万元，老旧汽车报废更新补贴清算资金164万元，冷链物流287万元，市场监测、三大活动90.3万元，四川省内贸流通发展服务业专项资金30万元，中央外经贸资金104万元，省级外经贸发展专项资金535万元，粮食风险基金1906万元。

【粮食安全保障】　强化粮食收购，加强与粮食主产区的协作，稳定市外粮食调入，全年全市收购粮食5.2万吨，市外购入粮食10.9万吨。组织开展2017年度市政府对各县（区）的粮食安全行政首长责任制落实情况的考核工作。修改完成并重新印发《攀枝花市级储备粮油管理办法》，开展粮食应急演练，统一制作全市粮食应急供应网点挂牌，攀雪牌小麦粉被省政府评为四川名牌产品（2017—2019）。强化储备粮油监督，认真开展全市粮食库存检查，确保储备粮数量真实、质量良好、储存安全。加强粮食质量管理，年初与市质量技术监督局签订攀枝花市地方储备粮油产品质量监督管理委托协议书，由市质检所定期对全市各级储备粮油进行日常质量检测和轮换入库（不含中央、省级储备粮油）质量检测。

（张银江）

供销合作

【概　况】　2017年，攀枝花市供销社系统在职职工181人，市供销社机关参公编制20人，单列编制1人；直属企业6个，从业人员103人；开门办社供销社专业合作社128个，从业人员6851人。2017年，全系统总资产31037万元，其中市级9894万元，县（区）21143万元，直属企业32个，亏损企业5个，系统汇总盈利484万元；系统服务额51381万元，其中农产品销售1.3亿元，全年供应农资商品实物量38802吨，实现销售额10439万元，恢复重建基层社20个，新建农民专业合作社6个，新建农村社区综合服务社33个，全面完成省供销社下达的基层组织建设目标任务。

【供销社综合改革】　2017年5月10日，市政府正式出台《中共攀枝花市委攀枝花市人民政府关于深化供销合作社综合改革的实施意见》，从总体要求、创新服务体系、组织体系、经营体系、管理体系、加强组织领导六个方面提出攀枝花市推进供销社综合改革的意见，5月23日，召开全市供销合作社综合改革工作推进会，对全市供销合作社综合改革工作做出安排部署，将综合改革具体细化五项重点工作纳入目标考核。起草《攀枝花市供销社综合改革市级部门主要工作任务责任分工方案》和《攀枝花市供销社综合改革内部责任分工方案》，两份方案都明确各项具体改革任务的责任部门、责任领导、工作推进时间和任务完成形式。核心就是“两大体系”和“六个重点”，依托供销合作社加快构建农业社会化服务体系和城乡社区生活服务体系；“六个重点”即农资供应、农业社会化服务、农产品流通及农村电子商务、城乡社区服务、农村合作金融、脱贫攻坚。2017年开展供销社综合改革重点任务试点工作，创新发展农村新型经营主体，组建两类合作社联合社。市政府支持建立供销社综合改革发展基金50万元。

【农产品流通网络体系建设】 2017年，市供销社构建农产品网络体系建设，以地域产业特色为依托，加快农产品专业市场建设。盐边县供销社先后在益民乡依托番茄种植产业，红宝乡依托核桃种植产业，红果乡依托活羊养殖产业，新组建区域特色专业农产品交易市场3个。发展冷链物流配送：完善冷链物流设施，米易县供销社推进特色农产品冷链物流设施建设，依托白马镇黄草樱桃优势特色农产品品牌，在米易县白马镇黄草村落地实施“黄草特色农产品冷链物流配送中心项目”，项目总投资96.72万元，其中争取省供销社综合改革资金45万元，市供销社支持10万元，村级自筹41.72万元。电子商务中心的建设，搭建起以黄草樱桃为主的农产品分拣包装、采后贮藏、保鲜储运平台，为农产品电商营销提供了有效的运营支撑。市供销社依托米易老高山农业电商科技公司、仁和乌拉葩地农产品电子商务中心，与总社供销e家电子商务平台对接，拓展线上销售渠道，2017年，累计实现电商销售2149万元，同比增长18.8倍。加快转变服务方式：鑫茂农业生产资料公司继续发挥“田田圈”农资电商平台作用，开展远程农作物病害诊断、网上商品配送、技术推广指导等，强化服务。拓展农产品外销渠道：开展农超对接，拓展连锁销售，2017年，全系统实现农产品销售1.3亿元，同比增长18.39%。米易老高山农业科技公司联合省供销社绿满仓公司，成功签约省人大工会、省人力资源社会保障、省商务等15家省直机关和大型企业集团，开展特色果蔬、肉类直供，实现销售200余万元；与成都万象蓉和餐饮有限公司签约，与国家开发银行四川省分行、中国银行四川省分行、招商银行后台服务中心、华西长城银行四川省分行、通威国际中心5家单位签约，供应食堂所需食材，年销售800万元。米易县老高山农业科技公司（县供销社参股企业）在成都招标对接商超20家，与成都市鼎粮实业有限公司签订攀枝花特色农产品直销店联合经营项目，连锁销售额增加5倍，累计实现销售超100万元。开启与四川省供销“5+1”集团战略合作，与四川农产品集团公司开展攀枝花市农特产品产、供、销合作，完成在成都市金牛区安蓉路老邻居阳光里农贸超市设置“攀枝花特色农产品专区”的网点布局。链接航空拓市场。与北京凤凰航空实业公司合作签订全年特色水果，干货特产，生态蔬菜和肉类产品供货合同，年销售1000万元。中国国际航空公司意向在米易设立生活后勤直供基地，相关工作正在进一步洽谈中。米易供销社深化与成都伊藤洋华堂的合作，芒果直供成都伊藤洋华堂6家分店，实现销售30余万元，米易枇杷12月初上架伊藤；11月27日签约红旗连锁超市，开展水果和蔬菜直供预计年销售达5000万元以上。攀枝花市委书记张剡一行与重庆粮食集团董事长、党委书记王银峰等在渝，就供给侧结构性改革及精准扶贫工作进行交流协商，并初步达成多项合作意向；米易县县长许军峰与重庆粮食集团华龙百家科技发展有限公司董事长刘玮捷签订了精准扶贫、战略合作框架协议。

【会计服务中心】 米易县农民专业合作社会计中心服务规模扩大，服务农合社数量由2016年的19家发展到2017年的58家，范围由城中乡镇延伸至其他乡镇、贫困村区域；服务内容由为合作社代理记账核算单一服务，拓展到为全县农民合作社、小微企业等多类涉农经营主体，提供规范税收申报、统计、工商登记（变更）、政策咨询、信息提供、项目申报辅导等综合性服务。全省系统会计服务中心现场经验交流会在米易成功举办，全省16个市（州）、县（区）供销社到米易调研学习，经验得到省供销社肯定，在全省推广。

【项目申报工作】 2017年，市供销社将项目培育纳入攀枝花市供销社综合改革发展资金范围给予重点扶持，鼓励扶持推动项目申报；完成两县一区3个项目书研制，按照上级社要求，完成2个项目申报工作；争取项目落地。2017年，全市系统完成《2018年四川省攀枝花市米易县粮经复合型（稻—菜）土地托管新建项目申报书》和《2018年四川省攀枝花市盐边县特色经济作物土地托管新建项目书》编制及项目申报工作。米易县粮经复合型（稻—菜）土地托管新建项目，通过省供销社和国家总社审定，给予扶持资金280万元。

【精准帮扶】 市供销社作为牵头单位，派驻一名工作人员到米易县麻陇乡马进村工作，按照“村支两委+供销社+合作社+贫困户”模式，加快贫困村农村新型经营主体培育，按照3年（2016年—2018年）实现全市70个贫困村合作社全覆盖目标，推进在贫困村领办、创办、规范、提升农民专业合作社发展工作，2017年新完成领办、规范31家，累计达65家，实现覆盖面达92.9%。在米易县麻陇乡马井村组建马井社区综合服务社，改善基础设施，投资对定点帮扶的米易麻陇乡马井村41户、217名贫困人员完成新建蓄水池6口，1200立方米；建沟渠2条，长2.74千米；建管网14条，长12.24千米；建机耕道2条，长0.92千米。帮扶发展产业项目，全年协调落实项目资金80万元；推动标准化养殖，按照市农林院设计要求，全面完成贫困户22户养羊、14户养猪、3户养牛、1户养鸡的标准化圈舍改造和达标验收工作；组织优品育种，督导村支两委对养羊户开展引品育种，合理制定补助方案，及时足额拨付补助资金到户；扩大畜草种植，保证种畜越冬饲草，发展黑麦草种植等。帮扶开展技术培训。组织帮扶村农技员、防疫员参加县上培训和异地交流学习，邀请农牧专家开展推广科学种植养殖技术培训3期，126人次。帮扶给予物资捐赠。根据马井村农业生产需要，发挥供销社行业优势赠送生产适用复合肥1.64吨；送温暖，送爱心，走访慰问累计160余人次、慰问金2万余元；组织机关职工捐款6000元，市级企业捐款7000余元（包括捐物折资）。

市纪委派驻市供销社纪检组结合实际，制定《开展扶贫领域突出问题专项整治实施方案》，分两轮对帮扶村开展“贪污侵占、截留挪用、骗取套取扶贫资金”“扶贫项目分配安排、审核审批、检查验收中以权谋私、徇私舞弊、优亲厚友”“脱贫攻坚工作中滥用职权，不作为、慢作为、乱作为”及“脱贫攻坚档案资料清理整治”等问题的专项整治，督查梳理发现问题18个，分别下发整改问题清单，限定时限，整改落实，有效杜绝了各类问题的发生，2017年，马井村通过市级考核验收。

【企业管理】 市供销社直属企业32家，供销社社有资本入股公司16家，其中市级9家中，全资2家，控股3家，参股4家；县（区）7家中全资1家，控股公司2家，参股公司4家。社有企业在职职工233人，企业总资产2.35亿元，社有企业从事农资业务的3家，烟花爆竹2家，废旧业务1家，农产品冷链仓储企业1家，农产品开发销售1家，社有资产管理公司2家，幼儿园2家，宾馆2家。加快社有企业转型升级，2017年，完善市社鑫企业咨询管理有限公司股权结构，市社鑫公司股东转换为供销社及供销社全资公司。完成供销社劳动服务中心收购市丰瑞棉麻公司在市社鑫公司10%的股份。完成市社鑫公司工商变更登记。完成市供销社原14个产权单位所有房产和土地资产的清理。制定市供销社社有资产统计表，清理核实房产证82本，产权面积1.86万平方米；26本土地证，使用面积6.52万平方米。其中已抵押房产5处，1643.23平方米；已抵押土地5宗，1.78万平方米。出让性质土地305平方米。清理供销系统土地确权登记情况。为落实供销社土地确权工作，加强供销社用地管理，按照省供销社要求制定了攀枝花市供销合作社土地确权登记进展情况调查表。审查幼儿园扩建方案，幼儿园扩建经费支出10万元，劳动服务公司按照国家相关规定更换1台工作用车，川滇宾馆调整经营承包费用由原来的20万元减少到15万元，承包期限8年。市供销社参股市花冠公司、市联社控股12%，对绿满仓公司控股10%，强化市供销社原控股企业市丰瑞棉麻公司、不夜城的日常经营监管，严格执行报账制度，严控各项费用支出。组织召开年度股东会议，制定分红方案。理顺市供销社与市兴社农资公司关系，确保市供销社权益。处理市供销社与兴盛再生资源回收公司的关系问题。执行《市供销社资产管理暂行办法》，确保社有资产保值增值。对租赁出去的资产按合同按时收缴租金。由于五十四片区棚户区改造和整体经济下行，租赁市场不景气，2017年，租赁收入76.7万元（其中包括丰瑞公司6.4万元，不夜城14.4万元），较2016年持平，供销社老办公楼对外招租，签订长期租赁合同，年收入12万元。完成原供销社烟花爆竹公司火炮库挡土墙和围墙修复工程，总费用10万元，消除安全隐患。

（叶宗翠）

石油营销

【概　况】 2017年，中国石油四川攀枝花销售分公司实现销量稳步增长。全年销售汽柴油36.5万吨，同比增长7.9%。纯枪销售20.3万吨，同比增长3%。实现非油收入4800万元，同比增长9.7%。销售加油卡3万张。全年上缴税费2174万元。

2017 年成品油批发、零售价格调整表

表 11 单位：元/吨

型号 时间	92 号汽油		95 号汽油		98 号汽油		0 号普通柴油		0 号柴油（国V）	
	批发	零售	批发	零售	批发	零售	批发	零售	批发	零售
2017 年 1 月 12 日	8635	8935	9135	9435	9887	10187	6620	6920	7150	7450
2017 年 1 月 25 日	8561	8861	9057	9357	9553	9853	6550	6850	7080	7380
2017 年 2 月 14 日	8614	8914	9113	9413	9612	9912	6600	6900	7130	7430
2017 年 3 月 14 日	8524	8824	9018	9318	9511	9811	6515	6815	7045	7345
2017 年 3 月 28 日	8280	8580	8760	9060	9240	9540	6295	6595	6825	7125
2017 年 4 月 12 日	8492	8792	8984	9284	9558	9858	6485	6785	7015	7315
2017 年 5 月 11 日	8227	8527	8704	9004	9261	9561	6250	6550	6780	7080
2017 年 5 月 25 日	8675	8675	8861	9161	9427	9727	6385	6685	6915	7215
2017 年 6 月 9 日	8185	8485	8659	8959	9213	9513	6210	6510	6210	7040
2017 年 6 月 23 日	7920	8220	8379	8679	8915	9225	5970	6270	6500	6800
2017 年 7 月 20 日	7999	8299	8463	8763	9005	9305	6415	6715	6575	6875
2017 年 8 月 4 日	8185	8485	8659	8959	9231	9531	6580	6880	6740	7135
2017 年 9 月 15 日	8285	8585	8766	9066	9326	9626	6675	6975	6835	7040
2017 年 9 月 29 日	8508	8808	9001	9301	9576	9876	6870	7170	7030	7330
2017 年 11 月 2 日	8667	8967	9169	9469	9754	10054	7180	7480	7180	7480
2017 年 11 月 16 日	8948	9248	9466	9766	10070	10370	7430	7730	7430	7730
2017 年 12 月 28 日	9022	9322	9544	9844	10153	10453	7500	7800	7500	7800

【安全环保】 深入开展站队标准化建设，27 座加油站完成达标验收，实现 2017 年站队标准化达标 100%。积极协调和自筹隐患整改资金 1145 万元，完成 7 座加油站防渗治理、5 座加油站油气回收改造、2 座服务区和 1 座加油站一体化污水处理装置更换等 18 项隐患治理。严把油品质量关，全年完成出入库、抽检化验 1297 批次，销售油品全部合格。

【网络建设】 全年完成投资资金 2413 万元，新开发加油站 2 座，完工投运加油站 4 座。加快存量项目改造步伐，完成黎屯、平地等 7 座加油站一体化改造、油库下装 1－3 号岛改造、清香坪站罩棚恢复、58 座加油站油气回收检测整改。

【精细管理】 推进管理创新，深化分期付款模式，改造 6 座加油站和 2 对服务区高清视频监控，更换公司办公电脑。升级公司软视频会议系统，将视频会议延伸到片区和部分偏远加油站，有效节约会议成本。狠抓监控和稽查工作，积极组织开展电子券、多渠道支付等新兴业务和发票管理风险排查，加大资金、加油卡和发票专项检查力度，保障企业依法合规经营。全力推进“三供一业”分离进程，5 个家属区供水、供电、供气顺利移交。

（谢明华）

烟草营销

【概　况】　2017年，全市烟叶生产稳定发展，卷烟营销持续优化，生产经营规范有序，各项工作稳步推进。全年生产收购烟叶10210吨，销售卷烟4.32万箱，实现税利4.15亿元。

【烟叶生产】　2017年，全市共移栽烤烟6046.67万平方米，分布在全市32个乡镇、182个村、565个社，5610户烟农从事烤烟生产。全年共收购烟叶10210吨，均价22.39元/千克，烟农总收入2.29亿元，户均收入4.83万元，同比提高24.81%。

【烟草技术推广应用】　2017年，攀枝花市烟草专卖局（公司）投入1058.54万元，先后与中国农科院烟草研究所、四川农业大学等14家科研院所及上海、浙江、湖南等7家中烟联合开展科技创新项目26项。在核心期刊发表论文15篇，获国家授权发明专利1件和实用型新型专利2件。转化推广“蹲苗促根”“带药移栽”“鲜烟叶分类编杆”等12项科研成果。成功举办攀枝花市第六届烟叶烘烤技能竞赛和第二届烟叶植保技能大比武，竞赛赛制达到全国领先水平。组织人员参加全国烟叶烘烤实技操作技术培训及技能比武，1人荣获全国三等奖。

【现代烟草农业建设】　2017年，着力提高烟叶生产集约化、规模化水平，烟农户均种植面积10766.67平方米，较2016年增加1046.67平方米。投入3482.31万元开展常规烟基建设，基础设施覆盖率进一步提高；投入292.14万元，在米易县、盐边县、仁和区同步开展新能源烤房设备试点工作，集中改造128座新能源烤房，在彰显经济效益的同时突出环境效益。投入3663.19万元援建的仁和跃进水库渠系配套水源工程建成；计划投资11751.19万元援建的米易麻晃引水工程建设进度达85.6%。

【卷烟营销】　2017年，卷烟销售各项工作稳步推进，网络建设工作水平持续提升，现代物流基础夯实显优。全年销售卷烟4.32万箱，同比增长0.49%，单箱结构2.98万元/箱，同比增长3.57%，销售地产烟（不含重庆）6767箱。狠抓营销网建，现代零售终端推广户数达到459户，终端客户扫码率保持90%以上；“红码”推广上线客户232户，在全省率先完成推广目标任务。

【专卖管理】　查获各类涉烟违法案件537起，其中5万元以上案件12起；“两烟”总案值534万元；市场净化率99.39%，排名全省第三。破获一起制售假烟案件，案值近千万元；破获一起假烟销售案件，案值139万元；开展一次销烟活动，案值311万元。

【企业管理】　2017年，着力突出降本增效，全年共节约成本412.8万元。完成1.03亿元公开招标采购项目，公开招标率96.9%。全面落实安全生产责任制，狠抓安全隐患排查与整改，共整改各类安全隐患165项。扎实开展普法宣传，重点突出“12·4”等特定法制宣传日的作用推动法治宣传，完善法律风险防控体系，全年共审查合同307份，有效降低法律风险。

（雷　彬）

盐　业

【概　况】　2017年，四川省盐业总公司攀枝花分公司商品盐调入21311吨，商品盐销售20800吨，销售总收入1587万元。2017年，四川省盐业总公司攀枝花分公司认真落实四川省盐务管理局食盐计划要求，按计划和规定渠道购销食盐，贯彻食盐价格政策，加强行业自律，维护食盐专营。四川省盐业总公司攀枝花分公司积极配合国家盐产品质量监督检验中心、国家井矿盐质量监督检验中心对攀枝花市内的食盐质量进行抽查，所抽查食盐合格率均为100%。

【体制改革】 2017年，是国家“盐业体制改革方案”正式落地实施的第一年。四川省盐业总公司攀枝花分公司有针对性地调整经营业务流程，努力适应盐改方案实施后的市场形势。对照省总公司对分公司的考核办法，制订和修改了公司内部考核办法，着重从食盐市场份额、营业收入、经营效果等方面进行考核，逐步形成适应市场化竞争需要的经营业绩考核体系。参照省总公司工资总额管理办法，结合公司实际，制订相应的薪酬制度，改进激励机制，重点突出激励效应。修改完善相关人事、费用等管理制度和规定，突出科学管理，努力适应市场化的管理模式。优化职工综合素质，打造适应市场经济的经营管理团队。参加四川省盐业总公司组织的营销技能系统培训学习。

【食盐供应】 公司在攀枝花市辖区内逐步增加“雪花盐”“天盐”“深井晶盐”“川晶牌”350克绿色食品低钠盐。截至12月，市场销售盐18个品种23种规格，其中“川晶牌”盐占比近90%以上。

【网络市场营销】 2017年，按照四川省盐业总公司要求，攀枝花盐业分公司努力创新经营模式，加快完成网络渠道建设，健全完善的销售网络体系。自3月起，4个支公司均开展以直达终端为主要形式的微店营销，微店客户175个，同一客户最多进货次数26次，单次最大订货发生额4万余元，累计发生订单689个，实现微店销量387吨。

【市场监管】 2017年，攀枝花市盐政市场稽查处积极与攀枝花市级相关部门协调配合，抓好食盐安全管理。在着力提高执法水平的同时，按照省经信委、省食药局、省盐务局等上级部门要求，会同攀枝花市经信委、食药局、公安局、卫计委等部门开展食盐安全专项检查活动，特别针对“臭脚盐”“发黄盐”等问题作重点处理，维护辖区市场的稳定。

遵照四川省经信委、盐务局的指示要求，与攀枝花市相关部门联系，及时对接盐政市场监管职能移交和盐政执法人员分流工作。

（胡林）

银行 保险 证券

银 行

银行业概述

【银行综述】 2017年，全球经济加速复苏，国内供给侧结构性改革深入推进，财政、金融、产业、环保等领域调控政策密集出台，在复杂的国内外宏观背景下，攀枝花市总体经济继续平稳发展，主要经济指标“好于预期、高于同期、快于全国”，实现韧性增长。金融方面，存款整体增长乏力，银行经营面临负债成本上升、同业竞争激烈、非银分流加剧等挑战；贷款投放分化明显，贷款增长受有效信贷需求不足、信贷风险突出等因素制约；金融强实抑虚取得阶段性成效，融资成本总体上升，人民银行助推辖内金融生态环境建设，攀枝花市整体经济金融发展的协调性逐步提升。

年末，攀枝花市有银行机构247个（含分支机构及营业网点）。其中人民银行分支机构2个，银行业监管机构1个，银行业金融机构244个。全市银行机构从业人员3331人。

年末，全市金融机构本外币各项存款余额983.45亿元，较年初增加42.25亿元，增幅4.49%。非金融企业存款余额189.07亿元，较年初减少2.93亿元，降幅1.53%。个人存款余额577.57亿元，较年初增加52.68亿元，增幅10.04%。广义政府存款中，财政性存款余额24.98亿元，较年初减少0.38亿元，降幅1.48%。存款整体增长乏力，并有向两个趋势发展的迹象，银行经营面临负债成本上升、同业竞争激烈、非银分流加剧等挑战。主要原因有：受经济大环境的影响，企业经营状况不佳，经济效益差，存款增长来源基础薄弱；个人存款小幅增长，对存款增长拉动成效微弱；广义政府存款减少明显；受监管政策和银行自身经营的影响，非银行业金融机构存款继续下降。

年末，攀枝花市本外币各项贷款余额798.12亿元，较年初新增56.78亿元，增长7.66%。从贷款结构看，全市住户贷款余额86.77亿元，较年初增加16.29亿元，增长23.12%。非金融企业及机关团体贷款余额711.24亿元，较年初增加40.37亿元，增长6.02%。信贷主要投向为：采矿业占比16.16%、制造业占比22.6%、电力热力燃气供应占比13.1%、批发零售占比8%。贷款投放分化明显，贷款增长受有效信贷需求不足、信贷风险突出等因素制约，在利润和风险考核加码的背景下，银行贷款投放难度加大，但整体信贷投向变化有喜有忧。虽然制造业复苏势头明显，薄弱领域贷款保障有力，但有效信贷需求仍显不足，信贷资产质量无明显改善。受经济下行和产业结构调整双重因素影响，企业经营风险大面积暴露并进一步向金融体系蔓延，信贷违约风险加大，不良和关注类贷款持续双升，银行业进入亏损周期。不良率高企导致金融机构信贷投放热度降低，更加着力于调整信贷结构和化解不良资产，潜在信贷风险隐患持续加深，总体信贷资产质量无明显改善。

全市跨境外汇收支5.08亿美元，同比增加1.55亿美元，增长44%。其中：外汇收入2.45亿美元，同比增长31%；外汇支出2.63亿美元，同比增长58%；国际收支逆差1854.31万美元。其中，货物贸易流入2.07亿美元，服务贸易（三项合计）流入1247.99万美元，资本项下流入2068.42万美元，个人外汇流入511.26万美元；货物贸易流出2.05亿美元，服务贸易流出（三项合计）584.03万美元，资本项下流出3309.59万美元，个人外汇流出1970.66万美元。个人结汇1263.83万美元，同比增长7%；个人购汇3206.45万美元，同比下降23%。跨境人民币结算3.50亿元（折合5148.11万美元），人民币跨境收付总额占全口径收付比例10%以上。

2017年，人民银行会同监管部门引导金融回归服务实体经济的本源，推动资金运用强实抑虚，减少体系内循环，取得阶段性实效。截至12月底，全市同业存单投资余额12.77亿元，总体体量较小，不存在迅速扩张可能性，有效遏制各类套利空转行为，防止资金最终流向股市、债市、房市等交易性资产，催生资产泡沫。全市表内贷款占社会融资规模新增额的86.4%，占比大幅回升。一些不当的表外创新被拆解或者重新回归表内，保障融资总量稳定增长，资金运用规范直接，防范金融风险。

2017年，在稳健中性货币政策及金融严监管、去杠杆的监管环境下，市场流动性边际收紧，带动货币市场、债券市场利率大幅攀升。截至12月底，银行间市场Shibor1年期利率达到4.76%，较年初上升1.38个百分点；AAA级6个月中短期票据和5年期公司债发行利率分别达5.4%和6.4%，较年初提高1.6和2.4个百分点。资金成本压力逐步传导至贷款市场，但利率涨幅明显低于货币和债券市场。12月，全市人民币贷款加权平均利率5.36%，较11月上升0.12个百分点。

（肖世杰）

中国人民银行攀枝花市中心支行

【概　况】　中国人民银行攀枝花市中心支行（以下简称中心支行）内设处室16个，辖县支行1个，职工157人。其中中心支行机关134人（在职98人、退休36人），县支行23人（在职17人、退休6人）。大专以上114人（本科及以上103人）。89人取得各类专业技术资格，其中：中级51人，初级38人，上挂成都分行学习锻炼5人次。

中支人事科荣获2015—2016年度成都分行“女职工文明示范岗”，中支国库科保持成都分行“女职工文明示范岗”，陈利英荣获2015—2016年度成都分行“巾帼建功标兵”；中支国库科荣获中华全国总工会全国巾帼文明岗荣誉称号。

【宏观审慎评估体系（MPA）实施】　中心支行成立以行长任组长，分管行长任副组长，货币信贷、金融稳定等部门主要负责人为成员的MPA工作领导小组，贯彻落实MPA政策。要求地方法人金融机构成立MPA工作领导小组，通过梳理总结各档次指标最低临界值，形成MPA工作手册，下发给金融机构；召开专题培训会，解读各档次相应指标应达标准，指导金融机构准确把握MPA规则，增强以资本约束为核心，自我约束的稳健经营理念。中心支行强化事中监测，按季度向地方法人金融机构反馈MPA评估结果，发现苗头性问题后，对地方法人金融机构进行预警和风险提示；开展专项业务评估，深化宏观审慎管理。针对市商业银行表外理财业务增长较快情况，对该行理财业务进行现场专项评估，就部分不符合管理规定和个别突破监管制度的情况，进行风险提示并提出整改意见。2017年，辖内地方法人金融机构MPA评估结果大幅提升，市商业银行由原B档提升至A档。

【存款准备金管理】　2017年，中心支行落实定向降准政策，贯彻“双平均法”存款准备金考核政策，发挥激励约束作用。辖内两地方法人金融机构存款准备金政策执行良好，均按规定足额缴存，无漏缴、欠缴情况。按照定向降准考核要求，对市商业银行和攀枝花农村商业银行两家法人金融机构进行降准标准认定和调整，分别执行较正常标准低0.5和1.5个百分点的优惠存款准备金率，累计释放流动性4.61亿元。引导降准释放资金投向，引导金融机构将降准释放资金全部投向“三农”和小微企业，重点支持攀枝花市“万家千亿”诚信小微企业培育计划；引导金融机构在降准释放资金发放的贷款利率中体现优惠，降低“三农”和小微企业融资成本；要求银行机构完善配套专项措施，确保资金迅速投放；完善监测分析和考核机制，确保降准政策实施效果。

【再贷款和再贴现管理】　中心支行用好用足再贷款，支持薄弱环节和重点领域，降低社会融资成本。建立示范基地，发挥支农再贷款引领带动作用；培育“支小贷”新型银担合作业务模式，创新小微企业融资新机制；开展融资对接会，提升再贷款政策影响力；截至2017年11月末，发放支小再贷款余额17亿元，支农再贷款余额4亿元，其中信贷资产质押再贷款余额2亿元。发挥再贴现政策工具导向作用，落实央行“小微票据通”再贴现计划，重点支持政府“红名单”企业和攀枝花市“万家千亿”小微金融服务工程重点培育小微企业。截至11月末，全市累计办理再贴现8.72亿元。其中电票办理7.4亿元，占比84.86%；小微企业票据办理5.98亿元，占比68.58%；定向支持“万家千亿”诚信小微企业41户，金额4.98亿元；支持政府“红名单”企业18户，金额3.56亿元。

【利率市场化改革】　中心支行加强利率管理，落实利率市场化改革各项措施。建立攀枝花市市场利率定价自律联席会议。监督指导各金融机构执行四川省市场利率定价自律机制和市联席会议的各项决议，强化自律管理，维护公平竞争环境。中心支行指导地方法人机构完善市场化利率定价机制。根据自身经营策略等情况，科学合理确定存贷款利率定价策略，实现差异化、精细化定价；督导金融机构贯彻落实各项利率政策，强化利率日常监测分析，降低社会融资成本。通过金融帮扶，全市“红名单”企业融资总规模达201亿元，融资成本较社会平均融资成本低1.5个百分点；完成两家地方法人金融机构合格审慎评估年检工作。加强评估结果运用，将评估结果作为金融机构宏观审慎评估、存款保险风险评级、金融创新业务开展等的重要依据。

【贯彻落实差别化信贷政策】 中心支行按照总分行信贷政策工作意见，结合辖内实际，制定《攀枝花市促进经济稳定增长和提质增效推进供给侧结构性改革实施方案》，引导辖内金融机构主动对接供给侧结构性改革，化解过剩产能、调整结构。维持传统产业技术改造、转型升级支持力度，对有竞争力、有市场、有效益的传统工业企业出台放宽市场准入专项信贷政策，通过调整行业分类、贷款期限、循环贷款、降低贷款利率等措施帮助企业技术改造升级，兼并重组。强化分类施策，精准帮扶。推动政府出台“红名单”制度，建立重点支持企业名单，集中要素资源重点支持；推动市政府建立应急转贷机制，对“红名单”企业在贷款到期出现还贷困难时给予应急转贷支持；会同相关部门对暂时经营困难的“红名单”企业实施“一企一策”金融帮扶政策。1—11月，全市累计办理企业应急转贷25笔，支持企业19户，金额1.74亿元，化解了经济下行背景下企业贷款集中到期资金链断裂风险。加大工业转型升级、战略新兴产业金融支持力度，截至2017年3季度末，全市工业转型升级项目贷款余额45.47亿元，较年初增长7.01%；战略性新兴产业贷款余额71.68亿元，较年初增长45.04%。

【金融服务“三农”】 中心支行与政府相关部门积极探索，推动攀枝花农村产权制度改革，创新农村金融产品和服务，构建多元金融风险分担机制，在破解新型农业经营主体“融资难”方面取得积极成效。截至2017年10月末，全市发放林权抵押贷款余额1.36亿元；米易县发放土地承包经营权抵押贷款116笔，余额746.6万元；土地流转收益保证贷款16笔，余额2251万元。资金全部投向家庭农场、专业大户、农民合作社和农业龙头企业。全市70%以上的农村产权质押贷款利率执行7.5%以下的优惠利率，支持新型农业经营主体发展。聚焦农业结构调整，实施新型农业经营主体主办行制度，引导金融机构加大农村基础设施、农业新兴业态等涉农领域的信贷支持，助推农业产业化发展，强化“三农”金融服务。截至10月末，全市涉农贷款余额177.32亿元，较年初增长4.47%。

【金融精准扶贫】 2017年，中心支行发挥牵头作用，推进金融精准扶贫。组织开展全辖金融扶贫工作，牵头出台《2017年度攀枝花市金融助推脱贫攻坚的实施意见》，落实金融扶贫责任与措施；通过召开金融扶贫动员会、工作部署会及现场会等，督促各金融机构深入对口扶贫村及贫困农户，了解贫困农户生活、生产方面的困难和信贷需求，建立贫困户基本情况台账表，因地制宜、因户施策，制订金融脱贫措施，帮助贫困农户脱贫。制定印发《2017年攀枝花市金融精准扶贫督查督导实施方案》，加强金融精准扶贫政策落实督促指导，加快扶贫信贷投放。推动金融精准扶贫劳动竞赛，制定印发《攀枝花市2017年“发挥金融合力助推脱贫攻坚”金融精准扶贫劳动竞赛实施方案》，组织各方积极参与，全市金融精准扶贫工作取得新成效。截至11月末，银行业机构与仁和区、米易县、盐边县等县（区）地方政府建立的扶贫贷款风险补偿机制已成立风险基金7193万元；全市共发放“免担保、免抵押”扶贫小额信贷款4758户，贷款余额16169万元，加权平均利率4.83%；发放建档立卡贫困户农房重建贷款1902户，金额9308.1万元；发放贫困户住房功能改造贷款302户，金额254.8万元。

【小微企业金融服务】 推进“万家千亿”小微企业金融服务提升工程，加大小微企业融资培育力度。从组织架构、考核机制和贷款管理等方面采取针对性措施，创新产品和服务，拓展抵（质）押担保物范围，提高贷款审批和发放效率，改善提升小微企业金融服务水平。与市经信委联合印发《关于进一步建立健全小微企业融资对接机制的通知》，强化小微企业融资对接机制和平台建设，畅通银企信息沟通共享渠道。截至2017年10月末，全市小微企业贷款（含贴现）余额233.38亿元，较年初增长16.72%，高于全市贷款增速10.06个百分点。

【支持“双创”企业】 中心支行引导金融机构完善授信模式和审批机制，对接创业创新个人和企业的金融需求。推动出台《攀枝花市科技信贷风险补偿制度暂行管理办法》，探索政府和银行风险共担机制，促进科技与金融结合，缓解科技型中小微企业、人才创业创新融资难、融资贵等难题。推动出台小微企业信贷风险补偿和新设金融机构奖励资金管理办法，推进知识产权质押融资。推动应收账款融资，建立常态化的多部门协调配合机制。2017年1—11月，全市发放专利权抵押贷款4笔，金额600万元；办理应收账款融资85.17亿元，同比增长1.04倍。

【区域政策研究落实】 加强金融支持攀西战略资源开发试验区政策措施研究，制定出台政策指导意见，研究建立跨区域政策协调联动机制。配合市政府有关部门制定2017年重点项目投融资名录，向金融机构进行精准推介。其中省级重点项目18个，项目投资规模合计697.87亿元；市级重点推进项目30个，2017年，计划投资规模合计89.59亿元。截至2017年3季度末，全市重大项目贷款余额87.14亿元，较年初增长96.61%。围绕地方政府实施“中国康养胜地”发展战略，鼓励引导金融机构以康养产业为重点，改进完善金融服务，在授信政策上给予重点支持；在风险可控前提下，探索养老服务机构土地使用权、房产、收费权等抵质押贷款的可行模式及社会资本合作（PPP）模式，支持康养房产修建、配套设施建设；推进康养保险，探索建立康养产业投资基金。

【建立沟通协调机制】　中心支行以金融生态环境建设为抓手，推动新常态下金融与实体经济良性互动。建立信贷需求常态化共享机制、政策支持机制、贷款贴息机制、风险补偿机制，重点企业金融风险监测机制，提高金融财政资源配置效率，依法维护金融债权，加快推进信用体系建设。推动市政府出台《攀枝花市加快推进攀西战略资源创新开发试验区建设的实施方案（2017—2020年）》《攀枝花市促进科技与金融结合特色试点城市工作实施方案（2017—2019）》《攀枝花市科技信贷风险补偿制度暂行管理办法》《攀枝花市财银联动专项资金管理办法》和《攀枝花市财政金融互动奖补资金管理办法》等系列文件，为金融政策精准落地创造有利环境。编撰印发《攀枝花市融资手册》，向企业进行宣传推介，提升企业对金融产品的认知度和应用能力，缓解银企信息不对称问题；牵头构建攀枝花市企业信用信息服务网，促进银企融资常态、高效对接。联合市政府、市法院联合召开攀枝花市金融系统债权维护联席会议，各部门通力配合、各司其职，提高金融债权涉诉案件审理和执行效率，发挥法院系统在金融支持经济发展中司法护航作用。

【住房金融服务】　中心支行贯彻“因城施策”差别化住房信贷政策，指导金融机构落实好市场自律相关机制，支持居民合理自住购房，加大对首付资金来源和收入证明真实性审核。支持农民工市民化，支持发展住房租赁市场，扩大有效需求，消化库存，稳定房地产市场。做好房地产金融调控，加强对辖内法人金融机构居民消费贷款业务的窗口指导，防止信贷资金违规流入房地产市场。配合市政府出台《攀枝花市人民政府关于推进危旧房棚户区改造和促进房地产业稳定健康发展的暂行意见》，引导金融机构改善金融服务、合理定价，满足居民购买首套自住房的信贷需求。加大保障性安居工程和棚户区改造等的金融支持，提高金融服务棚改水平。截至11月末，国开行四川分行与攀枝花市累计签订棚改合同50亿元，已发放贷款48.79亿元。

【银行间市场监督管理】　中心支行加强日常监测力度，掌握辖内两家法人金融机构在银行间市场同业拆借和债券的交易、清算、结算情况。针对通过金融市场扩大同业、理财业务，加大金融杠杆操作的行为，向分行上报《非信贷类资产快速扩张　金融内部交易造虚假繁荣》；牵头撰写《金融市场视角下金融加杠杆的运作模式及量化管理研究：四川案例》。推进金融债券的发行及后续管理，指导市商业银行筹备15亿元三农金融债发行，开展对攀商行20亿元小微金融债和10亿元二级资本债的后续管理。对辖内企业提供银行间市场直接债务融资工具主承销服务的商业银行开展监测评价。

【票据市场管理】　中心支行按照总分行工作安排，组织辖内金融机构做好上海票据交易所系统上线工作。按月监测辖内金融机构票据业务运行、经营模式变化、产品创新等情况及市场发展动向，按季报送《再贴现业务及票据市场发展情况报告》。建立票据业务现场评估制度，将现场评估作为受理金融机构再贴现业务的前置条件。通过票据业务现场评估引导银行机构规范票据业务操作，调整优化信贷资金流向，落实人民银行票据业务相关法规政策，促进票据市场健康发展。

【黄金市场监督管理】　2017年8月，中心支行开展为期1个月的“黄金市场投资者教育”主题宣传活动，组织金融机构到辖内米易县城、红格镇等地开展5次“送黄金市场知识进广场”活动和3次“送黄金市场知识进社区”专题宣传讲座。通过到广场进社区“面对面”“一对一”、流动宣传服务等形式，进一步贴近民众生活，使公众了解黄金投资基本知识，辨别非法黄金交易常见形式，增强自我保护和风险防范能力，自觉远离非法黄金交易活动。

【直接债务融资】　中心支行推动实施“四川重点企业直接债务融资增长计划”，加强重点优质企业直接债务融资知识宣传培训，强化银企对接。推动市政府出台《攀枝花市鼓励企业直接融资补助办法》。开展3期银行间市场直接债务融资培训与对接会，培训并对接企业150户次。引导提升重点企业对银行间直接债务融资优势的认识，增强其利用银行间市场进行融资的积极性。结合市政府相关部门和承销机构推荐，筛选建立直接债务融资重点后备企业库。针对重点后备企业，协同有关部门加以重点培育，强化银企对接，支持、引导直接债务融资工具的发行。截至11月末，全市78户企业在天府（四川）联合股权交易中心挂牌，卓越钒业、东立科技、秉扬科技3户企业在“新三板”上市。全市企业在银行间市场发行债券余额55.6亿元，金融债30亿元。组织辖内高新园区企业参加四川省“双创”债务融资培训会，向市政府提交关于开展“双创”债务融资工作的专题报告，为加快推进“双创”债券的发行提出建议。

【跨境人民币业务】 2017年，全市跨境人民币业务量5002万元。召开全市跨境人民币业务工作推进会，向全市金融机构传达分行跨境人民币业务会议精神，安排部署重点工作。引导商业银行通过产品和服务创新，提高跨境人民币业务承办率。完善重点企业辅导机制，发挥示范带动作用。开展新客户培育专项活动，在调查统计辖内涉外企业进出口规模、跨境融资等潜在需求的基础上，重新筛选建立重点企业名单。对名单内企业进行一对一的政策辅导，由分管行长带队跨境人民币业务工作小组对跨境结算银行和企业开展实地走访调研，上门指导工作、帮助解决业务开展中的实际困难；主抓大企业。通过现场和跟踪辅导、掌握大企业经营情况，发掘其潜在跨境人民币业务需求，进行业务指导，提升其跨境人民币业务办理规模。全年累计完成重点企业辅导服务15户，完成率100%，重点企业业务量占比达80%。12月1日，攀枝花中支联合外汇管理局组织召开全市外汇和跨境人民币业务自律公约签约会议，讨论通过并签订《攀枝花市外汇业务自律公约》和《攀枝花市跨境人民币业务自律公约》，完善辖内跨境资金流动管理框架，促进银行外汇和跨境人民币业务健康有序发展，共同维护良好的涉外业务交易秩序。协调商务、海关、税务等部门建立跨境人民币业务定期联系制度；联合外汇管理局建立数据核查机制，对跨境人民币业务数据信息进行监测分析和调查核实，监督银行规范开展跨境人民币业务。

【重点课题研究】 中心支行在做好动态监测信息和调研报送工作基础上，围绕实体经济运行，以及与实体经济密切相关的金融业运营情况，结合经济金融统计数据，分析判断经济金融形势。全年共完成《资管行业发展对社会融资规模的影响研究》《金融市场视角下金融加杠杆的运作模式及量化管理研究》等各类信息调研21篇。2篇调研被总行《调研分析报告》采用，多篇调研信息被分行调查统计刊物和分红门户网站采用。12篇信息和调研课题被市委、市政府《攀政快讯》《攀政快讯特刊》采用，获得市委、市政府相关领导肯定。

【落实外管政策】 2017年，中心支局强化个人外汇业务管理，落实个人申报核验工作，开展现场巡查、专项核查和持续跟踪督导，确保辖内个人购汇申报、银行电子报关单核验、银行卡境外交易数据采集等政策措施准确实施。完成辖内攀商行、农商行2家法人银行银行卡境外交易信息采集前期准备、数据接口联调及系统上线工作。2家法人银行在四川辖内率先完成与外管局系统的接口联调，确保辖内数据采集于9月1日顺利上线运行。落实统一社会信用代码应用，确保企业外汇业务平稳过渡。

【涉外服务】 中心支局在原有6家国有外汇指定银行基础上，支持地方法人金融机构——市商业银行申请即期结售汇业务经营资格，于2017年11月正式获得即期结售汇经营资质，指导推动地方法人银行取得外汇经营牌照，支持培育辖内有条件有需求的企业开展跨境融资：6月，辖内中资企业四川省能投攀枝花水电开发有限公司跨境融资签约备案1亿元人民币，累计节约企业融资成本约160余万元。全口径跨境融资在支持攀枝花中资企业借外债，引进境外低成本资金政策红利显现，缓解企业“融资难、融资贵”。推动银行外汇展业自律，营造合法守规公平环境。12月1日，全市7家外汇指定银行共同签订《攀枝花市外汇业务自律公约》《攀枝花市跨境人民币业务自律公约》，依法合规开展外汇和跨境人民币业务。

【直接投资权益登记】 2017年，直接投资权益登记于6月30日结束，较往年缩短3个月。为保证按期完成，中心支局通过设置咨询电话、电子邮箱、微信和QQ群、现场辅导等方式强化宣传和指导，为企业提供互联网自主登记及通过银行、会计师事务所、外汇局代理等多种登记渠道，便利登记工作。全市14家FDI企业和8家ODI企业如期完成直接投资存量权益登记，申报率96%，通过率100%。对1家2016年新增且未办理权益登记的FDI企业进行业务管控。从权益登记情况看，辖内14家FDI企业资产总额为22.85亿元人民币，负债总额19.23亿元，所有者权益总额3.62亿元，归属于外商投资企业全体股东的净利润1.81亿元。8家ODI企业境外投资资产总额34.46亿美元，负债总额35.85亿美元，所有者权益总额-1.39亿美元，归属于境外投资企业全体股东的净利润-10.38亿美元，继续呈现整体亏损。全市处于亏损状态的FDI企业和ODI企业达36%以上。

【保证现金供应】 中心支行按照上级行“以需定调、以需定投”以及“以调待查”的现金管理制度要求，全年共执行调拨命令24笔，其中调入13笔，金额12.38亿元，调出11笔，金额12.30亿元，保证辖内现金有效供应。加强小面额人民币供应，全年投放10元以下小面额人民币8767.5万元，满足社会公众小钞流通需求。

【人民币净化工程】 中心支行加强对银行机构全额清分工作的指导和管理，督促银行机构全面落实全额清分进度。发挥分行统一配备清分机的功能作用，按照《回笼券质量抽检工作规范》加大对缴存回笼券的抽检力度，对清分外包公司和3家银行机构清分质量进行抽查。开展冠字号码查询标识宣传，提升公众知晓程度，发挥冠字号码记录工作在处理涉假纠纷中的举证作用，全年5起涉假纠纷均证明银行无过错。推行外币现钞收付冠字号码记录工作，要求全市银行机构开通外币现钞业务网点做到外币现钞收付的可追踪查询，全年无外币现钞纠纷投诉，切实维护银行信誉和客户合法权益。加强人民币流通管理，落实“首兑责任制”要求，兑换残损币不得要求客户出具任何证明。加大残损人民币收缴力度，要求银行机构网点为公众兑换零钞、破钞等，保证对外支付人民币质量。全年共收缴残损人民币12.29亿元，除100元完成94%外，其他券别均超额完成任务。

【人民币反假】 中心支行加强人民币反假工作，突出宣传对象针对性和内容连续性，开展各类“人民币反假宣传”活动7场次，发放宣传资料5万余份，收缴假币5227张，金额42.95万元，压缩假币使用空间。利用银行机构反假货币联席会议制度平台，加强反假成员的沟通协调，发挥反假货币联席会议的协调、指导和推动作用，保持打击制贩假币犯罪活动高压态势。

【信用体系建设】 2017年，中心支行推进信用体系建设，加大库网平台建设运用，协商建立与市级相关部门的信用信息和评级结果共享运用反馈机制，建立稳定的信用信息采集渠道。向市工商局采集公司、组织和个体商户基本信息68312户，采集银行信贷信息6228条，采集法院失信被执行人名单5批次共计783条，采集税务信用评级（含调整）AB级3529条，采集环保行政处罚信息和信用评级结果3批次共42家企业，采集安监局行业黑名单企业1户，综合以上信息建立起有贷款需求的企业名录库1320户。建立起与经信、工商、法院、税务、农牧、安监和环保等部门的信用信息和行业信用评级结果共享机制，明确联络人员、定期共享、交换和反馈渠道以及协商机制。推进农村新型经营主体信用体系建设，完成网络搭建、服务器采购和数据库安装，推进农户和新型农业经营主体数据移植工作，于5月建成攀枝花金融服务网。全市10家银行机构具有信贷权限的34家分支机构在平台注册，平台注册企业用户154家，发布贷款产品71项，有115家企业通过平台发布融资需求120条，占网站已注册企业用户的74.68%，实现融资对接109笔，融资对接金额5.05亿元。以攀枝花金融服务网为平台，推动金融机构建立贷款帮扶机制，发布攀枝花市中小企业信贷准入与退出基本信用标准和18名融资顾问名单。

【应收账款融资服务】 2017年中心支行推动全市应收账款融资服务工作，贯彻落实朱鹤新副省长在全省应收账款融资推广工作电视电话会议上的讲话精神和四川省10部门联合印发的《四川省应收账款融资甘泉行动计划(2017)》，提前3个月完成分行要求的工作部署。全年新开通企业用户10户，完成企业应收账款融资42笔，金额85.17亿元，分别比2016增长44.83%、103.63%。其中，在线确认类业务成交32笔，占比76.19%，成交金额23.34亿元，占比27.4%；收益权类成交10笔，金额61.84亿元。建立1个以核心企业带动的产业链应收账款融资的新模式。全市开展应收账款融资服务的银行机构达到7家，比2016年增加3家，占全市银行机构的70%。政府采购合同企业及农牧业、新能源开发等行业加入平台发布融资需求，支持中小企业发展。联合市经信委、市国资委等部门和具备应收账款融资业务条件的银行机构座谈，拟定攀枝花市应收账款核心企业培育名单7户，开展辅导培育工作。组织市级和各县（区）政府经信、发改、财政、科知、国资和商粮等部门和银行机构及82家企业共130余人参加四川省应收账款融资工作推广会议。代市政府拟写《攀枝花市应收账款融资服务工作方案》于6月正式印发。按照方案要求，建立相关部门、银行机构联络名单和协商机制，联合政府采购主管部门开展政府采购融资工作调研，推进科知和财政部门出台相关激励政策。

【金融基础服务】 中心支行严格ACS日常操作和运行管理，办理柜台凭证填制，前置系统对账，处理准备金交存业务，确保会计核算质量。全年ACS系统上传业务2794笔，业务成功率99.71%。账户核准开立、变更、撤销8765笔，新开账户2000户，年检账户17041户。新增银行分支机构1家、变更4家，撤销1家。协助公安机关查询账户64批次，账户447户。在辖内推广电子商业汇票，争取再贴现政策支持，为电票推广营造良好政策环境。全年办理451笔电子商业汇票再贴现，发放再贴现资金8.11亿元，占比85.91%，发挥电子商业汇票业务优势，防范纸质商业汇票业务风险，单张出票金额在300万元以上的商业汇票全部通过电票办理。

【区域金融风险监测】 中心支行基于大金融视野，依托现场非现场监测手段，全面排查、分析和评估区域金融风险形势。强化对银行机构上报数据的审核校验。基于金融稳定风险监测系统，分析掌握银行机构特别是法人机构风险变动及稳健性指标异常情况，突出系统监测功能和风险分析水平。牵头和参与钢铁行业、煤炭及房地产行业风险监测，真实反映辖区重点领域风险状况。按季报告区域重点风险企业变化情况，针对企业不同时期风险进行预判，其中向分行报告的攀钢所属4户企业在中国银行38.28亿元贷款由正常类下调为关注类的信贷风险事件，得到上级行重视。关注证券、保险业风险状况，按月报送统计表；对融资担保领域存在的困境进行调研摸底并提请市政府支持；配合做好打击非法集资以及通过互联网开展资产管理和跨界从事金融业务情况的监测情况报送和整治工作。

【风险预警与化解处置】 中心支行按季开展风险形势分析，定期召开制度性例会，通达辖区金融稳定形势和潜在风险，提出金融稳定工作阶段性要求，强化各金融机构稳健经营和风险防范意识。针对金融机构日常工作中存在的问题及时进行纠偏。介入各类金融风险化解工作。对包括攀枝花农商行现金分红遇阻、钢城集团股权冻结和不动产查封等多起突发性事件进行协调和上报；协助市金融办出台《支持攀枝花市银行业处置化解不良贷款工作方案》，多次参与市财政局关于市商业银行不良资产化解处置工作方案讨论；组织召开由法院、人行、银监、各银行机构参与的金融涉诉案件司法实践座谈会，特别就首封权、简易程序、诉讼垫款、案件终结、恶意逃废债等方面达成共识，提高了案件审理和执行效果；针对金融司法实践乱象，向各银行机构发出《关于进一步规范借贷行为防范金融司法风险的通知》，联合市中法院组织召开攀枝花市进一步规范借贷行为防范金融司法风险培训座谈会。

【存款保险工作】 中心支行以现场核查为依托，对两家法人机构开展存款保险评级现场核查，对攀枝花农商行存保评级核查中报表数据质量存在的问题进行约见谈话和工作提示，采取 对 培训形式，对投保机构开展存款保险评级和系统填报工作培训，增强经办人员责任意识和业务素质。完成投保机构风险评级和差别费率审定工作，判断投保机构风险和经营状况，准确地掌握投保机构经营稳健程度。牵头成立存款保险评级审核工作小组和存款保险费率审核小组（现已合并），审议2017年存款保险评级结果，做好差别费率各项工作。定期收集核对存款保险基础数据，完成保费交纳基数和存款账户情况统计工作，确保基础数据的真实、完整、准确。做好2017年存款保险最终评级结果、适用费率结果的反馈工作，督促投保机构及时、足额交纳2016年7—12月和2017年1—7月保费共计1177.58万元。

【应急管理】 中心支行加强应急工作组织体系建设。参考分行应急管理组织架构，完善各应急管理领导小组牵头领导和组成部门，根据小组人员变化适时调整。完善应急预案，针对性地修改、细化挤兑事件专项应急预案，突出规范性。根据分行下发的《工作指引》，对中心支行现有金融突发事件应急管理办法和预案进行评估，结合评估结果进一步修订完善相关工作制度，细化应对突发事件相关工作职责、内容和程序。做好金融突发事件应急演练工作。加强对辖内金融机构的应急演练指导和管理，组织各相关部门开展地方法人金融机构突发挤兑事件视频传输应急处置演练，突出存款保险、视频传输设备在应急演练中的应用，提高应对突发事件的综合协调和应急处置能力。

【反洗钱工作】 中心支行创新反洗钱工作方式和调研形式，完善法人监管制度，开展形式多样的宣传培训，成效明显。深化涉毒反洗钱金融情报工程建设，完善监测指标模型和系统功能，建立完善禁毒反洗钱信息管理系统，指导督促金融机构加强涉毒交易资金监测，提高可疑交易数据向案件的转化率成效显著，中心支行与市公安局共同印发《攀枝花市银警互训办法（试行）》，2017年，组织金融机构和公安各警种参加银警互训2次，参训人员达200余人。推进特定非金融领域反洗钱和反恐怖融资制度建设。3月，中心支行牵头组织攀枝花、凉山两地人行、公安禁毒部门、农行参加的禁毒反洗钱合作交流座谈会。各方交流前期涉毒反洗钱资金监测工作开展、与公安禁毒部门合作、移交公安涉毒线索及公安对移送线索的处理情况，就下一步加强合作，整合资源、共同应对毒性形势变化，实现信息资源共享，提高监测的有效性和线索的成案率，探索建立区域反洗钱监测模式达成共识。6月，中心支行主动与市财政局联系、座谈，说明会计事务所及注册会计师履行反洗钱义务的重要意义和必要性，9月8日共同印发《中国人民银行攀枝花市中心支行 攀枝花市财政局关于会计事务所及注册会计师履行反洗钱义务的通知》，要求辖内会计事务所及注册会计师正式履行反洗钱义务。结合反洗钱法颁布实施十周年宣传活动，报请市政府同意，在全市范围内开展"《反洗钱法》颁布十年"先进集体、先进工作者评选表扬活动。建立区域涉毒反洗钱监测合作模式，实现信息资源共享。

【可疑交易报告管理】 中心支行严格重点可疑交易报告管理，提高洗钱类型分析和案件协查质量。全年共接收重点可疑交易报告15份，向分行报告的同时向公安局禁毒支队移送10份，立案2起。向公安局经侦支队移送5份，立案1起。结合重点可疑交易报告和相关案件对地区洗钱类型进行分析，收集本地洗钱案例，录入反洗钱综合管理系统，总结本地区洗钱活动规律，提升洗钱类型分析水平，报送洗钱类型分析2期。加强对重点可疑交易的监测和风险提示工作，转发和编发各类风险提示，防范洗钱风险，做好辖内洗钱风险预警工作，指导、督促反洗钱义务主体加强风险控制。截至11月底，共编发风险提示2份，转发风险提示4份。

【金融IC卡创新支付】 中心支行推动移动金融与金融IC卡非接触式受理环境建设，截至9月30日，POS和ATM终端非接占比分别达100%、84%。推动辖内商业银行加快存量磁条卡更换为金融IC卡的进度，截至3季度末，全市银行卡累计发卡512万张，其中金融IC卡278万张，占比54.2%；金融IC卡线下消费占比明显提升，1—3季度金融IC卡消费额占银行卡消费交易额比例为69.92%、消费额占比同比提升13.87%。拓展行业应用，落实分行《“畅行巴蜀·金融IC卡交通便民工程”实施方案》，推动全域公交应用，攀枝花两县实现金融IC卡公交应用，市区公交已达成协议进入调试阶段；开展米易、盐边五折坐公交营销宣传活动；推动市商业银行接入省平台交警应用。

【国库运行】 中心支行组织二代TIPS业务测试工作，完成各阶段工作任务。通过组织召开市财税、四川银联攀枝花代表处以及10家银行机构参加的攀枝花市二代TIPS系统联调测试工作会，选派会计主管和业务骨干参加分行组织的第二代国库信息处理系统培训班，成立辖内二代TIPS系统联调测试工作领导小组，加强与税务部门、参与测试金融机构的沟通联系，完成攀枝花市二代TIPS系统联调测试的前期准备、业务测试等工作。推进电子缴税业务，电子缴税占比进一步提升。经过中心支行的多次协调，2017年，市商业银行在其生产系统中开通银行端查询缴税功能，截至12月31日，通过银行端查询缴税成功办理4笔、金额210.51万元的税收入库，涉及房产税、城镇土地使用税、印花税、契税；加强与地税部门的联系，推动雅砻江流域水电开发有限公司从第三季度起将企业所得税纳入电子缴税入库；协调市财政、市地税开展米易县水资源费收入直缴入库，金额93.45万元；配合税务部门开展网上平台申报缴税、手机APP申报缴税、自助办税终端缴税等“互联网+缴税”业务，推动全市电子缴税业务大幅提升，截至12月31日，全市电子缴税21.92万笔，金额28.97亿元，占比分别为95.2%和88.5%。加强系统运维管理，确保系统运行平稳。为加强服务器的集中管理，将中心支行、米易县支行TBS服务器移交中心支行中心机房统一管理。建立县支库业务的异地监管方法，制定《攀枝花市国库业务异地监督管理办法（暂行）》，明确非现场监管岗位设置、岗位职责、业务流程等，形成一套完整、规范的异地监管体系。加强代理支库现场走访巡查，强化对代理支库的监管，将代理支库的营业场所管理、重要物品管理、系统管理、登记簿管理等4个方面19个项目的内容，纳入季度走访巡查内容，走访巡查面达100%。

【国债发行】 2017年，辖内工、农、中、建、交、邮储6家储蓄国债承销机构发行储蓄国债凭证式8期，金额7644.52万元，较2016年增加2683.66万元，增长54.10%；发行储蓄国债电子式10期，金额9416.78万元，较2016年增加3433.26万元，增长57.38%。组织办理国债催兑业务6笔，共计48万元。加强走访巡查，发挥巡查督促作用，纠正巡查工作中发现的个别承销网点未准备新版票据、违规收取开户费、未按规定提供电子式国债认购确认书、错误提供国债咨询等问题，组织辖内承销机构开展国债业务半年工作自查。将每期国债发行的新情况、新特点通过国债首日发行信息和国债监管案例向分行反馈，2017年，中心支行共组织53人次对辖内143个次承销网点开展现场巡查，每次巡查均实现对6家承销机构的全覆盖。

【金融宣传】 截至2017年年末，中心支行办公室共牵头开展大型宣传活动3次。做好媒体来访接待工作，配合中央电视台、新华社、21世纪经济报道等12家国家级媒体对中心支行禁毒反洗钱工作成效宣传报道，提升中心支行在本地区影响力，形成良好的社会舆论氛围。规范业务网门户网站管理，向分行门户网站推荐信息，被分行业务网门户网站采用信息20条。响应总、分行工作要求，做好舆情监测和引导工作。共开展舆情监测11周，多次参与不良舆情监测和网络舆情引导工作。

【干部队伍建设】 2017年，中心支行按照相应程序对12名中层干部开展试用期满1年的考核任命工作。加大上下内外交流力度，通过选派干部到上级行交流借调、到商业银行学习锻炼，多渠道强化干部实践锻炼共计9人次。统筹各部门业务发展、履职需要和人力资源配置情况，优化科室设置和人力资源配置。深入学习贯彻《干部教育培训工作条例》，突出理想信念和党性教育。重点抓好科级干部、业务骨干及各类专项业务培训共计34项。组织干部到中国金融培训中心、郑州培训学院等培训共计39人次。举办稳健中性货币政策解读、反洗钱银警互动培训、巡视工作主题讲座等，持续推动新行员入职培训，与攀枝花学院联合举办“写作能力提高班”共10期。制定远程培训年度计划，申报成都分行攀枝花中支“党建工作能力提升”培训项目，开展网络党建调查问卷，按季召开远培联络员会议，举办远培心得征文等，转化学习成果，提高远程培训质量。

【反恐维稳工作】 中心支行开展涉恐隐患排查整治专项行动工作，结合辖内涉恐及社会治安实际情况，成立涉恐隐患排查整治专项行动领导小组。按照“三管一压实”要求和“横向到边、纵向到底、不留死角”工作原则，狠抓落实涉恐隐患排查整治专项行动工作。中心支行在全行开展反恐暨发行库防抢劫应急演练，通过演练，检验应急处置预案的科学性和可操作性，增强职工的反恐意识，提高部门间协同处置能力。开展消防应急疏散演练活动。贯彻省市关于禁毒成员单位定点包片区工作要求，把禁毒问题综合治理纳入单位总体工作规划，定期开展督导检查、绩效考核评估机制，6月26日联合社区开展“6·26”国际禁毒日法制宣传教育活动。

（肖世杰）

攀枝花银监分局

【概　况】 攀枝花银监分局（以下简称分局）内设8个科室，职工49人（在职40人，退休9人）。在职职工中研究生学历7人，本科学历30人，大专及以下学历3人，16人具有专业技术职称。

分局贯彻中国银监会和四川银监局工作部署，围绕供给侧结构性改革主线，坚持以服务实体经济有新贡献、防范银行业风险有新举措、深化改革有新进展为目标，较好完成各项重点任务，全市银行业保持稳健运行，有力支持地方经济社会发展。截至12月末，全市共有银行业机构10家，营业网点282个（含异地网点），从业人员4001人；资产余额1661.53亿元，较年初增加106.91亿元，增长6.88%；负债余额1588.13亿元，较年初增加100.08亿元，增长6.73%；各项存款余额1088.68亿元，较年初增加67.59亿元，增长6.62%；各项贷款余额940.68亿元，较年初增加78.08亿元，增长9.05；不良贷款余额51.47亿元，较年初增加16.07亿元，不良率5.47%，较年初上升1.37个百分点；累计实现净利润4.39亿元。

2017年，分局荣获四川银监局2016年度统计调研工作考核评比一等奖、四川银监局2016年度舆情引导工作先进单位、四川银监局2016年度信访工作先进单位、四川银监局2016年度银监会E报组织工作三等奖、四川银监局2016年度财务管理工作先进单位三等奖、2016年度全国文明城市网上申报工作合格单位、2016年度全国文明城市实地考察工作先进单位、保持档案工作规范化管理省一级标准单位、丁蜀雄被评为四川银监局2017年三季度“每月之星”。

【服务重点领域】 推进银行业机构主动盘活存量，用好增量，主动对接“四个加快建设”和“四区驱动”发展战略及重大政策，确保重点产业、项目和企业信贷需求。截至12月末，全市银行业实质性贷款较年初增加80.49亿元，重大项目、工业转型升级项目和战略性新兴产业贷款余额持续增长，分别达60.68亿元、44.69亿元和70.74亿元。

【债权人委员会】 有效发挥债权人委员会作用，推动银行业机构分批次、分步骤扩大债委会覆盖面，形成政府、行业主管部门、监管部门、司法机关、银行和企业等广泛参与的多方协同机制，集体研究增贷、稳贷、重组措施，做到稳定预期、稳定信贷、稳定支持，不随意停贷、抽贷。全市已成立债委会76个，涉及债权近400亿元，对74户企业确定帮扶策略，对35户企业落实帮扶措施。通过银团贷款、联合授信、封闭式融资等方式为6户企业增贷3亿元，通过收回再贷、调整贷款利息、展期续贷等方式为26户企业稳贷160亿元，推动6户企业债务重组涉及金额90亿元。

【压降融资成本】 通过开展专项检查、监管约谈等方式，督促银行业机构落实续贷政策，运用期限调整、借新还旧、展期等方式，为企业节约倒贷成本；严格“七不准”（即不得以贷转存、不得存贷挂钩、不得以贷收费、不得浮利分费、不得借贷搭售、不得一浮到顶、不得转嫁成本）和“四公开”（即收费项目公开、服务质价公开、效用功能公开、优惠政策公开）要求，规范服务收费，严控新增贷款利率上浮幅度，下调存量贷款利率，减轻企业融资负担。2017年，全市银行业机构为企业节约成本超2亿元。

【精准扶贫】 坚持金融精准扶贫，对接贫困村基础设施建设，加大贫困地区重点项目、重大民生工程的支持投入；创新金融扶贫模式，培育扶持农村产业发展，变“输血式”为“造血式”扶贫；落实“分片包干责任制”，发挥“扶贫小额信贷”的名片效益；开展智力帮扶和结对帮扶，全力助推脱贫攻坚和贫困地区经济社会发展。截至12月末，全市银行业机构扶贫小额信贷贷款余额1.82亿元，较年初增加1.34亿元，增长279.17%；辖内70个贫困村贷款余额1.49亿元，较年初增长37.96%；辖内银行业机构全年招录贫困大学生13名，提供贫困高校大学生实习岗位9个，助学贷款余额1779万元。

【服务全面创新】 落实市委、市政府部署要求，督促银行业机构满足全面创新金融需求，推动“9张清单”及“21条经验”落实落地，服务全面创新主体1612户、贷款余额30.18亿元；推动辖内成立攀枝花市首家、全省第九家科技支行，缓解科技型企业融资难题，助推科技型企业发展，促进科技成果转化；鼓励银行业机构利用好市政府科技信贷风险补偿机制，3家银行成为科技型贷款合作银行，年末科技型企业贷款户数55户、余额28.21亿元。

【小微金融服务】 以小微信贷考核和小微客户经理技能竞赛为抓手，督导辖内银行业机构落实续贷、循环贷等差异化信贷政策，创新服务模式，降低门槛普惠小微。截至12月末，辖内小微企业贷款余额396.98亿元，贷款户数10111户，申贷获得率95.41%，两家法人机构均实现“三个不低于”（在有效提高贷款增量的基础上，努力实现小微企业贷款增速不低于各项贷款平均增速，小微企业贷款户数不低于上年同期户数，小微企业申贷获得率不低于上年同期水平）目标，分支机构总体完成上级行下达的信贷任务；搭建银政企合作平台，累计开展银企对接活动11场，达成意向融资客户268户、金额29.72亿元，发放贷款47户、金额3.35亿元；深化银行业与税务部门沟通合作，推出税融通、税金贷、金税贷、云税贷、税易贷、税贷通等产品，累计发放“银税互动”贷款75笔、1.27亿元，年末银税合作贷款59笔、余额0.78亿元。

【涉农金融服务】 督促银行业机构提升薄弱领域服务水平，围绕攀枝花市“康养+农业”战略和“六大扶贫工程”支农惠农，助力脱贫攻坚。截至12月末，全市银行业涉农贷款余额208.89亿元，同比增加9.75亿元，实现持续增长。

【消费者权益保护】 以落实金融消费者“八项基本权利”为抓手，推动银行业机构强化内部管理，健全完善制度和工作机制，增强服务能力，规范业务行为，保障消费者合法权益。2017年，分局接受消费者咨询30次，处理消费者投诉53件，消费者满意度达100%。

【金融知识宣传】 以银行业机构营业网点为主阵地，突出金融知识进校园和防范通讯网络诈骗两个宣传重点，做到“传统宣传和特色宣传相结合、传统媒体宣传与新媒体宣传相结合、集中宣传和网点日常宣传相结合”三个相结合，开展“金融知识进万家”宣传服务月活动。辖内10家银行业机构、237个网点参与宣传活动，参与宣传人员超过2200人/次，开展集中宣教活动155次，发放宣传资料12.56万余份，发送公益短信超过16万条。

【风险防控】 信用风险。按月监测、按季召开分析会，督促银行业机构真实有序反映信贷资产风险状况，完善不良贷款台账，“一户一策”研究处置化解措施，运用多种手段处置不良贷款，增提拨备，提高损失吸收能力；推动出台《支持攀枝花市银行业处置化解不良贷款工作方案》。2017年，全市银行业累计处置不良贷款17亿元，增提拨备10.38亿元，风险总体可控。流动性风险。落实重点机构，特别是法人机构贴身盯防，“一对一”“发点球”督促完善风险缓释措施和应急预案，做实压力测试，按期、分步改善流动性管理，优化负债结构，确保流动性充足。攀枝花市商业银行上线流动性风险管理系统，截至12月末，攀枝花市商业银行、攀枝花农村商业银行流动性比例分别为68.67%、65.67%，流动性状况良好。信息科技风险。督促全市银行业机构提升信息科技安全保障能力，夯实转型发展科技基础，提升监管信息化建设和运维服务保障水平，确保重要时期特别是十九大期间全辖银行业信息系统安全运行，全年无重大信息科技风险事件发生；支持攀枝花商行申请ISO27001认证，在全省率先走出信息安全管理体系认证的第一步。案件风险。保持案防高压态势，夯实案防基础，推进案防文化建设，加强案防技术运用，案防工作质效持续提升。2017年，全市银行业机构堵截各类风险事件22起，涉及金额83.7万元；协助公安查询涉案账户资金265笔，紧急止付及冻结涉案账户450个、金额165.78万元。社会金融风险。抓好处置非法集资工作，督促辖内银行业机构开展处非宣传，增强社会公众风险防范意识，配合司法机关查处非法集资活动，维护社会稳定；落实P2P（个体和个体之间通过互联网平台实现的直接借贷）网络借贷风险管理职责，联合市金融办、公安、工商等部门对全市3家P2P分公司开展现场检查和风险排查“回头看”，摸清辖内互联网金融风险底数，规范网络借贷中介机构业务活动；综合治理非法校园贷，配合市整治办严把校园贷业务准入关，严处违法宣传、违规放贷、暴力催贷等，引导机构提供正规金融服务。

【改善公司治理】 通过制定法人监管方案、列席“三会”（股东大会、董事会、监事会）、约谈“三长”（董事长、行长、监事长）、监管评级、审慎会谈、任前谈话、走访巡查等方式，及时跟进、发现、提示、通报风险和问题，督促法人银行清晰界定“两会一层”职责边界和运行机制，做好董事、监事履职评价，强化股东行为和关联交易监管，提升公司治理有效性。

【内部控制】 督促银行业机构按照激励相容的原则，强化激励约束机制建设；树立合规创造价值的理念，修订完善制度157个，构建垂直独立的内控风险架构；督促法人机构推进消保管理部门设置；对隐性不良、非真实转让风险资产、同业业务不规范和多头授信等问题，建立台账，确定责任人、整改措施和期限。

【金融创新】 督促银行业机构接轨“互联网+”和有效金融需求，创新手段拓展服务范围，提高金融服务水平和效率。大型银行依托互联网和大数据平台，推出“云税贷”等多款网络信用贷款产品，完成11个网点轻型化智能化转型；邮储银行挂牌成立“三农金融事业部”；攀商行取得信贷资产证券化和外汇业务资格，推出小微和个人消费集群项目授信方案；农商行持续推进整村整社开发和农村信用体系建设。

【依法监管】 通过责令内部处分和实施行政处罚，提升监管权威性和有效性，组织开展“两个加强、两个遏制”（加强内部管控和外部监管，遏制违规经营和违法犯罪）回头看整改问责、“三违反”（违反金融法律、违反监管规则、违反内部规章）、“三套利”（监管套利、空转套利、关联套利）、“四不当”（不当创新、不当交易、不当激励、不当收费）、“十乱象”（股权和对外投资方面、机构及高管方面、规章制度方面、业务方面、产品方面、人员行为方面、行业廉洁风险方面、监管履职方面、内外勾结违法方面、涉及非法金融活动方面）等专项治理工作。2017年，分局完成现场检查、督查、督导19项，发现问题102个，提出整改意见87条，责令机构处理责任人388人次，罚款18.41万元；加大对银行业机构违规经营的处罚力度，对1家机构违法行为进行立案查处。

【监管能力建设】 落实恪尽职守、敢于监管、精于监管、严格问责监管要求，建设讲政治、重品行、专业专注、勇于负责的监管队伍。围绕银行业支持特色小镇建设、民营企业发展、电商产业发展、全面创新、消费者投诉等热点课题开展调研，全年完成调查与分析26篇，监管工作信息66篇，调研信息被银监会、四川银监局、市委、市政府采用27篇；落实青年EAST（银监会检查分析系统）参训过关、现场检查运用EAST和在岗青年参加现场检查要求，运用EAST模型筛选核实违规问题金额3.4亿元；搭平台促青年成长成才取得实效，2篇信息调研获省级领导批示，牵头全省编译信息被国务院办公厅采用1篇，参与编译信息被国务院办公厅、中共中央办公厅采用9篇（1篇获国务院领导同志批示），3名青年干部获得提拔任用。

【党建工作】 牢固树立“抓好党建是最大政绩”的理念，确保党建与监管工作同部署、同落实、同考核；层层压实党建责任，党委书记负总责、班子成员分工负责、党总支推进落实、各党支部书记和部门负责人“一岗双责”；开展“做守严”专题教育、违反中央“八项规定”问题集中通报和专项整治工作，严肃内外部监督执纪，促进党员干部严格遵守党规党纪，年度行风评议满意度达100%；制定“两学一做”学习教育常态化制度化工作方案，细化25项具体工作，确保学习教育取得实效；开展中共十九大精神学习宣传，开展到会理红色基地接受教育、知识竞赛、演讲比赛、与贫困村党员共同过组织生活、“彝汉一家亲唱支山歌共庆中共十九大胜利召开”等“主题党日+”活动，引导激励干部职工把思想和行动统一到中共十九大精神上来；基层组织建设持续推进，开展党委中心组学习13次，班子成员专题辅导7次，落实“三会一课”、党务公开要求，开展组织生活117次；严格党建述职评议考核和支部达标建设，严格党员日常管理，严把党员发展关，按期转正2名预备党员。

（罗 健）

中国工商银行攀枝花分行

【概 况】 2017年，中国工商银行股份有限公司攀枝花分行（以下简称市分行）从业人员411人，较2016年增加1人；将内设机构结算与电子银行部并入公司金融业务部，新组建风险管理部；将望江支行搬迁至炳三区并于12月对外营业；将米易县城北支行搬迁至安宁路营业。年末，市分行固定资产净值16808万元，较2016年增加1278万元；新增加自助银行3个。市分行严格贯彻执行国家各项经济金融方针政策，以支持服务地方经济发展为主线，以回归本源为要求，开展市场营销，强化风险防范，深化改革和创新发展，抓好金融服务。年末，全行各项存款83.30亿元，较2016年增加9.30亿元，增幅12.6%；各项贷款124.43亿元，较2016年增加2.21亿元，增长1.8%；实现净利润5791万元，较2016年增加5149万元；上缴增值税及附加4100万元；上缴企业所得税2399万元。

【存款业务】 市分行把存款业务作为扩大经营规模、提升对全市经济发展金融服务能力的基础，细化营销方案，加大组织推动力度，鼓励全员开展市场营销。针对市场和客户金融需求，制定专项业务考核管理办法，加大考核力度，健全营销组织构架，构建以公司金融业务部、个人金融业务部为营销牵头部门，以渠道管理部、资金财务部、信息科技部、综合管理部、人力资源部、运行管理部为后台配合保障，以支行为前台业务营销的基本组织架构。注重发挥客户经理在市场营销中的突击作用，通过强化管理和考核调动客户经理工作积极性和参与市场营销的主动性。加大业务营销宣传力度，宣传业务优势、产品优势、网络优势与服务优势，促进全行存款业务发展。全年各项存款总量83.30亿元，比2016年增加9.30亿元。

【信贷业务】 市分行严格执行国家货币政策和行业信贷政策，以服务区域经济发展为主线，以金融业务回归本源增强服务实体经济发展能力为重点，持续加大信贷投放力度。结合区域实际，做好重大项目、重点工程、中小企业、城市基础设施建设的信贷支持工作。为满足市场金融需求，开展金融创新，通过“票据池融资”等形式为区域经济发展提供多元化信贷支持，拓宽企业融资渠道，全年支持重点项目6个，投放信贷资金11.61亿元。推进票据融资业务，缓解资金供需矛盾，全年票据贴现65.9亿元，比2016年增加21.49亿元。为确保贷款顺利投放，市分行结合业务发展实际，制定融资服务方案，建立营销专班，完善工作机制，对重大优质项目和重点客户开展走访营销和联谊活动，深化合作，建立互信。为满足居民消费需求，在分析攀枝花消费市场和居民消费需求基础上，发展个人综合消费贷款、个人住房按揭贷款、信用卡分期付款业务。

【中间业务】 市分行以加快经营转型为抓手，拓展中间业务。结合业务发展，推进收入结构调整，通过扩大客户群体、加快多元化经营拓宽服务领域、开展业务创新等手段，促进中间业务稳健发展。市分行把中间业务突破作为全行五大工程之一，调整充实中间业务管理委员会，完善中间业务考核管理办法并配套制定相应工作措施。围绕资本节约型传统业务和新兴业务，制定各业务领域中间业务年度发展规划。为调动全行员工拓展中间业务的积极性，拓宽中间业务增收渠道，市分行发挥工商银行的产品优势、结算优势、网络优势，开办各项代理业务、国际业务、银行卡业务，组织开展劳动竞赛活动，构建促进中间业务持续健康发展的良好工作机制。坚持依法合规经营，做好维护消费者权益保护工作，贯彻执行国家发改委关于金融收费管理的各项规定，杜绝各类违规收费行为。全年，实现中间业务收入6137万元，比2016年减少1584万元。

【质量管理】 认真贯彻执行国家经济金融政策和总行信贷管理的各项制度，加强信贷质量管理，针对信贷防线暴露水平持续增大的形势，开展专项治理，严防信用风险。推进信贷结构优化调整，通过持续支持全市重点项目、重点工程建设融资，扩大优质资产规模；按照“有保有退”原则，通过承接产业转移，对存量贷款结构进行优化调整。加快不良资产清收处置，以基础处置方式为主，与探索创新处置方式相结合，推进不良贷款清收转化工作，全年清收转化不良贷款6.96亿元，不良贷款总量1.53亿元，比2016年下降1.18亿元，不良率1.23%，比2016年下降1.1个百分点。加强风险管控，落实质量管理各项制度规章，开展专项检查工作。对违规放贷、违规参与民间融资和经商办企业、违规代客理财、违规办理柜面和ATM业务、违规套现、违规债券交易等重点风险点进行全面排查，并对整改工作进行回评，整改率100%。加强员工日常行为管理，开展警示教育，做好员工异常行为排查工作，提升员工风险意识、制度意识和责任意识。

【金融服务】 市分行坚持以客户为中心，加强服务管理，强化整章建制，加快标准化、规范化服务建设。着力提升服务品质，拓展服务功能，与市人力资源和社会保障局签订《攀枝花市建设群众满意的人社公共服务体系信息化项目合作协议》，共同建设攀枝花“人社APP、医保APP、工行e缴费”信息化公共服务体系，在全市率先推出“银保一体化网点”，为广大市民就近办理社保金融业务提供便利；加快职能机具投放，率先在全市金融系统中实现营业网点智能化机具全覆盖，改善客户办理金融业务体验；实行“神秘人”暗访制度、“晨会直通车”制度，非现场与现场检查相结合方式，加强对全行服务工作的监督管理；建立弹性服务制度，强化柜面服务技能，大力推广自助、智能机具使用，扩展自助渠道；开展岗位技术练兵、业务知识培训以及服务知识、服务礼仪培训，教育引导员工树立“以客户为中心”的服务理念，把提升服务质量要求落实到日常中；开展标杆网点打造、星级服务网点创建、客户投诉专项治理等活动。2017年，市分行营业部继续保留“中国银行业文明规范服务千家示范单位”称号。

【改革创新】 市分行把加快创新发展作为适应当前经济金融发展形势、满足客户多元化金融需求的重要手段，按照省分行工作部署要求，以服务支持地方社会经济为己任，开展金融业务创新、服务创新，探索适应区域经济发展的经营管理模式。为满足市场金融服务需求，市分行加快业务创新发展，针对信贷规模控制趋紧，资金供需矛盾突出的形势，创新开办“票据池融资”模式，拓宽融资渠道。拓展互联网金融业务，把握“互联网+”为金融业发展带来的新契机，成功推荐融e购商户2户，其中碧桂园·翡翠郡（攀枝花）已在融e购平台上线，实现融e购B2C非金融交易额3680.91万元；支持外向型经济发展，加大“走出去”企业的金融支持力度，全年完成国际结算量3.49亿美元，完成跨境人民币量1000万元。

【网点建设】 市分行贯彻落实《关于开展“一点一策”提升网点竞争力工作的通知》和加强网点核心竞争力建设的总体部署，按照网点建设“智能化、自助化、互联化、一体化”发展思路，将发展互联网金融、改善客户服务体验与建设金融生态环境和普惠金融有机结合。结合攀枝花城市规划布局，优化网点布局，拓展网点服务功能。2017年，对米易县城北支行、望江支行2个网点进行迁址，对3个网点进行原址装修改造，在人流量较大区域新建3个自助银行，网点智能化改造10个，实现网点智能化全覆盖。加大对营业网点的督导帮扶，组织部门网点结对帮扶活动，建立健全部门网点联动帮扶工作机制，定期召开部门联席会议，强化网点业务督导。深化网点运营标准化改革，为所辖网点配备管理副职，对网点柜面员工和网点客户经理队伍进行结构优化并建立相应管理制度。

【内控案防】 市分行坚持业务发展与内控案防“两手抓两手硬”的经营思想，强化内控案防。根据银监会关于开展“三违反”“三套利”“四不当”专项治理及“市场乱象”整治工作要求，结合“十大重点领域和关键环节”持续治理和“两两再回头”专项整治，细化责任分工，严把治理工作质量，推进综合整治工作；结合内控合规“执行强化年”活动，加强内控理念传导，引导全行干部员工树立依法合规意识。组织开展教育警示活动，“两准则 三条例”“一规定，两个办法”学习培训考试，组织全员学习《员工违规行为处理规定（2017年版）》“十大禁令”案例分享、个人客户经理代客办理业务风险防控培训、青年员工合规教育培训，提升从业人员专业素养和风险防控能力。开展操作风险管控重点领域风险整治专项活动，对重点业务操作领域和要害工作环节进行实时监控，强化管理措施落实。加强民间理财咨询公司的账户清理和资金清理，强化资产托管业务管理，坚决抵制“飞单”，严防“虚假按揭”。全年没有发生任何安全事故和重大责任事故，实现内控评价增分目标。

（李　广）

中国农业银行攀枝花分行

【概　况】 2017年，中国农业银行股份有限公司攀枝花分行（以下简称攀枝花分行）全辖27个营业网点，其中攀枝花分行营业部1个、一级支行营业部4个、二级支行4个、分理处18个，市分行内设部（室）15个，在职职工502人。

攀枝花分行坚持有所为有所不为、错位经营差异竞争、审慎有效发展三个原则，抓住机遇积极作为，服务地方经济发展。年末，各项存款余额100亿元，全行表内外信用余额共计121亿元。

【服务三农】 攀枝花分行坚持“大三农、新三农、特色三农、精准三农”服务三农。“大三农”大项目实行挂牌服务。年初将重大涉农项目梳理成册，分别立项，其中“米易县政府购买服务项目”5亿元获审批并全部投放，国网攀枝花供电公司电费代理项目正式上线运行，服务全市5个县（区）34万用电客户。“新三农”新型经营主体服务取得实效。全年新型农业经营主体贷款89户，金额2928万元，贷款月均余额较2016年增长226.42%。“精三农”金融精准扶贫工作获得多方认可。在全市率先发放精准扶贫贷款累计向1692户贫困户发放扶贫小额贷款6153万元；向495户贫困户投放危房改建贷款1803万元；向定点扶贫帮扶的格萨拉乡大湾村、后元村捐资7.5万元，帮助修建活动室2个；慰问贫困137户、慰问物资6.56万元；捐资9.49万元修建贫困村群众文化室1个，党员活动室3个；资助贫困大学生5名。对市内的芒果、枇杷、茶叶等10余个农产品基地企业和新型经营主体信贷支持1.2亿元。“特三农”有特色。全行银讯通和代理业务取得显著成效。全行新发展“银讯通”助农取款服务点308家，“惠农通”服务点总数达424家；全年共计交易32.13万笔，交易金额51316亿元，分别较2016年提升170.54%和394.73%，月点均交易量109.79笔，全省系统内排名第3；惠农卡有效客户新增6509户，完成全年目标的216.97%，全省系统内排名第5。

【银政合作】 围绕攀钢、二滩等存量国有大型企业开展信贷业务，寻找大型国有及政府主导的产业基金、政府购买服务项目和内部银团贷款份额作为新增长点。攀枝花市政府PPP财政投资基金16亿元项目全部提款；法人贷款围绕花城投资公司、米易县政府购买服务项目和攀钢投放10.9亿元，服务大唐观音岩水电、银江水电、金沙水电和攀大高速等项目。

【风险防控】 2017年，攀枝花分行贯彻落实市委、市政府和监管部门提出“区域金融风险防控”工作要求，推进信贷质量立行和“净表计划”部署，成效显著。不良生成率仅为0.9%。用好用足风险化解政策，为10户法人、9807万元，2户个人、395万元实施风险化解政策。处置不良贷款6.1亿元，不良余额和不良率分别较年初下降5.35亿元和7.38%。

【安全运营】 攀枝花分行开展“三化三铁”、运营风险点管控，共创建5个“三铁”单位、21个“良好”单位，一个“三铁”金库，达标率100%，保持“三铁”网点占比20%。实现业务运行平稳、安全防控有力，更换外包劳务公司，新设大楼门禁，完善办公室、会议室管理，各类应急事项得到妥善处置，全年未发生重大群体性事件。

【三线一网格】 “三线一网格”工作推进扎实有效，三线一网格电脑、手机登录达100%，共反映正能量的好人、好事20件，反映预警信息38条。

【党建工作】 攀枝花分行党委坚持每周一次碰头会，每月一次集中学习，每季一次党委中心组学习，每年一次民主生活会，调整辖内4个支行党委书记，完成辖内4个支行纪委书记专职化分工，建成41个在岗党员党支部，实现由10名主任、4名运营主管兼任支部书记，发展党员3名，转正预备党员4名。

（郎华冬）

中国银行攀枝花分行

【概　况】 中国银行股份有限公司攀枝花分行（以下简称分行）。2017年，内设9个部门，下辖14个营业网点（1个营业部、13个经营性支行），在岗职工总数237人，其中研究生学历3人、大学学历174人、大专58人、高中2人。

2017年，在面临攀枝花城市转型、分行机遇性代发业务严重流失，以及总行授信规模压缩、利率下调等众多不利因素的影响下，分行认真贯彻落实上级行各项工作部署，按照总行工作要求，围绕“固本强基、创新转型、稳中求进、奋发有为”工作总基调，开展一系列扎实有效的工作，负重前行、砥砺奋争。截至年末，分行本外币客户存款余额406057万元，其中公司存款余额112882万元，个人存款余额293172万元；全行本外币贷款余额718935万元，其中公司贷款余额626174万元，个人贷款余额92761万元；实现中间业务收入4955万元。

【网点转型】 分行根据省分行机构改革工作要求，结合地方实际，制订出网点区域布局定位思路。除营业部外，4个区域型支行（东区、西区、仁和区、新区）分别牵头所在区域的市场拓展，成效显著。截至年末，仁和支行人民币存款余额26463.76万元，较2016年同期增长3268.58万元，增幅14.09%；机场路支行新区公司日均存款余额10695.13万元，较2016年同期增长7291.30万元，增幅214.21%。在区分综合型和交易型网点的业务范围基础上，根据网点周边环境及客群分布，打造专业化特色网点，打响品牌，做出优势。

【银企合作】 分行为增强服务实体经济发展能力，促进区域经济发展，开展源头营销，深化公私联动，形成“内部一盘棋、外部一股力”的业务发展氛围。获得攀枝花市50亿元康养产业基金托管资格，促成万达广场项目落地，资金规模15亿元。实现能投金沙水电站存量新增批复2亿元，获批攀钢集团新主体授信1户，金额2亿元。跟进攀枝花市6个3P入库项目，成功落地1个，实现首期到账资金6000余万元；与中建三局、山东路桥市政道路基础设施建设项目达成合作意向；跟进十九冶钒钛产业园区建设项目、北控水务和江苏南通三建基础设施建设项目，项目资金储备量总计达80余亿元。

【队伍建设】 为增进干部队伍活力，畅通员工职业发展通道，分行按照人尽其才原则，建立公平公正公开的选人用人机制，深化后备人才队伍建设。2017年，共选拔7名网点负责人和15名客户经理进入后备人才库。根据监管要求和网点业务发展特色，因人因岗配置人员，共调整3名网点负责人、聘任7名员工到分行管理岗，新增客户经理4名。围绕业务经营发展，提高员工综合素质，加强员工培训，共组织开展培训89期。深入贯彻执行省分行党委精神，以关心关爱员工为主题，做好后勤保障服务工作，组织全行员工年度体检，打造员工信赖和欢迎的“职工之家”，改善职工食堂用餐条件，关心关爱员工，增强员工的认同感、归属感和幸福感，开展各项文体活动，丰富员工业余文化生活，增强团队融合，提升企业凝聚力。

【内部管理】 为进一步强化内部管理，规范员工行为，分行结合工作实际，全面梳理各项规章制度和考核机制。以机制建设与运用为抓手，从员工考勤、业绩贡献、绩效管理、资源配置等方面查漏补缺，完善制度。深入传导“两绩（绩效、业绩）一责（担责）”的绩效责任文化，坚持“三比三看三提高”工作方法，制定以业绩贡献为主要考核依据的单项激励考核机制和《支持网点效能提升的若干措施》，明确人力、物品、费用等资源倾斜基层、倾斜一线的分配导向，根据抓揽挖、标杆先行等竞赛活动，对网点进行资源配置，促进网点业绩提升。同时将业绩贡献、网点效能、机构考核等指标与负责人挂钩考核，强化一把手责任担当意识。全面贯彻落实总行、省分行“双创”活动要求，持续开展机关“双创”活动，争创最好的条线，争创最好的部门，强化了机关的服务意识，充分发挥条线部门对基层网点的帮扶作用，促进全行作风的改善。深入传导“有为才有位”激励思想，不断强化工作纪律管理，做实“一张表”考核、员工考勤、休假挂钩考核等管理工作。

【风险防控】 分行以“稳质量、促发展、强管理、增效益”为发展主线，不断强化风险理念和完善基础工作，推进风险管控各项工作，严格控制授信风险，确保资产质量稳定，保障业务持续健康发展。通过综合运用现金清收、依法收贷、重组平移等手段，打开不良资产清收工作新局面，全年实现不良化解2908.41万元，省分行任务完成率达220.21%，不良贷款余额13009.41万元，不良率为1.81%。在定期召开风险内控委员会、信贷资产盘存会等常规管理基础上，召开月度资产质量管控会议，强化精准管理定位，推进授信防冒压降，全年共召开11次资产质量管控会议，清退6户授信客户，金额4200万元。

【合规经营】 分行加强条线过程管理，开展培训及宣传活动，强化队伍建设，夯实运营清算基础，严格管控运营风险，保证全行运营清算工作稳健运行，未出现重大风险事件。持续开展内控管理和专业知识培训，提高员工专业素质和风险把控能力，全年共召开业务经理例会23期，开展货币、凭证防伪培训6期，组织参加省分行各类培训13期。严格执行上级行内控管理政策，并结合分行实际，出台《反洗钱管理实施细则》《内控案防实施办法》等一系列约束办法，夯实内控管理机制。全面推进内控合规达标活动有序开展，在达标过程中嵌入“蓝天行动”“天眼行动”，严格达标工作，精细过程管理。采用现场与非现场相结合的方式，做好对银企对账、柜员管理、账户管理等重要风险环节的日常监控，强化全行风险意识与合规意识，全年现场检查机构覆盖率达100%。充分发挥内部审计作用，按照会计达标验收标准，严格履行会计管理职责，会计达标考试通过率达100%，被省分行评定为会计达标机构。

【案防安保】 深化作风建设，保持案防高压态势，落实中央“八项规定”精神，系统开展反腐倡廉和案例警示教育，学习《金融机构从业人员职业操守指引》《员工行为守则》等规章制度，组织全员签订《恪守道德底线、坚守职业操守承诺书》244份，覆盖率达100%，强化重点岗位、关键人员、关键环节管控，抓实员工教育和行为排查，筑牢拒腐防案思想道德防线。把安保工作与业务指标共统筹、同考核，组织全行签订“三书”，执行安全保卫工作第一负责人机制。探索安全保卫新业态，创新安全防范新模式，分行关于自助银行管网布线的建设方案得到省分行安全保卫部和当地公安机关一致好评，被省分行作为“安防样板工程”全辖推广。强化突发事件、消防安全预处理，防范事故发生。分行保安员周毅奋力救火的见义勇为事迹被中央电视台等主流媒体报道，获得总行和省分行通报表扬。

（卢晓昶）

中国建设银行攀枝花分行

【概　况】 2017年，中国建设银行股份有限公司攀枝花分行（以下简称建行攀枝花分行）有内设机构10个，营业网点23个，其中建行营业部1个、网点型支行21个、分理处1个，职工总数386人。建行攀枝花分行认真学习贯彻中央金融和经济工作会精神，面对区域多重困难叠加的严峻形势，努力践行建行四川省分行转型发展降风险再上新台阶的各项部署的决心、信心不动摇，推动各项业务稳步前行，多项业务指标取得新突破。截至2017年12月31日，一般性存款余额94.93亿元，较年初新增9.45亿元，日均余额新增5.76亿元，新增国有四大行中排名第二，其中对公存款余额25.61亿元，较年初新增4.72亿元，新增国有四大行中排名第二；个人存款余额69.33亿元，较年初新增4.75亿元，新增国有四大行中排名第二。各项贷款余额60.61亿元，较年初减少768.57万元。经营效益向好，实现账面利润2.11亿元，较2016年增长45.1%。

【资产业务】 坚持“发展是第一要务”，持续优化信贷结构。结合区域发展定位，加大支持阳光康养产业、市政基础设施建设、棚户区改造等民生工程和钒钛资源综合利用产业。对接全市重点建设项目，为成昆铁路发放贷款1.3亿元、金沙电站新增投放2.25亿元；以小为主，以微为重，截至2017年12月31日，小微快贷发放138户，累计支用181笔，累计支用4833万元，授信金额4443万元。

发放个人商业住房贷款0.42亿元，年末贷款余额7.8亿元，较年初减少0.81亿元，余额国有四大行中排名第二，新增额国有四大行中排名第四。发放个人消费贷款2.17亿元，较年初新增0.9亿元，期末贷款余额1.13亿元，贷款余额和新增额国有四大行中排名第一。投放住房公积金贷款1.9亿元，贷款余额9.97亿元，较年初新增0.4万元。贷款余额市场份额占比19.44%，较年初下降1.12%，贷款投放居第四位，贷款余额居第三位。

精准施策，通过贷款重组、上门约谈、诉讼催收等方式化解处置风险资产。2017年不良贷款余额6.24亿元，减少3.04亿元；不良率10.29%，下降5个百分点。处置存量不良信贷余额6.41亿元，其中处置存量对公不良贷款4.03亿元；处置个人类不良贷款932.49万元；减少不良表外余额2.28亿元。

【负债业务】 2017年，攀枝花经济逐渐回暖，但区域形势依旧严峻。经营方式由传统依赖信贷带动发展转变为由产品牵引业务发展，密切联系网点，挖掘客户对公产品需求，提升公司客户对建行的依赖性和忠诚度，稳存增存。

个贷部门在公积金存款和住房维修基金存款两条主线上下工夫，做好与市公积金管理中心和市房管局的信息沟通和协调服务工作。个金条线以机构业务和攀枝花市政府重点项目为突破。独家中标攀枝花学院“校园一卡通”合作，实现高校领域零的突破，带来客户及存款双增长；与攀枝花市武警中队签署基本账户及代发工资业务合作协议，开启银警合作新篇章；成功营销住房和城乡建设管理局工程招投标保证金归集项目；成功营销攀钢设计院党费云业务，实现该产品零突破；加强对接中国农业发展银行、市城市建设投资经营有限公司、市国有投资（集团）有限责任公司，实现棚改资金落地2.2亿元。在米易县成功开立河滨路支行，截至12月31日，河滨路支行一般性存款余额3.22亿元，填补县域市场空白，攀枝花建行网点渠道全市金融覆盖率达100%。

【中间业务】 加强拓展票据池、现金管理、结算业务、理财产品及信用卡等传统业务，保证传统模式中收连续稳增；跟随市场移动优先概念，提升移动金融替代率，全年安装运行各类智慧柜员机73台，业务迁移率达89.82%，进一步缩减柜台压力，优化服务质量；移动金融占比快速提升，渠道贡献再上台阶。截至2017年12月31日，移动金融交易量占比82.96%，电子渠道基金销售占比74.29%，高出全省建行平均水平12.76个百分点。手机银行活跃客户净增28972户，网上银行客户新增5431户，个人短信银行客户新增22287户，微信银行完成4694户。与攀枝花学院“校园一卡通”合作中，该校师生共签约手机银行14576户、短信3825户、网上银行10586户、龙支付14576户。

利用节假日等关键时点，与百盛超市、善融商城商户等合作，使用龙支付付款减免、优惠等活动，推广龙支付业务，截至2017年12月31日，龙支付累计客户数70863户，新增龙支付客户58568户，善融商务个人商城有效买家617户，新增583户；利用“慧兜圈”打造金融消费生态圈，借助新一代系统商户服务平台优势，做大消费资金承接份额，实现资金体内循环，提高商户支付便利性和结算效率，全年实现“慧兜圈”商户新增507户。

【风险内控】 把防范风险挺在前面，强化资产质量管控。贯彻打好防范化解重大风险攻坚战等决策部署，执行“风险管理职责进党委”的规定，完善全员全流程风险与内控合规体系，提高风险管理能力。从严落实信贷主体责任，建立完善资产质量管理长效机制。

加强全面风险管理，重点管理信用风险。建立涵盖信用风险、市场风险、操作风险等九大类风险及包括案防、合规风险的全面管理体系。强化信贷基础管理，落实信贷制度，强化信贷风险全流程管控；加强重点领域风险监测，细化管控措施，严格执行月度贷后管理预警跟踪会议制度以及不良贷款化解处置专门团队、重点督导二级行风险管控工作例会制度；全面强化信贷基础管理工作，组织开展信用风险专项排查以及相关高风险业务、风险客户等排查工作，及时整改，消除风险隐患。

坚持精细化管理，严防案件风险隐患，抓好主业主责，推进“两个责任”落实，贯彻中央“八项规定”精神，抓好党风廉政建设和反腐败等各项工作措施，按照“机控优于人控”思路，加强对系统控制、非现场检查的运用，紧跟风险热点持续开展专题稽核作业；开展“安全生产大检查”“平安建行”创建等活动，以提升机控、人防、技防等能力为重点，做好安保各项工作，提升合规管理能力。

【党建工作】 推进“双培养”工作，全面启动申请入党人员建账立档工作，将入党积极分子30余人纳入“双培养”计划，新发展党员6名超过前三年发展党员总和，基层网点负责人党员比率提升至70.8%。涌现出以“四川.最美建行人——攀大营销团队”、八名四川分行“新一代”对私核心系统上线先进个人等为代表的优秀共产党员队伍，在平凡岗位上发挥战斗堡垒作用和先锋模范作用，增强党员员工自豪感，迸发出新活力。赢得“平安建行”，落实“两个责任”，坚持从严治党、从严治行，推进反腐倡廉、案件防控、风险防范等各项工作，2017年，评选并表彰6个“平安建行”先进集体，在第五次金融系统安全评估活动中蝉联全市第一，全年顺利实现“三无”目标。

提升员工获得感、幸福感，建立建行攀枝花分行“青年后备人才库”，全年按规范流程共提拔干部8名，其中青年干部3名；对11个支行食堂进行改造，配置橱具等，解决员工切身问题；完成5个“职工之家”、8个“党员之家”的建设升级工作，为员工提供更好的学习生活环境；建行攀枝花分行党委成员到基层网点，关心解决员工工作生活难题。

建行攀枝花分行在中国人民银行攀枝花中心支行开展的“2017年度攀枝花银行业机构综合评价”中荣获第二名；在国家外汇管理局攀枝花市中心支局开展的“2017年外汇管理考核评比”中荣获第二名。凤凰支行获攀枝花市反洗钱特殊贡献荣誉。推进“精准扶贫”工作，2017年，全行员工爱心捐款5万元购置46头优质高山种猪，为盐边县温泉乡道角村生猪养殖项目落地提供强有力支持。

（陈虹燕）

交通银行
攀枝花分行

【概 况】 交通银行股份有限公司攀枝花分行（以下简称攀枝花分行）攀枝花分行内设7个部室，下辖7个营业网点（6个支行，1个营业部），现有从业人员121人。截至2017年底，分行本外币资产规模39.40亿元，人民币存款余额24.68亿元，其中公司类存款余额8.43亿元，储蓄类存款余额16.07亿元；人民币贷款余额41.45亿元，其中公司类贷款余额40.08亿元（含小企业），个人贷款余额1.37亿元。

【执行力建设】 开展“团结奋进、负重自强”——以“提升执行力建设”扭转工作作风与面貌的专项行动，提升管理服务水平。逐步规范内部管理流程。分行出台《机关规范化管理与服务提升实施细则》，全面规范办公、办会和劳动纪律等管理。各条线相继梳理完善各类制度和办法，制订部门工作流程图，细化工作职责划分制度等。转变工作作风。贯彻落实省分行“聚焦服务能力提升，全面改进工作作风”活动要求，执行力明显提升，外查内审反馈问题整改、季度、年度目标冲刺、高端客户座谈、周报及信息报送等方面，均取得长足进步。创新机构营业模式。在除营业部、江南路支行的5个网点分别实行周末临时停办柜面业务模式，全面推动智易通、现金循环机等职能机具配置，探索基层营业模式改革，释放一线生产力，提高经营效率。

【业务发展】 聚焦“三提升、两扭转”的经营管理目标，业务发展稳中求进。个金业务按照“积极挖潜、率先起步”的工作思路，积极挖潜、大力揽储、努力挣中收，零售中收、信用卡净增量全省排名第二，住房贷款等个人资产业务取得突破，发展格局初步稳定。公司业务盯紧存款、客户等指标，不断捕捉机遇。成功营销市区财政、国投集团、攀钢集团等单位及企业，实现大额来款。开展系统产品专项营销，取得“交付宝”产品全省首销。对接优质企业，完成各类银企系统上线，首家上线市国税局银企直联系统。风险化解取得实效。先后完成钢城集团、国钛科技等重要重组项目，争取核销、打包、拨备覆盖等资源，使不良资产快速出表，减轻因资产质量受到的监管压力，优化资产质量结构。

【财富管理】 把规范化服务提升纳入“一把手”工程，定期召开消保工单分析会议，对规范化服务情况进行检查通报。把改进服务环境、强化提升柜面文明、规范服务标准、整治不规范经营专项治理成果与保护金融消费者权益相结合，完善金融消费者投诉管理体制机制，维护消费者正当权益；开展“金融知识进万家”“质量强市”“讲文明树新风”等宣传，尊重客户的选择权和知情权，在合规经营前提下提供优质服务。攀枝花分行主要开设私人银行、个人存款、个人贷款、投资理财、专享服务、出国金融、外汇服务、借记卡和信用卡等业务，为交行客户量身定做“教育储蓄”“e贷通”“沃德财富”“交银理财”“得利宝”“跨境留学和跨境商旅”等产品，让客户体验交通银行全方位的金融理财服务，成为客户的“财富管理专家”。

【服务实体经济】 响应政府号召，把实体经济作为信贷资金投放重点，结合总行授信政策，支持钒钛、钢铁、煤炭、矿石四大支柱产业上下游重点客户，支持地方经济稳健发展。2017年全国金融工作会后，坚定不移落实“金融业服务实体经济、防控金融风险、深化金融改革”三项任务。截至2017年末，分行客户各类贷款余额40.61亿元（含联合贷款），其中采矿行业16.36亿元、制造行业14.99亿元、电力行业3.99亿元、批发和零售行业2.65亿元、交通运输及仓储、邮政行业1.08亿元、建筑行业0.17亿元、个人贷款1.36亿元、个人经营性贷款0.11亿元，涵盖攀枝花市三区两县各类企业。在省分行的协调及指导下，克服贷款重组户数多、收入大幅减少、方案复杂、无相关经验、不熟悉系统流程等困难，开展贷款重组、打包转让及核销工作，对重组企业履行“不抽贷、不压贷”承诺，为该类企业的脱困发展贡献力量。

【精准扶贫】 发展不忘责任，准确把握“定点扶贫、金融扶贫、精准扶贫”主攻方向，协助市人大、国资委做好扶贫攻坚。2017年，分行组成由党委班子成员为组长的扶贫攻坚队，先后5次到对口帮扶的米易县得石镇黑谷田村、撒莲镇金花塘村开展扶贫攻坚，将扶贫财物送至贫困户手中，开展“送金融知识进千家万户”活动，将金融政策、个人征信、发洗钱、识假币等金融知识送进百姓家中，鼓励农民把握金融政策，走上创业路、完成发家致富。

（庄德臣）

中国农业发展银行
攀枝花市分行

【概 况】 中国农业发展银行攀枝花市分行（以下简称

市分行）是攀枝花市唯一一家农业政策性银行，辖内无分支机构。截至2017年年末，全行共有职工45人，其中在职职工33人、退休职工12人。在职职工均为大专以上学历；全行有中级以上职称的13人，占39.39%；职工平均年龄39.5岁。固定资产原值2274.54万元，净值1449.63万元。

2017年，市分行坚持稳中求进工作总基调和新发展理念，按照高质量发展要求，以服务农业供给侧结构性改革为主线，坚持服务“三农”发展，履行政策性银行支农职责。截至年末，全行累计发放贷款13.92亿元，累计收回贷款10.33亿元，各项贷款余额26.94亿元，比年初增加3.59亿元，增长15.37%；各项存款余额18.93亿元，较年初增加13.02亿元，增长220.09%；清收处置不良贷款4359.84万元，不良贷款余额6378.24万元，占比2.37%，较年初减少4359.84万元，减少40.6%；实现账面盈利3747.75万元，同比增加1738.4万元，增长86.52%。全行未发生任何经济案件和责任事故，不良贷款清收处置实现“双降”，保持中国农业发展银行四川省分行授予的“省分行级优质服务示范窗口”“先进职工之家”称号、四川省精神文明建设委员会授予的“省级文明单位”“市州级文明行业活动示范系统（单位）”称号、攀枝花市精神文明建设委员会授予的“市级文明行业”“市级卫生单位”称号。

【信贷业务】 2017年，市分行围绕市委、市政府统筹城乡发展战略和全市经济发展规划，以服务粮油收储、棚户区改造、脱贫攻坚、农村基础设施建设和实体经济发展为重点，针对国家信贷政策和地方政府债务政策调整变化，强化宣传，多层营销，创新发展，加大支持“三农”发展力度，促进业务发展见成效。全年支持储备企业8户，新增储备贷款3笔，金额1221.12万元，收回储备贷款3笔，金额733.06万元，办理储备贷款展期35笔，金额1.14亿元，年末储备贷款余额1.18亿元，促进储备企业宏观调控作用的发挥和地方政府政策性储备计划的实施，保障地方粮油市场稳定安全；支持龙头加工企业2户，发放粮食购销流动资金贷款3笔，金额2195万元，强化政策指导性收购贷款资金供应和管理，支持市场性粮油收购。支持政府重点关心的棚户区改造、新型城镇化建设、农村交通等项目，营销棚户区改造项目2个，全年获批贷款16亿元，投放贷款11.4亿元；支持盐边县城乡一体化建设项目贷款1.9亿元，实现投放0.82亿元。服务脱贫攻坚战略，营销扶贫过桥项目1个，获批金额2.97亿元并实现首笔投放1亿元，用于米易县贫困村提升工程；加强对全市70个贫困村的信贷支持，采用四川省国农公司进行统贷统还的方式投放易地扶贫搬迁贷款，2017年，进入市分行扶贫资金共8538.57万元，截至年末累计使用资金6619.2万元，用于米易县、盐边县、仁和区贫困人口搬迁工作。巩固维护商业性贷款客户，支持生产经营正常的省市级产业化龙头企业老客户流动资金需求，全年办理续贷8笔，贷款6510万元，进一步优化风险防控措施，保证企业正常生产经营。利用“农发重点建设基金”业务增强市分行在开发性政策性金融支持的重点领域、薄弱环节和关键时期的作用，全年完成重点基金建设项目5个工商变更手续共1.84亿元的，收回基金项目2个，金额2400万元，截至年末已支付3711.83万元，尚余基金项目3个，金额1.6亿元。

【存款业务】 2017年，为促进企事业单位存款稳步发展，市分行发挥信贷业务吸存、引存功能，加大项目营销，全年实现以贷引存13.22亿元，通过项目引入资本金存款3.53亿元；易地扶贫搬迁资金到位1.3亿元，基金存款1.2亿元。采取多种措施加强存款管理，构建存款增长长效机制。关注企业销售货款回笼归行，将其与续贷、新增贷款挂钩；清理企业账户，控制提现额度，力争资源在本行“体内”循环；协调贷款上下游关联企业到市分行开立一般存款账户，吸收企业项目资本金、项目配套自由资金、贷款风险保证金以及贷款关联客户存款，提高资金留存率。截至年末，各项存款余额达18.93亿元，较年初增加13.02亿元，增长220.09%；2017年，日均存款达9.51亿元，较年初增加5.64亿元，增长145.48%。

【中间业务】 2017年，市分行推进代理保险、人民币结算等中间业务。加强对贷款企业的宣传讲解，对商业性贷款形成的物资基本做到全额参保，实现代理保险手续费收入3.36万元；做好日常结算工作和其他中间业务，实现人民币结算业务手续费收入及其他中间业务收入68.43万元；利用工商银行网银结算平台推广应用网银业务，扩大非现金结算覆盖面，提高结算效率，保障资金安全。2017年共实现中间业务收入71.79万元，同比增加42.31万元，增长143.52%。实现中间业务收入29.48万元，同比增加21.93万元，增长290.46%。

【信贷管理】 2017年，市分行执行国家宏观调控和总行的信贷政策，把握信贷支持重点，运用电子化、流程化管理手段，加强合规操作、贷后监管和基础信息资料管理。强化评级授信管理，在本行权限内对13户客户完成评级，对14户客户完成授信，授信金额3.17亿元。按程序开展贷款审查，坚持主审人和交叉复审“双人”审查贷款制度，完成贷款审查（含储备展期）48笔，金额1.86亿元；组织召开贷审会8次，审议通过5户客户的7笔流动资金续贷，金额5690万元。落实总行新的贷后管理办法，召开贷后管理例会6次。加强信贷管理自查自纠，狠抓问题整改和总结反思。加强放款监督审核，履行放款中心职能。加强CM2006系统、征信系统、客户风险统计系统的管理及应用，提高信贷管理信息化水平。

【内控管理】 2017年，市分行加强信贷前后台、财务管理、纪检监察、法律合规、内部审计等各专业部门、业务条线间的监督制约，坚持审贷分离、管钱管物分离、部门岗位分离和授权管理，强化内部控制和基础管理，研究开展内部控制评价工作，形成严密有效的内控监督体系。加强制度建设，在现有制度体系的基础上整合、完善《对账管理实施细则》《财务管理办法》《中国农发重点建设基金项目经理制管理办法》《统计工作考核办法》等14个制度办法，加强对制度落实情况的监督检查，强化制度刚性约束。强化法律合规审查，确保法规行纪的严格执行。加强督促检查，完成银监系统部署开展的“三违反”“三套利”“四不当”“市场乱象”专项治理（即银行业“违法、违规、违章”行为专项治理工作、银行业“监管套利、空转套利、关联套利”专项治理工作、银行业“不当创新、不当交易、不当激励、不当收费”专项治理工作、四川银行业市场乱象整治工作），按要求开展案件风险排查、信贷风险排查等活动，抓实各专业各条线常规检查。加强问题整改，建立整改台账，明确整改责任人、整改措施和整改时间，实行销号式整改，提高精细化管理水平。

【风险防控】 2017年，市分行继续完善和强化全面风险管理，确保稳健经营。全年清收处置不良贷款4359.84万元，不良贷款额较年初下降40.6%，不良贷款率较年初下降2.23个百分点；加强存量贷款风险防控，抓实贷款准入管理、贷款担保管理，加强到期贷款催收，开展贷款风险监管排查，加强风险预警监测，提高信贷风险管理水平。加强业务操作风险、廉政风险与案件风险防控，严格落实信贷政策、《四川银行业从业人员五十个严禁（修订）》和内部条线管理制度，规范操作流程；落实党风廉政建设的党委主体责任和纪委监督责任，签订部室党风廉政建设目标责任书、廉洁合规承诺书；加强干部监督管理，按季开展员工异常行为排查和重要敏感岗位人员考核，实行强制休假22人次，交流轮换5个重要敏感岗位人员；落实案件防控规定，层层签订案件防控与安全保卫“四无”创建目标责任书（“四无”即无经济案件、无刑事案件、无重大责任事故、无严重违规违纪行为），召开案防分析会2次、操作风险分析会4次；加强思想引导，组织廉政案防教育10余次，员工撰写读书笔记、心得体会40余篇；落实问责处罚，针对业务操作违规问题和新增不良贷款责任人实施处罚28人次，其中经济处罚14人次、金额1.7万元，违规积分处理12人次、积分59分，行政警告和党内警告各1人次；抓实安保、维稳工作，顺利通过全市银行业金融机构第五轮安全评估并获评优秀单位。

（何　雯）

攀枝花市商业银行

【概　况】 2017年，攀枝花市商业银行（以下简称市商业银行）机关设24个部门，下辖7家分行、67家支行网点，从业人员1114人，其中大学本科及以上学历人数占全行员工总数的72%，30岁（含）以下员工占比52%。资产总额825.49亿元，较年初增加39亿元，增幅4.97%；各项存款余额（不含同业）468亿元，较年初增加2.93亿元，增长0.63%；各项贷款余额（含贴现）367亿元，较年初增加38亿元，增长11.70%；不良贷款占比1.45%，实现税前利润3.03亿元。

【跨区发展】 截至2017年年末，市商业银行在成都、凉山、自贡、内江、达州、雅安、泸州等市州设立7家分行。分行各项存款余额161.03亿元，各项贷款余额141.12亿元，分别占全行存款和贷款余额的34.41%和38.45%。控股的金都村镇银行各项业务稳中向好，年末各项存款余额31.45亿元，各项贷款余额15.62亿元，实现税前利润4535万元。

【业务结构调整】 市商业银行持续深化业务结构调整，取得取显著成效。拓展对公存款业务，发行大额存单，开展对公存款劳动竞赛，争取棚改资金沉淀，加强授信客户结算资金归行管理，加大核心存款营销力度，对公存款余额达176亿元，存款结构进一步优化。严格控制产能过剩行业、房地产行业授信，使钢铁、煤炭等产能过剩行业授信余额下降5.9%。全年新增授信13.65亿元，重点支持城市建设、钒钛科技孵化器等重点项目建设和地方优势产业发展。加大小微企业扶持力度，深化小微信贷经营管理改革，加强小微体制机制建设，加快业务创新和渠道拓展，修订完善《小微授信业务管理办法》《个人消费贷款业务管理办法》以及标准化小微产品操作规程等业务管理制度，提高审批效率，提升小微金融服务专业化水平，发展小微信贷业务，全年共发放500万元（含）以下小微贷款84465笔，金额27.77亿元，同比分别增长1150%、155%；全行500万元（含）以下小微贷款余额突破30亿元，较年初增加16.98亿元，增长126.91%。加快调整资管业务结构，负债方面将理财资金结构逐步向个人、机构理财转化，降低同业理财占比，截至2017年年末，个人和机构理财同比提升18.18%，有效防范资管业务流动性风险。资产方面，增强主动运作能力，大幅提升投资收益。持续推进业务创新，首单小微信贷资产ABS“攀鑫1号”于2017年12月成功挂牌发行，总发行金额3.89亿元，进一步畅通全行资产流转渠道，为盘活存量信贷资产，提升盈利能力提供产品支持。

【服务地方经济】 市商业银行围绕市委、市政府制定的全市经济社会发展目标开展授信工作，合理把控授信投向和投量，支持服务实体经济，支持地方重点项目、民生项目和地方优势产业，做好“钒钛”“阳光”两篇文章，推动地方经济发展。持续加大三农、小微、扶贫资金投放，全力支持地方经济发展。截至2017年年末，全行涉农贷款余额70.09亿元，较年初增加2.15亿元，增速3.17%，满足涉农贷款持续增长要求。年末全行小微企业贷款余额254.53亿元，较年初增加27.88亿元，增速12.3%。小微贷款较去年同期增速12.3%，高于各项贷款平均增速0.6个百分点；小微企业贷款户数2355户，较2016年同期增加900户；小微企业申贷获得率91.51%，较2016年同期增加0.22个百分点。全年发放精准扶贫贷款451笔，金额10.3亿元，其中个人精准扶贫贷款2056万元，产业扶贫2.87亿元，项目扶贫7.23亿元，完成扶贫目标任务。主动降低企业融资成本，切实服务实体经济。通过对符合条件的授信企业减免手续费、降低利率、优化企业融资方案等方式累计为授信企业节约融资成本5059万元，其中给予利率优惠企业户数83户，为企业节约融资成本673万元。

【强化顶层设计】 市商业银行制定《攀枝花市商业银行经营管理活动授权授信办法（试行）》，厘清各层级责权边界，初步构建内部授信授权制度框架。建立分支机构年度工作目标考核制度，以科学的目标体系、有效的考核激励推动全行重点工作顺利完成。建立目标督办制度，开展专项督办，在落实目标管理的同时强化过程控制，提升全行执行力。修订《优质服务管理办法》，建立全行统一的服务考核制度，加大优服工作的检查考核力度，使全行各网点优质服务水平得到进一步提升。

在组织机构改革方面，金融同业、小微金融、地产金融等事业部制改革稳步推进，适应市商业银行实际的事业部制管理模式逐步清晰。经董事会三届十三次会议审议通过，成立地产金融部，稽核监察部更名为监察审计部；经董事会三届十六次会议审议通过，成立国际业务部、特殊资产运营管理部。

【风险和案件防范】 市商业银行强化制度建设。梳理、修订和完善风险管理类相关制度，制定下发《攀枝花市商业银行政信类投资业务指导意见》等，重点强化对流动性风险的识别、限额管理、计量监测等各项管理。推进全面风险体系建设。完成《全面风险管理体系建设规划方案》《2016年度全面风险管理报告》，客观分析市商业银行全面风险管理存在的问题，与融和友信、信雅达公司等外部咨询机构开展合作，委托完成相关建议方案。加大“后两类”不良授信清收化解力度。完善清收化解机制，加大激励考核力度，争取地方政府、司法部门支持，通过加大清收、授信重组、法律诉讼等措施，使清收化解取得较好效果。年末表内不良贷款占比1.45%。加大各类风险防控力度。对重点行业授信进行优化调整，合理控制授信集中度，对煤炭、房地产和钢铁等重点行业按时开展授信风险排查和专项贷后检查，分别拟定信贷资产和非信贷资产五级分类管理办法，逐笔建立不良贷款管理台账，按时形成贷款逾期、欠息、垫款等监测报告，加大风险预警，全行信用风险总体可控。完善流动性风险管理框架，开发上线流动性风险管理系统，加强全行资产负债结构的监测分析，有序调整负债期限，在有效控制负债成本的前提下，确保流动性主要风险指标达到监管标准。定期做好市场风险压力测试，确保市场风险整体可控。开展案防检查，及时整改问题，确保案防零事故。开展内部监察审计工作，全面加强内控内管，强化内部问责，全行风险总体可控。

【内控内管】 市商业银行进一步优化完善各类管理机制。注重强化内控合规基础管理。总行各部门、各分机构设立兼职合规管理员，有效发现和处理跨部门的合规风险管理薄弱环节。加强制度建设，制定《攀枝花市商业银行规章制度管理办法》《攀枝花市商业银行外聘律师管理办法》《攀枝花市商业银行合同管理办法》；加强制度统筹管理，按照《攀枝花市商业银行规章制度管理办法》对总行机关各部门规章制度进行梳理，加强制度建设，完善操作流程，堵住制度漏洞，确保将所有业务、流程、行为纳入制度规范范围。落地实施会计柜面业务操作手册、集中采购管理办法等制度，多层次提升市商业银行管理规范化水平。系统梳理全行会计核算规则，制定《营业费用管理办法》《营业费用实施细则》，费用核算管理进一步加强。实施《专职客户经理薪酬绩效考核管理调整方案》，完成对公客户经理、社区客户经理转岗调整工作，人力资源管理进一步优化。加大信息科技对业务创新的支撑力度，全年开发涉及提升客户体验、提升服务水平及新产品、新功能项目219项，改进完善系统功能，新发布HCE云闪付14项新系统，信息科技管理水平得到持续提升。

【社会责任】 市商业银行切实履行社会责任。开展捐资助学、精准扶贫、普惠金融等公益活动，帮扶盐边县红宝乡及重点帮扶村开展脱贫攻坚工作。年末，对口帮扶的谜塘村顺利通过国家脱贫攻坚验收，实现摘帽脱贫。组织向盐边县温泉乡大窝凼村扶贫捐款 40 万元，向盐边县蚂蟥箐村捐资 13 万元用于修建村公厕，助力脱贫工作。向攀枝花学院捐资助学 50 万元并设立奖学金。与市总工会合作捐资 80 万元用于资助市内家庭贫困学生。开展金融消费权益保护学习、宣传、检查、落实等工作，完善金融消费者权益保护、个人金融保护相关的各项规章制度。聚焦绿色产业金融需求，推动建设美丽四川和美丽攀枝花。坚持诚信经营，主动加强沟通汇报，主动搭建优质平台，对接符合国家产业政策、发展前景良好、具有较好经济效益和本地特色的小微企业和项目，营造和维护良好的社会诚信环境和融资环境。

（王悦良）

攀枝花农商银行

【概　况】 2017 年，攀枝花农村商业银行股份有限公司（以下简称攀枝花农商银行）内设 12 个职能部门，下辖总行营业部、5 家支行营业部、64 个分理处，共 70 个营业网点；员工 795 人，其中：在岗员工 564 人，平均年龄 38.5 岁，大专以上学历 533 人；资产 273.81 亿元，负债 255.55 亿元，所有者权益 18.26 亿元。

【党的建设】 秉持“围绕经营抓党建，抓好党建促发展”原则，全面加强党的领导，下发《2017 年党委工作要点》《2017 年党建工作要点》《党务公开工作实施方案》等文件；组织召开 7 次中心组学习；发展党员 11 名，确定入党积极分子 21 名；完成 4 个总支、7 个支部换届改选；实现党员、入党积极分子“一人一档”；全行 15 个支部分别与 25 个外部党组织开展“支部共建”，签订党建工作协议，开展“党建 +”系列活动。

【队伍建设】 根据业务发展需求，全年招聘法律、会计、经济学等专业的应届大学毕业生 20 名充实到一线网点。组织员工参与省联社微课堂考试 6 次，参考人员 462 人。通过工会开展职工慰问活动，全年开展日常慰问 29 次；协助 14 名困难职工申请四川农村信用社特困职工救助金；班子成员利用走基层机会，对 13 名困难党员、10 名困难职工开展慰问，将党组织的温暖送到一线。加大薪酬制度改革力度，拟定《攀枝花农村商业银行员工管理暂行办法》，规范员工管理行为，打造纪律严明、素质过硬的员工队伍。

【存款业务】 强化资金组织，夯实发展基础。截至年末，全行各项存款余额 170.90 亿元，较年初净增 17.45 亿元，增幅 11.37%，增量占全市同业增量的 53.66%。其中，对公存款余额 37.76 亿元，比年初减少 3.33 亿元；储蓄存款余额 98.60 亿元，比年初增加 7.34 亿元；理财产品余额 34.54 亿元，较年初增加 13.43 亿元。

【信贷业务】 调整信贷投向，优化贷款结构，坚定支农支小、做小做散。截至年末，全行各项贷款余额 125.08 亿元，较年初增长 7.28 亿元，增幅 6.18%，增量均为“三农”和小微贷款。其中：涉农贷款增长 0.19%；小微企业贷款增长 6.29%，高于各项贷款平均增速 0.11 个百分点；小微企业户数同比增加 3009 户；小微企业申贷获得率 98.87%，同比增加 0.28 个百分点。

【中间业务】 拓展中间业务渠道，实现中间业务收入大幅提升。截至年末，全行中间业务收入占比 4.66%，在全省农信系统各市州内排名第 1 位。资金业务。面对宏观经济政策紧缩，流动性压力和被动去杠杆压力较大的情况，积极调整经营策略，保证各项业务平稳、正常开展。全年，完成银行间市场交易 8763 笔，位列全国农商银行第 18 名。理财业务。在普益财富全国银行机构理财排名中取得全国农商银行理财业务能力排名第 39 位、省内法人机构排名第 6 位、全国农商银行理财风控能力排名第 10 位的优异成绩。债券承销。攀枝花农商银行成为四川省农合机构内第一批取得四川债承销团成员资格的两个机构之一，全年参与四川债发行投标 31 期，中标 9.86 亿元。银保业务。通过筛选保险公司产品、规范销售程序、上线“银保通”系统等措施，代理保险业务收入同比增长 96.67%。

【渠道建设】 拓展电子银行客户，优化自助机具投放，全力加快渠道建设步伐。全年拓展电子银行个人有效客户数 65322 户；实现市水务集团水费代收项目上线，发展水费代收客户 249 户；发展“收银通”商户 714 户；新增离行式自助银亭 1 个，离行式自助银行 7 个，离行式自助设备 10 台；改造电话支付终端 97 台；与市第二人民医院和仁和区人民医院合作开展“银医通”项目。

【安全运营】 落实安全防范责任制、加强安保设施建设、加大安全教育和检查力度。全年对辖内机构的安全防护设施、枪支弹药、运钞车以及安全保卫规章制度的执行情况进行常规安全检查 780 人次，专项检查 110 人次，共投入工作日 180 个，发现隐患问题 163 个，已落实整改 151 个，实现“零案件和零重大责任事故”目标，在全市安全评估中获得 99.6 分，位列全市金融机构第 1 位。

【内控管理】 加大风险排查力度，严控经营风险，确保稳健运行。全年共处理各类违规责任150人次，其中：记过1人次，经济处罚105人次、金额163700元，通报批评5人次，违规积分39人次、积分85分。

【社会责任】 以金融精准扶贫和普惠金融为主线，加强与地方党政、部门沟通汇报，充分发挥行业优势，切实履行社会责任。信贷扶贫。优化信贷流程，通过扶贫贷款公示、开展社会评议、设立扶贫信贷受理专柜、限时办贷服务承诺等措施，为贫困户打造公开透明、规范高效的金融扶贫“绿色通道”。全年累计发放金融精准扶贫贷款5075户，金额118760万元，扶贫贷款发放比例占全市80%左右；运用“支农再贷款+个人精准扶贫贷款”模式，累计发放贷款3362户，金额13146.6万元。对口帮扶。全年累计出资65.5万元，用于东区政府精准扶低、米易县白坡彝族乡桐子林村排污系统、盐边县温泉乡大窝凼村扶贫产业发展等项目建设。普惠金融。全年组织开展各类金融宣传活动50余次（含18所学校）、派出宣传人员100余人、发放宣传小礼品2万余份、发放宣传资料3万余份、接受咨询5000余人次、宣传受众5万余人。

（徐秋华）

中国邮政储蓄银行攀枝花分行

【概　况】 中国邮政储蓄银行攀枝花分行（以下简称市分行）内设16个部门，其中11个一级部门，5个二级部门，有营业机构39个；在岗员工258名，硕士研究生2人，本科生153人，专科生99人，高中及以下学历4人，平均年龄35岁。截至2017年12月末，资产总额87.34亿元，较2016年末增加12.20亿元，增幅16.24%，其中各项贷款余额（不含信用卡）38.21亿元，较2016年末上升17.62亿元，增幅85.58%。负债总额86.78亿元，较2016年末增加11.97亿元，增幅16%，其中各项存款余额80.76亿元，较2016年末增加11.26亿元，增幅16.21%。全年累计实现收入1.94亿元，利润2321.3万元。资产质量保持稳定可控，整体不良率0.42%。

【资产业务】 争取上级行政策支持，加大对地方重大项目、重大基础设施建设的资金支持力度。以邮储银行四川省分行与市政府签订的战略合作协议为抓手，围绕“做好两篇文章”，向上级行争取信贷规模、区域授信政策、产品创新、差别化授权等各方面的政策倾斜，对攀枝花市棚户区改造、火车南站、大面山风电等重大项目投放贷款22.82亿元。成功实现全省第一个信贷投放的PPP项目——攀枝花火车南站PPP项目，邮储银行全国第一笔农风光农发电互补项目——盐边县红格镇设施“农业+光伏+大面山”风电互补项目于2017年6月全面建成。

坚持“有扶有控，择优支持”，助推钒钛产业转型升级。对市政府“红名单”企业制定差别化服务政策，对优质、骨干钒钛企业给予重点支持，小微贷款保持较快增速；通过“转期贷”“减额续贷”等方式，为企业缓解资金困难；推进“阳光信贷”，通过抵押物自评、主动承担抵押物外评费用等方式，降低企业融资成本。

创新产品服务，优化金融供给。推出“E捷贷”“税贷通”“园保贷”“医院贷”等纯信用或弱担保产品，解决小微企业抵押物不足困难。用好“再贴现”政策，推广电子商业汇票、现金管理、理财等多样化和“一站式”金融服务。

【负债业务】 坚持“零售银行”战略定位，牢固树立“存款立行”理念，以“社保代发存款巩固工程”“棚改资金代发项目”等项目为抓手，保证资金流，促进负债存款增长。2017年年末，活期储蓄存款市场占有率达10.37%，较年初提高0.58个百分点。个人存款活期占比达41.68%，较2016年末提高1.89个百分点。

【党建工作】 强化“党的领导”，开展基层党组织建设。召开3次专题党委会深入学习中共十九大精神，研究部署学习宣传贯彻落实中共十九大精神方案。召开学习宣传贯彻中共十九大精神动员暨党委中心组学习（扩大）会议，邀请攀枝花市出席中共十九大代表何丽为全体党员宣讲中共十九大精神，印发《攀枝花市分行深入学习中共十九大精神的工作计划》。

推进“两学一做”学习教育常态化制度化，开展“强基固本2.0”建设工程，完善基层组织建设，严肃党内政治生活。建立党员干部联系点制度，适时开展工作调研，掌握基层动向，增强工作针对性。开展“承诺践诺”主题教育活动，通过党员定诺、支部审诺、公开亮诺、全面评诺等动作，增强广大党员的责任意识和服务意识。

【队伍建设】 加强培训工作，适应企业战略和员工个人发展需要。按照各单位、各条线制定的年度培训计划，做好培训规划和协调，2017年，全行共开展123期，1223人次，2589课时的集中培训，其中管理类10期110人次，专业类16期304人次，营销类64期508人次，操作类33期301人次。建立健全教育培训管理体系，完善考评方式。制定并印发《中国邮政储蓄银行攀枝花市分行教育培训工作管理办法实施细则（修订）》《中国邮政储蓄银行攀枝花市分行内训师管理办法（试行）》《中国邮政储蓄银行攀枝花市分行职工教育培训考评工作实施细则（试行）》文件，规范教育培训工作流程，细化教育培训工作的考评方式。

贯彻落实现代商业银行价值创造理念教育实践活动，推进转型升级。在“价值创造理念”学习教育实践活动中，全行开展了集中学习、分组讨论、一把手上讲台、合理化建议征集等规定动作，并结合本行实际，以业务发展为重点举办了“价值创造理念”先进性系列培训、撰写学习心得等活动，参与人员积极响应，效果显著。

【渠道建设】 以行政村为基点，依托网点、三农服务站、邮件接转点、村邮乐购店等渠道，按照“联动发展、合规经营、加强风控”的原则，打造农村地区助农金融便捷服务通道。累计发展有效助农取款服务点18个，农村地区装置ATM等自助设备30台，代发新农保31.84万笔，累计2809.95万元，在全市农村地区累计办理各类交易148.91万笔，金额34.84亿元，改善攀枝花市农村地区支付市场环境。

响应国家大力推进电子商务进农村的号召，与市邮政公司携手推动“村邮乐购店”的建设工作，解决农村电商平台发展的“最后一公里”难题。

【风险管理】 学习贯彻全市经济工作会、金融工作会、监管部门工作会精神，把握攀枝花经济金融运行特点，坚持审慎稳健经营，以加强党的建设为立足点，突出党风廉政建设责任制，完善绩效考评体系，引导全行上下妥善处理好防风险与促发展的关系。

完善全面风险管理体系，通过“内控优化年”等强化合规文化建设。按照监管要求，开展“三违反”“三套利”“四不当”“市场乱象”等系列清理整治活动，查处违规行为。

注重内控管理，特别是人的管理。针对信用风险、道德风险等重点风险的防范和化解，采取不良缓释、核销呆账、司法诉讼清收、委外清收等措施化解不良贷款风险，以资产质量高管责任制和员工行为排查为基础，保证员工队伍的稳定性和战斗力。

消费者权益保护。制定下发《关于印发中国邮政储蓄银行攀枝花市分行2017年消费者权益保护工作要点的通知》和《关于做好2017年消费者权益保护工作的指导意见》，按照监管单位和省分行要求，全行开展“3·15”消费者权益保障日宣传活动、非法集资宣传月等活动，各项宣传活动发放资料6000余份，横幅5条，各网点统一制定LED宣传标语按时进行滚动播放。

【金融扶贫】 贯彻市委、市政府金融精准扶贫工作安排，借力精准扶贫、银会合作等农村金融模式，增强“三农”金融服务的可获得性。发扬“绣花”精神，通过农业龙头企业“公司+农户”、扶植贫困户光伏发电等创新信贷支持模式，提升金融扶贫精准度。开办抵押类小额贷款、农户购买经营性车辆小额贷款、家庭农场/专业大户贷款、惠农产权贷、净值抵押贷款、果农贷款、烟农贷款等新产品，从额度、期限、利率、还款方式等方面进行要素优化调整，2017年发放扶贫小额贷款151笔，金额200.4万元。

在贫困县域开展“金融知识进万家”“送金融知识下乡”“金融消费者权益保护”活动，通过开展扶贫日系列活动，先后5次捐款捐物2万余元，深入两个定点扶贫村，与贫困村党支部开展支部共建活动，支持贫困户脱贫致富。

（何 彬）

保 险

中国人民财产保险攀枝花市分公司

【概 况】 中国人民财产保险股份有限公司攀枝花市分公司（以下简称分公司）下设9个支公司，6家营销服务部，劳动合同员工238人，劳务派遣员工14人，保险代理人1515人。固定资产原值为2836.14万元，净值878.43万元。

2017年，保监会实行《商业车险第二次费率改革》，给分公司业务发展带来诸多不确定因素，分公司认真贯彻落实人保财险四川省分公司工作会议精神，紧紧围绕“发展超越市场和系统，盈利优于市场和系统，服务好于行业”的总要求，通过全体员工的努力，完成上级公司下达的保费规模和利润指标工作任务。

截至12月底，分公司实现保费收入43588.06万元，同比增加405.54万元，增幅0.94%；市场增速比值0.17，市场份额 52.7%，同比下降 2.38 个百分点，增量市场份额 9.42%。从对标市场看，行业增速 5.49%，分公司增速 0.94%，落后市场增速 4.55 个百分点。综合成本率 90.71%，低于市场及全省系统平均水平，实现利润总额 3773.34 万元，同比增加 631.69 万元，增幅 20.11%。

【渠道建设】 分公司现有电销人员 26 人，同比增加 16 人，实行统一管理、统一培训、统一服务、统一考核。7 月，分公司对该团队进行改造升级，即一分为二。电话营销团队以转保客户、脱户客户和次新车客户为目标，进行电话营销；续保辅助团队负责支公司存量业务维护，帮助销售人员做好续保工作，提高续保率。分公司制定《2017 年互动业务考核激励方案》，要求互动业务较多的各支公司，派出互动专员深入寿险销售团队，推动业务发展。截至 11 月底，分公司互动业务效果明显。其中："产代寿"实现期缴保费收入 253.34 万元、规模保费收入 326.34 万元、趸交保费收入 73 万元，"寿代产"实现保费收入 979.98 万元；分公司新车增长乏力，其中二网大卖场给分公司新车业务发展带来一定影响。全市有 28 家二网，分公司新车占比不到 30%。为此，分公司从 6 月起，对二网大卖场新车占比超过 60% 的支公司给予奖励，由支公司继续经营；反之则由车商部介入，收归分公司车商部统一经营管理，凡被调减保险资源的支公司，一律不调减保费任务；分公司加大了费用投入力度，要求各支公司加强对各社区门店、各营销服务部、各三农服务站（点）的管理和考核，做到建一个成一个，防止出现僵尸门店。要求各门店有人负责、有任务、有考核、有人气、有活动，各三农服务站（点）通过一场一镇的宣传，逐步扩大影响，在搞好政策性农险和特色农业保险的基础上，发展农村商业车险业务。

【农险业务发展】 落实总公司提出的"发展业务既要找市场，更要找市长"指示精神。2017 年，分公司为调整烟草种植保险费率，与市（县）财政、市烟办和市烟草公司进行协调沟通，最终促成费率调整，为分公司增加保费收入 198 万元；向市农险局、市财政局主动汇报政策性农险、特色农业保险和森林保险工作开展情况，组成联合调研小组，深入三区两县调研，分公司及时提供政策性农险、特色农业保险和森林保险应保面积和实际承保面积基数。调研认为，近年来攀枝花市政策性农险和特色农业保险萎缩，森林保险承保面严重不足，分公司要求三区两县"增点扩面"，应保尽保。分公司领导主动拜会三区两县相关部门，加强协调沟通，狠抓落地工作。截至 12 月底，分公司实现政策性农险保险跨越式发展，同比增加农险保费收入 635.41 万元。

【增值服务】 2017 年，分公司以人保俱乐部为载体，推出服务新举措，加强与客户互动，增强客户黏性。通过为家庭自用车加油、代年审、代驾、洗车和保养、对会员续会提醒、节假日问候和活动开展通知等，使分公司有效注册会员达 35000 余名；认真选择合作商家，除与中石油合作外，分公司还与 84 家洗车店、3 家代年审机构、1 家代驾机构、4 家车辆保养店进行合作；狠抓面上宣传，在市广播电台、攀钢通勤车、公交公司客车、加油站和车管所户外、停车场闸栏、电梯镜框和刷屏机等加大广告宣传投入；狠抓客户服务界面标准化工作，加大"微信公众号"宣传推送工作，提高客户微信绑定率，认真搞好客户投诉处理工作。

【合规经营】 2017 年，分公司为强化全体员工法律意识、合规意识、底线意识，要求各项工作严格按照相关规范和流程操作，经得起检查。6 月 8 日，分公司聘请市纪委案件监督管理室主任，为分公司班子成员，各支公司、机关各部经（副）理和关键岗位相关人员，作"防欲力善，永葆清廉"专题警示教育报告。6 月 9 日，分公司机关各部负责人给市公司班子成员、各支公司、机关各部经（副）理上合规知识培训课。6 月 10 日，机关各部相关工作人员对各支公司业务人员和综合岗人员进行依法合规经营业务培训。6 月 19 日，接受人保财险四川省分公司财会部的现场财务巡查工作，重点对分公司财务基础、费用列支、工会财务、集中采购、手续费支付、税务管理、资产管理、资金管理和总账核算部分进行检查。11 月 16 日，接受市人民银行反洗钱监管走访，重点对分公司基础工作，对承保、批退和理赔环节客户身份信息资料留存，对信息技术建设等进行检查。从省公司和市人民银行检查反馈回来的情况看，总体情况较好，针对存在问题，分公司已整改落实到位。

【党建工作】 2017 年，分公司党委把党建工作纳入议事日程，落实党要管党，从严治党，充分发挥分支两级机构的主体责任，组织各支公司、机关各部门负责人签订 2017 年全面从严治党责任状；根据人保财险四川省分公司党委组织部统一安排，制作上报"微党课"视频；制定印发《人保财险攀枝花市分公司推进"两学一做"学习教育常态化制度化实施方案》《攀枝花市分公司党的十八届六中全会精神学习宣传工作方案》《人保财险攀枝花市分公司中心组 2017 年度理论学习安排意见》；在全市系统党员中广泛开展"佩戴党徽、亮明身份"活动，订购下发《基层党支部工作手册》《党员学习教育笔记本》；根据省公司党委宣传部统一安排，制定印发《攀枝花市分公司党委议事规则》《攀枝花市分公司进一步贯彻落实"三重一大"制度的党委决策办法》；5月25日，制定印发《攀枝花市分公司转变机关工作作风的实施方案》，下发《关于广泛征求转变机关工作作风意见建议的通知》；在建党96周年前夕，聘请市委党校副校长，为分公司全体党员和入党积极分子开展“推进全面从严治党”专题讲座。6月29日，机关党支部召开党员大会，讨论发展新党员1名，讨论转正预备党员1名，深入学习《“两学一做”学习教育常态化制度化实施方案》。10月18日，组织党员领导干部和全体党员收看中共十九大开幕会，11月6日、13日、18日，组织党员领导干部和全体党员参加总公司、省公司和集团公司召开的学习贯彻中共十九大精神视频会。

【重大赔案】 1月1日15时，分公司承保的川D28156号中型普通客车，由张某某驾驶从米易县丙谷客运站方向沿省道214甸渡路往米易县县城方向行驶，当车行驶至桥东街东段上十字路口处时，车辆在左转弯过程中，与人行横道的行人曾某某相撞，造成曾某某受伤，车辆受损。经现场查勘认定，属保险责任，分公司支付交强险赔款12万元，商业险赔款98.34万元。

3月22日13时30分，攀钢集团东方钛业公司向分公司“95518”报案，称位于米易县一枝山工业园区内二期酸解楼起火，分公司立即派遣查勘员会同东方钛业财务部、设备部等相关人员赶赴事故现场，确认火灾楼内的机器、设备、管道基本全损、厂房需加固修复。经评估测算，分公司支付保险赔款182.8万元。

8月22日晚23时，盐边县永兴镇局部区域遭受特大暴雨、冰雹袭击，导致永兴镇8个自然村受灾，8月23日，分公司集中全部查勘力量分组查勘，理算赔付时，开通绿色理赔通道。9月15日，所有赔款支付到受灾农户的账户，共计赔款约130万元。

（李 艳）

中国人寿保险攀枝花市分公司

【概 况】 中国人寿保险股份有限公司攀枝花市分公司（以下简称分公司）下设9个支公司（仁和区支公司、米易县支公司、盐边县支公司、河门口支公司、陶家渡支公司、瓜子坪支公司、炳草岗支公司、大渡口支公司、炳草岗营销服务部。截至2017年年底，分公司在职员工146人，其中，机关79人，基层67人；中层及以上领导干部36人；在职员工中本科及以上学历76人、大专学历63人、中专及高中学历7人。分公司个险渠道共有保险营销员1831人；团险渠道共有销售人员108人；银保渠道共有保险规划师185人。

2017年，分公司实现总保费收入6.29亿元，同比增长19.1%。其中，普通寿险保费收入3.22亿元，占比51%，同比增长15.8%；分红寿险保费收入2.09亿元，占比33%，同比增长20.4%；长期健康险保费收入4524万元，占比7.2%，同比增长24.6%。短期意外险保费收入1493万元，占比2.4%，同比增长17.2%；短期健康险保费收入1869万元，占比3%，同比减少28.4%。实现新单保费收入2.67亿元，占比42.45%，同比增长16.1%；续期保费收入3.62亿元，占比57.55%，同比增长21.2%。新单保费中：首年期交收入1.45亿元，同比增长38.9%；趸交保费收入6962万元，同比减少18.2%。

【业务发展】 个险渠道完成首年标准保费5778万元，预算完成率98%，同比增长57.1%，完成首年期交保费13468万元，预算完成率122.9%，全省排名第1，同比增长45.7%；完成10年期及以上首年期交保费8718万元，预算完成率108.1%，同比增长62.2%；完成保障型产品保费2299万元，预算完成率113.4%，同比增长57.9%；完成短期险保费1812万元，预算完成率95.4%，同比增长15.3%。团险渠道完成短期险保费1650万元，预算完成率68.8%，扣除补医险因素同比增长39.31%。银保渠道完成首年标准保费367万元，预算完成率51.3%，同比增长18.1%；完成首年期交保费1186万元，预算完成率43.1%，同比减少26.9%，完成10年期及以上首年期交保费431万元，预算完成率46.9%，同比增长14.5%；完成趸交保费6961万元，预算完成率97.4%，同比减少18.6%；完成短期险98万元，预算完成率48.8%，同比增长13%。

2017年，分公司全部业务市场份额35.27%。其中个险渠道市场份额43.39%，个险队伍1831人。团险渠道市场份额80.59%。银保渠道市场份额13.7%，位居市场第三。

【队伍建设】 截至年底分公司个险渠道持证人力达1831人，季均有效人力1000人，预算完成率100%，个险月均增员率8.54%，预算完成率100.5%，收展持证人力282人，预算完成率94%，月均“T50”人力1504人，个险主管队伍达到223人，占总人力的12.18%，四季度晋升区域总监1人，实现区域总监零的突破。银保渠道保险规划师在册人力185人，月均举绩人力70人，季均有效人力35人；团险渠道系统销售人力108人，较年初增长40人，团险渠道4家支公司从事直团销售管理及内勤人力21人。

【客户服务】 2017年，分公司重视客户投诉的管理工作，按照“属地管理”原则，实施分层级处理的办法，妥善处置客户纠纷。加强对支公司客户投诉工作的指导和追踪，对重大投诉案件介入参与，避免投诉升级和事态扩大，2017 年，分公司共接待客户来访及投诉 300 多起，全年无一例正式书面投诉，坚守不发生群体性事件的底线，为业务发展提供有力的支持。

2017 年分公司满期保单 6600 余件，给付满期金额 2 个亿，专项工作压力巨大。分公司以《四川省分公司 2017 年满期给付、退保专项工作方案》为指导，提前安排部署专项工作，年初分公司组织召开全市 2017 年满期给付、退保专项工作会，落实既往有效举措、强化配套资源保障、优化服务流程、实施多渠道主动服务、全力推进转保，助力业务发展。截至 12 月 31 日，给付满期保单件数 5883 件，给付金额 1.85 亿元，给付进度在 95% 左右，办理股份退保业务约 260 件，退保金额约 650 万元，退保率 2.80%；妥善处理满期、退保客户纠纷约 200 余件。坚决守住不发生系统性、区域性、群体性事件风险的底线。

分公司加强调查（反欺诈）管理，整合调查资源，成立全市调查（反欺诈）中心，组建专职调查队伍，将全市调查（反欺诈）工作纳入市公司集中管理。2017 年，理赔、调查工作密切协作，通过固定证据材料从而拒付、比例给付及协议给付理赔案件 118 件，涉及金额 221.23 万元。利用大病医疗系统、医院等机构数据，开展承保两年内重疾险风险排查工作。共排查出投保前有住院病史的 62 件，经重新核保实现拒保并解除合同 11 件，复查体检 17 件，提供病史问卷补充告知 8 件。

分公司将客户信息纳入常态化管理，强化事前、事中、事后全流程推动、完善客户信息。通过临柜客户触点完成信息收集，利用反洗钱、职能考核平台等监控手段，强化新单和临柜业务客户信息的事中管控，及时完善、整改。销售联动，开展历史客户信息清理。各环节客户信息完整及准确率大幅度提高，存量保单客户信息持续完善。实施相关考核办法，采取柜面引导等措施，新单承保实现转账、实时代扣、POS 机等方式缴费，全辖实现零现金付费；柜面日均现金流大幅度下降，柜面收付费风险明显降低。

【内控合规】 2017 年，分公司下发《关于反洗钱领导小组成员调整的通知》《关于反恐融资领导小组成员调整的通知》《攀枝花市分公司反恐融资工作组成员调整的通知》《攀枝花市分公司反洗钱工作组成员调整的通知》《反洗钱工作考核办法》的通知，《2017 年反洗钱工作计划》和《2017 年反洗钱宣传培训计划》的通知等 6 个文件，反洗钱内控制度常态化。

分公司根据《四川省分公司 2017 年反洗钱自查自纠工作方案》及自查自纠数据，开展反洗钱自查自纠工作，确保在规定时间内完成反洗钱自查自纠工作。累计核查新契约 268 件，发现问题 20 条，主要是客户身份证件复印不清楚，有效期计算错误，家庭住址不详等。差错率 7.5%，整改率 100%；核查给付 3781 件，发现问题 47 条，主要是证件有效期为空或者错误，职业类别逻辑不符等，差错率 1.2%，整改率 100%；核查理赔 388 件，发现问题 10 条，理赔时所留电话号码非被保险人电话等，差错率 2.5%，整改率 100%；持续识别 233 件，发现问题 8 条，主要是由于客户证件失效无法提供新身份证，差错率 3%，整改率 100%。

分公司认真开展 2016 年人民银行反洗钱检查发现问题自查及整改，不定期开展回头看检查。做好各环节反洗钱风险提示、监督及核查。加强培训和日常监控，及时发现整改问题。各环节反洗钱差错整改率达 100%。中心柜面被市政府授予“反洗钱先进集体”称号。

为做好公司系统 2017 年内控与风险管理工作，制定下发《攀枝花市分公司 2017 年内控合规工作计划》，结合分公司实际，抓好内控合规落实，夯实风险管控基础，促进公司业务持续健康发展。完成内控系统权限清理，对内控措施逐一分解到部门及个人，完成内控风险自评工作及穿行测试。年末，分公司作为次重点单位，对 13 个流程进行补充测试。

【重大赔案】 投保人肖庭智于 1999 年 7 月 12 日在分公司为本人投保祥和定期保险保险，基本保额 20 万元。被保险人肖庭智于 2016 年 11 月 10 日驾驶川 DX8760 号轿车行驶至京昆高速西段攀枝花至西昌方向 2408KM + 300M 处发生交通事故后被保险人窒息死亡情况属实。2017 年 3 月，分公司赔付保险金 20 万元。

投保人厦门安能建设有限公司于 2014 年 4 月 9 日为职工李健、唐永洪投保国寿建筑工程团体意外伤害保险（2013 版），人均基本保额 60 万元。2016 年 4 月 27 日，分公司接到业务员彭丽报案，被保险人李健、唐永洪在米易县麻晃引水工程 1 标段工地发生意外死亡。2017 年 3 月，分公司赔付两人意外伤害死亡保险金 120 万元。

投保人唐婷婷于 2014 年 8 月 15 日在分公司为自己投保国寿国寿防癌疾病保险，基本保额 20 万元。2017 年 4 月 13 日，唐婷婷在四川省成都市锦江区肿瘤医院住院治疗，申请理赔。6 月分公司赔付国寿防癌疾病保险金 20 万元

投保人四川军锐建筑工程有限公司于 2016 年 4 月 6 日为被保险人谢小刚投保国寿绿洲团体意外伤害保险（A 型）（2013 版），意外伤害基本保额 60 万元，2016 年 05 月 10 日下午被保险人谢小刚在桐子林干活时被砸伤，送

往盐边县人民医院治疗，次日凌晨1点左右死亡。2017年7月分公司赔付保险金60万元。

（唐代俊）

中国平安财产保险攀枝花中心支公司

【概　况】　中国平安财产保险股份有限公司攀枝花中心支公司（以下简称“支公司”）是中国平安财产保险股份有限公司四川分公司21家网点之一。2017年，支公司共有员工94人，其中本科及以上学历54人，大专学历40人。支公司经营范围涵盖责任险、个人财产险、企业财产险、货运险、工程险等10类200多个险种业务。

2017年，本地市场份额达22.05%，同比提升0.16个百分点；保费收入1.82亿元，同比增幅6.26%，高于市场平均增速0.77个百分点。支公司全年赔款结案16694件，为各类客户提供1.16亿元保险补偿。地方税金共计缴纳2270.72万元。

【合规建设】　2017年，支公司通过合规制度的制定、制度检视、制度文件管理、执行检查，形成完整合规的制度体系及管理流程。通过定期及不定期反洗钱宣传培训，形成自觉学习的良好态势，公司反洗钱监管考核评级为A级。为加大防范和打击非法集资及反洗钱宣传力度，支公司在柜面及客服大厅发放对防范和打击非法集资及反洗钱相关宣传资料、手册及彩页等，在职场公共区域专门设置防范和打击非法集资及反洗钱宣传栏，定期对防范和打击非法集资及反洗钱知识进行更新宣传。

在全国保险机构开展的反洗钱专项培训宣导活动中，支公司活动开展情况获分公司肯定。支公司与外部监管机构及内部稽核部门保持良好沟通，定期汇报交流，保证公司各项合规工作顺利开展。

【业务创新】　2017年，支公司承保盐边县、仁和区“扶贫保”项目，为盐边县、仁和区2568户贫困户提供1.44亿元意外死亡残疾、意外医疗保障和疾病身故保障，惠及10875人。支公司捐赠的“驻村扶贫干部及第一书记”意外险，涉及人员185人，提供意外死亡残疾保障1850万元。2月，平安集团推出“合家欢”保单，一张保单保全家，保险责任涵盖房屋、室内财产、装修、居家责任、银行卡盗刷等，全年支公司为攀枝花市近500户家庭提供保障。

2017年，支公司响应《中国制造2025四川行动计划》，将重大技术装备首台（套）政策推广运用到新材料和工业控制软件两大领域，通过“首台套”助力攀枝花钒钛新材料研发，促进产品结构调整和优化升级，提高产品市场竞争力和占有率。

【客服创新】　客服中心推出“510极速查勘”，实现城区案件10分钟查勘，“县域快服务”实现县域案件20分钟内查勘，提升客户现场体验，部分案件通过“H5”链接与微信多种方式实现线上引流，减少客户等待时长；围绕“安心·简单·温暖”的价值主张，通过“SAT”模式，打造2个爆款服务：“一键包办”项目和“三极”服务。“一键包办”项目通过梳理客户理赔全旅程18个常见场景，聚焦客户痛点，精选6大核心包办服务：包办三者车损小额人伤理赔、包办事故救援、包办理赔资料、包办事故车维修及事故车接送、包办事故交警处理手续、包办重大人伤理赔。“三极”服务：极速查勘，报案后5分钟联系客户，通过线上直赔及“H5”链接分流案件，城市案件10分钟到现场，免去客户等待时间，极暖服务，到现场后化解客户出险后焦虑无助情形，赠送客户瓶水，小礼品，安抚客户情绪，解答客户出险后知识盲区；极爽服务，5000元以下小额纯车损案件实现当天赔付结案，通过小额爽快赔、住院不花钱+出院即赔、全程陪打造人伤理赔极爽服务体验，树立良好口碑，助推前线业务发展。

【重大赔案】　2017年6月29日，攀枝花市出现强降雨，多个县区发生洪水、泥石流、滑坡等灾害事故。区域内联通线路受损严重，通信电杆及光缆倒塌导致三者财产受损；客户向支公司报损470万元，支公司接到报案后，第一时间向产险四川分公司报告案件情况，四川分公司立刻安排支公司及时进行查勘，并安排公估协助清点损失，根据现场查勘情况和通信线路建设定额，核损金额为1132650.52元：其中新建杆路金额为607812.06元，修复杆路金额为416416.40元，受损设备金额为35932.29元，三者损失金额为27689.77元，抢险布放临时光缆费用金额为44800.00元。经过多次与施工方及被保险人协商，最终与客户达成赔偿协议并快速支付赔款，财产综合险共计赔付995000元。

（李雪兰）

证　券

华西证券攀枝花营业部

【概　况】　2017 年，华西证券攀枝花营业部（以下简称营业部）拥有投资顾问、理财经理、管理服务人员等专业人士共计 57 人。其中，投资顾问 19 人，理财经理 15 人，管理服务人员 23 人。

2017 年，营业部拥有客户近 13 万人，全年实现交易量 566.7 亿元，较 2016 年下降 22.97%；为客户配置基金及相关理财产品 5.1 亿元。

【风险管控】　营业部倡导合规文化建设，营造合规发展的发展观和人文环境。2017 年 7 月，新的《证券期货投资者适当性管理办法》开始实施，营业部更加重视风险揭示、风险教育和从业人员职业道德教育。2017 年，营业部累计组织员工开展各类合规培训、教育 25 次，合规检查 6 次。累计开展大型反洗钱、打非宣传活动共 7 次。营业部获评“2017 年度四川省反洗钱工作 A 类单位”。

【财富管理】　营业部形成财富中心、理财中心、机构业务部、运行管理中心等多位一体的无缝化服务管理体系。投资顾问与理财经理组建的财富管理团队，借助公司“财富赢”“赢财富”“财富融”“华彩人生”“益理财”等平台，通过“一对一”的投资顾问服务、电话服务、专人专柜产品介绍、股民学校、季度报告会、片区投资报告会、股市沙龙、短信服务、微信线上服务等，向客户解答投资疑问、了解客户诉求、揭示市场风险、为投资者提供全生命周期的资产配置建议。

2017 年，华西证券攀枝花营业部面对各种场外配资、非法集资、P2P 等多种类金融业态冲击，为有效的保护投资者权益，利用短信服务、电台、股民学校、季度报告会等开展投资者教育活动，邀请总部财富中心分析师为客户讲解投资策略和投资热点。全年，举办大型季度报告会 4 场、股民专题讲座 120 期，“华西证券时间”电台 243 期，发送投资者教育短信 14979225 条。

【资本中介】　营业部专注服务于辐射内区域企业机构客户和高净值个人客户，协同公司资源为本地机构客户提供资产管理、财务顾问、IPO 上市、新三板挂牌、资产证券化、债券发行等方案，为攀西地区中小微企业提供全生命周期的综合性投融资服务。2017 年，响应四川省委省政府、金融工作局、科技厅等部门号召，在攀枝花市委市政府的支持下，协助召开“全市四板挂牌融资工作动员会”“科技厅关于科技金融板挂牌融资培训会（攀枝花分会场）”及“盐边县专场四板挂牌动员会”，截至年底，攀枝花市共有 114 家企业提交天府（四川）联合股权交易中心挂牌申请，成功实现挂牌 79 家。专注企业债券承销业务，落实根据地战略，推动公司与攀枝花市各平台、公司签署相关业务协议或待签署业务协议，已签署花城投资停车场主承销协议、财务顾问协议，与仁和区签署战略合作协议，推动四川攀枝花钒钛高新科技园区暨攀枝花钒钛科技孵化器有限公司平台整合与债券发行。

【安全工作】　营业部坚持日常及节假日值班制度，采用“员工＋保安”的双人值班制，在中午休市期间和节假日期间对营业部现场安全情况进行巡查。2017 年，累计安排员工及保安节假日值班 99 人次。开展应急演练工作，全年累计开展应急演练 4 次，应急演练项目包括消防、防震、防内涝、电力故障等。全年，营业部未发生重大安全事故及群体事件。

（李　倩）

信息产业

通　信

中国电信攀枝花分公司

【概　况】　2017年，中国电信股份有限公司攀枝花分公司（以下简称中国电信攀枝花分公司）以中国电信集团3.0战略为引领，不断深化改革创新和转型升级，致力于光纤宽带网和移动互联网两张精品网络的打造。通过惠民兴攀，精准扶贫，践行央企担当；以“互联网+”为契机，聚焦集团重点项目，创新突破，打造生态，全力服务于攀枝花城市经济发展，实现企业发展和社会效益双丰收。

2017年，中国电信攀枝花分公司宽带出口总带宽达520G，光纤宽带形成100兆起步、200兆主流、1000兆引领的格局；无线网络达到城市农村4G网络全覆盖。有线光网到达352个行政村。截至年底，公司拥有固定电话用户23万户，移动电话用户（CDMA）39万户，宽带用户23万户，电信电视22万户，经营收入规模达3.29亿元。2017年，中国电信攀枝花分公司创建成为省级最佳文明单位。

【通信行业行风建设】　2017年，中国电信攀枝花分公司从客户感知出发，聚焦重点业务、围绕关键环节、把握核心诉求，由表及里、持续推动内部深层次问题根源性解决，提升客户体验友好度、舒适度，持续提升和改善服务质量，全面提升服务水平和客户感知，切实维护消费者利益，保护消费者权益。

强化企业责任意识，切实维护消费者利益。2017年，坚持开展宽带服务承诺赔付活动，扩大电视宽带装、移、维超时赔付宣传，切实执行违约赔付，实行“障碍超时赔付、装移失约补偿”，承诺“当日修障、履约装机”，修障超时赔付10元/天/单，上门装机时间失约每单补偿用户30元。截至12月31日，全年累计赔付2784笔，共计65950元。加强宽带客户端测速数据分析，完善网速不达标用户的整改与监督流程，客户感知宽带测速达标率完成值从1月的63.55%到12月的85.48%，提升21.93个百分点，客户宽带使用感知提升明显。

畅通社会监督渠道，提升行业满意度。2017年，中国电信攀枝花分公司以客户满意为核心，以短板改进为抓手，从装维服务管控、渠道短板改进、投诉风险预警、慢必赔承诺推广及赔付管控、微信公众号推广等方面着手，改进服务质量，提升客户满意。2017年，客户综合满意率为97.13%，较2016年提升2.20个百分点，全省排名第二名。积极主动参与《阳光政务》热线值守和收听，通过收听热线倾听客户声音、接受客户诉求，同时对照本地服务情况，对群众关心的提速降费、防范通信诈骗、实名制、无线网络建设、计收费等进行自查整改。加强客户接触点走访工作，全年共计走访营业厅店、装维代理商、政企客户等接触点312次，对走访中收集的问题一一进行处理并回复。

【提速降费】　2017年，开展的第六次宽带免费大提速，使得攀枝花光网宽带形成1000兆推广、200兆主流、100兆普及的格局，在“互联网+”领域保持行业领先，助力政府打造“智慧城市”。7月22日，中国电信与中国联通携手举办“为你——落实提速降费推广六模全网通终端行动发布会”，同时开启不限量时代。中国电信攀枝花分公司推出的全国流量不限量，真正实现流量不分区域，1个套餐全国用；流量不限应用，用户流量自己做主；流量没有门槛，不需套餐叠加。充分满足用户视频、网游、直播等大流量需求，给消费者更多实实在在的获得感。9月1日起，中国电信取消国内电话长途漫游通话费，用户无须办理、申请、订购，所有移动业务长途、漫游语音通话全部按本地通话计费处理。降低国际及港澳台长途通话资费。

【有线光网】　攀枝花在建成全国首个全光网城市的基础上，为打造精品光网络，继续加大建设投资，从增加本地出口带宽、主要设备更新升级、缩短用户接入距离等方面着手，投入专项资金提升网络品质，升级光纤宽带网络。全年新增出口带宽200G，达到520G。新建千兆城市PON口4200个，具备1000兆能力接入端口达26.88万个，即三区两县主城区及红格、渔门两镇全面具备千兆接入能力，在有效满足用户高速上网需求同时，确保VR、多路4K超高清视频、物联网等高带宽应用。在农村，加大行政村光纤宽带的建设，年底全面完成了352个行政村100%通光纤宽带。加强已建成光纤宽带行政村网络覆盖的深度，通过下沉OLT设备，使农村每台设备覆盖用户范围全部控制在10千米以内，缩短接入距离，降低光纤衰耗，提升光纤宽带质量。同时，将光网箱建设点位也尽量下移，更接近用户，减少用户端光皮线的放装长度，降低障碍的发生。

【无线网络】　随着无线网络技术的不断演进。2017年，中国电信攀枝花分公司拥有CDMA、LTE800M、LTE1.8G、LTE2.1G、NB－IOT（无线窄带物联网）、VOLTE（数据语音视频通话）等6张无线网络。为进一步提升城市、农村的4G全面覆盖，改善用户使用感知，中国电信筹备专项资金，开展LTE800M大会战建设。2017年，启动11个无线工程项目的建设，采取同步建设、同步优化的方式，加快投入使用。攀枝花天翼4G网络信号覆盖规模形成：城区及乡镇一级由LTE1.8G＋2.1G信号主覆盖、LTE800M信号做补充深度覆盖；农村主要以LTE800M信号网络覆盖。截至12月，中国电信攀枝花分公司在全市范围内部署无线网络物理站址规模如下：4G基站1735个点位，C网基站976个点位。城市农村全区同步部署并开通NB－IoT（无线窄带物联网），综合覆盖率大于95%，网络容量近1亿户。全市无线网络信号综合覆盖率97.22%，城区3G信号覆盖率达99.18%，4G信号覆盖率98.24%，上网速率平均50Mb/s。农村3G、4G信号覆盖率95.90%，平均速度20Mb/s。中国电信天翼手机互联网业务感知质量优良，在全省21个市州排列第四名。

【互联网＋】　2017年，中国电信打破常规，创新思维，城乡统筹，跨越式发展，形成具有示范效应的“攀枝花光网模式”，该模式成为四川乃至全国“宽带中国”战略推进的样板和典范。

聚焦“互联网＋”政务，率先在全省完成电子政务外网三级等保建设，打造了全省安全、覆盖广的政务信息网络。完成了网格化服务管理平台及东区、西区平安社区建设，随着米易天网、盐边天网工程的建成，打造了一个平台、一张网的全市公安智能安全系统；推进“康养＋医疗”，致力打造区域医疗卫生高地，完成攀枝花学院附属医院远程诊疗中心建设；深化互联网＋教育，协助教育主管部门实现全市学校的宽带网络校校通，积极参与全市教育资源公共服务平台、全市教育管理公共服务平台的建设和教育城域网建设。在米易建成全省第一个全光教育网络，为农村义务教育水平提升奠定坚实的基础。启动康养学院信息化系统的网络建设。

【精准扶贫与普遍服务】　中国电信攀枝花分公司长期致力于推进精准扶贫和普遍服务建设，加快农村光纤网络覆盖。2017年，投入专项建设资金，完成69个行政村的建设，实现全市352个行政村100%通光纤宽带，完成攀枝花市在2014年10月全国建成首个“全光城市”时市政府提出的用三年时间实现全市各行政村通光纤宽带的重大目标。

2017年，中国电信攀枝花分公司成功中标攀枝花第二批20个行政村的普遍服务网络建设，在对行政村的村委会、学校、卫生所完成光纤宽带覆盖的情况下，对有条件的行政村进行深度覆盖，11月，在全省率先完成省通信管理局组织的验收工作；中国电信攀枝花分公司再次中标第三批44个村普遍服务村建设任务，10月，启动该项工程，克服行政村落地处偏远、交通条件落后等困难，于12月30日顺利完成建设任务，最后一个行政村米易县白坡乡松坪村开通光纤宽带，宣告攀枝花所有行政村通光纤宽带的重大目标已实现。

【信息进村入户工程】　中国电信攀枝花分公司承建益农社服务点，从信息服务建设、农产品进城、精准扶贫等方面入手，解决农业发展的痛点。全面提升农民信息化增收能力、自力更生能力，为农村稳定、农业发展和农民增收提供新的原动力。使信息进村入户工作做到高位推动、有效开展，确保信息进村入户工作完成。

中国电信攀枝花分公司在全市投资建设322个益农社，投入资金101.7万元，为每个益农社配置电脑、打印机、电视、摄像头、座机等设备，并提供全程培训与指导。

盐边县渔门镇核桃箐村作为专合社（益农社）标杆示范点，自进入大虎云商电商农产品运营以来，该村农产品在“天虎云商”正式销售仅一个月，其关注量达13043人，芒果下单1783件、石榴下单398件、花椒下单126

件，农产品共计下单18037斤，益农社实现利润12726元，农户增收5642元。《四川经济日报》等多家媒体报道了益农社运营“攀枝花模式”，助力政府推进“互联网+易地搬迁扶贫”工作。

（单　歆）

中国移动攀枝花分公司

【概　况】　中国移动通信集团四川有限公司攀枝花分公司（以下简称攀枝花移动）是攀枝花地区最大的移动通信主导运营商，主要经营移动话音、数据、IP电话和多媒体业务，具有计算机互联网国际联网经营权。攀枝花移动分公司设有综合部、市场数据部、政企客户部、网络部、业务支撑中心、全业务支撑中心、人力资源部、财务部、纪检监察室、工会、党群工作部（党委办公室），在攀枝花市区域内分别设有东区分公司、江北分公司、西区分公司、仁和分公司、米易分公司、盐边分公司。

2017年，攀枝花移动在谋求自身发展的同时，不忘承担社会责任，全力配合攀枝花建设“中国钒钛之都、中国阳光花城、中国康养胜地、四川南向门户”思路，按照攀枝花建设智慧旅游城市总体方案要求，持续推进“互联网+”、云计算、大数据、提速降费和新技术应用，积极助力攀枝花经济社会持续健康发展。在2017年的发展进步中取得经济效益和社会效益双丰收的良好成绩，全年缴纳地方税2080万元。

【网络运营】　攀枝花移动坚持“精确规划、精准建设、精心优化、精细维护”，从高清语音、高速上网、融合通信三维度打造4G精品网，全年攀枝花移动共投资14649万元，新开通4G基站378个，已累计建成开通4G基站2369个，4G网络已覆盖攀枝花城区、各县区、乡镇和所有行政村。新建光缆3214皮长千米，FTP下载速率提升至52Mbps，广度、深度、连续覆盖均领先；宽带城镇覆盖率98%，行政村覆盖率89.41%，社/组覆盖率65.51%。积极推进“光网城市”建设。启动“百千万工程”，不断提升宽带质量，实现光纤到户和提供100M接入能力100%。全力推动盐边“宽带乡村”项目的建设实施工作，全县164个行政村目前已完成建设156个，行政村覆盖率提升至95.12%。9个定点扶贫村基本完成宽带覆盖。

【业务发展】　攀枝花移动紧紧围绕市委、市政府制定的发展目标，积极助力智慧攀枝花建设，充分发挥网络资源、用户规模、投资能力和服务支撑优势，2017年，在教育、政务、民生，企业金融等领域积极探索和信息化创新，全年中标10余个项目。重点参与服务民生、服务社会项目，如智慧城市大数据中心建设项目、“12345”市民热线项目，社会保障卡综合应用项目网络系统平台建设项目等。通过“掌上营业厅、和生活、和包支付工具”三大平台为客户提供便捷的互联网生活服务。和生活便民查缴累计查询人数达20万次，实现市民足不出户即可在线缴水电煤气费、查询医保社保公积金信息等。

【客户服务】　深入了解客户需求、收集客户对移动产品和服务的意见和建议，全年开展“总经理服务日”10次，拉近公司与客户之间的距离，让客户切实享受到热忱、贴心、周到、优质的移动信息服务；加快推动落实“提速降费”。清理资费套餐，简化资费结构，深入推进资费水平进一步下降。加大统一套餐推广力度，移动用户统一套餐普及率达89.2%。大幅下调国际长途和国际漫游资费，下调70个国家和地区长途直拨资费，最高降幅93%；全面下调64个“一带一路”沿线国家和地区漫游资费。全面取消长途、漫游费，同时推出流量不限量资费。降低手机价格水平，购买移动4G+全网通手机的客户可以享受机款直降、套餐打折、流量赠送等优惠。全面下调互联网光纤资费标准，新资费降幅达50%，推出“用移动4G，送光网宽带”活动。

强化用户信息安全保护。全力做好电话用户实名登记，实名制率达100%；开展打击通讯网络新型违法犯罪专项行动，开展客户信息安全保护自查。自查自有和接入的应用程序、业务平台的安全，包括用户身份信息验证、用户权限分级、用户程序安全监测、恶意程序监控等；规范服务行为，严格规范实体渠道业务销售行为，强化渠道业务办理纸质协议签订和系统办理的二次确认。

【社会责任】　高度重视应急通信能力建设，全面响应和支撑恶劣天气、重大节假日和重大活动现场保障，运用多种手段满足各种条件下的通信保障需求，全年累计出动通信保障抢险人员814人次，抢险车辆516台次，使用应急油机发电610台次，完成29次重大活动和汛期的网络保障工作。

（李志德）

中国联通攀枝花市分公司

【概　况】　2017年，攀枝花联通认真贯彻学习十九大精神，坚定不移落实“抓党建、促发展、控成本、转机制”决策部署，全体干部员工紧紧团结依靠，顽强拼搏、砥砺奋进，实现经营业绩反转，较2016年同期增长10.58%，预算完成97.51%。

【发展转型】 持续聚焦产品体系向流量化转型。流量有效释放转型后，流量出账用户较年初提升25%，移网户均流量提升11PP。充分利用互联网整合资源，通过线上引流、线下地推一体化运营，实现传统电商转型，2I2C用户占比20%，收入占比达到15%。支付金融迅速扩张，沃账户提升90%，完成率全省排名第5，有力地推动了公司创新转型。

【成本聚焦】 扎实落实“六张网降成本”工作，各责任主体制定提质增效措施，优化、锁定关键的可量化指标，明确目标、完成时限、具体措施，实现降本增效。移动网提升存量资产效率，通过清理铁塔成本、降低能耗等措施，全年网运线成本下降7%。营销网全年市场毛利同比增长6%。创新网新增ICT项目7个，IDC项目1个，人力网强化用工总量和人工成本管控，全口径用工总量较2016年末减少8%，劳动生产率同比增长20%。

【机制变革】 积极宣贯落地中国联通企业文化理念和四川联通“厚德诚信、善学精进”的企业精神。成立公司体制机制改革领导小组，系统推进混改工作。公司严格按照集团和省分公司党委要求，旗帜鲜明地以党建统领混改全局，推进机制体制和人员队伍“瘦身健体”。优化后，分公司本部管理部门及生产单位总数由13个减少为11个，减少15%；其中本部管理部门由10个减少为9个，减少10%；生产单位由3个减少到2个，减少33%。分公司党委管理的中层干部由首聘前的22人减少为首聘后的18人，首聘整体退出率18%；专业序列营销单元管理人员由首聘前的10人减少为首聘后的7人，首聘退出率30%；瘦身健体后，本部人员由134人减少到80人，减少40%；县（区）人员由101人增加到151人，增加50%。全年在省公司统一组织下，赴广东湖南学习4人；参加外培34期，培训人数68人次；参加四川联通大讲堂41讲，参与人员达7435人次；组织公司外培65期，培训人数2458人次；组织部门内部培训310期，培训人数2618人次。通过这些举措，公司干部队伍和骨干力量的年龄结构、知识结构都得到优化。组织开展评选、表彰了一批“明星员工”、联通“好员工”，弘扬正能量。

（赵　琳）

中国铁塔攀枝花市分公司

【概　况】 中国铁塔股份有限公司攀枝花市分公司（以下简称“攀枝花铁塔”），截至2017年12月31日，共有员工27人，平均年龄35岁，其中，中共党员14名。内设综合部、财务部、运营发展部、建设部、维护部，在全市三区两县分别设有东区、西区、仁和区、米易县、盐边县5个办事处。

2017年，攀枝花铁塔继续秉承“开放、共享、创新、绿色”的发展理念，切实履行通信基础设施建设的主体责任，加大投资力度，加快建设步伐，快速提升网络覆盖质量；科学统筹规划，推进共建共享，减少重复建设；推进社会信息化基础服务，发挥铁塔资源优势，向全社会开放铁塔设施，全力服务社会民生。在支援贫困乡、应急保障等重点工作上取得成效。公司被中国铁塔四川省分公司党委评为“2017年先进基层党组织”；被中国铁塔四川省分公司评为“2017年运营发展重点工作先进单位一等奖”“2017年维护综合评优劳动竞赛团体一等奖”；在“中国铁塔第一届IT系统使用技艺视频制作大赛”中，公司荣获“最佳组织奖”。

【共建共享】 攀枝花铁塔以“科学统筹规划，减少重复建设，提高共建共享率”为目标，按照“能共建必共建，能共享必共享”的原则，极探索实践“政府牵头、铁塔主导、运营商共享”的建设运营模式，充分发挥资源统筹优势，大力推进通信基础设施统筹共享，着力深化行业共享，拓展社会共享，促进行业社会协同健康发展。2017年，在通信发展办公室的带领下，积极参与《攀枝花市通信基础设施专项规划2017—2030》的草拟，统筹三家通信运营商需求，将现网存量通信基站和新增规划点位全部纳入规划。通过存量共享和新建共享，杜绝了重复建设，相当于三年来累计少建铁塔690个，节省资本开支1.78亿元，节约土地、房屋1.8万平方米。

【通信建设】 攀枝花铁塔作为通信基础设施建设主体责任单位，以强化地方通信网络建设为目标，通过“做深做实联合规划、坚持管控四步法、深化线上线下监管”等手段，推动网络规划、建设选址、造价管控、质量管理等专业化建设管理能力迅速提升，快速承接移动、电信、联通3家运营商铁塔类、室分类建设需求，全年承接3家电信企业各类建设需求千余个并及时完成建设交付，实现年度客户需求满足率100%，订单交付及时率100%，连续三年兑现公司成立之初“100%承接客户需求，100%及时交付订单”的服务承诺。三年来，累计投资4亿余元，迅速提升了攀枝花市4G网络覆盖广度和深度，助力了4G网络的规模发展，为“宽带中国”战略落地和“互联网+”战略实施提供了坚实支撑。

【通信及基础设施建设】 攀枝花铁塔时刻谨记肩上的社会责任，2017年，根据《关于印发〈攀枝花市交通建设扶贫专项2017年实施方案〉等21个扶贫专项实施方案的通知》要求，积极整合3家通信运营企业建设需求，通过优化补点，大力共建共享，创新建设模式等方式进行移动基站通信覆盖，确保文件要求的35个贫困村村部或居委会所在地及周边至少有一家无线通信网络的覆盖要求。同时全力协助配合全市经济发展规划、城乡规划和市政规划，做好旅游景区、康养胜地等重点区域的信息通信基础设施建设，积极响应米易县委、县政府助力打造新山傈僳族旅游村寨的号召，在米易新山乡投资新建开通移动基站3个，一举解决了新山乡手机信号覆盖差的问题。并且，积极助力康养胜地打造，4月，完成万宝营森林康养基地通信覆盖；11月，完成米易白坡彝族乡庄房村、红岩村通信覆盖，有力地促进全市城乡信息鸿沟进一步缩小。

【应急保障】 攀枝花铁塔根据全市地形地貌、气候环境等因素，制定并优化防震、防汛、重要活动保障等多场景的应急预案，强化应急演练，全力确保在自然灾害等突发事故和重大活动中通信网络的畅通。在2017年强降雨灾害中，攀枝花铁塔按照市委、市政府安排部署，迅速配备抢险物资，派出抢险队伍，快速抢通受损基站、设备，保障了通信网络的正常运行，为全市抗洪救灾工作做好通信保障。全年进行应急通信保障8次，出动应急车辆70次、应急人员140人次，成功抢通500余个受灾基站，保障其正常运行。同时在重大节日、全市重大项目活动开展过程中，主动做好保障支撑，确保通信畅通。

（滕　洪）

邮政公司攀枝花市分公司

【概　况】 2017年6—9月，中国邮政集团公司攀枝花市分公司（以下简称攀枝花邮政公司）组织开展了经营组织架构改革调整工作，设置市场营销部、服务质量部（普遍服务部）2个市场经营部门；运营管理部、金融业务部（中邮保险局）、集邮与文化传媒部、包裹快递部和渠道平台部5个经营支撑部门；综合办公室（安全保卫部、党建工作部与监察室）、财务部、人力资源部、工会4个综合职能部门；机要通信分局、投递局2个直属单位，按照行政区划设立东区、西区、仁和区、盐边县、米易县5个县（区）分公司，撤销原密地工业园区分公司，其职能合并到东区分公司。

截至2017年年底，攀枝花邮政公司有在岗职工603人，其中大专以上学历402人；共有邮政支局所70个，邮政报刊零售亭56处，邮乐购站点352个；全市共有邮区内邮路13条，其中，市内转趟邮路8条，单程长度为387千米；支线邮路5条，单程长度为577千米；生产车辆共计132辆，其中：投递车辆81辆，金融专用车辆13辆，邮运车辆13辆，其他生产车辆25辆；城乡投递线路144条，投递路线单程总长度3500千米；邮件转接投递点8500个，乡村通邮率100%。

全年，攀枝花邮政公司实现业务收入1.35亿元，完成省邮政公司计划进度的109.66%，同比增幅20.44%，进度与增幅均列全省第1位，较2016年排位上升8位，高于地方经济服务业增速，高于全省平均水平10.5个百分点。全市5个县（区）分公司共实现业务收入1.01亿元，占业务总收入的74.55%。

【代理金融合规管理】 2017年，在全市邮政代理金融网点开展立体化转型工作，转型覆盖率达100%，持续提高合规水平，提升整体实力和竞争力；全年组织内部合规培训共33场次，培训涵盖举报制度、合规基本法、反洗钱、消费者权益保护知识、反假币、合规系统、风险地图监测、前期问题等内容，参培人员覆盖全市23个代理金融网点，共计1358人次；全年开展“柜面操作风险排查”“四项检查”“百日大行动”等专项检查15次，开展“三不当”“四违反”“十风险”“十乱象”等监管专项检查4次，未发现涉及攀枝花代理金融的风险事件及案件，整体管控水平和风险防控能力得到较大提升。

【网运能力优化提升】 2017年，增开攀枝花—昆明（川临1）临时邮路，先后组开攀枝花—成都（攀临1）省内二级干线邮路、西昌—攀枝花二级干线往返委办邮路，全市转运、分拣班组作业流程得到优化调整，新增无线手持终端（PDA）120台；完成全市21个空白乡镇邮政局所补建工作，全面开办四项基本业务；新邮件处理中心暨服务三农建设项目于7月完成主体建设工作，现进入室外工程施工阶段；攀枝花水果旺季期间，新增西区转运和新场地转运2个生产作业车间，为全区的寄递业务发展提供支撑；全市建成智能包裹柜135处，格口9304个，平均使用率60%以上，核心区域使用率超100%；全年处理快递包裹231.72万件，单日最高收寄量突破2万件，春节、“双11”与“双12”等寄递高峰期处理及时率达100%，当日妥投率、及时妥投率均保持在95%以上。

【邮政综合便民服务平台】 初步建成了适应电子商务发展模式、线上线下相结合的邮政综合便民服务平台。线上：携手邮乐平台，将现有邮政业务切入电子商务产业链，着重为攀乡特色水果搭建网络销售平台，自营淘宝网店和微信微商城在2017年实现特色农产品销售2万件，同时线上集邮品、旅游联票、分销酒水、报刊文化礼盒等销量不断增加。线下：全年共建成邮政编码牌350个，电子阅报栏40个，信息联播网23处，基本形成攀枝花邮政媒体线下网络体系；积极承接政府公共服务，与电业局、市民卡中心、西铁旅、客运中心、中石化、盐业、通信等部门、行业达成合作协议，叠加代收电费、代缴通信费、邮件收寄、邮件自提、特色农产品电商服务、网络代购、票务业务、代理车险等20余项业务，助推基本公共服务均等化。

【服务文化建设】 2017年，攀枝花邮政公司加大服务地方文化建设力度，充分发挥邮政报刊发行及零售的渠道优势，通过邮政电商进农村将“互联网+”引入农村，给乡镇文化生活注入新的活力；以弘扬传统文化、突显攀枝花特色文化为载体，先后与攀枝花市少年宫、攀枝花团市委联合开展“手绘金沙”儿童绘画大赛，开发了“手绘金沙明信片”（含水果、康养和城市风光3个系列），全年举办集邮展览、集邮沙龙等不同形式活动20场，培育地方集邮文化，借助方寸邮票魅力进一步提升攀枝花的美誉度和知名度；积极组织策划阳光、康养、邮政等元素的产品项目，旨在以文化创意为核心，通过创新的邮政产品和服务，以及各种新颖的销售和体验方式，打造充满创意和生活乐趣的新形象，并利用邮政全程全网优势将攀枝花本地的阳光、康养文化进行全方位的传播与推广。

【风险防控与安全生产】 2017年，攀枝花邮政公司开展代理金融网点风险等级评价、风险管控现状调查、合规大行动、安全警示教育等基础管理活动，对金融从业人员进行各项培训及考试，提高金融风险防控意识与抵御风险能力；全年累计投入400多万元，用于完善物防、技防、人防设施设备，组建市级金融专职检查队伍，在金融机构第五轮安全评估工作中，获“四川省先进单位”荣誉称号，提高了安全防范整体能力；严格落实安全生产责任制，加强安全法规知识宣传教育和操作演练，提高安全防范意识；加强安全检查力度，完善安全制度，建立约束与激励机制，坚持把常规检查与专项检查、突击检查相结合，对违规的单位进行奖惩逗硬，做到有章可循；机要通信实现“31连冠”质量全红的奋斗目标。

（李璐杉）

县（区）概况

东　区

【建置人口】　东区为攀枝花市主城区，是全市政治、经济、文化、金融和商贸中心，位于北纬26°32′～26°39′、东经101°39′～101°49′。行政区域东起金沙江大道雅砻江与金沙江汇合处下行850米处；西至云盘山顶、凉风坳分别与仁和区、西区接壤；南抵攀枝花大道中段巴斯箐；北至大黑山麓、老岩山与仁和区、盐边县分界。辖区面积166平方千米，其中耕地面积179万平方米，占辖区总面积的1.08%。

东区辖1个镇、9个街道办事处，9个村民委员会、59个社区居民委员会。2017年年末，全区人口总数110631户296048人，其中男150754人、女145294人。总人口中城镇人口288336人、乡村人口7712人。全年出生2166人；死亡2596人。全区有少数民族32个。

【经济发展状况】　2017年，东区地区生产总值462.18亿元，同比增长7.5%，其中，第一、二、三产业增加值分别增长4.1%、7.1%、8.0%；全社会固定资产投资203.3亿元，同比增长5.9%；社会消费品零售总额214.84亿元，同比增长11.1%；城镇居民人均可支配收入39229元，同比增长8.5%；公共财政预算收入7.88亿元，同比增长5.0%；预计单位GDP能耗下降3.5%；招商引资实际到位资金140.37亿元，同比增长33.65%；其中国内省外到位资金95.527亿元，同比增长27.68%。

2017年东区主要经济指标统计表

表12

指标名称	单位	2017年	比2016年增长（%）
年末总人口	人	296048	-0.02
地区生产总值	万元	4621790	7.5
第一产业增加值	万元	6804	4.1
第二产业增加值	万元	2651482	7.1
第三产业增加值	万元	1963504	8.0
旅游接待总人数	万人次	806	13.0
旅游收入总额	万元	1020352	15.2
金融机构人民币存款余额	万元	6067033	4.6
邮政业务总量	万元	28996.30	45.0
全社会固定资产投资总额	万元	2027218	5.6
社会消费品零售总额	万元	2148352	11.1

续表12

指标名称	单位	2017 年	比 2016 年增长（%）
地方财政收入	万元	89984	19.5
地方财政支出	元	192585	27.6
城镇居民人均可支配收入	元	39229	8.5

注：2016 年四季度起东区取消农村居民人均可支配收入，不再公布

【工业经济】 2017 年，东区全面推进“八大工程”（工业项目“招商签约一批、落地开工一批、加快推进一批、竣工投产一批、转型升级一批、复产达产一批、升规入统一批、关停淘汰一批”。）目伦石墨电极、伦奇机器人等 32 个项目完成招商签约；恒琿新材 3D 打印用钛粉、信和还原微粉生产等 8 个项目顺利落地开工；豪润改造、长森扩能等 20 个项目建设加快推进；攀钢棒线材、红宇新材一期等 10 个项目竣工投产；炅林、明建等 10 个转型升级项目进展顺利，7 户企业获评省级“专精特新”（专业化、精细化、特色化、新颖化的中小企业发展之路。）企业；九荣、汇杰等 15 户重点企业实现复产达产；亿丰瑞、宇实等 6 户企业完成升规入统；130 余户“散乱污”企业完成关停淘汰。深化地企协作机制，实施地企协作项目 9 个，完成贸易额 28.71 亿元，攀钢、钢城效益明显好转。园区基础设施 PPP 项目启动实施，五桐路建设顺利推进，清理回收低效土地 300 余亩，园区承载能力稳步提升。完成工业投资 50.34 亿元，技改投资 80.21 亿元，地方规上工业增加值增长 10.3%，获评全省“工业强区示范区”。

【农业和农村经济】 2017 年，东区逐步完善银江镇现代农业特色小城镇规划设计，茂林辣木良种繁育项目顺利投产，加快推进立新养殖技改项目，启动建设君辉康丽食用菌产业化项目，特色农业产业链条不断延伸。创建省级示范家庭农场 1 家，新建芒果示范基地 2 个，培育核心示范户 80 户，稳步壮大新型经营主体。整合各类资金 2111.5 万元，实施银江镇水利设施修复重建、沙坝太阳能节水提灌等基础设施项目 18 个，全面启动农村信息进村入户工程，银江镇 9 个村全面建成幸福美丽新村，阿署达村荣获“四川省十大幸福美丽新村”称号。

【第三产业】 2017 年，东区投入运营美年大健康、慈铭健康体检医院，持续扩大台湾敏盛、幸福记忆健康养老机构品牌效应，阿署达康养特色小镇规划基本成型，花舞人间获评省级森林康养基地，国际康养学院落成启航，初步联通“医、养、学、研”产业链条。电商产业园二期开园运营，入驻企业 128 家，交易额突破 10 亿元，集中亮相中国网库、京东生鲜等战略转型项目，启迪之星（攀枝花）孵化器投入运营，软通动力兴业云平台成功上线，启动建设神州数码大数据中心，现代服务业产业园区集聚效应凸显。密地现代物流园入驻企业 48 家，攀枝花邮政分拣中心全面完工，128 组邮政智能包裹柜覆盖上百个小区，现代物流配送体系更加完善。啤酒节、美食节、凤凰花节等活动持续火爆，旅游收入突破 100 亿元，消费市场保持平稳较快增长。1 家企业、2 个项目成功入围省级服务业“三百工程”（全省服务业建设 100 个重大项目、培育 100 户重点企业、培育 100 个重点品牌。）。

【项目动能】 2017 年，东区深化“项目推进年”，持续蓄积发展动能。动态储备“四个一批”项目 232 个，国家重大建设项目 184 个，三年滚动计划项目 93 个，项目库建设有序推进。完善重点项目挂图作战推进机制，银江水电站、宏悦妇儿医院等 44 个项目开工建设，成昆铁路复线东区段等 31 个项目加快推进，天悦湾等 33 个项目竣工投产，121 个重点项目完成投资 62.7 亿元。完成土地报批 412.1 亩。高梁坪园区污水处理厂等 8 个项目纳入老工业区搬迁改造示范工程行动计划，创新开发产业园区成功纳入省级“园保贷”（财政、园区和企业共同出资构成“园保贷”资金池来作为增信手段，共同对贷款提供保证的一种融资新模式。）试点产业园区，国家开发区审核公告目录申报工作进展顺利，持续放大政策红利。落实“营改增”、小微企业减税、直购电价等优惠政策，制定出台工业、科技等扶持奖励政策 4 个，帮助企业争取兴攀基金、应急转贷等政策支持，企业运营成本持续下降。

【资金保障】 2017 年，东区深化“资金争取年”，争取各类资金 18.2 亿元，同比增长 21.5%，其中，均衡性转移支付等财力补助资金 4.6 亿元、棚户区改造基础设施建设等专项补助资金 6.3 亿元、债券资金 7.3 亿元。包装争取资金项目 36 个，储备 PPP 项目 11 个、177 亿元。加强税源培植，深化税收六方平台合作机制，完成税收收入 3.9 亿元，同比增长 13%。

【招商引资】 2017 年，东区实施“招商引资年”建设，组建专业化招商队伍 4 支，设立产业部门首席招商专员，

招商引资体制改革深入推进。参加2017年中外知名企业四川行、四川石墨烯产业合作项目对接会、第三届国际康养论坛等活动，促成中海外阿署达康养特色小镇等69个项目成功签约落地，产业招商、项目招商、全员招商工作格局基本形成，实现招商引资总到位资金140.37亿元，增长33.65%，其中国内省外到位资金95.527亿元，增长27.68%。

【科 技】 2017年，东区现代服务业产业园、木棉新空成功创建省级众创空间，攀研院钒电池开发应用技术通过验收，10个攀西战略资源创新开发试验区科技攻关项目进展顺利，科创氛围日渐浓厚。高新技术企业14家、总产值26亿元，申请专利414件、发明专利160件，专利实施新增产值8亿元，创新成果转化效益显著。启动创新创业服务中心建设，举办青年人才创新创业大赛，发放创业补贴93万元、小额担保贷款280万元，民营经济比重提高到41.5%，民间投资增长8.1%，“双创”活力加快释放。积极融入国家“一带一路”和“四川南向门户”战略，与成都市锦江区、高新区签订战略框架协议，区域合作稳步推进。

【教 育】 东区有区属学校（园）26所，其中幼儿园2所、小学10所、九年一贯制学校12所、初级中学1所，高级中学1所。在职（岗）教职工2308名，在校学生和在园幼儿40759名，其中，小学生18043名，初中生9604名，高中生3379名，幼儿264名。学前教育机构109所，其中东区公办幼儿园2所，民办幼儿园57所，攀钢企业办幼儿园12所。

2017年，东区做好基础教育教学工作，全力提高教育质量。持续提升义务教育各项指标。其中小学6年巩固率达100%，初中3年巩固率达99.7%，义务教育9年巩固率达97.3%。2017年，中考国重上线940人，上线率、优秀率、及格率、平均分均为全市第一。

东区实施第二期特殊教育提升计划，完善“三残”儿童随班就读和“特教班”网络体系，形成以市五小学为特殊教育资源中心，其余学校“随班就读”为主的特殊教育发展格局。95名适龄残疾儿童均建立学籍，实现“一人一案”。义务教育阶段“三残”儿童少年入学率达97%。

东区进一步优化教育资源配置，提高资源利用效益，撤销市二十六中小学，其初中整体并入市十七中学，小学整体并入市十二小学；撤销市十四小学、市十六小学，将其整体并入市十六中学，组合成一所九年一贯制学校——攀枝花市第十六中小学校。

花城外国语学校建成投用，东风、倮果、五道河片区教育资源完成整合优化，市十五中等5所学校硬件设施建设有序推进，全面完成市十六中小等4所学校隐患整治，学校基础设施更加完善。学前教育优质普惠，义务教育持续领先，高中教育加速赶超，民办教育规范有序，职业教育特色多元，教育事业实现均衡发展。

【文 化】 2017年，东区有歌舞娱乐场所84家，游艺娱乐场所7家，文艺表演团体4家，国内出版物零售82家，网吧68家，高危体育项目（游泳）9家，电影院3家，艺术品经营单位7家，共264家经营户。东区文化、新闻出版市场年审、换证148家。全年接待文化行政许可申请94件，其中许可55家、不予许可7家、变更20家、注销12家。依法减少、规范文化行政审批事项，修改完善“办事指南”“办事流程图”，取消44个办理环节和申报（前置）条件，优化21个办理环节和申报（前置）条件，合并23个办理环节和申报（前置）条件；取消申报材料17项，合并申报材料22项。

东区成功申报创建四川省公共文化服务示范县，出台《攀枝花市东区关于深入开展四川省现代公共文化服务体系示范县创建工作的实施意见》《攀枝花市东区创建四川省现代公共文化服务体系示范县工作领导小组成员名单》《攀枝花市东区创建四川省现代公共文化服务体系示范县工作指标及责任分解表》4个文件。在创建“748”平台基础上，积极推动各个街道（镇）、社区开展达标创建工作。7月18—20日，组织辖区文艺骨干、文体专干、文体辅导员共计80余人在攀枝花文联文艺创作中心展厅和攀枝花市机电学院学术厅开展公共文化服务全脱产培训。年内，东区公共文化服务体系领导小组对辖区10个街道（镇）、64个社区（村）进行考核并兑现文体辅导员工作经费65400元。开展文化“三下乡”“四进社区”活动。组织文化馆艺术团演职人员20余人先后在银江镇沙坝村和南山街道春江路灯光球场举办文艺演出2场，演出节目20余个。为当地村（居）民送去书刊、杂志800余册，“福”字及春联300幅，惠及村（居）民群众2000余人。

东区打造区域文化高地，顺利举办2017攀枝花诗会、第十一届社区艺术节、第二届“文化之星、文化英才”评选、“文润东区”系列活动，完成第二批区级文物保护单位命名，创作城市主题宣传歌曲5首，获得全省首批现代公共文化服务体系示范县创建资格。

【体 育】 2017年，东区成功举办2017攀枝花国际皮划艇马拉松赛、四川省青少年跆拳道锦标赛等大型赛事，“周周有活动、月月有赛事”的全民康养运动新风尚加快形成，开展风筝、网球、乒乓球、地掷球比赛等各类群众性全民健身体育活动10余次。组织体操、跳水、排球等业余训练队参加2017年四川省锦标赛。新安装健身路径5

套，资助贫困学生22人，兑现体彩助学金3.6万元。举办新春象棋围棋争霸赛、第六届“贺岁杯”羽毛球比赛；2月28日，举办2017年东区职工乒乓球比赛、3月18日，在经贸旅游学校地掷球场举行攀枝花市东区第四届地掷球比赛。11月，举办老干部钓鱼比赛。

【卫　生】　东区行政区域内有各级各类医疗机构卫生机构230个，其中，疾病预防控制中心2个，预防接种门诊12个；三级甲等综合医院2个、三级甲等专科医院2个、二级甲等综合医院1个，基层医疗卫生机构31个（其中村卫生站9所、社区卫生服务机构21所、镇卫生院1所），医务室和卫生所12个，民营医疗机构182个。医疗机构拥有病床4867张，平均每千人占有病床约12.81张；卫生技术人员5421人，平均每千人拥有卫生技术人员14.27人，

东区助推“康养+运动”产业加速发展。打造区域卫生高地，家庭医生签约服务、中医馆精品项目、医疗机构与家庭社区合作互补等医养融合新模式次第亮相。成功创建国家级计划生育优质服务先进区、省级流动人口基本公共卫生计生服务均等化示范单位、四川省免疫规划示范区，基层医疗卫生服务能力显著提升。东区完善分级诊疗体系，丰富医联体内涵，东区12家基层医疗机构加大与市级大医院协作力度，构建医联体，建立工作机制，持续深化“劳务派遣”模式，推动优质医疗资源下沉，基层医疗机构大医院延伸门诊设置率100%。完善以医联体为基础的就近就便和优势专科相结合的转诊机制，有效承接上级医院下转的病人；落实分级诊疗制度，全年东区社区卫生服务中心和银江镇卫生院门诊诊疗量增幅10.1%。辖区所有社区卫生服务中心和银江镇卫生院均设有中医诊室，配置中医诊疗设备和执业医师，中医执业医师（含助理医师）34人，占执业医师（含助理医师）的30%，中医药服务量45%以上。加强医德医风建设，增强工作责任感，提高医疗风险防范能力，防控医患纠纷。全年妥善处理20起医患纠纷，群众举报、来信来访处理率100%，案件办结率100%，无群体性事件、集体上访事件、久拖不决信访事件、无责任事故发生。认真做好严重精神障碍患者管理工作。

全年，东区城镇职工基本医疗保险参保3.20万人（其中：农民工6493人），城镇职工基本医疗保险基金征缴累计为1.58亿元（其中：农民工39.54万元）；城镇居民基本医疗保险2017统筹年度参保12.07万人，基金征缴2181.01万元。辖区三无对象、重点困难家庭、低保户、残疾人等特殊困难群体和大学生100%纳入参保范围。办理门诊特殊疾病（慢性病）补助资格申请初审1348人次，转诊转院审批281人次；审核垫付住院医疗费报销2852人次（其中城镇职工医保1758人次，居民医保1094人次），审核城镇职工异地居住门特补助费用报销954人次，居民医保门诊慢特病审核报销21人次。

【民生工程】　2017年，东区实施就业促进工程，扶持自主创业93人，城镇新增就业6369人，再就业2189人，城镇登记失业率控制在3.7%以内，清欠农民工工资5136.5万元，就业形势总体向好。各类社会保险参保21.4万人次、基金征缴3.1亿元，发放城乡低保、医疗救助、临时救助等各类救助资金1708.6万元、2.9万人次，建档立卡低收入群体1793户3087人全部实现精准脱低，家庭人均月收入880元，托底保障网更加牢固。投入资金1.5亿元，实施民生工程50项，启动省级食品安全示范区创建，完成“9·19”灾后恢复重建、银江敬老院升级打造，新增阳城优联、爱我家等社区便民服务站点3个，新建社区日间照料中心13个，建成保障性住房630套、分配498套，发放廉租住房补贴400户、49万元。

【城市建设】　东区秉承“以产兴城、以城促产”的理念，依托房地产开发提升城市品质，房地产开发投资21.34亿元，增长42.9%，商品房销售82.58万平方米，增长79.5%。万达广场签约落地，太谷广场加快推进，中环天地主体竣工，钢城经贸大厦建成运营，“渡口记忆”基本成型，商业地产持续攀升；德铭菩提苑主体开工，半山望墅一期完成建设，恒大城二期预售良好，康养地产强势崛起；金域阳光四期、玛尚开工建设，住宅地产健康发展。全力推进棚户区改造，5个片区、10730户棚改居民完成签约，个人产权住宅房屋签约率98.9%，1460户完成搬迁，贷款资金到位17.3亿元，棚改工作惠民利民。

【城市管理】　东区集中开展“四大专项行动”（违法用地和违法违规建设行为整治、企业违法排污行为整治、货车超载超限违规倾倒抛洒和道路保洁整治、毁林开垦整治专项行动），邮政家属区背街小巷改造、康乐小区等4个老旧小区综合整治全面完成，助力攀枝花成为全国老旧小区改造试点城市，整治“两违”建筑5万平方米，主次干道清扫保洁率100%、城市生活垃圾无害化处理率100%，建成区道路机械化清扫率90%，市容市貌更加整洁。炳华路、炳三区至报社隧道启动实施，炳草岗生活垃圾填埋场封场工程、生活垃圾中转站选址、“三供一业”分离移交稳步推进，实施地质灾害隐患整治13处，主城区承载功能更加健全。建业路、南充路等19条道路和附属市政设施管护及绿化完成移交，新区城管主体责任更加明确。处置数字化城管案件6.3万件，处置率78.4%，城市管理更加精细高效。

【城市环境】 东区借力环保督察攻坚大势，主攻大气、水、土壤污染防治“三大战役”，完成89个突出环境问题整改，办理环保信访案件483件，关停取缔“散乱污”企业130余家，空气质量优良率96.4%，层层压实河长责任，有效管护3条区级河流，监测断面水质达到2类标准，坚决捍卫东区绿水青山。投入900余万元精心开展“四花（花街、花道、花园、花海）”打造工程新源路、新福路等4条道路披彩戴花，城市森林公园镶嵌环绕，建成区绿化覆盖率39.9%，森林覆盖率达40%，建成区人均公共绿地9.9平方米，花城生态景观推窗见绿、移步见景，助力全市成功创建国家森林城市、国家园林城市。

【行政职能改革】 东区推行行政审批项目“七公开”（进驻政务服务中心事项按照法律依据、办事程序、申请条件、申报材料、收费依据、办理时限、投诉渠道全部公开。）“多证合一、一照一码”制度，审批流程提速83.9%。一体化政务服务平台、电子化登记、企业托管登记等新模式全面铺开，相对集中行政许可权改革试点率先启动，商事服务更加便捷高效。编制公布社区（村）证明事项清单，“两简”改革持续深化。农村土地承包经营权确权登记信息平台搭建成功，颁证登记工作基本完成，在全市率先全面推开农村集体资产股份制改革，农村产权制度改革取得突破。整合国有公司资源，组建成立兴东投资建设集团，投融资体制改革加快推进。完成“四经普”国家专项试点、政府投资审计“三转”（政府投资审计从数量规模向质量效益转变、从单一工程造价审计向全面投资审计转变、从传统投资审计向现代投资审计转变。）改革。“质量强区”战略深入实施。

【社会治理】 东区深化平安东区建设，推行“126”综治工作模式（以综治中心为核心牵引，网格化服务管理人防网和“雪亮工程”视频监控技防网两网覆盖，推进矛盾纠纷联调、重点人员联管、社会治安联防、群防群治联控、基层平安联创、平安宣传联抓。），加快构建共建、共治、共享的社会治理新格局。深化公安改革，实施“康养+警务”战略，确保刑事、治安发案“双下降”。深化城市管理体制改革，组建城管综合执法机构，提升城市管理精细化、数字化、网格化水平。持续开展七大专项治理行动，确保市容环境显著改善。强化安全生产责任体系建设，深化安全生产领域改革，落实企业主体责任和部门监管责任，避免发生较大及以上安全事故。全力创建省级食品安全示范区。坚决打好防范化解重大风险攻坚战，坚持重大涉稳信访突出问题项目化管理，深入开展基层信访代理化解机制，持续开展信访积案清仓行动，严控政府债务风险。启动社区矫正中心和大渡口、南山司法所规范化建设。持续推进寄递物流常态化监管。

【街道、镇发展状况】 东区辖大渡口、炳草岗、密地、瓜子坪、向阳村、枣子坪、弄弄坪、长寿路、南山9个街道和银江镇。各街道和银江镇围绕区委、区政府中心工作，履行社会管理职能，做好各项经济服务和社会工作，服务民生，加强自身建设，街道、镇各项工作和事业持续向好发展。

2017年东区各街道、镇基本情况表

表13

街道（镇）名称	常住人口（人）	面积（平方千米）	社区（个）
大渡口	42670	5.00	6
炳草岗	157000	11.3	14
密　地	20000	6.70	6
瓜子坪	47466	5.20	10
向阳村	10612	13.50	4
长寿路	15757	2.75	2
枣子坪	7000	3.00	4
弄弄坪	29000	4.80	7
南　山	6800	2.50	2
银江镇	38000	116.10	13

注：常住人口数据为各街道（镇）直报数据；银江镇人口数包括农村人口11262人、社区数包括村委会9个

（李兵　许阳）

西　区

【建置人口】 西区位于攀枝花市西部，东与东区为邻，南、北与仁和区接壤，西和云南省华坪县交界，面积122.87平方千米（不含江南的陶家渡、大宝鼎、摩梭河3个街道建成区面积）。辖1个镇（10个村，5个社区）、6个街道（27个社区）。年末，全区人口总户数52982户，人口总数133045人（男68001人、女65044人）。迁入5451人，迁出8558人。出生663人，死亡1650人。人口机械增长数-4094人。

【国民经济和社会发展计划】 1月11日，攀枝花市西区第十一届人民代表大会第二次会议审议并批准《攀枝花市西区2016年国民经济和社会发展计划执行情况及2017年计划（草案）的报告》（以下简称“《计划》”）。《计划》明确西区2017年各项经济和社会发展目标：地区生产总值确保同比增长7.5%；地方规模以上工业总产值确保同比增长9%；全社会固定资产投资确保同比增长9%；社会消费品零售总额确保同比增长10.5%；地方一般公共预算收入确保同比增长3%；城镇居民人均可支配收入确保同比增长8.5%；环境空气质量优良率确保95%以上；万元GDP综合能耗下降4%。《计划》就主要任务细化具体措施：优化结构创新发展，着力推进产业富民工程；外塑形象内炼品质，全力推进城市宜民工程；生态环保绿色低碳，强力推进环境亲民工程；强力保障社会进步，大力推进和谐惠民工程。

【经济发展状况】 2017年，西区完成地区生产总值129.97亿元，同比增长7.1%。其中，第一产业增加值0.96亿元，同比增长4.0%；第二产业增加值99.24亿元，同比增长6.8%；第三产业增加值29.77亿元，同比增长8.2%。实现非公有制经济增加值66.99亿元，同比增长7.3%。规模以上工业增加值增长7%。全社会固定资产投资114.17亿元，同比增长7.8%。地方财政收入1.45亿元。社会消费品零售总额40.33亿元，同比增长11.1%。城镇居民人均可支配收入为33779元，增长8.2%。

2017年西区主要经济指标统计表

表14

指标名称	单位	2017年	比2016年±（%）
地区生产总值	亿元	129.97	7.1
第一产业	亿元	0.96	4.0
第二产业	亿元	99.24	6.8
第三产业	亿元	29.77	8.2
粮食产量	吨	2646	0.57
蔬菜产量	吨	10929	8.15
肉类产量	吨	2097	0.1
禽蛋产量	吨	1469	-1.2
固定资产投资总额	亿元	114.17	7.8
社会消费品零售总额	亿元	40.33	11.1
招商引资到位资金	亿元	96.9	27.8
地方财政收入	亿元	1.45	-6.6
城镇居民人均可支配收入	元	33779	8.2

【农业和农村经济】 2017年，西区有耕地面积952.17万平方米，基本农田保有量297万平方米。主产玉米、小麦、水稻，芒果、柑橘、香蕉、石榴、花生、花椒等。有农村人口11602人，其中农村劳动力7575人。全年，完成农业总产值19401万元，同比增长3.9%；完成农林牧渔增加值共计9929万元，同比增长4%。粮食种植面积602万平方米，产量2646吨，同比增长0.57%；蔬菜种植面积170万平方米，产量10929吨，同比增长8.15%；水果种植面积889万平方米，产量3514吨，同比增长1.12%；肉类总产量2097吨，同比增长0.1%；禽蛋产量1469吨，同比减少1.2%。

全年，总投资1800万元的金家村土地整理高标准农田建设项目完工；经堂、大水井、格里坪村等6个新村基础设施项目竣工，阳光康养新村道路、滥坝至大麦地村道改善工程等项目启动建设；节水型社会重点县项目、农业综合开发项目稳步实施。

农村土地承包经营权确权颁证，涉及1个镇（格里坪镇）、10个村、52个村民小组，3497户10105人，登记农村土地1565.51万平方米。其中确权家庭承包地面积887.22万平方米，确权自留地面积64.96万平方米，只登记不确权面积613.33万平方米，颁证2844本，颁证率92%。

继续扶持23家农业企业做精做细，其中省级农业龙头企业1家、市级农业龙头企业5家。创省著名商标3个、国家地理标志1个。大水井泉水鱼养殖占地13.33万平方米，年产值300万元；噹噹鸡出栏6000羽，年产值60万元。种植芒果749.4万平方米，投产2250吨，年产值1320万元；青花椒种植面积344.93万平方米，投产120万平方米，年产青花椒540吨，年产值864万元；苏铁山药种植面积约26.67万平方米，年产量300吨，年产值360万元；种植葡萄6.67万平方米，年产值30万元。京亚葡萄、苏铁山药等特色农产品实现连片种植，集约集聚发展效益显现，“一村一品”“一村多品”特色农业产业初具形态。

【工业经济】 2017年，西区继续推动工业产业结构调整。完成华阳二矿、姚家坪煤矿孙家湾井关闭，地方工业彻底退出煤炭采掘行业。午跃义肢矫形器、杰杰废轮胎资源化处理等一批项目开工建设；3D打印康复辅具装配中心、天脉钛家居产品等项目投产投用。攀煤（集团）公司深化改革增效，五年来首次扭亏为盈。全年，全区工业总产值完成226.48亿元，同比增长21.1%。其中，地方工业总产值完成205.177亿元，同比增长18.6%；攀煤工业总产值完成21.30亿元，同比增长52.5%。全区规模以上工业增加值同比增长7%，其中地方规模以上工业增加值同比增长7.1%，攀煤（集团）公司同比增长6.5%。万元工业增加值能耗降低27.18%。全区技术改造投资完成36.14亿元，同比增长10.3%。全区工业投资完成43.12亿元，同比下降4.2%。西区地方民间投资完成52.71亿元，同比增长66.3%。

【服务业】 2017年，西区持续推进新·都汇、星瑞时代广场C区、蓝湖国际二期、良泓西郡等房地产开发项目建设。全年，全区销售商品房1390套，销售总面积110597平方米，销售总面积同比增长95%。办理商品房预售项目2个，分别为新·都汇、星瑞时代广场C地块。开工尚未进入预售项目2个，分别为蓝湖国际二期、良泓西郡。同年，抓住清香坪商贸圈投用契机，引进沃尔玛、横店影城等220户商家。完成《“康养+产业”发展行动计划(2017—2021年)》编制，引进河门口文创小镇等一批重大康养产业项目。制定格里坪康复辅具特色小镇、西佛山禅意小镇、河门口文创小镇3个项目的推进工作方案，格里坪康复辅具特色小镇纳入全市重点打造特色小镇名单，区人民政府与北京青瑞聚信投资基金管理有限公司签订投资100亿元的《河门口文创小镇投资合作框架协议》。举办三角梅观花节、庄上狂欢水宴、西佛山蓝花楹节等大型活动，接待游客234.37万人次，旅游收入25.15亿元，增长13.53%。新增限上商贸企业4户、服务业2户。全年，服务业增加值实现29.77亿元，增速8.2%；服务业增加值占GDP比重22.9%，所占比重同比增长6.4%。完成社会消费品零售总额40.33亿元，同比增长11.1%。

【招商引资】 2017年，西区构建“大招商”格局。组建20人的专业招商队伍，充实招商引资工作力量。设立“康养+农业，康养+工业，康养+医疗，康养+旅游和运动、现代物流和电子商务、城市综合体”6个产业招商组和1个专业招商组，开展招商工作。区级领导带头，赴北京、上海、深圳等地推介、对接和洽谈项目，外出招商61次。其中区主要领导外出招商27次，分管领导外出招商34次。

促进一批重点项目签约落地，投资规模108.77亿元。其中，清香坪商贸综合中心项目，协议金额5.1亿元，项目建成；北京三帝康复辅具装配中心项目，协议金额0.2亿元，项目建成；生物致密及甲醇燃料项目，协议金额1亿元，项目开工建设；午跃科技义肢矫形器无障碍设施生产项目，协议金额1亿元，项目开工建设。全年，签约项目38个（5亿元以上项目8个），履约项目107个。招商引资到位资金96.90亿元，同比增长27.82%。其中，国内省外到位资金49.98亿元，同比增长14.02%。策划包装招商项目41个。苏铁阳光谷康养旅游项目、30万吨/年高温钒钛渣余热回收及钢渣超微粉制备项目、井水渔村渔业养殖休闲观光项目等 11 个项目纳入全市招商项目册。

【重大项目建设】 2017 年，西区计划实施重大项目 116 个，计划总投资 475.1 亿元。其中新开工项目 27 个、加快建设项目 17 个、建成投产项目 23 个、谋划储备项目 49 个。重大项目中，省、市重点项目 3 个，分别为金沙水电站、梅子箐水库扩建工程、正德循环铸造产业园，总投资 79.68 亿元，年度计划投资 8.17 亿元，完成投资 11.72 亿元。其中，金沙水电站完成主体开挖和边坡支护，梅子箐水库扩建和正德循环铸造产业园完成主体工程；3 个项目全年分别完成投资 10.31 亿元、0.74 亿元、0.67 亿元。区级重大产业发展项目中，泓岩科技 3.5 万吨/年粗氧化锌生产加工项目投产，全年完成投资 0.4 亿元；西佛山景区打造工程全年完成投资 1.1 亿元；北京三帝（攀枝花）康复辅具装配项目建设完工，全年完成投资 0.2 亿元；午跃科技义肢、矫形器、无障碍设施项目年底全面开工，全年完成投资 0.1 亿元；龙源电力 100 兆瓦分散式风力发电项目前期工作有序推进，风机点位设计初步完成。

【交通建设】 2017 年年底，西区道路通车里程达 167.7 千米（不含企业内部专用道路），其中县道 49 千米、乡道 12 千米、村道 60 千米、国省干道 46.7 千米。与仁和区海事处以江中心为界，共同管辖金沙江塘坝河口至新庄桥，航段约 28 千米，6 级航道。全区有公交线路 9 条（原 103 路与 104 路社区巴士合并），农村客运线路 5 条，农村客运车辆 53 台。辖区内道路运输经营许可证在册数 913 户，普通货运车辆 1220 辆，运输业户档案建档率、合格率 100%。

全年，完成法拉大桥加固维修、陶花路复建、西区建利巷改建、公路生命防护、格里坪超限检测站新建工程的土地征用和电力管线搬迁等工作。养护清扫路面 1800 余次，治理水毁 5 次，清理滑坡、塌方约 1225 立方米；在五摩路、陶垭路安装波形护栏 704 米，修复破损护栏 100 米。发出宣传资料 2 万余份，卸载货物 5165 吨，办理路产许可 4 件。

【城市建设和城市管理】 2017 年，西区建成住房 3188 套（商品房 1779 套、保障性住房 1409 套），销售商品房 1390 套。清香坪“文化岛”项目一期东盟国际商贸城建成投入使用；二期星瑞时代广场新建商品房 2719 套，B 地块 1084 套商品房建成投入使用，C 地块 1665 套商品房建设全面铺开；三期（公共文化服务设施、金融、商业、宾馆）启动征地拆迁。大水井新区概念性规划设计完成。

完成建兴路改造等基础设施项目建设，加快推进大水井南北向路网、河门口配套基础设施、格里坪金沙滩至金家村弹石路路面改造、格里坪正街环境打造等项目建设，新庄至河石坝城市主干道纳入全市重大基础设施项目库。格里坪田家湾安置区市政路网全线通车，格里坪田家湾西侧城市主干道基本建成，大水井城市棚户区配套路网工程一标段路基成型，清香坪地下过街设施建成投入使用，棚户区货币化改造配套基础设施项目有序推进。

稳步推进旧城改造，“福广金城”项目 695 套商品房及商业部分全部交付使用；老法院（新·都汇）项目完成场平、防护桩、基础施工；铸钢厂旧城改造项目新旧投资商完成交接，进入桩基施工。

城镇危旧房棚户区改造目标 7178 套，其中货币化安置 6754 户，住房安置 424 套，完成签约 7484 户。大水井公共租赁住房、席草坪经济适用房、七中教师周转房建成投入使用，格里坪田家湾安置房三期、四期及格里坪廉租住房竣工验收，大水井安置房完成主体施工。

落实城市执法体制改革，全面推行城市管理“721”工作法，花化、绿化、亮化、美化、净化范围扩大。开展 3 条花道、3 条花街、5 个花园项目、2 个花海项目建设。加强违法违规建设整治，清理违规广告 298 处，督促更新、修复破损店招牌 22 块、破损广告 8 块。持续开展扬尘专项治理，出动执法队员 1124 人次、执法车 133 台次，发放扬尘防治告知书 160 余份，整治不规范车辆 260 余台，教育违规司机 80 余人次。治理乱摆摊设点、占道经营 2057 起，治理车辆乱停 411 台次。

【环境治理】 2017 年，西区加大环境治理。62 个省环保督察整改问题，完成 52 个，10 个未完成项目按照时间节点加快推进，整改完成率 83.9%；依法取缔非法堆场 15 家，规范堆放、拉网覆盖堆场 49 家；拆除、整改“散乱污”企业和生产经营户 146 家；关闭、整改违规畜禽养殖户 34 家；取缔露天烧烤 91 家。收到中央第五环境保护督察组交办群众信访举报件 7 件（水污染 5 件、噪音污染 1 件、涉及垃圾污染 1 件），办结 7 件。受理环境影响报告 93 件，其中审批 18 件、竣工验收 14 件、执行环保标准 20 件、污染物排放总量控制指标确认 1 件、市管以上建设项目环境影响评价文件预审 4 件、排污许可证核发 27 件、突发环境事件应急预案备案 5 件、建设项目环境影响备案报告 4 件，办结率 100%。办结环境行政处罚案件 16 件。其中涉嫌环境犯罪案件 1 件，移交西区公安分局，犯罪嫌疑人被判处有期徒刑 1 年半。全面实施绿化西区行动，森林覆盖率 44.11%。全面推行河长制，设立河（段）长 24 名，“一江两河”水资源保护、管理得到加强。

全年，西区环境空气质量（AQI）达标天数 349 天（有效监测天数 358 天），达标率 97.5%，二氧化硫平均浓度 36.0 毫克/立方米；可吸入颗粒物（PM10）年均浓度

66.0毫克/立方米；细颗粒物年均浓度（PM2.5）37.0毫克/立方米。水环境和噪声环境质量均达到国家标准。

【安全工作】 2017年，西区检查煤矿、非煤矿山、冶金危化企业2000余家次，查处隐患1200余处，整改完成1100余处；查处非法生产和违规行为10起，立案10件，处罚93.4万元；停产整顿企业36家，关闭取缔违法违规和不符合安全生产条件企业10家；联合惩戒安全生产失信企业1家；曝光严重违法违规和重大隐患典型案例5件。全年，发生一般性安全事故5起，死亡3人（其中攀煤集团公司事故2起，死亡2人）。

检查道路交通安全，发现并整改一般交通隐患42处、重大安全隐患2处；上路巡查2900人次，检查道路交通超限运输车辆15350台次（含危险品运输车辆200台），检查道路运输企业194家，下达整改通知书30份；开展夜间联合执法行动10次，立案行政处罚非法营运和超限超载等各类交通运输行业违法违规行为150起，收取各项路政规费1.5万元，罚没款25万元。辖区通航水域开展日常巡查59次，对西区水上安全交通进行常规安全大检查6次，现场安全检查33次，检查渡口、码头80座，渡船1次，排查安全隐患4起，整改完成3起，督促指导格里坪镇船管站9次，发布预警信息76条。查处交通违法行为56492起，未发生一次死亡3人及以上的交通事故。

创新整合区防汛抗旱指挥部办公室、区地质灾害应急防治指挥部办公室、区人民政府应急管理办公室职能，完成全市地质灾害应急演练。开展省级食品安全示范区创建，开展流通领域商品抽检82批次、食品抽检570批次、药品抽检78批次，承办并完成“12·15”全省食品安全突发事件应急处置演练。

【科技和知识产权】 2017年，西区获国家、省、市立项支持科技项目7个。其中国家级项目1个，市级项目6个。争取上级专项资金1497万元。筛选、包装和申报2017—2018年省、市级科技项目18个。建立市级院士工作站1个，新认定国家高新技术企业1家，培育科技型企业6家，高新技术产业实现产值3.1亿元。5家科技型企业与大专院校、科研院所签订科技合作及技术交易合同10个，合同金额600万元。完成西区农业科技成果孵化基地、西区循环铸造产业科技孵化园、西区芒果产业科技成果转化基地、西区农业专家科技示范基地4个创新创业载体（基地）建设，面积4000平方米。申请专利138件（发明专利申请56件），专利成果转化17件，实现产值2.07亿元。

【教　育】 2017年，西区有省二级示范性高中1所，义务教育集团3个，在校中小学生12119人（小学生6752人、初中生3952人、高中生1415人），在职教职工1144人。有幼儿园30所（政府办幼儿园2所、企业办3所、民办25所），在园教职工430人，在园幼儿3090人。全年，西区义务教育质量监测RSR综合评价获全市二等奖，位列县（区）第二。中考参考人数1551人，普通高中录取675人（省一级示范性高中正式录取175人），中等职业学校录取732人。普通高校招生报名2540人，本科上线1815人（重本746人）。成人高考报名453人，录取365人。组织高等教育自学报名考试2次530科次，办理转免考6科次，办理毕业证3人。

【文　化】 2017年，西区有文化馆（国家二级）、图书馆、文物管理所、乡镇综合文化站各1个，有农村文化室10个、社区文化站32个，有文化休闲广场60余个、室内文化活动场地1.1万平方米。有歌舞娱乐场所29家、游艺娱乐场所1家、互联网上网服务营业场所22家，出版物零售单位30家，其他印刷品印刷单位6家，电影放映经营单位2家。有文学艺术界联合会2个，为攀枝花市西区文学艺术界联合会和攀枝花煤业（集团）有限责任公司文学艺术界联合会。有作协、音协、舞协、曲协、美协、书协、摄协社团7个，会员620余人。全年，累计投入222.38万元用于各公共文化场馆日常维护运行和活动开展，开展群众文艺演出42场次、“全民阅读”活动5次、公益性电影放映568场，1个图书馆和42个书屋图书补充更新8030册，开展文化执法检查659家次。

【卫生和计划生育】 2017年，西区有医疗卫生机构118家，卫生专业技术人员1530人（护士826人，医师704人）。全年，全区门诊诊疗量81.29万人次，基层医疗机构诊疗50.12万人次。打造玉泉、清香坪2个医养结合服务示范点，乡镇卫生院、村卫生室、社区卫生服务中心、社区服务站门诊诊疗量增幅达11.9%。家庭医生签约服务，普通人群签约51290人，签约率50.01%；重点人群签约37646人，签约率80.02%。城乡居民健康档案电子建档率97%，居民健康素养达标12.16%。组织大型无偿献血活动7次，800余人次参与，献血16.99万毫升。孕产妇住院分娩率99.81%，孕产妇死亡率0，婴儿死亡率、5岁以下儿童死亡率均为3.18‰。新生儿听力筛查率达81.62%。高血压管理率为70.27%，糖尿病管理63.23%。艾滋病、结核病等重大传染病和地方病免费治疗292人。全年免费婚检率94.2%，免费孕前优生健康检查208对。新农合参合率99.7%，参合村民住院医疗费用政策范围内报销比例达75%。计划生育奖励扶助政策发放217万余元。流动人口目标人群基本公共卫生计生服务覆盖率86%。辖区内门诊次均费用总增长率2.93%。

【民生工程】 2017年，西区完成8项民生工程和1件民生实事。城镇新增就业4290人，城镇失业人员再就业1736人。其中，就业困难人员再就业437人。城镇登记失业率3.87%，低于4%的目标控制线。促进27名高校毕业生实现自主创业，累计带动和吸纳就业42人，创业带动就业率达1∶1.56，拨付到位高校毕业生创业补贴资金21万元。青年劳动者技能培训416人；品牌培训150人。全年拨付各项就业创业政策资金1772.4万元。城乡居民基本医疗保险财政补助标准为450元/人·年。年底，兑现财政补助资金187.44万元。

（杨　岷）

仁和区

【建制人口】 仁和区位于四川省西南角，地处北纬26°06′~26°47′，东经101°24′~101°56′之间。东临会理县，南接云南省永仁县，西靠云南省华坪县，北连盐边县。仁和区辖1个街道、6个乡、8个镇，共设79个行政村、603个村民小组、19个居民委员会、131个居民小组。全区幅员面积1728.98平方千米。全区共36个民族，有平地、啊喇、大龙潭、福田、金江5个少数民族乡镇、36个民族行政村、290个民族村民小组。全区户籍人口总户数76363户，户籍人口总数233420人（男117743人、女115677人）。常住人口27.34万人，人口自然增长率为5.71‰。城镇化率49.05%。

【国民经济和社会发展计划】 1月9日，攀枝花市仁和区第十二届人民代表大会第二次会议审议并批准《攀枝花市仁和区2016年国民经济和社会发展计划执行情况及2017年国民经济和社会发展计划（草案）的报告》（以下简称“《计划》”）。《计划》明确2017年各项经济社会发展目标：地区生产总值确保增长8.1%，力争8.5%。其中：第一产业增加值确保增长3.8%，力争4%；第二产业增加值确保增长8.6%，力争9%；第三产业增加值确保增长8%，力争8.5%。工业总产值确保增长9.5%，力争10%；农业总产值确保增长3.8%，力争4%；区本级一般公共预算收入确保增长1%，力争3%；区本级固定资产投资确保增长8%，力争10%；社会消费品零售总额确保增长11.3%，力争11.6%；城镇居民人均可支配收入确保增长8.6%，力争8.9%；农村居民人均可支配收入确保增长9.8%，力争10%；单位生产总值综合能耗完成市下达指标。《计划》提出2017年经济和社会发展任务和措施是：加快调整转型，在产业提升上有新突破；深化改革创新，在开放发展上有新动能；狠抓项目攻坚，在投资拉动上有新进展；统筹城乡发展，在城镇建设上有新风貌；着力改善民生，在增进福祉上有新作为。

【经济发展状况】 全年，仁和区完成国内生产总值250.42亿元，同比增长7.6%。其中，第一产业增加值10.84亿元，同比增长4.3%；第二产业增加值184.13亿元，同比增长7.6%；第三产业增加值55.45亿元，同比增长8.3%。规模以上工业增加值增长7.3%。全社会固定资产投资196.78亿元，同比增长18.1%。地方财政收入10.04亿元，同比增长18.8%。招商引资到位资金137.95亿元，同比增长14%。社会消费品零售总额41.63亿元，同比增长11.7%。商品房销售面积57.44万平方米，增长100.7%。城镇居民人均可支配收入31338元，同比增长8.3%。农村居民人均可支配收入16032元，同比增长9.3%。

2017年仁和区主要经济指标统计表

表15

指标名称	单位	2017年	比2016年增长（%）
地区生产总值	万元	2504227	7.6
第一产业增加值	万元	108397	4.3
第二产业增加值	万元	1841299	7.6

续表15

指标名称	单位	2017年	比2016年增长（%）
第三产业增加值	万元	554531	8.3
粮食总产量	吨	66439	0.5
蔬菜及食用菌产量	吨	263937	4.6
肉类产量	吨	17761	2.3
禽蛋产量	吨	3700	-1.4
全社会固定资产投资总额	万元	1967823	18.1
社会消费品零售总额	万元	416284	11.7
招商引资到位资金	万元	1379500	14.0
地方财政收入	万元	100403	18.8
城镇居民人均可支配收入	元	31338	8.3
农村居民人均可支配收入	元	16032	9.3

【工业经济】 仁和区以园区建设、项目建设为抓手，开拓市场，拉动消费，全区工业经济保持健康平稳发展良好态势。全年全区工业总产值完成483亿元，增长21.2%。规模以上工业总产值完成474亿元，同比增长21.6%。其中，区规模以上工业总产值完成178.5亿元，同比增长13.3%；钒钛园区工业总产值完成267.3亿元，同比增长22.7%；钢城（集团）仁和企业工业总产值完成28.2亿元，同比增长93.9%。全区规模以上工业增加值增速7.3%。其中，区规上工业增加值增速8.6%；钒钛园区工业增加值增速7.1%。工业增加值能耗下降8%。完成全区技术更新改造投资42.56亿元。完成全区工业投资44.96亿元。民营经济增加值占GDP比重的58.32%。民间投资占全社会投资的比重40.3%。新增规模以上工业企业2户：攀枝花市明青工贸有限公司、攀枝花市鼎兴水泥制品有限公司。退出规模以上企业8户：攀枝花市陆园工贸有限责任公司、攀枝花市邹氏工贸有限责任公司、攀枝花市春英工贸有限公司、攀枝花市攀盛工贸有限公司、攀枝花市圣凯煤业有限责任公司、攀枝花市利安煤业有限责任公司、攀枝花市翼腾工贸有限公司、攀枝花市琪翔工贸有限责任公司。改造、拆除10蒸吨以下燃煤锅炉13个。开展地条钢集中整治20次，发出整改通知书15份。实施年度重大工业项目3个：年产10万吨石墨资源综合利用中高碳石墨生产线；润莹齿轮20万台/年汽车变速箱生产线；中国重汽攀枝花重型矿用车生产线。

【新农村建设】 开展扶贫新村专项建设，在仁和区大田镇乌喇么村、平地镇辣子哨村、大龙潭乡大龙潭村、布德镇老村子村、啊喇乡啊喇村5个省级贫困村和布德镇中心村实施，重点进行新村基础设施和公共服务设施等项目建设，有效促进贫困村经济、政治、文化、社会和生态全面发展。共实施31个子项目，总投资599.64万元，其中财政专项资金385万元（省310万元、市75万元），整合财政涉农资金196.64万元（省级150.70万元、区级45.94万元），项目区群众自筹18万元。建成大龙潭乡新街村、大田镇小啊喇村、啊喇乡官房村、起查喇村、布德镇猛粮坪村、同德镇马拉所村、龙潭村、前进镇永胜村、太平乡红岩村、金江镇金江村10个省级幸福美丽新村。成功创建大田镇班庄村、大田村、银鹿村、乌喇么村、啊喇乡大竹村5个省级“四好村”，成功创建大田镇班庄村、大田村、银鹿村、乌喇么村、啊喇乡大竹村、大龙潭乡大龙潭村、立柯村、迤资村、拉鲊村、仁和镇田坝村、前进镇宝鼎村、太平乡红岩村、大村村、大坝村14个市区级“四好村”。

围绕5个省级贫困村，努力发展农业支撑产业，做到“一村一品”或“一乡一品”，同时，加强技术培训，指导支撑产业发展，达到农业增效、农民增收；围绕产业和新村进行农田恢复、沟渠恢复、道路建设等基础设施建设，8个基础设施建设项目全部完成，因地制宜发展特色产业，促进“业兴”。切实增强农村发展活力、加快现代农业发展、支持农民转移就业创业，全方位推进脱贫攻坚，多措并举增加农民收入，促进“家富”。把落实村务公开和民主管理作为融洽党群干群关系切入点，加强农村村委会的规划建设，推进依法治村，健全完善村民自治机制；大力开展“四好党组织”“四好村”评比及公益性服务、文化娱乐、文化体育、文艺表演等各种活动，多头并举开展农村阵地建设，促进“人和”。通过对105户农村危房改造和107户易地扶贫搬迁，着力改善农户的居住环境，促进“村美”；通过对5个省级贫困村22个公共服务项目建设，完善和配套了公共服务、环卫、健身等设施，让农村享受城市服务功能。

【第三产业】 2017年，仁和区完成服务业增加值55.45亿元，增速8.3%，完成统计入库企业12家。以普达阳光国际康养度假区为标志的项目建设引领康养产业发展。完成现代服务业招商项目21个，总投资约103.87亿元，其中，20亿元以上项目1个，即百花禅修及康养旅游度假基地项目；10亿元以上20亿元以下项目1个，即攀枝花户外文化体验园项目；5亿元以上10亿元以下项目5个，即亚热带植物园康养基地、超前民营学校、港峰康养酒店、芙蓉花城、康和北苑项目。成功申报四川省现代传统商贸流通转型升级重点示范区，获省商务厅500万元资金支持。

节庆、展会大力促进仁和区服务业经济发展。2017年成功举办仁和庙会、普达灯光节、务本桃花节等节庆活动，吸引20万余人参与，实现经济收入1750余万元，接待游客408万人次，同比增长21.16%，实现旅游总收入48亿元，同比增长15.7%；同时组织区内企业参加“川货全国行·长春站”“川货2018川货新春大拜年北京站”、2017年中国西部博览会进出口展览等大型活动11次，仁和参展企业总成交金额约3800万元，其中现场成交约300万元，达成意向性协议3500万元，有力推动仁和区农产品走向全国市场。

3月23日，成立了仁和区康养产业发展领导小组，区康养产业发展领导小组负责全区康养产业发展的总体设计、统筹协调、整体推进、督促落实。领导小组下设办公室，负责处理领导小组日常事务和工作，办公室设在区服务业发展局。2017年，编制完成大河康养产业示范片策划方案，将30个项目纳入项目库管理，从中选取5个示范项目、2个示范片、3个示范小镇，产业优惠政策优先支持示范建设。完成第三届中国康养产业发展论坛活动举办工作：组织参展嘉宾到普达阳光康养度假区进行参观；邀请8家企业参加论坛及11家企业参加论坛成果展。实现签约项目20个，投资金额68.06亿元，其中正式协议17个，投资金额44.56亿元，框架协议3个，投资金额23.50亿元。

【招商引资】 仁和区充分利用区位和资源优势，抓好项目储备，发挥产业部门熟悉产业规划和产业基础的优势，引进26度庄园、云南九芒优果（攀枝花）川滇芒果康养生态园项目、北京凯盛石墨10万吨高碳石墨生产线项目、常青国际（攀枝花）百花禅修及康养旅游度假基地项目、攀枝花超前民营学校项目、北京中圣攀枝花户外运动体验园项目等重点项目61个，协议金额231.95亿元。其中“康养+农业”类项目13个，协议金额19.11亿元；机械制造及新材料类项目16个，协议金额68.44亿元；现代服务业类项目32个，协议金额144.40亿元。全年招商引资到位资金137.95亿元。督办2016年“中外知名企业四川行”签约项目6个，履约率100%，开工率100%，资金到位率50%。督办2016年中国西部国际投资大会项目6个，履约率100%，开工率100%，资金到位率50%。2017年，外出招商共68次，其中主要领导带队36次、分管领导带队32次。

【城市建设】 仁和区城市重大基础设施建设取得突破性进展。2017年，47项重大目标任务、17项民生工程按期推进，完成固定资产项目入库7.58亿元、固定资产投资16亿元，建筑业总产值11.8亿元，三产服务业指标中房屋销售面积57.44万平方米，房屋施工面积约210万平方米，均实现稳定增长。其中，火车南站片区站前枢纽、那总路、总发路北段一期工程等项目建设全面启动建设，总园路、莲花路项目完成施工图设计，总发路南段、站前南街、南站路等新项目开始办理前期手续。完成渡仁西线人行道和景观改造一期工程建设，成功签约仁和区第二个PPP项目四号地块二期市政基础设施建设，总投资达3.5亿元；采用货币化安置方式，完成2048户棚户区改造征收补偿协议签订任务，并同步开展新增442套棚改任务协议签订、贷款申请工作。全面完成宝灵小区综合整治项目，启动背街小巷机械化施工处家属区项目一期建设。全年发放廉租住房补贴15万元，完成公租房分配176套，完成第一批105户建档立卡贫困户农村危房改造及241户“9.19”灾后农房重建验收，启动第二批215户一般贫困户农村危房改造工作；启动太平乡、务本乡、啊喇乡、福田镇控制性详细规划编制及《攀枝花市仁和区新村建设总体规划》修编，制定《仁和区镇（乡）、村规划编制、审批程序》。直却特色文化小镇一期项目（“水中央”湿地公园）完成策划方案、修规审查，并启动项目前期工作，平地俚濮文化特色小镇成功申报省级特色小镇；全年商品房预售面积25.14万平方米，网签销售新建商品住宅2778套30.94万平方米，实现销售收入13.72亿元，销售均价4434元/平方米（2016年销售均价3830元/平方米，同比增长15.77%），其中6个住宅小区被评定为攀枝花市物业管理优秀住宅小区；研究制定《仁和区棚改货币化安置商品房项目审批绿色通道》，收取农民工工资保障金953.89万元，对辖区内4家施工企业、2家监理企业落实企业主体责任不到位等情况进行通报批评并列入不良行为记录。全年，完成29个单位工程主体结构验收、44个单位工程竣工验收，工程质量验收合格率100%。

【环境治理】 仁和区对省环保督察反馈的45个问题整改完成40个，整改完成率88.9%；中央第五环保督察组交办的19件信访件全部办理并按要求进行公示。整治环保问题“回头看”发现问题150个，关闭拆除“散乱污”企业59家、整改13家，排查整治地县级饮用水水源地问题9个，整顿露天烧烤、无照经营餐饮店23家，排查整治苏铁国家级自然保护区问题4个，整治主要河流环境问题206个，整治扬尘问题140余个。开展畜禽养殖禁（限）养区划定搬迁整治，关停31家、整改29家。实施水、大气、土壤污染防治三大战役，全年环境空气质量达标率为98.6%，水、气、声环境质量达到环境功能区划要求。新增生态保护红线面积1.45平方千米。审批建设项目76个、备案479个。12月，完成大龙潭乡农村环境连片整治项目，批复总投资277万元；同月，完成平地镇迤沙拉排污管网及生态湿地工程，批复总投资150万元。立案查处典型环境违法行为24件。加强企业环境风险防控和隐患排查，完成32家企业环境应急预案备案。完成环境质量现状监测、调查监测、污染纠纷监测、监督性监测等监测工作。

【科学】 2017年，仁和区获省、市立项支持科技项目12个，其中省级项目3个，市级项目9个。获项目经费187万元。筛选和包装2018年省、市级科技申报项目22个。引进重大科技成果转化项目“野生块菌保育和人工栽培产业化示范”，由攀枝花市丰盛源农林开发有限公司和市农林科学院在啊喇乡万宝营森林康养基地实施，总投入资金120万元；引进定向财力转移支付项目“攀西大地红有机火龙果标准化生产技术集成示范与推广”，由攀枝花箐河农业开发有限公司在总发乡板桥村实施，总投入资金100万元。

仁和区政府制定出台《仁和区科技计划与项目管理办法》《仁和区科技创新券管理办法》。全年举办创新创业政策解读专题培训、“四方论砚”大型创新创业专题活动2场次。攀枝花鑫华节能技术服务有限公司、攀枝花火凤凰再生资源回收利用有限公司2家公司成功申报国家高新技术企业，完成高新技术产业总产值14.76亿元。仁和区获批国家知识产权强县工程试点县，大河中学获批全国中小学知识产权教育试点学校，五十一公里小学获批四川省中小学知识产权普及教育试点学校。全年申请专利254件，其中发明专利101件。新增专利实施项目20项，新增产值5.1亿元。市级科技成果登记15项。全年开展大型科普活动3场次，发放科普资料2万余份，接受科普教育群众达2万人次以上。新增市级科普示范社区“五十一阳光家园社区”。

【教育】 仁和区有义务教育学校23所（其中：小学14所，初级中学7所，省二级示范性高中1所，教师进修学校1所），村小教学点38个。有独立建制幼儿园30所（其中公办幼儿园1所，企业办园1所，民办28所），乡镇中心学校附设幼儿园13所，村小教学点学前班26个；在园幼儿6411人，教职工581人（不含金江）。全区在校学生共计21444人，小学11720人、初中5562人、高中4162人。就读区内学校的残疾学生共有124人。全区教师总编制1802人，实有在职教职工1665人。

仁和区坚持“三优先”发展教育，全面贯彻党的教育方针，牢固树立办人民满意学校教育理念，全面实施素质教育。区委、区政府领导重视教体事业发展，将重大教育事项如：教师资源均衡配置、紧缺学科教师补充、精准扶贫户子女入学、控辍保学和教育经费投入等纳入区长办公会、政府常务会议事范畴进行重点研究。实行区级领导和相关职能部门定点联系学校制度，定期深入学校调研、督导、分析、研究、解决学校发展中存在困难和问题。建立完善教师表扬激励机制及终身从教荣誉制度，营造全社会尊师重教良好氛围。全年表扬省、市、区各级优秀学生干部、三好学生、优秀学生等1060名，全区有29个市级先进班集体，59个区级先进班集体，5所学校被评为市级优秀德育先进单位，17名教师被评为市级优秀班主任，8名教师被评为市级优秀德育管理干部，5名教师被评为市级师德标兵。教师节表扬模范校长、优秀教师、先进教育工作者等70余名。

仁和区根据《中长期教育改革和发展规划纲要》《全面推进依法治校实施纲要》，制定《仁和区教育系统2017年“法律进机关、进学校”工作方案》，聘请法治副校长23名。定期到学校开展普法、学法、用法活动，举办法治讲座60余场次，开展“模拟法庭”活动10余次，做好“七五”普法工作。落实法律顾问制度建设，与川滇律师事务所签订法律服务合同，分片区聘任法律顾问，实现全区学校法律顾问全覆盖。组织全区23所学校师生参加全国第二届青少年法治知识网络大赛，19所学校获奖，获奖率达91.3%。

仁和区教育投入切实做到“三个增长”：2017年预算内教育拨款增长比例高于财政经常性收入增长比例，增长率达6.22%；生均预算内教育事业费为9786元/生/年，较2016年增长203元/生/年；教师年人均工资70186元，较2016年增长1885元；生均预算内公用经费2322元，较2016年增长187元。教育民生全部纳入公共财政保障范围，区级配套资金做到及时、足额，确保各项教育民生实事全面开展。在全市率先建成教育资助办理大厅，不断加大教育资助政策宣传力度；发放各类资助金共计3293余万元，所有寄宿制学校全部实现食堂供餐，对20893名学生实施营养改善计划，所需资金1678.64万元全部到位（含区级配套资金215.98万元），及时划拨到各学校和牛奶、面点供应商。

仁和区改善办学条件，2017年全面改薄项目任务7个，现完工4个，在建3个；市级重大项目四川仁和思源实验学校建设项目全面推进；市级重点督查项目莲花幼儿园完成招投标工作，主体工程开工。继续发展小区配套幼儿园为普惠性幼儿园，新增普惠性民办幼儿园1所，新增学位322个，幼儿园办园条件和教育质量明显提升，学前三年适龄幼儿毛入园率达97.4%；新改扩建7所乡（镇）中心幼儿园全部建成并投入使用，并配备相关设施，达到四川省幼儿园办园要求。继续加强落实仁和区教育信息化五年规划。共投入教育信息化建设资金376万元，“全面改薄”资金325万元，完成18所学校的校园网络升级改造，3所学校的“班班通”建设，覆盖率达100%、6所学校的计算机及网络教室建设。

仁和区2017年通过公开招聘形式向学校补充新教师36人、签约培养免费师范生12人，缓解教师紧缺问题。以全员培训、教师学历培训、新课改培训、校长培训、新教师培训等方式，提高全区教师专业化素质。2017年区级培训学员659人次，省级培训学员38人次，市级培训学员1669人次，校本培训教师1591人次，年培训教师4000多人次，选派200多名教师赴山东、江苏、河南等地学习。同年，仁和区接受并通过国家级国培项目区考核验收。

仁和区重视教育交流，实现区域内教育资源均衡。以帮助农村学校和薄弱学校提高教学质量和办学水平为目标，以校长、教师交流和结对帮扶为主要形式，建立中小学校长及教师交流机制。出台《攀枝花市仁和区教育局关于推进仁和区义务教育学校校长教师交流轮岗的实施意见》（试行），结合《仁和区义务教育阶段学校学区化管理改革实施方案》，确定5个学区联盟（中学2个、小学3个）。通过互派教师，使学区联盟学校互相了解学校管理机制，教育教学模式，校园文化特色等，达到取长补短，共同进步。落实《乡村教师支持计划》，积极开展教育对口帮扶：2016年至2017学年度，仁和区共交流中小学教师83人（“百村支教”27人，区内支教交流27人，高中教师兼职支教29人），占教师总数5.2%。派出支教人员13人参加攀枝花市21所薄弱乡（镇）学校精准扶贫支教行动，有11所中小学及幼儿园和凉山州木里县瓦厂片区、博瓦片区11所中小学及幼儿园结成帮扶对子。

仁和区重视教育公平，以随班就读、送教上门形式解决特殊儿童入学问题，保障特殊儿童受教育权利，营造出特殊儿童成长良好氛围。区财政落实特教经费49万元，落实“一人一案”，让每一位适龄残疾儿童、少年都能接受教育，三类残疾儿童少年入学率达94.3%；切实保障进城务工随迁子女入学，做好返乡农民工子女接受义务教育工作，全年共安排进城务工子女3641名学生入学；积极落实教育系统农村留守儿童关爱工作，要求全区各学校为107名留守儿童建立“留守学生”档案，制定“留守学生”教育管理及关爱制度，并采取教职工、校外辅导员“一帮一”措施，使他们能够安心学习、健康成长。

仁和区注重抓好艺体教育和群众体育。组织参加四川省第十三届中小学生优秀艺术人才大赛，荣获县区教育行政部门“优秀组织奖”，共荣获一等奖106人、二等奖188人、三等奖280人，获奖人数达574人次。举办仁和区第二十届校园艺术节和第四届“仁和阳光．七彩童年”校园合唱比赛；承办“市第十五届中小学生艺术节舞蹈专场”比赛。平地镇中心学校完成省级艺术特色学校的申报；大田镇中心学校、五十一公里小学申报市级“艺术教育特色学校”。承办2017年四川省中学生女子篮球赛、国家级青少年体育俱乐部篮球赛；承办四川省全民健身羽毛球业余联赛总决赛；承办攀枝花市第二届“乒协杯”乒乓球赛；组织仁和区秧歌代表队参加四川省老年人健身秧歌比赛；组织人员参加四川省老年人健身气功比赛。组织仁和区射箭队参加2017年四川省“协会杯”中小学生射箭比赛，获5枚金牌，1枚银牌，3枚铜牌，参加2017年四川省射箭锦标赛，获6枚金牌、4枚铜牌。完成仁和区业余体校“四川省高水平体育后备人才基地”申报工作。

仁和区科技创新教育成果丰硕。2017年5月，仁和区组织7所学校46只队伍56名学生参加攀枝花市第十届电脑机器人创新大赛，荣获机器人工程挑战赛一等奖2个、二等奖2个、三等奖5个；基本技能赛二等奖1个、三等奖2个；小创客轨迹赛一等奖5个、二等奖4个、三等奖11个；综合技能赛一等奖1个、二等奖2个、三等奖3个。在四川省第三十二届青少年科技创新大赛中，仁和区获省二等奖3个、省三等奖3个、市一等奖6个、市二等奖11个、市三等奖14个，共31人次、2个小组获奖，获市级优秀组织工作者3名、市级优秀辅导教师3名，仁和区教育局被评为省、市两级优秀组织单位，大河中学被评为市级优秀组织单位。

仁和区教育教学质量稳步提升。围绕“走向生本，质量至上”理念，深入推进课堂教学改革，扎实抓好“两规两本”“三控三扩”，积极推进“先学后教、当堂训练”等高效课堂教学等模式，全域推进课堂教学改革工作，切实减轻学生过重的课业负担，促进学生全面发展。2017年仁和区高考实现一本硬上线192人，二本硬上线451人，艺体本科双上线95人。还取得全市高考理科前10名中的1、5、9名的好成绩。高考本科上线人数继续保持县区第一名和连续15年快速增长目标，为全市高中教育发展作出应有贡献，获得市高中教育特等贡献奖。在义务教育

2016至2017学年度教学质量总结表扬会上，仁和区荣获义务教育教学质量文化学科类优秀三等奖。仁和区教育体育局荣获“2016至2017学年度攀枝花市普通高中教学质量突出贡献单位”荣誉，大河中学荣获“2016至2017学年度攀枝花市普通高中教学质量突出贡献学校”荣誉。

【文化】 推进区图书馆、区文化馆总分管制建设，全年完成中国苴却砚博物馆、区政务服务中心、武警攀枝花市支队一中队、武警攀枝花市森林大队4个馆外阅读点建设，配备图书8600册，电子借阅机2台。区图书馆、文化馆、苴却砚博物馆及全区13个乡镇综合文化站免费对外开放达310天，区图书馆新办借阅卡420张，书刊借阅6.37万人次，22.33万册，苴却砚博物馆累计接待各参观团体190余个，各界群众4.2万余人次。创作优秀文化作品，开展“歌唱仁和”词、曲创作，先后面向社会征集《仁和姑娘》《请到美丽仁和来》等10首优秀词作品。编创《走在山水间》《龙行甘露》《当时只道是寻常》等群众性舞蹈。完成《看见迤沙拉》旅游剧8个节目的创作、编排、排练、服装制作。广泛开展活动，举办“畅享幸福 这里仁和”系列节目文化活动，苴却砚文化艺术节、“四方论砚”、元旦、春节系列文化活动等全年文化活动开展44场次，其中大型活动7场次，小型活动37场次。组织书法、美术展览2次，累计展出作品300余幅，参展作者200余人次，参观人次达2万余人次。在大田镇、五十一阳光家园社区，仁和镇沙沟社区、大河社区组织“共筑中国梦·喜迎十九大”演出活动4场。组织区级媒体，联合市文艺创评室对仁和区10个省级贫困村第一书记进行专访，深入挖掘故事，选塑典型，在仁和区电视台推出《第一书记扶贫记》大型系列专题报道，并创作同名小品和快板舞。

【卫生计生】 2017年，仁和区卫生计生系统定编510人，因仁和区新农合中心整合至仁和区医保局，比2016年减少4人。2017年，正式在编在岗事业人员443人，比2016年减少26人，其中退休16人，考调6人，辞职4人。编外聘用人员365人，比2016年减少51人，辞职51人。辖区共有各级各类医疗卫生机构241个，医疗保健机构共有病床668张，每千人口拥有病床数2.5张。卫生技术人员941人，每千人拥有卫生技术人员3.57人。

稳步推进深化医药卫生体制改革。将县级公立医院改革所需费用全部纳入财政预算，足额划拨取消药品加成补助资金100.07万元，政府贴息贷款3000万元支持区人民医院建设发展。仁和区人民医院建立公立医院法人治理结构，按规定落实公立医院用人自主权。仁和区开展乡村卫生人员一体化管理，仁和区93个村卫生室“村医乡聘”率达100%。提高新农合管理服务水平，参合人数为122696人，参合率达99.77%，全年受益人次达263692人次。公立医疗机构基本药物集中采购率100%。推行中医药改革，建成中医馆10个。推行省级艾滋病综合防治、结核病防治示范区创建，完成艾滋病抗体检测21000余人次，干预暗娼3250人次，干预吸毒人员4911人次，按要求完成2017年民生工程创建艾滋病综合防治示范区年度目标，完成哨点监测的实验室检测工作。

开展基本公共卫生服务。为仁和区居民累计建立居民健康档案档25.86万人（份），健康档案建档率95.47%，电子建档25.02万人（份），电子建档率达92.37%。累计管理高血压病人38984人，糖尿病病人13310人，严重精神障碍患者1142人，65岁以上老年人23262人。开展家庭医生签约服务，累计签约140814人，重点人群签约率78.49%。其中建档立卡贫困人口家庭医生签约服务签约率100%。免费开展婚前医学检查3090人。免费开展35～64岁妇女农村妇女宫颈癌8339人、乳腺癌筛查8340人。1473人次享受农村孕产妇住院分娩补助，补助金额73.65万元。免疫规划成绩显著，仁和区0～6岁儿童基础免疫各类疫苗调查接种率均在95%以上，加强免疫各类疫苗接种率均在90%以上。无甲类传染病报告，7岁以下儿童保健管理人数14658人，管率95.06%，婴儿死亡率5.36‰，孕产妇系统管理3231人，孕产妇系统管理率96.28%，无孕产妇死亡。

开展康养医疗工作。按照区委、区政府的决定在普达阳光国际康养度假区启动区中医医院建设项目，占地面积13266.7平方米、建筑面积约1600平方米，床位200张，投资1亿元左右的区中医医院，预计2020年完成主体建设，填补仁和区无区级中医医疗机构空白。中医康养特色诊所和养老护理院均实现对外营业。打造仁和区大龙潭乡“全市医养结合试点乡镇”，探索“家庭—社区—医院”三级联动老人养老医疗服务新模式。建立“候鸟”人群医疗服务绿色通道、康养医务室，采用巡回医疗和预约服务等方式为“候鸟”人群提供基本医疗和公共卫生服务。鼓励社会力量举办含康养服务的医疗机构，有2家社会办医疗机构局办医养结合机构，仁和区人民医院在11个社区卫生服务中心和乡镇卫生院建立延伸服务门诊，提升基层医疗机构服务能力，各乡镇卫生元、社区卫生服务中心就近养老机构提供基本医疗和基本公共卫生服务。开展打击“两非”专项行动，查处无证行医店（摊）11起，收缴非法诊疗药品、器械共计28公斤，立案查处1起。

开展计划生育和流动人口服务管理。计划生育“三项制度”奖励扶助2194人210.62万元。计划生育家庭特别扶助198人，扶助金额146.02万元；对录入建档计划生育特殊家庭扶助关怀系统200户进行帮扶。投入369.73万元帮扶资金，新建“三结合”帮扶基地15个，300户家庭受益。对69名符合奖励政策考取大学的农村独女户和双女户，奖励9.1万元。核发5767户独生子女父母奖励金63.57万元。为77名符合政策独生子女家庭购买企业职工养老保险59.75万元；将17名符合条件不能参加企业职工基本养老保险统筹纳入定期扶助，扶助资金3.4万元。完成全国流动人口动态监测4个乡（镇）街道7个样本点入户调查，实现乡（镇）、街道流动人口平台应用率100%，流动人口电子婚育证明查验率98.04%。仁和区成功创建2014至2016年全国计划生育优质服务先进单位，省级妇幼健康优质服务示范县，2017年度全省医疗信息化应用示范县。

开展医疗卫生计生扶贫。补偿住院贫困患者1798人次550.74万元，贫困患者区域内住院政策范围内自付费用补偿比98.42%；免收贫困人口一般诊疗费、院内会诊费2021人次，免收费用2.02万元；免费抗病毒治疗9名艾滋病抗病毒患者，减免费用3.6万元；建档立卡贫困人口家庭医生签约服务覆盖率达100%；为全区4898人建档立卡贫困人口免费开展一次健康体检，投入48.98万元；补助34名贫困孕产妇住院分娩10.47万元；免费提供巡回医疗服务4次，诊疗6000余人次；完成仁和区2014年至2018年建档立卡贫困人口9095人新农合参合工作，财政为5765名贫困人口代缴新农合参合费用，投入资金101.28万元。确保建档立卡贫困人口参合率100%；区卫生扶贫救助资金按规定和程序共救助贫困人口87人，救助金额19.22万元，脱贫村所在地乡（镇）卫生院、村卫生室标准化建和村医达标率均达100%。

突发公共卫生事件应急处置。4月24日，仁和区大田镇中心学校暴发水痘集聚疫情，经联防联控，疫情得到迅速有效控制，按规定结案；6月16—17日仁和区发生2例人感染H7N9禽流感疫情，仁和区政府立即成立人感染H7N9禽流感疫情指挥部，办公室设立在仁和区卫生和计划生育局，联合仁和区农牧局、公安局仁和分局等部门认真落实各项综合防控措施，圆满完成人感染H7N9流感应急处置工作，报经省政府评估确认，于8月11日解除舆情应急响应；加强汛期应急医疗救援工作，要求各医疗机构积极做好医疗救援和突发公共卫生事件应急处置准备，参加仁和区汛期应急演练。

【交通建设】 2017年，区交通运输局在建改善提升工程项目共计7个项目，完成2个项目，完成里程26.6千米，完成投资4190万元。中坝至啊喇公路改善提升工程完成一期工程混凝土路面6.5千米，完成投资600万元，二期工程完成施工图设计工作；岔官路后段6.3千米完工，完成投资390万元；布德至格里坪镇改善提升工程13.8公里全部完成，完成投资900万元；啊龙路（大田至大龙潭段）改造工程，施工单位进场，开始全线路基施工以及挡防工程施工，目前路基、稳定层完成，完成投资400万元。岔官路（S214至乡镇府段）改善提升工程，开始施工图设计工作；太平至福田改善提升工程太平段（金沙电站库周交通工程），施工单位正在进行挡防工程施工以及灰噶河桥台桩基施工，完成路基工程10公里，完成投资1900万元，福田段施工图设计完成。2016年至2017年下达撤并建制村项目共有10个（2017年计划下达6个），完成项目7个，完成里程44.7千米，2017年完成投资930万元。安保工程2017年共完成县、乡道安保工程建设35.47千米，完成投资900万元。

【火车南站建设】 火车南站站前枢纽项目全面完成范围内的征拆工作并交地；火车南站站前环线项目全面完成范围内的征拆工作并交地；火车南站站前排洪设施项目完成范围内的征拆工作并交地。火车南站周边项目建设（总源路）征拆协议全部签完；火车南站周边项目建设（总乐路）共涉及17户房屋，土地2.76万平方米，截至8月17户房屋签约完成，签订青苗协议4.30万平方米。全部完成青苗的清场工作。房屋17户全部拆除，土地按要求全部交给施工方；火车南站周边项目建设（迎宾大道）共涉及10户房屋、土地1.84万平方米，截至8月底，签订房屋协议10户，现房屋全部拆除，签订青苗协议1.84万平方米，土地全部交给施工方。

【攀大高速公路征拆工作】 区交通运输局加大市、区补偿资金争取力度，全程跟进督促项目乡镇（总发乡、中坝乡、前进镇、太平乡）按时完成征地拆迁、房屋搬迁、电力通讯搬迁、坟墓搬迁等具体工作。累计提交红线内用地131.56万平方米（占已提交设计施工图用地134.03万平方米的98%）；提交临时用地58.61万平方米（占设计用地41.42万平方米的140%）；红线内搬迁房屋163户（占总计188户的87%）；搬迁电力通讯杆线325根（占总计443根的73%）；坟墓搬迁421座（占总计424座的99%）；支付1650户红线内土地106.72万平方米补偿费1.25亿元；办理农转非安置44人。

【“四好农村路”建设情况】 制定完成仁和区“四好农村路”创建工作方案及措施，确保全区“四好农村路”建设工作开好头、起好步，同时出台《攀枝花市仁和区管理养护实施细则》，落实农村公路养护资金，区政府按照县道每年每公里1500元、乡道每年每公里750元、村道每年每公里200元的标准，将管理养护资金足额纳入区本级财政预算。截至2017年，全区乡镇、建制村道路通畅率达

100%，全区具备条件的建制村乡镇通客车比例达92%，村通客车比例达51%，完成投资2571万元，相继完成路侧护栏里程130余公里。

【民生工程】　全年，仁和区承担省、市、区级民生工程项目共178项，省、市、区民生实事共25项。区政府始终坚持把保障和改善民生放在首位，加大民生工程资金保障，全年共投入资金115306.73万元，其中上级资金36196.76万元、区级配套8559.91万元、其他资金70550.06万元。着重落实就业政策，全区城镇新增就业3449人，城镇失业人员再就业1695人，帮助就业困难人员实现再就业370人，城镇登记失业率控制在3.39%以下；着力改善贫困农户生产生活条件，完成农村扶贫解困人口2169人；城乡医疗救助12321人次；新建乡村便民道路3公里，硬化乡村便民道路13公里、硬化民族地区道路9公里水泥路或弹石路工程；改造农村危房105户，改造城镇危旧棚户区2142户，完成“9.19”灾后居民住房维修重建241户，累计发放公租房租赁补贴189055.5元；学前教育对5800名幼儿减免保教费，免费为18140名义务教育阶段学生提供教科书和作业本，对4500名农村义务教育家庭经济困难寄宿生补助生活费。

【街道、乡、镇发展状况】　仁和区辖1个街道、6个乡、8个镇。全年完成地方规模以上工业总产值474.04亿元。招商引资到位资金137.95亿元。

2017年仁和区街道、乡（镇）基本情况表

表16

街道（乡、镇）名称	人口（人）	面积（万平方米）	社区（个）	村（个）	工业总产值（万元）	招商引资到位资金（万元）
大河中路街办	30453	224.26	4		15412	147900
太平乡	9329	21697.71		10	536452	104200
大龙潭乡	15638	24369.35		8	1045	75100
务本乡	8392	9967.36		4	58189	15500
啊喇乡	9112	18175.2		6	1401	13200
中坝乡	10190	10016.39		4	11148	68080
总发乡	9098	9919.98		4	15168	66000
仁和镇	46947	3789.09	7	3	9653	198000
前进镇	19263	10433.03	2	7	504296	188500
平地镇	14578	17567.51	1	5	16528	52140
同德镇	14107	9342.3	1	7	1340	22030
布德镇	16606	13083.9		6	75214	18820
福田镇	4687	5018.11	1	4	9896	49120
金江镇	16254	8796.54	4	5	26346	
大田镇	8784	10497.61	1	6	2954	13210

（朱俊麟）

米易县

【建置人口】　米易县地处攀枝花市东北部，位于北纬26°42′～27°10′、东经101°44′～102°15′之间。东与凉山州会理县、南与攀枝花市盐边县山岭相连，西与盐边、凉山州盐源县以雅砻江为界，北与凉山州德昌县陆路接壤。县政府

驻攀莲镇。全县面积2152.70平方千米，实有耕地26264万平方米。辖7个镇，5个乡（少数民族乡4个），87个村，814个村民小组，12个城镇社区居委会，106个居民小组。2017年年末，全县总人口221725人，其中城镇人口31836人，占总人口数的14.4%；乡村人口189889人，占总人口数的85.6%；男性人口112030人，女性人口109695人，出生4228人，出生率19‰；死亡3451人，死亡率15‰；迁入人口834人，迁出人口1251人；年末全县总人口数比2016年末增加360人。

【经济社会发展】 2017年，米易县三次产业结构由2016年的8.9∶65.6∶25.5调整为8.8∶61.5∶29.7。各项主要经济指标位居全市前列，成功入选中国最具投资潜力特色魅力示范县200强，被评为全省县域经济发展先进县。

2017年主要经济指标统计表

表17

指标名称	单位	2017年绝对数	增长（%）
地区生产总值	万元	1619149	7.7
第一产业增加值	万元	141287	4.4
第二产业增加值	万元	969874	8
第三产业增加值	万元	507988	8
粮食总产量	吨	95589	5.8
肉类总产量	吨	14620	2.5
禽蛋产量	吨	932	0.5
牛奶产量	吨	96	0
蔬菜产量	吨	369992	6.4
水果产量	吨	96025	15.5
社会消费品零售总额	万元	370461	11.5
固定资产投资完成额	万元	1395349	12.1
地方财政收入	万元	12.94	39.3
地方财政支出	万元	22.42	25.1
地税税收收入	万元	49053	6
国税税收收入	万元	65333	72.8
城镇居民人均可支配收入	元	31985	8.6
农民居民人均可支配收入	元	15776	9.2

【农村经济】 2017年，米易县加快现代农业发展。坚持做优做精现代农业，农业创牌提效扎实推进。农业基础不断夯实。国家农业综合开发现代农业园区试点县、省级现代农（林）业重点县等项目强力推进；马鞍山水库、麻晃引水工程等农业基础设施加快建设，老街子水库前期工作顺利推进；实施农村土地整治3466.67万平方米，新建高标准农田1066.67万平方米，新增高效节水灌面733.33万平方米。被评为全省"三农"工作先进县和现代烟草农业发展成效突出县。农业品质不断提升。制定并实施《农产品质量安全监管实施意见》，30家新型经营主体入驻省级农产品质量安全追溯平台，新申报"三品一标"7个，培育农民专业合作社53家、家庭农场43家，5个标准示范园加快创建，特色农产品直供直销取得实效；"米易枇杷"成功申报国家地理标志保护产品，"米易红糖"入选100个走近中国地理标志产品，"阳光米易"获全省十大优秀农产品区域公用品牌。产业融合实现突破。红旗河坝花卉产业园、玫瑰谷田园综合体等项目顺利推进，"国家级电子商务进农村综合示范县""国家产业融合示范县"深入实施。

【工业经济】 2017年，米易县坚持做强做大工业经济，工业转型提档加快推进。帮扶措施扎实有效。48项“一企一策”帮扶措施、县级领导联系重点企业和企业首席服务员等帮扶措施落地见效。争取项目专项资金及电价、铁路运价优惠等9000余万元，表扬促进工业经济发展突出贡献企业26户，兑现奖励资金1133万元，成功申报“园保贷”资金5400万元。促成新白马矿业、安宁铁钛等重点企业稳产达产，中禾公司、元宝山矿业等10户企业顺利复产。转型升级效果明显。成功培育国家高新技术企业1户、省级企业技术中心2户；兴辰钒钛转型新能源储能材料产业项目取得实效，立宇公司直接还原铁、钛铝合金中试线项目建设取得重大突破；七星光电年产5万吨磷酸铁、一美科技年产1万吨磷酸铁等新材料项目投产见效；正源科技偏钛酸二期、盛泰矿业工业固体废弃物回收利用等产业项目加快推进；钒钛深加工及新能源材料产业占工业比重提高5.3个百分点。规上工业企业实现全口径税收7.6亿元，比2016年增长87.3%。平台基础切实筑牢。园区12家企业规范提升，基础设施PPP项目顺利推进；回龙沟220千伏变电站、青杠货站集装箱铁路运输专线建成投用；国土资源部钒钛磁铁矿野外科学观测研究基地正式授牌。

【第三产业】 2017年，米易县坚持做活做响第三产业，康养品质提升成效显著。康养产业发展迅速。放大“六度”（温度、湿度、海拔度、洁净度、优产度、和谐度）效应，做足“阳光”文章，研究制定“康养+”发展方案。新山傈僳旅游村寨、海塔世外桃源、普威绿野花乡等特色康养旅游品牌初显；远大康养特色小镇、金杯集团米易东方太阳谷国际大康养旅游度假区等新签约项目总投资356.9亿元，康养旅游小镇等5个在谈项目计划总投资165亿元。创新推出《康养食谱》，“米易味道”吸引力更强；推动康养旅游与生态体验观光深度融合，“米易线路”辐射度更广；优质农副产品精装推出，特色钛制品、“米易书签”完成策划，“米易产品”知名度更大；持续聚焦成渝周边及北方城市群，加大康养营销推介力度，“米易客人”增长势头更旺，全年接待游客424.1万人次，实现旅游收入46亿元。全国百佳深呼吸小城、省级林业生态旅游示范县正式命名，上榜四川十大“全域旅游”新生力名单，成功举办首届中国傈僳族文化旅游高峰论坛，被认定为“傈僳族祖居圣地”。商贸物流加速发展。新增规模以上服务业企业4户、限额以上商贸单位4户，完成外贸出口总额3.7亿元。积极组织重点企业参加西博会进出口商品展，指导电商企业攀越枇杷合作社成功申报为“2017年百县百品参展企业”；全年实现农特产品电子商务交易额1.1亿元，比2016年增长22%。

【项目投资】 2017年，米易县完善《米易县“十三五”规划重大项目库》，动态调整政府投资项目三年滚动投资计划，包装储备PPP项目32个、总投资185亿元；承办攀枝花市重大项目集中开工仪式，成昆铁路改扩建工程峨米段（米易段）开工建设，老街子水库前期工作有序开展，马鞍山水库、麻晃引水、迷易森林、海棠蓝湾旅游基础设施、棚户区改造、回龙沟220千伏变电站等一批投资大、带动强的重点项目加快推进，实施2017年农网改造项目，概算投资8338.7万元。七星光电磷酸铁、碳酸锂项目实现产业化生产，一美科技磷酸铁、立宇矿业还原铁电冶实验炉改造竣工试产，北京华方米易颐养中心建成开业，全年推进投资亿元以上项目10个，省市重点项目9个，完成全社会固定资产投资140亿元。

【深化改革】 积极承接市级下放的行政审批事项40项，不断优化行政审批程序。稳步推进农村产权抵押融资与普惠金融体系建设，发放农村土地承包经营权贷款732万元，林权抵押贷款350万元。积极开展钒钛磁铁矿资源税从价计征试点工作，全面启动“营改增”工作，清理入库税款8343万元，确认新增营业税欠税2370万元。组建政府和社会资本合作中心（县PPP服务中心），出台《米易县规范有序推行政府与社会资本合作模式实施意见（试行）》。落实《米易县机关公务用车改革实施方案》及相关配套政策，公务用车保障平台启动运行，拍卖处置公务用车124辆。“三证合一”工商登记制度全面落实，不动产统一登记制度启动实施。城镇户籍准入条件全面放宽，公立医院改革全面覆盖。公共资源交易体制建立，交易平台整合完成，扎实推进供给侧结构性改革，房地产去库存成效明显。

完善权限内政府投资项目的立项审批、招投标管理等运行机制，增强监督执行措施，提高工作效率。全年共办理审批类项目65个，总投资4.58亿元，备案类项目85个，总投资191.07亿元；公开招标32个政府投资项目，节约资金3688.74万元。公开比选15个标段，节约资金157.46万元。

【招商引资】 2017年，米易县依托省级平台活动，推进投资宣传推介，组织参加“川商返乡发展大会”“中外知名企业四川行”“第五届中国（绵阳）科技城国际科技博览会”“2017中国西部（四川）国际投资大会”等重大展会活动，实现省级平台签约项目20个，实现市级平台签约6个；开展登门对接活动，对接大企业、知名企业20余家。招商引资履约项目完成69个，总到位资金131.94亿元，比2016年增长19.15%。其中履约国内省外项目25个，引进国内省外资金71.96亿元。新签约项目16个，比2016年同期增加7个，协议总投资400.5亿元，比2016年增长12.33倍。其中正式投资协议项目12个，新签约项目金额210.5亿元，新引进投资额5亿元及以上重大招商引资项目5个。“中外知名企业四川行”签约项目履约率、开工率、资金到位率分别为100%、100%、48.85%；第十六届西博会签约项目履约率、开工率、资金到位率分别为100%、100%、31.23%。新包装酸解渣回收二氧化钛、云上梯田、普威特色小镇等36个项目，完成重点产业（领域）发展分析报告和产业招商计划的编制。

【就业促进】 2017年，米易县就业创业工作稳步推进。抓就业精准扶贫，助推脱贫解困，围绕“确保每个有就业能力的贫困家庭至少有一人就业”的目标，以“六个一”为抓手，精准实施就业扶贫。统筹推进重点群体就业，建设12个高校毕业生就业见习基地，可提供24类200个岗位，促进44名高校毕业生创业，发放高校毕业生创业补贴26万元；采用PPP模式，建成大学生创业孵化园，可容纳60个以上返乡人员和大学生创业、40个以上团队入驻孵化，带动就业1000人以上，入驻大学生创业团队和实体36个，带动就业500人，创造产值6000万元。研判就业形势，按季度开展就业形势分析，提出就业预警和意见建议。实现城镇新增就业2080人，城镇失业人员再就业297人，就业困难人员再就业131人，全年高校毕业生实现就业53人，青年劳动者技能培训658人，品牌培训220人，创业能力培训330人，城镇登记失业率为3.50%，控制在4.2%以内，全县就业局势基本稳定。

【社会保障】 2017年，米易县社会保障工作有序开展。继续做好机关事业单位养老保险制度改革工作，参保单位达152个，在职参保5112人，退休领待2087人。推进城乡居民基本医疗保险整合工作，出台《米易县整合城乡居民医疗保险工作的实施方案》，完成新农合机构与人员的整体划转工作。持续强势推进社会保险扩面征缴，组织征地拆迁失地农民参加养老保险缴费626人，征收养老保险金6954.49万元；将建筑行业纳入工伤保险范围，持续巩固养老、失业等“五大保险”覆盖面；13363名建档立卡贫困人员参加新农合，参合率100%，对符合参保条件的9262人全部参加城乡居民社会养老保险。

2017年，米易县基本养老、失业、城镇基本医疗、工伤、生育保险参保人数分别为18902人、13270人、45390人、14378人、14414人，基金征收分别为23753.94万元、621.29万元、6472.88万元、1382.73万元、223.94万元，机关事业单位养老保险基金增收10728万元；城乡居民基本养老保险参保人数98231人，参保缴费人数55648人；新型农村合作医疗参合人数175023人，参合率为99.76%。

建立完善城乡低保制度，做到以户为单位、按标施保、应补尽补、应保尽保、动态管理。自2017年1月起提高城乡低保标准分别为490元/月、3660元/年，月人均补助水平分别为412元、227.2元，比2016年增长43.5%、25.9%。全县累计享受城乡低保保障39674户次76939人次，发放城乡低保金1986.73万元。

不断规范医疗救助入户调查、审核、公示等工作，进一步减轻城乡困难群众治病经济负担。资助城乡低保、农村五保、孤儿及事实无人抚养儿童5786人参保补助，资助金额97.75万元，资助率100%；积极救助符合条件的先心病儿童10人次5.44万元。为困难群众开展城乡医疗救助9543人次，发放救助资金774.44万元，救助比例70.5%。

发放临时救助199.54万元，2863户4292人困难群众的突发性、临时性生活困难问题得到解决。

【科技创新】 2017年，米易县争取上级科技计划项目支持11项105.5万元，其中市级6项64.5万元，省级5项41万元。组织实施省、市科技项目8项。建设科技孵化器5个，面积16200平方米，建设投资2690万元，入驻企业103家。“米易阳光星创天地”成为国家农业创新创业平台。申报专利223件。新增专利实施项目17项，新增产值5.21亿元。新认定1家高新技术企业，米易县8家高新技术企业实现产值80.4亿元。

【教　育】 2017年，米易县投入资金2.1亿元，完成米易县第二小学校、白马镇中心校教学楼、学生宿舍、食堂，撒莲镇中心校教师周转房、湾丘彝族乡热水学校综合楼、丙谷镇中心校教学综合楼、学生宿舍等工程建设，新建的米易县第二小学校正式投入使用。新开工建设米易县民族中学综合楼、米易县城南幼儿园、丙谷镇中心校教师周转房、撒莲镇中心校教学综合楼、学生食堂、宿舍楼和米易县第四中小学校教学楼。

全年新补充教师73名，县委、县政府表彰优秀教师63名，优秀教育工作者37名，模范教师16名，模范校长4名，发放奖励金额40万元。发放骨干教师津贴202.59万元。

2017年，米易县为义务教育家庭经济困难寄宿学生25889人次发放生活、肉食和交通费补助（三补）资金1177.393万元。资助普通高中家庭困难学生5990人次，发放资助资金404.6万元。为14154人次在园幼儿减免保教费424.62万元。为471名建档立卡贫困家庭学生发放生活补助等资金55.22万元。为820名建档立卡贫困家庭学生发放教育扶贫救助基金 99.25 万元。劝返 2017 年精准扶贫辍学生 92 人，确保建档立卡贫困户适龄子女不因贫困辍学。发放普通高校生源地信用助学贷款 989 人 712.7 万元；发放省属、市属高校毕业生艰苦边远地区基层单位就业学费奖补资金 52.8 万元；全县 21809 名义务教育学生、932 名村小幼儿纳入营养改善计划，支付学生营养改善计划专项资金 511 万元。

2017 年，米易县加强对两个学前教育集团的管理，开展认定普惠性幼儿园 11 所；政府投入 173.88 万元，对村幼儿园园舍、食堂、设备设施进行改造；投入 213.5 万元，购买 72 名幼儿教师和保育员的教育服务，为村级幼儿园每个班配备一名幼儿教师和一名保育员。幼儿在公办幼儿园和普惠性幼儿园就读率 88.4%；学前三年毛入园率 96.5%。

2017 年，米易县小学适龄儿童入学率 100%，在校生辍学率 0.04%，小学毕业班学生毕业率 100%；初中在校生辍学率 0.17%，初中毕业班学生毕业率 99.96%；残疾儿童、少年入学率 98.53%；15 周岁人口中初等教育完成率 99.92%；17 周岁人口中初级中等教育完成率 99.96%。安置城区流动人口子女入学 290 人。

2017 年，米易县建立残疾儿童少年随班就读政策支持保障体系，设立特教专项经费，采取送教上门等方式，解决 48 名重度残疾儿童、少年入学问题。

2017 年，米易县有各级各类学校 92 所（其中中等职业学校 1 所，普通高中 1 所，初级中学 4 所，九年一贯制学校 1 所，单设小学 2 所，乡（镇）中心校 11 所，教学点 19 个，幼儿园 53 所）。全县教职工 2253 人，在校中小学生 24574 人（小学 14041 人、初中 7208 人、高中 3325 人），在园幼儿 6916 人。

【卫生计生】 2017 年，米易县建立健全县级公立医院现代管理制度，严格执行取消药品加成政策，县级公立医院取消药品加成覆盖率 100%，并及时完成补助资金拨付；制定下发《2017 年度县级公立医院院长考核细则》及《2017 年度县级公立医院目标绩效考核细则》，完成 2016 年县级公立医院及院长的考核工作，完善院长考核与医院目标绩效考核相结合、医院目标绩效考核结果与医务人员奖励绩效工资挂钩的考核制度。

实施《米易县 2017 年健康扶贫专项方案》和《米易县医疗卫生计生扶贫 2017 年工作计划》；建立贫困人口减免优惠制度，对住院贫困人口实行“先诊疗后结算”制度，全面落实减免补助政策，2017 年，米易县共免收一般诊疗费 7728 人次；免费为 81 名贫困艾滋病患者提供病毒检测及抗病毒治疗；免费提供妇幼健康服务，免费实施农村贫困孕产妇分娩补助 81 人次；设立卫生扶贫救助基金，印发《米易县卫生扶贫救助基金管理办法（暂行）》，按照基本医保、大病保险、倾斜支付、医疗救助、基金救助的申请补助顺序，2017 年卫生扶贫救助基金米易县补助贫困户患者 1122 人次，补助资金 59.1 万元。完成全县 25 个贫困村卫生室的修建改造工作，投入资金 50.03 万元；根据实际需要完善 25 个贫困村卫生室设备配置，购置计算机、打印机、诊察床、出诊箱、手提式高压锅、档案柜等办公用品和医疗设备 371 台件，投入资金 30.86 万元；同时为贫困村卫生室配备合格村医，25 个贫困村卫生室配有 31 名具备合格资质的村医。

制定下发《米易县家庭医生签约服务实施方案》，医疗服务方式从坐诊模式转向坐诊和走诊相结合的模式，服务内容由重医疗服务转向防治结合。2017 年，米易县家庭医生签约人数达 13.19 万人，签约率 57.7%。其中重点人群签约 89699 人，重点人群签约率为 89.5%；贫困人口签约 12269 人；残疾人签约 3050 人；计划生育特殊家庭签约 255 人。

通过医保支付手段、建立纵向医疗联合体、对口支援、医疗卫生信息化建设和远程医疗等形式，不断促进医疗资源的纵向流动，引导患者有序流动，完善分级诊疗格局，对上转、下转患者开通绿色通道，实行“一免三优先”政策，确保就医全程无缝连接，方便快捷，实现县域内就诊率 90% 以上。

通过“院企”协作，基本构建医疗卫生机构与康养（养老）机构的“康养 + 医疗”服务合作模式，米易北京华方颐养中心与县人民医院和中医医院、“鱼米阳光康养圣地”与白马镇中心卫生院签订医疗服务合作协议，加强对康养人群的医疗服务保障。依托米易县中医医院中医药健康服务业现有资源，开展中医养生项目 20 余项，发挥中医药在养生、保健、康复等方面的中医特色优势不断满足人民群众对中医药保健、康复的需求。

新办个体诊所 2 个，社会办医疗机构诊疗量（不含村卫生室）较 2016 年提高 6.7%。成立米易县民营医疗协会，以促进民营医疗机构建设和专业人才的成长，提高民营医疗机构管理水平为目的，维护民营医疗机构合法权益，发挥行业指导、自律、协调、监督作用，为米易县民营医疗机构搭建与政府管理部门联系沟通的桥梁，为民营医疗机构的发展、壮大，构建交流、学习、沟通、合作的平台。

2017 年，米易县基层医疗机构规范化建设达标率为 92%；城乡居民健康档案电子建档率 99%，其中高血压、糖尿病患者管理率分别为 70.9%、62.5%，严重精神障碍患者规范管理率为 97%；开展地质灾害和突发公共卫生事件等应急演练，重点抓好全县传染病网络直报质量管理及学校传染病防控，无暴发疫情和突发公共卫生事件发生；

完成艾滋病、结核病等重大传染病和地方病病人免费治疗371人；国家免疫规划疫苗报告接种达99%以上；结核病管理率治疗率均达95%以上；强化艾滋病、梅毒、乙肝母婴阻断工作，孕产妇住院分娩率99.84%；孕产妇死亡率为"0"；婴儿死亡率5.87‰；5岁以下儿童死亡率为6.66‰；新生儿听力筛查率54.25%；完成免费婚检974对；免费实施70岁及以上老年人健康体检9666人；实施35~64岁城乡妇女"两癌"（乳腺癌、宫颈癌）免费筛查项目，检查5941人；县妇幼保健院创建为二级甲等妇幼保健院。

【文化建设】 2017年，米易县推进文体中心及公共停车场建设项目，加强与发改、住建、财政等部门的联系，确定建设内容规模及资金筹措方式。加强县图书馆软、硬件建设，建成4个分馆，建成亲子阅览室、数字移动图书馆和图书馆微信公众平台，完成全县农家（社区）书屋年度出版物增补配送，县图书馆通过国家第六次县级公共图书馆验收，保留一级馆称号。完成坪山高山无线发射台站建设，完成白坡彝族乡姑表村地面数字发射基站建设，完成县城公共广播系统及农村广播村村响维护。完善人防、物防、技防措施，完成中共十九大期间广播电视安全播出工作。

承办2017年"春节七天乐""春节七日游"、新春团拜会等春节系列文化活动，组织米易县2017年元宵焰火晚会燃放工作，举办"唱响阳光米易　共建幸福家园"歌咏比赛、"颂党恩　迎盛会"米易县2017年"七一"文艺晚会、"八一"建军节文艺晚会等17场大型主题晚会。开展送文化到贫困村活动、扶贫助学阅读推广活动，开展幼儿阅读成长计划试点工作。全年开展各种文化惠民活动约200场次。县文化馆、县图书馆、乡（镇）综合文化站持续免费开放，全年放映农村、社区、学校公益电影共1292场，开展"安宁讲堂"讲座10期。

借助省园林绿化现场会及"约德节"、第六届成都国际非物质文化遗产节，推广新山傈僳族乡民俗文化，展示傈僳族织布、刺绣技艺展示、原生态歌舞表演、民族风俗体验。与文物保护单位所在乡（镇）签订文物安全保护责任书，推进白马镇田坝清真寺维修、策划"五七"干校旧址开发利用，向白马镇划拨建设资金50万元启动何家大院维修工作。

加强米易特色文化打造，创作歌曲《新山的传说》、小品《新山情怀》，积极打造舞剧《傈僳情韵》。制作《我在米易等你》MV，完成《米易时光》编曲，精选本土歌曲制作《米易时光》CD专辑。拍摄制作展示米易形象的系列专题片、形象片、广告片。

【体育健身】 2017年，米易县坚持以"阳光·运动·休闲·康养"为主题，着力实施全民健身战略，开展全民健身活动，举办米易县2017年第八届徒步50公里活动、元宵节龙狮展示及太极健身迎春展示活动、2017年迎新春乒乓球比赛、米易——会理"米会信鸽联赛"（春季竞翔赛）、米易——攀枝花市东区中国象棋联谊赛、8月8日全国"全民健身日"群众体育健身活动展示、火把节少数民族传统体育项目竞赛等活动。全县性有组织的全民健身竞赛、展示活动参加人数超过1.8万人次，体育场馆免费开放，长期坚持参加体育锻炼12.5万余人，全民健身活动参加率56%。

米易县培养输送的运动员李露、刘玉月代表四川省分别夺得全国第十三届运动会皮划艇激流回旋女子单人皮艇项目金牌、女子曲棍球项目金牌。选派9名运动员参加省青少年皮划艇（激流回旋）比赛，沙翠翠夺得女子单人划艇全能第四名、熊丽女子单人划艇全能第八名、侯召凤女子单人皮艇全能第七名、陈琴琴女子单人划艇全能第八名。参加省女子曲棍球冠军杯赛夺得甲组冠军，参加省青少年女子曲棍球锦标赛夺得甲组第四名、乙组第五名。皮划艇激流回旋、女子曲棍球项目所有运动员均获得参加2018年四川省第十三届运动会资格。

【城市建设】 2017年，米易县完成迎宾大道人行天桥可研和方案编制，建成克朗D07地块滑坡治理工程、激情广场及育才路改造、迎宾大道滨河公厕等7个工程项目，加快推进米西路、规划八路等项目建设；推进首批PPP建设项目。南部新城市政道路及生态湿地公园PPP项目完成湿地公园和黑湾子大桥南桥方案编制，形成项目合同谈判共识，签署谈判备忘录；按进度推进海棠蓝湾二期工程及山体公园、医疗中心建设项目中海棠蓝湾二期工程，医疗中心项目完成建设，山体公园继续进行北段施工；确定水街项目商住地块开发建设模式，温泉城项目正在完善方案，土地拍卖前技术经济指标初步确定。

【城市管理】 2017年，米易县实施城市亮化升级和公共照明维修改造工程，安装完成宏坤中央公园、睿龙花园下边坡、皮划艇外围灯具，完成河滨公园灯具安装量的1/2、项目投资668.5万元，建设城市管理数字化信息平台，建立相互独立、相互制约的指挥和监督机构，同时对城区实施单元网格划分和城市部（事）件确权，纳入信息平台基础数据库。通过"信息收集、案卷建立、任务派遣、任务处理、处理反馈、核实结案和综合评价"7个环节，实现信息技术与城市管理的有机结合，精细规范管理与全面覆盖管理的有机结合。

投资950余万元，完成迎宾大道、人民路、北桥路、新二小周边绿地提升。突出"花海迎宾、花锦世界、花团锦簇”主题，种植凤凰树424株、金蒲桃563株、紫绒鼠尾草3078平方米、树状月季1300余株、三角梅（同安红色）3500余平方米、三角梅（樱花色）680余平方米、红叶火炬1347平方米。

投资119.56万元，完成河滨公园河东走廊上种植鸳鸯三角梅43株、三角梅球63株、双色茉莉地被212平方米；河西长廊花坛种植造型三角梅23株；柳溪河花箱种植造型三角梅共30株；皮划艇尾水渠与安宁河步道之间护坡种植炮仗花900余株；公园绿地放置绿线公示牌共9块。

投资44.44万元，完成德福苑、睿龙花园、睿龙边坡、红旗堰边坡地、睿龙边坡红旗堰堡坎、迎宾大道人行道下方堡坎、睿龙改造绿地、文化广场塔楼、二桥头水幕墙、政务中心绿地内花带、川煤交通岛，种植油麻藤、炮仗花、飘香藤、迎春花、爬山虎等藤蔓植物进行立体绿化。

依法拆除文体路水果临时交易区；在城南市场河堤段制作114个货柜，搭建占地面积约1600平方米的水果临时交易区，规范市场管理，消除文体路占道经营乱象；成功启动城区生活污水处理费征收工作。

【交通基础设施建设】 2017年，米易县完成交通基础设施固定资产投资2.5亿元。完成公路客运量547.71万人(次)，客运周转量15574.92万人(千米)；货运量1617.20万吨，货运周转量96714.74万吨(千米)；完成水上客运运输450.56万人(千米)，货物运输268万吨(千米)。完成环湖路9.5千米水毁恢复工程；德盐路（大深沟至对窝坪）5千米改建工程；德盐路（黄桷湾至长沟段）11.2千米改建工程；盐米路大修工程；159座桥梁的定期检测工作，村道40千米建设工程；海事工作趸船建设；德盐路797桥便道、盐米路K78+000段挡墙、南七路K6+900挡墙修复工程、黄竹湾桥便道修复工程等水毁恢复工程。实施：环湖路28千米硬化工程（跨年度）；克挂路、小白路33千米改善提升工程（跨年度）；坊田大桥建设工程（跨年度）。全年争取资金4237.5万元，其中省级资金3300.5万元，市级资金937万元。

【食品安全监管】 2017年，出台《米易县2017年食品安全工作要点》，审议实施《米易县食品安全工作评议考核办法》，制定《米易县食品安全工作评议考核方案》，将各项考核指标分解细化，落实到相关单位；组织编制《“十三五”米易县食品安全规划》，完成意见征求。出台《米易县食品安全网格化监管工作实施方案》，在87个行政村、12个社区设置99名食品安全协管员，初步构建起县、乡（镇）、村（社区）三级食品安全监管网格体系；修订《米易县食品安全突发事件应急预案》，组织开展食品安全应急桌面演练，提高食品安全应急处置能力。开展3次食品安全风险研判工作，对每一季度食品安全风险点进行研判。城南集贸市场、乐百惠生活超市快检室建成并投入使用；开展学校食堂食品安全，工地食堂、餐饮餐厨废弃物和油烟污染专项整治等生产、流通、餐饮各环节专项整治行动，巡查、检查各类食品生产经营单位5497户次；推进餐饮服务单位“明厨亮灶”、量化分级工作；积极推进“三小”行业备案工作，完成各类市场主体备案1136户；完成各类县级抽样检测食品406个批次、食用农产品246个批次。

【乡（镇）发展】 2017年，米易县各乡（镇）经济社会持续发展，具体发展情况见下表。

2017年米易县乡（镇）情况表

表18

乡（镇）名称	人口（人）	耕地面积（万平方米）	农业总产值（万元）	工业总产值（万元）	粮食产量（吨）	蔬菜产量（吨）	烤烟产量（吨）	甘蔗产量（吨）	园林水果（吨）	出栏生猪（头）
攀莲镇	56454	2960.47	34725	224996	16078	69742	495	11267	8199	25720
丙谷镇	25040	3851.99	33703	313244	13957	77357	766	10238	10196	18545
撒莲镇	16902	2067.15	23935	2420	9232	66343	292	2772	8715	12043
垭口镇	10377	1403.6	9659	813350	4013	30312	74	2100	2455	6766
得石镇	7658	1581.06	16631	42467	2786	6782	454	7128	8023	
新山乡	7184	1461.57	10633	639	4808	17899	812	5508	5250	16998
湾丘乡	15221	2310.35	14714	668852	7224	18810	457	755	3048	9360

续表18

乡（镇）名称	人口（人）	耕地面积（万平方米）	农业总产值（万元）	工业总产值（万元）	粮食产量（吨）	蔬菜产量（吨）	烤烟产量（吨）	甘蔗产量（吨）	园林水果（吨）	出栏生猪（头）
白马镇	30804	2465.38	25709	381409	15122	26210	352	13119	16258	
草场乡	20726	2507.7	19933	6266	10682	27313	285	1180	12815	14442
普威镇	12941	963.38	13919	1161	3234	8016	1376	16311	13956	
麻陇乡	8547	2470.46	9596	600	3802	9575	1231	694	2560	7867
白坡乡	9871	2225.12	17152	544	4651	11633	880	4975	4203	12402
合计	221725	26268.23	230309	2455948	95589	369992	7474	39489	93999	162380

（撰稿人：林　健　吴兴刚　王小岚　周朝海）

盐边县

【概　况】　盐边县地处攀枝花市北部，位于北纬26°25′～27°21′、东经101°08′～102°04′。东邻米易县、凉山彝族自治州会理县，南接市郊仁和区，西与云南省华坪县、宁蒗彝族自治县接壤，北与凉山彝族自治州盐源县毗邻。县政府驻桐子林镇，距攀枝花市28千米、桐子林火车站3千米、攀枝花机场44千米、西攀高速公路盐边入口处18千米。

盐边县辖区面积3269.453平方千米。下辖4个镇、12个乡、164个村、826个村民小组、7个居民委员会。共居住有31个民族，其中汉族人口最多，其余人口较多的依次为彝族、傈僳族、苗族、回族、纳西族、傣族等，其中少数民族村79个、村民小组378个，少数民族人口6.43万人，占全县总人口的30.1%。2017年底，全县总户数64373户，总人口208883人，其中男106959人、女101924人；农业人口181213人，占86.75%，非农业人口27670人，占13.28%。人口出生率1.53‰，人口自然增长率7.33‰。

【经济发展状况】　2017年实现地区生产总值139.77亿元，同比增长7.2%，其中：第一产业增加值10.55亿元，同比增长4.3%；第二产业增加值99.51亿元，同比增长7.3%；第三产业增加值29.71亿元，同比增长7.7%。农业总产值20.69亿元，同比增长7.5%。规模以上工业产值158.3亿元，同比增长12.0%。公共财政收入5.15亿元，同比增长5.46%。招商引资到位资金105.13亿元，同比增长15.2%。固定资产投资97.15亿元，同比减少9.4%。社会消费品零售总额18.56亿元，同比增长11.4%。农村居民人均可支配收入14233元，同比增长9.2%。城镇居民人均可支配收入31323元，同比增长8.4%。

2017年盐边县主要经济指标统计表

表19

指标名称	单位	2017年	比2016年增长（%）
地区生产总值	亿元	139.77	7.20
第一产业增加值	亿元	10.55	4.30
第二产业增加值	亿元	99.51	7.30
工业增加值	万元	914476	7.10
规模以上工业增加值	万元		7.10

续表19

指标名称	单位	2017年	比2016年增长（%）
建筑业增加值	万元	80671	10.20
第三产业增加值	亿元	29.71	7.70
民营经济增加值	万元	672676	7.40
农业总产值	亿元	20.69	7.50
规模以上工业产值	亿元	158.30	12.0
全社会固定资产投资额	亿元	97.15	-9.40
社会消费品零售额	万元	185649.50	11.40
地方财政收入	亿元	5.15	5.46
#：一般预算收入	万元	51488	5.50
地方财政支出	万元	168764	8.00
#：一般预算支出	万元	155840	9.30
国税收入	万元	49921	92.50
地税收入	万元	36470	-31.90
金融机构各项存款余额	万元	638012	2.87
金融机构各项贷款余额	万元	518931	6.20
农民人均可支配收入	元	14223	9.20
城镇居民人均可支配收入	元	31323	8.40

【工业经济】 2017年，盐边县完成工业总产值195亿元，增长12.0%，规模以上工业增加值增长7.1%，实现工业企业税收6.82亿元，占税收总额的81.72%。重大项目扎实推进。建成坚耐公司汽车配件生产线、3.9兆瓦屋顶分布式光伏电站、红运农业农产品深加工（一期）等7个项目。有序推进总投资7.6亿元的安宁园区污水处理厂等项目。淘汰落后促转型升级。拆除120万吨球团生产线、1户企业设备设施“地条钢”问题，取缔114家违法洗选企业。完成3个煤矿关闭任务，化解过剩产能45万吨。关闭唐家湾煤矿井口。促成大江钒钛设立市级院士专家工作站、EB炉装备国产化项目通过科技部验收。大江钒钛通过省国防科工委保密资格、武器装备质量体系和军工企业二级标准化认证。完善科技企业孵化器2家，实现高新技术产值26.3亿元。调整完善县、乡《土地利用总体规划》(2006—2020年)。争取直购电5.17亿度、企业电费优惠2451万元。协助企业争取铁路运费优惠963万元、获得各类专项发展资金5296万元。培育11户中小企业在天府（四川）联合股权交易中心成功挂牌。6户工业企业升规。纳入市级“红名单”企业13户、“十三五”省“专精特新”中小企业2户。

【农村经济】 2017年，盐边县现代农业提质增效。实现农业总产值20.69亿元，增长7.5%。夯实产业基础。编制《农产品加工园区总体规划》《农村一、二、三产业融合发展规划和台湾农民创业园总体规划》。争取到国家农业投资2.9亿元。完成惠民河防洪治理主体工程，新增高效节水灌面283万平方米，新建5座太阳能提灌站和1个农村沼气集中供气站。建成1333万平方米桑园基地和33万平方米标准示范园，打造核桃、青花椒“万亩林亿元钱”现代林业示范基地2000万平方米。全面启动3个土地整治项目。开工建设盐水河、永兴河防洪治理工程。永久基本农田划定通过省级验收。完成第三次全国农业普查。启动创建四川省有机产品认证示范县和桑葚道地药材认证。44家农业生产经营主体101个农产品纳入省级农产品质量安全追溯平台。农产品“三品一标”认证24个，无公害农产品面积达108.67万平方米。“山水盐边”公共品牌和霸王龙芒果品牌打造初见成效。与成都家乐福、北京兴发地等公司签订2亿元芒果销售协议，与成都益民菜市达成战略合作伙伴关系，打造15个盐边特色农产品直销店。培育新型业态。打造巧克力农庄、老慢农庄等5个新型经营主体。有序推进芒果、桑葚、油底肉等农产品深加工项目，锐华农业建成首条标准化芒果自动分选生产线。沃尔森芒果农庄、怡鑫农庄成为省级示范休闲农庄。全市首家为农服务中心落户火烧天专合社，沃尔森芒果农庄创新试点芒果树认购营销机制。

【第三产业】 2017 年，盐边县加快第三产业发展。全面做实五个“康养 +”。在建和储备康养产业项目 41 个。沃尔森芒果农庄被列为全市“康养 + 农业”示范项目。欧方营地成为四川省旅游人才培养示范基地、全市首家全国森林康养基地试点单位。与红格训练基地、攀枝花学院附属医院签订“康养 + 医疗”战略合作协议。星月谷、山水盐泉康养基地投入营运。红格大面山农风光发电互补设施农业种植项目通过验收。红格假日酒店引入法国雅高美爵国际品牌。推进全域旅游上台阶。成功创建省级乡村旅游强县、林业生态旅游示范县。打造“红格——二滩——格萨拉三日游”等 4 条旅游线路，实现外地旅行社组团游盐边零的突破。新增星级农家乐 3 家，完成格萨拉智慧景区和“旅游盐边”APP 平台建设。实现旅游综合收入 59.2 亿元，同比增长 17.11%。完善现代物流链。新建小型交易市场 10 个，在市区设立“乡味村鲜农特产品直营店”和“精准扶贫农产品超市”，在格萨拉打造全市首个“电商 + 快递”示范点。

【招商引资】 2017 年，扎实推进“项目年”工作，出台《“三抓一强”实施方案及考核细则》。建成 2017—2020 年对上争取、招商引资、PPP 项目库，储备项目 439 个。全力推进总投资 137 亿元的市、县重点项目 32 个。包装 2017 年投资合作项目 33 个，积极参加农博会、科博会、康养论坛等活动，先后与中船重工、中国重汽、四川投资、云南城投、斗南花卉等 200 余家企业对接洽谈，在汽车配件、“康养 +”、农产品精深加工、花卉产业等领域签约项目 32 个，金额 83.59 亿元，其中 14 个项目落地。对接争取军民融合、特色小镇建设政策 35 项。争取科技项目支持 12 个，资金 163.7 万元。发行供排水及污水处理项目收益债券 4.7 亿元，向上争取资金 14.26 亿元，发起设立攀西新型城镇化产业投资基金。全年招商引资到位资金 105.13 亿元，增长 15.2%。

【城乡建设】 2017 年，盐边县不断完善城乡环境，加快基础设施建设。加快推进总投资 11.47 亿元的环境治理和城建基础设施 PPP 项目。开工建设“七一”公园，完成县城橄榄坡公园栈道维修、红星小区 512 套房屋综合整治、红格金乌大道主线、棚改房一期 1、2 标段、渔门镇中心街道路改造和污水处理厂等项目建设。有序推进成昆铁路扩能改造及站前广场、益民乡生活用水改扩建和污水处理厂一期及配套管网等项目。惠民、永兴等 10 个乡（镇）污水处理厂纳入市级 PPP 项目包。持续推进“园林县城”创建。红格特色小镇政府投资项目整体纳入市级层面推动。提升城镇管理能力。投入 1672 万元完成县城市政设施维护、卫生外包服务采购、数字化城管平台建设。全面取缔无店露天烧烤 48 户，整治“两违”700 余户，处置违规养殖 300 余户。开展水乡渔门、古镇永兴特色小镇申报工作。创建省级“四好村”7 个、市级“四好村”41 个，命名县级“四好村”70 个，建成幸福美丽新村 20 个。城镇垃圾处理率 95%、生活污水处理率 85.6%、绿化覆盖率 42.8%。

【交通建设】 2017 年，持续推进交通建设。京昆高速 G5 盐边出口实现双向互通。国道 4216 盐边连接线和红格互通进入项目工程报告及初设。攀盐（源）高速进入工程报告编制阶段。投资 5168 万元新改建新枣路等农村公路 124 千米、产业路 51.57 千米。投资 972 万元整治桑云路 K0 + 435 桥等危病桥 4 座。投资 1429 万元建设路侧护栏 52.56 千米。投资 1174 万元完成柏观路、盐择路等灾后恢复重建。

【脱贫攻坚】 2017 年，投入脱贫攻坚资金 3.1 亿元，实施基础设施建设、产业发展等 9 大类 39 项 301 个项目。完成 258 户 1122 人易地扶贫搬迁，600 户 2718 人危房改造和 401 户住房加固。改良核桃、芒果、桑树 3000 万平方米，发展优质烤烟 1767 万平方米，种植生姜、魔芋等经济作物 767 万平方米。引入红运农业、中康新润、耘华锦等公司发展生姜大蒜种植、肉羊养殖、能繁母猪培育等脱贫产业。按照“一低五有”“一超六有”的脱贫标准，下足“绣花”功夫，高质量完成 13 个贫困村 1073 户 4872 人（省定任务为 500 户 2191 人）脱贫退出任务。扎实开展“回头看”“回头帮”工作。盐边县荣获“四川省脱贫攻坚先进县”称号。3 名脱贫攻坚一线干部分别获四川省脱贫攻坚贡献奖、全省驻村帮扶先进个人和“全国精准扶贫带头人”称号。

【深化改革】 2017 年，全面深化各领域交流合作。与成都市温江区签署深化区域协同发展战略合作框架协议，与川农大、省林科院等科研院所签订协议，在产业发展、科技攻关、人才培养等方面开展合作。开展川滇两省第三轮边界联合检查，与华坪、宁蒗县签订双边睦邻友好公约。与盐源、木里、宁蒗签订森林资源保护四县联防协议。在北京、上海、香港、澳门等地开展芒果品牌发布推介会。

新东方教育集团“双师课堂”成功落户盐边中学。

2017年，全面深化改革重要领域和关键环节。完成城乡居民医保整合、盐业监管体制改革任务，在全市县（区）公立医院率先建立共同理事会、监事会。推进户政改革，实现县内户籍业务一站式办理。持续深化“放管服”改革，清理建县以来文件16816件，清理减少行政权力945项，取消行政许可12项、村（社区）证明288项，办理“二十证合一”营业执照931户。一体化政务服务平台、全市首个国、地税“全业务”一窗通办试点投入运行。成立县级农村综合服务指导中心，全市首个农村资金互助社在龙腾四海挂牌运行。农村土地承包经营权确权颁证工作通过省级验收。开展红格南矿开发前期调研论证工作。启动水资源税征收试点、农村集体资产股份制、农村小型水利确权颁证等改革。1人被国家人社部、国家林业局表彰为集体林权制度改革先进个人。

【社会事业】 2017年，盐边县投入资金5524万元全面落实“三免两补”等10项教育民生工程。在全市率先建成县级教育城域网，乡（镇）中心校以上学校班级多媒体覆盖率100%。启动盐边中学运动场和阶梯教室改造。高考本科硬上线178人，比2016年增加10人。成功举办2017年全国青年女子垒球锦标赛、第24届全球华人羽毛球锦标赛等5项国内外大型赛事。民族中学蹴球项目荣获全国少数民族运动会二等奖。

成功举办“笮人集市”“茶香花语·诗歌大笮”系列活动。加强民族宗教工作，筹备出版《彝语词汇释义》，启动红宝苗族、红果傈僳族民俗文化传习所建设。广泛宣传李氏家规、好人杨为之2个典型。成功创建第四届省级文明城市，红格镇昔格达村、永兴镇新胜村被评为全国文明村，县公安局被评为省级最佳文明单位，红格镇阳光社区被评为省级文明社区。

消除血吸虫病通过省级验收。扎实推进健康细胞工程建设，启动国家卫生县城创建。全面落实二孩政策，人口自然增长率7.33‰。

有力保障民生。投入4.8亿元全面完成10项民生工程和18件民生实事。全面启动乌东德水电站搬迁安置工作。投入2151万元完成60个移民后扶项目。城镇居民医疗保险参保1.15万人，参保率98%；新农合参合17.36万人，参合率99.8%；失业保险参保1.08万人，征收失业保险费600万元；城乡低保累计保障7.33万人次，支出保障金2144万元。发放企业、城乡居民、机关事业单位养老保险金3.01亿元；城乡困难群众医疗救助6449人次，救助比例74.19%，发放救助金626万元；发放重度残疾人护理补贴、精准扶贫户残疾人生活费补差等资金212万元；发放80周岁以上老年人长寿津贴补贴297万元。为65周岁以上老年人免费体检1.5万人次，建成社区老年人日间照料中心7个。城镇新增就业1870人，登记失业率3.55%。预缴1855名被征地人员社保金1.51亿元。城乡居民基本医疗人均财政补助标准提高到450元，人均基本公共卫生服务财政补助标准提高到50元。

【环境保护整治】 2017年，盐边县出台《环境保护职责分工实施细则》《环境违法行为举报奖励办法》，落实环境保护“党政同责、一岗双责”。完成省环保督察组反馈问题整改51个，办理各级交办环境信访投诉409件，办结率100%。提前5个月完成省挂牌督办的巴拉河流域76家非法违法企业拆除，关闭造纸小作坊99家，依法取缔二滩湿地鸟类自然保护区内违法企业11家、“散乱污”企业25家、矿业权退出企业5家，关停禁养区内养殖场（户）51家。全面推行河长制，完成县级28条河流年度清单、“四张清单”和“一河一策”管理保护方案编制。开展“清河、护岸、净水、保水”行动，清运垃圾2400余吨。摸清毁林开垦底数，加大整治力度。划定并调整上报生态保护红线818.8平方千米。加强地质遗迹保护，申报格萨拉国家级地质公园。城市区域和交通干道噪声优于国家标准，集中式饮用水源地水质和地表水水质达标率100%，城区空气质量优良率99.7%，森林覆盖率62.96%。

【乡镇概况】 2017年，盐边县下辖16个乡镇，其中4个镇（桐子林镇、红格镇、渔门镇、永兴镇）、12个乡（新九乡、和爱彝族乡、益民乡、红果彝族乡、鳡鱼彝族乡、共和乡、惠民乡、国胜乡、红宝苗族彝族乡、箐河傈僳族乡、温泉彝族乡、格萨拉彝族乡）、164个村、826个村民小组。其中格萨拉彝族乡辖区面积最大，为339.55平方千米；渔门镇人口最多，为2.82万人；新九乡国内生产总值最大，为41.94亿元；益民乡蔬菜产量最多，为3.56万吨，水果产量最多，为9870吨；永兴镇粮食产量最多，为9461吨；和爱彝族乡烤烟产量最多，为642吨；惠民乡水产产量最多，为665吨，蚕茧产量最多，为1208吨；国胜乡为茶叶之乡，茶叶产量达72吨。

2017 年盐边县乡镇情况表

表 20

指标 乡镇	幅员面（平方千米）	村（个）	人口（人）	国内生产总值（万元）	工业总产值（万元）	农民人均可支配收入（元）	农业总产值（万元）	粮食总产量（吨）	蚕茧产量（吨）	蔬菜产量（吨）	水果总产量（吨）	水产品产量（吨）	烤烟产量（吨）	茶叶产量（吨）
桐子林镇	240.00	4	25336	352028	343670	15904	12430	2626		6711	9698	210		
红格镇	160.23	4	20867	137310	98678	14073	14533	4910		16927	6352	167	251	
渔门镇	236.64	17	28186	74880	64000	13300	29044	6630	303	10699	6895	458	147	
永兴镇	223.02	18	22303	30132	20850	13537	20931	9461	1020	9357	5730	156	270	2
益民乡	66.75	10	12609	23774	8857	15019	17306	5666		35604	9870	100		
新九乡	124.80	7	12164	419441	557000	13887	6896	4306		4226	529	424	164	
和爱彝族乡	64.50	4	5571	11580	225	12774	6459	1668		7246	1322	49	642	
红果彝族乡	245.73	11	14555	24759	12969	12699	11718	4067		7950	2635	55	431	
鳡鱼彝族乡	272.00	14	7945	8550	370	12731	8078	2751	33	5023	2371	110	517	
共和乡	240.84	17	9455	15643		14032	10628	3412		4136	140	40	417	
国胜乡	321.42	14	19160	21610	1230	14178	17353	7001	184	11684	6450	1010	55	72
红宝苗族彝族乡	304.00	7	5022	4690	336	12628	5007	1422	6	2442	1745	42	116	4
惠民乡	146.67	13	17445	31095	2580	14178	22330	8351	1208	6226	5419	665	31	
箐河傈僳族乡	115.38	6	6312	12180	3497	13077	5002	2926	42	4077	1099	36	35	5
温泉彝族乡	167.92	7	7662	8236	710	12896	7784	2121	48	3123	409	42	328	
格萨拉彝族乡	339.55	11	12672	16550	266	13042	10037	2106		1409	15	486	196	

（刘贵云　周玉国）

附　　录

中共攀枝花市委、中共攀枝花市委办公室制发文件目录表

表 21

文　号	文　件　标　题	发文时间
攀委〔2017〕1 号	中共攀枝花市委　攀枝花市人民政府关于做好当前经济发展社会稳定安全生产工作的通知	2017 年 1 月 6 日
攀委〔2017〕40 号	中共攀枝花市委 攀枝花市人民政府关于命名攀枝花市银江镇弄弄沟村等 25 个村为市级“四好村”的通报	2017 年 3 月 1 日
攀委〔2017〕48 号	中共攀枝花市委　攀枝花市人民政府关于表扬“9・19”抗洪救灾暨取消攀枝花二滩库区网箱养鱼攻坚工作先进集体和先进个人的通报	2017 年 3 月 22 日
攀委〔2017〕50 号	中共攀枝花市委　攀枝花市人民政府关于表扬 2011—2015 年全市法治宣传教育先进集体和先进个人的通报	2017 年 3 月 27 日
攀委〔2017〕51 号	中共攀枝花市委关于转发《攀枝花市第十届人大常委会（2017 - 2012）五年立法规则》《攀枝花市人大常委会 2017 年立法计划》的通知	2017 年 3 月 27 日
攀委〔2017〕55 号	中共攀枝花市委　攀枝花市人民政府关于印发《攀枝花市法治宣传教育第七个五年规划（2016—2020）》的通知	2017 年 3 月 29 日
攀委〔2017〕155 号	中共攀枝花市委　攀枝花市人民政府关于印发《深入推进全市突出环境问题整改做好迎接中央环境保护督察工作总体方案》的通知	2017 年 7 月 15 日
攀委〔2017〕165 号	中共攀枝花市委　攀枝花市人民政府　攀枝花军分区关于表扬双拥先进单位及个人、优秀复员退伍军人的通报	2017 年 7 月 28 日
攀委〔2017〕222 号	中共攀枝花市委关于印发《省人大常委会党组书记、副主任陈光志在攀枝花市工作汇报会上的讲话》的通知	2017 年 10 月 23 日
攀委〔2017〕255 号	中共攀枝花市委关于深入开展“走基层”活动扎实推动“两转一提”的通知	2017 年 11 月 27 日

续表21

文　号	文　件　标　题	发文时间
攀委〔2017〕264 号	中共攀枝花市委　攀枝花市人民政府印发《关于进一步加强生态环境保护工作的实施意见》的通知	2017 年 12 月 5 日
攀委〔2017〕267 号	中共攀枝花市委关于转发《攀枝花市人大常委会 2018 年立法计划》的通知	2017 年 12 月 11 日
攀委〔2017〕297 号	中共攀枝花市委　攀枝花市人民政府关于集中力量打好全国文明城市创建和交通建设“两大硬仗”的通知	2017 年 12 月 29 日
攀委发〔2017〕2 号	中共攀枝花市委关于加强和规范党内政治生活严格党内监督巩固发展良好政治生态的实施意见	2017 年 2 月 8 日
攀委发〔2017〕4 号	中共攀枝花市委　攀枝花市人民政府关于实施全面两孩政策改革完善计划生育服务管理的意见	2017 年 2 月 24 日
攀委发〔2017〕6 号	中共攀枝花市委　攀枝花市人民政府关于 2017 年党风廉政建设和反腐败工作的意见	2017 年 3 月 30 日
攀委发〔2017〕7 号	中共攀枝花市委　攀枝花市人民政府关于印发《攀枝花市法治政府建设工作方案（2016—2020）年的通知》	2017 年 4 月 13 日
攀委发〔2017〕9 号	中共攀枝花市委　攀枝花市人民政府关于印发《攀枝花市国有林场改革实施方案》的通知	2017 年 5 月 9 日
攀委发〔2017〕10 号	中共攀枝花市委　攀枝花市人民政府关于深化供销合作社综合改革的实施意见	2017 年 5 月 9 日
攀委发〔2017〕11 号	中共攀枝花市委关于推进绿色发展建设美丽攀枝花的实施意见	2017 年 6 月 7 日
攀委发〔2017〕12 号	中共攀枝花市委关于旗帜鲜明讲政治进一步加强领导班子思想政治建设的实施意见	2017 年 6 月 27 日
攀委发〔2017〕13 号	中共攀枝花市委　攀枝花市人民政府关于推进农业供给侧结构性改革增强农业农村发展新动力实施意见	2017 年 6 月 22 日
攀委发〔2017〕14 号	中共攀枝花市委关于印发《市委常委会 2017 年下半年工作安排》的通知	2017 年 7 月 18 日
攀委发〔2017〕15 号	中共攀枝花市委关于印发《中共攀枝花市委工作规则》的通知	2017 年 7 月 26 日
攀委发〔2017〕16 号	中共攀枝花市委　攀枝花市人民政府关于印发《关于做好 2017 年下半年全市经济工作的实施意见》的通知	2017 年 7 月 26 日
攀委发〔2017〕17 号	中共攀枝花市委　攀枝花市人民政府关于深化人才发展体制机制改革倾力推进“四个加快建设”的实施意见	2017 年 9 月 20 日
攀委发〔2017〕18 号	中共攀枝花市委　攀枝花市人民政府关于全面开展对标管理的实施意见	2017 年 11 月 1 日
攀委发〔2017〕19 号	中共攀枝花市委关于认真学习宣传贯彻党的十九大精神的通知	2017 年 11 月 2 日
攀委发〔2017〕20 号	中共攀枝花市委　攀枝花市人民政府关于印发《攀枝花市关于深入推进城市执法体制改革改进城市管理工作实施方案》的通知	2017 年 11 月 13 日

续表21

文 号	文 件 标 题	发文时间
攀委发〔2017〕21号	中共攀枝花市委 攀枝花市人民政府关于印发《推进安全生产领域改革发展的实施办法》的通知	2017年11月23日
攀委发〔2017〕23号	中共攀枝花市委 攀枝花市人民政府关于稳步推进农村集体产权制度改革的实施意见	2017年12月29日
攀委办〔2017〕1号	中共攀枝花市委办公室关于2016年度全市党委信息工作目标完成情况的通报	2017年1月13日
攀委办〔2017〕3号	中共攀枝花市委办公室 攀枝花市人民政府办公室关于申报全国公共安全视频监控建设联网应用示范市的请示	2017年1月13日
攀委办〔2017〕4号	中共攀枝花市委办公室 攀枝花市人民政府办公室关于印发《2017年全市关心下一代工作要点》的通知	2017年2月14日
攀委办〔2017〕5号	中共攀枝花市委办公室 攀枝花市人民政府办公室关于印发《创建市级“四好村”活动工作方案》的通知	2017年2月14日
攀委办〔2017〕6号	中共攀枝花市委办公室 攀枝花市人民政府办公室关于印发《攀枝花市环境保护工作职责分工方案》的通知	2017年2月14日
攀委办〔2017〕7号	中共攀枝花市委办公室 攀枝花市人民政府办公室关于成立攀枝花市环境保护委员会的通知	2017年1月23日
攀委办〔2017〕8号	中共攀枝花市委办公室关于下达2017年全市党委系统信息工作目标任务的通知	2017年2月17日
攀委办〔2017〕9号	中共攀枝花市委办公室 攀枝花市人民政府办公室关于成立攀枝花市迎接环境保护督察工作领导小组的通知	2017年2月22日
攀委办〔2017〕10号	中共攀枝花市委办公室关于成立市公用事业（集团）有限责任公司筹备工作组的通知	2017年2月22日
攀委办〔2017〕13号	中共攀枝花市委办公室 攀枝花市人民政府办公室关于印发《攀枝花市加快推进攀西战略资源创新开发试验区建设的实施方案（2017 2020年）的通知	2017年2月24日
攀委办〔2017〕14号	中共攀枝花市委办公室 攀枝花市人民政府办公室关于成立攀枝花市康养产业发展领导小组的通知	2017年2月26日
攀委办〔2017〕15号	中共攀枝花市委办公室 攀枝花市人民政府办公室印发《关于坚持和完善计划生育目标管理责任制的实施意见》的通知	2017年2月27日
攀委办〔2017〕16号	中共攀枝花市委办公室 攀枝花市人民政府办公室关于印发《攀枝花市环境污染防治“三大战役”工作方案》的通知	2017年2月28日
攀委办〔2017〕17号	中共攀枝花市委办公室 攀枝花市人民政府办公室关于切实做好全国“两会”期间信访维稳工作的通知	2017年3月6日
攀委办〔2017〕18号	中共攀枝花市委办公室 攀枝花市人民政府办公室关于印发《攀枝花市创新企事业单位民主管理制度专项改革方案》的通知	2017年3月7日

续表21

文　号	文　件　标　题	发文时间
攀委办〔2017〕19 号	中共攀枝花市委办公室关于印发《2017 年政党协商（会议协商）计划》的通知	2017 年 3 月 7 日
攀委办〔2017〕20 号	中共攀枝花市委办公室　攀枝花市人民政府办公室关于对完成 2016 年度综治、维稳工作目标的优秀县（区）和部门（单位）进行表扬的通报	2017 年 3 月 7 日
攀委办〔2017〕21 号	中共攀枝花市委办公室关于印发《攀枝花市第四批市委直接掌握联系高层次人才名单（2017—2019 年度）》的通知	2017 年 3 月 8 日
攀委办〔2017〕22 号	中共攀枝花市委办公室　攀枝花市人民政府办公室关于印发《2017 年攀枝花市“项目年”工作方案》的通知	2017 年 3 月 13 日
攀委办〔2017〕23 号	中共攀枝花市委办公室　攀枝花市人民政府办公室关于印发《攀枝花市 2017 年市级重点推进项目名单》的通知	2017 年 3 月 13 日
攀委办〔2017〕24 号	中共攀枝花市委办公室　攀枝花市人民政府办公室关于表扬 2014—2016 年度定点扶贫工作先进单位及先进个人的通报	2017 年 3 月 13 日
攀委办〔2017〕25 号	中共攀枝花市委办公室　攀枝花市人民政府办公室关于印发《攀枝花市脱贫攻坚责任制实施方案》《攀枝花市脱贫攻坚督查巡查工作实施细则》的通知	2017 年 3 月 13 日
攀委办〔2017〕26 号	中共攀枝花市委办公室　攀枝花市人民政府办公室关于加强全市电子文件管理工作的通知	2017 年 3 月 21 日
攀委办〔2017〕27 号	中共攀枝花市委办公室　攀枝花市人民政府办公室　政协攀枝花市委员会办公室关于印发《2017 年度协商计划》的通知	2017 年 3 月 23 日
攀委办〔2017〕28 号	关于废止《关于印发攀枝花市规范性文件廉洁性审查工作办法（暂行）的通知	2017 年 3 月 23 日
攀委办〔2017〕29 号	中共攀枝花市委办公室 攀枝花市人民政府办公室关于加强市党政部门和单位与市政协各专门委员会对口联系的通知	2017 年 3 月 23 日
攀委办〔2017〕30 号	中共攀枝花市委办公室　攀枝花市人民政府办公室关于印发《攀枝花市深化科研院所改革总体方案》的通知	2017 年 4 月 5 日
攀委办〔2017〕31 号	中共攀枝花市委办公室关于印发《攀枝花市依法治市 2017 年工作要点》的通知	2017 年 4 月 7 日
攀委办〔2017〕32 号	中共攀枝花市办公室　攀枝花市人民政府办公室关于开展市级重点项目劳动竞赛的通知	2017 年 4 月 12 日
攀委办〔2017〕33 号	中共攀枝花市办公室　攀枝花市人民政府办公室关于印发《攀枝花市推进预算公开实施方案》的通知	2017 年 4 月 13 日
攀委办〔2017〕34 号	中共攀枝花市委办公室 攀枝花市人民政府办公室关于成立攀枝花市公共安全视频监控联网应用示范城市建设指挥部的通知	2017 年 4 月 14 日
攀委办〔2017〕35 号	中共攀枝花市委办公室转发《市委宣传部关于全市党委（党组）中心组 2017 年理论学习安排意见》的通知	2017 年 4 月 18 日

续表21

文　号	文　件　标　题	发文时间
攀委办〔2017〕36号	中共攀枝花市委办公室印发《市委理论学习中心组学习制度》的通知	2017年4月18日
攀委办〔2017〕37号	中共攀枝花市委办公室　攀枝花市人民政府办公室关于印发《2017年攀枝花市十项民生工程及26件民生实事实施方案》的通知	2017年4月19日
攀委办〔2017〕39号	中共攀枝花市委办公室　攀枝花市人民政府办公室关于印发《攀枝花市2017年度市级综合目标任务实施方案》的通知	2017年4月20日
攀委办〔2017〕40号	中共攀枝花市委办公室 攀枝花市人民政府办公室关于成立攀枝花市全面落实河长制工作领导小组设立市级总河长及其办公室的通知	2017年4月24日
攀委办〔2017〕41号	中共攀枝花市委办公室关于调整市关心下一代工作委员会成员的通知	2017年4月24日
攀委办〔2017〕42号	中共攀枝花市委办公室关于印发《深化领导班子思想政治建设巩固发展良好政治生态工作方案》的通知	2017年4月25日
攀委办〔2017〕43号	中共攀枝花市委办公室关于印发《市委全面深化改革领导小组2017年工作要点》的通知	2017年4月28日
攀委办〔2017〕44号	中共攀枝花市委办公室关于印发《市委领导同志分工》的通知	2017年4月28日
攀委办〔2017〕46号	中共攀枝花市委办公室　攀枝花市人民政府办公室关于严格执行公车制度改革政策规定切实加强保留车辆使用管理的通知	2017年5月2日
攀委办〔2017〕47号	中共攀枝花市委办公室关于重申有关工作纪律要求的通知	2017年5月10日
攀委办〔2017〕48号	中共攀枝花市委办公室　攀枝花市人民政府办公室关于印发《攀枝花市交通建设扶贫专项实施方案》等21个扶贫专项实施方案的通知	2017年5月10日
攀委办〔2017〕49号	中共攀枝花市委办公室关于印发《中共攀枝花市委民族宗教工作委员会委员名单和委员单位》《中共攀枝花市委民族宗教工作委员会委员单位和委员职责》的通知	2017年5月10日
攀委办〔2017〕51号	中共攀枝花市委办公室　攀枝花市人民政府办公室关于印发《攀枝花市全面落实河长制工作方案》的通知	2017年5月17日
攀委办〔2017〕52号	中共攀枝花市委办公室　攀枝花市人民政府办公室关于印发《攀枝花市交通运输综合行政执法体制改革实施方案》的通知	2017年5月19日
攀委办〔2017〕55号	中共攀枝花市委办公室　攀枝花市人民政府办公室关于印发《攀枝花市进一步推广深化医药卫生体制改革经验实施方案》的通知	2017年6月2日
攀委办〔2017〕56号	中共攀枝花市委办公室 攀枝花市人民政府办公室关于调整市领导挂包联系产煤县（区）分工的通知	2017年6月9日
攀委办〔2017〕59号	中共攀枝花市委办公室　攀枝花市人民政府办公室关于明确部分市级领导联席指导贫困村的通知	2017年6月14日
攀委办〔2017〕60号	中共攀枝花市委办公室　攀枝花市人民政府办公室关于印发《贯彻落实全省脱贫攻坚总结推进会重要部署责任清单》的通知	2017年6月14日

续表21

文　号	文　件　标　题	发文时间
攀委办〔2017〕61 号	中共攀枝花市委办公室关于贯彻落实《关于进一步加强和改进机关党的建设的意见》的通知	2017 年 6 月 22 日
攀委办〔2017〕62 号	中共攀枝花市委办公室　攀枝花市人民政府办公室关于切实做好防汛减灾工作的紧急通知	2017 年 6 月 25 日
攀委办〔2017〕63 号	中共攀枝花市委办公室　攀枝花市人民政府办公室关于成立攀枝花市新型智库建设领导小组的通知	2017 年 6 月 27 日
攀委办〔2017〕64 号	中共攀枝花市委办公室关于印发《攀枝花市惩治“微腐败”护航阳光花城工作方案》的通知	2017 年 6 月 27 日
攀委办〔2017〕65 号	中共攀枝花市委办公室关于印发《关于推进“两学一做”学习教育常态化制度化的实施方案》的通知	2017 年 6 月 28 日
攀委办〔2017〕66 号	中共攀枝花市委办公室　攀枝花市人民政府办公室关于表扬 2016 年度投资促进工作先进集体和先进个人的通报	2017 年 6 月 28 日
攀委办〔2017〕67 号	中共攀枝花市委办公室 攀枝花市人民政府办公室关于切实做好迎接中央环境保护督察有关工作的紧急通知	2017 年 6 月 28 日
攀委办〔2017〕70 号	中共攀枝花市委办公室 攀枝花市人民政府办公室关于成立第二届攀枝花市决策咨询委员会的通知	2017 年 7 月 4 日
攀委办〔2017〕71 号	中共攀枝花市委办公室关于进一步做好市委文件审核把关的通知	2017 年 7 月 4 日
攀委办〔2017〕72 号	中共攀枝花市委办公室印发《贯彻落实省第十一次党代会报告责任分工方案》的通知	2017 年 7 月 7 日
攀委办〔2017〕74 号	中共攀枝花市办公室关于进一步规范领导批示件办理的实施意见	2017 年 7 月 7 日
攀委办〔2017〕76 号	中共攀枝花市委办公室 攀枝花市人民政府办公室关于印发《攀枝花市迎接中央环保督察工作方案》的通知	2017 年 7 月 7 日
攀委办〔2017〕77 号	中共攀枝花市委办公室关于调整中共攀枝花市委常委会成员联系党外县级干部名单的通知	2017 年 7 月 7 日
攀委办〔2017〕78 号	中共攀枝花委办公室关于印发《关于开展大规模培训干部工作的实施方案》的通知	2017 年 7 月 19 日
攀委办〔2017〕79 号	中共攀枝花市委办公室关于印发《全市党的机关清理规范实施方案》的通知	2017 年 7 月 19 日
攀委办〔2017〕80 号	中共攀枝花市委办公室　攀枝花市人民政府办公室关于印发《攀枝花市创建“星级农户”活动实施方案》的通知	2017 年 7 月 24 日
攀委办〔2017〕81 号	中共攀枝花市委办公室攀枝花市人民政府办公室关于调整市脱贫攻坚领导小组成员的通知	2017 年 7 月 24 日
攀委办〔2017〕82 号	中共攀枝花市委办公室　攀枝花市人民政府办公室关于印发《攀枝花市“精文减会”十八条》的通知	2017 年 8 月 1 日

续表21

文　号	文　件　标　题	发文时间
攀委办〔2017〕83号	中共攀枝花市委办公室攀枝花市人民政府办公室关于调整攀枝花市全面落实河长制工作领导小组和市级总河长及其办公室的通知	2017年8月1日
攀委办〔2017〕84号	中共攀枝花市委办公室、攀枝花市人民政府办公室关于调整攀枝花市攀西国家级战略资源创新开发试验区建设工作领导小组成员的通知	2017年8月6日
攀委办〔2017〕85号	中共攀枝花市委办公室、攀枝花市人民政府办公室关于印发《成都市人民政府 攀枝花市人民政府深化区域协同发展合作备忘录责任分工表》的通知	2017年8月10日
攀委办〔2017〕86号	中共攀枝花市委办公室　攀枝花市人民政府办公室关于印发《攀枝花市党政同责工作目标绩效管理实施办法（试行）》的通知	2017年8月11日
攀委办〔2017〕87号	中共攀枝花市委办公室、攀枝花市人民政府办公室关于印发《攀枝花市党政主要负责人履行推进法治建设第一责任人职责分工方案》的通知	2017年8月11日
攀委办〔2017〕88号	中共攀枝花市委办公室、攀枝花市人民政府办公室关于调整攀枝花市依法治市领导小组成员的通知	2017年8月11日
攀委办〔2017〕90号	中共攀枝花市委办公室关于调整攀枝花市委党建领导小组成员的通知	2017年8月14日
攀委办〔2017〕91号	中共攀枝花市委办公室　攀枝花市人民政府办公室关于印发《攀枝花市科协所属学会有序承接政府转移职能试点工作实施方案》的通知	2017年8月23日
攀委办〔2017〕92号	中共攀枝花市委办公室攀枝花市人民政府办公室关于实行人才工作目标责任制考核的通知	2017年8月24日
攀委办〔2017〕94号	中共攀枝花市委办公室攀枝花市人民政府办公室关于成立攀枝花市危爆物品寄递物流清理整顿领导小组的通知	2017年8月30日
攀委办〔2017〕95号	中共攀枝花市委办公室　攀枝花市人民政府办公室关于印发《攀枝花市“十三五”人才发展规划责任分工方案》的通知	2017年8月30日
攀委办〔2017〕96号	中共攀枝花市委办公室关于调整中共攀枝花市委巡察工作领导小组的通知	2017年9月8日
攀委办〔2017〕97号	中共攀枝花市委办公室关于调整中共攀枝花市委反腐败协调小组的通知	2017年9月13日
攀委办〔2017〕98号	中共攀枝花市委办公室关于印发《中共攀枝花市委反腐败协调小组工作办法（试行）》的通知	2017年9月13日
攀委办〔2017〕99号	中共攀枝花市委办公室关于进一步明确领导干部外出请销假相关事宜的通知	2017年9月16日
攀委办〔2017〕100号	中共攀枝花市委办公室 攀枝花市人民政府办公室关于调整市领导挂包联系产煤县（区）分工的通知	2017年9月18日
攀委办〔2017〕102号	中共攀枝花市委办公室　攀枝花市人民政府办公室关于印发《攀枝花市开展信访事项“两降两升”工作方案》的通知	2017年9月26日

续表21

文　号	文　件　标　题	发文时间
攀委办〔2017〕103 号	中共攀枝花市委办公室　攀枝花市人民政府办公室关于印发《攀枝花市信访工作约谈制度（试行）》的通知	2017 年 9 月 26 日
攀委办〔2017〕107 号	中共攀枝花市委办公室关于印发《市委、市政府工作领导小组名单》的通知	2017 年 9 月 28 日
攀委办〔2017〕108 号	中共攀枝花市委办公室　攀枝花市人民政府办公室关于印发《攀枝花市广电节目广告中心改革实施方案》的通知	2017 年 9 月 29 日
攀委办〔2017〕109 号	中共攀枝花市委办公室　攀枝花市人民政府办公室关于印发《攀枝花市文化市场综合行政执法改革实施方案》的通知	2017 年 9 月 29 日
攀委办〔2017〕111 号	中共攀枝花市委办公室攀枝花市人民政府办公室关于印发《攀枝花市市委市政府领导安全生产职责清单》的通知	2017 年 9 月 29 日
攀委办〔2017〕113 号	中共攀枝花市委办公室关于印发《攀枝花市与省委统战部共建第二期全省党外干部实践锻炼基地实施方案》的通知	2017 年 9 月 30 日
攀委办〔2017〕114 号	中共攀枝花市委办公室关于印发《集中开展新一轮“走基层、解难题、办实事、惠民生”活动方案》的通知	2017 年 9 月 30 日
攀委办〔2017〕115 号	中共攀枝花市委办公室关于印发《第三届中国康养产业发展论坛方案》《第三届中国康养产业发展论坛攀枝花筹备工作领导小组及职责分工》的通知	2017 年 9 月 30 日
攀委办〔2017〕116 号	中共攀枝花市委办公室关于加强“走基层、解难题、办实事、惠民生”活动组织领导的通知	2017 年 10 月 11 日
攀委办〔2017〕118 号	中共攀枝花市委办公室转发《中共攀枝花市直属机关工委关于进一步加强和改进机关党的建设工作的方案》的通知	2017 年 10 月 24 日
攀委办〔2017〕119 号	中共攀枝花市委办公室　攀枝花市人民政府办公室印发《攀枝花市关于完善审计制度若干重大问题的实施方案》的通知	2017 年 10 月 27 日
攀委办〔2017〕120 号	中共攀枝花市委办公室关于学习贯彻《习近平关于制度治党、依规治党论述摘编》情况的报告	2017 年 10 月 30 日
攀委办〔2017〕121 号	中共攀枝花市委办公室　攀枝花市人民政府办公室关于 2015—2016 年度市级文明单位标兵等评选验收情况的通报	2017 年 10 月 30 日
攀委办〔2017〕122 号	中共攀枝花市委办公室攀枝花市人民政府办公室关于对第 44 届世界技能大赛攀枝花获奖选手和培养单位进行表扬的通报	2017 年 11 月 3 日
攀委办〔2017〕123 号	中共攀枝花市委办公室关于全面贯彻习近平总书记改革认识论方法论进一步完善改革推进机制的意见	2017 年 11 月 3 日
攀委办〔2017〕124 号	中共攀枝花市委办公室攀枝花市人民政府办公室关于印发《攀枝花市安全生产党政同责工作目标绩效管理实施细则（试行）》的通知	2017 年 11 月 7 日
攀委办〔2017〕125 号	中共攀枝花市委办公室关于印发《学习宣传贯彻党的十九大精神工作方案》的通知	2017 年 11 月 7 日

续表21

文 号	文 件 标 题	发文时间
攀委办〔2017〕129 号	中共攀枝花市委办公室、攀枝花市人民政府办公室关于成立社会稳定风险评估领导小组的通知	2017 年 11 月 22 日
攀委办〔2017〕130 号	中共攀枝花市委办公室关于开展“怎么看”“怎么干”大讨论活动的通知	2017 年 11 月 24 日
攀委办〔2017〕131 号	中共攀枝花市委办公室、攀枝花市人民政府办公室关于表扬党的十九大期间维稳安保工作先进集体的通报	2017 年 11 月 27 日
攀委办〔2017〕132 号	中共攀枝花市委办公室关于贯彻全省党内法规工作会议精神情况的报告	2017 年 11 月 28 日
攀委办〔2017〕136 号	中共攀枝花市委办公室　攀枝花市人民政府办公室关于切实做好困难群众安全温暖过冬工作的通知	2017 年 12 月 15 日
攀委办〔2017〕137 号	中共攀枝花市委办公室攀枝花市人民政府办公室关于印发《攀枝花市生态文明建设目标评价考核办法》的通知	2017 年 12 月 20 日
攀委办〔2017〕138 号	中共攀枝花市委办公室关于认真做好《习近平谈治国理政》第二卷学习宣传工作的通知	2017 年 12 月 25 日
攀委办〔2017〕139 号	中共攀枝花市委办公室攀枝花市人民政府办公室关于印发《攀枝花市攀枝花市河长制工作市级考核办法（试行）》的通知	2017 年 12 月 25 日
攀委办〔2017〕140 号	中共攀枝花市委办公室　攀枝花市人民政府办公室关于完善农村土地所有权承包权经营权分置办法的实施意见	2017 年 12 月 28 日
攀委办〔2017〕141 号	中共攀枝花市委办公室关于贯彻落实全省党委秘书长、办公厅（室）主任会议精神情况的报告	2017 年 12 月 28 日
攀委办〔2017〕143 号	中共攀枝花市委办公室　攀枝花市人民政府办公室关于印发《攀枝花市加强技能人才队伍建设大力培养高素质产业大军实施方案》的通知	2017 年 12 月 29 日
攀委办〔2017〕144 号	中共攀枝花市委办公室 攀枝花市人民政府办公室关于调整攀枝花市老工业基地调整改造工作领导小组成员的通知	
攀委办发〔2017〕1 号	中共攀枝花市委办公室关于印发《攀枝花市贯彻〈干部教育培训工作条例〉实施办法》的通知	2017 年 1 月 11 日
攀委办发〔2017〕2 号	中共攀枝花市委办公室　攀枝花市人民政府办公室关于印发《攀枝花市人才发展项目管理办法（试行）》的通知	2017 年 1 月 11 日
攀委办发〔2017〕3 号	中共攀枝花市委办公室　攀枝花市人民政府办公室印发《关于加强攀枝花市新型智库建设的意见》的通知	2017 年 2 月 23 日
攀委办发〔2017〕6 号	中共攀枝花市委办公室关于印发《攀枝花市 2017—2021 年党史工作规划》的通知	2017 年 5 月 17 日
攀委办发〔2017〕7 号	中共攀枝花市委办公室　攀枝花市人民政府办公室印发《关于进一步加强投资促进工作的意见》的通知	2017 年 5 月 22 日

续表21

文　号	文　件　标　题	发文时间
攀委办发〔2017〕8号	中共攀枝花市委办公室　攀枝花市人民政府办公室关于印发《攀枝花市国营林场总场改革实施方案》的通知	2017年6月7日
攀委办发〔2017〕9号	中共攀枝花市委办公室关于印发《攀枝花市情介绍》的通知	2017年6月26日
攀委办发〔2017〕10号	中共攀枝花市委办公室　攀枝花市人民政府办公室关于印发《关于加强攀枝花市乡镇专业技术人才队伍建设的意见》的通知	2017年6月29日
攀委办发〔2017〕11号	共攀枝花市委办公室　攀枝花市人民政府办公室关于印发《攀枝花市委市政府和市级部门安全生产工作职责规定》的通知	2017年6月29日
攀委办发〔2017〕12号	中共攀枝花市委办公室　攀枝花市人民政府办公室关于印发《攀枝花市领导干部干预司法活动、插手具体案件处理的记录、通报和责任追究实施办法》的通知	2017年7月4日
攀委办发〔2017〕13号	中共攀枝花市委办公室　攀枝花市人民政府办公室关于印发《关于完善以城镇社区党组织为核心的新型社区治理和服务体系的实施意见》的通知	2017年7月4日
攀委办发〔2017〕15号	中共攀枝花市委办公室　攀枝花市人民政府办公室关于印发《切实关心爱护脱贫攻坚一线干部激发干事创业活力办法（试行）》的通知	2017年7月20日
攀委办发〔2017〕17号	中共攀枝花市委办公室　攀枝花市人民政府办公室关于印发《攀枝花市国民经济和社会发展第十三个五年规划纲要任务分工方案》的通知	2017年8月23日
攀委办发〔2017〕18号	中共攀枝花市委办公室　攀枝花市人民政府办公室关于印发《攀枝花市健全落实社会治安综合治理领导责任制实施办法》的通知	2017年9月13日
攀委办发〔2017〕21号	中共攀枝花市委办公室关于印发《攀枝花市党委信息工作细则》的通知	2017年9月28日
攀委办发〔2017〕22号	中共攀枝花市委办公室关于印发《攀枝花市委财经领导小组工作规则》的通知	2017年9月29日
攀委办发〔2017〕23号	中共攀枝花市委办公室　攀枝花市人民政府办公室关于印发《攀枝花市关于创新政府配置资源方式的实施意见》的通知	2017年10月17日
攀委办发〔2017〕24号	中共攀枝花市委办公室关于印发《攀枝花市委、市人大、市政府、市政协主要领导碰头会议工作规则》的通知	2017年10月22日
攀委办发〔2017〕25号	中共攀枝花市委办公室　攀枝花市人民政府办公室印发《关于完善法律援助制度实施意见》的通知	2017年11月17日
攀委办发〔2017〕26号	中共攀枝花市委办公室　攀枝花市人民政府办公室关于印发《攀枝花人才新政七条》的通知	2017年11月21日
攀委办发〔2017〕27号	中共攀枝花市委办公室、攀枝花市政府办公室关于印发《攀枝花市社会稳定风险评估实施细则》的通知	2017年11月22日

2017年攀枝花市政府及市政府办制发文目录表

表 22

文 号	文 件 标 题	成文时间
攀府函〔2017〕1号	关于马凤雏信访事项12月1日至12月31日安置房建设进展情况的函	2017年1月3日
攀府函〔2017〕2号	关于申请国家森林城市验收的函	2017年1月5日
攀府函〔2017〕3号	关于我市2020年用水强度控制目标有关意见的复函	2017年1月11日
攀府函〔2017〕4号	关于恳请协调划分观音岩水库集中式饮用水水源保护区的函	2017年1月11日
攀府函〔2017〕5号	关于钢铁企业排查情况的报告	2017年1月11日
攀府函〔2017〕6号	关于盐边县2016年第2批乡镇建设用地农用地转用的批复	2017年1月13日
攀府函〔2017〕7号	关于取缔违法违规生产销售“地条钢”工作自查情况的报告	2017年1月20日
攀府函〔2017〕8号	关于同意“沙坝田水库”土地使用权转让的批复	2017年1月23日
攀府函〔2017〕9号	关于2016年度粮食安全省长责任制落实情况的总结报告	2017年1月25日
攀府函〔2017〕10号	关于给予刘志君同志行政撤职处分的批复	2017年1月25日
攀府函〔2017〕11号	关于贯彻落实全省环境保护督察工作和大气、水、土壤污染防治“三大战役”领导小组全体（扩大）会议精神情况的报告	2017年1月24日
攀府函〔2017〕12号	关于呈报《攀枝花市2016年度安全生产工作总结》及《2016年度省政府对市（州）政府安全生产工作考核评分表》的函	2017年1月24日
攀府函〔2017〕13号	关于马凤雏信访事项1月1日至1月22日安置房建设进展情况的函	2017年1月24日
攀府函〔2017〕14号	关于给予余友贵同志行政撤职处分的批复	2017年1月25日
攀府函〔2017〕15号	关于给予曾光富同志行政撤职处分的批复	2017年1月25日
攀府函〔2017〕16号	关于渡仁片区控制性详细规划中干鑫路规划调整的批复	2017年2月4日
攀府函〔2017〕17号	关于攀枝花市2017年棚户区改造（城中村）一期项目采取政府购买服务模式的批复	2017年2月9日
攀府函〔2017〕18号	关于将购买棚改服务资金分年度列入市本级财政预算和中期财政预算规划的通知	2017年2月9日
攀府函〔2017〕19号	关于撤销《攀枝花至大理（四川境）高速公路仁和区农村集体土地征地补偿安置实施方案的批复》的通知	2017年2月10日
攀府函〔2017〕20号	关于再次清理排查违法违规钢铁企业工作开展情况的报告	2017年2月13日

续表21

文　号	文 件 标 题	成文时间
攀府函〔2017〕21号	关于报送《支持攀西战略资源创新开发试验区加快建设的政策建议》的函	2017年2月15日
攀府函〔2017〕22号	关于报送《四川省攀西（干旱河谷流域）山水林田湖生态保护修复规划与实施方案》（攀枝花市部分）的函	2017年2月15日
攀府函〔2017〕23号	关于我市2017年度用水总量控制计划的复函	2017年2月17日
攀府函〔2017〕24号	关于辖内交易场所涉嫌非法证券期货活动排查情况的报告	2017年2月20日
攀府函〔2017〕26号	关于恳请大力支持攀西战略资源创新开发试验区建设的函	2017年2月20日
攀府函〔2017〕27号	关于五十四至仁和片区控制性详细规划中火A08－S3/2015－01等地块规划调整的批复	2017年2月22日
攀府函〔2017〕28号	关于攀枝花市2016年第11批城市建设用地涉及征收（占用）林地有关情况说明的函	2017年2月24日
攀府函〔2017〕29号	关于马凤雏信访事项办理情况的函	2017年3月1日
攀府函〔2017〕30号	关于2016年度减排考核水功能区主要污染物总量减排情况的复函	2017年3月3日
攀府函〔2017〕31号	关于攀枝花市环境保护大检查大整改工作情况的报告	2017年3月6日
攀府函〔2017〕32号	关于渡仁片区控制性详细规划中干E14、E20等地块规划调整的批复	2017年3月7日
攀府函〔2017〕33号	关于环境保护投诉的复函	2017年3月9日
攀府函〔2017〕34号	关于报送《攀枝花市落后产能煤矿排查及分类处置初步方案》的报告	2017年3月9日
攀府函〔2017〕35号	关于环境保护投诉的函	2017年3月10日
攀府函〔2017〕36号	关于环境保护投诉的复函	2017年3月10日
攀府函〔2017〕37号	关于环境保护投诉的复函	2017年3月13日
攀府函〔2017〕38号	关于〔2017〕PZH－003号环境保护投诉的复函	2017年3月13日
攀府函〔2017〕39号	关于〔2017〕PZH－014、019号环境保护投诉的复函	2017年3月22日
攀府函〔2017〕40号	关于〔2017〕PZH－016号环境保护投诉的复函	2017年3月14日
攀府函〔2017〕41号	关于〔2017〕PZH－009号环境保护投诉的复函	2017年3月14日
攀府函〔2017〕42号	关于〔2017〕PZH－012号环境保护投诉的复函	2017年3月14日
攀府函〔2017〕43号	关于同意建立攀枝花市农村留守儿童关爱保护联席会议制度的批复	2017年3月21日
攀府函〔2017〕44号	关于〔2017〕PZH－015号环境保护投诉的复函	2017年3月16日
攀府函〔2017〕45号	关于〔2017〕PZH－020号环境保护投诉的复函	2017年3月16日
攀府函〔2017〕46号	关于呈报2016年度财政总决算报表的函	2017年3月16日
攀府函〔2017〕47号	关于呈报2016年度财政部门决算报表的函	2017年3月16日

续表21

文 号	文 件 标 题	成文时间
攀府函〔2017〕48号	关于金沙水电站补充压覆矿调查的承诺函	2017年3月17日
攀府函〔2017〕49号	关于〔2017〕PZH－018号环境保护投诉的复函	2017年3月16日
攀府函〔2017〕50号	关于〔2017〕PZH－022、023、024号环境保护投诉的复函	2017年3月16日
攀府函〔2017〕51号	关于《G4216线宁南至攀枝花段高速公路社会稳定风险评估报告》的批复	2017年3月17日
攀府函〔2017〕52号	关于开展打击“地条钢”暗访督查“回头看”活动有关情况的报告	2017年3月20日
攀府函〔2017〕53号	关于〔2017〕PZH－010号环境保护投诉的复函	2017年3月22日
攀府函〔2017〕54号	关于〔2017〕PZH－008号环境保护投诉的复函	2017年3月22日
攀府函〔2017〕55号	关于〔2017〕PZH－006号环境保护投诉的复函	2017年3月23日
攀府函〔2017〕56号	关于〔2017〕PZH－035号环境保护投诉的复函	2017年3月23日
攀府函〔2017〕57号	关于〔2017〕PZH－031号、032号环境保护投诉的复函	2017年3月23日
攀府函〔2017〕58号	关于〔2017〕PZH－025号环境保护投诉的复函	2017年3月23日
攀府函〔2017〕59号	关于〔2017〕PZH－005号、011号环境保护投诉的复函	2017年3月23日
攀府函〔2017〕60号	关于〔2017〕PZH－021号环境保护投诉的复函	2017年3月23日
攀府函〔2017〕61号	关于承诺依法合规使用2017年置换债券的函	2017年3月24日
攀府函〔2017〕62号	关于对成昆铁路米易至攀枝花段扩能改造工程由家湾隧道“12．23”较大车辆伤害事故调查报告的批复	2017年3月24日
攀府函〔2017〕63号	关于《四川省环境保护厅关于商请提供＜全国地下水污染防治规划（2011－2020）中期评估＞相关资料的函》的复函	2017年3月27日
攀府函〔2017〕64号	关于〔2017〕PZH－033号环境保护投诉的复函	2017年3月27日
攀府函〔2017〕65号	关于〔2017〕PZH－040号环境保护投诉的复函	2017年3月27日
攀府函〔2017〕66号	关于〔2017〕PZH－034号环境保护投诉的复函	2017年3月27日
攀府函〔2017〕67号	关于〔2017〕PZH－036号环境保护投诉的复函	2017年3月27日
攀府函〔2017〕68号	关于〔2017〕PZH－030号环境保护投诉的复函	2017年3月27日
攀府函〔2017〕69号	关于〔2017〕PZH－043号环境保护投诉的复函	2017年3月27日
攀府函〔2017〕70号	关于〔2017〕PZH－038号环境保护投诉的复函	2017年3月27日
攀府函〔2017〕71号	关于对攀枝花市拥华建材有限责任公司环境违法问题的复函	2017年3月30日
攀府函〔2017〕72号	关于对攀枝花市新开源物资再生环保产业有限公司环境违法问题的复函	2017年3月30日
攀府函〔2017〕73号	关于对攀枝花大互通钛业有限公司环境违法问题的复函	2017年3月30日

续表21

文　号	文　件　标　题	成文时间
攀府函〔2017〕74 号	关于给予钟正明行政开除处分的批复	2017 年 3 月 30 日
攀府函〔2017〕75 号	关于〔2017〕PZH－037 号环境保护投诉的复函	2017 年 4 月 1 日
攀府函〔2017〕76 号	关于〔2017〕PZH－028 号环境保护投诉的复函	2017 年 4 月 1 日
攀府函〔2017〕77 号	关于〔2017〕PZH－039 号环境保护投诉的复函	2017 年 4 月 1 日
攀府函〔2017〕78 号	关于〔2017〕PZH－042 号环境保护投诉的复函	2017 年 4 月 1 日
攀府函〔2017〕79 号	关于〔2017〕PZH－041 号环境保护投诉的复函	2017 年 4 月 1 日
攀府函〔2017〕80 号	关于〔2017〕PZH－017 号、027 号环境保护投诉的复函	2017 年 4 月 1 日
攀府函〔2017〕81 号	关于〔2017〕PZH－029 号环境保护投诉的复函	2017 年 4 月 1 日
攀府函〔2017〕82 号	关于〔2017〕PZH－044 号环境保护投诉的复函	2017 年 4 月 1 日
攀府函〔2017〕83 号	关于〔2017〕PZH－013 号环境保护投诉的复函	2017 年 4 月 1 日
攀府函〔2017〕84 号	关于〔2017〕PZH－049 号环境保护投诉的复函	2017 年 4 月 1 日
攀府函〔2017〕85 号	关于〔2017〕PZH－050 号环境保护投诉的复函	2017 年 4 月 1 日
攀府函〔2017〕86 号	关于〔2017〕PZH－059 号环境保护投诉的复函	2017 年 4 月 1 日
攀府函〔2017〕87 号	关于〔2017〕PZH－051 号环境保护投诉的复函	2017 年 4 月 1 日
攀府函〔2017〕88 号	关于〔2017〕PZH－045 号环境保护投诉的复函	2017 年 4 月 1 日
攀府函〔2017〕89 号	关于〔2017〕PZH－056 号环境保护投诉的复函	2017 年 4 月 1 日
攀府函〔2017〕90 号	关于〔2017〕PZH－047 号环境保护投诉的复函	2017 年 4 月 1 日
攀府函〔2017〕91 号	关于〔2017〕PZH－048 号环境保护投诉的复函	2017 年 4 月 1 日
攀府函〔2017〕92 号	关于恳请支持筹建全国钒钛标准化技术委员会的函	2017 年 4 月 5 日
攀府函〔2017〕93 号	关于〔2017〕PZH－046 号环境保护投诉的复函	2017 年 4 月 10 日
攀府函〔2017〕94 号	关于 2017 年 1—3 月省级民生工程及 16 件民生实事实施情况的报告	2017 年 4 月 5 日
攀府函〔2017〕95 号	关于申请第三届中国（四川）国际旅游投资大会主题市的函	2017 年 4 月 6 日
攀府函〔2017〕96 号	关于恳请降低我市钒钛企业 2017 年度铁路运输费用的函	2017 年 4 月 5 日
攀府函〔2017〕97 号	关于〔2017〕PZH－058 号环境保护投诉的复函	2017 年 4 月 10 日
攀府函〔2017〕98 号	关于〔2017〕PZH－053 号环境保护投诉的复函	2017 年 4 月 10 日
攀府函〔2017〕99 号	关于〔2017〕PZH－026 号环境保护投诉的复函	2017 年 4 月 10 日
攀府函〔2017〕100 号	关于确认金沙江银江水电站建设征地移民安置规划报告的函	2017 年 4 月 19 日
攀府函〔2017〕101 号	关于攀枝花至大理高速公路四川段工程建设用地土地征收补偿安置实施方案的批复	2017 年 4 月 19 日

续表21

文　号	文　件　标　题	成文时间
攀府函〔2017〕102号	关于申报创建国家现代农业（芒果）产业园的函	2017年4月19日
攀府函〔2017〕103号	关于申报创建国家现代农业（芒果）产业园的函	2017年4月19日
攀府函〔2017〕104号	关于攀枝花市2017年第4批城市建设用地情况说明的函	2017年4月20日
攀府函〔2017〕105号	关于攀枝花市2017年第6批城市建设用地情况说明的函	2017年4月20日
攀府函〔2017〕106号	关于推荐2017年省级专家候选人的函	2017年4月25日
攀府函〔2017〕107号	关于支持米易县华森糖业有限公司举办攀西职业技术学院的函	2017年4月24日
攀府函〔2017〕108号	关于支持攀枝花学院更名的函	2017年4月25日
攀府函〔2017〕109号	关于攀枝花至大理（四川境）高速公路项目融资方案备案的批复	2017年4月27日
攀府函〔2017〕110号	关于攀枝花市2017年危旧房棚户区改造二期项目采取政府购买服务模式实施的批复	2017年4月27日
攀府函〔2017〕111号	关于攀枝花市2017年危旧房棚户区改造三期项目采取政府购买服务模式实施的批复	2017年4月27日
攀府函〔2017〕112号	关于攀枝花市2017年危旧房棚户区改造一期项目采取政府购买服务模式实施的批复	2017年4月27日
攀府函〔2017〕113号	关于同意2013－BS10#等3宗国有建设用地使用权出让实施方案的批复	2017年4月28日
攀府函〔2017〕114号	关于《金沙江乌东德水电站攀枝花河段水环境保护措施优化调整专题报告》有关意见的函	2017年4月28日
攀府函〔2017〕115号	关于表扬2016年攀枝花市质量强市工作先进单位的通报	2017年5月4日
攀府函〔2017〕116号	关于2017年1~4月省级民生工程及16件民生实事实施情况的报告	2017年5月4日
攀府函〔2017〕117号	关于会理锌矿尾矿库用地相关事宜的复函	2017年5月15日
攀府函〔2017〕118号	关于渡仁片区控制性详细规划中干D37地块规划调整的批复	2017年5月18日
攀府函〔2017〕119号	关于尽快拨付银江水电站征地移民资金的函	2017年5月19日
攀府函〔2017〕120号	关于攀枝花市环保违法违规建设项目清理整顿工作情况的函	2017年5月25日
攀府函〔2017〕121号	关于报送《攀枝花市地级集中式饮用水水源地环境问题整改方案》的函	2017年5月25日
攀府函〔2017〕122号	关于推进新一轮退耕还林还草工作有关情况的函	2017年5月26日
攀府函〔2017〕123号	关于攀枝花市2017年第16批城市建设用地有关情况的函	2017年5月31日
攀府函〔2017〕124号	关于攀枝花市金沙江干流攀枝花段采砂规划报告（2017－2021年）的批复	2017年5月31日
攀府函〔2017〕125号	关于报送钢铁行业“僵尸企业”基本情况表的报告	2017年6月1日

续表21

文　号	文　件　标　题	成文时间
攀府函〔2017〕126 号	关于建立乌东德水电站建设移民工作联席会议制度的通知	2017 年 5 月 31 日
攀府函〔2017〕127 号	关于报送攀枝花市国资国企改革经验交流材料的函	2017 年 6 月 3 日
攀府函〔2017〕128 号	关于 2017 年 1～5 月省级民生工程及 16 件民生实事实施情况的报告	2017 年 6 月 5 日
攀府函〔2017〕130 号	关于报送《攀枝花市矿产资源总体规划（2016—2020 年）》的函	2017 年 6 月 6 日
攀府函〔2017〕131 号	关于高尔夫球场清理整治“回头看”工作情况的函	
攀府函〔2017〕132 号	关于落实 2017 年雅砻江流域水电开发公司扶持钒钛高新区用电企业电费资金的函	2017 年 6 月 13 日
攀府函〔2017〕133 号	关于恳请协同推进二滩库区综合管理有关工作的函	2017 年 6 月 14 日
攀府函〔2017〕134 号	关于审查《金沙江银江水电站项目社会稳定风险分析报告》的函	2017 年 6 月 8 日
攀府函〔2017〕135 号	关于继续支持花城新区建设的函	2017 年 6 月 15 日
攀府函〔2017〕136 号	关于攀枝花市城市棚户区改造项目（四期）有关事项的批复	2017 年 6 月 16 日
攀府函〔2017〕137 号	关于确认《金沙江银江水电站建设征地移民安置规划报告》的函	2017 年 6 月 20 日
攀府函〔2017〕138 号	关于恳请支持恒鼎实业公司债务重组的函	2017 年 6 月 19 日
攀府函〔2017〕139 号	关于发行“攀枝花·三线建设”特种邮票的函	2017 年 6 月 26 日
攀府函〔2017〕140 号	关于报送 2016 年度我市实行最严格水资源管理制度考核工作自查情况的函	2017 年 6 月 28 日
攀府函〔2017〕141 号	关于推荐四川省建设长江上游生态屏障先进集体和先进个人的函	2017 年 6 月 28 日
攀府函〔2017〕142 号	关于长江入河排污口专项检查行动自查情况的报告	2017 年 6 月 30 日
攀府函〔2017〕143 号	关于 2017 年“项目年”上半年工作情况和下半年工作打算的函	2017 年 7 月 3 日
攀府函〔2017〕144 号	关于 2016 年度土地矿产卫片执法监督检查工作情况的函	2017 年 7 月 4 日
攀府函〔2017〕145 号	关于开展自然保护区专项督察工作情况的自查报告	2017 年 7 月 7 日
攀府函〔2017〕146 号	关于恳请支持有关事项的函	2017 年 7 月 10 日
攀府函〔2017〕147 号	关于恳请支持有关事项的函	2017 年 7 月 10 日
攀府函〔2017〕148 号	关于恳请协助开展成都铁路局所属攀枝花、巴关河、格里坪站货场扬尘污染问题治理的函	2017 年 7 月 10 日
攀府函〔2017〕149 号	关于贯彻落实全省农业面源污染整治电视电话会议精神的报告	2017 年 7 月 14 日
攀府函〔2017〕150 号	关于攀枝花市食品安全检（监）测能力建设项目进展情况的报告	2017 年 7 月 11 日
攀府函〔2017〕151 号	关于盐边县中干沟钒钛磁铁矿采矿权配置意见的函	2017 年 7 月 14 日
攀府函〔2017〕152 号	关于 2015 年 1 月 1 日至 2017 年 6 月 30 日违法违规融资担保情况的函	2017 年 7 月 19 日
攀府函〔2017〕153 号	关于请求解决我市就业创业补助资金缺口问题的函	2017 年 7 月 19 日

续表21

文 号	文 件 标 题	成文时间
攀府函〔2017〕154号	关于同意2012－BE1#等14宗国有建设用地使用权出让实施方案的批复	2017年7月21日
攀府函〔2017〕155号	关于同意局部调整米易县麻陇彝族乡等3个乡镇土地利用总体规划（2006－2020年）的批复	2017年7月21日
攀府函〔2017〕156号	关于加快攀枝花站货场扬尘污染问题整治的函	2017年7月22日
攀府函〔2017〕157号	关于攀枝花市智慧城市特许授权的批复	2017年7月21日
攀府函〔2017〕158号	关于攀枝花市大数据中心项目建设实施方案的批复	2017年7月21日
攀府函〔2017〕159号	关于攀枝花市2017年棚户区改造（城中村）二期项目有关事项的批复	2017年7月25日
攀府函〔2017〕160号	关于采购棚改项目服务承接主体有关事项的批复	2017年7月28日
攀府函〔2017〕161号	关于申报创建第四批国家公共文化服务体系示范区的函	2017年7月31日
攀府函〔2017〕162号	关于2016年度水污染防治行动计划实施情况的自查报告	2017年7月31日
攀府函〔2017〕163号	关于对全市生猪定点屠宰资格审核清理结果的批复	2017年8月2日
攀府函〔2017〕164号	关于2017年1～7月省级民生工程及16件民生实事实施情况的报告	2017年8月4日
攀府函〔2017〕165号	关于攀枝花市国家现代农业示范区2016年度建设水平监测评价结果的函	2017年8月7日
攀府函〔2017〕166号	关于请予支持金沙金江截污干管工程建设的函	2017年8月7日
攀府函〔2017〕167号	关于报送攀枝花市地质灾害和防汛安全隐患排查防治工作总结报告的函	2017年8月9日
攀府函〔2017〕168号	关于应清未清环保“违法违规”建设项目查处情况的函	2017年8月10日
攀府函〔2017〕169号	关于报送2017年攀枝花市大众创业万众创新活动周实施方案的函	2017年8月11日
攀府函〔2017〕170号	关于攀钢集团矿业有限公司石灰石矿未能立即停工停产情况的报告	2017年8月16日
攀府函〔2017〕171号	关于加快整改部分环境问题的复函	2017年8月15日
攀府函〔2017〕172号	关于对米易县国有林场改革实施方案的批复	2017年8月16日
攀府函〔2017〕173号	关于攀枝花市长江沿线饮用水水源地安全专项检查自查情况的函	2017年8月18日
攀府函〔2017〕174号	关于申报认定攀枝花市中国特色农产品（芒果）优势区的函	2017年8月24日
攀府函〔2017〕175号	关于攀枝花市城市棚户区改造项目（五期）有关事项的批复	2017年8月28日
攀府函〔2017〕176号	关于米易县2017年第1批乡镇建设用地农用地转用的批复	2017年8月28日
攀府函〔2017〕177号	关于“放管服”改革涉及的规章、规范性文件清理工作的函	2017年8月28日
攀府函〔2017〕178号	关于攀枝花市2017年第2批乡镇建设用地农用地转用的批复	2017年8月30日
攀府函〔2017〕179号	关于商请中国人民武装警察部队水电三总队到我市驻训的函	2017年8月30日

续表21

文　号	文　件　标　题	成文时间
攀府函〔2017〕180号	关于确认攀枝花市棚户区改造项目的函	2017年9月1日
攀府函〔2017〕181号	关于报送《四川安宁铁钛股份有限公司米易县潘家田铁矿采矿用地方式改革试点方案》的函	2017年9月4日
攀府函〔2017〕182号	关于2017年1~8月省级民生工程及16件民生实事实施情况的报告	2017年9月5日
攀府函〔2017〕185号	关于《环境保护厅关于迅速组织查处突出环境问题的函》调查处理情况的复函	
攀府函〔2017〕186号	关于鱼塘高速路出口至新区干坝塘连接线道路工程有关事项的批复	2017年9月12日
攀府函〔2017〕187号	关于花城新区阳光大道金福片区后段及连接线项目有关事项的批复	2017年9月12日
攀府函〔2017〕188号	关于同意2017－R9#等12宗国有建设用地使用权出让实施方案的批复	2017年9月12日
攀府函〔2017〕191号	关于城市绿地系统规划修编的批复	2017年9月14日
攀府函〔2017〕192号	关于恳请支持攀枝花市申报创建智慧健康养老应用试点示范的函	
攀府函〔2017〕192号	关于恳请支持攀枝花市申报创建智慧健康养老应用试点示范的函	2017年9月15日
攀府函〔2017〕193号	关于攀钢集团钛业有限责任公司高炉渣提钛产业化示范项目低温氯化工程污水处理有关问题的函	2017年10月13日
攀府函〔2017〕195号	关于攀枝花市市政基础设施第一期PPP项目有关事项的批复	2017年9月28日
攀府函〔2017〕196号	关于上报《攀枝花市城乡居民住宅地震巨灾保险实施方案》的函	2017年9月28日
攀府函〔2017〕197号	关于申请继续给予攀枝花钒钛高新技术产业开发区用电扶持政策的函	2017年9月29日
攀府函〔2017〕198号	关于《攀枝花市创新政府配置资源方式改革工作方案》的批复	2017年9月30日
攀府函〔2017〕199号	关于调整乌东德水电站建设移民工作联席会议制度领导小组成员的通知	2017年10月14日
攀府函〔2017〕200号	关于2017年1至9月省级民生工程及民生实事实施情况的报告	2017年10月13日
攀府函〔2017〕201号	关于申请2017年或有债务转化的函	2017年10月19日
攀府函〔2017〕202号	报送《关于申报国家第二批居家和社区养老服务改革试点的报告》的函	2017年10月13日
攀府函〔2017〕203号	关于调整二滩、桐子林水电站区域综合协调委员会的通知	2017年10月18日
攀府函〔2017〕204号	关于同意2017－BS1#等6宗国有建设用地使用权出让实施方案的批复	2017年10月18日
攀府函〔2017〕205号	关于核实人口密集区危险化学品生产企业搬迁改造企业名单的函	2017年10月27日
攀府函〔2017〕206号	关于调整雅砻江公司定向扶持资金的函	2017年10月21日
攀府函〔2017〕207号	关于全面贯彻落实《利用综合标准依法依规推动落后产能退出的指导意见》有关情况的函	2017年10月21日

续表21

文 号	文 件 标 题	成文时间
攀府函〔2017〕208 号	关于申请将攀枝花市新机场选址纳入《中国民用航空发展“十三五”规划》的函	2017 年 10 月 21 日
攀府函〔2017〕209 号	关于政府文件清理工作情况的函	2017 年 10 月 31 日
攀府函〔2017〕210 号	关于恳请协调加快推进按照高速铁路标准建设攀枝花至昭通铁路的函	2017 年 10 月 31 日
攀府函〔2017〕211 号	关于对《落实食品安全党政同责的意见（代拟稿）》修改建议的复函	2017 年 11 月 1 日
攀府函〔2017〕212 号	关于深入推进城镇低效用地再开发实施意见（征求意见稿）的复函	2017 年 11 月 2 日
攀府函〔2017〕213 号	关于《攀枝花市生活污水处理设施建设 PPP 项目实施方案》的批复	2017 年 11 月 3 日
攀府函〔2017〕214 号	关于申请调增 2018 年棚改计划任务数的函	2017 年 11 月 3 日
攀府函〔2017〕215 号	关于 2017 年 1 至 10 月省级民生工程及民生实事实施情况的报告	2017 年 11 月 6 日
攀府函〔2017〕216 号	关于攀枝花市工业园区基础设施综合配套工程 PPP 项目有关事项的批复	2017 年 11 月 9 日
攀府函〔2017〕217 号	关于报送攀枝花市国家级自然保护区建设管理工作情况的函	2017 年 11 月 13 日
攀府函〔2017〕218 号	关于报送 2018 年新一轮退耕还林还草任务的函	2017 年 11 月 13 日
攀府函〔2017〕219 号	关于开展语言文字督导评估工作情况的函	2017 年 11 月 13 日
攀府函〔2017〕220 号	关于 2017 年 1 至 10 月省级民生工程及民生实事实施情况的函	2017 年 11 月 13 日
攀府函〔2017〕221 号	关于恳请给予攀枝花明珠铝业有限公司电解铝项目产能认定的函	2017 年 11 月 14 日
攀府函〔2017〕222 号	关于报送攀枝花市钢铁行业去产能工作自查验收报告的函	2017 年 11 月 14 日
攀府函〔2017〕223 号	关于对进一步扩大和升级信息消费持续释放内需潜力的实施意见（征求意见稿）的复函	2017 年 11 月 14 日
攀府函〔2017〕224 号	关于恳请支持攀枝花市建设大数据示范应用高地的函	2017 年 11 月 15 日
攀府函〔2017〕225 号	关于报送 2017 年度防震减灾工作总结及自评结果的函	2017 年 11 月 16 日
攀府函〔2017〕226 号	关于申报建立四川盐边格萨拉国家地质公园的函	2017 年 11 月 16 日
攀府函〔2017〕227 号	关于开展违规以地融资专项清查整改情况的函	2017 年 11 月 16 日
攀府函〔2017〕228 号	关于前一轮退耕还林“粮改现”政策执行自查情况的函	2017 年 11 月 23 日
攀府函〔2017〕229 号	关于开展中小学（幼儿园）安全专项督导工作情况的函	2017 年 11 月 24 日
攀府函〔2017〕230 号	关于报送《四川省推进宽带基础设施建设重点工作方案（2016－2017 年）》落实情况的函	2017 年 11 月 28 日
攀府函〔2017〕231 号	关于报送钢铁企业钢铁冶炼项目及装备核查情况的函	2017 年 11 月 28 日
攀府函〔2017〕232 号	关于攀枝花市城市棚户区改造项目（六期）有关事项的批复	2017 年 11 月 28 日
攀府函〔2017〕233 号	关于建设国家登山健身步道的函	2017 年 11 月 28 日

续表21

文　号	文　件　标　题	成文时间
攀府函〔2017〕234 号	关于地质灾害综合防治体系建设 2017 年度实施方案的批复	2017 年 11 月 28 日
攀府函〔2017〕235 号	关于申办首届环攀枝花国际公路自行车赛的函	2017 年 11 月 30 日
攀府函〔2017〕236 号	关于 2017 年 1 至 11 月省级民生工程及民生实事实施情况的报告	2017 年 12 月 6 日
攀府函〔2017〕237 号	关于攀枝花市保安营机场迁建有关事宜的函	2017 年 12 月 6 日
攀府函〔2017〕238 号	关于攀枝花市城市棚户区改造项目（六期）采用货币化安置方式的函	2017 年 12 月 6 日
攀府函〔2017〕239 号	关于确认攀枝花市城市棚户区改造项目（六期）的函	2017 年 12 月 6 日
攀府函〔2017〕240 号	关于采购 2018 年及以后棚改项目服务承接主体有关事项的批复	2017 年 12 月 6 日
攀府函〔2017〕241 号	关于同意实施《攀枝花市弄弄坪区域大气污染治理实施方案(2017—2018)》的批复	2017 年 12 月 7 日
攀府函〔2017〕242 号	关于报送盐业监管体制改革有关机构设置和编制情况的函	2017 年 12 月 8 日
攀府函〔2017〕243 号	关于报送 7 个未完成整改问题工作落实情况的函	2017 年 12 月 8 日
攀府函〔2017〕244 号	关于攀枝花市 2017 年第 19 批城市建设用地有关情况的函	2017 年 12 月 8 日
攀府函〔2017〕245 号	关于《四川省入河排污口整改提升工作方案（征求意见稿)》的复函	2017 年 12 月 8 日
攀府函〔2017〕246 号	关于报送攀枝花市中央环保督察群众信访举报办理情况的函	2017 年 12 月 8 日
攀府函〔2017〕247 号	关于落实交通建设项目地方配套资金的承诺函	2017 年 12 月 13 日
攀府函〔2017〕248 号	关于银江水电站溃坝影响相关情况的函	2017 年 12 月 14 日
攀府函〔2017〕249 号	关于攀枝花市 2017 年第 21 批城市建设用地涉及征收（占用）林地有关情况说明的函	2017 年 12 月 15 日
攀府函〔2017〕250 号	关于攀枝花市 2017 年第 22 批城市建设用地涉及征收（占用）林地有关情况说明的函	2017 年 12 月 15 日
攀府函〔2017〕251 号	关于攀枝花市 2017 年第 11 批城市建设用地涉及征收（占用）林地有关情况说明的函	2017 年 12 月 15 日
攀府函〔2017〕252 号	关于攀枝花市 2017 年第 15 批城市建设用地涉及征收（占用）林地有关情况说明的函	2017 年 12 月 15 日
攀府函〔2017〕253 号	关于报送省级环保督导发现问题整改情况的函	2017 年 12 月 19 日
攀府函〔2017〕254 号	关于报送攀枝花市大气污染防治行动计划实施情况自查工作报告的函	2017 年 12 月 19 日
攀府函〔2017〕255 号	关于报送攀枝花市 2017 年网格化环境监管工作情况的函	2017 年 12 月 19 日
攀府函〔2017〕256 号	关于攀枝花市水土保持规划（2015－2030 年）的批复	2017 年 12 月 19 日
攀府函〔2017〕257 号	关于报送 2017 年水空气质量和总量目标完成情况自查报告的函	2017 年 12 月 20 日
攀府函〔2017〕258 号	关于 2017 年 1 至 11 月省级民生工程及民生实事实施情况的报告	2017 年 12 月 20 日

续表21

文 号	文 件 标 题	成文时间
攀府函〔2017〕259号	关于帮助协调原成都军区联勤部农副业基地工业企业租赁土地有关问题的函	2017年12月19日
攀府函〔2017〕260号	关于2017年十项民生工程及20件民生实事实施情况的函	2017年12月28日
攀府函〔2017〕261号	关于报送攀枝花市开展安全生产专项整治行动切实做好岁末年初安全生产工作实施方案的函	2017年12月27日
攀府函〔2017〕262号	关于开展拖欠农民工工资问题专项整治行动情况的函	2017年12月28日
攀府函〔2017〕263号	关于督促拨付银江水电站征地移民资金的函	2017年12月28日
攀府函〔2017〕264号	关于公布攀枝花市历史建筑保护名录的通知	2017年12月28日
攀府函〔2017〕265号	关于攀枝花市2018年红格片区棚户区改造（城中村）项目有关事项的批复	2017年12月28日
攀府函〔2017〕266号	关于同意盐边县格萨拉乡大湾村等35个贫困村退出的批复	2017年12月29日
攀府函〔2017〕267号	关于报送取缔“地条钢”“回头看”工作情况的函	2017年12月29日
攀府函〔2017〕268号	关于同意划定调整部分集中式饮用水水源保护区的批复	2017年12月29日
攀府函〔2017〕269号	关于报送2018年省重点项目建议计划的函	2017年10月22
攀府发〔2017〕1号	关于印发《攀枝花市智慧城市建设总体方案》的通知	2017年1月23日
攀府发〔2017〕2号	关于印发《攀枝花市“十三五”消防事业发展规划》的通知	2017年1月12日
攀府发〔2017〕3号	关于命名攀枝花市第四批院士（专家）工作站的通知	2017年1月23日
攀府发〔2017〕4号	关于印发《攀枝花市石墨产业发展规划》的通知	2017年1月23日
攀府发〔2017〕5号	关于印发《攀枝花市政府投资建设项目审计办法》的通知	2017年4月18日
攀府发〔2017〕6号	关于加快转变农业发展方式的实施意见	2017年2月7日
攀府发〔2017〕7号	关于扎实推进新一轮现代农业林业畜牧业重点县建设的意见	2017年2月7日
攀府发〔2017〕8号	关于印发《攀枝花市市级部门争取资金考核办法》的通知	2017年3月10日
攀府发〔2017〕9号	关于进一步明确安全生产职责全面落实安全生产责任的通知	2017年3月10日
攀府发〔2017〕10号	关于印发《政府工作报告》的通知	2017年2月16日
攀府发〔2017〕11号	关于印发《对新一届市政府组成人员的要求》的通知	
攀府发〔2017〕12号	关于印发《攀枝花市社会保障卡综合应用试点示范工作实施方案》的通知	2017年2月27日
攀府发〔2017〕13号	关于表扬全市优秀民营企业的通报	2017年3月10日
攀府发〔2017〕14号	关于印发支持民营经济发展十条措施的通知	2017年3月30日
攀府发〔2017〕15号	关于实施支持农业转移人口市民化若干财政政策的通知	2017年4月11日

续表21

文 号	文 件 标 题	成文时间
攀府发〔2017〕16 号	关于印发《攀枝花市关于市属国有企业发展混合所有制经济的实施意见》的通知	2017 年 4 月 7 日
攀府发〔2017〕17 号	关于 2016 年度粮食安全行政首长责任制考核情况的通报	2017 年 4 月 10 日
攀府发〔2017〕18 号	关于加快建设现代农业产业园的意见	2017 年 4 月 19 日
攀府发〔2017〕19 号	关于桐子林水电站税费分配有关事项的通知	2017 年 4 月 24 日
攀府发〔2017〕20 号	关于将攀枝花市 2017 年危旧房棚户区改造一期项目购买服务资金分年度列入市本级财政预算和中期财政预算规划的通知	2017 年 4 月 27 日
攀府发〔2017〕21 号	关于将攀枝花市 2017 年危旧房棚户区改造二期项目购买服务资金分年度列入市本级财政预算和中期财政预算规划的通知	2017 年 4 月 27 日
攀府发〔2017〕22 号	关于将攀枝花市 2017 年危旧房棚户区改造三期项目购买服务资金分年度列入市本级财政预算和中期财政预算规划的通知	2017 年 4 月 27 日
攀府发〔2017〕23 号	关于加快金融发展的意见	2017 年 5 月 12 日
攀府发〔2017〕24 号	关于授予 2016 年度攀枝花市科学技术奖励的决定	2017 年 5 月 31 日
攀府发〔2017〕25 号	关于印发《攀枝花市与楚雄彝族自治州行政区域界线第三轮联合检查实施方案》的通知	
攀府发〔2017〕26 号	关于印发《攀枝花市与丽江市行政区域界线第三轮联合检查实施方案》的通知	
攀府发〔2017〕27 号	关于印发《攀枝花市促进消费稳增长七条措施》的通知	2017 年 6 月 9 日
攀府发〔2017〕28 号	关于表扬 2016 年度征兵工作先进单位和先进个人的通报	2017 年 7 月 20 日
攀府发〔2017〕29 号	关于印发《攀枝花市控制温室气体排放工作方案》的通知	2017 年 7 月 23 日
攀府发〔2017〕30 号	关于做好当前和今后一段时期就业创业工作的实施方案	2017 年 12 月 27 日
攀府发〔2017〕32 号	关于调整我市城乡居民最低生活保障标准的通知	2017 年 8 月 13 日
攀府发〔2017〕33 号	关于推进建筑产业现代化发展的实施意见	2017 年 8 月 16 日
攀府发〔2017〕34 号	关于深入推进新型城镇化建设的实施意见	2017 年 8 月 16 日
攀府发〔2017〕35 号	关于印发《攀枝花市改革和完善国有资产管理体制的实施意见》的通知	2017 年 9 月 7 日
攀府发〔2017〕36 号	关于加快发展康复辅助器具产业的实施意见	2017 年 9 月 27 日
攀府发〔2017〕37 号	关于印发《办理人大代表建议和政协提案办法》的通知	2017 年 10 月 16 日
攀府发〔2017〕38 号	关于印发《攀枝花市深化市级财政科技计划管理改革方案》的通知	2017 年 11 月 3 日
攀府发〔2017〕39 号	关于印发《攀枝花市大型科研仪器向社会开放实施方案》的通知	2017 年 11 月 8 日
攀府发〔2017〕40 号	关于印发《攀枝花市深化医药卫生体制改革规划（2017—2020 年）》的通知	2017 年 12 月 8 日

续表21

文　号	文　件　标　题	成文时间
攀府发〔2017〕41 号	关于印发攀枝花市城乡居民基本医疗保险办法的通知	2017 年 12 月 6 日
攀府发〔2017〕42 号	关于加强困境儿童保障和农村留守儿童关爱保护工作的实施意见	2017 年 12 月 28 日
攀府发〔2017〕43 号	关于废止《攀枝花市燃放烟花爆竹管理办法》的决定	2017 年 12 月 29 日
攀办函〔2017〕1 号	关于申请报废车辆的函	2017 年 1 月 4 日
攀办函〔2017〕2 号	关于解决补发柳羽鸿同志去世丧葬费及一次性抚恤金的函	2017 年 1 月 4 日
攀办函〔2017〕3 号	关于成立冉家湾隧道“12·23”较大车辆伤害事故调查组的通知	2017 年 1 月 6 日
攀办函〔2017〕4 号	关于召开市政府第九次全体会议的通知	
攀办函〔2017〕5 号	关于加强生态保护红线管控工作的通知	2017 年 1 月 22 日
攀办函〔2017〕6 号	2016 年 10 月 ~12 月政务信息采用情况通报	2017 年 1 月 23 日
攀办函〔2017〕7 号	关于印发《攀枝花市生活污水处理调研方案》的通知	2017 年 1 月 24 日
攀办函〔2017〕8 号	关于调整花城新区医院建设项目实施机构的通知	2017 年 1 月 22 日
攀办函〔2017〕9 号	关于 2016 年度目标任务完成情况的自查自评报告	2017 年 1 月 25 日
攀办函〔2017〕10 号	关于成立攀枝花市公共机构节能工作协调小组的通知	2017 年 2 月 6 日
攀办函〔2017〕11 号	关于进一步加强全市政府网站建设的通知	2017 年 2 月 16 日
攀办函〔2017〕12 号	关于调整市政府办公室领导同志分工的通知	2017 年 2 月 15 日
攀办函〔2017〕13 号	关于印发市政府领导同志分工的通知	
攀办函〔2017〕14 号	关于印发《2017 年市政府一季度重点工作》的通知	2017 年 2 月 17 日
攀办函〔2017〕15 号	关于印发《2017 年政务信息工作考核办法》《2017 年政务信息采用任务分配表》《2017 年政务信息采用计分标准》的通知	2017 年 2 月 17 日
攀办函〔2017〕16 号	关于申请动用房屋维修基金的函	2017 年 2 月 20 日
攀办函〔2017〕17 号	关于印发 2017 年效能建设工作考核办法的通知	2017 年 2 月 20 日
攀办函〔2017〕18 号	关于报送 2017 年度职能目标主要任务的函	2017 年 2 月 21 日
攀办函〔2017〕19 号	关于印发《2017 年政务公开工作考核办法》的通知	2017 年 3 月 1 日
攀办函〔2017〕20 号	批转《攀枝花市人民政府教育督导团关于县（区、园区）及市教育体育局直属系统完成 2016 年教育工作目标任务的督导评估情况通报》的通知	2017 年 3 月 6 日
攀办函〔2017〕21 号	批转《攀枝花市人民政府教育督导团关于东区人民政府 2016 年教育工作目标任务完成情况的督导评估意见》的通知	2017 年 3 月 6 日
攀办函〔2017〕22 号	批转《攀枝花市人民政府教育督导团关于西区人民政府 2016 年教育工作目标任务完成情况的督导评估意见》的通知	2017 年 3 月 6 日

续表21

文　号	文　件　标　题	成文时间
攀办函〔2017〕23号	批转《攀枝花市人民政府教育督导团关于仁和区人民政府2016年教育工作目标任务完成情况的督导评估意见》的通知	2017年3月6日
攀办函〔2017〕24号	批转《攀枝花市人民政府教育督导团关于米易县人民政府2016年教育工作目标任务完成情况的督导评估意见》的通知	2017年3月6日
攀办函〔2017〕25号	批转《攀枝花市人民政府教育督导团关于盐边县人民政府2016年教育工作目标任务完成情况的督导评估意见》的通知	2017年3月6日
攀办函〔2017〕26号	批转《攀枝花市人民政府教育督导团关于攀枝花钒钛高新技术产业园区管委会2016年教育工作目标任务完成情况的督导评估意见》的通知	2017年3月6日
攀办函〔2017〕27号	批转《攀枝花市人民政府教育督导团关于市教育体育局直属系统2016年教育工作目标任务完成情况的督导评估意见》的通知	2017年3月6日
攀办函〔2017〕28号	关于切实抓好2017年度现代烟草农业生产的通知	2017年3月3日
攀办函〔2017〕29号	2017年年1～2月政务信息工作情况通报	2017年3月7日
攀办函〔2017〕30号	关于对攀枝花钢企米易白马球团有限公司废气超标排放问题的复函	2017年3月17日
攀办函〔2017〕31号	关于调整攀枝花市推进地企合作工作领导小组的通知	2017年3月23日
攀办函〔2017〕32号	关于组织公开考调2名机关工作人员的函	2017年3月23日
攀办函〔2017〕33号	关于定期开展全市政府网站自查工作的通知	2017年3月29日
攀办函〔2017〕34号	关于调整攀枝花市保护“三电”和市政设施工作协调领导小组及办公室组成人员的通知	
攀办函〔2017〕35号	关于表扬2016年度两项资金管理先进集体的通报	2017年4月11日
攀办函〔2017〕36号	关于印发《攀枝花市建立完善守信联合激励和失信联合惩戒制度加快推进社会诚信建设实施意见》的通知	2017年4月20日
攀办函〔2017〕37号	关于申请调整预算指标的函	2017年4月12日
攀办函〔2017〕38号	关于2017年3月政务信息工作情况的通报	2017年4月14日
攀办函〔2017〕39号	关于成立金沙江三堆子大桥建设工作领导小组的通知	2017年4月14日
攀办函〔2017〕40号	关于印发《攀枝花市语言文字工作督导评估实施方案》的通知	2017年4月18日
攀办函〔2017〕41号	关于请求解决马慈恩参照执行离休干部医药费报销范围及标准的函	2017年4月18日
攀办函〔2017〕42号	关于解决补发严福林等4人去世丧葬费及一次性抚恤金的函	2017年4月18日
攀办函〔2017〕43号	关于再次开展打击“地条钢”清理排查工作的通知	2017年5月5日
攀办函〔2017〕44号	关于印发《攀枝花市健康城市建设工作实施方案（2017～2020年）》的通知	2017年5月10日
攀办函〔2017〕45号	关于报送省环保督察组反馈问题整改方案的函	2017年5月15日

续表21

文　号	文　件　标　题	成文时间
攀办函〔2017〕46号	关于2017年4月政务信息工作情况的通报	2017年5月16日
攀办函〔2017〕47号	关于紧急采购市政府办公大楼大厅LED显示屏的函	2017年5月15日
攀办函〔2017〕48号	关于印发《攀枝花市道路交通安全集中整治行动工作方案》的通知	
攀办函〔2017〕49号	关于请予办理变更攀枝花市人民政府驻成都办事处法人的函	
攀办函〔2017〕50号	关于印发《攀枝花市2017年度市本级国有建设用地供地计划》的通知	
攀办函〔2017〕51号	关于印发《攀枝花市易地扶贫搬迁工作成效考核实施办法（暂行）》的通知	2017年5月18日
攀办函〔2017〕52号	关于成立农业水价综合改革领导小组的通知	
攀办函〔2017〕53号	关于市住房城乡建设局违反会议纪律的情况通报	2017年5月23日
攀办函〔2017〕54号	关于印发《攀枝花市公共机构节约能源资源“十三五”规划》的通知	2017年5月26日
攀办函〔2017〕55号	关于攀枝花市法治政府建设工作领导小组组成人员及主要职责的通知	2017年6月2日
攀办函〔2017〕57号	关于印发加快推进广播电视村村通向户户通升级工作的实施方案的通知	2017年6月8日
攀办函〔2017〕58号	关于开展2017年第二季度全市政府网站检查情况的函	2017年6月9日
攀办函〔2017〕59号	关于2017年5月政务信息工作情况的通报	2017年6月15日
攀办函〔2017〕60号	关于印发《政府信息公开属性源头认定制度》的通知	2017年6月15日
攀办函〔2017〕61号	关于开展2017年“康养+”产业专题投资促进活动的通知	2017年6月16日
攀办函〔2017〕62号	关于拟给予马宁骜等5人记三等功的函	2017年6月16日
攀办函〔2017〕63号	关于国务院开展第四次大督查自查报告的函	2017年6月20日
攀办函〔2017〕64号	关于2017年省政府办公厅第一季度通报问责落实情况及全市第二季度政府网站检查情况的通报	2017年6月21日
攀办函〔2017〕65号	关于成立省级出口工业产品质量安全示范区复评审工作领导小组的通知	
攀办函〔2017〕66号	关于开展2017年度政务调研成果评选工作的通知	2017年7月5日
攀办函〔2017〕67号	转发市文化广电新闻出版局等部门关于做好政府向社会力量购买公共文化服务工作实施意见的通知	
攀办函〔2017〕68号	关于开展2017年国家现代农业示范区建设水平监测评价工作的通知	2017年7月7日
攀办函〔2017〕69号	关于成立地质灾害隐患排查暨防治工作领导小组的通知	
攀办函〔2017〕70号	关于印发落实国土资源厅支持攀枝花市矿业城市转型发展若干措施工作方案的通知	

续表21

文　号	文　件　标　题	成文时间
攀办函〔2017〕71号	关于印发《2017年攀枝花市政府网站绩效评估指标体系》的通知	
攀办函〔2017〕72号	关于印发攀枝花市推进有机产品认证示范区创建2017年度工作方案的通知	
攀办函〔2017〕73号	关于成立攀枝花市政务公开和政府信息化建设领导小组的通知	
攀办函〔2017〕74号	关于市卫生计生委应急演练有关问题的通报	2017年7月19日
攀办函〔2017〕75号	关于市政协九届一次会议对政府工作提出的意见和建议办理情况的函	2017年7月19日
攀办函〔2017〕76号	关于市工商局等单位违反会议纪律的情况通报	2017年7月18日
攀办函〔2017〕77号	关于进一步规范市政府专题会议的通知	
攀办函〔2017〕78号	关于2017年6月政务信息工作情况的通报	2017年7月25日
攀办函〔2017〕79号	关于印发2017年度投资促进重点项目推进工作计划的通知	
攀办函〔2017〕80号	关于召开市政府第二次全体会议的通知	
攀办函〔2017〕81号	关于做好招商引资周工作动态报送工作的通知	2017年8月1日
攀办函〔2017〕82号	关于成立红格特色小镇建设工作小组的通知	
攀办函〔2017〕83号	关于申请调整内设机构的函	2017年8月2日
攀办函〔2017〕84号	关于聘用市政府门户网站信息员的通知	2017年8月14日
攀办函〔2017〕85号	关于对《金沙江干流攀枝花段河道采砂权出让方案》的批复	2017年8月17日
攀办函〔2017〕86号	关于同意建立攀枝花市网络市场监管部门联席会议制度的函	2017年8月14日
攀办函〔2017〕87号	关于2017年7月政务信息工作情况的通报	2017年8月16日
攀办函〔2017〕89号	关于解决办公室更新车辆资金的函	2017年8月18日
攀办函〔2017〕90号	关于中国热带农业科学院四川攀枝花试验基地建设项目有关事宜的通知	2017年8月18日
攀办函〔2017〕91号	关于我市驻省会办事机构有关情况的报告	2017年12月13日
攀办函〔2017〕92号	关于将公务用车更新纳入政府采购追加程序的函	2017年8月21日
攀办函〔2017〕93号	关于清理调整市政府设立的各类领导小组的通知	2017年8月18日
攀办函〔2017〕94号	关于对全市企业开展项目有关手续排查的紧急通知	2017年8月21日
攀办函〔2017〕95号	关于公务用车更新采用竞争性谈判采购方式的函	2017年8月21日
攀办函〔2017〕97号	关于成立攀枝花市生态环境监测网络建设工作领导小组的通知	
攀办函〔2017〕98号	关于进一步加强信访维稳工作的通知	2017年8月24日
攀办函〔2017〕99号	关于切实抓好2017年烟叶收购工作的通知	2017年8月24日

续表21

文 号	文 件 标 题	成文时间
攀办函〔2017〕100号	关于成立攀枝花市中国特色农产品（芒果）优势区创建领导小组的通知	
攀办函〔2017〕101号	关于开展2017年第一次项目竞进拉练活动的通知	2017年8月25日
攀办函〔2017〕102号	关于加强“放管服”改革推进情况报送工作的通知	2017年8月25日
攀办函〔2017〕103号	关于2012~2016年度保护发展森林资源目标考核结果的通报	2017年8月29日
攀办函〔2017〕104号	关于我办秘书一科加挂常务办公室牌子的函	
攀办函〔2017〕105号	关于紧急采购办公设施的函	2017年9月1日
攀办函〔2017〕106号	关于2017年8月政务信息工作情况的通报	2017年9月14日
攀办函〔2017〕107号	关于举行2017年四川省重大产业项目集中开工攀枝花市分会场第三季度项目开工仪式的通知	2017年9月20日
攀办函〔2017〕108号	关于成立攀枝花市规范警务辅助人员管理工作领导小组的通知	
攀办函〔2017〕109号	关于解决马慈恩同志去世丧葬费及一次性抚恤金的函	2017年9月25日
攀办函〔2017〕110号	关于按时完成全市政务信息资源目录编报工作的通知	2017年9月27日
攀办函〔2017〕111号	关于成立攀枝花市深化统计管理体制改革领导小组的通知	
攀办函〔2017〕112号	关于印发攀枝花市食品安全突发事件应急预案的通知	2017年9月30日
攀办函〔2017〕113号	关于“减证便民”行动进展情况的函	2017年10月11日
攀办函〔2017〕114号	关于转发市投资促进局《招商引资项目对接洽谈工作规范性要求》的通知	2017年9月29日
攀办函〔2017〕115号	关于解决杨培权同志去世丧葬费及一次性抚恤金的函	2017年10月10日
攀办函〔2017〕116号	关于印发攀枝花市政务信息系统整合共享工作方案的通知	
攀办函〔2017〕117号	关于转发《四川省人民政府办公厅关于做好全省一体化政务服务平台上线工作的通知》的通知	2017年10月20日
攀办函〔2017〕118号	关于印发《中国·攀枝花·盐边“悦基金”2017年第24届全球华人羽毛球锦标赛工作方案》的通知	2017年10月23日
攀办函〔2017〕119号	关于2017年9月政务信息工作情况的通报	2017年10月27日
攀办函〔2017〕120号	关于仁和区政府等单位违反会议纪律情况的通报	2017年10月30日
攀办函〔2017〕121号	关于2017年三季度报送市政府公文质量测评情况的通报	2017年11月1日
攀办函〔2017〕122号	关于进一步加强全市政务公开工作和政府网站建设的通知	2017年11月2日
攀办函〔2017〕123号	关于转发市经济和信息化委 市发展改革委《关于推进第五代（5G）移动通信网络建设的实施意见》的通知	2017年11月2日
攀办函〔2017〕124号	关于开展“一体化政务服务平台”上线运行工作督查的通知	2017年11月3日

续表21

文　号	文　件　标　题	成文时间
攀办函〔2017〕125 号	关于印发攀枝花市参加第五届四川农业博览会工作方案的通知	
攀办函〔2017〕126 号	关于报送工作总结和工作安排的通知	2017 年 11 月 9 日
攀办函〔2017〕127 号	关于印发《攀枝花市生态环境监测网络建设实施方案》的通知	2017 年 11 月 14 日
攀办函〔2017〕128 号	关于市公共资源交易服务中心工作人员政务服务问题的通报	2017 年 11 月 15 日
攀办函〔2017〕129 号	关于攀枝花市公众信息网“问题地图”整改工作的情况报告	2017 年 11 月 16 日
攀办函〔2017〕130 号	关于 2017 年 10 月月政务信息工作情况的通报	2017 年 11 月 17 日
攀办函〔2017〕131 号	关于东区等 5 县（区）盐业监管体制改革方案的复函	
攀办函〔2017〕132 号	关于成立攀枝花市信息进村入户工程领导小组的通知	
攀办函〔2017〕133 号	关于进一步加快推进环保违法违规建设项目清理整顿工作的通知	
攀办函〔2017〕134 号	关于成立攀枝花市人民政府教育督导委员会的通知	
攀办函〔2017〕135 号	关于解决唐刚同志去世丧葬费及一次性抚恤金的函	2017 年 12 月 13 日
攀办函〔2017〕136 号	关于 2017 年 11 月政务信息工作情况的通报	2017 年 12 月 21 日
攀办函〔2017〕137 号	关于支持农业产业化龙头企业（工商资本）带动脱贫攻坚的意见	2017 年 12 月 22 日
攀办函〔2017〕138 号	关于变更攀钢集团钢城企业总公司主管部门的通知	2017 年 12 月 27
攀办发〔2017〕1 号	关于印发《攀枝花市市属国有企业功能界定与分类监管办法（试行）》的通知	2017 年 1 月 3 日
攀办发〔2017〕2 号	关于加强和改进政务信息工作的意见	2017 年 1 月 5 日
攀办发〔2017〕3 号	关于印发《攀枝花市市属国有企业发展战略与规划管理办法》的通知	2017 年 1 月 4 日
攀办发〔2017〕4 号	关于明确弃土场建设管理职责的通知	2017 年 1 月 4 日
攀办发〔2017〕5 号	关于精心组织安排 2017 年春节期间正常生产工作的通知	2017 年 1 月 11 日
攀办发〔2017〕6 号	关于印发《攀枝花社会救助和保障标准与物价上涨挂钩联动机制实施办法》的通知	2017 年 1 月 13 日
攀办发〔2017〕7 号	关于印发《攀枝花市落实国土资源部支持事项工作分工方案》的通知	2017 年 1 月 16 日
攀办发〔2017〕8 号	关于印发《兴攀产业发展基金管理办法》和《兴攀产业发展基金管理细则》的通知	2017 年 1 月 18 日
攀办发〔2017〕9 号	关于印发实施《攀枝花市地级以上集中式饮用水水源地整改方案》的通知	2017 年 1 月 18 日
攀办发〔2017〕10 号	关于表扬“邮储银行杯”攀枝花市第四届青年创业创新创富大赛优秀项目的通报	2017 年 1 月 23 日
攀办发〔2017〕11 号	关于印发《攀枝花市工矿废弃地复垦种植芒果工作方案》的通知	2017 年 1 月 24 日

续表21

文 号	文 件 标 题	成文时间
攀办发〔2017〕12号	关于印发《攀枝花市人民政府顾问和政府特聘专家管理办法》的通知	2017年2月13日
攀办发〔2017〕13号	关于印发《2017年市政府工作要点》的通知	2017年2月17日
攀办发〔2017〕14号	关于做好2017年一季度全市工业经济运行工作确保开门红的通知	2017年2月22日
攀办发〔2017〕15号	关于建立攀枝花市市场主体信用信息及法人基础信息数据库共享协作联席会议的通知	2017年2月24日
攀办发〔2017〕16号	关于贯彻落实省政府《关于创造良好市场环境进一步促进消费的意见》的实施方案	2017年2月27日
攀办发〔2017〕17号	关于印发《2017年攀枝花市环境污染防治“三大战役”重点工作》的通知	2017年2月27日
攀办发〔2017〕18号	关于成立市化解钢铁行业过剩产能和脱困升级工作领导小组的通知	2017年3月3日
攀办发〔2017〕19号	关于印发《攀枝花市特种设备事故应急预案（2017年修订）》的通知	2017年2月28日
攀办发〔2017〕20号	关于印发攀枝花市食品安全工作评议考核办法的通知	2017年3月2日
攀办发〔2017〕21号	关于分解下达2017年保障性安居工程目标任务的通知	2017年3月8日
攀办发〔2017〕22号	关于进一步加强月度经济运行调度工作的通知	2017年3月8日
攀办发〔2017〕23号	关于印发《攀枝花市市属国有企业负责人经营业绩考核办法》的通知	2017年3月13日
攀办发〔2017〕24号	关于印发《攀枝花市产业园区创新改革发展规划》的通知	2017年3月23日
攀办发〔2017〕25号	关于印发《全面深化攀枝花市国有企业内部劳动人事分配三项制度改革实施方案》的通知	2017年3月15日
攀办发〔2017〕26号	关于印发《关于提升科技创新能力打造钒钛国家科研大平台的建设方案》的通知	2017年3月23日
攀办发〔2017〕27号	关于印发《攀枝花市卫生计生事业发展“十三五”规划》的通知	2017年3月17日
攀办发〔2017〕28号	关于印发《攀枝花市危旧房棚户区改造项目房屋征收补偿货币化安置有关问题的通知》的通知	2017年3月21日
攀办发〔2017〕29号	关于印发促进民营企业建立现代企业制度实施方案（2016~2020年）的通知	2017年3月30日
攀办发〔2017〕30号	关于印发《攀枝花市“十三五”科技创新规划》的通知	2017年3月24日
攀办发〔2017〕31号	关于印发《攀枝花市食品药品监督管理事权划分方案》的通知	2017年3月28日
攀办发〔2017〕32号	关于印发《攀枝花市关于鼓励和规范国有企业投资项目引入非国有资本的实施意见》的通知	2017年4月7日
攀办发〔2017〕33号	关于组织编制“一村一乡（镇）一地图”的通知	2017年4月6日
攀办发〔2017〕34号	关于加强生态保护红线管控工作的通知	2017年4月10日

续表21

文　号	文　件　标　题	成文时间
攀办发〔2017〕35 号	关于印发攀枝花市清理整顿各类交易场所“回头看”工作方案的通知	2017 年 4 月 18 日
攀办发〔2017〕36 号	关于下达 2017 年度投资促进工作目标任务的通知	2017 年 4 月 19 日
攀办发〔2017〕37 号	关于成立攀枝花市现代农业产业园建设领导小组的通知	2017 年 4 月 19 日
攀办发〔2017〕38 号	关于成立攀枝花市现代农业（芒果）产业园管理委员会的通知	2017 年 4 月 19 日
攀办发〔2017〕39 号	关于编制政府资产报告的通知	2017 年 4 月 20 日
攀办发〔2017〕40 号	关于印发《攀枝花市 2017 年食品安全工作要点》的通知	2017 年 4 月 22 日
攀办发〔2017〕41 号	关于印发《攀枝花市危险化学品安全综合治理方案》的通知	2017 年 4 月 24 日
攀办发〔2017〕42 号	关于表扬 2016 年度全市金融工作先进单位的通报	2017 年 4 月 24 日
攀办发〔2017〕43 号	关于印发《攀枝花市投资项目会商办法（修订）》的通知	2017 年 4 月 24 日
攀办发〔2017〕44 号	关于 2017 年省政府重点督查事项督查责任分工的通知	2017 年 4 月 25 日
攀办发〔2017〕45 号	关于表扬 2016 年度全市政务调研工作先进集体和优秀成果的通知	2017 年 4 月 26 日
攀办发〔2017〕46 号	关于印发《攀枝花市 2017 年度地质灾害防治方案》的通知	2017 年 4 月 27 日
攀办发〔2017〕47 号	关于成立攀枝花市政府与神州控股有限公司合作工作协调领导小组的通知	2017 年 5 月 2 日
攀办发〔2017〕48 号	关于印发《攀枝花市加快推进有机产品认证示范区创建专项任务分解表》的通知	2017 年 5 月 22 日
攀办发〔2017〕49 号	关于成立攀枝花市智慧城市建设领导小组的通知	2017 年 5 月 2 日
攀办发〔2017〕50 号	关于表扬 2015 年度全市水资源管理节约和保护工作先进集体和先进个人的通报	2017 年 5 月 2 日
攀办发〔2017〕51 号	关于优化建设工程防雷许可的实施意见	2017 年 5 月 2 日
攀办发〔2017〕52 号	关于印发《攀枝花市“十三五”质量发展规划》的通知	2017 年 5 月 4 日
攀办发〔2017〕53 号	关于印发《“9・19”抗洪抢险总结与反思》的通知	2017 年 5 月 3 日
攀办发〔2017〕54 号	关于印发《攀枝花市航运发展规划》的通知	2017 年 5 月 5 日
攀办发〔2017〕55 号	关于印发《关于贯彻落实全省发展改革工作会议精神的实施意见》的通知	2017 年 5 月 10 日
攀办发〔2017〕56 号	关于印发《攀枝花市国家出资企业产权登记管理实施办法》的通知	2017 年 5 月 11 日
攀办发〔2017〕57 号	关于印发《2017 年攀枝花市推进直接融资工作方案》的通知	2017 年 5 月 11 日
攀办发〔2017〕58 号	关于印发《攀枝花市鼓励企业直接融资补助办法》的通知	2017 年 5 月 11 日
攀办发〔2017〕59 号	关于印发《攀枝花市金融机构支持地方经济发展考核奖励办法》的通知	2017 年 5 月 11 日

续表21

文 号	文 件 标 题	成文时间
攀办发〔2017〕60号	关于通报2016年工业经济责任目标完成情况和下达2017年工业经济责任目标的通知	2017年5月11日
攀办发〔2017〕61号	关于印发《攀枝花市尾矿库“头顶库”综合治理实施方案》的通知	2017年5月11日
攀办发〔2017〕62号	关于印发《攀枝花市地级集中式饮用水水源地环境问题整改方案》的通知	2017年5月11日
攀办发〔2017〕63号	关于表扬2016年度政务服务工作先进集体和先进个人的通报	2017年5月11日
攀办发〔2017〕64号	关于印发攀枝花市重大项目管理办法的通知	2017年5月15日
攀办发〔2017〕65号	关于表扬全市《全民科学素质行动计划纲要》“十二五”实施工作先进集体和先进个人的通报	2017年5月16日
攀办发〔2017〕66号	关于攀枝花公交客运总公司等12户市属国有企业类型的通知	2017年5月17日
攀办发〔2017〕67号	关于表扬攀枝花市2016年度投资和重点项目推进工作先进县（区）、市级部门和个人的通报	2017年5月17日
攀办发〔2017〕68号	关于印发《攀枝花市市属企业融资与担保管理办法（试行）》的通知	2017年5月23日
攀办发〔2017〕69号	关于印发《攀枝花市推行环境污染第三方治理的实施意见》的通知	2017年5月25日
攀办发〔2017〕70号	关于印发《“攀枝花芒果”区域公用品牌打造专项工作方案》的通知	2017年5月27日
攀办发〔2017〕71号	关于下达2017年度投资促进工作目标任务的通知	2017年5月31日
攀办发〔2017〕72号	关于印发《攀枝花市关于贯彻落实〈加快中西部教育发展的实施方案〉的办法》的通知	2017年6月2日
攀办发〔2017〕73号	关于印发《攀枝花市重污染天气应急预案（2017年修订）》的通知	2017年6月6日
攀办发〔2017〕74号	关于印发《土壤污染防治行动计划攀枝花市工作方案》的通知	2017年6月6日
攀办发〔2017〕75号	关于印发《攀枝花市人民政府2017年度法治政府建设工作安排》的通知	2017年6月8日
攀办发〔2017〕76号	关于印发《攀枝花市文化广电新闻出版“十三五”发展规划》的通知	2017年6月9日
攀办发〔2017〕77号	关于印发《2017年帮扶重点企业扭亏脱困工作方案》的通知	2017年6月9日
攀办发〔2017〕78号	关于印发《观音岩引水工程项目推进作战图》的通知	2017年6月14日
攀办发〔2017〕79号	关于印发《攀枝花市应收账款融资服务工作方案》的通知	2017年6月14日
攀办发〔2017〕80号	关于印发《攀枝花市水上交通安全监测巡航救助一体化建设专项工程实施方案（2016－2020年）》的通知	2017年6月16日
攀办发〔2017〕81号	关于印发“攀枝花市人民政府参加第五届中国（绵阳）科技城国际科技博览会工作方案”的通知	2017年6月28日
攀办发〔2017〕82号	关于进一步做好“放管服”改革涉及的规章、规范性文件清理工作的通知	2017年7月3日

续表21

文　号	文　件　标　题	成文时间
攀办发〔2017〕83 号	关于印发《关于贯彻落实全省工业和信息化工作会议精神的实施意见》的通知	2017 年 6 月 30 日
攀办发〔2017〕84 号	关于印发攀枝花市 2017 年政务公开工作分工方案的通知	2017 年 7 月 3 日
攀办发〔2017〕85 号	关于进一步做好采煤沉陷区汛期安全工作的紧急通知	2017 年 7 月 3 日
攀办发〔2017〕86 号	关于印发《攀枝花市地级集中式饮用水水源地环境问题整改方案》（环境保护厅审定稿）的通知	2017 年 7 月 4 日
攀办发〔2017〕87 号	关于印发《攀枝花市县级集中式饮用水水源地环境问题整改方案》的通知	2017 年 7 月 4 日
攀办发〔2017〕88 号	关于印发攀枝花市政府部门涉企信息统一归集公示工作实施方案的通知	2017 年 7 月 5 日
攀办发〔2017〕89 号	关于开展政府文件清理工作的通知	2017 年 7 月 6 日
攀办发〔2017〕90 号	关于印发《攀枝花市淘汰一段式煤气发生炉工作实施意见》的通知	2017 年 7 月 7 日
攀办发〔2017〕91 号	关于印发《〈攀枝花市大气污染防治行动计划实施细则〉2017 年度实施计划》的通知	2017 年 7 月 6 日
攀办发〔2017〕92 号	关于印发《攀枝花市“十三五”环境保护规划》的通知	2017 年 7 月 10 日
攀办发〔2017〕93 号	关于印发攀枝花市 2017 年度政策性芒果价格保险试点工作实施方案的通知	2017 年 7 月 10 日
攀办发〔2017〕94 号	关于进一步加强特色农业保险工作的意见	2017 年 7 月 10 日
攀办发〔2017〕95 号	关于 2017 年全市消防工作的实施意见	2017 年 7 月 10 日
攀办发〔2017〕96 号	关于进一步明确污水管网监管职责的通知	2017 年 7 月 14 日
攀办发〔2017〕97 号	关于印发《攀枝花市促进工业固体废物综合利用的措施》的通知	2017 年 7 月 14 日
攀办发〔2017〕98 号	关于印发《攀枝花市政府与社会资本合作（PPP）项目管理实施细则》的通知	2017 年 7 月 17 日
攀办发〔2017〕99 号	关于印发《四川省产业发展投资引导基金市州行（攀枝花站）活动方案》的通知	2017 年 8 月 2 日
攀办发〔2017〕100 号	关于印发《攀枝花市畜禽养殖污染突出问题专项整治行动方案》的通知	2017 年 7 月 20 日
攀办发〔2017〕101 号	关于印发《攀枝花市河流突出问题专项整治行动方案》的通知	2017 年 7 月 20 日
攀办发〔2017〕102 号	关于印发《攀枝花市全民科学素质行动计划纲要实施方案（2016—2020 年）》的通知	2017 年 7 月 24 日
攀办发〔2017〕103 号	关于印发《攀枝花市良好水体保护方案》的通知	2017 年 7 月 27 日
攀办发〔2017〕105 号	关于印发攀枝花市建设“高清攀枝花智慧广电”实施方案的通知	2017 年 8 月 9 日
攀办发〔2017〕106 号	关于印发危爆物品和寄递物流专项整治行动工作方案的通知	2017 年 7 月 30 日

续表21

文 号	文 件 标 题	成文时间
攀办发〔2017〕107 号	关于成立攀枝花市第二次全国污染源普查领导小组的通知	2017 年 7 月 31 日
攀办发〔2017〕108 号	关于印发《攀枝花市违法用地和违法违规建设行为整治专项行动方案》《攀枝花市企业违法排污行为整治专项行动方案》《攀枝花市货车超载超限治理、违规倾倒抛洒和道路保洁整治专项行动方案》《攀枝花市毁林开垦整治专项行动方案》的通知	2017 年 8 月 6 日
攀办发〔2017〕109 号	关于下达公共机构节约能源资源“十三五”目标任务的通知	2017 年 8 月 4 日
攀办发〔2017〕110 号	关于发布第五批重点工业企业“红名单”的通知	2017 年 8 月 7 日
攀办发〔2017〕111 号	关于印发《攀枝花市健全生态保护补偿机制实施方案》的通知	2017 年 8 月 8 日
攀办发〔2017〕112 号	关于印发《攀枝花市环境空气质量持续改善规划》的通知	2017 年 8 月 4 日
攀办发〔2017〕113 号	关于印发攀枝花市加快公办幼儿园建设实施方案的通知	2017 年 8 月 10 日
攀办发〔2017〕114 号	关于印发《攀枝花市公共机构节能管理制度》的通知	2017 年 8 月 11 日
攀办发〔2017〕115 号	关于进一步加强农村公路养护管理工作的意见	2017 年 8 月 10 日
攀办发〔2017〕117 号	关于开展“四好农村路”示范县（区）创建工作督导考评的通知	2017 年 8 月 11 日
攀办发〔2017〕118 号	关于印发《“十三五”攀枝花市食品安全规划》《“十三五”攀枝花市药品安全规划》的通知	2017 年 8 月 14 日
攀办发〔2017〕119 号	关于 2017 年全市项目竞进拉练活动的通知	2017 年 8 月 15 日
攀办发〔2017〕120 号	关于印发攀枝花市公办幼儿园建设以奖代补办法的通知	2017 年 8 月 15 日
攀办发〔2017〕121 号	关于印发攀枝花市举办省级以上体育赛事奖补办法的通知	2017 年 8 月 15 日
攀办发〔2017〕122 号	关于印发《攀枝花市工业发展“十三五”规划》的通知	
攀办发〔2017〕123 号	关于印发攀枝花市“十三五”水资源消耗总量和强度双控行动实施方案的通知	
攀办发〔2017〕124 号	关于印发攀枝花市林业综合行政执法改革实施方案的通知	
攀办发〔2017〕125 号	关于印发“攀枝花市参加 2017 中国西部国际博览会进出口商品展工作方案”的通知	
攀办发〔2017〕126 号	关于向上争取政策情况的通报	
攀办发〔2017〕127 号	关于成立攀枝花市推进直接融资工作领导小组的通知	
攀办发〔2017〕128 号	关于印发《支持攀枝花市银行业处置化解不良贷款工作方案》的通知	
攀办发〔2017〕129 号	关于加强和改进企业国有资产监督防止国有资产流失的实施意见	
攀办发〔2017〕130 号	关于印发《攀枝花市营造良好市场环境促进有色金属工业调结构促转型增效益的实施意见》的通知	
攀办发〔2017〕131 号	关于表扬攀枝花市第四届普教教学成果的通知	

续表21

文 号	文 件 标 题	成文时间
攀办发〔2017〕132 号	关于印发《攀枝花市第八届“金沙放歌”系列群众文化活动实施方案》的通知	
攀办发〔2017〕133 号	关于印发攀枝花市“十三五”脱贫攻坚规划的通知	
攀办发〔2017〕134 号	关于印发《攀枝花市安全生产“十三五”规划》的通知	
攀办发〔2017〕135 号	关于持续做好环境问题整改的通知	
攀办发〔2017〕136 号	关于印发《中国制造 2025 攀枝花推进方案》的通知	
攀办发〔2017〕137 号	关于表扬优秀乡村教师、优秀乡村校长的通报	
攀办发〔2017〕138 号	关于印发攀枝花市深化泛珠三角区域合作重点工作分工方案的通知	
攀办发〔2017〕139 号	关于印发《攀枝花市 2017 年推进供给侧结构性改革工作方案》的通知	
攀办发〔2017〕140 号	关于进一步加强“地沟油”治理工作的贯彻实施意见	
攀办发〔2017〕141 号	关于印发《攀枝花市促进科技与金融结合特色试点城市工作实施方案（2017－2019）》的通知	
攀办发〔2017〕142 号	关于印发《王宁常务副省长在攀调研座谈会安排工作责任分解表》的通知	
攀办发〔2017〕143 号	关于进一步加强弃土场监督管理的通知	
攀办发〔2017〕144 号	关于印发攀枝花市自然灾害救助应急预案的通知	
攀办发〔2017〕145 号	关于印发攀枝花市各类保护区禁止勘查开采范围内矿业权清理整治退出工作实施方案的通知	
攀办发〔2017〕146 号	关于切实做好中秋、国庆节日期间安全生产工作的通知	
攀办发〔2017〕147 号	关于印发《攀枝花市行政规范性文件制定和备案规定》的通知	
攀办发〔2017〕148 号	关于做好《四川省民用无人驾驶航空器安全管理暂行规定》贯彻实施工作的通知	2017 年 9 月 24 日
攀办发〔2017〕149 号	关于进一步加强计划生育特殊家庭扶助关怀工作的通知	
攀办发〔2017〕150 号	关于印发《攀枝花市足球改革发展实施意见》的通知	
攀办发〔2017〕151 号	关于印发《攀枝花市深化医药卫生体制改革 2017 年重点工作任务》的通知	
攀办发〔2017〕152 号	关于印发《攀枝花市促进房地产市场持续稳健发展的实施意见》的通知	
攀办发〔2017〕153 号	关于印发《攀枝花市体育产业发展规划（2018～2022 年）》的通知	
攀办发〔2017〕154 号	关于加快推进有机产品认证示范区创建的指导意见	
攀办发〔2017〕155 号	关于聘请 2017 年度攀枝花市人民政府顾问和政府特聘专家的通知	

续表21

文 号	文 件 标 题	成文时间
攀办发〔2017〕156 号	关于印发《攀枝花市加快绿色建筑发展工作的实施意见》的通知	
攀办发〔2017〕157 号	关于印发《攀枝花市违规以地融资专项清查整改工作方案》的通知	
攀办发〔2017〕158 号	关于印发《攀枝花市今冬明春环境空气质量保障工作方案》的通知	
攀办发〔2017〕159 号	关于进一步加强机关企事业单位内部治安保卫工作的意见	
攀办发〔2017〕160 号	关于印发《攀枝花市地震应急预案》的通知	
攀办发〔2017〕161 号	关于进一步加强市级财政资金管理的通知	
攀办发〔2017〕162 号	关于印发《攀枝花市本级行政权力事项清单（2017 年本)》的通知	
攀办发〔2017〕163 号	关于印发攀枝花市完善和改进行政应诉工作实施意见的通知	
攀办发〔2017〕164 号	关于印发攀枝花市行政执法公示规定攀枝花市行政执法全过程记录规定攀枝花市重大行政执法决定法制审核办法的通知	
攀办发〔2017〕165 号	关于印发攀枝花市推进外商投资管理体制改革实施方案的通知	
攀办发〔2017〕166 号	转发攀枝花市住房和城乡规划建设局《优化房地产建设项目审批程序提高审批效率实施方案》的通知	
攀办发〔2017〕167 号	关于支持新型农业经营主体开展农业社会化服务的指导意见	
攀办发〔2017〕168 号	关于印发《攀枝花市盐业监管体制改革方案》的通知	
攀办发〔2017〕169 号	关于印发攀枝花市推进普惠金融发展规划（2017－2020 年）的通知	
攀办发〔2017〕170 号	关于进一步加强冬春道路交通安全工作的通知	
攀办发〔2017〕171 号	关于进一步加强城乡污水和垃圾处理设施建设三年推进工作相关事宜的通知	
攀办发〔2017〕172 号	关于印发《2017 攀枝花恒力杯国际皮划艇马拉松赛工作方案》的通知	
攀办发〔2017〕173 号	关于印发攀枝花市旅游民俗古村落建设工作方案的通知	
攀办发〔2017〕174 号	关于印发《攀枝花降低实体经济企业成本工作实施方案》的通知	
攀办发〔2017〕175 号	关于促进医药产业健康发展的实施意见	
攀办发〔2017〕176 号	关于印发《攀枝花市推进“多证合一”改革实施方案》的通知	
攀办发〔2017〕177 号	关于印发《攀枝花市突发公共卫生事件应急预案（2017 年修订)》的通知	
攀办发〔2017〕178 号	关于印发《攀枝花市市场主体住所（经营场所）登记管理办法》的通知	
攀办发〔2017〕179 号	关于开展整治拖欠农民工工资问题专项行动的通知	2017 年 12 月 15 日
攀办发〔2017〕180 号	关于印发攀枝花市“十三五”服务业发展规划的通知	

续表21

文　号	文　件　标　题	成文时间
攀办发〔2017〕181 号	关于印发攀枝花市东区、西区、仁和区通信基础设施专项规划（2017—2030）的通知	
攀办发〔2017〕182 号	关于印发攀枝花市项目精细化管理实施意见和攀枝花市项目精细化管理目标考核办法的通知	
攀办发〔2017〕183 号	关于进一步加强和改进内部审计工作的实施意见	
攀办发〔2017〕184 号	关于命名攀枝花市第五批院士（专家）工作站的通知	
攀办发〔2017〕185 号	关于印发进一步完善集体林权制度实施方案的通知	
攀办发〔2017〕186 号	关于推进医疗联合体建设和发展的实施意见	
攀办发〔2017〕187 号	关于切实加强农药兽药管理保障食品安全的通知	
攀办发〔2017〕188 号	关于调整整合建立统一的公共资源交易平台实施方案相关条款的通知	
攀办发〔2017〕189 号	关于印发攀枝花市推进农业水价综合改革实施方案的通知	
大事记（2017 年 1 月）	攀枝花市人民政府工作大事记	2017 年 2 月 4 日
大事记（2017 年 2 月）	攀枝花市人民政府工作大事记	2017 年 3 月 9 日
大事记（2017 年 3 月）	攀枝花市人民政府工作大事记	2017 年 5 月 11 日
大事记（2017 年 4 月）	攀枝花市人民政府工作大事记	2017 年 5 月 15 日
大事记（2017 年 5 月）	攀枝花市人民政府工作大事记	2017 年 6 月 13 日
大事记（2017 年 6 月）	攀枝花市人民政府工作大事记	2017 年 7 月 21 日
大事记（2017 年 7 月）	攀枝花市人民政府工作大事记	2017 年 9 月 1 日
大事记（2017 年 8 月）	攀枝花市人民政府工作大事记	2017 年 9 月 28 日
大事记（2017 年 9 月）	攀枝花市人民政府工作大事记	2017 年 10 月 31 日
大事记（2017 年 10 月）	攀枝花市人民政府工作大事记	2017 年 11 月 30 日
大事记（2017 年 11 月）	攀枝花市人民政府工作大事记	2017 年 12 月 26 日

索 引

说 明

一、本索引采用分析索引法，按拼音字母（同音字母按声调）顺序排列。索引词条用字体表明；数字表示该词条内容所在页码；有关图表标题索引加注“图”、“表”字样。

二、本索引择其主要条目内容收录。内容重复出现的词条，可通过同一词条的不同页码进行检索。

数字、字母

A

B

C

D

E

F

G

H

J

K

N

M

N

P

Q

R

S

T

W

X

Y

Z